O LIVRO NEGRO DO COMUNISMO

CRIMES, TERROR E REPRESSÃO

STÉPHANE COURTOIS ✶ NICOLAS WERTH
JEAN-LOUIS PANNÉ ✶ ANDRZEJ PACZKOWSKI
KAREL BARTOSEK ✶ JEAN-LOUIS MARGOLIN

com a colaboração de
Rémi Kauffer, Pierre Rigoulot, Pascal Fontaine,
Yves Santamaria e Sylvain Boulouque

Tradução
Caio Meira

1ª edição

DIFEL

Rio de Janeiro | 2024

CIP-BRASIL. CATALOGAÇÃO NA PUBLICAÇÃO
SINDICATO NACIONAL DOS EDITORES DE LIVROS, RJ

L762

O livro negro do comunismo : crimes, terror e repressão / Stéphane Courtois ... [et al.] ; com a colaboração de Rémi Kauffer ... [et al.] ; tradução Caio Meira. - 1. ed. - Rio de Janeiro · Difel, 2024.

Tradução de: Le livre noir du communisme : crimes, terreur, répression
ISBN 978-65-5838-307-9

1. Comunismo - História - Séc. XX. 2. Terrorismo. 3. Perseguição política. I. Courtois, Stéphane. II. Kauffer, Rémi. III. Meira, Caio.

24-88143

CDD: 320.532
CDU: 141.82

Gabriela Faray Ferreira Lopes - Bibliotecária - CRB-7/6643

Copyright © Éditions Robert Laffont, Paris, 1997

Texto revisado segundo o Acordo Ortográfico da Língua Portuguesa de 1990.

Todos os direitos reservados.
Não é permitida a reprodução total ou parcial desta obra, por quaisquer meios, sem a prévia autorização por escrito da Editora.

Direitos exclusivos de publicação em língua portuguesa somente para o Brasil adquiridos pela:
Difel — um selo da
EDITORA BERTRAND BRASIL LTDA.
Rua Argentina, 171 – 3º andar – São Cristóvão
20921-380 – Rio de Janeiro – RJ
Tel.: (21) 2585-2000,
que se reserva a propriedade literária desta tradução.

Seja um leitor preferencial.
Cadastre-se no site www.record.com.br e receba informações sobre nossos lançamentos e nossas promoções.

Atendimento e venda direta ao leitor:
sac@record.com.br

APRESENTAÇÃO

Publicado na França no 80º aniversário da Revolução de Outubro de 1917, *O Livro Negro do Comunismo* logo tornou-se sucesso de livraria, teve enorme repercussão, deflagrou polêmicas. Dele venderam-se mais de 170.000 exemplares. Traduzido para 17 idiomas, da primeira edição italiana as 30.000 cópias rapidamente se esgotaram. Em Portugal, uma versão em língua portuguesa está em sua 4ª edição. Os acesos — e não raro vitriólicos — debates sobre o livro na imprensa francesa reproduziram-se em outros países. Para um livro de história, porque se trata de um livro de história contemporânea, de óbvia conotação política, e de porte imponente — mais de 900 páginas —, tal repercussão *é* um feito.

O índice analítico do livro, sua contracapa, 32 páginas com cerca de 80 fotografias adequadamente legendadas e três com croquis contrapõem-se à impressão inicial de tratar-se de livro massudo, de interesse restrito a limitada categoria de leitores. Há fotografias e legendas de brutalidade chocante: *um oficial polonês é pendurado e empalado por soldados do nascente Exército Vermelho;* corpos dos 4.500 oficiais poloneses fuzilados pelos soviéticos na floresta de Katyn; *até 1989 o governo comunista da Polônia e os comunistas do mundo inteiro atribuíram o massacre aos alemães.* Em grupo de líderes comunistas aparece o jovem e brilhante marechal Tukhachevski, convertido ao comunismo, reorganizador do *Exército Vermelho,* liquidado nos *expurgos* de 1937, sob acusações de traição e espionagem. A essa época do *Grande Terror* foram fuzilados 3 dentre 5 marechais, 13 dentre 15 generais de exército, 8 dentre 9 almirantes, 50 dentre 57 generais de corpo de exército, 154 dentre 186 generais de divisão, todos os 16 comissários de exército, 25 dos 28 comissários de corpo de exército. Além disso, 35.020 oficiais foram presos e postos fora do exército; quantos foram fuzilados não se sabe. Conta Nicolas Werth, um dos autores do livro, que, quando da reabilitação do marechal, encontraram-se vestígios de sangue nas páginas de seu depoimento.

O expurgo decapitou o *Exército Vermelho* e deu aos militares de todo o mundo a consciência do que significaria a tomada do poder por comunistas.

Um croqui do *Arquipélago Gulag* e outro de uma parte dele, o *Arquipélago Ozerlag*, fornecem uma visão do formidável sistema concentracionário que ia dos países bálticos aos mares de Okotsk e do Japão. O leitor familiarizado com os horrores de Auschwitz e Dachau travará conhecimento com seus correspondentes soviéticos. O esboço *Rotas de Deportação* ilustra a descrição contida no texto dos mais gigantescos deslocamentos forçados de população da história, conduzidos pela União Soviética. Na década de 1950, a URSS admitiu a existência de "excessos", e a partir de 1972 as populações deportadas *receberam o direito teórico de escolher livremente seu domicílio".* Em novembro de 1989, o Soviet Supremo reconheceu a *"ilegalidade criminosa dos atos bárbaros cometidos pelo regime stalinista em relação aos povos deportados em massa".*

O que acima se mencionou prepara o leitor para o desfile de horrores do texto. Nele se contém um balanço, o primeiro, grande e abrangente, em escala mundial, fundamentado, comentado, que leva ao total de 100 milhões de mortos de responsabilidade do comunismo. Para essa portentosa cifra contribuíram desde a União Soviética, com 20 milhões, a China, com um recorde de 65 milhões, a Europa Oriental e o Vietnã, com 1 milhão, cada um, a Coreia do Norte e o Camboja, ambos com 2 milhões, a África, com 1,7, e o Afeganistão, com 1,5 milhão. A América Latina entra com modestos 150.000 mortos; o MCI (Movimento Comunista Internacional) e os partidos comunistas no poder respondem por uma dezena de milhar de mortos. Aos que dizem serem esses números exagerados, responde Eric Hobsbawm, historiador e ex-comunista, bem conhecido no Brasil: *"Mesmo que as cifras caíssem pela metade, seriam moralmente inaceitáveis."*

O livro negro é obra de várias e competentes mãos, de autores de *biografia irretocável*. Pesquisadores, historiadores, jornalistas, universitários, eles têm experiência profissional e títulos acadêmicos suficientes para realizar o empreendimento a que se propuseram. Por outro lado, ex-comunistas de variado espectro — trotskistas, maoistas etc. — continuam eles a se considerar de esquerda e, por isso mesmo, *"não querem deixar à extrema direita o privilégio de dizer a verdade".* Só lamentam que a história dos crimes comunistas tenha esperado até o fim do século XX para ser escrita. As razões do retardo eles corajosamente explicam.

SUMÁRIO

OS CRIMES DO COMUNISMO 11

PRIMEIRA PARTE
UM ESTADO CONTRA O POVO

1. Paradoxos e equívocos de Outubro 55
2. O "braço armado da ditadura do proletariado" 71
3. O Terror Vermelho 92
4. A "guerra suja" 104
5. De Tambov à grande fome 137
6. Da trégua à "grande virada" 165
7. Coletivização forçada e deskulakização 183
8. A grande fome 198
9. "Elementos estranhos à sociedade" e ciclos repressivos 210
10. O Grande Terror (1936-1938) 229
11. O império dos campos de concentração 251
12. O avesso de uma vitória 267
13. Apogeu e crise do Gulag 287
14. O último complô 299
15. A saída do stalinismo 308
À guisa de conclusão 321

SEGUNDA PARTE
REVOLUÇÃO MUNDIAL, GUERRA CIVIL E TERROR

1. O Komintern em ação 331
   A revolução na Europa 331
   Komintern e guerra civil 335
   Ditadura, incriminação dos opositores e repressão no
   interior do Komintern 349

O grande terror atinge o Komintern 361
Terror no interior dos partidos comunistas 365
A caça aos "trotskistas" 372
Antifascistas e revolucionários estrangeiros vítimas do terror
    na URSS 380
Guerra civil e guerra de libertação nacional 394
2. A sombra do NKVD sobre a Espanha 405
A linha geral dos comunistas 406
"Conselheiros" e agentes 409
"Depois das calúnias... as balas na nuca"... 412
Maio de 1937 e a liquidação do POUM 414
O NKVD em ação 419
Um "julgamento de Moscou" em Barcelona 421
Dentro das Brigadas Internacionais 423
Exílio e morte na "pátria dos proletários" 426
3. Comunismo e terrorismo 430

TERCEIRA PARTE
A OUTRA EUROPA VÍTIMA DO COMUNISMO

1. Polônia, a "nação inimiga" 441
O caso do POW (Organização Militar Polonesa) e a "operação
    polonesa" do NKVD (1933-1938) 442
Katyn, prisões e deportações (1939-1941) 446
O NKVD contra a Armia Krajowa (Exército Nacional) 452
Bibliografia 456
Polônia, 1944-1989: o sistema de repressão 457
À conquista do Estado ou o terror de massa (1944-1947) 457
A sociedade como objetivo de conquista ou o terror
    generalizado (1948-1956) 462
O socialismo real ou o sistema de repressão seletiva (1956-1981) ... 467
O estado de guerra, uma tentativa de repressão generalizada 472
Do cessar-fogo à capitulação, ou a confusão do poder (1986-1989)... 475
Bibliografia 475
2. Europa Central e Sudeste Europeu 477
Terror "importado"? 477
Os processos políticos contra os aliados não comunistas 482
A destruição da sociedade civil 492
O sistema concentracionário e a "gente do povo" 500

Os processos dos dirigentes comunistas 512
Do "pós-terror" ao pós-comunismo 528
Uma gestão complexa do passado 545
Bibliografia selecionada 552

QUARTA PARTE
COMUNISMOS DA ÁSIA: ENTRE "REEDUCAÇÃO" E MASSACRE

1. China: uma longa marcha na noite 559
   Uma tradição de violência? 562
   Uma revolução inseparável do terror (1927-1946) 568
   Reforma agrária e expurgos urbanos (1946-1957) 576
   As cidades: "tática do salame" e expropriações 582
   A maior fome da história (1959-1961) 591
   Um "Gulag" escondido: o *laogai* 606
   A Revolução Cultural: um totalitarismo anárquico (1966-1976) 624
   A era Deng: a desagregação do terror (depois de 1976) 657
   Tibet: um genocídio no teto do mundo? 661
2. Coreia do Norte, Vietnã e Laos: a semente do Dragão 668
   Crimes, terror e segredo na Coreia do Norte 668
   Antes da constituição do Estado comunista 669
   Vítimas da luta armada 670
   Vítimas comunistas do Partido-Estado norte-coreano 672
   As execuções 674
   Prisões e campos 675
   O controle da população 682
   Tentativa de genocídio intelectual? 683
   Uma hierarquia estrita 684
   A fuga 685
   Atividades no exterior 686
   Fome e miséria 687
   Balanço final 689
   Vietnã: os impasses de um comunismo de guerra 691
   Laos: populações em fuga 703
3. Camboja: no país do crime desconcertante 706
   A espiral do horror 709
   Variações em torno de um martirológio 720
   A morte cotidiana no tempo de Pol Pot 732
   As razões da loucura 756

Um genocídio? 778
Conclusão 781
Seleção bibliográfica Ásia 788

QUINTA PARTE
O TERCEIRO MUNDO

1. A América Latina e a experiência comunista 793
   Cuba: o interminável totalitarismo tropical 793
   Nicarágua: o fracasso de um projeto totalitário 813
   Peru: a "longa marcha" sangrenta do Sendero Luminoso 825
   Orientações bibliográficas 831
2. Afrocomunismos: Etiópia, Angola, Moçambique 833
   O comunismo de cores africanas 833
   O Império Vermelho: a Etiópia 838
   Violências lusófonas: Angola, Moçambique 849
   A República Popular de Angola 850
   Moçambique 855
3. O comunismo no Afeganistão 862
   O Afeganistão e a URSS de 1917 a 1973 863
   Os comunistas afeganes 866
   O golpe de Estado de Mohammed Daud 867
   O golpe de Estado de abril de 1978 ou a "Revolução de Saur" 868
   A intervenção soviética 873
   A amplitude da repressão 877

POR QUÊ? 891
OS AUTORES 929
   COLABORADORES 930
ÍNDICE ONOMÁSTICO 933

OS CRIMES DO COMUNISMO

por Stéphane Courtois

"A vida perdeu para a morte,
mas a memória ganha
seu combate contra o nada."

Tzvetan Todorov
Os abusos da memória

Já se escreveu que "a história é a ciência da infelicidade dos homens";[1] o século de violência que foi o século XX parece confirmar essa fórmula de maneira eloquente. É verdade que nos séculos precedentes poucos povos e poucos Estados ficaram isentos da violência de massa. As principais potências europeias estiveram implicadas no tráfico de negros; a república francesa praticou uma colonização que, apesar de algumas contribuições, foi marcada por numerosos episódios repugnantes, e isso até o seu término. Os Estados Unidos permanecem impregnados de uma certa cultura da violência que se enraíza em dois dos mais terríveis crimes: a escravidão dos negros e o extermínio dos povos indígenas.

Não resta dúvida de que, a esse respeito, o século XX deve ter ultrapassado seus predecessores. Um olhar retrospectivo impõe uma conclusão incômoda: esse foi o século das grandes catástrofes humanas — duas guerras mundiais, o nazismo, sem falar das tragédias mais circunscritas, como as da Armênia, Biafra, Ruanda e outros países. Com efeito, o Império Otomano entregou-se ao genocídio dos armênios, e a Alemanha, ao dos judeus e dos ciganos. A Itália de Mussolini massacrou os etíopes. Os tchecos têm dificuldades em admitir que seu comportamento em relação aos alemães dos Sudetos, em 1945-1946, não esteve acima de qualquer suspeita. A própria Suíça é hoje alcançada por seu passado como o país que gerenciava o ouro roubado pelos nazistas dos judeus exterminados, apesar desse comportamento não ser em nenhuma medida tão atroz quanto o do genocídio.

O comunismo insere-se nessa faixa de tempo histórico transbordante de tragédias, chegando mesmo a constituir um de seus momentos mais intensos e mais significativos. O comunismo, um dos fenômenos mais importantes do curto século XX — que começa em 1914 e termina em Moscou em 1991 — encontra-se no centro desse quadro. Um comunismo que preexistia ao fascismo e ao nazismo, e que sobreviveu a eles, atingindo os quatro grandes continentes.

---

[1] Raymond Queneau, *Une histoire modèle*, Gallimard, 1979, p. 9

O que designamos precisamente com a denominação "comunismo"?

Devemos, desde já, introduzir uma distinção entre a doutrina e a prática. Como filosofia política, o comunismo existe há séculos, e quem sabe há milênios. Pois não foi Platão quem, em *A República*, fundou a ideia de uma cidade ideal onde os homens não seriam corrompidos pelo dinheiro e pelo poder, onde a sabedoria, a razão e a justiça comandariam? Não foi um pensador e estadista tão eminente quanto Sir Thomas More, chanceler da Inglaterra em 1530, autor da famosa *Utopia* e morto sob o machado do carrasco de Henrique VIII, um outro precursor da ideia dessa cidade ideal? O método utópico parece perfeitamente legítimo como instrumento crítico da sociedade. Ele participa do debate das ideias — oxigênio de nossas democracias. Entretanto, o comunismo aqui abordado não se situa no céu das ideias. É um comunismo bem real, que existiu numa determinada época, em determinados países, encarnado por líderes célebres — Lenin, Stalin, Mao, Ho Chi Minh, Castro etc., e, mais próximos da história política francesa, Maurice Thorez, Jacques Duclos, Georges Marchais.*

Qualquer que seja o grau de envolvimento da doutrina comunista anterior a 1917 na prática do comunismo real — retornaremos a esse ponto —, foi este quem pôs em prática uma repressão metódica, chegando a instituir, em momentos de grande paroxismo, o terror como modo de governo. Isso faz com que a ideologia seja inocente? Os espíritos ressentidos ou escolásticos sempre poderão sustentar que o comunismo real não tem nada a ver com o comunismo ideal. Evidentemente, seria absurdo imputar a teorias elaboradas antes de Cristo, durante o Renascentismo ou mesmo o século XIX, acontecimentos que surgiram no decorrer do século XX. Entretanto, como escreve Ignazio Silone, "na verdade, as revoluções são como as árvores, elas são reconhecidas através de seus frutos". Não foi sem razão que os social-democratas russos, conhecidos como "bolcheviques", decidiram, em novembro de 1917, chamar a si próprios de "comunistas". Tampouco foi por acaso que erigiram junto ao Kremlin um monumento em glória daqueles que eles consideravam seus precursores: More ou Campanella.

Excedendo os crimes individuais, os massacres pontuais, circunstanciais, os regimes comunistas erigiram, para assegurar o poder, o crime de massa como verdadeiro sistema de governo. É certo que no fim de um período de tempo variável — alguns anos no Leste Europeu ou várias décadas na URSS ou na China — o terror perdeu seu vigor, os regimes estabilizaram-se na gestão da repressão cotidiana, censurando todos os meios de comunicação, controlando

---

* O autor se refere aqui a três líderes do Partido Comunista Francês. [N. do T.]

Os crimes do comunismo

as fronteiras, expulsando os dissidentes. Mas a "memória do terror" continuou a assegurar a credibilidade e, consequentemente, a eficácia da ameaça repressiva. Nenhuma das experiências comunistas, populares durante algum tempo no Ocidente, escapou a essa lei: nem a China do "Grande Timoneiro", nem a Coreia de Kim II Sung, nem mesmo o Vietnã do "gentil Tio Ho" ou a Cuba do flamejante Fidel, ladeado pela pureza de um Che Guevara, não se esquecendo da Etiópia de Mengistu, da Angola de Neto e do Afeganistão de Najibullah.

Ora, os crimes do comunismo não foram submetidos a uma avaliação legítima e normal, tanto do ponto de vista histórico quanto do ponto de vista moral. Sem dúvida, trata-se aqui de uma das primeiras vezes que se tenta uma aproximação do comunismo, perguntando-se sobre esta dimensão criminosa como uma questão ao mesmo tempo global e central. Poderão retorquir-nos que a maioria dos crimes respondia a uma "legalidade", ela própria sustentada por instituições pertencentes aos regimes vigentes, reconhecidos no plano internacional e cujos chefes eram recebidos com grande pompa por nossos próprios dirigentes. Mas não ocorreu o mesmo com o nazismo? Os crimes que expomos neste livro não se definem em relação à jurisdição dos regimes comunistas, mas ao código não escrito dos direitos naturais da humanidade.

A história dos regimes e dos partidos comunistas, de sua política, de suas relações com as sociedades nacionais e com a comunidade internacional não se resume a essa dimensão criminosa, ou mesmo a uma dimensão de terror e de repressão. Na URSS e nas "democracias populares" depois da morte de Stalin, na China após a morte de Mao, o terror atenuou-se, a sociedade começou a retomar suas cores, a "coexistência pacífica" — mesmo sendo ainda "uma continuação da luta de classes sob outras formas" — tornou-se um dado permanente da vida internacional. Entretanto, os arquivos e os testemunhos abundantes mostram que o terror foi, desde sua origem, uma das dimensões fundamentais do comunismo moderno. Abandonemos a ideia de que tal execução de reféns, tal massacre de trabalhadores revoltados, tal hecatombe de camponeses mortos de fome foram somente "acidentes" conjunturais, próprios a tais países ou a tal época. O nosso método ultrapassa a especificidade de cada terreno e considera a dimensão criminosa uma das dimensões próprias ao conjunto do sistema comunista, durante todo o seu período de existência.

Do que falaremos, de quais crimes? O comunismo cometeu inúmeros: inicialmente, crimes contra o espírito, mas também crimes contra a cultura universal e contra as culturas nacionais. Stalin ordenou a demolição de centenas de igrejas em Moscou; Ceaucescu destruiu o coração histórico de Bucareste para construir edifícios e traçar perspectivas megalomaníacas; Pol Pot fez com que fosse desmontada pedra por pedra a Catedral de Phnom Penh e abandonou à selva os templos de Angkor; durante a revolução cultural maoista, tesouros inestimáveis foram quebrados ou queimados pelas Guardas Vermelhas. Entretanto, por mais graves que tenham sido essas destruições, a longo prazo, para as nações envolvidas e para a humanidade inteira, em que medida elas pesam em face do assassinato em massa de pessoas, de homens, de mulheres, de crianças?

Portanto, consideramos apenas os crimes contra as pessoas, os que constituem a essência do fenômeno do terror. Esses respondem a uma nomenclatura comum, mesmo que tal prática seja mais acentuada neste ou naquele regime: execução por meios diversos — fuzilamento, enforcamento, afogamento, espancamento e, em alguns casos, gás de combate, veneno ou acidente de automóvel; destruição pela fome — indigência provocada e/ou não socorrida; deportação — a morte podendo ocorrer no curso do transporte (em caminhadas a pé ou em vagões para animais) ou nos locais de residência e/ou de trabalhos forçados (esgotamento, doença, fome, frio). O caso dos períodos ditos de "guerra civil" é mais complexo: não é fácil distinguir o que decorre do combate entre poder e rebeldes e o que é massacre da população civil.

Contudo, podemos estabelecer os números de um primeiro balanço que pretende ser somente uma aproximação mínima e que necessitaria ainda de uma maior precisão, mas que, de acordo com estimativas pessoais, dá uma dimensão da grandeza e permite sentir a gravidade do assunto:

— URSS, 20 milhões de mortos;

— China, 65 milhões de mortos;

— Vietnã, 1 milhão de mortos;

— Coreia do Norte, 2 milhões de mortos;

— Camboja, 2 milhões de mortos;

— Leste Europeu, 1 milhão de mortos;

— América Latina, 150.000 mortos;

— África, 1,7 milhão de mortos;

— Afeganistão, 1,5 milhão de mortos;

— Movimento comunista internacional e partidos comunistas fora do poder, uma dezena de milhões de mortos.

O total se aproxima da faixa dos cem milhões de mortos.

Essa escala de grandeza recobre situações de grande disparidade. É incontestável que, em valor relativo, o "troféu" vai para o Camboja, onde Pol Pot,

Os crimes do comunismo

17

em três anos e meio, conseguiu matar da maneira mais atroz — a fome, a tortura — aproximadamente um quarto da população total do país. Entretanto, a experiência maoista choca pela amplitude das massas atingidas. Quanto à Rússia leninista ou stalinista, ela dá calafrios por seu lado experimental, porém perfeitamente refletido, lógico, político.

Essa abordagem elementar não poderia esgotar a questão cujo aprofundamento implica a utilização de um método "qualitativo" que repouse na definição de crime. Tal definição deve apoiar-se em critérios "objetivos" e jurídicos. A questão do crime cometido por um Estado foi tratada pela primeira vez, do ponto de vista jurídico, em 1945, no tribunal de Nuremberg, instituído pelos Aliados para julgar os crimes nazistas. A natureza desses crimes foi definida pelo artigo 6º dos estatutos do tribunal, que designa três crimes maiores: os crimes contra a paz, os crimes de guerra, os crimes contra a humanidade. Ora, um exame do conjunto dos crimes cometidos sob o regime leninista/stalinista, e também no mundo comunista em geral, conduz-nos ao reconhecimento de cada uma dessas três categorias.

Os crimes contra a paz são definidos pelo artigo 6ºa e concernem "a direção, a preparação, o início ou o prosseguimento de uma guerra de agressão, ou de uma guerra de violação de tratados, garantias ou acordos internacionais, ou a participação num plano concertado ou num complô para a consecução de qualquer um dos atos precedentes". Stalin cometeu incontestavelmente esse tipo de crime, pelo menos quando negociou secretamente com Hitler, através dos tratados de 23 de agosto e de 28 de setembro de 1939, a partilha da Polônia e a anexação dos Países Bálticos, da Bucovina do Norte e da Bessarábia à URSS. O tratado de 23 de agosto, libertando a Alemanha do perigo de um combate em duas frentes, provocou diretamente o início da Segunda Guerra Mundial. Stalin perpetrou um novo crime contra a paz ao agredir a Finlândia em 30 de novembro de 1939. O ataque imprevisto da Coreia do Norte contra a Coreia do Sul em 25 de junho de 1950 e a intervenção maciça do exército da China comunista são atos da mesma ordem. Os métodos de subversão, assumidos durante um tempo pelos partidos comunistas comandados por Moscou, poderiam igualmente ser assimilados aos crimes contra a paz, pois sua ação desembocou em algumas guerras; assim, o golpe de Estado comunista no Afeganistão acarretou, em 27 de dezembro de 1979, uma intervenção militar maciça da URSS, inaugurando uma guerra que ainda não terminou.

Os crimes de guerra são definidos no artigo 6ºb como "as violações das leis e costumes da guerra. Essas violações compreendem — sem estarem limitadas a isto, porém — o assassinato, maus-tratos ou deportação para trabalhos forçados, ou ainda com outro objetivo, das populações civis dos territórios ocupados, o assassinato ou maus-tratos de prisioneiros de guerra e de pessoas no mar, a execução de reféns, a pilhagem dos bens públicos ou privados, a destruição sem motivos de cidades e povoados ou a devastação não justificada por exigências militares". As leis e costumes de guerra estão inscritos em convenções, sendo que a mais conhecida dentre elas é a Convenção de Haia de 1907, que estipula: "Em tempos de guerra, as populações e os beligerantes permanecem sob o império dos princípios do direito internacional, tais como os que resultam dos usos estabelecidos pelas nações civilizadas, as leis da humanidade e as exigências da consciência pública."

Ora, Stalin ordenou ou autorizou numerosos crimes de guerra, sendo a execução da quase totalidade dos oficiais poloneses aprisionados em 1939 — dos quais os 4.500 mortos de Katyn são apenas um episódio — o crime mais espetacular. Mas outros crimes de amplitude ainda maior passaram despercebidos, como o assassinato ou a morte no Gulag* de centenas de milhares de militares alemães aprisionados entre 1943 e 1945; a isto acrescentam-se os estupros em massa de mulheres alemãs pelos soldados do Exército Vermelho na Alemanha ocupada; sem falar da pilhagem sistemática de todo o parque industrial dos países ocupados pelo Exército Vermelho. Incorrem no mesmo artigo 6ºb o aprisionamento, o fuzilamento ou a deportação das resistências organizadas que combatiam abertamente o poder comunista: por exemplo, os militares das organizações polonesas de resistência antinazista (POW, AK), os membros das organizações de partidários bálticos e ucranianos armados, as resistências afegãs etc.

A expressão "crimes contra a humanidade" apareceu pela primeira vez em 18 de maio de 1915, numa declaração da França, da Inglaterra e da Rússia contra a Turquia, em razão do massacre dos armênios, qualificado como "novo crime da Turquia contra a humanidade e a civilização". As extorsões nazistas levaram o tribunal de Nuremberg a redefinir a noção em seu artigo 6ºc: "O assassinato, o extermínio, a escravidão, a deportação e todo ato inumano cometido contra toda e qualquer população civil, antes ou durante a guerra, ou ainda perseguições por motivos políticos, raciais ou religiosos, quando estes atos ou perseguições forem cometidos na sequência de todo crime que entre na competência do tribunal, ou que esteja ligado a este crime, quer violem ou não o direito interno do país onde foram perpetrados."

Em seu requisitório em Nuremberg, François de Menthon, procurador geral francês, destacava a dimensão ideológica dos crimes:

---

* Gulag é o nome dado aos campos de concentração na URSS. [N. do T.]

Os crimes do comunismo

"Proponho-me a demonstrar-lhes que toda criminalidade organizada e sistemática decorre do que me permitirei chamar de crime contra o espírito, quero dizer de uma doutrina que, negando todos os valores espirituais, racionais ou morais, sob os quais os povos tentaram há milênios fazer progredir a condição humana, visa a devolver a Humanidade à barbárie, não mais a barbárie natural e espontânea dos povos primitivos, mas a barbárie demoníaca, já que consciente dela própria e utilizando para os seus fins todos os meios materiais postos à disposição dos homens pela ciência contemporânea. Esse pecado contra o espírito é a falta original do nacional-socialismo da qual todos os crimes decorrem. Essa doutrina monstruosa é a do racismo. [...] Que se trate de crime contra a Paz ou de crimes de guerra, não nos encontramos diante de uma criminalidade acidental, ocasional, que os eventos pudessem, talvez, não apenas justificar, mas explicar, encontramo-nos sim diante de uma criminalidade sistemática, que decorre direta e necessariamente de uma doutrina monstruosa, servida pela vontade deliberada dos dirigentes da Alemanha Nazista."

François de Menthon explicava também que as deportações destinadas a assegurar mão de obra suplementar para a máquina de guerra alemã e as que visavam a exterminar os oponentes eram apenas "consequência natural da doutrina nacional-socialista, segundo a qual o homem não tem nenhum valor em si quando não está a serviço da raça alemã". Todas as declarações no tribunal de Nuremberg insistiam numa das características maiores do crime contra a humanidade: o fato de que a potência do Estado esteja a serviço de políticas e de práticas criminosas. Porém, a competência do tribunal estava limitada aos crimes cometidos durante a Segunda Guerra Mundial. Era então indispensável ampliar a noção jurídica a situações não implicadas nessa guerra. O novo Código Penal francês, adotado em 23 de julho de 1992, define assim o crime contra a humanidade: "a deportação, a escravidão, ou a prática maciça e sistemática de execuções sumárias, de sequestro de pessoas seguido de sua desaparição, da tortura ou de atos inumanos, inspirados por motivos *políticos, filosóficos,* raciais ou religiosos, e organizados em execução de um plano concertado que atinja um grupo de população civil" (grifo nosso).

Ora, todas essas definições, em particular a recente definição francesa, aplicam-se a numerosos crimes cometidos no período de Lenin, e sobretudo no de Stalin, e também por todos os países de regime comunista, com exceção (sob reserva de verificação) de Cuba e da Nicarágua dos sandinistas. A condição principal parece incontestável: os regimes comunistas trabalharam "em nome de um Estado praticante de uma política de hegemonia ideológica".

É exatamente em nome de uma doutrina, fundamento lógico e necessário do sistema, que foram massacrados dezenas de milhões de inocentes sem que nenhum ato particular possa lhes ser censurado, a menos que se reconheça que era criminoso ser nobre, burguês, kulak,* ucraniano ou mesmo trabalhador ou[...] membro do Partido Comunista. A intolerância ativa fazia parte do programa posto em prática. É assim que Tomski, o grande líder dos sindicatos soviéticos, declarava em 13 de novembro de 1927, no *Trud*. "Em nosso país, outros partidos também podem existir. Mas eis o princípio fundamental que nos distingue do Ocidente; a situação imaginável é a seguinte: um partido reina, todos os outros estão na prisão."[2]

A noção de crime contra a humanidade é complexa e recobre crimes designados formalmente. Um dos mais específicos é o genocídio. Após o genocídio dos judeus pelos nazistas, e a fim de tornar mais preciso o artigo 6ºc do tribunal de Nuremberg, a noção foi definida por uma convenção das Nações Unidas, de 9 de dezembro de 1948: "O genocídio é compreendido como um dos atos infracitados, cometidos na intenção de destruir, todo ou em parte, um grupo nacional, étnico, racial ou religioso, como tal: a) mortes de membros do grupo; b) atentado grave à integridade física ou mental de membros do grupo; c) submissão intencional do grupo às condições de existência que acarretem sua destruição física, total ou parcial; d) medidas que visem a impedir nascimentos no seio do grupo; e) transferências forçadas de crianças do grupo a um outro grupo."

O novo Código Penal francês dá ao genocídio uma definição ainda mais ampla: "O fato, a execução de um *plano concertado* que tenda à destruição total ou *parcial* de um grupo nacional, étnico racial ou religioso, ou *de um grupo determinado a partir de qualquer outro critério arbitrário*" (grifo nosso). Essa definição jurídica não contradiz a abordagem mais filosófica de André Frossard, para quem "há crime contra a humanidade quando se mata alguém sob o pretexto de que ele nasceu[3]." Em seu curto e magnífico relato intitulado *Tout passe*, Vassili Grossman diz a respeito de Ivan Grigorievitch, seu herói oriundo do campo: "Ele permaneceu o que ele era em seu nascimento, um homem[4]". É precisamente esse o motivo de ele sucumbir ao golpe do terror. A definição francesa permite sublinhar que o genocídio não é sempre do mesmo

---

* Camponês russo que dispunha de terras e haveres, tendo a seu serviço outros camponeses em regime de verdadeira escravidão. [N. do T.]

[2] Citado por Kostas Papaionannou, *Les Marxistes*, J'ai Lu, 1965.

[3] *Le Crime contre l'humanité*, Robert Laffont, 1987.

[4] *Tout passe*, Julliard-L'Âge de l'homme, 1984.

tipo — racial, como no caso dos judeus — e que também pode visar grupos sociais. Em um livro publicado em Berlim, em 1924 — intitulado *La terreur rouge en Russie* —, o historiador e socialista russo Serguei Melgunov cita Latzis, um dos primeiros chefes da Tcheka (a polícia política soviética) que, em 1º de novembro de 1918, deu as seguintes diretivas a seus esbirros: "Nós não fazemos uma guerra específica contra as pessoas. Nós exterminamos a burguesia enquanto classe. Não procurem, na investigação, documentos e provas do que o acusado fez, em atos ou palavras, contra a autoridade soviética. A primeira questão que vocês devem colocar-lhe é a que classe ele pertence, qual é sua origem, sua educação, sua instrução, sua profissão."[5]

Desde o início, Lenin e seus camaradas se situaram no contexto de uma "guerra de classes" sem perdão, na qual o adversário político, ideológico ou mesmo a população recalcitrante eram considerados — e tratados — como inimigos e deveriam ser exterminados. Os bolcheviques decidiram eliminar legalmente, mas também fisicamente, toda oposição ou toda resistência — e mesmo a mais passiva — ao seu poder hegemônico, não somente quando esta era formada por grupos de adversários políticos, mas também por grupos sociais propriamente ditos — tais como a nobreza, a burguesia, a *intelligentsia*, a Igreja etc., e também as categorias profissionais (os oficiais, os policiais...) — conferindo, por vezes, uma dimensão de genocídio a esses atos. Desde 1920, a "descossaquização" corresponde abertamente à definição de genocídio: o conjunto de uma população com implantação territorial fortemente determinada, os cossacos, era exterminado, os homens, fuzilados, as mulheres, as crianças e os idosos, deportados, os povoados, destruídos ou entregues a novos habitantes não cossacos. Lenin assimilava os cossacos à Vendeia,* durante a revolução francesa, e desejava aplicar-lhes o tratamento que Gracchus Babeuf, o "inventor" do comunismo moderno, qualificava como "populicídio".[6]

A "deskulakização" de 1930-1932 não foi senão a retomada, em grande escala, da "descossaquização", com a novidade de a operação ser reivindicada por Stalin, para quem a palavra de ordem oficial, alardeada pela propaganda do regime, era "exterminar os kulaks enquanto classe". Os kulaks que resistiam à coletivização eram fuzilados, os outros eram deportados junto com suas mulheres, crianças e os idosos. De fato, eles não foram todos diretamente ex-

---

[5] Jacques Baynac, *La Terreur sous Lénine*, Le Sagittaire, 1975, p. 75.

* Guerras de Vendée ou Vendeia, insurreição contrarrevolucionária provocada em 1793, entre os camponeses da Bretanha, Poitou e Anjou, pela constituição civil do clero e o recrutamento em massa. [N. do T.]

[6] Gracchus Babeuf, *La Guerre de Vendée et le système de dépopulation*, Tallandier, 1987.

terminados, mas o trabalho forçado ao qual foram submetidos, nas zonas não desbravadas da Sibéria ou do Grande Norte, deixou-lhes pouca chance de sobrevivência. Várias centenas de milhares deixaram ali suas vidas, mas o número exato de vítimas permanece desconhecido. Quanto à grande fome ucraniana de 1932-1933, relacionada à resistência das populações rurais à coletivização forçada, ela em poucos meses provocou a morte de seis milhões de pessoas.

Aqui, o genocídio "da classe" junta-se ao genocídio "da raça": matar de fome uma criança kulak ucraniana deliberadamente coagida à indigência pelo regime stalinista "vale" a matar de fome uma criança judia do gueto de Varsóvia coagida à indigência pelo regime nazista. Essa constatação de modo algum repõe em causa a "singularidade de Auschwitz": a mobilização dos mais modernos recursos técnicos e a implantação de um verdadeiro "processo industrial" — a construção de uma "usina de extermínio", o uso de gases, a cremação. Mas destaca uma particularidade de muitos regimes comunistas: a utilização sistemática da "arma da fome"; o regime tende a controlar a totalidade do estoque de comida disponível e, por um sistema de racionamento por vezes bastante sofisticado, só o distribui em função do "mérito" e do "demérito" de uns e de outros. Este procedimento pode mesmo provocar gigantescas situações de indigência. Lembremo-nos de que, no período posterior a 1918, somente os países comunistas conheceram essa grande fome que levou à morte de centenas de milhares, ou quem sabe até de milhões de pessoas. Ainda nesta última década, dois países da África que se dizem marxistas-leninistas — Etiópia e Moçambique — sofreram dessas indigências assassinas.

Um primeiro balanço global desses crimes pode ser esboçado:

— fuzilamento de dezenas de milhares de reféns, ou de pessoas aprisionadas sem julgamento, e massacre de centenas de milhares de trabalhadores revoltados entre 1918 e 1922;

— a fome de 1922, provocando a morte de cinco milhões de pessoas;

— execução e deportação dos cossacos da região do Don em 1920;

— assassinato de dezenas de milhares de pessoas em campos de concentração entre 1919 e 1930;

— execução de cerca de 690.000 pessoas por ocasião do Grande Expurgo de 1937-1938;

— deportação de dois milhões de kulaks (ou supostos kulaks) em 1930-1932;

— destruição por fome provocada e não socorrida de seis milhões de ucranianos em 1932-1933;

— deportação de centenas de milhares de poloneses, ucranianos, bálticos, moldávios e bessarábios em 1939-1941, e posteriormente em 1944-1945;

Os crimes do comunismo 23

— deportação dos alemães do Volga em 1941;

— deportação-abandono dos tártaros da Crimeia em 1943;

— deportação-abandono dos chechenos em 1944;

— deportação-abandono dos inguches em 1944;

— deportação-abandono das populações urbanas do Camboja entre 1975 e 1978;

— lenta destruição dos tibetanos pelos chineses, desde 1950 etc.

Não terminaríamos nunca de enumerar os crimes do leninismo e do stalinismo, com frequência reproduzidos de modo quase idêntico pelos regimes de Mao Zedong, Kim II Sung, Pol Pot.

Permanece uma difícil questão epistemológica: o historiador está apto a usar, em sua caracterização e em sua interpretação, fatos ou noções tais como "crime contra a humanidade" ou "genocídio", relativos, como vimos antes, ao domínio jurídico? Não seriam essas noções demasiado dependentes de imperativos conjunturais — a condenação do nazismo em Nuremberg — para serem integradas a uma reflexão histórica que vise estabelecer uma análise pertinente a médio prazo? Por outro lado, essas noções não estão demasiado carregadas de "valores" suscetíveis de "falsearem" o objetivo da análise histórica?

Sobre o primeiro ponto, a história do século XX mostrou que a prática do massacre de massa, feita por Estados ou por Partidos-Estados, não foi uma exclusividade nazista. Bósnia e Ruanda provam que essas práticas perduram e que elas constituirão, sem dúvida, uma das características principais do século XX.

Sobre o segundo ponto, não se trata de modo algum de um retorno às concepções históricas do século XIX, segundo as quais o historiador procurava bem mais "julgar" do que "compreender". Contudo, diante das imensas tragédias humanas diretamente provocadas por certas concepções ideológicas e políticas, pode o historiador abandonar todo princípio de referência a uma concepção humanista — ligada à nossa civilização judaico-cristã e à nossa cultura democrática —, como, por exemplo, o respeito pela pessoa humana? Numerosos e renomados historiadores, tais como Jean-Pierre Azema num artigo sobre "Auschwitz"[7] ou Pierre Vidal-Naquet com respeito ao processo de Touvier,[8] não hesitam em utilizar a expressão "crime contra a humanidade" para qualificar os crimes nazistas. Parece-nos, então, que não é ilegítimo utilizar essas noções para caracterizar alguns dos crimes cometidos pelos regimes comunistas.

---

[7] *In* J.-P. Azema, F. Bédarida, *Dictionnaire des années de tourmente*, Flammarion, 1995, p. 777.

[8] *Réflexions sur le génocide*, La Découverte, 1995, p. 268; P. Vidal-Naquet escreve, aliás: "Falamos de Katyn e do massacre, em 1940, dos oficiais poloneses prisioneiros dos soviéticos. Katyn entra perfeitamente na definição de Nuremberg."

Além da questão da responsabilidade direta dos comunistas no poder, coloca-se a questão da cumplicidade. O Código Criminal canadense, modificado em 1987, considera, em seu artigo 7º (3.77), que as infrações de crime contra a humanidade incluem as infrações de tentativa, cumplicidade, conselho, ajuda e *encorajamento ou de cumplicidade de fato*.[9] São também assimilados aos crimes contra a humanidade — artigo 7º (3.76) — "a tentativa, o complô, *a cumplicidade após o fato*, o conselho, a ajuda ou o encorajamento a respeito desse fato" (grifo nosso). Ora, dos anos 1920 aos anos 1950, os comunistas do mundo inteiro e várias outras pessoas aplaudiram com entusiasmo a política de Lenin e, em seguida, a de Stalin. Centenas de milhares de homens engajaram-se nas fileiras da Internacional Comunista e nas sessões locais do "partido mundial da revolução". Nos anos 1950-70, outras centenas de milhares de homens veneraram o "Grande Timoneiro" da revolução chinesa e cantaram os grandes méritos do Grande Salto Adiante ou os da Revolução Cultural. Já em nosso meio, muita gente se felicitou quando Pol Pot tomou o poder.[10] Alguns responderão que "não sabiam". É verdade que nem sempre foi fácil saber, já que os regimes comunistas fizeram do segredo uma das estratégias de defesa privilegiadas. Mas, frequentemente, essa ignorância era tão somente resultado de uma cegueira devida à crença militante. E, desde os anos 1940 e 1950, muitos fatos eram conhecidos e incontestáveis. Ora, se vários desses bajuladores abandonaram seus ídolos de ontem, foi com silêncio e discrição. Mas o que pensar do profundo amoralismo que há em abandonar um engajamento público no maior dos segredos, sem tirar dele qualquer lição?

Em 1969, um dos pioneiros no estudo do terror comunista, Robert Conquest, escreveu: "O fato de tantas pessoas 'engolirem' efetivamente [o Grande Expurgo] foi, sem dúvida, um dos fatores que tornaram possível qualquer Expurgo. Os processos, principalmente, teriam tido muito pouco interesse se não tivessem sido validados por certos comentadores estrangeiros — ou seja, 'independentes'. Estes últimos devem, pelo menos em parte, arcar com a responsabilidade de uma certa cumplicidade para com essas mortes políticas, ou, em todo caso, para com o fato de que elas vieram a se repetir quando a primeira operação, o processo Zinoviev [de 1936], foi beneficiada com um crédito injustificado."[11] Se atribuímos, através desse parâmetro, uma cumplicidade moral e intelec-

---

[9] Denis Szabo, Alain Joffé, "La répression des crimes contre l'humanité et des crimes du genre au Canada", in Marcel Colin, *Le Crime contre l'humanité*, Erès, 1996, p. 65.

[10] Ver a este respeito a análise de Jean-Noël Darde, *Le Ministère de la Vérité: histoire d'un génocide dans le journal*, L'Humanité, Le Seuil, 1984.

[11] "La Grande Purge", *Preuves*, fevereiro-março de 1969.

Os crimes do comunismo

tual a um certo número de não comunistas, o que dizer da cumplicidade dos comunistas? E não nos lembramos de ver Louis Aragon arrepender-se publicamente por ter, num poema de 1931, evocado a vontade da criação de uma polícia política comunista na França,[12] mesmo que, algumas vezes, ele tenha criticado o período stalinista.

Joseph Berger, antigo membro do Komintern, ele próprio "expurgado" e conhecedor dos campos, cita a carta recebida de uma antiga deportada do Gulag, mas que permaneceu membro do Partido após ter retornado dos campos de concentração: "Os comunistas de minha geração aceitaram a autoridade de Stalin. Eles aprovaram seus crimes. Isso vale não somente para os comunistas soviéticos, mas também para aqueles do mundo inteiro, e essa nódoa nos marca individual e coletivamente. Só podemos apagá-la fazendo com que isso nunca mais se reproduza. O que aconteceu? Havíamos perdido a razão ou somos traidores do comunismo? A verdade é que todos nós, inclusive os que estavam mais próximos a Stalin, fizemos dos crimes o contrário do que eles realmente eram. Nós os consideramos uma importante contribuição para a vitória do socialismo. Acreditamos que tudo o que fortalecia a potência política do Partido Comunista na União Soviética e no mundo era uma vitória para o socialismo. Não imaginávamos jamais que pudesse haver um conflito no interior do partido entre a política e a ética."[13]

Por sua vez, Berger desenvolve essa afirmação: "Estimo que se podemos condenar a atitude daqueles que aceitaram a política de Stalin, o que não foi o caso de todos os comunistas, é bem mais difícil censurá-los por não terem tornado esses crimes impossíveis. Acreditar que homens, mesmo aqueles com postos mais elevados, podiam opor-se a seus desejos é não compreender nada do que foi o seu despotismo bizantino." Berger tem a "desculpa" de ter estado na URSS e, portanto, de ter sido tragado pela máquina infernal, sem poder escapar dela. Mas e os comunistas da Europa Ocidental que não sofriam nenhum constrangimento direto do NKVD,* que cegueira fez com que continuassem fazendo a apologia do sistema e de seu chefe? Seria preciso que a poção mágica que os mantinha em submissão fosse potente! Em sua notável obra sobre a Revolução Russa — *La Tragédie Soviétique* —, Martin Malia traz um pouco de luz ao assunto falando "desse paradoxo: um grande ideal que levou a um

---

[12] Ver Louis Aragon, *Prélude au temps des cerises*.

[13] Joseph Berger, *Le Naufrage d'une génération*, Denoël, "Lettres nouvelles", 1974, p. 255.

* Sigla das palavras russas que significam "Comissariado do Povo para os Negócios Interiores", organismo criado em 1934 após a dissolução da GPU (Polícia Política Soviética de 1922 a 1934). [N. do T.]

26   *O Livro Negro do Comunismo*

grande crime[14]." Annie Kriegel, uma outra grande analista do comunismo, insistia nessa articulação quase necessária das duas faces do comunismo: uma luminosa e outra escura.

A esse paradoxo, Tzvetan Todorov traz uma primeira resposta: "O habitante de uma democracia ocidental queria pensar no totalitarismo como algo completamente estranho às aspirações humanas normais. Ora, o totalitarismo não teria se mantido por tanto tempo, não teria arrastado tantos indivíduos em sua senda, se ele fosse assim. Ele é, ao contrário, uma máquina de tremenda eficácia. A ideologia comunista propõe a imagem de uma sociedade melhor e nos incita a desejá-la; não faz parte da identidade humana o desejo de transformar o mundo em nome de um ideal? [...] Além do mais, a sociedade comunista priva o indivíduo de suas responsabilidades: são sempre "eles" quem decidem. Ora, a responsabilidade é frequentemente um fardo pesado a ser carregado. [...] A atração pelo sistema totalitário, experimentada inconscientemente por numerosos indivíduos, provém de um certo medo da liberdade e da responsabilidade — o que explica a popularidade de todos os regimes autoritários (é a tese de Erich Fromm em *O medo da liberdade); o* que existe é uma 'servidão voluntária, já dizia La Boétie".[15]

A cumplicidade daqueles que enveredaram na servidão voluntária não foi — e continua não sendo — abstrata e teórica. O simples fato de aceitar e/ou assumir uma propaganda destinada a esconder a verdade demonstrava e continua demonstrando uma cumplicidade ativa. Pois tornar público é o único meio — ainda que não seja sempre eficaz, como acaba de mostrar a tragédia de Ruanda — de lutar contra os crimes de massa cometidos em segredo, protegidos dos olhares indiscretos.

A análise dessa realidade central do fenômeno comunista no poder — ditadura e terror — não é simples. Jean Ellenstein definiu o fenômeno stalinista como uma mistura de tirania grega e despotismo oriental. A fórmula é sedutora, mas não dá conta do caráter moderno dessa experiência, de seu alcance totalitário, distinto das formas anteriormente conhecidas de ditadura. Um rápido sobrevoo comparativo permitirá uma melhor compreensão.

Poder-se-ia inicialmente evocar a tradição russa da opressão. Os bolcheviques combatiam o regime terrorista do czar, que, entretanto, empalidece diante dos horrores do bolchevismo no poder. O czar denunciava os prisioneiros

---

[14] Le Seuil, 1995, p. 15.

[15] Tzvetan Todorov, *L'Homme dépaysé*, Le Seuil, 1996, p. 36.

Os crimes do comunismo

27

políticos diante de uma verdadeira justiça; a defesa podia exprimir-se tanto quanto ou ainda mais do que a acusação e tomar o testemunho de uma opinião pública nacional inexistente no regime comunista e, sobretudo, de uma opinião pública internacional. Os prisioneiros e os condenados se beneficiavam de uma regulamentação nas prisões, e o regime de desterro, ou mesmo o de deportação, era relativamente leve. Os deportados podiam partir com suas famílias, ler e escrever o que quisessem: caçar, pescar e se encontrarem, nos momentos de lazer, com seus companheiros de "infortúnio". Lenin e Stalin puderam experimentar essa situação pessoalmente. Mesmo as *Recordações da casa dos mortos*, de Dostoievski, que tanto chocaram a opinião pública na época de sua publicação, parecem anódinas em face dos horrores do comunismo. Seguramente, houve, na Rússia dos anos 1880 a 1914, tumultos populares e insurreições duramente reprimidos por um sistema político arcaico. Porém, de 1825 a 1917, o número total de pessoas condenadas à morte nesse país, por sua opinião ou sua ação política, foi de 6.360, dos quais 3.932 foram executados — 191 de 1825 a 1905, e 3.741 de 1906 a 1910 —, quantidade que já havia sido ultrapassada pelos bolcheviques em março de 1919, após somente quatro meses de exercício de poder. O balanço da repressão czarista é, assim, sem paralelo com o do terror comunista.

Entre os anos 1920 e 1940, o comunismo censurou violentamente o terror praticado pelos regimes fascistas. Um rápido exame dos números mostra que as coisas não são assim tão simples. O fascismo italiano, o primeiro em ação e também quem abertamente reivindicou para si o título de "totalitário", aprisionou e com frequência maltratou seus adversários políticos. Entretanto, ele raramente chegou a cometer assassinatos, de modo que, na metade dos anos 1930, a Itália tinha algumas centenas de prisioneiros políticos e várias centenas de *confinati* — postos em residência vigiada nas ilhas —, mas, é verdade, tinha também dezenas de milhares de exilados políticos.

Até a guerra, o terror nazista visou alguns grupos; os oponentes ao regime — principalmente comunistas, socialistas, anarquistas, alguns sindicalistas — foram reprimidos de maneira aberta, encarcerados em prisões e sobretudo internados em campos de concentração, submetidos a humilhações severas. No total, de 1933 a 1939, aproximadamente 20.000 militantes de esquerda foram assassinados com ou sem julgamento nos campos e prisões; sem falar dos acertos de contas internos ao nazismo, como a "noite dos punhais", em junho de 1934. Outra categoria de vítimas destinadas à morte foram os alemães que supostamente não correspondiam aos critérios raciais do "grande ariano loiro" — doentes mentais, deficientes físicos, idosos. Hitler decidiu executar seus

28   *O Livro Negro do Comunismo*

intentos por ocasião da guerra: 70.000 alemães foram vítimas de um programa de eutanásia com asfixia por gás, entre o fim de 1939 e o início de 1941, até que as Igrejas protestassem e que o programa fosse encerrado. Os métodos de asfixia por gás aperfeiçoados na ocasião são os que foram aplicados no terceiro grupo de vítimas, os judeus.

Até a guerra, as medidas de exclusão contra eles eram generalizadas, mas sua perseguição teve seu apogeu na ocasião da "Noite de Cristal" — várias centenas de mortos e 35.000 internamentos em campos de concentração. Foi somente com a guerra, e sobretudo com o ataque à URSS, que se desencadeou o terror nazista, cujo balanço sumário é o seguinte: 15 milhões de civis mortos nos países ocupados; 5,1 milhões de judeus; 3,3 milhões de prisioneiros de guerra soviéticos; 1,1 milhão de deportados mortos nos campos; várias centenas de milhares de ciganos. A essas vítimas se juntaram 8 milhões de pessoas destinadas a trabalhos forçados e 1,6 milhão de detentos sobreviventes em campos de concentração.

O terror nazista chocou as imaginações por três razões. Inicialmente, por ter atingido diretamente os europeus. Por outro lado, uma vez vencidos os nazistas, e com seus principais dirigentes julgados em Nuremberg, seus crimes foram oficialmente designados e condenados como tais. Enfim, a revelação do genocídio dos judeus foi um choque por seu caráter de aparência irracional, sua dimensão racista, o radicalismo do crime.

Nosso propósito aqui não é o de estabelecer uma macabra aritmética comparativa qualquer, uma contabilidade duplicada do horror, uma hierarquia da crueldade. Entretanto, os fatos são tenazes e mostram que os regimes comunistas cometeram crimes concernentes a aproximadamente 100 milhões de pessoas, contra 25 milhões de pessoas atingidas pelo nazismo. Essa simples constatação deve, pelo menos, provocar uma reflexão comparativa sobre a semelhança entre o regime que foi considerado, a partir de 1945, o regime mais criminoso do século, e um sistema comunista que conservou, até 1991, toda a sua legitimidade internacional e que, até hoje, está no poder em alguns países, mantendo adeptos no mundo inteiro. Mesmo que muitos dos partidos comunistas tenham reconhecido tardiamente os crimes do stalinismo, eles não abandonaram, em sua maioria, os princípios de Lenin e nunca se interrogam sobre suas próprias implicações no fenômeno terrorista.

Os métodos postos em prática por Lenin e sistematizados por Stalin e seus êmulos não somente lembram os métodos nazistas como também, e com frequência, lhes são anteriores. A esse respeito, Rudolf Hoess, encarregado de criar o campo de Auschwitz, e também seu futuro comandante, sustentou afirmações bastante indicativas: "A direção da Segurança fizera chegar aos comandantes dos campos uma detalhada documentação sobre os campos de concentração russos. Baseando-se nos testemunhos dos fugitivos, estavam expostas em todos os detalhes as condições reinantes no local. Destacava-se particularmente que os russos exterminavam populações inteiras utilizando-as em trabalhos forçados."[16] Porém, se é fato que a intensidade e as técnicas da violência de massa foram inauguradas pelos comunistas e que os nazistas tenham se inspirado nelas, isto não implica, a nosso ver, que se possa estabelecer uma relação direta de causa e efeito entre a tomada do poder pelos bolcheviques e a emergência do nazismo.

Desde o fim dos anos 1920, a GPU (novo nome da Tcheka) inaugurou o método das quotas: cada região e cada distrito deviam deter, deportar ou fuzilar uma determinada percentagem de pessoas pertencentes às camadas sociais "inimigas". Essas percentagens eram definidas centralmente pela direção do Partido. A loucura planificadora e a mania estatística não diziam respeito somente à economia; elas também se aplicavam ao domínio do terror. Desde 1920, com a vitória do Exército Vermelho sobre o Exército Branco, na Crimeia, surgiram métodos estatísticos, e mesmo sociológicos: as vítimas são selecionadas segundo critérios precisos, estabelecidos com a ajuda de questionários aos quais ninguém poderia deixar de responder. Os mesmos métodos "sociológicos" serão postos em prática pelos soviéticos para organizar as deportações e execuções em massa nos Estados Bálticos e na Polônia ocupada de 1939-1941. O transporte dos deportados em vagões de animais acarretou as mesmas "aberrações" que as cometidas pelo nazismo: em 1943-1944, em plena batalha, Stalin fez com que milhares de vagões e centenas de milhares de homens das tropas especiais do NKVD deixassem o fronte para assegurar em um curtíssimo espaço de tempo a deportação das populações do Cáucaso. Essa lógica do genocídio — que consiste, retomando o Código Penal francês, na "destruição total ou parcial de um grupo nacional, étnico, racial ou religioso, ou de um determinado grupo, a partir de qualquer outro critério arbitrário" — aplicada pelo poder comunista a grupos designados como inimigos, a frações de sua própria sociedade, foi conduzida ao seu paroxismo por Pol Pot e seus khmers vermelhos.

Fazer a aproximação entre o nazismo e o comunismo, no que diz respeito a seus respectivos extermínios, pode chocar. Entretanto, é Vassili Grossman — cuja mãe foi morta pelos nazistas no gueto de Berditchev, escritor do primeiro texto sobre Treblinka e também um dos mestres do *Livre noir* sobre o

---

[16] *Le commandant d'Auschwitz parle*, La Découverte, 1995, p. 224.

extermínio dos judeus na URSS — que, em seu relato *Tout passe*, faz um de seus personagens dizer a respeito da fome na Ucrânia: "Os escritores e o próprio Stalin diziam todos a mesma coisa: os kulaks são parasitas, eles queimam o trigo, matam as crianças. E nos disseram sem rodeios: é preciso que as massas se revoltem contra eles, para aniquilá-los todos, enquanto classe, esses malditos." E acrescenta: "Para matá-los, seria preciso declarar: os kulaks não são seres humanos. Do mesmo modo que os alemães diziam: os judeus não são seres humanos. Foi o que Lenin e Stalin disseram: os kulaks não são seres humanos." E Grossman conclui, a respeito das crianças kulaks: "É como os alemães que assassinaram as crianças judias nas câmaras de gás: vocês não têm direito de viver, vocês são judeus."[17]

A cada vez, não são tanto os indivíduos que são atingidos, mas os grupos. O terror tem como objetivo exterminar um grupo designado como inimigo, que, na verdade, se constitui somente como uma fração da sociedade, mas que é atingido enquanto tal por uma lógica do genocídio. Assim, os mecanismos de segregação e de exclusão do "totalitarismo da classe" se parecem singularmente àqueles do "totalitarismo da raça". A sociedade nazista futura devia ser construída em torno da "raça pura"; a sociedade comunista futura, em torno de um povo proletário, purificado de toda escória burguesa. O remodelamento dessas duas sociedades foi planejado do mesmo modo, apesar de os critérios de exclusão não serem os mesmos. Portanto, é falso pretender que o comunismo seja um universalismo: se o projeto tem uma vocação mundial, uma parte da humanidade é declarada indigna de existir neste mundo, como no caso do nazismo; a diferença é que um recorte por estratos (classes) substitui o recorte racial e territorial dos nazistas. Logo, os empreendimentos leninista, stalinista, maoista e a experiência cambojana põem à humanidade — assim como aos juristas e historiadores — uma nova questão: como qualificar o crime que consiste em exterminar, por razões político-ideológicas, não mais indivíduos ou grupos limitados de oponentes, mas partes inteiras da sociedade? É preciso inventar uma nova denominação? Alguns autores anglo-saxões pensam dessa forma, criando o termo "politicídio". Ou é preciso chegar, como o fazem os juristas tchecos, a qualificar os crimes cometidos pelos regimes comunistas como "crimes comunistas"?

O que se sabia dos crimes do comunismo? O que se queria saber? Por que foi preciso esperar o fim do século para que esse tema obtivesse o status de

---

[17] Vassili Grossman, *op. cit.*, pp. 140 e 150.

Os crimes do comunismo

objeto de ciência? Pois é evidente que o estudo do terror stalinista e comunista em geral, comparado ao estudo dos crimes nazistas, tem um enorme atraso a recuperar, mesmo que, no Leste, os estudos se multipliquem.

Um grande contraste não pode deixar de nos causar surpresa: foi com legitimidade que os vencedores em 1945 situaram o crime — e em particular o genocídio dos judeus — no centro de sua condenação ao nazismo. Numerosos pesquisadores em todo o mundo trabalham há décadas sobre essa questão. Milhares de livros lhe foram consagrados, dezenas de filmes, dos quais alguns muito famosos nos mais diferentes gêneros — *Noite e Neblina* ou *Shoah, A Escolha de Sofia* ou *A Lista de Schindler*. Raul Hilberg, para citarmos apenas um autor, fez da descrição detalhada das modalidades da matança aos judeus no III Reich[18] o centro de sua obra mais importante.

Ora, não existe um trabalho como esse sobre a questão dos crimes comunistas. Enquanto nomes como o de Himmler ou o de Eichman são conhecidos em todo o mundo como símbolos da barbárie contemporânea, os de Dzerjinski, Iagoda ou de Iejov são ignorados da maioria. Quanto a Lenin, Mao, Ho Chi Minh e o próprio Stalin, eles sempre foram tratados com uma surpreendente reverência. Um órgão do Estado francês, a Loto, chegou a ter a inconsciência de associar Stalin e Mao a uma de suas campanhas publicitárias! Quem teria a ideia de utilizar Hitler ou Goebbels numa operação semelhante?

A atenção excepcional concedida aos crimes hitleristas *é* perfeitamente justificada. Ela responde à vontade dos sobreviventes de testemunhar, dos pesquisadores de compreender e das autoridades morais e políticas de confirmar os valores democráticos. Mas por que os testemunhos dos crimes comunistas têm uma repercussão tão fraca na opinião pública? Por que o silêncio constrangido dos políticos? E, sobretudo, por que um silêncio "acadêmico" sobre a catástrofe comunista que atingiu, há aproximadamente 80 anos, um terço da espécie humana, sobre quatro continentes? Por que essa incapacidade de situar no centro da análise do comunismo um fator tão essencial quanto o crime, o crime de massa, o crime sistemático, o crime contra a humanidade? Estamos diante de uma impossibilidade de compreensão? Não se trata, antes, de uma recusa deliberada de saber, de um medo de compreender?

As razões dessa ocultação são múltiplas e complexas. Inicialmente, estava em jogo a vontade clássica e constante dos carrascos de apagar as marcas de seus crimes e de justificar o que eles não podiam esconder. O "relatório secreto" de Kruschev (1956), que se constituiu como o primeiro reconhecimento dos

---

[18] Raul Hilberg, *La Destruction des Juifs d'Europe*, Fayard, 1988.

32   *O Livro Negro do Comunismo*

crimes comunistas pelos próprios dirigentes comunistas, é também o relato de um carrasco que vai procurar mascarar e encobrir seus próprios crimes — como chefe do Partido Comunista ucraniano no auge do terror —, atribuindo-os somente a Stalin e valendo-se do fato de que obedecia a ordens; ocultar a maior parte do crime — ele fala somente das vítimas comunistas, bem menos numerosas do que todas as outras; atenuar o significado desses crimes — ele os qualifica como "abusos cometidos pelo regime stalinista"; e, enfim, justificar a continuidade do sistema com os mesmos princípios, as mesmas estruturas e os mesmos homens.

Kruschev nos dá um testemunho franco, relacionando as oposições com as quais ele se chocou ao preparar o "relatório secreto", particularmente no que diz respeito ao homem de confiança de Stalin: "Kaganovitch era de tal modo um adulador, que ele teria cortado a garganta de seu pai se Stalin assim o ordenasse com uma piscada de olhos, dizendo-lhe que era no interesse da Causa: a causa stalinista, é claro. [...] Ele argumentava contra mim por causa do medo egoísta de perder o pescoço. Ele obedecia ao desejo impaciente de fugir a toda responsabilidade. Se havia crimes, Kaganovitch queria somente uma coisa: estar certo de que suas marcas foram apagadas."[19] O fechamento absoluto dos arquivos dos países comunistas, o controle total da imprensa, da mídia e de todas as saídas para o exterior, a propaganda do "sucesso" do regime, toda essa máquina de ocultar informações visava, em primeiro lugar, impedir que viesse à luz a verdade sobre os crimes.

Não contentes em esconder seus delitos, os carrascos combateram por todos os meios aqueles que tentavam relatá-los. Pois alguns observadores e analistas tentaram esclarecer seus contemporâneos. Após a Segunda Guerra Mundial, isso foi particularmente claro em duas ocasiões na França. De janeiro a abril de 1949 teve lugar em Paris o processo que opôs Victor Kravchenko — um ex-alto funcionário soviético que havia escrito *J'ai choisi la liberté*, livro no qual era descrita a ditadura stalinista — ao jornal comunista dirigido por Louis Aragon, *Les Lettres Françaises,* que cobria Kravchenko de injúrias. Teve lugar também em Paris, de novembro de 1950 a janeiro de 1951, um outro processo entre *Les Lettres Françaises* (mais uma vez) e David Rousset, um intelectual, ex-trotskista, deportado da Alemanha pelos nazistas e que, em 1946, havia recebido o prêmio Renaudot por seu livro *L'Univers concentrationnaire*, Rousset convocara, em 12 de novembro de 1949, todos os antigos deportados dos campos nazistas para formar uma comissão de investigação sobre os campos soviéticos, sendo

---

[19] Nikita Kruschev, *Souvenirs*, Robert Laffont, 1971, p. 330.

Os crimes do comunismo

então violentamente atacado pela imprensa comunista, que negava a existência desses campos. Em seguida à convocação feita por Rousset, em 25 de fevereiro de 1950, num artigo do *Figaro littéraire* intitulado *"Pour l'enquête sur les camps soviétiques. Qui est pire, Satan ou Belzébuth?"*,* Margaret Buber-Neumann expunha sua dupla experiência de deportada dos campos nazistas *e* soviéticos.

Contra todos esses esclarecedores da consciência humana, os carrascos desenvolveram, num combate sistemático, todo o arsenal dos grandes Estados modernos, capazes de intervir no mundo inteiro. Eles procuraram desqualificá-los, desacreditá-los, intimidá-los. A. Soljenitsyne, V. Bukovsky, A. Zinoviev L. Plichki foram expulsos de seu país, Andre Sakharov foi exilado em Gorki, o general Piotr Grigorenko, abandonado num hospital psiquiátrico, Markov, assassinado com um guarda-chuva envenenado.

Diante de tal poder de intimidação e de ocultação, as próprias vítimas hesitavam em se manifestar, tornando-se incapazes de reintegrar a sociedade onde desfilavam seus delatores e carrascos. Vassili Grossman[20] narra essa desesperança. Ao contrário da tragédia dos judeus — em relação à qual a comunidade judia internacional encarregou-se da celebração dos mortos do genocídio —, durante muito tempo foi impossível às vítimas do comunismo e aos seus interessados manter uma memória viva da tragédia, estando proibido qualquer tipo de celebração ou demanda de reparação.

Quando não conseguiam manter a verdade escondida — a prática dos fuzilamentos, os campos de concentração, a fome imposta —, os carrascos tramavam a justificação dos fatos maquiando-os grosseiramente. Depois de terem reivindicado o terror, eles o erigiram como figura alegórica da revolução: "quando se corta a floresta, as farpas voam", "não se pode fazer uma omelete sem se quebrarem os ovos". A isto Vladimir Bukovski replicava ter visto os ovos quebrados, mas não ter nunca provado omeletes. Mas, sem dúvida, foi com a perversão da linguagem que se chegou ao pior. Por meio da magia vocabular, o sistema dos campos de concentração tornou-se obra de reeducação, e os carrascos, educadores aplicados em transformar os homens de uma sociedade antiga em "homens novos". Pedia-se, através da força, aos *zeks* — termo que designa os prisioneiros dos campos de concentração soviéticos — para que acreditassem num sistema que os subjugava. Na China, o interno na concentração é denominado "estudante": ele deve estudar o pensamento justo do partido e reformar o seu próprio pensamento imperfeito.

---

* Pela investigação dos campos soviéticos. Quem é pior, Satã ou Belzebu? [N. do T.]

[20] *Tout passe, op. cit.*, 1984.

Como acontece com frequência, a mentira não é, *stricto sensu*, o inverso da verdade, e toda mentira se apoia sobre elementos verdadeiros. As palavras pervertidas aparecem como uma visão deslocada que deforma a perspectiva de conjunto: somos confrontados a um astigmatismo social e político. Ora, é fácil corrigir a percepção deformada pela propaganda comunista, mas é muito difícil reconduzir aquele que percebeu erroneamente a uma concepção intelectual pertinente. A impressão primeira permanece e torna-se preconceito. Como fazem os praticantes do judô — e graças a sua incomparável potência propagandista, amplamente baseada na perversão da linguagem —, os comunistas utilizaram toda a força das críticas feitas aos seus métodos terroristas para retorná-las contra essas próprias críticas, reunindo, a cada vez, as fileiras de seus militantes e simpatizantes na renovação do ato de fé comunista. Assim, eles reencontraram o princípio primeiro da crença ideológica, formulada por Tertuliano, em sua época: "Creio porque é absurdo."

No contexto dessas operações de contrapropaganda, os intelectuais, literalmente, se prostituíram. Em 1928, Gorki aceitou ir em "excursão" às ilhas Solovki, um campo de concentração experimental que, através de suas "metástases" (Soljenitsyne), dará origem ao sistema do Gulag. Ele trouxe de lá um livro exaltando Solovki e o governo soviético. Henri Barbusse, escritor francês ganhador do Goncourt* de 1916, não hesitou, em troca de uma recompensa financeira, em exaltar o regime stalinista, publicando, em 1928, um livro sobre a "maravilhosa Geórgia" — onde, precisamente em 1921, Stalin e seu acólito Ordjonikidze se entregaram a uma verdadeira carnificina, e onde Beria, chefe do NKVD, se fazia notar por seu maquiavelismo e seu sadismo — e, em 1935, a primeira biografia oficiosa de Stalin. Mais recentemente, Maria-Antonietta Macciochi fez a apologia de Mao, Alain Peyrefitte lhe fez coro, enquanto Danielle Mitterrand passeava ao lado de Castro. Cupidez, apatia, vaidade, fascinação pela força e pela violência, paixão revolucionária: qualquer que seja a motivação, as ditaduras totalitárias sempre encontraram os bajuladores dos quais necessitavam, tanto a ditadura comunista quanto as outras.

Diante da propaganda comunista, o Ocidente mostrou-se durante muito tempo de uma cegueira excepcional, mantida tanto pela inocência em face de um sistema astuto, quanto pelo medo da potência soviética, sem falar do cinismo dos políticos e dos interesseiros. Cegueira presente em Yalta, quando o presidente Roosevelt deixou o Leste Europeu entregue a Stalin, contra a promessa, redigida de forma clara e limpa, de que ele organizaria eleições livres

---

* *Prix Goncourt*, grande prêmio de literatura na França. [N. do T.]

Os crimes do comunismo 35

na região o mais rapidamente possível. O realismo e a resignação estavam presentes em Moscou quando, em dezembro de 1944, o general de Gaulle trocou o abandono da infeliz Polônia ao Moloch pela garantia da paz social e política, assegurada pela volta de Maurice Thorez a Paris.

Cegueira que foi fortalecida, quase que legitimada, por uma crença — entre os comunistas ocidentais e muitos homens de esquerda — segundo a qual esses países estavam "construindo o socialismo", e que a utopia que nas democracias alimentava os conflitos sociais e políticos tornava-se "para eles" uma realidade cujo prestígio Simone Weil destacou: "Os trabalhadores revolucionários são felizes por terem um Estado por trás deles — um Estado que dá às suas ações esse caráter oficial, uma legitimidade, uma realidade que somente ele, o Estado, pode conferir, e que, ao mesmo tempo, está situado longe deles o suficiente para não causar-lhes desgosto".[21] O comunismo apresentava, então, sua face clara: ele se declarava Iluminado, inserido numa tradição de emancipação social e humana, de sonho da "igualdade real" e da "felicidade para todos" inaugurada por Gracchus Babeuf. É essa face luminosa que ocultava quase que totalmente a face das trevas.

À ignorância — desejada ou não — da dimensão criminosa do comunismo juntou-se, como sempre, a indiferença de nossos contemporâneos para com seus irmãos humanos. Não que o homem tenha o coração de pedra. Pelo contrário, em inúmeras situações-limite, ele mostra insuspeitadas fontes de solidariedade, de amizade, de afeição e mesmo de amor. Entretanto, como destaca Tzvetan Todorov, "a memória de nossos lutos nos impede de percebermos o sofrimento dos outros".[22] E, terminada a Primeira e, em seguida, a Segunda Guerra Mundial, que povo europeu ou asiático não estava ocupado em curar as chagas de inúmeros lutos? As dificuldades encontradas na própria França no afrontamento dos anos sombrios são suficientemente eloquentes. A história — ou melhor, a não história — da Ocupação continua a envenenar a consciência francesa. Acontece o mesmo, talvez com menos intensidade, com a história dos períodos "nazi" na Alemanha, "fascista" na Itália, "franquista" na Espanha, da guerra civil na Grécia etc. Nesse século XX de ferro e sangue, cada um esteve demasiadamente ocupado com suas próprias mazelas para poder compadecer-se das dos outros.

A ocultação da dimensão criminosa do comunismo remete, porém, a três razões específicas. A primeira refere-se ao apego à própria ideia da revolu-

---

[21] Simone Weil, *L'Enracinement*, Gallimard, 1949.

[22] Tzvetan Todorov, "La Morale de l'historien", colloque L'Homme, la langue, les camps, Paris IV-Sorbonne, maio de 1997.

ção. Ainda hoje, o luto dessa ideia, tal como ela foi preconizada nos séculos XIX e XX, está longe de terminar. Seus símbolos — bandeira vermelha, a Internacional, punho erguido — ressurgem por ocasião de todo movimento social importante. Che Guevara retorna à moda. Grupos declaradamente revolucionários permanecem ativos e se manifestam com toda legalidade, tratando com desprezo a menor reflexão crítica sobre os crimes dos seus predecessores e não hesitando em reiterar os velhos discursos justificativos de Lenin, de Trotski ou de Mao. Paixão revolucionária que não acometeu somente aos outros. Muitos dos próprios autores deste livro acreditaram durante algum tempo na propaganda comunista.

A segunda razão refere-se à participação dos soviéticos na vitória sobre o nazismo, o que permitiu aos comunistas mascarar sob um patriotismo intenso seus fins últimos, que visavam à tomada do poder. A partir de junho de 1941, os comunistas do conjunto dos países ocupados entraram numa resistência ativa — e com frequência armada — à ocupação nazista ou italiana. Do mesmo modo que os demais resistentes aos regimes de sujeição, eles tiveram de pagar o imposto da repressão, com milhares de fuzilados, massacrados, deportados. Eles se serviram desses mártires para sacralizar a causa do comunismo e proibir toda crítica a seu respeito. Além disso, no curso dos combates da Resistência, muitos dos não comunistas estabeleceram laços de solidariedade, de combate, de sangue com comunistas, o que impediu que muitos olhos se abrissem; na França, a atitude dos gaullistas foi com frequência comandada por essa memória comum e encorajada pela política do general de Gaulle que utilizava o contrapeso soviético diante dos americanos.[23]

A participação dos comunistas na guerra e na vitória sobre o nazismo fez triunfar definitivamente a noção de antifascismo como critério de verdade da esquerda, e, certamente, os comunistas se colocaram como os melhores representantes e os melhores defensores desse antifascismo. O antifascismo tornou-se um rótulo definitivo para o comunismo, sendo fácil, em nome do antifascismo, silenciar os recalcitrantes. François Furet escreveu páginas esclarecedoras sobre esse assunto crucial. Com o nazismo vencido, designado pelos Aliados como o "Mal Absoluto", o comunismo saltou quase que mecanicamente para o campo do Bem. O que ocorreu, evidentemente, na ocasião do processo de Nuremberg, quando os soviéticos estiveram sentados no banco da acusação. Assim, episódios embaraçosos para os valores democráticos foram escamoteados, tais

---

[23] Ver Pierre Nora, "Gaullistes et communistes", *Les Lieux de mémoire*, Gallimard, 1997, Quarto, vol. 2.

Os crimes do comunismo   37

como os pactos germano-soviéticos de 1939 ou o massacre de Katyn. A vitória sobre o nazismo deveria supostamente fornecer a prova da superioridade do sistema comunista. Na Europa libertada pelos anglo-americanos, ela teve, sobretudo, o efeito de suscitar um duplo sentimento de gratidão para com o Exército Vermelho (do qual não se teve que suportar a ocupação) e de culpa em face dos sacrifícios suportados pela população da URSS, sentimentos que a propaganda comunista não hesitou em manipular a fundo.

Paralelamente, as modalidades de "libertação" feitas pelo Exército Vermelho no Leste Europeu permanecem amplamente desconhecidas no Ocidente, onde os historiadores assimilaram dois tipos de "libertação" bastante diferentes: o primeiro deles conduzia à restauração das democracias, o outro abria caminho à instauração das ditaduras. Na Europa Central e no Leste Europeu, o sistema soviético postulava à sucessão do Reich de mil anos, e Witold Gombrowicz exprimiu em poucas palavras o drama desses povos: "O fim da guerra não trouxe libertação aos poloneses. Nesta triste Europa Central, significou somente a troca de uma noite por outra, dos carrascos de Hitler pelos de Stalin. No momento exato em que, nos cafés parisienses, as nobres almas saudavam com um canto radiante a 'emancipação do povo polonês do jugo feudal', na Polônia, o mesmo cigarro aceso simplesmente mudava de mão e continuava a queimar a carne humana[24]". Aqui reside a falha entre duas memórias europeias. Entretanto, certas obras revelaram rapidamente a maneira pela qual a URSS libertou do nazismo poloneses, alemães, tchecos e eslovacos.[25]

A última razão dessa ocultação é a mais sutil, e também a mais delicada a exprimir. Após 1945, o genocídio dos judeus apareceu como o paradigma da barbárie moderna, chegando mesmo a ocupar todo o espaço reservado à percepção do terror de massa no século XX. Após negarem, durante algum tempo, a especificidade da perseguição dos nazistas aos judeus, os comunistas compreenderam toda a vantagem que eles podiam tirar de um tal reconhecimento, reutilizando regularmente o antifascismo. O espectro do "animal imundo cujo ventre *é* ainda fecundo" — segundo a fórmula famosa de Bertolt Brecht — foi agitado com frequência, com ou sem motivo justificado. Mais recentemente, o fato de ter sido posta em evidência a "singularidade" no genocídio dos judeus, focalizando a atenção sobre sua atrocidade excepcional, também impediu que se percebessem outras realidades da mesma natureza no mundo comunista.

---

[24] Witold Gombrowicz, *Testament. Entretiens avec Dominique de Roux*, Folio, 1996, p. 109.

[25] *Cf.* Piotr Pigorov, *J'ai quitté ma patrie*, La Jeune Parque, 1952; ou Michel Koriakoff, *Je me mets hors la loi*, Éditions du Monde Nouveau, 1947.

38   *O Livro Negro do Comunismo*

Como imaginar que eles próprios, que tinham contribuído com sua vitória na destruição de um sistema de genocídio, pudessem também praticar os mesmos métodos? A reação mais corrente foi a recusa em admitir tal paradoxo.

A primeira grande virada no reconhecimento oficial dos crimes comunistas situa-se em 24 de fevereiro de 1956. Nessa noite, Nikita Kruschev, primeiro-secretário, vem à tribuna do XX Congresso do Partido Comunista da União Soviética, o PCUS. A sessão é a portas fechadas; somente os delegados do congresso estão presentes. Em silêncio absoluto, aterrorizados, eles escutam o primeiro-secretário do Partido destruir metodicamente a imagem do "pequeno pai dos povos", do "Stalin genial" que foi, durante 30 anos, o herói do comunismo mundial. Esse relato, conhecido como o "relatório secreto", constitui uma das inflexões fundamentais do comunismo contemporâneo. Pela primeira vez, um dirigente comunista do mais alto escalão reconheceu oficialmente, ainda que assistido somente pelos comunistas, que o regime que tomara o poder em 1917 cometera uma "deriva" criminosa.

As razões que levaram o "Senhor K" a quebrar um dos maiores tabus do regime soviético eram múltiplas. Seu principal objetivo era o de atribuir os crimes do comunismo somente a Stalin, circunscrevendo e extraindo o mal para poder salvar o regime. Também fazia parte de sua decisão a vontade de atacar o clã dos stalinistas que se opunham a seu poder em nome dos métodos de seu antigo chefe. Aliás, após o verão de 1957, esses homens foram demitidos de todas as suas funções. Contudo, pela primeira vez desde 1934, a "morte política" destes últimos não foi acompanhada da morte *real,* podendo-se inferir, através desse simples "detalhe", que as razões de Kruschev eram mais profundas. Ele, que tinha sido durante anos o grande chefe da Ucrânia e, por isso mesmo, havia conduzido e acobertado gigantescas chacinas, parecia cansado de todo esse sangue. Em suas memórias, onde, sem dúvida, tem o papel de mocinho, Kruschev relembra o que lhe passava pelo espírito: "O Congresso vai terminar; resoluções serão tomadas, todas para cumprir com as formalidades. Mas para quê? Aqueles que foram fuzilados às centenas de milhares permanecerão em nossas consciências[26]".

Ao mesmo tempo, ele censura duramente seus camaradas:

"O que faremos com os que foram detidos, assassinados? [...] Sabemos agora que as vítimas das repressões eram inocentes. Temos a prova irrefutável de que, longe de serem inimigos do povo, eram homens e mulheres honestos,

---

[26] Nikita Kruschev, *op. cit.*, p. 329.

Os crimes do comunismo

devotados ao Partido, à Revolução, à causa leninista da edificação do socialismo e do comunismo. [...] É impossível tudo esconder. Cedo ou tarde, os que estão na prisão, nos campos, sairão e retornarão a suas casas. Eles relatarão então aos seus parentes, seus amigos, seus camaradas o que lhes aconteceu. [...] É por isso que somos obrigados a confessar aos delegados tudo a respeito do modo como o Partido foi dirigido naqueles anos. [...] Como pretender nada saber do que acontecia? [...] Sabemos que reinava a repressão e a arbitrariedade no Partido, e devemos dizer ao Congresso o que sabemos. [...] Na vida de todos os que cometeram um crime, vem o momento em que a confissão assegura a indulgência, e mesmo a absolvição[27]".

Em alguns dos homens que haviam participado diretamente dos crimes perpetrados pelo regime stalinista — e que, em sua maioria, deviam sua promoção ao extermínio de seus predecessores na função — emergia um certo tipo de remorso; um remorso constrangido, é claro, um remorso interesseiro, um remorso político, mas, ainda assim, um remorso. Efetivamente, era preciso que alguém terminasse com o massacre; Kruschev teve essa coragem, mesmo não tendo hesitado, em 1956, em enviar uma frota de tanques soviéticos a Budapeste.

Em 1961, na ocasião do XXII Congresso do PCUS, Kruschev evocou não somente as vítimas comunistas, mas também todo o conjunto das vítimas de Stalin, chegando a propor que fosse erguido um monumento em memória delas. Sem dúvida, ele havia transposto o limite invisível além do qual o próprio princípio do regime estava posto em causa: o monopólio do poder absoluto reservado ao Partido Comunista. O monumento jamais veio à luz. Em 1962, o primeiro-secretário autorizou a publicação de *Une journée d'Ivan Denissovitch*, de Alexandre Soljenitsyne. Em 24 de outubro de 1964, Kruschev foi brutalmente demitido de todas as suas funções, mas ele tampouco foi assassinado, morrendo no anonimato em 1971.

Todos os analistas reconhecem a importância decisiva do "relatório secreto" que provocou a ruptura fundamental na trajetória do comunismo no século XX. François Furet, que justamente acabava de deixar o Partido Comunista Francês em 1954, escreve a este respeito: "Ora, eis que o 'relatório secreto' de fevereiro de 1956 transtorna de uma só vez, assim que ele veio a público, o estatuto da ideia comunista no universo. A voz que denuncia os crimes de Stalin não vem mais do Ocidente, mas de Moscou, e do santo dos santos de Moscou, o Kremlin. Não se trata mais de um comunista infringindo seu exílio, mas do primeiro dos comunistas no mundo, o chefe do Partido Comunista da União

---

[27] Nikita Kruschev, *op. cit.*, pp. 331-2.

Soviética. Então, em lugar de ser alvo das suspeitas que acometem os discursos dos ex-comunistas, esta voz está investida da autoridade suprema outorgada pelo sistema ao seu chefe. [...] O extraordinário poder do 'relatório secreto' sobre as consciências vem do fato de ele não ter contraditores[28]".

Desde o começo, o evento era tão paradoxal que numerosos contemporâneos haviam prevenido os bolcheviques contra os perigos de seus procedimentos. Desde 1917-1918 batiam-se no próprio interior do movimento socialista os que acreditavam no "grande clarão do Leste" e os que criticavam sem remissão os bolcheviques. A disputa recaía essencialmente sobre o método de Lenin: violência, crimes, terror. Enquanto, dos anos 1920 aos anos 1950, o lado sombrio da experiência bolchevique foi denunciado por numerosas testemunhas, vítimas, observadores qualificados, e também por incontáveis artigos e obras, foi preciso esperar que os próprios comunistas no poder reconhecessem essa realidade — ainda que de modo limitado — para que uma fração cada vez maior da opinião pública pudesse tomar conhecimento do drama. Reconhecimento enviesado, já que o "relatório secreto" abordava somente a questão das vítimas comunistas. Ainda assim, um reconhecimento que trazia a primeira confirmação de testemunhos e estudos anteriores, e que corroborava o que muitos desconfiavam havia bastante tempo: o comunismo tinha provocado na Rússia uma imensa tragédia.

Os dirigentes de muitos dos "partidos irmãos" não se persuadiram, de imediato, de que era preciso que se engajassem no caminho das revelações. Ao lado do precursor Kruschev, eles pareciam um tanto retardados: foi necessário esperar 1979 para que o Partido Comunista chinês distinguisse na política de Mao "grandes méritos" — até 1957 — e "grandes erros" em seguida. Os vietnamitas somente abordam essa questão à luz da condenação do genocídio perpetrado por Pol Pot. Quanto a Castro, ele nega as atrocidades cometidas sob sua égide.

Até então, a denúncia dos crimes comunistas vinha somente da parte dos seus inimigos, dos dissidentes trotskistas ou dos anarquistas; e ela não tinha sido particularmente eficaz. A vontade de testemunhar era tão forte nos sobreviventes dos massacres comunistas quanto nos sobreviventes dos massacres nazistas. Mas eles foram muito pouco — ou quase nada — escutados, em particular na França, onde a experiência concreta do sistema de campos de concentração soviético só afetou diretamente a grupos restritos, tais como os

---

[28] François Furet, *Le Passé d'une illusion. Essai sur l'idée communiste au XXe siècle*, Robert Laffont/Calmann-Lévy, 1995, p. 513.

Malgré-nous da Alsácia-Lorena.[29] Na maior parte das vezes, os testemunhos, as erupções de memória, os trabalhos das comissões independentes criadas sob a iniciativa de algumas pessoas — assim como a *Commission Internationale sur le régime concentrationnaire,* de David Rousset, ou a *Commission pour la vérité sur les crimes de Staline** — foram encobertos pelo tamanho da verba para a propaganda comunista, acompanhado por um silêncio covarde ou indiferente. Esse silêncio, que sucede geralmente a algum momento de sensibilização provocado pela emergência de uma obra — *L'Archipel du Goulag,* de Soljenitsyne — ou de um testemunho mais incontestável do que outros — *Les Récits de la Kolyma,* de Varlam Chalamov,[30] ou *L'Utopie meurtrière,* de Pin Yathay[31] —, mostra uma resistência própria aos vários e diferentes segmentos das sociedades ocidentais no que diz respeito ao fenômeno comunista; eles se recusam, até o momento, a encarar a realidade: o sistema comunista comporta, ainda que em graus diversos, uma dimensão fundamentalmente criminosa. Com esta recusa, as sociedades participaram da mentira, no sentido aludido por Nietzsche: "Recusar-se a ver algo que se vê; recusar-se a ver algo como se vê."

A despeito de todas essas dificuldades na abordagem da questão, vários observadores tentaram a empreitada. Dos anos 1920 aos anos 1950 — na falta de dados mais confiáveis, cuidadosamente dissimulados pelo regime soviético — a pesquisa repousava essencialmente sobre os testemunhos dos desertores. Suscetíveis de estarem imbuídos de um espírito vingativo, ou difamatório, ou ainda de serem manipulados por um poder anticomunista, esses testemunhos — passíveis de contestação pelos historiadores, como todo testemunho — eram frequentemente desconsiderados pelos bajuladores do comunismo. O que se poderia pensar, em 1959, da descrição do Gulag feita por um desertor dos altos escalões da KGB, tal como ela fora recuperada no livro de Paul Barton?[32] E o que pensar de Paul Barton, ele próprio um exilado tcheco, cujo verdadeiro nome é Jiri Veltrusky, um dos organizadores da insurreição antinazista de 1945 em Praga, obrigado a fugir de seu país em 1948? Ora, a confrontação com os arquivos doravante abertos mostra que essa informação era perfeitamente confiável.

---

[29] *Cf.* Pierre Rigoulot, *Les Français au Goulag,* Fayard, 1984; e, sobretudo, Jacques Rossi, *Le Goulag de À à Z,* Le Cherche Midi, 1997.

* Respectivamente: Comissão Internacional Sobre os Regimes dos Campos de Concentração e Comissão Pela Verdade Sobre os Crimes de Stalin. [N. do T.]

[30] Varlam Chalamov, *Récits de la Kolyma,* F. Maspero, 1980, reed. La Découverte/Fayard, 1986.

[31] Pin Yathay, *L'Utopie meurtrière,* Robert Laffont, 1980.

[32] Paul Barton, *L'Institution concentrationnaire en Russie, 1930-1957,* Plon, 1959.

O Livro Negro do Comunismo

Nos anos 1970 e 1980, a grande obra de Soljenitsyne — *L'Archipel du Goulag*, e depois o ciclo dos "Nós" da Revolução Russa — provocou um verdadeiro choque na opinião pública. Sem dúvida, um efeito produzido muito mais pela literatura, pelo cronista genial, do que por uma tomada de consciência geral do horrível sistema por ele descrito. Entretanto, Soljenitsyne encontrou dificuldades em perfurar a crosta da mentira, chegando a ser comparado, em 1975, por um jornalista de um grande jornal francês, a Pierre Laval, Doriot e Déat, "que acolhiam os nazistas como libertadores".[33] Seu testemunho foi, todavia, decisivo para uma primeira tomada de consciência, assim como o de Chalamov sobre a Kolyma, ou o de Pin Yathay sobre o Camboja. Mais recentemente, Vladimir Bukovski, uma das principais figuras da dissidência soviética no período Brejnev, ergueu um novo grito de protesto que reclamava, sob o título *Jugement à Moscou*,[34] a instauração de um novo tribunal de Nuremberg para julgar as atividades criminosas do regime; seu livro foi recebido no Ocidente com grande sucesso de crítica, mas não de público. Simultaneamente, vemos as publicações que tentam a reabilitação de Stalin[35] florescerem.

Que motivação pode encorajar, no fim de século XX, a exploração de um domínio tão trágico, tão tenebroso, tão polêmico? Hoje, não somente os arquivos confirmam a exatidão desses testemunhos, como também permitem ir muito mais adiante. Os arquivos internos do sistema de repressão da ex-União Soviética, das ex-democracias populares e do Camboja evidenciam uma realidade aterradora: o caráter maciço e sistemático do terror, que, em vários casos, conduziu ao crime contra a humanidade. Chegou o momento de abordar de maneira científica — documentada por fatos incontestáveis, e livre das implicações político-ideológicas que a sobrecarregavam — a questão recorrente que todos os observadores se puseram: que lugar ocupa o crime no sistema comunista?

Nessa perspectiva, qual pode ser a nossa contribuição específica? Procuramos utilizar procedimentos que respondam, em primeiro lugar, a um dever para com a história. Nenhum tema é tabu para o historiador, e as implicações e pressões de todo tipo — políticas, ideológicas, pessoais — não devem impedi-lo de seguir o caminho do conhecimento, da exumação e da interpretação dos

---

[33] Bernard Chapuis, *Le Monde*, 3 de julho de 1975.

[34] Vladimir Boukovski, *Jugement à Moscou*, Robert Laffont, 1995.

[35] Ver, por exemplo, o livro de Ludo Martens, *Un autre regard sur Staline* (EPO,1994, pp. 350), vendido na Cidade dos livros da Festa da *Humanidade* 1997. Já num estilo um pouco menos hagiográfico, Lilly Marcou publicou *Staline, vie privée*, Calmann-Lévy, 1996.

Os crimes do comunismo

43

fatos, sobretudo quando estes estiveram por um longo tempo voluntariamente enterrados no segredo dos arquivos e das consciências. Ora, a história do terror comunista constitui-se como um dos maiores panos de fundo da história europeia, sustentando com firmeza os dois extremos da grande questão historiográfica do totalitarismo. Este último teve uma versão hitlerista como também as versões leninista e stalinista, não sendo mais aceitável elaborar uma história hemiplégica, que ignore a vertente comunista. Do mesmo modo, a posição defensiva que consiste em reduzir a história do comunismo unicamente a sua dimensão nacional, social e cultural é insustentável. Sobretudo porque o fenômeno totalitário não se limitou à Europa e ao episódio soviético. Ela compreende também a China maoista, a Coreia do Norte, o Camboja de Pol Pot. Cada comunismo nacional esteve ligado por algum tipo de cordão umbilical à matriz russa e soviética, o que também contribuiu para o progresso desse movimento mundial. A história com a qual nos confrontamos é a de um fenômeno que se desenvolveu em todo o mundo e que diz respeito a toda a humanidade.

O segundo dever ao qual responde esta obra é o de um dever para com a memória. É uma obrigação moral honrar a memória dos mortos, sobretudo quando são vítimas inocentes e anônimas do Moloch conduzido por um poder absoluto que procurou, inclusive, apagar a sua própria lembrança. Após a queda do Muro de Berlim e o desmoronamento do centro do poder comunista em Moscou, a Europa, continente matricial das experiências trágicas do século XX, está prestes a recompor uma memória comum; podemos, por nossa parte, dar a nossa contribuição. Os próprios autores deste livro são portadores dessa memória: um mais ligado à Europa Central devido a sua vida profissional; outro, às ideias e práticas revolucionárias, em seus engajamentos contemporâneos a 1968 ou mesmo mais recentes.

Esse duplo dever, para com a memória e a história, inscreve-se nos mais diversos contextos. Para alguns, ele se refere a países onde o comunismo praticamente nunca pesou, nem sobre a sociedade nem sobre o poder: Grã-Bretanha, Áustria, Bélgica etc. Para outros, ele se manifesta em países onde o comunismo foi uma potência temida — como nos Estados Unidos após 1946 —, ou temerária, mesmo não tendo jamais chegado ao poder — como na França, Itália, Espanha, Grécia, Portugal. Do mesmo modo, ele se impõe com força nos países onde o comunismo perdeu o poder que detivera por várias décadas — Leste Europeu, Rússia. Por fim, sua pequena chama vacila em meio ao perigo nos lugares onde o comunismo ainda está no poder — China, Coreia do Norte, Cuba, Laos, Vietnã.

De acordo com essas situações, a atitude dos contemporâneos diante da história e da memória é distinta. Nos dois primeiros casos, eles se ligam a um procedimento relativamente simples de conhecimento e de reflexão. No terceiro caso, há um confronto com as necessidades da reconciliação nacional, havendo ou não o castigo dos carrascos; a esse respeito, a Alemanha reunificada oferece, sem dúvida, o exemplo mais surpreendente e "milagroso" — basta considerar o exemplo do desastre da Iugoslávia. Mas a ex-Tchecoslováquia — que se tornou República Tcheca e Eslováquia —, a Polônia e o Camboja se chocam do mesmo modo com os tormentos da memória e da história do comunismo. Um certo grau de amnésia, espontânea ou oficial, pode parecer indispensável à cura das feridas morais, psíquicas, afetivas, pessoais, coletivas, provocadas por meio século ou mais de comunismo Nos lugares onde o comunismo continua no poder, os carrascos e seus herdeiros ou organizam uma denegação sistemática — como em Cuba ou na China — ou talvez até continuem a reivindicar o terror como modo de governo — como na Coreia do Norte.

Esse dever para com a história e a memória tem, incontestavelmente, um alcance moral. Alguns poderiam nos censurar: "Quem os autoriza a dizer o que é o Bem e o que é o Mal?"

Segundo critérios que lhe são próprios, é exatamente esse o efeito pretendido pela Igreja Católica quando, com poucos dias de intervalo, o Papa Pio XI condenou, em duas encíclicas distintas, o nazismo — *Mit Brennender Sorge*, de 14 de março de 1937 — e o comunismo — *Divini redemptoris*, de 19 de março de 1937. Esta última afirmava que Deus havia dotado o homem de prerrogativas: "o direito à vida, à integridade do corpo e aos meios necessários à existência; o direito de se dirigir ao seu fim último na via traçada por Deus; o direito de associação, de propriedade e o direito de usufruir dessa propriedade." Mesmo que possamos denunciar uma certa hipocrisia da Igreja que caucionava o enriquecimento excessivo de uns através da exploração de outros, o seu apelo em favor da dignidade humana não é desprovido de importância.

Já em 1931, na encíclica *Quadragésimo Anno*, Pio XI havia escrito: "O comunismo tem em seu ensinamento e em sua ação um duplo objetivo, que são perseguidos não em segredo, ou por vias indiretas, mas abertamente, à luz do dia e por todos os meios, mesmo os mais violentos: uma luta de classes implacável e a desaparição completa da propriedade privada. Na perseguição desse objetivo, não há nada que ele não ouse, nada que ele respeite; nos lugares onde tomou o poder, ele se mostra selvagem e desumano com tanta intensidade que temos dificuldades em crer, chegando mesmo a nos parecer inexplicável, como atestam os terríveis massacres e as ruínas por ele acumuladas nos imen sos países da Europa Oi :ntal e da Ásia." A advertência ganhava pleno sentido por vir de uma instituição que havia, durante vários séculos e em nome da fé, justificado o massacre dos Infiéis, desenvolvido a Inquisição, amordaçado a liberdade de pensamento e que iria apoiar os regimes ditatoriais, como os de Franco ou Salazar.

Contudo, se a Igreja cumpria seu papel de censor moral, qual deve ser, ou melhor, qual pode ser o discurso do historiador diante do relato "heroico" dos partidários do comunismo, ou do relato patético de suas vítimas? Em suas *Memórias de Além-Túmulo*, François René de Chateaubriand escreve: "Quando, no silêncio da abjeção, não escutamos mais repercutir senão a corrente do escravo e a voz do delator; quando tudo treme diante do tirano, e que é tão perigoso expormo-nos a seu favor quanto merecer sua desgraça, o historiador aparece, encarregado da vingança dos povos. A prosperidade de Nero é vã, Tácito já nasceu sob o império."[36] Longe de nós a ideia de nos instituirmos como defensores da enigmática "vingança dos povos", à qual Chateaubriand já não mais crê no fim de sua vida; mas, em sua modéstia, o historiador torna-se, quase que contra a sua própria vontade, o porta-voz daqueles que, por causa do terror, se viram na impossibilidade de dizer a verdade sobre a sua condição. Ele se faz presente para trabalhar com o conhecimento; sua primeira tarefa é estabelecer fatos e elementos de verdade que se tornarão conhecimento. Além disso, sua relação com a história do comunismo é particular: ele é obrigado a ser o historiógrafo da mentira. Mesmo que a abertura dos arquivos lhe forneça materiais indispensáveis, ele deve se preservar de toda ingenuidade, já que um grande número de questões complexas se apresentam como objeto de contro-vérsias que não estão de modo algum isentas de segundas intenções. Todavia, este conhecimento histórico não se pode abster de um juízo que responda a alguns valores fundamentais: o respeito às regras da democracia representativa e, sobretudo, o respeito à vida e à dignidade humana. É através deste parâmetro que o historiador emite um "juízo" sobre os atores da história.

Um motivo pessoal juntou-se às razões gerais para empreender esse traba-lho sobre memória e sobre história. Alguns dos autores do livro nem sempre estiveram alheios à fascinação exercida pelo comunismo. Por vezes, eles foram participantes, dentro dos limites de cada um, do sistema comunista, seja em sua versão ortodoxa leninista-stalinista, seja em versões anexas e dissidentes (trotskista, maoista). Se eles permanecem ligados à esquerda — e porque eles

---

[36] François-René de Chateaubriand, *Mémoires d'Outre-tombe*, Paris, Gallimard, édition Quarto, 1997.

46   *O Livro Negro do Comunismo*

permanecem ligados à esquerda — é preciso que eles reflitam sobre as razões desta cegueira. Essa reflexão também seguiu os caminhos do conhecimento, balizados pela escolha dos respectivos temas de estudo, pelas publicações científicas próprias e pelas participações de cada um nas revistas *La Nouvelle Alternative* e *Communisme*. O presente livro não é senão um momento dessa reflexão. Se seus autores a conduzem incansavelmente, é por terem a consciência de que não se pode deixar a uma extrema direita cada vez mais presente o privilégio de dizer a verdade; é em nome dos valores democráticos, e não dos ideais nacional-fascistas, que se devem analisar e condenar os crimes do comunismo.

Essa abordagem implica um trabalho comparativo, da China à URSS, de Cuba ao Vietnã. Ora, não dispomos, até o momento, de uma qualidade homogênea na documentação. Em alguns casos, os arquivos estão abertos — ou entreabertos — enquanto em outros, não. Isto não nos pareceu uma razão suficiente para adiar o trabalho; sabemos o bastante, de fonte "segura", para nos lançarmos num empreendimento que, embora não tenha nenhuma pretensão de ser exaustivo, quer ser pioneiro e deseja inaugurar um vasto campo para a pesquisa e a reflexão. Empreendemos, assim, uma primeira verificação de um número máximo de fatos, uma primeira aproximação que deverá instigar, com o tempo, muitos outros trabalhos. Mas é preciso começar, considerando apenas os fatos mais claros, mais incontestáveis, mais graves.

Nosso trabalho contém muitas palavras e poucas imagens. Atingimos aqui um dos pontos sensíveis da ocultação dos crimes do comunismo: numa sociedade mundial supermidiatizada, em que a imagem — fotografada ou televisionada — será em breve a única a merecer crédito da opinião pública, dispomos tão somente de algumas e raras fotos de arquivo sobre o Gulag ou o Laogai,* nenhuma foto sobre a deskulakização ou sobre a fome do Grande Salto Adiante. Os vencedores de Nuremberg puderam fotografar e filmar à vontade os milhares de cadáveres do campo de Bergen-Belsen, onde também foram encontradas fotos tiradas pelos próprios carrascos, como aquela de um alemão abatendo com um tiro de fuzil à queima-roupa uma mulher com seu filho nos braços. Nada igual ocorreu no mundo comunista, onde o terror era organizado no mais estrito segredo.

Que o leitor não se contente apenas com os poucos documentos iconográficos reunidos aqui. Que ele consagre o tempo necessário para tomar co-

---

* Nome dado aos campos de concentração para trabalhos forçados na China e no Tibet. [N. do T.]

Os crimes do comunismo

nhecimento, página por página, do calvário sofrido por milhões de homens. Que ele faça o esforço de imaginação indispensável para compreender o que foi essa imensa tragédia que vai continuar a marcar a história mundial pelas décadas vindouras. Então, a ele será apresentada a questão principal: por quê? Por que Lenin, Trotski, Stalin e os outros julgaram necessário exterminar todos aqueles que eram designados como "inimigos"? Por que eles se autorizaram a infringir o código não escrito que rege a vida da Humanidade: "Não matarás"? Tentamos responder a esta questão no fim deste livro.

PRIMEIRA PARTE

UM ESTADO CONTRA O POVO

Violência, repressão e terror na União Soviética

por Nicolas Werth

ARQUIPÉLAGO

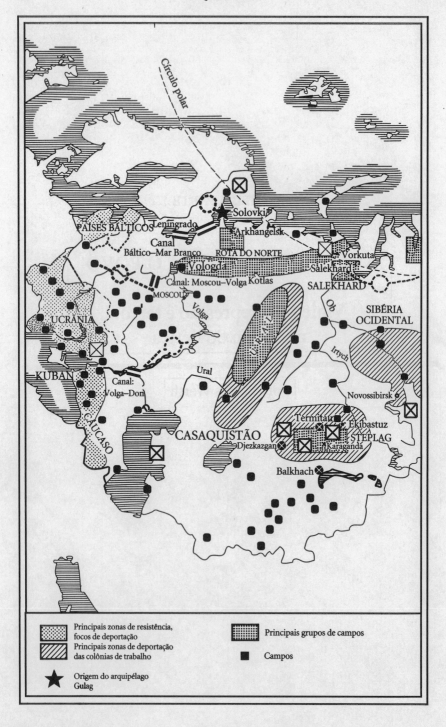

GULAG

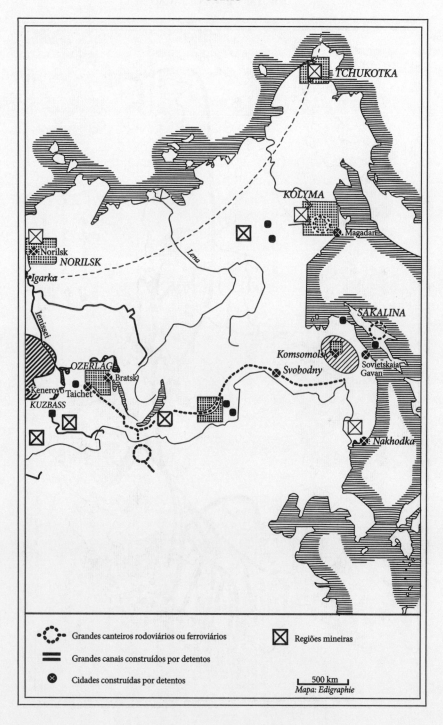

Mapa: Edigraphie

AS ROTAS DE DEPORTAÇÃO

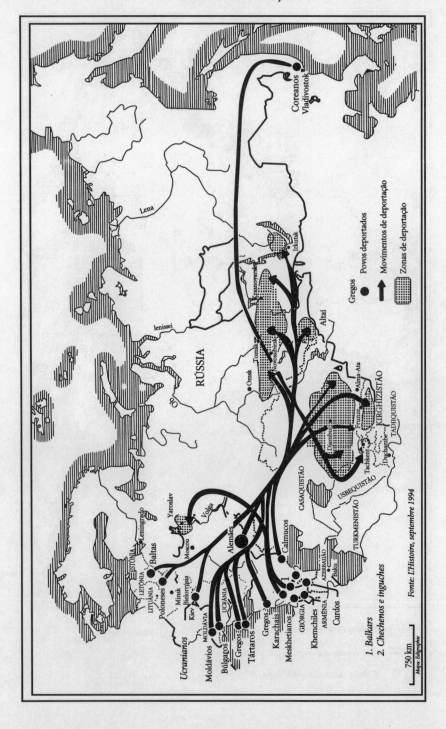

Fonte: *L'Histoire*, septembre 1994

ARQUIPÉLAGO DE OZERLAG

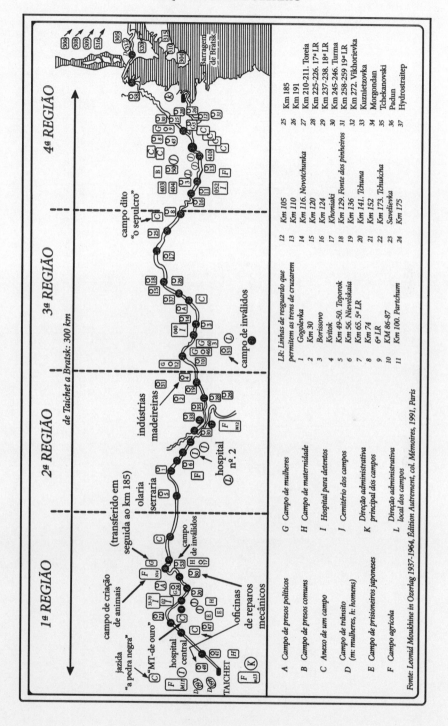

1
Paradoxos e equívocos de Outubro

"Com a queda do comunismo, desapareceu a necessidade de demonstrar o caráter 'historicamente inelutável' da *Grande Revolução Socialista de Outubro*. Enfim, 1917 podia tornar-se um objeto histórico 'normal'. Infelizmente, nem os historiadores nem, sobretudo, nossa sociedade estão prontos para romper com o mito fundador do ano zero, o ano em que tudo teria começado: a felicidade ou a infelicidade do povo russo."

Essas afirmações de um historiador russo contemporâneo ilustram uma permanência: 80 anos após o evento, a "luta pelo relato" de 1917 continua.

Para uma primeira escola histórica, que poderíamos chamar de "liberal", a Revolução de Outubro foi apenas um *putsch* imposto com violência a uma sociedade passiva, resultado de uma habilidosa conspiração tramada por um punhado de fanáticos cínicos e disciplinados, desprovidos de qualquer real sustentação no país. Hoje, quase todos os historiadores russos, assim como as elites cultas e os dirigentes da Rússia pós-comunista, adotaram como sua essa vulgata liberal. Privada de toda densidade social e histórica, a Revolução de Outubro de 1917 *é* revista como um acidente que desviou de seu curso natural a Rússia pré-revolucionária, uma Rússia rica, laboriosa e a caminho da democracia. A ruptura simbólica com o "monstruoso parêntese do sovietismo" — aclamada tão alto e forte quanto na realidade perdura uma notável continuidade das elites dirigentes, todas pertencentes à *nomenklatura* comunista — apresenta um trunfo de grande importância: o de libertar a sociedade russa do peso da culpa, do pesado arrependimento durante os anos da *perestroika*, marcados pela dolorosa redescoberta do stalinismo. Se o Golpe de Estado bolchevique de 1917 não foi senão um acidente, então o povo russo foi apenas uma vítima inocente.

Diante dessa interpretação, a historiografia soviética tentou demonstrar que Outubro de 1917 havia sido a conclusão lógica, previsível e inevitável de um itinerário libertador, conscientemente empreendido pelas "massas" aliadas ao bolchevismo. Em seus vários avatares, essa corrente historiográfica amalgamou a "luta pelo relato" de 1917 à questão da legitimidade do regime soviético.

Se a Grande Revolução Socialista de Outubro foi a realização do sentido da História, um evento portador de uma mensagem de emancipação dirigida aos povos do mundo inteiro, então o sistema político, as instituições e o Estado dela oriundos permaneciam legítimos, apesar de todo e qualquer erro que o stalinismo possa ter cometido. Naturalmente, o desmoronamento do regime soviético acarretou uma completa deslegitimação da Revolução de Outubro de 1917 e a desaparição da vulgata marxizante, devolvida, retomando uma célebre frase do bolchevismo, "ao lixo da História". Contudo, do mesmo modo que a memória do medo, a memória dessa vulgata continua viva, com uma intensidade tão grande, ou talvez ainda maior no Ocidente do que na ex-URSS.

Rejeitando a vulgata liberal e a vulgata marxista, uma terceira corrente historiográfica esforçou-se para "desideologizar" a história da Revolução Russa, procurando compreender, conforme escreveu Marc Ferro, como "a insurreição de Outubro de 1917 havia sido ao mesmo tempo um movimento de massa e [que] apenas poucos tinham participado dela". Entre as numerosas questões feitas pelos vários historiadores que recusam a representação simplista da historiografia liberal, hoje em dia predominante a respeito de 1917, figuram algumas questões decisivas. Qual foi o papel representado pela militarização da economia e pela brutalização das relações sociais consecutivas à entrada do Império Russo na Primeira Guerra Mundial? Houve a emergência de uma violência social específica que preparava o terreno de uma violência política exercida em seguida contra a sociedade? Como uma revolução popular e plebeia, profundamente antiautoritária e antiestatal, conduziu ao poder o grupo político mais ditatorial e mais estatizante? Que ligação se pode estabelecer entre a inegável radicalização da sociedade russa no decorrer de 1917 e o bolchevismo?

Com o decorrer dos anos e graças aos numerosos trabalhos de uma historiografia conflituosa — intelectualmente estimulante, portanto —, a Revolução de Outubro de 1917 surge como a convergência entre dois eventos: a tomada do poder político, fruto de um minucioso preparo insurrecional, por um partido que se distingue radicalmente, em suas práticas, sua organização e sua ideologia, de todos os outros atores da revolução; uma vasta revolução social, multiforme e autônoma. Essa revolução social manifesta-se nos mais diversos aspectos: inicialmente, uma enorme rebelião camponesa, amplo movimento de fundo enraizado numa longa história, marcada não somente pelo ódio aos proprietários de terras, mas também por uma profunda desconfiança dos camponeses em relação à cidade, ao mundo exterior, em relação a toda ingerência estatal.

Assim, o verão e o outono de 1917 surgem como a conclusão, enfim vitoriosa, de um grande ciclo de revoltas que começou em 1902 e que teve seu primeiro ponto culminante em 1905-1907. O ano de 1917 é uma etapa decisiva da grande revolução agrária, da disputa entre os camponeses e os grandes proprietários pela apropriação das terras e pela realização da tão esperada "partilha negra", a partilha de todas as terras em função do número de bocas a serem alimentadas em cada família. Mas é também uma etapa importante da disputa entre os camponeses e o Estado pela rejeição de toda a tutela das cidades sobre o campo. Sob esse aspecto, 1917 é apenas uma das marcas dentro do ciclo de confrontos que culminará em 1918-1922 e depois nos anos 1929-1933, terminando-se com a derrota total do mundo rural, cortado junto à raiz pela coletivização forçada da terra.

Paralelamente à revolução camponesa, assistimos, no decorrer de 1917, à profunda decomposição do exército formado por cerca de dez milhões de camponeses-soldados, mobilizados havia mais de três anos para uma guerra de cujo sentido eles nada compreendiam; quase todos os generais lamentavam a falta de patriotismo desses soldados-camponeses, pouco integrados politicamente à nação, e cujo horizonte cívico não ia muito além de sua comunidade rural.

Um terceiro movimento de fundo refere-se a uma minoria social que mal representava 3% da população economicamente ativa, mas uma minoria politicamente eficiente, bastante concentrada nas grandes cidades do país, o mundo operário. Esse meio, que condensava todas as contradições sociais da modernização econômica encaminhada havia apenas uma geração, deu origem a um movimento especificamente reivindicador e operário, a partir das palavras de ordem autenticamente revolucionárias — o "controle operário" e o "poder aos sovietes".

Enfim, um quarto movimento se esboça através da rápida emancipação das nacionalidades e dos povos alógenos do ex-Império Czarista, exigindo sua autonomia e também sua independência.

Cada um desses movimentos tem sua própria temporalidade, sua dinâmica interna, suas aspirações específicas, que, evidentemente, não poderiam ser reduzidas nem aos slogans nem à ação política do Partido Bolchevique. No decorrer de 1917, esses movimentos agem também como *forças corrosivas* que contribuem poderosamente para a destruição das instituições tradicionais e, de modo geral, de todas as formas de autoridade. Durante um breve mas decisivo instante — o fim do ano de 1917 — a ação dos bolcheviques, minoria política que agia no vazio institucional reinante, vai ao encontro das aspirações da maioria, ainda que os objetivos a médio e longo prazos sejam diferentes para uns e para outros. Momentaneamente, o Golpe de Estado político e a revolução social convergem ou, com mais exatidão, interpenetram-se, antes de virem a divergir durante as décadas de ditadura.

Os movimentos sociais e nacionais eclodidos no outono de 1917 desenvolveram-se em favor de uma conjuntura bastante particular, combinando, numa situação de guerra total — ela própria fonte de regressão e de brutalização generalizadas, crise econômica, transformação das relações sociais e falência do Estado.

Longe de dar um novo impulso ao regime czarista, reforçando a coesão, ainda bastante imperfeita, do corpo social, a Primeira Guerra Mundial agiu como um formidável Revelador da fragilidade de um regime autocrático, já muito abalado pela Revolução de 1905-1906 e enfraquecido por uma política inconsequente que alternava concessões insuficientes e retomada do conservadorismo. A guerra acentuou igualmente as fraquezas de uma modernização econômica inacabada, dependente do afluxo regular de capitais, de especialistas e de tecnologias estrangeiras. Ela reativou a fratura profunda entre a Rússia urbana, industrial e governante e a Rússia rural, politicamente desintegrada e ainda amplamente fechada em suas estruturas locais e comunitárias.

Como os outros beligerantes, o governo czarista previra que a guerra seria de curta duração. O fechamento dos estreitos e o bloqueio econômico da Rússia revelaram de forma brutal a dependência do império para com seus fornecedores estrangeiros. A perda das províncias ocidentais, invadidas pelos exércitos alemães e austro-húngaros desde 1915, privou a Rússia dos produtos da indústria polonesa, uma das mais desenvolvidas do império. A economia nacional não resistiu muito tempo à continuação da guerra: a partir de 1915, o sistema de transportes ferroviários desorganizou-se, devido à falta de peças de reposição. A reconversão da maior parte das fábricas para fins militares quebrou o mercado interior. Decorridos alguns meses, faltaram produtos manufaturados à retaguarda e o país instalou-se na penúria e na inflação. No, campo, a situação rapidamente se degradou: o violento corte no crédito e no remembramento agrícola, a mobilização maciça de homens no exército, as requisições de cereais e de arrendamento do gado, a penúria de bens manufaturados e o rompimento dos circuitos de trocas entre cidades e campo detiveram francamente os processos de modernização das propriedades rurais, preparados com sucesso, desde 1906, pelo primeiro-ministro Piotr Stolypine, assassinado em 1910. Três anos de guerra reforçaram a percepção camponesa do Estado como força hostil e estrangeira. As afrontas cotidianas de um exército em que o soldado era tratado mais como um servo do que como um cidadão exacerbaram as tensões entre os combatentes e oficiais enquanto as derrotas minavam o que sobrava do prestígio de um regime imperial demasiadamente longo. O antigo fundo de arcaísmo e violência — sempre presente no campo e que já havia demonstrado sua força durante as grandes insurreições dos anos 1902-1906 — saiu reforçado dessa guerra.

Paradoxos e equívocos de Outubro 59

Desde o fim de 1915, o poder não dominava mais a situação. Diante da passividade do regime, viu-se por todo o país a organização de associações e comitês encarregados da gestão de um cotidiano que o Estado parecia não poder mais assegurar: cuidar dos feridos, abastecer as cidades e o exército. O povo russo começou a se autogovernar; um grande movimento vindo das entranhas da sociedade, cuja importância não fora até então calculada, se pusera em movimento. Mas, para que esse movimento vencesse as forças corrosivas que estavam também ativas, teria sido necessário que o poder o encorajasse, e que lhe estendesse a mão.

Ora, em lugar de construir uma ponte entre o poder e os elementos mais progressistas da sociedade civil, Nicolau II agarrou-se à utopia monárquico-populista do "papaizinho-czar-comandando-o-exército-de-seu-belo-povo-camponês". Ele assumiu pessoalmente o comando supremo dos exércitos, ato suicida para a autocracia em plena derrocada nacional. Isolado em seu trem especial no quartel-general de Mogilev, Nicolau II deixou, de fato, de dirigir o país a partir do outono de 1915, confiando-o a sua esposa, a imperatriz Alexandra, muito impopular por ser de origem alemã.

No decorrer de 1916, o poder pareceu dissolver-se. A Duma, única assembleia eleita, era tão pouco representativa, que se reunia apenas algumas semanas por ano; governantes e ministros se sucediam, todos igualmente incompetentes e impopulares. O rumor público acusava o influente corrilho dirigido pela imperatriz e por Rasputin de abrir conscientemente o território nacional à invasão inimiga. Tornava-se manifesto que a autocracia não era mais capaz de conduzir a guerra. No fim de 1916, o país tornou-se ingovernável. Em uma atmosfera de crise política, ilustrada pelo assassinato de Rasputin no dia 31 de dezembro, as greves, reduzidas a um número insignificante no início da guerra, retomaram sua força. O tumulto alcançou o exército; a desorganização total dos transportes interrompeu todo o sistema de abastecimento. Um regime ao mesmo tempo desacreditado e enfraquecido foi surpreendido pela chegada dos dias de fevereiro de 1917.

A queda do regime czarista, vencido ao fim de cinco dias de manifestações de operários e da amotinação de vários milhares de homens da guarnição de Petrogrado,* revelou não somente a fraqueza do czarismo e o estado de decomposição do exército ao qual o estado-maior não ousou apelar para dominar o levante popular, como também o despreparo político de todas as forças de

---

* Nome dado em 1914 à cidade de São Petersburgo, antiga capital da Rússia, mudado em 1924 para Leningrado, que se tornou novamente São Petersburgo a partir de 1992. [N. do T.]

oposição, profundamente divididas, desde os liberais do Partido Constitucional Democrata até os social-democratas.

Em nenhum momento dessa revolução popular espontânea, iniciada nas ruas e terminada nos gabinetes silenciosos do palácio de Taurida, sede da Duma, as forças políticas da oposição conduziram o movimento. Os liberais tinham medo das ruas; quanto aos partidos socialistas, eles temiam uma reação militar. Entre os liberais, inquietos com a extensão dos tumultos, e os socialistas, para quem o momento era manifestamente favorável à revolução "burguesa" — primeira etapa de um longo processo que poderia, com o passar do tempo, abrir caminho a uma revolução socialista —, engajaram-se negociações que culminaram, após longos arranjos, na fórmula inédita de um poder duplo. O primeiro, o governo provisório, um poder preocupado com a ordem, cuja lógica era parlamentarista e tendo como objetivo uma Rússia capitalista, moderna e liberal, firmemente consolidada em suas alianças com franceses e britânicos. O outro, o poder do soviete de Petrogrado, que um punhado de militantes socialistas acabava de constituir e que pretendia ser, na grande tradição do soviete de São Petersburgo de 1905, uma representação mais direta e mais revolucionária das "massas". Mas este "poder dos sovietes" era em si uma realidade móvel e variável, ao sabor da evolução de suas estruturas descentralizadas e efervescentes e, principalmente, ao sabor das mudanças de uma opinião pública volúvel.

Os três governos provisórios que se sucederam, de 2 de março a 25 de outubro de 1917, se mostraram incapazes de resolver os problemas deixados como herança pelo Antigo Regime: a crise econômica, a continuação da guerra, a questão operária e o problema agrário. Os novos homens no poder — os liberais do Partido Constitucional Democrata, majoritários nos dois primeiros governos; os mencheviques e os socialistas-revolucionários, majoritários no terceiro — pertenciam todos às elites urbanas cultas, aos elementos progressistas da sociedade civil, divididos entre a confiança ingênua e cega no "povo" e o medo das "massas escuras" que os circundavam e que, aliás, eles mal conheciam. Em sua maioria, eles consideravam necessário — pelo menos nos primeiros meses de uma revolução que havia chocado as consciências por seu aspecto pacifista — deixar o caminho livre para o impulso democrático libertado pela crise e pela queda do Antigo Regime. Fazer da Rússia "o país mais livre do mundo", esse era o sonho de idealistas tais como o príncipe Lvov, chefe dos dois primeiros governos provisórios.

"O espírito do povo russo", diz ele numa de suas primeiras declarações, "revelou-se, por sua própria natureza, um espírito universalmente democrático. Ele

Paradoxos e equívocos de Outubro 61

está pronto não somente para fundir-se na democracia universal, mas também para liderá-la no caminho do progresso delimitado pelos grandes princípios da Revolução Francesa: Liberdade, Igualdade, Fraternidade."

Certo de suas convicções, o governo provisório multiplicou as medidas democráticas — liberdades fundamentais, sufrágio universal, supressão de toda discriminação de casta, raça ou religião, reconhecimento do direito da Polônia e da Finlândia à autodeterminação, promessa de autonomia às minorias nacionais etc. — que deviam, segundo se acreditava, permitir um amplo movimento patriótico, consolidar a coesão social, assegurar a vitória militar junto aos Aliados e atar solidamente o novo regime às democracias ocidentais. Entretanto, por excesso de escrúpulos legais, o governo recusou-se, em uma situação de guerra, a tomar, antes da reunião de uma Assembleia Constituinte que deveria ser eleita em outubro de 1917, toda uma série de medidas importantes que teriam assegurado sua continuação. Ele se ateve, de forma deliberada, a permanecer "provisório", deixando em suspenso os problemas mais explosivos: o problema da paz e o problema da terra. Quanto à crise econômica, ligada à continuação da guerra, o governo provisório não conseguiu, do mesmo modo que o regime precedente, ter êxito em resolvê-los durante seus poucos meses de existência; problemas de abastecimento, penúrias, inflação, ruptura do circuito de trocas, fechamento de empresas e explosão do desemprego fizeram apenas exacerbar as tensões sociais.

Diante da vacilação do governo, a sociedade continuou a organizar-se de maneira autônoma. Em poucas semanas, abundaram milhares de sovietes, comitês de fábricas e bairros, milícias operárias armadas (as "Guardas Vermelhas"), comitês de camponeses, comitês de soldados, de cossacos e de donas de casa. Abundaram também os lugares para debates, propostas e confrontos, onde a opinião pública manifestava suas reivindicações, suas alternativas ao modo de fazer política. O *mitingovanie* (o comício permanente) — verdadeira festa de libertação — tornou-se, com o decorrer dos dias, cada vez mais violento, uma vez que a Revolução de Fevereiro havia liberado ressentimentos e frustrações sociais por muito tempo acumulados; ele opunha-se francamente à democracia parlamentar sonhada pelos políticos do novo regime. No decorrer de 1917, assistiu-se a uma inegável radicalização das reivindicações dos movimentos sociais.

Os operários passaram das reivindicações econômicas — jornada de oito horas, supressão de multas e de outras medidas humilhantes, seguridade social, aumentos de salário — à demanda política, o que implicava uma mudança radical das relações sociais entre patrões e assalariados e, também, uma outra forma de poder. Organizados em comitês de fábrica — cujo primeiro objetivo era o de controlar a contratação e as demissões, impedindo, assim, que os patrões fechassem injustamente suas empresas alegando o rompimento de abastecimento —, os operários chegaram a exigir que a produção estivesse sob o "controle operário". Mas, para que nascesse esse controle operário, era necessária uma forma de governo absolutamente nova, o "poder dos sovietes", a única capaz de tomar medidas radicais, especialmente o sequestro judicial e nacionalização das empresas, uma reivindicação desconhecida na primavera de 1917, porém cada vez mais proposta nos seis meses que se seguiram.

No decorrer das revoluções de 1917, o papel dos soldados-camponeses — uma massa de dez milhões de homens mobilizados — foi decisivo. A rápida decomposição do exército russo, vencido pelas deserções e pelo pacifismo, teve um papel catalisador na falência geral das instituições. Os comitês de soldados, autorizados pelo primeiro texto aprovado pelo governo provisório — o famoso decreto n° 1, uma verdadeira "declaração dos direitos do soldado", pois abolia as mais humilhantes regras disciplinares do Antigo Regime —, ultrapassavam com bastante frequência suas prerrogativas. Eles chegaram a recusar as ordens de alguns oficiais, "elegendo" obedecer a outros, a intrometer-se em estratégia militar, posando como um tipo inédito de "poder soldado". Esse poder soldado preparou o terreno para um "bolchevismo de trincheira" específico, que o general Brussilov, chefe supremo do exército russo, caracterizava assim: "Os soldados não tinham a menor ideia do que eram o comunismo, o proletariado ou a Constituição. Eles queriam a paz, a terra e a liberdade de viver sem leis, sem oficiais, nem grandes proprietários de terra. Seu 'bolchevismo' era na verdade apenas um formidável anseio pela liberdade sem entraves, pela anarquia."

Após o fracasso da última ofensiva do exército russo, em junho de 1917, o exército desagregou-se: centenas de oficiais — suspeitos pela tropa de serem "contrarrevolucionários" — foram detidos e, muitas vezes, massacrados pelos soldados. O número de desertores subiu assustadoramente, atingindo, em agosto-setembro, várias dezenas de milhares por dia. Os camponeses-soldados tinham apenas uma ideia na cabeça: voltar para casa, para não perderem a divisão das terras e do gado dos grandes proprietários. De junho a outubro de 1917, mais de dois milhões de soldados, cansados de combater ou de esperar com o estômago vazio nas trincheiras e guarnições, desertaram de um exército deliquescente. O retorno às suas cidades alimentou, por sua vez, o tumulto no campo.

Até o verão, o tumulto agrário estava bastante circunscrito, sobretudo em comparação com o que se passara por ocasião da Revolução de 1905-1906.

Depois de conhecida a notícia da abdicação do czar, a assembleia camponesa reuniu-se, como era costume quando se produzia um evento de maior importância, e redigiu uma petição expondo as queixas e desejos dos camponeses. A primeira reivindicação era de que a terra pertencesse aos que trabalhavam nela, que as terras não cultivadas dos grandes proprietários fossem imediatamente redistribuídas e que os arrendamentos fossem reavaliados com valores mais baixos. Pouco a pouco, os camponeses se organizaram em comitês agrários, tanto nos povoados quanto nos cantões, dirigidos frequentemente pelos membros da *intelligentsia* rural — professores, sacerdotes, agrônomos, agentes de saúde —, próximos dos meios socialistas revolucionários. A partir de maio-junho de 1917, o movimento camponês recrudesceu: para não deixar que a base impaciente se excedesse, vários comitês agrários começaram a apreender material agrícola e gado dos proprietários rurais, apropriando-se de bosques, pastos e terras inexploradas. Essa luta ancestral pela "partilha negra" das terras fez-se às expensas dos grandes proprietários rurais, mas também dos "kulaks", esses camponeses abastados que, em razão das reformas de Stolypine, haviam deixado a comunidade rural para se estabelecerem em pequenos lotes em plena propriedade, liberados de todas as obrigações comunitárias. Desde antes da Revolução de Outubro de 1917, o kulak — bicho-papão de todos os discursos bolcheviques, significando o "camponês rico e predador", o "burguês rural", o "usurário", o "kulak bebedor de sangue" — não era mais a sombra do que fora. Com efeito, ele teve de devolver à comunidade do povoado a maior parte do gado arrendado, as máquinas e as terras, despejadas no caldeirão comum e distribuídas segundo o princípio ancestral de "bocas a alimentar".

No decorrer do verão, os tumultos agrários, fomentados pelo retorno às cidades de centenas de milhares de desertores armados, tornaram-se cada vez mais violentos. A partir do fim de mês de agosto, decepcionados com as promessas de um governo que não parava de adiar a reforma agrária, os camponeses partiram para o assalto dos domínios senhoriais, sistematicamente saqueados e queimados, para expulsar de uma vez por todas o amaldiçoado proprietário rural. Na Ucrânia e nas regiões centrais da Rússia — Tambov, Penza, Voronezh, Saratov, Orel, Tula, Ryazan — milhares de residências senhoriais foram queimadas, com centenas de proprietários massacrados.

Diante da extensão dessa revolução social, as elites dirigentes e os partidos políticos — com a notável exceção dos bolcheviques, atitude sobre a qual ainda falaremos — hesitavam entre as tentativas de controlar, bem ou mal, o movimento social e a sedução do *putsch* militar. Tendo aceitado, desde o mês de maio, entrar para o governo, mencheviques, populares nos meios operários, e socialistas-revolucionários, mais bem situados no mundo rural do que todas as outras formações políticas, se revelaram incapazes, pelo fato de alguns de seus dirigentes participarem de um governo preocupado com a ordem e com a legalidade, de realizar as reformas por eles sempre preconizadas — especialmente, no que diz respeito aos socialistas-revolucionários, a partilha das terras. Os partidos socialistas moderados tornaram-se gestores e guardiães do Estado "burguês", deixando a área da contestação entregue aos bolcheviques, sem, entretanto, se beneficiarem da participação num governo que a cada dia controlava menos a situação no país.

Em face da anarquia crescente, os meios patronais, os proprietários rurais, o estado-maior e alguns liberais desiludidos foram tentados pela solução do golpe militar proposto pelo general Kornilov. Essa solução fracassou diante da oposição do governo provisório dirigido por Alexandre Kerenski. Com efeito, a vitória do *putsch* militar teria aniquilado o poder civil que, por mais fraco que fosse, sustentava a condução formal dos negócios do país. O fracasso do *putsch* do general Kornilov, de 24-27 de agosto de 1917, precipitou a crise final de um governo provisório que não controlava mais nenhuma das tradicionais trocas de governantes. Enquanto nos altos escalões os jogos de poder punham em disputa civis e militares aspirantes a uma ilusória ditadura, os pilares sobre os quais o Estado repousava — a justiça, a administração e o exército — cediam, o direito era ridicularizado, a autoridade era contestada sob todas as suas formas.

Seria a radicalização incontestável das massas urbanas e rurais um sintoma de sua bolchevização? Nada menos certo. Por trás dos slogans comuns — "controle operário", "todo poder aos sovietes" — operários militantes e dirigentes bolcheviques não davam aos termos a mesma significação. No exército, o "bolchevismo de trincheira" refletia, antes de tudo, um generalizado anseio pela paz, partilhado pelos combatentes de todo o país, engajados havia mais de três anos na mais sangrenta e total das guerras. Quanto à revolução camponesa, ela seguia uma via completamente autônoma, bem mais próxima do programa socialista-revolucionário, favorável à "partilha negra", do que do programa bolchevique que preconizava a nacionalização da terra e sua exploração em grandes unidades coletivas. Nos campos, os bolcheviques eram conhecidos apenas segundo os relatos feitos pelos desertores, precursores de um bolchevismo difuso, portadores das duas palavras mágicas: a paz e a terra. Nem todos os descontentes aderiam ao Partido Bolchevique, que contava, de acordo com números controversos, com algo entre cem mil e duzentos mil membros no início de outubro de 1917. Contudo, no vazio institucional do outono de 1917, quando toda autoridade do Estado havia desaparecido para dar lugar a uma plêiade de comitês, sovietes e outros grupelhos, bastava que um núcleo bem-organizado e decidido agisse com determinação para tão logo exercer uma autoridade desproporcional a sua força real. Foi o que o Partido Bolchevique fez.

Desde sua fundação em 1903, esse partido havia se distanciado das outras correntes da social-democracia, tanto russa quanto europeia, especialmente em sua estratégia voluntária de ruptura radical para com a ordem existente e em sua concepção de partido, um partido fortemente estruturado, disciplinado, elitista e eficaz, vanguarda de revolucionários profissionais, bastante afastado do grande partido de reunião — amplamente aberto aos simpatizantes de diferentes tendências —, tal como concebiam os social-democratas europeus em geral.

A Primeira Guerra Mundial acentuou ainda mais a especificidade do bolchevismo leninista. Rejeitando toda colaboração com as outras correntes social-democratas, Lenin, cada vez mais isolado, justificou teoricamente sua posição em seu ensaio *O Imperialismo, estádio supremo do capitalismo,* Ele explicava nesse ensaio que a revolução explodiria não no país onde o capitalismo estivesse muito forte, mas num Estado economicamente pouco desenvolvido, como a Rússia, com a condição de que o movimento revolucionário fosse dirigido por uma vanguarda disciplinada, pronta para ir até o fim, ou seja, até a ditadura do proletariado e a transformação da guerra imperialista numa guerra civil.

Em uma carta de 17 de outubro de 1914, endereçada a Alexandre Chliapnikov, um dos dirigentes bolchevistas, Lenin escreveu:

"De imediato, o menor dos males seria a *derrota* do czarismo na guerra. [...] Toda a essência do nosso trabalho (persistente, sistemático e, talvez, de longa duração) visa à transformação da guerra numa guerra civil. Quando é que isso vai se produzir é uma outra questão, ainda não está claro. Devemos deixar que o momento amadureça, "forçando tal amadurecimento" sistematicamente... Não podemos "prometer" a guerra civil, nem "decretá-la", mas temos o dever de trabalhar — o tempo que for necessário — *nessa direção*."

Revelando as "contradições interimperialistas", a "guerra imperialista" lançava, assim, os termos do dogma marxista, tornando sua explosão ainda mais provável na Rússia do que em qualquer outro país. No decorrer da guerra, Lenin retomou a ideia de que os bolcheviques deviam estar prontos para encorajar, por todos os meios, o desenvolvimento de uma guerra civil.

"Quem quer que reconheça a guerra de classes", escreveu ele em setembro de 1916, "deve reconhecer a guerra civil, que em toda sociedade de classes representa a continuação, o desenvolvimento e a acentuação naturais da guerra de classes."

Após a vitória da Revolução de Fevereiro, na qual nenhum dirigente bolchevique de peso tomou parte, uma vez que todos estavam ou no exílio ou no exterior, Lenin, contra a opinião dos próprios dirigentes do Partido, previu a falência da política de conciliação com o governo provisório que o soviete de Petrogrado — dominado por uma maioria de socialistas-revolucionários e de social-democratras, todas as tendências confundidas — tentava implantar. Em suas quatro *Cartas de longe*— escritas em Zurique de 20 a 25 de maio de 1917, das quais o jornal bolchevique *Pravda* ousou publicar apenas a primeira, tanto esses escritos rompiam com as posições políticas então defendidas pelos dirigentes bolcheviques de Petrogrado — Lenin exigia a ruptura imediata entre o soviete de Petrogrado e o governo provisório, assim como a preparação ativa da fase seguinte, a fase "proletária" da revolução. Para Lenin, o surgimento dos sovietes era a demonstração de que a revolução já havia ultrapassado sua "fase burguesa". Sem mais esperar, esses órgãos revolucionários deviam tomar o poder pela força e pôr fim à guerra imperialista, mesmo pagando o preço de uma guerra civil, inevitável a todo o processo revolucionário.

De volta à Rússia em 3 de abril de 1917, Lenin continuou a defender suas posições extremadas. Em suas célebres *Teses de abril,* ele repetiu sua hostilidade incondicional à república parlamentar e ao processo democrático. Acolhida com estupefação e hostilidade pela maioria dos dirigentes bolcheviques de Petrogrado, as ideias de Lenin progrediram rapidamente, especialmente entre os novos recrutas do Partido, os que Stalin chamava, com justiça, de os *praktiki* (os "praticantes") em oposição aos "teóricos". Em alguns meses, os elementos plebeus, entre os quais os soldados-camponeses, ocupavam um lugar central, sufocaram os elementos urbanizados e intelectuais, velhos de guerra nas lutas sociais institucionalizadas. Portadores de grande violência, enraizada na cultura camponesa e exacerbada por três anos de guerra, ainda não prisioneiros do dogma marxista do qual eles nada conheciam, esses militantes de origem popular, pouco formados politicamente, representantes típicos de um bolchevismo plebeu que ia tão logo fortemente distinguir-se do bolchevismo teórico e intelectual dos bolcheviques originais, nunca se punham a questão: uma "etapa burguesa" seria necessária ou não para "atingir o socialismo"? Defensores da ação direta, do golpe de força, eles eram os mais exaltados ativistas de um bolchevismo em que os debates teóricos cederam lugar à doravante única questão na ordem do dia, a da tomada do poder.

Entre uma base plebeia cada vez mais impaciente, pronta para a aventura — os marinheiros da base naval de Kronstadt, na costa de Petrogrado, algumas unidades da guarnição da capital, as Guardas Vermelhas dos bairros operá-

Paradoxos e equívocos de Outubro 67

rios de Vyborg —, e os dirigentes temerosos do fracasso de uma insurreição prematura, destinada a ser esmagada, o caminho do leninismo permanecia estreito. Durante todo o ano de 1917, o Partido Bolchevique conservou-se, ao contrário do que diz uma ideia bastante difundida, profundamente dividido, oscilando entre os excessos de uns e a reticência de outros. A famosa disciplina do Partido era bem mais um ato de fé do que uma realidade. No início do mês de julho de 1917, os excessos da base, impaciente por bater-se com as forças governamentais, quase prevaleceram no Partido Bolchevique, declarado ilegal logo em seguida às manifestações sangrentas de 3 a 5 de julho em Petrogrado, e cujos dirigentes foram presos ou, como Lenin, obrigados ao exílio.

A impotência do governo na solução dos grandes problemas, a falência das instituições e das autoridades tradicionais, o desenvolvimento dos movimentos sociais e o fracasso da tentativa de *putsch* militar do general Kornilov permitiram ao Partido Bolchevique reerguer-se, em agosto de 1917, em uma situação propícia para a tomada do poder através de uma insurreição armada.

Mais uma vez, foi decisivo o papel pessoal de Lenin enquanto teórico e estrategista da tomada do poder. Nas semanas que precederam o Golpe de Estado bolchevique de 25 de outubro de 1917, Lenin estabeleceu todas as etapas de um Golpe de Estado militar, que não podia ser ultrapassado por uma agitação imprevista das "massas" nem ser freado pelo "legalismo revolucionário" dos dirigentes bolcheviques, tais como Zinoviev ou Kamenev, que, escaldados pela experiência amarga dos dias de julho, desejavam subir ao poder com uma maioria plural de socialistas-revolucionários e de social-democratas de diversas tendências, majoritários nos sovietes. Do seu exílio finlandês, Lenin não parava de enviar ao Comitê Central do Partido Bolchevique cartas e artigos convocando à insurreição.

"Propondo uma paz imediata e dando terra aos camponeses, os bolcheviques estabelecerão um poder que *ninguém* derrubará, escreveu Lenin. Será inútil esperar por uma maioria *formal* em favor dos bolcheviques. Nenhuma revolução espera por isso. A História não nos perdoará se não tomarmos já o poder."

Esses apelos deixavam cética a maior parte dos dirigentes bolcheviques. Por que apressar as coisas, uma vez que a situação se radicalizava a cada dia mais? Não bastaria unir-se às massas encorajando a sua violência espontânea, deixar agirem as forças corrosivas dos movimentos sociais, esperar a reunião do II Congresso Panrusso dos Sovietes, previsto para 20 de outubro? Os bolcheviques tinham todas as chances de obter uma maioria relativa nessa assembleia em que os delegados dos sovietes dos grandes centros operários e dos comitês de soldados estavam muito bem representados em relação aos sovietes rurais onde dominavam os socialistas-revolucionários. Ora, se para Lenin a transferência do poder fosse feita através do voto no Congresso dos Sovietes, o governo então escolhido seria um governo de coalizão, em que os bolcheviques deveriam partilhar o poder com as outras formações socialistas. Lenin, que reclamava havia meses todo o poder para os seus bolcheviques, queria antes de tudo que os próprios bolcheviques se apoderassem do poder através de uma insurreição militar, *antes* da convocação do II Congresso Panrusso dos Sovietes. Pois ele sabia que os outros partidos socialistas condenariam o Golpe de Estado insurrecional e que não caberia a estes últimos mais do que passar para a oposição, deixando todo o poder aos bolcheviques.

Em 10 de outubro, de volta a Petrogrado clandestinamente, Lenin reuniu 12 dos 21 membros do Comitê Central do Partido Bolchevique. Após dez horas de discussões, ele conseguiu convencer a maioria dos presentes a votar a mais importante decisão tomada pelo Partido: dar início a uma insurreição armada o mais brevemente possível. Essa decisão foi aprovada por dez votos contra dois — os de Zinoviev e de Kamenev, resolutamente determinados na ideia de que nada deveria ser empreendido antes da reunião do II Congresso dos Sovietes. Em 16 de outubro, Trotski constituiu, apesar da oposição dos socialistas moderados, uma organização militar — o Comitê Militar Revolucionário de Petrogrado (CMRP), teoricamente proveniente do soviete de Petrogrado, mas cuja administração era de fato formada por bolcheviques — encarregada de conduzir a tomada do poder através de uma insurreição militar, opondo--se a uma revolta popular espontânea e anarquista suscetível de sobrepujar o Partido Bolchevique.

Como desejava Lenin, o número de participantes diretos da Grande Revolução Socialista de Outubro de 1917 foi bastante limitado: poucos milhares de soldados da guarnição, marinheiros de Kronstadt, Guardas Vermelhas aliadas ao CMRP e umas poucas centenas de militantes bolcheviques dos comitês de fábrica. Os raros combates e o número insignificante de vítimas atestavam a facilidade de um Golpe de Estado esperado, cuidadosamente preparado e perpetrado praticamente sem oposição. A tomada do poder fez-se, significativamente, em nome do CMRP. Assim, os dirigentes bolcheviques atribuíam a totalidade do poder a uma instância que não havia sido delegada por ninguém, exceto pelo Comitê Central Bolchevique, e que, portanto, não era de modo algum dependente do Congresso dos Sovietes.

A estratégia de Lenin mostrou-se correta: diante de um fato já consumado, os socialistas moderados, após denunciarem "a conspiração militar organizada

Paradoxos e equívocos de Outubro

pelas costas dos sovietes", abandonaram o II Congresso dos Sovietes. Os bolcheviques, a partir de então mais numerosos ao lado de seus únicos aliados — os membros do pequeno grupo socialista-revolucionário de esquerda —, ratificaram o seu Golpe de Estado junto aos deputados ainda presentes no Congresso, votando um texto redigido por Lenin, que atribuía "todo o poder aos sovietes". Essa resolução puramente formal fez com que os bolcheviques tornassem credível uma ficção que iria iludir várias gerações de crédulos: eles governavam em nome do povo no "país dos sovietes". Algumas horas mais tarde, o Congresso homologou, antes de se encerrarem os trabalhos, a criação do novo governo bolchevique — o Conselho dos comissários do povo, presidido por Lenin — e aprovou os decretos sobre a paz e sobre a terra, primeiros atos do novo regime.

Rapidamente, multiplicaram-se os equívocos e os conflitos entre o novo poder e os movimentos sociais, que haviam agido de maneira autônoma, como forças corrosivas da antiga ordem política, econômica e social. Primeiro equívoco: relativo à revolução agrária. Os bolcheviques, que sempre preconizaram a estatização das terras, foram obrigados, dentro de uma relação de forças que não lhe era favorável, a adotar, ou melhor, a "roubar" o programa socialista--revolucionário e aprovar a distribuição das terras aos camponeses. O "decreto sobre a terra" — cujo principal dispositivo proclamava que "a propriedade privada da terra está abolida sem direito a indenização, estando todas as terras à disposição dos comitês agrários locais, para a sua distribuição" — limitava-se, na verdade, a legitimar o que várias comunidades camponesas já haviam praticado desde o verão de 1917: a brutal apropriação das terras pertencentes aos grandes proprietários rurais e aos camponeses abastados, os kulaks. Obrigados momentaneamente a "aderir" a essa revolução camponesa autônoma que havia facilitado de modo inequívoco sua subida ao poder, os bolcheviques só viriam retomar seu programa algumas décadas mais tarde. A coletivização forçada do campo, apogeu do confronto entre o regime oriundo de Outubro de 1917 e o campesinato, seria a resolução trágica do equívoco de 1917.

Segundo equívoco: as relações do Partido Bolchevique com todas as instituições — comitês de fábrica, sindicatos, partidos socialistas, comitês de bairro, Guardas Vermelhas e, sobretudo, sovietes — que tinham participado da destruição das instituições tradicionais, além de terem lutado pela afirmação e a extensão de sua própria competência. Em poucas semanas, essas instituições foram despojadas de seu poder, subordinadas ao Partido Bolchevique ou mesmo eliminadas. O "poder aos sovietes", sem dúvida a palavra de ordem mais popular na Rússia de Outubro de 1917, tornou-se, num passe de mágica, o poder do Partido Bolchevique sobre os sovietes. Quanto ao "controle operário", outra importante reivindicação daqueles em nome dos quais os bolcheviques pretendiam agir — os proletários de Petrogrado e de outros grandes centros industriais foi rapidamente descartado em nome do controle do Estado, supostamente operário, sobre as empresas e os trabalhadores. Uma incompreensão mútua instalou-se entre o mundo operário — atormentado pelo desemprego, pela degradação contínua de seu poder de compra e pela fome — e o Estado preocupado com a eficácia econômica. Desde o mês de dezembro de 1917, o novo regime teve de enfrentar uma onda de reivindicações operárias e de greves. Em poucas semanas, os bolcheviques perderam boa parte da confiança que o conjunto dos trabalhadores havia neles depositado durante o ano de 1917.

Terceiro equívoco: as relações do novo poder com as nações do ex-Império Czarista. O Golpe de Estado bolchevique acelerou a tendência centrífuga que os novos dirigentes davam ares de, a princípio, afiançar. Reconhecendo a igualdade e a soberania — o direito à autodeterminação, à federação e à sucessão — dos povos do antigo império, os bolcheviques pareciam convidar os povos alógenos a se emanciparem da tutela do poder central russo. Em poucos meses, poloneses, finlandeses, bálticos, ucranianos, georgianos, armênios e azeris proclamaram sua independência. Ultrapassados, os bolcheviques pouco depois subordinaram essa autodeterminação à necessidade de conservarem o trigo ucraniano, o petróleo e os minerais do Cáucaso, ou seja, os interesses vitais do novo Estado, que rapidamente se afirmou, pelo menos do ponto de vista territorial, como um herdeiro direto do ex-Império, mais ainda do que o próprio governo provisório.

A interpenetração de revoluções sociais e nacionais multiformes e de uma prática política específica que excluía completamente a partilha do poder devia rapidamente conduzir a um confronto, gerador de violência e de terror, entre o novo governo e amplos segmentos da sociedade.

2
O "braço armado da ditadura do proletariado"

O novo poder surge como uma construção complexa: uma fachada, "o poder dos sovietes", formalmente representado pelo Comitê Executivo Central; um governo legal, o Conselho dos Comissários do Povo, que se esforça para adquirir uma legitimidade tanto internacional quanto interna; e uma organização revolucionária, o Comitê Militar Revolucionário de Petrogrado (CMRP), a estrutura operacional no centro do dispositivo de tomada do poder. Feliks Dzerjinski caracterizava este comitê, no qual ele próprio desempenhou um papel decisivo, da seguinte maneira: "Uma estrutura ágil, flexível, prontamente operacional, sem futilidade legal. Nenhuma restrição para agir, para bater nos inimigos do braço armado da ditadura do proletariado."

E como funcionava, desde os primeiros dias do novo regime — segundo a expressão retomada da figura de linguagem de Dzerjinski, utilizada mais tarde para qualificar a polícia política bolchevique, a Tcheka — "o braço armado da ditadura do proletariado"? De maneira simples e diligente. O CMRP era composto por cerca de 60 membros, dos quais 48 eram bolcheviques, e os outros eram socialistas-revolucionários de esquerda e anarquistas; ele estava submetido à direção formal de um "presidente", um socialista-revolucionário de esquerda, Lazimir, devidamente assessorado por quatro suplentes bolcheviques, entre os quais figuravam Antonov-Ovseenko e Dzerjinski. Na verdade, cerca de 20 pessoas redigiram e assinaram, sob o título de "Presidente" ou de "Secretário", as quase seis mil ordens emitidas pelo CMRP, em geral em pequenos pedaços de papel escritos a lápis, durante seus 53 dias de existência.

A mesma "simplicidade operacional" valia para a difusão das diretivas e execução de ordens: o CMRP agia pelo intermédio de uma rede com cerca de mil "comissários", nomeados junto às mais diversas organizações, tais como unidades militares, sovietes, comitês de bairro e administrações. Únicos responsáveis diante do CMRP, esses comissários frequentemente tomavam decisões sem o aval do governo nem o do Comitê Central bolchevique. A partir do dia

26 de outubro (8 de novembro),[1] na ausência de todos os grandes líderes bolcheviques, ocupados com a formação do governo, obscuros "comissários", que permanecem anônimos, decidiram "recrudescer a ditadura do proletariado" com as seguintes medidas: interdição dos panfletos "contrarrevolucionários"; fechamento dos sete principais jornais da capital, tanto os "burgueses" quanto os "socialistas moderados"; controle da rádio e do telégrafo, e o estabelecimento de um projeto de requisição de apartamentos e automóveis privados. O fechamento dos jornais foi legalizado dois dias mais tarde através de um decreto do governo e, uma semana mais tarde, não sem ácidas discussões, pelo Comitê Executivo Central dos Sovietes.[2]

Ainda não muito seguros de sua força, os dirigentes bolcheviques encorajaram, num primeiro momento — e segundo a tática que lhe fora favorável no decorrer de 1917 —, o que eles chamavam de "espontaneidade revolucionária das massas". Respondendo a uma delegação de representantes dos sovietes rurais, vindos das províncias em busca de informações junto ao CMRP sobre as medidas a serem tomadas para "evitar-se a anarquia", Dzerjinski explicou que "temos agora a obrigação de romper com a antiga ordem. Nós, bolcheviques, não somos numerosos o suficiente para cumprir essa tarefa histórica. É necessário deixar agir livremente a espontaneidade revolucionária das massas que lutam por sua emancipação. Em um segundo momento, nós, bolcheviques, mostraremos os caminhos a serem seguidos. São as massas que falam através do CMRP; são elas que agem contra os inimigos da classe, contra os inimigos do povo. Nosso único papel aqui é o de dirigir e canalizar o ódio e o desejo legítimo de vingança dos oprimidos contra os opressores".

Alguns dias antes, na reunião do CMRP de 29 de outubro (10 de novembro), entre os presentes, algumas vozes anônimas haviam evocado a necessidade de lutar com mais energia contra "os inimigos do povo", uma fórmula que conheceria um grande sucesso nos meses, anos e décadas futuras, e que foi retomada numa proclamação do CMRP datada de 13 de novembro (26 de novembro): "Os funcionários de alto escalão na administração do Estado, dos bancos, do Tesouro, das ferrovias e dos correios e telégrafos estão sabotando as medidas tomadas pelo governo bolchevique. Doravante, essas pessoas são declaradas inimigas do povo. Seus nomes serão publicados em todos os jornais,

---

[1] Até 1º de fevereiro de 1918, o calendário em vigor na Rússia era o calendário juliano, atrasado em 13 dias em relação ao calendário gregoriano. Assim, 25 de outubro de 1917 na Rússia era 7 de novembro de 1917 na França.

[2] A. Z. Okorokov, *Oktiabr' i krax russkoi burzuaznoi pressy* (Outubro e a falência da imprensa burguesa russa), Moscou, 1971; V. N. Brovkin. *The Mensheviks after October*, Londres, Cornell University Press, 1987.

O *"braço armado da ditadura do proletariado"* 73

e as listas de inimigos do povo serão afixadas em todos os locais públicos."[3] Alguns dias após a instituição dessas listas de proscrição, uma nova proclamação: "Todos os indivíduos suspeitos de sabotagem, de especulação ou de monopólio são suscetíveis de serem imediatamente detidos como inimigos do povo e serem transferidos para as prisões de Kronstadt."[4]

Em poucos dias, o CMRP introduziu duas noções particularmente amedrontadoras: a de "inimigo do povo" e a de "suspeito".

Em 28 de novembro (10 de dezembro), o governo institucionalizou a noção de "inimigo do povo"; um decreto, assinado por Lenin, estipulava que "os membros das instâncias dirigentes do Partido Constitucional Democrata, partido dos inimigos do povo, são declarados fora da lei, passíveis de prisão imediata e de comparecimento diante dos tribunais revolucionários[5]" Esses tribunais acabavam de ser instituídos pelo "decreto nº 1 sobre os tribunais". Segundo os termos desse texto, estavam abolidas todas as leis que estivessem "em contradição com os decretos do governo operário e camponês assim como com os programas políticos dos Partidos Social-Democrata e Socialista Revolucionário". Enquanto era aguardada a redação do novo Código Penal, os juízes tinham toda a liberdade de apreciar a validade da legislação existente "em função da ordem e da legalidade revolucionárias", uma noção tão vaga que permitia todo tipo de abuso. Os tribunais do Antigo Regime foram suprimidos e substituídos pelos tribunais populares e tribunais revolucionários, competentes para todos os crimes e delitos cometidos "contra o Estado Proletário", a "sabotagem", a "espionagem", os "abusos de função" e outros "crimes contrarrevolucionários". Como reconhecia Kurski, comissário do povo para a Justiça de 1918 a 1928, os tribunais revolucionários não eram tribunais no sentido habitual, "burguês", do termo, mas tribunais da ditadura do proletariado, órgãos de luta contra a contrarrevolução, mais preocupados em erradicar do que em julgar.[6] Entre os tribunais revolucionários figurava um "tribunal revolucionário para a imprensa", encarregado de julgar os delitos de imprensa e suspender toda publicação que "semeasse a perturbação nos espíritos, publicando notícias voluntariamente falsas".[7]

---

[3] G. A. Belov, *Iz istorii Vserosssiskoi Crezvycainoi komissii, 1917-1921: Sbornik dokumentov* (História da Comissão Extraordinária, 1917-1921: coletânea de documentos), Moscou, 1958, p. 66; G. Leggett, *The Cheka, Lenin's Political Police*, Oxford, 1981, pp. 13-5.

[4] G. A. Belov, *op. cit.*, pp. 54-5.

[5] *Ibid.*, p. 67.

[6] D. I. Kurski, *Izbrannye stati i reci* (Discursos escolhidos), Moscou, 1958, p. 67.

[7] E. A. Finn, "Antisovetskaia pecat' na skamè podsudimyx" ("A Imprensa antissoviética no banco dos réus"), *Sovetskoï e Gosudarstvo i pravo*, 1967, nº 2, pp. 71-2.

Enquanto apareciam categorias inéditas ("suspeitos", "inimigos do povo"), instauradas como os novos dispositivos judiciários, o Comitê Militar Revolucionário de Petrogrado continuava a estruturar-se. Em uma cidade onde os estoques de farinha eram inferiores a um dia de racionamento miserável — um quarto de quilo de pão por adulto —, a questão do abastecimento era, obviamente, primordial.

Em 4 (17) de novembro foi criada uma Comissão para o Abastecimento, cuja primeira proclamação acusava as "classes ricas que se aproveitavam da miséria" e afirmava: "É chegada a hora de requisitar todo o excedente dos ricos, e também, por que não?, seus bens." Em 11 (24) de novembro, a Comissão para o Abastecimento decidiu enviar, imediatamente, destacamentos especiais compostos por soldados, marinheiros, operários e Guardas Vermelhas nas províncias produtoras de cereais, "a fim de obter os produtos alimentares de primeira necessidade para Petrogrado e para o Fronte".[8] Essa medida tomada por uma comissão do CMRP prefigurava a política de requisição praticada, durante cerca de três anos, pelos destacamentos do "exército do abastecimento", e que viria a ser o fator essencial nos confrontos entre o novo poder e os camponeses, com a consequente geração de violência e terror.

A Comissão de Investigação Militar, criada em 10 (23) de novembro, foi encarregada da prisão dos oficiais "contrarrevolucionários" (denunciados, com frequência, por seus próprios comandados), dos membros dos partidos "burgueses" e dos funcionários suspeitos de "sabotagem". Rapidamente, essa comissão ocupou-se dos mais diversos casos. No clima de revolta de uma cidade atingida pela fome — onde destacamentos das Guardas Vermelhas e de soldados improvisados inquiriam, extorquiam e pilhavam em nome da revolução, protegidos por um mandato incerto, assinado por um tal "comissário" — a cada dia, centenas de indivíduos compareciam diante da Comissão pelos mais diversos tipos de delitos: pilhagem, "especulação", "monopólio" de produtos de primeira necessidade, mas também "estado de embriaguez" e "por pertencer a uma classe hostil".[9]

O apelo dos bolcheviques em favor da espontaneidade revolucionária das massas era uma arma de manuseio delicado. Os acertos de contas e os atos violentos multiplicaram-se, em particular os roubos à mão armada e a pilhagem de lojas, especialmente as que vendiam álcool e as adegas do Palácio de Inverno. Com o decorrer dos dias, o fenômeno tomou uma tal proporção, que,

---

[8] S. A. Pavliucenkov, *Krestianskii Brest* (O tratado de Brest dos camponeses), Moscou, 1996, p. 25-6.

[9] G. Leggett, *op. cit.*, p. 7.

O "braço armado da ditadura do proletariado" 75

por sugestão de Dzerjinski, o CMRP decidiu criar uma comissão de luta contra a bebedeira e as desordens. Em 6 (20) de dezembro, essa comissão declarou a cidade de Petrogrado em estado de sítio e decretou o toque de recolher, com o objetivo de "pôr fim à revolta e à desordem iniciadas por alguns elementos obscuros e mascarados que se diziam revolucionários".[10]

Na realidade, o governo temia — mais do que essas revoltas esporádicas — a extensão da greve dos funcionários, que durava desde os dias que se seguiram ao Golpe de Estado de 25 de outubro (7 de novembro). Foi essa ameaça que se constituiu como o pretexto para a criação, em 7 (20) de dezembro, da *Vserossiskaïa tchrezvytchaïnaïa komissia po bor'be s kontr'-revoliutsii, spekuliatsieï i sabotagem* — a Comissão Panrussa Extraordinária de Luta Contra a Contrarrevolução, a Especulação e a Sabotagem —, que entraria para a História com as iniciais Vetcheka, ou de forma abreviada, Tcheka.

Alguns dias antes da criação da Tcheka, o governo havia decidido, depois de alguma hesitação, dissolver o CMRP. Estrutura operacional provisória, fundada às vésperas da insurreição para dirigir as operações de campo, o CMRP cumprira as tarefas que lhe haviam sido reservadas. Ele havia permitido a tomada do poder e a defesa do novo regime até o momento em que este último pudesse criar seu próprio aparelho de Estado. Ele devia, a partir de então — para evitar a confusão dos poderes e o cruzamento de competências — transferir suas prerrogativas ao governo legal, o Conselho dos Comissários do Povo.

Mas como dispensar "o braço armado do proletariado", esse instrumento considerado, em determinado momento, como fundamental pelos dirigentes comunistas? Durante a reunião de 6 de dezembro, o governo encarregou "o camarada Dzerjinski de estabelecer uma comissão especial para examinar os meios de lutar, com a maior energia revolucionária possível, contra a greve geral dos funcionários e determinar os métodos de suprimir a sabotagem". A escolha do "camarada Dzerjinski" não somente não suscitou nenhum tipo de discussão, como também pareceu evidente. Alguns dias antes, Lenin, eterno apreciador dos paralelos entre a Grande Revolução — francesa — e a revolução russa de 1917, confidenciara a seu secretário, V. Bontch-Bruevitch, a necessidade de encontrar com urgência "nosso Fouquier-Tinville,* para castigar toda essa ralé contrarrevolucionária".[11] Em 6 de dezembro, a escolha de um "sólido

---

[10] V. D. Bontch-Bruevitch, *Na boevyx postax fevral' skoi i oktiabrskoi revoliutsii* (Nos postos de combate das revoluções de fevereiro e de outubro), Moscou, 1930, p. 191.

* Magistrado e político francês, acusador público no tribunal revolucionário, que se mostrou particularmente impiedoso na época do terror. [N. do T.]

[11] V. D. Bontch-Bruevitch, *op. cit.*, p. 197.

76   *O Livro Negro do Comunismo*

jacobino proletário", retomando uma outra expressão de Lenin, recaiu com unanimidade sobre Feliks Dzerjinski, que se tornou em poucas semanas, através de sua ação enérgica frente o CMRP, o grande especialista nas questões de segurança. Aliás, explicou Lenin a Bontch-Bruevitch, "de nós todos, foi Feliks quem passou mais tempo nas celas czaristas e quem mais desafiou a Okhranka [a polícia política czarista]. Ele sabe o que faz!"

Antes da reunião governamental de 7 (20) de dezembro, Lenin enviou uma nota a Dzerjinski:

"A respeito de seu relatório de hoje, seria interessante compor um decreto com um preâmbulo deste tipo: a burguesia prepara-se para cometer os crimes mais abomináveis, recrutando a escória da sociedade para organizar badernas. Os cúmplices da burguesia, especialmente os funcionários de alto escalão, os diretores dos bancos etc., fazem sabotagens e organizam greves para minar as medidas do governo destinadas a pôr em prática a transformação socialista da sociedade. A burguesia não recua nem mesmo diante da sabotagem do abastecimento, condenando, dessa maneira, milhões de homens à fome. Medidas excepcionais devem ser tomadas para lutar contra os sabotadores e os contrarrevolucionários. Como consequência, o Conselho dos Comissários do Povo decreta..."[12]

Na noite de 7 (20) de dezembro, Dzerjinski apresentou seu projeto ao Conselho dos Comissários do Povo. Ele abriu sua intervenção discorrendo sobre os perigos que ameaçavam a revolução no "fronte interior":

"Devemos enviar a esse fronte — o mais perigoso e cruel dos frontes — os camaradas mais determinados, duros e sólidos, sem muito espírito ponderador, prontos a se sacrificarem pela integridade da revolução. Temos apenas de fazer 'justiça'! Estamos em guerra no fronte mais cruel, pois o inimigo ataca mascarado, e é uma luta de morte! Eu proponho, eu exijo, que se crie um órgão que faça o acerto de contas com os contrarrevolucionários da maneira revolucionária, autenticamente bolchevique!"

Em seguida, Dzerjinski abordou o núcleo de sua intervenção, que nós transcrevemos tal como aparece na ata da reunião:

"A Comissão tem como tarefa: 1) suprimir e liquidar toda tentativa e ato de contrarrevolução e de sabotagem, de quaisquer fronteiras que possam vir, e sobre todo o território da Rússia; 2) transferir todos os sabotadores e os contrarrevolucionários a um tribunal revolucionário.

---

[12] G. Leggett, *op. cit.*, p. 16.

O *"braço armado da ditadura do proletariado"* 77

A Comissão limita-se a uma investigação preliminar, uma vez que esta última é indispensável à condução de sua tarefa.

A comissão está dividida em departamentos: 1) Informação; 2) Organização; 3) Operação.

A Comissão dispensará uma atenção toda especial aos casos relativos à imprensa, à sabotagem, aos KD [constitucionalistas-democratas], aos SR [socialistas-revolucionários] de direita, aos sabotadores e aos grevistas.

Medidas repressivas reservadas à Comissão: confisco de bens, expulsão do domicílio, privação de cartões de racionamento, publicação de listas de inimigos do povo etc.

Resolução: aprovar o projeto. Nomear a Comissão de Comissão Panrussa Extraordinária de Luta Contra a Contrarrevolução, a Especulação e a Sabotagem. A ser publicado."[13]

Inicialmente, este texto fundador da polícia política soviética suscita uma interrogação. Como interpretar a discordância entre o discurso agressivo de Dzerjinski e a relativa modéstia das atribuições conferidas à Tcheka? Os bolcheviques estavam prestes a concluir um acordo com os socialistas-revolucionários de esquerda (seis de seus dirigentes entraram para o governo em 12 de dezembro), a fim de romper seu isolamento político, num momento em que lhes era necessário lidar com a questão da convocação da Assembleia Constituinte, na qual eles eram minoritários. Desse modo, eles adotaram uma postura mais modesta. Contrariamente à resolução adotada pelo governo em 7 (20) de dezembro, nenhum decreto anunciando a criação da Tcheka e definindo o alcance de sua competência foi publicado.

Comissão "extraordinária", a Tcheka iria prosperar e agir sem a menor base legal. Dzerjinski, que desejava, como Lenin, ter as mãos livres, emitiu esta frase surpreendente: "É a própria vida quem mostra o caminho da Tcheka." A vida, ou seja, o "terror revolucionário das massas", a violência das ruas que a maioria dos dirigentes bolcheviques encorajava abertamente na ocasião, esquecendo-se momentaneamente da profunda desconfiança que eles tinham em relação à espontaneidade popular.

Em 1º (13) de dezembro, Trotski, Comissário do povo para a Guerra, dirigindo-se aos delegados do Comitê Central dos Sovietes, previu: "Em menos de um mês, o terror, do mesmo modo que ocorreu durante a Grande Revolução

---

[13] *Lenin i VCK: Sbornik dokumentov* (Lenin e a Tcheka: coletânea de documentos), Moscou, 1975, pp. 36-37; texto completo, GARF, 130/2/134/26-27.

francesa, vai ganhar formas bastante violentas. Não será mais somente a prisão, mas a guilhotina — essa notável invenção da Grande Revolução francesa, que tem como maior vantagem reconhecida a de encurtar o homem em uma cabeça — que estará pronta para os nossos inimigos."[14]

Algumas semanas mais tarde, tomando a palavra numa assembleia de operários, Lenin mais uma vez invocou o terror, essa "justiça revolucionária de classe":

"O poder dos sovietes agiu como deveriam ter agido todas as revoluções proletárias: ele acabou de uma vez por todas com a justiça burguesa, esse instrumento das classes dominantes. [...] Os soldados e os operários devem compreender que ninguém os ajudará se eles não se ajudarem a si próprios. Se as massas não se levantarem espontaneamente, não conseguiremos nada. [...] Enquanto não aplicarmos o terror sobre os especuladores — uma bala na cabeça, imediatamente — não chegaremos a lugar algum!"[15]

É verdade que esses apelos ao terror atiçavam uma violência que não havia esperado a subida dos bolcheviques ao poder para ser desencadeada. Desde o outono de 1917, milhares de grandes domínios rurais haviam sido saqueados pelos camponeses enraivecidos, e centenas de grandes proprietários haviam sido massacrados. Na Rússia do verão de 1917, a violência era onipresente. Essa violência não era nova, mas os eventos do decorrer daquele ano permitiram a convergência de várias formas de violência, presentes em estado latente: uma violência urbana, "reativa" à brutalização das relações capitalistas no seio do mundo industrial; uma violência camponesa "tradicional"; a violência "moderna" da Primeira Guerra Mundial portadora de uma extraordinária regressão e de uma formidável brutalização das relações humanas. A mistura dessas três formas de violência constituía um coquetel explosivo, cujo efeito podia ser devastador na conjuntura bastante particular da Rússia em processo de revolução, marcada ao mesmo tempo pela falência das instituições da ordem e da autoridade, pelo crescimento dos ressentimentos e das frustrações sociais durante muito tempo acumuladas e pela instrumentalização política da violência popular. Entre os citadinos e a população rural, a desconfiança era recíproca; para estes últimos, a cidade era, mais do que nunca, o lugar do poder e da opressão. Para a elite urbana e para os revolucionários profissionais, oriundos em sua imensa maioria da *intelligentsia*, os camponeses permaneciam,

---

[14] *Delo Naroda*, 3 de dezembro de 1917.

[15] V. I. Lenin, Polnoe sobranie socinenii (Obras Completas), Moscou, 1958-1966, vol. XXXV, p. 311.

O "braço armado da ditadura do proletariado" 79

como escrevia Gorki, uma massa de "pessoas metade selvagens" cujos "instintos cruéis" e o "individualismo animal" deviam ser submetidos à "razão organizada da cidade". Ao mesmo tempo, os políticos e intelectuais estavam perfeitamente conscientes do fato de que era o desencadear das revoltas camponesas que havia abalado o governo provisório, permitindo aos bolcheviques, minoritários em grande parte do país, se apoderarem do poder no vazio institucional ambiente.

Entre o fim de 1917 e o começo de 1918, nenhuma oposição ameaçava seriamente o novo regime que, um mês após o Golpe de Estado bolchevique, controlava a maior parte do norte e do centro da Rússia até o Médio Volga, mas também um bom número de aglomerações até mesmo no Cáucaso (Baku) e na Ásia Central (Tachkent). E se a Ucrânia e a Finlândia haviam se separado, elas não demonstravam nenhuma intenção belicosa em relação ao poder bolchevique. A única força militar organizada antibolchevique era um pequeno "exército de voluntários", com a força de cerca de três mil homens, embrião do futuro exército "branco", erguido no sul da Rússia pelos generais Alexeiev e Kornilov. Esses generais czaristas baseavam todas as suas esperanças nos cossacos da região do Don e do Kuban. Os cossacos se diferenciavam radicalmente dos outros camponeses russos; seu principal privilégio, durante o Antigo Regime, era receber 30 hectares em troca de um serviço militar até a idade de 36 anos. Se eles não aspiravam adquirir novas terras, eles queriam conservar as que eles já possuíam. Desejando, antes de tudo, salvar o seu estatuto e sua independência, os cossacos, inquietos diante das declarações bolcheviques culpando todos os kulaks, se juntaram às forças antibolcheviques na primavera de 1918.

Pode-se falar de guerra civil a respeito das primeiras escaramuças ocorridas no sul da Rússia, no inverno de 1917 e na primavera de 1918, entre os vários milhares de homens do exército de voluntários e as tropas bolcheviques do general Sivers que mal contava com seis mil homens? O que é surpreendente, inicialmente, é o contraste entre os exíguos efetivos engajados e a violência inaudita da repressão exercida pelos bolcheviques, não somente contra os militares capturados, mas também contra os civis. Instituída em junho de 1919 pelo general Denikin, comandante das forças armadas do sul da Rússia, a "Comissão de Investigação Sobre os Crimes Bolcheviques" esforçou-se no recenseamento, durante os poucos meses de atividade, das atrocidades cometidas pelos bolcheviques na Ucrânia, no Kuban, região do Don e da Crimeia. Os testemunhos recolhidos por essa comissão — que constituem a principal fonte do livro de S. P. Melgunov, *O terror vermelho na Rússia, 1918-1924*, o grande clássico sobre o terror bolchevique, publicado em Londres em 1924 — dão

80   *O Livro Negro do Comunismo*

conta das inúmeras atrocidades perpetradas a partir de janeiro de 1918. Em Taganrog, os destacamentos do exército de Sivers haviam jogado 50 fidalgotes e oficiais "brancos", com os pés e os punhos atados, dentro de um alto-forno. Em Evpatória, várias centenas de oficiais e "burgueses" foram amarrados e jogados ao mar, após terem sido torturados. Violências idênticas ocorreram na maior parte das cidades da Crimeia ocupadas pelos bolcheviques: Sebastopol, Yalta, Aluchta, Simferopol. Mesmas atrocidades, a partir de abril-maio de 1918, nos grandes burgos cossacos rebelados. Os dossiês bastante precisos da comissão de Denikin dão conta de "cadáveres com as mãos cortadas, ossos quebrados, cabeças decepadas, maxilares arrebentados, órgãos genitais cortados".[16]

Entretanto, como observa Melgunov, é "difícil de distinguir entre o que seria a prática sistemática de um terror organizado e o que aparece como 'excessos' descontrolados". Até agosto-setembro de 1918, não há quase nenhuma menção de que a Tcheka local teria dirigido os massacres. Aliás, até àquela altura dos acontecimentos, a rede de Tchekas permaneceu bastante dispersa. Os massacres, dirigidos conscientemente não apenas contra os combatentes do lado inimigo, mas também contra os civis "inimigos do povo" — assim, entre as 240 pessoas assassinadas em Yalta no início do mês de março de 1918, figuravam, além de 165 oficiais, cerca de 70 políticos, advogados, jornalistas e professores —, foram quase sempre perpetrados por "destacamentos armados", "Guardas Vermelhas" e outros "elementos bolcheviques" não especificados. Exterminar "o inimigo do povo" foi apenas o prolongamento lógico de uma revolução ao mesmo tempo política e social em que uns eram os "vencedores" e os outros eram os "vencidos". Essa concepção de mundo não havia aparecido bruscamente após outubro de 1917, mas as posições tomadas pelos bolcheviques, bastante explícitas sobre esse ponto, haviam-na legitimado.

Lembremos o que já havia escrito um jovem capitão a respeito da revolução em seu regimento, em março de 1917, numa carta extremamente perspicaz: "Entre nós e os soldados, o abismo é insondável. Para eles, nós somos e permaneceremos *barines* [senhores]. Para eles, o que acaba de acontecer não é uma revolução política, mas sim uma revolução social, na qual eles são os vencedores e nós os vencidos. Eles nos dizem: 'Antes, vocês eram os *barines*, agora é a nossa vez de os sermos!' Eles têm a impressão de enfim se vingarem após séculos de servidão."[17]

---

[16] Esses dossiês podem ser consultados no GARF (Arquivos de Estado da Federação Russa), fundos chamados "Arquivos de Praga", dossiês 1 a 195. Para o período em questão, os dossiês 8, 2 e 27.

[17] Citado cm O. Figes, *The Russian Revolution*, Londres, 1995, p. 379.

O "braço armado da ditadura do proletariado" 81

Os dirigentes bolcheviques encorajavam tudo o que, nas massas populares, podia animar essa aspiração a uma "vingança social" que passava pela legitimação moral da delação, do terror, da guerra civil "justa", segundo os termos de Lenin. Em 15 (28) de dezembro de 1917, Dzerjinski publicou nos *Izvestia* uma convocação convidando "todos os sovietes" a organizarem Tchekas. O resultado foi uma formidável abundância de "comissões", "destacamentos" e outros "órgãos extraordinários" que as autoridades centrais tiveram muita dificuldade de controlar quando elas decidiram, alguns meses mais tarde, pôr um fim à "iniciativa das massas" e organizar uma rede estruturada e centralizada de Tchekas.[18]

Em julho de 1918, Dzerjinski escreveu, caracterizando os seis primeiros meses de existência da Tcheka: "Foi um período de improvisação e de tateamento, durante o qual nossa organização não esteve sempre à altura da situação."[19] Naquela data, entretanto, o balanço da ação da Tcheka como órgão de repressão contra as liberdades já estava bastante pesado. E a organização, que contava com uma pequena centena de pessoas em dezembro de 1917, havia multiplicado seus efetivos por 120, em seis meses!

Evidentemente, o início da organização foi mais modesto. Em 11 de janeiro de 1918, Dzerjinski enviou um recado a Lenin: "Encontramo-nos numa situação impossível, apesar dos importantes serviços já prestados. Nenhum financiamento. Trabalhamos dia e noite sem pão, açúcar, chá, manteiga ou queijo. Tome alguma medida para rações decentes ou nos autorize a requisição junto aos burgueses."[20] Dzerjinski havia recrutado uma centena de homens, entre eles muitos antigos camaradas de clandestinidade, em sua maioria poloneses e baltas que haviam quase todos trabalhado no Comitê Militar Revolucionário de Petrogrado, sendo que entre eles já figuravam os futuros burocratas da GPU dos anos 1920 e do NKVD dos anos 1930: Latsis, Menjinski, Messing, Moroz, Peters, Trilisser, Unchlicht e Iagoda.

A primeira ação da Tcheka foi interromper a greve dos funcionários de Petrogrado. O método foi expeditivo — prisão dos "mentores" — e a justificativa, simples: "Quem não quer trabalhar com o povo não tem lugar junto dele", declarou Dzerjinski, que mandou prender um bom número de deputados socialistas-revolucionários e mencheviques, eleitos pela Assembleia Constituinte.

---

[18] Arquivos B. Nikolaevski, Hoover Institution, *Polozenic o CK na mestax* (Relatório sobre as organizações locais da Tcheka), 11 de junho de 1918.

[19] G. Leggett, *op. cit.*, pp. 29-40.

[20] M. I. Latsis, *Dva goda borby na vnutrennom fronte* (Dois anos de luta no fronte interior), Moscou, 1920, p. 6.

Esse ato arbitrário foi rapidamente condenado pelo comissário do povo para a Justiça, Steinberg, um socialista-revolucionário de esquerda que se juntara ao governo havia alguns dias. Esse primeiro incidente entre a Tcheka e a Justiça levantava a questão, capital, do estatuto extralegal dessa polícia política.

"—Para o que serve um Comissariado do Povo para a Justiça? — perguntava então Steinberg a Lenin.— Seria melhor chamá-lo de 'Comissariado do Povo para o Extermínio Social', e o negócio será entendido!

— Excelente ideia — respondeu Lenin. — É exatamente por esse ângulo que eu vejo a coisa. Infelizmente, não podemos chamá-la assim!"[21]

Naturalmente, Lenin arbitrou o conflito entre Steinberg, que exigia uma estrita subordinação da Tcheka à Justiça, e Dzerjinski, que se insurgia contra a "futilidade legal da velha escola do Antigo Regime", em favor deste último. A Tcheka só deveria responder por seus atos ao governo.

O dia 6 (19) de janeiro de 1918 marcou uma etapa importante no agravamento da ditadura bolchevique. Na madrugada desse dia, a Assembleia Constituinte eleita em novembro-dezembro de 1917 — na qual os bolcheviques estavam em minoria, já que dispunham apenas de 175 deputados do total de 700 eleitos — foi dispersada pela força, após ter funcionado por apenas um dia. Contudo, esse ato arbitrário não despertou nenhuma reação notável no país. Uma pequena manifestação organizada para protestar contra a dissolução foi reprimida pela tropa. Houve vinte mortos, pesado tributo de uma experiência democrática parlamentar com apenas poucas horas de duração.[22]

Nos dias e semanas que se seguiram à dissolução da Assembleia Constituinte, a posição do governo bolchevique em Petrogrado tornou-se ainda mais desconfortável, no exato momento em que Trotski, Kamenev, Ioffé e Radek negociavam, em Brest-Litovsk, as condições de paz com as delegações dos impérios centrais. Em 9 de janeiro de 1918, o governo consagrou a ordem do dia à questão de sua transferência para Moscou.[23]

O que menos inquietava os dirigentes bolcheviques era a ameaça alemã — o armistício sustentava-se desde 15 (28) de dezembro —, mas a de uma insurreição operária. Com efeito, entre os operários, que dois meses antes os haviam apoiado, crescia o descontentamento. Com a desmobilização e o fim dos comandos

---

[21] I. Steinberg, *In the Workshop of the Revolution*, Londres, 1955, p. 145

[22] L. Schapiro, *Les bolcheviks et l'opposition. Origines de l'absolutisme communiste, 1917-1922*, Paris, Les Iles d'or, 1957, pp. 84-6; V. Brovkin, *op. cit., pp.* 46-7 e 59-63.

[23] E. Berard, "Pourquoi les bolcheviks ont-ils quitté Petrograd?" (Por que os bolcheviques deixaram Petrogrado?), *Cahiers du monde russe et soviétique*, XXXIV (4), outubro-dezembro de 1953, pp. 507-28.

militares, as empresas despediam às dezenas de milhares; o agravamento das dificuldades de abastecimento havia causado a queda da ração cotidiana de pão para pouco mais de cem gramas. Incapaz de reverter a situação, Lenin culpava os "monopolizadores" e os "especuladores", designados como bodes expiatórios. "Cada fábrica, cada companhia deve organizar destacamentos de requisição. E necessário mobilizar para a busca de comida não somente os voluntários, mas todo mundo, sob pena de confisco imediato do cartão de racionamento", escreveu Lenin, em 22 de janeiro (3 de fevereiro) de 1918.[24]

A nomeação de Trotski, de volta de Brest-Litovsk em 31 de janeiro de 1918, chefiando uma Comissão Extraordinária para o Abastecimento e o Transporte, era um sinal exato da importância decisiva concedida pelo governo à "caça de provisões", primeiro passo da "ditadura da provisão". Foi a essa comissão que Lenin propôs, em meados de fevereiro, um projeto de decreto que até os membros desse organismo — entre os quais figurava, além de Trotski, Tsiurupa, comissário do povo para o Abastecimento — julgaram oportuno retirar. O texto preparado por Lenin previa que todos os camponeses estariam obrigados a entregarem seus excedentes contra um recibo. Em caso de não entrega nos prazos determinados, os contraventores seriam fuzilados. "Quando lemos esse projeto, ficamos embasbacados, escreveu Tsiurupa em suas memórias. Aplicar um tal decreto teria conduzido a execuções em massa. Finalmente, o projeto de Lenin foi abandonado."[25]

Entretanto, esse episódio é bastante revelador. Desde o início do ano de 1918, Lenin, encurralado no impasse produzido por sua política, inquieto com a situação catastrófica de abastecimento dos grandes centros industriais — considerados únicas ilhas bolcheviques em meio a um oceano camponês —, estava pronto a tudo para "tomar os cereais" antes mesmo de modificar uma vírgula em sua política. Entre os camponeses, que desejavam guardar todos os frutos de seu trabalho e rejeitavam toda e qualquer ingerência de uma autoridade exterior, e o novo regime, que queria impor sua autoridade, recusando-se a compreender o funcionamento dos circuitos econômicos, e que aspirava — e pensava — controlar o que lhe parecia ser somente uma manifestação de anarquia social, o conflito era inevitável.

Em 21 de fevereiro de 1918, diante do avanço fulminante dos exércitos alemães, consecutivo à ruptura dos colóquios de Brest-Litovsk, o governo pro-

---

[24] V. I. Lenin, *Polnoie sobranie socinenii* (Obras Completas), Moscou, 1958-1966, vol. XXXV, p. 311.

[25] CRCEDHC (Centro Russo de Conservação e de Estudo da Documentação Histórica Contemporânea), 158/1/1/10; S. A. Pavliucenkov, *op. cit.*, p. 29.

84   *O Livro Negro do Comunismo*

clamou "a Pátria socialista em perigo". O apelo à resistência aos invasores era acompanhado de uma convocação ao terror de massa: "Todo agente inimigo, especulador, *hooligan* [baderneiro], agitador contrarrevolucionário, espião alemão, será imediatamente fuzilado."[26] Essa proclamação tornava a instaurar a lei marcial nas operações militares. Com a conclusão do acordo de paz, em 3 de março de 1918 em Brest-Litovsk, ela tornou-se caduca. Legalmente, a pena de morte só foi restabelecida na Rússia em 16 de junho de 1918. Entretanto, a partir de fevereiro de 1918, a Tcheka procedeu a várias execuções sumárias fora das zonas de operações militares.

Em 10 de março de 1918, o governo deixou Petrogrado por Moscou, que foi promovida a capital. A Tcheka instalou-se próximo ao Kremlin, Rua Bolchaia-Lubianka, nos prédios de uma companhia de seguros que ela iria ocupar, sob suas sucessivas siglas — GPU, NKVD, MVD, KGB — até a queda do regime soviético. O número de tchekistas trabalhando em Moscou passou de 600 em março para dois mil em julho de 1918, sem contar as tropas especiais. Cifra considerada razoável, quando se sabe que o Comissariado do Povo Para o Interior, encarregado de dirigir o imenso aparelho dos sovietes locais em todo o país, contava, nessa mesma data, com apenas 400 funcionários!

A Tcheka lançou sua primeira operação de grande envergadura na noite do dia 11 ao 12 de abril de 1918: mais de mil homens de suas tropas especiais tomaram de assalto em Moscou cerca de 20 casas mantidas por anarquistas. No fim de várias horas de um disputado combate, 520 anarquistas foram presos, sendo que 25 entre eles foram sumariamente executados como "bandidos", uma denominação que, a partir de então, serviria para designar operários em greve, desertores fugindo do serviço militar ou camponeses rebelados contra as requisições.[27]

Após este primeiro sucesso, que se seguiu de outras operações de "pacificação", tanto em Moscou quanto em Petrogrado, Dzerjinski solicitou, em carta dirigida ao Comitê Executivo Central, em 29 de abril de 1918, um considerável aumento nos recursos da Tcheka: "No momento atual", ele escreveu, "é inevitável que a Tcheka tenha um crescimento exponencial, diante da multiplicação da oposição contrarrevolucionária por todos os lados[28]".

---

[26] *Dekrety Sovetskoi Vlasti* (Decretos do Poder Soviético), vol. 1 (1957), pp. 490-91.

[27] P. G. Sofinov, *Ocerki Istorii vserossiiskoi crezvycainoi komissii* (História da Comissão Extraordinária), Moscou, 1960, pp. 43-4; G. Leggett, *op. cit.*, p. 35.

[28] G. A. Belov, *op. cit.*, pp. 112-13.

O *"braço armado da ditadura do proletariado"* 85

Com efeito, o "momento atual" ao qual Dzerjinski fazia referência aparece como um período decisivo na instauração da ditadura política e econômica e no reforço da repressão contra uma população cada vez mais hostil aos bolcheviques. Desde outubro de 1917, essa população não havia conhecido nenhuma melhora em seu cotidiano, nem salvaguardado as liberdades fundamentais adquiridas no decorrer de 1917. Únicos entre todos os políticos a deixarem os camponeses se apossarem das terras cobiçadas por tanto tempo, os bolcheviques tinham se transformado, para eles, nos "comunistas" que lhes tomavam os frutos de seu trabalho. "Serão os mesmos?", se perguntavam inúmeros camponeses, fazendo, em suas queixas, a distinção entre os "bolcheviques que lhes haviam dado a terra" e os "comunistas que extorquiam o trabalhador honesto, lhe roubando até mesmo a camisa do corpo".

A primavera de 1918 foi, de fato, um momento-chave, em que as apostas ainda não haviam terminado; os sovietes, que não haviam ainda sido silenciados e transformados em simples órgãos da administração estatal, eram o local de verdadeiros debates políticos entre os bolcheviques e os socialistas moderados. Os jornais de oposição, ainda que perseguidos cotidianamente, continuavam a existir. A vida política local conhecia uma abundância de instituições concorrentes. Durante esse período, marcado pela piora das condições de vida e pela total ruptura dos circuitos de trocas econômicas entre cidade e campo, socialistas-revolucionários e mencheviques obtiveram inegáveis vitórias políticas. No decorrer das eleições para a renovação dos sovietes, apesar das pressões e manipulações, eles venceram em 19 das 30 capitais cantonais do interior do país onde houve eleições e os resultados foram tornados públicos.[29]

Diante desse quadro, o governo bolchevique reagiu através do recrudescimento da ditadura, tanto no plano econômico quanto no político. Os circuitos econômicos de distribuição estavam interrompidos, tanto no que concerne aos recursos, em razão da espetacular degradação das vias de comunicação, em particular a ferroviária, como também em relação às motivações, pois a ausência de produtos manufaturados não incitava os camponeses à venda. O problema vital era o de assegurar o abastecimento do exército e das cidades, local do poder e sede do "proletariado". Duas possibilidades eram oferecidas aos bolcheviques: ou restabelecer um mercado aparente numa economia arruinada, ou utilizar a força. Eles escolheram a última opção, persuadidos da necessidade de prosseguir com a luta pela destruição da "antiga ordem".

---

[29] V. Brovkin, *op. cit.*, p. 159.

O Livro Negro do Comunismo

Tomando a palavra em 29 de abril de 1918, diante do Comitê Executivo Central dos Sovietes, Lenin declarou sem rodeios: "Sim, quando se tratou de derrubar os grandes proprietários rurais, os camponeses abastados e os pequenos proprietários estiveram do nosso lado. Mas, agora, nossos caminhos divergem. Os pequenos proprietários têm horror à organização e à disciplina. É chegada a hora de levarmos adiante uma batalha cruel e sem perdão contra esses pequenos proprietários, esses camponeses abastados."[30] Alguns dias mais tarde, o comissário do povo para o abastecimento acrescentou, dentro da mesma assembleia: "Vou dizer abertamente: trata-se propriamente de uma guerra e é somente com o uso de fuzis que obteremos os cereais."[31] E Trotski ainda disse mais: "Nosso partido é a favor da guerra civil. A guerra civil é luta pelo pão... Viva a guerra civil!"[32]

Citemos um último texto, escrito em 1921 por um outro dirigente bolchevique, Karl Radek, que esclarece perfeitamente a política bolchevique na primavera de 1918, ou seja, vários meses *antes* do desenvolvimento do confronto armado que oporia, durante dois anos, Vermelhos e Brancos: "O camponês havia recebido a terra há pouquíssimo tempo, acabava de voltar do fronte para a casa, havia guardado suas armas, e sua atitude em relação ao Estado podia ser resumida assim: para que serve o Estado? Para ele, nenhuma utilidade! Se tivéssemos decidido introduzir um imposto em espécie, não teríamos conseguido nada, pois não tínhamos um aparelho de Estado, o antigo tinha sido destruído, e os camponeses não nos teriam dado nada se não os forçássemos a fazê-lo. Nossa tarefa, no início de 1918, era simples; tínhamos de fazer com que os camponeses compreendessem duas coisas elementares: o Estado tinha direitos sobre uma parte dos produtos do campo para as suas próprias necessidades, e ele tinha a força para fazer valer os seus direitos."[33]

Em maio-junho de 1918, o governo bolchevique tomou duas medidas decisivas que inauguraram o período de guerra civil comumente conhecido como "comunismo de guerra". Em 13 de maio de 1918, um decreto atribuiu poderes extraordinários ao comissário do povo para o abastecimento, encarregado de requisitar os produtos alimentares e organizar um verdadeiro "exército para o abastecimento". Em julho de 1918, cerca de 12 mil homens já participavam

---

[30] V. I. Lenin, *Polnoie sobranie socinenii* (Obras Completas), vol. XXXVI, p. 265.

[31] *Protokoly zasedanii VSIK 4-sozyva, Stenograficeskii otcet* (Protocolos da 4ª Sessão do CEC), Moscou, 1918, p. 250.

[32] *Ibid.*, p. 389.

[33] K. Radek, *Puti russkoi revoliutsii* (Os caminhos da Revolução Russa), *Krasnaia*, nov 1921, nº 4, p. 188.

O "braço armado da ditadura do proletariado"   87

desses "destacamentos para o abastecimento" que contaram, em seu apogeu, com quase 80 mil homens, dos quais perto da metade eram operários desempregados de Petrogrado, atraídos por um salário decente e uma remuneração em espécie proporcional aos cereais confiscados. A segunda medida, o decreto de 11 de junho de 1918, instituiu o Comitê de Camponeses Pobres, encarregados de colaborar estreitamente com os destacamentos para o abastecimento e também de requisitar, contra uma parte do que fosse obtido, os excedentes da produção agrícola dos camponeses abastados. Esses Comitês de Camponeses Pobres deviam, também, substituir os sovietes rurais, encarados pelo poder como pouco confiáveis, pois estavam impregnados de uma ideologia socialista-revolucionária. Consideradas as tarefas que lhes eram atribuídas — tomar, pela força, o fruto do trabalho de outrem — e os motivos que supostamente os tentavam — o poder, o sentimento de frustração e de inveja para com os "ricos", a promessa de uma parte dos ganhos —, podemos imaginar como foram esses primeiros representantes do poder bolchevique no campo. Como escreveu, com perspicácia, Andrea Graziosi, "para essas pessoas, a inegável capacidade operacional e a devoção à causa — ou, antes, ao novo Estado — estavam estritamente ligadas a uma consciência política e social balbuciante, a um grande arrivismo e a comportamentos 'tradicionais', tais como a brutalidade para com os subordinados, o alcoolismo e o nepotismo. [...] Temos aqui um bom exemplo da maneira pela qual o espírito' da revolução plebeia penetrava no novo regime".[34]

Apesar de alguns sucessos iniciais, a organização de comitês de camponeses pobres foi malsucedida. A própria ideia de se colocar na linha de frente a parte mais pobre dos camponeses refletia o profundo desconhecimento que os bolcheviques tinham da sociedade camponesa. Segundo um esquema marxista simplista, eles a imaginavam dividida em classes antagônicas, ao passo que ela estava sobretudo solidária em face do mundo exterior e dos estrangeiros vindos da cidade. Logo que se tratou de se entregarem os excedentes, o reflexo igualitário e comunitário da assembleia camponesa marcou sua presença; em lugar de incidir sobre os camponeses abastados, o peso das requisições foi repartido em função das disponibilidades de cada um. A massa dos camponeses médios foi atingida, e o descontentamento foi geral. Tumultos explodiram em várias regiões. Diante da brutalidade dos destacamentos de abastecimento apoiados pela Tcheka ou pelo exército, uma verdadeira guerrilha formou-se a partir de

---

[34] A. Graziosi, *The Great Soviet Peasant War*, Ukrainian Research Institute, Harvard University, 1996, p. 18.

junho de 1918. Em julho-agosto, 110 insurreições camponesas, qualificadas pelo poder como "rebeliões dos kulaks" — terminologia utilizada pelos bolcheviques para designar os tumultos em que cidades inteiras participavam, com todas as categorias sociais misturadas —, explodiram nas zonas controladas pelo novo poder. O crédito desfrutado durante um breve período pelos bolcheviques, por não terem feito oposição à apreensão das terras, em 1917, foi aniquilado em poucas semanas. Durante três anos, a política de requisição ia provocar milhares de revoltas e rebeliões, que se degeneraram em verdadeiras guerras camponesas, reprimidas com a maior violência.

No plano político, o recrudescimento da ditadura, na primavera de 1918, acarretou o fechamento definitivo de todos os jornais não bolcheviques, a dissolução dos sovietes não bolcheviques, a prisão dos oponentes e a repressão brutal de vários movimentos de greve. Em maio-junho de 1918, 205 jornais de oposição socialista foram definitivamente fechados. Os sovietes com maioria menchevique ou socialista-revolucionária, de Kaluga, Tver, Yaroslav, Riazan, Kostroma, Kazan, Saratov, Penza, Tambov, Voronej, Orel e Volonezh, foram dissolvidos com o uso da força.[35] A história era quase sempre a mesma: alguns dias antes das eleições que dariam a vitória aos partidos de oposição e a formação do novo soviete, o segmento bolchevique convocava a força armada, com frequência um destacamento da Tcheka, que proclamava a lei marcial e prendia os oponentes.

Dzerjinski, que enviara seus principais colaboradores às cidades onde a oposição era vitoriosa, preconizava, sem rodeios, o uso da força, como provam de maneira eloquente as diretivas que ele deu, em 31 de maio de 1918, a Eiduk, seu plenipotenciário em missão em Tver: "Os operários, influenciados pelos mencheviques, SR e outros porcos contrarrevolucionários, fizeram greve e manifestaram-se em favor da constituição de um governo de união entre todos os 'socialistas'. Você deve afixar por toda a cidade uma proclamação indicando que a Tcheka executará imediatamente todo bandido, ladrão, especulador e contrarrevolucionário que conspire contra o poder soviético. Sirva-se da contribuição dos burgueses da cidade. Recenseie-os. Essas listas nos serão úteis se por acaso eles se mobilizarem. Investigue com que elementos poderemos formar uma Tcheka local. Engaje pessoas resolutas, que saibam que não há nada de mais eficaz do que uma bala para calar quem quer que seja. A experiência me ensinou que mesmo um número pequeno de pessoas decididas é capaz de reverter toda uma situação."[36]

---

[35] V. Brovkin, *op. cit.*, pp. 220-25

[36] CRCEDHC, 17/6/384/97-98.

O "braço armado da ditadura do proletariado"   89

A dissolução dos sovietes dirigidos por oponentes e a expulsão, em 14 de junho de 1918, dos mencheviques e dos socialistas-revolucionários do Comitê Executivo Panrusso dos Sovietes suscitaram protestos, manifestações e movimentos de greve em várias cidades operárias, onde, aliás, a situação não cessava de se degradar. Em Kolpino, perto de Petrogrado, o comandante de um destacamento da Tcheka atirou sobre uma caminhada contra a fome, organizada pelos operários, cuja ração mensal caíra a um quilo de farinha! Houve dez mortos. No mesmo dia, na fábrica Berezovski, perto de Ekaterinburgo, 15 pessoas foram assassinadas por um destacamento da Guarda Vermelha durante um encontro de protesto contra os "comissários bolcheviques" acusados de se apropriarem das melhores casas da cidade e de terem desviado em proveito próprio os 150 rublos de impostos sobre a burguesia local. No dia seguinte, as autoridades do setor decretaram a lei marcial nessa cidade operária, e 14 pessoas foram imediatamente fuziladas pela Tcheka local, sem que nada fosse relatado a Moscou.[37]

Na segunda quinzena de maio e no mês de junho de 1918, inúmeras manifestações operárias foram reprimidas com sangue em Sormovo, Yaroslav e Tula, assim como nas cidades industriais do Ural, Nijni-Taguil, Beloretsk, Zlatus e Ekaterinburgo. A participação cada vez mais ativa das Tchekas locais na repressão é atestada pela frequência crescente, no meio militar, das palavras de ordem e dos slogans contra a "nova Okhranka" (polícia política czarista) a serviço da "comissariocracia".[38]

De 8 a 11 de junho de 1918, Dzerjinski presidiu a primeira conferência Panrussa das tchekas, à qual assistiram cerca de cem delegados de 43 seções locais, totalizando algo em torno de 12 mil homens — eles serão 40 mil no fim de 1918 e mais de 280 mil no início de 1921. Colocando-se acima dos sovietes, e mesmo "acima do Partido", segundo disseram alguns bolcheviques, a conferência declarou "assumir o peso da luta contra a contrarrevolução em todo o território nacional, enquanto órgão supremo do poder administrativo da Rússia soviética". O organograma ideal adotado no fim dessa conferência revelava o vasto campo de atividade atribuído à polícia política soviética a partir de junho de 1918, ou seja, *antes* da grande onda de insurreições "contrarrevolucionárias" do verão de 1918. Calcada sobre o modelo da matriz em Lubianka, cada Tcheka do interior devia, no menor espaço de tempo possível, organizar os seguintes

---

[37] *Novaia Jizn* (A nova vida), 1º de junho de 1918, p. 4.
[38] N. Bernstam, *Ural i Prikamie, noiabr' 1917-ianvar' 1919* (O Ural e a região da Kama, novembro de 1917-janeiro de 1919), Paris, YMCA Press, 1982.

departamentos e secretarias: 1) Departamento da Informação. Secretarias: Exército Vermelho, monarquistas, cadetes, SR de direita e mencheviques, anarquistas e prisioneiros comuns, burguesia e pessoas religiosas, sindicatos e comitês operários e estrangeiros. Para cada uma dessas categorias, as secretarias apropriadas deviam redigir uma lista de suspeitos. 2) Departamento de Luta Contra a Contrarrevolução. Secretarias: Exército Vermelho, monarquistas, cadetes, SR de direita e mencheviques, anarquistas, sindicalistas, minorias nacionais, estrangeiros, alcoolismo, pogroms e ordem pública, casos relativos à imprensa. 3) Departamento de Luta Contra a Especulação e o Abuso de Autoridade. 4) Departamento dos Transportes, Estradas de Comunicação e Portos. 5) Departamento Operacional, reagrupando as unidades especiais da Tcheka.[39]

Dois dias após o fim dessa Conferência Panrussa de Tchekas, o governo declarou o restabelecimento legal da pena de morte. Abolida após a Revolução de Fevereiro de 1917, ela havia sido restaurada por Kerenski em julho de 1917. Entretanto, ela só se aplicava às regiões do fronte, sob a jurisdição militar. Uma das primeiras medidas tomadas pelo II Congresso de Sovietes, em 26 de outubro (8 de novembro) de 1917, foi suprimir mais uma vez a pena capital. Essa decisão suscitou o furor de Lenin: "É um erro, uma fraqueza inadmissível, uma ilusão pacifista!"[40] Lenin e Dzerjinski não descansaram enquanto não restabeleceram legalmente a pena de morte, sabendo perfeitamente que ela podia ser aplicada, sem nenhuma "futilidade legal", pelos órgão extralegais tais como as Tchekas. A primeira condenação à morte legal, pronunciada por um tribunal revolucionário, ocorreu em 21 de junho de 1918: o almirante Tchastnyi foi o primeiro "contrarrevolucionário" fuzilado "legalmente".

Em 20 de junho, V. Volodarski, um dos dirigentes bolcheviques de Petrogrado, foi abatido por um militante socialista-revolucionário. Esse atentado aconteceu num período de extrema tensão na antiga capital. No decorrer das semanas precedentes, as relações entre os bolcheviques e o mundo operário vinham gradativamente se deteriorando; em maio-junho de 1918, a Tcheka de Petrogrado calculou cerca de 70 "incidentes" — greves, encontros antibolcheviques, manifestações —, implicando principalmente os metalúrgicos das fortalezas operárias, que haviam sido os mais ardentes partidários dos bolcheviques em 1917 e até mesmo antes disso. As autoridades responderam à

---

[39] *Instruksia Crezvycainym Komissiam* (Instruções às tchekas locais), Arquivos B. I. Nikolatevski, Hoover Institution, Stanford, citado *in* G. Leggett, *op. cit.*, pp. 39-40.

[40] L. Trotski, *O Lenine* (Lenin), Moscou, 1924, p. 101.

O *"braço armado da ditadura do proletariado"* 91

greve através do fechamento das grandes fábricas nacionalizadas, uma prática que seria generalizada nos meses subsequentes, para quebrar a resistência operária. O assassinato de Volodarski foi seguido de uma violenta onda de prisões, sem precedentes nos meios operários de Petrogrado; "a assembleia dos plenipotenciários operários", uma organização de maioria menchevique que coordenava a oposição operária em Petrogrado, foi dissolvida. Mais de 800 "mentores" foram detidos em dois dias. Os meios operários responderam a essas prisões em massa convocando uma greve geral para 2 de julho de 1918.[41]

Lenin enviou de Moscou uma carta a Zinoviev, presidente do Comitê de Petrogrado do Partido Bolchevique, um documento revelador da concepção leninista do terror e, ao mesmo tempo, de uma extraordinária ilusão política. Assim, Lenin cometia um espetacular contrassenso político ao afirmar que os operários se revoltaram *contra* o assassinato de Volodarski!

"Camarada Zinoviev! Acabamos de saber neste instante que os operários de Petrogrado desejavam responder com terror de massa ao assassinato do camarada Volodarski e que vocês (não você pessoalmente, mas os membros do Partido de Petrogrado) os impediram. Eu protesto energicamente! Nós nos comprometemos: preconizamos o terror de massa nas resoluções do soviete, mas, quando se tratou de agir, nós obstruímos a iniciativa absolutamente correta das massas. Isto é i-nad-mis-sí-vel. Os terroristas vão nos considerar uns moleirões. A hora é ultramarcial. É indispensável encorajar a energia e o caráter de massa do terror dirigido contra os contrarrevolucionários, especialmente em Petrogrado, cujo exemplo é decisivo. Saudações. Lenin."[42]

---

[41] *Novaia Jizn* (A nova vida), 16, 26, 27, 28 de junho de 1918; V. Brovkin, *op. cit.*, pp. 243 49. S. Rosenberg, "Russian Labor and Bolshevik Power", *Slavic Review*, vol. 44 (verão de 1985), p. 233 *sq.*

[42] V. I. Lenin, *Polnoie sobranie socinenii* (Obras Completas), vol. L, p. 106

3
O Terror Vermelho

"Os bolcheviques dizem abertamente que estão com os dias contados, relatava a seu governo Karl Helfferich, embaixador alemão em Moscou, em 3 de agosto de 1918. Um verdadeiro pânico está tomando conta de Moscou[...] Circulam os mais loucos rumores sobre 'traidores' que se teriam infiltrado na cidade."

Os bolcheviques nunca haviam sentido o seu poder tão ameaçado quanto no decorrer do verão de 1918. Com efeito, eles controlavam apenas o pequeno território da Moscóvia histórica, diante dos três grandes frontes antibolcheviques, solidamente estabelecidos a partir de então: um na região de Don, ocupada pelas tropas cossacas do *ataman* Krasnov e pelo Exército Branco do general Denikin; o segundo, na Ucrânia, em poder dos alemães e do Rada (governo nacional) ucraniano; o terceiro, ao longo do Transiberiano, onde a maior parte das cidades caíra sob poder da Legião Tcheca, cuja ofensiva era sustentada pelo governo socialista-revolucionário de Samara.

Nas regiões mais ou menos controladas pelos bolcheviques, explodiram cerca de 140 revoltas e insurreições de grande amplitude durante o verão de 1918; as mais frequentes eram devidas a comunidades camponesas que recusavam as requisições conduzidas com violência pelos destacamentos para o abastecimento, além das limitações impostas ao comércio privado e novos recrutamentos militares iniciados pelo Exército Vermelho.[1] Os camponeses enfurecidos se dirigiam em massa à cidade mais próxima e cercavam o soviete, tentando, às vezes, atear fogo a ele. Geralmente, os incidentes se degeneravam: as tropas, as milícias encarregadas de manterem a ordem e, cada vez mais, os destacamentos da Tcheka, não hesitavam em abrir fogo sobre os manifestantes.

Os dirigentes bolcheviques viam nesses confrontos, cada vez mais numerosos com o passar dos dias, uma ampla conspiração contrarrevolucionária, dirigida por "kulaks disfarçados de soldados do Exército Branco".

---

[1] L. M. Spirin, *Klassy i partii v grazdanskoi voine v Rossii* (Classes e partidos na guerra civil russa), Moscou, 1968, pp. 180 e seguintes.

O Terror Vermelho

"É evidente que está sendo preparado um levante de soldados do Exército Branco em Nijni-Novgorod", telegrafou Lenin, em 9 de agosto de 1918, ao presidente do Comitê Executivo do Soviete dessa cidade, que acabara de informar sobre incidentes implicando camponeses protestando contra as requisições. "É preciso formar imediatamente uma 'troika' ditatorial (composta por você, Markin e um outro), introduzindo imediatamente o terror de massa, fuzilar ou deportar as centenas de prostitutas que dão de beber aos soldados, todos os ex-oficiais etc. Não há um minuto a perder[...] E necessário agir com decisão: prática em massa de buscas. Execução por porte de arma. Deportações em massa de mencheviques e outros elementos suspeitos."[2] No dia seguinte, dia 10 de agosto, Lenin enviou outro telegrama com o mesmo teor ao Comitê Executivo do Soviete de Penza:

"Camaradas! O levante kulak nos cinco distritos de sua região deve ser esmagado sem piedade. Os interesses de toda a revolução o exigem, pois a 'luta final' com os kulaks está doravante engajada por toda parte. É necessário dar o exemplo: 1) Enforcar (e digo enforcar *de modo que todos possam ver*) não menos de 100 kulaks, ricos e notórios bebedores de sangue. 2) Publicar seus nomes. 3) Apoderar-se de todos os seus grãos. 4) Identificar os reféns do modo como indicamos no telegrama de ontem. Façam isso de maneira que a cem léguas em torno as pessoas vejam, tremam, compreendam e digam: eles matam e continuarão a matar os kulaks sedentos de sangue. Telegrafem em resposta dizendo que vocês receberam e executaram exatamente estas instruções. Seu, Lenin.

P.S.: Encontrem as pessoas mais fortes."[3]

De fato, como demonstra uma leitura atenta dos relatórios da Tcheka sobre as revoltas do verão de 1918, ao que parece, apenas os levantes de Yaroslav, Rybinsk e Murom — organizados pela União de Defesa da Pátria, do dirigente socialista-revolucionário Boris Savinkov — e o dos operários das fábricas de armamentos de Ijevsk, inspirado pelos mencheviques e socialistas-revolucionários locais, foram fruto de preparação anterior. Todas as outras insurreições desenvolveram-se espontânea e localmente a partir de incidentes implicando as comunidades camponesas que recusavam as requisições ou o recrutamento militar. Em poucos dias, elas foram ferozmente reprimidas pelos destacamentos mais confiáveis do Exército Vermelho ou da Tcheka. Apenas a cidade de Yaroslav, onde os destacamentos de Savinkov haviam deposto o poder bol-

---

[2] V. I. Lenin, *Polnoie sobranie socinenii* (Obras Completas), vol. L, p. 142.

[3] CRCEDHC, 2/1/6/898.

chevique local, resistiu cerca de 15 dias. Após a queda da cidade, Dzerjinski enviou a Yaroslav uma "comissão especial de investigação" que, em cinco dias, de 24 a 28 de julho de 1918, executou 428 pessoas.[4]

Durante todo o mês de agosto de 1918, ou seja, antes do desencadeamento "oficial" do Terror Vermelho de 3 de setembro, os dirigentes bolcheviques, com Lenin e Dzerjinski à frente, enviaram um grande número de telegramas aos responsáveis locais da Tcheka ou do Partido, pedindo-lhes que tomassem "medidas profiláticas" para a prevenção de toda tentativa de insurreição. Entre essas medidas, explicava Dzerjinski, "as mais eficazes são a tomada de reféns entre os burgueses, a partir das listas que vocês estabeleceram para as contribuições excepcionais exigidas dos burgueses, [...] a detenção e o encarceramento de todos os reféns e suspeitos nos campos de concentração".[5] Dia 8 de agosto, Lenin pediu a Tsuriupa, comissário do povo para o Abastecimento, que redigisse um decreto segundo o qual "em cada distrito produtor de cereais, 25 reféns, escolhidos entre os habitantes mais abastados, pagarão com suas vidas pela não realização do plano de requisição". Uma vez que Tsuriupa se fez de surdo, sob o pretexto de que era difícil organizar essa tomada de reféns, Lenin enviou-lhe uma segunda nota, ainda mais explícita: "Eu não estou sugerindo que sejam feitos reféns, mas que eles sejam *nomeadamente designados* em cada distrito. O objetivo dessa designação é que os ricos, do mesmo modo que eles são responsáveis pela própria contribuição, sejam, com o risco de suas vidas, responsáveis pela realização imediata do plano de requisição em seu distrito".[6]

Além do sistema de reféns, os dirigentes bolcheviques experimentaram, em agosto de 1918, um outro instrumento de repressão, surgido na Rússia em guerra: o campo de concentração. Em 9 de agosto de 1918, Lenin telegrafou ao Comitê Executivo da província de Penza pedindo que fossem aprisionados "os kulaks, os padres, os soldados do Exército Branco e outros elementos duvidosos num campo de concentração".[7]

Alguns dias antes, Dzerjinski e Trotski haviam, do mesmo modo, prescrito o aprisionamento de reféns em "campos de concentração". Esses "campos de concentração" eram campos de internação onde deveriam ser encarcerados, através de uma simples medida administrativa e sem qualquer julgamento, os "elementos duvidosos". Existiam, tanto na Rússia quanto nos outros países

---

[4] GARF (Arquivos de Estado da Federação da Rússia), 130/2/98a/26-32.

[5] CRCEDHC, 76/3/22.

[6] *Leninskü sbornik* (Coletânea de textos de Lenin), vol. 18 (1931), pp. 145-6, citado por D. Volkogonov, *Le vrai Lénine*, Paris, R. Laffont, 1995, p. 248.

[7] V. I. Lenin, *Polnoie sobranie socinenii* (Obras Completas), vol. L, p. 143.

O Terror Vermelho

beligerantes, numerosos campos onde haviam sido internados os prisioneiros de guerra.

Entre os "elementos duvidosos" a serem preventivamente aprisionados, figuravam, em primeiro lugar, os responsáveis políticos, ainda em liberdade, dos partidos de oposição. Em 15 de agosto de 1918, Lenin e Dzerjinski assinaram a ordem de prisão dos principais dirigentes do Partido Menchevique — Martov, Dan, Potressov e Goldman — cujo jornal já havia sido silenciado, e os representantes, expulsos dos sovietes.[8]

Doravante, para os dirigentes bolcheviques, as fronteiras entre as diferentes categorias de oponentes estavam apagadas, numa guerra civil que, segundo eles, tinha suas próprias leis.

"A guerra civil não conhece leis escritas", escrevia Latsis, um dos principais colaboradores de Dzerjinski, nos *Izvestia* de 23 de agosto de 1918. "A guerra capitalista tem suas leis escritas [...] mas a guerra civil tem suas próprias leis [...]. É necessário não somente destruir as forças ativas do inimigo, mas também demonstrar que qualquer um que erga a espada contra a ordem de classes existente perecerá pela espada. Tais são as regras que a burguesia sempre observou nas guerras civis perpetradas contra o proletariado. [...] Nós ainda não assimilamos essas regras suficientemente. Os nossos estão sendo mortos às centenas e aos milhares. Nós executamos os deles um a um, após longas deliberações e diante de comissões e tribunais. Na guerra civil, não há tribunais para o inimigo. Trata-se de uma luta mortal. Se você não mata, você será morto. Então mate, se você não quer ser morto!"[9]

Em 30 de agosto de 1918, dois atentados — um contra M. S. Uritski, chefe da Tcheka de Petrogrado, e outro contra Lenin — fortaleceram a certeza dos dirigentes bolcheviques de que uma verdadeira conspiração ameaçava até a própria vida de cada um deles. Na verdade, esses dois atentados não tinham nenhuma relação entre si. O primeiro fora cometido, na mais pura tradição do terrorismo revolucionário populista, por um jovem estudante desejoso de vingar um amigo oficial executado havia alguns dias pela Tcheka de Petrogrado. Quanto ao segundo, dirigido contra Lenin — atribuído durante muito tempo a Fanny Kaplan, uma militante próxima dos meios anarquistas e socialistas-revolucionários, detida e imediatamente executada sem julgamento três dias após os fatos — hoje em dia parece ter sido resultado de uma provocação,

---

[8] CRCEDHC, 76/3/22/3.

[9] *Izvestia*, 23 de agosto de 1918; G. Leggett, *op. cit.*, p. 104.

96   O Livro Negro do Comunismo

organizada pela Tcheka, que escapou ao controle de seus instigadores.[10] O governo bolchevique imputou de imediato esses atentados aos "socialistas-revolucionários de direita, servos do imperialismo francês e inglês". Desde o dia seguinte, artigos publicados na imprensa e declarações oficiais convocaram o crescimento do terror:

"Trabalhadores", escrevia o *Pravda* de 31 de agosto de 1918, "é chegada a hora de aniquilar a burguesia, senão vocês serão aniquilados por ela. As cidades devem ser impecavelmente limpas de toda putrefação burguesa. Todos esses senhores serão fichados, e aqueles que representem qualquer perigo para a causa revolucionária, exterminados. [...] O hino da classe operária será um canto de ódio e de vingança!"[11]

No mesmo dia, Dzerjinski e seu adjunto, Peters, redigiram uma "Convocação à classe operária" com o seguinte espírito: "Que a classe operária esmague, através do terror em massa, a hidra da contrarrevolução! Que os inimigos da classe operária saibam que todo indivíduo detido com posse ilícita de uma arma será executado imediatamente, que todo indivíduo que ouse fazer a menor propaganda contra o regime soviético será de imediato detido e encarcerado num campo de concentração!" Publicada no *Izvestia* de 3 de setembro, essa convocação foi seguida, no dia 4 de setembro, da publicação de uma instrução enviada por N. Petrovski, comissário do povo para o Interior, a todos os sovietes. Petrovski queixava-se do fato de que, apesar da "repressão em massa" exercida pelos inimigos do regime contra as "massas laboriosas", o Terror tardava a se fazer perceber:

"É chegada a hora de pôr um ponto final a toda essa moleza e a esse sentimentalismo. Todos os socialistas-revolucionários de direita devem ser imediatamente detidos. Um grande número de reféns deve ser tomado entre a burguesia e os oficiais. Ao menor sinal de resistência, é necessário recorrer às execuções em massa. Os comitês executivos das províncias devem dar o exemplo de iniciativa nesse terreno. As Tchekas e outras milícias devem identificar e deter todos os suspeitos e executar imediatamente todos aqueles que tenham algum compromisso com atividades contrarrevolucionárias. [...] Os responsáveis pelos comitês executivos devem informar imediatamente ao Comissariado do Povo para o Interior sobre toda moleza e indecisão da parte

---

[10] S. Lyandres, "The 1918 Attempt on the Life of Lenin: A New Look at the Evidence", *Slavic Review*, 48, n⁰ 3 (1989), pp. 432-48.

[11] *Pravda*, 31 de agosto de 1918

O *Terror Vermelho* 97

dos sovietes locais. [...] Nenhuma fraqueza, nenhuma hesitação pode ser tolerada na instauração do terror em massa."[12]

Esse telegrama, sinal oficial do Terror Vermelho em grande escala, refuta a argumentação desenvolvida *a posteriori* por Dzerjinski e Peters, segundo a qual "o Terror Vermelho, expressão da indignação geral e espontânea das massas contra os atentados de 30 de agosto de 1918, começou sem a menor diretiva do Centro". De fato, o Terror Vermelho era o alívio natural de um ódio quase abstrato que a maior parte dos dirigentes bolcheviques alimentava contra os "opressores", a quem eles estavam prontos para liquidar, não somente individualmente, mas "enquanto uma classe". Em suas memórias, o dirigente menchevique Raphael Abramovitch relata uma conversa bastante reveladora que ele tivera, em agosto de 1917, com Feliks Dzerjinski, o futuro chefe da Tcheka:

— Abramovitch, você se lembra do discurso de Lassalle sobre a essência de uma Constituição?

— Certamente.

— Ele dizia que toda Constituição era determinada pela relação das forças sociais em um país em um dado momento. Eu me pergunto como essa correlação entre a política e o social poderia mudar.

— Pois bem, pelos diversos processos de evolução econômica e política, pela emergência de novas formas econômicas, a ascensão de certas classes sociais etc., todas as coisas que você conhece perfeitamente, Feliks.

— Sim, mas não se poderia mudar radicalmente essa correlação? Por exemplo, pela submissão ou pelo extermínio de certas classes da sociedade?[13]

Essa crueldade calculada, fria, cínica, fruto de uma lógica implacável de "guerra de classes" levada a seu extremo, era compartilhada por muitos bolcheviques. Em setembro de 1918, um dos principais dirigentes bolcheviques, Grigori Zinoviev, declarou: "Para nos desfazermos de nossos inimigos, devemos ter o nosso próprio terror socialista. Devemos ter a nosso lado, digamos, cerca de 90 dos cem milhões de habitantes da Rússia soviética. Quanto aos outros, não há nada que possamos dizer-lhes. Eles devem ser aniquilados."[14]

Dia 5 de setembro, o governo soviético legalizou o terror pelo famoso decreto "Sobre o Terror Vermelho": "Na situação atual, é absolutamente vital reforçar a Tcheka [...], proteger a República Soviética contra os inimigos

---

[12] *Izvestia*, 4 de setembro de 1918.

[13] R. Abramovitch, *The Soviet Revolution, 1917-1939*, Londres, 1962, p. 312.

[14] *Severnaia. Kommuna*, nº 109, 19 de setembro de 1918, p. 2, citado por G. Leggett, *op. cit.*, p. 114.

da classe, isolando estes últimos em campos de concentração, fuzilando de imediato todo indivíduo implicado nas organizações dos Exércitos Brancos, em complôs, em insurreições ou tumultos, publicar o nome dos indivíduos fuzilados, dando as razões pelas quais eles foram abatidos a tiro."[15] Como Dzerjinski reconheceu mais adiante, "os textos de 3 e de 5 de setembro de 1918 nos atribuíam legalmente, enfim, aquilo contra o que até mesmo alguns camaradas de Partido chegaram a protestar, o direito de acabar imediatamente com a ralé contrarrevolucionária, sem ter de dar satisfação a quem quer que seja".

Em uma circular interna, datada de 17 de setembro, Dzerjinski convidou todas as tchekas locais a "acelerar os procedimentos e a terminar, ou seja, *liquidar*, com o que estivesse em suspenso".[16] As "liquidações" tinham começado, de fato, desde o dia 31 de agosto. Em 3 de setembro, os *Izvestia* relataram que, no decorrer dos dias precedentes, mais de 500 reféns haviam sido executados em Petrogrado pela Tcheka local. Segundo os tchekistas, 800 pessoas teriam sido executadas, durante o mês de maio a setembro de 1918, em Petrogrado. Este número é, em grande parte, subestimado. Uma testemunha dos eventos relatava os seguintes detalhes: "Para Petrogrado um balanço superficial dá um total de 1.300 execuções. [...] Os bolcheviques não consideram, em suas estatísticas, as centenas de oficiais e civis fuzilados em Kronstadt, sob a ordem das autoridades locais. Apenas em Kronstadt, durante uma única noite, 400 pessoas foram fuziladas. Foram cavados no pátio três grandes fossos, 400 pessoas foram colocadas diante deles e executadas uma após a outra."[17] Em uma entrevista concedida ao jornal *Outro Moskvy*, em 3 de novembro de 1918, o braço direito de Dzerjinski, Peters, reconheceu que, "em Petrogrado, os tchekistas muito sensíveis [j/c] acabaram perdendo a cabeça e passaram da medida. Antes do assassinato de Uritski, ninguém havia sido executado — e, creia-me, a despeito de tudo o que se pretende, não sou assim tão sanguinário quanto dizem — enquanto após, o número de execuções passou um pouco além da conta e, frequentemente, sem nenhum discernimento. Mas, por outro lado, Moscou não respondeu ao atentado contra Lenin senão com a execução de alguns poucos ministros do Czar."[18] Ainda segundo o *Izvestia*, "apenas" 29 reféns, pertencentes ao "campo da contrarrevolução", foram abatidos a tiros em Moscou, em 3 e 4 de setembro. Entre eles figuravam dois ministros de Nicolau II, N. Khvostov (Interior) e I.

---

[15] *Izvestia*, 10 de setembro de 1918.
[16] G. A. Belov, *op. cit.*, pp. 197-8.
[17] G. Leggett, *op. cit.*, p. 111.
[18] *Outro Moskvy* (A Manhã de Moscou), nº 21, 4 de novembro de 1918.

Chtcheglovitov (Justiça). Todavia, vários testemunhos concordantes dão conta de centenas de execuções de reféns no decorrer dos "massacres de setembro" nas prisões moscovitas.

Nesses tempos de Terror Vermelho, Dzerjinski fez com que fosse publicado um jornal, *Ejenedelnik VCK* (O Semanário da Tcheka), claramente encarregado de elogiar os méritos da polícia política e de encorajar o "justo desejo de vingança das massas". Durante seis semanas e até a sua suspensão, por ordem do Comitê Central, num momento em que a Tcheka estava sendo contestada por um certo número de responsáveis bolcheviques, esse semanário relatou, sem pesar ou pudor, as tomadas de reféns, os internamentos em campos de concentração, as execuções etc. Ele constitui-se como uma fonte oficial e *a minima* do Terror Vermelho nos meses de setembro e outubro de 1918. Lê-se ali que a Tcheka de Nijni-Novgorod, particularmente pronta a reagir, sob as ordens de Nicolau Bulganin — futuro chefe de Estado soviético de 1954 a 1957 —, executou, desde 31 de agosto, 141 reféns; 700 reféns foram detidos nessa cidade de tamanho médio da Rússia. Sobre Viatka, a Tcheka regional do Ural, evacuada de Ekaterinburgo, relatava a execução de 23 "ex-policiais", 154 "contrarrevolucionários", 8 "monarquistas", 28 "membros do Partido Constitucional Democrata", 186 "oficiais" e 10 "mencheviques e SR de direita", tudo isso no espaço de uma semana. A Tcheka de Ivano-Voznessensk anunciava a tomada de 181 reféns, a execução de 25 "contrarrevolucionários" e a criação de um "campo de concentração com 1.000 lugares". Para a Tcheka da pequena cidade de Sebejsk, "16 kulaks abatidos a tiros e 1 padre que havia celebrado uma missa para o tirano sanguinário Nicolau II"; para a Tcheka de Tver, 130 reféns e 39 execuções. Para a Tcheka de Perm, 50 execuções. Poder-se-ia prolongar este catálogo macabro, tirado de alguns extratos dos seis números publicados do *Semanário da Tcheka*.[19]

Outros jornais de províncias deram conta, do mesmo modo, dos milhares de prisões e execuções durante o outono de 1918. Assim, para citar somente alguns exemplos: o único número publicado das *Izvestia Tsaritsynskoi Goubtcheka* (Notícias da Tcheka da Província de Tsarytsine) dava conta da execução de 103 pessoas na semana de 3 a 10 de setembro de 1918. De 1º a 8 de novembro de 1918, 371 pessoas passaram diante do tribunal local da Tcheka: 50 foram condenados à morte, os outros, ao "encarceramento num campo de concentração, na qualidade de reféns, como medida profilática, até a liquidação completa

---

[19] *Ejenedelnik VCK* (O Semanário daTcheka), seis números publicados, de 22 de setembro a 27 de outubro de 1918.

100   *O Livro Negro do Comunismo*

de todas as insurreições contrarrevolucionárias". O único número das *Izvestia Penzenskoi Goubtcheka* (Notícias da Tcheka da Província de Penza) relatava, sem outros comentários: "Pelo assassinato do camarada Egorov, operário de Petrogrado em missão oficial num destacamento de requisição, 152 soldados do Exército Branco foram executados pela Tcheka. Outras medidas, ainda mais rigorosas [*sic*], serão tomadas no futuro contra todos aqueles que ergam o braço contra o braço armado do proletariado."[20]

Os relatórios confidenciais (*svodkí*) das Tchekas locais enviados a Moscou, consultáveis há pouco tempo, confirmam, aliás, a brutalidade com a qual foram reprimidos, desde o verão de 1918, os menores incidentes entre as comunidades camponesas e as autoridades locais, que tinham como origem mais frequente a recusa das requisições ou do recrutamento militar, e que foram sistematicamente catalogadas como "tumultos kulaks contrarrevolucionários" e reprimidos sem piedade.

Seria vão tentar calcular o número de vítimas dessa primeira grande onda de Terror Vermelho. Um dos principais dirigentes da Tcheka, Latsis, pretendia que, no transcurso do segundo semestre de 1918, a Tcheka houvesse executado 4.500 pessoas, acrescentando com cinismo: "Se é possível acusar a Tcheka de qualquer coisa, não *é* excesso de zelo nas execuções, mas de insuficiência nas medidas supremas de punição. Uma mão de ferro sempre diminui a quantidade de vítimas."[21] No final de outubro de 1918, o dirigente menchevique Iuri Martov estimava o número de vítimas diretas da Tcheka, desde o início do mês de setembro, em "mais de 10.000".[22]

Qualquer que seja o número exato das vítimas do Terror Vermelho do outono de 1918 — uma vez que apenas a adição das execuções relatadas na imprensa nos sugere um número que não poderia ser inferior a 10.000-15.000 —, esse Terror consagrava definitivamente a prática bolchevique de tratar toda forma de contestação real ou potencial dentro do contexto de uma guerra civil sem perdão, submetida, segundo a expressão de Latsis, a "suas próprias leis". Se alguns operários fazem greve — como foi, por exemplo, o caso da fábrica de armamentos de Motovilikha, na província de Perm, no início do mês de novembro de 1918, para protestar contra o princípio bolchevique de racionamento "em função da origem social" e contra também os abusos da Tcheka

---

[20] G. Leggett, *op. cit.*, p. 113

[21] M. I. Latsis, *op. cit.*, p. 25.

[22] Carta de I. Martov a A. Stein, 25 de outubro de 1918, citada *in* V. Brovkin, *Behind the Front Lines of the Civil War*, Princeton, 1994, p. 283

O Terror Vermelho

local — toda a fábrica é de imediato declarada "em estado de insurreição" pelas autoridades. Nenhuma negociação com os grevistas: fechamento da fábrica, todos os operários despedidos, prisão dos "mentores", busca dos "contrarrevolucionários" mencheviques suspeitos de estarem na origem dessa greve.[23] É fato que essas práticas foram correntes a partir do verão de 1918. Entretanto, no outono, a Tcheka local, a partir de então bem organizada e "estimulada" pela incitação à morte vinda do Centro, foi mais longe na repressão; ela executou cem grevistas sem qualquer outra forma de processo.

Apenas a ordem de grandeza — de 10 mil a 15 mil execuções sumárias em dois meses — marcava então uma verdadeira mudança de escala com relação ao período czarista. Basta lembrar que, para o conjunto do período de 1825-1917, o número de sentenças de morte proferidas pelos tribunais czaristas (incluídas as cortes marciais) em todos os casos "relacionados à ordem política" que foram julgados se elevara, em 92 anos, a 6.321, com o máximo de 1.310 condenações à morte em 1906, ano da reação contra os revolucionários de 1905. Em poucas semanas, somente a Tcheka havia executado duas a três vezes mais pessoas do que todo o império czarista havia condenado à morte em 92 anos; além disso, por se tratar de condenações que ocorreram como consequência de procedimentos legais, nem todas as penas foram executadas, uma boa parte das sentenças foi comutada em penas de trabalhos forçados.[24]

Essa mudança de escala ia muito além dos números. A introdução de novas categorias tais como "suspeito", "inimigo do povo", "refém", "campo de concentração", "tribunal revolucionário", de práticas inéditas tais como "encarceramento profilático" ou execução sumária, sem julgamento, de centenas de milhares de pessoas detidas por uma polícia política de um tipo novo, acima das leis, constituía uma verdadeira revolução copernicana.

Essa revolução era tamanha, que alguns dirigentes bolcheviques não estavam preparados para ela; como prova disso a polêmica que se desenvolveu nos meios dirigentes bolcheviques, entre outubro e dezembro de 1918, a respeito do papel da Tcheka. Na ausência de Dzerjinski — enviado por um mês, *incognito*, para cuidar de sua saúde mental e física na Suíça —, o Comitê Central

---

[23] N. Bernstam, *op. cit.*, p. 129.

[24] M. N. Gernet, *Protiv smertnoi kazni* (Contra a pena de morte), São Petersburgo, 1907, pp. 385-423; N. S. Tagantsev, *Smertnaia kazn* (A pena de morte), São Petersburgo, 1913. Números que se aproximam são fornecidos num relatório de K. Liebnecht (5.735 condenados à morte, dos quais 3.741 executados de 1906 a 1910; 625 condenados e 191 executados de 1825 a 1905), *in* M. Ferro, *La Révolution de 1917. La chute du tsarisme et les origines d'Octobre*, Paris, Aubier, 1967, p. 483.

102   *O Livro Negro do Comunismo*

do Partido bolchevique discutiu, em 25 de outubro de 1918, um novo estatuto para a Tcheka. Criticando os "plenos poderes entregues a uma organização que pretende agir acima dos sovietes e do próprio Partido", Bukharin, Olminski, um dos veteranos do Partido, e Petrovski, comissário do povo para o Interior, pediram que fossem tomadas medidas para limitar os "excessos intempestivos de uma organização recheada de criminosos, de sádicos e de elementos degenerados do lumpemproletariado". Uma comissão de controle político foi criada. Kamenev, que fazia parte dessa comissão, chegou mesmo a propor a pura e simples abolição da Tcheka.[25]

Mas logo o campo dos torcedores incondicionais da Tcheka retomou as rédeas. Nela figuravam, além de Dzerjinski, algumas sumidades do Partido, tais como Sverdlov, Stalin, Trotski e, é claro, Lenin. Este último defendeu com afinco uma instituição "injustamente atacada, pelo fato de ter cometido alguns poucos excessos, por uma *intelligentsia* limitada [...] incapaz de considerar o problema do terror numa perspectiva mais ampla".[26] Em 19 de dezembro de 1918, através de uma proposta de Lenin, o Comitê Central adotou uma resolução proibindo a imprensa bolchevique de publicar "artigos caluniosos sobre as instituições, especialmente sobre a Tcheka, que faz o seu trabalho em condições particularmente difíceis". Assim, encerrou-se o debate. O "braço armado da ditadura do proletariado" recebeu o seu atestado de infalibilidade. Como disse Lenin, "um bom comunista é igualmente um bom tchekista".

No início de 1919, Dzerjinski conseguiu com o Comitê Central a criação de departamentos especiais da Tcheka, a partir de então responsáveis pela segurança militar. Em 16 de março de 1919, ele foi nomeado comissário do povo para o Interior e determinou a reorganização, sob a égide da Tcheka, do conjunto das milícias, tropas, destacamentos e unidades auxiliares ligadas, até aquele momento, a administrações diversas. Em maio de 1919, todas essas unidades — milícias das estradas de ferro, destacamentos de abastecimento, agentes de fronteira, batalhões da Tcheka — foram reagrupadas num corpo especial, as "Tropas para a Defesa Interna da República", que chegaria ao número de 200 mil homens em 1921. Essas tropas estavam encarregadas de garantir a segurança nos campos, estações ferroviárias e outros pontos estratégicos, de conduzir as operações de requisição e, sobretudo, de reprimir as rebeliões camponesas, os levantes operários e os motins no Exército Vermelho. As Unidades Especiais da

---

[25] CRCEDHC, 5/1/2558.

[26] *Lenin i VCK Sbornik dokumentov (1917-1922)* (Lenin e a Tcheka. Coletânea de Documentos), Moscou, 1975, p. 122.

O Terror Vermelho

Tcheka e as Tropas para a Defesa Interna da República — ou seja, cerca de 200 mil homens no total — representavam uma força extraordinária para o controle e para a repressão, um verdadeiro exército no seio do Exército Vermelho, este último minado por deserções, e que não chegava jamais alinhar mais de 500 mil soldados equipados, apesar dos efetivos teoricamente bastante elevados, algo entre três e cinco milhões de homens.[27]

Um dos primeiros decretos do novo comissário do povo para o Interior recaiu sobre as modalidades de organização dos campos que já existiam desde o verão de 1918 sem a menor base jurídica ou regulamentar. O decreto de 15 de abril de 1919 distinguia dois tipos de campos: "os campos de trabalho coercitivo", onde eram, em princípio, internados aqueles que haviam sido condenados por um tribunal, e os "campos de concentração", reagrupando as pessoas encarceradas, na maior parte das vezes na qualidade de "reféns", em virtude de uma simples medida administrativa. De fato, as distinções entre esses dois tipos de campos permaneciam em grande parte teóricas, como demonstra a instrução complementar de 17 de maio de 1919, que, além da criação de "pelo menos um campo em cada província, com uma capacidade mínima de 300 lugares", previa uma lista padrão de 16 categorias de pessoas a serem internadas. Entre elas, figuravam contingentes tão diversos quanto "reféns oriundos da alta burguesia", "funcionários do Antigo Regime até o nível de assessor de colégio, procurador e seus auxiliares, prefeitos e ajudantes de cidades que sejam capitais de seus distritos", "pessoas condenadas pelo regime soviético a todas as penas, pelo delito de parasitismo, proxenetismo e prostituição", "desertores comuns (não recidivos), e soldados prisioneiros da guerra civil" etc.[28]

O número de pessoas internadas nos campos de trabalho ou de concentração teve um aumento constante no decorrer dos anos 1919-1921, passando de cerca de 16 mil em maio de 1919 a mais de 60 mil em setembro de 1921.[29] Esses cálculos não levam em conta um certo número de campos instalados nas regiões rebeladas contra o poder soviético: assim, por exemplo, na província de Tambov, contavam-se, no verão de 1921, pelo menos 50 mil "bandidos" e "membros das famílias dos bandidos tornados reféns" nos sete campos de concentração abertos pelas autoridades encarregadas da repressão ao levante camponês.[30]

---

[27] G. Leggett, *op. cit.*, pp. 204-37.

[28] GARF, 393/89/10a.

[29] *Vlast Sovetov* (O poder dos Sovietes), 1922, nos 1-2, p. 41; L. D. Gerson, *The Secret Police in Lenin's Russia*, Filadélfia, 1976, p. 149, *sq.*; G. Leggett, *op. cit.*, p. 178; GARF, 393/89/18; 393/89/296.

[30] *Ibid.*, 393/89/182; 393/89/231; 393/89/295.

4
A "guerra suja"

A guerra civil na Rússia *é* geralmente analisada como um conflito entre os Vermelhos (bolcheviques) e os Brancos (monarquistas). Na realidade, além dos confrontos militares entre os dois exércitos, o Exército Vermelho e as unidades que compunham de forma bastante heterogênea o Exército Branco, o mais importante foi sem dúvida o que se passou atrás dessas linhas de frente em incessante movimento. Essa dimensão da guerra civil é conhecida como o "fronte interior". Ela se caracteriza por uma repressão multiforme exercida pelos poderes estabelecidos, branco ou vermelho — sendo a repressão vermelha muito maior e mais frequente —, contra os militantes políticos dos partidos ou grupos de oposição, contra os trabalhadores em greve por alguma reivindicação, contra os desertores que fugiam da convocação militar ou de sua unidade, ou simplesmente contra os cidadãos pertencentes a uma classe social suspeita ou "hostil", e cujo único erro era o de morar em uma cidade ou um burgo conquistado pelo "inimigo". Essa luta pelo fronte interior da guerra civil foi também, antes de tudo, a resistência oposta por milhares de camponeses, insubmissos e desertores, que eram chamados de Verdes tanto pelos Vermelhos quanto pelos Brancos, e que muitas vezes desempenharam um papel decisivo na vitória ou na derrota de um ou de outro lado.

Assim, o verão de 1919 foi pleno de grandes revoltas camponesas contra o poder bolchevique, na região do Médio Volga e na Ucrânia, que permitiram ao almirante Koltchak e ao general Denikin penetrar centenas de quilômetros nas linhas bolcheviques. Por outro lado, foi a revolta dos camponeses siberianos exasperados com o restabelecimento dos direitos dos proprietários rurais que precipitou a derrota do almirante branco Koltchak em face do Exército Vermelho.

Enquanto as operações militares de grande envergadura entre Brancos e Vermelhos duraram pouco mais de um ano, do fim de 1918 ao início de 1920, o principal do que se acostumou designar com o termo "guerra civil" aparece, de fato, como uma "guerra suja", uma guerra de pacificação conduzida pelas

A *"guerra suja"*

várias autoridades, militares ou civis, vermelhas ou brancas, contra todos os potenciais ou reais oponentes nas zonas controladas alternadamente por cada um dos campos. Nas regiões dominadas pelos bolcheviques, foi a "luta de classes" contra os "aristocratas",* os burgueses, os "elementos estranhos à sociedade", a caça aos militantes de todos os partidos não bolcheviques, a repressão às greves operárias, aos motins das unidades incertas do Exército Vermelho e às revoltas camponesas. Nas regiões dominadas pelos Brancos, foi a caça aos elementos suspeitos de possíveis simpatias "judaico-bolcheviques".

Os bolcheviques não detinham o monopólio do terror. Existia um Terror Branco, cuja expressão mais terrível foi a onda de pogroms cometida na Ucrânia durante o outono de 1919 pelos destacamentos do exército de Denikin e as unidades de Simon Petliura, fazendo cerca de 150 mil vítimas. Mas, como observaram a maioria dos historiadores do Terror Vermelho e do Terror Branco durante a guerra civil russa, estes dois últimos não podem ser postos no mesmo plano. A política de terror bolchevique foi mais sistemática, mais organizada, pensada e posta em prática como tal muito antes da guerra civil, teorizada contra grupos inteiros da sociedade. O Terror Branco não foi nunca erigido como um sistema. Ele foi, quase sempre, produzido por destacamentos que escaparam ao controle e à autoridade de um comando militar que tentava, sem grande sucesso, fazer o papel de governo. Excetuados os pogroms, condenados por Denikin, o Terror Branco se mostra muito mais como uma repressão policial praticada no mesmo nível que um serviço de contraespionagem militar. Diante dessa contraespionagem das unidades brancas, a Tcheka e as Tropas de Defesa Interna da República constituíam um instrumento de repressão muito mais estruturado e poderoso, beneficiando-se de toda prioridade do regime bolchevique.

Como em toda guerra civil, é difícil fazer um balanço completo das formas de repressão e dos tipos de terror perpetrados por ambos os campos presentes no conflito. O Terror Bolchevique, o único a ser abordado aqui, exige várias tipologias pertinentes. Com seus métodos, suas especificidades e seus alvos privilegiados, ele foi bastante anterior à guerra civil propriamente dita, que só veio a ser iniciada a partir do fim do verão de 1918. Escolhemos uma tipologia que permite ressaltar, na continuidade de uma evolução que podemos seguir desde os primeiros meses do regime, os principais grupos de vítimas submetidos à repressão consequente e sistemática:

---

* *"Ci-devant"*, no original: pessoas ligadas ao antigo regime russo e que, consequentemente, haviam perdido todos os privilégios, vivendo, muitas vezes, na penúria. [N. do T.]

106   *O Livro Negro do Comunismo*

— os militantes políticos não bolcheviques, desde os anarquistas até os monarquistas;

— os operários em luta por seus direitos mais elementares — o pão, o trabalho e um mínimo de liberdade e dignidade;

— os camponeses — em sua maioria desertores — implicados em uma das inúmeras revoltas camponesas ou motins de unidades do Exército Vermelho;

— os cossacos, deportados em massa como um grupo social e étnico considerado hostil ao regime soviético. A "descossaquização" prefigura as grandes operações de deportação dos anos 1930 ("deskulakização", deportação de grupos étnicos) e destaca a continuidade das fases leninista e stalinista no que diz respeito à política repressiva;

— os "elementos estranhos à sociedade" e outros "inimigos do povo", "suspeitos" e "reféns" executados "preventivamente", principalmente durante a evacuação das cidades pelos bolcheviques ou, ao contrário, durante a retomada das cidades e territórios ocupados um certo tempo pelos Brancos.

A repressão que atingiu os militantes políticos dos diversos partidos de oposição ao regime bolchevique é, sem dúvida, a mais conhecida. Vários testemunhos foram deixados pelos principais dirigentes dos partidos de oposição. Eles foram encarcerados, algumas vezes exilados, mas geralmente foram deixados vivos, ao contrário da grande massa de militantes operários e camponeses, fuzilados sem processo ou massacrados durante as operações punitivas da Tcheka.

Uma das primeiras incursões armadas da Tcheka foi o ataque de 11 de abril de 1918 aos anarquistas de Moscou, com dezenas de milhares de pessoas sendo executadas de imediato. A luta contra os anarquistas não deu trégua nos anos seguintes, se bem que alguns dentre eles tenham se juntado às fileiras bolcheviques, chegando mesmo a ocupar postos importantes da Tcheka, tais como Alexandre Goldberg, Mikhail Brener ou Timofei Samsonov. O dilema da maioria dos anarquistas, que recusavam tanto a ditadura bolchevique quanto o retorno dos partidários do antigo regime, é ilustrado pelas repentinas mudanças do grande líder anarquista e camponês Makhno, que teve de, ao mesmo tempo, aliar-se ao Exército Vermelho no combate aos Brancos e, uma vez afastada a ameaça branca, lutar contra os vermelhos para salvaguardar seus ideais. Milhares de militantes anarquistas anônimos foram executados como "bandidos" durante a repressão aos exércitos camponeses de Makhno e seus aliados. Ao que parece, esses camponeses constituíram a imensa maioria das vítimas anarquistas, se podemos acreditar nesse balanço — incompleto,

A *"guerra suja"*   107

sem dúvida, mas o único disponível — da repressão bolchevique apresentada pelos anarquistas russos exilados em Berlim em 1922. Esse balanço estimava cerca de 138 militantes anarquistas executados durante os anos 1919-1921, 281 exilados e 608 ainda encarcerados em 19 de janeiro de 1922.[1]

Aliados dos bolcheviques até o verão de 1918, os socialistas revolucionários de esquerda beneficiaram-se, até fevereiro de 1919, de uma relativa clemência. Em dezembro de 1918, Maria Spiridonova, sua dirigente histórica, presidiu um congresso de seu partido que foi tolerado pelos bolcheviques. Condenando rigorosamente o terror praticado cotidianamente pela Tcheka, ela foi presa em 10 de fevereiro de 1919, ao mesmo tempo que outros 210 militantes, e condenada pelo Tribunal Revolucionário à "detenção em um sanatório, considerado seu estado histérico"; este é o primeiro exemplo de internação, feita pelo regime soviético, de um oponente político em um estabelecimento psiquiátrico; Maria Spiridonova conseguiu fugir e dirigir, na clandestinidade, o Partido Socialista Revolucionário de Esquerda proibido pelos bolcheviques. Segundo fontes tchekistas, 58 organizações socialistas revolucionárias de esquerda teriam sido desmanteladas em 1919, e 45 em 1920. Durante esses dois anos, 1.875 militantes teriam sido encarcerados como reféns, de acordo com as ordens de Dzerjinski, que havia declarado, em 18 de março de 1919: "A partir de hoje, a Tcheka não fará mais distinção entre os Soldados Brancos como Krasnov e os Soldados Brancos do campo socialista. [...] Os SR e os mencheviques detidos serão considerados reféns, e seu destino dependerá do comportamento político de seu partido."[2]

Para os bolcheviques, os socialistas-revolucionários de direita sempre apareciam como os mais perigosos rivais políticos. Ninguém se esquecera de que eles haviam sido amplamente majoritários no país durante as eleições livres no sufrágio universal de novembro-dezembro de 1917. Após a dissolução da assembleia constituinte na qual eles dispunham da maioria absoluta das cadeiras, os socialistas-revolucionários continuavam a se reunir nos sovietes e no Comitê Executivo Central dos Sovietes, de onde eles foram expulsos junto com os mencheviques em junho de 1918. Uma parte dos dirigentes socialistas-revolucionários constituíram então, com constitucional-democratas e os mencheviques, alguns governos efêmeros em Samara e Omsk, logo depostos pelo almirante branco Koltchak. Presos em meio ao tiroteio entre bolcheviques

---

[1] Gorelik (ed.), *Gonenia na Anarxizm v Sovetskoi Rossii* (A perseguição ao anarquismo na Rússia Soviética), Berlim, 1922, pp. 27-63.

[2] *Izvestia*, 18 de março de 1919; L. D. Gerson, *op. cit.*, pp. 151 52; G. Leggett, *op. cit.*, pp. 311-16.

e brancos, socialistas-revolucionários e mencheviques tiveram enorme dificuldade em definir uma política coerente de oposição a um regime bolchevique que exercia uma política hábil diante da oposição socialista, alternando medidas de apaziguamento e manobras de infiltração e de repressão.

Depois de autorizar, no auge da ofensiva do almirante Koltchak, a reabertura, de 20 a 30 de março de 1919, do jornal socialista revolucionário *Delo Naroda* (A Causa do Povo), a Tcheka se lança, em 31 de março de 1919, numa grande onda de aprisionamento dos militantes socialistas revolucionários e mencheviques, apesar de esses partidos ainda não terem sofrido nenhum tipo de intervenção legal. Mais de 1.900 militantes foram presos em Moscou, Tula, Smolensk, Voronezh, Penza, Samara e Kostroma.[3] Qual foi o número de pessoas sumariamente executadas na repressão às greves e às revoltas camponesas, nas quais os mencheviques e os socialistas revolucionários desempenhavam na maior parte das vezes o papel principal? Os dados quantificados disponíveis são bem reduzidos, pois se conhecemos aproximadamente o número de vítimas dos principais episódios de repressão recenseados, ignoramos a proporção de militantes políticos envolvidos nesses massacres.

Uma segunda onda de prisões sucedeu à publicação de um artigo de Lenin no *Pravda* de 28 de agosto de 1919, no qual ele fustigava mais uma vez os SR e os mencheviques, "cúmplices e servos dos Brancos, dos proprietários rurais e dos capitalistas". Segundo fontes da Tcheka, 2.380 socialistas-revolucionários e mencheviques foram detidos durante os quatro últimos meses de 1919.[4] Em 23 maio de 1920, depois de o presidente socialista-revolucionário, Victor Tchernov — presidente por um dia da Assembleia Constituinte que foi dissolvida, ativamente procurado pela polícia política — ter ridicularizado a Tcheka e o governo, tomando a palavra disfarçado sob uma falsa identidade, num encontro organizado pelo sindicato dos tipógrafos em homenagem a uma delegação de operários ingleses, a repressão aos militantes socialistas retornou com toda a força. Toda a família de Tchernov foi tomada como refém, e os dirigentes socialistas-revolucionários ainda em liberdade foram jogados na prisão.[5] Durante o verão de 1920, mais de dois mil militantes socialistas-revolucionários e mencheviques, devidamente fichados, foram presos e encarcerados como reféns. Um documento interno da Tcheka, datado de 1º de julho de 1920, assim explicitava — e com um raro cinismo — as grandes linhas de ação

---

[3] V. Brovkin, *Behind the Lines of the Civil War*, Princeton, 1995, p. 54.

[4] G. A. Belov, *op. cit.*, p. 354; CRCEDHC, 5/1/2615
. Brovkin, *Behind...*, *op. cit.*, pp. 252-57.

A *"guerra suja"*

a serem desenvolvidas contra os oponentes socialistas: "Em vez de interditar esses partidos, fazendo-os cair na clandestinidade, o que poderia ser difícil de controlar, é bem melhor deixá-los com um status de semilegalidade. Desse modo, será mais fácil tê-los sob a mão e extrair deles, assim que se faça necessário, os desordeiros, renegados e outros fornecedores de informações úteis. [...] Frente a esses partidos antissoviéticos, é indispensável que nós possamos tirar proveito da situação atual de guerra para imputar a seus membros crimes tais como 'atividade contrarrevolucionária', 'alta traição', 'desorganização da retaguarda', 'espionagem para uma potência estrangeira intervencionista' etc."[6]

* * *

De todos os episódios de repressão, um dos mais cuidadosamente ocultados pelo novo regime foi a violência exercida contra o mundo operário, em nome do qual os bolcheviques haviam tomado o poder. Iniciada a partir de 1918, essa repressão desenvolveu-se em 1919-1920, culminando na primavera de 1921, com o episódio bem conhecido de Kronstadt. O mundo operário de Petrogrado já havia manifestado, desde o início de 1918, o clima de desafio aos bolcheviques. Após o fracasso da greve geral de 2 de julho de 1918, veio à tona, em março de 1919, o segundo grande evento das revoltas operárias na antiga capital, depois de os bolcheviques terem prendido um bom número de dirigentes socialistas-revolucionários, entre os quais Maria Spiridonova, que acabava de efetuar uma série de memoráveis visitas às principais fábricas de Petrogrado, tendo sido aclamada em todas elas. Essas prisões desencadearam, numa conjuntura já bastante tensa devido às dificuldades de abastecimento, um vasto movimento de protestos e greves. Em 10 de março de 1919, a assembleia geral dos operários das fábricas de Putilov, com a presença de dez mil participantes, adotou uma proclamação condenando solenemente os bolcheviques: "Esse governo não é senão a ditadura do Comitê Central do Partido Comunista que governa com a ajuda da Tcheka e dos tribunais revolucionários."[7]

A proclamação exigia a passagem de todo o poder aos sovietes, a liberdade de serem realizadas eleições nos sovietes e nos comitês de fábrica, a supressão das limitações da quantidade de comida que os operários estavam autorizados a trazer do campo de Petrogrado (1,5 *pud*, ou seja, 24 quilos), a libertação de todos os prisioneiros políticos dos autênticos partidos "revolucionários",

---

[6] *Tsirkuliarnoie pis'mo VCK* (Carta Circular da Tcheka), Arquivos B. Nikolaevski, citados, *ibid.*, pp. 267-68.

[7] CRCEDHC, 17/84/43/2-4.

O Livro Negro do Comunismo

principalmente de Maria Spiridonova. Para tentar deter um movimento que crescia a cada dia, Lenin foi pessoalmente a Petrogrado, em 12 e 13 de março de 1919. Mas quando ele quis tomar a palavra nas fábricas em greve e ocupadas pelos operários, ele e Zinoviev foram vaiados, aos gritos de "abaixo os judeus e os comissários!".[8] O velho fundo popular de antissemitismo, sempre pronto a vir à tona, associou imediatamente os judeus aos bolcheviques, tão logo estes últimos perderam todo o crédito que eles momentaneamente tiveram nos dias que se seguiram a Outubro de 1917. O fato de uma grande proporção dos mais conhecidos líderes soviéticos serem judeus (Trotski, Zinoviev, Kamenev, Rykov, Radek etc.) justificava, do ponto de vista das massas, esse amálgama entre bolcheviques e judeus.

Em 16 de março de 1919, os destacamentos da Tcheka tomaram de assalto a fábrica de Putilov, que foi defendida de armas na mão. Cerca de 900 operários foram detidos. Durante os dias que se seguiram, algo em torno de 200 grevistas foram executados sem julgamento na fortaleza de Schlusselburg, a mais ou menos 50 quilômetros de Petrogrado. Segundo um novo ritual, os grevistas, todos demitidos, só foram readmitidos depois de assinarem uma declaração na qual eles reconheciam terem sido usados e "induzidos ao crime" por mentores contrarrevolucionários.[9] A partir de então, os operários foram submetidos a uma grande vigilância. Depois da primavera de 1919, o departamento secreto da Tcheka pôs em prática, em alguns centros operários, uma grande rede de agentes infiltrados encarregados de informar regularmente sobre o "estado de espírito" dessa ou daquela fábrica. Classes trabalhadoras, classes perigosas[...]

A primavera de 1919 foi marcada por um grande número de greves, reprimidas de maneira selvagem, nos vários centros operários da Rússia, em Tula, Sormovo, Orel, Briansk, Tver, Ivanovo-Voznessensk e Astrakhan.[10] As reivindicações dos trabalhadores eram quase todas idênticas. Levados à fome por salários miseráveis que mal davam para um cartão de racionamento que assegurasse cerca de 250 gramas de pão por dia, os grevistas exigiam inicialmente a igualização de sua ração àquela do Exército Vermelho. Mas as suas exigências eram também, e sobretudo, políticas: supressão de privilégios para os comunistas, libertação de todos os prisioneiros políticos, eleições livres no

---

[8] V. Brovkin, *Behind...*, *op. cit.*, p. 69; CRCEDHC, 17/84/43.

[9] G. Leggett, *op. cit.*, p. 313; V. Brovkin, *Behind...*, *op. cit.*, p. 71; *Petrogradskaia Pravda*, 13 de abril de 1919, p. 3.

[10] CRCEDHC, 17/66/68/2-5; 17/6/351.

A *"guerra suja"*   111

comitê de fábrica e no soviete, término da convocação militar pelo Exército Vermelho, liberdade de associação, de expressão, de imprensa etc.

O que tornava esses movimentos perigosos aos olhos do poder bolchevique é que eles muitas vezes contaminavam as unidades militares aquarteladas nas cidades operárias. Em Orei, Briansk, Gomel e Astrakhan, os soldados amotinados se juntaram aos grevistas, com gritos de "morte aos judeus, abaixo os comissários bolcheviques!", ocupando e pilhando uma parte da cidade que só foi reconquistada pelos destacamentos da Tcheka e pelos grupos que permaneceram fiéis ao regime, após vários dias de combate.[11] A repressão a essas greves e esses motins foi diversa, indo do fechamento em massa da totalidade das fábricas, com confisco dos cartões de racionamento — uma das armas mais eficientes do poder bolchevique era a arma da fome —, até a execução em massa, às centenas, de grevistas e amotinados.

Entre os episódios repressivos mais significativos figuram, em março-abril de 1919, os de Tula e de Astrakhan. Dzerjinski foi pessoalmente a Tula, capital histórica da fabricação de armas da Rússia, em 3 de abril de 1919, para acabar com a greve dos operários das fábricas de armamentos. Durante o inverno de 1918-1919, essas fábricas, vitais para o Exército Vermelho — onde eram fabricados 80% dos fuzis produzidos na Rússia —, já tinham sido palco de suspensões de produção e de greves. Mencheviques e socialistas-revolucionários eram amplamente majoritários entre os militantes políticos implantados nesse meio operário altamente qualificado. A prisão, no início de março de 1919, de centenas de militantes socialistas suscitou uma onda de protestos, que culminaram em 27 de março, durante uma imensa "marcha pela liberdade e contra a fome", reunindo milhares de operários e trabalhadores ferroviários. Em 4 de abril, Dzerjinski ordenou a prisão de mais 800 "mentores" e a evacuação com uso da força das fábricas ocupadas durante semanas pelos grevistas. Todos os operários foram demitidos. A resistência operária foi quebrada pela arma da fome. Já havia várias semanas que os cartões de racionamento não eram mais respeitados. Para obter novos cartões que dessem direito aos mesmos 250 gramas de pão por dia, e recuperar o trabalho após o fechamento geral das fábricas, os operários foram forçados a assinar um pedido de emprego que estipulava que toda interrupção da produção seria, a partir de então, considerada uma deserção passível da aplicação da pena de morte. Em 10 de abril a produção foi retomada. No dia anterior, 26 "mentores" haviam sido executados.[12]

---

[11] *Ibid.*, 17/6/197/105; 17/66/68.

[12] CRCEDHC, 17/6/351; *Izvestia TsKa RKP(b)* (Notícias do CC do PC(b)R), nº 3, 4 de julho de 1919; CRCEDHC, 2/1/24095; GARF, 130/3/363.

112   O Livro Negro do Comunismo

A cidade de Astrakhan, perto da foz do Volga, tinha uma importância estratégica toda particular na primavera de 1919; ela formava o último ferrolho bolchevique que impedia a junção das tropas do almirante Koltchak, no nordeste, com as do general Denikin, no sudoeste. Sem dúvida, essa circunstância explica a extraordinária violência com a qual foi reprimida, em março de 1919, a greve operária nessa cidade. Iniciada no princípio de março por razões tanto econômicas — normas de racionamento muito baixas — quanto políticas — a prisão de militantes socialistas —, a greve degenerou em 10 de março, quando o 459º regimento da infantaria recusou-se a atirar nos operários que desfilavam no centro da cidade. Juntando-se ao grevistas, os soldados saquearam a sede do Partido Bolchevique, matando vários dos seus dirigentes. Serguei Kirov, presidente do Comitê Militar Revolucionário dessa região, ordenou, então, "o extermínio sem perdão e por todos os meios desses vermes, os Guardas Brancos". As tropas que permaneceram fiéis ao regime e os destacamentos da Tcheka bloquearam todos os acessos da cidade antes de metodicamente começarem a sua reconquista. Quando as prisões ficaram cheias a ponto de explodir, amotinados e grevistas foram embarcados em balsas de onde eles foram jogados às centenas, com uma pedra amarrada ao pescoço, no rio Volga. De 12 a 14 de março, foram fuzilados ou afogados entre dois mil e quatro mil operários grevistas e amotinados. A partir do dia 15, a repressão atingiu os "burgueses" da cidade, sob o pretexto de que eles haviam inspirado o complô dos "Guardas Brancos", dos quais os operários e os soldados não passavam de subalternos. Durante dois dias, as ricas lojas de mercadorias de Astrakhan estiveram entregues à pilhagem, seus proprietários foram presos e fuzilados. As avaliações, incertas, do número de vítimas "burguesas" dos massacres de Astrakhan oscilam entre 600 e mil pessoas. No total, em uma semana, entre três mil e cinco mil pessoas foram executadas ou afogadas. Quanto ao número de comunistas mortos e enterrados com grande pompa em 18 de março — dia do aniversário da Comuna de Paris, como as autoridades fizeram questão de destacar —, eles eram 47. Durante muito tempo lembrada como um simples episódio da guerra entre Vermelhos e Brancos, a matança de Astrakhan atualmente revela, à luz dos documentos e dos arquivos disponíveis, sua verdadeira natureza: o maior massacre de operários cometido pelo poder bolchevique antes do massacre de Kronstadt.[13]

---

[13] V. Brovkin, *Behind...*, *op. cit.*, pp. 82-5; S. P. Melgunov, *La terreur Rouge en Russie, 1918-1924*, Paris, Payot, 1927, pp. 58-60; P. Silin, *Astrakhanskie rasstrely* (Os fuzilamentos de Astrakhan), *in* V. Tchernov, *Tcheka: Materialy po deiatelnosti Cresvycainoi Komissii*, Berlim, 1922, pp. 248-55.

No fim de 1919 e no início de 1920, as relações entre o poder bolchevique e o mundo operário degradaram-se ainda mais, como consequência da militarização de mais de duas mil empresas. Principal defensor da militarização do trabalho, Léon Trotski desenvolveu, durante o IX Congresso do Partido, em março de 1920, suas concepções sobre essa questão. O homem é naturalmente voltado para a preguiça, explicou Trotski. No capitalismo, os operários devem procurar trabalho para sobreviverem. É o mercado capitalista que impulsiona o trabalhador. No socialismo, "a utilização dos recursos do trabalho substitui o mercado". Portanto, o Estado tem a tarefa de orientar, destinar e adaptar o trabalhador, que deve obedecer como um soldado ao Estado operário, defensor dos interesses do proletariado. Eram esses os fundamentos e o sentido da militarização do trabalho, vivamente criticada por uma minoria de sindicalistas e dirigentes bolcheviques; isso significava, na prática, a proibição das greves, considerada uma deserção em tempos de guerra, o reforço da disciplina e dos poderes da direção, a subordinação completa dos sindicatos e comitês de fábrica — cujo papel se resumiria a partir de então a pôr em prática uma política produtivista —, a proibição aos operários de deixarem seus cargos, a punição de ausências e atrasos — muito frequentes nesses dias em que os operários estavam à procura, sempre problemática, de comida.

Ao descontentamento suscitado no mundo do trabalho pela militarização vinham juntar-se as dificuldades crescentes da vida cotidiana. Como reconhecia um relatório da Tcheka enviado ao governo em 6 de dezembro de 1919, "nesses últimos tempos a crise de abastecimento não parou de agravar-se. A fome atormenta as massas operárias. Os operários não têm mais força física para continuarem a trabalhar e ausentam-se cada vez mais, sob os efeitos conjugados do frio e da fome. Em toda uma série de empresas metalúrgicas de Moscou, as massas estão prontas a tudo — greve, desordens, insurreição — se não resolvermos, no menor espaço de tempo possível, a questão do abastecimento."[14]

Em Petrogrado, no início de 1920, o salário operário variava entre 7.000 e 12.000 rublos por mês. Além desse insignificante salário de base — meio quilo de manteiga custava no mercado livre 5.000 rublos, meio quilo de carne, 3.000 rublos, um litro de leite, 750 rublos! —, cada operário tinha direito a um certo número de produtos, em função da categoria na qual era classificado. No fim de 1919, em Petrogrado, um trabalhador braçal tinha direito a 250 gramas de pão por dia, meio quilo de açúcar por mês, meio quilo de gorduras e dois quilos de arenque defumado[...]

---

[14] CRCEDHC, 2/1/11957

Teoricamente, os cidadãos eram classificados em cinco categorias de "estômagos", dos trabalhadores braçais e os soldados do Exército Vermelho aos "ociosos" — categoria na qual entravam os intelectuais, particularmente mal situados —, com "rações de classe" decrescentes. Na realidade, o sistema era ainda mais complexo e injusto. Atendidos por último, os mais desfavorecidos — "ociosos", intelectuais e "aristocratas" — muitas vezes não recebiam nada. Quanto aos "trabalhadores", eles estavam, de fato, divididos em várias categorias, de acordo com uma hierarquia de prioridades que privilegiava os setores vitais para a sobrevivência do regime. Em Petrogrado, podiam-se contar, durante o inverno de 1919-1920, 33 categorias de cartões de racionamento, cuja validade não excedia nunca um mês! No sistema de abastecimento centralizado que os bolcheviques haviam posto em prática, a arma alimentar possuía uma grande importância na estimulação ou na punição dessa ou daquela categoria de cidadãos.

"A ração de pão deve ser reduzida para aqueles que não trabalham no setor de transportes, e aumentada para aqueles que trabalham nesse setor, que consideramos de extrema importância nos dias de hoje, escreveu Lenin a Trotski em 1° de fevereiro de 1920. Que milhares de pessoas pereçam se for necessário, mas o país deve ser salvo."[15]

Diante dessa política, os que mantiveram relações com o campo — e tratava-se de muita gente — esforçavam-se para voltar a sua cidade o mais frequentemente possível, tentando trazer de lá algo do que comer.

Destinadas a "repor a ordem" dentro das fábricas, as medidas de militarização do trabalho suscitaram, ao contrário do efeito pretendido, várias e frequentes paralisações, suspensões de produção, greves e insurreições, sempre reprimidas sem piedade. Como se podia ler no *Pravda* de 12 de fevereiro de 1920, "o melhor lugar para o grevista, esse verme amarelo e nocivo, é o campo de concentração!" Segundo as estatísticas oficiais do Comissariado do Povo para o Trabalho, 77% das grandes e médias indústrias da Rússia foram atingidas pelas greves durante o primeiro semestre de 1920. Significativamente, os setores onde houve mais perturbação — a metalurgia, as minas e as ferrovias — foram também aqueles onde a militarização era mais adiantada. Os relatórios do departamento secreto da Tcheka, destinados aos dirigentes bolcheviques, mostram de maneira crua a repressão aos operários resistentes à militarização: presos, eles eram, na maior parte dos casos, julgados no tribunal revolucionário por "sabotagem" ou "deserção". Assim, tomando somente um

---

[15] *Trotsky Papers*, vol. II, p. 22.

A *"guerra suja"* 115

exemplo, 12 operários da fábrica de armamentos em Simbirsk foram condenados a cumprirem uma pena em campo de concentração por terem "sabotado, através de uma greve italiana [...], por terem feito propaganda contra o poder soviético a partir das superstições religiosas e da pouca consciência política das massas [...] e por terem dado uma falsa interpretação da política salarial soviética."[16] Decifrando esse politiquês, pode-se deduzir que esses acusados faziam pausas não autorizadas pela direção da empresa, protestavam contra a obrigação de trabalhar aos domingos, criticavam os privilégios dos comunistas e denunciavam os salários miseráveis[...]

Os mais importantes dirigentes do Partido, entre eles Lenin, convocavam a uma repressão exemplar das greves. Em 29 de janeiro de 1920, preocupado com a extensão dos movimentos operários do Ural, Lenin telegrafou a Smirnov, chefe do Conselho Militar do V Exército: "P. informou-me que há uma clara sabotagem da parte dos ferroviários. [...] Disseram-me que os operários de Ijevsk também fazem parte da trama. Estou surpreso com a sua acomodação e que você não tenha promovido execuções em massa para dissuadir a sabotagem."[17] Em 1920, houve inúmeras greves provocadas pela militarização do trabalho: em Ekaterinburgo, em março de 1920, 80 operários foram presos e condenados a cumprirem penas em campos de concentração; na linha férrea Ryazan—Ural, em abril de 1920, 100 ferroviários foram condenados; na linha férrea de Moscou—Koursk, 160 ferroviários foram condenados em maio de 1920; na fábrica metalúrgica de Briansk, em junho de 1920, 152 operários foram condenados. Dentro desse aspecto de militarização do trabalho, poderíamos multiplicar ao infinito esses exemplos de greves reprimidas severamente.[18]

Uma das mais notáveis foi, em junho de 1920, a dos trabalhadores na fabricação de armas de Tula, local que, apesar de já ter sido duramente castigado em abril de 1919, era palco de grandes protestos operários contra o regime. No domingo, 6 de junho de 1920, um grande número de operários metalúrgicos recusou-se a fazer as horas extras exigidas pela direção. Os operários recusavam-se a trabalhar naquele e nos demais domingos, explicando que o domingo era o único dia em que eles podiam ir em busca de alimentos nas pequenas cidades circunvizinhas. Convocado pela direção, um grande destacamento de tchekistas veio prender os grevistas. A lei marcial foi decretada, e a *troika* composta por representantes do Partido e da Tcheka foi encarregada

---

[16] V. Brovkin, *Behind...*, *op. cit.*, p. 289.

[17] *Trotsky Papers*, vol. II, p. 20.

[18] V. Brovkin, *Behind.,,*, *op. cit.*, p. 297 em diante.

de denunciar a "conspiração contrarrevolucionária fomentada por espiões poloneses e pelos Cem-Negros,* com o objetivo de enfraquecer a força de combate do Exército Vermelho".

Enquanto a greve se prolongava e se multiplicavam as prisões dos "mentores", um fato novo veio perturbar o contorno habitual da situação: às centenas, e depois aos milhares, operárias e simples donas de casa se apresentaram à Tcheka pedindo para que elas também fossem presas. O movimento ampliou-se, e, por sua vez, os operários exigiram a própria prisão em massa, a fim de tornar absurda a tese do "complô dos poloneses e dos Cem-Negros". Em quatro dias, mais de dez mil pessoas foram encarceradas, ou melhor, alojadas num grande local ao ar livre, vigiadas por tchekistas. Sobrecarregadas, não sabendo mais como apresentar tais acontecimentos a Moscou, as organizações locais do Partido e da Tcheka conseguiram finalmente convencer as autoridades centrais da veracidade de uma ampla conspiração. Um "Comitê de Liquidação da Conspiração de Tula" interrogou milhares de operários, homens e mulheres, na esperança de encontrar os culpados ideais. Para serem libertados, readmitidos e para obterem um novo cartão de racionamento, todos os trabalhadores presos tiveram de assinar a seguinte declaração: "Eu, abaixo assinado, cachorro fedorento e criminoso, arrependo-me diante do Tribunal Revolucionário e do Exército Vermelho, confesso os meus pecados e prometo trabalhar conscienciosamente."

Ao contrário de outros movimentos de protesto operário, a desordem política em Tula no verão de 1920 deu lugar a condenações bastante leves: 28 pessoas foram condenadas a cumprirem pena em campos de concentração, e 200 pessoas foram exiladas.[19] Diante da penúria de mão de obra altamente qualificada, o poder bolchevique não podia, sem dúvida, dispensar o trabalho dos melhores fabricantes de armas do país. A repressão, assim como o abastecimento, teve de considerar os setores importantes e os grandes interesses do regime.

Por mais importante que fosse — simbólica e estrategicamente — "a frente operária", ela representava apenas uma ínfima parte dos engajamentos nos vários "frontes interiores" da guerra civil. A luta contra os camponeses que recusavam a convocação militar e a requisição de parte de sua produção — os Verdes — mobilizava todas as energias dos bolcheviques. Os relatórios,

---

* Grupo antissemita, conhecido também como União Nacional do Povo Russo. [N. do T.]

[19] V. Brovkin, *op. cit.*, pp. 292-96.

A *"guerra suja"*

atualmente disponíveis, dos departamentos especiais da Tcheka e das Tropas de Defesa Interna da República, encarregadas de lutar contra as revoltas, as deserções e as insurreições camponesas, revelam em todo o seu horror a extraordinária violência dessa "guerra suja" de pacificação, praticada à margem dos combates entre Vermelhos e Brancos. É nesse confronto crucial entre o poder bolchevique e o conjunto dos camponeses que se produziu definitivamente uma prática política terrorista fundada numa visão radicalmente pessimista das massas "a tal ponto obscuras e ignorantes, escreveu Dzerjinski, que elas não são nem mesmo capazes de ver onde está o seu verdadeiro interesse". Essas massas bestiais só podem ser domadas pela força, por essa "vassoura de ferro" que Trotski evocava para caracterizar, através de imagens, a repressão que devia ser aplicada para se poder "limpar" a Ucrânia desses "bandos de bandidos" dirigidos por Nestor Makhno e outros líderes camponeses.[20]

As revoltas camponesas haviam começado a partir do verão de 1918. Elas atingiram uma maior amplitude em 1919-1920, para culminar durante o inverno de 1920-1921, obrigando o regime soviético a recuar momentaneamente.

Duas razões imediatas levavam os camponeses a se revoltarem: as requisições e a convocação militar para o Exército Vermelho. Em janeiro de 1919, a busca desordenada por excedentes agrícolas, que havia marcado, desde o verão de 1918, as primeiras operações, foi substituída por um sistema centralizado e planejado de requisições. Cada cidade, cada distrito, cada região, cada comunidade devia entregar ao Estado uma cota previamente fixada, em função da estimativa das colheitas. Essas cotas não se limitavam aos cereais, pois incluíam cerca de 20 outros produtos variados, assim como batatas, mel, ovos, manteiga, grãos oleíferos, carne, creme, leite... Cada comunidade era solidariamente responsável pela colheita. Somente quando a cidade como um todo preenchia suas cotas é que as autoridades distribuíam os recibos que davam direito à aquisição de bens manufaturados — em número muito inferior às necessidades, pois, no fim de 1920, estas últimas eram cobertas em apenas 15%. Quanto ao pagamento das colheitas agrícolas, ele era efetuado através de preços meramente simbólicos, uma vez que, no fim de 1920, o rublo havia perdido 96% de seu valor em relação ao rublo-ouro. De 1918 a 1920, as requisições de cereais foram triplicadas. Embora seja difícil avaliar com exatidão, o número de revoltas camponesas parece ter seguido uma progressão no mínimo paralela.[21]

---

[20] A. Graziosi, *The Great Soviet Peasant War. Bolsheviks and Peasants*, 1917-1933 (Ukrainian Research Institute, Harvard University, 1996).

[21] S. A. Pavliucenkov, *op. cit.*, pp. 188-240.

118   *O Livro Negro do Comunismo*

A recusa à convocação do Exército Vermelho, depois de três anos nos frontes e trincheiras de "guerra imperialista", constituía a segunda grande motivação das revoltas camponesas, conduzida na maior parte das vezes por desertores escondidos nas florestas, os Verdes. Estima-se que o número de desertores em 1919-1920 era de mais de três milhões. Em 1919, cerca de 500 mil desertores foram detidos pelos destacamentos da Tcheka e comissões especiais de luta contra os desertores; em 1920, o número foi de 700 a 800 mil. Porém, entre um milhão e meio e dois milhões de desertores, camponeses, em sua imensa maioria, conheciam muito bem a região e conseguiram escapar das buscas.[22]

Diante da gravidade do problema, o governo tomou medidas repressivas cada vez mais duras. Milhares de desertores foram fuzilados, e suas famílias foram tratadas como reféns. De fato, desde o verão de 1918, o princípio de se fazer reféns era aplicado nas circunstâncias as mais cotidianas. Tomemos como exemplo o decreto governamental de 15 de fevereiro de 1919, assinado por Lenin, que ordenava às Tchekas locais que, nos lugares onde as vias férreas cobertas de neve não tivessem sido desobstruídas de maneira satisfatória, fossem feitos reféns entre os camponeses: "Se a desobstrução não for feita, os reféns serão executados."[23] Em 12 de maio de 1920, Lenin enviou as seguintes instruções a todas as comissões provinciais de luta contra os desertores: "Após a expiração do prazo final de sete dias, concedido aos desertores para que se rendam, é preciso reforçar ainda mais as sanções a esses incorrigíveis traidores do povo trabalhador. As famílias e todos os que de algum modo ajudarem os desertores serão a partir de agora considerados reféns e tratados como tais."[24] Esse decreto apenas legalizava o que já era prática cotidiana. Mas o fluxo de deserções não deixou de aumentar. Em 1920-1921, assim como em 1919, os desertores constituíram a maior parte dos militantes verdes, contra os quais os bolcheviques praticaram, durante três anos (chegando a cinco anos em algumas regiões), uma guerra impiedosa, de uma crueldade inaudita.

De um modo geral, os camponeses rejeitavam, além da requisição e da convocação militar, toda intrusão de um poder que eles consideravam estrangeiro, o poder dos "comunistas" oriundos da cidade. Para os camponeses, os comunistas que praticavam as requisições eram diferentes dos "bolcheviques" que haviam encorajado a revolução agrária de 1917. No campo, à mercê da

---

[22] O. Figes, "The Red Army and Mass Mobilization during the Russian Civil War, 1918-1920", *Past and Present,* nº 129, novembro de 1990, pp. 199-200.

[23] *Dekrety sovetskoi vlasti* (Os decretos do poder soviético), Moscou, 1968, vol. IV, p. 167.

[24] V. Brovkin, *op. cit.,* p. 318.

A *"guerra suja"* 119

soldadesca branca e dos destacamentos de convocados vermelhos, a violência transbordava.

Uma fonte excepcional para a apreensão das múltiplas facetas dessa guerrilha camponesa são os relatórios dos diversos departamentos da Tcheka encarregados da repressão. Eles distinguem dois tipos especiais de movimentos camponeses: o *hunt,* uma revolta circunscrita, breve explosão de violência implicando um número relativamente restrito de participantes, que vai de algumas dezenas a uma centena de pessoas; a *vosstanie,* a insurreição que implicava a participação de milhares, e mesmo de dezenas de milhares de camponeses, organizados em verdadeiros exércitos capazes de tomarem um burgo ou uma cidade e dotados de um programa político coerente, com tendência social-revolucionária ou anarquista.

"Dia 30 de abril de 1919. Província de Tambov. No início de abril, no distrito de Lebiadinski, estourou uma revolta de kulaks e de desertores protestando contra a mobilização dos homens, dos cavalos e contra a requisição de cereais. Com gritos de Abaixo os comunistas! Abaixo os sovietes!', os rebelados armados saquearam quatro comitês executivos da região, mataram barbaramente sete comunistas, cortados vivos com uma serra. O 212º batalhão da Tcheka, chamado pelos membros do destacamento de requisição, esmagou os kulaks rebelados. Sessenta pessoas foram presas, sendo que 50 delas executadas de imediato, e a cidade de onde partiu a rebelião foi inteiramente queimada."

"Província de Voronezh, 11 de junho de 1919, 16h15 min. Por telégrafo. A situação melhora. A revolta do distrito de Novokhopersk está praticamente liquidada. Nosso avião bombardeou e queimou inteiramente o burgo de Tretiaki, um dos principais ninhos de bandidos. As operações de limpeza prosseguem."

"Província de Yaroslav, 23 de junho de 1919. A revolta dos desertores na *volost* Petropavlovskaia foi liquidada. As famílias dos desertores foram tomadas como reféns. Quando começamos a fuzilar um homem em cada família de desertores, os Verdes começaram a sair do bosque e a se renderem. Para dar o exemplo, 34 desertores foram fuzilados."[25]

Milhares de relatórios semelhantes[26] mostram a extraordinária violência dessa guerra de pacificação aplicada pelas autoridades contra a guerrilha camponesa, alimentada pela deserção, mas qualificada, na maior parte das vezes, de "revolta de kulaks" ou de "insurreição de bandidos". Os três extratos

---

[25] RGVA (Arquivos de Estado Militares da Rússia), 33987/3/32.

[26] Uma compilação desses relatórios, reunidos por uma equipe de historiadores russos, franceses e italianos, sob a direção de V. P. Danilov, foi publicada na Rússia, no fim de 1997.

120 O Livro Negro do Comunismo

citados anteriormente revelam os métodos de repressão utilizados com mais frequência: prisão e execução dos reféns das famílias dos desertores ou dos "bandidos", cidades no campo bombardeadas e queimadas. A repressão cega e desproporcional repousava no princípio da responsabilidade coletiva da comunidade camponesa como um todo. Geralmente, as autoridades davam aos desertores um prazo para que eles se rendessem. Passado esse prazo, o desertor era considerado um "bandido da floresta", passível de execução imediata. Aliás, os textos das autoridades civis e militares deixavam explícito que "se os habitantes de uma cidade camponesa ajudassem de algum modo os bandidos a se esconderem nas florestas vizinhas, essa cidade seria inteiramente queimada".

Alguns relatórios finais da Tcheka dão indicações numéricas sobre a extensão dessa guerra de pacificação camponesa. Assim, no período de 15 de outubro a 30 de novembro de 1918, em apenas 12 regiões da Rússia, estouraram 44 revoltas (*bunty*), durante as quais 2.320 pessoas foram presas, 620 mortas durante os combates e 982 fuziladas. Nessas rebeliões, 480 funcionários soviéticos foram mortos, assim como 112 homens dos destacamentos de abastecimento, do Exército Vermelho e da Tcheka. No mês de setembro de 1919, nas dez províncias russas sobre as quais dispomos de informações sintéticas, contam-se 48.735 desertores e 7.325 "bandidos" presos, 1.826 mortos em combate e 2.230 fuzilados, com 430 vítimas do lado dos funcionários e militares soviéticos. Esses números estão bastante incompletos e não levam em conta as perdas, ainda maiores, sofridas durante as grandes insurreições camponesas.

Essas insurreições tiveram vários ápices: março-agosto de 1919, principalmente nas províncias do Médio Volga e na Ucrânia; fevereiro-agosto de 1920, nas províncias de Samara, Ufa, Kazan, Tambov e, novamente, na Ucrânia, retomada dos Brancos pelos bolcheviques, mas ainda controlada, no interior do país, pela guerrilha camponesa. A partir do fim de 1920 e durante todo o primeiro semestre de 1921, o movimento camponês, malogrado na Ucrânia e nas regiões do Don e do Kuban, culminou na Rússia com um enorme levante centrado nas províncias de Tambov, Penza, Samara, Saratov, Simbirsk e Tsaritsyne.[27] O calor dessa guerra camponesa apagou-se apenas com a chegada de uma das mais terríveis fomes que o século XX jamais conheceu.

Foi nas ricas províncias de Samara e de Simbirsk — que tiveram de suportar sozinhas cerca de um quinto de todas as requisições de cereais feitas na Rússia

---

[27] M. S. Frenkin, *Tragédia Krestianskix vosstanii v Rossii, 1918-1921* (Jerusalém, 1987); O. Figes, Peasant Russia, Civil War: the Volga Countryside in the Revolution (Oxford, 1989); V. Brovkin, Behind the Front Lines..., *op. cit.*

em 1919 — que pela primeira vez, desde o estabelecimento do regime bolchevique, as revoltas camponesas circunscritas se transformaram, em março de 1919, numa verdadeira insurreição. Dezenas de burgos foram tomados por um exército rebelde camponês que contava com quase 30 mil homens armados. Durante cerca de um mês, o poder perdeu o controle da província de Samara. Essa rebelião favoreceu o avanço das unidades do Exército Branco comandadas pelo almirante Koltchak em direção ao Volga, obrigando os bolcheviques a enviarem várias dezenas de milhares de homens para conseguirem vencer esse exército camponês muito bem organizado, que propunha um projeto político coerente, reclamando a supressão das requisições, a liberdade do comércio, eleições livres nos sovietes e o fim da "comissariocracia bolchevique". No começo de abril de 1919, fazendo o balanço do término das insurreições camponesas na província, o chefe da Tcheka de Samara dava conta de, entre os rebeldes, 4.240 mortos em combate, 625 fuzilados e 6.210 desertores e "bandidos" presos[...]

Mal ocorria o cessar-fogo na província de Samara e os conflitos já recomeçavam com um alcance impressionante na maior parte da Ucrânia. Depois da partida dos alemães e dos austro-húngaros no fim de 1918, o governo bolchevique havia decidido reconquistar a Ucrânia. Sendo a mais rica região agrícola do ex-Império Czarista, ela devia "alimentar o proletariado de Moscou e de Petrogrado". Nessa região, mais do que em qualquer outro lugar, as cotas de requisição eram extremamente elevadas. Cumpri-las significava condenar à fome centenas de milhares de pequenas cidades que já haviam sido extorquidas durante todo o ano de 1918 pelos exércitos de ocupação alemães e austro-húngaros. Além disso, ao contrário da política que eles foram obrigados a aceitar na Rússia no fim de 1917 — a partilha das terras entre as comunidades camponesas —, os bolcheviques russos desejavam estatizar todas as grandes propriedades rurais na Ucrânia, as mais modernas do ex-império. Essa política, que visava transformar todos os grandes domínios cerealistas e açucareiros em grandes propriedades coletivas, onde os camponeses passariam a ser operários agrícolas, só podia ter suscitado um enorme descontentamento em toda a população do campo. Eles se haviam aguerrido na luta contra as forças de ocupação alemãs e austro-húngaras. No início de 1919, existiam na Ucrânia verdadeiros exércitos camponeses com dezenas de milhares de homens, comandados pelos chefes militares e políticos ucranianos, tais como Simon Petliura, Nestor Makhno, Hryhoryiv, ou ainda Zeleny. Esses exércitos camponeses estavam firmemente decididos a fazer com que sua concepção de revolução agrária triunfasse: terra para os camponeses, liberdade de comércio e sovietes eleitos com liberdade, "sem moscovitas nem judeus". Para a maioria

122   *O Livro Negro do Comunismo*

dos camponeses ucranianos, marcados por uma longa tradição de antagonismo entre o campo — onde a população majoritária era a ucraniana — e cidades — onde a população majoritária era composta por russos e judeus —, era simples e tentador realizar esse amálgama: moscovitas = bolcheviques = judeus. Todos deveriam ser expulsos da Ucrânia.

Essas particularidades próprias à Ucrânia explicam a brutalidade e a duração dos conflitos entre os bolcheviques e uma grande parte da população camponesa ucraniana. A presença de um outro ator, os Brancos, combatidos ao mesmo tempo pelos bolcheviques e pelos diversos exércitos camponeses ucranianos que não queriam o retorno dos grandes proprietários, tornava ainda mais complexo o imbróglio político e militar nessa região onde algumas cidades, como Kiev, chegaram a mudar 14 vezes de dominador em dois anos!

As primeiras revoltas contra os bolcheviques e seus odiados destacamentos de requisição explodiram a partir de abril de 1919. Durante esse único mês, ocorreram 93 revoltas camponesas nas províncias de Kiev, Tchernigov, Po!tava e Odessa. Nos primeiros 20 dias de julho de 1919, os dados oficiais da Tcheka dão conta de 210 revoltas, implicando cerca de cem mil combatentes armados e várias centenas de milhares de camponeses. Em abril-maio de 1919, os exércitos camponeses de Hryhoryiv — cerca de 20 mil homens armados, entre os quais várias unidades amotinadas do Exército Vermelho, com 50 canhões e 700 metralhadoras — tomaram toda uma série de cidades no sul da Ucrânia, entre as quais Tcherkassy, Kherson, Nikolaiev e Odessa, estabelecendo nelas um poder autônomo cujas palavras de ordem não deixavam margem a equívocos: "Todo o poder aos sovietes do povo ucraniano!", "A Ucrânia aos ucranianos, sem bolcheviques nem judeus!", "Reforma Agrária" e "Liberdade para as empresas e o comércio".[28] Os partidários de Zeleny, ou seja, cerca de 20 mil homens armados, mantinham o domínio da província de Kiev, exceto nas cidades principais. Utilizando-se da palavra de ordem "Viva o poder soviético, abaixo os bolcheviques e os judeus!", eles organizaram dezenas de pogroms sangrentos contra a comunidade judia dos burgos e pequenas cidades das províncias de Kiev e Tchernigov. Bastante conhecida atualmente graças aos numerosos estudos que lhe foram dedicados, a ação de Nestor Makhno à frente de um exército camponês de dezenas de homens apresentava um programa ao mesmo tempo nacional, social e anarquizante, elaborado durante verdadeiros congressos, tais como o "Congresso dos Delegados Camponeses, Rebeldes e Operários de Guliai-Pole", que teve lugar em abril de 1919, em meio aos eventos da rebelião

---

[28] Taros Hunczak (ed.), *The Ukraine*, 1917-1921 (Cambridge U.P., 1977).

A *"guerra suja"*

makhnovista. Como tantos outros movimentos camponeses menos estrutura-dos, os makhnovistas exprimiam antes de tudo a recusa a toda ingerência do Estado nos negócios camponeses e o desejo de um *self-government* camponês — um tipo de autogestão — fundado em sovietes livremente eleitos. A essas reivindicações de base se juntava um pequeno número de exigências comuns a todos os movimentos camponeses: o término das requisições, a supressão das taxas e impostos, a liberdade para todos os partidos socialistas e grupos anarquistas, a reforma agrária, a supressão da "comissariocracia bolchevique", das tropas especiais e da Tcheka.[29]

Na primavera e no verão de 1919, as centenas de insurreições camponesas na retaguarda do Exército Vermelho tiveram um papel determinante na vitória sem futuro das tropas brancas do general Denikin. Partindo do sul da Ucrânia em 19 de maio de 1919, o Exército Branco avançou com muita rapidez diante das unidades do Exército Vermelho engajadas nas operações de repressão às rebeliões camponesas. As tropas de Denikin tomaram Kharkov em 12 de junho, Kiev em 28 de agosto e Voronezh em 30 de setembro. A retirada dos bolcheviques, que só conseguiam restabelecer o poder nas maiores cidades, deixando o campo entregue aos camponeses rebelados, foi acompanhada de execuções em massa de prisioneiros e reféns, sobre as quais retornaremos mais adiante. Em sua retirada precipitada através do interior do país dominado pela guerrilha camponesa, os destacamentos do Exército Vermelho e da Tcheka não foram nem um pouco indulgentes: centenas de cidades queimadas, execuções em massa de "bandidos", de desertores e de "reféns". O abandono e a poste-rior reconquista da Ucrânia foram a ocasião de um extraordinário despejar de violência sobre as populações civis, o que foi muito bem demonstrado na obra-prima de Isaak Babel, *Cavalaria Vermelha*.[30]

No princípio de 1920, os exércitos brancos comandados pelo sucessor de Denikin, o Barão de Wrangel, já estavam desfeitos, com exceção de umas pou-cas unidades dispersas que haviam encontrado refúgio na Crimeia. Ficaram face a face as forças bolcheviques e as camponesas. Até 1922, uma repressão impiedosa se abateria sobre as regiões do campo em luta contra o poder. Em fevereiro-março de 1920, explodia uma nova revolta, conhecida pelo nome de "insurreição dos forcados", numa grande extensão territorial que ia do Volga ao Ural, incluindo as províncias de Kazan, Simbirsk e Ufa. Povoadas por russos,

---

[29] Voline, *La Révolution inconnue*, Paris, Belfond, 1969, pp. 509-626; A. Skirda, *Les Cosaques de la liberté*, Paris, Lattès, 1985; R. Pipes, *Russia under the Bolshevik Regime, 1919-1924*, Londres, Harper-Collins, 1994, pp. 106-8.

[30] *Ibid.*, pp. 105-31.

124   O Livro Negro do Comunismo

além de Tatarsk e Bashkir, essas regiões foram submetidas a requisições particularmente pesadas. Em poucas semanas, a rebelião alcançou uma dezena de distritos. O exército camponês rebelde dos "Águias Negras" chegou a ter, em seu apogeu, cerca de 50 mil combatentes. Armadas com canhões e metralhadoras, as Tropas de Defesa Interna da República dizimaram os rebeldes armados com forcados e lanças. Em poucos dias, milhares de rebeldes foram massacrados, e centenas de povoados, queimados.[31]

Após a rápida aniquilação da "insurreição dos forcados", o clamor das revoltas camponesas propagou-se novamente nas províncias do Médio Volga, elas também bastante depredadas pelas requisições: em Tambov, Penza, Samara, Saratov e Tsaritsyne. Se os planos das requisições de 1920-1921 fossem seguidos — como admitiu Antonov-Ovseenko, o dirigente bolchevique que organizou a repressão aos camponeses rebeldes de Tambov —, os camponeses seriam inexoravelmente condenados à morte: em média, eles receberiam um *pud* (*16* quilos) de grãos e 1,5 *pud* (24 quilos) de batatas por pessoa durante um ano, ou seja, uma porção de dez a 12 vezes menor do que o mínimo vital! Assim, foi uma luta pela sobrevivência que os camponeses dessas províncias engajaram a partir do verão de 1920. Essa luta durou dois anos inteiros, até que a fome venceu a resistência desses camponeses rebelados.

O terceiro grande polo de conflito entre os bolcheviques e os camponeses em 1920 ainda era a Ucrânia, retomada em dezembro de 1919-fevereiro de 1920 do domínio dos exércitos Brancos, mas cujo interior permanecia controlado por centenas de destacamentos Verdes independentes ou por unidades mais ou menos ligadas ao comando de Makhno. Ao contrário dos Águias Negras, os destacamentos ucranianos, compostos principalmente por desertores, estavam bem armados. Durante o verão de 1920, o exército de Makhno contava ainda com cerca de 15 mil homens, 2.500 cavaleiros, uma centena de metralhadoras, duas dezenas de canhões de artilharia e dois veículos blindados. Centenas de "bandos" menores, com grupos que iam de poucas dezenas até algumas centenas de combatentes, também opunham uma resistência feroz à penetração bolchevique. Para lutar contra essa guerrilha camponesa, o governo nomeou, no início de maio de 1920, o chefe da Tcheka, Feliks Dzerjinski, "comandante chefe da retaguarda sudoeste". Dzerjinski permaneceu mais de dois meses em Kharkov, organizando 24 unidades especiais das forças de segurança interna da República, unidades de elite, dotadas de uma cavalaria encarregada de

---

[31] O. Figes, *Peasant Russia, Civil War*, Londres, 1922, pp. 333, sq.; V. Brovkin, *Behind... op. cit.*. pp. 323-25.

A "guerra suja" 125

perseguir os "rebeldes", além de aviões destinados a bombardear os "ninhos de bandidos".[32] A tarefa que lhes foi dada era a de erradicar, em apenas três meses, a guerrilha camponesa. Na realidade, as operações de "pacificação" se prolongaram por mais de dois anos, do verão de 1920 ao outono de 1922, ao custo de dezenas de milhares de vítimas.

Entre os diversos episódios de luta praticada pelo poder bolchevique contra os camponeses, a "descossaquização" — ou seja, a eliminação de todo o grupo social dos cossacos do Don e do Kuban — ocupa uma posição particular. Com efeito, pela primeira vez o novo regime tomou um certo número de medidas repressivas para eliminar, exterminar, deportar, segundo o princípio da responsabilidade coletiva, a totalidade da população de um território que os dirigentes bolcheviques tinham se habituado a chamar de "Vendeia Soviética".[33] Essas operações não foram o resultado de medidas de retaliação militar tomadas no calor dos combates, mas foram planejadas antecipadamente, sendo objeto de vários decretos elaborados nos mais altos níveis do Estado, onde estavam implicados diretamente inúmeros responsáveis políticos de alto escalão (Lenin, Ordjonikidze, Syrtsov, Sokolnikov, Reingold). Fracassada uma primeira vez, na primavera de 1919, por causa dos reveses militares dos bolcheviques, a descossaquização foi retomada, em 1920, durante a reconquista bolchevique das terras cossacas do Don e do Kuban.

Os cossacos — privados desde dezembro de 1917 do estatuto do qual eles se beneficiavam desde o Antigo Regime, catalogados pelos bolcheviques como "kulaks" e "inimigos da classe" — haviam se juntado, sob a bandeira do *ataman* Krasnov, às forças brancas que se haviam constituído no sul da Rússia na primavera de 1918. Foi somente em fevereiro de 1919, durante a progressão geral dos bolcheviques em direção à Ucrânia e ao sul da Rússia, que os primeiros destacamentos do Exército Vermelho penetraram nos territórios cossacos do Don. Em princípio, os bolcheviques tomaram um certo número de medidas que aniquilavam tudo o que era especificamente cossaco: as terras que lhes pertenciam foram confiscadas e distribuídas entre colonos russos ou a camponeses locais que não tinham o estatuto de cossacos; os cossacos foram obrigados, sob ameaça de pena de morte, a entregarem as suas armas — ora, de acordo com o seu estatuto tradicional de guardiães dos confins do Império

---

[32] CRCEDHC, 76/3/109.

[33] V. L. Genis, *Raskazacwanie v Sovetskoi Rossii* (A descossaquização na Rússia Soviética), Voprosy Istorii (Questões de História), 1994, nº 1, pp. 42-55.

126   O Livro Negro do Comunismo

Russo, todos os cossacos deveriam se armar; as assembleias e circunscrições administrativas cossacas foram dissolvidas.

Todas essas medidas faziam parte de um plano preestabelecido de descossaquização, assim definido em uma resolução secreta do Comitê Central do Partido Bolchevique, datada de 24 de janeiro de 1919: "Em vista da experiência da guerra civil contra os cossacos, é necessário reconhecer como única medida politicamente correta uma luta sem perdão, um terror em massa contra os ricos cossacos, que deverão ser exterminados e fisicamente liquidados até a última pessoa."[34]

Na realidade, como reconheceu Reingold — presidente do Comitê Revolucionário do Don e encarregado de impor "a ordem bolchevique" nas terras cossacas — em junho de 1919, "nós temos a tendência a aplicar uma política de extermínio em massa dos cossacos, sem a menor distinção".[35] Em poucas semanas, de meados de fevereiro a meados de março de 1919, os destacamentos bolcheviques já haviam executado mais de oito mil cossacos.[36] Em cada *stanitsa* (burgo cossaco), os tribunais revolucionários procediam, em poucos minutos, a julgamentos sumários de listas de suspeitos, nos quais todos eram invariavelmente condenados à pena capital por "comportamento contrarrevolucionário". Diante dessa torrente repressiva, os cossacos não tiveram outra alternativa a não ser se rebelarem.

O levante partiu do distrito de Veshenskaia em 11 de março de 1919. Bem organizados, os cossacos revoltosos decretaram a mobilização geral de todos os homens de 16 a 50 anos de idade; eles enviaram a todas as regiões do Don, chegando à província limítrofe de Voronezh, vários telegramas convocando a população a se insurgir contra os bolcheviques. "Nós, cossacos", eles explicavam, "não somos contra os sovietes. Somos favoráveis à realização de eleições livres. Somos contra os comunistas, as comunas [cultivo coletivo da terra] e os judeus. Somos contra as requisições, os roubos e as execuções perpetradas pelas Tchekas."[37] No início do mês de abril, os cossacos rebelados representavam uma força armada considerável de cerca de 30 mil homens bem-armados e aguerridos. Operando nas retaguardas do Exército Vermelho que combatia mais ao sul as tropas de Denikin aliadas aos cossacos de Kuban, os rebeldes do Don contribuíram, como todos os camponeses revoltados, para a fulminante

---

[34] *Izvestia TsK KPSS*, 1989, nº 6, pp. 177-78.
[35] CRCEDHC, 5/2/106/7.
[36] V. L. Genis, *op. cit.*, pp. 42-55.
[37] CRCEDHC, 17/6/83.

A *"guerra suja"*   127

progressão dos exércitos brancos em maio-junho de 1919. No início do mês de junho, os cossacos do Don se juntaram ao grosso dos exércitos brancos, apoiados pelos cossacos do Kuban. Toda a "Vendeia Cossaca" estava livre do maldito poder dos "moscovitas, judeus e bolcheviques".

Entretanto, com a virada da sorte militar, os bolcheviques retornaram em fevereiro de 1920. Começava uma segunda ocupação militar das terras cossacas, bem mais assassina do que a primeira. A região do Don foi submetida a uma contribuição de 36 milhões de *puds* de cereais, uma quantidade que ultrapassava largamente o total da produção local; a população rural foi sistematicamente espoliada, não somente de suas magras reservas alimentares, mas também da totalidade de seus bens, "sapatos, roupas, travesseiros e samovar incluídos", explicitava um dos relatórios da Tcheka.[38] Todos os homens em condições de combate responderam a essa pilhagem e a essa repressão sistemática juntando-se aos bandos de partidários verdes. Em julho de 1920, estes últimos contavam, pelo menos, 35 mil homens no Kuban e no Don. Bloqueado na Crimeia desde fevereiro, o general Wrangel decidiu, numa última tentativa para se ver livre do aperto bolchevique, atuar em conjunto com os cossacos e os Verdes do Kuban. Em 17 de agosto de 1920, cinco mil homens desembarcaram perto de Novorossisk. Sob a pressão conjugada dos Brancos, dos Cossacos e dos Verdes, os bolcheviques tiveram de abandonar Ekaterinodar, a principal cidade do Kuban, e depois toda a região. Por sua vez, o general Wrangel avançava no Sul da Ucrânia. O sucesso dos Brancos foi, entretanto, de curta duração. Suplantadas pelas forças bolcheviques, bastante superiores em número de homens, as tropas de Wrangel, cada vez mais lentas e pesadas com o imenso afluxo de civis, retrocederam, na mais indescritível desordem, em direção à Crimeia no fim do mês de outubro. A retomada da Crimeia pelos bolcheviques, último episódio do conflito entre Brancos e Vermelhos, deu lugar às maiores chacinas da guerra civil: pelo menos 50 mil civis foram massacrados pelos bolcheviques em novembro e em dezembro de 1920.[39]

Encontrando-se, mais uma vez, do lado dos vencidos, os cossacos foram submetidos a um novo Terror Vermelho. Um dos principais dirigentes da Tcheka, o letão Karl Lander, foi nomeado "plenipotenciário do Cáucaso Norte e do Don". Ele pôs em prática as *troiki*, tribunais especiais encarregados da descossaquização. Durante apenas o mês de outubro de 1920, essas *troiki*

---

[38] V. L. Genis, *art. cit.*, p. 50; CRCEDHC, 17/84/75.
[39] S. P. Melgunov, *op. cit.*, p. 77; V. Brovkin, *Behind...*, *op. cit.*, p. 346.

128   *O Livro Negro do Comunismo*

condenaram à morte mais de seis mil pessoas, imediatamente executadas.[40] As famílias — e, muitas vezes, mesmo os vizinhos dos partidários Verdes ou dos cossacos que tinham ido à luta armada contra o regime e que ainda não tinham sido alcançados — foram sistematicamente presas como reféns e encarceradas em campos de concentração, verdadeiros campos de morte, como reconheceu Martyn Latsis, o chefe da Tcheka da Ucrânia em um de seus relatórios: "Reunidos num campo perto de Maikop, os reféns — mulheres, crianças e idosos — sobrevivem em condições assustadoras, na lama e no frio de outubro. [...] Eles morrem como moscas. [...] As mulheres estão prontas a tudo para escapar da morte. Os soldados que guardam o campo se aproveitam para fazer comércio de mulheres."[41]

Toda resistência era impiedosamente punida. Quando o chefe da Tcheka de Piatigorsk caiu numa emboscada, os tchekistas decidiram organizar o "Dia do Terror Vermelho". Indo além das instruções do próprio Lander — que desejava que "esse ato terrorista fosse aproveitado para fazer mais preciosos reféns para poder executá-los, e para acelerar os procedimentos de execução dos espiões Brancos e contrarrevolucionários em geral" —, os tchekistas de Piatigorsk se lançaram numa torrente de prisões e de execuções. Segundo Lander, "a questão do Terror Vermelho foi resolvida de maneira simplista. Os tchekistas de Piatigorsk decidiram executar 300 pessoas em um só dia. Eles definiram as cotas por cada município de Piatigorsk e por cada burgo das redondezas e ordenaram às organizações do Partido que fossem feitas listas de execução. [...] Esse método insatisfatório acarretou um grande número de acertos de contas. [...] Em Kislovodsk, na falta de outro critério, foi decidido que seriam executadas as pessoas que se encontrassem no hospital".[42]

Um dos métodos mais rápidos de descossaquização era a destruição dos burgos cossacos e a deportação de todos os sobreviventes. Os arquivos de Sergo Ordjonikidze, um dos principais dirigentes bolcheviques, na época presidente do Comitê Revolucionário do Cáucaso Norte, conservaram os documentos de uma dessas operações que ocorreram entre fins de outubro e meados de novembro de 1920.[43]

Dia 23 de outubro, Sergo Ordjonikidze ordenou:

"1. queimar inteiramente o burgo de Kalinovskaia;

---

[40] CRCEDHC, 17/84/75/28.

[41] *Ibid.*, 17/84/75/59.

[42] V. Brovkin, *Behind...*, *op. cit.*, p. 353.

[43] CRCEDHC 85/11/131/11.

A *"guerra suja"* 129

2. esvaziar de todos os seus habitantes o burgo de Ermolovskaia, Romanovskaia, Samachinskaia e Mikhailovskaia; as casas e as terras pertencentes aos habitantes serão distribuídas entre os camponeses pobres, em particular os chechenos, que sempre demonstraram sua profunda ligação com o poder soviético;

3. embarcar em vagões de trem toda a população masculina, de 18 a 50 anos, dos burgos supramencionados e deportá-los sob escolta, em direção ao norte, onde eles farão trabalhos forçados de natureza pesada;

4. expulsar mulheres, crianças e idosos, deixando-lhes, porém, a autorização para que se reinstalem em outros burgos mais ao norte;

5. apreender todo o gado e todos os bens dos habitantes dos burgos supramencionados."

Três semanas mais tarde, um relatório endereçado a Ordjonikidze assim descrevia o desenrolar das operações:

"— Kalinovskaia: burgo inteiramente queimado, toda a população (4.220) deportada e expulsa.

— Ermolovskaia: limpa de todos os seus habitantes (3.218).

— Romanovskaia: 1.600 deportados; restam 1.661 a serem deportados.

— Samachinskaia: 1.018 deportados; restam 1.900 a serem deportados.

— Mikhailovskaia: 600 deportados; restam 2.200 a serem deportados.

Aliás, 154 vagões de produtos alimentares foram enviados a Groznyi. Nos três burgos em que a deportação ainda não foi concluída, foram deportadas em primeiro lugar as famílias dos elementos brancos-verdes, assim como os elementos que participaram da última insurreição. Entre os que ainda não foram deportados, figuram os simpatizantes do regime soviético, famílias de soldados do Exército Vermelho, funcionários e comunistas. O atraso nas operações de deportação explica-se pela falta de vagões. Em média, recebemos apenas um vagão por dia para dar conta das operações. Para concluir as operações de deportação, nos são necessários 306 vagões suplementares com urgência."[44]

Como terminaram essas "operações"? Infelizmente, nenhum documento preciso esclarece esse ponto. Sabe-se que as "operações" foram muito arrastadas e que, no final das contas, os homens deportados foram enviados não em direção ao Grande Norte, como seria feito em seguida, mas, na maior parte das vezes, para as minas de Donetz, mais próximas. Considerado o estado dos trens ferroviários nesse fim de 1920, tinha-se muita dificuldade em prosseguir com a intendência... Entretanto, as "operações" de descossaquização de 1920 prefiguravam, em vários aspectos, as grandes "operações" de deskulakização

---

[44] *Ibid.*, 85/11/123/15.

130   *O Livro Negro do Comunismo*

que foram lançadas dez anos mais tarde: a mesma concepção de responsabilidade coletiva, o mesmo processo de deportação em vagões de trem, os mesmos problemas de intendência e de locais de abrigo não preparados para receber os deportados, a mesma ideia de explorar os deportados, submetendo-os a trabalhos forçados. As regiões cossacas do Don e do Kuban pagaram um pesado tributo por terem feito oposição aos bolcheviques. Segundo as estimativas mais superficiais, para uma população total que não ultrapassava os três milhões de pessoas, entre 300 e 500 mil pessoas foram mortas ou deportadas em 1919-1920.

Entre as operações repressivas mais difíceis de serem classificadas e avaliadas figuram os massacres de presos e de reféns encarcerados unicamente por pertencerem a uma "classe inimiga" ou "socialmente estranha". Esses massacres se inscreviam na continuidade da lógica do Terror Vermelho da segunda metade de 1918, mas em uma escala ainda mais ampla. Essa torrente de massacres "de acordo com a classe" era permanentemente justificada pelo fato de que um mundo novo estava nascendo. Tudo era permitido, como explicava a seus leitores o editorial do primeiro número do *Krasnyi Metch* (O Gládio Vermelho), jornal da Tcheka de Kiev:

"Nós rejeitamos os velhos sistemas de moralidade e de 'humanidade' inventados pela burguesia com o objetivo de oprimir e explorar as 'classes inferiores'. Nossa moralidade não tem precedentes, nossa humanidade é absoluta pois ela repousa sobre um novo ideal: destruir toda forma de opressão e de violência. Para nós, tudo é permitido pois somos os primeiros no mundo a erguermos a espada não para oprimir, mas para libertar a humanidade de suas correntes... Sangue? Que o sangue jorre aos montes! Somente o sangue pode colorir para sempre a bandeira negra da burguesia pirata como um estandarte vermelho, bandeira da Revolução. Somente a morte final do velho mundo pode nos libertar para sempre do retorno dos chacais!"[45]

Essa instigação ao assassinato atiçava o velho fundo de violência e o desejo de vingança social presente em muitos dos tchekistas, recrutados na maior parte das vezes entre os "elementos criminosos e socialmente degenerados da sociedade", como reconheciam os próprios dirigentes bolcheviques. Em uma carta endereçada a Lenin em 22 de março de 1919, o dirigente bolchevique Gopner assim descrevia as atividades da Tcheka de Ekaterinoslav: "Nessa organização gangrenada pela criminalidade, violência e arbitrariedade, dominada pelos canalhas e criminosos comuns, homens armados até os dentes executavam toda

---

[45] *Krasnyi Metch* (O Gládio Vermelho), nº 1, 18 de agosto de 1919, p. 1.

A *"guerra suja"* 131

pessoa que não lhes agradasse, devassando, pilhando, violando, aprisionando, passando dinheiro falso, exigindo suborno, chantageando os que haviam sido extorquidos e subornados e depois liberando-os em troca de somas dez ou vinte vezes superiores."[46]

Os arquivos do Comitê Central, assim como os de Feliks Dzerjinski, contêm inúmeros relatórios de responsáveis do Partido ou inspetores da polícia política descrevendo a "degenerescência" das tchekas locais, "ébrias de violência e de sangue". O desaparecimento de toda norma jurídica ou moral favorecia com frequência a autonomia dos responsáveis locais da Tcheka, que não respondiam mais por seus atos nem mesmo diante de sua hierarquia e se transformavam em tirânicos sanguinários, descontrolados e incontroláveis. Três extratos de relatório, entre dezenas de outros com o mesmo teor, ilustram essa deriva da Tcheka em um ambiente de total arbitrariedade, de absoluta ausência de direito.

De Sysran, na província de Tambov, em 22 de março de 1919, eis o relatório de Smirnov, instrutor da Tcheka, a Dzerjinski: "Verifiquei o caso do levante kulak na *volost* Novo-Matrionskaia. A instrução foi aplicada de maneira caótica. Setenta e cinco pessoas foram interrogadas sob tortura, mas é impossível ler o que quer que seja das confissões transcritas. [...] Cinco pessoas foram fuziladas dia 16 de fevereiro, e 13 no dia seguinte. Os autos das condenações e das execuções datam do dia 28 de fevereiro. Quando pedi ao responsável local que se explicasse, ele me respondeu: 'Não temos nunca o tempo de escrever os autos. De todo modo, para que serviriam, já que estamos exterminando kulaks e burgueses enquanto uma classe?'"[47]

De Yaroslav, eis o relatório de 26 de setembro de 1919 do secretário de organização regional do Partido Bolchevique: "Os tchekistas estão pilhando e prendendo a esmo. Sabendo que eles não serão punidos, eles transformaram a sede da Tcheka num imenso bordel para onde eles levam as 'burguesas'. A bebedeira é geral. A cocaína está sendo utilizada correntemente pelos pequenos chefes."[48]

De Astrakhan, de 16 de outubro de 1919, eis o relatório de missão de N. Rosental, inspetor de direção dos departamentos especiais: "Atarbekov, chefe dos departamentos especiais do XI Exército, não reconhece mais nem mesmo o poder central. Em 30 de julho último, quando o camarada Zakovski, enviado por Moscou para controlar o trabalho dos departamentos especiais,

---

[46] CRCEDHC, 5/1/2159/35-38.
[47] *Ibid.*, 76/3/70/20.
[48] *Ibid.*, 17/6/384/62.

132 *O Livro Negro do Comunismo*

foi ter com Atarbekov, este último lhe disse: 'Diga a Dzerjinski que eu não me deixarei mais controlar[...]' Nenhuma norma administrativa é respeitada pelo pessoal composto em sua maioria por elementos duvidosos e, muitas vezes, criminosos. Os dossiês do departamento operacional são praticamente inexistentes. A respeito das condenações à morte e da execução das sentenças, não encontrei protocolos individuais de julgamento e de condenação, apenas listas, às vezes incompletas, com uma única menção: 'Fuzilado sob as ordens do camarada Atarbekov.' Quanto aos eventos do mês de maio, é impossível ter uma ideia de quem foi fuzilado e o porquê. [...] As bebedeiras e as orgias são cotidianas. Quase todos os tchekistas fazem uso frequente de cocaína. Isso lhes permite, segundo dizem, suportar melhor a visão cotidiana do sangue. Ébrios de violência e de sangue, os tchekistas cumprem com o seu dever, mas são, indubitavelmente, elementos descontrolados e que devem ser vigiados bem de perto."[49]

Os relatórios da Tcheka e do Partido Bolchevique confirmam hoje os vários testemunhos recolhidos, a partir dos anos 1919-1920, pelos adversários dos bolcheviques, principalmente pela Comissão Especial de Investigação dos Crimes Bolcheviques, instaurada pelo general Denikin e cujos arquivos, transferidos de Praga a Moscou em 1945, estão agora disponíveis, depois de ficarem fechados durante muito tempo. O historiador social-revolucionário russo Serguei Melgunov tentou classificar, a partir de 1926, em sua obra *O Terror Vermelho na Rússia,* os principais massacres de detentos, reféns e civis comuns executados em massa pelos bolcheviques, quase sempre "por pertencerem a uma determinada classe". Ainda que incompleta, a lista dos principais episódios ligados a esse tipo de repressão, tal como ela é mencionada nessa obra pioneira, está plenamente confirmada pela totalidade concordante de fontes documentais bastante diversas, emanadas dos dois campos conflitantes. Permanece, entretanto, a incerteza quanto ao número de vítimas executadas durante os principais episódios repressivos atualmente identificados com precisão, haja vista o caos organizacional que reinava na Tcheka naquela época. Pode-se, no máximo, recorrendo-se a fontes diversas, arriscar a afirmação de algumas ordens de grandeza.

Os primeiros massacres de "suspeitos", reféns e "outros inimigos do povo" — encarcerados preventivamente, e com uma simples medida administrativa, nos campos de concentração e nas prisões — haviam começado em setembro de 1918, durante o primeiro Terror Vermelho. Estabelecidas as categorias de

---

[49] *Ibid.,* 17/66/66.

A *"guerra suja"*   133

"suspeitos", "reféns" e "inimigos do povo" e, rapidamente, tornados operacionais os campos de concentração, a máquina repressiva estava pronta para funcionar. O elemento desencadeador dessa guerra de frontes móveis, e para a qual cada mês trazia seu lote de ganhos da fortuna militar, era, naturalmente, a tomada de uma cidade até então ocupada pelo adversário, ou, ao contrário, seu abandono precipitado.

A imposição da "ditadura do proletariado" nas cidades conquistadas ou retomadas passava pelas mesmas etapas: dissolução de todas as assembleias eleitas anteriormente; interdição de todo o comércio — medida que acarretava de imediato a elevação dos preços de todas as mercadorias, seguida de seu desaparecimento; confisco de empresas, estatizando-as ou municipalizando-as; imposição à burguesia de uma contribuição financeira muito elevada — em Kharkov, 600 milhões de rublos em fevereiro de 1919; em Odessa, 500 milhões em abril de 1919. Para garantir a boa execução dessa contribuição, centenas de "burgueses" eram feitos reféns e encarcerados em campos de concentração. Na realidade, essa contribuição era um sinônimo de pilhagens, de expropriações e de humilhações, primeira etapa da aniquilação da "burguesia enquanto classe".

"De acordo com as resoluções do soviete de trabalhadores, esse 13 de maio foi decretado como um dia de expropriação da burguesia", lia-se nos *Izvestia* do Conselho de Deputados Operários de Odessa de 13 de maio de 1919. "As classes abastadas deverão preencher um questionário detalhado, relacionando os produtos alimentares, os calçados, as roupas, as joias, as bicicletas, os cobertores, os lençóis, a prataria, as louças e outros objetos indispensáveis ao povo trabalhador. [...] Todos devem auxiliar as comissões de expropriação nessa tarefa sagrada. [...] Os que não obedecerem às ordens das comissões de expropriação serão imediatamente detidos. Os que resistirem serão fuzilados no ato."

Como reconhecia Latsis, o chefe da Tcheka ucraniana, em sua circular endereçada às Tchekas locais, todas essas "expropriações" iam para o bolso dos tchekistas e de outros pequenos chefes dos vários destacamentos de requisição, de expropriação e das Guardas Vermelhas que pululavam nessa ocasião.

A segunda etapa das expropriações era o confisco dos apartamentos dos burgueses. Nessa "guerra de classes", a humilhação dos vencidos também tinha um papel importante: "O peixe gosta de ser temperado com creme. A burguesia gosta da autoridade que sevicia e mata", lia-se no já citado jornal de Odessa, datado de 26 de abril de 1919. "Se executamos alguns desses emprestáveis e idiotas, se os rebaixamos a varredores de ruas, se forçamos suas mulheres a

134   *O Livro Negro do Comunismo*

lavarem as casernas das Guardas Vermelhas (o que seria mais do que uma pequena honraria para elas), eles compreenderão então que o nosso poder é sólido, e que não há nada a esperar dos ingleses ou dos hotentotes."[50]

Tema recorrente de vários artigos de jornais bolcheviques em Odessa, Kiev, Kharkov, Ekaterinoslav, além de Perm, no Ural, ou Nijni-Novgorod, a humilhação das "burguesas" obrigadas a limpar as latrinas e as casernas dos tchekistas ou das Guardas Vermelhas parece ter sido uma prática corrente. Mas era também uma versão edulcorada e "politicamente apresentável" de uma realidade bem mais brutal: o estupro, fenômeno que, segundo vários testemunhos concordantes, alcançou proporções gigantescas, particularmente durante a segunda reconquista da Ucrânia, das regiões cossacas e da Crimeia em 1920.

Etapa lógica e final do "extermínio da burguesia enquanto classe", as execuções de detentos, suspeitos e reféns encarcerados somente por pertencerem às "classes abastadas" são atestadas em muitas cidades tomadas pelos bolcheviques. Em Kharkov, entre 2.000 e 3.000 execuções em fevereiro-junho de 1919; entre 1.000 e 2.000 durante a segunda retomada da cidade, em dezembro de 1919. Em Rostov-sobre-o-Don, cerca de 1.000 em janeiro de 1920; em Odessa, 2.200 entre maio e agosto de 1919, depois 1.500 a 3.000 entre fevereiro de 1920 e fevereiro de 1921; em Kiev, pelo menos 3.000 entre fevereiro e agosto de 1919; em Ekaterinodar, pelo menos 3.000 entre agosto de 1920 e fevereiro de 1921; em Armavir, pequena cidade do Kuban, entre 2.000 e 3.000 entre agosto e outubro de 1920. Poderíamos prolongar indefinidamente essa lista.

Na realidade, ocorreram muitas outras execuções em outras regiões, mas essas não foram alvo de investigação feita logo após os massacres. É mais bem conhecido o que se passou na Ucrânia ou no sul da Rússia do que no Cáucaso, na Ásia Central ou no Ural. Com efeito, as execuções geralmente eram apressadas com a aproximação do adversário, no momento em que os bolcheviques abandonavam suas posições e "descarregavam" as prisões. Em Kharkov, durante os dois dias que precederam a chegada dos Brancos, 8 e 9 de junho de 1919, centenas de reféns foram executados. Em Kiev, mais de 1.800 pessoas foram fuziladas entre 22 e 28 de agosto de 1919, antes da retomada da cidade pelos Brancos em 30 de agosto. Mesma coisa em Ekaterinodar, onde, em face do avanço das tropas cossacas, Atarbekov, o chefe local da Tcheka, executou

---

[50] *Izvestia Odesskogo Soveta rabocix deputatov*, nº 36, p. 1; citado *in* V. Brovkin, *Behind…* *op. cit.*, p. 121.

A *"guerra suja"*   135

em três dias, de 17 a 19 de agosto de 1920, 1.600 "burgueses" nessa pequena cidade provinciana que possuía, antes da guerra, menos de 30.000 habitantes.[51]

Os documentos das comissões de investigação das unidades do Exército Branco, que chegaram no local alguns dias — ou quem sabe até algumas horas — após as execuções, contêm uma massa de depoimentos, testemunhos, relatórios de autópsia, de fotos dos massacres e carteiras de identidade das vítimas. Se os executados "de última hora", eliminados com a pressa de uma bala na nuca, não apresentavam sinais de tortura, a situação dos cadáveres exumados nos "abatedouros" mais antigos era outra. O uso das mais terríveis torturas é atestado por relatórios de autópsia, por elementos materiais e por testemunhos. Descrições detalhadas dessas torturas figuram principalmente no livro já citado de Serguei Melgunov e também na *Tcheka*, a publicação do Escritório Central do Partido Socialista Revolucionário, editada em Berlim em 1922.[52]

Foi na Crimeia, durante a evacuação das últimas unidades brancas de Wrangel e dos civis que fugiam do avanço dos bolcheviques, que os massacres atingiram seu apogeu. Em poucas semanas, de novembro ao fim de dezembro de 1920, cerca de 50 mil pessoas foram fuziladas ou enforcadas.[53] Um grande número de execuções ocorreu logo após o embarque das tropas de Wrangel. Em Sebastopol, várias centenas de estivadores foram fuzilados, em 26 de novembro, por terem ajudado na evacuação dos Brancos. Em 28 e 30 de novembro, os *Izvestia* do Comitê Revolucionário de Sebastopol publicaram duas listas de fuzilados. A primeira continha 1.634 nomes, a segunda, 1.202. No início de dezembro, quando a febre das primeiras execuções em massa decresceu, as autoridades começaram a produzir uma listagem, tão completa quanto possível, consideradas as circunstâncias, da população das principais cidades da Crimeia onde, segundo se pensava, estavam escondidas dezenas, ou mesmo centenas de burgueses que, de toda a Rússia, fugiam em direção aos locais de vilegiatura tradicional. Em 6 de dezembro, Lenin declarou diante de uma assembleia de responsáveis em Moscou que 300 mil burgueses se encontravam na Crimeia. Ele assegurou que, num futuro próximo, esses "elementos" que constituíam

---

[51] S. P. Melgunov, *op. cit.*, pp. 61-77; G. Leggett, *op. cit.*, pp. 199-200; V. Brovkin, *Behind...*, *op. cit.*, pp. 122-25; GARF, fundos da comissão Denikin, dossiês 134 (Kharkov), 157 (Odessa), 194 e 195 (Kiev).

[52] V. Tchernov (ed.), *Tcheka: Materialy po deiatelnosti crezvycainoi komissii* (Tcheka: documentos sobre a atividade da Comissão Extraordinária), Berlim, 1922.

[53] Estimativas fornecidas por S. Melgunov, *op. cit.*, p. 77; do mesmo modo, por fontes socialistas revolucionárias de Kharkov em maio de 1921

136   O Livro Negro do Comunismo

um "reservatório de espiões e de agentes prontos para emprestar o braço ao capitalismo" seriam "castigados".[54]

Os cordões militares que fechavam o istmo de Perekop, único ponto de fuga terrestre, foram reforçados. Feita a armadilha, as autoridades ordenaram que todos os habitantes se apresentassem à Tcheka para o preenchimento de um longo questionário de investigação, comportando cerca de 50 questões sobre a sua origem social, seu passado, suas atividades, seus ganhos, mas também sobre a sua ocupação cotidiana em novembro de 1920, sobre o que eles pensavam da Polônia, de Wrangel, dos bolcheviques etc. Com base nessas "investigações", a população foi dividida em três categorias: a serem fuzilados; a serem enviados aos campos de concentração; a serem poupados. Os testemunhos dos raros sobreviventes, publicados nos jornais da emigração de 1921, descrevem Sebastopol, uma das cidades mais atingidas pela repressão, como uma "cidade de enforcados". "O panorama de Nakhimovski estava coberto de corpos pendurados de oficiais enforcados, de soldados, de civis detidos nas ruas. [...] A cidade estava morta, a população se escondia nos sótãos e nos porões. Todas as paliçadas, os muros das casas, os postes telegráficos, as vitrines de lojas estavam cobertos de cartazes 'Morte aos traidores'. [...] Enforcava-se nas ruas, como fator edificador."[55]

O último episódio de confronto entre Brancos e Vermelhos não pôs fim à repressão. Os frontes militares da guerra civil não existiam mais, mas a guerra de "pacificação" e de "erradicação" se prolongaria ainda por cerca de dois anos.

---

[54] V. I. Lenin, *Polnoie Sobranie socinenii* (Obras Completas), vol. XLII, p. 74.
[55] S. Melgunov, *op. cit.*, p. 81.

5
De Tambov à grande fome

No fim de 1920, o regime bolchevique parecia vitorioso. O último exército branco fora vencido, os cossacos foram batidos, e os destacamentos de Makhno estavam sendo derrotados. Entretanto, se a guerra reconhecida, aquela que os Vermelhos empreendiam contra os Brancos, estava terminada, o confronto entre o regime e enormes segmentos da sociedade continuava de vento em popa. As guerras camponesas atingiram seu apogeu no início de 1921, quando províncias inteiras escapavam do controle do poder bolchevique. Na província de Tambov, numa parte das províncias do Volga (Samara, Saratov, Tsaritsyne, Simbirsk) e na Sibéria Ocidental, os bolcheviques controlavam apenas as cidades de maior porte. O campo estava sob o controle de centenas de bandos de Verdes e, às vezes, de verdadeiros exércitos camponeses. Nas unidades do Exército Vermelho, novos motins estouravam a cada dia. Greves, rebeliões e protestos operários multiplicavam-se nos últimos centros industriais ainda em atividade no país, em Moscou, Petrogrado, Ivanovo-Voznessensk e Tula. No fim do mês de abril de 1921, foi a vez dos marinheiros da base naval de Kronstadt, na costa de Petrogrado, se amotinarem. A situação tornava-se explosiva, e o país, ingovernável. Diante da ameaça de uma torrente de desordem social que poderia acabar com o regime, os dirigentes bolcheviques foram obrigados a retroceder e tomar a única medida capaz de momentaneamente acalmar o descontentamento mais frequente, mais geral e mais perigoso: o descontentamento camponês; eles prometeram acabar com as requisições, substituindo-as pelo imposto em espécies.* É nesse contexto de confrontos entre o regime e a sociedade que começou a esboçar-se, a partir de 1921, a NPE, a Nova Política Econômica.

Uma história política por muito tempo dominante deu exagerada importância à "ruptura" de março de 1921. Ora, adotada precipitadamente no último dia do X Congresso do Partido Bolchevique — sob a ameaça de uma convulsão

---

* Impostos cobrados diretamente em produtos, sem o intermédio da moeda. [N. do T.]

social — a substituição das requisições pelo imposto em espécies não acarretou nem o fim das revoltas camponesas e das greves operárias nem a diminuição da repressão. Os arquivos hoje disponíveis demonstram que a paz civil não foi instaurada da noite para o dia na primavera de 1921. Pelo menos até o verão de 1922 — e, em algumas regiões, indo muito além disso — o ambiente permaneceu bastante tenso. Os destacamentos de requisição continuaram a agir no campo, as greves operárias foram interrompidas de maneira selvagem, os últimos militantes socialistas foram detidos, e "a erradicação dos bandidos das florestas" prosseguiu com força total: fuzilamentos em massa de reféns e bombardeio de povoados com gazes asfixiantes. No final das contas, foi a grande fome de 1921-1922 que venceu as resistências nos locais mais conturbados do campo, regiões mais assoladas pelos destacamentos de requisição e que se tinham rebelado para a própria sobrevivência. O mapa da fome superpõe exatamente as zonas onde as requisições foram mais intensas e as zonas onde as revoltas camponesas foram mais intensas. Aliada objetiva do regime e arma absoluta de pacificação, a fome serviu, além disso, como pretexto para que os bolcheviques pudessem dar um golpe decisivo na Igreja Ortodoxa e na *intelligentsia* que se haviam mobilizado para lutar contra esse flagelo.

De todas as revoltas camponesas deflagradas a partir da instauração das requisições, no verão de 1918, a revolta dos camponeses de Tambov foi a mais longa, a mais importante e a mais bem organizada. A menos de 500 quilômetros a sudoeste de Moscou, a província de Tambov era, desde o começo do século, um dos bastiões do Partido Socialista Revolucionário, o herdeiro do populismo russo. Em 1918-1920, apesar da repressão que acometia esse partido, seus militantes permaneciam numerosos e ativos. Mas a província de Tambov era também o celeiro de trigo mais próximo de Moscou e, a partir do outono de 1918, mais de cem destacamentos de requisição agiam nessa província agrícola densamente povoada. Em 1919, dezenas de *bounty*, rebeliões sem futuro, foram deflagradas, todas impiedosamente reprimidas. Em 1920, as cotas de requisição foram elevadas de forma substancial, passando de 18 a 27 milhões de *puds*, apesar de os camponeses terem diminuído sensivelmente a semeadura, pois eles sabiam que tudo aquilo que eles não tivessem tempo para consumir seria imediatamente requisitado.[1] Preencher as cotas significava então fazer com que os camponeses morressem de fome. Em 19 de agosto de 1920, os incidentes habituais que implicavam os destacamentos de abastecimento

---

[1] V. Danilov, T. Shanin, *Krestianskoie vosstanie v Tambovskoi gubernii v 1919-1921* (A revolta camponesa na província de Tambov, 1919-1921), Tambov, 1994, pp. 38-40.

De Tambov à grande fome   139

saíram do controle no burgo de Khitrovo. Como as próprias autoridades locais reconheciam, "os destacamentos cometiam todo tipo de abuso; eles pilhavam tudo em sua passagem, dos travesseiros aos utensílios de cozinha, partilhavam entre si o produto dos saques e espancavam idosos de 70 anos, à vista e com o conhecimento de todos. Esses idosos eram punidos pela ausência de seus filhos desertores que se escondiam nos bosques. [...] O que revoltava os camponeses era que os grãos confiscados, transportados até as estações de trem mais próximas, apodreciam ao ar livre no local de estocagem".[2]

Partindo de Khitrovo, a revolta se espalhou como fogo na palha. No fim de agosto de 1920, mais de 14 mil homens, em sua maioria desertores, armados com fuzis, forcados e foices, caçaram ou massacraram todos os "representantes do poder soviético" em três distritos da província de Tambov. Em poucas semanas, essa revolta camponesa, que em seu princípio não se distinguia em nada das outras revoltas deflagradas havia dois anos na Rússia ou na Ucrânia, transformou-se, nesse tradicional bastião dos socialistas revolucionários, num movimento rebelde bem-organizado, sob a direção de um comandante inspirado, Alexandre Stepanovitch Antonov.

Militante socialista revolucionário desde 1906, exilado político na Sibéria de 1908 até a Revolução de Fevereiro de 1917, Antonov, como outros socialistas revolucionários "de esquerda", aliou-se por um tempo ao regime bolchevique, ocupando a função de chefe da milícia de Kirsanov, seu distrito natal. Em agosto de 1918, ele rompeu com os bolcheviques, assumindo a liderança de um dos inúmeros bandos de desertores que dominavam o interior profundo do campo, batendo-se com os destacamentos de requisição e atacando os raros funcionários soviéticos que se arriscavam nos povoados. Quando a revolta camponesa se inflamou, em agosto de 1920, Antonov criou, em seu distrito de Kirsanov, uma organização eficaz de milícias camponesas, além de um notável serviço de informações que se infiltrou até mesmo na Tcheka de Tambov. Ele também organizou um serviço de propaganda que denunciava, através de panfletos e proclamas, a "comissariocracia bolchevique", mobilizando os camponeses em torno de algumas reivindicações populares, como a liberdade de comércio, o fim das requisições, eleições livres e a abolição dos comissários bolcheviques e da Tcheka.[3]

---

[2] CRCEDHC, 17/86/103/4; S. Singleton, *The Tambov Revolt, Slavic Review,* nº 3, 1966, pp. 498-512; O. Radkey, *The Unknown Civil War in Russia. A Study of the Green Movement in the Tambov Region* (Stanford, 1976); O. Figes, *Peasant Russia, Civil War* (Londres, 1992).

[3] V. Danilov, T. Shanin, *op. cit.*, pp. 63-4; O. Radkey, *op. cit.*, pp. 122-6.

140   *O Livro Negro do Comunismo*

Paralelamente, a organização clandestina do Partido Socialista Revolucionário instaurava a União Camponesa Trabalhadora, uma rede clandestina de militantes camponeses bem implantados localmente. A despeito das fortes tensões entre Antonov, socialista-revolucionário dissidente, e a direção da União Camponesa Trabalhadora, o movimento camponês da província de Tambov dispunha de uma boa organização militar, de um serviço de informações e de um programa político que lhe dava a força e a coerência que não teve, anteriormente, a maior parte dos outros movimentos camponeses, com exceção do movimento makhnovista.

Em outubro de 1920, o poder bolchevique controlava somente a cidade de Tambov e alguns raros centros urbanos nas províncias. Aos milhares, desertores juntavam-se ao exército camponês de Antonov, que chegaria a ter em seu apogeu mais de 50 mil homens armados. Em 19 de outubro, ao tomar enfim consciência da gravidade da situação, Lenin escreveu a Dzerjinski: "É indispensável esmagar esse movimento da maneira mais rápida e mais exemplar possível. [...] É preciso darmos provas de toda a nossa energia!"[4]

No início de novembro, os bolcheviques enviaram ao combate apenas cinco mil homens das Tropas de Segurança Interna da República, mas, após a derrota de Wrangel na Crimeia, os efetivos das Tropas Especiais enviados a Tambov aumentaram rapidamente, chegando ao total de cem mil homens — incluindo os destacamentos do Exército Vermelho, sempre minoritários, pois eram considerados pouco confiáveis na repressão às revoltas populares.

No início de 1921, as revoltas camponesas incendiaram outras regiões: todo o Baixo Volga (as províncias de Samara, Saratov, Tsaritsyne, Astrakhan), além da Sibéria Ocidental. A situação tornava-se explosiva, a fome ameaçava essas regiões ricas, mas impiedosamente pilhadas desde há muitos anos. Na província de Samara, o comando do distrito militar do Volga relatava, em 12 de fevereiro de 1921: "Multidões de milhares de camponeses famintos cercam os galpões onde os destacamentos estocaram os grãos requisicionados para as cidades e o exército. Em várias oportunidades, a situação saiu do controle, e o exército teve de atirar sobre a multidão raivosa." De Saratov, os dirigentes bolcheviques locais telegrafaram a Moscou: "O banditismo ganhou toda a província. Os camponeses apoderaram-se de todas as reservas — três milhões de *puds* — nos galpões do Estado. Graças aos fuzis fornecidos pelos desertores, eles estão fortemente armados. Unidades inteiras do Exército Vermelho se volatilizaram."

---

[4] V. I. Lenin, *Polnoie sobranie socinenii* (Obras Completas), vol. LI, p. 310.

De Tambov à grande fome   141

No mesmo momento, a mais de mil quilômetros a leste dali, um novo foco de rebeliões camponesas se formava. Tendo exaurido todos os recursos possíveis nas regiões agrícolas prósperas do sul da Rússia e da Ucrânia, o governo bolchevique voltou-se, no outono de 1920, em direção à Sibéria ocidental, cujas cotas arbitrárias de entrega foram fixadas em função das exportações de cereais realizadas em... 1913! Seria possível, entretanto, comparar os rendimentos destinados às exportações pagas em tilintantes rublos-ouro e os rendimentos guardados pelo camponês para as requisições feitas sob ameaça? Como em todos os outros locais, os camponeses siberianos se rebelaram para defender o fruto de seu trabalho e assegurar a sua sobrevivência. Em janeiro-março de 1921, os bolcheviques perderam o controle das províncias de Tiumen, Omsk, Tcheliabinsk e de Ekaterinburgo, um território maior do que um país como a França. O Transiberiano, única estrada de ferro que ligava a Rússia europeia à Sibéria, foi interrompido. Em 21 de fevereiro, um exército popular camponês apoderou-se da cidade de Tobolsk, que só foi retomada pelas unidades do Exército Vermelho em 30 de março.[5]

No outro extremo do país, nas capitais — a antiga, Petrogrado, e a nova, Moscou —, a situação no início de 1921 era quase explosiva. A economia estava quase que inteiramente parada; os trens não circulavam mais; por falta de combustível, quase todas as fábricas estavam fechadas ou funcionavam apenas parcialmente; o abastecimento dessas cidades não era mais assegurado. Os operários estavam ora na rua, ora em busca de alimento nas cidades circunvizinhas, ora discutindo nas oficinas geladas, semidestruídas, onde cada um já tinha roubado o que era possível carregar para trocar a "manufatura" por um pouco de alimento.

"O descontentamento é geral", concluía, em 16 de janeiro, um relatório do departamento de informação da Tcheka. "No meio operário, prevê-se que o regime está por um fio. Ninguém trabalha mais, as pessoas estão passando fome. Greves de grande porte são iminentes. As unidades de guarnição de Moscou estão cada vez menos seguras e podem a todo momento escapar a nosso controle. Medidas profiláticas se impõem."[6]

Em 21 de janeiro, um decreto do governo ordenou a redução em um terço, a começar no dia seguinte, das rações de pão em Moscou, Petrogrado, Ivanovo-Voznessensk e Kronstadt. Essa medida, que chegava num momento em que o governo não podia mais lançar mão da ameaça contrarrevolucionária

---

[5] M. Bogdanov, *Razgrom zapadno sibirskogo kulacko-eserovskogo miateya*, Tiumen, 1961.

[6] CRCEDHC, 76/3/208/12.

142   *O Livro Negro do Comunismo*

para convocar o patriotismo das classes trabalhadoras — os últimos exércitos brancos já tinham sido derrotados —, pôs fogo no barril de pólvora. Do fim de janeiro a meados de março de 1921, greves, assembleias de protesto, marchas contra a fome, manifestações e ocupação de fábricas aconteciam cotidianamente, atingindo seu apogeu, tanto em Moscou quanto em Petrogrado, entre o fim de fevereiro e o início de março. Entre 22 e 24 de fevereiro, em Moscou, graves incidentes opuseram os destacamentos da Tcheka a manifestantes operários que tentavam forçar a entrada nas casernas para confraternizar com os soldados. Vários operários foram mortos, e centenas de outros, presos.[7]

Em Petrogrado, as rebeliões alcançaram um novo patamar a partir de 22 de fevereiro, quando os operários de várias grandes fábricas elegeram, assim como havia sido feito em março de 1918, uma "assembleia de operários plenipotenciários" com grande coloração menchevique e socialista revolucionária. Em sua primeira proclamação, essa assembleia exigiu a abolição da ditadura bolchevique, eleições livres nos sovietes, liberdade de palavra, de associação, de imprensa, e a libertação de todos os prisioneiros políticos. Para chegar a esses objetivos, a assembleia convocava uma greve geral. O comando militar não conseguiu impedir que vários de seus regimentos mantivessem assembleias, no decorrer das quais foram adotadas moções de suporte aos operários. Em 24 de fevereiro, os destacamentos da Tcheka abriram fogo sobre uma manifestação operária, matando 12 operários. Nesse dia, cerca de mil operários e militantes socialistas foram presos.[8] Porém, as fileiras manifestantes cresciam sem parar, e milhares de soldados desertavam de suas unidades para se juntarem aos operários. Quatro anos após os dias de fevereiro que derrubaram o regime czarista, a mesma situação parecia repetir-se: a confraternização dos manifestantes operários e dos soldados amotinados. Em 26 de fevereiro, às 21 horas, Zinoviev, o dirigente da organização soviética de Petrogrado, enviou a Lenin um telegrama no qual o pânico era patente: "Os operários entraram em contato com os soldados dentro das casernas. […] Nós continuamos esperando o reforço das tropas pedidas a Novgorod. Se essas tropas não chegarem nas próximas horas, nós seremos invadidos."

Dois dias depois ocorreu o que os dirigentes bolcheviques temiam acima de tudo: o motim dos marinheiros dos dois encouraçados da base de Kronstadt, situado na costa de Petrogrado. Em 28 de fevereiro, às 23 horas, Zinoviev endereçou um novo telegrama a Lenin: "Kronstadt: os dois principais navios,

---

[7] CRCEDHC, 76/3/166/3.

[8] V. Brovkin, *Behind…, op. cit.*, p. 392.

De Tambov à grande fome   143

o *Sebastopol* e o *Petropavlovsk,* adotaram medidas SR-Cem-Negros e nos endereçaram um ultimato ao qual devemos responder em 24 horas. Entre os operários de Petrogrado, a situação permanece bastante instável. As grandes empresas estão em greve. Acreditamos que os SR vão acelerar o movimento."[9]

As reivindicações que Zinoviev qualificava de "SR-Cem-Negros" eram as mesmas formuladas por uma imensa maioria dos cidadãos após três anos de ditadura bolchevique: após a realização de debates e de eleições livres, a reeleição dos sovietes por voto secreto; liberdade de expressão e de imprensa — porém, com o detalhe de ser "em favor dos operários, dos camponeses, dos anarquistas e dos partidos socialistas de esquerda"; igualdade no racionamento para todos e libertação de todos os presos políticos membros dos partidos socialistas, de todos os operários, camponeses, soldados e marujos aprisionados em razão de atividades políticas nos movimentos operários e camponeses; criação de uma comissão encarregada de examinar o caso de todos os detentos nas prisões e nos campos de concentração; supressão das requisições; abolição dos destacamentos especiais da Tcheka; liberdade absoluta para os camponeses para "fazer o que quiserem em sua terra e de criar seus próprios rebanhos, desde que o façam por seus próprios meios".[10]

Em Kronstadt, os eventos se aceleravam. Em primeiro de março teve lugar uma enorme assembleia reunindo mais de 15 mil pessoas, um quarto de toda a população civil e militar da base naval. Enviado ao local para tentar salvar a situação, Mikhail Kalinin, presidente do Comitê Executivo Central dos Sovietes, foi expulso debaixo das vaias da multidão. No dia seguinte, os rebeldes, junto a pelo menos metade dos dois mil bolcheviques de Kronstadt, formaram um Comitê Revolucionário provisório que tentou de imediato entrar em contato com os grevistas e os soldados de Petrogrado.

Os relatórios cotidianos da Tcheka sobre a situação em Petrogrado durante a primeira semana de março de 1921 demonstram a amplitude do apoio popular ao motim de Kronstadt: "O Comitê Revolucionário de Kronstadt espera um iminente levante geral em Petrogrado. O contato entre os amotinados e um grande número de fábricas foi estabelecido. [...] Hoje, durante a assembleia na fábrica Arsenal, os operários votaram uma resolução convocando a adesão à insurreição. Foi eleita uma delegação de três pessoas — um anarquista, um menchevique e um socialista revolucionário — para manter contato com Kronstadt."[11]

---

[9] CRCEDHC, 76/3/167/23.
[10] P. Avrich, La *Tragédie de Cronstadt*, Paris, Le Seuil, 1975, pp. 153-83.
[11] CRCEDHC, 76/3/167

144   *O Livro Negro do Comunismo*

Para interromper o movimento, a Tcheka de Petrogrado recebeu, no dia 7 de março, a ordem de "empreender ações decisivas contra os operários". Em 48 horas, mais de dois mil operários, simpatizantes e militantes socialistas ou anarquistas foram presos. Ao contrário dos amotinados, os operários não possuíam armas e não podiam opor nenhuma resistência diante dos destacamentos da Tcheka. Tendo cortado a base da insurreição em sua retaguarda, os bolcheviques planejaram minuciosamente o assalto a Kronstadt. O general Tukhatchevski foi encarregado de liquidar a rebelião. Para atirar sobre a população, o vencedor da campanha de 1920 na Polônia convocou os jovens recrutas da Escola Militar, sem tradição revolucionária, assim como as tropas especiais da Tcheka. As operações foram engajadas em 8 de março. Dez dias mais tarde, Kronstadt tombava com o custo de milhares de vidas de ambas as partes. A repressão à insurreição foi impiedosa. Várias centenas de rebeldes prisioneiros foram fuzilados nos dias que se seguiram à derrota. Os arquivos publicados recentemente dão conta de, somente para os meses de abril a junho de 1921, 2.103 condenações à morte e de 6.459 condenações a penas de prisão ou de campo de concentração.[12] Um pouco antes da tomada de Kronstadt, cerca de oito mil pessoas haviam conseguido fugir, através das extensões glaciais do golfo, para a Finlândia, sendo então internadas em campos de trânsito, em Terijoki, Vyborg e Ino. Enganadas por uma falsa anistia, várias dentre essas pessoas voltaram à Rússia, onde foram imediatamente presas e enviadas aos campos das ilhas Solovki e a Kholmogory, um dos mais sinistros campos de concentração, perto de Arkhangelsk.[13] Segundo uma fonte nos meios anarquistas, dos cinco mil detentos de Kronstadt enviados a Kholmogory, menos de 1.500 permaneciam ainda vivos na primavera de 1922.[14]

O campo de Kholmogory, vizinho ao grande rio Dvina, tinha a triste reputação de se desembaraçar com extrema rapidez de um grande número de detentos. Estes últimos infelizes eram embarcados em balsas e jogados, com uma pedra amarrada no pescoço e as mão atadas, nas águas do rio. Mikhail Kedrov, um dos principais dirigentes da Tcheka, havia inaugurado esses afogamentos coletivos em junho de 1920. Segundo vários testemunhos concordantes, um grande número de amotinados em Kronstadt, de cossacos e de camponeses da província de Tambov, deportados em Kholmogory, teriam sido afogados no rio Dvina em 1922. Nesse mesmo ano, uma Comissão Especial de Evacuação

---

[12] Kronstadt, 1921, *Dokumenty* (Documentos), Moscou, 1997, p. 15.

[13] G. Leggett, *op. cit.*, p. 328.

[14] S. A. Malsagoff, *An Island Hell: A Soviete Prison in the Far North* (Londres, 1926), pp. 45-46.

De Tambov à grande fome 145

deportou para a Sibéria 2.514 civis de Kronstadt apenas por terem permanecido na praça de guerra durante os eventos![15]

Vencida a rebelião de Kronstadt, o regime engajou todas as suas forças na caça aos militantes socialistas, na luta contra as greves e o "corpo mole" dos trabalhadores, no esmagamento das insurreições camponesas que continuavam com toda a força — apesar da proclamação oficial do fim das requisições — e na repressão à Igreja.

Em 28 de fevereiro de 1921, Dzerjinski ordenou a todas as tchekas provinciais: "1) que fossem imediatamente presos todos os membros da *intelligentsia* anarquizante menchevique, socialista-revolucionária e, particularmente, os funcionários que trabalhassem nos comissariados do povo para a agricultura e o abastecimento; 2) após esse início, que também fossem presos todos os mencheviques, socialistas-revolucionários e anarquistas que trabalhassem nas fábricas e fossem suscetíveis de incitarem greves ou manifestações."[16]

Longe de marcar uma diminuição na política repressiva, a introdução da NPE, a partir de março de 1921, foi acompanhada por um recrudescimento da repressão aos militantes socialistas moderados. Essa repressão não era incitada pelo perigo de vê-los se oporem à Nova Política Econômica, mas pelo fato de eles já a terem reclamado havia bastante tempo, mostrando, assim, a perspicácia e a justeza de sua análise. "O único lugar para os mencheviques e os SR, quer eles sejam declarados ou camuflados, escrevia Lenin em abril de 1921, é a prisão."

Alguns meses mais tarde, julgando que os socialistas ainda estavam bastante "ativos", ele escreveu: "Se os mencheviques e os SR ainda derem as caras, fuzile-os sem piedade!" Entre março e junho de 1921, mais de dois mil militantes e simpatizantes socialistas moderados foram detidos. Todos os membros do Comitê Central do Partido Menchevique foram aprisionados; ameaçados com o desterro na Sibéria, eles iniciaram, em janeiro de 1922, uma greve de fome; 12 dirigentes, entre os quais Dan e Nikolaievski, foram expulsos do país, chegando a Berlim em fevereiro de 1922.

Uma das prioridades do regime na primavera de 1921 era a retomada da produção industrial que fora reduzida a um décimo da sua capacidade em 1913. Longe de diminuir a pressão sobre os operários, os bolcheviques mantiveram, ou mesmo reforçaram, a militarização do trabalho iniciada no decorrer dos anos precedentes. A condução política em 1921, após a adoção da NPE, na

---

[15] Kronstadt, 1921, *op. cit.*, p. 367
[16] V. Brovkin, *op. cit.*, p. 400.

146   *O Livro Negro do Comunismo*

grande região industrial e mineira de Donbass — que produzia mais de 80% do carvão e do aço do país —, aparece, em vários aspectos, como reveladora dos métodos ditatoriais empregados pelos bolcheviques para que "os operários retornassem ao trabalho". No fim de 1920, Piatakov, um dos principais dirigentes e próximo de Trotski, havia sido nomeado para a chefia da Direção Central da Indústria Carvoeira. Em um ano, ele conseguiu quintuplicar a produção de carvão, mas a custo de uma política de exploração e de repressão da classe operária sem precedentes, que se baseava na militarização do trabalho dos 120 mil mineiros que realizavam esses serviços. Piatakov impôs uma disciplina rigorosa: toda ausência era qualificada como "ato de sabotagem" e sancionada com penas em campo de concentração, ou até mesmo com a pena de morte — 18 mineiros foram executados em 1921 por "parasitismo agravado". Para obter dos operários um aumento de produtividade, ele introduziu um aumento das horas de trabalho (através, principalmente, do trabalho aos domingos) e generalizou a "chantagem com o cartão de racionamento". Todas essas medidas foram tomadas no momento em que os operários recebiam, à guisa de todo pagamento, entre um terço e a metade de todo o pão necessário a sua sobrevivência; além do mais, eles ainda eram obrigados, no final de sua jornada de trabalho, a emprestar o único par de sapatos aos camaradas que assumiam seus postos. Como reconhecia a Direção da Indústria Carvoeira, entre as razões do grande número de ausentes do lado operário figuravam, além das epidemias, "a fome permanente" e "a falta quase que total de roupas, de calças e de sapatos". Para reduzir o número de bocas a serem alimentadas, já que a fome era ameaçadora, Piatakov ordenou, em 24 de junho de 1921, que fossem expulsas das cidades mineiras todas as pessoas que não trabalhassem nas minas, pois elas representavam necessariamente um "peso morto". Os cartões de racionamento foram retirados dos membros das famílias dos mineiros. As normas de racionamento foram estritamente alinhadas às *performances* individuais de cada mineiro, sendo introduzida uma forma primitiva de salário, por quantidade produzida.[17]

Todas essas medidas se opunham aos ideais de igualdade e de "racionamento garantido" que ainda serviam de consolo a vários operários, iludidos pela ideologia pró-operária bolchevique. Esses ideais prefiguravam, de maneira notável, as medidas antioperárias dos anos 1930. As massas operárias eram apenas a *rabsila* (força de trabalho) que era necessário explorar da maneira

---

[17] A. Graziosi, *At the Roots of Soviet Industrial Relations and Practices.* Piatakov's Donbass in 1921, *Cahiers du Monde Russe,* vol. XXXVI (1-2), 1995, pp. 95-138.

De Tambov à grande fome 147

mais eficaz possível, contornando a legislação do trabalho e os inúteis sindicatos — reduzidos ao simples papel de incentivadores da produtividade. A militarização do trabalho aparecia como a forma mais eficaz de enquadramento dessa mão de obra afamada e pouco produtiva. Não podemos deixar de nos interrogar sobre o parentesco entre essa forma de exploração do trabalho livre e o trabalho forçado dos grandes conjuntos penitenciários criados no início dos anos 1930. Como vários outros episódios desses anos iniciais do bolchevismo — que não poderiam ser reduzidos somente à guerra civil —, o que se passava em Donbass em 1921 prenunciava um certo número de práticas que iam direto ao cerne do stalinismo.

Entre as operações prioritárias ao regime bolchevique na primavera de 1921, figurava a "pacificação" de todas as regiões dominadas por bandos e destacamentos de camponeses. Em *TI* de abril de 1921, o Politburo nomeou o general Tukhatchevski como responsável pelas "operações de liquidação dos bandos de Antonov na província de Tambov". Liderando cerca de cem mil homens, dos quais a grande maioria pertencia aos destacamentos especiais da Tcheka, equipados com artilharia pesada e aviões, Tukhatchevski venceu os destacamentos de Antonov através de uma repressão e de uma violência raramente vistas. Tukhatchevski e Antonov-Ovseenko — presidente da Comissão Plenipotenciária do Comitê Executivo Central, nomeado para estabelecer um verdadeiro regime de ocupação da província de Tambov — praticaram sistemáticas capturas de reféns, execuções, internação em campos de concentração, extermínio por gases asfixiantes e deportações de povoados inteiros, suspeitos de ajudar ou abrigar os "bandidos".[18]

A ordem do dia de nº 171, datada de 11 de junho de 1921, assinada por Antonov-Ovseenko e por Tukhatchevski, deixa claro quais foram os métodos utilizados na "pacificação" da província de Tambov. Essa ordem estipulava principalmente:

"1. Fuzilar de imediato e sem julgamento todo cidadão que se recuse a dizer seu nome.

2. As comissões políticas de distrito e as comissões políticas de bairros têm o poder de pronunciar, contra os povoados que estiverem escondendo armas, o veredicto de prisão de reféns e de fuzilamento desses reféns caso as armas não sejam entregues.

3. Caso sejam encontradas armas escondidas, fuzilar de imediato e sem julgamento o primogênito da família.

---

[18] V. Danilov, T. Shanin, *op. cit.*, pp. 179-80.

148   *O Livro Negro do Comunismo*

4 A família que tiver escondido um bandido em sua casa é passível de prisão e de deportação para fora da província, seus bens podem ser confiscados, e o primogênito dessa família será fuzilado sem julgamento.

5. Considerar bandidos as famílias que esconderem membros da família ou bens de bandidos, e fuzilar de imediato e sem julgamento o primogênito dessa família.

6. Em caso de fuga de uma família de bandido, distribuir seus bens entre os camponeses fiéis ao poder soviético e queimar ou demolir as casas abandonadas.

7 Aplicar a presente ordem do dia rigorosamente e sem piedade."[19]

No dia seguinte à promulgação da ordem nº 171, o general Tukhatchevski ordenou que os rebeldes fossem mortos com o uso de gases. "Os restos dos bandos desfeitos e bandidos isolados continuam a se reunir nas florestas. [...] As florestas onde se escondem os bandidos devem ser limpas por meio de gases asfixiantes. Tudo deve ser calculado para que a nuvem de gás penetre na floresta e extermine todos que ali estiverem escondidos. O inspetor da artilharia deve fornecer imediatamente as quantidades requeridas de gases asfixiantes assim como os especialistas competentes para esse tipo de operação." Dia 19 de julho, diante da oposição de vários dirigentes bolcheviques a essa fórmula extrema de "erradicação", a ordem 171 foi anulada.[20]

Nesse mês de julho de 1921, as autoridades militares da Tcheka já haviam instalado sete campos de concentração onde, segundo informações ainda parciais, estavam internadas pelo menos 50 mil pessoas, na maioria mulheres, velhos, crianças, "reféns" e membros das famílias dos camponeses-desertores. A situação nesses campos era espantosa: o tifo e o cólera eram endêmicos, e aos detentos, seminus, faltava tudo. Durante o verão de 1921, a fome apareceu. No outono, a mortalidade chegou a ser de 15 a 20% por mês! Em 1º de setembro de 1921, contavam-se apenas alguns bandos, reunindo com dificuldade um pouco mais de mil homens armados, contra os 40 mil do apogeu do movimento camponês, em fevereiro de 1921. A partir de novembro de 1921, uma vez que o campo já havia sido desde há muito tempo "pacificado", vários milhares de detentos, escolhidos entre os que estavam em melhores condições, foram deportados para os campos de concentração ao norte da Rússia, em Arkhangelsk e Kholmogory.[21]

---

[19] *Ibid.*, pp. 178-9.

[20] V. Danilov, T. Shanin, *op. cit.*, pp. 226-7.

[21] GARF, 393/89/182; 393/89/231; 393/89/295.

De Tambov à grande fome   149

Como testemunham os relatórios semanais da Tcheka aos dirigentes bolcheviques, a "pacificação" do campo continuou, em várias outras regiões — Ucrânia, Sibéria Ocidental, províncias do Volga, Cáucaso —, pelo menos até a segunda metade do ano de 1922. Os hábitos adquiridos no decorrer dos anos precedentes resistiam e, se oficialmente as requisições tinham sido abolidas, a arrecadação dos impostos em espécies, que havia substituído as requisições, era frequentemente feita com extrema brutalidade. As cotas, bastante elevadas diante da situação catastrófica da agricultura em 1921, mantinham uma tensão permanente no campo, onde muitos camponeses ainda possuíam armas.

Descrevendo suas impressões de viagem na província de Tula, de Orei e de Voronezh, em maio de 1921, o comissário adjunto do povo para a agricultura, Nikolai Ossinski, relatava que os funcionários locais estavam convencidos de que as requisições seriam restabelecidas no outono. As autoridades locais "não podiam considerar os camponeses de outra maneira, a não ser como sabotadores-natos".[22]

Relatório do Presidente da Comissão Plenipotenciária de Cinco Membros sobre as Medidas Repressivas contra os Bandidos da Província de Tambov. 10 de julho de 1921.

As operações de limpeza do *volost* (cantão) Kudriukovskaia começaram em 27 de junho no povoado de Ossinovki, que no passado havia abrigado alguns grupos de bandidos. Os camponeses tinham uma atitude bastante desconfiada diante de nossos destacamentos repressores. Eles não denunciavam os bandidos das florestas e sempre respondiam que não sabiam de nada às questões que lhes eram feitas.

Fizemos 40 reféns, declaramos o povoado em estado de sítio e demos duas horas aos seus habitantes para entregarem os bandidos e as armas escondidas. Reunidos em assembleia, os habitantes hesitavam sobre que conduta seguir, mas não se decidiam a colaborar ativamente com a caça aos bandidos. Sem dúvida, eles levavam a sério as nossas ameaças de execução dos reféns. Expirado o prazo, executamos 21 reféns diante da assembleia de moradores. A execução pública, por fuzilamento individual, com todas as formalidades usuais, na presença de todos os membros da Comissão Plenipotenciária, comunistas etc., provocou um efeito considerável entre os camponeses[...]

Quanto ao povoado de Kareievka, que, decorrente de sua situação geográfica, era um local privilegiado para os bandidos[...] a Comissão decidiu riscá-lo do mapa. Toda a população foi deportada, seus bens, confiscados, exceção feita às famílias dos soldados que servem no Exército Vermelho, que foram transferidas para o burgo de Kurdiuki e alojados nas casas confiscadas das famílias dos bandidos.

---

[22] CRCEDHC, 5/2/244/1.

150 O Livro Negro do Comunismo

Após a recuperação dos poucos objetos de valor — molduras de janelas, objetos em vidro e madeira etc. —, o fogo foi ateado nas casas do povoado[...]

Em 3 de julho, começamos as operações no burgo de Bogoslovka. Raramente podemos encontrar camponeses assim tão insubmissos e organizados. Quando discutíamos com eles, do mais jovem ao mais idoso, todos respondiam unanimemente, fazendo cara de espantados: "Bandidos, aqui? Não acreditem nisso! Talvez tenhamos visto um ou outro passar de vez em quando por estas paragens, mas não sabíamos que eram bandidos. Nós vivemos tranquilamente, não fazemos mal a ninguém, não sabemos de nada."

Tomamos medidas semelhantes às de Ossinovka: fizemos 58 reféns. Em 4 de julho, fuzilamos um primeiro grupo de 21 pessoas, depois 15 no dia seguinte, e pusemos sob estreita vigilância 60 famílias de bandidos, ou seja, cerca de 200 pessoas. No final das contas, alcançamos nossos objetivos, e eles foram obrigados a partir em busca dos bandidos e das armas escondidas[...]

A limpeza dos povoados e burgos supracitados acabou em 6 de julho. A operação foi coroada de sucesso e tem consequências que vão muito além dos dois *volosts* (cantões) limítrofes. A rendição dos elementos bandidos continua.

Presidente da Comissão Plenipotenciária de 5 Membros, Uskonin.
Krestianskoie vosstanie v Tambovskoi gubernii v 1919-1921,
op, cit., p. 218.

Para acelerar a coleta de impostos na Sibéria, região que deveria fornecer a maior parte da colheita de produtos agrícolas, no momento em que a fome devastava todas as províncias do Volga, Feliks Dzerjinski foi enviado à Sibéria, em dezembro de 1921, como plenipotenciário extraordinário. Ele instaurou os "tribunais revolucionários móveis", encarregados de percorrer os povoados e condenar de imediato, a penas em prisão ou em campos de concentração, os camponeses que não pagassem os impostos.[23] Como os destacamentos de requisição, esses tribunais, respaldados por "destacamentos fiscais", cometeram tantos abusos, que o próprio presidente do Supremo Tribunal, Nikolai Krylenko, foi obrigado a ordenar uma investigação sobre os atos desses órgãos remunerados pelo chefe da Tcheka. De Omsk, em 14 de fevereiro de 1922, um inspetor escreveu: "Os abusos dos destacamentos de requisição atingiram um grau inimaginável. Os camponeses detidos são sistematicamente encerrados em galpões não aquecidos, são chicoteados e ameaçados de execução. Os que não preencheram a totalidade de sua cota de entrega são amarrados, obrigados a correr, nus, ao longo da rua principal do povoado, sendo então encerrados

---

[23] CRCEDHC, 17/87/164; 76/3/237.

De Tambov à grande fome 151

num galpão não aquecido. Muitas mulheres foram espancadas até perderem os sentidos, sendo então jogadas nuas em buracos cavados na neve..." Em todas as províncias, a tensão permanecia bem viva.

Tais fatos são demonstrados por esses extratos de um relatório da polícia política de outubro de 1922, um ano e meio após o início da NPE:

"Na província de Pskov, as cotas fixadas para o imposto em espécies representavam 2/3 da colheita. Quatro distritos pegaram em armas. [...] Na província de Novgorod, as cotas não serão preenchidas, apesar da baixa de 25% concedida em razão da colheita ruim. Nas províncias de Ryazan e de Tver, a realização de 100% das cotas condenaria os camponeses a morrerem de fome. [...] Na província de Novo-Nikolaievsk, a fome ameaça e os camponeses fazem provisões de ervas e raízes para consumo próprio. [...] Mas todos esses fatos parecem anódinos com relação às informações que nos chegam da província de Kiev, onde se assiste a uma onda de suicídios como nunca se viu antes: os camponeses se suicidam em massa porque eles não podem pagar os impostos nem pegar em armas, pois estas lhes foram confiscadas. Em toda a região, a fome que os atingiu há mais de um ano deixa os camponeses bastante pessimistas sobre o próprio futuro."[24]

Entretanto, no outono de 1922, o pior já havia passado. Após dois anos de fome, os sobreviventes haviam acabado de armazenar uma colheita que deveria lhes permitir passar o inverno, com a condição de que os impostos não fossem exigidos em sua totalidade. "Neste ano, a colheita de cereais será inferior à média dos últimos dez anos." Foi nesses termos que o *Pravda* mencionou pela primeira vez, em 2 de julho de 1921, na última página e num pequeno excerto, a existência de "um problema alimentar" no "fronte agrícola". Dez dias mais tarde, Mikhail Kalinin, presidente do Comitê Executivo Central dos Sovietes, reconhecia, num "Apelo a todos os cidadãos da RSFSR", publicado no *Pravda* de 12 de julho de 1921, que "a seca deste ano destruiu a colheita de cereais em vários distritos".

"Essa calamidade", explicava uma resolução do Comitê Central datada de 21 de julho, "não resulta somente da seca. Ela decorre e procede de toda a história passada, do atraso de nossa agricultura, da ausência de organização, do baixo nível de conhecimento em agronomia, da técnica indigente e das formas caducas de rotação das culturas. Ela foi agravada pelas consequências da guerra

---

[24] CRCEDHC, 17/87/296/35-36.

152   *O Livro Negro do Comunismo*

e do bloqueio econômico e militar, pela luta ininterrupta dos proprietários, dos capitalistas e de seus lacaios contra o nosso regime, pelas ações incessantes dos bandidos que executam ordens de organizações hostis à Rússia Soviética e a toda a sua população trabalhadora."[25]

Na longa enumeração das causas dessa "calamidade", a qual não se ousava ainda nomear, faltava o principal fator: a política das requisições que há vários anos sangrava uma agricultura já bastante frágil. Os dirigentes das províncias atingidas pela fome, convocados a Moscou em junho de 1921, destacaram com unanimidade a responsabilidade do governo e, principalmente, a do todo-poderoso comissário do povo para o abastecimento na extensão e no agravamento da fome. O representante da província de Samara, um certo Vavilin, explicou que o comitê provinciano para o abastecimento não havia cessado, desde a instauração das requisições, de superestimar as colheitas.

Apesar da colheita ruim de 1920, dez milhões de *puds* haviam sido requisitados nesse ano. Todas as reservas, inclusive as sementes para a futura colheita, foram tomadas. A partir de janeiro de 1921, vários camponeses não tinham mais nada do que comer. A mortalidade começara a aumentar em fevereiro. Em dois ou três meses, os tumultos e as revoltas contra o regime na província de Samara haviam praticamente terminado. "Hoje, explicava Vavilin, não há mais revoltas. Assistimos a novos fenômenos: multidões de milhares de famintos cercam pacificamente o Comitê Executivo dos Sovietes ou o do Partido e esperam, durante dias, não se sabe por que miraculosa chegada de alimentos. Não conseguimos expulsar essa multidão na qual a cada dia as pessoas morrem como moscas. [...] Creio que há pelo menos 900 mil famintos na província."[26]

Ao lermos esses relatórios da Tcheka e do serviço de informação militar, constatamos que a escassez já se instalara em várias regiões desde 1919. No decorrer de todo o ano de 1920, a situação se degradou sem cessar. Em seus relatórios internos, a Tcheka, o Comissariado do Povo para a Agricultura e o Comissariado do Povo para o Abastecimento, perfeitamente conscientes da situação, faziam, desde o verão de 1920, uma lista de províncias e de distritos "famintos" ou "à beira da miséria". Em janeiro de 1921, um relatório destacava, entre as causas da fome que ganhava a província de Tambov, a "orgia" de requisições do ano de 1920. De acordo com o relato das expressões coletadas pela polícia política, era evidente aos mais humildes que "o regime soviético quer

---

[25] *Pravda*, 21 de julho de 1921; M. Heller, Premier avertissement: un coup de fouet. L'histoire de l'expulsion des personnalités culturelles hors de l'Union Soviétique en 1922, *Cahiers du Monde russe et soviétique*, XX (2), abril-junho de 1979, pp. 131-72.

[26] GARF, 1064/1/1/33.

De Tambov à grande fome 153

matar de fome todos os camponeses que ousem fazer-lhe resistência". Ainda que perfeitamente informado das consequências inelutáveis de sua política de requisições, o governo não tomou nenhuma medida. Mesmo quando a fome começou a ganhar um número cada vez maior de regiões, Lenin e Molotov enviaram, em 30 de julho de 1921, um telegrama a todos os dirigentes dos comitês regionais e provincianos do Partido, pedindo-lhes para "reforçarem os serviços de coleta [...], para desenvolverem uma intensa propaganda junto à população rural, explicando a todos a importância econômica e política do pagamento pontual e total dos impostos [...] e para que pusessem à disposição das agências de coleta do imposto em espécies toda a autoridade do Partido e a totalidade do poder de repressão do aparelho de Estado!"[27]

Diante da atitude das autoridades, que prosseguiam a todo custo com a sua política de sangria do campo, os setores cultos e instruídos da *intelligentsia* constituíram, no seio da Sociedade Moscovita de Agricultura, o Comitê Social de Luta contra a Fome. Entre os primeiros membros desse comitê figuravam os eminentes economistas Kondratiev e Prokopovitch, antigo ministro do Abastecimento do governo provisório, Ekaterina Kuskova, uma jornalista próxima de Máximo Gorki, além de escritores, médicos e agrônomos. Graças ao intermédio de Gorki, bem aceito nos meios bolcheviques, uma delegação do Comitê, que Lenin se recusava a receber, obteve, em meados de julho de 1921, uma audiência junto a Lev Kamenev. Depois dessa entrevista, Lenin, sempre desconfiado da "pieguice" de alguns dirigentes bolcheviques, enviou um recado aos seus colegas do Politburo: "Coloquem Kuskova sobre estreita vigilância. [...] Aceitamos de Kuskova o nome, a assinatura e um ou dois vagões da parte dos que têm simpatia por ela (e dos iguais a ela). Nada mais."[28]

Finalmente, os membros do Comitê conseguiram convencer um bom número de dirigentes de que eles podiam ser úteis. Representantes mais famosos da ciência, da literatura e da cultura russa, conhecidos pelo Ocidente, eles já haviam, em sua maioria, participado da organização de ajuda às vítimas da fome em 1891. Além disso, eles tinham numerosos contatos com intelectuais do mundo inteiro e podiam servir de garantia para a justa distribuição de uma eventual ajuda internacional aos famintos. Eles estavam prontos a dar o seu aval, mas exigiam que fosse concedido um estatuto oficial ao Comitê de ajuda aos famintos.

---

[27] CRCEDHC, 2/1/26847.
[28] M. Heller, *art. cit.*, p. 14

Em 21 de julho de 1921, o governo bolchevique decidiu, não sem alguma hesitação, legalizar o Comitê social, que passou a ser chamado de Comitê Panrusso de Ajuda aos Famintos. Ao Comitê foi conferido o emblema da Cruz Vermelha. Ele teve o direito de procurar, na Rússia e no exterior, víveres, forragem e medicamentos; de partir em socorro da população carente; de fazer uso de transportes especiais para encaminhar suas entregas; de organizar sopas populares; de criar seções e comitês locais; de "comunicar-se livremente com os organismos e os procuradores por ele designados no exterior"; e mesmo de "debater as medidas tomadas pelas autoridades centrais e locais que, em sua opinião, dizem respeito à questão da luta contra a fome".[29] Em nenhum momento da história soviética, uma organização social havia sido contemplada com tais direitos. As concessões do governo correspondiam à gravidade da crise que atravessava o país, quatro meses após a instauração oficial, e bem tímida, da NPE.

O Comitê entrou em contato com o chefe da Igreja Ortodoxa, o patriarca Tikhon, que logo criou o Comitê Eclesiástico Panrusso de Ajuda aos Famintos. Em 7 de julho de 1921, o patriarca fez que com que uma carta pastoral fosse lida em todas as igrejas: "A carniça tornou-se uma iguaria no cardápio da população faminta, e mesmo essa iguaria não é fácil de se encontrar. Choro e gemidos são ouvidos por toda parte. Já se chegou ao canibalismo... Estenda uma mão caridosa a seus irmãos e irmãs! Com a permissão dos fiéis, você pode utilizar o tesouro das igrejas que não tenham o valor do sacramento para socorrer os famintos, tais como anéis, correntes e braceletes, decorações que adornem os santos ícones etc."

Após conseguir a ajuda da Igreja, o Comitê Panrusso entrou em contato com diversas instituições internacionais, entre elas a Cruz Vermelha, os Quakers e a American Relief Association (ARA), sendo que todas responderam positivamente. Entretanto, a colaboração entre o regime e o Comitê não duraria mais do que cinco semanas: em 27 de agosto de 1921, o Comitê foi dissolvido, seis dias após o governo ter assinado um acordo com o representante da American Relief Association, presidida por Herbert Hoover. Para Lenin, assim que os americanos enviaram seus primeiros trens com provisões, o Comitê já havia cumprido seu papel: "o nome e a assinatura de Kuskova" havia servido de calção aos bolcheviques. Isso bastava.

"Proponho, hoje mesmo, sexta-feira, 26 de agosto, a dissolução do Comitê. [...] Prender Prokopovitch por propostas sediciosas [...] e mantê-lo três meses

---

[29] *Ibid.*, p. 143.

De Tambov à grande fome   155

na prisão. [...] Expulsar imediatamente de Moscou todos os outros membros do Comitê; colocá-los em prisão domiciliar nas capitais dos distritos, separados uns dos outros, se possível longe da rede ferroviária. [...] Publicaremos amanhã um breve e seco comunicado governamental, de cinco linhas: Comitê dissolvido por recusar-se a trabalhar. Dar aos jornais a diretiva de começar, a partir de amanhã, a cobrir de injúrias as pessoas do Comitê. Filhinhos de papai, guardas brancos, mais dispostos a passear no exterior do que ir às províncias, ridicularizá-los por todos os meios e difamá-los pelo menos uma vez por semana durante dois meses."[30]

Seguindo essas instruções ao pé da letra, a imprensa atacou raivosamente os 60 intelectuais de renome que faziam parte do Comitê. Os títulos dos artigos publicados demonstram com eloquência o caráter dessa campanha difamatória: "Com a fome não se brinca!" (*Pravda*, de 30 de agosto de 1921); "Eles especulavam com a fome!" (*Komunistitcheski Trud*, de 31 de agosto de 1921); "O Comitê de ajuda... à contrarrevolução" (*Izvestia*, de 30 de agosto de 1921). A uma pessoa que tentava interceder em favor dos membros do Comitê que foram detidos e deportados, Unschlicht, um dos adjuntos de Dzerjinski na Tcheka, declarou: "Vocês dizem que o Comitê não cometeu nenhum ato desleal. É verdade. Mas ele surgiu como um polo atrativo para a sociedade. E isso nós não podemos admitir. Sabe, quando colocamos um ramo ainda sem brotos num copo de água, ele logo começa a germinar. Do mesmo modo, o Comitê começou a estender suas ramificações na coletividade social. [...] Foi preciso tirar o ramo da água e esmagá-lo."[31]

Em lugar do Comitê, o governo organizou uma Comissão Central de Ajuda aos Famintos, um organismo pesado e burocrático, composto por funcionários de diversos comissariados do povo, bastante ineficaz e corrompido. No ponto alto da fome — que atingiu em seu apogeu, durante o verão de 1922, cerca de 30 milhões de pessoas — a Comissão Central assegurou uma ajuda alimentar irregular a menos de três milhões de pessoas. Por sua vez, a ARA, a Cruz Vermelha e os Quakers alimentavam cerca de 11 milhões de pessoas por dia. Apesar dessa mobilização internacional, pelo menos cinco milhões de pessoas, das 29 milhões atingidas, morreram de fome em 1921-1922.[32] A última grande fome sofrida pela Rússia, em 1891, aproximadamente nas mesmas regiões (O

---

[30] *Ibid.*, pp. 148-9.

[31] *Ibid.*, p. 151.

[32] S. Adamets, *Catastrophes démographiques en Russie Soviétique en 1918-1923* (Tese de Doutorado, EHESS, dezembro de 1995), p. 191.

156   *O Livro Negro do Comunismo*

Médio e o Baixo Volga e uma parte do Cazaquistão), havia feito entre 400 e 500 mil vítimas. Naquela ocasião, o Estado e a sociedade civil disputaram entre si quem fornecia mais ajuda aos camponeses vítimas da seca. Jovem advogado, Vladimir Ulianov Lenin residia, no início dos anos 1890, em Samara, capital de uma das províncias mais atingidas pela fome em 1891. Ele foi o único membro da *intelligentsia* local que não somente não participou da ajuda social aos famintos, como pronunciou-se categoricamente contra uma tal ajuda. Como lembrava um de seus amigos, "Vladimir Ilitch Ulianov teve a coragem de declarar abertamente que a fome tinha várias consequências positivas, entre elas a aparição de um proletariado industrial, esse coveiro da ordem burguesa. [...] A fome, ao destruir a economia camponesa atrasada, explicava ele, nos aproxima de nosso objetivo final, o socialismo, etapa imediatamente posterior ao capitalismo. Além disso, a fome não somente destruiu a fé no Czar, como também a fé em Deus."[33]

Trinta anos mais tarde, esse jovem advogado, agora chefe do governo bolchevique, retomava as suas ideias: a fome podia e devia servir para "dar um golpe mortal na cabeça do inimigo". Esse inimigo era a Igreja Ortodoxa. "A eletricidade substituirá a Deus. Deixem o camponês rezar pela eletricidade e ele sentirá que o poder das autoridades é bem maior que o dos céus", dizia Lenin em 1918, durante uma discussão com Leonid Krassin a respeito da eletrificação na Rússia. Desde a chegada dos bolcheviques ao poder, as relações entre o novo regime e a Igreja Ortodoxa vinham se deteriorando. Em 5 de fevereiro de 1918, o governo bolchevique decretou a separação da Igreja e do Estado, da escola e da Igreja, proclamou a liberdade de consciência e dos cultos e anunciou a estatização dos bens da Igreja. Contra esse ataque ao papel tradicional da Igreja Ortodoxa, religião de estado durante o czarismo, o patriarca Tikhon protestou com rigor através de quatro cartas pastorais aos fiéis. Os bolcheviques multiplicavam as provocações, "vistoriando" — isto é, profanando — as relíquias dos santos, organizando "carnavais antirreligiosos" durante as grandes comemorações religiosas, exigindo que o grande monastério da Trindade São Sérgio, nos arredores de Moscou, onde estão conservadas as relíquias de São Sérgio de Radonégia, fosse transformado num museu para o ateísmo. Foi nesse clima já bastante tenso, enquanto vários padres e bispos tinham sido presos por se oporem a essas provocações, que os dirigentes bol-

---

[33] A. Beliakov, *Iunost vozdia* (A adolescência do Líder), Moscou, 1960, pp. 80-2, citado *in* M. Heller, *art. cit.*, p. 134.

cheviques, com a iniciativa de Lenin, usaram o pretexto da fome para lançar uma grande operação política contra a Igreja.

Em 26 de fevereiro de 1922, a imprensa publicou um decreto governamental ordenando "o confisco imediato nas igrejas de todos os objetos preciosos em ouro e prata, de todas as pedras preciosas que não sirvam diretamente ao culto. Esses objetos deverão ser entregues aos órgãos do Comissariado do Povo para as Finanças, que os transferirá para os fundos da Comissão Central de Ajuda aos Famintos". As operações de confisco foram iniciadas nos primeiros dias de março, sendo acompanhadas por vários incidentes entre os destacamentos encarregados de tomar os tesouros das igrejas e os fiéis. Os mais graves ocorreram em 15 de março de 1922, em Chuia, uma pequena cidade industrial da província de Ivanovo, onde a tropa atirou sobre a multidão de fiéis, matando uma dezena de pessoas. Lenin usou essa matança como pretexto para reforçar a campanha antirreligiosa.

Em uma carta endereçada aos membros do Politburo, em 19 de março de 1922, ele explicitou, com o cinismo que o caracterizava, como a fome poderia ser utilizada em proveito próprio para "dar um golpe mortal na cabeça do inimigo":

"A respeito dos eventos de Chuia, que vão ser discutidos no Politburo, penso que uma decisão firme deve ser imediatamente adotada, no contexto do plano geral de luta nesse fronte. [...] Se considerarmos o que nos dizem os jornais a respeito da atitude do clero em face da campanha de confisco dos bens da Igreja, somada à tomada de posição subversiva do patriarca Tikhon, parece perfeitamente claro que o clero Cem-Negros está colocando em prática um plano elaborado que visa a nos infligir agora uma derrota decisiva. [...] Penso que nosso inimigo está cometendo um erro estratégico monumental. Com efeito, o momento atual nos é extremamente favorável, ao contrário do que se passa com eles. Temos 99% de chances de dar, com sucesso total, um golpe mortal na cabeça do inimigo, garantindo as posições que nos são essenciais para as décadas futuras. Com todas essas pessoas famintas que se alimentam de carne humana, com todas as estradas cheias de centenas, de milhares de cadáveres, é agora e somente agora o momento em que podemos (e, por conseguinte, devemos) confiscar os bens da Igreja, com uma energia feroz, impiedosa. E precisamente agora e somente agora que a imensa maioria das massas camponesas pode nos apoiar ou, mais exatamente, pode não estar à altura de apoiar esse punhado de clérigos Cem-Negros e pequeno-burgueses reacionários... Assim, podemos obter um tesouro de centenas de milhões de rublos-ouro (imaginem a riqueza de alguns desses monastérios!). Sem esse tesouro, nenhuma atividade estatal em geral, nenhuma edificação econômica em particular, e nenhuma defesa de nossas posições é possível de ser feita. Devemos, custe o que custar, apropriarmo-nos desse tesouro de centenas de milhões de rublos (e mesmo, quem sabe, de vários bilhões!). Tudo isso só pode ser feito, com sucesso, neste instante. Tudo indica que não chegaremos a nossos objetivos em outro momento, uma vez que somente o desespero proporcionado pela fome pode acarretar uma atitude benevolente ou, pelo menos, neutra, das massas a nosso respeito... Além disso, chego à conclusão categórica de que é o momento de esmagarmos o clero Cem-Negros da maneira mais decisiva e mais impiedosa, com uma brutalidade tal que seja lembrada por décadas a fio. Imagino a implementação de nosso plano de batalha do seguinte modo: O camarada Kalinin será o único a vir a público tomar as medidas. Em nenhuma hipótese, o camarada Trotski deverá aparecer para a imprensa ou para o público... Será necessário enviar um dos membros mais enérgicos e mais inteligentes do Comitê Executivo Central... à Chuia, com instruções verbais de um dos membros do Politburo. Essas instruções estipularão quem terá como missão prender o maior número possível de membros do clero, de pequeno-burgueses e burgueses, pelo menos algumas dúzias, que serão acusados de participação direta ou indireta na violenta resistência ao decreto de confisco dos bens da Igreja. De volta da missão, esse responsável deverá relatar suas atividades, seja ao Politburo reunido por completo, seja a dois de seus membros. Com base nesse relatório, o Politburo dará, verbalmente, diretivas precisas às autoridades judiciárias, a saber, que o processo dos rebeldes de Chuia deve ser conduzido o mais rapidamente possível e que o único desfecho seja a execução, por fuzilamento, de um grande número de Cem-Negros de Chuia, mas também de Moscou e de outros centros clericais... Quanto maior for o número de representantes do clero reacionário e da burguesia reacionária que forem executados, melhor será para nós. Devemos dar, imediatamente, uma lição a todas essas pessoas, de tal modo que eles nem sequer imaginem qualquer tipo de resistência durante várias décadas..."[34]

Como demonstram os relatórios semanais da polícia política, a campanha de confisco de bens da Igreja chegou a seu apogeu em março, abril e maio de 1922, provocando 1.414 incidentes recenseados e a prisão de vários milhares

---

[34] CRCEDHC, 2/1/22947/1-4.

De Tambov à grande fome 159

de padres, monges e freiras. Segundo fontes eclesiásticas, 2.691 padres, 1.962 monges e 3.447 freiras foram mortos em 1922.[35] O governo organizou vários grandes processos públicos de membros do clero, em Moscou, Ivanovo, Chuia, Smolensk e Petrogrado. A partir de 22 de março, uma semana após os incidentes de Chuia, o Politburo propôs, de acordo com as instruções de Lenin, toda uma série de medidas: "Prender o sínodo e o patriarca, não imediatamente, mas dentro de 15 ou 25 dias. Tornar públicas as ocorrências do caso Chuia. Fazer com que sejam julgados os padres e laicos de Chuia dentro de, no máximo, uma semana. Fuzilar os mentores da rebelião."[36] Em uma nota enviada ao Politburo, Dzerjinski indicou que "o patriarca e seu bando [...] se opõem abertamente ao confisco dos bens da Igreja. [...] Já há, a partir de agora, motivos mais do que suficientes para prender Tikhon e os membros reacionários do sínodo. A GPU estima que: 1) a prisão do sínodo e do patriarca é oportuna; 2) a nomeação de um novo sínodo não deve ser autorizada; 3) todo padre que se opuser ao confisco dos bens da Igreja deve ser deportado, como inimigo do povo, para as regiões do Volga mais atingidas pela fome."[37]

Em Petrogrado, 76 eclesiásticos foram condenados a cumprir pena em campos de concentração, e quatro foram executados, entre os quais o bispo metropolitano de Petrogrado, Benjamim, eleito em 1917, muito próximo do povo e que, entretanto, havia defendido com grande assiduidade a ideia de uma Igreja independente do Estado. Em Moscou, 148 eclesiásticos e laicos foram condenados a penas em campos de concentração, seis à pena de morte, imediatamente aplicada. O patriarca Tikhon foi posto em residência vigiada, no monastério Donskoi, em Moscou.

Algumas semanas após esses julgamentos fictícios, foi aberto em Moscou, em 6 de junho de 1922, um grande processo público, anunciado na imprensa desde o dia 28 de fevereiro: o processo de 34 socialistas-revolucionários acusados de terem praticado 'atividades contrarrevolucionárias e terroristas contra o governo soviético', entre os quais figuravam principalmente o atentado de 31 de agosto de 1918 contra Lenin e a "direção política" da revolta camponesa de Tambov. De acordo com uma prática que seria frequentemente utilizada nos anos 1930, os acusados formavam um grupo heterogêneo, composto por autênticos dirigentes políticos — entre os quais estavam doze membros do

---

[35] *Russkaia Pravoslavnaia tserkov i kommunisticeskoie gosudarstvo, 1917-1941* (A Igreja Ortodoxa Russa e o Estado Comunista, 1917-1941), Moscou, 1996, p. 69.

[36] D. Volkogonov, *Le Vrai Lénine*, Paris, Robert Laffont, p. 346.

[37] *Ibid.*,

160 *O Livro Negro do Comunismo*

Comitê Central do Partido Socialista Revolucionário, dirigido por Abraham Gots e Dimitri Donskoi — e por agentes provocadores, encarregados de testemunhar contra os coacusados e de "confessar seus crimes". Esse processo permitiu também, como escreveu Hélène Carrère d'Encausse, que "fosse testado o método das acusações encaixotadas" assim como as bonecas russas, que, partindo de um fato exato — os socialistas haviam efetivamente feito, desde 1918, oposição ao absolutismo dos dirigentes bolcheviques —, chegue ao princípio... de que toda oposição equivale, em última instância, a cooperar com a burguesia internacional".[38]

Ao final dessa justiça fictícia, durante a qual as autoridades trouxeram à cena manifestações populares pedindo a pena de morte para os "terroristas", 11 dos acusados — os dirigentes do Partido Socialista Revolucionário — foram condenados, em 7 de agosto de 1922, à pena capital. Diante dos protestos da comunidade internacional, mobilizada pelos socialistas russos exilados, e, principalmente, diante da ameaça real de uma retomada das insurreições no campo, onde o "espírito socialista-revolucionário" permanecia ativo, a execução das sentenças foi suspensa, "com a condição de que o Partido Socialista Revolucionário cessasse todas as suas atividades conspirativas, terroristas e insurrecionais". Em janeiro de 1924, as condenações à morte foram comutadas em penas de cinco anos em campo de concentração. Entretanto, os condenados nunca foram libertados, sendo executados nos anos 1930, quando nem a opinião internacional nem o perigo das insurreições camponesas contavam mais para a direção bolchevique.

Na ocasião do processo dos socialistas-revolucionários, havia sido aplicado o novo Código Penal, que passou a vigorar em 19 de junho de 1922. Lenin seguiu com grande interesse a elaboração desse código que deveria legalizar a violência exercida contra os inimigos políticos, uma vez que a fase da eliminação expeditiva, justificada pela guerra civil, estava oficialmente encerrada. Os primeiros esboços submetidos a Lenin suscitaram, de sua parte, em 15 de maio de 1922, essas observações dirigidas a Kurskii, comissário do povo para a Justiça: "Em minha opinião, é preciso ampliar o campo de aplicação da pena de morte a todas as formas das atividades dos mencheviques, socialistas-revolucionários etc. Encontrar uma nova punição, que seria a expulsão do país. E aperfeiçoar uma fórmula que *ligue* essas atividades à burguesia internacional."[39] Dois dias

---

[38] H. Carrère d'Encausse, *Le Malheur russe*. Essai sur le meurtre politique, Paris, Fayard, 1988, p. 400.

[39] V. I. Lenin, *Polnoie sobranie socinenii* (Obras Completas), vol. LIV, p. 189.

De Tambov à grande fome 161

mais tarde, Lenin tornava a escrever: "Camarada Kurskii, quero acrescentar a nossa entrevista esse esboço de um parágrafo complementar para o Código Penal. [...] Creio que o essencial está bem claro. É preciso colocar abertamente o princípio — justo do ponto de vista político, e não somente em termos estreitamente jurídicos — que motiva a essência e a justificação do terror, sua necessidade e seus limites. O tribunal não deve suprimir o terror — dizer isso seria mentir para si ou para os outros —, mas fundamentá-lo, legalizá-lo em seus princípios, claramente, sem trair ou dissimular a verdade. A formulação deve ser a mais aberta possível, pois somente a consciência legal revolucionária e a consciência revolucionária criam, nos fatos, suas condições de aplicação."[40]

De acordo com as instruções de Lenin, o Código Penal define o crime contrarrevolucionário como todo ato "que vise abater ou enfraquecer o poder dos sovietes operários e camponeses estabelecido pela revolução proletária", mas também todo ato "que contribua na ajuda à burguesia internacional que não reconhece a igualdade dos direitos do sistema comunista de propriedade como sucessor do sistema capitalista, se esforçando para derrubá-lo com o uso da força, da intervenção militar, do bloqueio econômico e militar, da espionagem ou do financiamento da imprensa e de outros meios similares".

Eram passíveis de pena de morte não somente todas as atividades (revoltas, perturbações da ordem, sabotagens, espionagem etc.) suscetíveis de serem qualificadas como "atos contrarrevolucionários", mas também a participação ou a cooperação cedida a uma organização "no sentido de uma ajuda a uma parte da burguesia internacional". Mesmo a "propaganda suscetível de levar uma ajuda a uma parte da burguesia internacional" era considerada um crime contrarrevolucionário, passível de uma privação da liberdade "que não poderia ser inferior a três anos" ou de banimento perpétuo.

No contexto da legalização da violência política empreendida no começo de 1922, convém lembrar a transformação nominal da polícia política. Em 6 de fevereiro de 1922, um decreto aboliu a Tcheka, substituindo-a de imediato pela GPU — Direção Política de Estado —, subordinada ao comissariado do povo para o interior. Se o nome foi mudado, os responsáveis e as estruturas permaneciam idênticas, evidenciando claramente a continuidade da instituição. O que poderia significar, então, essa mudança de etiqueta? A Tcheka era por definição uma comissão extraordinária, o que sugeria o caráter transitório da sua existência e do que a justificava. A GPU indicava, ao contrário, que o Estado devia dispor de instituições normais e permanentes de controle e de

---

[40] *Ibid.*, p. 198.

repressão política. Por trás dessa mudança de denominação, se desenhava a perpetuação e a legalização do terror como modo de resolução das relações conflituosas entre o novo Estado e a sociedade.

Uma das disposições inéditas do novo Código Penal era o banimento perpétuo, com a proibição de retorno à URSS sob ameaça de execução imediata. Ela foi posta em prática a partir do outono de 1922, como consequência de uma operação de expulsão que atingiu cerca de 200 intelectuais de renome, suspeitos de fazerem oposição ao bolchevismo. Entre estes últimos destacavam-se todos os que haviam participado do Comitê Social de Luta Contra a Fome, dissolvido em 27 de julho de 1921.

Em 20 de maio de 1922, Lenin expôs, numa longa carta a Dzerjinski, um grande plano de expulsão do país dos escritores e dos professores que ajudam a contrarrevolução". "É preciso preparar com bastante cuidado essa operação", escrevia Lenin. "Reunir uma comissão especial. Obrigar os membros do Politburo a dedicarem de duas a três horas por semana ao exame de um certo número de livros e de revistas. [...] Reunir informações sistemáticas sobre o passado político, os trabalhos e a atividade literária dos professores e dos escritores."

E Lenin mostrava o exemplo: "No que diz respeito à revista *Ekonomist*, por exemplo, é evidente que se trata de um centro de guardas brancos. O nº 3 (apenas seu terceiro número! *Nota bene!)* traz na capa a lista de seus colaboradores. Creio que quase todos são fortes candidatos à expulsão. São todos contrarrevolucionários reconhecidos, cúmplices da Conspiração, que formam uma organização com seus lacaios, espiões e corruptores da juventude estudante. É preciso organizar as coisas para que possamos caçar esses espiões, capturando-os de maneira permanente, organizada e sistemática, para expulsá-los de nosso país."[41]

Em 22 de maio, o Politburo instaurou uma Comissão Especial, que incluía principalmente Kamenev, Kurskii, Unschlicht, Mantsev (dois adjuntos de Dzerjinski), encarregada de catalogar um certo número de intelectuais para a prisão e posterior expulsão. Os primeiros a serem expulsos, em junho de 1922, foram os dois principais dirigentes do ex-Comitê Social de Luta Contra a Fome, Serge Prokopovitch e Ekaterina Kuskova. Um primeiro grupo de 160 intelectuais de renome — filósofos, escritores, historiadores e professores universitários, detidos em 16 e 17 de agosto — foi expulso num navio em setembro. Estavam entre eles, principalmente, alguns nomes que já haviam adquirido ou iriam adquirir renome internacional: Nikolai Berdiaev, Serge

---

[41] *Ibid.*, vol. LIV, pp. 265-6.

Bulgakov, Semion Frank, Nikolai Losski, Lev Karsavin, Fedor Stepun, Serge Trubetskoi, Alexandre Izgoiev, Ivan Lapchin, Mikhail Ossorguin, Alexandre Kiesewetter... Todos tiveram de assinar um documento estipulando que em caso de retorno à URSS eles seriam imediatamente fuzilados. Cada um estava autorizado a levar consigo um casaco de inverno, um casaco de verão, um terno e roupa de baixo de troca, duas camisas para o dia e duas para a noite, duas ceroulas e dois pares de meias! Além desses objetos de uso pessoal, cada pessoa expulsa tinha o direito de levar 20 dólares em divisas.

Paralelamente a essas expulsões, a polícia política continuava a catalogação de todos os intelectuais de segunda grandeza que fossem suspeitos, que seriam destinados à deportação administrativa — legalizada por um decreto de 10 de agosto de 1922 — para as partes mais longínquas do país ou então para campos de concentração. Em 5 de setembro de 1922, Dzerjinski escreveu a seu adjunto Unschlicht:

"Camarada Unschlicht! Quanto à catalogação da *intelligentsia*, o processo ainda está demasiadamente artesanal! Desde a partida de Agranov, não temos mais um responsável competente para essa tarefa. Zaraiski é jovem demais. Parece-me que, para progredirmos, seria preciso que o camarada Menjinski se ocupe do processo. [...] É indispensável que se faça um bom planejamento do trabalho, que nós corrigiríamos e completaríamos regularmente. É preciso classificar toda a *intelligentsia* em grupos e subgrupos: 1) escritores; 2) jornalistas e políticos; 3) economistas (indispensável que sejam feitos subgrupos: a) financistas; b) especialistas em energia; c) especialistas em transporte; d) comerciantes; e) especialistas em cooperação etc.); 4) especialidades técnicas (também aqui são necessários subgrupos: a) engenheiros; b) agrônomos; c) médicos etc.); 5) professores universitários e seus assistentes etc. etc. As informações sobre todos esses senhores deve vir de nossos departamentos e devem ser sintetizadas pelo departamento *Intelligentsia*. Devemos ter um dossiê sobre cada intelectual. [...] É preciso ter sempre em mente que o objetivo do nosso departamento não é somente o de expulsar ou o de prender os indivíduos, mas de contribuir para a elaboração de uma linha política geral com respeito aos especialistas: vigiá-los de perto, classificá-los, mas também promover os que estão prontos — não apenas em palavras, mas em atos — para apoiar o poder soviético."[42]

Alguns dias mais tarde, Lenin enviou um longo memorando a Stalin, no qual ele retomava meticulosamente, e com o sentido maníaco do detalhe, a

---

[42] CRCEDHC, 76/3/303.

164   *O Livro Negro do Comunismo*

"limpeza definitiva" da Rússia de todos os socialistas, intelectuais, liberais e outros "senhores":

"Sobre a questão da expulsão dos mencheviques, dos socialistas populares, dos cadetes etc. Gostaria de colocar algumas questões, pois essa medida, iniciada antes de minha partida, ainda não foi terminada. Foi decidido extirpar todos os socialistas populares? Pechekhonov, Miakotin, Gornfeld? Petrichtchev e os outros? Creio que todos eles deveriam ser expulsos. Eles são mais perigosos do que os SR porque são mais espertos. E também Potressov, Izgoiev e todos da revista *Economista* (Ozerov e muitos outros). Os mencheviques Rozanov (um médico ardiloso), Vigdortchik (Migulo ou alguma coisa parecida), Liubov Nikolaievna Radtchenko e sua jovem filha (no nosso entendimento, os piores inimigos do bolchevismo); N. A. Rojkov (esse deve ser expulso, ele é incorrigível). [...] A comissão Mantsev-Messing deveria estabelecer listas, e várias centenas desses senhores deveriam ser impiedosamente expulsos. Nós limparemos a Rússia de uma vez por todas. [...] Também todos os autores da Casa dos Escritores e os da Casa do Pensamento (Petrogrado). Kharkov deve ser revistada dos pés à cabeça. Não temos a mínima ideia do que se passa por lá; trata-se, para nós, de um país estrangeiro. A cidade deve ser limpa radical e rapidamente, não muito mais tarde que o fim dos processos dos SR. Ocupe-se dos autores e escritores de Petrogrado (seus endereços constam de *O Novo Pensamento Russo,* nº 4, 1922, p. 37) e também da lista de editores privados (p. 29). Isso é superimportante!"[43]

---

[43] CRCEDHC, 2/2/1338

6
Da trégua à "grande virada"

Durante um pouco menos de cinco anos, do início de 1923 ao final de 1927, houve uma pausa nos confrontos entre o regime e a sociedade. As lutas pela sucessão de Lenin, morto em 24 de janeiro de 1924 — mas completamente afastado da política desde março de 1923, em seguida ao seu terceiro derrame cerebral —, monopolizaram uma grande parte da atividade política dos dirigentes bolcheviques. Durante esses poucos anos, a sociedade tratou de suas feridas.

No decorrer dessa trégua, a população camponesa — que representava mais de 85% de todo o país — tentou reatar as relações de comércio, negociar os frutos de seu trabalho e viver, de acordo com a bela fórmula do grande historiador do campesinato russo, Michael Confino, "como se a utopia camponesa funcionasse". Essa "utopia camponesa", que os bolcheviques facilmente qualificavam de *eserovschina* — termo cuja tradução mais aproximada seria "mentalidade socialista-revolucionária" —, repousava em quatro princípios que estiveram por várias décadas na raiz de todos os programas camponeses: o fim dos grandes proprietários rurais e a terra dividida em função do número de bocas a serem alimentadas; a liberdade de dispor livremente dos frutos do seu trabalho e a liberdade de comércio; um *self-government* camponês representado pela comunidade tradicional das cidades do campo; e a presença exterior do Estado bolchevique reduzida a sua mínima expressão — um soviete rural para um pequeno conjunto de povoados e uma unidade do Partido Bolchevique para um em cada cem povoados!

Parcialmente reconhecidos pelo poder, tolerados momentaneamente como um símbolo de "retardo" num país de maioria camponesa, os mecanismos de mercado, interrompidos de 1914 a 1922, retornaram a funcionar. Cedo, recomeçaram as migrações sazonais em direção às grandes cidades, tão frequentes durante o antigo regime; com a indústria de Estado negligenciando o setor de bens de consumo, o artesanato rural obteve um notável êxito, a miséria e a fome tornaram-se cada vez mais raras e os camponeses começaram a saciar suas necessidades alimentares.

166 *O Livro Negro do Comunismo*

Entretanto, a aparente calma desses poucos anos não poderia mascarar as profundas tensões que subsistiam entre o regime e uma sociedade que não havia esquecido a violência da qual fora vítima. Para os camponeses, ainda havia vários motivos de descontentamento.[1] Os preços agrícolas estavam demasiadamente baixos, os produtos manufaturados estavam caros e raros em demasia, e os impostos estavam exageradamente pesados. Comparados aos habitantes das cidades — principalmente os operários, que eram com frequência vistos como privilegiados —, os camponeses tinham a sensação de serem cidadãos de segunda categoria. Eles queixavam-se sobretudo dos inúmeros abusos de poder cometidos pelos representantes de base do regime soviético, formados na escola do "comunismo de guerra". Eles continuavam submetidos à absoluta arbitrariedade de um poder local herdeiro tanto de uma certa tradição russa quanto das práticas terroristas dos anos precedentes. "Os aparelhos judiciário, administrativo e policial estão totalmente gangrenados pelo alcoolismo generalizado, pela prática corrente do suborno, [...] pelo burocratismo e por uma atitude de extrema grosseria em relação às massas camponesas", reconhecia, no fim de 1925, um longo relatório da polícia política sobre "o estado da legalidade socialista no campo".[2]

Apesar de condenar os abusos mais gritantes dos representantes do poder soviético, a maioria dos dirigentes bolcheviques não deixava de considerar o campo uma *terra incógnita* perigosa, "um ambiente fervilhante de elementos kulaks, de socialistas revolucionários, de popes* e de antigos proprietários rurais que ainda não foram eliminados", segundo a imagem expressa num relatório do chefe da polícia política da província de Tula.[3]

Como demonstram os documentos do departamento de Informação da GPU, o mundo operário também continuava sob estreita vigilância. Grupo Social em reconstrução nos anos que se seguiram à guerra, à revolução e à guerra civil, o mundo operário estava sempre sob a suspeita de conservar ligações com o mundo hostil do campo. Os agentes infiltrados, presentes em cada empresa, seguiam de perto as conversas e os atos desviantes, "humores

---

[1] A. Livchine, "Lettres de l'intérieur" à l'époque de la NPE. Les campagnes russes et l'autorité locale, *Communisme*, nᵒˢ 42-3-4 (1995), pp. 45-56; V. Izmozik, *Voices from the Twenties: private correspondence intercepted by the OGPU, The Russian Review*, vol. 55/2 (abril 1996), pp. 287-308.

[2] N. Werth, G. Moullec, *Rapports secrets soviétiques, 1921-1991. La société russe dans les documents confidentiels*, Paris, Gallimard, 1995, p. 36.

* Sacerdote da Igreja Ortodoxa russa. [N. do T.]

[3] *Ibid.*, p. 105.

Da trégua à "grande virada"   167

camponeses" que os operários, recém-chegados de trabalhos no campo, feitos durante as suas férias, supostamente traziam para a cidade. Os relatórios policiais dissecavam o mundo operário em "elementos hostis", influenciados necessariamente por grupelhos contrarrevolucionários, "elementos politicamente retardados", geralmente oriundos do campo, e elementos dignos de serem conhecidos como "politicamente conscientes". As interrupções de trabalho e as greves, muito pouco frequentes nesses anos de grande desemprego e relativa melhora do nível de vida para aqueles que estavam empregados, eram cuidadosamente analisadas, e seus mentores eram presos.

Os documentos internos — hoje parcialmente acessíveis — da polícia política mostram que, após alguns anos de formidável expansão, essa instituição passou por dificuldades, causadas principalmente pela pausa no empreendimento voluntarista bolchevique de transformação da sociedade. Em 1924-1926, Dzerjinski chegou a ter de lutar com bastante firmeza contra alguns dirigentes bolcheviques que consideravam que seria preciso reduzir drasticamente os efetivos de uma polícia política cujas atividades estavam em franco declínio! Pela primeira e única vez até 1953, os efetivos da polícia política diminuíram expressivamente. Em 1921, a Tcheka empregava cerca de 105.000 civis e 180.000 militares nas diversas tropas especiais, incluindo os agentes de fronteira, as Tchekas atuando na rede ferroviária e os guardas de campos de concentração. Em 1925, esses efetivos foram reduzidos a apenas 26.000 civis e 63.000 militares. A esses números se juntam cerca de 30.000 agentes infiltrados, cujo número, em 1921, permanece desconhecido, em razão do estado atual da documentação.[4] Em dezembro de 1924, Nikolai Bukharin escreveu a Feliks Dzerjinski: "Considero que devemos passar mais rapidamente a uma forma mais 'liberal' de poder soviético: menos repressão, mais legalidade, mais discussões, mais poder local (sob a direção do Partido *naturaliter*) etc."[5]

Alguns meses mais tarde, em 1º de maio de 1925, o presidente do Tribunal Revolucionário, Nikolai Krylenko, que havia presidido a farsa judiciária do processo dos socialistas-revolucionários, enviou ao Politburo uma longa nota na qual ele criticava os abusos da GPU que, segundo ele, ultrapassava os direitos que lhe foram concedidos pela lei. Vários decretos, assinados em 1922-1923, haviam efetivamente limitado a competência da GPU aos casos de espionagem, banditismo, moeda falsa e "contrarrevolução". Para esses crimes, a GPU era o único juiz, e seu Colegiado Especial podia pronunciar penas de deportação e de

---

[4] CRCEDHC, 76/3/307/4-15.
[5] *Voprosy Istorü KPSS,* 1988, nº 11, pp. 42-43.

168   *O Livro Negro do Comunismo*

prisão domiciliar vigiada (até 3 anos), em campos de concentração, e mesmo a pena de morte. Em 1924, de cada 62.000 dossiês abertos pela GPU, um pouco mais de 52.000 foram transmitidos aos tribunais comuns. As jurisdições especiais da GPU haviam guardado mais de 9.000 casos, número considerável, haja vista a conjuntura política estável, lembrava Nikolai Krylenko, que concluía:

"As condições de vida das pessoas deportadas e obrigadas a residir em buracos perdidos na Sibéria, sem o menor pecúlio, são pavorosas. Enviamos a esses lugares tanto jovens de 18 anos, vindos dos meios estudantis, quanto idosos de 70 anos, sobretudo os membros do clero e velhas senhoras que pertencem a classes perigosas para a sociedade."

Krylenko também propunha a limitação do qualificativo "contrarrevolucionário" apenas aos membros reconhecidos dos "partidos políticos que representem os interesses da burguesia", a fim de evitar "uma interpretação abusiva do termo pelos serviços da GPU".[6]

Diante dessas críticas, Dzerjinski e seus adjuntos não deixaram de alimentar os dirigentes mais importantes do país, principalmente Stalin, com relatórios alarmistas sobre a persistência de problemas no interior, e sobre ameaças militares orquestradas pela Polônia, países bálticos, Grã-Bretanha, França e Japão. Segundo o relatório de atividades da GPU para o ano de 1924, a polícia política teria:

— prendido 11.453 "bandidos", dos quais 1.858 foram imediatamente executados;

— detido 926 estrangeiros (dos quais 357 foram expulsos) e 1.542 "espiões";

— impedido um "levante de guardas brancos" na Crimeia (132 pessoas executadas nas operações ligadas a esse caso);

— executado 81 "operações" contra grupos anarquistas, levando a 266 prisões;

— "liquidado" 14 organizações mencheviques (540 prisões), 6 organizações socialistas-revolucionárias de direita (152 prisões), 7 organizações socialistas-revolucionárias de esquerda (52 prisões), 117 organizações "diversas de intelectuais" (1.360 prisões), 24 organizações monarquistas (1.245 prisões), 85 organizações "clericais" e "sectárias" (1.765 prisões) e 675 grupos kulaks (1.148 prisões);

— expulsado em duas grandes operações, em fevereiro e julho de 1924, cerca de 4.500 "ladrões", "recidivistas" e *"nepmen* (comerciantes e pequenos

---

6 CRCEDHC, 76/3/362/1-6.

empreendedores privados) de Moscou e de Leningrado;

— colocado "sob vigilância individual" 18.200 pessoas "perigosas à sociedade";

— vigiado 15.501 empresas e administrações diversas;

— lido 5.078.174 cartas e correspondências diversas.[7]

Em que medida esses dados, cuja precisão escrupulosa chega ao ridículo burocrático, são confiáveis? Incluídos no projeto orçamentário da GPU para 1925, eles tinham função de demonstrar que a polícia política não baixava a guarda diante de todas as ameaças exteriores e que merecia os fundos que lhe foram concedidos. Eles não deixam de ser preciosos para os historiadores, pois, além dos números, da arbitrariedade das categorias, eles revelam a permanência dos métodos, dos inimigos potenciais, de uma organização menos ativa momentaneamente, mas sempre operacional.

Apesar dos cortes no orçamento e de algumas críticas vindas de dirigentes bolcheviques contraditórios, o ativismo da GPU só poderia ser encorajado pelo recrudescimento da legislação penal. Com efeito, os *Princípios Fundamentais da Legislação Penal da URSS*, adotados em 31 de outubro de 1924, assim como o novo Código Penal de 1926, ampliam sensivelmente a definição do crime contrarrevolucionário, codificando a noção de "pessoa perigosa à sociedade". A lei incluía, entre os crimes contrarrevolucionários, todas as atividades que, sem ter por objetivo direto o enfraquecimento ou a derrubada do poder soviético, eram por si sós, e "notoriamente para o delinquente", um "atentado às conquistas políticas ou econômicas da revolução proletária". Assim, a lei sancionava não somente as intenções diretas, como também as intenções eventuais ou indiretas.

Aliás, era reconhecida como "perigosa à sociedade [...] toda pessoa que houvesse cometido um ato perigoso para a sociedade, ou cujas relações com os meios criminosos ou ainda as atividades passadas representem perigo". As pessoas designadas segundo esses critérios bastante extensíveis podiam ser condenadas, mesmo em caso de ausência de toda culpa. Era claramente detalhado que "a Corte pode aplicar as medidas de proteção social às pessoas reconhecidas como perigosas à sociedade, seja por haverem cometido um determinado delito, seja no caso em que, indiciadas sob a acusação de terem cometido um determinado delito, elas são inocentadas pela Corte, mas reco-

---

[7] CRCEDHC, 76/3/306. Em uma carta a Mekhlis, F. Dzerjinski reconhece, apenas na República da Rússia, a execução de 650 pessoas nas operações em 1924 (CRCEDHC, 76/3/362/7-11).

170   *O Livro Negro do Comunismo*

nhecidas como perigosas à sociedade". Todas essas disposições, codificadas em 1926 — entre as quais figurava o famoso artigo 58 do Código Penal, com suas 14 alíneas definindo os crimes contrarrevolucionários —, reforçavam a fundamentação legal do terror.[8] Em 4 de maio de 1926, Dzerjinski enviou a seu adjunto Iagoda uma carta na qual ele expunha um grande programa de "luta contra a especulação", bastante revelador dos limites da NPE e da continuidade do "espírito de guerra civil" entre os mais importantes dirigentes bolcheviques:

"A luta contra a 'especulação' está hoje revestida de uma extrema importância. ... É indispensável limpar Moscou de seus elementos parasitas e especuladores. Pedi a Pauker para que ele reunisse toda a documentação disponível sobre a catalogação dos habitantes de Moscou em relação a esse problema. Até agora, não recebi nada dele. Você não acha que deveríamos criar na GPU um departamento especial de colonização, que seria financiado por um fundo especial alimentado pelos confiscos...? É preciso povoar as zonas inóspitas de nosso país com esses elementos parasitas (e suas famílias) de nossas cidades, seguindo um plano preestabelecido e aprovado pelo governo. Devemos a todo custo limpar nossas cidades de centenas de milhares de especuladores e de parasitas que nelas prosperam... Esses parasitas nos devoram. Por causa deles, não há mercadorias para os camponeses, por causa deles os preços aumentam e o nosso rublo baixa. A GPU deve empenhar-se inteiramente na resolução desse problema, usando toda a sua energia."[9]

Entre as especificidades do sistema penal soviético figurava a existência de dois sistemas distintos de indiciamento em matéria criminal, um judiciário e outro administrativo, e dois sistemas de locais de detenção, um administrado pelo Comissariado do Povo para o Interior, outro pela GPU. Além das prisões tradicionais onde estavam encarceradas as pessoas condenadas por um processo judicial "comum", existia um conjunto de campos administrados pela GPU, onde estavam presas as pessoas condenadas pelas jurisdições especiais da polícia política por terem cometido um dos crimes que diziam respeito a essa instituição: contrarrevolução sob todas as suas formas, grande banditismo, moeda falsa e delitos cometidos pelos membros da polícia política.

Em 1922, o governo propôs à GPU a instalação de um grande campo no arquipélago de Solovki, cinco ilhas do mar Branco, na costa de Arkhangelsk, sendo que a principal delas abrigava um dos grandes monastérios da Igreja Ortodoxa russa. Depois de ter expulsado os monges, a GPU organizou no arquipélago um

---

[8] *Istoria sovetskogo gosudarstva i prava* (História do Estado e do Direito soviético), Moscou, 1968, vol. 2, pp. 580-90.

[9] CRCEDHC, 76/3/390/3-4.

conjunto de campos, reunidos sob a sigla SLON (Campos Especiais de Solovki). Os primeiros efetivos, vindos dos campos de Kholmogory e de Pertaminsk, chegaram a Solovki no início do mês de julho de 1923. No fim desse ano, já havia 4.000 detentos; em 1927, 15.000, e, no final de 1928, cerca de 38.000.

Uma das particularidades do conjunto penitenciário de Solovki era a sua autogestão. Além do diretor e de alguns poucos responsáveis, todas as funções do campo eram ocupadas por detentos. Tratava-se de uma esmagadora maioria de antigos colaboradores da polícia política, condenados por abusos especialmente graves. Praticada por essa espécie de indivíduo, a autogestão era o símbolo da mais completa arbitrariedade que, muito rapidamente, agravou a condição quase privilegiada, herdeira legítima do Antigo Regime, da qual se beneficiavam alguns detentos que haviam obtido o estatuto de prisioneiro político. Com efeito, sob a NPE, a administração da GPU distinguia três categorias de prisioneiros.

A primeira reunia os políticos, ou seja, quase que exclusivamente os membros dos antigos partidos Menchevique, Socialista Revolucionário e Anarquista; esses detentos tinham, em 1921, conseguido de Dzerjinski — ele próprio havia sido durante muito tempo prisioneiro político do regime czarista, tendo passado cerca de dez anos na prisão ou no exílio — um regime político relativamente clemente: eles recebiam a melhor alimentação, chamada de "ração política", conservavam alguns objetos pessoais, podiam receber jornais e revistas. Eles viviam em comunidade e, sobretudo, estavam livres do trabalho forçado. Esse estatuto privilegiado foi suprimido no final dos anos 1920.

A segunda categoria, a maior delas, reunia os "contrarrevolucionários": membros dos partidos políticos não socialistas ou anarquistas, membros do clero, antigos oficiais do exército czarista, antigos funcionários, cossacos, participantes das revoltas de Kronstadt e de Tambov, e toda outra pessoa condenada pelo artigo 58 do Código Penal.

A terceira categoria reunia os prisioneiros comuns condenados pela GPU (bandidos, falsários) e antigos tchekistas condenados por diversos crimes e delitos pela sua instituição. Os contrarrevolucionários, obrigados a coabitarem com os prisioneiros comuns, que eram os que ditavam a lei no interior dos campos, estavam submetidos às mais completas arbitrariedades, à fome, ao frio extremo no inverno, aos mosquitos no verão — uma das torturas mais frequentes consistia em amarrar os prisioneiros nus nos bosques, como pasto para os mosquitos, particularmente numerosos e temidos nessas ilhas setentrionais repletas de lagos. Para passar de um setor a outro do campo, lembrava-se um dos mais célebres prisioneiros de Solovki, o escritor Varlam

172   *O Livro Negro do Comunismo*

Chalamov, os detentos exigiam que as próprias mãos fossem atadas nas costas e que isso fosse expressamente mencionado no regulamento: "Era a única maneira de autodefesa dos detentos contra a lacônica fórmula morto durante uma tentativa de fuga."[10]

Foi nos campos de Solovki que houve a verdadeira implantação, após os anos de improvisação durante a guerra civil, do sistema de trabalho forçado que a partir de 1929 teria um desenvolvimento fulgurante. Até 1925, os detentos eram ocupados de maneira bem pouco produtiva em diversos trabalhos no próprio interior dos campos. A partir de 1926, a administração decidiu estabelecer contratos de produção com um certo número de organismos de Estado, explorando mais "racionalmente" o trabalho forçado, tornando-o fonte de rendimentos em vez de ser, de acordo com a ideologia dos primeiros campos de "trabalho corretivo" dos anos 1919-1920, fonte de "reeducação". Reorganizados sob a sigla USLON (Direção dos Campos Especiais do Norte), os campos de Solovki se espalharam pelo continente, a começar pelo litoral do mar Branco. Em 1926-1927, foram criados novos campos perto da embocadura do Pechora, em Kem e em outras localidades de um litoral inóspito, mas que possuíam uma região costeira bastante rica em florestas. Os detentos eram encarregados da execução de um determinado programa de produção, principalmente a derrubada e o corte da madeira. O crescimento exponencial dos programas de produção rapidamente necessitou de um número cada vez maior de detentos. Tal crescimento conduziu a uma reforma essencial no sistema de detenção: a transferência para os campos de trabalho de todos os detentos condenados a penas superiores a três anos. Essa medida iria permitir um formidável desenvolvimento do sistema de campos de trabalho. Laboratório experimental do trabalho forçado, os "campos especiais" do arquipélago de Solovki eram a verdadeira matriz de outro arquipélago em gestação, um imenso arquipélago de dimensões continentais: *o Arquipélago do Gulag.*

As atividades cotidianas da GPU, com seu montante anual de alguns milhares de condenações a penas em campos de concentração ou de prisão domiciliar, não excluíam um certo número de operações repressivas específicas de grande porte. Durante os anos calmos da NPE, de 1923 a 1927, foi de fato nas repúblicas periféricas da Rússia, na região Transcaucasiana e na Ásia Central, que

---

[10] A. Soljenitsyne, *L'Archipel du Goulag,* Paris, Le Seuil, 1975; V. Chalamov, *Grani,* nº 77, 1972, pp. 42-4; A. Melnik, A. Socina *et al., Materialy k istoriko-geograficeskomu atlasu Solovkov* (Documentos para um atlas histórico-político de Solovki), *Zvenia,* vol. 1, Moscou, 1991, pp. 301-30.

Da trégua à "grande virada"   173

ocorreram os episódios de repressão mais frequentes e sangrentos. Esses países haviam bravamente resistido à conquista russa no século XIX e só tardiamente foram reconquistados pelos bolcheviques: o Azerbaijão em abril de 1920, a Armênia em dezembro de 1920, a Geórgia em fevereiro de 1921, o Daguestão em fins de 1921, e o Turcomenistão, com Bukhara, no outono de 1920. Eles continuaram a oferecer uma grande resistência à sovietização. "Controlamos apenas as principais cidades, ou melhor, o centro das principais cidades", escreveu, em janeiro de 1923, Peters, um plenipotenciário da Tcheka enviado ao Turcomenistão. De 1918 ao final dos anos 1920 — e, em algumas regiões, estendendo-se até 1935-1936 —, a maior parte da Ásia Central, com a exceção das cidades, foi controlada por *basmatchis*. O termo *basmatchis* ("bandoleiros", na língua usbeque) era atribuído pelos russos aos diversos tipos de guerrilheiros, sedentários, mas também aos nômades, usbecos, quirguizes e turcomanos, que agiam de modo independente uns dos outros em várias regiões.

O principal foco de revolta situava-se no vale de Fergana.* Em setembro de 1920, após a conquista de Bukhara pelo Exército Vermelho, o levante se estendeu às regiões oriental e meridional do antigo Emirado de Bukhara e à região setentrional das estepes turcomanas. No início de 1921, o estado-maior do Exército Vermelho estimava em 30 mil o número de basmatchis armados. A direção do movimento era heterogênea, formada por líderes locais — oriundos das altas classes sociais dos povoados ou de um clã —, por líderes religiosos tradicionais, mas também por nacionalistas muçulmanos estrangeiros à região, tais como Enver Pacha, antigo ministro da defesa na Turquia, morto em 1922 num confronto com os destacamentos da Tcheka.

O movimento basmatchi era um levante espontâneo, instintivo, contra "o infiel", "o opressor russo", o antigo inimigo de volta sob uma nova forma, que se propunha não somente a apropriar-se das terras e do gado, mas também a profanar o mundo espiritual do muçulmano. Guerra de "pacificação" de caráter colonial, a luta contra os basmatchis mobilizou, durante mais de dez anos, uma parte importante das forças armadas e das tropas especiais da polícia política — da qual um dos principais departamentos era precisamente o Departamento Oriental. No presente momento é impossível avaliar, mesmo de maneira aproximada, o número de vítimas dessa guerra.[11]

O segundo grande setor do Departamento Oriental da GPU era o Transcaucásio. Na primeira metade dos anos 1920, o Daguestão, a Geórgia

---

* Região da Ásia Central soviética. [N. do T.]
[11] A. Bennigsen, C. Lemercier-Quelquejay, *Les Musulmans oubliés. L'Islam en Union soviétique*, Paris, Maspero, 1981, pp. 55-9.

174   *O Livro Negro do Comunismo*

e a Chechênia foram particularmente atingidos pela repressão. O Daguestão resistiu à penetração soviética até fins de 1921. Sob a direção do xeque Uzun Hadji, a confraria muçulmana dos Nakchbandis encabeçou uma grande revolta de montanheses, e a luta assumiu um aspecto de guerra santa contra o invasor russo. Ela durou pouco mais de um ano, mas algumas regiões só foram "pacificadas" em 1923-1924, através de frequentes bombardeios e massacres de civis.[12]

Após três anos de independência sob um governo menchevique, a Geórgia foi ocupada pelo Exército Vermelho em fevereiro de 1921, mas permaneceu, como chegou a confessar Alexandre Miasnikov, o secretário do Comitê do Partido Bolchevique do Transcaucásio, "um caso bastante árduo". O Partido Bolchevique local, esquelético, que em três anos de poder mal conseguiu recrutar dez mil pessoas, confrontava-se com uma camada intelectual e nobiliária de cerca de cem mil pessoas, tremendamente antibolchevique, e com ramificações mencheviques bastante fortes, uma vez que o Partido Menchevique chegou a possuir, em 1920, mais de 60 mil militantes. Apesar do terror exercido pela todo-poderosa Tcheka da Geórgia, muito independente de Moscou e dirigida por Lavrenti Beria — um jovem dirigente policial de 25 anos, votado a um futuro brilhante —, os dirigentes mencheviques exilados conseguiram, no fim de 1922, organizar, com a ajuda de outros partidos antibolcheviques, um Comitê secreto pela independência da Geórgia, logo preparando um levante. Começando em 28 de agosto de 1924, na pequena cidade de Tchiatura, esse levante, cujo grosso dos participantes era constituído por camponeses da região de Gurie, em poucos dias ganhou cinco dos 25 distritos georgianos. Diante de forças superiores, dotadas de artilharia e de aviação, a insurreição foi esmagada em uma semana. Sergo Ordjonikidze — primeiro-secretário do Comitê do Partido Bolchevique do Transcaucásio — e Lavrenti Beria usaram esse levante como pretexto para "acabar de uma vez por todas com o menchevismo e com a nobreza georgiana". Segundo dados que só recentemente vieram a público, 12.578 pessoas foram fuziladas de 29 de agosto a 5 de setembro de 1924. A dimensão da repressão foi tamanha que mesmo o Politburo comoveu-se. A direção do Partido enviou a Ordjonikidze uma repreensão, pedindo-lhe para que não praticasse execuções em massa e desproporcionadas nem execuções políticas sem ter sido expressamente autorizado pelo Comitê Central. Entretanto, as execuções sumárias continuaram durante vários meses. No Plenário do Comitê Central reunido em outubro de 1924, Sergo Ordjonikidze concedeu: "Talvez tenhamos exagerado, mas agora é tarde!"[13]

---

[12] *Ibid.*, pp. 53-4.

[13] M. Wehner, *Le Soulèvement géorgien de 1924 et la réaction des bolcheviks, Communisme*, nos 42-3-4, pp. 155-70.

Um ano após a repressão do levante georgiano de agosto de 1924, o regime lançou uma grande operação de "pacificação" na Chechênia, onde todos podiam dizer que o poder soviético não existia. De 27 de agosto a 15 de setembro de 1925, mais de dez mil homens das tropas regulares do Exército Vermelho, sob a direção do general Uborevitch, apoiadas pelas unidades especiais da GPU, iniciaram uma tentativa de desarmamento dos guerrilheiros chechenos que dominavam o interior do país. Dezenas de milhares de armas foram apreendidas, cerca de mil "bandidos" foram detidos. Diante da resistência da população, o dirigente da GPU, Unchlicht, reconheceu que as tropas tiveram de recorrer à artilharia pesada e ao bombardeio dos esconderijos dos bandidos mais obstinados". No final dessa nova operação de "pacificação", feita durante o que se convencionou chamar "o apogeu da NPE", Unchlicht concluía seu relatório dessa maneira: "Como demonstrou a experiência da luta contra os basmatchis no Turcomenistão, contra o banditismo na Ucrânia, na província de Tambov e em outras regiões, a repressão militar só é eficaz quando ela for seguida de uma sovietização do interior profundo do país."[14]

A partir do fim de 1926, após a morte de Dzerjinski, a GPU, dirigida desde então por Viatcheslav Rudolfovitch Menjinski — braço direito do fundador da Tcheka e de origem polonesa, como Dzerjinski —, parece ter sido novamente solicitada por Stalin, que preparava sua ofensiva política contra Trotski e, ao mesmo tempo, contra Bukharin. Em janeiro de 1927, a GPU recebeu a ordem de acelerar a catalogação dos "antissoviéticos e elementos perigosos à sociedade" no campo. Em um ano, o número de pessoas catalogadas passou de 30.000 para cerca de 72.000. Em setembro de 1927, a GPU lançou, em várias províncias, uma boa quantidade de campanhas para a prisão de kulaks e outros "elementos perigosos à sociedade". *A posteriori*, essas operações aparecem também como exercícios preparatórios para as grandes varreduras de kulaks durante as "deskulakizações" do inverno de 1929-1930.

Em 1926-1927, a GPU se mostrou igualmente muito ativa na caça aos opositores do comunismo, etiquetados como "zinovievistas" ou "trotskistas". A prática de catalogar e perseguir os opositores do comunismo apareceu muito cedo, desde 1921-1922. Em setembro de 1923, Dzerjinski havia proposto, para "fortalecer a unidade ideológica do Partido", que os comunistas se comprometessem em transmitir à polícia política toda informação que lhes passasse pelas mãos sobre a existência de facções ou desvios do seio do Partido. Essa

---

[14] *Dokumenty o sobytiax v Cecne*, 1925 (Documentos sobre os eventos na Chechênia, 1925), *Istocnik*, 1995/5, pp. 140-51.

176   *O Livro Negro do Comunismo*

proposição havia suscitado violentos protestos da parte de vários dos responsáveis, entre eles Trotski. Apesar disso, o hábito de mandar vigiar os opositores generalizou-se no decorrer dos anos seguintes. O expurgo da organização comunista de Leningrado, dirigido por Zinoviev, em janeiro-fevereiro de 1926, implicou intensamente os serviços da GPU. Os opositores não somente foram excluídos do Partido, como várias centenas deles foram exilados em cidades longínquas do país, lugares onde seus destinos se tornaram bastante precários — uma vez que ninguém ousava propor-lhes qualquer espécie de trabalho. Em 1927, a caça aos opositores trotskistas — alguns milhares no país — mobilizou, durante mais de um mês, uma parte dos serviços da GPU. Todos foram catalogados; centenas de trotskistas ativos foram detidos, depois exilados através de uma simples medida administrativa. Em novembro de 1927, todos os principais dirigentes de oposição, Trotski, Zinoviev, Kamenev, Radek e Rakovski foram excluídos do Partido e depois detidos. Todos os que se recusaram a fazer sua autocrítica pública foram exilados. Em 19 de janeiro de 1928, o *Pravda* anunciou a partida de Moscou de Trotski e de um grupo de 30 opositores, exilados em Alma-Ata. Um ano mais tarde, Trotski foi banido da URSS. Com a transformação de um dos principais artífices do terror bolchevique em "contrarrevolucionário", uma nova etapa fora atingida, agora sob a responsabilidade do novo homem forte do Partido, Stalin.

No início de 1928, justo após ter eliminado a oposição trotskista, a maioria stalinista do Politburo decidiu romper a trégua com uma sociedade que parecia distanciar-se cada vez mais dos caminhos para os quais os bolcheviques queriam conduzi-la. O inimigo principal continuava a ser, como dez anos antes, a imensa maioria dos camponeses, pressentida como uma massa hostil, incontrolável e descontrolada. Assim, começou o segundo ato da guerra contra a população camponesa, que, como observou o historiador Andrea Graziosi, "era, entretanto, bastante diferente da primeira. A iniciativa estava, a partir de então, inteiramente nas mãos do Estado, e o ator social nada podia fazer senão reagir, cada vez com menos força, aos ataques recebidos".[15]

Mesmo que, globalmente, a agricultura tenha se reerguido desde a catástrofe dos anos 1918-1922, "o inimigo camponês" era mais fraco e o Estado mais forte no fim dos anos 1920 do que no início da década. Isso é demonstrado, por exemplo, pela melhor informação da qual dispunham as autoridades sobre o que se passava nos povoados, pela catalogação dos "elementos nocivos à so-

---

[15] A. Graziosi, *The Great Soviet Peasant War*, Ukrainian Research Institute, Harvard University, 1996, p. 44.

ciedade" que permitiu à GPU a condução das primeiras varreduras durante a deskulakização, pela erradicação progressiva, mas real, do "banditismo", pelo desarmamento dos camponeses, pela progressão constante da percentagem de reservistas presentes nos períodos de convocação militar e pelo desenvolvimento de uma rede escolar mais equipada. Como revelam a correspondência entre os dirigentes bolcheviques e os estenogramas das discussões nos altos escalões do Partido, a direção stalinista — assim como, aliás, seus opositores, Bukharin, Rykov e Kamenev — media perfeitamente, em 1928, os riscos de um novo ataque contra a população camponesa. "Teremos uma guerra camponesa, tal como em 1918-1919", preveniu Bukharin. Stalin estava pronto para isso, qualquer que fosse o preço a ser pago. Ele sabia que dessa vez o regime sairia vencedor.[16]

A "crise das coletas" do fim de 1927 forneceu a Stalin o pretexto procurado. O mês de novembro de 1927 foi marcado por uma espetacular queda nas entregas de produtos agrícolas aos organismos de coleta do Estado, tomando proporções catastróficas em dezembro. Em janeiro de 1928, foi preciso render-se à evidência: apesar da boa colheita, os camponeses haviam entregue somente 4,8 milhões de toneladas, em lugar dos 6,8 milhões do ano precedente. A baixa nos preços oferecidos pelo Estado, o alto custo e a escassez dos produtos manufaturados, a desorganização das agências de coleta, assim como os rumores de guerra, isto é, o descontentamento geral da população camponesa para com o regime, explicavam essa crise, que Stalin apressou-se em qualificar de "greve dos kulaks".

O grupo stalinista tomou todos esses fatos como pretexto para novamente recorrer às requisições e a toda uma série de medidas repressivas já experimentadas no tempo do comunismo de guerra. Stalin foi pessoalmente à Sibéria. Outros dirigentes, tais como Andreiev, Mikoian, Postychev e Kossior, partiram para as grandes regiões produtoras de cereais, a região das terras negras, a Ucrânia e o Norte do Cáucaso. Em 14 de janeiro de 1928, o Politburo enviou uma circular às autoridades locais instruindo-as a "prenderem os especuladores, os kulaks e outros desorganizadores do mercado e da política dos preços". Plenipotenciários — o próprio termo já lembrava o tempo das requisições dos anos 1918-1921 — e os destacamentos militares comunistas foram enviados ao campo com os objetivos de afastar as autoridades locais consideradas complacentes com os kulaks e de descobrir o esconderijo dos excedentes, se necessário

---

[16] A. Graziosi, *op. cit.*, pp. 44-5.

178   *O Livro Negro do Comunismo*

com a ajuda dos camponeses pobres, aos quais foi prometido um quarto de todos os cereais encontrados com os "ricos".

Entre o arsenal de medidas destinadas a penalizar os camponeses recalcitrantes a entregar — nos prazos prescritos e por preços derrisórios, de três a quatro vezes inferiores aos do mercado — seus produtos agrícolas, figurava a multiplicação, por dois, três ou cinco, das quantidades inicialmente fixadas. O artigo 107 do Código Penal, que previa penas de três anos de prisão para toda ação que contribuísse para o aumento dos preços, foi intensamente utilizado. Enfim, os impostos sobre os kulaks foram multiplicados por dez em dois anos. Outra medida foi o fechamento dos mercados, o que evidentemente não atingiu somente os camponeses abastados. Em poucas semanas, todas essas medidas romperam abruptamente a trégua que, desde 1922-1923, fora estabelecida tanto bem quanto mal entre o regime e a população camponesa. As requisições e as medidas repressivas apenas provocaram o agravamento da crise; de imediato, as autoridades conseguiram, com o uso da força, uma coleta muito pouco inferior àquela de 1927; mas, para o ano seguinte, como no tempo do comunismo de guerra, os camponeses reagiram e diminuíram a semeadura.[17]

A "crise das coletas" do inverno de 1927-1928 teve um papel crucial na guinada dos eventos que se sucederam; com efeito, Stalin tirou várias conclusões sobre a necessidade de criar "fortalezas do socialismo" no campo — kolkhozes e sovkhozes gigantes —, de coletivizar a agricultura para poder controlar diretamente a produção agrícola e os produtores sem ter de passar pelas leis do mercado, e de se livrar de uma vez por todas dos kulaks, "liquidando-os enquanto classe".

Em 1928, o regime também rompeu com a trégua acordada com uma outra categoria social, os *spetzy,* esses "especialistas burgueses" oriundos da *intelligentsia* do Antigo Regime que, no fim dos anos 1920, ainda ocupavam a imensa maioria dos cargos executivos tanto nas empresas quanto nas repartições públicas. Durante o plenário do Comitê Central de abril de 1928, foi anunciada a descoberta de "sabotagem industrial" na região de Chakhty, uma bacia carbonífera de Donbass, no seio do truste Donugol, que empregava "especialistas burgueses" e mantinha relações com os meios financeiros ocidentais. Algumas semanas mais tarde, 53 acusados, com a maioria de engenheiros e executivos de empresa, compareceram ao primeiro processo político público

---

[17] M. Lewin, *La paysannerie et le pouvoir soviétique, 1928-1930,* Paris, Mouton, 1968; E. H. Carr, R. W. Davies, *Foundations of a Planned Economy,* vol. 1, Londres, Pelican, 1974, pp. 71-112.

Da trégua à "grande virada" 179

desde o processo dos socialistas-revolucionários de 1922. Onze dos acusados foram condenados à morte, e cinco foram executados. Esse processo exemplar, relatado pela imprensa durante muito tempo, ilustrava um dos principais mitos do regime, o do "sabotador-pago-pelos-estrangeiros", que iria servir para mobilizar militantes e denunciadores da GPU, "explicando" todas as fraquezas da economia, além de permitir a "requisição" de executivos para os novos *bureaux* especiais de construção da GPU", tornados célebres sob o nome *charachki*. Milhares de engenheiros e de técnicos condenados por sabotagem pagaram suas penas em canteiros de obras e em empresas de primeiro plano. Nos meses que se seguiram ao processo de Chakhty, o departamento econômico da GPU fabricou várias dezenas de processos similares, especialmente na Ucrânia. Apenas no complexo metalúrgico de Iugostal, em Dniepropetrovsk, 112 executivos foram presos no decorrer do mês de maio de 1928.[18]

Os executivos industriais não foram os únicos visados pela grande operação antiespecialistas lançada em 1928. Vários estudantes e professores de origem "nociva à sociedade" foram excluídos do ensino superior durante uma das numerosas campanhas de expurgo das universidades e de promoção de uma nova "*intelligentsia* vermelha e proletária".

O recrudescimento da repressão e as dificuldades econômicas dos últimos anos da NPE, marcados por um desemprego crescente e por um aumento da delinquência, tiveram como resultado um crescimento espetacular do número de condenados penais: 578.000 em 1926; 709.000 em 1927; 909.000 em 1928; e 1.178.000 em 1929.[19] Para conter esse fluxo que entupia as prisões que contavam com apenas 150 mil lugares em 1928, o governo adotou duas decisões importantes. A primeira, através do decreto de 26 de março de 1928, propunha, para os delitos menores, a substituição da reclusão de curta duração por trabalhos corretivos efetuados sem remuneração "nas empresas, nos canteiros de obras e nas explorações florestais". A segunda medida, tomada pelo decreto de 27 de junho de 1929, teria enormes consequências. Com efeito, ela previa a transferência de todos os detentos condenados a penas maiores a três anos para os campos de trabalho que tivessem como objetivo "a valorização das riquezas naturais das regiões orientais e setentrionais do país". Essa ideia já pairava no ar havia vários anos. A GPU engajou-se num grande programa de produção de madeira para exportação; em várias oportunidades, ela já havia solicitado mão de obra suplementar à direção principal dos locais de detenção

---

[18] E. H. Carr, R.W. Davies, *op. cit.*, pp. 610-42.

[19] *Sovetskaia Iustitsia*, 1930, nº 24-5, p. 2.

180   *O Livro Negro do Comunismo*

do Comissariado do Povo para o Interior, que era quem administrava as prisões comuns; com efeito, "seus" próprios detentos dos campos especiais de Solovki, que chegavam a 38.000 em 1928, não constituíam um número suficiente para realizar a produção prevista.[20]

A preparação do primeiro plano quinquenal trouxe à ordem do dia as questões de distribuição da mão de obra e do cultivo das regiões inóspitas, mas ricas em recursos naturais. Desse ponto de vista, a mão de obra penal até então inutilizada podia tornar-se, com a condição de ser bem explorada, uma verdadeira riqueza, cujo controle e gestão seriam fontes de rendimentos, de influência e de poder. Os dirigentes da GPU, em particular Menjinski e seu adjunto Iagoda, apoiados por Stalin, estavam bem conscientes dos riscos. Eles implementaram, a partir do verão de 1929, um plano ambicioso para a "colonização" da região de Narym, que cobria 350 mil quilômetros quadrados de taiga* na Sibéria Ocidental, e não cessaram de reclamar a aplicação direta do decreto de 27 de junho de 1929. Foi nesse contexto que nasceu a ideia da "deskulakização", ou seja, da deportação em massa de todos os pretensos camponeses abastados, os kulaks, que só podiam, segundo se considerava nos meios oficiais, fazer uma violenta oposição à coletivização.[21]

Entretanto, foi necessário um ano inteiro para que Stalin e seus partidários vencessem todas as resistências, mesmo as interiores ao Partido, à política da coletivização forçada, da deskulakização e da industrialização acelerada, três capítulos inseparáveis de um programa coerente de uma violenta transformação da economia e da sociedade. Esse programa baseava-se ao mesmo tempo na interrupção dos mecanismos de mercado e na valorização das riquezas naturais das regiões inóspitas do país, graças ao trabalho forçado de milhares de proscritos, deskulakizados e outras vítimas dessa "segunda revolução".

A oposição dita "de direita", conduzida principalmente por Rykov e por Bukharin, considerava que a coletivização só poderia desembocar na "exploração militar e feudal" da população camponesa, na guerra civil, na irrupção do terror, no caos e na fome; ela foi interrompida em abril de 1929. No decorrer do verão de 1929, os "direitistas" foram cotidianamente atacados por uma campanha extremamente violenta na imprensa, que os acusava de "colaboração

---

[20] N. Werth, G. Moullec, *op. cit.,* p. 355.

* Floresta boreal de coníferas, na qual predomina o gênero *Pinus.* [N. do T.]

[21] O. Khlevniouk, *Le Cercle du Kremlin. Staline et le Bureau politique dans les années 1930: les jeux du pouvoir,* Paris, Le Seuil, 1996, p. 38-40.

Da trégua à "grande virada" 181

com os elementos capitalistas" e de "conluio com os trotskistas". Totalmente desacreditados, os opositores fizeram publicamente sua autocrítica no plenário do Comitê Central de novembro de 1929.

Enquanto os diversos episódios da luta entre os partidários e os opositores do abandono da NPE se desenrolavam nos altos escalões do Partido, o país afundava numa crise econômica cada vez mais profunda. Os resultados agrícolas de 1928-1929 foram catastróficos. A despeito do recurso sistemático a um grande arsenal de medidas coercitivas que atingiam o conjunto da população camponesa — pesadas multas, penas de prisão para aqueles que se recusavam a vender a sua produção aos organismos do Estado —, a campanha de coleta do inverno de 1928-1929 obteve bem menos cereais do que a campanha precedente, criando um clima de extrema tensão no campo. A GPU recenseou, de janeiro de 1928 a dezembro de 1929, ou seja, antes da coletivização forçada, mais de 1.300 distúrbios e "manifestações de massa" no campo, durante os quais dezenas de milhares de camponeses foram detidos. Um outro dado dá conta do clima que reinava então no campo: em 1929, mais de 3.200 funcionários soviéticos foram vítimas de "atos terroristas". Em fevereiro de 1929, os cartões de racionamento que haviam desaparecido desde o início da NPE reapareceram nas cidades onde uma penúria generalizada se instalara desde que as autoridades haviam fechado a maior parte dos pequenos comércios e tendas de artesãos, qualificados como empresas "capitalistas".

Para Stalin, a situação crítica da agricultura devia-se à ação dos kulaks e de outras forças hostis que se preparavam para "minar o regime soviético". A aposta era clara: ou os "capitalistas rurais" ou os kolkhozes! Em junho de 1929, o governo anunciou o início de uma nova fase, aquela da "coletivização em massa". Os objetivos do primeiro plano quinquenal, ratificados em abril pela XVI Conferência do Partido, foram ampliados. O plano previa inicialmente a coletivização de cinco milhões de moradias, ou seja, cerca de 20% das unidades de produção, até o fim do quinquênio. Em junho, anunciou-se um objetivo de oito milhões de moradias somente para o ano de 1930; em setembro, já era de 13 milhões! Durante o verão de 1929, as autoridades mobilizaram dezenas de milhares de comunistas, de sindicatos, de membros das juventudes comunistas (os komsomols), de operários e de estudantes, enviados aos povoados, apoiados pelos responsáveis locais dos partidos e pelos agentes da GPU. As pressões sobre os camponeses amplificavam-se gradativamente, enquanto as organizações locais do Partido rivalizavam em empenho para bater os recordes de coletivização. Em 31 de outubro de 1929, o *Pravda* convocou à "coletivização total", sem nenhum limite para o movimento. Uma semana mais tarde, durante o 12º aniversário da Revolução, Stalin publicou seu famoso artigo, "A Grande Virada", baseado em uma apreciação fundamentalmente enganosa, segundo a qual "o camponês médio virou-se para os kolkhozes". A NPE deixava de viver.

7
Coletivização forçada e deskulakização

Como confirmam os arquivos hoje acessíveis, a coletivização forçada do campo foi uma verdadeira guerra declarada pelo Estado soviético contra toda uma nação de pequenos produtores. Mais de dois milhões de camponeses deportados, dos quais 1.800.000 apenas em 1930-1931, seis milhões mortos de fome, centenas de milhares mortos durante a deportação: esses números dão a medida da tragédia humana que foi o "grande assalto" contra os camponeses. Longe de limitar-se ao inverno de 1929-1930, essa guerra durou pelo menos até meados dos anos 1930, culminando nos anos 1932-1933, marcados por uma fome terrível, deliberadamente provocada pelas autoridades para quebrar a resistência dos camponeses. A violência exercida contra os camponeses permitiu experimentar métodos posteriormente aplicados a outros grupos sociais. Nesse sentido, ela constitui uma etapa decisiva no desenvolvimento do Terror stalinista.

Em seu relatório de novembro de 1929 ao Plenário do Comitê Central, Viatcheslav Molotov declarara: "A questão do ritmo da coletivização não se coloca no contexto do plano. [...] Faltam novembro, dezembro, janeiro, fevereiro e março: quatro meses e meio durante os quais, se os Imperialistas não nos atacarem diretamente, devemos efetuar um avanço decisivo no domínio da economia e da coletivização". As decisões do plenário apoiaram esse passo adiante. Uma comissão elaborou um novo calendário de coletivização, que foi promulgado em 5 de janeiro de 1930, após várias ampliações em seus objetivos. De acordo com esse calendário, o Cáucaso do Norte, o Baixo e Médio Volga deveriam ser totalmente coletivizados a partir do outono de 1930; as outras regiões produtoras de cereais, um ano mais tarde.[1]

Em 27 de dezembro de 1929, Stalin já havia anunciado a passagem da "limitação das tendências produtoras dos kulaks à liquidação dos kulaks enquanto

---

[1] N. A. Ivnitski, *Kollektivizatsia i raskoulacivanie* (Coletivização e deskulakização), Moscou, 1994, pp. 32-49.

184   *O Livro Negro do Comunismo*

classe". Uma comissão do Politburo, presidida por Molotov, foi encarregada de definir as medidas práticas dessa liquidação. Ela definiu três categorias de kulaks: os primeiros, "engajados nas atividades contrarrevolucionárias", deveriam ser presos e transferidos para os campos de trabalho da GPU ou executados em caso de resistência, suas famílias, deportadas, e seus bens, confiscados. Os kulaks de segunda categoria, definidos como "manifestando uma oposição menos ativa, embora arquiexploradores e, por causa disso, naturalmente inclinados a ajudar a contrarrevolução", deveriam ser presos e deportados, com suas famílias, para regiões retiradas do país. Enfim, os kulaks de terceira categoria, qualificados de "leais ao regime", seriam instalados por decreto nas margens dos distritos onde residiam, "fora das zonas coletivizadas, em terras que necessitem de melhorias". O decreto especificava que "a quantidade de unidades produtoras kulaks a serem liquidadas num prazo de quatro meses [...] se situa numa margem de 3 a 5% do número total de unidades produtoras", número indicativo devendo guiar as operações de deskulakização.[2]

Coordenadas em cada distrito por uma troika — composta pelo primeiro-secretário do Comitê do Partido, pelo presidente do Comitê Executivo dos Sovietes e pelo responsável local da GPU —, as operações foram conduzidas *in loco* por comissões e brigadas de deskulakização. A lista dos kulaks de primeira categoria, que compreendia 60 mil chefes de família segundo o "plano indicativo" fixado pelo Politburo, era de responsabilidade exclusiva da polícia política. Quanto às listas dos kulaks de outras categorias, elas eram preparadas no local da ação, levando-se em conta as "recomendações" dos "ativistas" do povoado. Quem eram esses ativistas? Um dos mais próximos colaboradores de Stalin, Sergo Ordjonikidze, os descreve assim: "Como não há nenhum militante do Partido no povoado, colocou-se geralmente no local um *jovem comunista,* junto com dois ou três camponeses pobres, sendo esse *activ* (grupo de ativistas) encarregado de resolver pessoalmente todos os negócios do povoado: coletivização, deskulakização."[3] As instruções eram claras: coletivizar o maior número possível de unidades produtoras e prender os recalcitrantes etiquetados como kulaks.

Tais práticas naturalmente abriam caminho para todos os abusos e ajustes de contas. Como definir o kulak? O kulak de segunda categoria ou o de terceira categoria? Em janeiro-fevereiro de 1930, não se podiam nem mesmo utilizar os critérios de definição da produção kulak, pacientemente elaborados por

---

[2] *Ibid.,* pp. 49-69.
[3] A. Graziosi, *art. cit.,* p. 449.

Coletivização forçada e deskulakização

vários ideólogos e economistas do Partido, após inúmeras discussões, nos anos precedentes. Com efeito, no decorrer do último ano, os kulaks haviam empobrecido consideravelmente, arcando com os impostos cada vez mais pesados que os atingiam. Na ausência de sinais exteriores de riqueza, as comissões deviam recorrer às listas fiscais conservadas pelo soviete rural, frequentemente antigas e incompletas, às informações da GPU e às denúncias dos vizinhos, atraídos pela possibilidade de pilhar os bens alheios. Com efeito, em vez de proceder a um inventário preciso e detalhado dos bens e de transferi-los ao fundo inalienável do kolkhoz, segundo as instruções oficiais, as brigadas de deskulakização agiam segundo a palavra de ordem "Comamos e bebamos, tudo é nosso". Como observava um relatório da GPU, vindo da província de Smolensk, "os deskulakizadores retiravam as roupas de inverno e as roupas de baixo para frio dos camponeses abastados, apoderando-se em primeiro lugar dos sapatos. Eles deixavam os kulaks de ceroulas e lhes pegavam tudo, incluindo os velhos sapatos de borracha, as roupas de mulheres, o chá de 50 copeques, seus atiçadores de fogo, seus cântaros... As brigadas confiscavam até mesmo os pequenos travesseiros que eram colocados sob a cabeça das crianças, assim como a kacha* que cozinhava no forno e que eles espalhavam sobre as imagens sagradas, após tê-las quebrado".[4] As propriedades dos camponeses deskulakizados foram com frequência simplesmente saqueadas ou vendidas em leilões por preços derrisórios; as isbas** foram compradas por 60 copeques, as vacas, por 15 copeques — ou seja, por preços centenas de vezes inferiores ao seu valor real — pelos membros das brigadas de deskulakização! Possibilidade ilimitada de pilhagem, a deskulakização também servia frequentemente como pretexto para ajustes de contas pessoais.

Nessas condições, não é surpreendente que, em certos distritos, entre 80% e 90% dos camponeses deskulakizados tenham sido *seredniaki*, camponeses médios. Tinha-se de atingir, e se possível ultrapassar, o número "indicativo" de kulaks apresentados pelas autoridades locais! Camponeses eram presos e deportados, alguns por terem vendido grãos ao mercado durante o verão, outros por possuírem dois samovares, outros ainda por terem matado um porco em setembro de 1929 "com o objetivo de consumi-lo e de subtraí-lo, desse modo,

---

* Prato popular russo à base de mingau de trigo sarraceno ou cevada. [N. do T.]

[4] M. Fainsod, *Smolensk à l'heure de Staline*, Paris, Fayard, 1967, pp. 271-7; R. W. Davies, *The Socialist Offensive, The Collectivisation of Soviet Agriculture*, Londres, MacMillan, 1980, pp. 243-51.

** Pequenas casas em troncos de pinheiro, típicas dos camponeses do norte da Rússia. [N. do T.].

186 O Livro Negro do Comunismo

à apropriação socialista". Enquanto um camponês era preso sob pretexto de "ter-se entregue ao comércio", apesar de ele ser apenas um camponês pobre vendendo os produtos de sua fabricação, outro era deportado com o pretexto de que seu tio havia sido oficial czarista, e outro ainda era etiquetado como kulak por ser "assíduo frequentador da igreja". Mas, na maioria das vezes, era-se catalogado como kulak pelo simples fato de ter feito franca oposição à coletivização. Reinava uma tal confusão nas brigadas de deskulakização, que, às vezes, atingia-se o cúmulo do absurdo. Assim, num burgo da Ucrânia, para citar apenas um exemplo, um *seredniaki*, membro de uma brigada de deskulakização, foi preso como *kulaki* por representantes de outra brigada de deskulakização, sediada na outra extremidade do burgo!

Entretanto, após uma primeira fase, que serviu a alguns apenas como pretexto para acertar velhas contas, ou simplesmente para entregar-se à pilhagem, a comunidade do povoado não tardou a se reunir contra os "deskulakizadores" e contra os "coletivizadores". Em janeiro de 1930, a GPU recenseou 402 revoltas e "manifestações de massa" camponesas contra a coletivização e a deskulakização, 1.048 em fevereiro e 6.528 em março.[5]

Essa resistência em massa e não esperada dos camponeses obrigou o poder a modificar momentaneamente seus planos. Em 2 de março de 1930, todos os jornais soviéticos publicaram o famoso artigo de Stalin, "A vertigem do sucesso", no qual ele condenava "as inúmeras distorções do princípio do voluntariado na adesão dos camponeses aos kolkhozes", imputando os "excessos" da coletivização e da deskulakização aos responsáveis locais "embriagados de sucesso". O impacto do artigo foi imediato; somente no mês de março, mais de cinco milhões de camponeses deixaram os kolkhozes. Os tumultos e desordens ligados à reapropriação, frequentemente violenta, das ferramentas e do rebanho por seus proprietários não cessaram, apesar disso. Durante o mês de março, as autoridades centrais receberam cotidianamente relatórios da GPU dando conta das sublevações em massa na Ucrânia Ocidental, na região central das terras negras, no Norte do Cáucaso e no Cazaquistão. No total, a GPU contabilizou, durante esse mês crítico, mais de 6.500 "manifestações de massa", das quais mais de 800 tiveram de ser "esmagadas pela força armada". Durante esses eventos, mais de 1.500 funcionários públicos foram mortos, feridos ou

---

[5] V. Danilov, A. Berelowitch, *Les Documents de la VCK-OGPU-NKVD sur la campagne soviétique, 1918-1937, Cahiers du Monde Russe*, XXXV (3), julho-setembro, 1994, pp. 671-6

Coletivização forçada e deskulakização

espancados. O número de vítimas entre os insurgidos não é conhecido, mas deve se contar por milhares.[6]

No início do mês de abril, o poder foi obrigado a fazer novas concessões. Ele enviou às autoridades locais diversas circulares pedindo por um ritmo mais lento de coletivização, reconhecendo que existia um perigo real de "uma verdadeira onda de guerras camponesas" e de "um aniquilamento físico da metade dos funcionários locais do poder soviético". Em abril, o número de revoltas e manifestações camponesas diminuiu, permanecendo ainda imponente, com 1.992 casos registrados pela GPU. A diminuição acelerou-se a partir do verão: 886 revoltas em junho, 618 em julho, 256 em agosto. Ao todo, durante o ano de 1930, cerca de 2,5 milhões de camponeses participaram de cerca de 14.000 revoltas, rebeliões e manifestações de massa contra o regime. As regiões mais atingidas foram a Ucrânia — em particular a Ucrânia Ocidental, onde distritos inteiros, principalmente nas fronteiras com a Polônia e com a Romênia, escaparam ao controle do regime —, a região das terras negras e o Norte do Cáucaso.[7]

Uma das particularidades desses movimentos era o papel desempenhado pelas mulheres enviadas à linha de frente, na esperança de que elas não fossem submetidas a repressões muito severas.[8] Mas, se as manifestações de camponesas protestando contra o fechamento da igreja ou a coletivização forçada das vacas leiteiras — o que ameaçava a sobrevivência de seus filhos — atingiram particularmente as autoridades, também houve enfrentamentos sangrentos entre os destacamentos da GPU e grupos de camponeses armados de forcados e machados. Centenas de sovietes foram saqueados, enquanto os comitês camponeses tomavam a frente dos negócios do povoado por algumas horas ou alguns dias, formulando uma lista de reivindicações, entre as quais figuravam, sem nenhuma ordem, a restituição das ferramentas e do rebanho confiscados, a dissolução do kolkhoz, a restauração da liberdade do comércio, a reabertura da igreja, a restituição de seus bens aos kulaks, a volta dos camponeses deportados, a abolição do poder bolchevique ou... o restabelecimento da "Ucrânia independente".[9]

Se os camponeses chegaram a perturbar os planos governamentais de coletivização acelerada, principalmente em março e em abril, seus sucessos

---

[6] Ibid., p. 674; A. Graziosi, *Collectivisation, révoltes paysannes et politiques gouvernementales à travers les rapports du GPU d'Ukraine de février-mars 1930*, Cahiers du Monde Russe, XXXV (3), 1994, pp. 437-632.

V. Danilov, A. Berelowitch, *art. cit.*, pp. 674-6.

[8] L. Viola, Babii bunty (Os tumultos camponeses), *Russian Review,* 45, 1986, pp. 23-42.

[9] A. Graziosi, *art. cit.*

188   *O Livro Negro do Comunismo*

duraram pouco. Diferentemente do que se passara em 1920-1921, eles não conseguiram fazer funcionar uma verdadeira organização, encontrar líderes e federar-se, ainda que fosse no nível regional. Na falta de tempo diante de um regime que reage rapidamente, na falta de oficiais, dizimados durante a guerra civil, na falta de armas, progressivamente confinadas no decorrer dos anos 1920, as revoltas camponesas falharam em seus objetivos.

A repressão foi terrível. Apenas nos distritos fronteiriços da Ucrânia Ocidental, a "limpeza dos elementos contrarrevolucionários" levou à prisão, no fim de março de 1930, mais de 15.000 pessoas. A GPU da Ucrânia prendeu ainda, no intervalo de 40 dias, de 1º de fevereiro a 15 de março, outras 26.000 pessoas, das quais 650 foram fuziladas. Segundo dados da GPU, 20.200 pessoas foram condenadas à morte em 1930, apenas pelas jurisdições de exceção da polícia política.[10]

Enquanto a repressão dos elementos contrarrevolucionários era mantida, a GPU aplicava a diretriz nº 44/21 de G. Iagoda sobre a prisão dos 60 mil kulaks de primeira categoria. A operação foi conduzida com sucesso, a julgar pelos relatórios cotidianos enviados a Iagoda: o primeiro deles, datado de 6 de fevereiro, dá conta de 15.985 indivíduos presos; em 9 de fevereiro, 25.245 pessoas foram, segundo os próprios termos da GPU, "retiradas de circulação". O "relatório secreto" (*spetzsvodkd*), datado de 15 de fevereiro, especificava; "Em execuções, em indivíduos retirados de circulação e em operações de massa, atingimos um total de 64.589, dos quais 52.166 retirados durante as operações preparatórias (primeira categoria); 12.423 retirados durante operações de massa". Em alguns dias, o "plano" de 60 mil kulaks de primeira categoria fora ultrapassado.[11]

Na realidade, os kulaks representavam apenas uma parte das pessoas "retiradas de circulação". Os agentes locais da GPU aproveitaram-se da ocasião para "limpar" seus distritos dos "elementos nocivos à sociedade", entre os quais figuravam "policiais do Antigo Regime", "oficiais brancos",* "servidores do culto", "noviças", "artesãos rurais", "antigos comerciantes", "membros da *intelligentsia* rural" e "outros". Embaixo do relatório de 15 de fevereiro de 1930, que detalhava as diversas categorias de indivíduos presos no contexto da liquidação dos kulaks de primeira classe, Iagoda escreveu: "As regiões Nordeste e Leningrado não

---

[10] A. Graziosi, *art. cit.*, p. 462; V. P. Popov, *Gosudarstvennyi terror v Sovetskoi Rossii, 1923-1953* (O Terror de Estado na Rússia Soviética, 1923-1953), Otecestvennye Arkhivy, 1992, nº 2, p. 28.

[11] N. A. Ivnitski, *op. cit.*, p. 106.

* Oficiais do antigo exército da Rússia que após a Revolução de 1917 integraram as fileiras do exército contrarrevolucionário, apoiado pelas potências ocidentais [N. do T.

Coletivização forçada e deskulakização 189

cumpriram nossas instruções ou então não querem compreendê-las; *devemos obrigá-las a compreender*. Não estamos limpando os territórios dos popes, comerciantes e outros. Se eles dizem outros, isso quer dizer que eles não sabem *quem eles prendem*. Teremos todo o tempo para nos livrarmos dos popes e dos comerciantes, devemos hoje atingir precisamente o alvo: os *kulaks* e os kulaks contrarrevolucionários."[12] Quantos indivíduos presos durante a operação de "liquidação dos kulaks de primeira categoria" foram executados? Até hoje, nenhum dado encontra-se disponível.

Os kulaks de "primeira categoria" constituíram, sem dúvida, uma parte notável dos primeiros contingentes de detidos transferidos para os campos de trabalho. No verão de 1930, a GPU já havia implantado uma vasta rede desses campos. O conjunto penitenciário mais antigo, o das ilhas Solovki, continuou sua propagação sobre o litoral do mar Branco, da Carélia à região de Arkhangelsk. Mais de 40 mil detidos construíam a estrada Kem-Ukhta e asseguravam a maior parte da produção de madeiras exportadas pelo porto de Arkhangelsk. O grupo dos campos do Norte, contando-se em média 40 mil detidos, trabalhava na construção de uma via férrea de 300 quilômetros, entre Ust, Sysolsk e Piniug, e de uma estrada de 290 quilômetros, entre Ust, Sysolsk e Ukhta. No grupo dos campos do extremo oriente, os 15 mil detidos constituíam a mão de obra exclusiva do canteiro de obras da linha ferroviária de Bogutchatchinsk. Um quarto conjunto, chamado conjunto da Vitchera e que contava com 20 mil detidos em média, fornecia a mão de obra do canteiro do grande complexo químico de Berezniki, no Ural. Enfim, o grupo dos campos da Sibéria, ou seja, cerca de 24 mil detidos, contribuía na construção da linha ferroviária Tomsk—Ienisseisk e do complexo metalúrgico de Kuznetsk.[13]

Em um ano e meio, do fim de 1928 ao verão de 1930, a mão de obra penal explorada nos campos da GPU fora multiplicada por 3,5, passando de 40 mil a cerca de 140 mil detidos. Os sucessos da exploração dessa força de trabalho encorajaram o poder a empreender novos grandes projetos. Em junho de 1930, o governo decidiu construir um canal de 240 quilômetros de comprimento, cavado na maior parte numa rocha granítica, que ligaria o mar Báltico ao mar Branco. Na falta de meios técnicos e de máquinas, esse projeto faraônico necessitava de uma mão de obra de pelo menos 120 mil detidos, usando como únicos instrumentos de trabalho enxadas, pás e carrinhos de mão. Mas, no

---

[12] V. Danilov, A. Berelowitch, *art. cit.*, pp. 665-6.
[3] O. Khlevniouk, *op. cit.*, p. 3

190   *O Livro Negro do Comunismo*

verão de 1930, com a deskulakização atingindo seu auge, a mão de obra penal poderia ser tudo, menos um produto deficitário!

Na realidade, a massa de deskulakizados era tal — mais de 700.000 pessoas no fim de 1930; mais de 1.800.000 no fim de 1931[14] — que as "estruturas de enquadramento" não conseguiam "acompanhar". Era de improviso e na mais completa anarquia que se desenvolviam as operações de deportação da imensa maioria dos kulaks, ditos de "segunda" ou de "terceira" categoria. Elas levaram a uma forma sem precedentes de "deportação-abandono", a uma rentabilidade econômica nula para as autoridades, ainda que um dos objetivos principais da deskulakização fosse a valorização, pelos deportados, das regiões inóspitas do país, ricas no entanto em recursos naturais.[15]

As deportações dos kulaks de segunda categoria começaram desde a primeira semana de fevereiro de 1930. Segundo o plano aprovado pelo Politburo, 60.000 famílias deveriam ser deportadas durante uma primeira fase que deveria estar terminada no fim de abril. A região Norte deveria acolher 45.000 famílias; o Ural, 15.000. Entretanto, desde 16 de fevereiro, Stalin telegrafou a Eikhe, primeiro-secretário do Comitê Regional do partido da Sibéria Ocidental: "É inadmissível que a Sibéria e o Cazaquistão pretendam não estar prontos para receber os deportados. A Sibéria deve receber imperativamente 15.000 famílias, daqui até o fim de abril." Em resposta, Eikhe enviou a Moscou um "orçamento" estimativo dos custos para a "instalação" do contingente planificado de deportados, chegando a 40 milhões de rublos, soma que ele não recebeu jamais![16]

As operações de deportação também foram marcadas por uma ausência completa de coordenação entre os diferentes elos da cadeia. Os camponeses presos foram amalhados durante semanas em locais improvisados — casernas, prédios administrativos, estações —, de onde um grande número deles conseguiu escapar. A GPU havia previsto, para a primeira fase, 240 comboios de 53 vagões. Segundo as normas definidas pela GPU, cada comboio era composto por 40 vagões de transporte de animais, cada vagão devendo levar 40 deportados, e por oito vagões para o transporte de ferramentas, víveres e de alguns bens pertencentes aos deportados, dentro do limite de 480 quilos por família, além de um vagão de transportes de guardas. Como testemunha a correspondência ácida entre a GPU e o Comissariado do Povo para os Transportes,

---

[14] V. N. Zemskov, Kulackaia ssylka v 30-ye gody (A deportação dos kulaks nos anos 1930), *Sotsiologiceskie issledovania,* 1991, nº 10, pp. 3-20.

[15] N. Werth, "Déplacés spéciaux" et "colons de travail" dans la société stalinienne, *XXe siècle,* nº 54, avril, juin,1997, pp. 34-50.

[16] N Ivnitski, *op. cit.*, p. 124.

Coletivização forçada e deskulakização   191

os comboios chegavam em conta-gotas. Nos grandes centros de triagem, em Vologda, Kotlas, Rostov, Sverdlovsk e Omsk, eles permaneciam imobilizados durante semanas com seu carregamento humano. O estacionamento prolongado desses comboios de reprovados, onde mulheres, crianças e idosos eram numerosos, geralmente não passava despercebido pela população local, como o atestam as numerosas cartas coletivas enviadas a Moscou, assinadas pelo "conjunto dos trabalhadores e empregados de Vologda" ou pelos "ferroviários de Kotlas", denunciando o "massacre dos inocentes".[17]

Nesses comboios imobilizados em pleno inverno em alguma via de garagem, à espera de um lugar de afetação onde os deportados pudessem ser instalados, o frio, a falta de higiene e as epidemias provocavam, de acordo com a particularidade de cada comboio, uma mortalidade sobre a qual dispomos de poucos dados numéricos para os anos de 1930-1931.

Uma vez levados em comboios ferroviários até uma estação, os homens em boas condições de saúde eram frequentemente separados de suas famílias instaladas provisoriamente em acampamentos edificados às pressas — e enviados sob escolta para as "unidades de colonização" situadas, como previam as instruções oficiais, "afastadas das vias de comunicação". Então, o interminável périplo continuava ainda por centenas de quilômetros, com ou sem família, seja durante o inverno em comboios de trenós, ou durante o verão, em carroças ou a pé. De um ponto de vista prático, essa última etapa do périplo dos "kulaks de segunda categoria" se aparentava frequentemente à deportação dos "kulaks de terceira categoria" deslocados para "terras necessitando de uma bonificação no interior de suas regiões" — regiões que cobriam, na Sibéria ou no Ural, várias centenas de milhares de quilômetros quadrados. Como o relatavam, em 7 de março de 1930, as autoridades do distrito de Tomsk, na Sibéria Ocidental, "os primeiros comboios de kulaks de terceira categoria chegaram a pé, na ausência de cavalos, de trenós, de selas. [...] Em geral, os cavalos destinados aos comboios são absolutamente inaptos para deslocamentos de mais de 300 quilômetros, pois, no momento da formação dos comboios, todos os bons cavalos pertencentes aos deportados foram substituídos por pangarés. Tendo em vista a situação, não se considera a possibilidade de transportar os pertences e os víveres para dois meses aos quais os kulaks têm direito. Além disso, o que fazer das crianças e dos velhos, que representam mais de 50% do contingente?"[18]

---

[17] N. Werth, G. Moullec, *op. cit.*, p. 140.
[18] V. P. Danilov, S. A. Krasilnikov, *Spetzpereselentsy v Zapadnoi Sibiri* (vol. 1) (Os deslocados especiais na Sibéria Ocidental, 1930), Novosibirsk, 1993, pp. 57-8.

O Livro Negro do Comunismo

Em um outro relatório de mesma natureza, o Comitê Executivo Central da Sibéria Ocidental demonstrava a impossibilidade de executar as instruções da GPU concernentes à deportação de 4.902 kulaks de terceira categoria de dois distritos da província de Novosibirsk, por seu caráter absurdo. "O transporte de 8.560 toneladas de cereais e de feno aos quais os deportados teoricamente tinham direito 'para sua viagem e instalação', através de 370 quilômetros de estradas execráveis, acarretavam a mobilização de 28.909 cavalos e 7.227 supervisores (um supervisor para cada quatro cavalos)." O relatório concluía que "a realização de uma tal operação comprometia a campanha de plantio da primavera, uma vez que os cavalos, exaustos, necessitariam de um longo período de repouso. [...] Torna-se assim indispensável diminuir as provisões que os deportados estão autorizados a levar".[19]

Era assim sem provisões e ferramentas, na maioria das vezes sem abrigo, que os deportados deviam se instalar; um relatório proveniente da região de Arkhangelsk reconhecia, em setembro de 1930, que, das 1.641 habitações "programadas" para os deportados, apenas sete tinham sido construídas! Os deportados "se instalavam" em qualquer pedaço de terra, no meio da estepe ou da taiga. Os mais sortudos, que tiveram a possibilidade de levar algumas ferramentas, podiam tentar confeccionar para si um abrigo rudimentar, na maioria das vezes a tradicional *zemlianka,* um simples buraco na terra coberto de galhos. Em certos casos, uma vez que os milhares de deportados eram obrigados a residir perto de um grande canteiro de obras ou de uma unidade industrial em construção, eles eram alojados em acampamentos sumários, em leitos de três andares, com centenas por barraca.

Das 1.803.392 pessoas oficialmente deportadas a título da "deskulakização" em 1930-1931, quantas pereceram de frio e de fome durante os primeiros meses de sua "nova vida"? Os arquivos de Novosibirsk conservaram um documento impressionante, o relatório enviado a Stalin em maio de 1933 por um instrutor do Comitê do partido de Narym na Sibéria Ocidental, sobre a sorte reservada a dois comboios, compreendendo mais de seis mil pessoas, vindos de Moscou e de São Petersburgo. Embora tardio e dizendo respeito a um outro tipo de deportados — não os camponeses, mas "elementos desclassificados" expulsos da nova "cidade socialista", a partir do fim de 1932 esse documento ilustra uma situação que, sem dúvida, não era excepcional e que se poderia qualificar como "deportação-abandono".

Eis alguns exemplos desse terrível testemunho:

---

[19] *Ibid.*, p. 167.

Coletivização forçada e deskulakização   193

"Dias 29 e 30 de abril, dois comboios de elementos desclassificados nos foram enviados por trem, de Moscou e de Leningrado. Uma vez em Tomsk, esses elementos foram postos em balsas e desembarcados, nos dias 18 e 26 de maio, na ilha de Nazino, situada na confluência dos rios Ob e Nazina. O primeiro comboio comportava 5.070 pessoas, o segundo, 1.044, ou seja, ao todo 6.114 pessoas. As condições de transporte eram assustadoras: comida insuficiente e execrável; falta de ar e de espaço; vexames sofridos pelos mais fracos. [...] Resultado; uma mortalidade de 35-40 pessoas por dia. Contudo, essas condições de existência revelaram-se um verdadeiro luxo, comparadas ao que esperava os deportados na ilha de Nazino (de onde eles deveriam ser expedidos, em grupos, até seu destino final, para setores de colonização situados mais acima do rio Nazino). A ilha de Nazino é um lugar totalmente virgem, sem a mínima habitação [...] Nenhuma ferramenta, semente ou alimento... A nova vida começou. No dia seguinte à chegada do primeiro comboio, 19 de maio, começou a nevar, o vento a soprar. Famintos, emagrecidos, sem teto, sem ferramentas [...] os deportados encontraram-se em uma situação sem saída. Eles eram capazes apenas de acender fogos, para tentar escapar do frio. As pessoas começaram a morrer. [...] No primeiro dia, 295 cadáveres foram enterrados. [...] Somente no quarto ou quinto dia após a chegada dos deportados à ilha, as autoridades enviaram, por barco, um pouco de farinha, à razão de algumas poucas centenas de gramas por pessoa. Tendo recebido sua magra ração, as pessoas corriam até a margem e tentavam dissolver um pouco dessa farinha com água, em seu chapka,* em sua calça ou paletó. Mas a maior parte dos deportados tentava engolir a farinha tal qual e, com frequência, morriam sufocados. Durante toda a sua estada na ilha, os deportados receberam no total apenas um pouco de farinha. Os mais habilidosos tentaram cozinhá-la, mas não havia sequer um recipiente. [...] Logo apareceram casos de canibalismo. [...]

No fim do mês de junho, começou o envio dos deportados para os assim chamados povoados de colonização. Esses lugares situavam-se em média a 200 quilômetros da ilha, subindo o rio Nazina, em plena taiga. Em matéria de povoado, era a natureza virgem. Conseguiu-se contudo instalar um forno primitivo, o que permitiu fabricar uma espécie de pão. Mas, quanto ao resto, havia pouca mudança em relação à vida na ilha de Nazino: mesma ociosidade, mesmo desânimo, mesmo desfecho. A única diferença era uma espécie de pão, distribuído uma vez a cada tantos dias. A mortalidade continuava. Um único

---

* Gorro de pele com longas abas de proteção para as orelhas, podendo ser atadas no queixo ou mantidas sobre a copa. [N. do T.]

194   *O Livro Negro do Comunismo*

exemplo. Das 78 pessoas embarcadas para a ilha, em direção ao quinto setor de colonização, 12 chegaram com vida. Em breve, as autoridades reconheceram que esses locais não eram colonizáveis, e todo o contingente sobrevivente foi mandado de volta, de barco, rio abaixo. As evasões multiplicaram-se. [...] Nos novos locais de instalação, os deportados sobreviventes, aos quais se haviam dado enfim algumas ferramentas, se puseram a construir, a partir da segunda quinzena de julho, abrigos enterrados pela metade no solo. [...] Houve ainda alguns casos de canibalismo. [...] Mas a vida progressivamente retomava seus rumos: as pessoas recomeçaram a trabalhar, mas seus organismos estavam tão fracos, que, mesmo quando elas recebiam 750-1.000 gramas de pão por dia, elas continuavam a cair doentes, a passar fome, a comer grama, pasto, folhas etc. O resultado de tudo isso: em 20 de agosto, dos 6.100 deportados que partiram de Tomsk (aos quais se devem somar 500-700 pessoas enviadas à região, vindas de outros lugares), apenas cerca de 2.200 pessoas permaneceram vivas."[20]

Quantos Nazinos há, quantos casos similares de deportação-abandono? Alguns números dão a medida das perdas. Entre fevereiro de 1930 e dezembro de 1931, um pouco mais de 1.800.000 deskulakizados foram deportados. Ora, em 1º de janeiro de 1932, quando as autoridades fizeram uma primeira contagem geral, apenas 1.317.022 pessoas foram recenseadas.[21] As perdas atingiram meio milhão, ou seja, 30% dos deportados. Certamente, o número daqueles que haviam conseguido fugir era, sem dúvida, elevado.[22] Em 1932, a evolução dos "contingentes" foi pela primeira vez objeto de um estudo sistemático por parte da GPU; esta última era, desde o verão de 1931, a única responsável pelos deportados, doravante etiquetados como "colonos especiais", em todas as pontas da cadeia, desde a deportação até a gestão dos "povoados de colonização". De acordo com esse estudo, houve mais de 210.000 evadidos e cerca de 90.000 mortos. Em 1933, ano da grande fome, as autoridades recensearam 151.601 mortes sobre 1.142.022 de colonos especiais contabilizados em lº de janeiro de 1933. A taxa de mortalidade anual era de 6,8% em média em 1932, de 13,3% em 1933. Para os anos 1930-1931, dispomos somente de dados parciais, mas eles são eloquentes: em 1931, a mortalidade era de 1,3% entre os deportados do Cazaquistão, de 0,8% por mês entre os da Sibéria Ocidental. Quanto à

---

[20] V. P. Danilov, S. A. Krasilnikov, *Spetzpereselentsy v Zapadnoi Sibiri*, 1933-1938 (vol. 3), Novosibirsk, 1994, pp. 89-99.

[21] V. N. Zemskov, *art. cit.*, pp. 4-5.

[22] GARF, 9414/1/1943/56-61, *in* N. Werth, G. Moullec, *op. cit.*, pp. 142-5.

Coletivização forçada e deskulakização

mortalidade infantil, ela oscilava entre 8% e 12%... por mês, com picos de 15% por mês em Magnitogorsk. De 1º de junho de 1931 a 1º de junho de 1932, a mortalidade entre os deportados da região de Narym, na Sibéria Ocidental, atingiu 11,7% ao ano. Globalmente, é pouco provável que em 1930-1931 a taxa de mortalidade tenha sido inferior às taxas de 1932: ela sem dúvida chegou próximo ou mesmo ultrapassou os 10% ao ano. Assim, em três anos, podemos estimar que cerca de 300.000 deportados morreram na deportação.[23]

Para as autoridades centrais, preocupadas em "rentabilizar" o trabalho daqueles que elas designavam com o termo de "deslocados especiais", ou "colonos de trabalho", a partir de 1932, a deportação-abandono era apenas um mal inevitável imputável, como escrevia N. Puzitski — um dos dirigentes da GPU encarregado dos colonos de trabalho —, "à negligência criminal e à miopia política dos responsáveis locais que não assimilaram a ideia de colonização pelos ex-kulaks".[24]

Em março de 1931, para pôr fim ao "insuportável desperdício de mão de obra deportada", foi instalada uma comissão especial, diretamente ligada ao Politburo, presidida por V. Andreiev, e na qual Iagoda desempenhava um papel-chave. O objetivo principal dessa comissão era "uma gestão racional e eficaz dos colonos de trabalho". As primeiras pesquisas feitas pela comissão haviam, de fato, revelado a produtividade quase nula da mão de obra deportada. Assim, dos 300 mil colonos de trabalho instalados no Ural, apenas 8% eram, em abril de 1931, destinados "aos cortes de madeira e outros trabalhos produtivos"; o resto dos adultos em boas condições de saúde "construíam alojamentos por si mesmos e se viravam para sobreviver". Um outro documento reconhecia que o conjunto de operações de deskulakização havia sido deficitário para o Estado: o valor médio dos bens confiscados aos kulaks em 1930 elevava-se a 564 rublos por unidade produtiva, soma derrisória (equivalente a uma quinzena do mês de salário operário), que era eloquente sobre a pretensa "abastança" do kulak. Quanto às despesas engajadas para a deportação dos kulaks, elas elevavam-se a mais de 1.000 rublos por família.[25]

Para a comissão Andreiev, a racionalização da gestão dos colonos de trabalho passava primeiro por uma reorganização administrativa das estruturas responsáveis pelos deportados. Durante o verão de 1931, a GPU recebeu o mo-

---

[23] V. P. Danilov, S. A. Krasilnikov, *op. cit.*, vol. 2, pp. 81-3; GARF, 9479/1/7/5-12; N. Werth, G. Moullec, *op. cit.*, pp. 363-74.

[24] GARF, 9414/1/1943/52.

[25] GARF, 1235/2/776/83-86.

nopólio da gestão administrativa dos "povoamentos especiais" que dependiam até então das autoridades locais. Toda uma rede de *komandatures* foi implantada, verdadeira administração paralela que permitia à GPU beneficiar-se de uma espécie de exterritorialidade e controlar inteiramente imensos territórios, nos quais os colonos constituíam, doravante, o essencial da população local. Estes últimos estavam submetidos a um regulamento interno muito estrito. Reclusos em suas residências, eles eram destinados pela administração, seja a uma empresa do Estado, seja a uma "cooperativa agrícola ou artesanal com estatuto especial, dirigida pelo comando local da GPU", seja ainda a trabalhos de construção e de manutenção das estradas ou de desmatamento. Obviamente, jornadas e salários também recebiam um tratamento especial: em média, as jornadas eram de 30 a 50% superiores às dos trabalhadores livres; quanto aos salários, quando eles eram pagos, eles sofriam uma retenção de 15 a 25%, diretamente destinada à administração da GPU.

Na realidade, como testemunham os documentos da comissão Andreiev, a GPU se felicitava por ter um "custo de assentamento" dos colonos de trabalho nove vezes inferior àquele dos detidos nos campos; assim, em junho de 1933, os 203.000 colonos especiais da Sibéria Ocidental, divididos em 83 *komandatures,* eram supervisionados por apenas 971 pessoas.[26] A GPU tinha por objetivo fornecer, contra o depósito de uma comissão — composta por uma porcentagem sobre os salários e por uma quantia por contrato de empreitada a *sua* mão de obra a um certo número de grandes combinados,* encarregados da exploração dos recursos naturais das regiões setentrionais e orientais do país, como Urallesprom (exploração de floresta), Uralugol, Vostugol (carvão), Vostokstal (siderúrgicas), Tsvetmetzoloto (minerais não ferrosos), Kuznetzstroi (metalurgia) etc. Em princípio, a empresa encarregava-se de garantir a infraestrutura de hospedagem, de escolarização e de abastecimento dos deportados. Na realidade, como os próprios funcionários da GPU reconheciam, as empresas tinham tendência a considerar essa mão de obra de estatuto ambíguo, meio-livre, meio-detida, como um recurso grátis. Os colonos de trabalho frequentemente não recebiam nenhum salário, uma vez que as somas que eles ganhavam eram em geral inferiores às retidas pela administração, para a construção de acampamentos, ferramentas, as cotizações obrigatórias em favor dos sindicatos, do empréstimo do Estado etc.

---

[26] V. P. Danilov, S. A. Krasilnikov, *op. cit.,* vol. 3, pp. 244-5.

* Na URSS, reunião de vários estabelecimentos industriais. [N. do T.]

Coletivização forçada e deskulakização

Inscritos na última categoria do racionamento, verdadeiros párias, eles eram submetidos permanentemente à escassez e à fome, mas também a todos os tipos de vexames e de abusos. Entre os abusos mais escandalosos destacados nos relatórios da administração: instauração de normas irrealizáveis, salários não pagos, deportados espancados ou trancados em pleno inverno em cárceres improvisados sem a mínima calefação, deportadas "trocadas pelos comandantes da GPU contra mercadorias" ou enviadas gratuitamente como empregadas "para todo serviço" às casas dos pequenos chefes locais. Essa observação de um diretor de empresa de exploração de florestas do Ural, que empregava colonos de trabalho, citada e criticada num relatório da GPU de 1933, resumia bem o estado de espírito de inúmeros dirigentes em relação a uma mão de obra penalizável: "Nós poderíamos liquidá-los todos, e de todo modo a GPU nos enviará, em seu lugar, uma nova fornada de cem mil como vocês!"

Pouco a pouco, a utilização dos colonos de trabalho tornou-se, do ponto de vista estrito da produtividade, mais racional. Desde 1932, assistiu-se a um abandono progressivo das "zonas de povoamento" ou de " colonização" mais inóspitas, em favor dos grandes canteiros de obras, dos polos de minerais e industriais. Em certos setores, a parte da mão de obra deportada, que trabalhava nas mesmas empresas e nos mesmos canteiros de obra que os trabalhadores livres e vivia nos acampamentos contíguos, era mais importante, senão predominante. Nas minas do Kuzbass, no fim de 1933, mais de 41.000 colonos de trabalho representavam 47% do conjunto dos mineiros. Em Magnitogorsk, os 42.462 deportados, recenseados em setembro de 1932, constituíam dois terços da população local.[27] Obrigados a residirem em quatro zonas de povoamento especiais, a uma distância de dois a seis quilômetros da unidade principal de construção, eles trabalhavam nas mesmas equipes dos trabalhadores livres, situação que tinha tendência a confundir em parte as fronteiras entre os estatutos diferentes de uns e de outros. Pela força das coisas, ou, dito de outro modo, pelos imperativos econômicos, os deskulakizados de ontem, tornados colonos de trabalho, reintegravam uma sociedade marcada por uma penalização geral das relações sociais e na qual ninguém sabia quem seriam os próximos excluídos.

---

[27] GARF, 374/28s/4055/1-12.

8
A grande fome

A grande fome de 1932-1933 — que representou, segundo fontes hoje incontestáveis, mais de seis milhões de vítimas! — fez parte, durante muito tempo, das "lacunas" do regime soviético.[1] Entretanto, essa catástrofe não foi uma fome como as outras, as que se sucediam, com intervalos regulares, na Rússia czarista. Ela foi uma consequência direta do novo sistema de "exploração feudal-militar" do campesinato — de acordo com a expressão do dirigente bolchevique antistalinista Nikolai Bukharin —, instaurada durante a coletivização forçada, e uma ilustração trágica do impressionante retrocesso social que acompanhou o assalto perpetrado pelo poder soviético ao campo no fim dos anos 1920.

Ao contrário da fome de 1921-1922, reconhecida pelas autoridades soviéticas que apelaram constantemente à ajuda internacional, a de 1932-1933 sempre foi negada pelo regime que encobriu com sua propaganda as poucas vozes que, do exterior do país, chamavam a atenção para essa tragédia. Para tanto, ele recebeu a ajuda de "testemunhos" solicitados, como o do deputado francês e líder do Partido Radical, Edouard Herriot, que, viajando pela Ucrânia no verão de 1933, alardeava que havia apenas "hortas nos kolkhozes admiravelmente irrigados e cultivados" e "colheitas decididamente admiráveis", antes de concluir, peremptório: "Atravessei a Ucrânia. Pois bem!, afirmo-lhes que a vi tal qual um jardim em plena floração."[2] Essa cegueira era, inicialmente, o resultado de uma fantástica farsa montada pela GPU para os hóspedes estrangeiros cujo itinerário era marcado por kolkhozes e jardins de infância modelo. Essa cegueira era, evidentemente, corroborada por considerações políticas, especialmente da parte dos dirigentes franceses então no poder, que tinham o cuidado de não interromper a aproximação esboçada com a União Soviética

---

A. Blum, *Naître vivre et mourir en URSS, 1917-1991*, Paris, Plon, 1994, p. 99.

[2] F. Kupferman, *Au pays des Soviets. Le Voyage français en Union Soviétique, 1917-1939*, Paris, Gallimard, 1979 p. 88.

A grande fome

em face de uma Alemanha cada dia mais ameaçadora como consequência da recente chegada ao poder de Adolf Hitler.

Entretanto, um bom número de dirigentes políticos de alto escalão, em particular alemães e italianos, tomaram conhecimento, com notável precisão, da fome de 1932-1933. Os relatórios dos diplomatas italianos sediados em Kharkov, Odessa ou Novorossisk, recentemente descobertos e publicados pelo historiador italiano Andrea Graziosi[3], mostram, que Mussolini, que lia esses textos com cuidado, estava perfeitamente informado da situação, mas não os utilizou na propaganda anticomunista. Ao contrário, o verão de 1933 foi marcado pela assinatura de um tratado de comércio ítalo-soviético, seguido de um pacto de amizade e de não agressão. Negada, ou pelo menos sacrificada sobre o altar da razão de Estado, a verdade sobre a grande fome, evocada em publicações de baixa tiragem das organizações ucranianas estrangeiras, somente começou a impor-se a partir da segunda metade dos anos 1980, em seguida à publicação de uma série de trabalhos e de investigações, tanto por historiadores ocidentais quanto por pesquisadores da ex-União Soviética.

Evidentemente, não se pode compreender a fome de 1932-1933 sem situá-la no contexto das novas relações entre o Estado soviético e a totalidade dos camponeses, oriundas da coletivização forçada do campo. No campo coletivizado, o papel do kolkhoz era estratégico. Ele tinha a função de assegurar ao Estado o fornecimento fixo de produtos agrícolas, através de cotas cada vez mais altas sobre a colheita "coletiva". A cada outono, a campanha de coleta transformava-se numa verdadeira queda de braço entre o Estado e os camponeses, que tentavam a todo custo guardar para si uma parte da colheita. Algo de crucial estava em jogo: para o Estado, uma antecipação sobre a colheita, para o camponês, a sobrevivência. Quanto mais fértil era a região, mais elevada era a sua cota. Em 1930, o Estado coletou 30% da produção agrícola na Ucrânia, 38% nas ricas planícies do Kuban, no Cáucaso do Norte, e 33% da colheita do Cazaquistão. Em 1931, para uma colheita bem inferior, essas percentagens atingiram, respectivamente, 41,5%, 47% e 39,5%. Uma tal antecipação só poderia desorganizar completamente o circuito produtivo. Basta lembrar que sob a NEP os camponeses comercializavam somente de 15 a 20% de sua colheita, reservando 12 a 15% para o plantio, 20 a 30% para o rebanho e o restante para seu próprio consumo. Entre os camponeses, decididos a usar de

---

[3] A. Graziosi, Lettres de Kharkov La famine en Ukranie et dans le Caucase du Nord à travers les rapports des diplomates italiens, 1932-1934, *Cahiers du Monde Russe et soviétique*, XXX (1-2), janvier-juin 1989, pp. 5-106.

200   *O Livro Negro do Comunismo*

todos os estratagemas para conservarem parte de sua colheita, e as autoridades locais, obrigados a cumprir a todo custo um plano cada vez mais irreal — em 1932, o plano de coleta era 32% superior ao de 1931, o conflito era inevitável.[4]

A campanha de coleta de 1932 começou muito lentamente. Desde que se começou a nova ceifa, os kolkhozianos se esforçaram para esconder, ou ainda para "roubar", durante a noite, uma parte da colheita. Constituiu-se um verdadeiro "fronte de resistência passiva", fortalecido pelo acordo tácito e recíproco que ia, com frequência, do kolkhoziano ao chefe da guarda, do chefe da guarda ao contador, do contador ao diretor do kolkhoz, ele próprio recentemente promovido, do diretor ao secretário local do Partido. Para "tomar os cereais", as autoridades centrais tiveram de enviar novas "tropas de choque", recrutadas nas cidades entre komsomols* e comunistas.

Dentro de um verdadeiro clima de guerra que reinava no campo, eis o que um instrutor do Comitê Executivo Central, enviado em missão a um distrito cerealista do Baixo Volga, escrevia aos seus superiores:

> "As prisões e revistas são feitas por qualquer um: pelos membros do soviete rural, emissários de todo tipo, membros de tropas de choque ou qualquer kom somol que estiver disposto. Este ano, 12% dos cultivadores do distrito passaram pela corte do tribunal, sem contar os kulaks deportados, os camponeses punidos com multas etc. Segundo cálculos do antigo procurador adjunto do distrito, no decorrer do último ano, 15% da população adulta foram vítimas de algum tipo de repressão. Se acrescentarmos que no decorrer do último mês cerca de 800 cultivadores foram expulsos dos kolkhozes, vocês terão uma ideia da dimensão da repressão no distrito. [...] Se excluímos os casos em que a repressão em massa foi realmente justificada, é preciso dizer que a eficácia das medidas repressivas não cessa de diminuir, uma vez que, quando elas ultrapassam um certo limiar, torna-se difícil pô-las em prática. [...] Todas as prisões estão abarrotadas. A prisão de Balachevo contém cinco vezes mais pessoas do que o previsto, e em Elan há 610 pessoas na pequena prisão do distrito. Durante o mês passado, a prisão de Balachevo 'devolveu' a Elan 78 condenados, sendo que 48 dos quais tinham menos de dez anos; 21 foram imediatamente soltos. [...] Para terminar com esse célebre método, o único utilizado até agora — o método da força —, vejam-se dois exemplos individuais de camponeses para quem tudo o que é feito visa desviá-los da semeadura e da produção.

---

[4] M. Lewin, *La Formation du système soviétique*, Paris, Gallimard, 1987, pp. 206-37.

* Komsomol: abreviação de União Comunista Leninista da Juventude, organização de massa soviética encarregada de formar a juventude segundo o espírito do comunismo. Compreendia aproximadamente 35 milhões de jovens de 14 a 28 anos. [N. do T.]

A grande fome 201

O exemplo seguinte mostra a que ponto os indivíduos camponeses estão aterrorizados: em Mortsy, um indivíduo camponês, que havia, entretanto, preenchido 100% de sua cota, veio ver o camarada Formitchev, presidente do comitê executivo do distrito, pedindo-lhe para ser deportado para o Norte, pois, de toda maneira, ele explicou, 'não podemos mais viver nessas condições'. Igualmente exemplar é a petição, assinada por 16 indivíduos camponeses do soviete rural de Alexandrov, na qual esses camponeses pedem para serem deportados para fora de sua região! [...] Resumindo, a única forma de 'trabalho de massa' é 'o assalto': 'tomam-se de assalto' as sementes, os créditos, as criações em rebanhos, 'vai-se ao assalto' do trabalho etc. [...] O 'cerco' é feito durante a noite, de 21-22 horas até a aurora. O 'assalto' se desenrola da seguinte maneira: a 'tropa de choque', sediada em uma isba, 'convoca' uma a uma as pessoas que não cumpriram com esta ou aquela obrigação ou plano e 'convence-as', através de diversos meios, a honrarem suas obrigações. Faz-se, assim, o 'cerco' de cada pessoa da lista, e depois tudo recomeça, durante toda a noite."[5]

No arsenal repressivo, uma lei famosa, promulgada em 7 de agosto de 1932, no momento mais tenso da guerra entre os camponeses e o regime, tinha um papel decisivo. Ela previa a condenação a dez anos em campos de concentração ou à pena de morte "todo roubo ou dilapidação da propriedade socialista". Ela era conhecida pelo povo sob o nome de "lei das espigas", pois as pessoas condenadas com mais frequência haviam roubado algumas espigas de trigo ou de centeio nos campos kolkhozianos. Essa lei perversa permitiu a condenação, entre agosto de 1932 e dezembro de 1933, de mais de 125.000 pessoas, das quais 5.400 à pena capital.[6]

Apesar dessas medidas draconianas, o trigo não "aparecia". Em meados de outubro de 1932, o plano de coleta para as principais regiões cerealistas do país só havia sido cumprido em 15%-20%. Assim, em 22 de outubro de 1932, o Politburo decidiu enviar à Ucrânia e ao Cáucaso do Norte duas comissões extraordinárias, uma dirigida por Viatcheslav Molotov e outra por Lazar Kaganovitch, com o objetivo de "acelerar as coletas".[7] Em 2 de novembro, a comissão de Lazar Kaganovitch, da qual fazia parte Genrikh Iagoda, chegou a Rostov-sobre-o-Don. Uma reunião de todos os secretários de distrito do Partido da região do Norte do Cáucaso foi de imediato convocada, no final

---

[5] GARF, 1235/2/1521/71-78; N. Werth, G. Moullec, *op. cit.*, pp. 152-5.

[6] GARF, 3316/2/1254/4-7.

[7] N. Ivnitski, *op. cit.*, pp. 192-3.

da qual foi adotada a seguinte resolução: "Como consequência do fracasso particularmente vergonhoso do plano de coleta de cereais, obrigar as organizações locais do Partido a interromper a sabotagem organizada pelos elementos kulaks contrarrevolucionários, aniquilar a resistência dos comunistas rurais e dos presidentes de kolkhozes que tomaram a frente dessa sabotagem." Para um certo número de distritos inscritos no "quadro negro" (segundo a terminologia oficial) foram tomadas as seguintes medidas: retirada de todos os produtos das lojas, interdição total do comércio, reembolso de todos os créditos correntes, imposição excepcional, prisão de todos os "sabotadores", "elementos estranhos" e "contrarrevolucionários", sendo utilizados procedimentos acelerados, sob a égide da GPU. Em caso de prosseguimento da sabotagem, a população era passível de deportação em massa.

Apenas do decorrer do mês de novembro de 1932, primeiro mês de "luta contra a sabotagem", 5.000 comunistas rurais foram julgados "criminalmen te complacentes" em face da "sabotagem" da campanha de coleta, e 15.000 kolkhozianos foram presos nessa região de grande importância estratégica do ponto de vista da produção agrícola que era o Norte do Cáucaso. Em dezembro, começaram as deportações em massa, não mais apenas dos kulaks, mas de povoados inteiros, principalmente de *stanitsy* cossacos que já haviam sido vítimas de medidas semelhantes em 1920.[8] O número de colonos especiais rapidamente recomeçou a subir. Se, para 1932, os dados da administração do Gulag davam conta da chegada de 71.236 deportados, o ano de 1933 registrou um afluxo de 268.091 novos colonos especiais.[9]

Na Ucrânia, a comissão Molotov tomou medidas análogas: inscrição no "quadro negro" dos distritos que não haviam cumprido o plano de coleta, com todas as consequências previamente descritas: limpeza das organizações locais do Partido, prisões em massa não somente de kolkhozianos, mas também de administradores de kolkhozes, suspeitos de "minimizarem a produção". Tais medidas foram imediatamente estendidas a outras regiões produtoras de cereais.

Podiam essas medidas repressivas permitir ao Estado ganhar a guerra contra os camponeses? Não, destacava o cônsul italiano em Novorossisk num relatório particularmente perspicaz:

"O aparelho soviético, excessivamente armado e potente, se encontra, de fato, na impossibilidade de encontrar a vitória em uma ou várias batalhas campais; o inimigo não está agrupado, ele está disperso, o que acarreta o desgaste

---

[8] N Ivnitski, *op. cit.*, pp. 198-206.

[9] V Zemskov, *art. cit.*, pp. 4-5.

A grande fome 203

numa série de minúsculas operações: aqui, um campo que não está mondado; ali, alguns quintais* de trigo que estão escondidos; isso sem falar de um trator inoperante, um segundo voluntariamente sucateado, um terceiro vadeando em vez de trabalhar... E constata-se, em seguida, que um depósito foi roubado, que os livros de contas, pequenos ou grandes, são mal conservados ou falsificados, que os diretores de kolkhozes, por medo ou má vontade, não declaram a verdade em seus relatórios... E assim por diante, ao infinito, e sempre e mais uma vez nesse imenso território! [...] O inimigo, é preciso procurá-lo de casa em casa, povoado por povoado. É como carregar água num jarro furado!"[10]

Assim, para vencer "o inimigo", havia somente uma solução: esfomeá-lo.

Os primeiros relatórios sobre os riscos de uma "situação alimentar crítica" para o inverno de 1932-1933 chegaram a Moscou a partir do verão de 1932. Em agosto de 1932, Molotov relatou ao Politburo que existia "uma real ameaça de fome, mesmo nos distritos onde a colheita havia sido excelente". Entretanto, ele propôs que o plano de coleta fosse concluído custasse o que custasse. Nesse mesmo mês de agosto, o presidente do Conselho de Comissários do Povo do Cazaquistão, Issaev, alertou Stalin sobre a gravidade da fome naquela república, onde a coletivização-sedentarização havia desorganizado completamente a economia nômade tradicional. Mesmo os stalinistas mais duros, tais como Stanislas Kossior, primeiro-secretário do Partido da região de Dniepropetrovk, pediram a Stalin que fosse diminuído o plano de coleta. "Para que, no futuro, a produção possa aumentar de acordo com as necessidades do Estado proletário, escreveu Khataievitch a Molotov em novembro de 1932, devemos considerar as necessidades mínimas dos kolkhozianos, na ausência dos quais não haverá ninguém para semear e assegurar a produção."

"A sua posição, respondeu Molotov, é profundamente incorreta, não bolchevique. Nós, bolcheviques, não podemos colocar as necessidades do Estado — necessidades definidas com precisão pelas resoluções do Partido — em décimo nem mesmo em segundo lugar."[11]

Alguns dias mais tarde, o Politburo enviava às autoridades locais uma circular ordenando que os kolkhozes que ainda não houvessem completado seu plano fossem imediatamente despojados de "todos os grãos que eles detivessem, incluídas as supostas reservas para o plantio"!

---

* Quintal: antiga unidade de medida de peso, equivalente a quatro arrobas. [N. do T.]

[10] A. Graziosi, *Lettres de Kharkov, art. cit.*, p. 51.

[11] N. Ivnitski, *op. cit.*, pp. 198-9.

204   *O Livro Negro do Comunismo*

Tendo sido obrigados a entregar sob ameaça, ou mesmo sob tortura, suas magras reservas, não tendo nem os meios nem a possibilidade de comprar o que quer que seja, milhões de camponeses das regiões agrícolas mais ricas da União Soviética foram entregues à fome e não tiveram outra saída a não ser partir para as cidades. Ora, o governo acabava de instaurar, em 27 de novembro de 1932, o passaporte interior e o registro obrigatório para os citadinos, visando impedir o êxodo rural, "liquidar o parasitismo social" e "combater a infiltração dos elementos kulaks nas cidades". Diante dessa fuga de camponeses em direção a sua sobrevivência, foi editada, em 22 de janeiro de 1933, uma circular que condenava a uma morte programada milhões de famintos. Assinada por Stalin e Molotov, ela ordenava às autoridades locais, e em particular à GPU, que fosse impedida "por todos os meios a partida em massa dos camponeses da Ucrânia e do Cáucaso do Norte para as cidades. Após a prisão dos elementos contrarrevolucionários, os outros fugitivos devem ser reconduzidos ao local de sua residência". A circular explicava assim a situação: "O Comitê Central e o governo têm provas de que esse êxodo em massa de camponeses é organizado pelos inimigos do poder soviético, os contrarrevolucionários e os agentes poloneses, com o objetivo de propaganda contra o sistema kolkhoziano em particular e o poder soviético em geral."[12]

Em todas as regiões atingidas pela fome, a venda de passagens de trem foi imediatamente suspensa; barreiras, controladas pelas unidades especiais da GPU, foram instaladas para impedir os camponeses de deixarem seu distrito. No início do mês de março de 1933, um relatório da polícia política explicava que, no período de um mês, 219.460 pessoas haviam sido interceptadas durante as operações destinadas a limitar o êxodo de camponeses famintos em direção às cidades, que 186.588 haviam sido "reconduzidos a sua região de origem", e que o restante havia sido detido e julgado. Mas o relatório se calava sobre o estado das pessoas expulsas das cidades.

Sobre esse ponto, eis o testemunho do cônsul italiano de Kharkov, no coração de uma das regiões mais atingidas pela fome:

"Há uma semana, foi organizado um serviço para recolher as crianças abandonadas. Com efeito, além dos camponeses que se dirigem para as cidades por não terem mais nenhuma esperança de sobreviverem no campo, há crianças que foram trazidas aqui e depois abandonadas por seus pais, os quais retornam aos povoados para lá morrerem. Estes últimos esperam que na cidade alguém tomará conta de sua progenitura. [...] Há uma semana, foram

---

[12] *Ibid.*, p. 204.

mobilizados os *dvorniki* [zeladores de prédios] que com suas camisas brancas patrulham a cidade e levam as crianças aos postos de polícia mais próximos. [...] Por volta da meia-noite, começa-se a transportá-los em caminhões para a estação ferroviária de cargas de Severo Donetz. E onde também são reunidas as crianças encontradas nas estações e nos trens, as famílias de camponeses, as pessoas idosas e sozinhas, recolhidas na cidade durante o dia. Há a presença de médicos [...] que fazem a "seleção". Os que ainda não estão inchados e têm alguma chance de sobrevivência são conduzidos aos acampamentos de Holodnaia Gora, onde, em celeiros e sobre a palha, agoniza uma população de cerca de 8.000 almas, composta principalmente por crianças. [...] As pessoas inchadas são transportadas em trens de carga ao campo e abandonadas a 50-60 quilômetros da cidade para que elas morram sem que ninguém as veja. [...] Na chegada aos locais de descarga, cavam-se grandes fossas e os mortos são retirados dos vagões."[13]

No campo, a mortalidade atinge o seu auge na primavera de 1933. O tifo se junta à fome; em burgos de vários milhares de habitantes, os sobreviventes não são mais do que algumas dezenas. Casos de canibalismo são assinalados tanto nos relatórios da GPU como naqueles dos diplomatas italianos lotados em Kharkov:

"Em Kharkov, são recolhidos a cada noite cerca de 250 cadáveres de pessoas mortas de fome ou de tifo. Nota-se que um número muito grande dentre eles não possuía mais fígado, que parecia ter sido extraído através de um grande corte. A polícia acabou encontrando alguns dos misteriosos 'amputadores', que confessaram que com essa carne eles preparavam o recheio dos *pirojki* [pequenos patês] que em seguida eram vendidos no mercado."[14]

Em abril de 1933, o escritor Mikhail Cholokhov, de passagem por um burgo de Kuban, escreveu duas cartas a Stalin explicando detalhadamente a maneira pela qual as autoridades locais haviam extorquido, sob tortura, todas as reservas dos kolkhozianos, abandonando-os à fome. Ele pedia ao primeiro-secretário que enviasse uma ajuda alimentar. Em sua resposta ao escritor, Stalin desvendou sem rodeios sua posição: os camponeses estavam justamente sendo punidos por terem feito "greve e sabotagem", por terem "praticado uma guerra de trincheiras contra o poder soviético, uma guerra de morte".[15] Enquanto nesse ano de 1933 milhões de camponeses morriam de fome, o

---

[13] A. Graziosi, *art. cit.*, pp. 59-60.

[14] *Ibid.*, p. 79; R. Conquest, *Sanglantes moissons*, Paris, R. Laffont, 1995, p. 267-96.

[15] APFR (Arquivos Presidenciais da Federação Russa), 45/1/827/7-22.

206 O Livro Negro do Comunismo

governo soviético continuava a exportar 18 milhões de quintais de trigo para atender "as necessidades da industrialização".

Os arquivos demográficos e os recenseamentos de 1937 e 1939, mantidos em segredo até bem recentemente, permitem avaliar a extensão da fome de 1933. Geograficamente, a "zona de fome" cobria a totalidade da Ucrânia, uma parte da zona das terras negras, as ricas planícies do Kuban e do Cáucaso do Norte, e uma grande parte do Cazaquistão. Cerca de 40 milhões de pessoas foram atingidas pela fome e pela miséria. Nas regiões mais afetadas, como nas zonas rurais em torno de Kharkov, a mortalidade de janeiro a junho de 1933 foi multiplicada por dez com relação à média: 100.000 mortes em junho de 1933 na região de Kharkov, contra 9.000 em junho de 1932. É preciso levar ainda em consideração que muitos dos decessos não eram nem mesmo registrados. As zonas rurais foram, sem dúvida, mais duramente atingidas do que as cidades, mas estas últimas também não foram poupadas. Kharkov perdeu, em um ano, mais de 120.000 habitantes, Krasnodar 40.000 e Stavropol 20.000.

Além da "zona de fome", as perdas demográficas, devidas em parte à indigência, não são negligenciáveis. Nas zonas rurais da região de Moscou, a mortalidade aumentou 50% entre janeiro e junho de 1933; em Ivanovo, teatro dos tumultos provocados pela fome de 1932, a mortalidade aumentou 35% no decorrer do primeiro semestre de 1933. Para o ano de 1933 e a totalidade do país, observa-se um aumento de decessos superior a seis milhões. Uma vez que a imensa maioria desse aumento deve-se à fome, pode-se estimar em cerca de seis milhões de vítimas o balanço dessa tragédia. Os camponeses da Ucrânia arcaram com o tributo mais elevado, com, pelo menos, quatro milhões de mortos. No Cazaquistão, cerca de um milhão de mortos, principalmente entre a população nômade, privada, depois da coletivização, de todos os rebanhos e coletivizada à força. No Cáucaso do Norte e na região das terras negras, um milhão de mortos...[16]

---

[16] N. Aralovetz, Poteri naselenia v 30-ye gody (As perdas demográficas nos anos 1930), Otecestvennaia Istoria, 1995, nº 1, pp. 135-45; N. Ossokina, Jertvy goloda 1933. Skol'ko ix? (O número de vítimas da fome de 1933. Quantos?), Otecestvennaia Istoria, 1995, nº 5, pp. 18-26; V. Tsaplin, Statistika jertv stalinisma (Estatística de vítimas do stalinismo), Voprosy Istorii, 1989, nº 4, pp. 175-81.

A grande fome

Extratos da carta enviada a Stalin por Mikhail Cholokhov, autor de *Don paisible* [o Don pacífico], em 4 de abril de 1933.

"Camarada Stalin!

O distrito de Vechenski, como muitos outros distritos do Norte do Cáucaso, não conseguiu completar o plano de entrega de cereais. Não por causa de alguma 'sabotagem kulak', mas pela má direção local do Partido[...]

Em dezembro último, o Comitê Regional do Partido enviou, para acelerar a campanha de coleta, um 'plenipotenciário', o camarada Ovtchinnikov. Este último tomou as seguintes medidas: 1) requisitar todos os cereais disponíveis, inclusive o 'adiantamento' dado pela direção dos kolkhozes aos kolkhozianos para a semeadura da próxima colheita; 2) dividir entre os habitantes as entregas que deveriam ser feitas ao Estado por cada kolkhoz. Quais foram os resultados dessas medidas? Quando começaram as requisições, os camponeses se puseram a esconder e a enterrar o trigo. Agora, algumas palavras sobre os resultados numéricos de todas essas requisições. Cereais 'encontrados': 5.930 quintais[...] E eis alguns dos métodos empregados para obter essas 593 toneladas, das quais uma parte estava enterrada[...] desde 1918!

O método do frio[...] Os kolkhozianos são despidos e postos 'ao frio', completamente nus, num celeiro. Muitas vezes, são bandos inteiros de kolkhozianos que são postos 'ao frio'.

O método do calor. Os pés e as barras das saias das kolkhozianas são regados com gasolina e, em seguida, ateia-se fogo, que depois é apagado para começar de novo[...]

No kolkhoz de Napolovski, um tal de Plotkin, 'plenipotenciário' do Comitê do Distrito, forçava os kolkhozianos interrogados a deitarem-se sobre um forno em brasa, depois ele os 'esfriava' trancando-os nus num celeiro[...]

No kolkhoz de Lebiajenski, os kolkhozianos eram alinhados ao longo de um muro, e uma execução era simulada[...]

Eu poderia multiplicar ao infinito esse tipo de exemplos. Não são 'abusos', não, é o método usual de coleta do trigo[...]

Se lhe parece que minha carta é digna de reter a atenção do Comitê Central, envie-nos verdadeiros comunistas que tenham a coragem de desmascarar todos os que deram um golpe mortal na construção kolkhoziana desse distrito[...] Toda a nossa esperança se deposita em Stalin.

Seu, Mikhail Cholokhov."
(Arquivos presidenciais, 45/1/827/7-22)

208   *O Livro Negro do Comunismo*

> **E a resposta de Stalin a M. Cholokhov, 6 de maio de 1933.**
>
> "Caro camarada Cholokhov,
> Eu recebi suas duas cartas. A ajuda pedida foi concedida. Enviei o camarada Chkiriatov para resolver os casos mencionados. Peço-lhe que o ajude. É isso. Mas, camarada Cholokhov, não é isto o que eu queria dizer. Com efeito, suas cartas desenham um quadro que eu qualificaria de não objetivo, e, a esse respeito, eu gostaria de escrever-lhe algumas palavras.
> Agradeci-lhe suas cartas que revelam uma pequena doença de nosso aparelho, que mostram que alguns dos funcionários do nosso Partido, querendo fazer bem-feito, ou seja, desarmar nossos inimigos, atacam nossos amigos, chegando mesmo a tornarem-se francamente sádicos. Mas essas observações não significam que eu esteja INTEIRAMENTE de acordo com você. Sua visão limita-se a um aspecto das coisas, e é uma visão muito boa. Mas é SOMENTE UM aspecto das coisas. Para não cometer enganos em política — e suas cartas não são literatura, são política pura —, é preciso saber ver O OUTRO aspecto da realidade. E o outro aspecto é que os respeitados lavradores do seu distrito — e não somente do seu — faziam greve, faziam sabotagens e estavam prontos a deixar os operários e o Exército Vermelho sem pão! O fato de essa sabotagem ser silenciosa e aparentemente pacífica (sem derramamento de sangue) — esse fato em nada muda na essência do caso, a saber que os respeitados lavradores praticavam uma guerra de trincheiras contra o poder soviético. Uma guerra de morte, caro camarada Cholokhov!
> Certamente, essas especificidades não podem justificar os abusos que, segundo suas cartas, foram cometidos por nossos funcionários. E os culpados deverão responder por seu comportamento. Mas é claro como o dia que nossos respeitados lavradores não são ovelhinhas inocentes, como se poderia pensar ao ler suas cartas.
> Bom. Fique bem. Um aperto de mão. Seu, J. Stalin."
>
> (Arquivos presidenciais, 3/61/549/194)

Cinco anos antes do Grande Terror que atingiu em primeiro lugar a *intelligentsia* e os executivos da economia do Partido, a grande fome de 1932-1933, apogeu do segundo ato da guerra anticamponesa começada em 1929 pelo Partido-Estado, aparece como um episódio decisivo na instalação de um sistema repressivo experimentado por etapas, e, de acordo com as oportunidades políticas do momento, contra este ou aquele grupo social. Com seu cortejo de violências, de torturas, de mortandade de populações inteiras, a grande fome traduz uma impressionante regressão, ao mesmo tempo política e social. Veem-se tiranos e déspotas locais se multiplicarem, prontos a tudo para extorquir dos camponeses suas últimas provisões, e a barbárie se instalar. Os excessos cometidos são erigidos como práticas cotidianas, as crianças são abandonadas,

A *grande fome* 209

o canibalismo reaparece com as epidemias e a bandidagem; "acampamentos de morte" são instalados, os camponeses conhecem uma nova forma de servidão, sob a autoridade severa do Partido-Estado. Como escreveu com perspicácia Sergo Ordjonikidze a Serguei Kirov, em janeiro de 1934: "Os nossos executivos que conheceram a situação de 1932-1933 e que permaneceram incólumes têm verdadeiramente a têmpera de aço. Penso que com eles nós construiremos um Estado que a História não viu jamais."

Será preciso ver nessa fome, como o fazem atualmente alguns publicitários e historiadores ucranianos, um "genocídio do povo ucraniano"?[17] É inegável que os camponeses ucranianos foram as principais vítimas da fome de 1932-1933 e que esse "assalto" foi precedido, desde 1929, por várias ofensivas contra a *intelligentsia* ucraniana, acusada inicialmente de "desvio nacionalista", e depois, a partir de 1932, contra uma parte dos comunistas ucranianos. Sem contestação, pode-se, retomando a expressão de Andrei Sakharov, falar da "ucraniofobia de Stalin". Todavia, é também importante notar que, proporcionalmente, a repressão através da fome atingiu da mesma maneira os cossacos do Kuban e do Don, e o Cazaquistão. Nesta última república, desde 1930, a coletivização e a sedentarização forçada dos nômades tiveram consequências desastrosas; 80% dos rebanhos foram dizimados em dois anos. Privados de seus bens, entregues à fome, dois milhões de cazacos emigraram, cerca de meio milhão para a Ásia Central e um milhão e meio para a China.

De fato, em várias regiões, como a Ucrânia, os países cossacos, e mesmo alguns distritos da região das terras negras, a fome aparece como último episódio do confronto, iniciado em 1918-1922, entre o Estado bolchevique e o campesinato. Constatamos, com efeito, uma notável coincidência entre as zonas de forte resistência às requisições de 1918-1921 e à coletivização de 1929-1930, e as zonas atingidas pela fome. Das 14.000 rebeliões e revoltas camponesas recenseadas pela GPU em 1930, mais de 85% ocorreram em regiões "punidas" com a fome em 1932-1933. São as regiões agrícolas mais ricas e mais dinâmicas — essas que tinham, ao mesmo tempo, mais para dar ao Estado e mais a perder para o sistema de extorsão da produção agrícola implantada no final da coletivização forçada — que foram as mais afetadas pela grande fome de 1932-1933.

---

[17] S. Merl, Golod 1932-1933 — genotsid Ukraintsev dlia osuscestvlenia politiki russifikatsii? (A fome de 1932-1933 — um genocídio visando à russificação da Ucrânia?), *Otecestvennaia Istoria*, 1995, nº 1, pp. 49-61.

9
"Elementos estranhos à sociedade" e ciclos repressivos

Se a totalidade dos camponeses pagou o tributo mais pesado ao projeto voluntarista stalinista de transformação radical da sociedade, outros grupos sociais, qualificados de "estranhos" à "nova sociedade socialista", foram, a títulos diversos, exilados da sociedade, privados de seus direitos civis, expulsos de seu trabalho e de sua moradia, retrogradados na escala social, exilados: "especialistas burgueses", "aristocratas", membros do clero, profissionais liberais, pequenos empresários privados, comerciantes e artesãos foram as principais vítimas da "revolução anticapitalista" lançada no início dos anos 1930. Mas a "gente comum" das cidades, que não entrava na categoria canônica do "proletariado-operário-construtor-do-socialismo", também sofreu sua parcela de medidas repressivas, que visavam fazer progredir — e em conformidade com a ideologia — uma sociedade julgada insubmissa à marcha para o progresso.

O famoso processo de Chakhty marcara claramente o fim da trégua entre o regime e os "especialistas", iniciada em 1921. Às vésperas do lançamento do primeiro plano quinquenal, a lição política do processo de Chakhty era clara: o ceticismo, a indecisão, a indiferença em relação à obra empreendida pelo Partido só poderiam conduzir à "sabotagem". Duvidar já era trair. A *spetzeedstvo* — literalmente, "a perseguição ao especialista" — estava profundamente enraizada na mentalidade bolchevista, e o sinal político dado pelo processo de Chakhty foi perfeitamente recebido pela base. Os *spetzy*, especialistas, iriam se tornar o bode expiatório para as derrotas econômicas assim como para as frustrações engendradas pela queda brutal do nível de vida. Desde o fim de 1928, milhares de quadros industriais e de engenheiros "burgueses" foram despedidos, privados de cartões de racionamento, de acesso aos serviços médicos, às vezes expulsos de sua moradia. Em 1929, milhares de funcionários do Gosplan, do Conselho Supremo da Economia Nacional, dos Comissariados

"*Elementos estranhos à sociedade*" *e ciclos repressivos*   211

do Povo para as Finanças, para o Comércio e para a Agricultura foram expurgados sob pretexto de "desvio direitista", de "sabotagem" ou de pertencerem a uma "classe estranha à sociedade" É verdade que 80% dos altos funcionários das Finanças haviam servido ao Antigo Regime.[1]

A campanha de expurgo de certas administrações recrudesceu a partir do verão de 1930, quando Stalin, desejoso de acabar definitivamente com os "direitistas" — principalmente com Rykov, que ainda ocupava o cargo de chefe do governo —, decidiu demonstrar as ligações mantidas por esses com "especialistas-sabotadores". Em agosto-setembro de 1930, a GPU multiplicou as prisões de especialistas de renome ocupando cargos importantes no Gosplan, no Banco do Estado e nos Comissariados do Povo para as Finanças, para o Comércio e para a Agricultura. Entre as personalidades presas figuravam principalmente o professor Kondratiev — inventor dos famosos "ciclos Kondratiev", e ministro-adjunto para o Abastecimento no Governo Provisório de 1917, que dirigia o Instituto de Conjuntura no Comissariado do Povo para as Finanças —, os professores Markarov e Tchaianov, que ocupavam importantes cargos no Comissariado do Povo para a Agricultura, o professor Sadyrine, membro da direção do Banco do Estado da URSS, o professor Ramzine, Groman, um dos economistas-estatísticos mais conhecidos do Gosplan, e outros especialistas eminentes.[2]

Devidamente instruída por Stalin, que acompanhava particularmente os casos dos "especialistas burgueses", a GPU havia preparado dossiês destinados a demonstrar a existência de uma rede de organizações antissoviéticas, ligadas entre si no interior de um pretenso "Partido Camponês do Trabalho" dirigido por Kondratiev, e de um pretenso "Partido Industrial" dirigido por Ramzine. Os investigadores conseguiram extorquir "confissões" de um certo número de pessoas presas, tanto sobre seus contatos com os "direitistas" Rykov, Bukharin e Syrtsov, quanto sobre sua participação em complôs imaginários que visavam eliminar Stalin e derrubar o regime soviético com a ajuda de organizações antissoviéticas emigradas e dos serviços de informação estrangeiros. Indo ainda mais longe, a GPU arrancou de dois instrutores da Academia Militar "confissões" sobre a preparação de um complô dirigido pelo Chefe de Estado Maior do Exército Vermelho, Mikhail Tukhatchevski. Como prova a carta que ele dirigiu a Sergo Ordjonikidze, Stalin preferiu não correr o risco, nesse momento, de mandar prender Tukhatchevski, limitando-se a outros alvos, os "especialistas-sabotadores".[3]

---

[1] Lewin, *op. cit.*, pp. 330-4.

[2] O. Khlevniouk, *op. cit.*, pp. 40-50.

[3] *Ibid.*, p. 49.

Esse episódio significativo mostra claramente que as técnicas e os mecanismos de fabricação de casos sobre pretensos "grupos terroristas" aos quais estariam ligados os comunistas opostos à linha stalinista estavam perfeitamente afinados desde 1930. Por ora, Stalin não queria e não podia ir mais rápido. No final das contas, todas as provocações e as manobras desse período perseguiam alvos bastante modestos: desencorajar os últimos opositores à linha stalinista no interior do Partido, amedrontar todos os indecisos e hesitantes.

Em 22 de setembro de 1930, o *Pravda* publicou as "confissões" de 48 funcionários dos Comissariados do Povo para o Comércio e para as Finanças, que tinham se reconhecido culpados "por dificuldades de fornecimento nos países e pelo desaparecimento de moedas de prata". Alguns dias antes, em uma carta endereçada a Molotov, Stalin havia dado instruções a respeito desse caso: "Precisamos: *a)* expurgar radicalmente o aparelho do Comissariado do Povo para as Finanças e do Banco do Estado, não obstante as gritarias dos comunistas duvidosos do tipo Piatakov-Briukhanov; *b)* fuzilar necessariamente duas ou três dezenas de sabotadores infiltrados nesses aparelhos. [...]; *c)* continuar, em todo o território da URSS, as operações da GPU visando recuperar as moedas de prata em circulação". Em 25 de setembro de 1930, os 48 especialistas foram executados.[4]

Nos meses que se seguiram, vários processos idênticos foram inteiramente montados. Alguns deles se desenrolaram a portas fechadas, como os processos dos "especialistas do Conselho Supremo da Economia Nacional" ou do "Partido Industrial", no curso do qual oito dos acusados "confessaram" ter montado, instigados por embaixadas estrangeiras, uma ampla rede contando com dois mil especialistas e encarregada de organizar a subversão econômica. Esses processos alimentaram o mito da sabotagem que, junto com o do complô, iria estar no centro da montagem ideológica stalinista.

Em quatro anos, de 1928 a 1931, 138.000 funcionários foram excluídos da função pública, dos quais 23.000, classificados na categoria I ("inimigos do povo soviético"), foram privados de seus direitos civis.[5] A caça aos especialistas assumiu uma amplitude ainda maior nas empresas, submetidas a uma pressão produtivista que multiplicava os acidentes, a fabricação de refugo, as panes das máquinas. De janeiro de 1930 a junho de 1931, 48% dos engenheiros do Donbass foram destituídos ou presos; apenas no setor de transportes, 4.500 "es-

---

[4] Pisma I. V. Stalina V. M. Molotovu (Carta de J. Stalin a Molotov), Moscou, 1995, pp. 193-4.

[5] S. Ikonnikov, *Sozdanie i deiatel'nost obedinennyx organov TsKK-RKI v 1923-1934* (A criação e a atividade dos órgãos da CCC-Inspeção Operária e Camponesa em 1923-1934), Moscou, 1971, pp. 212-4.

"Elementos estranhos à sociedade" e ciclos repressivos 213

pecialistas sabotadores" foram "desmascarados" no curso do primeiro semestre de 1931. Essa caça aos especialistas, junto ao empreendimento descontrolado de construções com objetivos irrealizáveis, a uma forte queda da produtividade e da disciplina do trabalho, e ao desprezo pelas exigências econômicas, terminou por desorganizar permanentemente o andamento das empresas.

Diante da amplitude da crise, a direção do Partido teve que se resolver a adotar alguns "corretivos". Em 10 de julho de 1931, o Politburo tomou uma série de medidas tendendo a limitar a arbitrariedade de que os *spetzy* eram vítimas desde 1928: liberação imediata de vários engenheiros e técnicos, "prioritariamente na metalurgia e nas minas de carvão", supressão de todas as discriminações que limitavam o acesso ao ensino superior para seus filhos, interdição feita à GPU de prender um especialista sem o acordo prévio do comissariado do povo do qual ele dependia. O simples enunciado dessas medidas testemunhava a amplitude das discriminações e da repressão da qual haviam sido vítimas, desde o processo de Chakhty, dezenas de milhares de engenheiros, agrônomos, técnicos e administradores de todos os níveis.[6]

Entre as outras categorias sociais excluídas da "nova sociedade socialista" figuravam principalmente os membros do clero. Os anos 1929-1930 viram se desenvolver, após a de 1918-1922, a segunda grande ofensiva do Estado soviético contra a Igreja. No fim dos anos 1920, apesar da contestação, por um certo número de prelados, da declaração de fidelidade feita pelo metropolita Serge, sucessor do Patriarca Tikhon, ao poder soviético, a importância da Igreja Ortodoxa na sociedade permanecia forte. Das 54.692 igrejas ativas em 1914, cerca de 39.000 ainda estavam abertas ao culto no início de 1929.[7] Emelian Iaroslavski, presidente da Liga dos Sem-Deus fundada em 1925, reconhecia que menos de dez milhões de pessoas, dos 130 milhões com que contava o país, "haviam rompido" com a religião.

A ofensiva antirreligiosa de 1929-1930 desenvolveu-se em duas etapas. A primeira, na primavera e no verão de 1929, foi marcada pelo recrudescimento e a reativação da legislação antirreligiosa dos anos 1918-1922. Em 8 de abril de 1929 foi promulgado um importante decreto que acentuava o controle das autoridades locais sobre a vida das paróquias e acrescentava novas restrições à atividade das organizações religiosas. A partir de então, toda atividade "que

---

[6] S. Fitzpatrick, *Education and Social Mobility in the Soviet Union, 1921-1934*, Cambridge, 1979, pp. 213-7.

[7] N. Timasheff, *Religion in Soviet Russia*, Londres, 1943, p. 64.

214 O Livro Negro do Comunismo

ultrapassasse os limites da própria satisfação das aspirações religiosas" caía sob o jugo da lei e principalmente sob a alínea 10 do temível artigo 58 do Código Penal que estipulava que "toda utilização dos preconceitos religiosos das massas [...] que vise enfraquecer o Estado" era passível de "uma pena que ia de um mínimo de três anos de detenção até a pena de morte". Em 26 de agosto de 1929, o Governo instituiu a semana de trabalho contínuo de cinco dias — cinco dias de trabalho, um de repouso — que eliminava o domingo como dia de repouso comum ao conjunto da população. Essa medida deveria "facilitar a luta pela erradicação da religião".[8]

Esses diversos decretos não eram mais que o prelúdio de ações mais diretas, segunda etapa da ofensiva antirreligiosa. Em outubro de 1929 foi ordenada a captura dos sinos: "O som dos sinos infringe o direito ao repouso das grandes massas ateias das cidade e do campo." Os adeptos do culto foram assimilados aos kulaks: sobrecarregados de impostos — a taxação dos popes decuplicou entre 1928 e 1930 —, privados de seus direitos civis, o que significava principalmente que eles estavam desse momento em diante privados de seus cartões de racionamento e toda a assistência médica, eles foram frequentemente presos, depois exilados e deportados. Segundo dados incompletos, mais de 13 mil adeptos do culto foram "deskulakizados" em 1930. Em muitos povoados e burgos, a coletivização começou simbolicamente com o fechamento da igreja e a deskulakização pelo pope. Um fato significativo é que cerca de 14% das rebeliões e sublevações camponesas registradas em 1930 tiveram como causa primeira o fechamento das igrejas e o confisco dos sinos.[9] A campanha antirreligiosa atingiu seu apogeu durante o inverno de 1929-1930. Em 1º de março de 1930, 6.715 igrejas haviam sido fechadas ou destruídas. Ora, após o famoso artigo de Stalin de 2 de março de 1930, "A vertigem do sucesso", uma resolução do Comitê Central condenou cinicamente "os desvios inadmissíveis na luta contra os preconceitos religiosos, particularmente o fechamento administrativo das igrejas sem o consentimento dos habitantes". Contudo, essa condenação formal não teve nenhuma incidência sobre a sorte dos adeptos do culto deportados.

Ao longo dos anos seguintes, as grandes ofensivas contra a Igreja cederam lugar a uma perseguição administrativa cotidiana dos adeptos do culto e das organizações religiosas. Interpretando livremente os 65 artigos do decreto de 8 de abril de 1929, ultrapassando suas prerrogativas em matéria de fechamento

---

[8] N. Werth, *Le Pouvoir soviétique et l'Église orthodoxe de la collectivisation à la Constitution de 1936*, *Revue d'Etudes comparatives Est-Ouest*, 1993, nºs 3-4, pp. 41-9.

[9] GARF, 374/28/145/13-26.

"Elementos estranhos à sociedade" e ciclos repressivos

de igrejas, as autoridades locais continuaram a guerrilha, pelos mais variados motivos: vetustez ou "estado antissanitário" dos edifícios, "falta de cobertura de seguro", não pagamento de impostos e de outras inúmeras contribuições impostas aos membros das organizações religiosas. Privados de seus direitos civis, de seu magistério, da possibilidade de ganhar a vida exercendo um trabalho assalariado, tributados de modo arbitrário como "elementos parasitas vivendo de fontes de renda não assalariadas", um certo número de adeptos do culto não tiveram outra solução a não ser se tornarem "popes errantes", levando uma vida clandestina à margem da sociedade. Desenvolveram-se assim movimentos cismáticos, em oposição à política de fidelidade ao poder soviético pregada pelo metropolita Serge, principalmente nas províncias de Voronezh e de Tambov.

Os fiéis de Alexei Bui, bispo de Voronezh preso em 1929 por sua intransigência diante de qualquer compromisso entre a Igreja e o regime, se organizaram em uma igreja autônoma, a "Verdadeira Igreja Ortodoxa", com seu clero próprio, frequentemente "errante", ordenado fora da Igreja patriarcal sergueiviana. Os adeptos dessa "Igreja do deserto", que não possuíam sedes próprias para seu culto, se reuniam para rezar no lugares mais diversos: domicílios privados, eremitérios, grotas.[10] Esses "verdadeiros cristãos ortodoxos", como eles se chamavam, foram particularmente perseguidos; vários milhares dentre eles foram presos e deportados como colonos especiais ou enviados aos campos de concentração. Quanto à Igreja Ortodoxa, o número de seus lugares de culto e de seus servidores conheceu, diante da pressão constante das autoridades, uma diminuição muito clara, mesmo se, como o recenseamento anulado de 1937 iria demonstrá-lo, 70% dos adultos continuavam a dizer-se crentes. Em 19 de abril de 1936, não restavam mais que 15.835 igrejas ortodoxas em atividade (28% do número de antes da revolução), 4.830 mesquitas (32% do número de antes da revolução) e algumas dezenas de igrejas católicas e protestantes. Quanto ao número de adeptos do culto devidamente registrados, ele não era mais que de 17.857, contra 112.629 em 1914 e ainda cerca de 70.000 em 1928. O clero não era nada mais, para retomar uma fórmula oficial, do que "um resquício de classes moribundas".[11]

Os kulaks, os *spetzy* e os membros do clero não foram as únicas vítimas da "revolução anticapitalista" do começo dos anos 1930. Em janeiro de 1930,

---

[10] W. C. Fletcher, *L'Église clandestine en Union Soviétique*, Paris, Éd. A. Moreau, 1971

[11] N. Werth, G. Moullec, *op. cit.*, pp. 291-304.

216   *O Livro Negro do Comunismo*

as autoridades lançaram uma grande campanha de "evicção dos empresários privados". Essa operação visava particularmente aos comerciantes, aos artesãos e a alguns membros das profissões liberais, no total, cerca de um milhão e meio de ativos, que, sob a NEP, haviam atuado no setor privado, mas de um modo muito modesto. Esses empresários privados, cujo capital médio no comércio não ultrapassava 1.000 rublos, e dos quais 98% não empregavam nenhum assalariado, foram rapidamente espoliados, através da decuplicação de seus impostos, do confisco de seus bens; depois, enquanto "elementos desclassificados", "desocupados" ou "elementos estrangeiros", eles foram privados de seus direitos civis na mesma qualidade de um conjunto disparatado de "aristocratas" e outros "membros das classes abastadas e do aparelho de Estado czarista". Um decreto de 12 de dezembro de 1930 recenseou mais de 30 categorias de *lichentsy*, cidadãos privados de seus direitos civis: "ex-proprietários de terra", "ex-comerciantes", "ex-nobres", "ex-policiais", "ex-funcionários czaristas", "ex-kulaks", "ex-locatários ou proprietários de empresas privadas", "ex-oficiais brancos", servidores, monges, freiras, "ex-membros de partidos políticos" etc. As discriminações de que eram vítimas os lichentsy — que, em 1932, representavam 4% dos eleitores, ou seja, junto com suas famílias, cerca de sete milhões de pessoas — não se limitavam evidentemente à simples privação do direito de voto. Em 1929-1932, essa privação se acompanhou da perda de todo o direito à moradia, aos serviços de assistência e aos cartões de racionamento. Em 1933-1934, foram tomadas medidas ainda mais severas, chegando até o desterro no contexto das operações de "passaportização" destinadas a expurgar as cidades de seus "elementos desclassificados".[12]

Atingindo as estruturas sociais e os modos de vida rurais na raiz, a coletivização forçada do campo, substituída pela industrialização acelerada, engendrara uma formidável migração camponesa em direção às cidades. A Rússia camponesa se transformou em um país de vagabundos, *Rus'brodjaschaia*. Do fim de 1928 ao fim de 1932, as cidades soviéticas foram submergidas por um fluxo de camponeses, estimado em 12 milhões de pessoas, fugindo da coletivização e da deskulakização. Somente as regiões de Moscou e Leningrado "acolheram" mais de três milhões e meio de migrantes. Entre estes figuravam um bom número de camponeses empresários que haviam preferido fugir de seu povoado ou, quando necessário "autodeskulakizar-se", de preferência a entrar

---

[12] A, I. Dobkin, *Licentsy, 1918-1936*(As pessoas privadas de seus direitos civis), Zvenia, vol. 2 (Moscou, 1992), pp. 600-20.

"*Elementos estranhos à sociedade*" *e ciclos repressivos*   217

no kolkhoz. Em 1930-1931, os incontáveis canteiros de obras absorveram essa mão de obra pouco exigente. Mas, a partir de 1932, as autoridades começaram a se preocupar com esse afluxo maciço e descontrolado de uma população vagabunda que "ruralizava" a cidade, lugar de poder e vitrine da nova ordem socialista, colocando em perigo todo o sistema de racionamento arduamente elaborado desde 1929, cujo número de "beneficiários" passou de 26 milhões no início de 1930 a cerca de 40 milhões no fim de 1932, transformando as fábricas em imensos "acampamentos de nômades". Não estariam os recém-chegados na origem de toda uma série de "fenômenos negativos" que, segundo as autoridades, desorganizavam permanentemente a produção: absenteísmo, queda vertiginosa da disciplina do trabalho, vandalismo, fabricação de refugo, desenvolvimento do alcoolismo e da criminalidade?[13]

Para combater essa *stikhia* — termo que designa ao mesmo tempo os elementos naturais, a anarquia e a desordem —, as autoridades tomaram, em novembro-dezembro de 1932, uma série de medidas repressivas que iam de uma penalização sem precedentes das relações de trabalho a uma tentativa de expurgar as cidades de seus "elementos socialmente estrangeiros". A lei de 15 de novembro de 1932 sancionava severamente o absenteísmo no trabalho e previa de forma notável a dispensa imediata, a retirada dos cartões de racionamento e a expulsão dos contraventores de sua moradia. Seu objetivo declarado era permitir desmascarar os "pseudo-operários". O decreto de 4 de dezembro de 1932, que dava às empresas a responsabilidade da entrega dos novos cartões de racionamento, tinha como principal objetivo eliminar todas as "almas mortas" e os "parasitas" devidamente inscritos nas listas municipais de racionamento menos bem mantidas.

Mas a viga mestra do dispositivo foi a introdução, em 27 de dezembro de 1932, do passaporte interior. A "passaportização" da população respondia a vários objetivos explicitamente definidos no preâmbulo do decreto: liquidar o "parasitismo social", restringir a "infiltração" dos kulaks nos centros urbanos e sua atividade nos mercados, limitar o êxodo rural, salvaguardar a pureza social das cidades. Todos os cidadãos adultos, isto é, com mais de 16 anos de idade, não privados de seus direitos civis, assim como os ferroviários, os assalariados permanentes dos canteiros de obras de construções, os trabalhadores agrícolas das fazendas de Estado, recebiam um passaporte emitido pelos serviços de polícia. Esse passaporte só era válido quando continha um carimbo oficial certificando o endereço legal (*propiska*) do citadino. O propiska regia

---

[13] M. Lewin, *op. cit.*, pp. 311-7.

interamente o estatuto do citadino com suas vantagens específicas: cartão de racionamento, seguros sociais e direito à moradia. As cidades foram divididas em duas categorias: "abertas" ou "fechadas". As cidades "fechadas" — Moscou, Leningrado, Kiev, Odessa, Minsk, Kharkov, Rostov-sobre-o-Don, Vladivostok num primeiro tempo — eram cidades com estatuto privilegiado, mais bem abastecidas, onde o domicílio definitivo só podia ser obtido por filiação, casamento ou emprego específico dando direito ao propiska. As cidades "abertas" estavam submetidas a um propiska de obtenção mais fácil.

As operações de "passaportização" da população, que se prolongaram durante todo o ano de 1933 — 27 milhões de passaportes foram entregues —, permitiram às autoridades expurgar as cidades dos elementos indesejáveis. Iniciada em Moscou, em 5 de janeiro de 1933, a primeira semana de passaportização de 20 grandes empresas industriais da capital resultou na descoberta de 3.450 "ex-guardas brancos, ex-kulaks e outros elementos criminosos". No total, nas "cidades fechadas", mais de 385.000 pessoas tiveram o passaporte recusado e foram constrangidas a deixar seu local de residência num prazo de dez dias, com proibição de se instalarem numa outra cidade, mesmo "aberta". "Devemse, é claro, acrescentar a esse número, reconhecia o Chefe do Departamento de Passaportes do NKVD em seu relatório de 13 de agosto de 1934, todos aqueles que, quando foi anunciada a operação de 'passaportização', preferiram deixar as cidades por sua própria decisão, sabendo que não lhes seria dado um passaporte. Em Magnitogorsk, por exemplo, cerca de 35.000 pessoas deixaram a cidade. [...] Em Moscou, durante os dois primeiros meses da operação, a população diminuiu em 60.000 pessoas. Em Leningrado, em um mês, 54.000 pessoas desapareceram do ar." Nas cidades "abertas", a operação permitiu expulsar mais de 42.000 pessoas.[14]

Controle de polícia e detenções de indivíduos sem documentos resultaram no exílio de centenas de milhares de pessoas. Em dezembro de 1933, Genrikh Iagoda ordenou a seus serviços que "limpassem" a cada semana as estações de trem e as feiras nas cidades "fechadas". No curso dos oito primeiros meses de 1934, apenas nas cidades "fechadas", mais de 630.000 pessoas foram interpeladas por infração ao regime de passaportes. Entre elas, 65.661 foram encarceradas por via administrativa, em seguida geralmente deportadas como "elementos desclassificados" com o estatuto de colono especial; as outras se livraram com uma simples multa.[15]

---

[14] GARF, 1235/2/1650/27-34.

[15] Ibid.

"*Elementos estranhos à sociedade" e ciclos repressivos*

Foi durante o ano de 1933 que tiveram lugar as operações mais espetaculares: de 28 de junho a 3 de julho, prisão e deportação de 5.470 ciganos de Moscou para os "povoados de trabalho" siberianos;[16] de 8 a 12 de julho, prisão e deportação de 4.750 "elementos desclassificados" de Kiev; em abril, junho e julho de 1933, detenção-deportação de três contingentes de "elementos desclassificados" de Moscou e de Leningrado,[17] isto é, mais de 18.000 pessoas no total. O primeiro desses contingentes foi enviado à ilha de Nazino, onde, em um mês, pereceram dois terços dos deportados.

Sobre a identidade de alguns desses pretensos "elementos desclassificados" deportados após um simples controle da polícia o que escrevia, em seu relatório já citado, o instrutor do partido de Narym.

"Eu poderia multiplicar os exemplos de deportação totalmente injustificada. Infelizmente, todas essas pessoas, que eram próximos, operários, membros do Partido, estão mortas, pois eles eram os menos adaptados às condições: Novojilov Vladimir, de Moscou. Motorista da fábrica Compressor de Moscou, três vezes premiado. Esposa e filho em Moscou. Preparava-se para ir ao cinema com sua esposa. Enquanto ela se arrumava, ele desceu, sem documentos, para buscar cigarros. Foi detido na rua; Vinogradova, kolkhoziana. Ia à casa de seu irmão, chefe de milícia do 8º setor, em Moscou. Foi detida na descida do trem, em uma das estações ferroviárias da cidade, deportada; Voikine, Nikolai Vassilievitch, membro do komsomol desde 1929, operário na fábrica O Operário Têxtil Vermelho de Serpukhov. Três vezes premiado. Ia domingo a um jogo de futebol. Havia esquecido de pegar seus documentos. Detido, deportado. — Matveev, I.M. Operário da construção, no canteiro de obra de fabricação de pão nº 9. Possuía um passaporte de trabalhador sazonal, válido até dezembro de 1933. Detido com seu passaporte. Tinha dito que ninguém quis sequer dar uma olhada em seus documentos[...]"[18]

O expurgo das cidades do ano de 1933 foi acompanhado de inúmeras outras operações pontuais empreendidas com o mesmo espírito, tanto nas administrações quanto nas empresas. Nos transportes ferroviários, setor estratégico dirigido com mão de ferro por Andreiev, em seguida por Kaganovitch, 8% do conjunto do pessoal, ou seja, cerca de 20.000 pessoas, foram expurgados na

---

[16] GARF, 9479/1/19/7; N. Werth, G. Moullec, *op. cit.*, pp. 43-4.

[17] GARF, 9479/1/19/19.

[18] V. Danilov, S. A. Krasilnikov, *op. cit.*, vol. 3, pp. 96-9.

220   *O Livro Negro do Comunismo*

primavera de 1933. Sobre o desenrolar dessas operações, eis uma passagem extraída do relatório do Chefe de Departamento de Transporte da GPU sobre "a eliminação de elementos contrarrevolucionários e antissoviéticos das ferrovias", datado de 5 de janeiro de 1933:

"As operações de limpeza efetuadas pelo Departamento de Transportes da GPU da oitava região deram os resultados seguintes: Penúltima operação de expurgo, 700 pessoas presas e deferidas diante dos tribunais, entre as quais: saqueadores de encomendas: 325; vândalos (ladrõezinhos) e elementos criminosos: 221; bandidos: 27; elementos contrarrevolucionários: 127; e 73 saqueadores de encomendas fazendo parte de bandos organizados foram fuzilados. Durante a última operação de expurgo [...] 200 pessoas em média foram presas. São principalmente elementos kulaks. Outrossim, 300 pessoas duvidosas foram despedidas por via administrativa. Assim, no curso dos últimos quatro meses, são 1.270 pessoas que, de uma maneira ou de outra, foram cassadas da rede. A limpeza continua."[19]

Na primavera de 1934, o governo tomou uma série de medidas repressivas em relação aos numerosos jovens vagabundos e pequenos delinquentes que se multiplicaram nas cidades desde a deskulakização, a fome e a brutalização geral das relações sociais. Em 7 de abril de 1935, o Politburo editou um decreto que previa "submeter à justiça, para aplicar-lhes todas as sanções penais previstas pela lei, os adolescentes, a contar de 12 anos, autores de furtos, atos de violência, lesões corporais, atos de mutilação e de assassinato". Alguns dias mais tarde, o governo enviou uma instrução secreta ao tribunal, especificando que as sanções penais aos adolescentes "também comportavam a medida suprema de defesa social", isto é, a pena de morte. Em consequência, as antigas disposições do Código Penal que proibiam aplicar a pena de morte aos menores foram revogadas.[20] Paralelamente, o NKVD foi encarregado de reorganizar as "casas de recepção e de destino de menores", dependentes até então do Comissariado do Povo para a Instrução, e de desenvolver uma rede de "colônias de trabalho" para menores.

Contudo, diante da amplitude crescente da delinquência juvenil e da vagabundagem, essas medidas não tiveram nenhum efeito. Como observava um relatório sobre "a liquidação da vagabundagem de menores durante o período de 1º de julho de 1935 a 1º de outubro de 1937":

---

[19] CRCEDHC, 17/120/94/133-136.
[20] O. Khlevniouk, *op. cit.*, pp. 154-6.

"Apesar da reorganização dos serviços, a situação não melhorou em nada. [...] A partir de fevereiro de 1937, foi notado um forte fluxo de vagabundos das zonas rurais, principalmente das regiões atingidas pela má colheita de 1936. [...] As saídas em massa de crianças do campo por causa de dificuldades materiais temporárias que afetam suas famílias se explicam não somente pela má organização das caixas de auxílio mútuo dos kolkhozes, mas também pelas práticas criminosas dos dirigentes dos kolkhozes que, desejosos de se livrarem dos jovens mendicantes e dos vagabundos, dão a estes últimos 'atestados de vagabundagem e mendicância' e os expedem em direção às estações ferroviárias e às cidades mais próximas. [...] Outrossim, a administração ferroviária e a milícia das estradas de ferro, em vez de prenderem os menores vagabundos e de dirigi-los para os centros de recepção e de repartição do NKVD, se limitavam a colocá-los à força nos trens de passagem 'para que o seu setor fosse limpo' [...] e os vagabundos se viam mais uma vez nas grandes cidades."[21]

Alguns números dão uma ideia da dimensão do fenômeno. Apenas durante o ano de 1936, mais de 125.000 menores vagabundos passaram pelos "centros de recepção" do NKVD; de 1935 a 1939, mais de 155.000 menores foram encerrados nas colônias de trabalho do NKVD, e 92.000 crianças de 12 a 16 anos compareceram à Justiça apenas nos anos de 1936-1939. Em 1º de abril de 1939, mais de 10.000 menores estavam encarcerados no sistema de campos do Gulag.[22]

Na primeira metade dos anos 1930, a amplitude da repressão praticada pelo Partido-Estado contra a sociedade conheceu variações de intensidade, com os ciclos alternando momentos de violenta confrontação, com seu cortejo de medidas terroristas e de expurgos em massa, e momentos de pausa que permitiam reencontrar um certo equilíbrio, ou mesmo suspender o caos que ameaçava engendrar um confronto permanente, causador de derrapagens descontroladas.

A primavera de 1933 marcou sem dúvida o apogeu de um primeiro grande ciclo de terror que havia começado no fim de 1929 com o lançamento da deskulakização. As autoridades foram então confrontadas com problemas realmente inéditos. E primeiro, como assegurar, nas regiões devastadas pela fome, os trabalhos no campo para a colheita futura? "Se nós não levamos em consideração as necessidades mínimas dos kolkhozianos", prevenira um im-

---

[21] GARF, 1235/2/2032/15-29.

[22] J. A. Getty, G. T. Rittersporn, V. N. Zemskov, "Les victimes de la répression pénale dans l'URSS d'avant-guerre", *Revue des Études Slaves*, vol. 65 (4), 1993, p. 641.

222   *O Livro Negro do Comunismo*

portante responsável do Partido no outono de 1932, "não haverá mais ninguém para semear e assegurar a produção."

Em seguida, o que fazer com os milhares de acusados que entupiam as prisões e que o sistema de campos de concentração não estava sequer em medida de explorar? "Que efeitos podiam ter nossas leis super-repressivas sobre a população, interrogava-se um outro responsável local do Partido em março de 1933, quando se sabe que, sob proposta do tribunal, centenas de kolkhozianos, condenados mês passado a dois anos e mais de prisão por sabotagem do plantio, já foram liberados?"

As respostas dadas pelas autoridades a essas duas situações-limite, durante o verão de 1933, revelavam duas orientações diferentes cuja mistura alternância e frágil equilíbrio ia caracterizar o período do verão de 1933 ao outono de 1936, antes do início do Grande Terror.

À primeira questão — como assegurar os trabalhos no campo para a futura colheita, nas regiões devastadas pela fome? —, as autoridades responderam do modo mais expeditivo, organizando imensas detenções da população urbana, enviada aos campos de concentração *manu militari*.

"A mobilização das forças citadinas", escrevia em 20 de julho de 1933 o cônsul italiano de Kharkov, "tomou proporções enormes. [...] Esta semana, pelo menos 20.000 pessoas foram enviadas diariamente para o campo. [...] Anteontem, o bazar foi cercado, pegaram todas as pessoas válidas, homens, mulheres, meninos e meninas adolescentes, levaram-nos à estação ferroviária, enquadrados pela GPU, e os expediram aos campos de concentração."[23]

A chegada em massa ao campo desses citadinos famintos não deixou de criar tensões. Os camponeses incendiavam os acampamentos onde estavam jogados como gado os "mobilizados" — que haviam sido devidamente prevenidos pelas autoridades para não se aventurarem pelos povoados "cheios de canibais". Contudo, graças a condições meteorológicas excepcionalmente favoráveis à mobilização de toda mão de obra citadina disponível e ao instinto de sobrevivência dos citadinos poupados — que, consignados em seus povoados, não tinham outra alternativa senão trabalhar essa terra que não lhes pertencia ou morrer —, as regiões atingidas pela fome de 1932-1933 deram, no outono de 1933, uma colheita sobretudo honorável.

À segunda questão — o que fazer do fluxo de detidos que entupiam as prisões? —, as autoridades responderam de maneira pragmática, liberando várias centenas de milhares de pessoas. Uma circular confidencial do Comitê

---

[23] A. Graziosi, Lettres de Kharkov..., *art. cit.*, p. 77.

"Elementos estranhos à sociedade" e ciclos repressivos 223

Central de 8 de maio de 1933 reconheceu a necessidade de "regulamentar as prisões [...] efetuadas por qualquer um, de "desentupir os locais de detenção" e de "reduzir, num prazo de dois meses, o número total de detidos, com exceção dos campos de concentração, de 800.000 para 400.000".[24] A operação de "desentupimento" durou cerca de um ano, e aproximadamente 320.000 pessoas detidas foram liberadas.

O ano de 1934 foi marcado por uma certa calmaria na política repressiva. Como prova a grande diminuição do número de condenações referentes a casos seguidos pela GPU, que caíram a 79.000, contra 240.000 em 1933.[25] A polícia política foi reorganizada. Conforme o decreto de 10 de julho de 1934, a GPU tornava-se um departamento do Novo Comissariado do Povo para o Interior unificado em toda a URSS. Ele parecia assim dissolver-se em outros departamentos menos temíveis, como a milícia operária e camponesa, as guardas de fronteira etc. Portando a partir de então a mesma sigla que o Comissariado do Povo para o Interior — *Narodnyi Komissariat Vnutrennykh Diel*, ou NKVD—, a "nova" polícia política perdia uma parte de suas atribuições judiciárias; ao fim da instrução, os dossiês deveriam ser "transmitidos aos órgãos jurídicos competentes", e ela não tinha mais a possibilidade de ordenar as execuções capitais sem o aval das autoridades políticas centrais. Era igualmente criado um procedimento de apelação: todas as condenações à morte deveriam ser confirmadas por uma comissão do Politburo.

Contudo, essas disposições, apresentadas como medidas "reforçando a legalidade socialista", tiveram apenas efeitos muito limitados. O controle das decisões de prisão pelo tribunal revelou-se sem alcance, pois o Procurador Geral Vychinski deixou grande margem aos órgãos repressores. Outrossim, desde setembro de 1934, o Politburo desrespeitou os procedimentos que ele próprio estabelecera a propósito das condenações à pena capital, autorizando os responsáveis por um certo número de regiões a não se referirem a Moscou para as condenações à morte no nível local. A calmaria foi de curta duração.

O assassinato de Serge Kirov, membro do Politburo e Primeiro Secretário da Organização do Partido em Leningrado, abatido em 1º de dezembro de 1934 por Leonid Nikolaiev, um jovem comunista exaltado que conseguira penetrar armado no Instituto Smolny, sede da direção do Partido de Leningrado, iniciou um novo ciclo repressivo.

---

[24] CRCEDHC, 17/3/922/56-58.
[25] V. Popov, *art. cit.*, p. 28.

224   *O Livro Negro do Comunismo*

Durante décadas, a hipótese da participação direta de Stalin no assassinato de seu principal "rival" político prevaleceu, principalmente após as "revelações" feitas por Nikita Kruschev em seu "Relatório secreto" apresentado na noite de 24 a 25 de fevereiro de 1956, diante dos delegados soviéticos presentes ao XX Congresso do PCUS. Essa hipótese foi recentemente contestada, principalmente na obra de Alla Kirilina,[26] que se baseia em fontes de arquivos inéditas. No entanto, o assassinato de Kirov foi amplamente utilizado por Stalin para fins políticos. Ele materializava, com efeito, de modo categórico, a figura do complô, figura central da retórica stalinista. Ele permitia alimentar um clima de crise e de tensão. Ele podia servir, a qualquer momento, como prova tangível — em realidade, de um único elemento — da existência de uma ampla conspiração que ameaçava o país, seus dirigentes e o socialismo. Ele fornecia, durante um bom tempo, uma excelente explicação para as fraquezas do sistema: se as coisas iam mal, se a vida era difícil, enquanto ela devia ser, segundo a famosa declaração de Stalin, "alegre e feliz", era "culpa dos assassinos de Kirov".

Algumas horas após o anúncio do assassinato, Stalin redigiu um decreto, conhecido pelo nome de "lei de 1º de dezembro". Essa medida extraordinária, posta em funcionamento sob decisão pessoal de Stalin, e que foi legitimada pelo Politburo somente dois dias mais tarde, ordenava a redução para dez dias do período de instrução dos processos nos casos de terrorismo, que os julgamentos fossem feitos na ausência das partes e que as sentenças de morte fossem aplicadas imediatamente. Essa lei, que marcava uma ruptura radical com os procedimentos estabelecidos alguns meses antes, seria o instrumento ideal para a aplicação do Grande Terror.[27]

Nas semanas que se seguiram, um grande número de antigos opositores de Stalin no interior do Partido foram acusados de atividades terroristas. Em 22 de dezembro de 1934, a imprensa anunciou que o "crime odioso" era obra de um "grupo terrorista clandestino" compreendendo, além de Nikolaiev, 13 antigos "zinovievistas" arrependidos, e dirigido por um pretenso "Centro de Leningrado". Todos os membros desse grupo foram julgados a portas fechadas em 28 e 29 de dezembro, condenados à morte e imediatamente executados. Em 9 de janeiro de 1935, abriu-se o processo do mítico "Centro Contrarrevolucionário Zinovievista de Leningrado" implicando 77 pessoas, entre as quais numerosos militantes eminentes do Partido que se opuseram no passado à linha stalinista e que foram condenados a pequenas penas de prisão.

---

[26] Alla Kirilina, *L'Assassinat de Kirov. Destin d'un stalinien, 1888-1934* (Paris, Le Seuil, 1995).

[27] R. Conquest, *La Grande Terreur* Paris, Robert Laffont, 1995, pp. 429-30.

"Elementos estranhos à sociedade" e ciclos repressivos 225

A descoberta do Centro de Leningrado permitiu colocar a mão em um "Centro de Moscou" incluindo 19 pretensos participantes, entre os quais Zinoviev e Kamenev em pessoa, que foram acusados de "cumplicidade ideológica" com os assassinos de Kirov e julgados em 16 de janeiro de 1935. Zinoviev e Kamenev admitiram que a "antiga atividade de oposição não podia, por força das circunstâncias objetivas, senão estimular a degenerescência desses criminosos". O reconhecimento dessa assombrosa "cumplicidade ideológica", que vinha após tantos arrependimentos e renegações públicos, deveria levar os dois antigos dirigentes a figurar como vítimas expiatórias em uma futura paródia de justiça. Enquanto isso, ela lhes valeu, respectivamente, cinco e dez anos de reclusão criminal. No total, em dois meses, de dezembro de 1934 a fevereiro de 1935, 6.500 pessoas foram condenadas segundo os novos procedimentos previstos pela lei de 1º de dezembro sobre o terrorismo.[28]

No dia seguinte à condenação de Zinoviev e de Kamenev, o Comitê Central endereçou a todas as organizações do Partido uma circular secreta intitulada "Lições dos acontecimentos ligados ao assassinato ignóbil do camarada Kirov". Esse texto afirmava a existência de um complô dirigido por "dois centros zinovievistas [...] forma encoberta de uma organização de guardas brancos" e lembrava que a história do partido havia sido e continuava sendo um combate permanente contra os "grupos antipartido": trotskistas, "centralistas-democráticos", "desviacionistas de direita", "direito-esquerdistas" etc. Eram então suspeitos todos aqueles que um dia ou outro tinham se pronunciado contra a direção stalinista. A caça aos antigos opositores se intensificou. No fim de janeiro de 1935, 988 antigos partidários de Zinoviev em Leningrado foram exilados em Iakútia e na Sibéria. O Comitê Central ordenou a todas as organizações locais do Partido que estabelecessem listas de comunistas excluídos em 1926-1928 por pertencerem ao "bloco trotskista e trotskista-zinovievista". Foi com base nessas listas que foram executadas, em seguida, as prisões. Em maio de 1935, Stalin enviou às instâncias locais do Partido uma nova carta do Comitê Central ordenando uma verificação minuciosa da carteira de cada comunista.

A versão oficial do assassinato de Kirov, perpetrado por um indivíduo que havia penetrado no Smolny graças a uma falsa carteira do partido, demonstrava de modo categórico "a imensa importância política" da campanha de verificação das carteiras. Essa campanha durou mais de seis meses, desenrolou-se com a participação ativa do aparelho da polícia política, o NKVD, que forneceu às instâncias do partido dossiês sobre os comunistas "duvidosos", e as organizações

---

[28] O. Khlevniouk, *op. cit.*, pp. 150-4.

226   *O Livro Negro do Comunismo*

do Partido, que, por sua vez, transmitiram ao NKVD as informações sobre os partidários excluídos durante a campanha de "verificação". Essa campanha resultou na exclusão de 9% dos membros do partido, isto é, cerca de 250.000 pessoas.[29] De acordo com os dados incompletos citados diante do plenário do Comitê Central reunido no fim de dezembro de 1935 por Nikolai Iejov, chefe do Departamento Central de Quadros e responsável pela operação, 15.218 "inimigos" excluídos do Partido foram presos durante essa campanha. Contudo, segundo Iejov, esse expurgo desenrolou-se muito mal. Ele havia durado três vezes o tempo previsto por causa da "má vontade, que chegava às raias da sabotagem", de um grande número de "elementos burocratizados instalados nos aparelhos". Apesar dos apelos das autoridades centrais ao desmascaramento dos trotskistas e zinovievistas, somente 3% dos excluídos pertenciam a essa categoria. Os dirigentes locais do Partido foram com frequência reticentes "em fazer contato com os órgãos do NKVD e em dar ao Centro uma lista individual de pessoas a serem exiladas sem demora por decisão administrativa". Em resumo, segundo Iejov, a campanha de verificação de carteiras revelara a que ponto a "caução solidária" dos aparelhos locais do Partido impedia qualquer controle eficaz das autoridades centrais sobre o que se passava realmente no país.[30] Aí estava um ensinamento crucial, do qual Stalin ainda se lembraria.

A onda de terror que se abateu desde o dia seguinte ao assassinato de Kirov não levou apenas os antigos opositores no interior do Partido. Com o pretexto de que "elementos terroristas, guardas brancos, haviam atravessado a fronteira ocidental da URSS", o Politburo decretou, em 27 de dezembro de 1934, a deportação de duas mil "famílias antissoviéticas" dos distritos fronteiriços da Ucrânia. Em 15 de março de 1935, medidas análogas foram tomadas para a deportação de "todos os elementos pouco confiáveis dos distritos fronteiriços da região de Leningrado e da república autônoma da Carélia [...] para o Cazaquistão e para a Sibéria Ocidental". Tratava-se principalmente de finlandeses, primeiras vítimas das deportações étnicas que iriam atingir seu apogeu durante a guerra. Essa primeira grande deportação de cerca de dez mil pessoas com base em critérios de nacionalidade foi seguida, na primavera de 1936, por uma segunda, que atingiu mais de 15 mil famílias e cerca de 50 mil

---

[29] *Ibid.*, p. 158.

[30] O. Khlevniouk, *op. cit.*, pp. 156-9; sobre essa campanha, J. A. Getty, *Origins of the Great Purges: the soviet CP Reconsidered, 1933-1938*, Cambridge VP, 1985; CRCEDHC, 17/120/240.

"Elementos estranhos à sociedade" e ciclos repressivos 227

pessoas, poloneses e alemães da Ucrânia deportados da região de Karaganda para o Cazaquistão e instalados em kolkhozes.[31]

Como prova o número de condenações pronunciadas nos casos referentes ao NKVD — 267.000 em 1935, mais de 274.000 em 1936[32] —, o ciclo repressivo experimentou uma novo aquecimento ao longo desses dois anos. Algumas raras medidas de apaziguamento foram adotadas durante esse período, tais como a supressão da categoria dos lichentsy, a anulação das condenações levemente inferiores a cinco anos pronunciadas contra os kolkhozianos, a liberação antecipada de 37.000 pessoas condenadas nos termos da lei de 7 de agosto de 1932, o restabelecimento dos direitos dos colonos especiais deportados, a ab-rogação das discriminações que proibiam o acesso ao ensino superior dos filhos dos deportados. Mas essas medidas eram contraditórias. Assim os kulaks deportados, restabelecidos em princípio em seus direitos civis ao fim de cinco anos de deportação, finalmente não obtiveram o direito de deixar o local de sua residência forçada. Logo que eles foram restabelecidos em seus direitos, os deportados começaram a voltar a seu povoado, o que trouxe uma série de problemas inextricáveis. Poder-se-ia deixá-los entrar no kolkhoz? Onde hospedá-los, já que seus bens e suas casas haviam sido confiscados? A lógica da repressão permitia apenas pausas; ela não permitia que se retrocedesse.

As tensões entre o regime e a sociedade cresceram mais ainda quando o poder decidiu recuperar o movimento stakhanovista, nascido após o famoso "recorde" estabelecido pelo mineiro Andei Stakhanov, que havia multiplicado por 14 as normas de extração de carvão graças a uma formidável organização de equipe, e promover uma vasta campanha produtivista. Em novembro de 1935, apenas dois meses após o famoso recorde de Stakhanov, teve lugar em Moscou uma conferência de trabalhadores de vanguarda. Stalin sublinhou o caráter "profundamente revolucionário de um movimento liberado do conservadorismo dos engenheiros, dos técnicos e dos dirigentes de empresas". Nas condições de funcionamento da indústria soviética de então, a organização de jornadas, de semanas, de décadas stakhanovistas desorganizaram por muito tempo a produção; o equipamento era deteriorado; os acidentes de trabalho se multiplicavam; e os "recordes" eram seguidos por um período de queda da produção. Reatando com o spetzeedstvo dos anos 1928-1931, as autoridades

---

[31] CRCEDHC, 17/162/17; O. Khlevniouk, *op. cit.*, p. 154; N. Werth, G. Moullec, *op. cit.*, pp. 376-7.

[32] V. Popov, *art. cit.*, p. 28.

imputaram naturalmente as dificuldades econômicas a pretensos sabotadores infiltrados entre os quadros, os engenheiros e os especialistas. Uma declaração imprudente que escapasse em relação aos stakhanovistas, rupturas de ritmos de produção ou um incidente técnico eram considerados como sendo ações contrarrevolucionárias. Ao longo do primeiro semestre de 1936, mais de 14 mil quadros da indústria foram detidos por sabotagem. Stalin utilizou a campanha stakhanovista para recrudescer ainda mais sua política repressiva e uma nova onda de terror sem precedentes, que iria entrar na História com o nome de o "Grande Terror".

10
O Grande Terror
(1936-1938)

Muito já foi escrito sobre o "Grande Terror", que os soviéticos também chamam *Iejovschina*, "o tempo de Iejov". De fato, durante os dois anos em que o NKVD foi dirigido por Nikolai Iejov (de setembro de 1936 a novembro de 1938) a repressão ganhou uma amplitude sem precedentes, atingindo todas as camadas da população soviética, dos dirigentes do Politburo aos simples cidadãos que eram detidos nas ruas, simplesmente para que as cotas de "elementos contrarrevolucionários" fossem preenchidas. Por várias décadas, a tragédia do Grande Terror permaneceu sob silêncio. No Ocidente, apenas se retiveram desse período os três espetaculares processos públicos de Moscou: o de agosto de 1936, o de janeiro de 1937 e o de março de 1938, no decorrer dos quais os mais prestigiados companheiros de Lenin (Zinoviev, Kamenev, Krestinski, Rykov, Piatakov, Radek, Bukharin e outros) confessaram os piores crimes: a organização de "centros terroristas" de obediência "trotsko-zinovievista" ou "trotsko-direitista", tendo como objetivo derrubar o poder soviético, assassinar seus dirigentes, restaurar o capitalismo, executar atos de sabotagem, minar a potência militar da URSS, desmembrar a União Soviética, separando, em proveito de Estados estrangeiros, a Ucrânia, a Bielorrússia, a Geórgia, a Armênia, o Extremo Oriente soviético etc.

Excepcional evento-espetáculo, os processos de Moscou foram também eventos-fachada que desviaram a atenção dos observadores estrangeiros convidados ao espetáculo de tudo o que se passava ao lado e atrás: a repressão em massa de todas as categorias sociais. Para esses observadores, que já haviam guardado silêncio sobre a deskulakização, a fome e o desenvolvimento do sistema de campos de concentração, os anos 1936-1938 foram apenas o último ato da luta política que opuseram, por mais de seis anos, Stalin a seus principais rivais; ou, ainda, o fim do confronto entre a "burocracia termidoriana*

---

* Relativo à coalizão que derrubou Robespierre em 9 Termidor, o equivalente a 27 de julho de 1794. [N. do T.]

stalinista" e a "velha guarda leninista" que permanecera fiel aos compromissos revolucionários.

Retomando os principais temas da obra de Trotski, publicada em 1936, *A revolução traída,* o editorialista do grande jornal francês *Le Temps* escreveu (em 27 de julho de 1936):

"A Revolução Russa chegou a seu Termidor. Stalin mediu a inanição da pura ideologia marxista e do mito da revolução universal. Bom socialista, decerto, mas antes de tudo patriota, ele sabe o perigo que essa ideologia e esse mito fazem o seu país correr. Seu sonho é provavelmente o de um despotismo esclarecido, de um tipo de paternalismo em tudo afastado do capitalismo, mas também afastado das quimeras do comunismo."

O *l'Écho de Paris* exprimiu, em 30 de janeiro de 1937, com termos mais figurados e menos respeitosos, a mesma ideia:

"O georgiano de cabeça baixa junta-se sem querer a Ivan, o Terrível, Pierre, o Grande, e Catarina II. Os outros, os que ele massacrou, são os revolucionários que permaneceram fiéis a sua fé diabólica, neuróticos à beira de um furor permanente de destruição."[1]

Será preciso esperar o "Relatório secreto de Kruschev, no XX Congresso do PCUS, em 25 de fevereiro de 1956, para que enfim se levante o véu sobre os numerosos atos de violação da legalidade socialista cometidos, nos anos 1936-1938, contra os dirigentes e executivos do Partido". Nos anos que se seguiram, um certo número de responsáveis, principalmente militares, foram reabilitados. Porém, o silêncio permaneceu total sobre as vítimas "comuns". É bem verdade que, durante o XXII Congresso do PCUS, em outubro de 1961, Kruschev reconheceu publicamente que "repressões em massa [...] haviam sido praticadas contra simples e honestos cidadãos soviéticos", mas ele não disse nada a respeito da dimensão dessas repressões, pelas quais ele havia sido diretamente responsável, como tantos outros dirigentes de sua geração.

No fim dos anos 1960, a partir de testemunhos dos soviéticos exilados no Ocidente e de publicações tanto de emigrantes quanto de soviéticos do período do "degelo kruscheviano", um historiador como Robert Conquest pôde reconstituir, em suas grandes linhas, a trama geral do Grande Terror, porém, com algumas extrapolações por vezes imprudentes sobre os mecanismos de tomada de decisão e uma superestimação bastante importante do número de vítimas.[2]

---

[1] N. Werth, *Les procès de Moscou, 1936-1938,* Bruxelas, Complexe, 1987, p. 61.

[2] R. Conquest, *La Grande Terreur,* Paris, Stock, 1968; reed. R. Laffont, 1995.

O Grande Terror (1936-1938)

A obra de Robert Conquest suscita um grande número de discussões, especialmente sobre o grau de centralização do terror, sobre os papéis respectivos de Stalin e de Iejov, e sobre o número de vítimas. Alguns historiadores da escola revisionista americana, por exemplo, contestaram a ideia segundo a qual Stalin havia planejado com precisão o desenrolar dos eventos de 1936 a 1938. Insistindo, ao contrário, no crescimento da tensão entre as autoridades centrais e os aparelhos locais cada vez mais potentes, assim como nas "derrapagens" de uma repressão amplamente descontrolada, eles explicaram a amplitude excepcional das repressões dos anos 1936-1938 pelo fato de que, desejosos de desviar do golpe que lhes estava destinado, os aparelhos locais dirigiram o terror contra inúmeros "bodes expiatórios", demonstrando ao Centro, assim, sua vigilância e sua intransigência na luta contra os inimigos por todos os lados.[3]

Outro ponto de divergência: o número de vítimas. Para Conquest e seus discípulos, o Grande Terror teria como saldo pelo menos seis milhões de prisões, três milhões de execuções e dois milhões de mortes nos campos de concentração. Para os historiadores revisionistas, esses números são bastante superavaliados.

A abertura — ainda parcial — dos arquivos soviéticos nos permite hoje fazer uma nova avaliação sobre o Grande Terror. Não se trata de retraçar, nestas poucas páginas, a história extraordinariamente complexa e trágica dos dois anos mais sangrentos do regime soviético segundo outros historiadores, mas de tentar esclarecer as questões que suscitaram tanta polêmica no decorrer dos últimos anos — especialmente sobre o grau de centralização do terror, sobre suas categorias e o número de vítimas.

No que diz respeito ao grau de centralização do terror, os documentos do Politburo atualmente acessíveis[4] confirmam que a repressão em massa foi de fato o resultado de uma iniciativa decidida pela mais alta instância do Partido, o Politburo, e pelo próprio Stalin em particular. A organização e depois o desenrolar da mais sangrenta das grandes operações de repressão, a operação de

---

[3] J. A. Getty, *Origins of the Great Purges: the Soviet CR Reconsidered, 1933-1938*, Cambridge UP, 1985; G. Rittersporn, *Simplifications staliniennes et complications soviétiques, 1933-1953*, Paris, EAC, 1988; J. A. Getty, R. T. Manning (ed.), *Stalinist Terror, New Perspectives*, Cambridge UP, 1993.

[4] *Stalinskoie Politburo v 30-ye gody* (O Bureau Político stalinista nos anos 30), coletânea de documentos reunidos por O. V. Khlevniouk, A. V. Kvachonkine, L. P. Kocheleva, L. A. Rogovaia, Moscou, 1995; O. V. Khlevniouk, L. P. Kocheleva, J. Howlett, L. Rogovaia, "Les Sources archivistiques des organes dirigeants du PC(b)R", *Communisme*, nos 42-43-44 (1995), pp. 15-34.

"liquidação de ex-kulaks, criminosos e outros elementos antissoviéticos",[5] que teve lugar de agosto de 1937 a maio de 1938, trazem esclarecimentos bastante reveladores sobre o papel respectivo do Centro e do local na repressão, mas também sobre a lógica dessa operação, que supostamente resolveria de modo definitivo — pelo menos em princípio — um problema que não pudera ser resolvido no decorrer dos anos precedentes.

Desde 1935-1936, a questão do destino posterior dos ex-kulaks deportados estava na ordem do dia. Apesar da interdição, que lhes era regularmente relembrada, de deixarem os locais de residência que lhes foram designados, os "colonos especiais" se misturavam aos trabalhadores livres. Num relatório de agosto de 1936, Rudolf Berman, o diretor do Gulag, escreveu: "Vários colonos especiais, aproveitando-se de uma vigilância bastante frouxa, que vêm trabalhando há bastante tempo em equipes mistas com operários livres, deixaram seu lugar de residência. É cada vez mais difícil recuperá-los. Com efeito, eles se especializaram, a administração das empresas quer mantê-los, algumas vezes eles se viraram para arranjar um passaporte, se casaram com colegas livres, muitos têm casa..."[6]

Se vários dos colonos especiais com residências designadas perto de centros industriais tinham a tendência a se misturarem à classe operária local, outros fugiam para mais longe. Um grande número desses "fugitivos", sem documentos e sem teto, juntavam-se a bandos de marginais sociais e de pequenos delinquentes cada vez mais numerosos nas periferias das cidades. As inspeções feitas no outono de 1936 em algumas *komandatures* revelam uma situação "intolerável" aos olhos das autoridades: assim, na região de Arkhangelsk, somente 37.000 dos 89.700 colonos especiais permaneciam nos locais de residência que lhes foram supostamente determinados!

A obsessão do "kulak-sabotador-infiltrado-nas-empresas" e do "kulak--bandido-rondando-as-cidades" explica que essa "categoria" talvez tenha sido designada prioritariamente como vítima expiatória da grande operação de repressão decidida no início do mês de julho de 1937 por Stalin.

Em 2 de julho de 1937, o Politburo enviou às autoridades locais um telegrama, ordenando-lhes que "fossem presos imediatamente todos os kulaks e criminosos [...], de fuzilar os mais hostis entre eles após o exame administrativo do seu caso por uma troika [uma comissão de três membros, composta pelo primeiro-secretário regional do Partido, pelo procurador e pelo diretor

---

[5] *Troud*, 4 de junho de 1992.
[6] GARF, 9479/1/978/32.

O Grande Terror (1936-1938)

regional do NKVD] e de deportar os elementos menos ativos, mas que são, porém, hostis ao regime [...]. O Comitê Central propõe que seja apresentada num prazo de cinco dias a composição das troiki, assim como o número de indivíduos a serem fuzilados e aqueles a serem deportados".

Assim, o Centro recebeu, nas semanas que se seguiram, os "números indicativos" fornecidos pelas autoridades locais, com base nos quais Iejov preparou a ordem operacional nº 00447, com data de 30 de julho de 1937, que foi submetida, no mesmo dia, ao Politburo para a ratificação. Durante essa "operação", 259.450 pessoas foram detidas, das quais 72.950, fuziladas.[7] De fato, esses dados eram incompletos, pois na lista estabelecida faltava toda uma série de regiões, que ainda não tinham, segundo parece, enviado a Moscou suas "estimativas". Como já havia acontecido durante a deskulakização, todas as regiões receberam cotas para cada uma das duas categorias (1ª categoria: a executar; 2ª categoria: a deportar).

Notemos que os elementos visados pela operação pertenciam a um espectro sociopolítico bem mais amplo que as categorias listadas em princípio: ao lado dos "ex-kulaks" e dos "elementos criminosos" havia os "elementos perigosos à sociedade" e os "elementos dos partidos antissoviéticos", os antigos "funcionários czaristas", os "guardas brancos" etc. Essas "designações" eram, naturalmente, atribuídas a um suspeito qualquer, quer ele pertencesse ao Partido, à *intelligentsia* ou à "gente comum". Quanto às listas de suspeitos, os serviços competentes da GPU, depois do NKVD, tiveram todo o tempo para prepará-las, mantê-las em dia e para atualizá-las há vários anos.

A ordem operacional de 30 de julho de 1937 dava aos dirigentes locais o direito de pedir a Moscou listas complementares de indivíduos a serem reprimidos. As famílias das pessoas condenadas a penas em campos de concentração ou executadas podiam ser presas "acima das cotas".

Desde o fim do mês de agosto, o Politburo foi alvo de vários pedidos de elevação de cotas. De 28 de agosto a 15 de dezembro de 1937, ele ratificou diversas proposições de aumentos de cotas para um total de 22.500 indivíduos a serem executados e 16.800 a serem enviados aos campos de concentração. Em 31 de janeiro de 1938, foi adotado, atendendo a uma demanda do NKVD, um novo "acréscimo" de 57.200 pessoas, das quais 48.000 deveriam ser executadas. A totalidade das operações devia ter terminado em 15 de março de 1938. Mas, ainda uma vez, as autoridades locais, que haviam sido várias vezes "expurgadas" e renovadas desde o ano anterior, julgaram oportuno mostrar todo o seu zelo.

Troud, 4 de junho de 1992.

234   *O Livro Negro do Comunismo*

De 1º de fevereiro a 29 de agosto de 1938, o Politburo ratificou contingentes suplementares de 90.000 indivíduos a serem reprimidos.

Assim, a operação, que devia a princípio durar quatro meses, estendia-se por mais de um ano e atingiu pelo menos 200.000 pessoas acima das cotas aprovadas inicialmente.[8] Todo indivíduo suspeito de "más" origens sociais era uma vítima em potencial. Eram particularmente vulneráveis também todas as pessoas que habitassem as zonas fronteiriças, ou que houvessem mantido, de uma maneira ou de outra, contatos com o exterior do país, quer tenham sido prisioneiros de guerra ou que tivessem parentes, mesmo distantes, fora da URSS. Essas pessoas, assim como radioamadores, filatelistas ou esperantistas, tinham grandes chances de serem acusados de praticarem espionagem. De 6 de agosto a 21 de dezembro de 1937, pelo menos dez operações, do mesmo tipo daquela iniciada em seguida à ordem operacional nº 00447, foram lançadas pelo Politburo e pelo NKVD, seu representante nessa matéria, visando "liquidar", nacionalidade por nacionalidade, pretensos grupos de "espiões" e de "diversionistas": alemães, poloneses, japoneses, romenos, finlandeses, lituanos, estonianos, letões, gregos e turcos. Nos 15 meses que duraram essas operações "antiespionagem", de agosto de 1937 a novembro de 1938, várias centenas de milhares de pessoas foram presas.

Entre as operações sobre as quais dispomos atualmente de informações — ainda bastante lacunares, pois os arquivos da ex-KGB e os arquivos presidenciais em que são conservados os documentos mais confidenciais permanecem inacessíveis aos pesquisadores —, podemos citar:

— a operação de "liquidação dos contingentes de alemães que trabalhavam nas empresas da Defesa Nacional", de 20 de julho de 1937;

— a operação de "liquidação das atividades terroristas, de diversão e de espionagem da rede japonesa de repatriados de Kharbin", lançada em 19 de setembro de 1937;

— a operação de "liquidação da organização direitista nipônico-militar dos cossacos", lançada em 4 de agosto de 1937; de setembro a dezembro de 1937, mais de 19.000 pessoas foram reprimidas durante essa operação;

— a operação de "repressão das famílias dos inimigos do povo que foram presos", requisitada pela ordem operacional do NKVD de nº 00486, de 15 de agosto de 1937.

Essa breve enumeração, bastante incompleta, de uma pequena parte das operações decididas pelo Politburo e postas em prática pelo NKVD, é sufi-

---

[8] O. Khlevniouk, *Le Cercle du Kremlin, op. cit.*, pp. 208-10.

O Grande Terror (1936-1938)

ciente para ressaltar o caráter centralizado da repressão em massa dos anos 1937-1938. É bem verdade que essas operações, como todas as grandes ações repressivas executadas sob a ordem do Centro pelos funcionários locais — quer seja a deskulakização, o expurgo das cidades ou a caça aos especialistas —, não ocorriam sem derrapagens ou excessos. Após o Grande Terror, apenas uma comissão foi enviada ao campo, ao Turcomenistão, para investigar os excessos da *Iejovschina*. Nessa pequena república de 1.300.000 habitantes (0,7% da população soviética), 13.259 pessoas haviam sido condenadas pelas troiki do NKVD, de agosto de 1937 a setembro de 1938, apenas como consequência da operação de "liquidação dos ex-kulaks criminosos e outros elementos antissoviéticos". Desse total de pessoas condenadas, 4.037 haviam sido fuziladas. As cotas fixadas por Moscou eram de 6.277 (número total de condenações) e de 3.225 (número total de execuções).[9] Podemos supor que tenha havido excessos e semelhantes extrapolações em outras regiões do país. Elas decorriam do próprio princípio das cotas, das ordens planejadas vindas do Centro e dos reflexos burocráticos, bem assimilados e inculcados havia vários anos, que consistiam em antecipar os desejos dos superiores hierárquicos e as diretivas de Moscou.

Uma outra série de documentos confirma o caráter centralizado desses assassinatos em massa ordenados por Stalin e pelo Politburo. Trata-se das listas de personalidades a serem condenadas, estabelecidas pela Comissão de Casos Judiciários do Politburo. As penas de personalidades que deviam comparecer diante do colégio militar da Suprema Corte, dos tribunais militares ou da Conferência Especial do NKVD eram predeterminadas pela Comissão de Casos Judiciários do Politburo. Essa comissão, da qual Iejov fazia parte, submeteu pelo menos 383 listas — que contavam com mais de 44.000 nomes de dirigentes e quadros do Partido, do exército e da economia — às assinaturas de Stalin e dos membros do Politburo. Mais de 39.000 dessas pessoas foram condenadas à pena de morte. A assinatura de Stalin aparece em 362 listas, a de Molotov, em 373 listas, a de Vorochilov, em 195 listas, a de Kaganovitch, em 191 listas, a de Jdanov, em 177 listas, e a de Mikoian, em 62 listas.[10]

A partir do verão de 1937, todos os dirigentes conduziram pessoalmente os expurgos nas organizações locais do Partido: assim, Kaganovitch foi enviado para expurgar Donbass e as regiões de Tcheliabinsk, de Yaroslav, de Ivanovo e de Smolensk. Jdanov, depois de expurgar *sua* região, Leningrado, partiu para

---

[9] O. Khlevniouk, *op. cit.*, p. 212.

[10] *Reabilitatsia. Politiceskie processy 30-50 godov* (Reabilitação. Os processos políticos nos anos 30-50), Moscou, 1991 p. 39; *Istocnik*, 1995, nº 1, pp. 117-30

Oremburgo, Bachkirie, Tatarstan. Andreiev dirigiu-se ao Cáucaso do Norte, ao Uzbequistão e ao Tadjiquistão. Mikoian foi à Armênia, e Kruschev, à Ucrânia.

Ainda que a maioria das instruções sobre a repressão em massa tenham sido ratificadas como resoluções de todo o Politburo, parece, à luz dos documentos dos arquivos hoje acessíveis, que Stalin foi pessoalmente o autor e o iniciador da maior parte das decisões repressivas em todos os níveis. Tomando um único exemplo: quando, em 27 de agosto de 1937, às 17 horas, o secretariado do Comitê Central recebeu uma comunicação de Mikhail Korotchenko, secretário do comitê regional do Partido da Sibéria Oriental, sobre os desdobramentos de um processo contra agrônomos "culpados de atos de sabotagem", o próprio Stalin telegrafou às 17h10min: "Aconselho-os a condenarem os sabotadores do distrito de Andreiev à pena de morte e publicarem a notícia de sua execução na imprensa."[11]

Todos os documentos atualmente disponíveis (protocolos do Politburo, a agenda de compromissos de Stalin e a lista dos visitantes recebidos por Stalin no Kremlin) demonstram que ele controlava e dirigia minuciosamente as atividades de Iejov. Ele corrigia as principais instruções do NKVD, acertava o desenvolvimento dos períodos de instrução de culpa nos grandes processos políticos, chegando a definir o seu enredo. Durante a instrução do caso do "complô militar", que questionava o marechal Tukhatchevski e outros grandes altos dirigentes do Exército Vermelho, Stalin recebeu Iejov todos os dias.[12] Em todas as etapas da *Iejovschina*, Stalin manteve o controle político de todos os eventos. Foi ele quem decidiu a nomeação de Iejov para o cargo de comissário do povo para o Interior, enviando a Sotchi o famoso telegrama de 25 de setembro de 1936 ao Politburo: "É absolutamente necessário e urgente que o camarada Iejov seja designado para o cargo de comissário do povo para o Interior. Iagoda manifestamente não se mostrou à altura de sua incumbência de desmascarar o bloco trotskista-zinovievista. A GPU tem quatro anos de atraso nesse caso." Foi também Stalin quem decidiu acabar com os "excessos do NKVD". Em 17 de novembro de 1938, um decreto do Comitê Central pôs um fim (provisoriamente) à organização de "operações em massa de prisões e deportações". Uma semana mais tarde, Iejov foi demitido de seu cargo de comissário do povo para o Interior e substituído por Beria. O Grande Terror acabou da mesma maneira que havia começado: através de uma ordem de Stalin.

---

[11] *Izvestia*, 10 de junho de 1992, p. 2.

[12] Emprego do tempo e lista dos visitantes recebidos por Stalin no Kremlin, *Istoriceskii Arxiv*, 1995, nº 4, pp. 15-73, para os anos 1936-1937.

O Grande Terror (1936-1938) 237

Pode-se fazer um balanço documentado do número e das categorias das vítimas da *Iejovschina*?

Dispomos atualmente de alguns documentos ultraconfidenciais preparados por Nikita Kruschev e os principais dirigentes do Partido durante a desestalinização, principalmente um longo estudo sobre "as repressões cometidas durante a época do culto da personalidade", realizado por uma comissão dirigida por Nikolai Chvernik, criada após o XXII Congresso do PCUS.[13] Os pesquisadores podem confrontar esses dados a diversas outras fontes estatísticas da administração do Gulag, as do Comissariado do Povo para a Justiça e as do Ministério Público, atualmente acessíveis.[14]

Assim, parece que apenas durante os anos de 1937 e 1938 1.575.000 pessoas foram presas pelo NKVD; 1.345.000 (ou seja, 85,4%) foram condenadas no decorrer desses anos; 681.692 (ou seja, 51% das pessoas condenadas em 1937-1938) foram executadas.

As pessoas presas eram condenadas segundo procedimentos diversos. Os casos de pessoas pertencentes aos "quadros" políticos, econômicos e militares, de membros da *intelligentsia* — categoria mais facilmente identificável e mais bem conhecida — eram julgados pelos tribunais militares e as "Conferências Especiais do NKVD". Diante da dimensão das operações, o governo instaurou, em fins de julho de 1937, algumas "troiki" regionais, compostas pelo procurador e por chefes do NKVD e da direção da polícia. Essas troiki funcionavam segundo procedimentos extremamente expeditivos, já que elas respondiam a cotas antecipadamente fixadas pelo Centro. Bastava "reativar" as listas dos indivíduos já fichados pelos serviços. O período de instrução de culpa era reduzido a sua mais simples expressão; as troiki faziam com que várias centenas de dossiês fossem vistos por dia — como confirma, por exemplo, a recente publicação do anuário *Martirológio de Leningrado*, que registrava mês a mês, a partir de agosto de 1937, os leningradenses presos e condenados à morte com base no artigo 58 do Código Penal. O tempo habitualmente decorrido entre a prisão e a condenação à morte ia de alguns dias a algumas semanas. A sentença, sem apelação, era aplicada num prazo de poucos dias. Durante essas operações específicas de "liquidação de espiões e diversionistas", tanto quanto nas grandes operações de repressão — tais como a operação de "liquidação de kulaks...", lançada em 30 de julho de 1937, a operação de "liquidação de

---

[13] *Istocnik*, 1995, nº 1, pp. 117-32; V. P. Popov, *art. cit.*, pp. 20-31.

[14] J. A. Getty, G. Rittersporn, V. Zemskov, "Les victimes de la répression pénale dans l'URSS d'avant-guerre", *Revue des études slaves*, tomo LXV, 4, pp. 631-63.

238   O Livro Negro do Comunismo

elementos criminosos", lançada em 12 de setembro de 1937, a operação de "repressão às famílias dos inimigos do povo" etc. —, as chances de ser preso, mesmo que simplesmente para completar uma cota, deviam-se a toda uma série de acasos. Acasos "geográficos" (as pessoas que habitavam as zonas fronteiriças eram bem mais expostas), itinerário individual ligado, de uma maneira ou de outra, a um país estrangeiro, origens estrangeiras, problemas de homonímia etc. Para "completar as normas", se a lista de pessoas fichadas fosse insuficien' te, as autoridades locais "se arranjavam". Assim, para dar um exemplo, para completar a categoria de "sabotadores", o NKVD da Turcomênia arrumou o pretexto de um incêndio em uma empresa para prender todas as pessoas que se encontravam no local e as forçou a nomear seus "cúmplices".[15] Programada por instâncias superiores, designando arbitrariamente categorias de inimigos "políticos", o Terror gerava, por sua própria natureza, derrapagens que diziam muito a respeito da cultura da violência dos aparelhos repressivos de base.

Todos esses números — que nos lembram, entre outras coisas, que os quadros do Partido eram somente uma pequena proporção das 681.692 pessoas executadas — não pretendem ser exaustivos. Eles não incluem as deportações efetuadas no decorrer desses anos (como, por exemplo, a operação de depor tação para o Extremo-Oriente soviético de 172.000 coreanos, transferidos, entre maio e outubro de 1937, para o Cazaquistão e o Uzbequistão). Eles não levam em conta nem as pessoas presas e mortas sob tortura durante sua estada na prisão ou sua transferência para os campos de concentração (dados desconhecidos), nem os detentos mortos nos campos durante esses anos (cerca de 25.000 em 1937 e mais de 90.000 em 1938).[16] Mesmo corrigidos por baixo em relação às extrapolações retiradas dos testemunhos dos sobreviventes, esses dados mostram a terrível dimensão desses assassinatos em massa, às centenas de milhares, dirigidos contra toda a sociedade.

Atualmente, seria possível ir mais longe na análise das categorias das ví timas desses assassinatos em massa? Dispomos de alguns dados estatísticos, que apresentaremos mais adiante, sob os detentos do Gulag no fim dos anos 1930. Essas informações, que dizem respeito à totalidade dos detentos (e não somente aos presos durante o Grande Terror), trazem somente elementos e respostas parciais sobre as vítimas condenadas a penas em campos de concen tração durante a *Iejovschina*. Assim, nota-se um grande aumento proporcional de detentos com formação superior (+ 70% entre 1936 e 1939), o que confirma

---

[15] J. A. Getty, G. T. Rittersporn, V. Zemskov, *art. cit.*, p. 655.
[16] V. Zemskov, *Gulag, Sotsiologiceskie Issledovaniay*, 1991, nº 6, pp. 14-15.

O *Grande Terror (1936-1938)*   239

que o Terror do fim dos anos 1930 era exercido particularmente contra as elites cultas, quer elas pertencessem ou não ao Partido.

A repressão aos quadros do Partido, por ter sido a primeira a ser denunciada (desde o XX Congresso), é um dos aspectos mais bem conhecidos do Grande Terror. Em seu "Relatório Secreto", Kruschev estendeu-se longamente sobre esse aspecto da repressão, que atingiu cinco membros do Politburo, todos stalinistas fiéis (Postychev, Rudzutak, Eikhe, Kossior e Tchubar), 98 dos 139 membros do Comitê Central e 1.108 dos 1.996 delegados do XVII Congresso do Partido (1934). Os quadros dirigentes do Komsomol foram igualmente atingidos: 72 dos 93 membros do Comitê Central foram presos, assim como 319 dos 385 secretários regionais e 2.210 dos 2.750 secretários de distrito. De uma maneira geral, os aparelhos regionais e locais do Partido e do Komsomol, suspeitos pelo Centro de "sabotarem" as decisões necessariamente "corretas" de Moscou, de impedirem todo controle eficaz das autoridades centrais sobre o que se passava no país, foram totalmente renovados. Em Leningrado, cidade suspeita por excelência — onde o Partido havia sido dirigido por Zinoviev e Kirov havia sido assassinado —, Jdanov e Zakovski, o chefe regional do NKVD, prenderam mais de 90% dos quadros do Partido. Porém, estes últimos não eram senão uma pequena parte dos leningradenses reprimidos em 1936-1939.[17] Para estimular os expurgos, os emissários do Centro, acompanhados por tropas do NKVD, foram enviados às províncias com a missão de, segundo a expressão do *Pravda*, "atear fogo e destruir os ninhos pestilentos dos trotsko-fascistas".

Algumas regiões, das quais dispomos somente de estatísticas parciais, foram mais especialmente "expurgadas": em primeiro lugar está, mais uma vez, a Ucrânia. Apenas durante o ano de 1938, após a nomeação de Kruschev para a liderança do Partido Comunista ucraniano, mais de 106.000 pessoas foram presas na Ucrânia (tendo sido, em sua maioria, executadas). Dos 200 membros do Comitê Central do Partido Comunista ucraniano, três sobreviveram. O mesmo panorama repetiu-se em todas as instâncias regionais e locais do Partido, onde foram organizadas dezenas de processos públicos contra dirigentes comunistas.

Diferentemente dos processos a portas fechadas ou das seções secretas das troiki, onde o destino de um acusado era resolvido em poucos minutos, os processos públicos tinham uma forte coloração populista e cumpriam uma função importante de propaganda. Supostamente, eles deveríam fortalecer a

---

[17] *Leningradski Martirolog (Martirológio* de Leningrado), *1937-1938,* São Petersburgo, 1995, sobre as estatísticas das execuções em Leningrado, pp. 3-50.

240 O Livro Negro do Comunismo

aliança entre a "gente comum, o simples militante, os que tinham a solução mais justa" e o Guia, denunciando os dirigentes locais, esses "novos senhores, sempre satisfeitos consigo próprios [...] e que, por sua atitude desumana, produzem artificialmente uma grande quantidade de descontentes e raivosos, criando, assim, um exército de reserva para os trotskistas" (Stalin, discurso de 3 de março de 1937). Como os grandes processos de Moscou, mas dessa vez em escala distrital, esses processos públicos, cujas audiências eram amplamente reproduzidas na imprensa local, davam lugar a uma excepcional mobilização ideológica, popular e populista. Por desmascararem um complô, figura essencial da ideologia, por assumirem uma função carnavalesca (os poderosos tornavam-se vilões, e as "pessoas simples" eram reconhecidas como "portadores da solução mais justa"), esses processos públicos constituíam, retomando a expressão de Annie Kriegel, "um formidável mecanismo de profilaxia social".

Naturalmente, as repressões aos responsáveis locais do Partido representavam apenas a ponta do iceberg. Tomemos o exemplo de Oremburgo, província sobre a qual dispomos de um relatório detalhado do departamento regional do NKVD "sobre as medidas operacionais de grupos clandestinos trotskistas e bukharinianos, assim como outras formações contrarrevolucionárias, praticadas de 1º de abril a 18 de setembro de 1937", ou seja, antes da missão de Jdanov, destinada a "acelerar" os expurgos.[18]

No espaço de cinco meses, foram detidos nessa província:

— 420 "trotskistas", todos dos quadros políticos e econômicos de primeiro plano;

— 120 "direitistas", todos dirigentes locais importantes.

Esses 540 dirigentes do Partido representavam cerca de 45% da *nomenklatura local*. Em seguida à missão de Jdanov em Oremburgo, 598 outros dirigentes foram presos e executados. Nessa província, como em todas as outras, desde o outono de 1937, a quase totalidade dos dirigentes políticos e econômicos foi eliminada e substituída por uma nova geração, a dos "promovidos" ao primeiro plano, pessoas como Brejnev, Kossyguine, Ustinov, Gromyko, aqueles que formariam o Politburo dos anos 1970.

Entretanto, ao lado desse milhar de quadros presos, havia uma massa de sem-patente, demais membros do Partido, ex-comunistas — particularmente vulneráveis, portanto — ou simples cidadãos fichados havia muitos anos e que constituíram o principal grupo de vítimas do Grande Terror.

Retomemos o relatório do NKVD de Oremburgo:

---

[18] CRCEDHC, 17/120/285/24-37.

O Grande Terror (1936-1938)

— "um pouco mais de 2.000 membros da organização direitista nipônico-militar dos cossacos" (dos quais 1.500 foram executados);

— "mais de 1.500 oficiais e funcionários czaristas exilados em 1935 de Leningrado para Oremburgo" (tratava-se dos "elementos estranhos à sociedade" exilados em diversas regiões do país após o assassinato de Karov);

— "cerca de 250 pessoas presas durante o caso dos poloneses";

— "cerca de 95 pessoas presas [...] durante o caso dos elementos originários de Kharbin";

— "3.290 pessoas durante a operação de liquidação dos ex-kulaks";

— "1.399 pessoas [...] durante a operação de liquidação dos elementos criminosos...".

Assim, contando ainda com os cerca de 30 komsomols e 50 cadetes da escola de instrução militar local, em cinco meses mais de 7.500 pessoas haviam sido presas pelo NKVD nessa província, antes mesmo da intensificação da repressão consecutiva à missão de Andrei Jdanov. Por mais espetacular que ela tenha sido, a prisão de 90% dos membros da *nomenklatura* local representou somente uma percentagem negligenciável do número total de pessoas reprimidas, quase todas classificadas em uma das categorias visadas no decorrer das operações específicas definidas e aprovadas pelo Politburo, e por Stalin em particular.

Algumas categorias de quadros e dirigentes foram especialmente dizimadas: os diplomatas e os funcionários do Comissariado do Povo para as Relações Exteriores, que caíram, naturalmente, sob a acusação de espionagem, ou ainda os funcionários dos ministérios econômicos e diretores de fábrica, suspeitos de "sabotagem". Entre os diplomatas de alto escalão presos — e, em sua maioria, executados — figuravam Krestinski, Sokolnikov, Bogomolov, Iureniev, Ostrovski, Antonov-Ovseenko, lotados, respectivamente, em Berlim, Londres, Pequim, Tóquio, Bucareste e Madri.[19]

Em alguns ministérios, todos os funcionários, quase sem exceção, foram vítimas da repressão. Assim, no obscuro Comissariado do Povo para Máquinas e Ferramentas, toda a administração foi renovada; foram também presos todos os diretores de fábrica (exceto dois) que dependiam desse setor, além da quase-totalidade dos engenheiros e técnicos. O mesmo ocorreu nos outros setores industriais, principalmente na construção aeronáutica, na construção naval, na metalurgia, assim como nos transportes, setores sobre os quais dispomos de estudos fragmentários. Após o fim do Grande Terror, Kaganovitch reconheceu, no XVIII Congresso, em março de 1939, que "em 1937 e 1938 a

---

[19] R. Conquest, *op. cit.*, pp. 918-21.

242   *O Livro Negro do Comunismo*

direção da indústria pesada fora inteiramente renovada, milhares de novos homens foram nomeados para cargos de dirigentes no lugar dos sabotadores desmascarados. Em alguns setores foi necessário demitir várias camadas de sabotadores e de espiões [...]. Agora temos quadros que aceitarão todo tipo de tarefa que lhes for designada pelo camarada Stalin".

Entre os quadros do Partido mais duramente atingidos durante a *Iejovschina* figuravam os dirigentes dos partidos comunistas estrangeiros e os quadros da Internacional Comunista, instalados no Hotel Lux, em Moscou.[20] Assim, entre as personalidades do Partido Comunista alemão presos, figuravam: Heinz Neumann, Hermann Remmele, Fritz Schulte, Hermann Schubert, todos antigos membros do Politburo; Leo Flieg, secretário do Comitê Central, Heinrich Susskind e Werner Hirsch, redatores-chefes do jornal *Rote Fahne*, Hugo Eberlein, delegado do Partido alemão na conferência fundadora da Internacional Comunista. Em setembro de 1939, após a conclusão do Pacto Germano-soviético, 570 comunistas alemães encarcerados nas prisões de Moscou foram entregues à Gestapo, sobre a ponte na fronteira de Brest-Litovsk.

Entre as vítimas do Grande Terror, uma maioria esmagadora de anônimos. Extrato de um "simples" dossiê do ano de 1938

Dossiê nº 24.260

1. Nome: Sidorov.
2. Prenome: Vassili Klementovitch.
3. Local e data de nascimento: Setchevo, região de Moscou, 1893.
4. Endereço: Setchevo, distrito Kolomenskii, região de Moscou.
5. Profissão: empregado de cooperativa.
6. Filiação sindical: sindicato dos empregados de cooperativa.
7. Patrimônio no momento da prisão (descrição detalhada): 1 casa de madeira, de 8 metros por 8, telhado de zinco, um pátio parcialmente coberto, de 20 metros por 7, 1 vaca, 4 ovelhas, 2 porcos, aves.
8. Patrimônio em 1929: o mesmo, mais um cavalo.
9. Patrimônio em 1917: 1 casa de madeira, 8 metros por 8; 1 pátio parcialmente coberto, de 30 metros por 20; 2 granjas, 2 celeiros, 2 cavalos, 2 vacas, 7 ovelhas.
10. Situação social no momento da prisão: empregado.
11. Serviço no exército czarista: em 1915-1916, soldado de infantaria de segunda classe no 6º RI do Turquestão.
12. Serviço no Exército Branco: nenhum.
13. Serviço no Exército Vermelho: nenhum.

---

[20] *Ibid.*, pp. 886-912.

O Grande Terror (1936-1938) 243

14. Origem: considero-me um filho de camponês médio.
15. Passado político: sem partido.
16. Nacionalidade, cidadania: russo, cidadão de Moscou.
17. Filiação ao PC(b)R: não.
18. Nível escolar: primário.
19. Situação militar atual: reservista.
20. Condenações passadas: nenhuma.
21. Estado de saúde: hérnia.
22. Situação familiar: casado. Esposa: Anastasia Fedorovna, 43 anos, kolkho-ziana; filha: Nina, 24 anos.
Preso em 13 de fevereiro de 1938 pela direção de distrito do NKVD.

2. Extratos do protocolo de interrogatório.

Questão: Dê-nos explicações concernentes a sua origem social e seu patrimônio antes e após 1917.

Resposta: Sou originário de uma família de comerciantes. Até mais ou menos 1904, meu pai possuía uma pequena loja em Moscou, na rua Zolotorojskaia, onde, segundo me disse meu pai, ele fazia comércio sem ter um empregado sequer. Após 1904, meu pai teve de fechar a loja, pois ele não podia concorrer com os grandes comerciantes. Ele retornou ao campo, a Sytchevo, onde arrendou seis hectares de terras prontas para a lavoura e dois hectares de pasto. Havia um empregado, um certo Goriatchev, que trabalhou com meu pai durante longos anos, até 1916. Após 1917, mantivemos nossa terra, mas perdemos nossos cavalos. Trabalhei com meu pai até 1925, e depois de sua morte eu e meu irmão dividimos a terra.

Não me reconheço como culpado de nada.

3. Extratos do ato de acusação.

[...] Sidorov, mal-intencionado em relação ao poder soviético em geral e o Partido em particular, praticava sistematicamente uma propaganda antissoviética, dizendo: "Stalin e seu bando não querem deixar o poder, Stalin matou um monte de gente, mas ele não quer ir embora. Os bolcheviques mantêm o poder, prendem as pessoas honestas, e mesmo disso não podemos falar, senão somos jogados num campo de concentração por 25 anos".

O acusado Sidorov declarou-se não culpado, mas foi desmascarado por várias testemunhas. O caso foi levado a julgamento por uma troika.

Assinado: Salakhaiev, subtenente de milícia do distrito de Kolomenskoie.

Acordado por: Galkine, tenente da Segurança de Estado, chefe do destacamento da Segurança de Estado do destrito de Kolomenskoie.

4. Extratos do protocolo da decisão da troika, 16 de julho de 1938.

[...] Caso Sidorov, V. K. Antigo comerciante, possuía com seu pai uma loja. Acusado de ter praticado, entre os kolkhozianos, uma propaganda contrarrevolu-

244 — O Livro Negro do Comunismo

cionária, caracterizada por expressões derrotistas, acompanhada de ameaças aos comunistas e de críticas à política do Partido e do governo.

Veredicto: fuzilar Sidorov Vassili Klementovitch e confiscar todos os seus bens. A sentença foi executada em 3 de agosto de 1938.

Reabilitado a título póstumo em 24 de janeiro de 1989.

(Fonte: *Volia*, 1994, nᵒˢ 2-3, pp. 45-6.)

A purificação também causou seus estragos entre os comunistas húngaros. Bela Kun, o instigador da Revolução Húngara de 1919, foi preso e executado, assim como 12 outros comissários do povo do efêmero governo comunista de Budapeste, todos refugiados em Moscou. Cerca de 200 comunistas italianos foram presos (entre os quais Paolo Robotti, o cunhado de Togliatti), ao mesmo tempo que uma centena de comunistas iugoslavos (entre eles Gorkic, o secretário-geral do Partido, Vlada Copic, secretário na organização e dirigente das brigadas internacionais, assim como três quartos dos membros do Comitê Central).

Mas foram os poloneses os que pagaram o tributo mais pesado. A situação dos comunistas poloneses era especial: o Partido Comunista polonês — que havia sido admitido em 1906, sob uma base de autonomia, no seio do Partido Operário Social Democrata da Rússia — derivava do Partido Social Democrata dos reinos da Polônia e da Lituânia. As ligações entre o Partido russo e o Partido polonês, do qual um dos dirigentes de antes de 1917 era o próprio Feliks Dzerjinski, eram bastante estreitas. Vários dos social-democratas poloneses haviam feito carreira no Partido Bolchevique: Dzerjinski, Menjinski, Unschlikht (todos dirigentes da GPU), Radek... para citar apenas os nomes mais conhecidos.

Em 1937-1938, o Partido Comunista polonês foi totalmente liquidado. Os 12 membros poloneses do Comitê Central presentes na URSS foram executados, assim como todos os representantes poloneses das instâncias da Internacional Comunista. Em 28 de novembro de 1937, Stalin assinou um documento propondo a "limpeza" do Partido Comunista polonês. Em geral, após ter feito expurgar um partido, Stalin escolhia um novo grupo dirigente pertencente a uma das facções rivais surgidas durante o expurgo. No caso do Partido Comunista polonês, todas as facções foram acusadas de "seguirem as instruções dos serviços secretos contrarrevolucionários poloneses". Em 16 de agosto de 1938, o Comitê Executivo da Internacional votou a dissolução do Partido Comunista polonês. Como explicou Manuilski, "os agentes do fascismo polonês se arranjaram para ocupar todos os postos-chave do Partido Comunista polonês"

O *Grande Terror (1936-1938)* 245

Tendo sido "enganados", tendo falhado na "vigilância", os responsáveis soviéticos pela Internacional Comunista foram, naturalmente, as próximas vítimas do expurgo: quase todos os quadros soviéticos da Internacional (entre os quais Knorin, membro do Comitê Executivo, Mirov-Abramov, chefe do departamento de comunicações com o estrangeiro, Alikhanov, chefe do departamento de quadros), ou seja, várias centenas de pessoas foram liquidadas. Somente alguns raros dirigentes, totalmente leais a Stalin, como Manuilski ou Kuusinen, sobreviveram ao expurgo da Internacional.

Entre as outras categorias duramente afetadas durante os anos 1937-1938, e sobre as quais dispomos de dados precisos, figuram os militares.[21] Em 11 de junho de 1937, a imprensa anunciou que um tribunal militar, reunido a portas fechadas, condenara à morte, por traição e espionagem, o marechal Tukhatchevski, vice-comissário para a Defesa e principal artífice da modernização do Exército Vermelho, que repetidos diferendos haviam oposto a Stalin e a Vorochilov desde a campanha da Polônia de 1920, assim como sete generais de exército, Iakir (Comandante da Região Militar de Kiev), Uborevitch (Comandante da Região Militar da Bielorrússia), Eideman, Kork, Putna, Feldman e Primakov. Nos dez dias seguintes, 980 oficiais superiores foram presos, entre os quais 21 generais de quatro estrelas e 37 generais de divisão. O caso do "complô militar", imputado a Tukhatchevski e a seus "cúmplices", havia sido preparado fazia vários meses. Os principais inculpados foram presos durante o mês de maio de 1937. Submetidos a interrogatórios "forçados" (examinados 20 anos mais tarde, à época da reabilitação de Tukhatchevski, várias páginas do depoimento do marechal continham traços de sangue), conduzidos por Iejov em pessoa, os acusados passaram às confissões pouco tempo antes de seu julgamento. Stalin supervisionou pessoalmente toda a instrução dos processos. Ele recebera, por volta de 15 de março, através do embaixador soviético em Praga, um dossiê falsificado, estabelecido pelos serviços secretos nazistas, contendo cartas falsificadas, supostamente trocadas por Tukhatchevski e pelos membros do alto-comando alemão. Os serviços alemães haviam sido, por sua vez, manipulados pelo NKVD.

Em dois anos, o expurgo do Exército Vermelho eliminou:

— 3 dos 5 marechais (Tukhatchevski, Iegorov e Blücher, estes dois últimos tendo sido eliminados, respectivamente, em fevereiro e outubro de 1938);

---

[21] A. Cristiani e V. Michaleva (ed.), *Le Repressioni degli anni trenta nell'Armata rossa*, coletânea de documentos, Nápoles, IUO, 1996.

246   *O Livro Negro do Comunismo*

— 13 dos 15 generais de cinco estrelas;

— 8 dos 9 almirantes;

— 50 dos 57 generais de quatro estrelas;

— 154 dos 186 generais de divisão;

— 16 dos 16 comissários de exército;

— 25 dos 28 comissários de divisão de exército.

De maio de 1937 a setembro de 1938, 35.020 oficiais foram presos ou ex
pulsos do exército. Ainda não sabemos quantos foram executados. Cerca de
11.000 (entre os quais os generais Rokossovski e Gorbatov) foram chamados
de volta entre 1939 e 1941. Mas, após setembro de 1938, ocorreram novos expurgos, de forma que o número total de prisões do Grande Terror no exército
atingiu, segundo as estimativas mais sérias, cerca de 30.000 quadros, sobre um
total de 178.000.[22] Proporcionalmente menos importante do que se pensava,
o "expurgo" do Exército Vermelho, principalmente em seus escalões mais
elevados, se fez sentir durante a guerra russo-finlandesa de 1940 e o início da
guerra germano-soviética, e constituiu uma das mais pesadas desvantagens
para o Exército Vermelho.

Apesar da ameaça hitlerista — que ele levava muito menos a sério do que
outros dirigentes bolchevistas, como Bukharin ou Litvinov, comissário do povo
para os negócios estrangeiros até abril de 1939 —, Stalin não hesitou em sacrificar a maior parte dos melhores oficiais do Exército Vermelho em benefício
de um escalonamento totalmente novo, que não guardasse nenhuma memória dos episódios controvertidos que implicavam Stalin como "chefe militar"
durante a guerra civil, e que não seria tentado a contestar, como poderiam ter
feito homens como o marechal Tukhatchevski, um certo número de decisões
militares e políticas tomadas por Stalin no fim dos anos 1930, principalmente
a aproximação com a Alemanha nazista.

A *intelligentsia* representa um outro grupo social vítima do Grande Terror
sobre o qual dispomos de informações relativamente abundantes.[23] Desde sua
constituição como grupo social reconhecido, a *intelligentsia* russa estivera, a
partir da metade do século XIX, no centro da resistência ao despotismo e ao
assujeitamento do pensamento. Era natural que o expurgo a atingisse particularmente, na continuidade das primeiras ondas de repressão — em comparação,

---

[22] *Le Repressioni...op. cit.*, pp. 20, sq.

[23] R. Conquest, *op. cit.*, pp. 749-72; V. Chentalinski, *La Parole ressuscitée. Dans les archives littéraires du KGB*, Paris, R. Laffont, 1993.

O *Grande Terror (1936-1938)* 247

muito moderadas — de 1922 e de 1928-1931. Em março-abril de 1937, uma campanha de imprensa condenou o "desviacionismo" nos campos da economia, da história e da literatura. Na realidade, todos os ramos do saber e da criação foram visados, com os pretextos doutrinários e políticos servindo sobretudo para cobrir rivalidades e ambições. Assim, em história, foram presos todos os discípulos de Pokrovski, morto em 1932. Os professores, que deviam continuar a fazer conferências públicas e que eram assim suscetíveis de influenciar um amplo auditório de estudantes, eram particularmente vulneráveis; o menor de seus propósitos podia ser relevado por delatores zelosos. Universidades, institutos e academias foram dizimados, principalmente na Bielorrússia (onde 87 dos 105 acadêmicos foram presos como "espiões poloneses") e na Ucrânia. Nesta república, um primeiro expurgo de "nacionalistas burgueses" acontecera em 1933: vários milhares de intelectuais ucranianos foram presos por terem "transformado em antros nacionalistas burgueses e contrarrevolucionários a Academia Ucraniana de Ciências, o Instituto Chevtchenko, a Academia Agrícola, o Instituto Ucraniano do Marxismo-Leninismo, assim como os Comissariados do Povo para a Educação, para a Agricultura e para a Justiça" (discurso de Postychev, 22 de junho de 1933). O grande expurgo de 1937-1938 terminou nesse ponto uma operação iniciada quatro anos antes.

Os meios científicos que tinham relação, mesmo distante, com a política, a ideologia, a economia ou a defesa também foram atingidos. As maiores sumidades da indústria aeronáutica, como Tupolev (o construtor do famoso avião) ou Korolev (que estivera na origem do primeiro programa espacial soviético), foram presas e enviadas para uma das unidades de pesquisa do NKVD descritas por Soljenitsyne em *O Primeiro Círculo*. Também foram presos quase todos (27 dos 29) os astrônomos do grande Observatório de Pulkovo; quase todos os estatísticos da Direção Central da Economia Nacional, que acabavam de realizar o recenseamento de janeiro de 1937, anulado por "violação profunda dos fundamentos elementares da ciência estatística e das instruções do governo"; inúmeros linguistas, que se opunham à teoria do "linguista" marxista Marr, aprovada oficialmente por Stalin; e várias centenas de biólogos, que rejeitavam o charlatanismo do "biólogo oficial" Lyssenko. Entre as vítimas mais conhecidas figuravam o professor Levit, diretor do Instituto de Medicina Geral, Tulaikov, diretor do Instituto dos Cereais, o botânico Ianata e o acadêmico Vavilov, presidente da Academia Lenin das Ciências Agrícolas, preso em 6 de agosto de 1940 e morto na prisão em 26 de janeiro de 1943.

Acusados de defenderem pontos de vista "estranhos" ou "hostis", de se desviarem das normas do "realismo socialista", escritores, publicitários, gente

248 *O Livro Negro do Comunismo*

de teatro e jornalistas pagaram um pesado tributo à *Iejovschina*. Cerca de dois mil membros da União dos Escritores foram presos, deportados para o campo ou executados. Entre as vítimas mais famosas constavam o autor dos *Contos de Odessa e* de *Cavalaria Vermelha*, Isaak Babel (fuzilado em 27 de janeiro de 1940), os escritores Boris Pilniak, Iuri Olecha, Panteleimon Romanov, os poetas Nikolai Kliuev, Nikolai Zabolotski, Ossip Mandelstam (morto em um campo de transferência siberiano, em 26 de dezembro de 1938), Gurgen Maari, Titsian Tabidze. Também foram presos músicos (o compositor Jeliaiev, o maestro Mikoladze) e gente de teatro, entre os quais membros do primeiro escalão, como o grande diretor Vsevolod Meyerhold. No início de 1938, o Teatro Meyerhold foi fechado como "estranho à arte soviética". Tendo se recusado a fazer publicamente sua autocrítica, Meyerhold foi preso em junho de 1939, torturado e executado em 2 de fevereiro de 1940.

Durante esses anos, as autoridades tentaram "liquidar definitivamente" — para retomar uma expressão em voga à época — os "últimos resquícios clericais". Como o recenseamento anulado de janeiro de 1937 revelara que a grande maioria da população — cerca de 70% — respondera positivamente à questão "Você é crente?", apesar das pressões de natureza diversa exercidas sobre ela, os dirigentes soviéticos decidiram lançar um terceiro e último assalto contra a Igreja. Em abril de 1937, Malenkov enviou uma nota a Stalin, na qual ele julgava ultrapassada a legislação sobre os cultos e propunha a anulação do decreto de 8 de abril de 1929. "Este último, explicava ele, criara uma base legal para a implantação de uma organização ramificada de 600 indivíduos hostis ao poder soviético, pela parte mais ativa do clero e dos membros das seitas. Já é tempo, concluía ele, de acabar com as organizações clericais e com a hierarquia eclesiástica."[24] Milhares de sacerdotes e quase todos os bispos retomaram o caminho do campo, mas, dessa vez, um grande número deles foi executado. Das 20 mil igrejas e mesquitas ainda em atividade em 1936, menos de mil ainda estavam abertas ao culto no início de 1941. Quanto ao número de adeptos do culto oficialmente registrados, ele teria se elevado, no início de 1941, a 5.665 (dos quais a metade oriunda dos territórios bálticos, poloneses, ucranianos e moldávios incorporados em 1939-1941), enquanto ele ainda era superior a 24.000 em 1936.[25]

---

[24] M. I. Odinsov, *Na puti k svóbode sovesti* (No caminho da liberdade de consciência), Moscou, 1990, pp. 53-4.

[25] GARF, J316/2/1615/116-149.

O Grande Terror (1936-1938)

O Grande Terror, operação política iniciada e conduzida do início ao fim pelas mais altas instâncias do Partido, ou seja, por Stalin, que então dominava totalmente seus colegas do Politburo, atingiu seus dois maiores objetivos.

O primeiro era implantar uma burocracia civil e militar às ordens de Stalin, constituída por jovens quadros formados no espírito stalinista dos anos 1930, que "aceitarão qualquer tarefa que lhes for designada pelo Camarada Stalin", segundo as palavras de Kaganovitch no XVIII Congresso. Até esse momento, as diversas administrações — mistura heterogênea de "especialistas burgueses" formados sob o Antigo Regime e de quadros bolcheviques, em geral pouco competentes, formados na militância durante a guerra civil — tentaram preservar seu profissionalismo, suas lógicas administrativas ou, simplesmente, sua autonomia e suas redes clientelistas, sem se dobrarem cegamente ao voluntarismo ideológico e às ordens do Centro. As dificuldades da campanha de " verificação das carteiras do Partido" de 1935, que se confrontara com a resistência passiva dos dirigentes comunistas locais, assim como com a recusa, expressa pela maioria dos estatísticos, de "embelezar" os resultados do recenseamento de janeiro de 1937, colocando-os em conformidade com os desejos de Stalin, representavam dois exemplos significativos que interpelavam os dirigentes stalinistas sobre a natureza da administração de que dispunham para governar o país. Era evidente que uma parte importante dos quadros, fossem eles comunistas ou não, não estava disposta a seguir qualquer ordem que emanasse do Centro. Assim, para Stalin, era urgente substituí-los por pessoas mais "eficazes", ou seja, mais obedientes.

O segundo objetivo do Grande Terror era concluir, radicalmente, a eliminação de todos os "elementos perigosos à sociedade", uma noção com contornos muito amplos. Como indicava o Código Penal, era reconhecido como socialmente perigoso todo indivíduo "tendo cometido um ato perigoso para a sociedade, ou cujas relações com um meio criminal, ou a atividade pregressa apresentavam um perigo". Todo o vasto bando dos "ex" foi definido como perigosos à sociedade segundo esses princípios; na maioria das vezes, eles haviam sido objeto de medidas repressivas no passado: ex-kulaks, ex-criminosos, ex-funcionários czaristas, ex-membros dos Partidos Menchevique, Socialista-Revolucionário etc. Todos esses "ex" foram eliminados durante o Grande Terror conforme a teoria stalinista, expressa principalmente durante o plenário do Comitê Central de fevereiro-março de 1937, segundo a qual "quanto mais se avança em direção ao socialismo, mais ferrenha é a luta dos resquícios das classes moribundas".

O *Livro Negro do Comunismo*

Durante seu discurso ao plenário do Comitê Central de fevereiro-março de 1937, Stalin insistiu particularmente na ideia do cercamento da URSS, único país "que construiu o socialismo", por potências inimigas. Essas potências limítrofes — a Finlândia, os Países Bálticos, a Polônia, a Romênia, a Turquia, o Japão —, ajudadas pela França e pela Grã-Bretanha, enviaram à URSS "exércitos de diversionistas e de espiões", encarregados de sabotar a construção do socialismo. Estado único, sacralizado, a URSS possuía fronteiras "sagradas", que eram também linhas de frente contra um inimigo exterior onipresente. Não é surpreendente que, nesse contexto, a caça aos espiões — todos aqueles que tiveram o mais leve contato com "o outro mundo" — e a eliminação de uma potencial e mítica "quinta-coluna" tenham estado no centro do Grande Terror.

Através das grandes categorias de vítimas — quadros e especialistas, elementos estranhos à sociedade (os "ex"), espiões —, compreendemos as principais funções do paroxismo da condenação à morte de 700 mil pessoas em dois anos.

11
O império dos campos de concentração

Os anos 1930, marcados por uma repressão sem precedentes à sociedade, viram um crescimento espetacular do sistema concentracionário. Os arquivos do Gulag, atualmente acessíveis, permitem delimitar com precisão sua evolução ao longo desses anos, suas diferentes reorganizações, o fluxo e o número de detentos, sua importância econômica, a repartição por tipo de condenações, sexo, idade, nacionalidade e nível de instrução.[1] Decerto, as zonas de sombra subsistem; a burocracia do Gulag funcionava muito bem na contabilização dos prisioneiros que chegavam a seu destino. Mas, em termos estatísticos, não sabemos quase nada sobre os que nunca chegaram ao seu destino, quer eles tenham morrido na prisão ou durante as intermináveis transferências, apesar de não faltarem descrições do calvário entre o momento da prisão e a condenação.

Em meados de 1930, cerca de 140.000 detentos já trabalhavam nos campos geridos pela GPU. O imenso canteiro de obras do canal Báltico—mar Branco, que necessitava de uma mão de obra servil de 120.000 indivíduos apenas para seu próprio desenvolvimento, acelerou a transferência das prisões para os campos de dezenas de milhares de presos, enquanto o fluxo de condenações não cessava de aumentar: 56.000 condenados, em 1929, nos casos conduzidos pela GPU e mais de 208.000 em 1930 (contra 1.178.000 condenados por casos que não diziam respeito à GPU e 1.238.000 em 1931).[2] No início de 1932, mais de 300.000 detentos cumpriam pena nos grandes canteiros de obras da GPU, onde a taxa de mortalidade anual chegava a 10%, como foi o caso do canal Báltico—mar Branco.

Em julho de 1934, durante a reorganização da GPU em NKVD, o Gulag — principal unidade administrativa dos campos de concentração — absorveu 780 pequenas colônias penitenciárias que reuniam cerca de 212.000 deten-

---

[1] A. Gerty, G. Rittersporn, V. Zemskov, *art. cit*, N. Werth, Goulag, les vrais chiffres, *art. cit.*; A. Nove, "Victims of Stalinism: How Many?", *in* A. Getty, R. Manning, *Stalinist Terror, op. cit.*

[2] Ver Popov, *art. cit.*, pp. 20-31.

tos, julgados pouco produtivos e mal geridos e que dependiam até então do Comissariado do Povo para a Justiça. Para ser produtivo, e à imagem do país, o campo deveria ser grande e especializado. Imensos complexos penitenciários, reunindo dezenas de milhares de presos cada um, iriam ocupar um lugar primordial na economia da URSS stalinista. Em 1º de janeiro de 1935, o sistema a partir de então unificado do Gulag reunia mais de 965.000 presos, dos quais 725.000 nos "campos de trabalho" e 240.000 nas "colônias de trabalho", unidades menores onde eram colocados os indivíduos "menos perigosos para a sociedade", em geral condenados a penas inferiores a três anos.[3]

Nessa data, o mapa do Gulag já estava, em suas grandes linhas, traçado pelas duas próximas décadas. O conjunto penitenciário das ilhas Solovki, que contava com cerca de 45.000 presos, havia alastrado seus "campos móveis" que se deslocavam em função dos canteiros de corte de madeira ao mesmo tempo na Carélia, no litoral do mar Branco e na região de Vologda. O grande conjunto do Svirlag, reunindo cerca de 43.000 presos, tinha como tarefa abastecer de lenha toda a aglomeração de Leningrado, enquanto o de Temnikovo, com 35.000 presos, estava encarregado de funções idênticas para a aglomeração de Moscou.

A partir da encruzilhada estratégica de Kotlas, uma "via Norte—Leste" expandia seus trilhos, seu corte de madeira e suas minas em direção a Oeste—Vym, Ukhta, Pechora e Vorkuta. O Ukhtpetchlag empregava 51.000 presos na construção de estradas, nas minas de carvão e nos campos petrolíferos dessa região do extremo norte. Uma outra ramificação partia em direção ao norte do Ural e aos complexos químicos de Solikamsk e Berezniki, enquanto rumava para o sudoeste o conjunto de campos da Sibéria Ocidental, com seus 63.000 presos, fornecendo mão de obra gratuita para o complexo carbonífero de Kuzbassugol.

Mais ao sul, na região de Karaganda, no Cazaquistão, os "campos agrícolas" do Steplag, que contavam com 30.000 presos, experimentavam uma nova fórmula para a valorização das estepes. Segundo parece, o regime nesse campo era menos rigoroso do que o do maior canteiro de obras de meados dos anos 1930, o Dmitlag (196.000 presos), encarregado, após o término do canal Báltico—mar Branco em 1933, da construção do segundo grande canal stalinista, o canal Moscou—Volga.

Um outro grande e faraônico canteiro de obras era o BAM (Baikalo-Amurskaia Magistral), a estrada de ferro que deveria duplicar o Transiberiano do lago Baikal até o Amur. No início de 1935, cerca de 150.000 presos do

---

[3] V. Zemskov, "Goulag", *art. cit.*, p. 11.

O *império dos campos de concentração* 253

conjunto concentracionário do Bamlag, divididos em cerca de 30 "divisões", trabalhavam sobre um primeiro tronco da via férrea. Em 1939, o Bamlag era, com 260.000 presos, o mais vasto conjunto concentracionário soviético.

Enfim, desde 1932, um conjunto de campos de concentração (o Sewostlag, os campos do Noroeste) trabalhava para um complexo de grande importância estratégica, o Dalstroi, encarregado da produção do ouro exportado para comprar o equipamento necessário à industrialização. As jazidas de ouro estavam situadas numa região particularmente inóspita, a Kolyma. Completamente isolada, uma vez que o acesso a ela só era possível através do mar, a Kolyma se tornaria a região símbolo do Gulag. Sua capital Magadan, porto de entrada para os proscritos, foi edificada pelos próprios presos. Sua "rua calçada", artéria vital, também ela construída pelos próprios presos, servia apenas como ligação entre os campos, cujas condições de vida particularmente desumanas foram magistralmente descritas nos romances de Varlam Chalamov. De 1932 a 1939, a produção do ouro extraído pelos presos de Kolyma — eles eram 138.000 em 1939 — passou de 276 quilos para 48 toneladas, ou seja, 35% da produção soviética desse último ano.[4]

Em junho de 1935, o governo lançou um novo grande projeto, que não podia ser concretizado sem o uso de uma mão de obra penal, a construção de um grande complexo de produção de níquel em Norilsk, para além do círculo polar. O conjunto concentracionário de Norilsk contaria, no apogeu do Gulag, no início dos anos 1950, com até 70.000 presos. A função produtiva do campo de concentração dito de "trabalho corretivo" estava claramente refletida nas estruturas internas do Gulag. As direções centrais não obedeciam a princípios geográficos nem funcionais, mas econômicos: direção das construções hidroelétricas, direção de construções ferroviárias, direção de pontes e estradas etc. Entre essas direções penitenciárias e as direções dos ministérios industriais, o preso ou o colono especial era uma mercadoria que funcionava como moeda de troca.[5]

Na segunda metade dos anos 1930, a população do Gulag dobrou, passando de 965.000 presos no início de 1935 para 1.930.000 no início de 1941. Apenas no decorrer do ano de 1937, houve um crescimento de 700.000 pessoas.[6] O afluxo em massa de novos presos desorganizou a tal ponto a produção daquele

---

[4] O. Khlevniouk, "Prinuditelnyi trud v ekonomike SSSR, 1929-1941" ("O trabalho forçado na economia da URSS"), *Svobodnaia Mysl*, 1992, nº 13, pp. 78-92.

[5] N. Werth, G. Moullec, *op. cit.*, pp. 345-379.

[6] V. Zemskov, *art. cit.*, pp. 11-5.

254   *O Livro Negro do Comunismo*

ano, que seu valor diminuiu 13% em relação a 1936! Ela continuou estagnada em 1938 até que o novo comissário do povo para o Interior, Lavrenti Beria, tomou medidas enérgicas para "racionalizar" o trabalho dos presos. Em uma nota de 10 de abril de 1939 dirigida ao Politburo, Beria expôs seu "programa de reorganização do Gulag". Segundo ele, seu predecessor, Nikolai Iejov, havia privilegiado a "caça aos inimigos" em detrimento de uma "gestão economicamente sã". A norma de alimentação dos presos, que era de 1.400 calorias por dia, havia sido calculada para "pessoas sentadas na prisão".[7] Assim, o número de indivíduos aptos para o trabalho havia desmoronado no decorrer dos anos precedentes; em 1º de março de 1939, 250.000 presos estavam inaptos para o trabalho e 8% da totalidade dos presos morreram apenas no decorrer do ano de 1938. Para poder realizar o plano de produção reservado ao NKVD, Beria propunha o aumento das rações alimentares, a supressão de todas as libertações antecipadas, a punição exemplar de todos os mandriões e outros "desorganizadores da produção" e, enfim, o prolongamento do tempo de trabalho, que seria aumentado para 11 horas por dia, com três dias de repouso por mês, a fim de "explorar ao máximo todas as capacidades físicas dos presos".

Contrariamente a uma ideia amplamente aceita, os arquivos do Gulag revelam que a rotação dos presos era bastante grande, pois de 20 a 35% dentre eles eram soltos a cada ano. Essa rotação se explica pelo número relativamente elevado de penas inferiores a cinco anos, representando cerca de 57% dos presos em campos de concentração no início de 1940. A total arbitrariedade de uma administração e de uma jurisdição de exceção, principalmente para os "políticos" encarcerados em 1937-1938, chegou a ponto de, dez anos mais tarde, prorrogar as penas que chegavam a seu fim. Entretanto, a entrada em um campo de concentração não significava, em regra geral, uma passagem sem volta. Aliás, toda uma série de "penas anexas", tais como a fixação de residência ou o exílio, estavam previstas para o "pós-campo"!

Contrariamente também a uma outra opinião corrente, os campos de concentração do Gulag estavam longe de acolher uma maioria de políticos, condenados por "atividades contrarrevolucionárias" referidas em uma das 14 alíneas do tristemente célebre artigo 58 do Código Penal. O contingente de políticos oscilava, de acordo com o ano em questão, entre um quarto e um terço dos efetivos do Gulag. O que não significa que todos os outros detentos fossem prisioneiros comuns, no sentido habitual desse termo. Eles foram parar no campo de concentração por terem infringido uma das várias leis repres-

---

[7] O. Khlevniouk, *art. cit.*, pp. 88-9.

O *império dos campos de concentração* 255

sivas que cada centro de atividades sancionava, indo desde a "dilapidação da propriedade socialista", a "infração à lei dos passaportes", o "vandalismo", a "especulação", até o "abandono do posto de trabalho", a "sabotagem" ou ainda o "não cumprimento de um número mínimo de jornadas de trabalho" nos kolkhozes. Nem políticos, nem prisioneiros comuns no sentido habitual do termo, a grande maioria dos presos do Gulag era formada simplesmente por "simples" cidadãos vítimas da penalização geral das relações de trabalho e de um número crescente de comportamentos sociais. Tal era o resultado de uma década de repressão praticada pelo Partido-Estado contra os mais amplos setores da sociedade.[8]

Tentemos esboçar um balanço provisório dos diversos aspectos dessa repressão que, naturalmente, não se situam no mesmo plano.

— 6 milhões de mortos como consequência da fome de 1932-1933, uma catástrofe amplamente imputada à política de coletivização forçada e de antecipação predatória feita pelo Estado sobre as colheitas dos kolkhozes;
— 720.000 execuções, das quais mais de 680.000 apenas nos anos de 1937-1938, subsequentes a uma paródia de julgamento feita por uma jurisdição especial da GPU-NKVD;
— 300.000 óbitos atestados nos campos de concentração entre 1934 e 1940; cerca de 400.000 para toda a década, números que, sem dúvida, podemos generalizar para os anos de 1930-1933, anos sobre os quais não dispomos de dados precisos, sem contar o número inverificável de pessoas mortas entre o momento de sua prisão e seu registro como "os que entram" pela burocracia penitenciária;
— cerca de 600.000 óbitos atestados entre os deportados, "deslocados" e colonos especiais;
— cerca de 2.200.000 deportados, deslocados ou colonos especiais;
— um número acumulado de 7 milhões de pessoas que deram entrada nos campos de concentração e colônias do Gulag entre 1934 e 1941, com dados insuficientes para os anos 1930-1933.

Em 1º de janeiro de 1940, 53 conjuntos de "campos de trabalho corretivo" e as 425 "colônias de trabalho corretivo" reuniam 1.670.000 presos; eles chegaram a ser 1.930.000 no ano seguinte. As prisões encarceravam cerca de 200.000 pessoas que esperavam seu julgamento ou sua transferência para um

---

[8] J. A. Getty, G. Rittersporn, V. Zemskov, *art. cit.*, pp. 650-7.

256   *O Livro Negro do Comunismo*

campo de concentração. Enfim, 1.800 komandatures do NKVD geravam mais de 1.200.000 colonos especiais.[9] Esses poucos números, mesmo fortemente revisados por baixo em relação a algumas estimativas recentemente apresentadas por historiadores e testemunhas, que com frequência confundiam o fluxo da entrada no Gulag e o número de presos presentes em tal ou tal data, mostram a dimensão da repressão da qual foram vítimas as mais variadas camadas da sociedade soviética no decorrer dos anos 1930.

Do fim de 1939 ao verão de 1941, os campos de concentração, as colônias e os povoamentos especiais do Gulag sofreram um novo afluxo de proscritos. Esse movimento estava ligado à sovietização de novos territórios e a uma criminalização sem precedentes dos comportamentos sociais, especialmente no mundo do trabalho.

Em 24 de agosto de 1939, o mundo estupefato soube da notícia da assinatura, na véspera, de um tratado de não agressão entre a URSS stalinista e a Alemanha hitlerista. O anúncio do pacto produziu um verdadeiro choque nos países europeus diretamente implicados pela crise, cuja opinião pública não havia sido preparada para o que parecia uma reversão total das alianças, poucas mentes tendo então compreendido o que podia unir dois regimes de ideologias tão opostas.

Em 21 de agosto de 1939, o governo soviético havia adiado as negociações conduzidas com a missão franco-inglesa, que viera a Moscou, em 11 de agosto, com o objetivo de concluir um acordo de engajamento recíproco das três partes no caso de uma agressão alemã a uma delas. Desde o início do ano de 1939, a diplomacia soviética, dirigida por Viatcheslav Molotov, esquivava-se gradativamente da ideia de um acordo com a França e com a Grã-Bretanha, suspeitas de estarem prontas a concluírem novos Munique* à custa dos poloneses, o que deixaria o leste livre para os alemães. Enquanto as negociações entre soviéticos, de uma parte, e britânicos e franceses, de outra parte, patinavam em problemas insolúveis — por exemplo, como, em caso de agressão alemã contra a França, o

---

[9] Esses dados sintéticos são baseados principalmente nos artigos e obras citados acima, notadamente J. A. Getty, G. T. Rittersporn, V. K. Zemskov, *art. cit.*; V. K. Zemskov, *art. cit.*; N. Werth, *art. cit.*; V. P. Popov, *art. cit.*; O. Khlevniouk, *art. cit.*; *Istocnik*, 1995, nº 1, pp. 117-30; A. Blum, *op. cit.*

* Acordos de Munique: acordos assinados em 29-30 de setembro de 1938 entre França, Grã-Bretanha, Alemanha e Itália, destinados a pôr fim à crise germano-tcheca. Os acordos previam a evacuação do território dos sudetos pelos tchecos antes de 10 de outubro de 1938 e sua ocupação progressiva pelas tropas alemãs. [N. do T.]

O *império dos campos de concentração* 257

Exército Vermelho poderia atravessar a Polônia para atacar a Alemanha? — os contatos entre representantes soviéticos e alemães em diversos níveis tomavam um novo contorno. Em 14 de agosto, o ministro alemão de relações exteriores, Ribbentrop, propôs uma visita a Moscou para concluir um amplo acordo político com os dirigentes soviéticos. Stalin aceitou prontamente.

No dia 19, alemães e soviéticos assinaram um acordo comercial que estava sendo negociado desde o fim de 1938 e que se mostrava bastante vantajoso para a URSS. Na mesma noite, os soviéticos aceitaram que Ribbentrop viesse a Moscou para assinar um pacto de não agressão já elaborado pelo lado soviético e transmitido imediatamente a Berlim. O ministro alemão, dotado de "plenos poderes extraordinários", chegou em Moscou na tarde do dia 23, e o tratado de não agressão assinado durante a noite foi tornado público no dia 24. Válido por dez anos, ele entrava imediatamente em vigor. A parte mais importante do acordo, que delimitava as esferas de influência e as anexações de dois países do Leste Europeu, permaneceu, evidentemente, secreta. Até 1989, os dirigentes soviéticos negavam, contra a evidência, a existência desse "protocolo secreto", verdadeiro "crime contra a paz" cometido pelas duas potências signatárias. Nos termos desse texto, a Lituânia entrava na esfera de interesse da Alemanha; a Estônia, a Letônia, a Finlândia e a Bessarábia, na esfera soviética. Quanto à Polônia, se a questão da manutenção de um resto de Estado polonês permanecia em suspenso, a URSS devia, o que quer que acontecesse, recuperar, após a intervenção militar dos alemães e dos soviéticos contra a Polônia, os territórios bielorrussos e ucranianos cedidos em seguida ao tratado de Riga, em 1920, assim como uma parte dos territórios "histórica e etnicamente poloneses" nas províncias de Lublin e de Varsóvia.

Oito dias após a assinatura do pacto, as tropas nazistas atacaram a Polônia. Uma semana mais tarde, em 9 de setembro, diante do desmoronamento da resistência polonesa e com a insistência dos alemães, o governo soviético fez saber a Berlim sua intenção de ocupar rapidamente os territórios que lhe cabiam segundo os termos do acordo secreto de 23 de agosto. Em 17 de setembro o exército russo penetrou na Polônia sob o pretexto de "ajudar os irmãos de sangue ucranianos e bielorrussos" ameaçados pela "desagregação do Estado polonês". A intervenção soviética num momento em que o exército polonês estava praticamente aniquilado encontrou pouca resistência. Os soviéticos fizeram 230.000 prisioneiros de guerra, dos quais 15.000 eram oficiais.[10]

---

[10] K. Sword, *Deportation and Exile. Poles in the Soviet Union, 1939-1948*, Londres, MacMillan, 1994, p. 7.

258   *O Livro Negro do Comunismo*

A ideia de deixar um Estado-tampão polonês, esboçada durante algum tempo por alemães e soviéticos, foi rapidamente abandonada, o que tornou ainda mais delicada a fixação da fronteira entre a Alemanha e a URSS. Prevista em 22 de setembro, sobre o traçado do rio Vistula, em Varsóvia, ela foi prorrogada em direção a leste até o rio Bug, durante a vinda de Ribbentrop a Moscou em 28 de setembro. Em troca dessa "concessão" soviética em relação aos termos do protocolo secreto de 23 de agosto, a Alemanha incluía a Lituânia na esfera dos interesses soviéticos. A partilha da Polônia permitiu à URSS anexar amplos territórios de 124 mil quilômetros quadrados, povoados por 12 milhões de habitantes, bielorrussos, ucranianos e poloneses. Em 1º e 2 de novembro, após o simulacro de uma consulta ao povo, esses territórios foram anexados às repúblicas soviéticas da Ucrânia e da Bielorrússia.

Nessa data, a "limpeza" dessas regiões pelo NKVD já estava em estágio bem adiantado. Os primeiros visados foram os poloneses, detidos e deportados em massa como "elementos hostis". Entre os mais expostos figuravam os proprietários rurais, industriais, comerciantes, funcionários, policiais e "colonos especiais" (*osadnicy wojskowi*) que haviam recebido do governo polonês um quinhão de terra nas regiões fronteiriças como recompensa por serviços prestados durante a guerra soviético-polonesa de 1920. De acordo com estatísticas do departamento de colonos especiais do Gulag, em fevereiro de 1940 e junho de 1941, 381.000 civis poloneses, somente nos territórios anexados pela URSS em setembro de 1939, foram deportados como colonos especiais para a Sibéria, a região de Arkhangelsk, o Cazaquistão e outras regiões afastadas da URSS.[11] Os números considerados pelos historiadores poloneses são bem mais altos, elevando-se à ordem de um milhão de pessoas deportadas.[12] Infelizmente, não dispomos de nenhum dado preciso sobre as prisões e as deportações de civis praticadas entre setembro de 1939 e janeiro de 1940.

Para o período posterior, os documentos de arquivo atualmente acessíveis dão conta de três grandes "ondas de deportações", em 9 e 10 de fevereiro, em 12 e 13 de abril e em 28 e 29 de junho de 1940.[13] Eram necessários dois meses para que os comboios realizassem uma viagem de ida e volta entre a fronteira polonesa e a Sibéria, o Cazaquistão ou o extremo Norte. No que concerne aos prisioneiros de guerra poloneses, apenas 82.000 dos 230.000 sobreviveram até

---

[11] V. Zemskov, "Spetzposelentsi", *art. cit.*, p. 5.

[12] Z. S. Siemaszko, *W sowieckim osaczeniu*, Londres, 1991; W. Wielhorski, *Los Polakow w Niewoli Sowieckiej*, Londres, 1956.

[13] K. Sword, *op. cit.*, pp. 15-23.

O império dos campos de concentração

o verão de 1941. As perdas entre os colonos especiais poloneses também foram bastante elevadas. Com efeito, em agosto de 1941, após o acordo com o governo polonês no exílio, o governo soviético concedeu uma "anistia" aos poloneses deportados a partir de novembro de 1939, mas só eram encontráveis 243.100 colonos especiais, enquanto pelo menos 381.000 haviam sido deportados entre fevereiro de 1940 e junho de 1941. No total, 388.000 poloneses prisioneiros de guerra, refugiados internos e deportados civis foram beneficiados por essa anistia. Várias centenas de milhares haviam desaparecido no decorrer dos dois anos precedentes. Um grande número dentre eles foi executado sob o pretexto de serem "inimigos ferozes e determinados do poder soviético".

Carta de L. Beria, comissário do povo para Negócios Interiores, a Stalin, em 5 de março de 1940, ultrassecreta.

Ao camarada Stalin.

Um grande número de antigos oficiais do exército polonês, antigos funcionários da polícia e dos serviços de informação poloneses, membros de partidos nacionalistas contrarrevolucionários, membros de organizações de oposição contrarrevolucionárias devidamente desmascaradas, desertores e outros, todos inimigos jurados do poder soviético, plenos de ódio contra o sistema soviético, estão atualmente presos nos campos de prisioneiros de guerra do NKVD da URSS e nas prisões situadas nas regiões ocidentais da Ucrânia e da Bielorrússia.

Os oficiais do exército e da polícia prisioneiros nos campos de concentração tentam prosseguir com suas atividades contrarrevolucionárias e mantêm uma agitação antissoviética. Cada um deles espera somente pela libertação para entrar ativamente na luta contra o poder soviético.

Os órgãos do NKVD das regiões ocidentais da Ucrânia e da Bielorrússia descobriram um grande número de organizações rebeldes contrarrevolucionárias. Os antigos oficiais do exército e da polícia poloneses, assim como os policiais militares, têm um papel ativo na liderança de todas essas organizações.

Entre os antigos desertores e os que violaram as fronteiras do Estado está um bom número de pessoas que foram identificadas como pertencentes a organizações contrarrevolucionárias de espionagem e de resistência.

14.736 antigos oficiais, funcionários, proprietários de terras, policiais, policiais militares, carcereiros, colonos instalados nas regiões fronteiriças (*osadniki*) *e* agentes de informação (dos quais mais de 97% são poloneses) encontram-se presos nos campos de prisioneiros de guerra. Esse número não compreende nem os simples soldados, nem os suboficiais.

Podem-se contar entre eles:

— Generais, coronéis e tenentes-coronéis — 295
— Comandantes e capitães — 2.080

260 — O Livro Negro do Comunismo

— Tenentes, subtenentes e aspirantes — 6.049
— Oficiais e suboficiais da polícia, das guardas de fronteira e da
polícia militar — 1.030
— Agentes de polícia, policiais militares, carcereiros e agentes de
Informação — 5-138
— Funcionários, proprietários de terra, padres e colonos
instalados nas regiões fronteiriças — 144

Outrossim, 18.632 homens estão presos nas prisões das regiões ocidentais da Ucrânia e da Bielorrússia (dos quais 10.685 poloneses).
Podem-se contar entre eles:

— Antigos oficiais — 1.207
— Antigos agentes de informação, da polícia e da polícia militar — 5.141
— Espiões e sabotadores — 347
— Antigos proprietários de terras, proprietários de fábricas e
funcionários — 465
— Membros de diversas organizações contrarrevolucionárias de
resistência e elementos diversos — 5.345
— Desertores — 6.127

Uma vez que todos esses indivíduos são ferozes e irredutíveis inimigos do poder soviético, o NKVD da URSS considera que é necessário:

1. Ordenar ao NKVD da URSS julgar perante tribunais especiais:

a) 14.700 oficiais, funcionários, proprietários de terra, agentes de polícia, agentes de informação, policiais militares, colonos de regiões fronteiriças e carcereiros presos nos campos de prisioneiros de guerra;

b) assim como 11.000 membros de diversas organizações contrarrevolucionárias de espiões e sabotadores, antigos proprietários de terra, proprietários de fábricas, antigos oficiais do exército polonês, funcionários e desertores que foram detidos e estão presos nas regiões ocidentais da Ucrânia e da Bielorrússia, para APLICAR-LHES O CASTIGO SUPREMO: A PENA DE MORTE POR FUZILAMENTO.

2. O estudo dos dossiês individuais será feito sem o comparecimento dos presos e sem ata de acusação. As conclusões da investigação e da sentença final serão apresentadas como se segue:

a) sob a forma de certificados produzidos pela administração dos casos dos prisioneiros de guerra do NKVD da URSS para os indivíduos presos nos campos de prisioneiros de guerra;

b) sob a forma de certificados produzidos pelo NKVD da URSS da Ucrânia e pelo NKVD da URSS da Bielorrússia para as outras pessoas presas.

3. Os dossiês serão examinados, e as sentenças, pronunciadas pelo tribunal composto por três pessoas, os camaradas Merkulov, Kobulov e Bachtalov.

O comissário do povo para o interior da URSS, L. Beria.

O império dos campos de concentração 261

Entre estes últimos, figuravam principalmente os 25.700 oficiais e civis poloneses para os quais Beria havia, numa carta endereçada a Stalin em 5 de março de 1940, proposto o fuzilamento. Uma parte dos ossuários contendo os corpos dos supliciados foi descoberta, em abril de 1943, pelos alemães, na floresta de Katyn. Várias fossas comuns continham os restos de 4.000 oficiais poloneses. As autoridades soviéticas tentaram imputar o massacre aos alemães, e foi somente em 1992, durante uma visita de Boris Yeltsin a Varsóvia, que as autoridades russas reconheceram a responsabilidade direta de Stalin e dos demais membros do Politburo na eliminação da elite polonesa em 1940.

Imediatamente após a anexação das regiões pertencentes à Polônia, e conforme os acordos feitos com a Alemanha nazista, o governo soviético convocou os chefes dos governos estoniano, letão e lituano a Moscou, e impôs-lhes "tratados de assistência mútua" em virtude dos quais esses países "concediam" bases militares à URSS. Logo em seguida, 25.000 soldados soviéticos se instalaram na Estônia, 30.000 na Letônia e 20.000 na Lituânia. Esses efetivos já ultrapassavam, em larga medida, os dos exércitos desses países oficialmente ainda independentes. A instalação de tropas soviéticas em outubro de 1939 marcou verdadeiramente o fim da independência dos países bálticos. A partir de 11 de outubro, Beria deu a ordem para "extirpar todos os elementos antissoviéticos e antissociais" desses países. Desde então, a polícia militar soviética multiplicou as prisões de oficiais e de funcionários, de intelectuais considerados como pouco "seguros" em relação aos objetivos posteriores da URSS.

Em junho de 1940, no dia seguinte ao vitorioso ataque-relâmpago das tropas alemãs à França, o governo soviético decidiu concretizar todas as cláusulas do protocolo secreto de 23 de agosto de 1939. Em 14 de junho, pretextando "atos de provocação contra as guarnições soviéticas", um ultimato foi dirigido aos dirigentes bálticos, intimando-os à formação de "um governo disposto a garantir uma aplicação honesta do tratado de assistência e uma repressão enérgica aos adversários do dito tratado". Nos dias que se seguiram, várias centenas de milhares de soldados soviéticos ocuparam os países bálticos. Stalin enviou às capitais bálticas seus representantes encarregados de empreender a sovietização das três repúblicas, o procurador Vychinski, a Riga, Jdanov, a Tallinn, e o dirigente da polícia política Dekanozov, vice-ministro das Relações Exteriores da URSS, a Kaunas. Os parlamentos e as instituições locais foram dissolvidos, e a maioria de seus membros foi detida. O Partido Comunista foi o único partido autorizado a apresentar candidatos às eleições que tiveram lugar em 14 e 15 de julho de 1940.

262   *O Livro Negro do Comunismo*

Nas semanas precedentes a esse simulacro, o NKVD, sob a direção do general Serov, prendeu entre 15.000 e 20.000 "elementos hostis". Somente na Letônia, 1.480 opositores foram executados sumariamente no começo do mês de julho. Os parlamentos eleitos solicitaram a admissão de seus países no seio da URSS, pedido que foi naturalmente "concedido" no começo de agosto pelo Soviete Supremo, que proclamou o nascimento de três novas repúblicas socialistas soviéticas. Enquanto, em 8 de agosto, o *Pravda* escrevia: "A partir de hoje, o sol da grande Constituição stalinista derrama seus raios benéficos sobre novos territórios e novos povos". Começava para os bálticos um período de prisões, deportações e execuções.

Os arquivos conservaram detalhes do desenrolar de uma grande operação de deportação de elementos hostis à sociedade dos países bálticos, da Moldávia, da Bielorrússia e da Ucrânia Ocidental, realizada na noite de 13 a 14 de junho de 1941, sob as ordens do general Serov. Essa operação havia sido planejada algumas semanas mais cedo, em 16 de maio de 1941, com Beria enviando a Stalin seu último projeto de "operação de limpeza dos elementos antissoviéticos, criminosos e estranhos à sociedade das regiões recentemente integradas à URSS". No total, 85.716 pessoas foram deportadas em junho de 1941, entre as quais 25.711 bálticos. Em seu relatório de 17 de julho de 1941, Merkulov, o número dois do NKVD, fez o balanço da parte báltica da operação. Durante a noite de 13 e 14 de junho de 1941, 11.038 membros das famílias de "nacionalistas burgueses", 3.240 membros de famílias de ex-policiais e policiais militares, 7.124 membros de famílias de ex-proprietários rurais, industriais e funcionários, 1.649 membros de famílias de ex-oficiais e, enfim, 2.907 "diversos" foram deportados. Fica claro através desse documento que os chefes de família haviam sido previamente detidos e, provavelmente, executados. A operação de 13 de junho não visava, com efeito, senão os "membros das famílias" julgadas "estranhas à sociedade".[14]

Cada família teve direito a cem quilos de bagagens, incluindo a comida para a viagem, pois o NKVD não se responsabilizava pela alimentação durante a transferência! Os comboios só chegaram a seu destino — que era, para a maioria, a província de Novosibirsk ou o Cazaquistão — no final do mês de julho de 1941. Alguns só chegaram a seu lugar de deportação, a região de Altai, em meados de setembro! Quantos deportados morreram no decorrer de seis a 12 semanas de viagem, lotados em número de 50 pessoas por cada vagão de transporte de animais, com o que eles puderam levar como roupas e alimentos

---

[14] GARF, 9401/1/4475.

O *império dos campos de concentração*

durante a noite de sua detenção? Uma outra operação de grande envergadura estava planejada por Beria para a noite de 27 para 28 de julho de 1941. A escolha desta data confirma que os mais altos dirigentes do Estado soviético não desconfiavam do ataque alemão de 22 de junho. A operação Barba-roxa adiou por alguns anos o prosseguimento da "limpeza" pelo NKVD dos países bálticos.

Alguns dias após a ocupação dos países bálticos, o governo soviético enviou à Romênia um ultimato exigindo o "retorno" imediato à URSS da Bessarábia, que havia feito parte do Império Czarista e havia sido mencionada no protocolo secreto soviético-alemão de 23 de agosto de 1939. Eles exigiam, entre outras coisas, a transferência para a URSS da Bukovina do Norte, que nunca havia feito parte do Império Czarista. Abandonados pelos alemães, os romenos se submeteram. A Bukovina e uma parte da Bessarábia foram incorporadas pela Ucrânia; o resto da Bessarábia tornou-se a República Socialista Soviética da Moldávia, proclamada no dia 2 de agosto de 1940. Nesse mesmo dia, Kobulov, adjunto de Beria, assinava uma ordem de deportação de 31.699 "elementos antissoviéticos" que viviam no território da RSS da Moldávia, e de 12.191 outros "elementos antissoviéticos" das regiões romenas incorporadas à RSS da Ucrânia. Todos esses "elementos" haviam sido, em poucos meses, devidamente fichados segundo uma técnica já bem utilizada. Na véspera, 1º de agosto de 1940, Molotov havia esboçado diante do Soviete Supremo um quadro triunfante das aquisições do acordo germano-soviético: em um ano, 23 milhões de habitantes haviam sido incorporados à União Soviética.

Mas o ano de 1940 também foi notável por outra razão: o número de presos do Gulag, de deportados, de pessoas encarceradas nas prisões soviéticas e de condenações penais atingiu seu apogeu. Em 1º de janeiro de 1941, os campos do Gulag contavam com 1.930.000 presos, ou seja, um aumento de 270.000 presos em um ano; mais de 500.000 pessoas dos territórios "soviéticos" haviam sido deportadas, juntando-se aos 1.200.000 colonos especiais contabilizados no fim de 1939; as prisões soviéticas, com uma capacidade teórica de 234.000 lugares, encarceravam mais de 462.000 indivíduos;[15] enfim, o número total de condenações penais sofreu nesse ano um crescimento excepcional, passando, em um ano, de cerca de 700.000 para quase 2,3 milhões.[16]

---

[15] V. K. *Zemskov, Goulag, art. cit.*, p. 19.

[16] GARF, 9492/2/42/125.

264   *O Livro Negro do Comunismo*

Esse aumento espetacular também era resultado de uma penalização sem precedentes das relações sociais. Para o mundo do trabalho, o ano de 1940 ficou na memória coletiva como aquele do decreto de 26 de junho "sobre a adoção da jornada de oito horas, da semana de sete dias e da proibição ao operário de deixar a empresa por sua própria iniciativa". A partir de então, toda ausência injustificada, começando por um atraso superior a 20 minutos, era sancionada penalmente. O contraventor era passível de "trabalhos corretivos" sem a privação da liberdade e de retenção de 25% de seu salário, pena que poderia ser agravada com um aprisionamento de dois a quatro anos.

Em 10 de agosto de 1940, um outro decreto trouxe sanções de um a três anos em campo de concentração para punir "atos de vandalismo", a produção de refugos e os pequenos roubos no local de trabalho. Nas condições de funcionamento da indústria soviética, todo operário poderia ser penalizado por essa nova "lei celerada".

Esses decretos, que permaneceriam em vigor até 1956, marcavam uma nova etapa da penalização do direito do trabalho. No decorrer dos seis primeiros meses de sua aplicação, mais de um milhão e meio de pessoas foram condenadas, das quais mais de 400.000 a penas de prisão; o que explica o importante crescimento do número de detentos nas prisões a partir do verão de 1940. O número de vândalos condenados a penas em campos de concentração passou de 108.000 em 1939 a 200.000 em 1940.[17]

Portanto, o fim do Grande Terror foi marcado por uma nova ofensiva, sem precedentes desde 1932, contra a gente comum que se recusava a curvar-se à disciplina da fábrica e do kolkhoz. Como respostas às leis celeradas do verão de 1940, um bom número de operários, a julgar pelos relatórios dos informantes do NKVD, deu provas de "estado de espírito malsão", principalmente durante as primeiras semanas de invasão nazista. Eles desejavam claramente "a eliminação dos judeus e dos comunistas" e difundiam, de acordo com esse operário moscovita cujas afirmações foram transmitidas ao NKVD, "rumores provocadores": "Quando Hitler toma nossas cidades, ele distribui cartazes dizendo: 'Eu não farei com que os operários passem diante de um tribunal, como faz o seu governo, quando eles chegam com um atraso de vinte minutos ao trabalho.'"[18] Tais afirmações eram punidas com a mais extrema severidade, como indica um relatório do procurador geral militar sobre "os crimes e delitos cometidos nas estradas de ferro entre 22 de junho e 12 de setembro de 1941", causando 2.524 condenações, das quais 204 à pena capital. Entre essas condenações, não se

---

[17] GARF, 9492/2/42.
[18] N. Werth, G. Moullec, *op. cit.*, p. 229.

O *império dos campos de concentração* 265

contavam menos de 412 por "difusão de rumores contrarrevolucionários". Por esse crime, 110 trabalhadores em estradas de ferro foram condenados à morte.[19]

Uma coletânea de documentos recentemente publicada sobre "o espírito público" em Moscou durante os primeiros meses da guerra[20] destaca a desordem da "gente comum" diante do avanço alemão do verão de 1941. Os moscovitas pareciam dividir-se em três grupos — um de "patriotas", um "movediço" onde nasciam e se difundiam os rumores, e um de "derrotistas" que desejava a vitória dos alemães sobre os "judeus e bolcheviques", assemelhados e detestados. Em outubro de 1941, durante o desmonte das fábricas visando à evacuação em direção ao leste do país, ocorreram "desordens antissoviéticas" nas empresas têxteis da região de Ivanovo.[21] As afirmações derrotistas mantidas por alguns operários eram reveladoras do estado de desespero no qual se encontrava uma parte do mundo operário, submetido desde 1940 a uma legislação cada vez mais dura.

Entretanto, já que a barbárie nazista não acenava com nenhum futuro promissor aos sub-homens soviéticos, votados ao extermínio, ou melhor, à escravidão, ela acabou por reconciliar, num grande sobressalto patriótico, a gente comum com o regime. Com bastante habilidade, Stalin soube reafirmar com força os valores russos, nacionais e patrióticos. Em seu célebre discurso radiodifundido em 3 de julho de 1941, ele retomou, para dirigir-se à nação, o velho apelo que havia consolidado a comunidade internacional através dos séculos: "Irmãos e irmãs, um grave perigo ameaça a nossa pátria." As referências "à grande nação russa de Plekhanov, de Lenin, de Puchkin, de Tolstoi, de Tchaikovski, de Tchekhov, de Lermontov, de Suvorov e de Kutuzov" deviam servir como suporte para a "guerra sagrada", a "Grande Guerra Patriótica". Em 7 de novembro de 1941, passando em revista os batalhões de voluntários que partiam para o fronte, Stalin conjurou-os a lutarem sob a inspiração do "glorioso exemplo dos ancestrais Alexandre Nevski e Dimitri Donskoi"; o primeiro havia salvado a Rússia dos cavaleiros teutônicos no século XIII, e o segundo, um século mais tarde, pusera fim ao jugo tártaro.

---

[19] *Istocnik*, 1994, nº 3, pp. 107-12.

[20] *Moskva Voennaia: Memuary i arkhivnye dokumenty* (Moscou em guerra: Lembranças e documentos de arquivos), Moscou, 1995.

[21] CRCEDHC, 17/88/45.

12
O avesso de uma vitória

Entre as inúmeras "lacunas" da história soviética figurou durante muito tempo, como um segredo particularmente bem guardado, o episódio da deportação de povos inteiros durante a "Grande Guerra Patriótica", coletivamente suspeitos de "diversionismo, espionagem e colaboração" com o ocupante nazista. Foi somente a partir do fim dos anos 1950 que as autoridades reconheceram que houve "excessos" e "generalizações" na acusação de "colaboração coletiva". Nos anos 1960, foi restabelecida a existência jurídica de um certo número de repúblicas autônomas riscadas do mapa por colaboração com o ocupante. Contudo, foi somente em 1972 que os membros dos povos deportados receberam enfim a autorização teórica de "escolherem livremente seu local de domicílio". E foi somente em 1989 que os tártaros da Crimeia foram plenamente "reabilitados". Até meados dos anos 1960, a eliminação progressiva das sanções infligidas aos "povos punidos" foi cercada do maior segredo, e os decretos anteriores a 1964 jamais foram publicados. Foi necessário esperar pela "declaração do Soviete Supremo", de 14 de novembro de 1989, para que o Estado soviético reconhecesse enfim "a ilegalidade criminosa de atos bárbaros cometidos pelo regime stalinista em relação aos povos deportados em massa".

Os alemães foram o primeiro grupo étnico deportado coletivamente, algumas semanas após a invasão da URSS pela Alemanha nazista. De acordo com o recenseamento de 1939, 1.427.000 alemães viviam na URSS; em sua maioria, eles descendiam dos colonos alemães chamados por Catarina II, ela mesma originária de Hesse, para povoar os vastos espaços vazios do sul da Rússia. Em 1924, o governo soviético criara uma República autônoma dos alemães do Volga. Esses "alemães do Volga", que contavam em média 370.000 pessoas, representavam apenas cerca de um quarto da população de origem alemã, repartida tanto na Rússia (nas regiões de Saratov, de Stalingrado, de Voronezh, Moscou, Leningrado etc.) e na Ucrânia (390.000 pessoas) quanto no Cáucaso do Norte (nas regiões de Krasnodar, de Ordjonikidze, de Stavropol), na Crimeia ou na Geórgia. Em 28 de agosto de 1941, o Presidium do Soviete

268   *O Livro Negro do Comunismo*

Supremo expediu um decreto, segundo o qual toda a população alemã da República autônoma do Volga, das regiões de Saratov e de Stalingrado devia ser deportada para o Cazaquistão e para a Sibéria. De acordo com esse texto, essa decisão era somente uma medida humanitária preventiva!

Extratos do decreto do Presidium do Soviete Supremo de 28 de agosto de 1941 sobre a deportação coletiva dos alemães.

De acordo com informações dignas de fé recebidas pelas autoridades militares, a população alemã instalada na região do Volga abriga milhares e dezenas de milhares de sabotadores e espiões que devem, ao primeiro sinal recebido da Alemanha, organizar atentados nas regiões onde vivem os alemães do Volga. Ninguém advertiu as autoridades soviéticas da presença de uma tal quantidade de sabotadores e de espiões entre o alemães do Volga; consequentemente, a população alemã do Volga esconde em seu seio inimigos do povo e do poder soviético...

Se ocorrerem atos de sabotagem na República dos alemães do Volga ou nos distritos vizinhos, cometidos pelos sabotadores e pelos espiões alemães por ordem da Alemanha, o sangue correrá, e o Governo soviético, conforme as leis dos tempos de guerra, será obrigado a tomar medidas punitivas contra toda a população alemã do Volga. Para evitar uma situação tão lamentável e graves derramamentos de sangue, o Presidium do Soviete Supremo da URSS julgou necessário transferir toda a população alemã que vive na região do Volga para outros distritos, fornecendo-lhe terras e uma ajuda do Estado para se instalar nesses novos condados.

Os distritos abundantes em terras das regiões de Novosibirsk e de Omsk, do território do Altai, do Cazaquistão e de outras regiões limítrofes são afetados por essa transferência.

Enquanto o Exército Vermelho recuava em todas as frentes de batalha perdendo a cada dia dezenas de milhares de mortos e prisioneiros, Beria destacou cerca de 14.000 homens das tropas do NKVD para essa operação, dirigida pelo vice-comissário do povo para o Interior, general Ivan Serov, que já se destacara ilustre por ocasião da "limpeza" dos países bálticos. As operações foram conduzidas com sucesso, levando-se em conta as circunstâncias e a derrota sem precedentes do Exército Vermelho. De 3 a 20 de setembro de 1941, 446.480 alemães foram deportados em 230 comboios de 50 vagões em média, isto é, cerca de 2.000 pessoas por comboio! A uma velocidade média de alguns quilômetros por hora, esses comboios levaram entre quatro e cinco semanas para chegar a seu lugar de destino, as regiões de Omsk e de Novosibirsk, a região de Barnaul, no Sul da Sibéria, e o território de Krasnoiarsk, na Sibéria Oriental. Como na época das deportações precedentes do Báltico, as "pessoas transferidas" tiveram, segundo as instruções oficiais, "um prazo determinado [*sic*] para levar com elas víveres por um período de no mínimo um mês"!

Enquanto essa "operação principal" de deportação se desenrolava, outras "operações secundárias" se multiplicavam, ao sabor das vicissitudes militares. Desde 29 de agosto de 1941, Molotov, Malenkov e Jdanov propuseram a Stalin "limpar" a região e a cidade de Leningrado de 96.000 indivíduos de origem alemã e finesa. Em 30 de agosto, as tropas alemãs atingiram o rio Neva, cortando as ligações ferroviárias entre Leningrado e o resto do país. A ameaça de um cerco à cidade se tornava mais evidente a cada dia, e as autoridades competentes não haviam tomado nenhuma medida para evacuar a população civil de Leningrado nem a mínima medida para constituir estoques de alimentos. Contudo, no mesmo dia 30 de agosto, Beria redigiu uma circular ordenando a deportação de 132.000 pessoas da região de Leningrado, 96.000 por trem e 36.000 por via fluvial. O NKVD teve apenas o tempo necessário para prender e deportar 11.000 cidadãos soviéticos de nacionalidade alemã.

Durante as semanas seguintes, foram empreendidas operações similares nas regiões de Moscou (9.640 alemães deportados em 15 de setembro), de Tula (2.700 deportados em 21 de setembro), de Gorki (3.162 deportados em 14 de setembro), de Rostov (38.288, de 10 a 20 de setembro), de Zaporojie (31.320 deportados, de 25 de setembro a 10 de outubro), de Krasnodar (38.136 deportados em 15 de setembro), de Ordjonikidze (77.570 deportados em 20 de setembro). Durante o mês de outubro de 1941, a deportação atingiu mais de 100.000 alemães residentes na Geórgia, na Armênia, no Azerbaijão, no Cáucaso do Norte e na Crimeia. Um balanço contábil da transferência dos alemães mostra que, em 25 de dezembro de 1941, 894.600 pessoas haviam sido deportadas, a maior parte para o Cazaquistão e a Sibéria. Levando-se em conta os alemães deportados em 1942, chega-se a um total de 1.209.430 deportados em menos de um ano, de agosto de 1941 a junho de 1942. Lembremos que, de acordo com o recenseamento de 1939, a população alemã na URSS era de 1.427.000 pessoas.

Assim, mais de 82% dos alemães dispersos pelo território soviético foram deportados, embora a situação catastrófica de um país à beira do aniquilamento exigisse que todo o esforço militar e policial se dirigisse para a luta armada contra o inimigo e não para a deportação de centenas de milhares de cidadãos soviéticos inocentes. A proporção dos cidadãos soviéticos de origem alemã deportados era, em realidade, ainda mais significativa, levando-se em conta as dezenas de milhares de soldados e oficiais de origem alemã retirados das unidades do Exército Vermelho e enviados aos batalhões disciplinares do

O Livro Negro do Comunismo

"Exército do Trabalho", para Vorkuta, Kotlas, Kemerovo, Tcheliabinsk; apenas nessa cidade, mais de 25.000 alemães trabalhavam na construção do complexo metalúrgico. Quanto às condições de trabalho e de sobrevivência nos batalhões disciplinares do Exército do Trabalho, elas não eram sob nenhum aspecto melhores que no Gulag.

Quantos deportados desapareceram durante sua transferência? Não dispomos hoje de nenhum balanço total e, no contexto da guerra e das violências do apocalipse desse período, é impossível acompanhar os dados esparsos sobre este ou aquele comboio. Mas quantos comboios nunca chegaram a seu destino, no caos do outono de 1941? No fim de novembro, 29.600 deportados alemães deveriam, "de acordo com o plano", ganhar a região de Karaganda. Ora, em 1º de janeiro de 1942, a contagem atestava que apenas 8.304 haviam chegado. O "plano" para a região de Novosibirsk era de 130.998 indivíduos, mas foram contados apenas 116.612. Onde foram parar os outros? Morreram a caminho? Foram expedidos para outros lugares? A região do Altai, "planejada" para 11.000 deportados, viu afluírem 94.799! Ainda mais veementes que essa aritmética sinistra, todos os relatórios do NKVD sobre a instalação dos deportados enfatizavam, unanimemente, "que as regiões de recepção estavam despreparadas".

Por causa do segredo, as autoridades locais só foram prevenidas da chegada de dezenas de milhares de deportados na última hora. Como nenhum alojamento havia sido previsto, eles foram encaixados em qualquer lugar, em acampamentos, estábulos, ou ao ar livre, embora o inverno chegasse. Como a mobilização enviara ao fronte uma grande parte da mão de obra masculina, e as autoridades, em dez anos, haviam adquirido uma certa experiência no assunto, a "destinação econômica" dos novos deportados se fez todavia mais rapidamente que a dos kulaks deportados em 1930 e abandonados em plena taiga. No fim de alguns meses, a maioria dos deportados foi destinada a viver como os outros colonos especiais, isto é, em condições de alojamento, de trabalho e de abastecimento particularmente duras e precárias, para um kolkhoz, um sovkhoz ou para um empreendimento industrial, no interior de uma komandatura do NKVD.[1]

A deportação dos alemães foi seguida por uma segunda onda de deportação, de novembro de 1943 a junho de 1944, durante a qual seis povos — che-

---

[1] N. Bugai, L. Beria-I. Stalinu, "Soglasno vasemu ukazaniu"(L. Beria a Stalin, Conforme suas instruções), Moscou, 1995, pp. 27-55; N. Bugai, 40-ye gody: "Avtonomiu Nemtsev Povoljia likvidirovat'" (Os anos 1940. A "liquidação da autonomia dos alemães do Volga"), *Istoria SSSB*, 1991, nº 2, pp. 172-82; J.-J. Marie, *Les Peuples déportés d'Union Soviétique*, Bruxelas, Complexe, 1995, pp. 35-56.

O avesso de uma vitória

271

chenos, inguches, tártaros da Crimeia, karachais, balkars e kalmuks — foram deportados para a Sibéria, o Cazaquistão, o Uzbequistão e o Quirguizistão, sob pretexto de "colaboração em peso com o ocupante nazista". Essa principal onda de deportação, que atingiu cerca de 900.000 pessoas, foi seguida, de julho a dezembro de 1944, por outras operações destinadas a "limpar" a Crimeia e o Cáucaso de várias outras nacionalidades julgadas "duvidosas": gregos, búlgaros, armênios da Crimeia, turcos meskhetianos, curdos e khemchines do Cáucaso.[2]

Arquivos e documentos recentemente acessíveis não trazem nenhum dado novo e preciso sobre a pretensa "colaboração" com os nazistas dos povos montanheses do Cáucaso, dos kalmuks e dos tártaros da Crimeia. Assim, nessa questão, estamos limitados a considerar somente um certo número de fatos que apenas induzem a existência — na Crimeia, na região kalmk, na região karachai e na República autônoma kabardino-balkar — de núcleos restritos de colaboradores, mas não de uma colaboração geral erigida como uma verdadeira política. Os episódios colaboracionistas mais controversos situam-se após a perda de Rostov-sobre-o-Don pelo Exército Vermelho, em julho de 1942, e a ocupação alemã do Cáucaso, do verão de 1942 à primavera de 1943. Na ausência de poder entre a partida dos soviéticos e a chegada dos nazistas, um certo número de personalidades locais levantou "comitês nacionais" em Mikoian-Chakhar, na região autônoma dos karachais-cherkesses, em Naltchik, na República autônoma kabardino-balkar, e em Elista, na República autônoma dos kalmuks. O exército alemão reconheceu a autoridade desses comitês locais que durante alguns meses dispuseram de autonomia religiosa, política e econômica. Como a experiência caucasiana havia reforçado o "mito muçulmano" em Berlim, os tártaros da Crimeia foram autorizados a criar seu "Comitê central muçulmano" instalado em Simferopol.

Entretanto, por temor de ver renascer o movimento pan-uraniano, destruído pelo poder soviético no início dos anos 1920, as autoridades nazistas jamais concederam aos tártaros da Crimeia a autonomia da qual se beneficiaram kalmuks, karachais e balkars durante alguns meses. Em contrapartida da autonomia, que lhes fora concedida, avaliada mediocremente, as autoridades locais destacaram algumas tropas para combater os maquis* de partidários locais que permaneceram fiéis ao regime soviético. Ao todo, alguns milhares de homens

---

[2] N. Bugai. *op. cit.*, pp. 56-220; N. Zemskov, *art. cit.*, pp. 8-17; M Guboglo, A. Kuznetsov (ed.), *Deportatsii narodov SSSR, 1930-ye-1950-ye gody* (A deportação dos povos da URSS, anos 1930-1950), coletânea de documentos, Moscou, 1992; J.-J. Marie, *op. cit.*, pp. 57-128.

* Movimento clandestino francês resistente à ocupação alemã de 1940-1944. [N. do T.]

que compunham unidades com efetivos reduzidos: seis batalhões tártaros na Crimeia e um corpo de cavalaria kalmuk.

Quanto à República autônoma da Chechênia-Inguche, ela foi apenas parcialmente ocupada pelos destacamentos nazistas, durante somente uma dezena de semanas, entre o início de setembro e meados de novembro de 1942. Não houve a mínima promessa de colaboração. Mas é verdade que os chechenos, que resistiram várias décadas durante a colonização russa antes de capitular em 1859, permaneceram um povo insubmisso. O poder soviético já havia lançado várias expedições punitivas: em 1925, para confiscar uma parte das armas detidas pela população; depois, em 1930-1932, para tentar quebrar a resistência dos chechenos e dos inguches à coletivização. Em sua luta contra os "bandidos", as tropas especiais do NKVD apelaram à artilharia e à aviação, em março-abril de 1930 e, em seguida, em abril-maio de 1932. Uma forte resistência opunha então o poder central a esse povo independente que sempre recusara a tutela de Moscou.

As cinco grandes operações de "prisão em massa e deportação", que ocorreram durante o período compreendido entre novembro de 1943 e maio de 1944, se desenrolaram de forma bem-articulada e, diferentemente das primeiras deportações dos kulaks, "com uma notável eficácia operacional", segundo os próprios termos de Beria. A fase de "preparação logística" foi cuidadosamente organizada durante várias semanas, sob a supervisão pessoal de Beria e de seus auxiliares Ivan Serov e Bogdan Kobulov, presentes nos locais de deportação, em seu trem especial blindado. Tratava-se de montar um número impressionante de comboios: 46 comboios de 60 vagões para a deportação de 93.139 kalmuks em quatro dias, de 27 a 30 de dezembro de 1943, e 194 comboios de 65 vagões para a deportação, em seis dias, de 23 a 28 de fevereiro de 1944, de 521.247 chechenos e inguches. Para essas operações excepcionais, o NKVD não economizava meios; para a prisão em massa dos chechenos e dos inguches, não menos que 119.000 homens das tropas especiais do NKVD foram mobilizados, em um momento em que a guerra atingia seu auge!

As operações, programadas hora a hora, começavam pela prisão dos "elementos potencialmente perigosos", entre 1% e 2% de uma população composta majoritariamente de mulheres, crianças e idosos, já que uma grande parte dos homens em plena maturidade havia sido convocada para a guerra. A crer nos "relatórios operacionais" enviados a Moscou, as operações se desenvolviam muito rapidamente. Assim, na tarde do primeiro dia da operação de limpeza dos tártaros da Crimeia, de 18 a 20 de maio de 1944, Kobulov e Serov, responsáveis pela operação, telegrafaram a Beria: "Hoje, às 20 horas, efetuamos a transfe-

O avesso de uma vitória

rência de 90.000 indivíduos em direção às estações ferroviárias. Dezessete comboios já levaram 48.400 indivíduos para os lugares de destino. Vinte e cinco comboios estão sendo carregados. O desenrolar da operação não deu lugar a nenhum acidente. A operação continua." No dia seguinte, 19 de maio, Beria informou a Stalin que, no fim desse segundo dia, 165.515 indivíduos haviam sido reunidos nas estações ferroviárias, dos quais 136.412 carregados em comboios que partiram em direção "ao destino fixado nas instruções". No terceiro dia, 20 de maio, Serov e Kobulov telegrafaram a Beria para lhe anunciar que a operação tivera fim às 16h30min. Ao todo, 63 comboios levando 173.287 pessoas já estavam em movimento. Os quatro últimos comboios transportando os 6.727 restantes deveriam partir na mesma tarde.[3]

Ao ler os relatórios da burocracia do NKVD, todas essas operações de deportação de centenas de milhares de pessoas parecem ter sido apenas uma mera formalidade; cada operação tendo obtido mais "sucesso" e tendo sido mais "eficaz" e "econômica" que a precedente. Após a deportação dos chechenos, dos inguches e dos balkars, um certo Milstein, funcionário do NKVD, redigiu um longo relatório sobre... "as economias de vagões, de tábuas, de baldes e de pás [...] realizadas na época das últimas deportações em relação às operações precedentes".

"A experiência do transporte dos karachais e dos kalmuks, escrevia ele, nos deu a possibilidade de tomar certas disposições que permitiram reduzir as exigências de comboios e diminuir o número de trajetos a serem efetuados. Instalamos em cada vagão para transporte de animais 45 pessoas em vez de 40, como fazíamos anteriormente, e como nós os instalamos com suas bagagens pessoais, economizamos um número importante de vagões, ao todo, 37.548 metros corridos de tábuas, 11.834 baldes e 3.400 fogareiros."[4]

Qual era a pavorosa realidade da viagem por trás da visão burocrática de uma operação de perfeito sucesso, do ponto de vista do NKVD? Eis alguns testemunhos de tártaros sobreviventes, recolhidos no fim dos anos 1970: "A viagem até a estação ferroviária de Zerabulak, na região de Samarkand, durou 24 dias. De lá, nos levaram para o kolkhoz Pravda. Forçaram-nos a consertar as caleças. [...] Nós trabalhávamos e tínhamos fome. Muitos entre nós vacilávamos sobre as pernas. Do nosso povoado haviam sido deportadas trinta famílias. Restaram um ou dois sobreviventes em cinco famílias. Todos os outros morreram de fome ou de doença." Um outro sobrevivente contou: "Nos vagões hermeticamente

---

[3] N. Bugai, *op. cit.*, p. 153.

[4] J.-J. Marie, *op. cit.*, pp. 81-2.

274   *O Livro Negro do Comunismo*

fechados, as pessoas morriam como moscas, por causa da fome e da falta de ar: não nos davam nem de comer nem de beber. Nas cidadezinhas que nós atravessávamos, a população havia sido insuflada contra nós; haviam lhes dito que transportavam traidores da pátria, e choviam pedras com um barulho retumbante contra as portas dos vagões. Quando nós abrimos as portas dos vagões no meio das estepes do Cazaquistão, nos deram de comer rações militares sem nos dar de beber, nos ordenaram que jogássemos os mortos na beira da via férrea, sem enterrá-los, e depois repartimos."[5]

Assim que chegavam "ao destino", no Cazaquistão, no Quirguizistão, no Uzbequistão ou na Sibéria, os deportados eram destinados para kolkhozes ou para empresas. Problemas de alojamento, de trabalho, de sobrevivência eram seu quinhão quotidiano, como testemunham todos os relatórios enviados ao Centro pelas autoridades locais do NKVD e conservados no rico fundo dos "povoamentos especiais" do Gulag. Assim, em setembro de 1944, um relatório proveniente do Quirguizistão menciona que somente 5.000 famílias, das 31.000 deportadas havia pouco tempo, tinham recebido uma moradia. Sem mencionar o fato de que a noção de moradia era muito relativa! Com efeito, ao ler com atenção o texto, sabemos que no distrito de Kameninski as autoridades locais instalaram 900 famílias em... 18 apartamentos de um sovkhoz, isto é, 50 famílias por apartamento! Esse número inimaginável significa que as famílias deportadas do Cáucaso, que contavam frequentemente com um grande número de crianças, dormiam uma de cada vez tanto nesses "apartamentos" quanto ao ar livre, às vésperas do inverno.

Em novembro de 1944, isto é, cerca de um ano após a deportação dos kalmuks, o próprio Beria reconhecia, em uma carta a Mikoian, que eles "encontravam-se em condições de existência e em uma situação sanitária excepcionalmente difíceis; a maioria deles não possuía nem lençóis, nem roupas, nem sapatos".[6] Dois anos mais tarde, dois responsáveis pelo NKVD relatavam que "30% dos kalmuks aptos para o trabalho não trabalhavam por falta de sapatos. A ausência total de adaptação ao clima severo e às condições estranhas, assim como o desconhecimento da língua se fazem sentir e trazem dificuldades suplementares". Desenraizados, famintos, distribuídos em kolkhozes que não conseguiam sequer garantir a sobrevivência de seu pessoal habitual, ou designados para postos de trabalhos em empresas para os quais não estavam formados, os deportados eram, em geral, trabalhadores medíocres. "A situação

---

[5] *Ibid.*, p. 103.

[6] J.-J. Marie, *op. cit.*, p. 66.

O *avesso de uma vitória*

dos kalmuks deportados para a Sibéria é trágica, escrevia a Stalin D. P. Piurveiev, antigo presidente da República autônoma kalmuk. Eles perderam seu gado. Eles chegaram à Sibéria desprovidos de tudo. [...] Eles estão pouco adaptados às novas condições de sua existência de produtores. [...] Os kalmuks repartidos nos kolkhozes não recebem nenhum abastecimento, pois os próprios habitantes dos kolkhozes não têm nada. Quanto aos que foram designados para empresas, eles não conseguiram assimilar sua nova existência de trabalhadores, daí sua insolvência que não lhes permite obter um abastecimento normal."[7] Dizendo claramente, os kalmuks, criadores nômades, desorientados diante das máquinas, viam a totalidade de seus salários partir em multas!

Alguns números dão uma ideia da hecatombe entre os deportados. Em janeiro de 1946, a administração dos povoamentos especiais recenseou 70.360 kalmuks sobre os 92.000 deportados dois anos antes. Em 1º de julho de 1944, 35.750 famílias tártaras, representando 151.424 pessoas, haviam chegado ao Uzbequistão; seis meses antes, havia 818 famílias a mais e 16.000 pessoas a menos! Das 608.749 pessoas deportadas do Cáucaso, 146.892 estavam mortas em 1º de outubro de 1948, isto é, cerca de uma pessoa em cada quatro, e somente 28.120 haviam nascido nesse período. Das 228.392 pessoas deportadas da Crimeia, 44.887 estavam mortas ao fim de quatro anos, e apenas 6.564 nascimentos foram recenseados.[8] A mortalidade excessiva aparece com mais evidência quando se sabe que as crianças de menos de 16 anos representavam entre 40% e 50% dos deportados. A "morte natural" representava apenas uma parte ínfima dos óbitos. Quanto aos jovens que sobreviviam, que futuro eles podiam esperar? Das 89.000 crianças em idade escolar deportadas para o Cazaquistão, menos de 12.000 estavam escolarizadas em 1948, isto é, quatro anos após sua deportação. Aliás, as instruções oficiais estipulavam que o ensino dos filhos de "transferidos oficiais" deveria ser feito somente em russo.

Durante a guerra, as deportações coletivas atingiram ainda outros povos. Alguns dias após o fim da operação de deportação dos tártaros da Crimeia, Beria escreveu a Stalin, em 29 de maio de 1944: "O NKVD julga razoável [*sic*] expulsar da Crimeia todos os búlgaros, os gregos e os armênios." Os primeiros eram recriminados por terem "ajudado ativamente na fabricação de pão e de produtos alimentícios destinados ao exército alemão durante a ocupação" e por "terem colaborado com as autoridades alemãs na busca de soldados do

---

[7] *Ibid.*, pp. 64-5.

[8] V. Zemskov, *art. cit.*, p. 9.

276 O Livro Negro do Comunismo

Exército Vermelho e de partidários". Os segundos haviam "criado pequenas empresas industriais, após a chegada dos ocupantes; as autoridades alemãs ajudaram os gregos a fazer comércio, transportar mercadorias etc.". Quanto aos armênios, eles eram acusados de criarem uma organização de colaboradores em Simferopol, chamada Dromedar, presidida pelo general armênio Dro, que "se ocupava, além das questões religiosas e políticas, de desenvolver o pequeno comércio e a indústria". Essa organização, segundo Beria, havia "coletado fundos para as necessidades militares dos alemães e para ajudar na constituição de uma legião armênia".[9]

Quatro dias mais tarde, em 2 de junho de 1944, Stalin assinou um decreto do Comitê de Estado para a Defesa, que ordenava "completar a expulsão dos tártaros da Crimeia com a expulsão de 37.000 búlgaros, gregos e armênios, cúmplices dos alemães". Como para os outros contingentes de deportados, o decreto fixava arbitrariamente cotas para cada "região de recepção": 7.000 para a província de Guriev no Cazaquistão, 10.000 para a província de Sverdlov, 10.000 para a província de Molotov no Ural, 6.000 para a província de Kemerovo, 4.000 para o país balkar. Segundo os termos consagrados, "a operação foi conduzida com sucesso", dias 27 e 28 de junho de 1944. Durante esses dois dias, 41.854 pessoas foram deportadas, "isto é, 111% do plano", destacava o relatório.

Após ter "expurgado" a Crimeia de seus alemães, de seus tártaros, de seus búlgaros, de seus gregos e de seus armênios, o NKVD decidiu "limpar" as fronteiras do Cáucaso. Remetendo à mesma sacralização obsessiva das fronteiras, essas operações em grande escala eram apenas o prolongamento natural, sob uma forma mais sistemática, das operações "antiespiões" dos anos 1937-1938. Em 21 de julho de 1944, um novo decreto do Comitê de Estado para a Defesa, assinado por Stalin, ordenou a deportação de 86.000 turcos meskhetianos, curdos e khemchines das regiões fronteiriças da Geórgia. Dada a configuração montanhosa dos territórios onde esses povos do império otomano estavam instalados fazia séculos e tendo em conta o modo de vida nômade de uma parte dessas populações — que tinham o hábito de passar livremente de um lado a outro da fronteira turco-soviética —, os preparativos para essa operação de prisão em massa e deportação foram particularmente longos. A operação durou cerca de dez dias, de 15 a 25 de novembro de 1944, e foi conduzida por 14.000 homens das tropas especiais do NKVD. Ela mobilizou 900 caminhões Studebaker, fornecidos pelos americanos em regime pré-contratual, ao fim do qual os Estados Unidos forneciam material de guerra à maioria dos Aliados![10]

---

[9] J.-J. Marie, *op. cit.*, pp. 107-8.
[10] Bougai, *Nado...*, *op. cit.*, pp. 153-6.

O avesso de uma vitória 277

Em 28 de novembro, em um relatório enviado a Stalin, Beria se orgulhava de ter transferido 91.095 pessoas em dez dias, "em condições particularmente difíceis". Todos esses indivíduos, entre os quais as crianças de menos de 16 anos, representavam 49% dos deportados, eram espiões turcos em potencial, explicou Beria: "Uma parte importante da população dessa região está ligada por laços familiares aos habitantes dos distritos fronteiriços da Turquia. Essa gente fazia contrabando, manifestava uma tendência para querer imigrar e fornecia recrutas aos serviços de informação turcos, assim como aos grupos de bandidos que operam ao longo da fronteira." No período dessa operação, o número total de pessoas deportadas para o Cazaquistão e o Quirguizistão teria sido elevado a 94.955, segundo as estatísticas do Departamento dos Povoamentos Especiais do Gulag. Entre novembro de 1944 e julho de 1948, 19.540 meskhetianos, curdos e khemchines, isto é, cerca de 21% dos deportados, morreram na deportação. Essa taxa de mortalidade de 20 a 25% dos contingentes em quatro anos era mais ou menos a mesma entre todas as nacionalidades "punidas" pelo regime.[11]

Com a chegada em massa de centenas de milhares de pessoas deportadas com base em um critério étnico, o contingente de colonos especiais experimentou, durante a guerra, uma renovação e um crescimento consideráveis, passando de aproximadamente 1.200.000 a mais de 2.500.000. Quanto aos deskulakizados, que, antes da guerra, constituíam a maior parte dos colonos especiais, seu número caiu de aproximadamente 936.000 no início da guerra a 622.000 em maio de 1945. Com efeito, dezenas de milhares de deskulakizados adultos do sexo masculino, com exceção dos chefes de família deportados, foram convocados para a guerra. As esposas e os filhos dos convocados recuperavam seu status de cidadãos livres e eram riscados das listas de colonos especiais. Mas, nas condições da guerra, eles não podiam em nenhuma hipótese deixar seu lugar de residência designado, uma vez que todos os seus bens, incluindo suas casas, haviam sido confiscados.[12]

Indubitavelmente, as condições de sobrevivência dos prisioneiros do Gulag nunca foram tão terríveis quanto nos anos 1941-1944. Fome, epidemias, amontoamento, exploração inumana foram o quinhão de cada *zek* (detido) que sobreviveu à fome, à doença, às normas de trabalho cada vez mais eleva-

---

[11] N. Zemskov, *art. cit.*, p. 9.

[12] N. Zemskov, "*Kulatskaia ssylka"nakanune i v gody Velikoi Otecestvennoi voiny* (A "deportação kulak" à véspera e durante a Grande Guerra Patriótica), *Sotsiologiceskie Issledovania*, 1992, nº 2, pp. 3-26.

278 O Livro Negro do Comunismo

das, às denúncias do exército de informadores encarregados de desmascarar as "organizações contrarrevolucionárias de prisioneiros", aos julgamentos e às execuções sumárias.

O avanço alemão dos primeiros meses da guerra obrigou o NKVD a evacuar uma grande parte de suas prisões, de suas colônias de trabalho e de seus campos de concentração que corriam o risco de cair nas mãos do inimigo. De julho a dezembro de 1941, 210 colônias, 135 prisões e 27 campos, isto é, ao todo, 750.000 prisioneiros, foram transferidos para o leste. Fazendo um balanço da "atividade do Gulag durante a Grande Guerra Patriótica", o chefe do Gulag, Nassedkine, afirmava que "a evacuação dos campos de concentração se fez globalmente de maneira organizada". Contudo, ele acrescentava: "Por causa da falta de meios de transporte, a maioria dos prisioneiros foram evacuados a pé, ao longo de distâncias que frequentemente ultrapassavam mil quilômetros."[13] Pode-se imaginar em que estado os prisioneiros chegavam a seu destino! Quando faltava tempo para evacuar o campo, como ocorreu com frequência nas primeiras semanas da guerra, os prisioneiros eram fuzilados sumariamente. Esse foi o caso principalmente na Ucrânia Ocidental, onde, no fim do mês de junho de 1941, o NKVD massacrou 10.000 prisioneiros em Lviv, 1.200 na prisão de Lutsk, 1.500 em Stanyslaviv, 500 em Dubno etc. Em sua chegada, os alemães descobriram dezenas de ossários nas regiões de Lviv, de Jitomir e de Vinnitsa. Usando como pretexto as "atrocidades judaico-bolchevistas", os *Sonderkommandos** nazistas apressaram-se em massacrar imediatamente dezenas de milhares de judeus.

Todos os relatórios da administração do Gulag para os anos de 1941-1944 reconheciam a espantosa degradação das condições de existência nos campos durante a guerra.[14] Nos campos superpovoados, a "superfície habitável" alocada para cada detento caiu de 1,5 para $0,7m^2$ por pessoa, o que significava, claramente, que os prisioneiros revezavam-se para dormir sobre tábuas e que os estrados eram daí em diante um "luxo" reservado aos "trabalhadores braçais". A "norma calórica de alimentação" caiu 65% em 1942 em relação à de antes da guerra. Os prisioneiros foram levados à fome, e, em 1942, o tifo e a cólera fizeram sua reaparição nos campos; de acordo com os números oficiais, cerca de 19.000 prisioneiros morreram em consequência dessas doenças nesse ano.

---

[13] GARF, 9414/1/330/56-62.

* Comandos Especiais. [N. do T.]

[14] N. Werth, G. Moullec, *op. cit.*, pp. 379-91; E. Bacon, *The Gulag at War: Stalin's Forced Labour System in the Light of the Archives* (Londres, 1994).

O *avesso de uma vitória* 279

Em 1941, com mais de 101.000 óbitos registrados apenas nos campos de trabalho, sem contar as colônias, a taxa de mortalidade anual aproximava-se de 8%. Em 1942, a administração dos campos do Gulag registrou 249.000 óbitos, isto é, uma taxa de mortalidade de 18%; em 1943, 167.000 óbitos, ou seja, 17%.[15] Levando em conta as execuções de prisioneiros, os óbitos nas prisões e nas colônias de trabalho, podemos estimar em aproximadamente 600.000 o número de mortos do Gulag apenas durante os anos 1941-1943. Quanto aos sobreviventes, eles estavam em estado lastimável. De acordo com os dados da administração, no fim de 1942, apenas 19% dos prisioneiros estavam aptos para um trabalho físico "pesado", 17% para um trabalho físico "médio", e 64% estavam ou aptos para um "trabalho físico leve", ou inválidos.

Relatório do chefe-adjunto do Departamento Operacional do Gulag sobre o estado do campo do Siblag, 2 de novembro de 1941.

De acordo com informações recebidas pelo Departamento Operacional do NKVD da região de Novosibirsk, um forte aumento da mortalidade dos prisioneiros foi percebido nos departamentos de Akhlursk, de Kuznetsk e de Novosibirsk do Siblag...

A causa dessa alta mortalidade, acompanhada de um aumento significativo de doenças entre os prisioneiros, é incontestavelmente um emagrecimento generalizado devido a uma carência alimentar sistemática nas condições de trabalhos físicos lamentáveis, acompanhado de pelagra e de um enfraquecimento da atividade cardíaca.

O atraso nos cuidados médicos dispensados aos doentes e a dificuldade das tarefas executadas pelos prisioneiros, com jornada de trabalho prolongada e ausência de alimentação complementar, constituem um outro conjunto de causas que explicam as enormes taxas de morbidez e mortalidade[...]

Constatamos numerosos casos de mortalidade, de magreza pronunciada e de epidemias entre os prisioneiros escoltados dos diferentes centros de triagem para os campos. Assim, entre os prisioneiros transportados do centro de triagem de Novosibirsk para o departamento Marinskoie, em 8 de outubro de 1941, mais de 30% de 539 pessoas apresentavam uma extrema magreza de origem avitamínica e estavam cobertas de pulgas. Além dos deportados, seis cadáveres foram conduzidos ao destino.[16] Na noite de 8 a 9 de outubro, outras cinco pessoas desse comboio morreram. Dia 20 de setembro, no comboio vindo do mesmo centro de triagem, no departamento de Marinskoie, 100% dos prisioneiros estavam cobertos de pulgas, e um grande número deles não usava roupa de baixo[...]

---

[15] V. Zemskov, *Gulag Sotsiologiceskie Issledovania*, 1991, nº 6, pp. 14-5.

[16] Passagem sublinhada a lápis; à margem, a lápis: "Perguntamo-nos para que levá-los ao destino?"

280 *O Livro Negro do Comunismo*

> Nos últimos tempos, descobrimos, nos campos do Siblag, inúmeras sabotagens da parte do corpo médico composto por prisioneiros. Assim, o auxiliar de enfermagem do campo Ahjer (departamento de Taiginsk), condenado com base no artigo 58-10,[17] organizou um grupo de quatro prisioneiros encarregado de sabotar a produção.[18] Os membros desse grupo enviaram prisioneiros doentes para as tarefas mais árduas, não lhes medicando a tempo, esperando assim impedir o campo de cumprir as normas de produção.
>
> Chefe-adjunto do Departamento Operacional do Gulag,
> capitão das forças de segurança, Kogenman.

Essa "situação sanitária fortemente degradada do contingente", para retomar um eufemismo da administração do Gulag, parece não ter impedido as autoridades de espremer, até o esgotamento total, os prisioneiros. "De 1941 a 1944, o chefe do Gulag escrevia em seu relatório, o valor médio de um dia de trabalho aumentou de 9,5 para 21 rublos." Várias centenas de milhares de prisioneiros foram destinadas às fábricas de armamentos, em substituição à mão de obra mobilizada pelo exército. O papel do Gulag na economia de guerra revelou-se muito importante. Segundo as estimativas da administração penitenciária, a mão de obra detida garantiu cerca de um quarto da produção em um certo número de setores-chave das indústrias de armamento, metalúrgica e de extração mineral.[19]

Apesar do "bom comportamento patriótico" (*sic*) dos prisioneiros, dos quais "95% estavam engajados na competição socialista", a repressão, principalmente em relação aos "políticos", não foi relaxada. Em virtude de um decreto estabelecido pelo Comitê Central em 22 de junho de 1941, nenhum "58"— condenado segundo o artigo 58 do Código Penal, que sancionava os "crimes contrarrevolucionários" —, mesmo tendo chegado ao fim de sua pena, podia ser liberado até o fim da guerra. A administração do Gulag isolou em campos especiais "de regime forçado", situados nas regiões mais duras (a Kolima e o Ártico), uma

---

[17] O artigo 58 do Código Penal tratava de todos os "crimes contrarrevolucionários". Ele contava com nada menos do que 14 parágrafos. No mundo concentracionário, os políticos eram designados como os "58". O parágrafo 58-10 visava "à propaganda ou à agitação chamando à destruição ou ao enfraquecimento do poder soviético". Em caso de "propaganda de grupo" — geralmente considerada —, as penas sofridas iam de três anos de campo à pena de morte.

[18] Passagem sublinhada a lápis, com nota, a lápis, à margem: "Deve-se julgá-los uma segunda vez ou fazê-los passar pela OS" (Comissão do NKVD, órgão extrajudiciário encarregado de reprimir os "crimes contrarrevolucionários").

[19] E. Bacon, *The Gulag at War, op. cit.*

O avesso de uma vitória

parte dos políticos condenados por "pertencerem a uma organização trotskista ou de direita", a um "partido contrarrevolucionário", por "espionagem", "terrorismo" ou "traição". Nesses campos, a taxa de mortalidade anual atingia 30%. Um decreto de 22 de abril de 1943 instaurou "prisões de regime forçado", verdadeiros campos de morte, onde os prisioneiros eram explorados em condições que não lhes deixavam nenhuma chance de sobreviver: um trabalho estafante, de 12 horas por dia, em minas de ouro, de carvão, de chumbo e de rádio, principalmente nas regiões de Kolyma e de Vorkuta.[20]

Em três anos, de julho de 1941 a julho de 1944, os tribunais especiais dos campos condenaram a novas penas mais de 148.000 prisioneiros, dos quais 10.858 foram executados. Entre estes últimos, 208 por "espionagem", 4.307 por "atos de diversionismo terrorista", 6.016 por "organizarem uma sublevação ou motim no campo de concentração". Segundo o NKVD, 603 "organizações de prisioneiros" foram desmanteladas durante a guerra nos campos do Gulag.[21] Se esse número deveria confirmar em primeira instância a "vigilância" de um enquadramento que era amplamente renovado — com a destinação de uma boa parte das tropas especiais que guardavam os campos para outras tarefas, principalmente para as deportações —, também é um fato que foi durante os anos de guerra que ocorreram as primeiras invasões coletivas e as primeiras revoltas importantes nos campos.

Em realidade, a população do Gulag mudou consideravelmente durante a guerra. Após o decreto de 12 de julho de 1941, segundo confessaram as próprias autoridades, mais de 557.000 prisioneiros condenados "por delitos insignificantes, como ausências injustificadas ao trabalho ou pequenos furtos", foram liberados e imediatamente despejados nas fileiras do Exército Vermelho. Durante a guerra, contando os prisioneiros cuja pena chegava a seu fim, 1.068.800 passaram diretamente do Gulag para o fronte.[22] Os prisioneiros mais fracos e menos adaptados às condições implacáveis dos campos de concentração fizeram parte das quase 600.000 pessoas que morreram no Gulag somente durante os anos de 1941-1943. Enquanto os campos e as colônias se esvaziavam de uma multidão de condenados a penas leves, permaneceram e sobreviveram os indivíduos mais sólidos, assim como os mais duros, entre os prisioneiros políticos e os de direito comum. A proporção de condenados a

---

[20] J. Rossi, *Spravocnik po Gulagu* (Dicionário do Gulag), Moscou, 1991; artigos: campo especial, prisão.

[21] GARF, 9414/1/68/1-61, citado in *Istoriceski Arkhiv,* 1994, nº 3, pp. 61-86.

[22] GARF, 9414/1/330/56-62.

282   *O Livro Negro do Comunismo*

penas longas (mais de oito anos), com base no artigo 58 do Código Penal, teve um forte crescimento, passando de 27 a 43% do total de prisioneiros. Nascida no início da guerra, essa evolução da população penal iria se acentuar ainda mais a partir de 1944-1945, dois anos durante os quais, após um curto período de diminuição, o Gulag experimentaria um formidável aumento de seus efetivos: um salto de mais de 45% entre janeiro de 1944 e janeiro de 1946.[23]

* * *

Do ano de 1945 na União Soviética o mundo guardou geralmente o lado dourado da moeda, todo em glória de um país certamente devastado, mas triunfante. "Em 1945, grande Estado vitorioso, escrevia François Furet, a URSS soma a força material ao messianismo do homem novo." Não se via — não se queria ver — o outro lado do cenário, decerto cuidadosamente escondido. Ora, como mostram os arquivos do Gulag, o ano da vitória também foi o ano de um novo apogeu do sistema concentracionário soviético. A paz recuperada no fronte exterior não trouxe, no interior, um relaxamento, uma pausa no controle do Estado sobre uma sociedade martirizada por quatro anos de guerra. Ao contrário, 1945 já foi um ano de retomada tanto das regiões reincorporadas à União Soviética, à medida que o Exército Vermelho avançava em direção ao oeste, quanto de milhões de soviéticos que estiveram por um tempo "fora do sistema".

Os territórios anexados em 1939-1940 — países bálticos, Bielorrússia ocidental, Moldávia, Ucrânia Ocidental —, que durante a maior parte do tempo da guerra ficaram fora do sistema soviético, foram submetidos a uma segunda "sovietização", após a de 1939-1941. Neles se desenvolveram movimentos nacionais de oposição à sovietização, o que suscitou um encadeamento de resistência armada, de perseguição e de repressão. A resistência à anexação foi particularmente forte na Ucrânia Ocidental e nos países bálticos.

A primeira ocupação da Ucrânia Ocidental, de setembro de 1939 a junho de 1941, suscitara a formação de uma organização armada clandestina bastante poderosa, a OUN — Organização dos Nacionalistas Ucranianos. Alguns dos membros da OUN se engajaram como suplentes nas unidades SS para combater os judeus e os comunistas. Em julho de 1944, com a chegada do Exército Vermelho, a OUN constituiu um Conselho Supremo de Libertação da Ucrânia. Roman Chukhovitch, chefe da OUN, tornou-se comandante do

---

[23] V. Zemskov, *art. cit.*, p. 8.

Exército Ucraniano Insurgente (UPA), que, segundo fontes ucranianas, contaria com mais de 20.000 combatentes no outono de 1944. Em 31 de março de 1944, Beria assinou um decreto ordenando a prisão e a deportação para a região de Krasnoiarsk de todos os membros das famílias dos resistentes da OUN e do UPA. De fevereiro a outubro de 1944, 100.300 civis — mulheres, crianças e idosos — foram deportados por essa razão. Quanto aos 37.000 combatentes feitos prisioneiros durante esse período, eles foram enviados ao Gulag. Após a morte, em novembro de 1944, de Monsenhor Chtcheptitski, metropolita da Igreja Uniata da Ucrânia, as autoridades soviéticas obrigaram essa Igreja a fundir-se com a Igreja Ortodoxa.

Para cortar pela raiz toda resistência à sovietização, os agentes do NKVD iam às escolas, onde, após consultar as listas e as notas dos alunos escolarizados durante os anos anteriores à guerra, quando a Ucrânia Ocidental fazia parte da Polônia "burguesa", organizavam listas de indivíduos a serem presos preventivamente, começando pelos alunos mais talentosos que eles julgavam "potencialmente hostis ao poder soviético". Segundo um relatório de Kobulov, um dos adjuntos de Beria, mais de 100.000 "desertores" e "colaboradores" foram presos, entre setembro de 1944 e março de 1945, na Bielorrússia Ocidental, outra região considerada, a exemplo da Ucrânia Ocidental, "recheada de elementos hostis ao regime soviético". Estatísticas muito parciais atestam, para o período de 1º de janeiro a 15 de março de 1945, 2.257 "operações de limpeza", apenas na Lituânia.

Essas operações resultaram na morte de mais de 6.000 "bandidos", e na prisão de mais de 75.000 "bandidos, membros de grupos nacionalistas e desertores". Em 1945, mais de 38.000 "membros das famílias de elementos estranhos à sociedade, de bandidos e de nacionalistas" foram deportados da Lituânia. De maneira significativa, durante os anos 1944-1946, a proporção de ucranianos e de bálticos entre os prisioneiros do Gulag experimentou um crescimento espetacular: respectivamente, + 140% e + 420%. No fim de 1946, os ucranianos representavam 23% dos prisioneiros dos campos, e os bálticos, cerca de 6%, uma porcentagem muito superior à participação respectiva dessas nacionalidades na população soviética.

O crescimento do Gulag em 1945 se fez igualmente por conta de centenas de milhares de indivíduos que foram para ali transferidos, oriundos dos "campos de controle e de filtragem". Esses campos foram instituídos desde o fim de 1941, paralelamente aos campos de trabalho do Gulag. Eles estavam destinados a acolher os prisioneiros de guerra soviéticos liberados ou fugitivos das mãos do

284   O Livro Negro do Comunismo

inimigo e imediatamente suspeitos de serem espiões ou, pelo menos, indivíduos "contaminados" por sua estada fora do "sistema". Esses campos recebiam igualmente os homens em idade de serem mobilizados, oriundos dos territórios que haviam sido ocupados pelo inimigo, também eles contaminados, e os *starostes* e outras pessoas que haviam desempenhado uma função de autoridade durante a ocupação, por menor que ela tivesse sido. Segundo dados oficiais, de janeiro de 1942 a outubro de 1944, mais de 421.000 pessoas passaram pelos campos de controle e de filtragem.[24]

Com o avanço do Exército Vermelho em direção ao oeste, a retomada dos territórios ocupados há dois ou três anos pelos alemães e a liberação de milhões de prisioneiros de guerra soviéticos e de deportados do trabalho, a questão das modalidades de repatriamento dos militares e civis soviéticos assumiu uma amplitude sem precedentes. Em outubro de 1944, o governo soviético criou uma Direção de Repatriamento, sob a responsabilidade do general Golikov. Em uma entrevista publicada pela imprensa em 11 de novembro de 1944, esse general afirmava principalmente: "O poder soviético está preocupado com a sorte de seus filhos, caídos sob a escravidão nazista. Eles serão dignamente recebidos em casa como filhos da pátria. O governo soviético considera que mesmo os cidadãos soviéticos que, sob a ameaça do terror nazista, cometeram crimes contrários aos interesses da URSS não terão que responder por seus atos se eles estão prontos a cumprir honestamente seu dever de cidadão, em sua volta à pátria." Esse gênero de declaração, amplamente difundido, não deixou de enganar os aliados. Como explicar de outro modo o zelo com o qual estes últimos aplicaram uma das cláusulas dos acordos de Yalta sobre o repatriamento de todos os cidadãos soviéticos "presentes fora das fronteiras de sua pátria"? Enquanto os acordos previam que só seriam enviados de volta à força aqueles que haviam usado o uniforme alemão ou colaborado com o inimigo, todos os cidadãos soviéticos "fora das fronteiras" foram entregues aos agentes do NKVD encarregados de enquadrar seu retorno.

Três dias após a cessação das hostilidades, em 11 de maio de 1945, o governo soviético ordenou a criação de 100 novos campos de controle e de filtragem, cada um com capacidade para 10.000 lugares. Os prisioneiros de guerra soviéticos repatriados deviam ser todos "controlados" pela organização de contraespionagem, a SMERCH, enquanto os civis eram filtrados pelos serviços *ad hoc* do NKVD. Em nove meses, de maio de 1945 a fevereiro de 1946,

---

[24] V Zemskov, *art. cit.*, p. 4.

mais de 4.200.000 soviéticos foram repatriados: 1.545.000 prisioneiros de guerra sobreviventes dos cinco milhões capturados pelos nazistas e 2.655.000 civis deportados do trabalho ou pessoas que haviam fugido para o oeste no momento dos combates. Após uma passagem obrigatória por um campo de filtragem e controle, 57,8% dos repatriados, em sua maioria mulheres e crianças, foram autorizados a voltar para casa: 19,1% foram enviados ao exército, com frequência para batalhões disciplinares; 14,5% foram destinados, em geral por um período de dois anos, aos "batalhões de reconstrução"; 8,6%, isto é, cerca de 360.000 pessoas, foram enviados ao Gulag, a maioria por traição à pátria, o que valia de dez a 20 anos de campo, ou para uma komandatura do NKVD com o estatuto de colono especial.[25]

Destino particular foi reservado aos *vlassovtsy*, soldados soviéticos que haviam se juntado ao general soviético Andrei Vlassov, comandante do II Exército, feito prisioneiro pelos alemães em julho de 1942. Por convicções antistalinistas, o general Vlassov aceitara colaborar com os nazistas para liberar seu país da tirania bolchevique. Com a aprovação das autoridades alemãs, Vlassov formara um "Comitê Nacional Russo" e levantara duas divisões de um "Exército de Libertação Russo". Após a derrota da Alemanha nazista, o general Vlassov e seus oficiais foram entregues aos soviéticos pelos aliados e executados. Quanto aos soldados do exército de Vlassov, eles foram, após o decreto de anistia de novembro de 1945, enviados em deportação por seis anos para a Sibéria, o Cazaquistão e o extremo Norte. No início de 1946, 148.079 *vlassovtsy* figuravam nas listas do Departamento de Transferidos e Colonos especiais do Ministério do Interior. Vários milhares de *vlassovtsy*, essencialmente suboficiais, foram enviados, sob a acusação de traição, para os campos de trabalho do Gulag.[26]

No total, jamais os "povoamentos especiais", os campos de concentração e colônias do Gulag, os campos de controle e de filtragem e as prisões soviéticas haviam contado tantos pensionistas quanto nesse ano da vitória: cerca de 5,5 milhões de pessoas, incluindo todas as categorias. Um recorde longamente eclipsado pelas festividades da vitória e pelo "efeito Stalingrado". Com certeza, o fim da Segunda Guerra Mundial havia aberto um período que iria durar aproximadamente uma década, durante o qual o modelo soviético iria exercer, mais do que em qualquer outro momento, uma fascinação partilhada por dezenas

---

[25] *Sotsiologiceskie Issledovania*, 1991, nº 7, pp. 4-5.

[26] *Deportatsii narodov, op. cit.*, p. 162.

286 O Livro Negro do Comunismo

de milhões de cidadãos de um grande número de países. O fato de a URSS ter pago o mais pesado tributo humano à vitória sobre o nazismo mascarava o caráter próprio da ditadura stalinista e exonerava o regime da suspeita que pairara sobre ele no tempo — tempo que então parecia tão distante — dos processos de Moscou ou do pacto germano-soviético.

13
Apogeu e crise do Gulag

Nenhum grande processo público, nenhum Grande Terror marcou os últimos anos do stalinismo. Mas, sob o clima conservador e pesado do pós-guerra, a criminalização dos comportamentos sociais atingiu seu auge. Castigada pela guerra, as esperanças da sociedade de ver o regime se liberalizar duraram muito tempo. "O povo havia sofrido muito, e o passado não podia se repetir", escrevera em suas memórias Ilyá Ehrenburg, em 9 de maio de 1945; conhecendo bem e por dentro as engrenagens e a natureza do regime, ele logo acrescentou: "Contudo, a perplexidade e a angústia me invadem." Esse pressentimento iria se revelar exato.

"A população está dividida entre o desespero diante de uma situação material difícil e a esperança de que alguma coisa vai mudar", podemos ler em vários relatórios enviados a Moscou pelos instrutores do Comitê Central em visita de inspeção pelas províncias, em setembro-outubro de 1945. Segundo os relatórios, a situação no país continuava "caótica". Um imenso movimento espontâneo de imigração de milhões de trabalhadores transferidos para o Leste, durante a evacuação de 1941-1942, perturbava a retomada da produção. Uma onda de greves, de amplitude nunca antes experimentada pelo regime, sacudia a indústria metalúrgica do Ural. Em toda a URSS, a miséria era indescritível. O país contava com 25 milhões de desabrigados, e a ração de pão dos trabalhadores pesados não ultrapassava uma libra por dia. No fim do mês de outubro de 1945, os responsáveis pelo Comitê Regional do partido de Novosibirsk chegaram a propor que os trabalhadores da cidade não desfilassem por ocasião do aniversário da Revolução de Outubro, "pois a população carece de roupas e sapatos". Em meio a essa miséria e a essa carência absolutas, os rumores corriam soltos, sobretudo aqueles que se relacionavam à liquidação "iminente" dos kolkhozes, que vinham mais uma vez demonstrar sua incapacidade de remunerar os camponeses, ainda que fosse com alguns *puds* de trigo por uma estação de trabalho.[1]

---

[1] Zubkova, *Obscestvo i reformy*, 1945-1964 (A sociedade e as reformas, 1945-1964), Moscou, 1993, pp. 16-44.

Era no "fronte agrícola" que a situação permanecia sendo a mais dramática. Nos campos devastados pela guerra, atingidos por uma grave seca, carentes de máquinas e de mão de obra, a colheita do outono de 1946 foi catastrófica. Mais uma vez o governo teve de adiar para mais tarde o fim do racionamento proposto por Stalin em seu discurso de 9 de fevereiro de 1946. Recusando-se a ver as razões do fiasco agrícola, imputando os problemas a um "incentivo de ganho sobre os quinhões individuais", o governo decidiu "liquidar as violações do estatuto dos kolkhozes" e expulsar "os elementos hostis e estrangeiros que sabotam a colheita, os ladrões e os dilapidadores das colheitas". Em 19 de setembro de 1946, ele criou uma Comissão de Negócios dos Kolkhozes, presidida por Andreiev, encarregada de recuperar as terras "ilegalmente apropriadas" pelos kolkhozianos durante a guerra. Em dois anos, a administração recuperou cerca de dez milhões de hectares "mordidos" pelos camponeses que, para sobreviver, haviam tentado arredondar seu magro quinhão individual.

Em 25 de outubro de 1946, um decreto do governo de título explícito — "Sobre a defesa dos cereais do Estado"— ordenou ao Ministério da Justiça que ele instruísse todos os casos de furto em um prazo de dez dias e que aplicasse severamente a lei de 7 de agosto de 1932, então fora de uso. Em novembro-dezembro de 1946, mais de 53.300 pessoas, em sua maioria kolkhozianos, foram julgadas e, na maior parte dos casos, condenadas a pesadas penas de campo de concentração por roubo de espiga ou de pão. Milhares de presidentes de kolkhozes foram presos por "sabotagem da campanha de coleta". Durante esses dois meses, a realização do "plano de colheita" passou de 36 a 77%.[2] Mas a que preço! O eufemismo "atraso na campanha de colheita" escondia com frequência uma realidade dramática: a fome.

A fome do outono-inverno de 1946-1947 atingiu particularmente as regiões mais castigadas pela seca do verão de 1946: as províncias de Kursk, de Tambov, de Voronezh, de Orel e a região de Rostov. Ela fez pelo menos 500.000 vítimas. Como a fome de 1932, a de 1946-1947 foi silenciada. A recusa em diminuir as contribuições obrigatórias sobre uma colheita que atingia apenas dois quintais e meio por hectare nas regiões dominadas pela seca contribuiu de modo decisivo para transformar uma situação de escassez em verdadeira fome. Os kolkhozianos famintos só tiveram uma solução para sobreviver:

---

[2] V. F. Zima, Poslevoiennoie obscestvo. Prestupnost i golod, 1946-1947 (A sociedade do pós guerra. Delinquência e fome, 1946-1947), *Otecestvennaia Istoria*, 1995, nº 5, pp. 45-8.

Apogeu e crise do Gulag

roubar as magras reservas estocadas aqui e acolá. Em um ano, o número de furtos aumentou 44%.[3]

Em 5 de junho de 1947, a imprensa publicou o texto de dois decretos editados pelo governo na véspera, e que, muito próximos à famosa lei de 7 de agosto de 1932 no espírito e na letra, estipulavam que todo "atentado contra a propriedade do Estado ou de um kolkhoz" era passível de penas de cinco a 25 anos de campo, caso o roubo fosse cometido individualmente, coletivamente, pela primeira vez ou fosse recidivo. Toda pessoa que estivesse informada sobre a preparação de um roubo ou que soubesse do roubo, mas não o denunciasse à polícia, era passível de pena de dois a três anos de campo. Uma circular confidencial lembrava ainda aos tribunais que os pequenos furtos nos locais de trabalho, até então passíveis de uma pena máxima de um ano de privação de liberdade, caíam desse dia em diante sob o jugo dos decretos de 4 de junho de 1947.

Durante o segundo semestre de 1947, mais de 380.000 pessoas foram condenadas, das quais 21.000 adolescentes de menos de 16 anos, em virtude dessa nova "lei celerada". Por ter roubado alguns quilos de centeio, recebia-se frequentemente de oito a dez anos de campo. Eis um extrato do veredicto do tribunal popular do distrito de Suzdal, na província de Vladimir, datado de 10 de outubro de 1947: "Encarregados da guarda noturna dos cavalos do kolkhoz, N. A. e B. S., menores de 15 e 16 anos, foram surpreendidos em flagrante delito de furto de três pepinos na horta do kolkhoz. [...] Condenar N. A. e B. S. a oito anos de privação de liberdade numa colônia de trabalho de regime comum."[4] Em seis anos, 1.300.000 pessoas foram condenadas, das quais 75% a mais de cinco anos, por causa dos decretos de 4 de junho de 1947; em 1951, elas representavam 53% dos prisioneiros de direito comum do Gulag e cerca de 40% do número total de prisioneiros.[5] No fim dos anos 1940, a estrita aplicação dos decretos de 4 de junho de 1947 aumentou consideravelmente a duração das condenações infligidas pelos tribunais ordinários; a proporção de penas de mais de cinco anos passou de 2% em 1940 a 29% em 1949! Nesse apogeu do stalinismo, a repressão "comum", dos "tribunais populares", substituiu a repressão "extrajudicial", do NKVD, que floresceu nos anos 1930.[6]

---

[3] V. P. Popov, Golod i gosudarstvennaia politika, 1946-1947 (A fome e a política do governo, 1946-1947), *Otecestvennye Arxivy*, 1992, nº 6, pp. 36-60; N. Werth, G. Moullec, *op. cit.*, pp. 162-5.

[4] V. P. Popov, Gosudarstvennyi terror..., *art. cit.*, p. 27.

[5] V. Zemskov, Gulag, *art. cit.*, pp. 10-1.

[6] V. P. Popov, *Gosudarstvennyi terror...*, *art. cit.*, p. 27.

O Livro Negro do Comunismo

Entre as pessoas condenadas por furtos encontravam-se inúmeras mulheres, viúvas de guerra, mães de família com crianças recém-nascidas, submetidas à mendicância e ao roubo. No fim de 1948, o Gulag contava com mais de 500.000 prisioneiros, isto é, duas vezes mais do que em 1945, e 22.815 crianças de menos de 4 anos, mantidas em "casas para recém-nascidos" ligadas aos campos de concentração para mulheres. Esse número iria ultrapassar os 35.000 no início de 1953.[7] Para evitar que o Gulag se transformasse em uma grande casa de bonecas — resultado da legislação ultrarrepressiva implantada em 1947 —, o governo foi obrigado a decretar uma anistia parcial em abril de 1949, que possibilitou a liberação de cerca de 84.200 mulheres e crianças recém-nascidas. Contudo, o afluxo permanente de centenas de milhares de pessoas condenadas por pequenos furtos manteve um forte percentual de mulheres no Gulag até 1953, entre 25% e 30% dos prisioneiros.

Em 1947-1948, o arsenal repressivo foi completado por vários outros textos reveladores do clima da época: um decreto sobre a proibição do casamento entre soviéticos e estrangeiros, em 15 fevereiro de 1947, e um decreto sobre "a responsabilidade pela divulgação dos segredos de Estado ou pela perda de documentos contendo segredos de Estado", em 9 de junho de 1947. O mais conhecido é o decreto de 21 de fevereiro de 1948, segundo o qual "todos os espiões trotskistas, diversionistas, direitistas, mencheviques, socialistas-revolucionários, anarquistas, nacionalistas, russos brancos e outros elementos antissoviéticos" deviam ser, "independentemente de suas penas de campo, exilados nas regiões da Kolyma, da província de Novosibirsk e de Krasnoiarsk [...] e em certas regiões distantes do Cazaquistão". Preferindo colocar sob boa guarda esses "elementos antissoviéticos", a administração penitenciária decidiu, na maioria das vezes, revalidar por mais dez anos, sob outra forma de processo, a pena infligida a centenas de milhares de "58" condenados em 1937-1938.

Ainda em 21 de fevereiro de 1948, o Presidium do Soviete Supremo adotou um outro decreto ordenando a deportação de "todos os indivíduos que se recusavam a cumprir o número mínimo de 'jornadas de trabalho' nos kolkhozes e levavam uma vida de parasita" para fora da RSS da Ucrânia. Em 2 de junho de 1948, essa medida foi estendida a todo o país. Considerando o estado de abandono dos kolkhozes, em sua maioria incapazes de garantir a mínima remuneração a seus trabalhadores em troca das jornadas de trabalho, inúmeros kolkhozianos não cumpriam o número mínimo de jornadas de trabalho imposto pela administração. Milhões deles podiam então cair no jugo dessa nova

---

[7] *Zemskov, Gulag, art. cit.*, p. 11.

Apogeu e crise do Gulag   291

lei. Compreendendo que uma estrita aplicação do "decreto sobre o parasitismo" desorganizaria ainda mais a produção, as autoridades locais aplicaram a lei com laxismo. Contudo, apenas no ano de 1948, mais de 38.000 "parasitas" foram deportados e destinados à residência nas komandaturas do NKVD. Todas as medidas repressivas eclipsaram a abolição simbólica e efêmera da pena de morte, decidida pelo decreto de 26 de maio de 1947. Em 12 de janeiro de 1950, a pena capital foi restabelecida para possibilitar, principalmente, a execução dos acusados do "caso de Leningrado".[8]

Nos anos 1930, a questão do "direito de volta" dos transferidos e colonos especiais dera lugar a políticas frequentemente incoerentes e contraditórias. No fim dos anos 1940, essa questão foi resolvida de maneira radical. Foi decidido que todos os povos deportados em 1941-1945, o haviam sido "em regime perpétuo". O problema do destino dos filhos de deportados que atingiam a maioridade não se colocava mais; eles e seus descendentes seriam colonos especiais para sempre!

Durante os anos de 1948-1953, o número desses colonos especiais não parou de aumentar, passando de 2.342.000 no início de 1946 a 2.753.000 em janeiro de 1953. Esse crescimento era o resultado de várias novas ondas de deportação. Em 22 e 23 de maio de 1948, em uma Lituânia que ainda resistia à coletivização forçada de terras, o NKVD lançou uma imensa operação de prisão em massa batizada de "Operação Primavera". Em 48 horas, 36.932 homens, mulheres e crianças foram presos e deportados em 32 comboios. Todos estavam catalogados como "bandidos, nacionalistas e membros da família dessas duas categorias". Após uma viagem de quatro a cinco semanas, eles foram repartidos por diversas komandaturas do NKVD na Sibéria Oriental e designados para complexos florestais onde o trabalho era particularmente duro. "As famílias lituanas enviadas como força de trabalho para o complexo florestal de Igara (território de Krasnoiarsk), podemos ler em uma nota do NKVD, são repartidas por locais não adaptados para habitação: tetos que deixam entrar água, janelas sem vidros, nenhum móvel, nenhuma cama. Os deportados dormem no chão estendendo grama e feno sobre ele. Esse amontoamento e a não observância de regras sanitárias fizeram aparecer casos de tifo e de disenteria entre os colonos especiais, algumas vezes mortais." Somente durante o ano de 1948, aproximadamente 50.000 lituanos foram deportados como colonos especiais e 30.000 enviados para campos do Gulag. Contudo, segundo dados do Ministério do Interior, 21.259 lituanos foram mortos durante "operações de pacificação" nessa

---

[8] V. F. Zima, *art. cit.*, pp. 45-8; E. Zubkova, *op. cit.*, pp. 63-9.

292   *O Livro Negro do Comunismo*

república, que recusava com obstinação a sovietização e a coletivização. No final de 1948, apesar das pressões cada vez mais fortes das autoridades, menos de 4% das terras haviam sido coletivizadas nos países bálticos.[9]

No início de 1949, o governo soviético decidiu acelerar o processo de sovietização dos países bálticos e "erradicar definitivamente o banditismo e o nacionalismo" nas repúblicas recentemente anexadas. Em 12 de janeiro, o Conselho de Ministros editou um decreto "Sobre a expulsão e a deportação dos kulaks e de suas famílias, das famílias dos bandidos e dos nacionalistas que se encontram em situação ilegal, das famílias de bandidos abatidos durante enfrentamentos armados, condenados ou anistiados e que continuavam a desenvolver uma atividade hostil, assim como das famílias de cúmplices de bandidos, para fora das RSS da Lituânia, da Letônia e da Estônia". As operações de deportação desenrolaram-se de março a maio de 1949 e atingiram cerca de 95.000 pessoas, deportadas dos países bálticos para a Sibéria. Entre esses "elementos hostis e perigosos para a ordem soviética", contavam-se, segundo o relatório endereçado por Kruglov a Stalin em 18 de maio de 1949, 27.084 crianças de menos de 16 anos, 1.785 crianças recém-nascidas sem família, 146 inválidos e 2.850 "velhos decrépitos"![10] Em setembro de 1951, novas operações de prisão em massa enviaram cerca de 17.000 pretensos kulaks bálticos para a deportação. Para os anos de 1940-1953, o número de bálticos deportados é estimado em mais de 200.000, dos quais 120.000 lituanos, 50.000 letônios e um pouco mais de 30.000 estônios.[11] A esses números devemos acrescentar o total de bálticos nos campos do Gulag: mais de 75.000 em 1953, dos quais 44.000 em campos "especiais" reservados aos presos políticos mais duros; os bálticos representavam assim um quinto do contingente desses campos. Ao todo, 10% da população adulta dos países bálticos foram deportados ou estavam em campos de concentração.

Entre as outras nacionalidades recentemente incorporadas à força à URSS estavam os moldávios, que também resistiam à sovietização e à coletivização. No fim de 1949, as autoridades decidiram proceder a uma vasta operação de prisão em massa e deportação dos "elementos hostis e estranhos à sociedade". A operação foi supervisionada pelo primeiro-secretário do Partido Comunista da Moldávia, Leonid Hitch Brejnev, futuro secretário-geral do Partido Comunista da URSS. Um relatório de Kruglov a Stalin, datado de 17 de fevereiro de 1950,

---

[9] J.-J. Marie, *op. cit.*, p. 124.

[10] *Ibid.*, J.-J. Marie, *op. cit.*, pp. 122-6.

[11] N. F. Bugai, L. Beria-J. Stalinu…, *op. cit.*, p. 232.

Apogeu e crise do Gulag 293

estabelecia em 94.792 o número de moldávios deportados "para a eternidade" como "colonos especiais". Admitindo-se uma taxa de mortalidade durante a transferência deles idêntica à dos outros deportados, seria possível chegar a uma cifra na ordem de 120.000 moldáveis deportados, isto é, cerca de 7% da população moldávia. Entre outras operações do mesmo tipo, citamos, ainda no ano de 1949, a deportação para o Cazaquistão e o Altai de 57.680 gregos, armênios e turcos do litoral do mar Negro.[12]

Durante a segunda metade dos anos 1940, os partidários da OUN e da UPA capturados na Ucrânia continuaram a fornecer importantes contingentes de colonos especiais. De julho de 1944 a dezembro de 1949, as autoridades soviéticas apelaram sete vezes aos insurgentes para que depusessem as armas, prometendo-lhes uma anistia, mas sem resultados tangíveis. Em 1945-1947, os campos da Ucrânia Ocidental — a "verdadeira Ucrânia" — eram amplamente controlados pelos insurgentes, apoiados por camponeses que recusavam toda ideia de coletivização. As forças insurgentes operavam nos confins da Polônia e da Checoslováquia, passando de um país a outro para escapar às perseguições. Podemos julgar a importância desse movimento, com base no acordo que o governo soviético teve que assinar com a Polônia e a Checoslováquia para coordenar as lutas contra os "bandos" ucranianos. Após esse acordo e para privar a rebelião de suas bases naturais, o governo polonês deslocou a população ucraniana em direção ao noroeste da Polônia.[13]

A fome de 1946-1947, que obrigou dezenas de milhares de camponeses da Ucrânia Oriental a fugir para a Ucrânia Ocidental, menos atingida, forneceu novos recrutas para a rebelião ainda por algum tempo. A julgar pela última proposta de anistia assinada pelo ministro ucraniano do Interior, em 30 de dezembro de 1949, os "bandos de insurgentes" não recrutavam seus membros unicamente entre os camponeses. Com efeito, o texto mencionava, entre as categorias de bandidos, os "jovens que haviam fugido das fábricas, das minas do Donetz e das escolas industriais". A Ucrânia ocidental só foi definitivamente "pacificada" no fim de 1950, após a coletivização forçada de terras, o deslocamento de povoados inteiros e a deportação ou a prisão de cerca de 300.000 pessoas. Segundo as estatísticas do Ministério do Interior, entre 1944 e 1952, cerca de 172.000 "membros do OUN e da UPA" foram deportados

---

[12] V. I. Tsaranov, O likvidatsii kulacestva v Moldavii letom 1949 (A liquidação dos kulaks na Moldávia no verão de 1949), *Otecestvennaia Istoria*, 1996, nº 2, pp. 71-9; J.-J. Marie, *op. cit.*, pp. 127-8.

[13] Y. Bilinsky, *The Second Soviet Republic: the Ukraine after World War II*, New Brunswick, 1960, pp. 132-5.

294   *O Livro Negro do Comunismo*

para o Cazaquistão e a Sibéria como colonos especiais, frequentemente com suas famílias.[14]

As operações de deportação de "contingentes diversos", segundo a classificação do Ministério do Interior, continuaram até a morte de Stalin. Assim, durante os anos de 1951-1952, foram deportados, a título de operações específicas de pequeno porte, 11.685 mingrélios e 4.707 iranianos da Geórgia, 4.365 testemunhas de Jeová, 4.431 kulaks da Bielorrússia Ocidental, 1.445 kulaks da Ucrânia Ocidental, 1.415 kulaks da região de Pskov, 995 pessoas da seita dos "verdadeiros cristãos ortodoxos", 2.795 basmatchis do Tadjiquistão e 591 "vagabundos". A única diferença em relação aos deportados pertencentes aos diversos povos "punidos" era que esses contingentes não eram deportados "em regime perpétuo", mas por um período de 10 a 20 anos.

Como provam os arquivos do Gulag recentemente exumados, o início dos anos 1950 foi marcado ao mesmo tempo pelo apogeu do sistema concentracionário — jamais houve tantos prisioneiros nos campos de trabalho e tantos colonos especiais nos "povoados de colonização"— e por uma crise sem precedentes desse sistema.

No início de 1953, o Gulag contava aproximadamente com 2.750.000 prisioneiros, repartidos por três tipos de estabelecimento:

— cerca de 500 "colônias de trabalho", presentes em cada região, comportando cada uma de mil a três mil prisioneiros em média, majoritariamente presos de direito comum, a metade condenada a penas inferiores a cinco anos;

— cerca de 60 grandes complexos penitenciários, os "campos de trabalho", situados principalmente nas regiões setentrionais e orientais do país, cada um reunindo várias dezenas de milhares de prisioneiros, de direito comum e políticos, em sua maioria condenados a penas superiores a dez anos;

— 15 "campos de regime especial" criados após uma instrução secreta do Ministério do Interior de 7 de fevereiro de 1948, nos quais eram detidos exclusivamente presos políticos considerados "particularmente perigosos", isto é, cerca de 200.000 pessoas.[15]

---

[14] *Deportatsii narodov SSSR, op. cit.*, p.160.

[15] GARF, 9414/ls/1391-1392.

Apogeu e crise do Gulag 295

Esse imenso universo concentracionário incluía 2.750.000 prisioneiros aos quais se somavam os 2.750.000 colonos especiais que dependiam de uma outra direção do Gulag. Esse conjunto não apresentava apenas sérios problemas de enquadramento e vigilância, mas também de rentabilidade econômica. Em 1951, o general Kruglov, ministro do Interior, preocupado com a diminuição constante da produtividade da mão de obra penal, lançou uma grande campanha de inspeção do estado do Gulag. As comissões enviadas aos locais revelaram uma situação muito tensa.

Em primeiro lugar, é certo que nos campos de "regime especial", onde os "políticos" que chegaram após 1945 — "nacionalistas" ucranianos e bálticos habituados à guerrilha, "elementos estranhos" das regiões recentemente incorporadas, "colaboradores" reais ou supostos e outros "traidores da pátria" — eram prisioneiros incontestavelmente mais determinados que os "inimigos do povo" dos anos 1930, uma vez que esses antigos quadros do Partido estavam convencidos de que seu internamento era fruto de algum terrível mal-entendido. Condenados a penas de 20 a 25 anos, sem esperança de libertação antecipada, esses prisioneiros não tinham nada mais a perder. Além do mais, seu isolamento em campos especiais os havia livrado da presença cotidiana dos prisioneiros de direito comum. Ora, como destacou Alexandre Soljenitsyne, era precisamente a promiscuidade dos prisioneiros políticos e de direito comum que constituía o principal obstáculo à eclosão de um clima de solidariedade entre os detentos. Afastado esse obstáculo, os campos especiais se tornaram rapidamente focos de resistência e de revolta contra o regime. As redes ucranianas e bálticas, montadas na clandestinidade dos maquis, foram particularmente ativas nesses campos. Recusas ao trabalho, greves de fome, evasões em grupo e motins se multiplicaram. Somente para o período compreendido entre os anos 1950-1952, as pesquisas ainda incompletas recensearam 16 rebeliões e revoltas importantes, cada uma delas envolvendo centenas de prisioneiros.[16]

As "inspeções Kruglov" de 1951 revelaram igualmente a degradação da situação nos campos "comuns", que se traduzia por um "relaxamento generalizado da disciplina". Em 1951, um milhão de jornadas de trabalho foram perdidas pela "recusa a trabalhar" dos prisioneiros. E assistiu-se ao crescimento da criminalidade no interior dos campos, à multiplicação dos incidentes entre os prisioneiros e os vigilantes e à queda da produtividade do trabalho penal. Segundo a administração, esta situação era devida, em grande parte, ao enfren-

---

[16] M. Craveri, N. Formozov, La résistance au Goulag. Grèves, révoltes, évasions dans les camps de travail soviétiques de 1920 à 1956, *Communisme* nⁿ 42-43-44 (1995), pp. 197-209.

296   *O Livro Negro do Comunismo*

tamento entre bandos rivais de prisioneiros, que opunham os "ladrões legais" — que se recusavam a trabalhar para respeitar a "regra do ambiente" — aos "cadelas" — que se submetiam ao regulamento dos campos. A multiplicação das facções e das rixas acabava com a disciplina e gerava "desordem". A partir de então, era muito mais fácil morrer com uma facada do que de fome ou de doença. A conferência dos responsáveis pelo Gulag realizada em Moscou em janeiro de 1952 reconheceu que a "administração, que até o momento soubera habilmente tirar vantagem das contradições entre os vários grupos de prisioneiros, está perdendo o controle dos processos internos. [...] Em alguns campos, as facções estão quase tomando em mãos os negócios interiores". Para destruir grupos e facções, a administração era obrigada a recorrer a incessantes transferências de prisioneiros, a reorganizações permanentes no interior das diversas seções dos imensos complexos penitenciários, que reuniam com frequência de 40.000 a 60.000 prisioneiros.[17]

Contudo, além dos problemas das facções, cuja amplitude chama a atenção, os relatórios de inspeção estabelecidos em 1951-1952 concluem pela necessidade de uma reorganização completa das estruturas penitenciárias e produtivas, assim como por importantes reduções de efetivos.

Assim, em seu relatório de janeiro de 1952, endereçado ao general Dolguikh, o chefe do Gulag, coronel Zverev, responsável pelo grande complexo concentracionário de Norilsk — que incluía 69.000 detidos —, preconizava as seguintes medidas:

1. Isolar os membros das facções. "Mas, explicava Zverev, por causa do grande número de prisioneiros que participam ativamente de uma ou outra das duas facções [...] só conseguimos isolar os chefes, o que já foi muito difícil";

2. Liquidar as imensas zonas de produção nas quais milhares de prisioneiros pertencentes a facções rivais trabalham atualmente sem a menor escolta;

3. Criar unidades de produção menores para assegurar uma melhor vigilância dos prisioneiros;

4. Aumentar o pessoal de segurança. "Mas, acrescentava Zverev, é impossível organizar essa vigilância como seria preciso, uma vez que a penúria de pessoal atinge 50%";

5. Separar os prisioneiros dos trabalhadores livres nas unidades de produção. "Mas as ligações tecnológicas entre as diferentes empresas do complexo de Norilsk, a necessidade de uma produção continuada e os problemas agudos

---

[7] GARF, 9414/ls/513/185.

Apogeu e crise do Gulag

de alojamento não permitem isolar os prisioneiros dos trabalhadores livres de modo satisfatório. [...] De modo geral, o problema da produtividade e da coerência do processo produtivo não podia ser resolvido, a não ser através da liberação antecipada de 15.000 prisioneiros, que seriam, no entanto, obrigados a permanecer no local."[18]

Esta última proposição de Zverev estava longe de ser incongruente no contexto da época. Em janeiro de 1951, o ministro do Interior Kruglov pedira a Beria a liberação antecipada de 6.000 prisioneiros que deviam ser enviados como trabalhadores livres para o imenso canteiro de obras da central hidrelétrica de Stalingrado, onde mais de 25.000 prisioneiros cumpriam pena, aparentemente de maneira muito ineficaz. A prática de uma liberação antecipada, principalmente entre trabalhadores qualificados, era muito frequente no início dos anos 1950. Ela colocava a questão principal da rentabilidade econômica de um sistema concentracionário hipertrofiado.

Confrontada a uma explosão dos efetivos menos facilmente maleáveis que no passado e a problemas de enquadramento e de vigilância — o Gulag empregava um pessoal de cerca de 208.000 pessoas —, a enorme máquina administrativa tinha cada vez mais dificuldades em desmascarar a *tufia* — balanços falsos — e em garantir uma rentabilidade sempre problemática. Para resolver esse problema permanente, a administração tinha de escolher entre duas soluções: explorar a mão de obra penal ao máximo, sem considerar as perdas humanas, ou empregá-la de modo mais racional, prolongando sua sobrevivência. De modo geral, até 1948, predominou a primeira solução. No fim dos anos 1940, a tomada de consciência pelo regime da amplitude da penúria de mão de obra em um país sangrado pela guerra levou as autoridades penitenciárias a explorar os prisioneiros de maneira mais "econômica". Para tentar estimular a produtividade, foram introduzidos prêmios e "salários", as rações alimentares daqueles que conseguiam cumprir as normas aumentaram, e a taxa anual de mortalidade caiu para 2%-3%. Essa "reforma" chocou-se rapidamente com a realidade do mundo concentracionário.

No início dos anos 1950, as infraestruturas de produção já tinham mais de 20 anos e não haviam se beneficiado de nenhum investimento recente. As imensas unidades penitenciárias reunindo dezenas de milhares de prisioneiros, implantadas nos anos precedentes com a perspectiva de uma utilização

---

[18] GARF, 9414/1s/642/60-91; N. Werth, L'Ensemble concentrationnaire de Norilsk en 1951, *XX*e siècle, nº 47, juillet-septembre 1994, pp. 88-100.

298   *O Livro Negro do Comunismo*

extensiva da mão de obra, eram estruturas pesadas e dificilmente reformáveis, apesar das inúmeras tentativas feitas de 1949 a 1952 para fragmentá-las em unidades de produção menores. Os salários módicos distribuídos aos prisioneiros, que chegavam a algumas centenas de rublos por ano, isto é, de 15 a 20 vezes menos que o salário médio de um trabalhador livre, não serviam de modo algum como um estimulante que garantisse uma produtividade de trabalho mais elevada, tudo isso em um momento em que um número cada vez maior de prisioneiros se recusava a trabalhar e se organizava em bandos, exigindo, consequentemente, uma vigilância aumentada. No fim das contas, mais bem pago ou mais bem vigiado, o prisioneiro, tanto aquele que se submetia às regras administrativas quanto o refratário, que preferia obedecer à "lei do meio", custava cada vez mais caro.

Os dados parciais dos relatórios de inspeção dos anos 1951-1952 vão todos na mesma direção: o Gulag havia se tornado uma máquina cada vez mais difícil de ser gerida. Aliás, havia atrasos consideráveis nos últimos grandes canteiros de obras stalinistas que se tinham utilizado da mão de obra penal em larga escala: as centrais hidrelétricas de Kuibychev e de Stalingrado, o canal do Turcomenistão e o canal do Volga-Don. Para acelerar as obras, as autoridades foram obrigadas a transferir para o local inúmeros trabalhadores livres ou liberar antes do prazo os prisioneiros mais motivados.[19]

A crise do Gulag lança uma nova luz sobre a anistia decretada por Beria em 27 de março de 1953, apenas três semanas após a morte de Stalin, e que atingiu 1.200.000 prisioneiros. Não se poderiam abstrair as razões econômicas, e não apenas políticas, que levaram os candidatos à sucessão de Stalin a proclamar essa anistia parcial; eles estavam informados sobre as imensas dificuldades de gestão de um Gulag superpovoado e cada vez menos "rentável". Contudo, no mesmo momento em que a administração penitenciária pedia uma "diminuição" dos contingentes de prisioneiros, Stalin, que envelhecia, vítima de uma paranoia cada vez mais pronunciada, preparava um novo grande expurgo, um segundo Grande Terror. No clima pesado e perturbado do fim do stalinismo, as "contradições" se multiplicavam[...]

---

[19] M. Craveri, O. Khlevniouk, Krizis ekonomiki MVD (A crise da economia do MVD), *Cahiers du Monde russe*, vol. XXXVI (1-2), 1995, pp. 179-90.

14
O último complô

Em 13 de janeiro de 1953, o *Pravda* anunciou a descoberta do "grupo dos médicos terroristas", composto por nove e depois por 15 médicos renomados, dos quais mais da metade eram judeus. Eles eram acusados de se aproveitarem de suas importantes funções junto ao Kremlin para "abreviar a vida" de Andrei Jdanov, membro do Politburo morto em agosto de 1948, e de Alexandre Chtcherbakov, morto em 1950, e de terem tentado o assassinato de grandes chefes militares soviéticos, sob a ordem da Intelligence Service* e de uma organização de assistência judia, a American Joint Distribution Committee. Enquanto sua denunciadora, a doutora Timachuk, recebia solenemente a Ordem de Lenin, os acusados, devidamente interrogados, acumulavam "confissões". Como em 1936-1938, ocorreram vários manifestos para exigir o castigo dos culpados, a multiplicação das investigações e o retorno a uma verdadeira "vigilância bolchevique". Nas semanas que se seguiram à descoberta do "complô dos jalecos brancos", uma enorme campanha na imprensa reatualizou os temas dos anos do Grande Terror, exigindo "que se terminasse de uma vez por todas com o descuido criminoso nas fileiras do Partido e que a sabotagem fosse definitivamente liquidada". Encaminhava-se a ideia de uma vasta conspiração que reunia intelectuais, judeus, militares, quadros superiores do Partido e da economia e funcionários das repúblicas não russas, relembrando os piores momentos da Iejovschina.

Como confirmam os documentos hoje acessíveis sobre esse caso,[1] o complô dos jalecos brancos foi um dos momentos decisivos do stalinismo pós-guerra. Esse complô marcava tanto o coroamento da campanha "anticosmopolita" — ou

---

* Serviço de Inteligência, organismo encarregado, na Grã-Bretanha, de recolher as informações que interessem à conduta da ação diplomática, política e militar do governo, assim como da contraespionagem. [N. do T.]

G. Kostyrcenko, S. Redlikh, *Evreiskii Antifacistkii Komitet v SSSR* (O comitê judeu antifascista na URSS), coletânea de documentos, Moscou, 1996; G. Kostyrcenko, *V plenu u Krasnogo Faraona* (Nos cárceres do faraó vermelho), Moscou, 1994; A. Knight, *Beria* (Paris, Aubier, 1994); J.-J. Marie, *Les Derniers Complots de Staline. L'affaire des Blouses Blanches* (Bruxelas, Complexe, 1993).

300   *O Livro Negro do Comunismo*

seja, antissemita — iniciada no começo de 1949, mas cujas primeiras aparições remontam a 1946-1947, quanto o provável esboço de um novo expurgo geral, de um novo Grande Terror que apenas a morte de Stalin, algumas semanas após o anúncio público do complô, iria impedir. A essas duas dimensões acrescia-se uma terceira: a luta entre as diferentes facções dos ministérios do Interior e da Segurança de Estado, separados após 1946 e submetidos a remanejamentos constantes.[2] Esses confrontos dentro da polícia política eram em realidade reflexos da luta nos altos escalões dos aparelhos políticos, com cada um dos potenciais herdeiros de Stalin já se situando na perspectiva da sucessão. Há ainda uma última e perturbadora dimensão desse "Caso": ao se exumar o velho fundo antissemita do czarismo combatido pelos bolcheviques, oito anos depois da revelação pública dos campos de extermínio nazistas, o caso dos jalecos brancos punha em evidência uma deriva da última fase do stalinismo.

Não se pretende aqui recuperar o fio da meada desse caso, ou melhor, dos casos que convergiram para esse momento final do stalinismo. Assim, nos contentaremos em relembrar rapidamente as principais etapas que conduziram a esse último complô. Em 1942, o governo soviético, desejoso de exercer alguma pressão sobre os judeo-americanos, a fim de que eles forçassem o governo americano a abrir mais rapidamente um "segundo fronte" na Europa contra a Alemanha nazista, criou um Comitê Antifascista Judeu-Soviético, presidido por Salomon Mikhoels, o diretor do famoso teatro iídiche de Moscou. Centenas de intelectuais judeus desenvolveram várias atividades nesse comitê: o romancista Ilyá Ehremburg, os poetas Samuel Marchak e Peretz Markish, o pianista Emil Guilds, o escritor Vassili Grossman, o grande físico Piotr Kapitza, pai da bomba atômica soviética, entre outros. Rapidamente, o comitê ultrapassou seu papel de organismo de propaganda oficiosa soviética para ocupar o lugar de congregador da comunidade judia, um organismo representativo do judaísmo soviético. Em fevereiro de 1944, os dirigentes do comitê, Mikhoels, Fefer e Epstein, chegaram a enviar uma carta a Stalin, na qual propunham a instauração de uma república judia autônoma na Crimeia, suscetível de apagar a lembrança da experiência do "Estado nacional judeu" do Birobidjan, tentada nos anos 1930, e que aparecia como um fracasso patente — em dez anos, menos de 40.000 judeus haviam se instalado nessa região perdida, pantanosa e desértica do extremo oriente siberiano, nos confins da China![3]

Do mesmo modo, o comitê se dedicou à coleta de testemunhos sobre os massacres dos judeus pelos nazistas e sobre "os fenômenos anormais concer-

---

[2]   G. Kostyrcenko, *op. cit.*, pp. 45-7.

[3]   G. Kostyrcenko, *op. cit.*, pp. 45-7.

nindo os judeus", eufemismo que designava as manifestações de antissemitismo da população. Ora, essas últimas eram em grande número. As tradições antissemitas permaneciam fortes na Ucrânia e em algumas regiões ocidentais da Rússia, principalmente na antiga "zona de residência" do Império Russo, onde os judeus haviam sido autorizados a residir pelas autoridades czaristas. As primeiras derrotas do Exército Vermelho revelaram a amplitude do antissemitismo popular. Como reconheciam alguns relatórios do NKVD sobre "o estado de espírito da retaguarda", amplas camadas da população eram sensíveis à propaganda nazista segundo a qual os alemães só estavam em guerra contra os judeus e os comunistas. Nas regiões ocupadas pelos alemães, especialmente na Ucrânia, os massacres dos judeus, todos já vistos e conhecidos pela população, parecem ter suscitado muito pouca indignação. Os alemães recrutaram cerca de 80.000 soldados suplementares entre os ucranianos, dos quais alguns participaram do massacre dos judeus. Para fazer frente a essa propaganda nazista e mobilizar o fronte e a retaguarda em torno do tema da luta de todo povo soviético por sua sobrevivência, os ideólogos bolcheviques se recusaram, num primeiro momento, a reconhecer a especificidade do holocausto. Foi sobre esse terreno que se desenvolveu o antissionismo, e depois o antissemitismo oficial, particularmente virulento, segundo parece, nos meios do Agit-prop (Agitação-propaganda) do Comitê Central. Já em 1942, esse departamento havia redigido uma nota interna sobre "o lugar dominante dos judeus nos meios artísticos, literários e jornalísticos".

O ativismo do comitê não tardou a indispor as autoridades. A partir do início de 1945, o poeta judeu Peretz Markish foi proibido de publicar; o lançamento do *Livro Negro* sobre as atrocidades nazistas contra os judeus foi anulado, sob o pretexto de que "o fio condutor de todo o livro é a ideia de que os alemães só entraram em guerra com a URSS com o único objetivo de aniquilar os judeus". Em 12 de outubro de 1946, o ministro da Segurança de Estado, Abakumov, enviou ao Comitê Central uma nota "Sobre as tendências nacionalistas do Comitê Antifascista Judeu."[4] Stalin, que por motivos de estratégia internacional desejava prosseguir com uma política exterior favorável à criação do Estado de Israel, não reagiu imediatamente. Foi somente após a URSS ter votado na ONU o plano de partilha da Palestina, em 29 de novembro de 1947, que Abakumov recebeu carta branca para empreender a liquidação do comitê.

Em 19 de dezembro de 1947, vários de seus membros foram detidos. Algumas semanas mais tarde, em 13 de janeiro de 1948, Salomon Mikhoels

---

[4] *Izvestia* KPSS, 1989, 12, p. 37.

302   *O Livro Negro do Comunismo*

foi encontrado assassinado em Minsk. Segundo a versão oficial, ele teria sido vítima de um acidente de automóvel. Alguns meses mais tarde, em 21 de novembro de 1948, o Comitê Antifascista Judeu foi dissolvido, sob o pretexto de ter se tornado um "centro de propaganda antissoviética". Suas diversas publicações, especialmente o jornal iídiche *Einikait*, com o qual[5] colaborava a elite dos intelectuais judeo-soviéticos, foram proibidas. Nas semanas que se seguiram, todos os membros do comitê foram detidos. Em fevereiro de 1949, a imprensa iniciou uma ampla campanha "anticosmopolita". Os críticos de teatro judeus foram denunciados por sua "incapacidade de compreender o caráter nacional russo": "Que visão um Gurvitch ou um Iuzovski podem ter do caráter nacional do homem russo?", escrevia o *Pravda* em 2 de fevereiro de 1949. No decorrer dos primeiros meses de 1949, centenas de intelectuais judeus foram detidos, especialmente em Leningrado e Moscou.

A revista *Neva* publicou recentemente um documento exemplar desse período: a sentença do Colégio Judiciário do Tribunal de Leningrado, promulgada em 7 de julho de 1949, condenando Aquilles Grigorievitch Leniton, Ilyá Zeikovitch Serman e Rulf Alexandrovna Zevina a penas de dez anos em campos de concentração. Os acusados foram reconhecidos como culpados de terem "criticado a resolução do Comitê Central sobre as revistas *Zvezda* e *Leningrad a* partir de posições antissoviéticas [...]; interpretado as ideias internacionais de Marx sob um prisma contrarrevolucionário; elogiado os escritores cosmopolitas [...]; e caluniado a política soviética sobre a questão das nacionalidades". Após terem recorrido contra a sentença, os acusados foram condenados a 25 anos pelo Colégio Judicial da Suprema Corte, que assim justificou seu veredicto: "A pena infligida pelo Tribunal de Leningrado não levou em consideração a gravidade do crime ocorrido. [...] Com efeito, os acusados praticaram uma agitação contrarrevolucionária ao se utilizarem de preconceitos nacionais e ao afirmarem a superioridade de uma nação sobre as outras nações da União Soviética!"[6]

Os judeus foram sistematicamente afastados de seus trabalhos, especialmente nos meios ligados à cultura, à informação, à imprensa, à edição, à medicina, ou seja, nas profissões em que eles ocupavam cargos de responsabilidade. As detenções se multiplicaram, atingindo os mais diversos meios, tanto um certo grupo de "engenheiros-sabotadores" — judeus em sua maioria, presos no complexo metalúrgico de Stalino, condenados à morte e executados em 12 de abril

---

[5]   G. Kostyrcenko, S. Redlikh, *op. cit.*, pp. 326-84.
[6]   J.-J. Marie, *op. cit.*, pp. 60-1.

O *último complô* 303

de 1952 — quanto a esposa judia de Molotov, Paulina Jemtchujina — importante responsável pela indústria têxtil, detida em 21 de janeiro de 1949 por "perda de documentos que continham segredos de Estado", julgada e enviada a um campo de concentração por cinco anos —, ou ainda a esposa do secretário pessoal de Stalin, Alexandre Poskrebychev, ela também judia, acusada de espionagem e fuzilada em julho de 1952.[7] Molotov e Poskrebychev continuaram a servir a Stalin como se nada tivesse acontecido.

Entretanto, o período de instrução do processo contra os acusados do Comitê Antifascista Judeu se arrastava. O processo, a portas fechadas, só foi iniciado em maio de 1952, ou seja, dois anos e meio após a prisão dos acusados. De acordo com a documentação ainda lacunar hoje disponível, dois elementos podem explicar com segurança a excepcional duração desse período de instrução. Nesse momento, e sempre no maior segredo, Stalin orquestrava um outro caso, dito de "Leningrado", etapa importante que deveria preparar, junto com o dossiê do Comitê Antifascista Judeu, o grande expurgo final. Paralelamente, ele procedia a uma profunda reorganização dos serviços de Segurança — cujo episódio central foi a prisão de Abakumov em julho de 1951 —, então dirigidos pelo todo-poderoso Beria, vice-presidente do Conselho de Ministros e membro do Politburo. O caso do Comitê Antifascista Judeu estava no centro das lutas de influência e de sucessão, no coração do dispositivo que deveria desembocar no caso dos jalecos brancos e em um segundo Grande Terror.

De todos os casos, aquele dito de "Leningrado", que foi finalizado pela execução, mantida em segredo, dos principais dirigentes da segunda mais importante organização do Partido Comunista da União Soviética, permanece sendo o mais misterioso. Em 15 de fevereiro de 1949, o Politburo adotou uma resolução "Sobre as ações antipartido de Kuznetsov, Rodionov e Popkov", três importantes dirigentes do Partido. Eles foram demitidos de suas funções, assim como Voznessenski, presidente do Gosplan, o órgão de planejamento do Estado, e a maior parte dos membros do aparelho do Partido de Leningrado, cidade sempre suspeita aos olhos de Stalin. Em agosto-setembro de 1949, todos esses dirigentes foram presos, sob a acusação de terem organizado um grupo "antipartido", ligado à[...] Intelligence Service. Abakumov lançou então uma verdadeira caça aos "veteranos do Partido de Leningrado" instalados em cargos de responsabilidade em outras cidades ou outras repúblicas. Centenas de comunistas de Leningrado foram presos, e cerca de 2.000 excluídos do Partido

---

[7] G. Kostyrcenko, *V plenu...*, *op. cit.*, pp. 136-7.

304   O Livro Negro do Comunismo

e expulsos de seus trabalhos. A repressão ganhou formas surpreendentes, atingindo a cidade considerada entidade histórica. Assim, em agosto de 1949, as autoridades formaram o Museu da Defesa de Leningrado, consagrado à gesta heroica do bloqueio da cidade durante a "Grande Guerra Patriótica". Alguns meses mais tarde, Mikhail Suslov, responsável pela ideologia, foi encarregado pelo Comitê Central de instalar uma "comissão de liquidação" do museu, que funcionou até o fim de fevereiro de 1953.[8]

Os principais acusados do caso de Leningrado — Kuznetsov, Rodionov, Popkov, Voznessenski, Kapustin e Lazutin — foram julgados a portas fechadas em 30 de setembro de 1950 e executados no dia seguinte, uma hora após o pronunciamento do veredicto. Todo o caso ocorreu no mais absoluto segredo. Ninguém fora informado, nem mesmo a filha de um dos principais acusados, que era, porém, a nora de Anastase Mikoian, ministro e membro do Politburo! No decorrer do mês de outubro de 1950, outras paródias de julgamento condenaram à morte dezenas de quadros dirigentes do Partido, todos tendo pertencido à organização de Leningrado: Soloviev, primeiro-secretário do Comitê Regional da Crimeia; Badaiev, segundo-secretário do Comitê Regional de Leningrado; Verbitski, segundo-secretário do Comitê Regional de Murmansk; Bassov, primeiro-vice-presidente do Conselho de Ministros da Rússia etc.[9]

Teria sido a depuração dos "leningradenses" simplesmente o acerto de contas entre as diferentes frações do aparelho ou apenas um elo numa corrente de casos, que iam da liquidação do Comitê Antifascista Judeu ao complô dos jalecos brancos, passando pela prisão de Abakumov "e o complô nacionalista mingrélio"? A segunda hipótese parece ser a mais provável. Sem dúvida, o caso de Leningrado foi uma etapa decisiva na preparação de um grande expurgo, do qual o sinal público foi dado em 13 de janeiro de 1953. De maneira significativa, os crimes imputados aos dirigentes leningradenses que caíram em desgraça ligavam todo o caso aos sinistros anos 1936-1938. Durante a reunião do plenário dos quadros do Partido de Leningrado em outubro de 1949, o novo primeiro-secretário, Andrianov, anunciou ao auditório embasbacado que os antigos dirigentes haviam publicado a literatura trotskista e zinovievista: "Nos documentos que aquelas pessoas levaram para a publicação, eles faziam passar de modo sub-reptício e mascarado artigos dos piores inimigos do povo: Zinoviev, Trotski e outros." Além da acusação grotesca, a mensagem

---

[8] V. I. Demidov, V. A. Kutuzov, *Leningradskoie Delo* (O Caso de Leningrado), Leningrado, 1990, pp. 38-90.

[9] *Ibid.*, pp. 139-51; J.-J. Marie, *op. cit.*, pp. 77-99.

O último complô   305

aos quadros do aparelho era bastante clara. Era precisamente para um novo 1937 que cada um deveria se preparar.[10]

Após a execução dos principais acusados do caso de Leningrado, em outubro de 1950, manobras e contramanobras se multiplicaram no interior dos serviços de Segurança e do Interior. Passando a desconfiar de Beria, Stalin inventou um fantasmático complô nacionalista mingrélio, cujo objetivo era o de anexar a Mingrélia, justamente a região da Geórgia da qual Beria era originário, à Turquia. Beria foi obrigado a ele próprio dizimar seus "compatriotas" e a executar o expurgo do Partido Comunista georgiano.[11] Em outubro de 1951, Stalin deu ainda um outro golpe em Beria, ordenando a prisão de um grupo de velhos quadros judeus da Segurança e do Ministério Público, entre os quais o tenente-coronel Eitingon, que havia organizado o assassinato de Trotski em 1940, sob as ordens de Beria; o general Leonid Raikhman, que havia participado da montagem do processo de Moscou; o coronel Lev Schwarzmann, carrasco de Babel e de Meyerhold; o juiz de instrução Lev Cheinin, braço direito do procurador dos grandes processos de Moscou de 1936-1938; Vychinski e outros. Todos foram acusados de serem os organizadores de um enorme "complô nacionalista judeu" dirigido por[...] Abakumov, o ministro da Segurança de Estado e colaborador próximo de Beria.

Havia alguns meses que Abakumov fora preso e vinha sendo mantido escondido. Inicialmente, ele foi acusado de ter provocado deliberadamente o desaparecimento de Jacob Etinguer, médico judeu de renome, preso em 1950 e morto na prisão pouco tempo depois. Ao "eliminar" Etinguer — que no decorrer de sua longa carreira havia cuidado de pessoas como Serge Kirov, Sergo Ordjonikidze, o marechal Tukhatchevski, Palmiro Togliatti, Tito e Georges Dimitrov —, Abakumov teria tentado "impedir que um grupo de criminosos formado por nacionalistas judeus infiltrados nos mais altos escalões do Ministério da Segurança de Estado fosse desmascarado". Alguns meses mais tarde, o próprio Abakumov seria apresentado como o "cérebro" do complô nacionalista judeu! Assim, a prisão de Abakumov, em julho de 1951, constituiu uma etapa decisiva na longa montagem de um vasto "complô judeu-sionista"; ela assegurava a transição entre a liquidação do Comitê Antifascista Judeu, ainda secreta, e o complô dos jalecos brancos, arranjado para tornar-se o símbolo público do expurgo. Assim, foi durante o verão de 1951, e não no fim de 1952, que a história ganhou corpo.[12]

---

[10] J.-J. Marie, *op. cit.*, pp. 90-1.

[11] A. Knight, *op. cit.*, pp. 239-47.

[12] P. e A. Sudoplatov, *op. cit.*, pp. 385-434; G. Kostyrcenko, *Vplenu...*, *op. cit.*, pp. 289-314.

De 11 a 18 de julho de 1952, desenvolveu-se, a portas fechadas e no maior dos segredos, o processo dos membros do Comitê Antifascista Judeu. Em 12 de agosto de 1952, 13 acusados foram condenados à morte e executados, ao mesmo tempo que dez outros "engenheiros-sabotadores" da fábrica de automóveis Stalin, todos judeus. No total, o "dossiê" do Comitê Antifascista Judeu deu lugar a 125 condenações, das quais 25 condenações à morte, todas executadas, e a cem condenações a penas de dez a 25 anos em campos de concentração.[13]

No mês de setembro de 1952, o roteiro do complô judeu-sionista já estava pronto. Sua realização foi retardada por algumas semanas, período no qual ocorreu o XIX Congresso do PCUS, reunido enfim em outubro de 1952, treze anos e meio após o XVIII Congresso. Desde o fim do congresso, a maioria dos médicos judeus acusados nesse evento — que se tornaria publicamente conhecido como o caso dos jalecos brancos — foram detidos, presos e torturados. Paralelamente a essas prisões, naquele momento ainda secretas, iniciava-se em Praga, em 22 de novembro de 1952, o processo de Rudolf Slansky, antigo secretário-geral do Partido Comunista da Checoslováquia, e de 13 outros dirigentes comunistas. Onze deles foram condenados à morte e enforcados. Uma das particularidades dessa paródia judiciária, inteiramente montada pelos conselheiros soviéticos da polícia política, era seu caráter francamente antissemita. Onze dos 14 acusados eram judeus, e os fatos que lhes eram imputados estavam relacionados à constituição de um "grupo terrorista trotskista-tito-sionista". Uma verdadeira caça aos judeus foi empreendida nos aparelhos dos partidos comunistas do Leste Europeu durante a preparação do processo.

Em 4 de dezembro de 1952, um dia após a execução dos 11 condenados à morte do processo Slansky, Stalin levou para votação no Presidium do Comitê Central uma resolução intitulada "Sobre a situação no Ministério da Segurança de Estado" e que ordenava às instâncias do Partido "pôr fim ao caráter descontrolado dos organismos da Segurança de Estado". A Segurança estava sendo posta na berlinda; ela dera mostras de "laxismo", falhara na "vigilância" e permitira aos "médicos sabotadores" exercer sua atividade funesta. Um passo suplementar fora dado. A verdadeira intenção de Stalin era utilizar o caso dos jalecos brancos contra a Segurança e contra Beria. Grande especialista nas intrigas do aparelho, este último não podia ignorar o sentido do que estava sendo preparado.

---

[13] V. P. Naumov (ed.), *Nepravednyi sud. Stenograma sudebnogo protsessa nad clenami Evreiskogo Antifasistkogo Komiteta* (Stenograma do processo dos membros do Comitê Antifascista Judeu), Moscou, 1994.

O que se passou nas semanas que precederam à morte de Stalin permanece ainda em grande parte desconhecido. Por trás da campanha "oficial" que convocava ao "reforço da vigilância bolchevique" e à "luta contra toda forma de descuido", ou ainda das assembleias e reuniões que pediam "um castigo exemplar" para os assassinos cosmopolitas", a instrução e os interrogatórios dos médicos presos prosseguiam. A cada dia, novas prisões ampliavam mais ainda o complô.

Em 19 de fevereiro de 1953, o vice-ministro das relações exteriores, Ivan Maiski, braço direito de Molotov e antigo embaixador da URSS em Londres, foi preso. Interrogado ininterruptamente, ele "confessou" ter sido recrutado por Winston Churchill como espião britânico, assim como a embaixadora da URSS em Estocolmo até o fim da Segunda Guerra Mundial, Alexandra Kollontai, grande figura do bolchevismo, promotora em 1921 da Oposição Operária junto com Chliapnikov, executado em 1937.[14]

Entretanto, apesar desses "avanços" espetaculares na instrução do complô, não podemos deixar de perceber que, diferentemente do que se passara em 1936-1938, nenhum dos dignitários do regime se engajou publicamente na campanha de denúncia do caso, de 13 de janeiro até a morte de Stalin, em 5 de março. Segundo testemunhos de Bulganin tomados em 1970, além de Stalin, principal inspirador e organizador, somente quatro dirigentes "armavam o golpe": Malenkov, Suslov, Riumin e Ignatiev. Consequentemente, todos os outros podiam se sentir ameaçados. Ainda segundo Bulganin, o processo dos médicos judeus deveria ser iniciado em meados de março e continuar com a deportação em massa dos judeo-soviéticos para o Birobidjan.[15] No estado atual do conhecimento e do acesso ainda bastante limitado aos Arquivos Presidenciais, onde são conservados os dossiês mais secretos e mais "sensíveis", é impossível saber se um tal plano de deportação em massa dos judeus estava em estudo no início de 1953. Apenas uma coisa é certa: a morte de Stalin sobreveio para interromper, enfim, a lista de milhões de vítimas de sua ditadura.

---

[14] J.-J. Marie, *op. cit.*, p. 159; P. e A. Sudoplatov, *op. cit.*, pp. 424-6.

[15] I. Rapoport, *Souvenirs du procès des Blouses blanches*, Paris, Alinéa, 1989, pp. 140-1.

15
A saída do stalinismo

O desaparecimento de Stalin marcou uma etapa decisiva na metade das sete décadas de existência da União Soviética: o fim de uma época, ou, pelo menos, o fim de um sistema. Como escreveu François Furet, a morte do Guia Supremo revelou "o paradoxo de um sistema que se pretendia inscrito nas leis do desenvolvimento social mas no qual tudo depende de tal modo de um só homem, que, com o seu desaparecimento, o sistema veio a perder algo que lhe era essencial". Um dos componentes mais importantes desse "algo de essencial" era o alto nível de repressão exercida pelo Estado contra a sociedade, sob as mais diversas formas.

Para os principais colaboradores de Stalin — Malenkov, Molotov, Vorochilov, Mikoian, Kaganovitch, Kruschev, Bulganin e Beria — o problema político posto pela sucessão de Stalin era particularmente complexo. Eles deviam, ao mesmo tempo, assegurar a continuidade do sistema, repartir entre si as responsabilidades, encontrar um equilíbrio entre a preeminência de apenas um, mesmo que de forma atenuada, e o exercício do colegiado, administrando as ambições individuais e as relações de forças, e, finalmente, introduzir rapidamente um certo número de mudanças, sobre as quais já havia um amplo consenso a respeito de sua necessidade.

A difícil conciliação entre esses objetivos explica o encaminhamento extremamente complexo e tortuoso do curso político entre a morte de Stalin e a eliminação de Beria (preso em 26 de junho de 1953).

Os resumos estenográficos, hoje acessíveis, das sessões plenárias do Comitê Central, ocorridas em 5 de março de 1953 (dia da morte de Stalin) e de 2 a 7 de julho de 1953[1] (após a eliminação de Beria), tornam claras as razões que levaram os dirigentes soviéticos a se engajar nessa "saída do stalinismo", que Nikita Kruschev transformaria em "desestalinização", com seus pontos culmi-

---

Istocnik, 1994, nº 1, pp. 106-11; *Izvestia* Tsk, nº 1, 1991, pp. 139-214; 1991, nº 2, pp. 141-208.

A saída do stalinismo

nantes — primeiro o XX Congresso do PCUS, em fevereiro de 1956, depois o XXII Congresso, em outubro de 1962.

A primeira dessas razões foi o instinto de sobrevivência, a autodefesa. No curso dos últimos meses da vida de Stalin, quase todos os dirigentes haviam sentido a que ponto eles próprios tinham se tornado vulneráveis. Ninguém estava a salvo, nem Vorochilov, tratado como "agente da Intelligence Service", nem Molotov, nem Mikoian, ambos cassados pelo ditador de seus cargos no Presidium do Comitê Central, nem Beria, ameaçado por intrigas obscuras no interior dos serviços de Segurança, manipulados por Stalin. Do mesmo modo, nos escalões intermediários, as elites burocráticas que se haviam reconstituído depois da guerra temiam e rejeitavam os aspectos terroristas do regime. A onipotência da polícia política constituía um último obstáculo que os impedia de se aproveitarem de uma carreira estável. Foi preciso começar pelo desmantelamento do que Martin Malia chamou justamente de "a maquinaria posta em prática pelo ditador defunto para o seu próprio uso", a fim de se assegurar de que ninguém pudesse se servir dela para afirmar sua preeminência, em prejuízo de seus colegas — e rivais — políticos. Bem mais do que divergências de fundo sobre as reformas a serem empreendidas, havia o medo do retorno ao poder de um novo ditador capaz de reunir numa nova coalizão os "herdeiros de Stalin" contra Beria. Este último aparecia, então, como o dirigente mais poderoso, pois dispunha dos enormes aparelhos da Segurança e do Interior. Uma lição se impunha a todos: era necessário que os aparelhos repressivos não escapassem mais ao "controle do Partido" — mais claramente, tornando-se a arma de uma única pessoa — e ameaçassem a oligarquia política.

A segunda razão da mudança, mais fundamental, se atinha à percepção da necessidade de reformas econômicas e sociais, compartilhada pelos principais dirigentes, tanto Kruschev quanto Malenkov. A gestão exclusivamente repressiva da economia, baseada no controle quase total da produção agrícola, na criminalização das relações sociais e na hipertrofia do Gulag, levara o país a uma grave crise econômica e a bloqueios sociais que excluíam todo progresso da produtividade do trabalho. O modelo econômico posto em prática nos anos 1930, contra a vontade da imensa maioria da sociedade e que desembocara nos ciclos repressivos descritos anteriormente, estava ultrapassado.

Enfim, a terceira razão da mudança devia-se à própria dinâmica das lutas pela sucessão, que alimentavam uma espiral de apostas políticas: foi Nikita Kruschev quem, por um certo número de razões que não analisaremos aqui — aceitação pessoal em afrontar-se com seu passado stalinista, remorso autêntico, habilidade política, populismo específico, ligação a uma certa forma

310   *O Livro Negro do Comunismo*

de fé socialista em um "futuro radioso", vontade de retorno ao que ele considerava uma "legalidade socialista" etc. acabou por ir mais longe que todos os seus colegas na via de uma desestalinização comedida e parcial sobre o plano político, embora radical sobre o plano da vida cotidiana da população.

Quais foram, então, as principais etapas do desmantelamento da maquinaria repressiva, desse movimento que, em poucos anos, contribuiu para fazer a União Soviética passar de um sistema marcado por um forte nível de repressão judiciário e extrajudiciário a um regime autoritário e policial, no qual a memória do Terror se tornaria, durante toda uma geração, um dos esteios da ordem pós-stalinista?

Menos de duas semanas após a morte de Stalin, o Gulag foi profundamente reorganizado. Ele passou para a jurisdição do Ministério da Justiça. Quanto à infraestrutura econômica, ela foi transferida para os ministérios competentes. Porém, mais espetacular do que essas mudanças administrativas, que traduzem claramente um grande enfraquecimento da onipotência do Ministério do Interior, foi o anúncio, no *Pravda* de 28 de março de 1953, de uma ampla anistia. Em virtude de um decreto promulgado na véspera pelo Presidium do Soviete Supremo da URSS e assinado pelo seu presidente, o marechal Vorochilov, estavam anistiados:

1. Todos os condenados a penas inferiores a cinco anos.

2. Todas as pessoas condenadas por prevaricação, crimes econômicos e abusos de poder.

3. As mulheres grávidas e as mães de crianças menores de dez anos, os menores, os homens de mais de 55 anos e as mulheres de mais de 50 anos.

Além disso, o decreto de anistia previa a diminuição da metade das penas ainda por cumprir dos demais prisioneiros, exceto os condenados por crimes "contrarrevolucionários", roubo de grandes quantias, banditismo e morte com premeditação.

Em poucas semanas, cerca de 1.200.000 prisioneiros deixaram o Gulag, ou seja, algo em torno da metade de toda a população dos campos e colônias penitenciárias. A maior parte deles era composta por pequenos delinquentes, condenados por furtos menores, ou mais frequentemente por simples cidadãos que sofreram as consequências de uma das inúmeras leis repressivas. Essas leis atingiam quase todas as esferas de trabalho, do "abandono do posto de trabalho" à "infração à lei de passaportes interiores". Essa anistia parcial, que excluía principalmente os prisioneiros políticos e os "deslocados especiais", refletia, por sua própria ambiguidade, as evoluções ainda maldefinidas e os encaminhamentos ainda tortuosos em curso durante a primavera de 1953,

A saída do stalinismo 311

período de intensas lutas pelo poder, durante o qual Lavrenti Beria, primeiro-vice-presidente do Conselho de Ministros e ministro do Interior, pareceu vestir a pele do "grande reformador".

Por quais considerações era ditada essa ampla anistia? De acordo com Amy Knight,[2] biógrafa de Lavrenti Beria, a anistia de 27 de março de 1953, decidida por iniciativa do próprio ministro do Interior, inscrevia-se em uma série de medidas políticas que testemunhavam a "virada liberal" de Beria, engajado nas lutas pela sucessão do poder após a morte de Stalin, e preso em uma espiral de apostas políticas. Para justificar essa anistia, Beria enviara ao Presidium do Comitê Central, em 24 de março, uma longa nota na qual ele explicava que somente 221.435 dos 2.526.402 prisioneiros que compunham o Gulag eram "criminosos particularmente perigosos ao Estado", em sua maior parte prisioneiros dos "campos especiais". Em sua imensa maioria, reconhecia Beria (notável e surpreendente confissão!), os prisioneiros não constituíam nenhuma séria ameaça ao Estado. Uma ampla anistia era desejável para descongestionar rapidamente um sistema penitenciário excessivamente pesado e pouco rentável.[3]

A questão da gestão cada vez mais difícil do imenso Gulag era regularmente evocada desde o início dos anos 1950. A crise do Gulag, reconhecida pela maioria dos dirigentes bem antes da morte de Stalin, traz novos esclarecimentos sobre a anistia de 27 de março de 1953. Por conseguinte, razões econômicas — e não somente políticas — conduziam os candidatos à sucessão de Stalin, a par das imensas dificuldades de gestão de um Gulag superpovoado e cada vez menos "rentável", a proclamar uma ampla, apesar de parcial, anistia.

Nesse domínio, como em tantos outros, nenhuma medida radical podia ser tomada enquanto Stalin estivesse vivo. Segundo a correta fórmula do historiador Moshe Lewin, nos últimos anos do ditador, tudo estava "mumificado".

Todavia, com Stalin já morto, "nem tudo ainda era possível": estava excluída a anistia de todos aqueles que haviam sido as principais vítimas da arbitrariedade do sistema: os "políticos", condenados por atividades contrarrevolucionárias.

A exclusão dos políticos da anistia de 27 de março de 1953 esteve na origem de um certo número de tumultos e revoltas de prisioneiros nos campos de regime especial do Gulag, do Retchlag e do Steplag.[4]

---

[2] A. Knight, Beria, Paris, Aubier, 1995.

[3] A. Knight, *op. cit.*, p. 276.

[4] M. Craveri, N. Formozov, "La résistance au Gulag", Communisme, 1995, nᵒˢ 42-44, pp. 197-209.

312   *O Livro Negro do Comunismo*

Em 4 de abril, o *Pravda* anunciou que os "assassinos de jaleco branco" haviam sido vítimas de uma cilada e que suas confissões tinham sido arrancadas com o uso de "métodos ilegais de interrogatório" (subentendido: sob tortura). O evento foi ainda amplificado pela resolução adotada pelo Comitê Central, poucos dias mais tarde, "Sobre a violação da legalidade pelos órgãos de Segurança de Estado". Ficava claro que o caso dos médicos assassinos não fora um acidente isolado, que a Segurança de Estado se havia arrogado poderes exorbitantes e que ela havia multiplicado os atos ilegais. O Partido rejeitava esses métodos e condenava o poder excessivo da polícia política. A esperança engendrada por esses textos provocou imediatamente várias reações: os tribunais foram submergidos por centenas de milhares de pedidos de reabilitação. Quanto aos prisioneiros, principalmente aqueles dos campos especiais, exasperados pelo caráter limitado e seletivo da anistia de 27 de março e conscientes da confusão dos carcereiros e da crise que o sistema repressivo atravessava, eles se recusaram em peso a trabalhar e a obedecer às ordens dos comandantes dos campos. Em 14 de maio de 1953, mais de 14 prisioneiros de diferentes seções do complexo penitenciário de Norilsk fizeram uma greve e organizaram comitês compostos por membros eleitos pelos diferentes grupos nacionais, nos quais os ucranianos e os bálticos possuíam um papel-chave. As principais reivindicações dos prisioneiros eram: a diminuição da jornada de trabalho para nove horas; a supressão do número de matrícula sobre as roupas; a ab-rogação das limitações concernentes à correspondência com a família; a expulsão de todos os delatores; e a extensão do benefício de anistia aos políticos.

O anúncio oficial, em 10 de julho de 1953, da prisão de Beria, acusado de ter sido espião inglês e "inimigo feroz do povo", confortou os prisioneiros com a ideia de que alguma mudança importante estava acontecendo em Moscou e os tornou intransigentes em suas reivindicações. O movimento de recusa ao trabalho amplificou-se. Em 14 de julho, foi a vez de mais de 12 mil prisioneiros do complexo penitenciário de Vorkuta iniciarem uma greve. Símbolo da mudança dos tempos, tanto em Norilsk quanto em Vorkuta, negociações foram engajadas, e o assalto contra os prisioneiros foi adiado por várias vezes.

Do verão de 1953 até o XX Congresso, em fevereiro de 1956, a agitação permaneceu endêmica nos campos de regime especial. A revolta mais importante e mais longa estourou em maio de 1954, na terceira seção do complexo penitenciário do Steplag, em Kenguir, próximo a Karaganda (Cazaquistão). Ela durou 40 dias e só foi reduzida quando as tropas especiais do Ministério do Interior invadiram o campo com tanques. Cerca de 400 prisioneiros foram

A saída do stalinismo 313

julgados e de novo condenados, enquanto os seis membros sobreviventes da comissão que havia dirigido a resistência foram executados.

Como sinal da mudança política ocorrida após a morte de Stalin, algumas das reivindicações expressas pelos prisioneiros em 1953-1954 foram então satisfeitas: a duração do trabalho diário foi reduzida para nove horas, e melhoras significativas foram introduzidas em sua vida cotidiana.

Em 1954-1955, o governo tomou uma série de medidas que limitavam a onipotência da Segurança de Estado, profundamente remanejada após a eliminação de Beria. As *troiki* — tribunais especiais para o julgamento de casos levantados pela polícia política — foram suprimidas. A polícia política foi reorganizada como um organismo que tomou o nome de *Komitet Gosudarstvennoi Bezopasnosti* (KGB, Comitê da Segurança de Estado), expurgada de cerca de 20% de seus efetivos anteriores a março de 1953 e posta sob a autoridade do general Serov, que havia, sobretudo, supervisionado as deportações dos povos durante a guerra. Considerado próximo a Nikita Kruschev, o general Serov encarnava todas as ambiguidades de um período de transição no qual muitos dos responsáveis do passado permaneciam em cargos estratégicos. O governo decretou novas anistias parciais, sendo que a mais importante, em setembro de 1955, permitiu a libertação das pessoas que foram condenadas em 1945 pela "colaboração com o invasor" e dos prisioneiros de guerra alemães ainda detidos na URSS. Enfim, um certo número de medidas foi tomado em favor dos "colonos especiais". Principalmente, eles receberam a autorização para se deslocarem por um perímetro mais amplo e para comparecerem menos frequentemente à *komandatura* da qual dependiam. Após as negociações germano-soviéticas de mais alto nível, os alemães deportados, que representavam mais de 40% do número total de colonos especiais (um pouco mais de um milhão para cerca de 2.750.000), foram os primeiros a se beneficiarem, a partir de setembro de 1955, da abolição das restrições que pesavam sobre essa categoria de proscritos. Entretanto, os textos da lei detalhavam que a ab-rogação das restrições jurídicas, profissionais, de estatuto e de residência não poderia acarretar "nem a restituição dos bens confiscados nem o direito de retorno aos locais de onde os colonos especiais haviam sido retirados".[5]

Essas restrições eram bastante significativas dentro do desenrolar do processo, parcial e gradual, do que se chamou a "desestalinização". Conduzida por Nikita Kruschev, um stalinista que havia participado diretamente da repressão,

---

[5] V. N. Zemskov, "Massovoie osvobozdenie spetzposelentsev i ssylnyx" ("A libertação em massa dos deslocados especiais e dos exilados"), *Sotsiologiceskie Issledovania*, 1991, nº 1, pp. 5-26.

314   *O Livro Negro do Comunismo*

como todos os dirigentes de sua geração — deskulakização, expurgos, deportações, execuções —, a desestalinização podia somente se limitar à denúncia de alguns excessos do "período de culto da personalidade". O Relatório Secreto, lido na noite de 24 de fevereiro de 1956 por Kruschev, diante dos delegados soviéticos no XX Congresso, ainda era bastante seletivo na condenação ao stalinismo, não recolocando em questão nenhuma das grandes escolhas do Partido desde 1917. Esse caráter seletivo também aparece tanto na cronologia do "desvio" stalinista — datado de 1934, eram excluídas do capítulo de crimes a coletivização e a fome de 1932-1933 — quanto nas escolhas das vítimas mencionadas, todas elas comunistas, geralmente de estrita obediência stalinista, embora nunca tenham sido citados os simples cidadãos. Circunscrevendo o campo da repressão apenas aos comunistas, vítimas da ditadura pessoal de Stalin, e limitando-o a episódios precisos de uma história que só começava após o assassinato de Serge Kirov, o Relatório Secreto elidia a questão central: a da responsabilidade total do Partido perante a sociedade, desde 1917.

O Relatório Secreto foi seguido por um certo número de medidas concretas que completavam a limitação das disposições tomadas até esse momento. Em março-abril de 1956, todos os colonos especiais pertencentes a algum dos "povos punidos" por uma pretensa colaboração com a Alemanha nazista e deportados em 1943-1945 foram "retirados da vigilância administrativa dos órgãos do Ministério do Interior", sem poder, no entanto, pretender à restituição de seus bens confiscados, nem retornar a sua região. Essas semimedidas causaram muita ira entre os deportados; vários dentre eles se recusaram a assinar o engajamento por escrito com a administração, que exigia deles não reclamar a restituição de seus bens e não retornar às suas regiões de origem. Diante de uma atitude que denotava uma mudança notável do clima político e das mentalidades, o governo soviético fez novas concessões, restabelecendo, em janeiro de 1957, as antigas repúblicas e regiões autônomas dos povos deportados, que haviam sido dissolvidas tão logo começara a guerra. Apenas a república autônoma dos tártaros da Crimeia não foi restaurada.

Durante três décadas, os tártaros da Crimeia lutariam para que lhes fosse reconhecido o direito de retorno. A partir de 1957, os karachais, os kalmuks, os balkars, os chechenos e os inguches tomaram, às dezenas de milhares, o caminho de volta. Mas nada lhes foi facilitado pelas autoridades. Ocorreram vários incidentes entre os deportados que desejavam reintegrar suas antigas moradias e os colonos russos que haviam sido trazidos das regiões vizinhas em 1945, e que ocupavam esses endereços a partir de então. Não tendo *propiska* — um registro junto à polícia local que dava o direito jurídico de habitar apenas

A saída do stalinismo

em uma dada localidade —, os antigos deportados, de volta a sua terra, foram obrigados, mais uma vez, a se instalar em barracões improvisados, em favelas, em barracas de lona, sob a ameaça permanente de serem presos, a qualquer momento, por infração ao regime de passaportes (o que era passível de dois anos de cadeia). Em julho de 1958, a capital chechena, Grozny, foi palco de confrontos sangrentos entre russos e chechenos. Uma calma precária só foi estabelecida após a liberação de fundos para a construção de habitações para os ex-deportados pelas autoridades russas.[6]

Oficialmente, a categoria dos colonos especiais só deixou de existir em janeiro de 1960. Os últimos deportados libertados de seu estatuto de pária foram os nacionalistas ucranianos e bálticos. Cansados de se defrontarem mais uma vez com os obstáculos administrativos ao seu retorno feitos pelas autoridades, menos da metade dos deportados bálticos e ucranianos retornou às suas regiões. Os outros sobreviventes "criaram raízes" em seus locais de deportação.

Foi somente após o XX Congresso que a maioria dos contrarrevolucionários foi libertada. Em 1954-1955, menos de 90.000 entre eles foram soltos. Em 1956-1957, cerca de 310.000 contrarrevolucionários deixaram o Gulag. Em 19 de janeiro de 1959, ainda havia 11.000 políticos nos campos de concentração.[7] Para acelerar os procedimentos, mais de duzentas comissões especiais de revisão foram enviadas aos campos, e várias anistias foram decretadas. Entretanto, a libertação ainda não significava a reabilitação. Em dois anos (1956-1957), menos de 60 mil pessoas foram devidamente reabilitadas. A imensa maioria teve de esperar vários anos, e por vezes décadas, antes de obter o precioso certificado. Entretanto, o ano de 1956 permanece na memória coletiva como sendo o ano do "retorno", admiravelmente descrito por Vassili Grossman em seu relato, *Tout passe*. Esse grande retorno, que ocorria no mais absoluto silêncio oficial e que lembrava também que milhões de pessoas não retornariam jamais, só poderia ter provocado uma profunda confusão nos espíritos, um amplo traumatismo social e moral e um face a face trágico em uma sociedade na qual, como escrevia Lydia Tchukovskaia, "a partir de então, duas Rússias se olhavam nos olhos. A que aprisionou e a que foi aprisionada". Diante dessa situação, a primeira preocupação das autoridades foi a de não atender aos pedidos individuais e coletivos concernentes às perseguições a serem feitas aos funcionários autores de violações à legalidade socialista ou de métodos ilegais de interrogatório durante o período de culto da personalidade. A única via de

---

[6] J.-J. Marie, *op. cit.*, p. 120, *sq.*

[7] V. N. Zemskov, "Gulag", *art. cit.*, p. 14.

recurso eram as comissões de controle do Partido. Sobre o capítulo das reabilitações, as autoridades políticas enviaram aos tribunais um certo número de circulares fixando as prioridades: membros do Partido e militares. Não houve nenhuma depuração.

Com a libertação dos políticos, o Gulag pós-stalinista viu seus efetivos se dissolverem, antes de se estabilizarem, no fim dos anos 1950 e início dos anos 1960, em torno de 900.000 prisioneiros, ou seja, um núcleo de 300.000 prisioneiros comuns e recidivistas pagando longas penas, e 600.000 pequenos delinquentes condenados a penas frequentemente desproporcionais em relação aos delitos cometidos, com base nas leis repressivas ainda em vigor. Desapareceu pouco a pouco o papel pioneiro do Gulag na colonização e na exploração das riquezas naturais do Grande Norte e do Extremo Oriente soviético. Os imensos complexos penitenciários do período stalinista se fragmentaram em unidades menores. A geografia do Gulag modificou-se deste modo: a maior parte dos campos de concentração foi reinstalada na região europeia da URSS. O aprisionamento retomou aos poucos a função reguladora que ele possui normalmente em cada sociedade, mantendo na União Soviética pós-stalinista, todavia, algumas especificidades próprias a um sistema que não era o de um Estado de direito. Com efeito, aos criminosos juntaram-se, ao sabor das campanhas que reprimiam esporadicamente este ou aquele comportamento que de uma hora para outra passara a ser considerado intolerável — alcoolismo, vandalismo, "parasitismo" —, cidadãos "comuns", assim como uma minoria de pessoas (algumas centenas por ano) condenadas principalmente por infração aos artigos 70 e 190 do novo Código Penal, promulgado em 1960.

As diferentes medidas de libertação e as anistias foram complementadas por modificações capitais na legislação penal. Entre as primeiras medidas que reformavam a legislação stalinista figurava o decreto de 25 de abril de 1956, que abolia a lei antioperária de 1940, relativa à proibição aos operários de deixarem sua empresa. Esse primeiro passo em direção à descriminação das relações de trabalho foi seguido por vários outros dispositivos. Todas as medidas parciais foram sistematizadas com a adoção dos novos "Fundamentos do Direito Penal", em 25 de dezembro de 1958. Esses textos invalidaram os dispositivos centrais da legislação penal dos códigos precedentes, principalmente as noções de "inimigo do povo" e de "crime contrarrevolucionário". Aliás, a idade de responsabilidade penal foi elevada de 14 para 16 anos; a violência e as torturas não podiam mais ser empregadas para arrancar confissões; o acusado devia estar obrigatoriamente presente à audiência, defendido por um advogado informado sobre o seu dossiê; salvo exceção, os debates deviam ser públicos.

A saída do stalinismo 317

Porém, o Código Penal de 1960 mantinha um certo número de artigos que permitiam a punição de toda forma de desvio político ou ideológico. Nos termos do artigo 70, todo indivíduo "que promova uma propaganda que vise enfraquecer o poder soviético[...] por meio de asserções caluniosas denegrindo o Estado e a sociedade" é passível de uma pena de seis meses a sete anos em campos de concentração, seguido de um exílio interior com duração de dois a cinco anos. O artigo 190 condenava toda "não denúncia" de delito antissoviético a uma pena de um a três anos em campo de concentração ou a uma pena equivalente de trabalhos de interesse coletivo. Nos anos 1960 e 1970, esses dois artigos foram amplamente utilizados contra as formas de "desvio" político ou ideológico: 90% das poucas centenas de pessoas condenadas a cada ano por "antissovietismo" o foram em decorrência desses dois artigos.

No decorrer desses anos de "degelo" político e de melhora global do nível de vida, mas nos quais a memória da repressão ainda permanecia viva, as formas ativas de desacordo ou de contestação permaneceram bastante minoritárias: para a primeira metade dos anos 1960, os relatórios da KGB reconheciam 1.300 "opositores" em 1961, 2.500 em 1962, 4.500 em 1964 e 1.300 em 1965.[8] Nos anos 1960 e 1970, três categorias de cidadãos foram objeto de uma "estreita" vigilância pelos serviços da KGB: as minorias religiosas (católicas, batistas, pentecostais, adventistas), as minorias nacionais mais atingidas pela repressão durante o período stalinista (bálticos, tártaros da Crimeia, alemães, ucranianos das regiões ocidentais onde a resistência à sovietização havia sido particularmente forte) e a *intelligentsia* criadora participante do movimento "dissidente" surgido no início dos anos 1960.[9]

Após uma última campanha anticlerical, lançada em 1957, que se limitava na maior parte das vezes ao fechamento de um certo número de igrejas reabertas após a guerra, o confronto entre o Estado e a Igreja Ortodoxa deu lugar a uma coabitação. A partir desse momento, a atenção dos serviços especializados da KGB estava mais particularmente voltada para as minorias religiosas, mais suspeitas por um suposto apoio recebido do exterior do que propriamente por suas convicções religiosas. Alguns dados esparsos demonstram o aspecto marginal desse fenômeno: em 1973-1975, 116 batistas foram presos; em 1984, 200 batistas pagavam penas em prisões ou em campos de concentração, sendo que a duração média das condenações era de um ano.

---

[8] N. Werth, G. Moullec, *op. cit.*, pp. 501-3.

[9] L. Alexeieva, *Soviet Dissent, Contemporary Movements for National, Religious and Human Rights*, Wesleyan UP, 1985. Trata-se da síntese mais completa sobre os movimentos dissidentes, de onde são citados os dados rapidamente apresentados aqui.

318   *O Livro Negro do Comunismo*

Na Ucrânia Ocidental, que fora durante muito tempo uma das regiões mais resistentes à sovietização, uma dezena de "grupelhos nacionalistas", herdeiros da OUN, foi desmantelada em Ternopol, Zaporojie, Ivano-Frankovsk e Lviv, nos anos 1961-1973. As penas impostas aos membros desses grupelhos eram geralmente escalonadas de cinco a dez anos em campos de concentração. Na Lituânia, outra região brutalmente submetida nos anos 1940, as fontes locais dão conta de um número bastante limitado de prisões nos anos 1960 e 1970. O assassinato de três padres católicos em 1981, em circunstâncias suspeitas que provavelmente implicavam os serviços da KGB, foi ressentido como uma provocação intolerável.

Até o desaparecimento da URSS, o problema dos tártaros da Crimeia, deportados em 1944 e cuja república autônoma não fora restabelecida, permaneceu como uma pesada herança do período stalinista. Desde o fim dos anos 1950, os tártaros da Crimeia, instalados em sua maior parte na Ásia Central, iniciaram — símbolo de que os tempos estavam bastante mudados — uma campanha de petições para a sua reabilitação coletiva e para serem autorizados a voltar para a sua região. Em 1966, uma petição com 130.000 assinaturas foi depositada por uma delegação tártara no XXIII Congresso do Partido. Em setembro de 1967, um decreto do Presidium do Soviete Supremo anulou a acusação de "traição coletiva". Três meses mais tarde, um novo decreto autorizou os tártaros a se instalarem em uma localidade que eles escolhessem, com a condição de respeitarem a legislação sobre os passaportes, o que implicava um contrato de trabalho em boa e devida forma. De 1967 a 1978, menos de 15.000 pessoas — ou seja, 2% da população tártara — conseguiram regularizar sua situação em relação à lei dos passaportes. O movimento dos tártaros da Crimeia foi ajudado pelo engajamento do general Grigorenko em favor da causa tártara. Ele foi preso em maio de 1969 em Tachkent e transferido para um hospital psiquiátrico, uma forma de aprisionamento que atingiu algumas dezenas de pessoas por ano, nos anos 1970.

Os historiadores geralmente datam o início da dissidência pelo primeiro processo público da época pós-stalinista: o processo contra os escritores Andrei Siniavski e Iuri Daniel, em fevereiro de 1966, condenados respectivamente a sete e cinco anos em campo de concentração. Em 5 de dezembro de 1965, pouco tempo após a prisão dos escritores, uma manifestação de apoio reunindo cerca de 50 pessoas ocorreu na praça Puchkin, em Moscou. Os dissidentes — algumas centenas de intelectuais em meados dos anos 1960 e entre mil e dois mil uma década mais tarde — inauguravam um método radicalmente diferente de contestação. Em lugar de negar a legitimidade do regime, eles exigiam o estrito

A saída do stalinismo

respeito às leis soviéticas, à Constituição e aos acordos internacionais assinados pela URSS. As modalidades da ação dissidente estavam em conformidade com este novo princípio: recusa da clandestinidade, transparência do movimento, ampla publicidade das ações empreendidas graças à realização, tão frequente quanto possível, de entrevistas coletivas com a presença de correspondentes estrangeiros.

Na relação desproporcional de forças entre algumas centenas de dissidentes e o Estado soviético, o peso da opinião internacional tornou-se determinante, principalmente após a aparição, no fim de 1973 no Ocidente, do livro de Alexandre Soljenitsyne, *O Arquipélago do Gulag*, seguida pela expulsão do escritor da URSS. Em alguns anos, graças à ação de uma ínfima minoria, a questão dos direitos do homem na URSS tornou-se um tema internacional importante e o assunto central da Conferência sobre a Segurança e a Cooperação na Europa, iniciada em 1973, em Helsinque. A ata final da Conferência, assinada pela URSS, reforçou a posição dos dissidentes, que organizaram, nas poucas cidades onde estavam implantados (Moscou, Leningrado, Kiev, Vilnius etc.), "comitês de vigilância dos acordos de Helsinque", encarregados de transmitir toda informação sobre a violação dos direitos do homem. Esse trabalho de informação vinha sendo empreendido desde 1968 nas condições as mais difíceis, com a publicação bimestral ou trimestral de um boletim clandestino, a *Crônica dos Eventos Correntes*, que assinalava as mais diversas formas de ataque à liberdade. Nesse novo contexto de internacionalização da questão dos direitos do homem na URSS, a maquinaria policial foi um pouco refreada. Desde que o opositor era conhecido, sua prisão não passava mais despercebida e as informações sobre o que estava acontecendo com ele circulavam rapidamente no exterior. De modo significativo, o ciclo policial evoluía, a partir de então, em função direta da eventual diminuição das tensões internacionais: as prisões foram mais numerosas em 1968-1972 e 1979-1982 do que nos anos 1973-1976. É impossível, dado o estado da documentação atual, esboçar um balanço preciso do número de pessoas presas por motivos políticos nos anos 1960-1985. As fontes dissidentes dão conta de algumas centenas de prisões nos anos mais tensos. Em 1970, a *Crônica dos Eventos Correntes* anuncia 106 condenações, 20 das quais a um "encarceramento profilático" em hospital psiquiátrico. Para 1971, os números citados pela *Crônica* eram respectivamente de 85 e 24. Durante os anos 1979-1981, anos de confronto internacional, cerca de 500 pessoas foram presas.

Em um país onde o poder permanecia sempre alheio à expressão livre de opiniões discordantes, opiniões que exprimiriam inclusive seu desacordo sobre

320   *O Livro Negro do Comunismo*

a própria natureza desse poder, o fenômeno da dissidência — embora ele fosse a expressão de uma oposição radical de uma concepção política diversa, que defendia os direitos do indivíduo em face dos direitos da coletividade — não poderia de modo algum levar a uma ação direta sobre o *corpus* social. A verdadeira mudança estava em outro lugar: nas múltiplas esferas de autonomia social e cultural desenvolvidas a partir dos anos 1960 e 1970, e ainda mais em meados dos anos 1980, com a tomada de consciência, por uma parte das elites políticas, da necessidade de uma mudança tão radical quanto aquela ocorrida em 1953.

À guisa de conclusão

Esta síntese não tem a pretensão de apresentar revelações sobre o exercício da violência de Estado na URSS e sobre as formas de repressão postas em prática durante a primeira metade da existência do regime soviético. Essa especificidade já foi, há bastante tempo, explorada pelos historiadores, que não esperaram a abertura dos arquivos para retraçar as principais sequências e a dimensão do terror. Em contrapartida, o acesso às fontes permite o estabelecimento de um primeiro balanço nos seus desdobramentos cronológicos, em seu aspecto quantitativo e em suas formas. Esse esboço constitui uma primeira etapa no estabelecimento de um inventário das questões sobre as práticas de violência, sua recorrência e seu significado em diferentes contextos.

Tal método insere-se em um enorme campo de trabalho aberto, já há algumas décadas, tanto no Ocidente quanto na Rússia. Desde a abertura — embora parcial — dos arquivos, os historiadores procuraram confrontar, antes de mais nada, a historiografia constituída na "anormalidade" às fontes então disponíveis. É assim que, já há alguns anos, um certo número de historiadores, sobretudo russos, trouxeram ao conhecimento público materiais hoje fundamentais, que serviram de base a todos os estudos recentes e em curso. Vários aspectos foram privilegiados, em particular o universo concentracional, a confrontação entre o poder e os camponeses e os mecanismos de tomada de decisão nos altos escalões. Historiadores como V. N. Zemskov ou N. Bugai, por exemplo, efetuaram um primeiro balanço quantitativo das deportações em todo o período stalinista. V. P. Danilov, na Rússia, e A. Graziosi, na Itália, puseram em evidência a continuidade e ao mesmo tempo o centralismo dos confrontos entre o novo regime e o campesinato. Através dos arquivos do Comitê Central, O. Khlevniuk trouxe um certo número de esclarecimentos sobre o funcionamento do "primeiro círculo do Kremlin".

Apoiando-me nessas pesquisas, tentei reconstituir, a partir de 1917, o desdobramento desses ciclos de violência que estão no coração da história social, ainda com muito a ser escrito, da URSS. Retomando uma trama já bastante

322   *O Livro Negro do Comunismo*

explorada pelos "pioneiros", que reconstituíram *ex nihilo* os muros trágicos dessa história, selecionei as fontes que me pareceram as mais exemplares da diversidade das formas de violência e de repressão, das práticas e dos grupos de vítimas, mas também das lacunas e das contradições: violência extrema do discurso leninista contra os oponentes mencheviques que deveriam ser "todos fuzilados", mas que, de acordo com os fatos, foram com mais frequência aprisionados. Violência extrema dos destacamentos de requisição que, no fim de 1922, continuam a aterrorizar o campo, apesar de a NEP já ter sido decretada pelo Centro há mais de um ano. Alternância contraditória, nos anos 1930, entre as fases espetaculares de prisões em massa e de reposição em liberdade, dentro do contexto de uma campanha de "desentupimento das prisões". Por trás da multiplicidade de casos apresentados, a intenção foi a de produzir um inventário das formas de violência e de repressão que amplie o campo de questionamentos sobre os mecanismos, a dimensão e o significado do terror de massa.

A permanência dessas práticas até a morte de Stalin e sua incidência determinante na história social da URSS justificam, segundo me parece, a colocação da história política em segundo plano, pelo menos em uma primeira etapa. A esse esforço de reconstituição se junta uma tentativa de síntese que dá conta dos conhecimentos mais antigos ou recentemente adquiridos e dos documentos que interpelam e suscitam novas questões. Esses documentos são, na maior parte das vezes, relatórios de campo — correspondências de funcionários locais sobre a fome, relatórios da Tcheka local sobre as greves de operários em Tula, prestação de contas da administração dos campos de concentração sobre o estado dos prisioneiros — que trazem à cena realidades concretas e situações-limite nesse universo de extrema violência.

Para poder destacar os diversos questionamentos no coração deste estudo, é preciso, antes de mais nada, relembrar os diferentes ciclos de violência e de repressão.

O primeiro ciclo, do fim de 1917 ao fim de 1922, abre-se com a tomada do poder que, para Lenin, passa necessariamente por uma guerra civil. Após uma fase bastante breve de instrumentação das violências espontâneas que emanam da sociedade, que agiram também como forças corrosivas da "antiga ordem", assistimos, a partir da primavera de 1918, a uma ofensiva deliberada contra os camponeses que, além de confrontos militares entre "Vermelhos" e "Brancos", servirá de modelo, durante várias décadas, às práticas de terror e condicionará a impopularidade assumida pelo poder político. O impressionante, apesar dos riscos ligados à precariedade do poder, é a recusa de toda negociação, a aposta na remoção de todo obstáculo, o que particularmente explica as repressões

À guisa de conclusão

aplicadas aos "aliados naturais" dos bolcheviques — os operários; desse ponto de vista, a revolta de Kronstadt é apenas uma decorrência. Esse primeiro ciclo não se encerra nem com a derrota dos Brancos, nem com a NEP: ele se prolonga em uma dinâmica mantida pela base formada por uma violência e só vai se fechar com a fome de 1922, que aniquila as últimas resistências dos camponeses.

Que significado dar a essa curta pausa que, de 1923 a 1927, se interpõe entre dois ciclos de violências? Vários elementos falam em favor de uma saída progressiva da cultura da guerra civil: os efetivos da polícia política diminuem intensamente, constata-se uma trégua com os camponeses e o início de uma regulamentação jurídica. Porém, a polícia política não somente não desaparece, como conserva suas funções de controle, de vigilância e de fichamento. A própria brevidade dessa pausa relativiza o seu sentido.

Se o primeiro ciclo de repressão não se inscreve num contexto de confrontos diretos e generalizados, o segundo inicia-se com uma ofensiva assumida do grupo stalinista contra a coletividade camponesa, no contexto de lutas políticas nas instâncias superiores do Partido. Por um lado, esse ressurgimento de uma violência extrema é percebido como um recomeço. O poder político reata suas ligações com as práticas experimentadas alguns anos antes. Os mecanismos ligados à brutalização das relações sociais no decorrer do primeiro ciclo acarretam uma nova dinâmica de terror, mas também de regressão, para o próximo quarto de século. Essa segunda guerra declarada aos camponeses é decisiva no processo de institucionalização do terror como modo de governo. E por várias razões: ele se estabelece em parte sobre uma instrumentalização das tensões sociais, acordando o velho fundo de violência "arcaica" presente no mundo rural; ele inaugura sistemas de deportação em massa; ele é o lugar onde se formam os quadros políticos do regime. Enfim, ao institucionalizar uma requisição predadora que desorganiza todo o ciclo produtivo, o sistema de "exploração feudal-militar" do campo, segundo a fórmula de Bukharin, desemboca em uma nova forma de servidão e abre o caminho para a experiência extrema do stalinismo: a fome de 1933, que ocupa sozinha o lugar mais terrível no balanço das vítimas do período stalinista. Após essa situação-limite — não havia mais ninguém para semear nem havia mais lugares nas prisões —, um tempo de trégua se esboça brevemente, durante dois anos: pela primeira vez, prisioneiros são soltos em massa. Mas as raras medidas de apaziguamento são geradoras de novas tensões: os filhos dos kulaks deportados reencontram seus direitos cívicos, mas não são autorizados a retornarem a sua região.

A partir da guerra camponesa, como se seguem e se articulam as diferentes sequências de terror dos anos 1930 e da década subsequente? Para distingui-los, podemos apoiar-nos em vários pontos, entre os quais a radicalidade e a intensidade das repressões. O tempo do "Grande Terror" concentra, em menos de dois anos (fim de 1936-fim de 1938), mais de 85% das condenações à morte pronunciadas por cortes de exceção para todo o período stalinista. Durante esses anos, a sociologia das vítimas é um pouco confusa: o grande número de quadros do Partido executados ou presos não pode mascarar a grande diversidade sociológica das vítimas, escolhidas ao "acaso" das cotas a serem cumpridas. Essa repressão a "todos os azimutes", cega e bárbara, não significa, nesse apogeu paroxístico do Terror, uma incapacidade de contornar um certo número de obstáculos e de resolver os conflitos de outro modo que não fosse através da liquidação?

Uma outra marca das sequências de repressão nos é fornecida pela tipologia dos grupos de vítimas. A partir de 1938, sobre um fundo de penalização crescente das relações sociais, constatam-se várias ofensivas características no decorrer dessa década, sendo que a primeira das quais afeta a "gente comum" das cidades, através de um reforço da legislação antioperária.

A partir de 1940, no contexto da sovietização dos novos territórios anexados, e depois da "Grande Guerra Patriótica", instala-se uma nova sequência de repressão marcada ao mesmo tempo pela designação de novos grupos de vítimas, "nacionalistas" e "povos inimigos" e pela sistematização das deportações em massa. As premissas desse novo movimento são observáveis desde 1936-1937, principalmente com a deportação dos coreanos num quadro de recrudescimento da política de fronteiras.

A anexação, a partir de 1939, das regiões orientais da Polônia e depois dos países bálticos dá lugar tanto à eliminação dos representantes ditos "da burguesia nacionalista" quanto à deportação de grupos minoritários específicos — os poloneses da Galícia Oriental, por exemplo. Esta última prática multiplica-se mesmo durante a guerra, desafiando as urgências vitais de defesa de um país ameaçado pelo aniquilamento. Deportações em massa de grupos inteiros — alemães, chechenos, tártaros, kalmuks etc. — revelam, entre outras coisas, o domínio adquirido nesse tipo de operações desde o início dos anos 1930. Essas práticas não estão circunscritas aos períodos de guerra. Elas prosseguem, sob uma forma seletiva, durante todo o decorrer dos anos 1940, no contexto de um longo processo de pacificação-sovietização das novas regiões incorporadas ao Império. Aliás, durante esse período, o afluxo de grandes contingentes nacionais ao Gulag modifica profundamente a configuração do universo dos campos

À guisa de conclusão

de concentração, onde os representantes dos "povos punidos" e os resistentes nacionais ocupam, a partir de então, um lugar de destaque.

Paralelamente, ao sair da guerra, assiste-se a um novo recrudescimento da penalização dos comportamentos sociais, o que tem como consequência o crescimento ininterrupto dos efetivos do Gulag. Assim, esse período de pós--guerra marca o apogeu numérico do Gulag, além de marcar o início da crise do universo dos campos de concentração, hipertrofiado, atravessado por múltiplas tensões e com uma rentabilidade econômica cada vez mais problemática.

Aliás, os últimos anos desse grande ciclo stalinista, ainda bastante obscuros, testemunham as derivas específicas desse período: sobre o fundo de reativação de um antissemitismo latente, o retorno à figura do complô põe em cena a rivalidade de forças mal-identificadas — clãs no interior da polícia política ou das organizações regionais do Partido. Portanto, os historiadores são levados a se interrogar sobre a eventualidade de uma última campanha, um novo Grande Terror, da qual a população judia soviética teria sido a vítima potencial.

Essa breve rememoração dos primeiros 35 anos da história da URSS destaca a permanência das práticas de violência extrema como forma de gestão política da sociedade.

Não seria agora o momento de retomar a questão clássica da continuidade entre o primeiro ciclo "leninista" e o segundo ciclo "stalinista", um prefigurando o outro?

A configuração histórica é, nos dois casos, evidentemente, incomparável. O "terror vermelho" se enraíza, no outono de 1918, num contexto de confrontos generalizados, e o caráter extremo das repressões engajadas encontra, em parte, seu sentido. Em contrapartida, a retomada da guerra camponesa, que está na base do segundo ciclo de violências, acontece num país pacificado, e põe em questão a ofensiva durável engajada contra a imensa maioria da sociedade. Além da dimensão irredutível dessa diferença contextual, o exercício do terror como instrumento central a serviço do projeto político leninista já está anunciado antes mesmo do início da guerra civil e é assumido como um programa de ação que, de fato, pretende ser transitório. Desse ponto de vista, a curta trégua da NEP e os complexos debates entre os dirigentes bolcheviques sobre as vias de desenvolvimento continuam sempre a repor a questão de uma possível normalização e do abandono das formas de repressão como única forma de resolução das tensões sociais e econômicas. Na verdade, durante esses poucos anos, o mundo rural viveu afastado, e a relação entre o poder e a sociedade se caracterizou, em grande parte, por uma ignorância recíproca.

A guerra camponesa que reúne esses dois ciclos de violência se revela aqui como matricial, no sentido de que ela parece despertar as práticas experimentadas e desenvolvidas durante os anos 1918-1922: campanhas de requisições forçadas, sobre o fundo da instrumentalização das tensões sociais no interior da comunidade camponesa, confrontos diretos e o aumento, encorajado, das formas de brutalidade arcaica. Em ambas as partes, executores e vítimas têm a sensação de reviver uma história já conhecida.

Mesmo que o período stalinista nos mergulhe — por razões evidentes, que se devem à pregnância do terror como elemento constitutivo de um modo de governo e de gestão da sociedade — no coração de um universo específico, devemos nos perguntar sobre as filiações sugeridas através dos diferentes aspectos da repressão. A esse respeito, podemos considerar a questão da deportação através de um primeiro caso de figura: a descossaquização de 1919-1920. No contexto da retomada dos territórios cossacos, o governo engaja uma operação de deportação que atinge a totalidade da população autóctone. Essa operação se dá como seguinte a uma primeira ofensiva que visara os cossacos abastados, mas que havia causado um "extermínio físico em massa", em razão do zelo demonstrado pelos agentes locais no cumprimento de sua tarefa. Por várias razões, esse evento prefigura toda uma série de práticas e encadeamentos que se realizarão, numa escala e num contexto bastante diferentes, dez anos mais tarde: aviltamento de um grupo social, extrapolação das diretivas num contexto local e, depois, início da erradicação através da deportação. Há, em todos esses elementos, semelhanças perturbadoras com as práticas da deskulakização.

Por outro lado, se ampliamos a reflexão para o fenômeno mais geral da exclusão coletiva, e depois do isolamento dos grupos inimigos, tendo como corolário a criação, durante a guerra civil, de todo um sistema de campos de concentração, somos levados a destacar, contrariamente, as fortes rupturas entre os dois ciclos de repressão. O desenvolvimento dos campos de concentração durante a guerra civil e, nos anos 1920, a prática da relegação não podem ser comparados, em seus objetivos e em sua realidade, com o universo dos campos de concentração tal como se desenvolveu nos anos 1930. Com efeito, a grande reforma de 1929 não conduziu somente ao abandono das formas da simples detenção; ela põe os fundamentos de um novo sistema, caracterizado, entre outras coisas, pelo trabalho forçado. O aparecimento e o desenvolvimento do fenômeno do Gulag nos remetem à questão central da existência ou não de um desejo obstinado em excluir e instrumentalizar perenemente a exclusão como um verdadeiro projeto de transformação econômica e social. Vários elementos falam em favor dessa tese e foram objeto de importantes desenvolvimentos. Em

À guisa de conclusão

primeiro lugar, o planejamento do terror, tal como ele se manifesta na política de cotas existente a partir da deskulakização até o Grande Terror, pode ser interpretado como uma das expressões desse desejo. A consulta dos arquivos confirma essa obsessão no cuidado com a contabilidade que anima os vários escalões da administração, do mais alto ao mais baixo posto. Balanços numéricos e regulares demonstram, aparentemente, o perfeito domínio dos processos de repressão por parte dos dirigentes. Eles também permitem ao historiador a reconstituição, em sua complexidade, das escalas de intensidade, sem correr o perigo de cometer excessos quantitativos. Em certa medida, a cronologia dos diversos movimentos repressivos, hoje mais bem conhecidos, corrobora com a percepção de uma sequência ordenada de operações.

Entretanto, a reconstituição do conjunto de processos de repressão, da cadeia de transmissão das ordens e da maneira pelas quais elas são aplicadas e, finalmente, do desenvolvimento das operações invalida, sob certos aspectos, a percepção de um desejo concebido, dominado e inscrito a longo termo. Se abordamos com destaque a questão do planejamento repressivo, constatamos vários acontecimentos casuais, falhas recorrentes em diferentes fases das operações. Desse ponto de vista, um dos exemplos mais marcantes é o da deportação sem destino dos kulaks, ou seja, essa deportação-abandono que dá a medida da improvisação e do caos ambiente. Do mesmo modo, as "campanhas de desentupimento" das cadeias destacam a clara ausência de direção. Se abordamos então o processo de transmissão e de execução de ordens, só podemos constatar a importância dos fenômenos da antecipação, do "excesso de zelo" ou da "deformação da linha" que se manifestam na prática.

Se retomamos a questão do Gulag, o interesse e os objetivos do que se tornou sistema são muito mais difíceis de discernir à medida que a investigação avança. Diante da visão de uma ordem stalinista, da qual o Gulag seria a face "negra", mais acabada, os documentos atualmente disponíveis sugerem ainda mais contradições que atravessam o universo dos campos de concentração: a chegada sucessiva de grupos reprimidos parece contribuir com mais frequência para a desorganização do sistema de produção do que para a melhora de sua eficácia; apesar de uma categorização bastante elaborada das condições dos reprimidos, as fronteiras entre os vários universos parecem tênues, e mesmo inexistentes. Enfim, a questão da rentabilidade econômica desse sistema de administração carcerária permanece posta.

Diante dessas diferentes constatações quanto às contradições, ao improviso e aos efeitos em cadeia, várias hipóteses foram formuladas concernentes às razões que, na cúpula, conduziram à reativação periódica de dinâmicas de repressão de massa e de lógicas induzidas pelos próprios movimentos da violência e da instituição do terror.

Para tentar identificar os motivos que estiveram na origem do grande ciclo stalinista de repressão, os historiadores puseram em evidência a parte de improvisação e de enfrentamento de todos os obstáculos na condução da "Grande Virada" de modernização. Essa dinâmica de ruptura tem, à primeira vista, o andamento de uma ofensiva de tal amplitude, que não há maneira de o poder se dar a ilusão de conseguir controlar, a não ser através de uma radicalização crescente das práticas de terror. Encontramo-nos, então, no interior de um movimento de extrema violência, cujos mecanismos, efeitos em cadeia e o caráter desmedido continuam a escapar à compreensão dos contemporâneos e, também, dos historiadores. O próprio processo de repressão, única resposta aos conflitos e aos obstáculos encontrados, gera, por sua vez, movimentos descontrolados que alimentam a espiral de violência.

Esse fenômeno central do terror na história política e social da URSS põe hoje questões cada vez mais complexas. As pesquisas atuais desconstroem, pelo menos em parte, as teses que durante muito tempo dominaram o campo da sovietologia. Preservando a ambição de querer trazer uma explicação global e definitiva para um fenômeno que, por sua amplitude, resiste à compreensão, essas pesquisas se orientam preferencialmente para a análise dos mecanismos e das dinâmicas da violência.

Nessa perspectiva, as zonas obscuras permanecem numerosas, sendo a mais importante a do papel dos comportamentos sociais em jogo no exercício da violência. Se é preciso destacar a parte ausente nesse trabalho de reconstrução — quem eram os executores? —, devemos interrogar continuamente a sociedade como um todo, vítima, mas também responsável por tudo o que se passou.

SEGUNDA PARTE

REVOLUÇÃO MUNDIAL, GUERRA CIVIL E TERROR

por Stéphane Courtois e
Jean-Louis Panné

1
O Komintern em ação

Assim que subiu ao poder, Lenin sonhou propagar o incêndio revolucionário pela Europa e depois por todo o mundo. Inicialmente, esse sonho respondia ao famoso slogan do *Manifesto do Partido Comunista*, de Marx, em 1848: "Proletários de todos países, uni-vos!" À primeira vista, correspondia também a uma necessidade imperiosa: a revolução bolchevique não poderia se manter no poder nem se desenvolver, se não estivesse protegida, apoiada e seguida por outras revoluções em países mais desenvolvidos — Lenin pensava sobretudo na Alemanha com o seu proletariado bastante organizado e suas enormes capacidades industriais. Essa necessidade conjuntural transformou-se rapidamente em um verdadeiro projeto político: a revolução mundial.

Na época, os eventos pareceram dar razão ao líder bolchevique. A desagregação dos impérios alemão e austro-húngaro, consequência da derrota militar de 1918, provocou na Europa uma convulsão política, acompanhada por um enorme turbilhão revolucionário. Antes mesmo que os bolcheviques pudessem tomar qualquer iniciativa que não fosse verbal e propagandista, a revolução pareceu surgir espontaneamente no rastro da derrota alemã e austro-húngara.

A revolução na Europa

A Alemanha foi a primeira a ser afetada, antes mesmo da capitulação, por um motim geral de sua esquadra de guerra. A derrota do Reich e a implantação de uma república dirigida pelos social-democratas não conseguiram evitar violentos sobressaltos, tanto da parte do exército, da polícia e de diversos grupos ultranacionalistas, quanto dos revolucionários que apoiavam a ditadura dos bolcheviques.

Em dezembro de 1918, Rosa Luxemburgo e Karl Liebknecht publicavam em Berlim o programa do grupo Spartakus, deixando o Partido Social Democrata Independente para fundar o Partido Comunista Alemão (KPD) alguns dias mais tarde, fundindo-se com outras organizações. No início de janeiro de 1919, os spartakistas, chefiados por Karl Liebknecht — que, muito mais extremista do que Rosa Luxemburgo,[1] e, de acordo com o modelo leninista, recusava a ideia da eleição de uma Assembleia Constituinte —, tentaram uma insurreição em Berlim, sendo esmagados pelos militares sob as ordens do governo social-democrata. Presos, os dois líderes foram assassinados em 15 de janeiro. O mesmo aconteceu na Baviera, onde, em 13 de abril de 1919, um responsável do KPD, Eugen Levine, tomou a frente de uma República de Conselhos, nacionalizou os bancos e começou a formar um exército vermelho. Essa Comuna de Munique foi esmagada militarmente em 30 de abril, e Levine, preso em 13 de maio, foi julgado por um tribunal militar, condenado à morte e fuzilado em 5 de junho.

O exemplo mais célebre desse impulso revolucionário foi o da Hungria. Uma Hungria vencida, que aceitou mal a amputação da Transilvânia imposta pelos aliados vencedores.[2] Tratou-se do primeiro caso em que os bolcheviques puderam exportar sua revolução. No início de 1918, o Partido Bolchevique reuniu em seu interior todos os seus simpatizantes não russos, formando uma Federação de Grupos Comunistas Estrangeiros. Assim, havia em Moscou um Grupo Húngaro, constituído principalmente por antigos prisioneiros de guerra, que, em outubro de 1918, enviou cerca de 20 de seus membros à Hungria. Em 4 de novembro, foi fundado em Budapeste o Partido Comunista da Hungria (PCH), do qual Béla Kun logo tomou a direção. Prisioneiro de guerra, Kun aderira com entusiasmo à Revolução Bolchevique, a ponto de tornar-se, em abril de 1918, presidente da Federação de Grupos Estrangeiros. De volta à Hungria em novembro, na companhia de 80 militantes, ele foi eleito para a liderança do Partido. Calcula-se que, entre o fim de 1918 e o começo de 1919, de 250 a 300 "agitadores" e emissários tenham chegado à Hungria. Graças à ajuda financeira dada pelos bolcheviques, os comunistas húngaros foram sucessivamente capazes de desenvolver a sua propaganda e aumentar a sua influência.

O jornal oficial dos social-democratas, o *Nepszava* (*A Voz do Povo*), fazendo forte oposição aos bolcheviques, foi atacado em 18 de fevereiro de 1919 por uma multidão de desempregados e soldados, mobilizados pelos comunistas

---

[1] Em seu último artigo publicado no *Die Rote Fahne* (A Bandeira Vermelha), Liebknecht deu livre curso a um lirismo revolucionário bastante revelador: "Sob o estrondo da falência econômica que se aproxima, o exército ainda sonolento dos proletários despertará ao som das trombetas do Juízo Final, e os corpos dos combatentes assassinados ressuscitarão..."

[2] Arthur Koestler diz ver aí uma das principais causas da Comuna húngara, que "foi a consequência direta da política ocidental, quando as grandes democracias deram as costas aos seus aliados liberais"; cf. *La Corde raide*, Robert Laffont, "Bouquins", 1994.

com a intenção de ocupar ou destruir a tipografia. A polícia interveio; houve oito mortos e uma centena de feridos. Nessa mesma noite, Béla Kun e seu estado-maior foram presos. Levados para uma prisão provisória, eles foram espancados pelos agentes da polícia, que queriam assim vingar os colegas mortos durante o assalto ao *Nepszava*. O presidente húngaro, Michel Karolyi, mandou seu secretário informar-se a respeito da saúde do líder comunista, que passou a gozar, a partir de então, de um regime bastante liberal, permitindo-lhe que continuasse com sua ação, tão logo a situação se revertesse. Em 21 de março, ainda na prisão, Béla Kun obteve um sucesso considerável: a fusão do PCH e do Partido Social Democrata. Simultaneamente, a demissão do presidente Karolyi abria o caminho para a proclamação da República dos Conselhos, para a libertação dos comunistas aprisionados e para a organização, de acordo com o modelo bolchevique, de um Conselho de Estado Revolucionário constituído por comissários do povo. Essa República durou 133 dias, de 21 de março a 1º de agosto de 1919.

Logo na primeira reunião, os comissários decidiram criar tribunais revolucionários, presididos por juízes escolhidos entre o povo. Através de uma ligação telegráfica regular com Budapeste, estabelecida em 22 de março (com 218 mensagens trocadas), Lenin, a quem Béla Kun havia saudado como o chefe do proletariado mundial, aconselhava o fuzilamento dos social-democratas e dos "pequeno-burgueses"; em sua mensagem aos operários húngaros, em 27 de maio de 1919, ele assim justificava o recurso ao terror: "Essa ditadura (do proletariado) implica o exercício de uma violência implacável, rápida e determinada, destinada a esmagar a resistência dos exploradores, dos capitalistas, dos grandes proprietários rurais e seus partidários. Aquele que não compreendeu isto não é um revolucionário." Imediatamente, os comissários para o comércio, Mátyás Rákosi e, para a economia, Eugen Varga, assim como os responsáveis pelos tribunais populares, conquistaram a simpatia dos comerciantes, dos empregados e dos advogados. Uma proclamação afixada em todas as paredes resumia o estado de espírito do momento: "Em um Estado proletário, só os que trabalham têm o direito a viver!" Trabalhar tornou-se obrigatório, as empresas com mais de 20 operários foram expropriadas, seguindo-se as de dez e até mesmo aquelas com menos de dez empregados.

O exército e a polícia foram desmantelados, constituindo-se um novo exército formado por voluntários seguros do ponto de vista revolucionário. Pouco depois, seguiu-se a criação de uma "Tropa do Terror do Conselho Revolucionário do Governo", também conhecida como os "Rapazes de Lenin". Eles foram responsáveis pela morte de cerca de dez pessoas, entre as quais um jovem oficial da marinha, Ladislas Dobsa, um antigo subsecretário de Estado e seu filho, diretor das Estradas de Ferro, além de três oficiais da polícia. Os "Rapazes de Lenin" obedeciam às ordens de um antigo marinheiro, Jozsef Czerny, que recrutava seus servidores entre os comunistas mais radicais, sobretudo prisioneiros de guerra que haviam participado da Revolução Russa. Opondo-se a Béla Kun, que propôs a dissolução dos "Rapazes de Lenin", Czerny aproximou-se de Szamuely, o líder comunista mais radical, e, num gesto de retaliação, reuniu seus homens e marchou para a casa dos sovietes, onde Béla Kun recebeu o apoio do social-democrata József Haubrich, comissário do povo para a guerra. Finalmente, após uma negociação, os homens de Czerny aceitaram integrar o Comissariado do Povo para o Interior ou alistarem-se no exército, o que foi o caso da maioria.

Chefiando cerca de 20 "Rapazes de Lenin", Tibor Szamuely rumou para Szolnok, primeira cidade ocupada pelo Exército Vermelho Húngaro, onde mandou executar vários notáveis acusados de colaboração com os romenos, considerados inimigos tanto numa perspectiva nacional (a questão da Transilvânia) quanto política (o regime romeno havia feito oposição ao bolchevismo). Um jovem estudante judeu que viera pedir misericórdia para o pai foi executado por ter chamado Szamuely de "besta selvagem". O comandante do Exército Vermelho tentou em vão refrear o ardor terrorista de Szamuely, que circulava pela Hungria com um trem requisitado, enforcando todos os camponeses que resistissem às medidas de coletivização. Acusado de ter cometido 150 assassinatos, seu adjunto József Kerekes viria a confessar ter fuzilado cinco pessoas e enforcado mais 13 com suas próprias mãos. Não foi possível determinar o número exato de execuções. Arthur Koestler afirma que foram menos de 500.[3] No entanto, ele acrescenta: "Não duvido de que o comunismo húngaro tenha se degenerado, com o passar do tempo, tornando-se um Estado totalitário e policial, seguindo obrigatoriamente o exemplo de seu modelo russo. Porém essa certeza, adquirida recentemente, não diminui em nada o ardor cheio de esperança dos primeiros dias da revolução[...]" Os historiadores atribuem aos "Rapazes de Lenin" 80 das 129 execuções recenseadas, mas há ainda várias centenas de casos a serem levantados.

Com o crescimento das oposições e a degradação da situação familiar diante das tropas romenas, o governo revolucionário recorreu ao antissemitismo. Cartazes denunciavam os judeus, acusando-os de se recusarem a ir para o fronte: "Extermine-os se eles não quiserem dar a vida pela causa sagrada da

---

[3] Arthur Koestler, *op. cit.*

ditadura do proletariado!" Béla Kun mandou prender cinco mil judeo-poloneses recém-chegados em busca de alimentos. Espoliados de todos os seus bens, eles acabaram sendo expulsos. Os radicais do PCH pediram que Szamuely tomasse o poder em mãos; reclamavam também um "São Bartolomeu vermelho", como se essa fosse a única maneira de deter a degradação da República dos Conselhos. Czerny tentou reorganizar os seus "Rapazes de Lenin". Em meados de julho, apareceu no *Nepszava* o seguinte apelo: "Pedimos a todos os antigos membros da tropa terrorista, e a todos que foram desmobilizados após a sua dissolução, que se apresentem na casa de József Czerny, a fim de serem novamente recrutados[...]" No dia seguinte, foi publicado um desmentido oficial: "Avisamos que toda tentativa de reativação dos antigos 'Rapazes de Lenin não pode de modo algum ser permitida: eles cometeram crimes tão graves e lesivos à honra do proletariado, que seu novo recrutamento ao serviço da República dos Conselho está excluído."

As últimas semanas da Comuna de Budapeste foram caóticas. Béla Kun teve de enfrentar uma tentativa de golpe dirigida contra a sua vida, muito provavelmente inspirada por Szamuely. No dia 1º de agosto de 1919, ele deixou Budapeste sob a proteção de uma missão militar italiana; no verão de 1920, ele refugiou-se na URSS, onde, recém-chegado, foi nomeado comissário político do Exército Vermelho, no fronte sul, notabilizando-se então por ter ordenado a execução dos oficiais de Wrangel, que se renderam ante a promessa de serem poupados. Szamuely tentou fugir para a Áustria, mas, preso em 2 de agosto, suicidou-se.[4]

Komintern e guerra civil

No exato momento em que Béla Kun e seus camaradas tentavam fundar uma segunda República dos sovietes, Lenin tomou a iniciativa de criar uma organização internacional suscetível de levar a revolução ao mundo inteiro. A Internacional Comunista — também denominada Komintern, ou ainda Terceira Internacional — foi fundada em Moscou, em março de 1919, e logo surgiu como a rival da Internacional Operária Socialista (a Segunda Internacional, criada em 1889). No entanto, o Congresso fundador do Komintern atendia mais à satisfação de necessidades propagandistas urgentes e à tentativa de captar movimentos espontâneos que abalavam a Europa do que a uma real

---

[4] Miklos Molnar, *De Béla Kun à Janos Kadar. Soixante-dix ans de communisme hongrois.* Presses de la FNSP, 1987. Arpad Szepal, *Les 133 jours de Béla Kun*, Fayard, 1959.

336 *O Livro Negro do Comunismo*

capacidade de organização. A verdadeira fundação do Komintern deve ser considerada como ocorrida durante a realização de seu II Congresso, no verão de 1920, com a adoção de 21 condições de admissão, às quais os socialistas que desejassem aderir deveriam submeter-se, integrando assim uma organização extremamente centralizada — "o estado-maior da revolução mundial" —, onde o Partido Bolchevique já possuía o peso determinante relativo ao seu prestígio, à sua experiência e ao seu poder de Estado (principalmente nos domínios financeiro, militar e diplomático).

Logo de início o Komintern foi concebido por Lenin como um instrumento de subversão internacional entre outros — o Exército Vermelho, a diplomacia, a espionagem etc. —, e a sua doutrina política era estreitamente decalcada da dos bolcheviques: era chegado o tempo de substituir a arma da crítica pela crítica das armas. O manifesto adotado no II Congresso anunciava orgulhosamente: "A Internacional Comunista é o partido internacional da insurreição e da ditadura do proletariado." Como consequência, a terceira das 21 condições decretava: "Em quase todos os países da Europa e da América, a luta armada entra num período de *guerra civil*. Nessas condições, os comunistas não podem confiar na legalidade burguesa. É seu dever criar em todos os lugares, paralelamente à organização legal, um organismo clandestino capaz de, nos momentos decisivos, cumprir com o seu dever para com a revolução." Fórmulas eufemísticas: o "momento decisivo" era a insurreição revolucionária, e o "dever para com a revolução" era a obrigação de se engajar na guerra civil. Uma política que não se destinava apenas aos países submetidos a ditaduras, mas que se aplicava também aos países democráticos, monarquias constitucionais e repúblicas.

A 12ª condição especificava as necessidades organizacionais ligadas à preparação dessa guerra civil: "Nesses tempos de guerra civil obstinada, o Partido Comunista só poderá desempenhar o seu papel se ele for organizado da maneira mais centralizada, se houver uma disciplina de ferro próxima da militar, e se seu organismo central estiver dotado de plenos poderes, exercendo uma autoridade incontestada e beneficiando-se da confiança unânime dos seus militantes." A 13ª condição considerava o caso dos militantes que não fossem "unânimes": "o Partido Comunista [...] deve proceder à depuração periódica das suas organizações, a fim de afastar os elementos interesseiros e pequeno-burgueses".

Durante o III Congresso, reunido em Moscou em junho de 1921, com a participação de vários partidos comunistas já constituídos, as orientações foram ainda mais precisas. A "Tese sobre a tática" indicava: "O Partido Comunista deve inculcar nas mais vastas camadas do proletariado, através da ação e da palavra, a ideia de que todo conflito econômico ou político pode, em uma conjuntura favorável, transformar-se em guerra civil, durante a qual a tarefa do proletariado será a de tomar o poder político." E as "Teses sobre a Estrutura, os Métodos, e a Ação dos Partidos Comunistas" discorriam longamente sobre as questões da "sublevação revolucionária aberta" e da "organização de combate" que cada partido comunista deveria criar secretamente no interior de sua organização; as teses especificavam que esse trabalho preparatório era indispensável, uma vez que "não seria esse o momento adequado para a formação de um Exército Vermelho regular".

Havia apenas um passo a ser dado para se passar da teoria à prática, o que foi feito pela Alemanha em março de 1921, quando o Komintern projetou uma ação revolucionária de grande envergadura sob a direção de Béla Kun, eleito, nesse meio-tempo, membro do Presidium do Komintern. Lançada enquanto os bolcheviques reprimiam a Comuna de Kronstadt, "a ação de março", verdadeira tentativa insurrecional iniciada na Saxônia, fracassou apesar da violência dos meios utilizados, como, por exemplo, o ataque com dinamite contra o trem expresso Halle-Leipzig. Esse contratempo teve por consequência uma primeira depuração nas fileiras do Komintern. Paul Levi, um dos fundadores e presidente do KPD, foi afastado devido às críticas que fazia a esse tipo de "aventureirismo". Já sob a influência do modelo bolchevique, os partidos comunistas — que do ponto de vista "institucional" eram apenas setores nacionais da Internacional — afundavam-se cada vez mais na subordinação (que precedia a submissão) política e organizacional ao Komintern: era este quem resolvia os conflitos e decidia, em última instância, a linha política de cada um deles. Uma tal tendência "insurrecionalista", que devia muito a Grigori Zinoviev, foi criticada pelo próprio Lenin. Mas este último, muito embora desse razão a Paul Levi, entregou a direção do KPD aos seus adversários, numa atitude que acabou reforçando o peso do aparelho do Komintern.

Em janeiro de 1923, tropas francesas e belgas ocuparam o Ruhr para exigir da Alemanha o pagamento das indenizações previstas no Tratado de Versalhes. Um dos efeitos concretos dessa ocupação foi provocar uma aproximação entre nacionalistas e comunistas contra o "imperialismo francês"; outro efeito foi desencadear a resistência passiva da região com o apoio do governo. A situação econômica, que já estava instável, degradou-se radicalmente; a moeda sofria fortes desvalorizações, e, em agosto, um dólar valia 13 milhões de marcos! Então vieram as greves, as manifestações e os motins. Em 13 de agosto, numa atmosfera revolucionária, o governo de Wilhelm Cuno caiu.

Em Moscou, os dirigentes do Komintern perceberam que havia a possibilidade de um novo Outubro. Uma vez ultrapassadas as querelas entre os dirigentes — quem encabeçaria essa segunda revolução, Trotski, Zinoviev ou Stalin? —, o Komintern passou a organizar com seriedade uma insurreição armada. Foram enviados comissários à Alemanha (August Guralski, Mátyás Rákosi), acompanhados por especialistas em guerra civil (entre os quais o general Alexandre Skoblewski, aliás, Gorev). Para reunirem uma grande quantidade de armas, estava previsto o apoio de governos operários em vias de formação, constituídos por social-democratas de esquerda e comunistas. Enviado à Saxônia, Rakosi pretendia explodir a ponte ferroviária que ligava essa província à Tchecoslováquia, a fim de provocar sua interdição e aumentar ainda mais a confusão.

A ação deveria ter início durante o aniversário do *putsch* bolchevique. A excitação tomou conta de Moscou, que, acreditando piamente na vitória, posicionou o Exército Vermelho na fronteira ocidental, já preparado para auxiliar na revolta. Em meados de outubro, os dirigentes comunistas entraram para os governos da Saxônia e da Turíngia, com instruções para reforçar as milícias proletárias (várias centenas), formadas por 25% de operários social-democratas e 50% de comunistas. Mas, em 13 de outubro, o governo de Gustav Stresemann decretou estado de exceção na Saxônia, a partir de então colocada sob o seu controle direto, contando com o apoio e a intervenção da Reichswehr.* Apesar disso, Moscou incitou os operários a se armarem e, de volta à URSS, Heinrich Brandler decidiu convocar uma greve geral para a ocasião de uma conferência das organizações operárias em Chemnitz, no dia 21 de outubro. A manobra fracassou quando os social-democratas de esquerda se recusaram a seguir os comunistas. Estes últimos decidiram então retroceder, mas, por razões de comunicação, a informação não chegou aos comunistas de Hamburgo, onde, na manhã do dia 23, estourou a revolta: os grupos comunistas de combate (de 200 a 300 homens) atacaram os postos de polícia. Passado o efeito-surpresa, os revoltosos não conseguiram atingir seus objetivos. A polícia, junto com a Reichswehr, contra-atacou e, ao cabo de 31 horas de combates, a sublevação dos comunistas de Hamburgo, totalmente isolada, foi estrangulada. O segundo Outubro, tão desejado por Moscou, não chegou a acontecer. Nem por isso o M-Apparat deixou de ser, até os anos

---

* Designação do Exército Alemão, autorizado a funcionar pelo Tratado de Versalhes depois da Primeira Guerra Mundial.

O Komintern em ação

1930, uma estrutura importante do KPD, descrita em detalhes por um de seus chefes, Jan Vai tin (cujo verdadeiro nome era Richard Krebs).[5]

Depois da Alemanha, foi a vez de a República da Estônia servir de palco a uma tentativa insurrecional. Tratava-se da segunda agressão sofrida por esse pequeno país. Com efeito, dia 27 de outubro de 1917, um Conselho de Sovietes havia tomado o poder em Tallinn (Reval), dissolvendo a Assembleia e anulando as eleições desfavoráveis aos comunistas. Diante da ameaça do corpo expedicionário alemão, os comunistas bateram em retirada. Em 24 de fevereiro de 1918, pouco antes da chegada dos alemães, os estonianos proclamaram sua independência. A ocupação alemã durou até novembro de 1918. Como consequência da derrota do kaiser, as tropas alemãs foram, por sua vez, obrigadas a se retirarem; os comunistas retomaram bem depressa a iniciativa: em 18 de novembro, foi constituído um governo em Petrogrado, e duas divisões do Exército Vermelho invadiram a Estônia. O objetivo dessa invasão foi claramente explicado no jornal *Severnaia Kommuna (A Comuna do Norte)*'. "É nosso dever construir uma ponte que ligue a Rússia dos sovietes à Alemanha e à Áustria proletárias. [...] A nossa vitória unirá as forças revolucionárias da Europa Ocidental às da Rússia, dando uma força irresistível à revolução social universal."[6] Em janeiro de 1919, o avanço das tropas soviéticas, que já se encontravam a apenas 30 quilômetros da capital, foi detido por um contra-ataque estoniano. A segunda ofensiva redundou igualmente em fracasso. Em 2 de fevereiro de 1920, os comunistas russos reconheceram a independência da Estônia pelo tratado de Tartu. Nas localidades já ocupadas, os bolcheviques passaram à pratica de chacinas: em 14 de janeiro de 1920, em Tartu, na véspera de sua retirada, eles assassinaram 250 pessoas, e mais de mil no distrito de Rakvere. Logo após a libertação de Wesenberg, em 17 de janeiro, foram abertas três valas comuns (86 cadáveres). Em Dorpad, os reféns fuzilados em 26 de dezembro de 1919 haviam sido torturados: braços e pernas extirpados, e, às vezes, olhos perfurados. Em 14 de janeiro, antes da fuga, os bolcheviques só tiveram tempo de executar 20 pessoas, entre as quais o arcebispo Platon, das 200 que estavam sendo mantidas como prisioneiras. Mortas com golpes de machado e coronhadas — um oficial foi encontrado com as dragonas do uniforme cravadas em seu corpo com pregos! —, as vítimas eram dificilmente identificáveis.

---

[5] Jan Valtin, *Sans patrie ni frontières*, Self, 1947. Ver também Eric Wollenberg, *Der Apparat. Stalins Fünfte Kolonne*, Bonn, 1946.

[6] Citado por Henry de Chambon, *La République d'Ettonie*, edições da Revue parlementaire, 1936.

340 — O Livro Negro do Comunismo

Derrotados, os soviéticos nem por isso renunciaram a incorporar esse pequeno Estado a sua órbita. Em abril de 1924, no decorrer dos encontros secretos mantidos em Moscou por Zinoviev, o Partido Comunista estoniano decidiu a preparação de uma revolta armada. Os comunistas organizaram meticulosamente grupos de combate estruturados em companhias (cerca de mil homens já prontos no outono) e iniciaram um trabalho de desmoralização do exército. Estava previsto o desencadear da revolta e depois apoiá-la com uma greve. O Partido Comunista da Estônia, que contava cerca de três mil membros e sofria uma repressão severa, tentou, em 1º de dezembro de 1924, tomar o poder em Tallinn e proclamar uma República soviética, cujo papel essencial seria o de pedir, tão rápido quanto possível, sua adesão à Rússia Soviética, justificando assim o envio do Exército Vermelho. Nesse mesmo dia, o golpe fracassou. Os oficiais que se haviam rendido aos revoltosos e se declararam como neutros foram fuzilados, precisamente por terem adotado uma atitude de neutralidade: para os golpistas, só a adesão era concebível.[7] Jan Anvelt, o dirigente da operação, conseguiu fugir para a URSS. Funcionário do Komintern por muitos anos, ele desapareceu durante os expurgos.[8]

Após a Estônia, a ação transferiu-se para a Bulgária. Em 1923, esse país havia passado por graves problemas. Alexandre Stamboliski, dirigente da coligação formada pelos comunistas e por seu próprio partido, o Partido Agrário, fora assassinado em junho de 1923 e substituído no comando por Alexandre Tsankov, que tinha o apoio do exército e da polícia. Em setembro, os comunistas iniciaram uma revolta que durou uma semana antes de ser severamente reprimida. A partir de abril de 1924, eles mudaram de tática, recorrendo então às ações diretas e aos assassinatos. Em 8 de fevereiro de 1925, um ataque à subprefeitura de Godetch provocou quatro mortes. Em 11 de fevereiro, em Sofia, o deputado Nicolas Mileff, diretor do jornal *Slovete* e presidente do Sindicato dos Jornalistas Búlgaros, foi assassinado. Em 24 de março, um manifesto do Partido Comunista Búlgaro (BKP) anunciou prematuramente a inevitável queda de Tsankov, revelando assim a ligação entre a ação terrorista e os objetivos políticos dos comunistas. No começo de abril, um atentado contra o rei Alexandre I fracassou por muito pouco; no dia 15, o general Kosta Georghieff, um de seus colaboradores mais próximos, foi morto.

---

[7] A. Neuberg, *L'Insurrection armée*, editado pelo Partido Comunista (SFIC), 1931, reimpressão, Maspero, 1970.

[8] Joseph Berger, *Le Naufrage dunegénération*, "Les lettres nouvelles", Denoêl, 1974.

O Komintern em ação

Seguiu-se o mais impressionante dos episódios ocorridos durante esses anos de política violenta na Bulgária. No dia 17 de abril, durante as cerimônias fúnebres do general Georghieff na catedral de Santa Sofia, uma terrível explosão provocou o desabamento da cúpula: contaram-se 140 mortos, entre os quais 14 generais, 16 oficiais superiores e três deputados. Na opinião de Victor Serge, o atentado teria sido organizado pela ala militar do Partido Comunista. Os presumíveis autores do atentado, Kosta Iankov e Ivan Minkov, dois dos dirigentes dessa organização, foram mortos com as armas na mão, por ocasião de sua captura.

O atentado serviu como justificativa para uma repressão feroz: três mil comunistas foram presos e três deles enforcados em praça pública. Alguns membros do aparelho do Komintern responsabilizaram o líder dos comunistas búlgaros — Georgi Dimitrov, que dirigia clandestinamente o Partido a partir de Viena — por esse atentado. Em dezembro de 1948, diante dos delegados do V Congresso do Partido búlgaro, Dimitrov assumiu a responsabilidade pelo atentado em seu nome e no da organização militar. Segundo outras fontes, o responsável pela destruição da catedral teria sido Meir Trilisser, chefe da seção estrangeira da Tcheka e vice-presidente da GPU, condecorado em 1927 com a Ordem da Bandeira Vermelha por serviços prestados.[9] Nos anos 1930, Trilisser foi um dos secretários do Komintern, assegurando o seu controle permanente por parte do NKVD.

Depois de ter experimentado severos fracassos na Europa, o Komintern, impulsionado por Stalin, descobriu um novo campo de batalha: a China, para a qual voltou todas as suas atenções. Em plena anarquia, dilacerado por guerras internas e conflitos sociais, mas arrebatado por um formidável sentimento nacionalista, esse imenso país parecia maduro para a revolução "anti-imperialista". Sinal dos tempos: no outono de 1925, os alunos chineses da Universidade Comunista dos Trabalhadores do Oriente (KUTV), fundada em abril de 1921, foram transferidos para uma universidade Sun-Yat-Sen.

Devidamente enquadrado por responsáveis do Komintern e dos serviços soviéticos, o Partido Comunista Chinês, ainda sem a liderança de Mao Tsé-tung, foi constrangido, em 1925-1926, a fazer uma estreita aliança com o Partido Nacionalista, o Kuomintang, e seu líder, o jovem general Chiang Kai-shek. A tática escolhida pelos comunistas consistia em se apoderar do

---

[9] Victor Serge, *Mémoires dun révolutionnaire*, 1901-1941, Le Seuil, 1978. Arkadi Vaksberg, *Hôtel Lux*, Fayard, 1993

342   *O Livro Negro do Comunismo*

Kuomintang para fazer dele uma espécie de cavalo de Troia da revolução. O emissário do Komintern, Mikhail Borodin, chegou ao posto de conselheiro do Kuomintang. Em 1925, a ala esquerda do Partido Nacionalista, que apoiava incondicionalmente a política de colaboração com a União Soviética, conseguiu apoderar-se de sua direção. Os comunistas tornaram a sua propaganda mais agressiva, encorajando a agitação social e reforçando a sua influência até dominarem o II Congresso do Kuomintang. Mas não tardou para que um obstáculo surgisse em seu caminho: Chiang Kai-shek, preocupado com a expansão contínua da influência do comunismo, começou, e com razão, a desconfiar de que os comunistas pretendiam afastá-lo. Tomando a iniciativa, Chiang proclamou a lei marcial em 12 de março de 1926, mandou prender os elementos comunistas do Kuomintang, incluindo os conselheiros militares soviéticos — seriam todos libertados alguns dias mais tarde —, afastou o líder da ala esquerda de seu partido e impôs um pacto com oito pontos, destinado a limitar as prerrogativas e a ação dos comunistas no seu interior. A partir de então, Chiang passou a ser o líder incontestado do Exército Nacionalista. Atento à nova relação de forças, Borodin a ratificou.

Em 7 de julho de 1926, Chiang Kai-shek, que se beneficiava de uma importante ajuda material da parte dos soviéticos, lançou o Exército Nacionalista à conquista do norte da China, ainda em poder dos "senhores da guerra". No dia 29, ele proclamou mais uma vez a lei marcial no Cantão. Os campos chineses de Hunan e Hubei estavam à beira de um tipo de revolução agrária que, pela sua própria dinâmica, punha em causa a aliança dos comunistas e nacionalistas. Na grande metrópole industrial que Xangai já era naquele tempo, os sindicatos, diante da aproximação do Exército, iniciaram uma greve geral. Os comunistas, entre os quais Zhou Enlai, convocaram uma revolta, contando com a entrada iminente do Exército Nacionalista na cidade. Nada aconteceu. A sublevação de 22-24 de fevereiro de 1927 fracassou, e os grevistas foram ferozmente reprimidos pelo general Li Baozhang.

Em 21 de março, uma nova greve geral, ainda mais maciça, e uma nova insurreição varreram os poderes constituídos. Uma divisão do Exército Nacionalista, cujo general havia sido persuadido a intervir, entrou em Xangai, logo seguido por Chiang, decidido a recuperar o controle da situação. Ele realizou tão bem o seu objetivo, que Stalin, obnubilado pela política "anti-imperialista" de Chiang e de seu exército, ordenou aos comunistas que guardassem as armas e se juntassem à frente comum com o Kuomintang. Em 12 de abril de 1927, Chiang reproduziu em Cantão a operação de Xangai: os comunistas foram perseguidos e abatidos.

O Komintern em ação

No entanto, Stalin mudou sua política no pior momento possível: em agosto, para não perder prestígio diante dos críticos da oposição,[10] enviou dois emissários "pessoais", Vissarion Lominadze e Heinz Neumann, com a missão de reiniciarem um movimento insurrecional, depois de ter rompido a aliança com o Kuomintang. Apesar do fracasso de uma "revolta das colheitas de outono", orquestrada pelos dois enviados, eles se obstinaram em desencadear uma revolta em Cantão, "para oferecer um relatório vitorioso a seu chefe" (Boris Suvarin), no momento exato em que se reunia o XV Congresso do Partido Bolchevique que iria excluir os membros da oposição. A manobra era bastante reveladora do grau de desprezo pela vida humana a que tinham chegado os bolcheviques, incluindo a vida dos seus próprios partidários, o que era uma novidade. A insensata Comuna do Cantão nos oferece um claro testemunho desse fato, mas, em sua essência, não era muito diferente das ações terroristas que haviam sido perpetradas na Bulgária alguns anos antes.

Vários milhares de rebeldes enfrentaram, então, durante 48 horas, tropas de cinco a seis vezes mais numerosas. Essa Comuna chinesa havia sido mal preparada: ao número insuficiente de armas juntava-se uma conjuntura política desfavorável, com os operários cantoneses mantendo-se em uma prudente expectativa. Na noite de 10 de dezembro de 1927, as tropas leais ao governo se reuniram nos locais previstos pelos Guardas Vermelhos. Tal como acontecera em Hamburgo, os revoltosos foram beneficiados por terem tomado a iniciativa, mas essa breve vantagem deixou de existir. Na manhã de 12 de dezembro, a proclamação de uma "república soviética" não encontrou nenhum eco na população. Nessa tarde, as forças nacionalistas contra-atacaram. Na manhã seguinte, a bandeira vermelha hasteada no mastro da chefatura de polícia foi retirada pelas tropas vitoriosas. A repressão foi selvagem. Milhões de pessoas foram mortas.

O Komintern deveria ter tirado algum tipo de lição de uma tal experiência, mas era impossível abordar questões de política de fundo. Mais uma vez, o uso da violência foi justificado, contra tudo e contra todos, de tal modo que mostrava a impregnação da cultura da guerra civil entre os quadros comunistas. Na obra *A Insurreição Armada*, pode-se ler esta citação de surpreendente autocrítica e de conclusões transparentes: "Nunca nos demos o trabalho de neutralizar e eliminar os contrarrevolucionários. Durante todo o tempo em que Cantão esteve nas mãos dos rebeldes, *matamos apenas cem indivíduos*. Os prisioneiros

---

[10] Margarete Buber-Neumann, *La Révolution mondiale*, Casterman, 1971; capítulo 17, "Le soulèvement de Canton".

344   *O Livro Negro do Comunismo*

só puderam ser executados depois de um julgamento em regra pela comissão de luta contra os reacionários. Durante o combate, em plena insurreição, *é um procedimento demasiado lento*."[11] Lição que foi aprendida.

Após esse desastre, os comunistas se retiraram das cidades e se reorganizaram nas longínquas zonas camponesas até a criação, a partir de 1931, no Hunan e no Kiang-si, de uma "zona livre", protegida por um Exército Vermelho. Para os comunistas chineses, passou a prevalecer, de uma forma muito precoce, a ideia de que a revolução é antes de tudo uma questão militar, institucionalizando a função política do aparelho militar, até que Mao resumiu a sua concepção nesta famosa fórmula: "O poder está na ponta do fuzil." A sequência de fatos demonstrou que essa era a quintessência da visão comunista da tomada do poder e de sua manutenção.

No entanto, os fracassos europeus no princípio dos anos 1920 e o desastre chinês não desencorajaram em nada o Komintern de prosseguir nesse caminho. Todos os partidos comunistas, incluindo os legais e os pertencentes a repúblicas democráticas, mantiveram em seu interior a existência de um "aparelho militar" secreto, capaz de vir a público quando fosse a ocasião. O modelo copiado foi o do KPD, que, na Alemanha, e sob o controle estreito do quadro de militares soviéticos, criou um importante "M (militar) Apparat", encarregado da eliminação dos militantes contrários (principalmente aqueles de extrema direita) e de espiões infiltrados no Partido, bem como do enquadramento de grupos paramilitares, o famoso *Rote Front* (Fronte Vermelho), com milhares de membros. É verdade que, na República de Weimar, a violência política era generalizada; e, se os comunistas combatiam a extrema direita e o nazismo nascente, também não hesitavam em atacar os comícios dos socialistas[12] — qualificados como "social-traidores" e "social-fascistas" — e as polícias de uma república tida como reacionária, e talvez até fascista. A sequência dos fatos mostrou, em 1933, qual era o "verdadeiro fascismo", isto é, o nacional-socialismo, e que seria mais sensato ter feito uma aliança com os socialistas para defender a democracia "burguesa". Mas os comunistas recusavam radicalmente essa democracia.

Na França, onde o clima político era mais calmo, o Partido Comunista Francês (PCF) também criou seus quadros armados, organizados por Albert

---

[11]   Chao-Iuy, *A Comuna de Cantão*, Moscou, 1929.

[12]   A esse respeito, ver as recordações de Jan Valtin, *op. cit.*, D. Wapler, 1947; reedição (expurgada), edições Babel, 1996; em particular, o capítulo 17.

O Komintern em ação

Treint, um dos secretários do Partido, cuja patente de capitão, obtida durante a guerra, lhe conferia alguma competência nessa situação. A primeira aparição desses grupos ocorreu em 11 de janeiro de 1924, durante um comício comunista, quando, ao ser contestado por um grupo de anarquistas, Treint chamou o serviço de segurança. Cerca de dez homens armados com revólveres surgiram na tribuna disparando à queima-roupa sobre os manifestantes, fazendo dois mortos e dezenas de feridos. Por falta de provas, nenhum dos assassinos foi condenado. Pouco mais de um ano mais tarde ocorreu um caso semelhante. Na quinta-feira, 23 de abril de 1925, algumas semanas antes das eleições municipais, o serviço de segurança do PCF apareceu para tumultuar a saída de uma reunião eleitoral dos Jovens Patriotas, organização de extrema direita, no XVIII bairro de Paris, Rua Damrémont. Alguns militantes estavam armados e não hesitaram em fazer uso de seus revólveres. Três militantes do JP foram mortos, e um ferido faleceu dois dias depois. Jean Taittinger, dirigente dos Jovens Patriotas, foi interrogado, e a polícia fez várias buscas em casas de militantes comunistas.

A despeito dessas dificuldades, o Partido prosseguiu na mesma via. Em 1926, Jacques Duclos, um dos deputados recém-eleitos — e portanto com direito à imunidade parlamentar —, foi encarregado de organizar Grupos de Defesa Antifascistas (formados por antigos combatentes da guerra de 1914-1918), e de Jovens Guardas Antifascistas (recrutados entre a Juventude Comunista); esses grupos paramilitares, constituídos segundo o modelo do *Rote Front* alemão, desfilaram uniformizados em 11 de novembro de 1926. Paralelamente, Duclos ocupava-se da propaganda antimilitarista e publicava artigos numa revista, *Le Combattant Roug,** ensinando a arte da guerra civil, descrevendo e analisando os combates de rua etc.

Em 1931, o Komintern publica, em várias línguas, um livro intitulado *LInsurrection Armée,*** assinando com o pseudônimo Neuberg — tratava-se, na realidade, de responsáveis soviéticos[13] —, que abordava as diferentes experiências insurrecionais a partir de 1920. Esse livro foi novamente publicado na França no início de 1934. Foi somente com a virada política da Frente Popular, entre o verão e o outono de 1934, que essa linha insurrecional foi relegada ao

---

* O Combatente Vermelho. [N. do T.]

** A Insurreição Armada. [N. do T.]

[13] A insurreição de Tallinn é analisada pelo general Iossif Unschlicht, a de Hamburgo, por Hans Kippenberger, a insurreição de Cantão e Xangai, pelo general Vassili Blücher e por Ho Chi Minh, que tratava também da questão das insurreições camponesas, e com dois capítulos sobre teoria militar escritos pelo marechal Tukhatchevski.

346   *O Livro Negro do Comunismo*

segundo plano, o que, no fundo, em nada atenuou o papel da violência na prática comunista. Toda essa justificação para a violência, essa prática cotidiana de ódio de classe, essa teorização da guerra civil e do terror encontraram a sua aplicação a partir de 1936, na Espanha, para onde o Komintern enviou muitos de seus quadros, que se distinguiram nos serviços de repressão comunistas.

Todo esse trabalho de seleção, formação e preparação de quadros autóctones da futura insurreição militar era feito em estreita colaboração com os serviços secretos soviéticos ou, mais precisamente, com um dos seus serviços secretos, o GRU (Glavsnoe Razvedatelnoe Upravlenie, ou seja, Direção Principal de Informação). Fundado sob a égide de Trotski, como IV Bureau do Exército Vermelho, o GRU nunca abandonou essa tarefa "educativa", mesmo quando as circunstâncias o forçaram, pouco a pouco, a reduzi-la drasticamente. Por mais surpreendente que possa parecer, alguns jovens quadros de confiança do Partido Comunista Francês ainda continuavam, no começo dos anos 1970, um treinamento na URSS (tiro, montagem e desmontagem de armas, fabricação de armas artesanais, transmissões, técnicas de sabotagem) com as Spetsnaz, as tropas soviéticas especiais postas à disposição dos serviços secretos. Inversamente, o GRU dispunha de especialistas militares que poderiam ser emprestados aos partidos-irmãos em caso de necessidade. Manfred Stern, por exemplo, o austro-húngaro que, colocado no "M-Apparat" do KPD para a insurreição de Hamburgo de 1923, operou posteriormente na China e na Manchúria, antes de tornar-se o "general Kleber" da Brigadas Internacionais na Espanha.

Esses aparelhos militares clandestinos não eram propriamente formados por "meninos de coro". Os seus membros estavam por vezes no limite do banditismo, e alguns desses grupos transformaram-se em verdadeiros bandos. Um dos exemplos mais impressionantes ocorreu durante a segunda metade dos anos 1920, com a "Guarda Vermelha" ou os "Esquadrões Vermelhos" do Partido Comunista Chinês. Eles entraram em ação em Xangai, cidade então considerada oficialmente o epicentro das ações do Partido. Liderados por Gu Shunzhang, um antigo *gangster* filiado à sociedade secreta da Faixa Verde, a mais poderosa das duas organizações mafiosas existentes em Xangai, esses combatentes fanáticos se confrontaram com os seus equivalentes nacionalistas, nomeadamente os "Camisas Azuis", decalcados do modelo fascista, em combates sórdidos, terror contra terror, emboscada contra emboscada, assassinato individual contra assassinato individual. Tudo isso com o apoio particularmente ativo do Consulado da URSS em Xangai, que dispunha de especialistas em questões militares, tais como Gorbatiuk, além de alguns executores de tarefas infames.

O *Komintern em ação*   347

Em 1928, os homens de Gu Shunzhang eliminaram um casal de militantes aliciados pela polícia: durante o sono, He Jiaxing e He Jihua foram crivados de balas em sua própria cama. Para encobrir o barulho dos disparos, outros membros do grupo soltaram fogos de artifício no exterior da casa. Esses métodos expeditivos foram pouco depois aplicados no interior do próprio Partido, como forma de punição aos opositores. Por vezes, bastava uma simples denúncia. Em 17 de janeiro, furiosos por se sentirem manipulados pelo delegado do Komintern, Pavel Mif, e pelos dirigentes submissos a Moscou, He Mengxiong e cerca de 20 de seus camaradas da "fração operária" reuniram-se no Hotel Oriental de Xangai. Mal haviam começado os debates, policiais e agentes do Diaocha Tongzhi, o Bureau Central de Investigações do Kuomintang, irromperam na sala, de armas em punho, e os prenderam. Os nacionalistas haviam sido informados "anonimamente" da reunião.

Após a deserção de Gu Shunzhang, em abril de 1931, seu imediato regresso à Faixa Verde e sua "submissão" ao Kuomintang (ele se juntara aos "Camisas Azuis"), uma comissão especial de cinco quadros comunistas o substituiu em Xangai. Essa comissão era composta por Kang Sheng, Guang Huian, Pan Hannian, Chen Yun e Ke Qingshi. Em 1934, data do colapso quase definitivo do aparelho urbano do PCC, os dois últimos chefes dos grupos armados comunistas da cidade, Ding Mocun e Li Shiqun, caíram, por sua vez, nas mãos do Kuomintang. Eles também fizeram um pacto de submissão, passaram, em seguida, para o serviço dos japoneses e conheceram um destino trágico: o primeiro foi fuzilado pelos nacionalistas em 1947, acusado de traição, e o segundo foi envenenado pelos japoneses. Quanto a Kang Sheng, ele se tornou, a partir de 1949 e até a sua morte, em 1975, o chefe da polícia secreta maoista e um dos principais algozes do povo chinês sob o poder comunista.[14]

Por vezes também, membros dos aparelhos de outros partidos comunistas eram utilizados em operações dos serviços especiais soviéticos. Parece ter sido o que aconteceu no caso Kutiepov. Em 1924, o general Alexandre Kutiepov fora chamado a Paris pelo grão-duque Nicolau para dirigir a União Militar Geral (ROVS). Em 1928, a GPU decidiu provocar a sua desagregação. Em 26 de janeiro, o general desapareceu. Circularam vários boatos, alguns previamente lançados para atenderem aos interesses dos soviéticos. Dois inquéritos independentes permitiram concluir quem foram os instigadores desse desaparecimento: um conduzido pelo velho socialista russo Vladimir Burtzev, célebre por ter desmascarado Evno Azev, o agente da Okhrana infiltrado na cúpula da Organização de Combate dos Socialistas Revolucionários; e outro

---

[14] Roger Faligot, Remi Kauffer, *Kang Sheng et les services secrets chinois*, Robert Laffont, 1987.

O Livro Negro do Comunismo

por Jean Delage, jornalista de *l'Écho de Paris*. Delage estabeleceu que o general Kutiepov havia sido conduzido a Houlgate e levado a bordo do navio soviético *Spartak*, que partira do Havre em 19 de fevereiro. Ninguém voltou a vê-lo vivo. Em 22 de setembro de 1965, o general soviético Chimanov reivindicou a operação no jornal do Exército Vermelho, *A Estrela Vermelha*, e revelou o nome do responsável: "Serguei Puzitski [...], que não só participara da captura do bandido Savinkov [...], como também conduzira magistralmente a operação de captura de Kutiepov e de tantos outros chefes dos Guardas Brancos."[15] Atualmente, conhecemos melhor as circunstâncias exatas do desaparecimento do infeliz Kutiepov. Sua organização de emigrantes estava infiltrada pela GPU: em 1929, o antigo ministro do governo branco do almirante Koltchak, Serguei Nikolaievitch Tretiakov, havia passado secretamente para o lado soviético, fornecendo informações sob o número UJ/1 e com o nome-código de Ivanov. Graças às informações detalhadas transmitidas ao seu contrato, "Vetchinkin", Moscou sabia de tudo ou quase tudo sobre os deslocamentos do general czarista. Um comando "vistoriou" seu carro em plena rua, fazendo-se passar por uma barreira policial. Disfarçado de policial de trânsito, um francês chamado Honel, garagista em Levallois-Perret, pediu a Kutiepov que o seguisse. Havia um outro francês implicado na operação, Maurice Honel, irmão do primeiro, que estava em contato com os serviços soviéticos e que viria a ser eleito deputado comunista em 1936. Ao recusar-se a obedecer, Kutiepov foi morto, segundo parece, com uma punhalada. Seu cadáver teria sido sepultado no subsolo da garagem de Honel.[16]

O sucessor de Kutiepov, o general Miller, tinha como adjunto o general Nikolai Skoblin, este último, de fato, um agente soviético. Ajudada pela mulher, a cantora Nadejda Plevitskaia, Skoblin preparou em Paris o rapto do general Miller. Ele foi visto pela última vez em 22 de setembro de 1937, e no dia seguinte o navio soviético *Maria Ulianovna* deixava o Havre. O general Skoblin também desapareceu, e as suspeitas a seu respeito tornaram-se cada vez mais concretas. O general Miller estava realmente a bordo do *Maria Ulianovna*, que o governo francês não quis interceptar. Chegando a Moscou, ele foi interrogado e depois abatido.[17]

---

[15] Ver *Le Contrat social*, nº 4, julho-agosto de 1966, p. 253.

[16] Roger Faligot, Remi Kauffer, *Histoire mondiale du renseignement*, tomo 1, 1870-1939, Robert Laffònt, 1993.

[17] *Un crime soviétique devant la cour d'assises de la Seine (5-14 décembre 1938). L'Enlèvement du général Miller par le général Skobline. Le Procès de la Plevitzkaia. Plaidoirie de Me Maurice Ribet. Imp. du Palais, 1939. Marina Grey, Le général meurt à minuit, Plon, 1981. Marina Gorboff, La Russie fantôme. L'émigration russe de 1920 à 1950. L'Âge d'homme, 1995.* Pavel e Anatoli Sudoplatov, op. cit.

Ditadura, incriminação dos opositores e repressão no interior do Komintern

Se o Komintern, instigado por Moscou, mantinha em cada partido comunista grupos armados e preparava a insurreição e a guerra civil contra os poderes instituídos, nem por isso deixou de introduzir em seu interior os métodos policiais e de terror postos em prática na própria URSS. Foi durante o X Congresso do Partido Bolchevique, realizado de 8 a 16 de março de 1921, quando o poder se viu confrontado pela rebelião de Kronstadt, que foram lançadas as bases do regime ditatorial no interior do Partido. No decorrer da preparação do Congresso, foram propostas e discutidas nada menos do que oito moções diferentes. Esses debates eram os últimos vestígios de uma democracia que não conseguira se impor na Rússia. Só no interior do Partido restava ainda um simulacro de liberdade de discussão, embora não por muito tempo. No segundo dia de trabalhos, Lenin deu o tom: "Camaradas, não temos aqui a necessidade de uma oposição: não é o momento. Estejam aqui ou lá (em Kronstadt), de fuzis na mão, mas sem oposição. De nada serve me censurarem. é o resultado do estado atual da situação. De hoje em diante, nada de oposição. Em minha opinião é preciso que o Congresso chegue à conclusão de que é tempo de pôr um fim à oposição, de correr uma cortina sobre ela; já estamos fartos da oposição."[18] Lenin visava principalmente aqueles que, sem constituírem um grupo propriamente dito nem possuírem órgãos de comunicação, se agrupavam na plataforma dita Oposição Operária (Alexandre Chliapnikov, Alexandra Kollontai, e Lutovinov) e na do chamado Centralismo Democrático (Timothée Sapronov, Gabriel Miasnikov).

Quando o Congresso estava prestes a encerrar seus trabalhos, em 16 de março, Lenin apresentou *in extremis* duas resoluções: a primeira era relativa à "unidade do Partido", e a segunda, a propósito dos "desvios sindicalistas e anarquistas em nosso Partido", na qual ele atacava a Oposição Operária. O primeiro texto exigia a dissolução imediata de todos os grupos constituídos em conformidade com plataformas específicas, sob pena de expulsão imediata do Partido. Um artigo não publicado dessa resolução, que permaneceu secreto até outubro de 1923, dava ao Comitê Central o poder de aplicar essa sanção. A polícia de Feliks Dzerjinski via abrir-se a sua frente um novo campo de investigação: todos os grupos de oposição no interior do Partido Comunista seriam,

---

[18] Lénine, *Œuvres Complètes*, tomo XVI, pp. 227-8.

daí em diante, objetos de vigilância e, se necessário, de sanção: a exclusão — o que, para os verdadeiros militantes, quase equivalia à morte política.

Consagrando a proibição da livre discussão — em contradição com os estatutos do Partido —, as duas resoluções foram, apesar de tudo, aprovadas. No que se refere à primeira, Radek avançou uma justificativa quase premonitória: "Penso que ela poderá virar-se contra nós, mas, mesmo assim, darei minha aprovação. [...] Que em momentos de perigo o Comitê Central tome as medidas mais severas contra os seus melhores camaradas, se achar necessário. [...] Que até o Comitê Central cometa erros! É menos perigoso do que a flutuação que se verifica neste momento". Essa escolha, feita por força das circunstâncias, mas que correspondia às tendências mais profundas dos bolcheviques, pesou de maneira significativa no futuro do Partido Soviético e, consequentemente, sobre as seções do Komintern.

O X Congresso dedicou-se igualmente à reorganização da Comissão de Controle, cujo papel estava assim definido: velar pela "consolidação da unidade e da autoridade no Partido". A partir de então, ela passaria a elaborar e a organizar os dossiês pessoais dos militantes, que serviriam, caso necessário, de material de base para os futuros processos de acusação: a atitude tomada em relação à polícia política, a participação em grupos de oposição etc. Depois do Congresso, os participantes da Oposição Operária foram submetidos a vexames e perseguições. Mais tarde, Alexandre Chliapnikov explicou que "a luta não prosseguia no terreno ideológico, mas através[...] do afastamento (dos interessados) de seus cargos, de transferências sistemáticas de um distrito para o outro e ainda de expulsões do Partido".

Em agosto seguinte, iniciou-se um controle que durou vários meses. Quase um quarto dos militantes foram excluídos. O recurso à *tchistka* (depuração) tornou-se parte integrante da vida do Partido. Aino Kuusinen testemunhou sobre esse procedimento cíclico: "A reunião da *tchistka* se desenrolava do seguinte modo: o acusado era chamado pelo nome e convidado a subir à tribuna; os membros da comissão de depuração e outras pessoas presentes faziam-lhe perguntas. Alguns conseguiam livrar-se facilmente, outros tinham de suportar por mais um tempo essa dura prova. Se alguém tivesse inimigos pessoais, esses podiam dar um rumo definitivo ao desenrolar do caso. Contudo, apenas a Comissão de Controle podia se pronunciar pela exclusão do Partido. Se o interrogado não era considerado culpado de qualquer ato que o levasse a ser expulso do Partido, o processo era suspenso sem votação. Caso contrário, nin-

O Komintern em ação

guém intervinha em favor do 'acusado'. O presidente perguntava simplesmente: 'Kto protiv'; ninguém ousava opor-se, e o caso era julgado por unanimidade.'"[19]

Rapidamente foram sentidas as decisões do X Congresso: em fevereiro de 1922, Gabriel Miasnikov foi expulso, pelo período de um ano, por ter defendido, contra a opinião de Lenin, a necessidade da liberdade de imprensa. Na impossibilidade de se fazer ouvir, a Oposição Operária apelou naturalmente ao Komintern ("Declaração dos 22"). Stalin, Dzerjinski e Zinoviev exigiram então a expulsão de Chliapnikov, Kollontai e Medvediev, que o XI Congresso recusou. Cada vez mais submetido à atração do poder soviético, o Komintern se viu logo obrigado a adotar o mesmo regime interior do Partido Bolchevique. Uma consequência lógica e, sobretudo, nada surpreendente.

Em 1923, Dzerjinski exigiu do Politburo uma decisão oficial para obrigar os membros do Partido a denunciarem à GPU toda atividade de oposição. Essa proposta deu origem a uma nova crise no interior do Partido Bolchevique: em 8 de outubro, Trotski enviou uma carta ao Comitê Central, imediatamente seguida, em 15 de outubro, da "Declaração dos 46". O debate que se iniciou cristalizou-se em volta do "novo rumo" do Partido russo e teve consequências em todas as seções do Komintern.[20]

Simultaneamente, em fins de 1923, a vida dessas seções foi posta sob a palavra de ordem da "bolchevização"; todas tiveram de reorganizar as suas estruturas, baseando-as em células de empreendimento, e, ao mesmo tempo, houve um reforço da sua obediência ao centro moscovita. As resistências que essas transformações viriam a encontrar tiveram como consequência o aumento considerável do papel e do poder das *missi dominici* da Internacional, cujos temas principais de debate diziam respeito à evolução do poder da Rússia Soviética.

Na França, um dos líderes do PCF, Boris Suvarin, opôs-se às novas normas e denunciou os procedimentos sujos utilizados pela Troika (Kamenev-Zinoviev-Stalin) contra seu adversário, Léon Trotski. Boris Suvarin foi convocado a dar explicações durante o XIII Congresso do PCUS, em 12 de junho de 1924. A sessão tornou-se um procedimento de acusação, na linha das sessões de auto-críticas obrigatórias. Uma comissão especialmente reunida para tratar do "caso Suvarin" pronunciou-se pela sua exclusão temporária. As reações da direção do PCF mostram claramente qual era o estado de espírito exigido a partir de

---

[19] Aino Kuusinen, *Quand Dieu renverse son ange...*, Julliard, 1974.

[20] Léonard Shapiro, *Les Bolcheviks et Imposition. Origines de labsolutisme communiste: premier stade (1917-1922)*, Les Îles d'or, 1958. Pierre Broué, *Le parti bolchevique*, éditions de Minuit, 1977.

352   O Livro Negro do Comunismo

então nas fileiras do Partido Mundial: "No nosso Partido [o PCF], que a luta revolucionária não expurgou totalmente do velho fundo social-democrata, a influência das personalidades desempenha ainda um papel demasiado importante. [...] Será somente a partir da destruição de todas as sobrevivências pequeno-burguesas do 'Eu individualista que se formará a anônima falange de ferro dos bolcheviques franceses. [...] Se ele quer ser digno da Internacional Comunista à qual ele pertence, se ele quer seguir os passos gloriosos do Partido russo, o Partido Comunista Francês deve romper, sem hesitação, com todos aqueles que, em seu interior, se recusarem a submeter-se a sua lei!" (*LHumanité*, 19 de julho de 1924.) O redator anônimo ignorava que ele acabara de enunciar a lei que regeria a vida do PCF durante décadas. O sindicalista Pierre Monatte resumiu essa evolução em uma palavra: a "militarização" do PC.

Foi no verão de 1924, durante a realização do V Congresso do Komintern, que Zinoviev ameaçou "quebrar os ossos" dos opositores, ilustrando assim os costumes políticos que invadiam o movimento comunista. O que ele mal sabia era que os "ossos quebrados" seriam os seus, quando Stalin o demitiu de suas funções de presidente do Komintern, em 1925. Zinoviev foi substituído por Bukharin, que bem depressa conheceu os mesmos dissabores. Em 11 de julho de 1928, às vésperas do VI Congresso do Komintern (de 17 de julho a 1º de setembro), Kamenev encontrou-se secretamente com Bukharin e redigiu um processo verbal da entrevista. Vítima do "regime policial", Bukharin explicou-lhe que seu telefone estava sob escuta e que ele estava sendo seguido pela GPU; por duas vezes, deixou transparecer um terror bem real: "Ele vai nos estrangular[...] Não queremos intervir como dissidentes, pois ele nos estrangularia."[21] "Ele", é claro, era Stalin.

O primeiro que Stalin tentou "estrangular" foi Léon Trotski. A sua luta contra o trotskismo tem de especial o fato de ter sido particularmente longa. Tudo começou em 1927. Mas, já anteriormente, avisos sinistros haviam sido proferidos durante uma conferência do Partido Bolchevique, em outubro de 1926: "Ou a exclusão e o esmagamento legal da Oposição, ou a solução desse caso com tiros de canhão nas ruas, como aconteceu com os socialistas-revolucionários de esquerda, em julho de 1918, em Moscou", eis o que então preconizava Larin no *Pravda*. A Oposição de Esquerda (era essa a sua denominação oficial), isolada e cada vez mais fraca, estava exposta às provocações da GPU,

---

[21] "Boukharine en 1928", *Le Contrai Social*, nº 1, janeiro-fevereiro de 1964.

O Komintern em ação

que inventou do começo ao fim a existência de uma gráfica clandestina, dirigida por um antigo oficial de Wrangel (na verdade, tratava-se de um de seus agentes), onde teriam sido impressos os documentos da Oposição. Durante a comemoração do X aniversário de Outubro de 1917, a Oposição decidiu manifestar-se publicamente com suas próprias palavras de ordem. Foi impedida de fazê-lo por uma intervenção brutal da polícia, e, em 14 de novembro, Trotski e Zinoviev foram expulsos do Partido Bolchevique. A etapa seguinte começou em janeiro de 1928, com o degredo de seus militantes mais conhecidos para regiões afastadas — Christian Rakovski, ex-embaixador soviético na França, exilado em Astrakhan, no Volga, e depois em Barnaul, na Sibéria; Victor Serge foi enviado, em 1933, para Oremburgo, nos Urais — ou para o exterior do país. Quanto a Trotski, ele foi enviado à força para Alma-Ata, no Turquestão, a quatro mil quilômetros de Moscou. Um ano depois, em janeiro de 1929, ele foi expulso para a Turquia, escapando da prisão que se fechava sobre seus partidários. Com efeito, era cada vez maior o número de partidários presos e enviados para as prisões especiais, os *polit-isolators,* o que também acontecia com os militantes da antiga Oposição Operária e do grupo do Centralismo Democrático.

Nessa época, os comunistas estrangeiros, membros do aparelho do Komintern ou vivendo na Rússia, eram presos e internados da mesma forma que os militantes do Partido russo; a sua situação era idêntica à dos russos, uma vez que todo comunista estrangeiro que permanecesse por muito tempo na URSS era obrigado a aderir ao Partido Bolchevique e submeter-se a sua disciplina. Foi o caso, bem-conhecido, do comunista iugoslavo Ante Ciliga, membro do "Politburo" do Partido Comunista Iugoslavo (PCI), enviado a Moscou em 1926 como representante do PCI junto ao Komintern. Ciliga mantinha alguns contatos com a oposição, reunida por Trotski, afastando-se cada vez mais do Komintern, de onde tinham sido banidos os verdadeiros debates de ideias e onde os dirigentes não hesitavam em utilizar métodos de intimidação contra seus contraditores, o que Ciliga chamava de "sistema de servilismo" do movimento comunista internacional. Em fevereiro de 1929, no decorrer da assembleia-geral dos iugoslavos de Moscou, foi adotada uma resolução que condenava a política seguida pela direção do PCI, o que equivalia a uma condenação indireta da direção do Komintern. Um grupo ilegal — segundo os cânones da disciplina —, que mantinha relações com alguns soviéticos, foi então organizado pelos opositores à linha oficial. Nomeou-se uma comissão para investigar Ciliga, que foi excluído por um ano. Porém, ele não cessou suas atividades "ilegais" quando se instalou em Leningrado. Em 1º de maio de 1930, ele foi a Moscou para se encontrar com os outros membros de seu grupo russo-iugoslavo que, já bastante crítico da maneira pela qual estava sendo conduzida a industrialização, preconizava a criação de um novo partido. Ciliga foi preso, juntamente com seus camaradas, em 21 de maio, e enviado ao *polit-isolator* de Verkhne-Uralsk, de acordo com o artigo 59. Durante três anos, preso no *isolator,* recorrendo a greves de fome, Ciliga não parou de reivindicar o direito de deixar a Rússia. Momentaneamente liberado, ele tentou o suicídio. A GPU tentou obrigá-lo a renunciar à nacionalidade italiana. Exilado na Sibéria, ele foi finalmente expulso em 3 de dezembro de 1935, o que era uma exceção à regra.[22]

Graças a Ciliga, possuímos hoje um testemunho sobre os isoladores políticos. "Os camaradas nos enviavam os jornais que eram publicados na prisão. Quanta diversidade de opinião, quanta liberdade revelada em cada artigo! Quanta paixão e franqueza na apresentação dos assuntos, não apenas dos teóricos e abstratos, mas também nos que enfocavam os temas mais quentes da atualidade! [...] Mas nossa liberdade não se limitava a isso. Durante o passeio, que reunia os detentos de diversas salas, os prisioneiros tinham o hábito de realizar reuniões num canto do pátio, com presidente, secretário e oradores que tomavam a palavra cada um por sua vez."[23]

As condições materiais eram as seguintes: "A alimentação era constituída pelo menu tradicional do 'mujique' pobre: pão e papa de farinha, de manhã e à noite, durante todo o ano. [...] Além disso, davam-nos para o almoço uma sopa de peixe estragado, de conservas e carne meio apodrecida. A mesma sopa — sem carne nem peixe — era servida à hora do jantar. [...] A ração diária de pão era de 700 gramas, a ração mensal de açúcar era de um quilo, e além disso havia uma ração de tabaco, de chá e de sabão. Essa alimentação monótona era também insuficiente em quantidade. E mesmo assim tivemos de lutar com firmeza para que nada fosse reduzido em nossa magra refeição; e o que dizer das lutas para conseguirmos alguma pequena melhora! Entretanto, se compararmos esse regime com os das prisões de direito comum, onde apodreciam centenas de milhares de prisioneiros, e sobretudo com os milhões amontoados nos campos de concentração do Norte, éramos, de certo modo, privilegiados."[24]

---

[22] Ver Ante Ciliga, *Dix ans au pays du mensonge déconcertant,* Champ Libre, 1977. Philippe Bourrinet, *Ante Ciliga 1898-1992. Nazionalismo e communismo in Jugoslavia.* Gênova, Graphos, 1996.

[23] Ante Ciliga, *Au pays du grand mensonge,* Gallimard, 1938, p. 167.

[24] Ante Ciliga, *op. cit.,* p. 168.

O Komintern em ação

Em todo caso, esses privilégios eram muito relativos. Em Verkhne-Uralsk, os prisioneiros fizeram três greves de fome, em abril e no verão de 1931 e, finalmente, em dezembro de 1933, em defesa de seus direitos, particularmente para conseguirem a supressão da renovação de penas. A partir de 1934, e durante a maior parte do tempo, o regime político foi suprimido (Verkhne-Uralsk o conservou até 1937), e as condições de detenção se agravaram; alguns prisioneiros morreram durante sessões de espancamento, outros foram fuzilados, e outros ainda foram trancafiados na solitária, como aconteceu, por exemplo, com Vladimir Smirnov, em 1933.

Essa incriminação dos opositores, reais ou imaginários, no interior dos partidos comunistas logo estendeu-se aos responsáveis dos altos escalões. José Bullejos, dirigente do Partido Comunista Espanhol, e alguns de seus camaradas, que tinham sido chamados a Moscou no outono de 1932, tiveram sua política asperamente criticada. Por se recusarem a se submeter às regras do Komintern, foram excluídos em bloco no dia 19 de novembro e ficaram em regime de residência vigiada no Hotel Lux, que hospedava os membros do Komintern. O francês Jacques Duclos, ex-delegado do Komintern na Espanha, veio relatar-lhes a sua exclusão e preveni-los de que toda tentativa de rebelião seria reprimida e punida "com todo o rigor do sistema penal soviético".[25] Bullejos e seus camaradas tiveram as maiores dificuldades para deixar a Rússia, após dois meses de duras negociações para recuperarem os seus passaportes.

Esse mesmo ano conhecera o epílogo de um incrível caso passado com o Partido Comunista Francês. No começo de 1931, o Komintern enviou ao PCF um representante e instrutores encarregados de assumir o controle do Partido. Em julho, o verdadeiro chefe do Komintern, Dimitri Manuilski, desembarcou clandestinamente em Paris e revelou diante de um Bureau Político siderado que havia no seu interior um "grupo" que se dedicava ao trabalho de fracioná-lo. Tratava-se, na realidade, de uma encenação destinada a provocar uma crise que causaria o enfraquecimento da direção do PCF, tornando-o dependente de Moscou e de seus homens. Entre os chefes do famoso "grupo" foi apontado Pierre Celor, um dos principais dirigentes do Partido desde 1928, que foi chamado a Moscou sob o pretexto de lhe ser confiado o cargo de representante do Partido junto ao Komintern. No entanto, logo ao chegar, Celor foi tratado como "provocador". Totalmente relegado ao ostracismo, sem receber qualquer salário, só conseguiu sobreviver ao rude inverno russo graças às cartas de

---

[25] José Bullejos, *La Comintern en España*, México, 1972, p. 206.

356 *O Livro Negro do Comunismo*

alimentação de sua mulher, que o acompanhara e trabalhava no Komintern. Em 8 de março de 1932, foi convocado para assistir a uma reunião da qual participavam membros do NKVD que, durante um interrogatório de 12 horas, tentaram fazer com que ele "confessasse" ser um "agente de polícia infiltrado no Partido". Celor não confessou nada e, após inúmeros vexames e pressões, conseguiu voltar à França em 8 de outubro de 1932, para se ver imediatamente denunciado como "pelego".

Foi nesse mesmo ano de 1932 que foram criadas em muitos partidos comunistas, segundo o modelo bolchevique, seções de quadros, dependentes da seção central de quadros do Komintern; essas seções estavam encarregadas de organizar dossiês completos dos militantes e de reunir questionários biográficos e autobiográficos detalhados de todos os dirigentes. Só no que diz respeito ao partido francês, mais de cinco mil desses dossiês biográficos foram enviados a Moscou antes da guerra. O questionário biográfico, com mais de 70 perguntas, incluía cinco grandes rubricas: 1) Origens e situação social; 2) Função dentro do Partido; 3) Educação e nível intelectual; 4) Participação na vida social; e 5) Registro criminal e repressão. Todos esses elementos, destinados a efetuar uma triagem dos militantes, estavam centralizados em Moscou, onde eles eram conservados por Anton Krajevski, Tchernomordik ou Gevork Alikhanov, os patrões sucessivos do departamento de quadros do Komintern que, por sua vez, estava ligado à seção de estrangeiros do NKVD. Em 1935, Meir Trilisser, um dos mais importantes responsáveis do NKVD, foi nomeado secretário do Comitê Executivo do Komintern, encarregado do controle dos quadros. Sob o pseudônimo de Mikhail Moskvine, ele recolhia as informações e denúncias e decidia sobre a queda em desgraça, primeira etapa no caminho de uma próxima liquidação.[26] Esses serviços de quadros foram paralelamente encarregados de elaborar "listas negras" de inimigos do comunismo e da URSS.

Desde muito cedo, se não foi desde a origem, as seções do Komintern serviram como celeiros para o recrutamento de agentes de informação a serviço da URSS. Em alguns casos, os militantes que aceitavam esse trabalho ilegal, e consequentemente clandestino, ignoravam que na realidade eles trabalhavam para um dos serviços soviéticos: o Serviço de Informações do Exército Vermelho (GRU ou IV Repartição), o departamento de estrangeiros da Tcheka-GPU (Inostranny Otdel, INO), o NKVD etc. Esses diferentes apa-

---

[26] Guillaume Bourgeois, "Comment Staline dirigeait le PC", *Le Nouvel Observateur*, 5-11 de agosto de 1993. Arkadi Vaksberg, *op. cit.*, pp. 62-4. Annie Kriegel, Stéphane Courtois, *Eugen Fried. Le grand secret du PCF*, Le Seuil, 1997, capítulo 13.

O Komintern em ação

relhos constituíam uma trama inextricável e nutriam uma rivalidade feroz que os levava a corromper os agentes dos serviços vizinhos. Em suas memórias, Elsa Poretski dá inúmeros exemplos dessa concorrência.[27]

As listas negras do PCF

A partir de 1932, o PCF começou a reunir informações sobre pessoas que, de acordo com seu ponto de vista, seriam suspeitas ou perigosas para suas atividades. Essas listas nasceram, então, paralelamente à tomada de controle do aparelho dos quadros pelos emissários do Komintern. Com a criação da seção de quadros, destinada a selecionar os melhores militantes, aconteceu precisamente o inverso: as listas denunciavam aqueles que "falharam" de uma maneira ou de outra. De 1932 a junho de 1939, o PCF publicou 12 listas negras sob títulos ao mesmo tempo diferentes e similares: *Lista negra dos provocadores, traidores, espiões cassados das organizações revolucionárias francesas* ou *Lista negra dos provocadores, ladrões, escroques, trotskistas, traidores cassados das organizações operárias francesas etc.* Para justificar essas listas, que até o início da guerra recensearam mais de mil nomes, o PCF utilizou um argumento político simples: "A luta da burguesia contra a classe operária e as organizações revolucionárias em nosso país se tornam cada vez mais acesas."

Os militantes deviam fornecer detalhes físicos ("altura e peso, cabelos e sobrancelhas, testa, olhos, nariz, boca, queixo, forma do rosto, cor da pele, sinais particulares" — *Lista n°. 10*, de agosto de 1938), "todas as informações úteis que facilitem [a] procura" dos indivíduos denunciados, assim como seus locais de residência. Cada militante era, em maior ou menor grau, obrigado a entrar na pele de agente auxiliar de uma polícia privada e se fazer passar por um tchekista.

Alguns desses "suspeitos" eram verdadeiramente autênticos bandidos, ao passo que outros eram opositores à linha do Partido, quer fossem seus membros ou não. Nos anos 1930, os primeiros a serem visados foram os militantes comunistas seguidores de Jacques Doriot e do seu grupo de Saint-Denis, e depois deles, os trotskistas. No que lhes dizia respeito, os comunistas franceses aceitaram sem discutir os argumentos dos grandes irmãos soviéticos: os trotskistas passaram a ser "um bando selvagem e sem princípios de sabotadores, de agentes diversionistas e assassinos sob as ordens de serviços de espionagem estrangeiros" (*Relatório n° 1 das Listas Negras 1 a 8, s.d.*).

A guerra, a interdição do PCF, que defendia a aproximação germano-soviética, e a ocupação alemã levaram o Partido a reforçar as suas tendências policiais. Foram denunciados os militantes que haviam se recusado a apoiar a aliança Hitler-Stalin, incluindo os que se juntaram à resistência, como Adrien Langumier, que tinha como cobertura um trabalho de redator no *Temps Nouveauxàe* de Luchaire (ao contrário, o PCF nunca denunciou Frédéric Joliot-Curie pelo artigo bastante comprometedor

---

[27] *Les Nôtres*, Denoël, "Lettres nouvelles", 1969, reed. em 1995.

O Livro Negro do Comunismo

que ele escreveu em 15 de fevereiro de 1941 no mesmo jornal), ou como René Nicod, antigo deputado comunista d'Oyonnax, cuja atitude para com seus antigos camaradas foi irrepreensível. Sem mencionar Jules Fourrier, que a "polícia do Partido" tentou, sem sucesso, liquidar; Fourrier votara a favor da concessão de plenos poderes a Pétain e, a partir do fim de 1940, participou da criação de uma rede de resistência; foi deportado para Buchenwald, e, mais tarde, para Mauthausen.

Ao lado desses, houve os que participaram, em 1941, da fundação do Partido Operário e Camponês Francês em torno do antigo secretário do PCF, Marcei Gitton, morto nesse mesmo ano por militantes comunistas. O PCF arrogou-se o direito de declará-los "traidores do Partido e da França". Por vezes, algumas das notícias de acusação eram seguidas desta menção: "Recebeu o castigo que merecia." Inclusive, houve casos de militantes suspeitos de traição que foram assassinados e "reabilitados" depois da guerra, tal como Georges Déziré.

Em plena caça aos judeus, o PC usava de estranhos métodos para denunciar os seus "inimigos": "C... Renée, dita Tania, ou dita Thérèse, do XIV bairro de Paris. *Judia da Bessarábia*" "De B..., *Judeu estrangeiro*. Renegado, difama o PC e a URSS". A mão de obra de imigrantes (MOI), organização que reunia os militantes comunistas estrangeiros, recorreu a uma linguagem não menos característica: "R. Judeu (não é o seu verdadeiro nome). Trabalha com um grupo judeu inimigo." Porém, o PC nunca se esquecia de seu ódio para com os militantes trotskistas: "D... Ivone. Praça do Gal.-Beuret, Paris VII. [...] Trotskista, esteve em contato com o POUM. Difama a URSS." É bastante provável que, durante as prisões, a polícia de Vichy ou a Gestapo conseguiu pôr as mãos nessas listas. O que aconteceu às pessoas então denunciadas?

Em 1945, o PC publicou uma nova série de listas negras para,* segundo a expressão utilizada na época, os adversários políticos, alguns dos quais haviam escapado por muito pouco de tentativas de assassinato. Evidentemente, a institucionalização da lista negra remete à redação de listas de potenciais acusados, elaboradas pelos órgãos de segurança soviéticos (Tcheka, GPU, NKVD). É uma prática universal dos comunistas, inaugurada no começo da guerra civil na Rússia. Na Polônia, no final da guerra, essas listas compreendiam 48 categorias de indivíduos a serem vigiados.

Não tardou que o imbróglio dos serviços fosse suplantado por um fator decisivo: tanto o Komintern quanto os serviços especiais responderam ao poder supremo da direção dos PCUS, chegando a prestar contas de suas ações a Stalin. Em 1932, Martemiam Riutine, que conduzira cuidadosamente e sem remorsos a repressão aos opositores, entrava por sua vez em rota de colisão com Stalin. Ele redigiu uma moção na qual declarava: "Stalin tem hoje, dentro do Komintern, o estatuto de um papa infalível. [...] Stalin tem na mão, graças

---

* Declarar abolidos todos os princípios e os direitos de cidadania de alguém. [N. do T.]

O *Komintern* em ação

a uma dependência material direta e indireta, todos os quadros dirigentes do Komintern, não apenas em Moscou, mas em toda parte, e é esse o argumento decisivo que confirma a sua invencibilidade no domínio teórico."[28] A partir do final dos anos 1920, o Komintern, que dependia financeiramente do Estado soviético, perdeu a maior parte de sua autonomia. A essa dependência material, que ampliava a dependência política, veio ainda juntar-se a dependência policial.

A pressão cada vez mais forte dos serviços policiais sobre os militantes do Komintern teve como resultado a instauração do medo e da desconfiança entre eles. Ao mesmo tempo que a delação gangrenava as relações, a suspeita invadia os cérebros. Delação que era de duas ordens: as denúncias voluntárias e as arrancadas através de torturas físicas e mentais. Por vezes, era simplesmente o medo que as desencadeava. Alguns militantes sentiam-se honrados por denunciarem os seus camaradas. O caso do comunista francês André Marty é característico dessa raiva paranoica, desse zelo frenético de mostrar-se como o mais vigilante dos comunistas; em uma carta "estritamente confidencial", datada de 23 de junho de 1937, dirigida ao primeiro-secretário do Komintern, Georgi Dimitrov, Marty formulava uma longa denúncia contra o representante da Internacional na França, Eugen Fried, dizendo-se admirado por ele ainda não ter sido preso pela polícia francesa[...] o que, no mínimo, lhe parecia suspeito![29]

Sobre os processos de Moscou

Os fenômenos do terror e dos processos suscitaram inevitavelmente interpretações divergentes.

Eis o que Boris Suvarin escreveu a esse respeito:

"Com efeito, é demasiado exagerado pretender que os processos de Moscou sejam fenômenos exclusivos e específicos dos russos. Sob um cunho nacional inegável podemos, examinando bem a situação, discernir um outro aspecto, bastante generalizado.

"Para começar, é necessário renunciar ao preconceito segundo o qual o que é possível na Rússia não o seria na França. Na realidade, as confissões extorquidas dos acusados não deixam os franceses mais perplexos do que os russos. E aqueles que, por solidariedade fanática para com o bolchevismo, as acham naturais são seguramente muito mais numerosos fora da URSS do que no seu interior. [...]

---

[28] Citado por Arkadi Vaksberg, *op. cit.*, p. 32. Em uma carta à oposição russa, Boris Suvarin tentou atrair a atenção para esse fenômeno e suas consequências. Ver Boris Suvarin, *À contre-courant. Écrits 1925-1939*. Denoël, 1984, pp. 138-47.

[29] Annie Kriegel, Stéphane Courtois, *Eugen Fried. Le grand secret du PCF*, *op. cit.*, p. 293.

360   *O Livro Negro do Comunismo*

> "Durante os primeiros anos da Revolução Russa, era costume resolver todas as dificuldades de interpretação colocando a responsabilidade na 'alma eslava'. No entanto, somos forçados a verificar na Itália, e depois na Alemanha, a ocorrência de fatos até então reputados como especificamente russos. Solte-se a besta humana, e as mesmas causas produzem os mesmos efeitos, nos latinos, nos alemães ou nos eslavos, a despeito da diferença de formas e de aparências.
>
> "Por outro lado, será que não existem na França e em outros lugares pessoas de todas as espécies que enchem de contentamento as maquinações atrozes de Stalin? A redação do *UHumanité*, por exemplo, nada fica a dever à do *Pravda* em matéria de servilismo e baixeza, sem ter, no entanto, a desculpa de estar presa pelas tenazes de uma ditadura totalitária. O acadêmico Komarov continua a se desonrar, pedindo por mais cabeças na Praça Vermelha de Moscou, mas não poderia se recusar a fazê-lo sem cometer um ato consciente de suicídio. O que dizer então de um Romain Rolland, de um Langevin, de um Malraux, que admiram e aprovam o regime dito soviético, a sua 'cultura' e a sua 'justiça', sem ser obrigado a isso pela fome ou pela tortura?"
>
> *(Le Figaro Littéraire,* 19 de julho de 1937)

Nesse mesmo gênero, eis um extrato de uma dessas cartas enviadas "ao camarada L. P. Beria" (o comissário interior da URSS) pela búlgara Stella Blagoieva, obscura funcionária da seção de quadros do Comitê executivo do Komintern: "O Comitê Executivo da Internacional Comunista dispõe de informações redigidas por toda uma série de camaradas, militantes de partidos-irmãos, que julgamos necessário enviar-lhes para que se possa confirmar e tomar as medidas que forem necessárias. [...] Um dos secretários do Comitê Central do Partido Comunista da Hungria, Karakach, tem mantido conversas que testemunham a sua insuficiente devoção ao Partido de Lenin e de Stalin. [...] Os camaradas colocam também uma questão muito séria: por que, em 1932, o tribunal húngaro não lhe aplicou uma pena superior a três anos de prisão, quando em plena ditadura do proletariado, na Hungria, Karakach executou penas de morte decididas pelo Tribunal Revolucionário? [...] As múltiplas alocuções dos camaradas alemães, austríacos, letões, polacos e outros demonstram que a emigração política está particularmente suja. É preciso extirpar essa erva daninha com toda a determinação."[30]

Arkadi Vaksberg afirma que os arquivos do Komintern contêm dezenas (e mesmo centenas) de denúncias, fenômeno que testemunha a decadência moral a que chegaram os membros do Komintern ou os funcionários do Partido

---

[30] Citado por Arkadi Vaksberg, *op. cit.*, pp. 46-7.

O Komintern em ação

Comunista da União Soviética. Essa decadência tornou-se gritante durante os grandes processos da "velha guarda" bolchevique, que havia cooperado na edificação de um poder apoiado na "mentira absoluta"

O grande terror atinge o Komintern

O assassinato de Kirov, em 19 de dezembro de 1934, deu a Stalin um excelente pretexto para passar de uma repressão severa para a instauração de um verdadeiro terror, tanto no Komintern quanto no Partido russo.[31] A história dos PCUS e a do Komintern entraram numa nova fase. O terror até então exercido contra a sociedade voltava-se contra os atores do poder sem partilha que o PCUS e seu onipotente primeiro-secretário exerciam.

As primeiras vítimas foram os membros da oposição russa já aprisionados. Em fins de 1935, os detidos, libertados no final das respectivas penas, foram novamente encarcerados. Vários milhares de militantes trotskistas foram reunidos na região de Vorkuta. Eram cerca de 500 nas minas, mil no campo de Ukhto-Pechora e, ao todo, vários milhares na área de Pechora. Em 27 de outubro de 1936, mil desses prisioneiros[32] iniciaram uma greve de fome de 132 dias. Reivindicavam a sua separação dos presos de direito comum e de viverem com a família. Ao fim de quatro semanas, um dos prisioneiros faleceu. Muitos outros sofreram a mesma sorte até que a administração anunciou que seriam atendidas as reivindicações. No outono seguinte, 1.200 prisioneiros (metade dos quais trotskistas) foram reunidos nas proximidades de uma antiga fábrica de tijolos. No fim de março, a administração elaborou uma lista de 25 prisioneiros, que receberam um quilo de pão e ordens para se prepararem para partir. Momentos depois, escutava-se o estrondo de um fuzilamento. Admitiu-se o pior quando, pouco tempo depois, os prisioneiros viram regressar a escolta do grupo. Dias depois, nova chamada e novo estrondo de fuzilamento. E assim continuou até o fim de maio. Os guardas regavam os cadáveres com gasolina, a fim de queimá-los e fazer com que desaparecessem. O NKVD difundia, via rádio, o nome dos fuzilados "por agitação contrarrevolucionária, sabotagem, banditismo, recusa ao trabalho, tentativa de fuga etc.". As mulheres não foram poupadas. A mulher de um militante executado era automaticamente passível da pena capital, e os filhos de um oposicionista, desde que tivessem mais de 12 anos, estavam sujeitos ao mesmo procedimento.

---

[31] Alla Kirilina, *L'Assassinai de Kirov. Destin d'un stalinien, 1888-1934*, Le Seuil, 1995.

[32] Incluindo mulheres e crianças, segundo Joseph Berger. *Le Naufrage d'une génération*, *op. cit.*, pp. 103-5.

Cerca de 200 trotskistas de Magadan, "capital" de Kolyma, recorreram também à greve de fome para obter o estatuto de preso político. Em sua proclamação, denunciavam os "carrascos-*gangsters*" e afirmavam que o "fascismo de Stalin era bem pior que o de Hitler". Em 11 de outubro de 1937, eles foram condenados à morte, sendo que 74 deles foram fuzilados em 26 e 27 de outubro e 4 de novembro. Essas execuções continuaram entre 1937 e 1938.[33]

Em todos os países onde os comunistas estavam presentes, foram-lhes dadas ordens para combaterem a influência de uma minoria de militantes que se juntava a Léon Trotski. A partir da guerra espanhola, a operação tomou um novo rumo, que consistia em associar, da maneira mais mentirosa, trotskismo e nazismo, no mesmo momento em que Stalin preparava sua aproximação de Hitler.

O Grande Terror desencadeado por Stalin logo atingiu o aparelho central do Komintern. Em 1965, Branko Lazitch tentou uma primeira abordagem da liquidação dos membros do Komintern sob o título evocador de *Martirológio do Komintern*.[34] Boris Suvarin concluía seus "Comentários sobre o 'Martirológio'", que se seguiam ao artigo de B. Lazitch, com uma observação a respeito dos modestos colaboradores do Komintern, vítimas anônimas do Grande Expurgo. Guardá-lo na memória não *é* inútil quando se aborda esse capítulo especial da história do comunismo soviético: "A maior parte desapareceu nessa chacina do Komintern, que foi apenas *uma ínfima parte de um massacre incomensurável, o de milhões de operários e camponeses lavradores,* imolados sem causa nem razão por uma monstruosa tirania que se rotulava como proletária."

Os funcionários do aparelho central assim como os das seções nacionais foram ceifados pela máquina repressiva do mesmo modo que o mais humilde dos cidadãos. Com o Grande Expurgo (1937-1938), não foram apenas os opositores que caíram vítimas dos órgãos de repressão, mas também os funcionários do Komintern e dos aparelhos anexos: a Internacional Comunista da Juventude (KIM), a Internacional Sindical Vermelha (Profintern), o Socorro Vermelho (MOPR), a Escola Leninista Internacional, a Universidade Comunista das Minorias Nacionais do Ocidente (KUMNZ) etc. Wanda Pampuch-Bronska, filha do velho companheiro de Lenin, relatou, sob pseudônimo, que, em 1936, a KUMNZ foi dissolvida, e todo o seu pessoal foi preso, assim como a maioria de seus alunos.[35]

---

[33] *Cahiers Léon Trotski*, nº 53, abril de 1994.

[34] *Le Contrat Social*, nº 6, novembro-dezembro de 1965.

[35] Alfred Burmeister, *Dissolution and Aftermath of the Comintern. Experiences and Observations, 1937-1947*, Nova York, 1995, pp. 4-8. Citado por Branko Lazitch.

O Komintern em ação

Ao examinar os documentos dos diversos serviços e seções do Komintern, o historiador Mikhail Panteleiev recenseou 133 vítimas em um efetivo total de 492 pessoas (ou seja, 27%).[36] Entre 19 de janeiro e 17 de setembro de 1937, foram decididas 256 demissões pela Comissão do Secretariado do Comitê Executivo, composta por Mikhail Moskvin (Meir Trilisser), Wilhelm Florin e Jan Anvelt e em seguida pela Comissão Especial de Controle, criada em maio de 1937 e formada por Georgi Dimitrov, M. Moskvin e Dimitri Manuilski. Em geral, a demissão precedia à prisão, com uma demora variável: Elena Walter, demitida do secretariado de Dimitrov em 16 de outubro de 1938, foi presa dois dias mais tarde, ao passo que Jan Borowski (Ludwik Komorowski), despedido em 17 de julho do Comitê Executivo do Komintern, foi preso no dia 7 de outubro seguinte. Em 1937 foram presos 88 empregados do Komintern, e 19 em 1938. Outros tantos eram presos "na própria mesa de trabalho", como foi o caso de Anton Krajewski (Wladyslaw Stein), então responsável pelos serviços de imprensa e propaganda, que foi preso em 26 de maio de 1937. Muitos foram presos logo após o seu regresso de missões no exterior do país.

Todos os serviços foram atingidos, do secretariado aos representantes dos partidos comunistas. De 1937 a 1938, foram presas 41 pessoas do secretariado do Comitê Executivo. No interior do seu Serviço de Ligação (OMS até 1936), foram presas 34 pessoas. O próprio Moskvin foi apanhado pela máquina repressiva em 23 de novembro de 1938 e condenado à morte por fuzilamento no dia 12 de fevereiro de 1940. Jan Anvelt morreu sob tortura, e o dinamarquês A. Munch-Petersen morreu no hospital da prisão em consequência de uma tuberculose crônica. Cinquenta funcionários, nove dos quais mulheres, foram fuzilados. A suíça Lydia Dübi, responsável por uma rede clandestina do Komintern em Paris, foi chamada a Moscou no começo do mês de agosto de 1937. Mal chegou, foi presa juntamente com seus colaboradores, Brichman e Wolf. Acusada de participar da "organização trotskista antissoviética" e de espionagem em favor da Alemanha, da França, do Japão e da[...] Suíça, ela foi condenada à morte pelo Colégio Militar do Tribunal Supremo da URSS, em 3 de novembro, e fuzilada alguns dias depois; a sua cidadania suíça não lhe deu qualquer proteção, e sua família foi brutalmente alertada sobre o veredicto, sem nenhuma explicação complementar. A polonesa L. Jankovskaia foi condenada a oito anos de reclusão na qualidade de "membro da família de um traidor da pátria"; seu marido, Stanislaw Skulski (Mertens), que havia

---

[36] Mikhail Panteleiev, "La Terreur stalinienne au Komintern en 1937-1938: Les chiffres et les causes", *Communisme*, nos 40-41, 1995.

364   *O Livro Negro do Comunismo*

sido preso em agosto de 1937 e fuzilado em 21 de setembro. O princípio da responsabilidade familiar, já aplicado contra o simples cidadão, foi assim estendido aos membros do aparelho.

Ossip Piatnitski (Tarchis) havia sido, até 1934, o número dois do Komintern, logo após Manuilski, encarregado de toda a organização (especialmente do funcionamento dos partidos comunistas estrangeiros e das ligações clandestinas do Komintern no mundo inteiro) e também do setor político e administrativo do Comitê Central dos PCUS. Em 24 de junho de 1937, ele interveio no Plenário do Comitê Central para criticar o reforço da repressão e a atribuição de poderes extraordinários ao chefe do NKVD, Iejov. Furioso, Stalin foi obrigado a interromper a sessão e exerceu as maiores pressões para que Piatnitski se confessasse arrependido. Em vão. No dia seguinte, no recomeço da sessão, Iejov acusou Piatnitski de ser um antigo agente da polícia czarista e, em 7 de julho, ordenou a sua prisão. Em seguida, forçou Boris Müller (Melnikov) a testemunhar contra Piatnitski e, no dia seguinte à execução de Müller, em 29 de julho de 1938, o Colégio Militar da Corte Suprema julgou Piatnitski, que se recusou a reconhecer-se como culpado de espionagem em favor do Japão. Condenado à morte, foi fuzilado na noite de 29 para 30 de julho.

Muitos membros do Komintern foram acusados de pertencer à "Organização anti-Komintern liderada por Piatnitski, Knorin (Wilhelm Hugo) e Béla Kun". Outros foram apenas considerados trotskistas e contrarrevolucionários. Béla Kun, antigo chefe da Comuna húngara, que no começo de 1937 havia feito oposição a Manuilski, foi acusado por este último (provavelmente cumprindo ordens de Stalin), que afirmou que as críticas de Kun eram feitas diretamente a Stalin. Kun alegou inocência e novamente apontou Manuilski e Moskvin como responsáveis pela má representação do PCUS, que, segundo ele, estava na origem da ineficácia do Komintern. Entre os presentes — Palmiro Togliatti, Otto Kuusinen, Wilhelm Pieck, Klement Gottwald e Arvo Tuominen — ninguém saiu em sua defesa. No final da reunião, Georgi Dimitrov fez com que fosse adotada uma resolução na qual se estipulava que o "caso Kun" fosse examinado por uma comissão especial. Em matéria de comissão especial, tudo a que Kun teve direito foi ser preso à saída da sala de reuniões. Ele foi executado nos porões de Lubianka em data desconhecida.[37]

Segundo Panteleiev, o objetivo final desse expurgo era a erradicação total da oposição à ditadura stalinista.[38] Aqueles que no passado haviam sido

---

[37] François Fejtö, "Comment Staline liquida Béla Kun", *France Observateur*, 9 de abril de 1959. F. Fejtö baseou-se nas memórias de Arvo Tuominen publicadas em Helsinque sob o título *Os Sinos do Kremlin*.

[38] Mikhail Panteleiev, *art. cit.*, p. 48.

O *Komintern em ação*

simpatizantes da Oposição ou que haviam mantido relações com militantes outrora próximos a Trotski foram o alvo principal das repressões. O mesmo aconteceu com os militantes alemães que pertenceram à fração dirigida por Heinz Neumann (ele próprio liquidado em 1937) e com os antigos militantes do Grupo do Centralismo Democrático. Na época, segundo o testemunho de Jakov Matusov, chefe-adjunto do primeiro departamento da Seção Política Secreta do GUGB-NKVD, cada dirigente de alto escalão no aparelho de Estado era objeto, sem o saber, de um dossiê que reunia o material suscetível de ser utilizado contra ele no momento oportuno. Kliment Vorochilov, Andrei Vychinski, Mikhail Kalinin, Lazar Kaganovitch e Nikita Kruschev também tinham os seus. É mais do que provável que os dirigentes do Komintern estivessem sujeitos às mesmas suspeitas.

Acrescentemos que os mais altos responsáveis russos do Komintern participavam ativamente da repressão. Um dos casos mais sintomáticos foi o do italiano Palmiro Togliatti, um dos secretários do Komintern, apresentado após a morte de Stalin como um homem aberto, contrário aos métodos terroristas. Ora, Togliatti acusou Hermann Schubert, um funcionário do Socorro Vermelho Internacional, impedindo-o de se explicar no decorrer da reunião; preso logo após a saída, Schubert foi fuzilado. Um casal de comunistas alemães, os Petermanns, que vieram para a Rússia depois de 1933, foram acusados por Togliatti, durante uma reunião, de serem "agentes de Hitler", pelo fato de manterem correspondência com a família que vivia na Alemanha; eles foram presos algumas semanas mais tarde. Togliatti participou da perseguição a Béla Kun e assinou a resolução que o enviaria à morte. Ele também esteve ativamente envolvido na liquidação do Partido Comunista Polonês, em 1938. Nessa ocasião, aprovou o terceiro dos processos de Moscou, e concluiu: "Morte aos promotores da guerra, aos espiões e aos agentes do fascismo! Viva o Partido de Lenin e de Stalin, guardião vigilante das conquistas da Revolução de Outubro, garantia segura do triunfo da revolução mundial! Viva aquele que continua a obra de Dzerjinski, Nikolai Iejov!"[39]

Terror no interior dos partidos comunistas

Após ter feito a "limpeza" do aparelho central do Komintern, Stalin voltou-se para as diferentes seções da Internacional Comunista. A primeira a sentir os

---

[39] *La Correspondence Internationale*, nº 15, de 12 de março de 1938.

366   *O Livro Negro do Comunismo*

efeitos foi a seção alemã. A comunidade alemã na Rússia Soviética era composta, sem contar os descendentes dos colonos do Volga, por militantes do Partido Comunista Alemão (KPD), por antifascistas refugiados e por operários que haviam deixado a República de Weimar para participarem da "construção do socialismo". Nenhuma dessas qualidades lhes proporcionou qualquer ajuda quando, em 1933, começaram as detenções. No total, dois terços dos antifascistas alemães exilados na URSS foram atingidos pela repressão.

No que concerne à sorte dos militantes comunistas, ela é hoje conhecida graças à existência de listas, as "kaderlistens", elaboradas sob a responsabilidade dos dirigentes do KPD, Wilhelm Pieck, Wilhelm Florin e Herbert Wehner, que se serviram delas para excluir os comunistas sancionados e/ou vítimas da repressão. A primeira lista data de 3 de setembro de 1936, e a última, de 21 de junho de 1938. Um outro documento, datado do final dos anos 1950 e elaborado pela Comissão de Controle do SED (foi com o nome do Partido Socialista Unificado que, depois da guerra, se reconstituiu o Partido Comunista da antiga RDA), registra 1.136 pessoas. As detenções atingem o seu ápice em 1937 (619) e prosseguem até 1941 (21). O destino de metade dessas pessoas (666) é desconhecido: supõe-se que tenham morrido na prisão. Em contrapartida, sabe-se de fonte segura que 82 pessoas foram executadas, 197 morreram na prisão ou em campos de concentração e 132 foram entregues aos nazistas. Os cerca de 150 indivíduos gravemente condenados e que sobreviveram conseguiram sair da URSS, depois de cumpridas as suas penas. Um dos motivos ideológicos invocados para justificar a detenção desses militantes foi que eles não haviam sido capazes de derrubar Hitler, como se Moscou não tivesse grande responsabilidade na subida dos nazistas ao poder.[40]

Mas o episódio mais trágico, no qual Stalin demonstrou a medida exata do seu cinismo, foi a entrega dos antifascistas alemães a Hitler. Foi em 1937 que as autoridades soviéticas decidiram expulsar os refugiados alemães. Em 16 de fevereiro, dez deles foram condenados à expulsão pelo OSO. Alguns são conhecidos: Emil Larisch, técnico, que vivia na Rússia desde 1921; Arthur Thilo, engenheiro, vindo em 1931; Wilhelm Pfeiffer, comunista de Hamburgo; Kurt Nixdorf, universitário, empregado do Instituto Marx-Engels. Todos eles foram presos no decorrer de 1936, sob a acusação de espionagem ou de "atividades fascistas", e o embaixador alemão von Schulenburg interviera junto a Maxim Litvinov, ministro soviético das relações exteriores, a respeito deles. Pfeiffer

---

[40] *In der fangen des NKWD Deutsche Opfer des stalinistischen Terrors in des UdSSR*, Berlim, Dietz Verlag, 1991.

O Komintern em ação 367

tentou fazer com que ele próprio fosse expulso para a Inglaterra, sabendo que, por ser comunista, seria preso tão logo regressasse à Alemanha. Ao cabo de 18 meses, em 18 de agosto de 1938, ele foi levado à fronteira da Polônia; a partir daí, perdeu-se o seu rastro. Arthur Thilo conseguiu chegar à embaixada britânica em Varsóvia. Muitos não tiveram essa sorte. Otto Walther, litógrafo em Leningrado e que vivia na Rússia desde 1908, chegou a Berlim em 4 de março de 1937; cometeu o suicídio atirando-se da janela da pensão onde estava hospedado.

No final de maio de 1937, von Schulenburg entregou duas listas de alemães presos cuja expulsão era desejada. Entre os 67 nomes, encontram-se os de vários antifascistas, como, por exemplo, o de Kurt Nixdorf. No outono de 1937, as negociações tomaram um novo rumo: os soviéticos aceitaram acelerar as expulsões, como lhes fora solicitado pelos nazistas (cerca de 30 já tinham sido efetuadas). De novembro a dezembro de 1937, 148 alemães foram expulsos; ao longo de 1938, mais 445. Conduzidos até as fronteiras da Polônia e da Letônia, às vezes da Finlândia, os expulsos — entre eles os *Schutzbündler* austríacos — passavam de imediato para o controle dos representantes das autoridades alemãs. Em alguns casos, como o do comunista austríaco Paul Meisel, o deportado foi conduzido em maio de 1938 até a fronteira austríaca, via Polônia, para ser entregue à Gestapo. Paul Meisel, que era judeu, desapareceu em Auschwitz.

O excelente entendimento entre a Alemanha nazista e a Rússia Soviética prefigurava os pactos sovieto-nazistas de 1939, "onde se exprime a verdadeira natureza convergente dos regimes totalitários" (Jorge Semprun). Após a assinatura desses pactos, as expulsões continuaram em condições cada vez mais dramáticas. Depois de a Polônia ser esmagada por Hitler e Stalin, as duas potências ficaram com uma fronteira comum, o que lhes permitia transferir diretamente os expulsos das prisões soviéticas para as alemãs. De 1939 a 1941, de 200 a 300 comunistas alemães foram entregues à Gestapo, como prova da boa vontade soviética em relação a seu novo aliado. Em 27 de novembro de 1939, foi assinado um acordo entre as duas partes. Como consequência, foram expulsas 350 pessoas, de novembro de 1939 a maio de 1941, 85 das quais eram austríacas. Entre os deportados, aparecia Franz Koritschoner, um dos fundadores do Partido Comunista Austríaco, que se tornou funcionário da Internacional Sindical Vermelha; depois de ter sido exilado para o Grande Norte, ele foi entregue à Gestapo de Lublin, transferido para Viena, torturado e executado no dia 7 de junho de 1941, em Auschwitz.

As autoridades soviéticas não levavam em conta a origem judaica de muitos desses deportados: maestro e compositor, Hans Walter David, judeu e membro

368   *O Livro Negro do Comunismo*

do KPD, ele foi entregue à Gestapo e executado em câmara de gás em 1942, no campo de Majdanek. Há muitos outros casos: o físico Alexandre Weissberg, que sobreviveu e escreveu suas memórias. Margarete Buber-Neumann, a companheira de Heinz Neumann — que, afastado da direção do KPD, havia emigrado para a URSS —, foi também testemunha do incrível entendimento entre os nazistas e os soviéticos. Deportada para Karaganda, na Sibéria, ela foi entregue à Gestapo, junto a muitas companheiras de infortúnio em fevereiro de 1940. Essa "troca" lhe custou ser internada em Ravensbrück.[41]

Na ponte de Brest-Litovsk

"No dia 31 de dezembro de 1939, fomos acordados às seis da manhã [...]. Vestidos e devidamente barbeados, tivemos de aguardar algumas horas na sala de espera. Um judeu comunista húngaro, chamado Bloch, que havia fugido para a Alemanha após o insucesso da Comuna de 1919, vivia ali com documentos falsos, continuando a sua militância em favor do Partido. Mais tarde, utilizando-se dos mesmos documentos falsos, ele havia emigrado. Igualmente preso, a despeito dos protestos, ele também foi entregue à Gestapo alemã. [...] Perto da meia-noite, chegaram os ônibus que nos transportaram à estação. [...] Durante a noite de 31 de dezembro de 1939 para 1º de janeiro de 1940, o trem pôs-se em marcha. Levava para casa 70 seres humanos vencidos. [...] Através de uma Polônia devastada, continuávamos a nossa viagem até Brest-Litovsk. Na ponte do rio Bug, estávamos sendo esperados pelo aparelho do outro regime totalitário da Europa, a Gestapo alemã."

Alexandre Weissberg, *L'Accuse*, Fasquelle, 1953. A. Weissberg conseguiu fugir da prisão nazista; juntou-se aos rebeldes poloneses e combateu a seu lado. No fim da guerra, foi para a Suécia e depois para a Inglaterra.

"Três pessoas se recusaram a atravessar essa ponte, a saber: um judio-húngaro chamado Bloch, um operário comunista condenado pelos nazistas e um professor alemão de cujo nome não consigo me lembrar. Eles foram levados à força para a ponte. A raiva dos nazistas, dos SS, abateu-se imediatamente sobre o judeu. Eles nos puseram num trem e nos levaram para Lublin [...]. Em Lublin, fomos entregues à Gestapo. Verificamos então que não somente o NKVD nos entregara à Gestapo, como haviam sido entregues os documentos que nos diziam respeito. Foi assim que eles souberam, entre outras coisas, através do meu dossiê, que eu era a mulher de Neumann e que ele era um dos alemães mais odiados pelos nazistas…"

Margarete Buber-Neumann, "Deposição no Processo Kravchenko contra *Les Lettres Françaises*, 14ª audiência, 23 de fevereiro de 1949. Resumo estenografado",

---

[41] Margarete Buber-Neumann, *Prisonnière de Staline et d'Hitler. 1, Déportée en Sibérie; 2, Déportée à Ravensbrück*, Le Seuil, 1986, 1988.

La Jeune Parque, 1949. Presa em 1937, deportada para a Sibéria e entregue aos nazistas, Margarete Buber-Neumann foi internada no campo de concentração de Ravensbrück até a sua libertação, em abril de 1945.

Ao mesmo tempo que os comunistas alemães, os quadros do Partido Comunista da Palestina, muitos dos quais haviam emigrado da Polônia, foram apanhados pela máquina do terror. Joseph Berger (1904-1978), antigo secretário do PCP, de 1929 a 1931, preso em 27 de fevereiro de 1935, só veio a ser libertado depois da realização do XX Congresso, em 1956. A sua sobrevivência representa uma exceção. Muitos outros militantes foram executados em diversos momentos e outros desapareceram em campos de concentração. Wolf Averbuch, que fora diretor de uma fábrica de tratores em Rostov-sobre-o-Don, foi preso em 1936 e executado em 1941. A política sistemática de destruição dos membros do PCP ou de grupos sionistas-socialistas vindos para a Rússia deve ser diretamente ligada à política soviética relativa à minoria judaica e à constituição do Birobidjan,* cujos responsáveis foram perseguidos. O professor Josif Liberberg, presidente do Comitê Executivo do Birobidjan, foi denunciado como "inimigo do povo". Depois dele, os outros quadros da região autônoma que chefiavam instituições foram sujeitos a perseguições. Samuel Augurskij (1884-1947) foi acusado de pertencer a um pretenso Centro Judaico-Fascista. Toda a seção judaica do Partido russo (a "Jewsekija") foi desmantelada. O objetivo era a destruição das instituições judaicas, ao mesmo tempo que o Estado soviético procurava obter o apoio de personalidades judaicas fora da URSS.[42]

Um dos grupos mais atingidos pelo terror foi o dos comunistas poloneses. Nas estatísticas existentes sobre a repressão, eles vêm em segundo lugar, logo depois dos russos. É verdade que, muito excepcionalmente, o Partido Comunista Polonês (KPP) havia sido oficialmente dissolvido, através do voto expresso do Comitê Executivo do Komintern, em 16 de agosto de 1938. Stalin sempre suspeitara de que o KPP estava infestado por muitos e diferentes desvios. Muitos dirigentes comunistas poloneses haviam pertencido aos círculos próximos

---

* Território autônomo constituído em 1934 pelos soviéticos, destinado a ser ocupado pelos judeus. [N. do T.]

[42] Mario Kessler, "Der Stalinsche Terror gegen jüdische Kommunisten", *Kommunisten verfolgen Kommunisten. Stalinischer Terror und "Sauberungen" in den Kommunistischen Parteien Europas seit des dreißiger Jahren*, Berlim, Akademie Verlag, 1993, pp. 87-102. Sobre a história do Birobidjan, ver Henri Slovès, *L'État Juif de l'Union Soviétique*, Les Presses d'aujourd'hui, 1982.

de Lenin antes de 1917 e viviam na URSS sem qualquer proteção jurídica. Em 1923, o KPP tomou posição ao lado de Trotski. Às vésperas da morte de Lenin, a sua direção havia adotado uma resolução em favor da Oposição. Em seguida, o seu "luxemburguismo" foi criticado. Por ocasião do V Congresso do Komintern, em junho-julho de 1924, Stalin afastou a direção histórica do KPP — Adolf Warski, Maximilian Walecki e Wera Kostrewa-Kochtchva —, primeiro passo para a tomada do controle por parte do Komintern. Depois, o KPP foi denunciado como um foco de trotskismo. O que não explica, por si só, o expurgo radical que atingiu o partido, cujos dirigentes eram, em grande parte, de origem judaica. Houve ainda o caso da Organização Militar Polonesa (POW), ocorrido em 1933 (ver a contribuição de Andrzej Paczkowski). É preciso igualmente ter em mente o seguinte fator: a política do Komintern tendia a impor a sua seção polonesa uma ação inteiramente voltada para o enfraquecimento do Estado polonês em benefício da URSS e da Alemanha. A hipótese segundo a qual a liquidação do KPP foi sobretudo motivada pela necessidade de preparar a assinatura dos acordos germano-soviéticos merece ser considerada seriamente. A forma como Stalin empenhou-se é do mesmo modo reveladora: ele exerceu uma pressão de modo que — com a ajuda dos aparelhos do Komintern — todas as suas futuras vítimas fossem obrigadas a retornar a Moscou e cuidou para que nenhuma pudesse escapar. Sobreviveram somente os que estavam presos na Polônia, como foi o caso de Wladyslaw Gomulka.

Em fevereiro de 1938, *A Correspondência Internacional,* publicação bissemanal oficial do Komintern, num artigo assinado por J. Swiecicki, acusou todo o conjunto do KPP. No decurso do expurgo iniciado em junho de 1937 — convocado a Moscou, o primeiro-secretário Julian Lenski desapareceu poucos dias depois —, 12 membros do Comitê Central, numerosos dirigentes de segundo escalão e várias centenas de militantes foram liquidados. O expurgo estendeu-se aos poloneses alistados nas Brigadas Internacionais: os responsáveis políticos da Brigada Dombrowski, Kazimerz Cichowski e Gustav Reicher, foram presos quando regressavam a Moscou. Foi somente em 1942 que Stalin se deu conta da necessidade de reerguer um partido comunista polonês, sob o nome de Partido Operário Polonês (PRP), a fim de fazer dele o núcleo de um futuro governo a seu serviço, opositor do governo legal refugiado em Londres.

Os comunistas iugoslavos sofreram muito com o terror stalinista. Proibido em 1921, o Partido Comunista Iugoslavo foi obrigado a refugiar-se no exterior, primeiro em Viena, de 1921 a 1936, e depois em Paris, de 1936 a 1939; mas foi sobretudo em Moscou, a partir de 1925, que se constituiu seu principal centro.

O Komintern em ação

Um primeiro núcleo de emigrantes iugoslavos — rapidamente reforçados por uma nova onda de emigração resultante da instauração da ditadura do rei Alexandre, em 1929 — formou-se em torno dos alunos da Universidade Comunista das Minorias Nacionais (KUNMZ), da Universidade Comunista de Serdlov e da Escola Leninista Internacional. Nos anos 1930, viviam na URSS[43] entre 200 e 300 comunistas iugoslavos, todos bem integrados, principalmente nas administrações internacionais do Komintern e da Internacional Comunista da Juventude. Por essa razão, eles estavam evidentemente ligados ao PCUS.

As lutas constantes que opunham as diversas facções que disputavam a liderança do PCI deram-lhes uma má reputação. Nessas circunstâncias, a intervenção da direção do Komintern tornou-se cada vez mais frequente e intensa. Em meados de 1925, foi feita uma "tchistka", uma averiguação-depuração, na KUNMZ; os estudantes iugoslavos, favoráveis à Oposição, resistiram à reitora, Maria J. Frukina. Alguns foram expulsos e censurados, e quatro deles (Ante Ciliga, Dedic, Dragic e Eberling) foram presos e enviados à Sibéria. Em 1932, houve uma nova depuração no PCI, promovendo a exclusão de 16 militantes.

Depois do assassinato de Kirov, o controle sobre os emigrantes políticos foi reforçado e, no outono de 1936, todos os militantes do PCI foram sujeitos a averiguações, antes que o terror os atingisse. Mais bem conhecido do que a sorte dos trabalhadores anônimos, o destino dos emigrantes políticos revela que oito secretários e 15 outros membros do Comitê Central do PCI, além de 21 secretários de direções regionais ou locais foram presos e desapareceram. Um dos secretários do PCI, Sima Markovitch, forçado a refugiar-se na URSS, trabalhou na Academia de Ciências antes de ser preso, em julho de 1939; condenado a dez anos de trabalhos forçados, sem direito a manter correspondência com a família, morreu na prisão. Outros foram imediatamente executados, tais como os irmãos Vujovic, Radomir (membro do Comitê Central do PCI) e Gregor (membro do Comitê Central da Juventude); um terceiro irmão, Voja, antigo responsável da Internacional Comunista da Juventude, que permanecera solidário a Trotski em 1927, desapareceu, e, de fato, a sua prisão acarretou a dos outros irmãos. Secretário do Comitê Central do Partido Comunista Iugoslavo de 1932 a 1937, Milan Gorkic foi acusado de ter criado uma "organização antissoviética dentro da Internacional e de ter comandado um grupo terrorista infiltrado no Komintern, organização liderada por Knorin e Piatnitski".

---

[43] Ubavka Vujosevic e Vera Mujbegovic, "Die Jugoslavischen Kommunisten in den stalinistischen 'Sauberungen' 1929 bis 1949", *in* Hermann Weber und Dietrich Staritz, *Kommunisten verfolgen Kommunisten, op. cit.*, pp. 157-73.

372   *O Livro Negro do Comunismo*

Em meados dos anos 1960, o PCI reabilitou uma centena de vítimas da repressão, mas nunca foi feita uma investigação sistemática sobre o assunto. É verdade que a abertura de um inquérito desse tipo colocaria indiretamente a questão das vítimas da repressão exercida contra os partidários da URSS na Iugoslávia, após a cisão de 1948. Ela teria, sobretudo, destacado que a ascensão de Tito (Josip Broz) à liderança do Partido, em 1938, havia sido consecutiva a uma depuração particularmente sangrenta. O fato de Tito, em 1948, ter se revoltado contra Stalin em nada diminuiu as suas responsabilidades na depuração dos anos 1930.

A caça aos "trotskistas"

Depois de ter dizimado as fileiras dos comunistas estrangeiros que viviam na URSS, Stalin voltou-se para os "dissidentes" que viviam no exterior. Foi assim que o NKVD teve a oportunidade de demonstrar o seu poderio mundial.

Um dos casos mais espetaculares foi o de Ignaz Reiss, cujo verdadeiro nome era Nathan Poretski. Reiss era um dos jovens judeus revolucionários oriundos da guerra de 1914/1918, como tantos outros que a Europa Central conheceu e que o Komintern recrutou.[44] Agitador profissional, ele trabalhava numa rede clandestina internacional, chegando a ser condecorado com a Ordem da Bandeira Vermelha, por excelente desempenho em suas funções. Em 1935 ele foi "recuperado" pelo NKVD, que passava a assumir o controle de todas as redes que funcionavam no exterior, tendo sido encarregado de espionagem na Alemanha. O primeiro grande processo de Moscou perturbou profundamente Reiss, que decidiu romper com Stalin. Conhecendo os costumes da "casa", preparou cuidadosamente a sua deserção e, no dia 17 de julho de 1937, tornou pública uma carta dirigida ao Comitê Central do PCUS, na qual ele se explicava e atacava abertamente Stalin e o stalinismo, "essa mistura do pior oportunismo — um oportunismo sem moral —, de sangue e de mentiras, que ameaçava envenenar o mundo inteiro e aniquilar o que restava do movimento operário". Ao mesmo tempo, Reiss anunciava a sua aliança com Léon Trotski. Ele acabava, assim, de assinar a sua sentença de morte. O NKVD acionou imediatamente a sua rede na França, que conseguiu localizá-lo na Suíça e preparou-lhe uma armadilha. Na noite de 4 de setembro, em Lausanne, Reiss

---

[44] Sobre o caso Reiss, devem-se ler as memórias de sua mulher, Elizabeth Poretski, *Les Nôtres*, Denoêl, 1969; e Peter Huber, Daniel Kunzi, "O assassinato de Ignaz Reiss", *Communisme*, nᵒˢ 26-27, 1990.

O Komintern em ação

foi crivado de balas por dois comunistas franceses, enquanto uma agente feminina do NKVD tentava assassinar a mulher e o filho do "traidor" com uma caixa de chocolates envenenados. A despeito das investigações conduzidas na Suíça e na França, os assassinos e seus cúmplices nunca foram encontrados e condenados. Trotski imediatamente levantou suspeitas sobre Jacques Duclos, um dos secretários do PCF, e encarregou o seu secretário, Jan Van Heijenoort, de enviar o seguinte telegrama ao chefe de governo francês: "Chautemps Presidente do Conselho Paris / Sobre caso assassinato Ignaz Reiss I Roubo de meus arquivos e crimes análogos / Permita-me insistir necessidade submeter interrogatório pelo menos como testemunha, Jacques Duclos vice-presidente Câmara Deputados, velho agente GPU."[45]

Duclos era vice-presidente da Câmara dos Deputados desde junho de 1936 e não foi dado qualquer seguimento ao telegrama.

O assassinato de Reiss foi, sem dúvida, espetacular, mas integrava-se num grande plano de liquidação dos seguidores de Trotski. Ninguém pode se espantar com o fato de, na URSS, os trotskistas terem sido chacinados como tantos outros. Em contrapartida, o que pode nos surpreender é a cólera com que os serviços especiais liquidavam fisicamente os opositores em todo o mundo, ou ainda os grupos trotskistas organizados em diferentes países. Na base desse "empreendimento" havia um paciente trabalho de infiltração.

Em julho de 1937, o responsável do Secretariado Internacional da Oposição Trotskista, Rudolf Klement, desapareceu. Em 26 de agosto, um corpo decapitado e sem pernas foi pescado no rio Sena e pouco depois identificado como sendo o de Klement. O próprio filho de Trotski, León Sedov, morreu em Paris no dia 16 de fevereiro de 1938, como resultado de uma operação; as condições altamente suspeitas que rodearam a sua morte levaram seus parentes a suspeitarem de um assassinato organizado pelos serviços soviéticos.[46] Ao contrário, em suas memórias,[47] Pavel Sudoplatov assegurava que nada disso realmente aconteceu. Em todo caso, não restam dúvidas de que León Sedov encontrava-se em estreita vigilância do NKVD. Um de seus amigos, Mark Zborowski, era um agente infiltrado no movimento trotskista.

---

[45] Jan Van Heijenoort, *De Prinkipo à Coyoacan. Sept ans auprès de L. Trotski*, Les Lettres Nouvelles, Maurice Nadeau, 1978, p. 172.

[46] É também a opinião sustentada por seu biógrafo, Pierre Broué, no seu livro: *Léon Sedov, fils de Trotski, victime de Staline*, Les Éditions Ouvrières, 1993.

[47] Pavel Sudoplatov, *Missions spéciales*, Seuil, 1994, pp. 115-6.

374 O Livro Negro do Comunismo

> **Louis Aragon, Prelúdio ao Tempo das Cerejas**
>
> Eu canto a GPU que se forma
> na França agora mesmo
> Eu canto a GPU necessária da França
> Eu canto as GPUs de todos os lugares e de lugar nenhum
> Eu exijo uma GPU para preparar o fim de um mundo
> Exijam uma GPU para preparar o fim de um mundo
> para defender os que são traídos
> para defender os que são sempre traídos
> Exija a GPU vocês que são dobrados e vocês que são mortos
> Exijam uma GPU
> Precisamos de uma GPU
> Viva a GPU figura dialética do heroísmo
> para opor essa imagem imbecil dos aviadores
> que os imbecis consideram heróis quando eles arrebentam
> a cara no chão
> Viva a GPU verdadeira imagem da grandeza materialista
> Viva a GPU contra o deus Chiappe e a "Marselhesa"
> Viva a GPU contra o papa e os piolhos
> Viva a GPU contra a resignação dos bancos
> Viva a GPU contra as manobras do Leste
> Viva a GPU contra a família
> Viva a GPU contra as leis infames
> Viva a GPU contra o socialismo dos assassinos do tipo
> Caballero Boncour MacDonald Zoergibel
> Viva a GPU contra todos os inimigos do Proletariado
> VIVA A GPU.
>
> (1931)
>
> (Citado por Jean Malaquais, *Le nommé Louis Aragon ou le patriote professionnel*, suplemento a *Masses,* fevereiro de 1947.)

Em contrapartida, Sudoplatov reconhece ter sido encarregado por Beria e por Stalin, em março de 1939, de assassinar Trotski. Stalin lhe disse: "É preciso acabar com Trotski no prazo de um ano, antes do começo da guerra, que *é* inevitável [...]", acrescentando: "Você fará seus relatórios diretamente ao camarada Beria e a mais ninguém, mas é você quem tem plena responsabilidade pela missão."[48] Iniciou-se, então, uma perseguição implacável, que se estendeu ao México, onde residia o chefe da IV Internacional, passando por Paris, Bruxelas e pelos Estados Unidos. Com a cumplicidade do Partido Comunista

---

[48] *Ibid.*, pp. 99-100.

Mexicano, os agentes de Sudoplatov prepararam um primeiro atentado, em 24 de maio, ao qual Trotski escapou por milagre. Foi graças à infiltração de Ramón Mercader, sob um falso nome, que Sudoplatov encontrou um meio de livrar-se de Trotski. Mercader, que conquistara a confiança de um militante trotskista, conseguiu entrar em contato com o "Velho". Um pouco desconfiado, Trotski aceitou recebê-lo para dar-lhe a sua opinião sobre um artigo escrito em sua defesa, o revolucionário. Mercader então desferiu-lhe um golpe de picareta na cabeça. Gravemente ferido, Trotski deu um grito dilacerante. Sua mulher e seus guarda-costas se precipitaram sobre Mercader, que permaneceu petrificado após ter cometido o crime. Trotski morreu no dia seguinte.

A interpenetração entre os partidos comunistas, as seções do Komintern e os serviços do NKVD havia sido denunciada por Léon Trotski, que estava plenamente consciente de que o Komintern era dominado pela GPU e, depois, pelo NKVD. Numa carta de 27 de maio de 1940, dirigida ao procurador-geral do México, três dias depois da primeira tentativa de assassinato de que fora vítima, Trotski escrevia: "A organização da GPU tem tradições e métodos bem estabelecidos fora da União Soviética. A GPU necessita de uma cobertura legal ou semilegal para o desenvolvimento de suas atividades, assim como de um ambiente favorável para o recrutamento dos seus agentes; ela encontra esse ambiente e essa proteção nos pretensos partidos comunistas."[49] No seu último texto, ainda sobre o atentado sofrido em 24 de maio, ele voltou aos pormenores da operação que quase o vitimara. Para ele, a GPU (Trotski continuava a utilizar o nome adotado em 1922, enquanto ainda estava no poder) era "o órgão principal do poder de Stalin", era o "instrumento da dominação totalitária" na URSS, sendo essa a razão do "espírito de servilismo e de cinismo [que] se espalhou por todo o Komintern e que envenenou o movimento operário até a medula". Ele insiste longamente sobre essa dimensão particular que determina bem as coisas que dizem respeito aos partidos comunistas: "Enquanto organizações, a GPU e o Komintern não são semelhantes, mas estão indissoluvelmente ligados. Estão subordinados um ao outro, e não é o Komintern que dará ordens à GPU; muito pelo contrário, é a GPU que domina completamente o Komintern."[50]

Essa análise, apoiada por inúmeros elementos, era fruto da dupla experiência de Trotski: a adquirida na ocasião em que ele fora um dos dirigentes

---

[49] León Trotski, *Œuvres Complètes*, tomo XXIV, Instituto León Trotski, 1987, pp. 79-82.

[50] León Trotski "L'attentat du 24 mai et le Parti communiste mexicain, le Komintern et la GPU", *op. cit.*, tomo XXIV, pp. 310-61.

376   *O Livro Negro do Comunismo*

do então nascente Estado Soviético, e a do proscrito, perseguido em todo o mundo pelos agentes do NKVD, cujos nomes são hoje conhecidos com relativa certeza. Trata-se de dirigentes do departamento das "Missões Especiais", criado em dezembro de 1936 por Nikolai Iejov: Serguei Spiegelglass, que fracassou, Pavel Sudoplatov (falecido em 1996) e Naum Eitingon (falecido em 1981), que foram bem-sucedidos graças a seus numerosos cúmplices.[51]

Sabemos o essencial sobre o assassinato de Trotski, no México, em 20 de agosto de 1940, graças às investigações conduzidas imediatamente no próprio local, e em várias ocasiões posteriores, por Julian Gorkin.[52] Quanto ao mandante do homicídio, nunca houve a menor dúvida: os responsáveis diretos eram conhecidos, informações recentemente confirmadas pelo próprio Sudoplatov. Jaime Ramón Mercader del Rio era filho de Caridad Mercader, uma comunista que havia muito tempo trabalhava para os Serviços e que se tornara amante de N. Eitingon. Mercader aproximou-se de Trotski usando o nome de Jacques Mornard, que não era uma personagem fictícia, pois existia realmente; faleceu na Bélgica em 1967. Mornard havia lutado na Espanha, onde é provável que seu passaporte tenha sido "tomado emprestado" pelos serviços soviéticos. Mercader também usou o nome de Jacson, utilizando um outro passaporte, pertencente a um canadense alistado nas Brigadas Internacionais e morto em combate. Ramón Mercader, convidado por Fidel Castro para trabalhar como conselheiro do Ministério da Administração Interna, morreu em Havana, em 1978. O homem que havia sido condecorado com a ordem de Lenin foi discretamente enterrado em Moscou.

Stalin, livre de seu último adversário político, nem por isso desistiu da caça aos trotskistas. O exemplo francês é muito revelador do reflexo mental adquirido pelos militantes comunistas relativamente aos militantes das pequenas organizações trotskistas. Durante a ocupação, na França, não está excluída a possibilidade de alguns trotskistas terem sido denunciados por comunistas às polícias francesa e alemã.

Nas prisões e nos campos franceses de Vichy, os trotskistas foram sistematicamente postos em quarentena. Em Nontron (na região francesa de Dordogne), Gérard Bloch foi relegado ao ostracismo pelo grupo comunista liderado por Michel Bloch, filho do escritor Jean-Richard Bloch. Encarcerado em Eysses,

---

[51] Sobre a "montagem" da operação, ver Pavel Sudoplatov, *op. cit.*, capítulo 4, pp. 97-120.

[52] Julian Gorkin e o general Sanchez Salazar, *Assim Foi Assassinado Trotski*, Self, 1948.

O *Komintern em ação* 377

Gérard Bloch foi avisado por um professor católico de que o grupo comunista da prisão decidira executá-lo, estrangulando-o durante a noite.[53]

Nesse clima de raiva cega, o caso do "desaparecimento" de quatro trotskistas, entre os quais Pierre Tresso, fundador do Partido Comunista Italiano, em poder do *maquis* FTP* "Wodli", instalado na região francesa do Alto Loire, adquire todo o seu significado. Evadidos da prisão de Puy-en-Velay, em 1º de outubro de 1943, ao mesmo tempo que seus camaradas comunistas, cinco militantes trotskistas foram "protegidos" por esse grupo de resistentes comunistas. Um deles, Albert Demazière, separou-se acidentalmente de seus camaradas. Foi o único sobrevivente dos cinco:[54] Tresso, Pierre Salini, Jean Reboul e Abraham Sadek foram executados no final de outubro, após um julgamento simulado e muito significativo. As "testemunhas" e protagonistas ainda vivos relatam que esses militantes haviam, com efeito, planejado o "envenenamento da água do campo", acusação medieval que nos remete às origens judaicas de Trotski (cujo filho, Serguei, também foi acusado na URSS de ter as mesmas intenções) e de pelo menos um dos membros do grupo (Abraham Sadek). Dessa forma, o movimento comunista demonstrava que não estava isento da mais grosseira regressão antissemita. Antes de serem mortos, os quatro trotskistas foram fotografados, provavelmente para serem identificados pelas instâncias superiores do PCF, e obrigados a escrever as suas biografias.

Até mesmo dentro dos próprios campos dê concentração os comunistas procuravam eliminar fisicamente os seus adversários mais próximos, aproveitando-se das posições conseguidas na hierarquia da prisão. Marcei Beaufrère, responsável pela região bretã do Partido Operário Internacional, que fora preso em outubro de 1943 e deportado para Buchenwald em janeiro de 1944, tornou-se suspeito de ser trotskista aos olhos do chefe interblocos (um comunista). Dez dias mais tarde, alguém avisou-o de que a célula comunista do bloco 39 — o dele — o condenara à morte e queria enviá-lo para o bloco das cobaias, onde as vítimas eram inoculadas com o vírus do tifo. Beaufrère foi salvo *in extremis*

---

[53] René Dazy, *Fusillez ces chiens enragés!... Le génocide des trotskistes,* Olivier Orban, 1981, p. 248.

* *Franc-Tireurs et Partisans* [Franco-Atiradores e Partidários], organização de resistência comunista. [N. do T.]

[54] Um livro recente (Pierre Broué, Roger Vacheron, *Meurtres au maquis,* Grasset, 1997) avança uma arriscada hipótese segundo a qual a "evasão" involuntária de Demazière estaria talvez na origem da execução de seus camaradas, o que, aliás, retira a culpa dos responsáveis comunistas franceses por esses assassinatos.

378 *O Livro Negro do Comunismo*

graças à intervenção dos militantes alemães.[55] Bastava utilizar o sistema concentracionário nazista para se livrar dos adversários políticos — vítimas, porém, dos mesmos carrascos da Gestapo ou da SS enviando-os para as missões mais perigosas. Marcel Hie e Roland Filiâtre, ambos deportados para Buchenwald, foram enviados ao terrível campo de Dora, "com a concordância dos quadros do KPD, que se ocupavam das funções administrativas do campo", escreveu Rodolphe Prager.[56] Marcel Hic morreu ali mesmo. Em 1948, Roland Filiâtre escapou de uma tentativa de assassinato em seu local de trabalho.

Outras "liquidações" de militantes trotskistas ocorreram com o auxílio da chegada Libertação. Um jovem operário parisiense pertencente ao grupo "A Luta de Classes", Mathieu Buchholz, desapareceu no dia 11 de setembro de 1944. Em maio de 1947, o jornal publicado pelo seu grupo levantou suspeitas sobre os "stalinistas".

Na Grécia, o movimento trotskista era considerável. Um secretário do Partido Comunista Grego (KKE), Pandelis Pouliopoulos — que foi mais tarde fuzilado pelos italianos — manteve relação com o movimento antes da guerra. Durante o conflito, os trotskistas aderiram individualmente às fileiras da Frente de Libertação Nacional (EAM), fundada em junho de 1941 pelos comunistas. Aris Velouchiotis, general do Exército Popular de Libertação Nacional (ELAS), mandou executar cerca de 20 dirigentes trotskistas. Depois da libertação, multiplicou-se o número de sequestros de militantes trotskistas. Muitos foram torturados, para que revelassem o endereço de camaradas. Em seu relatório ao Comitê Central do PC, datado de 1946, Vassilis Bartziotas menciona um total de 600 trotskistas executados pela OPLA (Organização de Proteção das Lutas Populares), número que deve incluir, provavelmente, os anarquistas e socialistas dissidentes.[57] Os "arqueomarxistas", militantes organizados fora do Partido Comunista Grego em 1924, também foram perseguidos e assassinados.[58]

Os comunistas albaneses não ficaram para trás. Após a unificação, em novembro de 1941, dos grupos de esquerda, entre os quais os trotskistas reunidos em torno de Anastaste Loula, ressurgiram as divergências entre trotskistas e ortodoxos (Enver Hoxha, Memet Chehu), aconselhados pelos iugoslavos. Loula foi sumariamente executado. Após várias tentativas de morte, Sadik Premtaj,

---

[55] René Dazy, *op. cit.*, pp. 238-44.

[56] "Os trotskistas de Buchenwald", *Critique communiste*, nº 25, novembro de 1978.

[57] René Dazy, *op. cit.*, pp. 266-74.

[58] Panagiotis Noutsos, "Säuberugen innerhalb der griechischer KP (1931 bis 1956)", *Kommunisten verfolgen Kommunisten, op. cit.*, pp. 487-94.

outro líder trotskista extremamente popular, conseguiu chegar à França; em maio de 1951, ele foi vítima de uma nova tentativa de assassinato, perpetrado por Djemal Chami, antigo membro das Brigadas Internacionais, homem de ação da legação albanesa em Paris.

Em 1928, na China, havia sido formado um embrião de movimento, sob a autoridade de Chen Duxiu, fundador e antigo secretário do PCC. Em 1935, contava-se apenas uma centena de membros. Durante a guerra contra o Japão, uma parte deles conseguiu integrar-se ao oitavo exército da APL. Eles foram executados por Mao Tsé-tung, que também mandou liquidar os batalhões que eles comandavam. No final da guerra civil, muitos dos primeiros foram sistematicamente perseguidos e executados. O destino de muitos deles permanece desconhecido.

A situação da Indochina foi diferente, pelo menos nos primeiros tempos. Os trotskistas do grupo *Tranh Dau* (*A Luta*) e os comunistas juntaram-se em causa comum a partir de 1933. A influência dos trotskistas era particularmente forte no sul da península. Em 1937, uma diretiva de Jacques Duclos proibiu o Partido Comunista Indochinês de continuar a colaborar com os militantes de *A Luta*. Nos meses que se seguiram à derrota japonesa, um outro ramo trotskista — a Liga Comunista Internacional — adquiriu influência suficiente para inquietar os dirigentes comunistas. Em setembro de 1945, por ocasião da chegada das tropas inglesas, a LCI repreendeu severamente o acolhimento pacífico que o Vietminh (ou Frente Democrática pela Independência), criado em maio de 1941 por Ho Chi Minh, lhes proporcionou. Em 14 de setembro, o Vietminh lançou uma vasta operação contra os quadros trotskistas, que não ofereceram resistência. Capturados, a maioria foi executada de imediato. Em seguida, depois de terem combatido as tropas anglo-francesas entrincheiradas na Planície dos Juncos, foram esmagados pela tropas do Vietminh. Segunda etapa da operação: o Vietminh voltou-se a seguir contra os militantes de *A Luta*. Aprisionados em Ben Sue, foram executados com a aproximação das tropas francesas. Ta Tu Thau, líder histórico do movimento, preso mais tarde, foi executado em fevereiro de 1946. Afinal de contas, não foi o próprio Ho Chi Minh quem afirmou que os trotskistas "são mais infames do que os traidores e os espiões?"[59]

Na Tchecoslováquia, o destino de Zavis Kalandra simboliza por si só o de todos os seus companheiros. Em 1936, Kalandra fora expulso do PCC por ter escrito um livro no qual ele denunciava os processos de Moscou. Resistente,

---

[59] Carta de 10 de maio de 1939, *Les Cahiers Léon Trotski*, nº 46, julho, 1991

380   *O Livro Negro do Comunismo*

ele foi deportado pelos alemães para Oraniemburg. Preso em novembro de 1949 e acusado de ter liderado uma "conspiração contra a República", ele foi torturado. O julgamento teve início em junho de 1950. Kalandra se retratou. No dia 8 de junho, ele foi condenado à morte. Em *Combat* (14 de junho de 1950), André Breton pediu a Paul Éluard que intercedesse em favor de um homem que ambos conheciam desde antes da guerra. Éluard respondeu-lhe: "Estou por demasiado ocupado com os inocentes que proclamam a sua inocência para perder tempo com culpados que proclamam a sua culpa."[60] Zavis Kalandra foi executado em 27 de junho, juntamente com três outros companheiros.

Antifascistas e revolucionários estrangeiros vítimas do terror na URSS

O fato de ter dizimado membros do Komintern, trotskistas e outros dissidentes constituiu um importante episódio do terror comunista; ele não foi, porém, o único desses episódios. Com efeito, em meados dos anos 1930, vivia na Rússia um grande número de estrangeiros que, mesmo sem ser comunistas, haviam sido atraídos pela miragem soviética. Muitos deles pagaram com a liberdade, e por vezes com a vida, o preço dessa paixão pelo país dos sovietes.

No início dos anos 1930, os soviéticos conduziram uma campanha de propaganda sobre a Carélia, jogando simultaneamente com as possibilidades oferecidas por essa região fronteiriça entre a URSS e a Finlândia e a atração que a "construção do socialismo" exercia. Quase 12 mil pessoas deixaram a Finlândia, acrescidos de cerca de cinco mil finlandeses vindos dos Estados Unidos, principalmente os membros da Associação (norte-americana) dos Trabalhadores Finlandeses, que naquele momento enfrentavam grandes dificuldades devido ao desemprego que se seguiu à crise de 1929. A "febre da Carélia" foi tão forte, que os agentes da Amtorg (agência comercial soviética) lhes prometiam trabalho, bons salários, alojamento e viagem gratuita de Nova York a Leningrado. Recomendava-se aos interessados que levassem tudo o que possuíssem.

A "corrida para a utopia", segundo a expressão de Aino Kuusinen, transformou-se em pesadelo. Desde a sua chegada, as máquinas, as ferramentas e as economias desses imigrantes foram confiscadas. Obrigados a entregar os passaportes, eles se viram como prisioneiros em uma região subdesenvolvida, onde predominava a floresta, em condições de subsistência particularmente

---

[60] *Action*, 19-25 de junho.

duras.[61] Segundo Arvo Tuominen, que liderava o Partido Comunista Finlandês e ocupava a função de membro suplente do Presidium do Comitê do Komintern até o fim de 1939, condenado à morte para depois ver a sua pena comutada em dez anos de prisão, pelo menos 20 mil finlandeses foram encarcerados em campos de concentração.[62]

Forçado a se instalar em Kirovakan, Aino Kuusinen presenciou a chegada, depois da Segunda Guerra Mundial, dos armênios que, também vítimas de uma hábil propaganda, haviam decidido se estabelecer na República Soviética da Armênia. Respondendo à convocação de Stalin, para que as pessoas de origem russa que viviam no estrangeiro retornassem à URSS, esses armênios, apesar de serem na realidade muito mais turcos exilados do que russos propriamente ditos, se mobilizaram para se instalarem na República da Armênia, que, em sua imaginação, substituía a terra de seus antepassados. Em setembro de 1947, vários milhares deles se reuniram no porto de Marselha. Três mil e quinhentos embarcaram no *Rossia,* que os transportou para a URSS. Assim que o navio transpôs a linha imaginária que demarcava as águas territoriais soviéticas no mar Negro, a atitude das autoridades soviéticas mudou repentinamente. Muitos então compreenderam a armadilha odiosa em que tinham caído. Em 1948, duas centenas de armênios chegaram dos Estados Unidos. Acolhidos em clima de festa, eles tiveram a mesma sorte: os seus passaportes foram confiscados logo na chegada. Em maio de 1956, várias centenas de armênios oriundos da França fizeram uma manifestação por ocasião da visita a Erevan do ministro das Relações Exteriores, Christian Pineau. Apenas 60 famílias foram autorizadas a deixar a URSS, enquanto a repressão se abatia sobre os outros.[63]

O terror não atingia unicamente os que tinham chegado à URSS de livre vontade, mas também os que foram obrigados a fazê-lo pela repressão de regimes ditatoriais. De acordo com o artigo 129 da Constituição Soviética de 1936, "a URSS concede o direito de asilo aos cidadãos estrangeiros perseguidos por defenderem os direitos dos trabalhadores ou em razão de sua atividade científica ou por sua luta pela liberdade nacional". Em seu romance *Vie et Destin,* Vassili Grossman descreve a confrontação entre um SS e um velho militante bolchevique, seu prisioneiro. No decorrer de um longo monólogo, o SS diz uma frase que ilustra perfeitamente o destino de milhares de homens, mulheres e crianças que procuraram refúgio na URSS. É a seguinte: "Quem encontramos

---

[61] Aino Kuusinen, *Quand Dieu renverse son Ange...*, *op. cit.*, 1974, pp. 91-6.

[62] *Les Cloches du Kremlin*, p. 216, citado por B. Lazitch, "Le Martyrologe du Komintern", *Le Contrat Social*, nº 6, novembro-dezembro de 1965.

[63] Armand Maloumian, *Les Fils du Goulag*, Presses de la Cité, 1976.

382   *O Livro Negro do Comunismo*

em nossos campos de concentração em tempos de paz, quando não há prisioneiros de guerra? Encontram-se os inimigos do Partido, os inimigos do povo. São uma espécie que vocês conhecem, são os que também se encontram em seus campos. E se, em tempo de paz, os seus campos entrassem para o sistema da SS, nós não deixaríamos sair os prisioneiros que lá se encontrassem. *Seus prisioneiros são os nossos prisioneiros.*"[64]

Quer tenham vindo do estrangeiro em resposta à convocação dos soviéticos ou em busca de uma segurança que não tinham nos países de origem, devido às suas posições políticas, todos esses emigrantes foram considerados potenciais espiões. Era, pelo menos, o motivo que figurava com mais frequência em sua notificação de condenação.

Uma das emigrações mais precoces foi a dos antifascistas italianos, a partir de meados dos anos 1920. Muitos deles, que acreditavam encontrar no "país do socialismo" o refúgio de seus sonhos, ficaram cruelmente decepcionados e foram vítimas do terror. Na URSS, em meados dos anos 1930, viviam cerca de 600 comunistas e simpatizantes italianos: perto de 250 quadros políticos emigrantes e 350 alunos que frequentavam cursos nas três escolas de formação política. Como muitos desses alunos deixaram a URSS após o término de seus estudos e uma centena de militantes partiram para lutar na Espanha, em 1936 e 1937, o Grande Terror abateu-se sobre os que ficaram. Cerca de 200 italianos foram presos, geralmente "por espionagem"; 40 foram fuzilados — dos quais 25 foram identificados; os restantes foram enviados ao Gulag, tanto para as minas de ouro de Kolyma quanto para o Cazaquistão. Romolo Caccavale publicou um comovente livro no qual ele retraça o itinerário e o destino trágico de várias dezenas desses militantes.[65]

Um exemplo entre outros: Nazareno Scarioli, um antifascista que fugiu da Itália em 1925, chegando a Berlim e depois a Moscou. Acolhido pela seção italiana do Socorro Vermelho, ele trabalhou numa colônia agrícola dos arredores de Moscou durante um ano e depois foi transferido para Yalta, para uma colônia onde trabalhavam duas dezenas de anarquistas italianos sob a direção de Tito Scarselli. A colônia foi dissolvida em 1933, e Scarioli voltou a Moscou e foi contratado por uma fábrica de biscoitos. Ele participava regularmente das atividades da comunidade italiana.

---

[64] Vassili Grossman, *Vie et destin*, Julliard/L'Âge d'Homme, 1983, p. 374.

[65] Romolo Caccavale, *Comunisti italiani in Unione Sovietica. Proscritti da Mussolini soppressi da Stalin*, Mursia, 1995, pp. 360.

O Komintern em ação 383

Vieram os anos do Grande Expurgo. O medo e o terror desagregaram a comunidade italiana; todos poderiam ser vítimas da suspeita de um de seus compatriotas. O responsável comunista Paolo Robotti anunciou ao Clube Italiano a detenção de 36 emigrantes como "inimigos do povo", todos trabalhadores em uma fábrica de rolamentos de esferas. Robotti obrigou a assistência a apoiar a detenção desses operários que ele conhecia muito bem. Durante a votação por braços erguidos, Scarioli votou contra, tendo sido preso na manhã seguinte. Torturado em Lubianka, assinou uma confissão. Deportado para Kolyma, trabalhou numa mina de ouro. Vários foram os italianos que tiveram a mesma sorte, e muitos deles morreram: o escultor Arnaldo Silva, o engenheiro Cerquetti, o dirigente comunista Aldo Gorelli, cuja irmã se casara com o futuro deputado comunista Siloto, o antigo secretário da seção romana do PCI, Vincenzo Baccala, o toscano Otello Gaggi, que trabalhava como porteiro em Moscou, Luigi Calligaris, operário em Moscou, o sindicalista veneziano Carlo Costa, operário em Odessa, Edmundo Peluso, que convivera com Lenin em Zurique. Em 1950, Scarioli, que pesava apenas 36 quilos, deixou Kolyma, mas permaneceu na Sibéria, obrigado a trabalhar como um escravo soviético. Ele só foi anistiado e reabilitado em 1954. Após seis anos de espera, ele obteve um visto que lhe permitiu retornar à Itália, com uma magra pensão.

Esses refugiados não foram somente comunistas, membros do PCI ou simpatizantes. Havia também os anarquistas que, perseguidos, escolheram ir para a URSS. O caso mais conhecido é o de Francesco Ghezzi, militante sindical e libertário, que chegou à Rússia em junho de 1921 para representar a União Sindical Italiana junto à Internacional Sindical Vermelha. Em 1922, ele dirigiu-se para a Alemanha, onde foi preso. O governo italiano, que o acusava de terrorismo, decidira pedir sua extradição. Uma campanha ativa evitou que ele fosse enviado para as prisões italianas, mas ele teve de regressar à URSS. No outono de 1924, Ghezzi, que se ligara principalmente a Pierre Pascal e Nikolai Lazarevitch, teve os seus primeiros atritos com a GPU. Ele foi detido em 1929, condenado a três anos de prisão e internado em Souzdal, em condições criminosas para um tuberculoso. Seus amigos e correspondentes organizaram, na França e na Suíça, uma campanha a seu favor. Romain Rolland (num primeiro momento) e depois outros assinaram a petição. As autoridades soviéticas responderam fazendo correr o boato de que Ghezzi era um "agente da embaixada fascista". Libertado em 1931, Ghezzi retomou o seu trabalho na fábrica. No fim de 1937, ele foi novamente preso. Mas, dessa vez, foi impossível para seus

384 O Livro Negro do Comunismo

amigos no exterior obter qualquer tipo de informação sobre seu destino. Ele foi dado como morto em Vorkuta, no fim de agosto de 1941.[66]

Quando, em 11 de fevereiro de 1934, em Linz, os responsáveis do *Schutzbund*, a Liga de Proteção Republicana do Partido Socialista Austríaco, decidiram resistir a todos os ataques vindos dos *Heimwehren* (a Guarda Patriótica) que visavam à interdição do Partido Socialista, poderiam eles imaginar o destino de seus camaradas?

O ataque dos *Heimwehren* em Linz obrigou os social-democratas a desencadearem uma greve geral em Viena e, depois, uma insurreição. Após quatro dias de violentos combates, com Dollfuss vitorioso, os militantes socialistas que escaparam da prisão ou do campo de concentração preferiram cair na clandestinidade ou fugir para a Tchecoslováquia a continuarem a lutar na Espanha. Muitos deles decidiram procurar refúgio na União Soviética, convidados a fazer essa escolha pela intensa propaganda que já conseguira insuflá-los contra a direção social democrata. Em 23 de abril de 1934, 300 homens chegaram a Moscou, seguidos até o mês de dezembro por outros grupos menos importantes. A embaixada alemã recenseou 807 *Schutzbündler* emigrados para a URSS.[67] Contando as famílias, cerca de 1.400 pessoas encontraram refúgio na União Soviética.

O primeiro grupo que chegou a Moscou foi acolhido pelos responsáveis do Partido Comunista Austríaco (KPO), e esses combatentes desfilaram pelas ruas da capital. Eles ficaram a cargo do Conselho dos Sindicatos. Cento e vinte crianças, cujos pais haviam caído nas barricadas ou sido condenados à morte, foram recolhidas e enviadas por algum tempo para a Crimeia e, mais tarde, instaladas em Moscou,[68] no lar das crianças nº 6, especialmente aberto com essa intenção.

Após algumas semanas de repouso, os operários austríacos foram distribuídos pelas fábricas de Moscou, Kharkov, Leningrado, Gorki e Rostov. Eles logo se decepcionaram com as condições de vida que lhes eram impostas, obrigando os dirigentes comunistas austríacos a intervir. As autoridades exerciam pressão para que adotassem a nacionalidade soviética; em 1938, cerca de 300 o fizeram.

---

[66] Charles Jacquier, "L'affaire Francesco Ghezzi; la vie et la mort d'un anarcho-syndicaliste italien en URSS", *La Nouvelle Alternative*, nº 34, junho de 1994. Ver também Emilio Guarnaschelli, *Une petite pierre. L'exil, la déportation et la mort d'un ouvrier communiste italien en URSS 1933-1939*, Maspero, 1979, Étienne Manac'h, *Emilio*, Plon, 1990.

[67] Hans Schafranek, *Zwischen NKWD und Gestapo. Die Auslieferung deutscher und österreichischer Antifaschisten aus der Sowjetunion an Nazideutschland 1937-1941*, Francfort-sur-le-Main, ISP-Verlag, 1990.

[68] *Os Sindicatos da União Soviética*, Edições do Socorro Operário Internacional, 1935.

O Komintern em ação

Em contrapartida, grupos inteiros de *Schutzbündler* entraram em contato com a embaixada austríaca, pedindo a sua repatriação. Em 1936, 77 conseguiram regressar à Áustria. Segundo a embaixada alemã, um total de 400 teria feito a viagem de retorno até a primavera de 1938 (depois do Anschluss, em março de 1938, os austríacos tornaram-se súditos do Reich alemão). Cento e sessenta haviam ido à Espanha combater ao lado dos republicanos.

Muitos nunca conseguiram sair da URSS. Contam-se hoje 278 austríacos presos desde o fim de 1934 até 1938.[69] Em 1939, Karlo Stajner encontrou em Norilsk um vienense, Fritz Koppensteiner, mas ignora o que lhe aconteceu.[70] Alguns foram executados, como Gustl Deutch, antigo responsável do bairro de Floridsdorf e ex-combatente do regimento "Karl Marx", sobre o qual os soviéticos publicaram um livro intitulado *Os Combates de Fevereiro em Floridsdorf* (Moscou, Prometheus-Verlag, 1934).

Quanto ao lar para crianças nº 6, ele também não foi poupado. No outono de 1936, começaram as prisões entre os pais que haviam sobrevivido; os filhos ficaram sob a autoridade do NKVD, que os internou em seus orfanatos. A mãe do escritor Wolfgang Leonhard foi presa e desapareceu em outubro de 1936; somente no verão de 1937 foi que o filho recebeu um postal dela, proveniente da República dos Komis. Ela havia sido condenada a cinco anos em campo de concentração por "atividades contrarrevolucionárias trotskistas".[71]

A trágica odisseia da família Sladek

Em 10 de fevereiro de 1963, o jornal socialista *Arbeiter Zeitung* relatou a história da família Sladek. Em meados de setembro de 1934, a senhora Sladek e seus dois filhos juntaram-se, em Kharkov, a Josef Sladek, marido e pai, antigo *Schutzbündler* e antigo funcionário de Semmering refugiado na URSS. Em 1937, o NKVD iniciou as prisões na comunidade austríaca de Kharkov, bem mais tarde do que em Moscou e em Leningrado. A vez de Josef Sladek chegou em 15 de fevereiro de 1938. Em 1941, antes do ataque alemão, a senhora Sladek pediu para deixar a Rússia e dirigiu-se à embaixada alemã. No dia 26 de julho, o NKVD prendeu-a, assim como o seu filho Alfred, de 16 anos, enquanto Victor, de 8 anos, foi enviado a um orfanato do NKVD. Os funcionários do NKVD quiseram a todo custo arrancar uma "confissão" de Alfred: bateram-lhe, dizendo que a mãe havia sido fuzilada. Devido ao avanço das tropas alemãs, mãe e filho foram evacuados e se reencontraram por acaso no campo de Ivdel, nos Urais. A senhora Sladek

---

[69] Hans Schafranek, *op. cit.*

[70] Karlo Stajner, *7.000 jours en Sibérie*, Gallimard, 1983.

[71] Wolfgang Leonhard, *Un enfant perdu de la Révolution*, France Empire, 1983.

386   *O Livro Negro do Comunismo*

> havia sido condenada a cinco anos num campo de concentração por espionagem, e Alfred Sladek, a dez anos por espionagem e agitação antissoviética. Transferidos para o campo de Sarma, lá encontraram Josef Sladek, que havia sido condenado, em Kharkov, a cinco anos de prisão. Mas foram novamente separados. Libertada em outubro de 1946, a senhora Sladek teve designada como sua residência a cidade de Solikansk, nos Urais, local onde o marido veio se juntar a ela um ano mais tarde. Tuberculoso e com problemas cardíacos, Josef Sladek estava incapacitado para o trabalho. Foi mendigando que o antigo ferroviário de Semmering desapareceu, no dia 31 de maio de 1948. Em 1951, Alfred foi por sua vez libertado e pôde reunir-se à mãe. Em 1954, depois de árduas negociações, puderam voltar à Áustria e a Semmering. Eles haviam visto Victor pela última vez sete anos antes. As últimas notícias dele datavam de 1946.

Os iugoslavos presentes na Rússia em 1917 e que lá ficaram por livre vontade somavam, em 1924, de 2.600 a 3.750 pessoas. A esses juntavam-se os operários das indústrias e especialistas vindos da América e do Canadá, com o respectivo material, para participar da "edificação do socialismo". Suas colônias encontravam-se espalhadas por todo o território, de Leninsk a Magnitogorsk, passando por Saratov. Entre 50 e cem deles participaram da construção do metrô de Moscou. Tal como as outras, a emigração iugoslava foi reprimida. Bozidar Maslaritch afirmou que eles sofreram "o destino mais cruel", acrescentando: "Na sua grande maioria, foram presos em 1937-1938, e o seu destino é totalmente desconhecido[..]".[72] Apreciação subjetiva, alimentada pelo fato de várias centenas de emigrantes terem desaparecido. Atualmente, continua a não haver dados definitivos sobre os iugoslavos que trabalharam na URSS, especialmente sobre os que participaram da construção do metrô de Moscou e que foram duramente reprimidos por terem protestado contra suas condições de trabalho.

No fim de setembro de 1939, a partilha da Polônia entre a Alemanha nazista e a Rússia Soviética, decidida secretamente em 23 de agosto de 1939, tornou-se efetiva. Os dois invasores coordenaram as suas ações de modo a assegurarem o controle da situação e da população: a Gestapo e o NKVD colaboraram. As comunidades judaicas estavam separadas: de um total de 3,3 milhões de pessoas, cerca de dois milhões viviam sob domínio alemão; depois das perseguições (sinagogas incendiadas) e das matanças, veio o confinamento nos guetos: o de Lodz foi criado em 30 de abril de 1940; o de Varsóvia, organizado em outubro, foi fechado em 15 de novembro.

---

[72] Bozidar Maslarıtch, *Moskva-Madrid-Moskva*, Zagreb, 1952, p. 103, citado por B. Lazitch.

O Komintern em ação

Diante do avanço do exército alemão, vários judeo-poloneses haviam fugido para o leste. Durante o inverno de 1939-1940, os alemães não tentaram interditar a passagem pela nova fronteira. Mas os que tentavam a sua sorte tinham de enfrentar um obstáculo inesperado: "Os guardiães soviéticos do 'mito de classe', envergando longos sobretudos e barretes de peles, de baioneta erguida, recebiam os nômades que procuravam a Terra Prometida com cães policiais e rajadas de metralhadora."[73] De dezembro de 1939 a março de 1940, os judeus permaneceram encurralados numa terra de ninguém, de um quilômetro e meio de largura, na margem oriental do rio Bug, obrigados a acampar a céu aberto. A maioria regressou à zona alemã.

L. C. (matrícula 15.015), soldado do exército polonês do general Anders, testemunhou essa incrível situação: "O território era um setor com 600-700 metros, onde estavam amontoadas cerca de 700-800 pessoas, havia já algumas semanas; 90% eram judeus que tinham escapado à vigilância alemã. [...] Estávamos doentes, completamente ensopados, naquele terreno encharcado pelas chuvas do outono, apertando-nos uns contra os outros sem que os 'humanitários' soviéticos se dignassem a nos dar um pouco de pão ou de água quente. Eles nem sequer deixavam passar os camponeses das redondezas, que queriam fazer alguma coisa para que permanecêssemos vivos. Como resultado, deixamos muitas sepulturas naquele pedaço de terra. [...] Posso afirmar que as pessoas que regressavam a suas casas no lado alemão tinham razão para o fazer, pois o NKVD não era, de nenhum ponto de vista, melhor do que a Gestapo alemã, com a diferença de que a Gestapo matava as pessoas mais depressa, enquanto o NKVD matava e torturava de uma forma mais terrível do que a própria morte, de maneira que aqueles que conseguiam, por milagre, fugir às suas garras ficavam inválidos até o fim de suas vidas[...]"[74] Simbolicamente, o escritor Israel Joshua Singer fez com que seu herói — que, por ter se tornado um "inimigo do povo", havia fugido da URSS — morresse nessa terra de ninguém.[75]

Em março de 1940, várias centenas de milhares de refugiados — há quem avance o número de 600 mil — viram lhes ser imposto um passaporte soviético. Os acordos sovieto-nazistas previam uma troca de refugiados. Com as famílias separadas, a penúria e o terror policial exercido pelo NKVD se agravando a cada dia, alguns decidiram regressar ao lado alemão da antiga Polônia. Jules Margoline, que se encontrava em Lvov, na Ucrânia Ocidental, relata que na

---

[73] Gustaw Herling, *Un monde à part*, Denoël, 1985.

[74] Sylvestre Mora e Pierre Zwierniak, *A Justiça Soviética*, Roma, Magi-Spinetti, 1945, pp. 161-2.

[75] Israel Joshua Singer, *Camarade Nachman*, Stock, 1985.

O Livro Negro do Comunismo

primavera de 1940 os "judeus preferiam o gueto alemão à igualdade soviética".[76] Naquele momento, parecia-lhes mais fácil deixar o Governo Geral para atingir um país neutro do que tentar a fuga via União Soviética.

No começo de 1940, as deportações começaram a atingir os cidadãos poloneses (ver a contribuição de Andrzej Paczkowski) e prosseguiram até junho. Poloneses de todas as religiões foram deportados, em trens, para o Grande Norte ou para o Cazaquistão. O trem em que viajava Jules Margoline levou dez dias para chegar a Murmansk. Excelente observador da sociedade dos campos de concentração, Margoline escreveu: "O que distingue os campos soviéticos de todos os outros locais de detenção existentes no mundo não são apenas as suas extensões imensas, inimagináveis, nem as suas mortíferas condições de vida. É a necessidade de *mentir* incessantemente para salvar a vida, mentir sempre, usar uma máscara durante anos e nunca poder dizer o que se pensa. Na Rússia soviética, os cidadãos 'livres' são igualmente obrigados a mentir. [...] Assim, os únicos meios de autodefesa são a dissimulação e a mentira. Os comícios, as reuniões, os encontros, as conversas, os jornais em murais são envolvidos por uma fraseologia oficial que não contém uma só palavra verdadeira. O homem do Ocidente muito dificilmente compreenderá o que significa a privação do direito e a impossibilidade, durante cinco ou dez anos, de se exprimir livremente, a obrigação de reprimir o menor pensamento 'ilegal' e de ficar mudo como um túmulo. Sob essa incrível pressão, toda a substância interior de um indivíduo se deforma e desagrega."[77]

A morte dos prisioneiros 41 e 42

Membro do Bureau da Internacional Operária Socialista, Victor Alter (nascido em 1890) era funcionário municipal em Varsóvia; ocupava a presidência da Federação dos Sindicatos Judaicos. Henryk Erlich foi membro do Conselho Comunal de Varsóvia e redator do jornal diário iídiche *Folkstaytung*. Ambos pertenciam ao Bund, o Partido Socialista Judeu da Polônia. Em 1939, eles se refugiaram na zona soviética. Alter foi preso em 20 de setembro, em Kowel, e Erlich, em 4 de outubro, em Brest-Litovsk. Transferido para a Lubianka, Alter foi condenado à morte em 20 de julho de 1941, por "atividades antissoviéticas" (ele era acusado de ter liderado uma ação ilegal do Bund na URSS, em ligação com a polícia polonesa). Essa condenação, pronunciada pelo Colégio Militar do Supremo Tribunal da URSS, foi comutada em dez anos de internamento num campo de concentração. No dia 2 de agosto, Erlich foi também condenado à morte pelo Tribunal Militar das Forças Armadas do NKVD de Saratov; no dia 27, a sua pena foi igualmente comutada em dez anos de prisão num campo. Libertados em setembro de 1941,

---

[76] Jules Margoline, *La Condition Inhumaine*, Calmann-Lévy, 1949, pp. 42-3.

[77] Jules Margoline, *op. cit.*, pp. 149-50.

O Komintern em ação

na sequência dos acordos Sikorski-Maiski, Alter e Erlich foram convocados por Beria, que lhes propôs a organização de um Comitê Judeu contra os nazistas, o que eles aceitaram. Retirados em Kuibychev, eles foram mais uma vez presos, em 4 de dezembro, e acusados de terem mantido relações com os nazistas! Beria ordenou que fossem postos em total segredo: a partir desse momento, eles passaram a ser os prisioneiros nº 41 (Alter) e nº 42 (Erlich), dos quais ninguém devia conhecer os verdadeiros nomes. Em 23 de dezembro de 1941, considerados cidadãos soviéticos, foram novamente condenados à morte (artigo 58, parágrafo 1º), por traição. Nas semanas que se seguiram, eles enviaram, em vão, diversas petições às autoridades; provavelmente ignorando a condenação que lhes fora aplicada. Em 15 de maio de 1942, Henryk Erlich enforcou-se na sua cela. Até a abertura dos arquivos, acreditou-se que tinha sido executado.

Victor Alter ameaçou suicidar-se. Beria ordenou então que a vigilância fosse redobrada. Victor Alter foi executado no dia 17 de fevereiro de 1943. A sentença de 23 de dezembro de 1941 foi pessoalmente aprovada por Stalin. Muito significativamente, a sua execução aconteceu pouco depois da vitória de Stalingrado. A esse assassinato as autoridades soviéticas ainda acrescentaram a calúnia: Alter e Erlich teriam feito propaganda a favor da assinatura de um tratado de paz com a Alemanha nazista.

Lukasz Hirszowicz, "NKVD Documents shed new light on fate of Erlich and Alter", *East European Jewish Affairs*, nº 2, inverno de 1992.

No inverno de 1945-1946, o Dr. Jacques Par, secretário do Comitê Operário Judeu dos Estados Unidos, foi à Polônia com a missão de concluir um inquérito sobre os crimes nazistas. Após o seu regresso, publicou no *Jewish Daily Forward* uma série de artigos acerca dos judeus refugiados na URSS. Segundo ele, 400.000 judeo-poloneses teriam morrido deportados, nos campos ou em colônias de trabalhos forçados. No fim da guerra, 150.000 escolheram reaver a nacionalidade polonesa, para fugirem da URSS. "Os 150 mil judeus que atravessaram hoje a fronteira sovieto-polonesa já não discutem sobre a União Soviética, sobre a pátria socialista, nem sobre a ditadura e a democracia. Para eles, essas discussões terminaram, e a sua última palavra foi a fuga da União Soviética", escreveu Jacques Pat, após ter interrogado centenas deles.[78]

O regresso forçado à URSS dos prisioneiros soviéticos

Se manter relações com estrangeiros, ou ter chegado à URSS vindo do exterior, tornava qualquer pessoa suspeita aos olhos do regime, ser prisioneiro durante quatro anos fora do território nacional fazia de um militar russo detido

---

[78] *Jewish Daily Forward*, 30 de junho e 7 de julho de 1946.

pelos alemães um traidor merecedor de castigo; o Decreto nº 270, de 1942, que alterava o Código Penal, parágrafo 193, declarava que um prisioneiro capturado pelo inimigo era *ipso facto* um traidor. Pouco importavam as condições em que a captura se dera e o modo como o cativeiro havia decorrido: no caso dos russos, eles foram certamente terríveis — os eslavos, também considerados subumanos, estavam destinados a desaparecer, segundo a *Weltanschaung*nazista —, uma vez que, de 5,7 milhões de prisioneiros de guerra, 3,3 milhões morreram vítimas da fome e dos maus-tratos.

Foi por isso que Stalin, respondendo com muita rapidez às solicitações dos Aliados, constrangidos pela presença de soldados russos no corpo da Wehrmacht, decidiu pedir o repatriamento de todos os russos que se encontrassem na zona ocidental. Não houve qualquer problema na satisfação desse pedido. Desde o fim de outubro de 1944 até janeiro de 1945, mais de 332.000 prisioneiros (dos quais 1.179 de São Francisco) foram repatriados, contra a sua vontade, para a União Soviética. Os diplomatas britânicos e americanos não só não tinham quaisquer problemas de consciência relativamente a essa atitude, como falavam a respeito dela com uma certa dose de cinismo, pois não ignoravam, como Mr. Antony Eden, que seria preciso o uso da força para "resolver" a questão.

Por ocasião das negociações de Yalta (5 a 12 de fevereiro de 1945), os três protagonistas (soviéticos, ingleses e americanos) concluíram acordos secretos que incluíam tanto os soldados como os civis deslocados. Churchill e Eden aceitaram que Stalin decidisse a sorte dos prisioneiros que haviam combatido nas fileiras do Exército Russo de Libertação (ROA), comandados pelo general Vlassov, como se esses homens pudessem se beneficiar de um julgamento minimamente justo.

Stalin sabia perfeitamente que muitos desses soldados soviéticos haviam sido aprisionados em virtude, antes de mais nada, da desorganização do Exército Vermelho, pela qual ele era o principal responsável, além da incapacidade dos seus generais e dele próprio. Ele também estava certo de que muitos desses soldados não tinham o mínimo desejo de lutar por um regime odiado e que, para usar uma expressão de Lenin, eles "haviam votado com os pés".

Assinados os acordos de Yalta, não foi preciso uma semana para que vários comboios partissem em direção à URSS. Em dois meses, de maio a julho de 1945, foram "repatriados" mais de 1.300.000 indivíduos que se encontravam nas zonas ocidentais de ocupação e que Moscou considerava soviéticos (estavam incluídos os bálticos, anexados em 1940, e os ucranianos). No final de agosto, mais de dois milhões desses "russos" haviam sido "devolvidos". Por vezes em condições atrozes: os suicídios individuais ou coletivos (famílias inteiras) e as mutilações tornaram-se frequentes; no momento de serem entregues às autoridades soviéticas, os prisioneiros tentaram inutilmente opor uma resistência passiva, e os anglo-americanos não hesitaram em recorrer à força para satisfazer as exigências soviéticas. Logo durante a chegada, os repatriados ficavam sob o controle da polícia política. No próprio dia em que o *Almanzora* chegou a Odessa, em 18 de abril, houve várias execuções sumárias. O mesmo aconteceu quando o *Empire Pride* aportou no mar Negro.

Os ocidentais tinham receio de que a União Soviética retivesse os prisioneiros ingleses, americanos ou franceses como reféns e que fizesse chantagem através dessa "moeda de troca" — atitude que demonstrava muito bem o seu estado de espírito relativamente às exigências dos soviéticos, que desse modo impuseram o "repatriamento" de todos os indivíduos de origem russa, incluindo os que tinham emigrado depois da Revolução de 1917. Essa política perfeitamente consciente dos ocidentais não teve sequer como consequência a facilitação do regresso dos seus próprios cidadãos. Pelo contrário, permitiu à URSS enviar um sem-número de funcionários em busca de recalcitrantes e agir à margem das leis das nações aliadas.

Quanto aos franceses, o *Bulletin* do governo militar da Alemanha afirmava que, no dia 1º de outubro de 1945, 101.000 "pessoas deslocadas" haviam sido reenviadas para o setor soviético. Na própria França, as autoridades aceitaram a criação de 70 campos de reunião que muitas vezes se beneficiavam de uma estranha extraterritorialidade, como o de Beauregard, um subúrbio parisiense, sobre o qual renunciaram a exercer qualquer tipo de controle, deixando que os agentes soviéticos do NKVD operassem na França com uma impunidade lesiva à soberania nacional. O planejamento dessas operações fora cuidadosamente amadurecido pelos soviéticos, uma vez que elas foram iniciadas a partir de setembro de 1944, com a ajuda da propaganda comunista. O campo de Beauregard só viria a ser fechado em novembro de 1947 pela Direção de Segurança do Território, como consequência do rapto de crianças disputadas entre pais divorciados. Roger Wybot, que dirigiu a operação, observou: "Na realidade, com os elementos que pude obter, esse campo de trânsito mais parecia um campo de sequestro."[79] Os protestos contra essa política foram tardios e suficientemente raros para que tivesse algum destaque o que apareceu publicado, no verão de 1947, na revista socialista *Masses:* "Que o Gengis Khan no poder feche hermeticamente as fronteiras para reter os seus escravos, podemos perceber sem dificuldade. Mas que tenha o direito de extraditá-los de territórios estrangeiros, isso ultrapassa até a nossa moral depravada do pós-guerra. [...] Em nome de que direito moral ou político se pode obrigar alguém a viver num país onde lhe será imposta a escravidão corporal e moral? Que retribuição o mundo espera de Stalin para ficar mudo diante dos gritos dos cidadãos russos que preferem matar-se a regressar ao seu país?"

Os redatores dessa revista denunciavam expulsões recentes: "Encorajados pela indiferença criminosa das massas em face da violação do direito mínimo de asilo, as autoridades militares inglesas na Itália acabam de cometer um ato inqualificável: em 8 de maio, retiraram 175 russos do campo nº 7 de Ruccione, para que fossem supostamente enviados para a Escócia, além de dez pessoas no campo nº 6 (esse campo continha famílias inteiras). Quando essas 185 pessoas já estavam longe dos campos, retiraram-lhes todos os objetos que pudessem ajudá-los a cometer suicídio e foi-lhes dito que, na realidade, não iriam para a Escócia, mas para a Rússia. Mesmo assim, alguns conseguiram suicidar-se. No mesmo dia, retiraram 80 pessoas (todas caucasianas) do campo de Pisa. Todos esses infelizes foram

---

[79] Georges Coudry, *Les Camps Soviétiques en France. Les "Russes"livrés à Staline en 1945*, Albin Michel, 1997.

O Livro Negro do Comunismo

enviados para a zona russa, na Áustria, em vagões guardados por tropas inglesas. Alguns tentaram a fuga e foram abatidos pelos guardas[...]"[80]

Os prisioneiros repatriados foram internados em campos especiais, chamados de "filtragem e controle" (criados em finais de 1941), que em nada se distinguiam dos campos de trabalho, tendo sido mesmo integrados ao Gulag em janeiro de 1946. Em 1945, 214.000 prisioneiros já haviam passado por esses campos.[81] Tais prisioneiros entravam para um Gulag em pleno apogeu: geralmente, eram condenados a seis anos de campo, nos termos do artigo 58-1-b. Entre eles, contavam-se antigos membros do ROA (Exército Russo de Libertação), que tinham participado na libertação de Praga combatendo os SS.

Os inimigos prisioneiros

A URSS não ratificara as Convenções Internacionais sobre os prisioneiros de guerra (Genebra, 1929). Em teoria, os prisioneiros estavam protegidos pela convenção, mesmo no caso de o seu país não a ter assinado. Na URSS, essa disposição não tinha qualquer valor. Vitoriosa, ela conservava de três a quatro milhões de prisioneiros alemães. Entre eles, contavam-se soldados libertados pelas potências ocidentais que, uma vez regressados à zona soviética, haviam sido deportados para a URSS.

Em março de 1947, Viatcheslav Molotov declarou que um milhão de alemães (exatamente 1.003.974) haviam sido repatriados, restando ainda 890.532 nos campos do seu país. Esses números foram contestados. Em março de 1950, a URSS declarou que o repatriamento dos prisioneiros estava concluído. No entanto, as organizações humanitárias advertiram que pelo menos 300.000 prisioneiros tinham ficado retidos na URSS, bem como 100.000 civis. Em 8 de maio de 1950, o governo de Luxemburgo protestou contra o encerramento das operações de repatriamento, uma vez que 2.000 cidadãos seus continuavam retidos na Rússia. A retenção de informações sobre essa questão estaria destinada a esconder a triste verdade sobre a sorte desses prisioneiros? Podemos admiti-lo, considerando a mortalidade existente nos campos.

Uma estimativa feita por uma comissão especial (a Comissão Maschke) revelou que um milhão de soldados alemães presos na URSS morreram nos campos. Assim, dos 100.000 prisioneiros feitos pelo Exército Vermelho em Stalingrado, só sobreviveram cerca de 6.000.

Do lado alemão, em fevereiro de 1947 estavam vivos cerca de 60.000 soldados italianos (o número de 80.000 prisioneiros é frequentemente referido). O governo italiano informou que apenas 12.513 desses prisioneiros haviam regressado à Itália até aquela data. É preciso igualmente assinalar que os prisioneiros

---

[80] *Masses*, nº 9/10, junho-julho, 1947: "Nous réclamons le droit d'asile pour les Émigrés soviétiques."

[81] Nicholas Bethell, *Le Dernier Secret, 1945: Comment les alliés livrèrent deux millions de Russes à Staline*, Le Seuil, 1975. Nikolai Tolstoy, *Les Victimes de Yalta, France-Empire*, 1980.

O *Komintern em ação* 393

romenos e húngaros que tinham combatido na frente russa conheceram situações análogas. Em março de 1954, foram libertados cem voluntários da divisão espanhola "Azul". Essa visão geral não ficaria completa se não citássemos os 900.000 soldados japoneses aprisionados na Manchúria, em 1945.

Os "Malgré-Nous"*

Um ditado que circulava nos campos é bastante demonstrativo da diversidade de origens da população dos campos de concentração: "Se um país não está representado no Gulag, é porque ele não existe." A França também teve os seus prisioneiros no Gulag, prisioneiros que a diplomacia não fez grandes esforços para proteger e recuperar.

Os três departamentos de Mosela, Baixo e Alto Reno foram tratados de uma maneira especial pelos nazistas triunfantes: a Alsácia-Lorena foi anexada, germanizada e, inclusive, nazificada. Em 1942, os nazistas decidiram incorporar ao exército alemão, contra a sua vontade, as classes militares de 1920 a 1924. Muitos dos jovens moselenses e alsacianos, que não tinham o menor desejo de servir sob o uniforme alemão, tentaram escapar desse "privilégio". Até o final da guerra, foram feitas 21 mobilizações na Alsácia e 14 em Mosela, num total de 130.000 jovens. Enviados, em sua grande maioria, para o fronte russo, 22.000 "Malgré-Nous" pereceram em combate. Os soviéticos, informados pela França Livre dessa situação peculiar, lançaram convocações à deserção, prometendo-lhes que regressariam ao lado da França combatente. Na realidade, e quaisquer que tenham sido as circunstâncias, 23.000 alsacianos-lorenos foram feitos prisioneiros; foi esse o número de dossiês que as autoridades russas entregaram às autoridades francesas em 1995. Grande parte deles foi reunida no campo 188 de Tambov, sob a guarda do MVD (ex-NK-VD), em condições terríveis de sobrevivência: subalimentação (600 gramas de pão escuro por dia), trabalho forçado nas florestas, alojamentos primitivos (cabanas de madeira meio enterradas), ausência total de cuidados médicos. Os que escaparam desses campos da morte lenta calculam que 14.000 dos seus companheiros de cativeiro morreram por lá entre 1944 e 1945. Pierre Rigoulot (*La Tragédie des Malgré-Nous. Tambov: le Camp des Français,* Denoël, 1990) avança o número de 10.000 desaparecidos como "número base". No fim de longas negociações, 1.500 prisioneiros foram libertados e repatriados para Argel, no verão de 1944. Se Tambov foi o campo onde esteve internado um maior número de jovens da Alsácia-Lorena, existiam ainda outros campos onde estes últimos estiveram retidos em cativeiro, desenhando assim uma espécie de subarquipélago especial para esses franceses que não puderam combater pela libertação do seu país.

---

* *Malgré-Nous,* nome como ficaram conhecidos os soldados franceses convocados pelo exército alemão; significa literalmente: "contra ou apesar da nossa vontade." [N. do T.]

Guerra civil e guerra de libertação nacional

Enquanto a assinatura dos pactos germano-soviéticos, datada de setembro de 1939, provocara o desabamento da maioria dos partidos comunistas — cujos simpatizantes não aceitavam, da parte de Stalin, o abandono da política antifascista —, o ataque alemão contra a URSS, em 22 de junho de 1941, reativou imediatamente o reflexo antifascista. A partir de 23 de junho, o Komintern informou a todas as suas seções, por rádio e telegrama, que já não era a hora de revolução socialista, mas a da luta contra o fascismo e da guerra de libertação nacional. Ao mesmo tempo, ele pedia a todos os partidos comunistas dos países ocupados uma intervenção armada imediata. A guerra deu ocasião a que os comunistas experimentassem uma nova forma de ação: a luta armada e a sabotagem da máquina de guerra hitleriana, suscetíveis de se transformarem em guerrilha. Foram reforçados os aparelhos paramilitares, com o objetivo de formarem o embrião de grupos armados comunistas que, em cada país e em função da geografia e da conjuntura, rapidamente se transformassem em significativas forças de guerrilha, em especial na Grécia e na Iugoslávia em 1942, na Albânia e no Norte da Itália a partir do final de 1943. Nos casos mais favoráveis, essa ação de guerrilha proporcionou aos comunistas a oportunidade de tomarem o poder, sem recuarem, caso fosse necessário o recurso da guerra civil.

O exemplo mais sintomático dessa nova orientação foi a Iugoslávia. Na primavera de 1941, Hitler foi obrigado a socorrer o seu aliado italiano, derrotado na Grécia por um pequeno mas determinado exército. Em abril, ele foi de novo obrigado a intervir na Iugoslávia, onde o governo germanófilo fora derrubado por um golpe de Estado pró-britânico. Nesses dois países, os partidos comunistas existentes, apesar de fracos, eram bastante experimentados: eles haviam conhecido a clandestinidade durante os vários anos que se seguiram a sua interdição pelos regimes ditatoriais de Stojadinovic e de Metaxás.

Depois do armistício, a Iugoslávia foi partilhada entre italianos, búlgaros e alemães. Aos quais se juntaram o pretenso Estado independente da Croácia, em poder de extremistas de direita, os ustachis, liderados por Ante Pavelic, que instauraram um verdadeiro regime de *apartheid* contra os sérvios — chegando a cometer massacres que atingiam também judeus e ciganos — e que estavam absolutamente decididos a eliminar toda a oposição, o que teve como efeito levar muitos croatas a se juntarem à Resistência.

Após a capitulação do exército iugoslavo, em 18 de abril, os primeiros a passar à clandestinidade foram os oficiais monárquicos reunidos em torno do

O *Komintern em ação* 395

coronel Draza Mihailovic, pouco depois nomeado comandante-em-chefe da Resistência iugoslava, e mais tarde ministro da Guerra, pelo governo real exilado em Londres. Mihailovic criou na Sérvia um exército composto principalmente por sérvios, os tchetniks. Foi somente depois da invasão da URSS, em 22 de junho de 1941, que os comunistas iugoslavos deram importância à ideia de que era necessário empreender a luta de libertação nacional, "libertar o país do jugo fascista, ainda antes de iniciar a revolução socialista".[82] Mas, enquanto Moscou pretendia ligar-se ao governo real por tanto tempo quanto fosse possível, para não assustar os seus aliados ingleses, Tito sentia-se suficientemente forte para fazer o seu próprio jogo, recusando sujeitar-se ao governo legal no exílio. Não opondo qualquer espécie de barreira étnica ao recrutamento — ele próprio era croata —, instalou, a partir de 1942, as suas bases de guerrilha na Bósnia. Tornados rivais, esses dois movimentos, que perseguiam objetivos antagônicos, passaram ao confronto. Diante das pretensões comunistas, Mihailovic escolheu não hostilizar os alemães, chegando a aliar-se aos italianos. A situação tornou-se um verdadeiro imbróglio, misturando guerra de libertação e guerra civil, oposições políticas e ódios étnicos, exacerbados pela ocupação. Massacres foram cometidos por ambas as partes envolvidas, procurando cada uma exterminar o seu adversário direto e impor o seu domínio às respectivas populações.

Os historiadores avançam um número total de mais de um milhão de mortos — para uma população de mais de 16 milhões de habitantes. Execuções, fuzilamento de prisioneiros, extermínio de feridos e todo tipo de represálias se encadearam sem trégua, cometidas ainda mais facilmente quando nos lembramos de que a cultura balcânica sempre se alimentou das rivalidades entre clãs. Existe, no entanto, uma diferença entre as matanças perpetradas pelo lado tchetnik e as infringidas pelos comunistas: os tchetniks, que aceitavam muito mal a autoridade de uma organização centralizada — muitos grupos escapavam ao controle de Mihailovic —, massacravam as populações muito mais com base em critérios étnicos do que políticos. Já os comunistas, por sua vez, obedeciam a motivos claramente militares e políticos; Milovan Djilas, um dos adjuntos de Tito, testemunhou mais tarde: "Estávamos furiosos com os pretextos alegados pelos camponeses para se aliarem aos tchetniks: eles diziam que tinham medo de que as suas casas fossem incendiadas e de sofrer outras represálias. Essa questão foi levantada numa reunião com Tito, e foi ponderado o seguinte argumento: se nós fizermos com que os camponeses percebam que, ao se aliarem ao invasor [note-se a insidiosa assimilação entre 'tchetniks' —

---

[82] Vladimir Dedijer, *Tito*, Belgrado, 1953; citado por B. Lazitch.

396   *O Livro Negro do Comunismo*

resistentes iugoslavos monárquicos — e 'o invasor'], nós é que queimaremos as suas casas, eles logo mudarão de ideia. [...] Finalmente, Tito tomou uma decisão, apesar da sua hesitação: 'Bom, tudo bem, podemos incendiar uma casa ou um povoado de tempos em tempos.' Mais tarde, Tito promulgou algumas ordens nesse sentido — ordens bem menos indecisas, apenas pelo fato de serem explícitas."[83]

Com a capitulação italiana, em setembro de 1943, e a decisão de Churchill de oferecer a ajuda dos aliados a Tito, preterindo Mihailovic, e depois com a fundação, por Tito, do Conselho Antifascista de Libertação Nacional da Iugoslávia (AVNOJ), em dezembro de 1943, os comunistas adquiriram uma evidente vantagem política sobre os seus adversários. Entre o final de 1944 e o início de 1945, os guerrilheiros comunistas preparavam-se para dominar toda a Iugoslávia. Com a aproximação da capitulação alemã, Pavelic e seu exército, os seus funcionários e as respectivas famílias — num total de várias dezenas de milhares de pessoas — partiram em direção à fronteira austríaca. Os guardas brancos eslovenos e os tchetniks montenegrinos se juntaram a eles em Bleiburg, onde todos se renderam às tropas inglesas, que os entregaram a Tito.

Soldados e todo o tipo de policiais se viram obrigados a fazer autênticas marchas da morte, percorrendo centenas de quilômetros através da Iugoslávia. Os prisioneiros eslovenos foram levados para a Eslovênia, nos arredores de Kocevje, onde foram abatidas entre 20 e 30 mil pessoas.[84] Vencidos, os tchetniks não escaparam à vingança dos guerrilheiros comunistas, que não fizeram prisioneiros. Milovan Djilas evoca o fim dos combatentes sérvios, sem no entanto ousar revelar os detalhes verdadeiramente macabros dessa última campanha: "As tropas de Draza [Mihailovic] foram aniquiladas quase que simultaneamente às da Eslovênia. Os pequenos grupos de tchetniks que fugiram para Montenegro após o seu esmagamento relataram a ocorrência de novos horrores. Ninguém jamais gostou de falar dessas coisas — nem sequer aqueles que bradavam bem alto o seu espírito revolucionário —, como se fosse um terrível pesadelo."[85] Capturado, Draza Mihailovic foi julgado, condenado à morte e fuzilado no dia 17 de julho de 1946. Durante o seu "processo", os testemunhos oferecidos em seu favor por parte dos oficiais das missões aliadas que tinham sido colocados junto do seu estado-maior e combatido os alemães

---

[83] Milovan Djilas, *Une guerre dans la guerre, Yougoslavie 1941-1945*, R. Laffont, 1980, p. 162.

[84] Paul Garde, *Vie et mort de la Yougoslavie*, Fayard, 1992.

[85] Milovan Djilas, *op. cit.*, pp. 443-4.

O Komintern em ação

a seu lado foram, evidentemente, recusados.[86] Logo após o final da guerra, Stalin confiara a Milovan Djilas a essência da sua filosofia: "Todo aquele que ocupe um território deve impor o seu próprio sistema social."

Com a guerra, os comunistas gregos encontraram-se numa situação muito semelhante à dos seus camaradas iugoslavos. Em 2 de novembro de 1940, alguns dias depois da invasão da Grécia pela Itália, Nikos Zachariadis, secretário do Partido Comunista Grego (KKE), aprisionado desde setembro de 1936, lançou um apelo à resistência: "A nação grega está hoje empenhada numa guerra de libertação nacional contra o fascismo de Mussolini. [...] Todos ao combate, todos aos seus postos!"[87] No entanto, em 7 de dezembro, um manifesto do Comitê Central, clandestino, punha em causa essa orientação, e o KKE regressava à linha oficial do Komintern, a do derrotismo revolucionário. Em 22 de junho de 1941, acontece uma espetacular reviravolta: o KKE ordena a todos os seus militantes que organizem "a luta em defesa da União Soviética e a livre do jugo fascista estrangeiro".

A experiência da clandestinidade era para os comunistas um trunfo importante. Em 16 de julho de 1941, do mesmo modo que todos os outros partidos comunistas, foi criada a Frente Nacional Operária de Libertação (*Ergatiko Ethniko Apélevthériko Métopo*, EEAM), que reunia três organizações sindicais. Em 27 de setembro, foi a vez de aparecer a EAM (*Ethniko Apélevthériko Métopo*). Essa Frente de Libertação Nacional foi o braço político dos comunistas. Em 10 de fevereiro de 1942, nascia o ELAS (*Ellinikos Laikos Apélevthérotikos Stratos*), o Exército Popular de Libertação Nacional, cujos primeiros grupos de guerrilha foram organizados em maio, por iniciativa de Aris Velouchiotis (Thanassis Klaras), um experiente militante que havia assinado uma declaração de arrependimento para obter a sua libertação. A partir daí, os efetivos do ELAS não cessaram de crescer.

O ELAS não era a única organização militar de resistência. A EDES (*Ethnikos Démokratikos Ellinikos Syndesmos*), União Nacional Grega Democrática, fora fundada em setembro de 1941 por militares e civis republicanos; um coronel na reserva, Napoleon Zervas, comandava um outro grupo de guerrilheiros. A terceira organização era a do coronel Psarros, nascida em outubro de 1942, denominada EKKA (*Ethniki Kai Koiniki Apélevthérosis*), Movimento de

---

[86] O grande romance de DobritsaTchossitch, *Le Temps du mal* (L'Age d'Homme, 1990, 2 vol.), demonstra a extraordinária complexidade da confusão iugoslava.

[87] Christophe Chiclet, *Les Communistes grecs dans la guerre. Histoire du Parti communiste de Grèce de 1941 à 1949*, L'Harmattan, 1987.

398   *O Livro Negro do Comunismo*

Libertação Nacional e Social. Cada uma das organizações tentava aliciar os militantes e os combatentes das outras.

No entanto, os êxitos e a força do ELAS levaram os comunistas a considerarem friamente a possibilidade de imporem a sua hegemonia ao conjunto da resistência armada. Os grupos da EDES foram várias vezes atacados, assim como os do EKKA, obrigados a dispersarem as suas forças antes de se reorganizarem. No fim de 1942, na Tessália Ocidental, junto aos montes do Pindo, o major Kostopoulos (desertor da EAM) e o coronel Safaris organizaram uma unidade resistente, no coração de uma zona pertencente à EAM; o ELAS cercou-a e massacrou todos os combatentes que não conseguiram escapar ou que recusaram se integrar nas suas fileiras. Capturado, Safaris acabou aceitando tornar-se chefe do estado-maior do ELAS.

A presença de oficiais britânicos, com ordens para auxiliar a Resistência grega, inquietava os chefes do ELAS; os comunistas receavam que os ingleses tentassem impor a restauração da monarquia. Mas havia uma diferença de atitude entre o ramo militar, dirigido por Velouchiotis, e o próprio KKE, liderado por Giorgos Siantos, que pretendia seguir a linha escolhida por Moscou — uma política de coalizão antifascista. A ação dos ingleses teve um efeito momentaneamente positivo, uma vez que a sua missão militar conseguiu, em julho de 1943, a assinatura de uma espécie de pacto entre as três principais formações: o ELAS, nesse momento já bem-estruturado e forte, com cerca de 18 mil homens, a EDES, com cinco mil, e o EKKA, com cerca de mil homens.

A capitulação italiana, em 8 de setembro, modificou imediatamente a situação. Foi o início de uma guerra fratricida, ao mesmo tempo que a Alemanha lançava uma violenta ofensiva contra a EDES, obrigando-a a recuar e a encontrar-se frente a frente com importantes batalhões do ELAS, que manobraram para aniquilá-la. A decisão de se verem livres da EDES foi tomada pela direção do KKE, que pretendia assim explorar a nova configuração em jogo, reforçando o colapso da política inglesa. Ao fim de quatro dias de combates, os guerrilheiros comandados por Zervas conseguiram escapar ao cerco.

Esta guerra civil dentro de uma guerra de libertação nacional dava aos alemães grandes possibilidades de manobra, e as suas tropas atacavam alternadamente ambas as organizações de resistência.[88] Os aliados tomaram então a iniciativa de pôr um fim na guerra civil: os combates entre o ELAS e a EDES cessaram em fevereiro de 1944, tendo sido assinado um acordo, em Plaka. Mas

---

[88] O ELAS acusou a EDES de ter assinado um armistício com os alemães, acusação sem fundamento.

O Komintern em ação

foi efêmero: algumas semanas mais tarde, o ELAS atacou a EKKA do coronel Psarros, que foi vencido e aprisionado ao final de cinco dias de combates. Psarros e os seus oficiais foram chacinados; ele próprio foi decapitado.

A ação dos comunistas resultou na desmoralização da resistência e no descrédito da EAM; em certas regiões, o ódio contra ela era tão profundo que alguns guerrilheiros alistaram-se nos Batalhões de Segurança organizados pelos alemães. Essa guerra civil só terminou quando o ELAS aceitou colaborar com o governo grego exilado no Cairo. Em setembro de 1944, seis representantes do EAM-ELAS tornaram-se membros do governo de unidade nacional presidido por Georges Papandreou. Em 2 de setembro, quando os alemães começavam a sair da Grécia, o ELAS enviou as suas tropas para a conquista do Peloponeso, que escapava ao seu controle devido à presença dos Batalhões de Segurança. As cidades e os povoados conquistados foram "punidos". Em Meligala, 1.400 homens, mulheres e crianças, assim como 50 oficiais e sargentos dos Batalhões de Segurança, foram massacrados.

Parecia agora não haver obstáculos à hegemonia do EAM-ELAS. No entanto, libertada em 12 de outubro, Atenas conseguiu escapar graças ao desembarque das tropas britânicas no Pireu. Foi então que a direção do KKE hesitou em lançar-se numa prova de força. Seria sua intenção entrar no jogo de forças do governo de coalizão? Nada era menos certo. Ao mesmo tempo que a direção comunista se recusava a desmobilizar o ELAS, conforme lhe fora pedido pelo governo, Iannis Zegvos, ministro comunista da Agricultura, exigia a dissolução das unidades sob controle governamental. No dia 4 de dezembro, patrulhas do ELAS entraram em Atenas, enfrentando as forças do governo. No dia seguinte, quase toda a capital já havia caído nas mãos do ELAS, que nela concentrara 20 mil homens; mas os britânicos resistiram, contando com a chegada de reforços. Em 18 de dezembro, o ELAS atacou também a EDES no Epiro. Paralelamente aos combates, os comunistas desencadearam uma sangrenta depuração antimonárquica.

Contudo, a sua ofensiva foi um fracasso; durante uma conferência realizada em Varkiza, resignaram-se a assinar um acordo sobre o desarmamento do ELAS. Na verdade, muitas armas e munições foram cuidadosamente escondidas. Aris Velouchiotis, um dos principais chefes, recusou os acordos de Varkiza e, com uma centena de homens, passou à clandestinidade e entrou na Albânia, na esperança de poder retornar à luta armada. Interrogado sobre as razões da derrota do EAM-ELAS, Velouchiotis respondeu francamente: "Foi porque não matamos o bastante. Os ingleses estavam interessados naquela encruzilhada a que chamam Grécia; se não tivéssemos deixado vivo nenhum

400   *O Livro Negro do Comunismo*

dos seus amigos, eles não teriam conseguido desembarcar em parte alguma. Mas eu era chamado de assassino: vejam ao que isso nos levou." E acrescentou: "As revoluções triunfam quando os rios ficam vermelhos de sangue, e vale a pena verter esse sangue se a recompensa for o aperfeiçoamento da sociedade humana."[89] O fundador do ELAS, Aris Velouchiotis, encontrou a morte em junho de 1945, combatendo na Tessália, alguns dias após a sua expulsão do KKE. A derrota do EAM-ELAS libertou, por reação, todo o ódio acumulado contra os comunistas e os seus aliados. Grupos paramilitares assassinaram um grande número de militantes; muitos outros foram detidos; em geral, os dirigentes eram deportados para as ilhas.

Nikos Zachariadis, primeiro-secretário do KKE, regressara em maio de Dachau, na Alemanha, para onde fora deportado. Suas primeiras declarações anunciavam claramente a política do KKE: "Ou regressamos a um regime semelhante, porém mais severo do que o da ditadura monarco-fascista, ou a luta da EAM pela libertação nacional terá o seu coroamento com o estabelecimento de uma democracia popular na Grécia." Não havia para a exangue Grécia a menor hipótese de conhecer a paz civil. Em outubro, o VII Congresso do Partido ratificava o objetivo definido por Zachariadis. O primeiro passo seria conseguir a partida das tropas britânicas. Em janeiro de 1946, a URSS mostrou o seu interesse pela Grécia interpelando o Conselho de Segurança da ONU sobre o perigo que constituía a presença inglesa nesse país. Em 12 de fevereiro, quando as próximas eleições já não deixavam dúvidas sobre a sua derrota — ele preconizava, aliás, a abstenção —, o KKE decidiu organizar uma insurreição, com a ajuda dos comunistas iugoslavos.

Em dezembro, ocorrera um encontro entre membros do Comitê Central do KKE e oficiais iugoslavos e búlgaros. Os comunistas gregos receberam a garantia de que poderiam utilizar a Albânia, a Iugoslávia e a Bulgária como bases de retaguarda. Durante três anos, os seus combatentes puderam refugiar-se lá, os seus feridos foram lá tratados, e o equipamento militar, armazenado. Todos esses preparativos se fizeram, alguns meses após a criação do Kominform,* e parecia que a rebelião dos comunistas gregos se inscrevia perfeitamente na

---

[89] Citado por Evan Averoff-Tossizza, *Le Feu et la hache. Grèce, 1946-1949*, Éditions de Breteuil, 1973. O autor parece conhecer perfeitamente esse estudante que se tornou advogado no fórum de Atenas.

* Abreviatura de Agência de Informação dos Partidos Comunistas e Operários, organização criada em 1947 por nove partidos comunistas, sete dos quais no poder: URSS, Bulgária, Hungria, Polônia, Romênia, Tchecoslováquia e Iugoslávia (os outros dois eram os da França e Itália). [N. do T.]

O Komintern em ação 401

nova política do Kremlin. Em 30 de março de 1946, o KKE assumiu a responsabilidade de desencadear uma terceira guerra civil. Os primeiros ataques do Exército Democrático (AD), criado no dia 28 de outubro de 1946 e comandado pelo general Markos Vafiadis, foram conduzidos segundo o mesmo modelo; em geral eles atacavam os postos da polícia, exterminavam os seus ocupantes e executavam os notáveis. Durante todo o ano de 1946, o KKE continuou simultaneamente a agir às claras.

Nos primeiros meses de 1947, o general Markos intensificou a sua ação: dezenas de povoados foram atacados, e centenas de camponeses, executados. O recrutamento forçado engrossava os efetivos do AD.[90] Quando um povoado não oferecia resistência, ele se livrava das represálias. Um povoado da Macedônia pagou caro pela resistência: 48 casas foram incendiadas e 12 homens, seis mulheres e dois bebês foram executados. A partir de março de 1947, foram sistematicamente assassinados todos os presidentes de câmara e também todos os padres. Em março, já existiam 400 mil refugiados. A política de terror provocou uma de contraterror: militantes comunistas ou de esquerda foram mortos por grupos de extrema direita.

Em junho de 1947, depois de uma passagem por Belgrado, Praga e Moscou, Zachariadis anunciou como próxima a constituição de um governo "livre". Os comunistas gregos pareciam acreditar que poderiam seguir o mesmo caminho que Tito trilhara quatro anos antes. Esse "governo" foi "oficialmente" constituído em dezembro. Os iugoslavos chegaram ao ponto de oferecer voluntários — cerca de dez mil! — saídos do seu exército.[91] Os numerosos relatórios do inquérito da Comissão Especial das Nações Unidas para os Bálcãs sublinharam a importância dessa ajuda ao Exército Democrático. A ruptura entre Tito e Stalin, ocorrida na primavera de 1948, teve consequências diretas para os comunistas gregos. Embora a ajuda tenha continuado a chegar até o outono, Tito iniciou uma retirada que culminaria no fechamento da fronteira. No verão, enquanto as forças governamentais conduziam uma grande ofensiva, o chefe dos comunistas albaneses, Enver Hoxha, foi obrigado a fechar a sua. Os comunistas gregos estavam cada vez mais isolados, e as divergências internas se agravaram. Mesmo assim, os combates prosseguiram até agosto de 1949. Muitos combatentes retrocederam para a Bulgária antes de se refugiarem em toda a Europa Oriental, particularmente na Romênia e na URSS. Tachkent,

---

[90] Em abril, o Exército Democrático era composto por 16 mil guerrilheiros.
[91] Irène Lagani, "Les Communistes des Balkans et la guerre civile grecque", *Communisme*, nº 9, 1986.

402   *O Livro Negro do Comunismo*

a capital do Uzbequistão, viu chegar milhares de refugiados, entre os quais 7.500 comunistas. Depois da sua derrota, o KKE, no exílio, sofreu uma série de depurações, a tal ponto que, em setembro de 1955, o conflito entre os partidários e os adversários de Zachariadis degenerou em confronto violento; foi necessária a intervenção do Exército Soviético para restabelecer a ordem; centenas de pessoas ficaram feridas.[92]

As crianças gregas e o Minotauro soviético

Durante a guerra civil de 1946-1948, os comunistas gregos efetuaram, nas zonas que controlavam, um recenseamento de todas as crianças, de ambos os sexos, dos três aos 14 anos. Em março de 1948, essas crianças foram reunidas nas regiões fronteiriças e levadas aos milhares para a Albânia, para a Iugoslávia e para a Bulgária. Os camponeses tentaram salvar os filhos, escondendo-os nas florestas. Com muita dificuldade, a Cruz Vermelha arrolou 28.296 crianças sequestradas. No verão de 1948, consumada a ruptura entre Tito e o Komintern, uma parte das crianças (11.600) retidas na Iugoslávia foi, apesar dos protestos do governo grego, transferidas para a Tchecoslováquia, para a Hungria, para a Romênia e para a Polônia. No dia 17 de novembro de 1948, a Terceira Assembleia da ONU tomou a resolução de condenar o rapto das crianças gregas. Em novembro de 1949, a Assembleia-Geral da ONU reclamou o regresso dessas crianças. Todas as decisões seguintes tomadas pela ONU ficaram, como as anteriores, sem resposta: os regimes comunistas vizinhos se obstinavam em fazer crer que essas crianças tinham melhores condições de vida entre eles do que na própria Grécia; chegaram mesmo a querer dar a entender que a deportação tinha sido um gesto humanitário.

Entretanto, o exílio forçado dessas crianças continuou, em tais condições de miséria, de subalimentação e de epidemias, ocasionando a morte de muitas. Reunidas em "povoados para crianças", elas eram obrigadas a participar de cursos de politização, além da escolaridade normal. A partir dos 13 anos, tinham de executar trabalhos pesados, como, por exemplo, o desbravamento das regiões pantanosas de Hartchag, na Hungria. O que estava por trás dessa jogada comunista era a formação de uma nova geração de militantes totalmente devotados. O fracasso foi patente: em 1956, um grego chamado Constantinides iria morrer ao lado dos húngaros, combatendo os russos. Outros conseguiram fugir para a Alemanha Oriental.

Entre 1950 e 1952, apenas 684 crianças regressaram à Grécia. Em 1963, cerca de quatro mil crianças (algumas nascidas em países comunistas) tinham sido repatriadas. Na Polônia, no começo dos anos 1980, a comunidade grega era composta por milhares de pessoas. Algumas aderiram ao Sindicato Solidarnosc

---

[92] Nikos Marantzidis, "La deuxième mort de Nikos Zachariadis: l'itinéraire d'un chef communiste", *Communisme*, nos 29-31, 1992.

O Komintern em ação

> e foram detidas após o golpe de Estado do general Jaruzelski. Posteriormente a 1989, com a democratização em curso, vários milhares desses gregos da Polônia regressaram à Grécia. (A *Questão Grega perante as Nações Unidas*, relatório da Comissão Especial para os Bálcãs, 1950.)

A acolhida dos vencidos da guerra civil grega pela URSS foi bastante paradoxal, pois, nesse momento, Stalin já havia destruído quase totalmente a velha comunidade grega que vivia na Rússia havia séculos e que, em 1917, se estimava entre 500.000 e 700.000 pessoas, essencialmente no Cáucaso e no litoral do mar Negro. Em 1939, eles não ultrapassavam as 410.000 pessoas, e eram apenas 177.000 em 1960. A partir de dezembro de 1937, 285.000 gregos residentes nas grandes cidades foram deportados para as regiões de Arkhangelsk, na República dos Komis, e para o Nordeste da Sibéria. Outros conseguiram regressar à Grécia. A. Haitas, antigo secretário do Partido Comunista Grego (KKE), e o pedagogo J. Jordinis foram liquidados na URSS, na mesma época. Em 1944, dez mil gregos da Crimeia — remanescentes da florescente comunidade de outros tempos — foram acusados de adotarem uma atitude pró-germânica durante a guerra e foram deportados para a Quirguízia e para o Uzbequistão. Em 30 de junho de 1949, numa única noite, 30 mil gregos da Geórgia foram deportados para o Cazaquistão. Em abril de 1950, todos os gregos de Batum tiveram o mesmo destino.

Nos outros países da Europa Ocidental, a tentação dos comunistas de tomarem sozinhos o poder, aproveitando a resistência e a libertação, foi rapidamente abafada pela presença dos exércitos anglo-americanos e, a partir do final de 1944, pelas diretivas de Stalin, que ordenou aos comunistas que escondessem as suas armas e esperassem uma melhor ocasião para tomar o poder. É o que ressalta com toda a clareza da reunião mantida no Kremlin, em 19 de novembro de 1944, entre Stalin e Maurice Thorez, o primeiro-secretário do Partido Comunista Francês, que, depois de ter passado a guerra na URSS, iria voltar à França.[93]

Depois da guerra e pelo menos até a morte de Stalin, em 1953, a violência e o terror instaurados no interior do Komintern antes da guerra persistiram no movimento comunista internacional. Na Europa Oriental, a repressão dos dissidentes, reais ou imaginários, foi intensa, especialmente no decurso dos impressionantes julgamentos fabricados (ver o capítulo de Karel Bartosek). O auge desse terror ocorreu durante a crise entre Tito e Stalin, em 1948. Recusando-se a se submeter e pondo em xeque o poder absoluto de Stalin, Tito foi apontado como o novo

---

[93] Philippe Buton, "L'entretien entre Maurice Thorez et Joseph Staline du 19 novembre 1994. Méthodologie et historiographie de la stratégie communiste à la Libération", *Communisme*, nᵒˢ 45-46,1996.

Trotski. Stalin tentou mandar assassiná-lo, mas Tito desconfiava e se beneficiava da proteção do seu próprio aparelho de Estado. Sem ter como liquidar Tito, os partidos comunistas do mundo inteiro entregaram-se a uma orgia de assassinatos políticos simbólicos, excluindo das suas fileiras os "titistas", que serviram de bode expiatório. Uma das primeiras vítimas foi o primeiro-secretário do Partido Comunista Norueguês, Peder Furubotn, um velho membro do Komintern que, depois de ter permanecido durante muito tempo em Moscou, conseguira salvar sua pele regressando à Noruega em 1938. Durante uma reunião do Partido, realizada em 20 de outubro de 1949, um partidário soviético, chamado Strand Johansen, acusou Furubotn de "titismo". Com a certeza de se fazer ouvir pelo Partido, Furubotn reuniu o Comitê Central no dia 25 de outubro e anunciou à direção a sua demissão e a de sua equipe, com a condição de ser feita, sem demora, uma nova eleição dos membros do Comitê Central e de que as acusações contra ele fossem examinadas por uma Comissão Internacional. Os adversários de Furubotn foram apanhados de surpresa. No dia seguinte, para espanto geral, Johansen e alguns dos seus homens entraram na sede do Comitê Central, de onde expulsaram, de armas em punho, os partidários do primeiro-secretário. Em seguida, realizaram uma reunião onde foi votada a expulsão do Partido de Furubotn, que, conhecedor dos métodos soviéticos, se trancara em casa com um grupo de amigos armados. Na sequência desse verdadeiro "rodeio", digno de um filme policial, o PCN perdeu o essencial das suas forças vivas militantes. Quanto a Johansen, manipulado do princípio ao fim pelos agentes soviéticos, enlouqueceu.[94]

O último ato desse período de terror no movimento comunista internacional ocorreu em 1957. Imre Nagy, o comunista húngaro que encabeçara a revolta de 1956 em Budapeste (ver o capítulo de Karel Bartosek), refugiara-se na embaixada da Iugoslávia, de onde não queria sair, receando por sua vida. Utilizando processos tortuosos, os soviéticos conseguiram apanhá-lo e decidiram julgá-lo na Hungria. Mas o Partido Comunista Húngaro, não querendo assumir sozinho a responsabilidade por esse assassinato legal, aproveitou a realização da Primeira Conferência Mundial dos Partidos Comunistas, em novembro de 1957, em Moscou, para fazer aprovar a morte de Nagy por todos os líderes comunistas presentes, entre os quais o francês Maurice Thorez e o italiano Palmiro Togliatti — com a notável exceção do polonês Gomulka. Nagy foi condenado à morte e enforcado em 16 de junho de 1958.[95]

---

[94] Torgrim Titlestad, *I Stalins Skygge. Kampen om NKP 1945-1949*, Bergen, Fagbokforlaget, 1997.

[95] Federigo Argentieri, "Quando il PCI condamno a morte Nagy", *Micromega*, nº 4, 1992.

2
A sombra do NKVD sobre a Espanha

por Stéphane Courtois e Jean-Louis Panné

Em 17 de julho de 1936, os militares espanhóis do Marrocos, comandados pelo general Franco, revoltaram-se contra o governo republicano. No dia seguinte, a insurreição estendia-se ao continente. No dia 19, ela foi obstruída em várias cidades (Madri, Barcelona, Valência e Bilbao) pela greve geral e pela mobilização das classes populares. Essa guerra civil já estava em gestação havia alguns meses. A vitória eleitoral da Frente Popular, em 16 de fevereiro de 1936, fora conseguida por uma margem bastante estreita; a direita com 3.997.000 votos (132 deputados), os centristas 449.000 e a Frente Popular 4.700.000 (267 deputados). Os socialistas elegeram 89 deputados, a Esquerda Republicana, 84, a União Republicana, 37, o Partido Comunista Espanhol (PCE), 16, e o POUM (Partido Operário de Unificação Marxista, resultante da fusão, em 1935, do Bloco Operário e Camponês de Joaquin Maurin e da Esquerda Comunista de Andreu Nin), apenas um. Não estava representada uma das forças capitais existentes na Espanha: os anarquistas da Confederação Nacional do Trabalho (CNT) e da Federação Anarquista Ibérica (1.577.547 militantes contra 1.444.474 do Partido Socialista e da União Geral do Trabalho),[1] coerentes com a sua doutrina, não haviam apresentado qualquer candidato; mas a Frente Popular não teria triunfado sem o apoio dos seus votos e dos votos dos seus simpatizantes. Os 16 deputados eleitos do PCE constituíam uma representação consideravelmente superior à força real do partido: 40.000 membros reivindicados; mas na verdade não eram mais de uma dezena de

---

[1] Estatística da Direção Geral da Segurança, entregue ao Parlamento por Miguel Maura, antigo ministro do Interior, no outono de 1934; *cf.* Joaquin Maurin, *O Comunismo na Espanha*, Nova York, 1964. Sobre a relação das forças, ver ainda Gerald Brenan, *Le Labyrinthe espagnol. Origines sociales et politiques de la guerre civil*, Champ Libre, 1984.

406 O Livro Negro do Comunismo

milhares que sustentavam as diversas organizações satélites reforçadas com mais uma centena de milhares de filiados.

Uma esquerda dividida e mesclada, uma direita poderosa e uma extrema direita determinada (a Falange), uma efervescência urbana (greves) e rural (ocupação de terras), um exército cioso das suas prerrogativas, um governo fraco, muitas intrigas, violência política num crescendo incessante: tudo isso concorreu para desencadear a guerra civil que muitos desejavam. O conflito se revestia de imediato de uma dimensão particular: dentro do panorama europeu, ele simbolizava o confronto entre os Estados fascistas e os Estados democráticos. Com a entrada da União Soviética em campo, reforçou-se o efeito de polarização entre a direita e a esquerda.

A linha geral dos comunistas

O Komintern pouco ou nada se preocupara com a situação espanhola até a sua atenção ter sido despertada pela queda da monarquia e, sobretudo, pela insurreição dos operários das Astúrias, em 1934. O Estado soviético também não mostrou grande interesse, uma vez que o reconhecimento mútuo dos dois países só viria a ocorrer em agosto de 1936, depois de ter sido deflagrada a guerra civil, num momento em que a URSS acabava de assinar o pacto de "não intervenção", já adotado em julho pela Inglaterra e pela França,[2] na esperança de impedir a internacionalização do conflito. Em 27 de agosto, o embaixador soviético, Marcel Israelevitch Rosenberg, assumia suas funções.

Para obter um aumento de sua influência, os comunistas propuseram a fusão do seu partido com o Partido Socialista. Foi só ao nível das organizações juvenis que essa tática teve um primeiro êxito, com a formação, em 1º abril de 1936, da Juventude Socialista Unificada, e depois um segundo, em 26 de junho seguinte, com a criação do Partido Socialista Unificado da Catalunha.

No governo de Largo Caballero, instalado em setembro de 1936, o PCE dispunha apenas de dois ministros: Jesús Hernández, na Educação, e Vincente Uribe, na Agricultura. No entanto, os soviéticos rapidamente conquistaram uma grande influência no governo. Graças às simpatias de que gozava junto de certos membros do governo (Alvarez del Vayo e Juan Negrin), Rosenberg impôs-se como uma espécie de vice-primeiro-ministro, com participação ativa

---

[2] Léon Blum aderiu ao pacto a contragosto, sob a dupla pressão da Inglaterra e dos radicais que temiam o risco de uma guerra com a Alemanha. Blum esteve a ponto de se exonerar, mas foi dissuadido pelo embaixador espanhol, o socialista Fernando Los Ríos.

no Conselho de Ministros; ele era detentor de um trunfo considerável, uma vez que a URSS estava disposta a fornecer armas aos republicanos.

Essa intervenção do Partido-Estado soviético fora da sua esfera de ação habitual tem um relevo particular, pois ocorre-se num momento crucial, quase 20 anos após a tomada do poder pelos bolcheviques, num contexto internacional que em breve lhe permitiria estender, em duas etapas sucessivas (1939-1941 e 1944-1945), o seu poder à Europa Central e ao Leste Europeu. Na Espanha, a combinação de um movimento social profundo — que lembra os oriundos do primeiro conflito mundial — e da guerra civil russa abre um inesperado campo de intervenção. A Espanha dos anos 1936-1939 é uma espécie de laboratório para os soviéticos que, fortalecidos por uma grande experiência acumulada, puderam desenvolver todo o aparato político ao seu dispor, experimentando as técnicas que viriam a ser retomadas no início da Segunda Guerra Mundial e que depois foram generalizadas com o fim dos conflitos. Com múltiplos objetivos, o mais urgente era conseguir que o Partido Comunista Espanhol (inteiramente dirigido pelos serviços do Komintern e do NKVD) obtivesse o controle do poder do Estado, para que a República pudesse ser conduzida com a maior proximidade possível dos desígnios de Moscou. Um tal objetivo implicava instaurar os métodos soviéticos, entre os quais apareciam em lugar de destaque a onipresença do sistema policial e a liquidação de todas as forças não comunistas.

Em 1936, Ercoli — o comunista italiano Palmiro Togliatti —, um dos membros da direção do Komintern, define as características originais da guerra civil, que qualificou como "guerra nacional revolucionária". Em sua opinião, a revolução espanhola — popular, nacional e antifascista — impunha aos comunistas novas tarefas: "O povo espanhol resolveu as tarefas da revolução burguesa democrática de uma maneira nova." Muito rapidamente, ele designa os inimigos dessa concepção da revolução espanhola: os dirigentes republicanos e "até mesmo os do Partido Socialista", os "elementos que, escondidos sob os princípios do anarquismo, enfraquecem a coesão e a unidade da Frente Popular com projetos prematuros de 'coletivização' forçada"[...] Ele também fixa um objetivo: a hegemonia comunista realizável graças a uma "frente única entre os partidos socialista e comunista, a criação de uma organização única da juventude trabalhadora, a criação de um partido único do proletariado na Catalunha (o PSUC) e a transformação do próprio Partido Comunista em grande partido de massas".[3] Em junho de 1937, Dolores Ibárruri — comunista

---

[3] M. Ercoli, *Particularités de la révolution espagnole*, Bureau d'éditions, 1936.

408   *O Livro Negro do Comunismo*

espanhola mais conhecida pelo nome de La Pasionaria e celebrizada pelos seus apelos à resistência — propôs um novo objetivo: "uma república democrática e parlamentar de um *novo tipo*".[4]

Imediatamente após o *pronunciamiento* franquista, Stalin deu provas de uma relativa indiferença em relação à situação espanhola, como foi recordado por Jef Last, que estava com André Gide em Moscou no verão de 1936: "Ficamos muito indignados ao verificarmos uma ausência total de interesse em relação aos acontecimentos. O assunto nunca era abordado nas reuniões realizadas, e, quando o mencionávamos em conversas privadas, todos pareciam evitar cuidadosamente emitir qualquer opinião pessoal."[5] No entanto, ao fim de dois meses e devido ao rumo que os acontecimentos tomavam, Stalin compreendeu que poderia tirar proveito da situação nos campos da diplomacia e da propaganda. Associando-se à política de "não intervenção", a URSS integrava-se ainda mais no concerto das nações e tinha a possibilidade de tentar favorecer uma maior autonomia da França relativamente à Grã-Bretanha. Ao mesmo tempo, a URSS estava secretamente empenhada em fornecer armas à República espanhola e em ajudá-la militarmente, contando poder explorar as possibilidades oferecidas pelo governo da Frente Popular na França, disposto a colaborar com os serviços soviéticos para organizar a ajuda material aos republicanos espanhóis. Seguindo instruções de Léon Blum, Gaston Cusin, subchefe do gabinete do ministro das Finanças, encontrou-se com os oficiais e os emissários soviéticos instalados em Paris, onde organizavam o transporte de armas e recrutavam voluntários para a Espanha. Se o Estado soviético pretendia ficar fora do jogo, o Komintern, por sua vez, mobilizou todas as suas seções a favor de uma Espanha republicana, cujo combate transformou-se num formidável vetor de propaganda antifascista, particularmente lucrativo para o movimento comunista.

Na própria Espanha, a tática comunista consistiu em ocupar cada vez mais posições para "orientar" a política do governo republicano no mesmo sentido daquela tomada pelo Partido-Estado soviético, que tinha interesse em explorar ao máximo a situação de guerra. Julian Gorkin, um dos dirigentes do POUM, foi sem dúvida o primeiro a estabelecer a ligação entre a política soviética na Espanha republicana e a instauração das democracias populares, num ensaio intitulado *Espana, primer ensayo de democracia popular* (Buenos Aires, 1961); onde Gorkin vê a aplicação de uma política predeterminada, o historiador

---

[4] Dolores Ibarruri, *Pela vitória. Artigos e discursos, 1936-1938*, ESI, 1938.

[5] Jef Last, *Lettres d'Espagne*, Gallimard, 1939.

espanhol Antonio Elorza considera sobretudo que a política comunista na Espanha decorre de uma "concepção monolítica e não pluralista das relações políticas existentes na Frente Popular e do papel do Partido [que] se traduz numa transformação natural da aliança em plataforma, para conquistar a hegemonia". Porém, Antonio Elorza insiste naquilo que se tornará uma invariável da política comunista: impor a hegemonia do PCE a todos os antifascistas, "não apenas contra o inimigo fascista no exterior, mas também contra qualquer oposição interna". E acrescenta: "Nesse aspecto, o projeto é um precedente direto da estratégia para alcançar o poder nas chamadas democracias populares."[6]

O projeto estava em fase de conclusão quando, em setembro de 1937, Moscou considerou a realização de eleições: as listas únicas deveriam permitir ao PCE tirar proveito desse "plebiscito nacional". Esse projeto, inspirado e atentamente seguido por Stalin, visava ao nascimento de uma "república democrática de um novo modelo", prevendo a eliminação de todos os ministros hostis à política comunista. Mas a tentativa fracassou diante da oposição encontrada entre os aliados do PCE e a inquietante evolução da situação dos republicanos após o fracasso da sua ofensiva contra Teruel, em 15 de dezembro de 1937.

"Conselheiros" e agentes

Uma vez decidido por Stalin que a Espanha poderia ser uma terra de oportunidades para a URSS e que seria útil intervir, Moscou enviou à Península Ibérica um forte contingente de quadros, subordinados às mais variadas instâncias. Chegaram, em primeiro lugar, os conselheiros militares, que deveriam sempre somar de 700 a 800 homens, mas que chegaram a 2.044 (de acordo com uma fonte soviética), entre os quais os futuros marechais Koniev e Jukov, e ainda o general V. E. Goriev, adido militar em Madri. Moscou mobilizou também os membros do Komintern, "emissários", oficiais ou oficiosos, de um outro gênero. Alguns iam para ficar, como o argentino Vittorio Codovilla, que desempenhou um papel considerável no interior do PCE, a partir dos anos 1930, exercendo uma liderança efetiva e real; o húngaro Ernö Gerö (apelidado "Pedro"), que se tornaria um dos donos da Hungria comunista do pós-guerra; o italiano Vittorio Vidali (suspeito de ter participado no assassinato do líder comunista e estudante cubano Julio Antonio Melia, em 1929), que se tornou,

---

[6] Antonio Elorza, "Le Front populaire espagnol à travers les archives du Komintern", *Une histoire en révolution? Du bon usage des archives, de Moscou et d'ailleurs*, Éditions Universitaires de Dijon, 1996.

410   O Livro Negro do Comunismo

em janeiro de 1937, o primeiro comissário político do 59 Regimento organizado pelos comunistas; o búlgaro Minev-Stepanov, que trabalhara no secretariado de Stalin de 1927 a 1929; o italiano Palmiro Togliatti, que chegou em julho de 1937 na qualidade de representante do Komintern. Outros ainda fizeram viagens de inspeção, como foi o caso do comunista francês Jacques Duclos.

Paralelamente, Moscou enviou para Espanha um forte contingente de homens pertencentes aos seus serviços: V. A. Antonov-Ovseenko[7] — que havia conduzido o assalto ao Palácio de Inverno, em Petrogrado, em outubro de 1917 — desembarcou em Barcelona em 1º de outubro de 1936; Alexandre Orlov (cujo verdadeiro nome era L. Feldbine), responsável pelo NKVD na Espanha; o polonês Arthur Stachevsky, antigo oficial do Exército Vermelho, agora como adido comercial; o general Ian Berzine, patrão dos Serviços de Informação do Exército Vermelho; Mikhail Koltsov, redator do *Pravda* e porta-voz oculto de Stalin, que se instalou no Ministério da Guerra. Leonid Eitingon, comandante das forças da Segurança de Estado (NKVD), e Pavel Sudoplatov, seu subordinado, também chegaram a Barcelona; foi nesse momento, a partir de 1936, que Eitingon ficou encarregado das operações terroristas; Sudoplatov só foi à Espanha em 1938.[8] Em resumo, quando Stalin decidiu intervir na Espanha, instalou nesse país todo um estado-maior capaz de agir, em múltiplos domínios, de uma forma concertada. Parece ter sido na noite de 14 de setembro de 1936 que Iagoda, chefe do NKVD, organizou em Lubianka, Moscou, uma reunião de coordenação do conjunto de ações destinadas à intervenção comunista na Espanha. Os objetivos eram tanto combater os franquistas e os agentes alemães ou italianos quanto vigiar, controlar e neutralizar os adversários dos comunistas e da URSS no próprio interior do campo republicano. Essa intervenção deveria ser a mais secreta e camuflada possível, a fim de não comprometer o governo soviético. Acreditando-se no general Krivitsky, que era o chefe dos Serviços Exteriores do NKVD na Europa Ocidental, apenas 40 dos cerca de 3.000 mil soviéticos presentes na Espanha combateram de fato, sendo os restantes conselheiros militares, políticos ou agentes dos serviços de informação.

Os soviéticos iniciaram a sua ação pela Catalunha. Em setembro de 1936, o Comissariado Geral da Ordem Pública da Generalitat da Catalunha, já

---

[7] Seu filho, historiador, declarou à televisão catalã: "A maior parte das pessoas enviadas à Espanha, militares, generais, conselheiros, pilotos, eram agentes do NKVD"; *cf.* o filme de Llibert Ferri e Dolores Genovès, *Operação Nikolai*, 1992.

[8] Em suas lembranças, Pavel Sudoplatov faz essa reflexão significativa: "De certo modo, a Espanha foi o 'jardim da infância' onde se formaram todas as nossas operações de espionagem futuras" (*Missions spéciales*, Le Seuil, 1994, p. 59).

infiltrado pelos comunistas, criou por decreto, dentro dos serviços secretos catalães (o SSI), um GRUPO DE INFORMACIÓN chefiado por um tal Mariano Gomez Emperador; esse serviço oficial, que rapidamente empregou cerca de 50 pessoas, era na realidade uma antena camuflada do NKVD. Paralelamente, o Partido Socialista Unificado da Catalunha — nome escolhido pelos comunistas — criou um *Servido Extranjero*, com sede no quarto n° 340 do hotel Colon, na Plaza de Catalunya, encarregado de controlar todos os comunistas estrangeiros desejosos de combater na Espanha e que transitavam por Barcelona; esse serviço também era estreitamente controlado pelo NKVD e servia para camuflar as suas atividades.

Alfredo Hertz, um homem que pertencia a essas duas instâncias, revelou-se como responsável local do NKVD, sob a autoridade direta de Orlov e de Gerö. Comunista alemão, cuja verdadeira identidade ainda está para ser estabelecida, Hertz introduziu-se no *Cuerpo de Investigation y Vigilância* do Governo da Generalitat, controlando o serviço de passaportes e, portanto, as saídas e entradas na Espanha; ele estava habilitado a utilizar os Guardas de Assalto, as tropas de elite da polícia. Com a sua rede instalada no Comissariado da Ordem Pública da Generalitat, Hertz recebia informações provenientes de outros partidos comunistas — listas negras de outros antifascistas, denúncia de comunistas que criticavam o sistema, dados biográficos fornecidos pelas seções de quadros de cada PC — e os transmitia ao Departamento de Estado dirigido pelo comunista Victorio Sala. Hertz criou o seu próprio serviço, o Servicio Alfredo Hertz, que, sob uma cobertura legal, era uma polícia política paralela composta por comunistas estrangeiros e espanhóis. Sob a sua direção, foram criados arquivos de todos os estrangeiros residentes na Catalunha, e mais tarde em toda a Espanha, e listas negras de pessoas "incômodas" a serem eliminadas. Num primeiro momento, de setembro a dezembro de 1936, as perseguições aos opositores não foram sistemáticas. Só pouco a pouco o NKVD conseguiu estabelecer verdadeiros planos de repressão às outras forças políticas da República. Os alvos prioritários eram os social-democratas, os anarco-sindicalistas, os trotskistas, os comunistas heterodoxos ou que manifestassem divergências políticas. É verdade que muitos desses "inimigos" tinham posições críticas em relação aos comunistas, contestando o seu desejo de hegemonia e a sua posição relativamente à URSS. Como é sabido, e como acontece sempre nesse tipo de situação, as vinganças pessoais não estiveram alheias a essa repressão.[9]

---

[9] Patrik von Zur Mühlen, *Spanien war ihre Hoffnung. Die deutsche Linke im spanieschen Bürgerkrieg, 1936 bis 1939*, Bonn, Verlag Neue Gesellschaft, 1983.

412   *O Livro Negro do Comunismo*

Tanto os métodos policiais mais banais como os mais sofisticados foram utilizados pelos agentes duplos, ou mesmo triplos. A primeira tarefa desses policiais bastante politizados foi a "colonização" das engrenagens da administração republicana, do exército e da polícia. Essa conquista progressiva dos postos-chave apoiava-se no fato de a URSS fornecer armas aos republicanos desarmados, exigindo contrapartidas políticas em troca. Contrariamente ao que Hitler e Mussolini fizeram em relação aos nacionalistas, a URSS não concedia crédito aos republicanos, sendo que as armas tinham de ser pagas antecipadamente à custa das reservas de ouro do Banco da Espanha, que os seus agentes conseguiam transferir clandestinamente para a URSS; cada entrega de armas era uma oportunidade de chantagem explorada pelos comunistas.

Julian Gorkin dá um exemplo flagrante dessa interligação da guerra e da política, no começo de 1937, Largo Caballero, chefe do governo espanhol, apoiado por Manuel Azana (presidente da República) autorizou Luis Araquistain (embaixador em Paris) a iniciar negociações secretas com o embaixador italiano em Londres, Dino Grandi, e com Hjalmar Schacht, o financeiro de Hitler, sob a égide de Léon Blum e de Anthony Eden, no sentido de pôr um fim à guerra. Alertados por Alvarez del Vayo, ministro dos Negócios Estrangeiros e filo-comunista, os comunistas espanhóis decidiram, de acordo com os principais responsáveis dos serviços soviéticos, livrar-se de Caballero, interrompendo dessa forma toda solução negociada — com base na retirada dos soldados italianos e alemães — para o conflito.[10]

"Depois das calúnias... as balas na nuca", Victor Serge

Foi o que Victor Serge, o escritor russo-belga libertado pela URSS em abril de 1936, declarou a Julian Gorkin quando ambos se encontraram em 1937, advertindo assim o militante do POUM do encadeamento fatal da política comunista. Uma política que, no entanto, encontrava sérios obstáculos: a massa anarco-sindicalista da CNT escapava à influência dos comunistas, e o POUM se opunha a sua política. O POUM era uma vítima fácil, pela sua fraqueza e posicionamento marginal no tabuleiro político. Para os comunistas, revelou-se oportuno explorar essa configuração política. Além disso, o POUM era co-

---

[10] Julian Gorkin, *Les Communistes contre la révolution espagnole*, Belfond, 1978, pp. 18-9 e 81-2.

nhecido como estando ligado a Trotski: no decorrer de 1935, os seus líderes, Andreu Nin e Julian Gorkin, haviam iniciado contatos junto às autoridades catalãs para que Trotski, banido da França, pudesse se instalar em Barcelona. No contexto da caça aos trotskistas, que se desenvolvia então na URSS, não surpreende que o secretariado do Komintern, reunido em 21 de fevereiro de 1936, ou seja, cinco dias após a vitória eleitoral da Frente Popular Espanhola, tenha dado ao PCE instruções para iniciar uma "luta enérgica contra a seita trotskista contrarrevolucionária".[11] Para piorar a situação, durante o verão de 1936, o POUM teve a audácia de defender as vítimas do primeiro dos processos de Moscou.

Em 13 de dezembro de 1936, os comunistas conseguiram expulsar Andreu Nin do Conselho da Generalitat catalã. Exigiram o seu afastamento, com o pretexto de ter caluniado a URSS, recorrendo à chantagem sobre a entrega das armas para atingirem os seus objetivos. Em 16 de dezembro, o *Pravda* lançou uma campanha internacional contra os opositores da política soviética: "Começou na Catalunha a eliminação dos trotskistas e dos anarco-sindicalistas; esse combate será levado até o fim com a mesma energia com que foi feito na URSS."

Todo tipo de divergência política equivalia, na mentalidade comunista, a uma traição, que em todo lugar sempre merecia o mesmo tratamento, imediato ou diferido. Calúnias e mentiras foram atiradas sobre o POUM, cujas unidades no fronte foram acusadas de abandonarem as suas posições, ao passo que as unidades comunistas lhes recusavam qualquer apoio.[12] O jornal do Partido Comunista Francês, *L'Humanité*, distinguiu-se especialmente nessa tarefa, reproduzindo os artigos de Mikhail Koltsov, grande amigo do casal Aragon e Triolet. O tema central dessa campanha resumia-se a uma afirmação incansavelmente repetida: o POUM é cúmplice de Franco, ele cometeu traição a favor do fascismo. Os comunistas tomaram a precaução de infiltrar nas suas fileiras agentes encarregados de recolher informações e de preparar listas negras, a fim de identificar, no momento adequado, os militantes detidos. Um caso é bem conhecido: o de Leon Narvich, que, tendo entrado em contato com Nin, foi desmascarado e executado por um grupo de autodefesa do POUM, após o desaparecimento de Nin e a prisão de seus dirigentes.

---

[11] Antonio Elorza, *art. cit.*

[12] Ver em particular *L'Humanité*, de 24 de janeiro de 1937

Maio de 1937 e a liquidação do POUM

Em 3 de maio, as unidades dos Guardas de Assalto, comandadas pelos comunistas, atacaram a central telefônica de Barcelona, controlada pelos operários da CNT e da UGT. Essa operação, conduzida por Rodríguez Salas, chefe da polícia e membro do PSUC, tinha sido precedida por uma ampla campanha de propaganda e de perseguições (fechamento da rádio do POUM e suspensão do seu jornal, *La Batalla*). No dia 6 de maio, chegaram a Barcelona cinco mil agentes da polícia respaldados por dirigentes comunistas. Os confrontos entre as forças comunistas e não comunistas foram violentos, contando-se cerca de 500 mortos e mil feridos.

Aproveitando-se da confusão, os executores do Partido Comunista aproveitaram todas as oportunidades para liquidar os opositores à política comunista. O filósofo anarquista italiano Camillo Berneri e o seu camarada Barbieri foram raptados e executados por um grupo de 12 homens; os seus cadáveres, crivados de balas, foram encontrados no dia seguinte. Camillo Berneri pagou com a vida a sua coragem política, ele que escrevera no seu jornal *Guerra di Classe*: "Hoje, lutamos contra Burgos, amanhã teremos de lutar contra Moscou para defender a nossa liberdade." Alfredo Martinez, secretário das Juventudes Libertárias da Catalunha, o militante trotskista Hans Freund e o antigo secretário de Trotski, Erwin Wolf, tiveram a mesma sorte.

Austríaco e comunista na oposição, Kurt Landau havia participado da militância na Alemanha, na Áustria e depois na França, antes de chegar a Barcelona e aderir ao POUM. Foi preso em 23 de setembro e desapareceu em circunstâncias análogas. A sua mulher, Katia, também prisioneira, testemunhou sobre essas "depurações": "As casas do Partido, como, por exemplo, a Pedrera, Paseo de Gracia, e as suas casernas 'Carlos-Marx' e 'Vorochilov', eram verdadeiras ratoeiras e matadouros. Foi em Pedrera que testemunhas viram pela última vez os dois camaradas 'desaparecidos' da Rádio POUM. Os jovens anarquistas foram levados para essas casernas comunistas, torturados das formas mais alucinantes, mutilados e, por fim, assassinados. Os cadáveres foram encontrados por acaso." Katia cita um artigo do órgão anarco-sindicalista *Solidaredad Obrera*: "Verificou-se que, antes de morrerem, eles haviam sido barbaramente torturados, como prova o fato de os corpos apresentarem graves contusões e hematomas no ventre, que se encontrava inchado e deformado. [...] Um dos cadáveres mostra claramente que esteve pendurado pelos pés; a cabeça e o pescoço estão bastante violáceos. A cabeça de um outro jovem e infeliz camarada revela sinais evidentes de coronhadas."

Houve militantes que desapareceram para sempre — ignora-se completamente o seu paradeiro —, como foi o caso de Guido Picelli. George Orwell, voluntário integrado numa das colunas do POUM, tendo sobrevivido a esses dias dignos de um São Bartolomeu e obrigado a esconder-se e a fugir, descreveu a atmosfera de caça às bruxas que reinava em Barcelona em um apêndice — "O que foram as perturbações de maio em Barcelona" — na sua *Homenagem à Catalunha*.

Não foi só em Barcelona que as polícias políticas planejaram e cometeram assassinatos. Em Tortosa, no dia 6 de maio, 20 militantes da CNT, detidos pelas forças governamentais de Valência, foram arrancados das masmorras da Câmara Municipal e abatidos por um bando de assassinos. No dia seguinte, em Tarragona, 15 militantes anarquistas foram friamente executados.

Aquilo que em campo os comunistas não haviam conseguido realizar inteiramente, eles obtiveram no plano político. Largo Caballero, o chefe do governo, recusou a submeter-se às pressões dos comunistas que reclamavam a dissolução do POUM. José Diaz, secretário-geral do PCE, declarara, em maio: "O POUM deve ser eliminado da vida política do país." Após os confrontos em Barcelona, Caballero foi forçado a demitir-se, em 15 de maio. Sucedeu-lhe o governo de Juan Negrin, um socialista "moderado", servil aos comunistas, que viram assim desaparecerem todos os obstáculos levantados à realização dos seus objetivos. Negrin não só se aliou aos comunistas — ele escreveria ao jornalista do *Times* Herbert L. Matthews, afirmando que o POUM "era controlado por elementos muito alérgicos [...] a tudo o que significasse uma liderança única e suprema da luta, sob uma disciplina comum" —, como aprovou o terror exercido contra o POUM.[13] Julian Gorkin observou a mudança radical que se registrara: "Alguns dias após a formação do governo presidido por Juan Negrin, Orlov já agia como se considerasse a Espanha um país satélite. Ele se apresentou à Direção Geral de Segurança e exigiu ao coronel Ortega, a quem ele considerava um subordinado, a emissão de mandados de captura contra membros do Comitê Executivo do POUM."[14]

Em 16 de junho de 1937, Negrin interditou o POUM, cujo Comitê Executivo estava preso. Essa atitude oficial permitiu que os agentes comunistas atuassem protegidos por uma legalidade inteiramente parcial. Nesse mesmo dia, durante a tarde, Andreu Nin foi interpelado pela polícia. Nenhum dos seus camaradas tornou a vê-lo, vivo ou morto.

---

[13] Antonio Elorza, *art. cit.*, p. 266.
[14] Julian Gorkin, *op. cit.*, p. 96.

O Livro Negro do Comunismo

Os policiais vindos de Madri, mais seguros devido ao fato de a instituição policial de lá estar inteiramente nas mãos dos comunistas, tomaram de assalto a redação do *La Batalla* e diversas sedes do POUM. Duas centenas de militantes, entre os quais Julian Gorkin, Jordi Arquer, Juan Andrade, Pedro Bonet etc., foram encarcerados. Para justificar *a posteriori* a liquidação do POUM, os comunistas inventaram do começo ao fim os detalhes de uma pretensa traição, acusando-o de espionagem a favor dos franquistas. Em 22 de junho, foi criado um tribunal especial e iniciou-se uma intensa campanha de propaganda: no decurso das suas pesquisas, a polícia descobriu, muito oportunamente, documentos que confirmavam a tese fabricada de espionagem. Max Rieger — jornalista sob as ordens de Moscou ou talvez um pseudônimo coletivo — coligiu todos esses documentos falsos no livro *Espionagem na Espanha,* que foi difundido em todas as línguas.

Chefiados por Orlov e protegidos por Vidali, Ricardo Burillo e Gerö, os agentes que detinham Andreu Nin o torturaram, mas não conseguiram arrancar dele "confissões" destinadas a validar as acusações contra o seu partido, nem fazer com que ele assinasse qualquer declaração. Desse modo, só lhes restava matá-lo e utilizar o seu desaparecimento para desacreditá-lo, afirmando que ele havia passado para o lado franquista. Assassinato e propaganda andam sempre juntos. A abertura dos arquivos em Moscou permitiu corroborar o que os amigos de Nin já suspeitavam desde 1937.[15]

Foi somente após a ação contra o POUM, em 16 e 17 de junho, que começou a caça sistemática aos homens, a todos os "traidores" trotskistas e outros mais. Para conduzirem essas operações, os tchekistas dispunham de informações fornecidas pela polícia. Eles prepararam prisões ilegais e paralelas, chamadas "cekas", significativa transposição do primeiro nome da polícia política soviética: a Tcheka. Os nomes desses lugares são conhecidos: a "ceka" central de Barcelona estava situada na Avenida Puerta del Angel, nº 24, com a sua sucursal no hotel Colon, na Plaza de Catalunya; no antigo convento de Atocha, em Madri; Santa Ursula, em Valência; e Alcalá de Henares. Numerosas casas particulares, requisitadas, serviam igualmente de lugares de detenção, de interrogatório e de execução.

No início de 1938, 200 antifascistas e antistalinistas estavam detidos na "ceka" de Santa Úrsula, então chamada de o Dachau da Espanha republicana, numa referência ao primeiro campo de concentração aberto pelos nazistas para

---

[15] *Cf.* o filme de Llibert Ferri e Dolores Genovès, *Operação Nikolai.*

A sombra do NKVD sobre a Espanha

perseguir os seus opositores. "Quando os stalinistas decidiram construir ali uma 'ceka', o pequeno cemitério estava sendo limpo", conta uma das vítimas. "Os 'tchekistas' tiveram então uma ideia diabólica: deixaram o cemitério tal qual estava, com os seus túmulos abertos, os seus esqueletos e os seus mortos mais recentes em estado de decomposição. E era lá que, por muitas e muitas noites, ficavam trancados os presos mais recalcitrantes. Eles aplicavam outros suplícios particularmente brutais: muitos prisioneiros eram pendurados pelos pés, de cabeça para baixo, durante dias inteiros. Outros eram trancafiados em pequenos armários, com minúsculos orifícios na altura do rosto, para que pudessem respirar minimamente[...] Havia também um suplício ainda mais cruel: o da gaveta. Eles obrigavam os prisioneiros a se agacharem dentro de umas caixas quadradas e a permanecerem naquela posição durante vários dias; alguns ficavam assim oito ou dez dias sem poderem se mexer[...]" Para essa tarefa, os agentes soviéticos recorriam a indivíduos depravados, que sentiam que os seus atos mereciam a aprovação da *Pasionaria*; aliás, foi justamente ela quem declarou num comício comunista realizado em Valência: "Mais vale condenar cem inocentes do que absolver um só culpado."[16]

O recurso à tortura era sistemático:[17] suplício da banheira cheia de água com sabão, um potente vomitivo. Algumas das técnicas eram tipicamente soviéticas, como a privação do sono e, sobretudo, o trancamento do prisioneiro num armário extremamente estreito, chamado *celda armario* ("armário-cela"), onde a vítima não podia ficar de pé nem sentada, e muito menos mover os membros; sem quase poder respirar, ela era permanentemente ofuscada por uma lâmpada elétrica. Alexandre Soljenitsyne descreveu longamente esse tipo de cela na cena de O *Arquipélago do Gulag*, em que relata a sua chegada à Lubianka.

As execuções sumárias eram igualmente moeda corrente: "O tenente Astorga Vayo, que pertencia ao Servicio de Investigación Militar e também ao NKVD, encontrou um meio de evitar as fugas: como os prisioneiros eram reunidos em filas de cinco, por cada um que faltasse ele mandava fuzilar os outros quatro, ameaçando mesmo a fila da frente e a de trás. Esse comportamento indignava até alguns dos seus companheiros, mas Vayo, apesar de ter sido destituído das suas funções, foi promovido e tornou-se comandante de um dos principais campos de concentração da Catalunha, o de Onells de Nagaya, na província de Lérida."[18]

---

[16] Citado por Julian Gorkin, *op. cit.*, p. 181.

[17] *Los Antros dei Terror Stalinista*, brochura editada clandestinamente pelo POUM, citada por Julian Gorkin, *op. cit.*

[18] Julian Gorkin, *op. cit.*, p. 205.

418   *O Livro Negro do Comunismo*

Surpreendentemente, o número de detenções foi avaliado da mesma maneira por diferentes pessoas. Katia Landau fala de 15.000 prisioneiros, dos quais 1.000 eram membros do POUM, detidos nas prisões oficiais e clandestinas.[19] Yves Lévy, que conduziu um inquérito em campo, fala de "uma dezena de milhares de revolucionários, civis ou soldados, aprisionados", pertencentes ao POUM, à CNT e à FAI. Alguns morreram em consequência dos maus-tratos, como foi o caso de Bob Smilie, correspondente do Independent Labour Party junto ao POUM, e também o de Manuel Maurin — irmão de Joaquin Maurin, capturado pelos franquistas, que lhe pouparam a vida — no *cárcel modelo* ("prisão-modelo"!) de Barcelona. No fim de 1937, havia, segundo Julian Gorkin, 62 condenados à morte na prisão de Santa Clara.

Com o POUM aniquilado, os socialistas afastados ou neutralizados, restavam os anarquistas. Durante os primeiros meses da resposta republicana ao *pronunciamiento* dos militares, as comunidades agrárias se multiplicaram, sobretudo em Aragão, sob forte influência dos anarquistas. Algumas semanas após maio de 1937, várias cidades e povoados aragoneses foram atacados pelos Guardas de Assalto. O Congresso das Coletividades foi transferido e, em 11 de agosto, foi publicado o decreto que dissolvia o Conselho de Aragão, que as dirigia. O seu presidente, Joaquin Ascaso, acusado de roubo de joias, foi preso e substituído por um governador-geral chamado José Ignacio Mantecon, simpatizante da Esquerda Republicana, na realidade um "submarino" comunista.[20] Tratava-se de um ataque direto contra a CNT, destinado a minar a sua influência.

A 11ª Divisão, comandada pelo comunista Enrique Lister, que já havia cometido um grande número de exações em Castela (execuções de libertários, violência contra os camponeses coletivistas), a 27ª (dita "Karl Marx", do PSUC) e a 30ª dispersaram essas coletividades com o uso da força. Centenas de libertários foram presos e eliminados dos conselhos municipais para serem substituídos por comunistas, enquanto as terras por eles exploradas coletivamente eram devolvidas e distribuídas entre os antigos proprietários. Essa operação foi realizada simultaneamente ao anúncio de uma ofensiva de grande envergadura contra Saragoça, para justificar uma limpeza na retaguarda das linhas destinada a preparar a ofensiva. Apesar de centenas de homens terem sido chacinados, os camponeses conseguiram reconstituir as suas coletivi-

---

[19] Katia Landau, *Le Stalinisme bourreau de la révolution espagnole*, Spartacus, 1938, p. 8.
[20] Burnett Bolloten, *A revolução espanhola. A esquerda e a luta pelo poder*, Ruedo Ibérico, 1977, p. 506.

A *sombra do NKVD sobre a Espanha* 419

dades. Foi o célebre general comunista El Campesino (Valentin González) quem chefiou as operações contra os camponeses de Castela. Segundo César M. Lorenzo,[21] ele ultrapassava Lister em crueldade. Mais uma vez, centenas de camponeses foram chacinados, e muitos povoados, incendiados, mas a CNT reagiu militarmente a essa agressão e pôs fim à expedição de El Campesino.

O NKVD em ação

Na Espanha de 1937, o NKVD tornara-se uma espécie de escritório anexo ao Ministério do Interior, com o nome de "Grupo de Información". Os agentes comunistas controlavam também a Direção da Segurança. Foi durante a primavera e o verão de 1937 que o Servicio Alfredo Hertz atingiu o auge da sua atividade. O próprio Hertz foi classificado por Julian Gorkin como "um dos grandes mestres dos interrogatórios e das execuções". Com ele, "trabalhava" Hubert von Ranke,[22] admitido por Ernö Gerö em 1930 e que teria sido durante algum tempo comissário político do batalhão "Thaelmann" das Brigadas Internacionais, antes de ser encarregado de exercer vigilância sobre os estrangeiros de língua alemã. Foi muito provavelmente no exercício desse cargo que ele ordenou a prisão de Erwin Wolf, o qual desapareceu pouco tempo depois de ter sido libertado.

Presa em 11 de setembro de 1937 por dois elementos do oficialíssimo Grupo de Información, Katia Landau foi testemunha dos métodos de von Ranke: "Um dos mais ignóbeis agentes do GPU, Moritz Bressler, *alias* von Ranke, reduziu o processo de acusação ao mínimo. Ele e a mulher, Seppl Kapalanz, mandaram prender um camarada, acusando-o de saber do paradeiro de Kurt Landau. 'Se não nos disser onde ele está', ameaçaram, 'nunca mais sairá da prisão. É um inimigo da Frente Popular e de Stalin. Logo que soubermos onde se encontra, iremos matá-lo.'"[23]

Na noite de 9 para 10 de abril de 1937, um jovem desconhecido, Marc Rein, envolvido nos movimentos de extrema esquerda noruegueses e alemães, desapareceu do seu quarto de hotel, em Barcelona. Alguns dias mais

---

[21] *Les Anarchistes espagnols et le pouvoir, 1869-1969*, Le Seuil, 1969. C. Lorenzo também afirma que, no fronte, centenas de libertadores foram assassinados.

[22] Pierre Broué, *op. cit.*, p. 178.

[23] Katia Landau, *op. cit.* Confrontado a militantes cuja sinceridade não podia ser contestada, Hubert von Ranke, cheio de dúvidas, escolheu romper com o Servicio Alfredo Hertz; refugiado na França e vivendo na clandestinidade para escapar de seus antigos colegas, ele participou da Resistência.

420   *O Livro Negro do Comunismo*

tarde, os amigos, percebendo o seu desaparecimento, alertaram a opinião pública. Marc Rein era filho de Rafael Abramovitch, exilado russo e dirigente da II Internacional. A identidade da vítima e o empenho dos seus amigos e familiares em descobrir a verdade sobre o que acontecera provocaram uma onda de comoção no exterior e muito embaraço na Espanha republicana. O governo espanhol foi obrigado a encarregar um de seus agentes dos Serviços de Informação de abrir um inquérito, que acabou muito naturalmente concluindo ter sido o Servicio Alfredo Hertz o responsável pelo desaparecimento. O braço de ferro entre a polícia do NKVD e o governo foi tal que, em 9 de julho de 1937, o secretário de Estado adjunto do ministro do Interior provocou, em frente de testemunhas, uma confrontação entre o seu agente de informações (SSI 29) e os dois comparsas, Hertz e Gomez Emperador. O agente SSI 29 foi preso no dia seguinte pelo serviço de Hertz. Porém, o Serviço Secreto ao qual pertencia tinha ainda poder suficiente para libertá-lo. O agente SSI 29, cujo verdadeiro nome era Laurencic, foi identificado e preso em 1938 pelos franquistas, apresentado perante um Tribunal Militar e executado como agente do NKVD!

O caso Rein, embora nunca tenha tido um verdadeiro desfecho — ainda hoje não se sabe o que lhe aconteceu —, teve no entanto o mérito de pôr fim, a partir de julho 1937, às atividades demasiado evidentes de Alfredo Hertz e de Gomez Emperador: os serviços que chefiavam foram dissolvidos e mais tarde recriados sob a orientação de Victorio Sala. Em 15 de agosto, o socialista Indalecio Prieto, ministro da Defesa, criou o Servicio de Investigación Militar (SIM), encarregado de agrupar todos os serviços de vigilância política e de contraespionagem. Em muito pouco tempo, o SIM tinha no seu ativo 6.000 agentes. Vários "técnicos" do Servicio Hertz foram transferidos para o SIM. De acordo com o testemunho de Prieto, em 1939, o SIM, que em princípio se destinava à contraespionagem, tinha na realidade sido criado por iniciativa dos soviéticos e muito rapidamente, apesar das precauções tomadas[24] (origi- nariamente, o serviço era dirigido por um amigo do ministro), os comunistas se apropriaram dele, utilizando-o para os seus próprios fins. Por pressão dos soviéticos e dos comunistas, Prieto foi afastado do governo em abril de 1938.

Julian Gorkin descreveu assim as atividades do SIM: "Prendiam a torto e a direito, segundo os seus caprichos, obedecendo aos planos de represálias

---

[24] Indalecio Prieto, *Comment et pourquoi je suis sorti du ministère de la Défense*, Paris, 1939. Ramon Rufat, em seu livro *Espions de la République* (Allia, 1990), afirma, a respeito do SIM: "Sua missão não teve nada a ver, ao contrário das intenções iniciais, com as manobras no interior da zona rebelde. Na verdade, ele foi encarregado da segurança e da contraespiona- gem na zona republicana, na retaguarda."

A *sombra do NKVD sobre a Espanha* 421

políticas do NKVD. O 'suspeito' era atirado na prisão e procedia-se à instrução do seu processo [...]. O SIM retinha os dossiês durante meses e meses, com o pretexto de completar as informações. E o SIM, terror dos magistrados e advogados, se interpunha quando o juiz se mostrava convencido da inocência do prisioneiro."[25]

O comunista suíço Rudolf Frei, antigo mecânico que frequentara a Escola Leninista Internacional de Moscou entre 1931 e 1932, fora encarregado de organizar, a partir de Basileia, a transferência dos voluntários para a Espanha. A seu pedido, partiu para a Espanha em 1937, tornando-se responsável pelo serviço de controle do SIM, com a missão especial de "seguir" os suíços.[26] A partir da primavera de 1938, muitos dos antifascistas encarcerados nas prisões controladas pelos comunistas foram levados para a frente e obrigados a realizar, juntamente com os prisioneiros "franquistas", trabalhos forçados de terraplenagem e outros, em condições muito duras, sem alimentação, sem cuidados, sob a ameaça constante de serem fuzilados pelos comunistas.

Karl Bräuning, membro de um grupo comunista alemão dissidente, um dos sobreviventes que conseguiram fugir, relatou a alguns amigos pessoais, em dezembro de 1939, seis meses após o fim do seu calvário: "O que nós vivemos, a partir de julho, foi ao mesmo tempo espantoso e cruel. As imagens da *Casa dos Mortos*, de Dostoievski, não passam de pálidas imitações. [...] A tudo isso juntava-se a fome constante, que levava ao delírio. Não sou hoje metade do homem que era. Pele e osso. Ainda por cima, doente e sem forças. Quando se chega a esse estado, apaga-se a fronteira entre o homem e o animal. Atinge-se o primeiro grau da barbárie. Oh! O fascismo tem ainda muito que aprender com esses bandidos e pode até se dar ao luxo de apresentar-se como detentor da cultura. Estava sem dúvida anotado nos nossos dossiês: 'Aniquilar fisicamente por meios legais.' Foi o que tentaram fazer até o fim."[27]

Um "julgamento de Moscou" em Barcelona

Apesar dessas reestruturações e operações de infiltração e camuflagem, o NKVD encontrou alguns obstáculos: depois da repressão selvagem de que

---

[25] Julian Gorkin, *op. cit.*, p. 170.

[26] Peter Huber, "Die Ermordung des Ignaz Reiss in der Schweiz (1937) und die Verhastung dissidenter Schweizer Spanienkämpfer durch den Geheimapparat der Komintern", in *Kommunisten verfolgen Kommunisten*, Berlim, Akademie Verlag, 1993, pp. 68-86.

[27] Carta de Karl Bräuning, citada *in* Patrik von Zur Mühlen, *op. cit.*

422   O Livro Negro do Comunismo

fora vítima, o POUM recebeu ajuda de diversos grupos revolucionários que formaram, na França, um Cartel de defesa dos revolucionários presos na Espanha republicana. A ação pública aberta opunha-se assim às tenebrosas e criminosas manobras dos soviéticos. No total, três delegações foram a campo para investigar. Em novembro de 1937, a terceira dessas delegações, encabeçada por John MacGovern, do Independent Labour Party, e pelo professor Félicien Challaye, pôde visitar as prisões de Barcelona, especialmente o *cárcel modelo*, onde estavam aprisionados 500 antifascistas, e recolher testemunhos sobre as sevícias a que eram submetidos. MacGovern e Challaye conseguiram a liber- tação de uma dezena de prisioneiros. Tentaram ainda, mas em vão, entrar na prisão secreta do NKVD, situada na Praça Junta. Apesar do apoio do ministro da Justiça, Manuel de Irujo, eles não foram autorizados. MacGovern concluiu: "A máscara caiu. Levantamos o véu e mostramos onde residia o verdadeiro poder. Os ministros queriam, mas não podiam."[28]

De 11 a 22 de outubro de 1938, os membros do Comitê Executivo do POUM — Gorkin, Andrade, Gironella, Rovira, Arquer, Rebull, Bonet, Escuder — foram levados perante um tribunal especial para um julgamento que se inspirava nos processos montados em Moscou. Na realidade, esse julgamento visava reforçar a credibilidade das acusações feitas na URSS contra os opositores, agrupados sob a designação geral de "trotskistas". Mas esses militantes rejeitaram todos os pontos de acusação. André Gide, Georges Duhamel, Roger Martin du Gard, François Mauriac e Paul Rivet enviaram um telegrama a Juan Negrin, exigindo que os acusados se beneficiassem de todas as garantias jurídicas. Uma vez que a acusação se baseava sobretudo em confissões extorquidas, o julgamento terminou em confusão para os acusadores. Embora nenhuma das penas de morte pedidas pela imprensa comunista[29] tenha sido pronunciada, os militantes do POUM foram condenados, em 2 de novembro, a 15 anos de prisão (exceto Jordi Arquer, que foi condenado a 11 anos, e David Rey, que foi absolvido), por terem "falsamente afirmado no jornal *La Batalla* que o governo da República estava sob as ordens de Moscou e perseguia todos aqueles que não obedecessem às ordens dos soviéticos!".

---

[28] "La Terreur communiste en Espagne", *La Révolution prolétarienne*, nº 263, 25 de janeiro de 1938.

[29] Em 8 de fevereiro, no *L'Humanité*, Marcei Cachin apresenta a abertura do julgamento de N. Bukharin e seus coacusados: "E se o crime está comprovado, se houve confissão, então não devemos espantar-nos com a dureza dos juízes! *Pensemos antes em imitar a vigilância dos magistrados soviéticos* contra os sabotadores e traidores da pátria. *Nossos amigos espanhóis compreendem muito bem o que queremos dizer com isso.*"

A sombra do NKVD sobre a Espanha

Quando, em março de 1939, se consumou a derrota dos republicanos, o último responsável do SIM tentou entregar os condenados a Franco, para que fossem fuzilados, contando assim com os inimigos da República para concretizar a sinistra tarefa que os agentes do NKVD não tinham conseguido terminar. Por sorte, os sobreviventes do Comitê Executivo do POUM conseguiram escapar.

Dentro das Brigadas Internacionais

O eco que a luta dos republicanos teve no mundo inteiro foi tal que muitos voluntários decidiram espontaneamente dirigir-se à Espanha para combater os nacionalistas, alistando-se nas milícias ou nas colunas das organizações que recolhiam as suas simpatias. Mas as Brigadas Internacionais enquanto tais foram criadas por iniciativa de Moscou e constituíram um verdadeiro exército comunista,[30] ainda que não fossem compostas exclusivamente por comunistas. Daí a necessidade de distinguir os verdadeiros combatentes, que se bateram na frente, dos homens do aparelho, que, embora pertencendo formalmente às Brigadas, nunca pisaram o campo de batalha. Pois a história das Brigadas não se resume apenas aos combates heroicos dos interbrigadistas.

As Brigadas conheceram uma formidável expansão durante o outono e o inverno de 1936. Dezenas de milhares de voluntários afluíam do mundo inteiro. Para os comunistas, não se punha a questão de aceitá-los sem qualquer medida de controle. Queriam sobretudo, de início, impedir a infiltração de agentes duplos, franquistas, nazistas ou outros. No entanto, logo que o Grande Terror se instalou na URSS, passaram a verificar a ortodoxia de todos esses voluntários. Os serviços de quadros dos diferentes partidos comunistas foram encarregados de iniciar "a luta contra a provocação", ou seja, detectar todos os elementos dissidentes, críticos e indisciplinados. Esforçaram-se inclusive por controlar o recrutamento feito anteriormente, fora da Espanha: a polícia de Zurique apreendeu em casa do comunista alemão Alfred Adolph uma lista que denunciava, aos agentes soviéticos na Espanha, os voluntários indesejáveis. Num documento do Comitê Executivo do Komintern, datado do outono de 1937, dizia-se que era necessário desembaraçar as Brigadas de todos os elementos politicamente duvidosos e "vigiar a seleção dos voluntários, para evitar que se infiltrem nas Brigadas dos agentes dos serviços de informações e espiões

---

[30] Em fevereiro de 1938, Jef Last escreveu: "O Partido Comunista tinha a posição mais forte na Brigada Internacional, dispondo de quase todos os oficiais e comissários políticos." *Cf. Lettres d'Espagne, op. cit.*, p. 39. Recentes estudos feitos por historiadores reafirmam esse ponto de vista.

424   O Livro Negro do Comunismo

fascistas e trotskistas".[31] É sintomático o fato de os dossiês pessoais de todos os brigadistas, incluindo anotações políticas, se encontrarem nos arquivos do Komintern, em Moscou. Havia dezenas de milhares de dossiês[...]

Foi o francês André Marty, membro do Bureau Político do PCF e secretário do Komintern, que chegou à Espanha em agosto de 1936, na qualidade de delegado do Komintern junto do governo republicano, que desempenhou o papel de "patrão" oficial da base de Albacete, onde eram organizadas as Brigadas Internacionais. Paralelamente às Brigadas, os comunistas ergueram o 59 Regimento, comandado por Enrique Lister, que estivera na URSS em 1932 e se formara na Academia Militar Frunze. Como é evidente, o SIM encontrava-se também presente em Albacete.

A amplitude das liquidações no interior das Brigadas é ainda hoje objeto de controvérsia. Apesar dos testemunhos esmagadores, uns limitam-se a negar a responsabilidade de Marty; outros justificam as execuções. El Campesino explicaria: "Não há dúvida de que ele [Marty] recebeu ordens para se livrar dos elementos perigosos. Que mandou executar alguns, *é incontestável,* mas tratava-se de indivíduos que eram desertores, assassinos ou traidores!"[32] O testemunho de Gustav Regler, que foi comissário adjunto da 12ª Brigada, confirma esses métodos: durante uma batalha junto ao Escurial, dois voluntários anarquistas haviam fraquejado; Regler mandou prendê-los e propôs o seu internamento num sanatório. Ele informou Marty, que decidiu enviá-los para Alcalá de Henares. Só muito mais tarde Regler soube que na realidade não se tratava de um sanatório, mas de uma residência que abrigava um destacamento russo encarregado das execuções.[33] Numa nota assinada de próprio punho, encontrada nos arquivos de Moscou, Marty explica ao Comitê Central do PCF: "Lamento também que me enviem para Albacete os espiões e os fascistas que já haviam sido mandados para Valência, a fim de serem *liquidados.* Vocês sabem muito bem que as Brigadas Internacionais não o podem fazer aqui, em Albacete."[34] Pode-se perfeitamente imaginar que não seria nada fácil executar "espiões" ou "fascistas" no meio de uma base militar, e não se sabe a quem Marty se referia; de qualquer maneira, ele preferia que todo o trabalho sujo fosse feito longe dali e por outras pessoas, o que em nada diminui a sua responsabilidade moral.

---

[31] Peter Huber, *art. cit.*

[32] El Campesino, *Jusqu'à la mort. Mémoires,* Albin Michel, 1978.

[33] Gustav Regler, *Le Glaive et le Fourreau,* Plon, 1960.

[34] Arq. CRCEDHC 545.6.1034; nota citada por R. Skoutelsky, "André Marty et les Brigades Internationales", *in Cahiers d'histoire,* 2º trimestre de 1997.

A *sombra do NKVD sobre a Espanha* 425

Um filme recente[35] narra a execução, em novembro de 1937, de Erich Frommelt, membro do batalhão "Thaelmann", da 12ª Brigada, condenado à morte por deserção às 23h15min, e executado no dia seguinte às 16h45min. Oficialmente, Frommelt tinha sido dado como morto durante a batalha de Teruel. Uma tal dissimulação incita a interrogarmo-nos sobre essa categoria de "desertores". O interbrigadista francês Roger Codou, que teve ocasião de consultar os dossiês da prisão das Brigadas, encontrou um número muito elevado de "mortos por hidrocução", que escondem, em sua opinião, execuções sumárias. Aos interbrigadistas estavam reservadas duas prisões: uma no quartel de Horta, em Barcelona (265 aprisionados em 1937), e a outra em Castellon de La Plana. É difícil avaliar o número de brigadistas eliminados. Julian Gorkin acusa André Marty de ser "pessoalmente responsável" por cerca de 500 execuções de "membros indisciplinados ou simplesmente suspeitos de 'oposicionismo.'"[36]

Oriundo de Glasgow, Robert Martin testemunha a frequência das prisões registradas em Albacete. Tendo ele próprio sido preso, encontrou na prisão mais outros 60 interbrigadistas que haviam combatido, entre os quais alguns feridos. As condições de detenção particularmente duras levaram os prisioneiros a iniciar uma greve de fome. Apesar de a sua libertação ter sido anunciada, foram todos transferidos para Barcelona, em pequenos grupos. Robert Martin e os camaradas foram levados para o Hotel Falcon, antiga sede do POUM, transformado em prisão, e depois para a Calle Corsiga, onde eles foram fotografados e tiradas as suas impressões digitais. Evadido por milagre, Martin foi para a França, ignorando tudo sobre a sorte dos seus companheiros.[37]

O social-democrata Max Reventlow conta que, durante a retirada dos republicanos consecutiva ao avanço dos nacionalistas em direção ao Mediterrâneo, as Brigadas leváram consigo pelo menos 650 prisioneiros. Chegando à Catalunha, foram encarcerados em Horta e Castellón, duas prisões comandadas pelo croata Copic, que, durante a chegada dos prisioneiros, mandou fuzilar 16. Nessas prisões existia uma comissão que pronunciava sentenças de morte sem a menor intervenção da justiça: após a fuga de 50 detidos, outros 50 foram fuzilados. O uso da tortura era prática corrente; o tenente alemão Hans Rudolph foi torturado durante seis dias: com os braços e as pernas quebrados e as unhas

---

[35] Ute Bönnen e Gerald Endres, *International Brigaden. Freiwillige in spanischen Bürgerkrieg*, SDR/Arte, 1996.

[36] Julian Gorkin, *op. cit.*, p. 82.

La Révolution prolétarienne, 25 de outubro de 1937

426   *O Livro Negro do Comunismo*

arrancadas, foi executado em 14 de junho de 1938, com uma bala na nuca, juntamente com outros seis detidos. Levado mais tarde a tribunal e acusado de espionagem, Copic salvou a pele graças à intervenção conjunta do irmão, o coronel Vladimir Copic, de Luigi Longo e de André Marty.[38]

O deputado comunista alemão Hans Beimler conseguira fugir de Dachau matando um guarda SS e, ao chegar à Espanha, participou na organização do batalhão "Thaelmann". Ele foi morto no dia 19 de dezembro de 1936, em Palacete. Gustav Regler afirmou que Beimler tombara vítima de uma bala franquista. Essa versão é contrariada por uma amiga de Beimler, Antonia Stern, que foi despojada de todos os seus documentos e expulsa de Espanha: Stern afirmava que Beimler teria criticado o primeiro julgamento de Moscou e que ainda por cima mantinha contatos com os antigos dirigentes do KPD, Arkadi Maslow e Ruth Fischer, que, em Paris, mantinham um grupo de opositores. Baseando-se no relatório do Servicio Secreto Inteligente, um departamento especial da polícia catalã que dispunha de informantes infiltrados nos meios comunistas, Pierre Broué inclina-se para a hipótese de assassinato.[39]

As Brigadas Internacionais atraíam para as suas fileiras vários homens e mulheres portadores de um ideal, um impulso de solidariedade, de generosidade, pelo qual estavam dispostos a sacrificar a própria vida. Uma vez mais, Stalin e os seus serviços exploraram cinicamente essa nobre disposição, antes de deixarem a Espanha (e as Brigadas) entregues a seu triste destino: Stalin preparava já a sua aliança com Hitler.

Exílio e morte na "pátria dos proletários"

Após a derrota dos republicanos, foi criado em Paris, em março de 1939, um comitê presidido por Togliatti, destinado a selecionar os espanhóis autorizados a entrar na "pátria dos proletários". El Campesino testemunhou sobre as condições em que se processou a sua partida para a URSS.[40] Tendo embarcado no Havre, em 14 de maio de 1939, no navio *Sibéria*, juntamente com 350 pessoas — entre as quais havia membros do Bureau Político e do Comitê Central do PCE, deputados comunistas, comandantes do 5º Regimento e três dezenas de chefes das Brigadas —, El Campesino assistiu à reorganização do Comitê, sob a égide do NKVD. Esse novo Comitê tinha por missão controlar os 3.961

---

[38] Rolf Reventlow, *Spanien in diesem Jarhundert*, Europa-Verlag, 1969.
[39] Pierre Broué, *op. cit.*, pp. 180 e 185, e Julian Gorkin, *op. cit.*, p. 175.
[40] General "El Campesino", *La vie et la mort en URSS (1939-1949)*, Les Îles d'Or, 1950.

A sombra do NKVD sobre a Espanha

refugiados espanhóis, imediatamente divididos em 18 grupos e enviados para diferentes cidades. A maior parte dos responsáveis no exílio denunciava e espionava os seus compatriotas, como o ex-secretário do PCE de Jaén, que mandou prender metade do grupo espanhol de Kharkov; ou ainda Cortina, que fez com que vários inválidos fossem deportados para a Sibéria. Expulso da Academia Militar Frunze por "trotskismo", El Campesino começou a trabalhar no metrô de Moscou em março de 1941. Mais tarde, foi deportado para o Uzbequistão, e depois para a Sibéria, tendo conseguido escapar para o Irã em 1948.

Foi em Tiflis, em 19 de março de 1942, que José Diaz, secretário-geral do PCE, encontrou a morte ao cair do quarto andar do prédio onde residia, precisamente no momento em que a mulher e a filha se encontravam ausentes. Como muitos dos seus compatriotas, El Campesino está convencido de que se tratou de um assassinato. Na véspera de sua morte, Diaz trabalhava num livro sobre a sua própria experiência; ele parecia desiludido, tendo inclusive, alguns dias antes, enviado às autoridades cartas de protesto contra o tratamento infligido às crianças da colônia de Tiflis.

Durante a guerra civil, foram enviados para a URSS milhares de crianças espanholas com idades compreendidas entre os 5 e os 12 anos.[41] As condições em que viviam se alteraram depois da derrota sofrida pelos republicanos. Em 1939, os professores espanhóis foram acusados de "trotskismo" e, segundo El Campesino, 60% deles foram detidos e aprisionados na Lubianka, sendo os restantes enviados para uma fábrica. Uma jovem professora foi torturada durante 20 meses antes de ser fuzilada. As crianças conheceram então uma sorte pouco invejável, uma vez que daquele momento em diante as colônias foram dirigidas pelos soviéticos. As de Kaluga, particularmente indisciplinadas, ficaram submetidas à onipotente autoridade de Juan Modesto — um general que fizera sua instrução no 5º Regimento — e de Lister.[42] Em 1941, segundo Jesús Hernández, 50% haviam contraído tuberculose, e 750 (ou seja, 15%) morreram antes do êxodo verificado nesse mesmo ano. Nos Urais e na Sibéria Central, especialmente em Kokand, os adolescentes descontrolaram-se. Formaram bandos que se dedicavam ao roubo, e as moças se prostituíam. Alguns cometeram suicídio. Ainda segundo Jesús Hernández, morreram 2.000

---

[41] David W. Pike afirma que o total de espanhóis que entraram na URSS é de cerca de 6.000, dos quais 2.000 crianças acompanhadas por 102 professores primários. *Cf.* "Les républicans espagnols incarcérés en URSS dans les années quarante", *Matériaux pour l'histoire de notre temps*, nos 4-5, 1985.

[42] Segundo El Campesino, Lister, bêbado, estuprou cinco moças.

crianças, dum total de 5.000.[43] Em 1947, por ocasião do décimo aniversário da sua chegada à URSS, uma cerimônia reuniu no Teatro Stanislavski, em Moscou, 2.000 jovens espanhóis; desses, 534 regressaram à Espanha em setembro de 1956. Feitas as contas, apenas 1.500 voltaram a casa.

Outros espanhóis conheceram "a vida e a morte na URSS". Foram os marinheiros e aviadores não comunistas vindos voluntariamente para frequentar cursos de formação. El Campesino teve conhecimento do destino de 218 jovens aviadores que chegaram em 1938 para um estágio de formação de seis a sete meses em Kirovabad. No fim de 1939, o coronel Martinez Carton, membro do Bureau Político do PCE e agente do NKVD, impôs-lhes uma escolha: ficar na URSS ou partir para o estrangeiro. Os que preferiram deixar a URSS foram de imediato enviados para fábricas. Em 1º de setembro de 1939, foram todos presos e foi instaurado um processo contra eles. Alguns foram torturados, outros, executados na Lubianka, e a maior parte, condenada a dez ou 15 anos de campo. Do grupo enviado para Petchoraliev, não restou um único sobrevivente. Em resumo, dos 218 aviadores, só uma meia dúzia sobreviveu.

Em 1947, alguns refugiados conseguiram sair da URSS. Os que ficaram foram convidados a assinar o compromisso de fixarem residência. Em abril de 1948, José Ester (deportado político em Mauthausen com o nº 64.553) e José Domenech (deportado político em Neuengamme com o nº 40.202) deram uma entrevista coletiva em Paris, em nome da Federación Espanola de Deportados e Internados Políticos, a fim de tornar públicas as informações recolhidas sobre os detidos do campo nº 99, de Karaganda, no Cazaquistão, situado a noroeste do lago Balkhach. Eles forneceram os nomes de 59 deportados, 24 dos quais eram pilotos-aviadores, e 33 marinheiros. Num manifesto datado de 1º de março de 1948, os dois antigos deportados justificaram assim a sua atitude: "É para nós um dever imperioso, imperativo para todos os que conheceram a fome, o frio e a desolação sob o domínio inquisitorial da Gestapo e das SS, e é uma obrigação de todo cidadão, para quem as palavras Liberdade e Direito tenham um sentido bem definido pelos códigos, reclamar e exigir, por solidariedade, a libertação desses homens, sobre os quais pesa a ameaça de uma morte certa."

Depois da Segunda Guerra Mundial, os comunistas e os seus serviços especiais continuaram a liquidar os opositores: Joan Farré Gasso, antigo dirigente do POUM de Lérida, participou na Resistência na França. Detido e encarcerado em Moissac pelo regime de Vichy, quis, após a sua libertação,

---

[43] Jesús Hernández, *La Grande Trahison,* Fasquelle, 1953.

A sombra do NKVD sobre a Espanha 429

juntar-se à mulher numa pequena aldeia da Catalunha Francesa. Na estrada de Montauban, foi interceptado por resistentes comunistas — os *guerrilleros espanoles* — que o executaram sumariamente.[44] Esse assassinato prolongava a Guerra Civil Espanhola no que ela teve de mais sinistro: o recurso ao assassinato ou às "liquidações" de que foram vítimas milhares de antifascistas entre os mais determinados e mais corajosos. O caso espanhol mostra a impossibilidade de dissociar as organizações policiais e criminosas dos comunistas da prossecução dos seus objetivos políticos. Se é verdade que a violência política e social foi uma constante na Espanha de entre as duas guerras, e que a guerra civil permitiu dar livre curso a essa violência, não há dúvida de que os soviéticos lhe acrescentaram o poder supremo do Partido-Estado, ele próprio nascido da guerra e da violência, para atingir os objetivos determinados pelos interesses da URSS, camuflados em combate ao antifascismo.

Fica claro que, para Stalin e para os seus sequazes, o objetivo essencial era o controle do destino da República. Para consegui-lo, a liquidação das oposições de "esquerda" — socialistas, anarco-sindicalistas, poumistas e trotskistas — não era menos importante do que a derrota militar de Franco.

---

[44] Julian Gorkin, *op. cit.*, p. 192; René Dazy, *op. cit.*, pp. 247-9. 1944, *Les Dossiers noirs d'une certaine résistance... Trajectoire du fascisme rouge*, Perpignan, Édition du CES, 1984, livro que trata da liquidação dos comunistas da União Nacional Espanhola de Antifascistas Espanhóis refugiados na França.

3
Comunismo e terrorismo

por Rémi Kauffer

Nos anos 1920 e 1930, o movimento comunista internacional concentrou-se na organização de insurreições armadas, todas elas malsucedidas. Essa forma de ação foi então abandonada e passou-se a aproveitar, durante os anos 1940, as guerras de libertação nacional contra o nazismo ou o militarismo japonês e, nos anos 1950 e 1960, as guerras de descolonização, para criar verdadeiras formações militares — os guerrilheiros —, grupos que se transformaram pouco a pouco em tropas regulares, em verdadeiros exércitos vermelhos. Na Iugoslávia, na China, na Coreia do Norte e, mais tarde, no Vietnã e no Camboja, essa ação permitiu aos partidos comunistas a subida ao poder. Entretanto, o fracasso das guerrilhas na América Latina — duramente combatidas por tropas especiais formadas pelos americanos — incitou os comunistas a voltarem às ações ditas "terroristas", até então pouco praticadas, já que o atentado contra a catedral de Sofia, em 1924, era de fato uma exceção. É verdade que a distinção entre terrorismo puro e simples e a preparação de uma eventual insurreição armada é relativa — são muitas vezes os mesmos homens que operam no terreno, tratando-se embora de tarefas diferentes. Essas formas de ação não são, aliás, mutuamente exclusivas. Numerosos movimentos de libertação nacional, de acordo com a terminologia em vigor, combinavam terrorismo e guerrilha na sua ação armada, como, por exemplo, a Frente de Libertação Nacional e o Exército de Libertação Nacional na Argélia.

O caso argelino é interessante na medida em que os partidários da Argélia Francesa veem na insurreição nacionalista o resultado direto das manobras preparadas em Moscou, encontrando uma confirmação adicional dessa tese no fato — devidamente comprovado — de, durante a batalha de Argel (1956-1957), o Partido Comunista Argelino ter cedido ao chefe FLN da capital, Yacef Saadi, os seus melhores especialistas em explosivos.

Comunismo e terrorismo

Assim, o movimento nacionalista estaria submisso ao comunismo? Na prática, passava-se exatamente o contrário, pois o PCA era obrigado a submeter-se à liderança da FLN. Esta última beneficiava-se, no exterior, de um apoio político muito claro por parte da URSS. No entanto, com exceção de algumas operações muito limitadas dos serviços especiais, Moscou teve sempre o cuidado de não se envolver diretamente no conflito com a França. O fornecimento de armas à FLN estava a cargo do Egito de Nasser, da Iugoslávia de Tito e, no que respeita ao bloco do Leste, da Tchecoslováquia, agindo "por procuração" (alguns quadros da FLN foram formados em Praga nas técnicas avançadas da clandestinidade). Os soviéticos optaram por manter-se à margem. Teriam tido o pressentimento de que a futura Argélia seria politicamente muito próxima deles, mas também muito ciosa da sua independência? A realidade é que os serviços especiais de Moscou nunca tiveram autorização para observar de perto o santo dos santos do novo regime, a Segurança Militar, ao contrário do que aconteceu com a DGI cubana.

Outro exemplo da prudência soviética em face dos movimentos nacionalistas mais complexos: o caso irlandês. Apanágio do IRA (*Irish Republican Army*, fundado em Dublin quando da insurreição fracassada da Páscoa de 1916), o "republicanismo" continuava a ser uma forma de pensar muito específica da Irlanda. Sem negligenciar a questão social, ele colocava o problema nacional (a partir de 1921, a reunificação da ilha, tomando os seis condados do Norte da Coroa Britânica) no centro de toda a atividade. No entanto, os pró-soviéticos oficiais, que iriam fundar, em 1933, o *Communist Party of Ireland*, afastavam-se cada vez mais das preocupações puramente nacionalistas, dando primazia à "luta de classes"

O IRA queria armas para combater os ingleses. No período entre as duas guerras, tentaram obtê-las na URSS. Por várias vezes, Moscou iludiu delicadamente esses pedidos reiterados: não parecia sensato armar aquela gente demasiado independente e correr o risco de um conflito aberto com a Grã-Bretanha. O fato de várias centenas de membros da organização clandestina terem ingressado nas Brigadas Internacionais na Espanha em nada alterava os dados da questão. Em 1939-1940, quando o IRA empreendeu uma nova onda de atentados à bomba na própria Inglaterra, a sua unidade mais secreta, composta por um pequeno grupo de militantes nacionalistas protestantes — e por isso mesmo menos suspeitos —, foi infiltrada pelo aparelho comunista, tendo Betty Sinclair como principal articulador. Em toda a Europa, grupos de sabotadores, como os da rede de Ernst Wollweber, estavam preparados para atacar navios alemães, mas também britânicos e franceses. Na ocasião, Moscou

O Livro Negro do Comunismo

encarou a hipótese de utilizar o IRA. Sabotando certos navios de guerra de Sua Majestade, a organização clandestina camuflaria simultaneamente as operações soviéticas contra os ingleses. O projeto acabou, porém, por fracassar. De tudo isso, Moscou reteve uma certa desconfiança relativamente a esses irlandeses dispostos a todas as alianças para conseguirem o equipamento de que necessitavam, mas que se recusavam categoricamente a pagar por ele o justo preço político, submetendo a sua estratégia à de outros. No começo dos anos 1970, o IRA voltou a utilizar armas (e muitas vezes explosivos, que eram a sua especialidade) contra os britânicos, na sequência da revolta dos guetos católicos da Irlanda do Norte. Ao contrário do que afirma uma lenda que persiste, as armas e os explosivos utilizados não provinham, direta ou indiretamente, da URSS. Na realidade, o verdadeiro apoio situava-se e continua a situar-se do outro lado do Atlântico, na comunidade irlando-americana.

A "mão de Moscou" não é, pois, onipresente. Mas nem por isso deixou de desempenhar um papel ativo no apoio a certas formas de terrorismo no Oriente Médio. Partindo da premissa de que as organizações palestinas representavam um movimento de libertação nacional comparável à FLN argelina, logo os soviéticos reconheceram publicamente a OLP de Yasser Arafat e o seu principal componente, o El Fatah. Mas a KGB mantinha simultaneamente um olhar atento voltado para uma outra tendência do nacionalismo palestino, a FPLP (Frente Popular para a Libertação da Palestina) do Dr. Georges Habache. Declarando-se como detentor de um marxismo radical, esse movimento, muito bem estruturado, organizava e reivindicava, sem o menor complexo, atentados terroristas e espetaculares desvios de aviões comerciais. Inaugurada em julho de 1968 com o desvio de um Boeing da El Al, e em dezembro com o atentado contra o aeroporto de Atenas, essa estratégia culminou em 1970, pouco antes do esmagamento dos palestinos pelas tropas do rei Hussein da Jordânia. No aeroporto improvisado de Zarka, para onde tinham sido desviados, ficando os seus passageiros retidos como reféns, a FPLP fez explodir um Boeing da TWA, um DC-8 da Swissair e um Viscount VC-10 da BOAC.

Preocupado com essa viragem terrorista demasiado acentuada, um dos quadros da organização, Nayef Hawatmeh, decidiu-se pela cisão, em 1970-1971, fundando a FDPLP (Frente Democrática e Popular para a Libertação da Palestina). Em nome do necessário "trabalho de massas" e do "internacionalismo proletário", essa organização, cada vez mais alinhada com posições comunistas ortodoxas, repudiou publicamente o terrorismo que ela própria havia praticado durante um certo tempo. Assim, a FDPLP parecia, em princípio, o melhor aliado palestino dos comunistas. Mas, paradoxo apenas aparente,

Comunismo e terrorismo

a KGB reforçou, nessa mesma ocasião, o seu apoio à FPLP. E, como pode-se sempre encontrar alguém ainda mais extremista, o Dr. Habache depressa se viu ultrapassado pelo seu braço direito e "diretor de operações", Waddi Haddad, um antigo cirurgião-dentista diplomado pela Universidade Americana de Beirute.

Um homem de experiência, esse Dr. Haddad. Para Pierre Marion, ex-chefe da DGSE, os serviços especiais franceses, Haddad é o verdadeiro inventor do terrorismo moderno: "Foi ele que imaginou as estruturas; foi ele que formou os principais responsáveis; foi ele que aperfeiçoou os métodos de recrutamento e de formação e foi ele que afinou as táticas e as técnicas."[1] No final de 1973, início de 1974, ele separou-se da FPLP para criar a sua própria estrutura, a FPLP-Cose (FPLP-Comando de Operações Exteriores), inteiramente dedicado ao terrorismo internacional, enquanto a organização de Habache se esforçava por levar adiante outras atividades, tentativas de operações de guerrilha contra o exército israelita e trabalho de massas nos campos de refugiados palestinos.

A KGB tomou, no entanto, a decisão de apoiá-lo, como se pode comprovar por essa claríssima mensagem datada de 23 de abril de 1974, com a referência 1071-1/05. Emitida pela KGB, destinava-se a Leonid Brejnev em pessoa:

"O Comitê para a Segurança do Estado mantém, desde 1968, contatos efetivos e clandestinos com Waddi Haddad, membro do Bureau Político da FPLP, chefe das Operações Exteriores da FPLP.

"Por ocasião do seu encontro com o chefe da rede da KGB no Líbano, em abril último, Waddi Haddad expôs confidencialmente o programa dos projetos de atividades de subversão e de terrorismo da FPLP, cujos pontos essenciais são indicados abaixo."

Segue uma lista dos objetivos visados, atos terroristas e subversivos no território de Israel, ataques contra os monopólios de diamantes, atentados contra diplomatas israelitas, sabotagem de instalações petrolíferas e de petroleiros na Arábia Saudita, no Golfo e mesmo em Hong Kong.

E a KGB precisava:

"W. Haddad pede-nos que ajudemos a sua organização a obter certos tipos de material especial indispensáveis para ações subversivas. Ao colaborar conosco e ao pedir a nossa ajuda, W. Haddad sabe pertinentemente que, em princípio, reprovamos o terror e por isso não nos coloca questões relacionadas

---

[1] Pierre Marion, *Mission Impossible,* Calmann-Lévy, 1991.

434   O Livro Negro do Comunismo

com esse aspecto das atividades da FPLP. O caráter dos nossos contatos com W. Haddad permite-nos, de certa maneira, controlar as atividades do Serviço de Operações Exteriores, exercer sobre ele uma influência vantajosa para a União Soviética e realizar, para nosso interesse, através das forças dessa organização, operações ativas, sempre respeitando o necessário sigilo."

Um belo exemplo de linguagem dupla. A conclusão era evidente: ao diabo os princípios desde que se possa atingir o adversário sem se deixar apanhar. Transmitido a Suslov, Podgorny, Kossyguine e Gromyko, o documento foi aprovado a 26 de abril.[2]

O melhor aluno de Waddi Haddad foi um jovem venezuelano chamado Ilitch Ramirez-Sanchez, mais conhecido sob o pseudônimo de Carlos. Os dois homens foram levados para trabalhar com os remanescentes de um grupo terrorista asiático, o Exército Vermelho Japonês, cujo itinerário é muito instrutivo. Criado no final dos anos 1960, durante o período de radicalização do movimento estudantil nipônico e no auge da vaga maoista, o EVJ entrou rapidamente em contato com agentes norte-coreanos (existe uma importante comunidade coreana no arquipélago japonês). Estes últimos formaram os seus quadros e forneceram-lhes material, mas não conseguiram impedir o desencadear de uma sangrenta vingança entre "dissidentes" e "ortodoxos", no início dos anos 1970. Uma parte dos quadros do EVJ passou, de armas e bagagens, para o serviço dos norte-coreanos; presentemente refugiados em Pyongyang, eles se fazem passar por homens de negócios e de intermediários com o Ocidente. A outra parte decidiu internacionalizar ainda mais as suas atividades, alinhando-se com Waddi Haddad. São, assim, três membros do EVJ que, sob as ordens da FPLP, executaram a matança do aeroporto de Lod-Tel-Aviv, em maio de 1972, cujo saldo foi de 28 mortos.

O fato de a FPLP-Cose ter trabalhado intimamente com o banqueiro nazista suíço François Genoud, o que foi revelado por Pierre Péan em O Extremista, com base nas confissões do próprio Genoud, não incomodava em nada a KGB.[3] Que também não via qualquer problema no espetacular desenvolvimento das atividades de Carlos às ordens da FPLP-Cose, primeiro, e, depois, por conta da sua própria organização.

---

[2] A integralidade desse texto, cujos extratos foram tornados públicos por Paul Quinn, do *Boston Globe*, foi publicada em francês por *Les Nouvelles de Moscou* (nº 25, 23 de junho de 1992).

[3] Pierre Péan, *L'Extrémiste*, Fayard, 1996.

Carlos: relações com cerca de 15 serviços secretos dos países árabes e países do Leste

Conforme ele próprio confessou ao juiz Bruguière, foi em 1969 que Ilitch Ramirez-Sanchez, filho de um advogado venezuelano grande admirador de Lenin (os seus três filhos chamaram-se sucessivamente Vladimir, Ilitch e Ulianov), encontrou pela primeira vez um membro da FPLP, Rifaat Aboul Aoun. Foi em Moscou, onde o futuro Carlos se aborrecia tremendamente na universidade, estudando Marxismo-Leninismo, Física e Química. Desiludido com a fraca atividade desenvolvida pelos partidos comunistas latino-americanos, Carlos sentia-se disponível para uma aventura violenta e radical. Da FPLP-Cose, logo que chegou à Jordânia. Após um período de formação, tornou-se operacional no início de 1971, navegando facilmente pelos países da Europa Ocidental graças ao seu aspecto de filho de família abastada e cometendo mortíferos e espetaculares atentados.

Em Paris, no dia 27 de junho de 1975, Carlos mata dois policiais da Direção de Vigilância do Território e fere gravemente um terceiro. Em dezembro, lidera um comando de assalto às instalações vienenses da OPEP, a Organização dos Países Exportadores de Petróleo. Balanço: três mortos e uma passagem de avião para a Argélia. Acompanhado pelos membros da sua equipe, alemães oriundos de um movimento esquerdista radical, as Células Revolucionárias, dirigidas por Johannes Weinrich, ele vai à Líbia, ao Iêmen, ao Iraque e à Iugoslávia. E sobretudo à RDA, onde os serviços do MfS (Ministerium für Staatssicherheit, ou seja, Ministério da Segurança do Estado, ou ainda, mais familiarmente, Stasi) dedicam uma atenção muito especial às atividades desse extremista capaz de executar os golpes mais audaciosos.

O nome de código da sua organização para a Stasi era "Separat". Em 1980, é enviado ao general Erich Mielke, chefe da Stasi, um dossiê ultrassecreto, com um título muito claro: "Projeto sobre a atitude a tomar por parte do MfS no tratamento e controle do grupo Carlos." Na opinião de Bernard Violet, autor de uma biografia muito bem documentada,[4] "Weinrich e Kopp (respectivamente o adjunto e a companheira de Carlos) não são, no verdadeiro sentido da palavra, agentes da Stasi. Não efetuam missões por conta dessa organização e não são remunerados para recolherem informações a favor da RDA. Em compensação, são a passagem obrigatória entre os serviços especiais dos alemães orientais e os outros membros do grupo". Violet ainda acrescenta, depois de nomear os seus sucessivos "contatos" na Alemanha Oriental, os coronéis Harry Dahl, Hörst Franz, Günter Jäckel e Helmut Voigt, que "Carlos sabia de tudo sobre as relações que esses seus dois amigos mantinham com aqueles serviços"

Nada disso o impedia de interessar-se por manter contatos bastante estreitos com os romenos, ou de importunar a Segurança de Estado húngara com a sua propensão para fazer de Budapeste a sua base de retaguarda. O seu grupo, rebatizado com o nome de Organização da Luta Armada para a Libertação Árabe (ou

---

[4] Bernard Violet, *Carlos*. Le Seuil, 1996.

braço armado), continuava a multiplicar os mais mortíferos atentados. Assim, o coronel Voigt, da Stasi, atribuiu à "Separat" uma grande parte da responsabilidade no atentado de 25 de agosto de 1983 contra a Casa de França de Berlim Ocidental (com dois mortos), cometido, segundo ele, por um outro grupo terrorista ligado ao bloco de Leste e com sede em Beirute, o ESALA (Exército Secreto para a Libertação da Armênia).

Pode parecer surpreendente que o MfS tenha mostrado tanta indulgência em relação às operações do seu protegido se ele, o próprio MfS, estivesse envolvido. A decisão foi tomada pela alta cúpula da Stasi. Diz-se, mas essa interpretação de caráter psicológico não foi de modo algum provada, que Erich Mielke — o próprio chefe dos grupos de combate do KPD antes da guerra e culpado da morte de dois policiais em Berlim — se reconheceu na personalidade do terrorista venezuelano, bem como na dos membros do "Grupo Baader". É sem dúvida necessário ir mais longe, procurando uma convergência mais "objetiva" entre os grupos ligados ao terrorismo internacional e o MfS. Nem Mielke nem os dirigentes da Alemanha Oriental nos habituaram a nenhum tipo de sensibilidade romântico-revolucionária. Se o grupo Carlos manteve um relacionamento contínuo com cerca de 15 serviços secretos de países socialistas e do mundo árabe, não foi certamente por acaso.

A indulgência dos partidos comunistas relativamente aos extremistas do Oriente Médio não foi exclusivamente reservada a Carlos. Violentamente hostis a Yasser Arafat e à OLP, Abu Nidal e o seu Fatah-Conselho Revolucionário, ao serviço dos iraquianos num primeiro momento e depois aos sírios — todos esses também foram beneficiados, embora em menor grau, pois eram considerados menos controláveis. O seu chefe, doente, conseguiu mesmo assim ser operado em segredo, protegido pela Cortina de Ferro.

Uma outra implicação direta dos países do Leste no terrorismo internacional moderno foi a manipulação da *Rote Armee Fraktion* (RAF — Fração do Exército Vermelho —, chamada pela imprensa "Grupo Baader") na Alemanha. Nascida da contestação estudantil, essa pequena organização, formada por cerca de 50 membros diretamente ativos e movimentando cerca de mil pessoas, lançou-se, nos anos 1970, num terrorismo demonstrativo, visando especialmente aos interesses americanos. Depois de 1977, quando do assassinato do "patrão dos patrões" da Alemanha Ocidental, Hans Martin Schleyer, seguido da morte na prisão dos seus chefes, Ulrike Meinhof e Andreas Baader, o grupo encontrou refúgio do outro lado do Muro de Berlim, a troco de uma subordinação cada vez mais acentuada à Stasi, da qual passou a ser, de certa forma, o braço armado oculto. Após a queda do Muro e da reunificação das Alemanhas, os últimos sobreviventes foram presos no Leste, onde residiam.

A manipulação de guerrilhas e de grupos terroristas nem sempre é fácil. Exige tato e um sentido político muito apurado. Talvez tenha sido por essa razão que, em 1969-1970, a KGB, na pessoa de um dos seus mais brilhantes elementos, Oleg Maximovitch Netchiporenko, e com a ajuda dos norte-coreanos, decidiu criar, quase que por inteiro, um movimento sob as suas ordens, o *Movimiento de Acción Revolucionaria* (MAR), que viria a ser desmantelado pela polícia mexicana em 1971.[5] Certamente, o objetivo de uma manobra tão arrojada era pôr-se ao abrigo dos exageros, indisciplinas e outras iniciativas infelizes dos grupos castristas e paramaoistas. Alguns escaparam ao controle dos seus supostos mentores. A FRAP (Frente Revolucionária Antifascista e Patriótica) espanhola flertou durante algum tempo com os chineses, e mais tarde, no início dos anos 1970, com os albaneses, na esperança (que mais tarde se revelaria vã) de conseguir armas, tendo-se dissolvido para dar lugar aos GRAPO (Grupos de Resistência Antifascista de 19 de outubro). Quanto ao Sendero Luminoso peruano, de Abimael Guzman, que originariamente se pretendia como detentor do mais puro maoismo, e especialmente da "guerra popular prolongada", ele dedicava, em contrapartida, uma profunda execração a Deng Xiaoping e aos novos dirigentes de Pequim. Em dezembro de 1983, inclusive, ele tentou atacar a embaixada chinesa de Lima!

Em casos bastante raros — porque o risco passou a ser demasiado grande na atualidade —, os países comunistas praticaram, diretamente, atentados terroristas por intermédio dos seus serviços especiais. Foi o que aconteceu em 1987, quando uma equipe de dois agentes norte-coreanos, um velho quadro experimentado, Kim Seung-il, e uma jovem, Kim Hyuon-hee, com três anos de formação na Academia Militar de Keumsung, abandonaram na escala de Abu Dhabi uma bomba armada dentro de um transistor a bordo de um avião da Korean Air (linha aérea sul-coreana), de partida para Bangkok. A explosão provocou a morte de 115 pessoas. Desmascarado, Kim Seung-il suicidou-se, enquanto Kim Hyuon-hee, presa, confessou tudo, tendo mesmo escrito um livro, no qual é ainda muito cedo para distinguir a parte da verdade da parte da sombra.[6] Em todo caso, a realidade se impõe: a Coreia do Norte é sem dúvida, até 1997, o único país comunista a praticar de forma sistemática o terrorismo de Estado.

---

[5] John Barron, *KGB*, Bruxelas, 1975, Éditions Elsevier Séquoia, prefácio de Robert Conquest.

[6] Kim Hyuon-hee, *Dans la fosse aux tigres,* Presses de la Cité, 1994.

TERCEIRA PARTE

A OUTRA EUROPA VÍTIMA DO COMUNISMO

por Andrzej Paczkowski e
Karel Bartosek

1
Polônia, a "nação inimiga"

AS REPRESSÕES SOVIÉTICAS CONTRA OS POLONESES

Muito provavelmente, os poloneses figuram entre os povos que mais sofreram com as repressões das autoridades soviéticas, mesmo se considerarmos que o aparelho soviético de terror tenha sido organizado por um polonês, Feliks Dzerjinski, e que houve a participação de numerosos de seus concidadãos no enquadramento dos vários "órgãos", como a Vetcheka, o OGPOU e o NKVD. As razões desse "privilégio" — desse estatuto de "nação inimiga" — são múltiplas. Decorrem, evidentemente, dos mecanismos específicos de funcionamento do aparelho de repressão soviético, mas a tradicional hostilidade existente entre as duas nações também é muito significativa. Tal hostilidade se assenta tanto no passado distante quanto também na desconfiança que a Polônia e os poloneses provocavam nos dirigentes soviéticos — particularmente em Stalin. Entre 1772 e 1795, a Polônia sofrerá três partilhas territoriais nas quais a parte do leão coube sempre ao império czarista. Cansados da opressão russa, os poloneses revoltaram-se por duas vezes, em 1830 e 1863, mas foram severamente reprimidos em ambas as vezes. A partir desse momento, a nobreza e o clero católico aparecem como os núcleos do patriotismo e da resistência contra a ocupação estrangeira, tanto russa como prussiana. A guerra de 1914 e a derrocada quase simultânea dos três impérios — alemão, russo e austro-húngaro — que a oprimiam havia mais de um século constituíram para a Polônia a ocasião histórica de renascer como nação independente. Um exército de voluntários, comandado por Jozef Pilsudski, aparece então como motor e a garantia dessa nova independência, imediatamente se confrontando com a vontade revolucionária de Moscou, a quem Varsóvia aparecia como porta a ser imperativamente aberta para que a revolução se alastrasse até a Alemanha.

No verão de 1920, Lenin lançou o Exército Vermelho sobre Varsóvia. A manobra, audaciosa, quase que atinge os seus objetivos, mas a reação nacional polonesa a leva ao fracasso, e os soviéticos se veem obrigados a assinar, em 1921, a Paz de Riga, favorável à Polônia. Stalin, que com a sua indisciplina tinha contribuído fortemente para o insucesso do Exército Vermelho, não esqueceria jamais essa afronta, nem os que o criticaram nessa ocasião: Trotski, chefe do Exército Vermelho, e o marechal Tukhatchevski, que comandava a força de combate. Compreende-se assim melhor a desconfiança dos dirigentes soviéticos — e sobretudo de Stalin — relativamente à Polônia, aos poloneses e a todos os que tinham contribuído para a sua independência: a nobreza, o exército e a Igreja.

Os poloneses — fossem cidadãos soviéticos ou não — sofreram integralmente todas as fases do terror stalinista: a caça aos "espiões", a "deskulakização", a luta antirreligiosa e contra as minorias nacionais, o Grande Expurgo, a "limpeza" das regiões fronteiriças e das retaguardas do Exército Vermelho, as "pacificações" destinadas a facilitar a tomada do poder pelos comunistas poloneses, sob todas as formas assumidas pelo terror: trabalho forçado nos campos de concentração, execução de prisioneiros de guerra e deportação maciça dos elementos classificados como "socialmente perigosos"[...]

O caso do POW (Organização Militar Polonesa) e a "operação polonesa" do NKVD (1933-1938)

Em 1924, data em que terminava o repatriamento decorrente da aplicação do Tratado de Riga (1921), cerca de 1.100.000 a 1.200.000 poloneses permaneciam na URSS. A esmagadora maioria (entre 900.000 e 950.000) habitavam na Ucrânia e na Bielorrússia. Desse total, 80% descendiam de camponeses deslocados pela colonização polonesa nos séculos XVII e XVIII. Outras comunidades existiam também nas grandes cidades, caso de Kiev ou Minsk. Na Rússia propriamente dita, sobretudo em Moscou e Leningrado, na Transcaucásia e na Sibéria viviam 200.000 poloneses. Entre esses contavam-se alguns milhares de comunistas poloneses exilados e outros tantos que haviam participado na revolução e na guerra civil ao lado dos Vermelhos e que não haviam regressado à Polônia. Os restantes eram sobretudo pessoas provenientes da emigração econômica, instalados a partir da virada do século.

Apesar da assinatura do tratado de paz em Riga e do reatamento de relações diplomáticas, a tensão entre os dois países se manteve alta. Se levarmos em conta tanto as memórias suscitadas pela guerra de 1920 entre Polônia e União Soviética assim como o peso teórico da "fortaleza do proletariado" sitiada pelos

Polônia, a "nação inimiga"   443

imperialistas, não é surpreendente a constatação de que inúmeros poloneses estiveram entre as vítimas da "caça aos espiões". Nos anos 1924-1929, muitas centenas foram fuzilados embora apenas alguns tivessem participado de atividades de espionagem. Na ocasião do combate do regime soviético contra a religião, muitas centenas de religiosos católicos sofreram perseguições e muitas dezenas foram fuzilados ou desapareceram. Comparada à hecatombe sofrida pela Igreja Ortodoxa russa, essa repressão parece pouca coisa, mas significa no entanto o desaparecimento de uma Igreja que era a base da vida espiritual e cultural de centenas de milhares de camponeses poloneses.

Esses camponeses também se contam entre as vítimas da coletivização. Segundo a classificação oficial em vigor na época, 20% foram designados como "kulaks" e um pouco mais como "subkulaks". Na Ucrânia, a resistência dos poloneses foi muito forte e teve de ser vencida pela força. Segundo dados ainda aproximativos, a população das regiões habitadas pelos poloneses diminuiu em cerca de 25% no ano de 1933. Na Bielorrússia, a coletivização das explorações agrícolas polonesas foi menos brutal.

Se não considerarmos a repressão aos "espiões poloneses", a lógica das ondas repressivas é evidente, já que decorre da "luta de classes" (luta contra a religião, coletivização) tal como então era concebida. Mas, paralelamente à coletivização, um outro critério de repressão foi posto em prática: entre 15 de agosto e 15 de setembro de 1933, as autoridades procederam à prisão de cerca de 20 comunistas poloneses, na sua maioria emigrantes, um deles membro do Bureau Político do Partido Comunista Polonês (KPP). Essas prisões acarretaram outras. O seu encadeamento fundamentava-se numa hipotética filiação à "organização de espionagem e sabotagem POW".

A Organização Militar Polonesa (POW), fundada em 1915 por Jozef Pilsudski como uma organização secreta com atividades dirigidas contra a Áustria-Hungria e a Alemanha, havia sido encarregada, entre 1918 e 1920, de missões de reconhecimento em territórios que se encontravam em guerra civil, sobretudo na Ucrânia. Em 1921, a sua ação cessou definitivamente. Os seus membros eram majoritariamente pessoas de esquerda, muitos deles filiados ao Partido Socialista Polonês (PPS). Alguns tinham rompido com o PPS para se juntarem ao Partido Comunista. Em 1933, a POW deixava de existir. Apesar disso, muitos poloneses foram presos sob a falsa acusação de pertencerem à organização, condenados à morte e fuzilados (um dos quais foi o conhecido poeta de vanguarda Witold Wandurski), outros morreriam na prisão. Os que foram poupados ficaram presos e foram fuzilados mais tarde durante o Grande Expurgo.

O "caso POW" alimentou durante anos as lutas internas do KPP: a acusação de "agente provocador do POW" era tão grave como a de "trotskista". Mais importante ainda: o OGPU (e depois o GUGB NKVD) organizou durante esse período a listagem dos poloneses que trabalhavam na administração soviética, no Komintern e no aparelho de Segurança. Fato ainda mais significativo, essas listagens foram completadas por outras com a relação dos poloneses residentes na Ucrânia e na Bielorrússia, onde existiam duas regiões autônomas polonesas: a primeira, na Ucrânia — batizada "Julian-Marchlewski" (um dos fundadores do KPP, morto em 1925) —, fora criada em 1925; a segunda, na Bielorrússia, organizada em 1932, tinha o nome de Feliks Dzerjinski. Ambas possuíam poderes locais próprios, imprensa, teatros, escolas e editoras em polonês, constituindo portanto uma "Polônia soviética" encravada na URSS.

Em setembro de 1935, iniciava-se em Kiev, Minsk e Moscou uma nova onda de prisões, oficialmente destinada a eliminar a pretensa "rede do POW". Simultaneamente, começava a liquidação das regiões autônomas polonesas. Seria no entanto apenas em 1936-1937, com o "Grande Expurgo", que se assistiria às prisões dos funcionários do NKVD de origem polonesa. As averiguações iniciaram-se na cúpula da hierarquia da Segurança, alastrando-se depois para as bases. Durante o Plenário do Comitê Central do PCR em junho de 1937, N. Iejov afirmou que o POW "tinha infiltrado os órgãos dos serviços de informação e de contraespionagem soviéticos", anunciando que o NKVD "descobrira e liquidara a mais importante das redes de espionagem polonesa". Centenas de poloneses encontravam-se já presos, entre eles grande parte dos dirigentes do KPP, e as acusações que se seguiram baseavam-se em confissões extorquidas pela violência durante os interrogatórios.

No verão de 1937, o NKVD lançou uma repressão generalizada sobre as minorias nacionais, primeiro contra os alemães, e em seguida contra os poloneses. Em 11 de agosto, Iejov assinava a ordem operacional nº 00485, que previa "a liquidação total [...] das reservas humanas na rede de espionagem polonesa na URSS".

Uma decisão do NKVD e do Conselho de Comissários do Povo, de 15 de novembro de 1938, encerrou a "operação polonesa" que, no entanto, se prolongaria através de um expurgo entre os agentes do NKVD que haviam participado na operação. A repressão atingiu não apenas os dirigentes do Partido (46 membros e 24 suplentes do Comitê Central foram fuzilados) como "simples cidadãos", operários e sobretudo camponeses. Segundo um relatório do NKVD, de 10 de julho de 1938, o número de detidos de origem polonesa era de 134.519 pessoas, 53% dos quais da Ucrânia e da Bielorrússia.

Polônia, a "nação inimiga" 445

Calcula-se que de 40 a 50% tenham sido fuzilados (portanto, entre 50.000 e 67.000 vítimas[1]). Os sobreviventes foram enviados para campos de trabalho ou deportados para o Cazaquistão.

* * *

Os poloneses representam mais de 10% do cômputo geral das vítimas do Grande Expurgo e cerca de 40% do contingente total das vítimas da operação desencadeada contra as minorias nacionais. Esses são números mínimos, já que milhares de poloneses da Ucrânia e da Bielorrússia foram deportados fora do contexto da "operação polonesa". Não foram apenas os quartos do Hotel Lux onde residiam os comunistas poloneses e os escritórios onde trabalhavam a serem esvaziados, mas sobretudo as aldeias (ou kolkhozes) poloneses.

Ordem Operacional nº 00485, do NKVD da URSS

Ordeno:

1. o início, a partir de 20 de agosto de 1937, de uma ampla operação destinada à liquidação completa das organizações locais do POW, sobretudo dos quadros de diversionismo e de espionagem, de insurreição na indústria, das comunicações, nos sovkhozes e nos kolkhozes. A operação deve estar terminada dentro de três meses, isto é, em 20 de novembro de 1937;

2. a prisão: *a)* dos membros mais ativos do POW (de acordo com a lista anexa), descobertos durante as investigações e até agora não identificados; *b)* de todos os prisioneiros de guerra do exército polonês que permaneceram na URSS; *c)* dos refugiados poloneses, independentemente do momento da sua chegada à URSS; *d)* dos imigrantes políticos e dos prisioneiros políticos trocados com a Polônia; *e)* dos ex-membros do PPS e de outros partidos políticos antissoviéticos; *f)* dos elementos locais antissoviéticos e dos nacionalistas mais ativos nas regiões polonesas;

3. a organização da operação de prisão em duas fases: *a)* primeiro, é necessário proceder à prisão dos grupos de indivíduos que trabalham no NKVD, no Exército Vermelho, nas empresas de armamento, nos departamentos de armamento das outras empresas nas comunicações ferroviárias, terrestres, marítimas e aéreas; nos setores energéticos de todas as empresas industriais, refinarias e nas empresas de gás; *b)* segundo, é preciso prender todos os que trabalham em empresas industriais sem importância para a segurança do país, nos sovkhozes, nos kolkhozes e nas administrações;

4. a abertura simultânea dos inquéritos. Durante as averiguações deve ser exercida a pressão necessária para desmascarar totalmente os organizadores e dirigentes dos grupos diversionistas, a fim de descobrir a sua rede; a prisão ime-

---

[1] Citado por N. Pietrow, "A operação polonesa do NKVD", *Karta*, nº 11, 1993, p. 27.

446 *O Livro Negro do Comunismo*

diata de todos os espiões, elementos perigosos e grupos diversionistas descobertos através das declarações das pessoas já presas. As averiguações serão levadas a cabo por um grupo especial de agentes operacionais;

5. a classificação de todos os presos, ao longo das averiguações, em duas categorias: *a*) à primeira pertencerão todos os membros da rede de espionagem, de diversionismo, de sabotagem e de insurreição, que devem ser fuzilados; *b*) os da segunda categoria — menos ativa que a primeira — serão passíveis de pena de prisão ou de encarceramento em campos por prazo de cinco a dez anos. [...]

O Comissário do Povo para os Assuntos Internos da URSS,
O Comissário-geral da Segurança de Estado.
N. Iejov, Moscou, 11 de agosto de 1937.

Katyn, prisões e deportações (1939-1941)

O pacto de não agressão assinado em 23 de agosto de 1939 entre a URSS e a Alemanha previa, num protocolo secreto, a partilha do território polonês em "esferas de interesse". A ordem de "passar à ofensiva contra a Polônia" foi dada em 14 de setembro, e três dias depois o Exército Vermelho invadia a Polônia com a ordem de "libertar" da "ocupação fascista polonesa" os territórios chamados "Bielorrússia do Oeste" e "Ucrânia do Oeste", incorporando-os à URSS. O processo de anexação desenrolou-se rapidamente, acompanhado por medidas de intimidação e de repressão. Em 29 de novembro de 1939, o Presidium do Soviete Supremo da URSS atribuiu a cidadania soviética a todos os residentes nos territórios incorporados. Vilnius e os seus arredores foram cedidos à República da Lituânia, que vivia os seus últimos meses de independência. Era evidente que o sistema repressivo soviético ia ser ampliado até as zonas anexadas, já que o receio do aparecimento de organizações de resistência se justificava: alguns destacamentos do Exército Polonês que evitaram a captura já estavam empenhados, desde o outono, na organização da resistência. O NKVD enviou tropas numerosas para essas regiões e organizou-se para implantar as suas estruturas. Várias unidades das forças do Ministério do Interior e unidades da guarda das fronteiras foram aí concentradas. Cabia às novas autoridades resolver o problema colocado pelos prisioneiros de guerra e avaliar a reação da sociedade civil.

Os militares poloneses constituíram a primeira preocupação dos soviéticos. Encontravam-se detidos entre 240.000 a 250.000 prisioneiros, entre os quais cerca de 10.000 oficiais. Logo após a invasão, a URSS adotou as primeiras decisões:

Polônia, a "nação inimiga"   447

em 19 de setembro, Lavrenti Beria criou no NKVD (Ordem nº 0308) a Direção dos Prisioneiros de Guerra (*Glawnoje Upravlienijepo dielam Wojenno-Plennych*, GUWP), bem como uma rede de campos especiais de encarceramento. No princípio de outubro, a libertação de simples soldados iniciou-se pouco a pouco, mas 25.000 foram enviados para a construção de estradas, e 12.000 colocados à disposição, como trabalhadores forçados, do Comissariado para a Indústria Pesada. Um número ainda desconhecido foi disperso em pequenos grupos, nos campos do imenso Gulag. Simultaneamente, foi decidida a criação de dois "campos de encarceramento para oficiais" em Starobielsk e Kozielsk, assim como um campo especial para policiais, carcereiros e guardas de fronteira em Ostaszkow. Pouco depois, Beria organizava um grupo de operações especiais encarregado de abrir processos judiciais no interior dos campos. No final de fevereiro de 1940, encontravam-se encarcerados 6.192 policiais (e semelhantes) e 8.376 oficiais do exército.

Moscou hesitou durante vários meses sobre a sorte que lhes era reservada. Preparou-se a condenação de uma parte dos detidos, a começar pelos do campo de Ostaszkow, que deveriam todos ser acusados de acordo com o artigo 58-13 do Código Penal, artigo que dizia respeito às pessoas que tinham "combatido o movimento operário internacional". Um pequeno esforço de interpretação era suficiente para condenar a esse título cada policial e cada carcereiro polonês. As penas previstas iam de cinco a oito anos de campo. Foram igualmente consideradas deportações para a Sibéria, especialmente para Kamtchatka.

A decisão final foi adotada na segunda metade de fevereiro de 1940, talvez motivada pela evolução da guerra com a Finlândia. Como se pode avaliar com base em documentos agora tornados públicos, essa decisão foi antes de tudo inesperada. Em 5 de março, sob proposta de Beria, o Bureau Político decidiu "aplicar a pena suprema" a todos os prisioneiros de Kozielsk, Starobielsk e Ostaszkow, bem assim como aos cerca de 11.000 poloneses encarcerados nas prisões da parte ocidental da Ucrânia e da Bielorrússia. (Ver o quadro nº 4 no texto de N. Werth, 1ª parte.)

A sentença foi dada por um tribunal especial, a "troika" constituída por Ivan L. Basztakov, Bachczo Z. Kobulov e Vsievolod N. Merkulov. A proposta de Beria foi ratificada pelas assinaturas pessoais de Stalin, Vorochilov, Molotov e Mikoian. O oficial de diligências anotou que Kalinin e Kaganovitch, ausentes, eram favoráveis à decisão.

O Livro Negro do Comunismo

Testemunho de Stanislaw Swianiewicz, sobrevivente do massacre de Katyn

"Através de uma abertura no teto, eu conseguia ver o que se passava lá fora [...]. A nossa frente, via-se um terreno coberto de erva [...]. O local estava rodeado por um denso cordão de elementos do NKVD, de baioneta em punho.

Era uma experiência nova. Mesmo na frente de batalha, logo depois de termos sido feitos prisioneiros, as forças que nos escoltavam não colocavam as baionetas nos fuzis. Um ônibus simples chegou ao local. Era pequeno, sobretudo se comparado com os ônibus que se veem habitualmente nas cidades ocidentais. As janelas estavam tapadas com cal. Ele devia ter capacidade para cerca de 30 passageiros e a entrada fazia-se pela parte de trás do veículo.

Perguntamo-nos por que é que as janelas tinham sido tapadas. Ao recuar, o ônibus aproximou-se o suficiente do vagão vizinho de modo que os prisioneiros pudessem entrar diretamente nele, sem descerem do vagão. Os soldados do NKVD, de baioneta em punho, montavam guarda na entrada dos prisioneiros pelos dois lados do veículo [...]. De meia em meia hora o ônibus regressava, para carregar um novo grupo. Consequentemente, o local para onde os prisioneiros eram transportados não ficava longe [...].

O coronel do NKVD, um homem muito alto, que me havia tirado do vagão, estava de pé no centro do local, com as mãos nos bolsos do sobretudo [...]. Estava evidente que era ele quem controlava a operação. Mas, em que consistia ela? Devo confessar que nesse momento, iluminado por um belo dia de primavera, a ideia de execuções não me passou sequer pela cabeça

(*À l'ombre de Katyn*, Institut littéraire, 1976.)

Os preparativos "técnicos" demoraram um mês. Durante as seis semanas seguintes, de 3 de abril e 13 de maio, os prisioneiros foram transferidos dos campos em pequenos grupos. De Kozielsk, 4.404 foram transportados para Katyn, onde foram abatidos com uma bala na nuca e sepultados em valas comuns.

Os prisioneiros de Starobielsk (3.896) foram assassinados nas instalações do NKVD em Kharkov e sepultados nos subúrbios da cidade de Piatichatki. Os do campo de Ostaszkow (6.287) foram executados nas instalações do UNKVD em Kalinin (hoje Tver) e enterrados na localidade de Miednoje. No total foram liquidadas 14.587 pessoas. Em 9 de junho de 1940, o comandante-adjunto do chefe do NKVD, Vassili V. Czernyszev, escrevia em seu relatório que os campos se encontravam livres para o acolhimento de novos prisioneiros.

Os 11.000 prisioneiros referidos por Beria constituíam uma pequena parcela da totalidade dos prisioneiros poloneses. Existiam outras categorias. A mais numerosa, a dos *biezency,* era constituída por pessoas que tinham fugido dos

Polônia, a "nação inimiga" 449

territórios poloneses sob ocupação alemã. Dos 145.000 *biezency* que transitaram pelas prisões e instituições de detenção, uma parte foi condenada e deportada para campos de trabalho, outra parte foi libertada. Uma segunda categoria, os *pierebiezczyki*, incorporava os poloneses detidos quando tentavam fugir para a Lituânia, a Hungria ou a Romênia. Alguns foram libertados depois de algumas semanas de detenção, mas cerca de 10.000 *pierebiezczyki* foram condenados pelos OSO (*Osoboi Sovetctchanié*, Conselho Especial da Polícia) a sentenças de três a oito anos; eles foram parar no Gulag, sobretudo em Dallag, mas também em Kolyma. Enfim, uma parte foi fuzilada, por uma decisão tomada em 5 de março de 1940. Uma terceira categoria era composta por militantes das redes de resistência, por oficiais que não tinham sido mobilizados em 1939, por funcionários da administração do Estado e das autoridades locais, diversas variedades de *pomieszcziki*, em suma, por "elementos perigosos à sociedade" (*socjalnoopasnyi*). Foi dessa última categoria que proveio a maior parte dos 7.305 indivíduos que, além dos 11.000 já mencionados, foram fuzilados com base na decisão de 5 de março de 1940. O local onde foram enterrados continua desconhecido, sabendo-se apenas que 3.405 foram fuzilados na Ucrânia, e 3.880 na Bielorrússia.

O número total da "população carcerária" nos territórios incorporados à URSS (incluindo a Lituânia, anexada no verão de 1940) não está ainda definitivamente estabelecido, mas em 10 de junho de 1941 encontravam-se nas prisões do oeste da Ucrânia e da Bielorrússia 39.600 prisioneiros (destes, 12.300 já "julgados"). O número havia duplicado relativamente a março de 1940. A proporção criminosos/políticos permanece ainda desconhecida.

Depois do ataque alemão à URSS, todos eles conheceram um destino muitas vezes cruel. Apenas nas prisões da Ucrânia Ocidental, cerca de 6.000 pessoas foram executadas, sendo pouco provável que elas tenham sido previamente julgadas e condenadas à morte. Os relatórios do NKVD se referem a essas operações de liquidação como "diminuição do número de pessoas classificadas na primeira categoria".[2] Algumas centenas de pessoas foram mortas por terem tentado fugir de um comboio. Em um desses casos, o comandante de um dos comboios assumiu a "responsabilidade pessoal" pela ordem de execução de 714 presos (500 dos quais ainda não haviam sido apresentados a nenhum tribunal). Muitos foram pessoalmente executados por ele.

---

[2] Ver K. Popinski, A. Kokurin, A. Gurjanov, *Rotas da morte. A evacuação das prisões soviéticas dos "confins" do Leste durante a II República, em junho e julho de 1941*, Varsóvia, 1995, pp. 96-9 e seg.

450   *O Livro Negro do Comunismo*

Os territórios anexados à URSS sofreram uma política de deportações maciças. O termo "deportação" engloba quatro grandes operações, mas é necessário lembrar que as deportações de famílias ou de pequenos grupos tiveram início logo em novembro de 1939 e que o número dos atingidos permanece desconhecido. O mesmo acontece com os expulsos da Bessarábia e das regiões orientais da Bielorrússia e da Ucrânia durante a segunda metade de 1940. Os historiadores não conseguiram ainda definir os números exatos. Até há pouco tempo, os números de base provinham de estimativas calculadas pela resistência polonesa ou pela embaixada da Polônia em 1941. Depois da abertura dos arquivos do NKVD, a maior parte dos investigadores considera que esses últimos dados são fiáveis, mas que devem ser vistos como números mínimos a serem reavaliados.

A primeira onda de deportações foi desencadeada em 10 de fevereiro de 1940, na sequência da decisão tomada pelo Conselho dos Comissários do Povo, em 5 de dezembro de 1939. Os preparativos, principalmente o "reconhecimento do terreno" e a elaboração das listas, demoraram dois meses. Os organizadores da deportação confrontaram-se com inúmeros obstáculos técnicos, entre os quais o número muito limitado de vias férreas adaptadas à largura dos trens soviéticos. O conjunto da operação foi colocado sob o comando de um adjunto de Beria, Merkulov, que se deslocou para o local, o que indica a importância que a operação apresentava para os soviéticos. A deportação de fevereiro de 1940 incidiu especialmente sobre os camponeses, os habitantes das aldeias, os colonos poloneses instalados nestas regiões decorrentes de uma política de "polonização" e sobre os guardas-florestais. Segundo dados provenientes do NKVD, cerca de 140.000 pessoas foram deportadas, 82% das quais eram poloneses. A operação incluiu também guardas-florestais ucranianos e bielorrussos. Os comboios de deportados tinham como destino o norte da Rússia, a República dos Komis e a Sibéria Ocidental.

No mesmo momento em que o Kremlin decidiu a execução de prisioneiros, o Conselho dos Comissários do Povo (SNK) decretou, em 2 de março de 1940, novas deportações. Dessa vez dirigidas contra as famílias dos prisioneiros que a sofreram — ao mesmo tempo que os seus "maridos e pais" eram executados — na companhia de "elementos perigosos à sociedade". De acordo com documentação do NKVD, cerca de 60.000 pessoas foram deportadas, na sua grande maioria para o Cazaquistão, numa situação dramática de fome e de frio hoje bem conhecida graças aos testemunhos presentemente disponíveis.

Polônia, a "nação inimiga"

> **Extrato de *Tríptico Kazaque: Memórias de Deportação* (Varsóvia, 1992)**
>
> Lucyna Dziurzynska-Suchon: "Lembro-me de um dos momentos mais dramáticos da nossa vida. Durante vários dias não tínhamos comido nada, literalmente nada. Era inverno. A cabana estava toda coberta de neve. Apenas podíamos sair graças a um túnel escavado por alguém do exterior [...]. Mamãe pôde ir trabalhar. Tinha tanta fome quanto nós. Ficávamos deitados numa cama miserável, encostados uns aos outros para termos um pouco de calor. Pequenas luzes cintilavam em nossos olhos. Já não tínhamos forças para nos levantarmos. O frio era intenso, mesmo lá dentro [...]. Passávamos o tempo adormecidos. O meu irmão acordava de tempos a tempos e gritava: 'Tenho fome' e 'Mamãe, estou morrendo'. Ele não conseguia dizer mais nada. A nossa mãe chorava. Foi pedir ajuda nas cabanas vizinhas, aos nossos amigos. Sem resultado. Começamos a rezar[...] 'Pai Nosso[...]' E talvez tenha acontecido um milagre. Uma amiga, vizinha, apareceu com uma mão cheia de farinha de trigo [...]."

A terceira operação, decorrente também da mesma decisão do SNK, desenrolou-se durante a noite de 28 para 29 de junho de 1940, incidindo sobre todos os que não residiam nos territórios anexados antes de setembro de 1939 e que não tinham cruzado a fronteira sovieto-alemã estabelecida pelas duas potências ocupantes. Os que eram apanhados fugindo numa das duas zonas ocupadas deviam regressar à sua zona; foi assim que 60.000 indivíduos, entre eles 1.500 judeus, regressaram à zona do Governo Geral Alemão. Dos 80.000 deportados durante essa terceira operação, 84% eram judeus que, ao escaparem ao massacre perpetrado pelos *Einsatzgruppen* durante o verão de 1941, eram depois enviados para o Gulag.

A quarta e última operação de deportação começou em 22 de maio de 1941, por decisão do Comitê Central do Partido Comunista da URSS e do Conselho dos Comissários do Povo de 14 de maio. O seu objetivo era o de "limpar" de "elementos indesejáveis" a região fronteiriça e as repúblicas bálticas. Os deportados pertenciam à categoria *zsylposielency,* isto é, dos condenados a 20 anos de residência forçada em regiões especiais, sobretudo no Cazaquistão. Essa última operação atingiu — excetuando a Letônia, a Estônia e a Lituânia — 86.000 pessoas.

De acordo com os dados do NKVD, o número de deportados soma assim entre 330.000 e 340.000 indivíduos. Tendo-se em conta todos os dados, o número de vítimas da repressão eleva-se a 400.000 ou 500.000 pessoas. Houve alguns grupos que foram enviados aos confins da URSS, como aconteceu aos 100.000

452   *O Livro Negro do Comunismo*

jovens obrigados a trabalhar para a indústria soviética (sobretudo nas minas de carvão de Donetsk, dos Urais e da Sibéria Ocidental) ou aos 150.000 jovens mobilizados nos "batalhões de trabalho" (*strojbataliony*) do Exército Vermelho.

Durante os dois anos de poder soviético na Polônia anexada, um milhão de pessoas, isto é, um em cada dez cidadãos, foram vítimas da repressão sob as suas variadas formas: execuções, prisões, campos de encarceramento, deportações, trabalhos semiforçados. Não menos de 30.000 pessoas foram fuziladas, às quais se devem acrescentar entre 90.000 e 100.000 mortos nos campos de encarceramento ou no decorrer de transporte de comboio, estimados entre 8% e 10% dos deportados.

O NKVD contra a Armia Krajowa (Exército Nacional)

Na noite de 4 para 5 de janeiro de 1944, os primeiros tanques do Exército Vermelho cruzaram a fronteira entre a Polônia e a URSS, estabelecida em 1921. Na realidade, essa fronteira já não era reconhecida nem por Moscou nem pelas potências ocidentais e, desde a descoberta do crime de Katyn, a URSS havia cessado todas as relações diplomáticas com o Governo legal polonês exilado em Londres, sob pretexto de que este último havia solicitado um inquérito internacional sob a alçada da Cruz Vermelha, pedido que coincidiu por mero acaso com um procedimento similar apresentado pelas autoridades alemãs. A resistência polonesa previa que, à medida que o AK (Exército Nacional) se aproximasse da frente, mobilizaria a população, desencadearia o combate contra os alemães e, após a chegada do Exército Vermelho, viria ao seu encontro como autoridade legítima. A operação recebeu o nome de código "Burza" ("Tempestade"). Os primeiros combates foram travados no fim de março de 1944, em Volhynie, onde o comandante da divisão do AK lutou lado a lado com as unidades soviéticas. Porém, em 27 de maio, algumas das unidades do AK foram forçadas pelo Exército Vermelho a depor suas armas, o que obrigou o grosso dos efetivos da divisão a recuar em direção à Polônia, ao mesmo tempo que combatia os alemães.

Essa atuação dos soviéticos — primeiro cooperação em nível local, seguida de desarmamento forçado dos poloneses — está confirmada também em outros casos. Os acontecimentos mais espetaculares ocorreram na região de Vilnius. Alguns dias depois do fim dos combates, chegaram contingentes das Unidades Internas do NKVD e (conforme a Ordem nº 220-145 emitida pelo Comando-Geral) conduziram uma operação de desarmamento dos soldados

Polônia, a "nação inimiga" 453

do AK. Segundo relatório recebido por Stalin, em 20 de julho, mais de 6.000 resistentes foram presos, enquanto cerca de 1.000 conseguiram fugir. O estado-maior dessas unidades de resistência polonesas foi preso. Os oficiais foram encarcerados em campos do NKVD, que ofereceu aos soldados a escolha entre o aprisionamento ou a integração ao exército polonês constituído sob a égide dos soviéticos e comandado pelo general Zygmunt Berling. As unidades do AK que participaram na libertação de Lvov tiveram o mesmo destino. Esses acontecimentos desenrolaram-se em território que Moscou considerava parte integrante da URSS.

Em 1º de agosto de 1944 os comandantes do AK desencadearam a insurreição em Varsóvia, cuja tomada fora planejada pelo Exército Vermelho (frente da Bielorrússia) para 8 de agosto. Stalin deu ordem para que a ofensiva fosse suspensa, já com o Vistula transposto ao sul de Varsóvia, e deixou os alemães aniquilarem os revoltosos, que resistiram até 2 de outubro.

A oeste da linha de Curzon, onde o AK mobilizara entre 30.000 e 40.000 soldados e libertara numerosas pequenas localidades, as unidades do NKVD e do SMERSCH (a contraespionagem militar) e unidades de filtragem procederam de forma idêntica, obedecendo à Ordem nº 220169, de 19 de agosto de 1944, oriunda do comando supremo das operações militares. Segundo relatório datado de outubro e que resume a execução da diretiva, cerca de 25.000 militares do AK, entre eles 300 oficiais, foram desarmados, presos e depois encarcerados.

As unidades do NKVD e os grupos operacionais do SMERSCH dispunham de prisões e campos de encarceramento próprios, onde foram detidos não somente os resistentes poloneses como os *Volkdeutsches*[3] e os prisioneiros alemães. Os oficiais e soldados que se recusaram a combater no exército de Berling foram enviados, como os seus camaradas de Vilnius e Lvov, para os confins do Gulag. O número exato dos participantes na operação "Burza", que foram aprisionados pelos soviéticos, continua até hoje desconhecido. As estimativas variam entre 25.000 e 30.000 soldados. Os territórios novamente anexados pela URSS no outono de 1944 sofreram também prisões em massa, em particular condenações e deportações para o Gulag, ou então transferências para trabalhos forçados, geralmente para a zona do Donetsk. Na verdade, a maior parte dos deportados eram ucranianos, mas calcula-se que a repressão atingiu no mínimo algumas dezenas de milhares de poloneses.

---

[3] Trata-se dos cidadãos poloneses que se declararam de origem alemã e são, por conseguinte, membros da nação alemã.

454   *O Livro Negro do Comunismo*

As atividades do NKVD e do SMERSCH não cessaram com a dispersão da maior parte das unidades mobilizadas pelo AK. Em 15 de outubro de 1944, Beria assinava a Ordem n° 0012266/44, que decidia a formação de uma divisão especial destinada a estacionar na Polônia (a Divisão 64, conhecida como a dos "franco-atiradores"). Nas regiões fronteiriças, as unidades do NKVD da Bielorrússia e da Ucrânia ajudaram as ações executadas do outro lado da fronteira. A partir da formação dessa divisão no final de 1944, 17.000 pessoas foram presas e 4.000 dentre elas foram deportadas para longínquos campos soviéticos. As unidades soviéticas — subordinadas a partir de 19 de março de 1945 ao conselheiro-geral do NKVD. junto do Ministério Polonês da Segurança Pública, general Ivan Serov — permaneceram na Polônia até a primavera de 1947. Elas representaram, até agosto-setembro de 1945, o principal "agente de limpeza" nas zonas de intervenção dos resistentes independentistas. Entre janeiro de 1945 e agosto de 1946, foram presos 3.400 combatentes de diversos grupos da resistência — a maior parte foi deportada, outros foram entregues às autoridades polonesas —, e 47.000, investigados. Posteriormente à entrada do Exército Vermelho nas regiões polonesas anexadas em 1939 pela Alemanha, verificou-se não apenas a prisão dos *Volkdeutsch,* como também a dos poloneses que sob pressão alemã haviam assinado a pretensa III lista nacional (os *Eingdeutsche*[4]). Pelo menos entre 25.000 e 30.000 civis residentes na Pomerânia e na Alta-Silésia foram deportados para a URSS, entre eles 15.000 mineiros enviados para os campos do Donbass e para a Sibéria Ocidental.

No entanto, o NKVD não se limitou à repressão em massa, à caça aos homens e às "pacificações". No final do verão de 1944, o SMERSCH tinha já instalado na Polônia grupos de operações locais funcionando regularmente, sobretudo no recrutamento de informantes. A operação mais conhecida comandada diretamente pelo general do NKVD, Ivan Serov, foi a prisão de 16 dirigentes clandestinos do Estado polonês: o comandante do AK, o vice-primeiro-ministro do governo clandestino, três dos seus adjuntos e vários membros do Conselho de Unidade Nacional (quase que um parlamento clandestino) organizado durante a ocupação alemã. Em 22 de fevereiro de 1945, esse Conselho tinha protestado contra os acordos de Yalta, afirmando ao mesmo tempo a sua disponibilidade para negociar diretamente com os soviéticos. O general Ivan Serov respondeu à proposta convidando os dirigentes na clandestinidade para um encontro. Foram presos no preciso momento em que se apresentavam no

---

[4] Esse termo designa os poloneses dos territórios anexados pelo III Reich, que foram obrigados a se registrarem como "próximos da cultura alemã" e que serviram na Wehrmacht.

local combinado (em Pruszkow, nos arredores de Varsóvia) e transportados diretamente, em 28 de março de 1945, para a prisão de Lubianka, em Moscou. Em 19 de junho, depois de instrução que durou algumas semanas, o processo público teve início na Sala das Colunas do Palácio dos Sindicatos, onde foram realizados os grandes processos anteriores à guerra. Simultaneamente, também em Moscou, aconteciam conversações entre as autoridades polonesas pró-soviéticas e representantes das forças democráticas polonesas (que na ocasião também se declararam dispostos a negociar diretamente com a URSS) sobre as cláusulas dos acordos de Yalta relativas à Polônia. A sentença do processo foi pronunciada no mesmo dia em que as três superpotências (EUA, URSS e Grã-Bretanha) ratificaram o acordo conseguido entre os diferentes partidos poloneses para a formação de um governo de coalizão, no qual os comunistas e as suas organizações satélites dispunham de uma esmagadora maioria. As penas pronunciadas — de até dez anos de cadeia — pareciam moderadas, mas três dos condenados nunca mais regressaram à Polônia. O general-comandante do AK, Leopold Okulicki, morreu na prisão em dezembro de 1946.

Bibliografia

Apenas são referidos os trabalhos gerais mais recentes e mais completos, assim como as publicações de documentos escolhidos, baseados nos arquivos soviéticos recentemente abertos. As Memórias, muito abundantes, não são, pois, citadas.

– *Exército Nacional. O Epílogo Dramático*, red. K. Komorowski, Varsóvia, 1994.

– S. Ciesielski, G. Hryciuk, A. Srebakowski, *As Deportações em Massa Soviéticas durante a Segunda Guerra Mundial*, Wroclaw, 1994 (em particular o capítulo "Deportações da População Polonesa", pp. 26-82).

– Jan T. Gross. *Revolution from Abroad. The Soviet Conquest of Poland's Western Ukraine and Western Bielorussia*, Princeton, 1988.

– Mikolaj Iwanow, *A Primeira Nação Punida. Os Poloneses da URSS, 1921-1939*, Varsóvia, 1991.

– "A Mão de Iejov", *Karta*, revista histórica independente, nº 11 (especial), 1993.

– *Katyn. Documentos sobre um Crime*; I tomo, *Os Prisioneiros de uma Guerra Não Declarada, Agosto de 1939-Março 1940*, red. W. Materski, Varsóvia, 1995.

– *NKWD i polskoje podpolje 1944-1945* (Po "osobym papkam" J. W. Stalina), red. A. F. Noskowa, Moscou, 1994.

– *O NKVD, a Polônia e os Poloneses. Reconhecimento nos Arquivos*, red. W. Materski, A. Paczkowski, Varsóvia, 1996.

– Kopinski, A. Kokurin, A. Gurjanow. *Rotas da Morte. A Evacuação das Prisões Soviéticas dos "Confins" do Leste da II República em Junho e Julho de 1941*, Varsóvia, 1995.

– *O Processo dos Dezesseis. Documentos do NKVD*, red. A. Chmielarz, A. K. Kunert, Varsóvia, 1995.

– Izabela Sariusz-Skapska, *As Testemunhas Polonesas do Gulag. Literatura dos Campos Soviéticos 1939-1989*, Cracóvia, 1995.

– J. Siedlecki, *O Destino dos Poloneses na URSS durante os Anos 1939-1986*, Londres, 1987.

– *A Tragédia do Partido Comunista Polonês*, red. Jarema Maciszewski, Varsóvia, 1989.

– P. Zaron, *Os Campos de Prisioneiros Poloneses na URSS nos Anos 1939-1941*, Varsóvia, 1994.

Polônia, a "nação inimiga"   457

Polônia, 1944-1989: o sistema de repressão

A intensidade da repressão soviética e as formas de que se revestiu seguiram a evolução do sistema político. "Dize-me qual o tipo de repressão, e te direi a que fase do comunismo ela corresponde", poderíamos afirmar, parafraseando um conhecido provérbio popular.

A descrição e a análise do sistema repressivo confrontam-se com dois grandes problemas: 1) trata-se de um domínio muito secreto, e em consequência muitos dos dossiês continuam ainda inacessíveis; e 2) analisar o passado apenas do ponto de vista da repressão pode resultar no perigo de se olhar o sistema comunista sob uma perspectiva deformada, já que o sistema dispunha de outros recursos, mesmo nos períodos mais repressivos. Um fato reveste, no entanto, importância capital em qualquer tentativa de avaliação do regime e das suas raízes ideológicas: a centralização do aparelho de repressão no sistema. Durante os 45 anos de monopólio de poder do Partido Comunista distinguem-se cinco fases de repressão. Todas apresentam uma característica comum: baseiam-se na existência de uma polícia política à disposição do centro de decisão do Partido ou de alguns dos seus responsáveis.

À conquista do Estado ou o terror de massa (1944-1947)

No plano interno, os alicerces do Estado comunista foram construídos graças à presença do Exército Vermelho. No plano das relações internacionais, o protetorado de Stalin revestiu uma importância decisiva. O papel desempenhado pelo aparelho de segurança soviético não se limitou ao combate aos adversários do novo poder, e a organização do NKVD/KGB serviu, com algumas poucas mas importantes modificações, de modelo aos comunistas poloneses formados pela escola de oficiais do NKVD de Kuibychev. Além disso, deve-se acrescentar a organização de um corpo de algumas centenas de conselheiros (ou *sovietniks*, chefiados pelo conselheiro-geral, o general Serov), verdadeira duplicação dos serviços poloneses. Através da rede de peritos soviéticos, os chefes da Lubianka tinham acesso a todos os dados que lhes podiam ser úteis, o que dispensava Moscou de ter na Polônia o seu próprio sistema de informação. Para além de interesses políticos e ideológicos comuns ao aparelho soviético,

458 O Livro Negro do Comunismo

o aparelho polonês de segurança fazia, desse ponto de vista, parte integrante do aparelho soviético. O fato torna-se ainda mais evidente no que se refere ao sistema polonês de contraespionagem militar.

Os comunistas constituíam na Polônia um grupo marginal sem qualquer possibilidade de ascender ao poder pela via democrática. Eram tão malvistos que a maioria dos poloneses, tradicionalmente desconfiada ou mesmo hostil à URSS — sobretudo à Rússia —, conhecia já a amarga experiência de uma "libertação" pelo Exército Vermelho. Durante os anos iniciais do pós-guerra, os sustentáculos dessa resistência eram a guerrilha, a clandestinidade política e os partidos legais (entre os quais apenas o Partido Camponês Polonês, PSL, era verdadeiramente relevante). A prioridade definida pelo novo poder foi a de esmagar a resistência polonesa e conquistar o Estado. Fato muito significativo, o primeiro representante do Comitê de Libertação Nacional (fundado em Moscou em 21 de julho de 1944) a aparecer em público na Polônia foi o ministro da Segurança Pública: Stanislaw Radkiewicz. O aparelho da Segurança (designado a partir de 1945 por Ministério da Segurança Pública, MBP) demorou um ano a se organizar para que pudesse assumir o essencial do trabalho de consolidação de um poder que fora conquistado pelo Exército Vermelho e pelo NKVD. No decorrer do segundo trimestre de 1945, o MBP desenvolvera já uma estrutura operacional que empregava mais de 20.000 funcionários (excluindo a milícia), e o ministério dispunha ainda de uma formação militar: o Grupo de Segurança Interna (KBW), com cerca de 30.000 soldados. A guerra contra a resistência clandestina armada (intensa até 1947 e extinta apenas no início dos anos 1950) foi sangrenta e brutal. A expressão "guerra civil" não merece no entanto a concordância do conjunto de historiadores poloneses, dada a presença, em solo polonês, de forças soviéticas (militares e NKVD).

O aparelho da Segurança utilizou um extenso leque de métodos que iam da infiltração e provocação até a pacificação de territórios inteiros. Dispunha também de vantagem material absoluta — sistema de comunicações, armamento, possibilidade de mobilização do KBW — que utilizou de forma impiedosa. Um exemplo: segundo o Departamento III, encarregado da luta contra a resistência anticomunista, 1.486 pessoas morreram em 1947 nos confrontos, enquanto as perdas das forças comunistas atingiram apenas 136 pessoas.[5] As grandes operações de pacificação eram executadas não apenas pelas unidades do KBW, como também pelas do exército, destacadas exclusivamente para esse objetivo. O número de adversários do poder mortos durante combates de 1945

---

[5] Arquivos Centrais dos MSW, sygn. 17/IX/36, tomo II.

a 1948 elevou-se a cerca de 8.700 indivíduos. O conjunto das operações era dirigido pela Comissão do Estado para a Segurança, presidida pelos ministros da Segurança e da Defesa. Se necessário, eram organizadas deportações em massa. Assim, foi resolvido o problema colocado pela resistência ucraniana no Sudeste polonês: entre abril e julho de 1947, os ucranianos da Polônia (cerca de 140.000 pessoas) foram deportados durante a operação "Wish" (Vístula) e dispersos nos antigos territórios alemães situados a norte e a oeste do país.

Os arquivos da Segurança são férteis em ações cuidadosamente preparadas: a fraude em massa na ocasião do referendo de junho de 1946, a preparação das eleições de janeiro de 1947 (isto é, a intensa campanha de propaganda que as precedeu), os milhares de prisões (efetuadas sobretudo nas zonas rurais), o recurso à fraude sistemática e o desenvolvimento de uma rede de colaboradores (em 19 de janeiro 1946 eram cerca de 17.500). A atuação da estrutura de segurança caracterizou-se sobretudo pela brutalidade, apesar de faltarem ainda dados precisos sobre o número de detidos. Em 1947, cerca de 32.800 pessoas (grande parte eram criminosos de direito comum) foram presas pelo Departamento III; o Departamento IV, que vigiava a segurança das indústrias, foi responsável pela prisão de cerca de 4.500 pessoas, e, durante as semanas que precederam as eleições, entre 50.000 e 60.000 militantes do Partido Camponês (PSL) foram presos pelos diversos departamentos do MBP, da milícia, do KBW e do exército. Numerosos casos de assassinatos são conhecidos, alguns diretamente encomendados pelos comitês locais do Partido Comunista.

Os interrogatórios eram conduzidos com grande brutalidade: espancamento e tortura eram moeda corrente, e as condições de prisão, inumanas.

Kazimierz Moczarski
Prisioneiro condenado à prisão perpétua
(Art. 2º do decreto de 31 de agosto de 1944)

"Sztum, prisão central
23 de fevereiro de 1955

Supremo Tribunal Câmara Penal
Ref.: Ill K 161/52

Na sequência do pedido excepcional de reabertura e revisão do meu processo, apresentado já pelos meus advogados [...], declaro:

Durante a investigação conduzida pelo oficial do ex-Ministério da Segurança Pública, fui sujeito, de 9 de janeiro de 1949 a 6 de junho de 1951, a 49 tipos de agressões e de tortura, entre os quais posso revelar os seguintes:

460 O Livro Negro do Comunismo

1. Golpes com cassetete de borracha em partes particularmente sensíveis do corpo (base do nariz, queixo, glândulas salivares e partes salientes, como as omoplatas).

2. Chicotadas, administradas com chicote coberto por um tipo de "borracha colante", nas solas dos pés nus, e sobretudo nos artelhos — método bastante doloroso.

3. Pancadas com cassetete de borracha nos calcanhares (série de 10 em cada calcanhar, várias vezes ao dia).

4. Cabelos arrancados nas têmporas e na nuca ("depenar o ganso"), da barba, do peito, do períneo e dos órgãos sexuais.

5. Queimadura com cigarros nos lábios e nos olhos.

6. Queimadura dos dedos das duas mãos.

7. Privação de sono: durante sete a nove dias o preso era obrigado a permanecer de pé na cela escurecida, sendo acordado com murros na cara [...]. Esse método, denominado "praia" ou "Zakopane" pelos oficiais instrutores do processo, provocava um estado próximo da demência; o preso sofria de alucinações: visões com cores e som, próximas das provocadas pela mescalina e pelo peiote.

Além disso, devo destacar que durante seis anos e três meses fui privado do direito ao passeio diário. Durante cerca de dois anos e dez meses não tomei banho; permaneci em isolamento durante cerca de quatro anos e meio, sem qualquer possibilidade de contato com o mundo exterior (sem notícias da minha família, sem correio, sem livros, sem jornais etc.).

As torturas e tormentos a que me referi foram infligidos, entre outros, pelo tenente-coronel Dusza Jozef, pelo comandante Kaskiewicz Jerzy e pelo capitão Chimczak Eugeniusz no intuito de *me aterrorizarem e de me extorquirem confissões falsas mas necessárias para confirmar a linha das investigações e das acusações anteriormente feitas.*

Eles agiam sob as ordens do coronel Rozanski e do coronel Fejgin, e o vice-ministro, general Romkowski, me disse, em 30 de novembro de 1948, e na presença do coronel Rozanski, que eu iria ser alvo de uma "investigação infernal", o que efetivamente se veio a verificar [...]."

(*Cahiers historiques,* nº 53, Paris, 1980)

Resistente antinazista detido em 1945, Kazimierz Mo czars ki ficou preso durante cerca de 225 dias na mesma cela que o general das SS Jürgen Stroop, que comandou a liquidação do Gueto de Varsóvia em 1943. Libertado, ele pôde relatar esse confronto. (Ver Entretiens avec le bourreau, Gallimard, 1979.)

Em muitos casos, as autoridades não se contentavam com uma condenação sumária, mas encenavam processos "abertos" durante os quais um "público" escolhido a dedo humilhava os condenados e mostrava o pretendido "ódio do povo" para com eles. A data de certos processos era fixada em função das necessidades do poder, a fim de reforçar o efeito da propaganda. Foi o caso, entre outros, do processo do mais importante dos grupos clandestinos ("WiN",

Liberdade e Independência). Os acusados aguardaram julgamento entre novembro de 1945 e janeiro de 1947, ou seja, até uma semana antes das eleições. Outro procedimento: os combatentes da resistência eram condenados como colaboracionistas. A lógica comunista baseava-se no princípio de que "os que não são por mim são contra mim". Assim, a principal força de resistência organizada contra os alemães, o Exército Nacional (AK), que não tinha lutado *ao lado* dos soviéticos contra os alemães, era considerado um aliado de Hitler. Para dar peso a essa afirmação iníqua, os funcionários da Gestapo detidos produziam confissões falsas, que serviam de base a condenações de poloneses. Um dos mais escandalosos "crimes judiciais" desse tipo verificou-se em 1948, com o processo de Witold Pilecki (*ver boxe*). A principal acusação referia "espionagem por conta de uma potência estrangeira", nesse caso o exército polonês no estrangeiro.

Witold Pilecki

Nascido em 1901, Witold Pilecki participou em 1920 da defesa de Wilno contra os bolcheviques. Proprietário rural e oficial da reserva, organizou os pelotões de cavalaria que integraram o exército em 1939. Desde a derrota da Polônia, fundou uma das primeiras organizações clandestinas de resistência: o Exército Polonês Secreto (juramento de 10 de novembro de 1939). Em 1940, por iniciativa pessoal, mas com o acordo dos seus superiores no AK, provocou a sua própria prisão com o intuito de ser enviado para o campo de concentração de Auschwitz (matrícula n9 4859), onde criou uma rede de resistência. Conseguiu fugir em abril de 1943, prosseguindo as suas atividades clandestinas, principalmente na organização Niepodlegosc (Independência) e participou da insurreição de Varsóvia. Depois da capitulação da cidade, foi aprisionado no *oflagde Mumau*. Libertado, foi incorporado ao 2°. corpo do exército do general Anders. Durante o outono de 1945, regressou à Polônia para se juntar ao movimento clandestino. Organizou então uma rede restrita e eficaz que recolhia informações sobre a "bolchevização" do país e transmitia-as ao general Anders. Preso em 5 de maio de 1947, foi torturado e condenado por três vezes à morte em 15 de março de 1948. Witold Pilecki foi executado em 25 de maio com uma bala na nuca. Foi reabilitado em 1990.

A direção do Partido decidia ela própria as sentenças pronunciadas nos principais processos. Detinha também o poder de nomeação para os postos-chave do aparelho de segurança.

Toda a resistência organizada e coordenada foi quebrada no outono de 1947. Depois da fuga de vários dirigentes do PSL e da prisão do quarto comandante do WiN, as estruturas de resistência desapareceram em escala nacional. A situação política começava a estabilizar-se: exangue e extenuada pelos anos consecutivos de guerra, a sociedade civil perdera toda e qualquer esperança nos governos ocidentais. A necessidade de adaptação à realidade, mesmo que imposta e odiada, fazia-se cada vez mais presente. O golpe de Estado comunista na Tchecoslováquia, em fevereiro de 1948, reforçou o domínio de Moscou sobre a Europa Central e o Leste Europeu. O Partido Comunista preparava a fusão com o seu principal aliado, o Partido Socialista. À melhoria da situação econômica e aos progressos na reconstrução do país juntava-se a colonização dos antigos territórios alemães, que absorvia a atenção da opinião pública. Todos esses fatores permitiram ao Partido Comunista passar à fase seguinte: a sovietização da Polônia e a submissão da sociedade civil. Logicamente, o MBP pensou então na redução do seu pessoal, e o número dos seus agentes e colaboradores secretos (45.000 naquela época) começou a diminuir.

A sociedade como objetivo de conquista ou o terror generalizado (1948-1956)

Depois do "golpe de Praga" e da marginalização de Tito pelo movimento comunista internacional, os países do Bloco do Leste conheceram transformações análogas, como a absorção dos partidos socialistas pelos partidos comunistas, a constituição (*dejure* ou *de facto*) de um sistema de partido único, uma centralização total da gestão econômica, uma industrialização acelerada segundo o modelo dos planos quinquenais stalinistas, o começo da coletivização da agricultura, uma intensificação da luta contra a Igreja etc. O terror de massa banalizou-se e generalizou-se.

Nos anos de 1945-1947, milhares de pessoas sem qualquer atividade de oposição, legal ou clandestina, foram vítimas de "pacificações" ou de "operações preventivas", mas a principal máquina repressiva estava voltada para os adversários concretos e realmente ativos do PPR (Partido Operário Polonês). A partir de 1948, o objetivo prioritário do aparelho da Segurança foi o de aterrorizar e de subjugar a sociedade no seu conjunto, inclusive os grupos ou meios que apoiavam o regime com maior ou menor grau de entusiasmo. Passou-se para a prática do terror global, na qual qualquer um se podia transformar em "objeto do interesse ativo" da Segurança, ou seja, em sua vítima. A característica fundamental dessa nova fase foi que a repressão podia atingir igualmente um dirigente do Partido Comunista ou do Estado. Mesmo se alguns altos

Polônia, a "nação inimiga"   463

funcionários do MBP apelavam já em 1947 para a "intensificação da vigilância revolucionária", foi apenas durante o verão de 1948 que essa palavra de ordem se torna a pedra de toque das atividades da Segurança, de acordo com a tese stalinista da "intensificação da luta de classes".

O ponto de partida foi o conflito com Tito, que na Europa Central e no Leste Europeu teve um papel idêntico ao que tinha sido desempenhado pela luta contra o trotskismo na URSS. Na Polônia, essa questão apareceu em agosto-setembro de 1948, com a "crítica do desvio nacionalista de direita" personificado pelo secretário-geral do PPR, Wladyslaw Gomulka. As primeiras prisões, em meados de outubro, não atingiram ainda os seus colaboradores diretos, mas todos os que conheciam os processos de Moscou nos anos 1930 estavam conscientes de que as prisões em cadeia iriam chegar à cúpula do aparelho.

Nesse sistema repressivo generalizado, as 'ações" visando os próprios comunistas constituíram uma proporção insignificante do conjunto da política repressiva, o que não as tornam menos significativas. No caso polonês, as vítimas foram em número reduzido. Em busca de uma rede de "espionagem e de diversionismo", a Segurança dirigiu a sua atenção para os quadros do exército, especialmente oficiais de carreira já na ativa antes da guerra. Nesse caso, o efeito da ação conjunta do MBP e dos serviços de informação militares (Direção Geral de Informação, GZI) conduziu à prisão de centenas de oficiais, seguida de numerosos processos, da condenação e execução de 20 pessoas. O desaparecimento da cena pública de Gomulka, preso com algumas centenas de quadros do Partido Comunista de diferentes níveis, constituiu um sinal claro: havia chegado o tempo da submissão total e completa de todo o aparelho do partido, incluindo o da Segurança, que tinha alguns altos funcionários na prisão. Como o processo Gomulka (assim como outros) não aconteceu,[6] a sovietização da Polônia não foi marcada por um processo espetacular, como o de Rajk, em Budapeste, ou o de Slansky, em Praga.

Apenas uma ínfima parte do aparelho da Segurança, em expansão rápida a partir de 1949 e com 34.000 funcionários em 1952, foi comprometida no âmbito do caso "provocação no seio do movimento operário". Tratava-se, nesse caso, do Departamento X, que contava com cerca de 100 elementos. Uma Comissão para a Segurança, anexa ao Bureau Político e chefiada por Boleslaw Bierut (1892-1956), foi constituída. Ela se ocupou tanto das investigações mais

---

[6] A esse respeito, há várias hipóteses explicativas, como, entre elas, as que se seguem: Boleslaw Bierut, sucessor de Gomulka após 1948, teria habilmente feito oposição às diretivas de Moscou, ou, pelo contrário, Stalin teria recusado dar o seu acordo às proposições de Varsóvia. Nenhuma dessas hipóteses está fundamentada por documentos.

464   *O Livro Negro do Comunismo*

importantes quanto dos problemas de organização do MBP e do GZI, além de formular as suas principais diretivas.

A onipresença da "Bezpieka" (como vulgarmente era conhecida a Segurança) em todos os domínios da vida cotidiana transformou-se numa das características da época. A rede de informantes (74.000 elementos) deixara de se mostrar adequada às necessidades e, em 1949, foi decidida a criação, nas fábricas, de células da Segurança, chamadas de Serviços de Proteção (*Referat Ochrony,* RO). Anos depois, os RO estavam organizados em 600 empresas. No interior do MBP foi dada uma atenção especial ao "serviço de proteção da economia", com a criação de vários departamentos. Entre 1951 e 1953, a maior parte das prisões (de cinco a seis mil por ano) foram feitas por esse serviço, que dispunha da mais desenvolvida rede específica de informantes (26.000 elementos). Qualquer avaria, qualquer incêndio numa empresa eram imediatamente considerados resultado de sabotagem ou manobra diversionista e acarretavam a prisão, em certos casos, de várias dezenas de operários de uma só empresa. O serviço tinha também direito de decisão, no âmbito da "proteção das instituições do Estado", sobre os estudantes candidatos ao ensino politécnico. Em 1952, os pareceres emitidos impediram 1.500 jovens de prosseguir os estudos.

A "proteção da organização das cooperativas agrícolas" (ou seja, a coletivização de terras) e o controle da aplicação dos decretos sobre as quantidades de trigo ou de carne a serem disponibilizadas constituem nesse contexto um capítulo à parte. No último caso, as instituições operacionais foram a Milícia e a Comissão Extraordinária para a Luta contra os Abusos e a Sabotagem, formada em 1945. Apenas esse nome, como o da Tcheka, já provocava terror: milhares de camponeses das 15 regiões polonesas foram presos apenas por não terem produzido as quantidades exigidas. Segurança e Milícia procediam às prisões de acordo com um plano político bem objetivo: os camponeses abastados (kulaks) foram os primeiros a serem presos, mesmo quando produziram as quotas estipuladas. Detidos durante semanas sem culpa formada, eram depois condenados, e o trigo, o gado e as propriedades eram-lhes confiscados. A Comissão Extraordinária ocupava-se também da população urbana. A maior parte das condenações referiram-se a casos de especulação, de mercado negro e, entre 1952 e 1954, de banditismo urbano ("hooliganismo"). As decisões da comissão foram-se tornando cada vez mais repressivas com o correr do tempo: entre 1945 e 1948, 10.900 pessoas foram condenadas a campos de trabalho; entre 1949 e 1952, o número de condenações foi de 46.700. Até 1954 o número de pessoas enviadas para os campos de trabalho foi de cerca de 84.200. As condenações que atingiram a população rural e os "especuladores" não se

Polônia, a "nação inimiga" 465

referiam a "crimes políticos", no sentido estrito da expressão, já que o crime político, na Polônia, relevava dos tribunais; elas decorriam antes da natureza do sistema de repressão, que privilegiava a força.

Quanto ao aparelho de Segurança, a sua tarefa principal foi a de perseguir os clandestinos (tanto no período de ocupação como no pós-guerra), os ex-militantes do PSL, os soldados que regressaram do Ocidente, os funcionários, e os quadros políticos e oficiais do período anterior à guerra. No início de 1949, o "registro de elementos suspeitos" compreendia várias categorias, normalizadas. Em 1º de janeiro de 1953, os arquivos do serviço de segurança recenseavam 5.200.000 indivíduos, um terço da população adulta polonesa. Os processos políticos continuavam, apesar da eliminação das organizações ilegais. O número de presos políticos aumentou ao longo de diversas "operações de prevenção". Foi assim que em outubro 1950, no decorrer da ação K, ocorreram 5.000 prisões durante uma só noite. Depois de um abrandamento posterior à vaga de prisões de 1948-1949, as prisões recomeçaram a encher: 21.000 pessoas foram presas em 1952. Segundo dados oficiais, no segundo semestre de 1952, "o número de presos políticos era de 49.500". Uma prisão especial chegou a ser criada, destinada aos "delinquentes políticos" de menor importância (2.500 em 1953).

Extrato de *A Grande Educação, Memórias dos Prisioneiros Políticos na República Popular da Polônia, 1945-1956, Varsóvia*, 1990

Staszek: "A tuberculose era sem dúvida a mais grave doença na Polônia do pós-guerra [...]. Esse caso se deu antes de 1950, em [a prisão de] Wronki. Éramos sete na cela. Pequena, com uma área de menos de oito metros quadrados, muito pouco espaço para cada um [...]. Um dia, chegou mais um infeliz, o oitavo. Vimos logo que alguma coisa não estava bem. Ele não tinha nem panela nem cobertor e parecia gravemente doente. Depressa, ficou evidente que ele estava num estado avançado de tuberculose, o corpo encontrava-se coberto de abscessos. Vi a expressão de terror dos meus camaradas, eu próprio me sentia muito pouco à vontade [...]. Nós nos afastamos dele. A situação era absurda, sete homens evitando um oitavo num espaço de menos de oito metros quadrados e tornou-se ainda mais penosa quando nos trouxeram a comida: o homem não possuía prato ou marmita e pelo visto ninguém lhe ia dar nenhum! Olhei para os outros, que também se entreolhavam, evitando os olhares tanto uns dos outros como do oitavo detido.

Não suportei a situação e passei-lhe o meu prato. Disse-lhe que comesse, eu o faria em seguida. Então, ele me fitou com um rosto apático e sem vida (tudo lhe parecia indiferente) e me confessou: 'Camarada, estou morrendo[...] é uma questão de poucos dias.' 'Coma à minha saúde', respondi-lhe, sob os olhares horrorizados

> dos outros. Começaram então a evitar tanto o doente quanto a mim. Quando ele acabou, lavei o prato com a pouca água de que dispúnhamos e comi por minha vez."

Liquidada a oposição, a Igreja Católica transformou-se na única organização independente que restava. A partir de 1948, cada vez mais vigiada, era objeto de ataques incessantes. A prisão de bispos começou em 1950. O processo do bispo Kacmarek (condenado a 12 anos de prisão) realizou-se em 1953, ano em que o primaz da Polônia, cardeal Wyszynski, foi aprisionado. No total, mais de cem padres foram detidos ou presos. Os Testemunhas de Jeová (considerados "espiões da América") constituíram o alvo mais visado: em 1951, os presos eram mais de 2.000.

Era a época em que todos passavam pela prisão: membros do Bureau Político, altos funcionários do período anterior à guerra (entre eles um ex--primeiro-ministro), generais, comandantes do AK, bispos, guerrilheiros que, depois de terem lutado contra os alemães, voltaram suas armas contra os comunistas, camponeses que recusavam a integração nos kolkhozes, mineiros de uma mina onde se dera um incêndio, jovens presos por terem quebrado a vitrine de um armário para afixação de propaganda ou escrito slogans nas paredes. Tratava-se de afastar da vida pública todo e qualquer potencial opositor, tornando impossível a menor liberdade de ação. Uma das principais finalidades do sistema de terror generalizado era a atomização da sociedade através de um sentimento de medo permanente e do encorajamento à delação.

O sistema começou a sofrer modificações a partir do final de 1953: o desenvolvimento da rede de informantes estancou, as condições de prisão melhoraram, uma parte dos presos foi libertada "por razões de saúde", o número de processos diminuiu e as penas passaram a ser mais clementes. Na prática, deixou-se de espancar e maltratar os presos. Os oficiais com má reputação foram afastados, o Departamento X foi desmantelado, e o pessoal da Segurança, reduzido. Em 28 de setembro de 1954, uma "bomba" explodiu quando a Rádio Europa Livre começou a difundir uma série de entrevistas com Jozef Swiatlo, vice-diretor do Departamento X, que "escolhera a liberdade" em dezembro de 1953. O MBP foi reestruturado e em poucas semanas substituído pelo Ministério dos Assuntos Internos (MSW) e por um Comitê de Segurança Pública (KBP). O ministro e três dos cinco vice-ministros do MBP foram obrigados a apresentar a demissão. Em dezembro, Gomulka foi libertado, e o chefe do Departamento de Averiguações, Jozef Rozanski, preso. A Comissão Especial de Luta contra os Abusos foi suprimida. Em janeiro de

Polônia, a "nação inimiga" 467

1955, o Comitê Central denunciou "faltas e erros" cuja responsabilidade lançou sobre o aparelho da Segurança, que, de acordo com a declaração, "se colocara acima do Partido". Quanto aos carrascos do MBP, alguns foram presos. Os efetivos da Segurança continuaram a diminuir.

As mudanças, no entanto, eram puramente formais. Em 1955, continuavam detidos cerca de 30.000 presos políticos, e na segunda metade do ano assistiu-se ao processo político do ex-ministro Wlodimierz Lechowicz,[7] o próprio que havia sido preso em 1948 pelo Grupo Especial de Swiatío. Marian Spychalski, membro do Bureau Político até 1949, fora preso em 1950 e permaneceu sem julgamento até abril de 1956. Relativamente à repressão generalizada, o "degelo", iniciou-se realmente apenas depois do XX Congresso do PCUS, em fevereiro de 1956, após a morte de Bierut. Foi então decretada uma anistia geral, mas 1.500 presos políticos continuaram na prisão. O representante do Ministério Público e o ministro da Justiça foram substituídos, e alguns condenados foram reabilitados. O antigo vice-ministro da Segurança e o diretor do Departamento X foram presos, e as prisões, que até então estavam sob a alçada do Ministério do Interior, foram confiadas ao Ministério da Justiça. As lutas entre as facções dentro do poder fizeram com que a Segurança "perdesse o rumo": alguns colaboradores secretos começaram a recusar colaboração. No entanto, as linhas de estratégia permaneciam idênticas: o aparelho repressivo continuava interessado nas mesmas categorias de indivíduos; as prisões esvaziaram-se apenas parcialmente; alguns milhares de investigações continuavam em curso; apesar da redução, a rede de informantes mantinha 34.000 colaboradores[...] O sistema de terror generalizado continuava a funcionar, se bem que com menos intensidade. Ele havia atingido os seus objetivos: os mais ativos adversários do regime tinham sido mortos aos milhares, e a sociedade, que aprendera bem a lição, sabia agora o que esperar dos "defensores da democracia popular".

O socialismo real ou o sistema de repressão seletiva (1956-1981)

O desmoronamento do socialismo "de ferro" foi, na Polônia, relativamente rápido; as estratégias dos serviços de Segurança evoluíram, acompanhando o "degelo". Eles se dedicavam a um controle mais discreto, mas ainda bastante

---

[7] Antes da guerra, Wlodimierz Lechowicz era funcionário civil da contraespionagem militar e colaborador do GRU. Durante a ocupação alemã, ele trabalhou para o governo de Londres ao mesmo tempo que pertencia à rede de espionagem do PC. Marian Spychalski era seu superior.

468   *O Livro Negro do Comunismo*

ativo, da população. A Igreja Católica, a oposição legal ou clandestina e os meios intelectuais passaram a ser alvo de redobrada vigilância.

Esperava-se do aparelho a capacidade de dispersar imediatamente as manifestações de rua, nova tarefa decorrente da segunda grande revolta operária verificada no bloco do Leste, a de Poznan, em junho de 1956. Segurança, milícia e mesmo o KBW haviam sido apanhados de surpresa — tanto do ponto de vista ideológico como técnico — pela greve, seguida por uma manifestação que reuniu dezenas de milhares de pessoas e com ações dirigidas contra edifícios públicos. E legítimo afirmar que a revolta de Poznan constituiu, de certo modo, o último capítulo da "guerra civil" de 1945-1947; chegou-se a ver alguns dos manifestantes utilizarem armas de fogo, o que não voltaria a se repetir. O Partido reagiu com brutalidade: o primeiro-ministro declarou que a "mão que se erguera contra o poder popular seria decepada"; o exército entrou em cena com tanques. Os mortos foram cerca de 70, com centenas de presos, e dezenas de manifestantes conduzidos ao tribunal. Entretanto, como as sentenças foram decretadas já no período de "degelo", iniciado depois de outubro de 1956, elas foram moderadas.

Pouco tempo depois do VIII Plenário do Comitê Central (19-21 de outubro de 1956), o KBP foi dissolvido, e o serviço de Segurança, integrado no MSW. O número de funcionários diminuiu 40% — passando para 9.000 —, e 60% dos informantes viram-se dispensados. Os serviços de proteção existentes nas fábricas foram suprimidos, e metade das averiguações em curso, abandonadas. Os últimos conselheiros soviéticos deixaram a Polônia e regressaram a Moscou, substituídos por uma missão local da KGB. A direção do serviço de Segurança foi remodelada através da substituição progressiva da maioria dos seus quadros, a maior parte de origem judaica, abrindo-se assim caminho aos "mais jovens". Os efetivos do aparelho de repressão tinham sido radicalmente reduzidos. Mas a direção do Partido e, sobretudo, Gomulka — de volta ao poder — se opuseram a que os funcionários prestassem contas. Ocorreram apenas alguns processos, bastante discretos. A preocupação geral era a de não traumatizar um aparelho do qual ainda se esperavam serviços.

Já em fevereiro de 1957, quando da primeira reunião geral do MSW, o ministro Wicha, apesar de declarar que a intensificação da luta de classes constituía uma tese enganosa, afirmou, contradizendo-se, que essa mesma luta de classes se encontrava num processo de radicalização![8] Segurança, Partido, propaganda e forças armadas atuaram, a partir dessa data e até o fim do regime, na base dessa contradição.

---

[8] Arquivos Centrais do MSW, sygn. 17/IX/268, tomo VII.

Polônia, a "nação inimiga"

Vinte anos de trabalho silencioso, tranquilo e sistemático, por vezes interrompido por greves e revoltas, esperavam o sistema de repressão. A sua "tarefa principal" seria o aperfeiçoamento do sistema de controle através do "elemento humano" — com a rede de informantes — e da técnica — escutas e censura de correspondência —, que sofreu melhorias sistemáticas. Durante os anos 1970, o Serviço de Segurança (SB) prestou atenção particular à economia. O seu interesse, ao contrário do verificado com os antigos Serviços de Proteção, dirigia-se para as tecnologias, a rentabilidade etc. Os acidentes ou avarias deixaram de acarretar prisões, verificando-se uma pressão discreta e eficaz do Partido para a substituição dos "maus gestores". O MSW dispunha também de um outro instrumento de pressão que, inútil durante a era stalinista, se tornara agora precioso: a autorização do pedido de passaporte (sempre para uma única utilização). Por essa via, podia-se controlar a informação sobre o que se passava nas empresas, universidades e em todas as outras instituições, já que, para se obter um passaporte, muitos se mostravam dispostos a colaborar. Lenta, mas sistematicamente, o SB recomeçou a expansão de efetivos, sobretudo nas áreas consideradas nevrálgicas pelo Partido Comunista. A luta contra a Igreja obrigou o MSW a criar (junho 1962) um novo departamento especializado, engrossando os seus efetivos até chegar a algumas centenas de funcionários.

Em 1967, com a Guerra dos Seis Dias entre Israel e os países árabes como pano de fundo, a luta contra o "sionismo" passou para o primeiro plano. A palavra de ordem possuía uma tripla função, política, social e internacional: o poder procurava uma nova legitimidade para a reativação do nacionalismo. Uma facção dos quadros do PZPR (Partido Comunista Polonês) instrumentalizou o antissemitismo para o afastamento da "velha guarda", abrindo perspectivas de carreira mais interessantes. A campanha antissemita foi também utilizada para desacreditar o movimento estudantil de março de 1968. Um serviço especial, dispondo de algumas dezenas de funcionários, foi constituído. Do MSW eram enviadas informações, destinadas às instâncias locais do Partido, para atuação contra as pessoas que lhes eram indicadas. O Serviço de Segurança, tanto na Polônia quanto na URSS, foi o grande inspirador do "antissemitismo sem judeus" do Partido e do Estado.

A infiltração da sociedade civil, sistematicamente levada a cabo pelo SB, teve como resultado que as tentativas, aliás bastante raras, de formação de organizações ilegais se frustrassem ou fossem efêmeras. Os seus membros, frequentemente muito novos, constituíam a maior parte dos presos políticos,

470   *O Livro Negro do Comunismo*

que nunca ultrapassavam as várias dezenas por cada ação. Os intelectuais eram alvo de vigilância bastante intensa. A Segurança dispunha também dos meios necessários para, por ordem do poder, saber o paradeiro dos colaboradores da Rádio Europa Livre ou da imprensa polonesa no estrangeiro. No início dos anos 1960 verificaram-se prisões isoladas. O caso de maior repercussão foi o de Melchior Wankowicz, um escritor já de uma certa idade e muito popular. O SB dedicava uma atenção muito especial a todos os heréticos do campo comunista. Assistiu-se à prisão de maoistas ou trotskistas, acolhida com indiferença pela opinião pública, com exceção das de Jacek Kuron e de Karol Modzelewski. Em 1970, 48 elementos do grupo ilegal "Ruch" foram presos. Os seus dirigentes foram condenados a penas de sete a oito anos de prisão, penas elevadas se considerarmos esse período de relativa clemência.

A Segurança reativou a sua atuação um ano depois do regresso de Gomulka ao poder, durante as manifestações de jovens contra o fecho do semanário *Po Prostu,* publicação que, em 1956, desempenhara um papel importante em prol da mudança do sistema. Dezenas de manifestantes foram espancados, e uma dezena, condenados. As greves e manifestações de março de 1968 tiveram uma amplitude considerável. As manifestações foram brutalmente dispersadas, 2.700 pessoas foram detidas, e 1.000, conduzidas a vários tipos de tribunais. Dezenas foram condenadas a penas de prisão de vários anos. Centenas foram requisitadas pelo exército durante meses, para seguirem uma "formação". Na primeira metade dos anos 1960, ocorreram ações da milícia contra assembleias de fiéis, reunidas para defender capelas e cruzes erigidas ilegalmente. Mesmo se as condenações eram relativamente benignas, houve centenas de casos de espancamento e condenações ao pagamento de multas.

As manifestações operárias obtiveram outro alcance. As realizadas em dezembro 1970 apresentaram aspectos dramáticos em todas as cidades do litoral báltico. Apesar da existência de unidades especiais da milícia, as autoridades fizeram apelo ao exército, que abriu fogo sobre a multidão, como já havia acontecido em Poznan, 14 anos antes: segundo dados oficiais, houve cerca de 40 mortos. Milhares de pessoas foram espancadas pela milícia, muitas vezes no interior dos comissariados. Os operários eram obrigados a percorrer "corredores de saúde", ou seja, passar por entre duas filas de policiais que lhes aplicavam golpes de cassetete. No entanto, e isso é característico, o poder não ativou qualquer tipo de processo no que se refere aos acontecimentos posteriores a dezembro. Os detidos foram libertados após o afastamento de Gomulka, mas, nas empresas, os dirigentes grevistas continuaram a ser submetidos a intimidações.

Polônia, a "nação inimiga" 471

Durante as greves curtas que explodiram em algumas cidades em junho de 1976, as autoridades locais utilizaram a milícia, que não fez uso de armas de fogo — o que não impediu a ocorrência de algumas mortes. Cerca de mil pessoas foram presas, das quais algumas centenas condenadas ao pagamento de multas e algumas dezenas à prisão.

O ponto de partida da luta da *intelligentsia* pelos direitos humanos e do surgimento, pela primeira vez depois da proibição do PSL em 1947, de grupos organizados de oposição (KOR, ROPCIO) foram os processos no decorrer dos quais se estabeleceram relações entre as famílias dos operários acusados, os jovens e os intelectuais da oposição. Diante da evolução da situação, as autoridades foram obrigadas a uma escolha tática. Por várias razões — sendo a mais importante o medo da reação internacional, dada a crescente dependência financeira do regime em relação aos países do Ocidente —, o poder adotou uma tática de provocação: prisão para averiguação por períodos de 48 horas renováveis (autorizadas pelo Código Penal), licenciamentos, pressão psicológica, recusa de passaporte, confisco de material de reprodução etc. O SB organizou uma extensa rede de agentes. O departamento especial para a "defesa da economia" foi reativado em 1979, temendo-se que a influência da oposição se alastrasse pelas empresas e fábricas.

As medidas não se mostraram eficazes durante a onda de greves de 1980. Apesar de a direção do partido estar dominada pelos defensores de uma linha "dura" de ação, ninguém tomou a decisão de acabar com as greves com o uso da força. Aliás, como se verificou numa das reuniões do Bureau Político, as forças disponíveis não eram nem suficientemente numerosas nem estavam preparadas para fazer face às centenas de milhares de operários que ocupavam centenas de fábricas. Dessa vez os grevistas — contrariamente ao que se verificara em 1956, 1970 e 1976 — agiram segundo a palavra de ordem de Jacek Kuron: "Não vamos atear fogo nos comitês [do Partido], organizemos os nossos."

O poder adotou contra o sindicato Solidarnosc, dirigido por Lech Walesa, as mesmas táticas utilizadas anteriormente: enfraquecimento da organização e fomento da divergência interna de modo a viabilizar sua absorção por estruturas controladas pelo Partido Comunista (PZPR), principalmente pela Frente de Unidade Nacional. Em outubro de 1980, o MSW e o Estado-Maior general iniciaram a preparação do estado de guerra. O MSW começou a infiltração sistemática do Solidarnosc (no verão, apenas em Varsóvia, já havia um total de 2.400 informantes), utilizando também ações políticas destinadas a avaliar a reação do sindicato às prisões para averiguação de militantes por 48 horas

472   *O Livro Negro do Comunismo*

e utilização da milícia na evacuação de edifícios públicos ocupados. As listas dos militantes a serem presos já se encontravam prontas em fevereiro 1981— bem como as das prisões destinadas a recebê-los —, mas a direção do Partido preferiu continuar as ações de provocação e de intimidação, como em março de 1981 em Bydgoszcz, onde a milícia agrediu brutalmente os sindicalistas. O aparelho polonês da Segurança, até então relativamente inativo, recebeu reforços. Depois das greves de 1981, a Stasi, polícia política da RDA, destacou para Varsóvia um dos seus grupos operacionais.[9] Acontecimento importante, se bem que já existisse há alguns anos uma colaboração, coordenada pela KGB, entre os vários serviços de segurança contra as oposições democráticas.

Esta situação se manteve até o começo de dezembro de 1981, data em que a unidade antiterrorista da milícia pôs fim à greve dos alunos da Escola de Bombeiros de Varsóvia, no intuito de "testar" a capacidade de mobilização do Solidarnosc. Dez dias mais tarde, na noite de 12 para 13 de dezembro, a lei marcial foi instalada em toda a Polônia.

O estado de guerra, uma tentativa de repressão generalizada

Foi uma operação policial e militar preparada com extraordinária precisão. Envolveu 70.000 soldados, 30.000 funcionários da milícia, 1.750 tanques, 1.900 veículos blindados, 9.000 caminhões e viaturas, alguns esquadrões de helicópteros e de aviões de transporte. As forças se concentraram nas principais cidades e centros industriais. As ordens eram as de acabar com o movimento grevista, paralisar a vida cotidiana para intimidação da população e impedir toda a ação de resposta por parte do Solidarnosc. A rede telefônica foi desativada (causando a morte de várias pessoas, que não puderam entrar em contato com os serviços de emergência), os postos de gasolina e fronteiras foram fechados. Foi decretado o recolher obrigatório e a censura da correspondência; eram necessários salvo-condutos para se transitar de uma localidade para a outra. Dez dias depois as greves terminaram; as manifestações foram dispersadas, o que provou a eficácia do plano. O balanço foi de 14 mortos, algumas centenas de feridos e a prisão de cerca de 4.000 grevistas. Os primeiros processos, que aconteceram durante o Natal, resultaram em penas que iam dos três aos cinco anos de prisão (a mais longa foi de dez anos). Todos os acusados foram julgados

---

[9] A KGB, como já foi referido anteriormente, já possuía uma delegação na Polônia desde 1956. Depois de 1986, a Stasi se estabeleceu na Bulgária, na Tchecoslováquia e na Hungria, onde os seus efetivos eram bem mais modestos do que na Polônia.

Polônia, a "nação inimiga" 473

por tribunais militares, sob cuja alçada estavam todos os "crimes contra a lei marcial". Os exércitos soviético, alemão do leste e tcheco, em estado de alerta, não foram obrigados a intervir, como estava previsto no caso de as greves e manifestações evoluírem para um movimento insurrecional e as forças armadas polonesas se revelarem incapazes de o dominar.

O aprisionamento dos militantes do Solidarnosc, iniciado em 12 de dezembro, antes da meia-noite, constituiu uma segunda fase repressiva. Em poucos dias, em virtude de um dispositivo administrativo, 5.000 pessoas foram presas em "centros de isolamento", situados fora das grandes cidades. O intuito era paralisar o Solidarnosc e substituir os seus dirigentes por colaboradores do SB. Esse sistema de aprisionamento, que se prolongou por 12 meses, representava uma forma aparentemente "menos rigorosa" de prisão, de fácil aplicação, já que dispensava a intervenção de um procurador e um processo. Em princípio, o SB não recorreu a "métodos ilegais" contra os aprisionados, utilizando preferencialmente "técnicas de persuasão" garantidas pela sua força. Ao mesmo tempo, o SB intensificou o recrutamento de colaboradores e incitou os militantes a saírem do país através de pressões sobre os seus familiares.

O general Jaruzelski, no poder desde 18 de outubro, viu-se obrigado a enfrentar os radicais do Partido — numerosos sobretudo entre os quadros do Partido nas empresas —, os funcionários reformados do MSW, o aparelho do Partido e do exército. Eles criaram grupos de autodefesa (apesar de ninguém tê-los atacado) que portavam armas de fogo. Além disso, eles reclamavam processos contra os presos, sentenças mais severas e penas de morte: resumindo, que o terror fosse introduzido em lugar da repressão generalizada, que eles julgavam demasiado clemente. O Partido, apesar de uma agressiva campanha de propaganda contra o Solidarnosc, recusou a aplicação dos métodos reclamados pelos radicais. Em vez de quebrar a resistência social com o uso de métodos stalinistas, foi decidido que se deveria "reduzir a tensão". Porém, as manifestações do Solidarnosc em cada 1º e 3 de maio — aniversário da Constituição de 1791 e antigo dia da nação — e em 31 de agosto — data dos acordos de Gdansk de 1980 — continuavam a ser dispersadas com violência. Milhares de pessoas foram interpeladas, e centenas, enviadas a tribunal. Houve também alguns mortos (seis no total). De vez em quando, como resultado dos processos públicos, dirigentes do clandestino Solidarnosc eram condenados a penas de até 5 anos de prisão. Depois do fechamento dos centros de aprisionamento, em dezembro de 1982, e da revogação formal do estado de sítio em 22 de julho de 1983, permaneciam detidos cerca de mil presos políticos, encarcerados por atividade sindical clandestina, impressão clandestina, difusão de jornais e livros, às vezes mesmo por uma coleta de fundos a favor dos presos. As autoridades recorreram também aos licenciamentos. Milhares de grevistas de dezembro de 1981 foram despedidos; os jornalistas foram submetidos a processos de "averiguação", sendo que cerca de mil foram licenciados.

Com exceção das primeiras semanas que se seguiram ao 13 de dezembro, a Polônia não tornou a conhecer um terror comparável ao de 1949-1956. A Segurança passou a dedicar-se à prática de um conjunto de técnicas designadas globalmente, na linguagem dos serviços secretos, como "desinformação e desintegração", já utilizadas durante os anos 1960, quando o Ministério do Interior criara o grupo autônomo D com efetivos locais. A Igreja (e grupos próximos) constituíram, até 1981, o seu alvo prioritário. Com a instauração da lei marcial, o raio de ação do grupo D estendeu-se ao Solidarnosc: atentados repetidos contra bens (incêndio de apartamentos, destruição de veículos), agressão de militantes por "desconhecidos", ameaças de morte e distribuição de panfletos e jornais clandestinos falsos. Houve também alguns raptos, sendo as vítimas abandonadas depois de obrigadas a ingerir barbitúricos ou drogas alucinógenas. Os espancamentos fizeram várias vítimas, entre outros, o do estudante de segundo grau Grzegorz Przemyk.

A mais conhecida das ações desse tipo, executadas pelos funcionários da seção D do IV Departamento do MSW, foi o assassinato, em 19 de outubro de 1984, do padre Jerzy Popieluszko. Segundo a versão oficial, os assassinos teriam agido por iniciativa própria e com o desconhecimento dos seus superiores, o que suscita muitas dúvidas, já que as atividades do aparelho da Segurança eram fortemente controladas e todas as ações importantes exigiam luz verde ministerial. Se, neste caso, o MSW entregou os responsáveis do crime, que foram julgados e condenados, nos outros casos de assassinatos de padres ou de pessoas ligadas ao Solidarnosc, os assassinos continuaram desconhecidos. A julgar pela reação da população, as ações do grupo D não atingiram os seus objetivos, a intimidação. O efeito parece ter sido o inverso, reforçando a determinação dos opositores.

Depois dos confrontos violentos dos primeiros dias da lei marcial e da repressão sofrida pelos manifestantes de 1982-1983, o período seguinte foi marcado por repressão limitada. Os militantes clandestinos sabiam que arriscavam apenas alguns anos em prisões regularmente esvaziadas por anistias. Nesse momento de sua evolução, o sistema já se afastara e muito das suas raízes stalinistas.

Polônia, a "nação inimiga"

Do cessar-fogo à capitulação, ou a confusão do poder (1986-1989)

Tal era a situação no final do verão 1986 quando, sob a influência da perestroika, da glasnost e da estagnação econômica, a equipe do general Jaruzelski tentou encontrar, na oposição polonesa, interlocutores com os quais se pudesse chegar a um compromisso. Uma iniciativa desse tipo tinha de ser acompanhada pela diminuição dos níveis de repressão. Em 11 de setembro de 1986, o Ministério do Interior anunciou a libertação de todos os presos políticos: um total de 225. No intuito de manter algum rigor, foi decidido que a participação em qualquer organização proibida ou publicação clandestina seria punida com pagamento de multas ou aprisionamento, não numa prisão comum, mas numa instituição de detenção. A repressão retornou aos níveis de 1976-1980, com uma diferença: o poder confrontava-se já não com algumas centenas, mas sim com dezenas de milhares de militantes. Durante os primeiros meses de 1988, depois de novas ondas grevistas, a repressão aumentou de novo, mas em 26 de agosto, um comunicado anunciava o início de conversações com o Solidarnosc.

Embora frustrados, os elementos do aparelho da Segurança se comportavam, de uma maneira geral, com bastante disciplina, embora seja provável que alguns tenham tentado impedir o futuro acordo, como parecem provar os assassinatos, em janeiro de 1989, de dois padres encarregados do serviço pastoral das estruturas locais do Solidarnosc. Até hoje ninguém sabe se foram atentados cometidos pela célula D ou foram crimes comuns.

Depois das eleições de 4 de junho de 1989 e da formação do governo de Tadeusz Mazowiecki, o controle dos "ministérios da força" (Interior e Defesa) continuou nas mãos dos seus antigos chefes. Em 6 de abril 1990, o SB foi dissolvido e substituído pelo Gabinete para a Proteção do Governo (UOP).

Na Polônia, o sistema comunista nunca esteve de acordo com a legalidade, visto não respeitar nem o direito internacional nem a sua própria Constituição. Criminoso desde o seu início (1944-1956), o sistema mostrou-se sempre disposto a recorrer à aplicação da força (inclusive a militar) em grande escala.

Bibliografia

O texto apresentado baseia-se, de modo geral, nas minhas próprias pesquisas em arquivos. Como perito da Comissão de Responsabilidade Constitucional, tive acesso a muitos dossiês (ainda secretos) relativos aos anos 1980-1982. A literatura mais abundante diz respeito ao período de 1944-1948. Para os períodos ulteriores,

476　　　*O Livro Negro do Comunismo*

apenas se encontram disponíveis obras de caráter geral e alguns documentos sobre conflitos sociais. A bibliografia que segue não inclui os numerosos testemunhos e relatos de lembranças.

– *O Aparelho de Segurança nos Anos 1944-1956. Tática, Estratégia e Métodos* (ed. A. Paczkowski): I, *Os Anos 1945-1947*, Varsóvia, 1994; II, *Os Anos 1948-1949*, idem, 1996.

– K. Bedynski, *História do Regime das Prisões na Polônia Popular, 1944-1956*, Varsóvia, 1988.

– A. Dudek, T. Marszalkowski, *Combates de Rua na Polônia Popular, 1956-1989*, Cracóvia, 1992.

– J. Eisler, *Março de 1968*, Varsóvia, 1991.

– A. Golimont. Os *Generais da Segurança*, Varsóvia, 1992.

– *O Gólgota de Wroclaw, 1945-1956* (red. K. Szwagrzyk), Wroclaw, 1995.

– *A Comissão Especial para a Luta contra os Abusos e a Sabotagem Econômica, 1945-1954, Documentos Escolhidos* (red. D. Jarosz, T. Wolsza), Varsóvia, 1995.

– P. Machcewicz, *O Ano Polonês de 1956*, Varsóvia, 1993.

– S. Marat, J. Snopkiewicz, *Os Homens da Segurança. Documentação sobre um Período sem Lei*, Varsóvia, 1990.

– P. Michel, G. Mink, *Mort d'un prêtre. L'affaire Popieluszko*, Paris, 1985.

– E. Nalepa, *Pacificação de uma Cidade Revoltada. O Exército Polonês em Poznan*, em junho de 1956, Varsóvia, 1992.

– *Os Campos de Trabalho da Alta-Silésia* (red. A. Topol), Katowice, 1994.

– *Defesa da Segurança do Estado e da Ordem Pública na Polônia, 1944-1988* (ed. T. Walichnowski), Varsóvia, 1989.

– J. Poksinski, *TUN. Tatar-Utnik-Nowickhi*, Varsóvia, 1992.

– *Os Poloneses Face à Violência, 1944-1956* (red. Barbara Otwinowska, J. Zaryn), Varsóvia, 1996.

– Danuta Suchorowska, *A Grande Educação. Memórias dos Prisioneiros Políticos do PRL (1945-1956)*, Varsóvia, 1990.

– Maria Turlejska, *"Essas Gerações Cobertas de Luto…". Os Condenados à Morte e os seus Juízes, 1944-1954*, Londres, 1989.

2
Europa Central e Sudeste Europeu

por Karel Bartosek

Terror "importado"?

No espaço centro-europeu, o terror deve ser analisado em relação à guerra, sua expressão suprema durante a primeira metade do século XX. Aliás, a Segunda Guerra Mundial, iniciada no espaço centro-europeu, ultrapassou de longe a concepção de "guerra total" teorizada pelo general Ludendorff. A "democratização da morte" (Miguel Abensour) atingiu dezenas de milhões de pessoas, com o extermínio confundindo-se com a ideia de guerra. A barbárie nazista dirigiu-se contra a população civil, particularmente com o extermínio dos judeus. Os números são eloquentes: na Polônia, as baixas militares representam 320.000 mortos, e as perdas civis, 5,5 milhões; na Hungria, 140.000 e 300.000, respectivamente; na Tchecoslováquia, as perdas civis representam de 80 a 90% das perdas totais[...]

No entanto, o grande terror da guerra não se esgotou com a derrota alemã. As populações civis começaram por sofrer "expurgos nacionais" que se revestiram nessa região de um caráter específico com a chegada do Exército Vermelho, o "punho armado" do regime comunista. Comissários políticos e serviços especiais desse exército — o SMERSCH e o NKVD — empenharam-se a fundo numa depuração, sobretudo nos Estados que haviam enviado tropas para a frente de guerra contra a União Soviética — Hungria, Romênia e Eslováquia. Centenas de milhares de pessoas foram deportadas, dessa vez para o Gulag soviético (os números exatos encontram-se ainda em fase de avaliação).

Segundo estudos recentes (húngaros e russos), divulgados depois da abertura dos arquivos — que são prudentes quanto a números exatos —, teriam sido deportadas centenas de milhares de pessoas, soldados e civis, entre os quais crianças de 13 anos e velhos de 80: cerca de 40.000 da Ucrânia subcarpática, pertencente à Tchecoslováquia, ocupada pela Hungria depois dos acordos de Munique em 1938 e anexada de fato pela União Soviética em 1944. Na Hungria — com cerca de nove milhões de habitantes —, teriam sido deportadas nessa época mais de 600.000 pessoas, apesar de as estatísticas soviéticas mencionarem apenas 526.604. Esse número foi estabelecido após a chegada aos campos e não considerava os mortos nos campos de trânsito na Romênia (Brasso-Brasov, Temesvar-Timisoara, Maramossziget-Maramures), na Moldávia (Foscani), na Bessarábia (Baity) ou na Galícia (Sambor). Cerca de 75% dos deportados transitaram por esses campos. Entre eles encontravam-se também judeus, integrados em batalhões de trabalho do exército húngaro. Dois terços desses prisioneiros foram enviados para campos de trabalho e um terço (civis) para campos de concentração onde a mortalidade, provocada sobretudo por epidemias, era o dobro da normal. Segundo estimativas recentes, cerca de 200.000 dos deportados da Hungria — entre os quais pessoas que pertenciam à minoria alemã, russos que chegaram depois de 1920, franceses e poloneses radicados na Hungria — nunca regressaram.[1]

Apenas uma parte das depurações era gerida pelos tribunais, "populares" e "de exceção"; no fim da guerra e nos primeiros meses do pós-guerra, dominou uma perseguição extrajudiciária, com um grau de violência — execuções, assassinatos, torturas e tomada de reféns — permitido pela ausência ou pelo desrespeito da lei e das convenções internacionais sobre prisioneiros de guerra e populações civis. O caso da Bulgária, naquele momento com sete milhões de habitantes, é exemplar. Logo após o dia 9 de setembro de 1944, data da tomada do poder pela Frente Patriótica e da entrada do Exército Vermelho no país, entraram em funcionamento a milícia popular e a Segurança de Estado, controladas pelos comunistas. Em 6 de outubro, um decreto instituiu "tribunais populares". Em março de 1945, esses tribunais já haviam pronunciado 10.897 veredictos em 131 processos e condenado à morte 2.138 pessoas, entre as quais os regentes (um deles o irmão do rei Boris III), a maior parte dos membros do Parlamento e dos governos do período pós-1941, oficiais superiores, policiais, juízes, industriais e jornalistas. No entanto, segundo vários especialistas, foi a "depuração selvagem" a responsável pela maior parte das vítimas: entre 30.000 e 40.000 pessoas, na sua maioria personalidades locais, presidentes de câmara, professores, popes e comerciantes. Em 1989, graças a testemunhas que já não

---

[1] Ver Tamas Stark, "Hungarian prisioners in the Soviet Union (1941-1955)", *1945: Consequences and Sequels of the Second World War*, bulletin du Comitê international d'histoire de la Deuxième Guerre Mondiale, Paris, IHTP, nºs 27-28, 1995, pp. 205-13.

Europa Central e Sudeste Europeu 479

tinham medo de falar, começaram a ser descobertas valas comuns, repletas de cadáveres, cuja existência era até então desconhecida. No entanto, a Bulgária não havia enviado as suas tropas contra a União Soviética e conseguira salvar do genocídio a maior parte de seus judeus. Para melhor se compreender a amplitude da repressão comunista que se abateu sobre esse país, é útil mencionar alguns dados sobre o número de vítimas do período entre 1923 e 1944, sob o Antigo Regime, naquela época frequentemente denunciado na Europa como ditatorial. Segundo uma investigação conduzida em 1945 pelo novo Parlamento, o cômputo para esse período era de 5.632 vítimas: assassinadas, executadas, mortas nas prisões ou na sequência de sua detenção.[2] Entre 1941 e 1944, anos da resistência antifascista e da sua repressão, 357 pessoas — não apenas resistentes — teriam sido condenadas à morte e executadas.

Sob a tutela do Exército Vermelho, a depuração provocou, de acordo com a população atingida, um estado de maior ou menor intensidade de medo, *já* que não era apenas dirigida contra os que ativamente haviam apoiado os nazistas, os fascistas locais e aqueles contra quem a perseguição pudesse aparecer como justificável, mas também contra muitos outros, inocentes ou indiferentes.

Num documentário búlgaro do início dos anos 1980, realizado depois da queda do regime comunista, uma mulher conta um episódio passado durante o outono de 1944: "Depois da primeira prisão do meu pai, no dia seguinte, por volta de meio-dia, apareceu em nossa casa um policial, que entregou a minha mãe uma convocação que a intimava a apresentar-se às cinco da tarde no posto de polícia n° 10. A minha mãe, uma mulher muito bonita, muito doce, foi vestir-se e partiu. E nós, três crianças, ficamos esperando por sua chegada. Ela voltou para casa à 1h30min da madrugada, lívida, com roupa e cabelos desarranjados. Imediatamente depois de entrar, ela se dirigiu para o fogão, retirou a placa superior, começou a despir-se e queimou tudo. Depois tomou um banho e foi só então que ela nos apertou nos braços. Fomos todos nos deitar. Na manhã seguinte, ela fez uma primeira tentativa de suicídio, e depois mais três. Ela tentou envenenar-se por duas vezes. Ainda está viva, sou eu quem cuida dela... é uma doente mental. Nunca conseguimos saber o que lhe fizeram."[3]

Durante esse período, sob o sol da "libertação pelo Exército Vermelho" que, segundo a propaganda comunista posterior, devia brilhar eternamente, são

---

[2] Ver Frédy Foscolo, "Épurations: passé et présent", *La Nouvelle Alternative*, dossier "Poids et enjeux des épurations", Paris, n° 21,1991, pp. 8-9.

[3] Tzvetan Todorov, *Au nom du peuple*, L'Aube, 1992, pp. 52-3.

inúmeros os casos de "vira-casaca", e a delação se alastrou. Essa reviravolta da história foi acompanhada por uma real crise de identidade, tanto entre os que sempre "esperam para ver", cúmplices passivos dos carrascos, quanto muitas vezes entre as vítimas que mais sofreram, os judeus: os Rosensweig passaram a querer chamar-se Rosanski, e os Breitenfeld, Bares[...]

A presença do terror, do medo e da angústia na Europa Central e do Sudeste não para por aqui. A luta armada contra as novas autoridades, que prolonga a guerra, continua sobretudo na Polônia e atinge também a Eslováquia em 1947, ano da chegada das "unidades de Bander" expulsas da Ucrânia. Os grupos armados formados por antigos membros da Guarda de Ferro fascista atacam por sua vez na zona dos Cárpatos romenos, sob o nome de "Casacos Negros". A Europa Central continuava a ser palco de um antissemitismo combativo: os últimos *pogroms*, ou tentativas de *pogrom*, da história da Europa tiveram lugar nessa área em 1946, na Polônia, na Hungria e na Eslováquia. Essa nova tragédia judaica, que se verificou imediatamente após os massacres da guerra, é também o drama dos povos nos quais, segundo a expressão do grande pensador húngaro Istvan Bibo, se exprime um "neoantissemitismo". E a amplitude da violência revestiu outra dimensão.

Um agressivo nacionalismo antialemão, explicável em parte pelo passado recente e pela repressão da Alemanha nazista, pesou muito na evolução de alguns países, contribuindo para limitar consideravelmente as possibilidades de implantação do comportamento democrático. A violência era vivida no cotidiano, pela transferência de milhões de pessoas pertencentes às minorias alemãs e cuja instalação nessas regiões datava por vezes do século XIII: 6,3 milhões de alemães foram obrigados a abandonar as suas casas nos territórios recuperados pela Polônia; 2,9 milhões foram expulsos da Tchecoslováquia, 200.000 da Hungria, mais de 100.000 da Iugoslávia[...] A frieza desses números globais não pode fazer esquecer os milhões de dramas individuais: enquanto os homens, militares, estavam geralmente em campos de prisioneiros de guerra, as mulheres, as crianças e os velhos eram obrigados a abandonar as suas casas, apartamentos, lojas, oficinas ou sítios. A transferência, "oficializada" e aprovada pelos Aliados durante o verão de 1945, fora, em certas zonas, precedida por uma "transferência selvagem"; os nacionalistas tchecos, desenfreados, assassinaram vários milhares de civis durante essa "caça ao alemão".

Os ingredientes do terror encontravam-se, portanto, já presentes no espaço centro-europeu antes mesmo da instalação dos regimes comunistas; a violência fora frequentemente parte integrante das experiências recentes e da realidade social e mental dos países em questão. Por isso mesmo, as suas sociedades

Europa Central e Sudeste Europeu 481

estavam mais fragilizadas para resistirem à nova onda de barbárie, que não tardou a se abater sobre elas.

Os instrumentos da nova violência foram, sobretudo, os partidos comunistas. Os seus aparelhos e os seus dirigentes eram fiéis discípulos da doutrina bolchevique, já "enriquecida" na União Soviética dirigida por Joseph V. Stalin. Vimos nos capítulos precedentes que os objetivos gerais das ações dos partidos comunistas eram claros: assegurar por todos os meios o monopólio do poder comunista, o "papel dirigente do Partido", segundo o modelo existente na União Soviética. Não estava em questão instalar qualquer tipo de poder partilhado, uma separação de poderes, um pluralismo político e uma democracia parlamentar, embora o sistema parlamentar fosse formalmente mantido. A doutrina reinante na época apresentava a União Soviética — aureolada pela sua contribuição para a derrota da Alemanha nazista e dos seus aliados — como a principal força da revolução, o seu guia universal. Claramente, esperava-se das forças comunistas locais que elas coordenassem e sobretudo subordinassem a sua atividade ao centro do comunismo mundial, a Moscou e ao seu chefe, Stalin.

O monopólio do poder dos comunistas foi praticamente assegurado logo após a Libertação, em dois países: na Iugoslávia, sob a direção de Josip Broz, dito Tito, e na Albânia, onde Enver Hoxha encabeçava o PCA. Ambos haviam chefiado, nos respectivos países, a resistência contra os invasores nazistas ou italianos e, apesar das pressões externas (incluindo a da União Soviética), foi somente por muito pouco tempo que eles aceitaram partilhar o poder com outras forças políticas.

Raramente, no decorrer da história, a instalação de um novo poder foi precedida por um banho de sangue como na Iugoslávia (cerca de um milhão de vítimas para um país com uma população de 15,5 milhões de habitantes); múltiplas guerras civis, étnicas, ideológicas e religiosas fizeram então mais mortos do que a guerra — eficaz e apreciada pelos Aliados — contra os ocupantes ou contra a repressão exercida por eles, cuja principal vítima foi, em determinadas regiões, a própria população civil: na sua maioria mulheres, crianças e idosos. Essa guerra, verdadeiramente fratricida e com alguns aspectos de genocídio — guerra em que um irmão combateu o próprio irmão —, desembocou numa "depuração" tal que, na ocasião da Libertação, quase não restavam no interior do país rivais políticos dos comunistas ou do seu chefe Tito — quem, diga-se de passagem, se dedicou a sua rápida eliminação. Evolução idêntica verificou-se na vizinha Albânia, aliás, com a ajuda dos comunistas iugoslavos.

Nos outros países da Europa Central e do Sudeste Europeu (à exceção da Tchecoslováquia) os partidos comunistas representavam, antes da guerra,

482   *O Livro Negro do Comunismo*

forças relativamente marginais com alguns milhares de filiados. O Partido búlgaro, por exemplo, foi importante entre 1919-1923, clandestino depois, mas muito presente na Resistência. Seguros do apoio do Exército Vermelho e na conjuntura da época, tornaram-se forças políticas importantes. Participando dos novos governos, eles controlaram quase todos os ministérios encarregados da repressão (Ministérios do Interior e da Justiça) ou suscetíveis de o vierem a ser (Ministério da Defesa). Em 1944-1945 os partidos comunistas detinham as pastas do Interior na Tchecoslováquia, na Bulgária, na Hungria e na Romênia; a da Justiça, na Bulgária e na Romênia, e a da Defesa, na Tchecoslováquia. Os ministros da Defesa da Tchecoslováquia e da Bulgária, generais Ludvik Svoboda e Damian Veltchev, eram ambos criptocomunistas. Os homens a seu serviço encabeçavam a polícia secreta, a Segurança de Estado — a Darjavna Sigournost, na Bulgária, a Aliam Vedélmi Osztaly, AVO (posteriormente AVH), na Hungria — e os serviços de informações do exército. Na Romênia, o Serviço Especial, predecessor da famosa Securitate, era dirigido por Emil Bodnaras, antigo oficial do exército e, segundo Cristina Boico, agente soviético desde os anos 1930.[4] Por toda parte e sempre, a prioridade comunista foi a de instalar um aparelho de terror. A propósito do controle absoluto da AVO, Mátyás Rákosi, secretário-geral do PCH, declarou: "É a única instituição da qual nos reservamos a direção total, recusando categoricamente partilhá-la com os outros partidos da coligação na proporção das nossas forças respectivas."[5]

Os processos políticos contra os aliados não comunistas

O discurso ocasional de certos dirigentes comunistas da época sobre as "vias nacionais para o socialismo", sem "ditadura do proletariado" à soviética, camuflava a estratégia real de todos os partidos do centro e do sudeste da Europa. Tal estratégia consistia na aplicação de doutrinas e práticas bolcheviques que já haviam demonstrado seu valor na Rússia a partir de 1917. A repressão seguia uma lógica "ensaiada" e "testada". Assim como os bolcheviques haviam eliminado os seus aliados de outubro de 1917, os socialistas-revolucionários ou outros ainda, seus alunos aplicados, liquidaram, logo a partir de 1946, os seus parceiros de coalizão. Os analistas fazem referência ao "processo de sovietização" desses países e ao plano estratégico elaborado por Moscou. Pois foi o

---

[4] "Les hommes qui ont porté Ceausescu au pouvoir", *Sources — Travaux historiques*, Paris nº 20, 1990.

[5] François Fejtö, *Histoire des démocraties populaires*, Paris, Le Seuil, 1979, tomo I, p. 99.

Europa Central e Sudeste Europeu 483

próprio Stalin quem, no verão de 1947, ordenou a rejeição do Plano Marshall e foi ele quem inspirou a criação do Bureau de Informação dos partidos comunistas (Kominform), em setembro de 1947, para controlar ainda melhor os partidos no poder.

Certamente, havia diferenças na evolução dos países de que nos ocupamos. Por todos os lugares, no entanto, os partidos comunistas visavam à aniquilação total dos seus adversários ou concorrentes políticos, ideológicos, espirituais, reais ou potenciais. A doutrina exigia a sua eliminação, e todos os métodos eram bons para alcançá-la — desde a condenação à morte, a execução, a prisão de longa duração até o exílio forçado no Ocidente, processo menos cruel mas que enfraquecia as forças de resistência dos comunistas, tendo sido, de uma forma geral, subestimado nas análises das histórias desses países. Não fazem o "direito à pátria e ao lar" parte integrante dos direitos fundamentais do homem? A partir de 1944-1945, dezenas de milhares de húngaros, eslavos, poloneses e outros fugiam dos seus países com medo do Exército Vermelho.

O primeiro instrumento do arsenal da repressão foi o processo político contra dirigentes de outros partidos, que não eram nem "colaboracionistas" dos ocupantes nazistas, nem fascistas locais, mas, pelo contrário, eram muitas vezes resistentes que haviam conhecido as prisões e os campos dos regimes fascistas ou nazistas. Esses processos começaram nos países ex-aliados da Alemanha, sob controle direto do Exército Vermelho (Hungria, Romênia e Bulgária): nas comissões interaliadas criadas em 1944 e funcionando até 1947, os militares soviéticos tinham um papel amplamente preponderante, sempre impondo os seus pontos de vista. Na Hungria, o Partido dos Pequenos Proprietários, grande vencedor das eleições de 1945, com 57% dos votos, foi alvo não apenas de manobras políticas como também de grandes operações policiais. Em janeiro de 1947, o Ministério do Interior, controlado pelo comunista Laszlo Rajk, ex-combatente das Brigadas Internacionais da Guerra Civil da Espanha e depois dirigente da Resistência interna no fim da guerra, anunciou a descoberta de uma "conspiração contra o Estado", pondo em causa a comunidade húngara que se formara durante a guerra para combater clandestinamente o ocupante nazista. A polícia prendeu um ministro e vários deputados do Partido dos Pequenos Proprietários; o chefe dos pretensos conspiradores, György Donath, foi condenado à morte e executado, e os outros acusados, condenados a pesadas penas de prisão.

Em fevereiro de 1947, Béla Kovacs, secretário-geral desse poderoso partido, foi preso pelas autoridades soviéticas sob a acusação de "conspirar contra a segurança do Exército Vermelho"; ele foi encarcerado na União Soviética, onde

484   *O Livro Negro do Comunismo*

ficou até 1956. O número de vítimas aumentou rapidamente, já que a polícia comunista continuava a pensar, tanto na Hungria como por toda parte, que em cada "conspiração" havia forçosamente "ramificações".

Dois anos após o fim da guerra, o principal partido político húngaro encontrava-se "decapitado e desmembrado".[6] Como Béla Kovacs, os seus dirigentes mais importantes encontravam-se presos ou no exílio: Ferenc Nagy, presidente do Conselho, Zoltán Tildy, seu predecessor, Béla Varga, presidente da Assembleia Nacional, Jozsef Kõvago, presidente da Câmara Municipal de Budapeste; com eles, dezenas de deputados e responsáveis desse partido. O Partido da Independência e o Partido Democrático Popular foram dissolvidos entre o final de 1947 e o início de 1949. A "tática do salame", mais tarde vangloriada por Mátyás Rákosi, secretário-geral do Partido Comunista, que regressava de Moscou com o Exército Vermelho, a propósito do Partido dos Pequenos Proprietários, preconizava a destruição do adversário por "fatias" sucessivas. Com a firme convicção de que a ingestão dessas fatias não causaria nunca problemas de digestão[...]

Foi ainda na Hungria, em fevereiro de 1948, que foi conduzida a perseguição dos social-democratas, com a prisão de Justus Kelemen, então subsecretário de Estado junto ao ministro da Indústria. Essa perseguição começara provavelmente — Polônia à parte — na Bulgária, onde o dirigente social-democrata Krastiu Pastukhov havia sido condenado, em junho de 1946, a cinco anos de prisão. Antes do verão de 1946, estavam na prisão 15 membros do Comitê Central da Social-Democracia Independente, dirigido por Kosta Lultchev. Este último, com outros dirigentes, foi preso em 1948 e condenado, em novembro, a 15 anos de prisão. Chegando à Romênia em 1948, com a prisão de Constantin Titel Petrescu e Anton Dimitriu — respectivamente presidente e secretário-geral do Partido Social-Democrata Independente —, essa repressão atingiu duramente todos os que se opunham à união forçada dos partidos social-democratas aos partidos comunistas dominantes. A aliança dos social-democratas, solicitada na Libertação, revelou-se como pura tática; o pluralismo do movimento operário nunca ocupou realmente qualquer lugar no interior dos regimes comunistas. A perseguição aos social-democratas conheceu um episódio especial na zona de ocupação soviética na Alemanha, transformada em República Popular da Alemanha. Entre 1945 e 1950, cinco mil

---

[6] Miklos Molnar, *De Béla Kun à Janos Kadar. Soixante-dix ans de communisme hongrois*, Paris, Presses de la Fondation nationale des sciences politiques, Institut universitaire des hautes études internationales, 1987, p. 164.

Europa Central e Sudeste Europeu   485

social-democratas, 400 dos quais morreram quando se encontravam detidos, teriam sido condenados pelos tribunais soviéticos e do Leste da Alemanha. O último grande processo contra os social-democratas desse período teve lugar em Praga no final de 1954.

Na Bulgária, 24 militantes do Partido Agrário foram assassinados antes das eleições de 27 de outubro 1946. Nicolas Petkov, dirigente do partido, foi preso em 5 de junho de 1947, em plena Assembleia Nacional, juntamente com 24 outros deputados. Republicano francófilo, ele passara sete anos de exílio na França após o assassinato, em 1924, de seu irmão, deputado pela União Agrária. Em 1940, Petkov fora aprisionado durante alguns meses no campo de Gonda-Voda, sendo depois colocado sob residência fixa; durante esse período, ele preparou a fundação da Frente Patriótica, que integrava também resistentes comunistas. Presidente do Conselho no fim da guerra, ele se demitiria mais tarde como protesto contra as violências terroristas verificadas durante as depurações conduzidas pelos comunistas, então minoritários. Chefe da Oposição Unida, esse antigo aliado dos comunistas foi, em 1947, acusado de "conspiração armada contra o governo", sendo julgado em 5 de agosto, e condenado à morte em 16 e enforcado em 23 de setembro. Entre os responsáveis comunistas e da Segurança de Estado que prepararam tanto a prisão como o processo de Petkov figurava um certo Traitcho Kostov, que seria enforcado dois anos depois[...]

A prisão de Sighet

No extremo noroeste da Romênia encontra-se a localidade de Sighet. Em 1896, foi construída ali uma prisão de paredes espessas que em 1948 se tornou uma prisão política com um regime severo.

Em maio de 1950, vários furgões levaram para Sighet mais de 200 personalidades, incluindo alguns ministros dos governos posteriores a 1945. A maior parte eram pessoas idosas — caso do chefe do Partido Nacional Camponês, Juliu Maniu, com 73 anos, ou do decano da família Bratianu (o fundador da Romênia moderna), de 82 anos. A prisão ficou repleta de políticos, generais, jornalistas, padres, bispos greco-católicos etc. Cinco anos depois, 52 prisioneiros haveriam de encontrar a morte naquele lugar.

Nos outros dois antigos países satélites da Alemanha, os processos políticos visaram, num primeiro momento, os dirigentes dos poderosos partidos agrários, que em alguns casos haviam contribuído para a ruptura da aliança com a Alemanha, facilitando assim a entrada do Exército Vermelho. Em outubro de

1947, na Romênia, Juliu Maniu e Ion Mihalache foram condenados à prisão perpétua, no decorrer de um importante processo baseado em provocações policiais; foram também condenadas 17 personalidades do Partido Nacional Camponês. Esse processo marcou o início da perseguição em massa aos políticos não comunistas. Juliu Maniu morreria em 1952 na prisão. No entanto, vários homens políticos, entre eles o liberal Vintila Bratianu, haviam sido condenados por um tribunal militar antes das eleições de 18 de novembro de 1946, acusados falsamente de terem montado uma "organização terrorista".

No que se refere a processos políticos contra antigos aliados, talvez a Tchecoslováquia seja o país que oferece o exemplo mais "puro", mais "nu" da utilização da metodologia comunista. A Tchecoslováquia pertencia ao grupo de países vencedores, e a sua restauração, em 1945, fizera esquecer a aliança do Estado eslovaco com a Alemanha, aliança aliás apagada pela insurreição nacional eslovaca contra a ocupação nazista no final do mês de agosto de 1944. Em novembro de 1945, devido aos acordos dos Aliados, o Exército Vermelho teve de se retirar, o mesmo acontecendo com os americanos que tinham libertado a Boêmia Ocidental. O Partido Comunista ganhou as eleições de 1946, sendo, no entanto, minoritário na Eslováquia, zona onde o Partido Democrata recolhia 62% dos votos. Os políticos, que, após a Libertação, partilhavam o poder com os comunistas, haviam comprovado o seu amor pela liberdade e pela democracia com a sua participação na Resistência, tanto no interior como no exterior, inclusive na Eslováquia.

A última declaração de Nicolas Petkov

Após a intervenção do procurador-geral, que pedira a sua condenação à pena capital, Nicolas Petkov tinha o direito de fazer uma última declaração. Tirou uma folha de papel do bolso e, com voz calma, começou a ler:

"Senhores juízes [...], com a consciência tranquila e estando plenamente a par das minhas responsabilidades para com a justiça búlgara, para com a sociedade e para com a organização política a que pertenço e pela qual estou sempre pronto a dar a vida, é meu dever declarar que:

"Nunca participei, nem tive intenção de participar, de qualquer atividade ilegal dirigida contra o poder popular de 9 de setembro de 1944, do qual, com a União Agrária a que pertenço, fui um dos fundadores.

"Faço parte da União Agrária búlgara desde 1923. Os princípios fundamentais da sua ideologia são: a paz, a ordem, a legalidade e o poder do povo; as suas únicas armas são a força dos boletins de voto, a livre expressão e a imprensa. A União Agrária búlgara jamais recorreu a organizações e ações secretas e conspirativas. Nunca participou em golpes de Estado, embora frequentemente fosse vítima deles."

Europa Central e Sudeste Europeu 487

N. Petkov evocou depois os dias 9 de junho 1923 e 19 de maio 1934 — "o começo do fascismo na Bulgária" e a sua demissão do Governo.

"Se eu fosse, como os senhores da acusação pública afirmam, um homem ávido de poder e carreirista, seria ainda hoje vice-presidente do Conselho da Bulgária. Mesmo na oposição e até o momento da minha prisão, nunca cessei de trabalhar para o entendimento entre a União Agrária e o Partido Operário Comunista, o que para mim representa uma necessidade histórica. Nunca servi qualquer reação, no país ou no exterior.

"Senhores juízes, há dois anos, mais exatamente desde 25 de junho de 1945, venho sendo alvo da mais cruel e impiedosa campanha jamais lançada contra um político búlgaro. A minha vida, pública e privada, foi devassada. Fui três vezes enterrado simbolicamente em Sófia e uma dezena de outras na província. Por três vezes li, com os meus próprios olhos, o meu obituário, afixado à entrada do cemitério de Sófia. Suportei tudo isso sem me queixar. Com coragem suportarei igualmente tudo o que me espera, já que tal é o inelutável destino da triste realidade política búlgara.

"Modesto operário da vida pública, não posso me queixar, já que dois homens, hoje por todos reconhecidos como grandes homens de Estado, Dimitri Petkov e Petko Petkov, foram assassinados como traidores nas ruas de Sófia. [Nicolas Petkov se referia a seu pai, Dimitri, então presidente do Conselho, assassinado em 11 de março de 1907 com dois disparos pelas costas; e a Petko, seu irmão, deputado, morto em 14 de junho de 1924, com tiros de revólver em pleno peito.]

"Senhores juízes, estou convencido de que porão de lado a política, já que ela não tem lugar num tribunal, para considerarem apenas os fatos incontestavelmente provados. E estou convencido de que, guiados apenas pela consciência de juízes — pelo menos é o que espero —, se pronunciarão a favor da minha absolvição."

Em 16 de agosto 1947, depois de ter escutado a sentença que o condenava à morte por enforcamento, "em nome da nação búlgara", Nicolas Petkov exclamou, em voz alta e forte:

"Não! Não em nome do povo búlgaro! Morro por ordem dos vossos patrões estrangeiros, os do Kremlin ou outros. O povo búlgaro, esmagado pela tirania sangrenta que quereis fazer passar por justiça, não acreditará nunca nas vossas infâmias!"

(Paul Vergnet e Jean Bernard-Derosne, *L'Affaire Petkov*, Paris, Self, 1948, pp. 188-92.)

A abertura dos arquivos tchecos e soviéticos permitiu compreender melhor toda a perversidade do comportamento dos êmulos dos bolcheviques. Em dezembro de 1929, o seu chefe na Tchecoslováquia, o deputado Klement Gottwald, declarava num discurso no Parlamento, respondendo à acusação de que o PCT atuava sob as ordens de Moscou: "Somos o partido do proletariado tcheco, e o nosso quartel-general supremo revolucionário é realmente Moscou.

488   *O Livro Negro do Comunismo*

Quando vamos a Moscou é para aprendermos, sabem o quê? Vamos a Moscou para aprender como torcer o vosso pescoço. Como sabeis, os bolcheviques russos são mestres nisso."[7]

Depois das eleições de maio de 1946, Gottwald, o determinado "torcedor de pescoços", cujo destino de operário autodidata transformado em chefe de um partido comunista bolchevizado lembra o de um outro comunista, Maurice Thorez, chegou a presidente do Conselho. Transformou-se então no maestro da repressão, primeiro nos bastidores, depois sob as luzes da ribalta.

O primeiro alvo das manobras políticas e das provocações da Segurança de Estado foi o Partido Democrático Eslovaco. Não se verificou reação por parte dos não comunistas tchecos, nacionalistas por vezes intensamente antieslovacos. Em setembro de 1947, a polícia, controlada pelos comunistas, anunciou a descoberta de uma fictícia "conspiração na Eslováquia, dirigida contra o Estado". No decorrer da crise que se seguiu, o Partido Democrático perdeu a sua maioria no interior do governo eslovaco, e dois dos seus três secretários foram presos.

A repressão foi consideravelmente acelerada em fevereiro de 1948, depois do "golpe de Praga" que abriu as portas à instalação do monopólio do poder do PCT. Desde o início da crise de fevereiro, provocada pela demissão da maioria dos ministros não comunistas, foram presos, entre outros, o eslovaco Jan Ursiny, presidente do Partido Democrático e vice-primeiro-ministro do Governo de Gottwald — até ser forçado à demissão, no outono de 1947 — e Prokop Drtina, o seu ministro da Justiça. Ambos haviam participado da Resistência durante a Ocupação.

Os primeiros grandes processos, inteiramente montados, contra os dirigentes do Partido Democrata Eslovaco ocorreram em abril e maio de 1948: 25 foram condenados, um deles a 30 anos de prisão. Os objetivos gerais da repressão policial e judiciária pareciam então já definidos: procurava-se atingir os "inimigos" no exército e nos serviços de segurança bem assim como os dirigentes políticos democratas, liberais ou socialistas, que até fevereiro de 1948 haviam sido aliados, muitas vezes partidários bastante sinceros da colaboração com os comunistas.

Consideremos, quanto às "elites", dois casos típicos do prisioneiro político desse período.

Heliodor Pika, general, patriota reconhecido e democrata, desempenhara um papel de grande importância na Resistência exterior. Partidário da colaboração com a União Soviética, fora, desde a primavera de 1941, escolhido

---

[7] Klement Gottwald, *Vybrané spisy* (Obras Completas), tomo I, Praga, SNPL, 1954, p. 139.

Europa Central e Sudeste Europeu 489

para chefiar a delegação militar tcheca na URSS, antes portanto da ofensiva alemã de 22 de junho contra a URSS. As suas iniciativas e atuação durante os anos 1930, favoráveis à colaboração e política de amizade com Moscou, eram conhecidas. Reconhecidos eram também os seus confrontos com o "aparelho soviético", provocados pelas suas tentativas de obter a libertação das prisões e dos campos de encarceramento soviéticos de mais de dez mil cidadãos tchecos, presos na sua maioria por "passagem ilegal das fronteiras da URSS", entre 1938 e 1939. O objetivo era fazer com que eles integrassem o exército tcheco que estava para ser organizado na União Soviética. O patriotismo de Pika e os serviços prestados à "revolução democrática e nacional" nunca haviam sido contestados: em 1945, ele desempenhava as funções de adjunto do chefe de estado-maior do exército.

A partir do final de 1945, as atividades de Heliodor Pika começaram a ser seguidas muito de perto pelos serviços de informação militares dirigidos por Bedrich Reicin, comunista com estreitas ligações aos serviços especiais soviéticos. No final de fevereiro de 1948, o general Pika foi expulso do exército e, no começo de maio, preso sob a dupla acusação de sabotagem contra as operações do exército tcheco na URSS, trabalhando para os serviços britânicos, e de atuação contra os interesses da União Soviética e da República[...] O Tribunal do Estado, especialmente constituído em meados de 1948 para superintender a repressão política, condenou-o à morte em 28 de janeiro de 1949. Pika foi enforcado em 21 de junho de 1949, às 6 horas da manhã, no pátio interior da prisão de Plzen (Pilsen). B. Reicin confessou claramente a colaboradores próximos as razões da liquidação física do general: os "órgãos soviéticos" a haviam exigido porque ele "sabia demais sobre os serviços de informação soviéticos". A mesma razão explica também, sem dúvida, o enforcamento de Reicin três anos mais tarde.

O caso de Josef Podsednik é igualmente exemplar. Em fevereiro de 1948, ele tornou-se prefeito de Brno, uma grande metrópole na Morávia e segunda cidade mais importante da Tchecoslováquia. Ele chegou a esse cargo através das eleições democráticas de 1946, às quais concorrera como candidato do Partido Socialista Nacional, constituído no início do século e sem qualquer relação com o "nacional-socialismo" de Hitler. Partidário do ideal democrata e humanista de Tomas Masaryk, o primeiro presidente da República nascida em 1918, representando um grupo importante do socialismo tcheco, a sua colaboração com os comunistas era sincera. Em fevereiro de 1948, Joset Podsednik havia considerado, num primeiro momento, sair do país, decidindo-se depois pela permanência e auxílio a antigos membros do seu partido perseguidos na região (mais de 60 mil em 31 de dezembro de 1947). Preso em 3 de setembro desse ano, o Tribunal de Estado condenava-o, em março de 1949, a 18 anos de prisão por atividades ilegais visando à destruição do regime pela violência, em complô com a "reação estrangeira" etc. Juntamente com Podsednik, 19 dirigentes do Partido Socialista Nacional foram condenados, perfazendo um total de 74 anos de prisão. As testemunhas apresentadas no decorrer do processo eram todas presos políticos que aguardavam julgamento. Outros grupos, incluindo 32 militantes da região da Morávia do Sul, seriam mais tarde, mas ainda no contexto do "caso J. Podsednik", condenados a um total de 62 anos de cadeia.

O processo de J. Podsednik foi público. "Algumas dezenas de responsáveis do PCT assistiram a esse primeiro grande processo político perante o Tribunal de Estado. À frente desse grupo, encontrava-se Otto Sling [um dos futuros condenados à morte no processo Slansky], que riu bastante quando foi pronunciado o veredicto", como mais tarde testemunhou Josef Podsednik, que saiu da prisão em 1963, depois de cumpridos os 15 anos de pena.

Um estranho jogo dos intelectuais comunistas

No final desse ano de 1951, falava-se ainda muito pouco de psicodramas. Cheguei com Claire, por volta da meia-noite, na noite de São Silvestre, vindo de uma festa "de família", ao *réveillon* da minha outra "família", na casa de Pierre Courtade [jornalista e escritor comunista]. Todo mundo estava alegre. Todos muito bêbados. "Estávamos a sua espera!", exclamaram os meus camaradas. Explicaram-me o jogo. Jean Duvignaud [sociólogo da arte] disse então que cada época inventa o "seu" gênero literário: os gregos, a tragédia; o Renascimento, o soneto; o século XVII, os cinco atos em verso e a regra das três unidades etc. A era "socialista" já havia inventado o "seu" gênero: o processo de Moscou. Era o jogo do processo que os convivas, já um pouco bêbados, haviam decidido jogar. Esperava-se apenas um acusado. Eu, portanto. Roger Vailland [escritor comunista] era o procurador, Courtade faria o papel de defensor. Restava-me apenas tomar o meu lugar na cadeira do réu. Protestei em vão e depois acabei por me submeter ao jogo. A acusação foi implacável: eu era culpado de infrações contra dez artigos do Código: sabotagem da luta ideológica, comprometimento com o inimigo cultural, complô com os espiões cosmopolitas, alta traição filosófica etc. Como eu quis *discutir* durante o interrogatório, procurador, advogado de defesa e testemunhas de acusação zangaram-se. A defesa feita pelo meu advogado foi lamentável: eu tinha direito a circunstâncias atenuantes, isto é, a que me libertassem do fardo da vida tão rapidamente quanto possível. Com a ajuda do álcool, o burlesco da cena transformava-se em pesadelo, a paródia, em ferida. No momento da sentença (de morte, claro), duas mulheres na assistência, uma delas a minha esposa, tiveram uma crise de nervos. Todos gritavam, choravam, procuravam o amoníaco no armário

> dos remédios, umedeciam toalhas em água fria. Procurador, advogado e acusado se curvavam sobre os que estavam em convulsão. Certamente, eu era o único que não estava bêbado. Mas não era o único a sentir vergonha.
>
> Hoje, não me restam mais dúvidas: estávamos todos loucos. Existe talvez um momento no espírito em que a loucura atenua as responsabilidades. Mas, antes de chegar a esse lugar, muitas vezes o alienado não é aquele cuja loucura alivia do fardo da responsabilidade, mas sim o que *escolhe* a loucura para escapar ao nó que o estrangula, mas que ele não ousa cortar.
>
> A nossa alienação era apenas a consequência de uma alienação histórica. Racionalizávamos e interiorizávamos uma demência mais geral.
>
> (Claude Roy, *Nous*, Paris, Gallimard, col. "Folio", 1980, pp. 389-90.)

A eliminação dos aliados democratas ou socialistas culminou, na Tchecoslováquia, com o processo de Milada Horakova, realizado em Praga entre 31 de maio e 8 de junho de 1950. Treze pessoas foram condenadas: os dirigentes dos partidos Socialista Nacional, Social-Democrata e Popular e um "trotskista"; as sentenças foram: quatro condenações à morte (entre elas a de Milada Horakova), quatro outras à prisão perpétua e, finalmente, cinco a penas de prisão entre os 15 e os 28 anos — 110 anos no total. Um relatório do Supremo Tribunal de Justiça, publicado em 1968, na ocasião da "Primavera de Praga", refere a realização de 300 processos políticos decorrentes do de Milada Horakova. Mais de 7.000 antigos membros do Partido Socialista Nacional foram assim condenados. Os processos mais importantes desenrolaram-se entre maio e julho de 1950, em várias cidades da província, para que a "dimensão nacional" da pretensa conspiração se tornasse mais evidente. Houve 35 processos, com 639 condenados, dos quais 10 à pena capital, 48 à prisão perpétua e os outros a um total de 7.850 anos de prisão.

O processo de Milada Horakova fez história por diversas razões: foi o primeiro processo de "grande espetáculo" (expressão criada por um dos maiores especialistas da repressão, o historiador tcheco Karel Kaplan); foi, também, o primeiro diretamente preparado por "conselheiros soviéticos", altos responsáveis dos serviços especiais que vieram para cogerir a repressão e estruturar um mecanismo que, posteriormente, aparecia como "clássico" — a preparação minuciosa do espetáculo, "confissões" decoradas e declamadas, máquina de propaganda utilizada à força etc.

Esse processo marcou uma etapa importante na repressão política na Europa não apenas comunista; uma mulher foi enforcada, uma mulher resistente — extremamente corajosa desde o início da ocupação dos países tchecos em

492   *O Livro Negro do Comunismo*

março de 1939, uma mulher "aprisionada" pelos nazistas durante quase cinco anos, uma mulher democrata à qual nunca passara pela cabeça combater pelas armas a ditadura comunista[...]

Por que é que a opinião pública ocidental não se mobilizou contra esse crime comunista? Por que é que a indignação do físico Albert Einstein não foi apoiada por uma intensa campanha de coleta de assinaturas? Por que é que os resistentes, na França e em outros países, não denunciaram vigorosamente esse crime? Por que é que não se verificaram manifestações maciças de solidariedade para com uma democrata para salvá-la da forca?

A destruição da sociedade civil

Para que nos façamos entender, é necessário — em virtude do caos semântico em que nos é dado viver — explicitar o que significa a noção de "sociedade civil", mesmo sem pretender estabelecer uma definição final. Essa sociedade evolui com o capitalismo e a formação do Estado moderno. Contraponto ao poder estatal, ela é independente dele. Ela se sustenta, em primeiro lugar, num sistema de necessidades onde a atividade econômica privada desempenha um papel essencial. A sociedade civil pressupõe um indivíduo rico em necessidades, ela se assenta nos valores desse último, sujeito da consciência e da ação, detentor da liberdade humana. Esse indivíduo é ao mesmo tempo um ser egoísta, independente (burguês) e um cidadão interessado pelos assuntos públicos (homem "comunitário"). Lubomir Sochor, filósofo e politólogo, define a sociedade civil como "o conjunto das instituições sociais suprafamiliares e ao mesmo tempo não estatais que congregam os membros da sociedade, objetivando uma ação coordenada e exprimindo as opiniões e interesses particulares desses membros. Claro que sob a condição de esses organismos e instituições serem autônomos e não transformados em organismos paraestatais ou meras correias de transmissão do poder do Estado".[8] Incluiremos, portanto, entre os organismos da sociedade civil que constituem uma forma de fiscalização social do Estado, corporações e associações, Igrejas, sindicatos, municípios e poderes locais (*self-government*), partidos políticos e opinião pública.

A estratégia amadurecida e refletida pela repressão comunista, visando à instauração do poder absoluto, supunha, depois de eliminados os concorrentes políticos e todos os possíveis detentores de um "poder real" — entre eles

---

[8] L. Sochor, "Peut-on parler de la 'société civile' dans les pays du bloc soviétique?", *Communisme,* Paris, 8, 1985, p. 84.

Europa Central e Sudeste Europeu   493

os quadros do exército e da Segurança —, a destruição dos organismos da sociedade civil. Os que queriam para si o monopólio do poder e da verdade eram portanto obrigados a eliminar as forças detentoras, ou que tendiam a ser detentoras, de um poder político-espiritual: dirigentes e militantes políticos ou sindicais, eclesiásticos, jornalistas, escritores etc. As vítimas eram muitas vezes escolhidas entre os que ocupavam postos-chave nos organismos da sociedade civil — partidos, Igrejas, sindicatos, ordens religiosas, associações, órgãos da imprensa, poder local.

No critério de escolha das vítimas há que se mencionar também o "internacionalismo". O poder, totalmente subordinado à União Soviética, mandava que fossem cortados todos os laços, extremamente ricos, da sociedade civil com o estrangeiro. Os social-democratas, os católicos, os trotskistas, os protestantes etc. foram visados não só pelas suas atividades no interior dos seus países, mas igualmente porque representantes de correntes que, pela sua natureza, mantinham ligações tradicionais ricas e frutuosas com o exterior. Os interesses e a finalidade da estratégia soviética exigiam o desmantelamento dessas relações.

De uma forma geral, nas novas "democracias populares", as sociedades civis não eram fortes. No período anterior à guerra, o seu desenvolvimento fora interrompido por regimes autoritários ou semiautoritários, ou ainda por economias e estruturas sociais muito pouco evoluídas. A guerra, os fascismos locais e a política dos ocupantes haviam contribuído fortemente para essa fraqueza. Depois da Libertação, o comportamento das autoridades soviéticas e as depurações selvagens limitaram ainda mais as suas possibilidades de desenvolvimento.

Por outro lado, as intervenções do Exército Vermelho na zona de ocupação do Leste da Alemanha explicam, em grande parte, a relativa "clemência" da repressão policial e judicial e a ausência de processos políticos de "grande espetáculo" na República Democrática da Alemanha durante o seu período da fundação (ela nasceu em 1949) — repressão e processos que acompanharam, em todos os outros países, a instauração dos regimes comunistas. Na RDA, o recurso a esses instrumentos de violência não foi necessário; os objetivos do novo regime haviam sido atingidos através da repressão precedente. Segundo estudos realizados depois da queda do muro de Berlim, em 1989, as autoridades soviéticas de ocupação foram, entre 1945 e 1950, responsáveis pelo aprisionamento de 122.000 pessoas, 43.000 das quais morreram na prisão, e 756 foram

494 *O Livro Negro do Comunismo*

condenadas à morte. A direção do SED foi diretamente responsável por uma repressão que atingiu entre 40.000 e 60.000 pessoas.[9]

A Tchecoslováquia constitui uma exceção de outro tipo, pela violência da repressão que se abateu sobre a sociedade civil a partir de 1948. Esse país era o único da Europa Central e do Sudeste Europeu a ter estabelecido uma real democracia parlamentar no período entre as duas guerras — experiência vivida também na Romênia, se bem que de forma limitada. Acrescente-se que a Tchecoslováquia pertencia então ao grupo dos dez países mais industrializados do mundo. A sua sociedade civil era, na ocasião da Libertação e no espaço da Europa Central e do Sudeste Europeu, a mais desenvolvida e a mais estruturada e se havia reconstituído logo desde 1945. Já em 1946, quase 2,5 milhões de cidadãos, cerca de metade da população adulta, eram filiados a um dos quatro partidos políticos das três nações tchecas (Boêmia, Morávia e Silésia). Dois milhões de tchecos e eslovacos pertenciam a sindicatos unificados. Centenas de milhares de pessoas participavam de numerosas associações; uma associação desportiva, politizada desde o final do século XIX na luta pela afirmação nacional, o Sokol (Falcão), contava em 1948 mais de 700.000 filiados. Os primeiros "Sokols" começaram a ser presos durante o verão de 1948, durante a realização do *slet* (reunião gímnica nacional). Os primeiros processos políticos que os atingiram tiveram lugar em setembro de 1948; dois anos depois, essa associação encontrava-se praticamente aniquilada, uma parte fora transformada — nos povoados — em organismos paraestatais, mas o essencial de sua força encontrava-se paralisado pela prisão de milhares de responsáveis. O Sokol — como outros organismos da sociedade civil, escoteiros, associações protestantes, católicas ou outras — fora aniquilado através de perseguição policial e judicial, pelos expurgos impostos, pela ocupação de locais e pelo confisco de bens, ações nas quais os agentes da polícia secreta — protegidos pelos "comitês de ação" criados em fevereiro de 1948 — eram peritos.

Prisões nazistas e prisões comunistas

1. Nyeste, húngaro e resistente, dirigia depois da guerra uma organização de jovens; recusou-se a se filiar ao PC. Condenado depois de processado, cumpriu a sua pena no campo de trabalho de Resz, onde permaneceu até 1956;

---

[9] "'Ich habe den Tod verdient.' Schauprocesse und politische Verfolgung in Mittel-und Osteuropa, 1945-1956", *in* Wolfgang Maderthaner, Hans Schafranek, Berthold Unfried (ed.), *Archiv 1991. Jahrbuch des Vereins für Geschichte der Arbeitbewegung*, 7º ano, Viena, 1991.

Europa Central e Sudeste Europeu 495

de acordo com o seu testemunho, os prisioneiros passavam 12 horas por dia no inverno, e 16 no verão, quebrando pedras. No entanto, o mais difícil de suportar era a fome:

"A diferença entre a polícia secreta comunista e a dos nazistas — sou um dos felizes eleitos a ter experimentado ambas — não reside nos seus níveis de crueldade e de brutalidade. A sala de tortura de um cárcere nazista era idêntica à de um cárcere comunista. A diferença não se encontra aí. Se os nazistas o prendiam como dissidente político, queriam geralmente saber quais eram as suas atividades, quem eram os seus amigos, quais eram os seus planos e assim por diante. Os comunistas não perdiam tempo com isso. Sabiam já, ao prendê-lo, que tipo de confissão você iria assinar. Mas o senhor não sabia. Eu não podia jamais imaginar que seria transformado num[…] 'espião americano'!"

(Entrevista para a emissão "The Other Europe", janeiro de 1988. Citada *in* Jacques Rupnik, *L'Autre Europe. Crise et fin du communisme*, Paris, Odile Jacob, 1990, p. 147.)

Para o poder comunista, as Igrejas representavam o mais importante problema no processo de controle e de esmagamento dos organismos da sociedade civil. A sua história e o seu enraizamento eram multisseculares. A aplicação do modelo bolchevique foi mais difícil em certos países do que em outros que conheciam a tradição da Igreja Ortodoxa, a tradição bizantina do césaro-papismo, tendendo para a colaboração da Igreja com o poder estabelecido — afirmação que de forma alguma pretende subestimar a repressão sofrida pelos ortodoxos, tanto na Rússia como no conjunto da URSS. No caso da Igreja Católica, a sua organização internacional, dirigida a partir do Vaticano, representava um fenômeno insuportável para o "campo socialista" emergente. A confrontação entre as duas grandes Internacionais da fé, com as suas duas capitais, Moscou e Roma, era, portanto e logicamente, fatal. A estratégia de Moscou estava bem-definida: romper os laços existentes entre as Igrejas Católica ou Greco-Católica e o Vaticano, submetendo-as ao poder e transformando-as em Igrejas "nacionais". É o que deixam entender as consultas com os responsáveis soviéticos quando da reunião do Bureau de Informação dos Partidos Comunistas, em junho de 1948, relatada por Rudolf Slansky, secretário-geral do PCT.

Para atingir o seu objetivo — a redução da influência das Igrejas sobre a vida social, submetê-las ao controle meticuloso do Estado e transformá-las em instrumento da sua política —, os comunistas combinaram repressão, tentativas de corrupção e[…] limpeza da hierarquia; a abertura de arquivos permitiu desmascarar, por exemplo, na Tchecoslováquia, numerosos eclesiásticos, principalmente bispos, como colaboradores da polícia secreta. Terão alguns querido, com isso, evitar "o pior"?

A primeira onda de repressão antirreligiosa — não se considerando agora o caso das vítimas de depurações selvagens (por exemplo, a dos popes búlgaros, já mencionada) — verifica-se provavelmente na Albânia. O primaz Gaspar Thaci, arcebispo de Shkodêr, morreu em residência vigiada quando se encontrava nas mãos da polícia secreta. Vincent Prendushi, arcebispo de Durrês, condenado a 30 anos de trabalhos forçados, morreu em fevereiro de 1949, provavelmente em consequência de tortura. Em fevereiro de 1948, cinco religiosos, entre eles os bispos Volai e Ghini, o superior da delegação apostólica, foram condenados à morte e fuzilados. Mais de cem religiosos e religiosas, padres e seminaristas morreram na prisão ou foram levados diante de pelotões de fuzilamento. Como consequência dessa perseguição, pelo menos um muçulmano, o jurista Mustafa Pipa, foi executado: ele havia tomado a defesa de franciscanos. Antecipando um pouco, lembremos que, em 1967, Henver Hoxha declarava que a Albânia se tornara o primeiro Estado ateu do mundo. A gazeta *Nendori* anunciava com orgulho que todas as mesquitas e igrejas do país haviam sido demolidas ou se encontravam fechadas ao culto — 2.169 no total, das quais 327 eram santuários católicos.

Na Hungria a confrontação violenta entre a Igreja Católica e o poder iniciou-se no decorrer do verão de 1948, com a "nacionalização" das várias escolas confessionais.[10] Cinco padres foram condenados em julho; as condenações continuaram durante o outono. O indomável primaz da Hungria, cardeal Jozsef Mindszenty, foi preso em 26 de dezembro de 1948, segundo dia das festas do Natal, e condenado a prisão perpétua em 5 de fevereiro de 1949. Com a assistência de seus "cúmplices", ele teria fomentado uma "conspiração contra a República", seguido da prática de espionagem etc. — tudo isso, bem entendido, a favor das "potências imperialistas" e em primeiro lugar dos Estados Unidos. Um ano mais tarde o poder ocupava grande parte dos conventos, expulsando a maior parte dos 12 mil religiosos e religiosas que neles viviam. Em junho de 1951 o decano do episcopado e colaborador mais próximo do cardeal Mindszenty, monsenhor Grosz, arcebispo de Kalocza, conhecia destino idêntico ao do seu primaz. As Igrejas Calvinista e Luterana, nitidamente com menos força, contaram também várias vítimas, bispos e pastores, entre eles uma eminente personalidade calvinista, o bispo Laszlo Ravasz.

---

[10] Elas representavam 65% do total das escolas primárias, 50% das escolas secundárias para rapazes e 78% das escolas normais e liceus para moças.

Europa Central e Sudeste Europeu 497

Na Tchecoslováquia, como acontecera na Hungria, o poder tudo fez para criar no interior da Igreja Católica uma corrente de dissidência disposta à colaboração. Como os resultados obtidos foram apenas parciais, passou-se depois a um grau superior de repressão. Em junho de 1949, Josef Beran, arcebispo de Praga, encarcerado pelos nazistas desde 1942 nos campos de Terezin e de Dachau, foi colocado sob residência vigiada e depois aprisionado. Em setembro de 1949, foram presos algumas dezenas de vigários que protestavam contra a lei sobre as Igrejas. Em 31 de março de 1950, abria-se em Praga o processo de altos dignitários das ordens religiosas, acusados de espionagem a favor do Vaticano e de outras potências estrangeiras, de organização de depósitos clandestinos de armas e de preparação de um golpe de Estado. O redentorista Mastilak, reitor do Instituto Teológico, foi condenado à prisão perpétua. Os outros acumularam entre si 132 anos de cadeia. Na noite de 13 para 14 de abril do mesmo ano, verificava-se uma intervenção de grande envergadura contra os conventos, preparada pelo Ministério do Interior como uma operação militar A maior parte dos religiosos foi deslocada e aprisionada. Simultaneamente, a polícia colocou os bispos sob residência vigiada, de tal modo que todo o contato com o mundo exterior era impossível.

Na primavera de 1950, o regime ordenou na Eslováquia Oriental a liquidação da Igreja Greco-Católica (Uniata) através da sua integração forçada na Igreja Ortodoxa — processo utilizado em 1946 na Ucrânia Soviética. Os eclesiásticos que se opuseram foram aprisionados ou afastados das suas paróquias. O arcipreste da Rutênia Soviética, Jozsef Csati, foi deportado, depois de um processo fictício, para o campo de Vorkuta, na Sibéria, onde permaneceu de 1950 até 1956.

A repressão das Igrejas foi concebida e supervisada pelas cúpulas do PCT. A sua direção aprovava, em setembro de 1950, a concepção política de uma série de processos contra católicos a terem início em Praga, em 27 de novembro de 1950. Nove personalidades do círculo de colaboradores mais próximos dos bispos — à frente das quais figurava Stanislav Zela, vigário-geral de Olomuc, na Morávia Central — foram condenadas a pesadas sentenças. Em 15 de janeiro de 1951, dessa vez em Bratislava, capital eslovaca, terminava o processo de três bispos, entre eles o da Igreja Greco-Católica. Os acusados nesses dois "processos dirigidos contra os agentes do Vaticano na Tchecoslováquia" (frase comum na época) foram condenados a sentenças entre os dez anos e à prisão perpétua. Essa série terminou no mês de fevereiro de 1951, com novos processos, alguns incidindo de novo sobre os círculos próximos dos bispos; mas a repressão não pararia aqui. Stepan Trochta, bispo de Litomerice (Boêmia

498   *O Livro Negro do Comunismo*

Central), resistente preso em maio de 1942 e detido até o fim da guerra nos campos de concentração de Terezin, Mauthausen e Dachau, foi condenado a 25 anos de prisão[...] em julho de 1954.

Os que concebiam e executavam a repressão julgaram necessário não apenas decapitar a hierarquia, como atingir os intelectuais cristãos. Resistente, professora de história da arte na Universidade Charles, Ruzena Vackova, uma mulher muito apreciada pelos prisioneiros políticos, foi condenada em junho de 1952, permanecendo na prisão até 1967! A elite da *intelligentsia* católica foi duramente atingida pelos dois processos de 1952. O segundo desenrolou-se no mês de julho em Brno, capital da Morávia, e foi provavelmente o mais importante processo político contra os "homens de letras" em toda a história do século XX na Europa.

Nos países balcânicos, a repressão contra as Igrejas seguiu o mesmo roteiro. Na Romênia, a liquidação da Igreja Greco-Católica (Uniata), a segunda mais importante em número de fiéis depois da Ortodoxa, acentuou-se durante o outono de 1948. A Igreja Ortodoxa assistiu, muda, aos acontecimentos, uma vez que, em geral, a sua hierarquia apoiava o regime (o que não impediu o fechamento de várias igrejas e a prisão de alguns popes). Em outubro, encontravam-se já presos todos os bispos uniatas. A Igreja Greco-Católica foi oficialmente proibida em 19 de dezembro de 1948. Contava, naquele momento, com 1.573.000 fiéis (numa população de 15 milhões de habitantes), 2.498 edifícios de culto e 1.733 padres. As autoridades confiscaram os seus bens, fecharam as suas catedrais e igrejas, chegando ao ponto de incendiar as suas bibliotecas; foram presos 1.400 padres (em torno de 600 em novembro de 1948) e cerca de 5.000 fiéis, dos quais 200, em média, foram assassinados nas prisões.

A "confissão" e o não ser de um católico

Importante intelectual católico que não apreciava muito a hierarquia da sua Igreja, o tcheco Bedrich Fucik foi preso durante a primavera de 1951 e condenado a 15 anos de prisão, num processo de grande espetáculo realizado em Brno em 1952; saiu da prisão, anistiado, em 1960. Ele havia sofrido tortura física durante os interrogatórios. Um dia, depois de ter respondido com evasivas — "nada", "não sei", "nenhum" — aos seus carrascos durante sete horas, ele não suportou mais e começou a "confissão". "Deixem-me em paz, eu lhes suplico", ele disse aos interrogadores, "hoje não posso, é o aniversário da morte da minha mãe." Durante toda a semana anterior ao processo, ele foi obrigado a decorar as respostas para as perguntas que lhe seriam colocadas em tribunal. Ele pesava 48 quilos (contra os 61 na ocasião da prisão) e se encontrava muito debilitado fisicamente.

> Transcrevemos aqui extratos das entrevistas feitas por Karel Bartosek e gravadas em Praga entre 1978 e 1982:
>
> "— O senhor tinha consciência, no tribunal, de ser o ator de uma comédia, de um espetáculo?"
>
> — Sim. Tinha consciência disso já muito antes.
>
> — Por que é que o senhor se prestou a essa comédia? Como um intelectual católico aceitou participar da encenação de um tribunal comunista stalinista[...]
>
> — Foi o que de mais pesado eu trouxe comigo da prisão[...] a fome, o frio, o buraco[...] as terríveis dores de cabeça, na ocasião em que deixei de ver[...] tudo isso se pode esquecer[...] mesmo se tudo permanece sempre num canto do cérebro. O que está sempre presente, o mais terrível e que nunca me abandonará, é que de repente passaram a existir duas pessoas dentro de mim[...] Dois homens. Eu, o primeiro, o homem que sempre fui, e eu, o segundo, que diz para o primeiro: Você é um criminoso, e fez isto e aquilo. E o primeiro se defende. E o diálogo continua, entre os dois que sou eu. Trata-se do desdobramento absoluto da personalidade, um humilhando o outro cem cessar: Não! Você é um mentiroso, não é verdade! E o outro responde: Sim, é verdade! Eu assinei[...] assinei sim...
>
> — Não é o único a ter confessado. Foram muitos os que confessaram. Todos homens únicos, individualidades, com uma estrutura física e mental original, única; e no entanto o seu comportamento foi idêntico ou muito parecido; submeteram-se à encenação de um grande espetáculo, aceitaram participar na comédia, aceitaram aprender de cor os papéis distribuídos. Gravei já as causas da confissão de comunistas, quebrados, destruídos. Mas o senhor era um homem com uma visão do mundo diferente. Como é que isso lhe aconteceu? Por que é que colaborou com o poder dos carrascos?
>
> — Não me sabia defender, física e moralmente, contra a lavagem ao cérebro que eles executavam. Eu apenas me submeti. Já lhe falei do momento de capitulação em que interiormente fui vencido (o meu interlocutor agita-se, quase que grita). Depois já não era[...] Considero esse estado de não-ser como a maior humilhação, o nível mais baixo a que um homem pode descer, uma destruição do ser. E sou eu o próprio, sou o executor."

A Igreja Católica Romana — 1.250.000 fiéis — sofreu os primeiros ataques em maio de 1948, com a prisão de 92 padres. As autoridades fecharam as escolas católicas e confiscaram as instituições médicas e de caridade. Em junho de 1949, vários bispos da Igreja Romana foram presos; no mês seguinte, as ordens monásticas foram proibidas. A repressão culminou em setembro de 1951, com a organização de um grande processo político no tribunal militar de Bucareste: numerosos bispos e leigos foram condenados como "espiões".

Um dos bispos greco-católicos, ordenado secretamente, preso durante 15 anos e que mais tarde trabalhou como operário, testemunha:

"Durante longos anos, suportamos em nome de são Pedro a tortura, os espancamentos, a fome, o frio, o confisco de todos os nossos bens, o escárnio e o desprezo. Beijávamos as algemas, as cadeias e as grades de ferro das nossas celas como se fossem objetos de culto, sagrados; e a nossa farda de prisioneiros era o nosso hábito de religiosos. Nós havíamos escolhido carregar a cruz, apesar de nos proporem sem cessar uma vida fácil em troca da renúncia a Roma. Os nossos bispos, padres e fiéis foram condenados, no total, a mais de 15 mil anos de detenção e cumpriram mais de mil. Seis bispos amargaram na prisão por fidelidade a Roma. Hoje, apesar de todas as vítimas, a nossa Igreja possui o mesmo número de bispos que na época em que Stalin e o patriarca ortodoxo Justiniano, com todo o triunfo, a declararam morta."[11]

O sistema concentracionário e a "gente do povo"

A história das ditaduras é complexa, e a das ditaduras comunistas não escapa à regra. O seu nascimento na Europa Central e no Sudeste Europeu foi marcado pelo apoio popular, por vezes em massa, fenômeno provocado pelas esperanças criadas pelo esmagamento da ditadura nazista e, também, pela arte incontestável com que os dirigentes comunistas cultivaram a ilusão e o fanatismo dos quais os jovens foram as primeiras presas — como sempre e por todo lugar. O Bloco de Esquerda, por exemplo, criado na Hungria por iniciativa dos comunistas, minoritários nos resultados eleitorais, foi capaz de organizar em Budapeste, em março de 1946, uma manifestação "gigantesca" com cerca de quatrocentos mil participantes[...]

O regime comunista que se instalava no poder assegurou, no início, a promoção social de centenas de milhares de pessoas provenientes das camadas sociais mais desfavorecidas. Na Tchecoslováquia, país industrializado onde os operários representavam cerca de 60% da população no país tcheco e 50% no eslovaco, entre 200 e 250 mil operários substituíram os afastados pelos expurgos ou foram "reforçar" o aparelho. Eram, na sua esmagadora maioria, membros do PCT. Milhões de pequenos agricultores ou operários agrícolas da Europa Central e do Sudeste Europeu foram beneficiados, com o fim da guerra, de reformas agrárias, da partilha de latifúndios (incluindo os da Igreja Católica), do mesmo modo, o pequeno comerciante e os artesãos aproveitaram-se do confisco dos bens dos alemães expulsos.

---

[11] Frantisek Miklosko, *Nebudete ich moct rozvratit* (Vocês não conseguirão destruí-los), Bratislava, Archa, 1991, pp. 272-3

Europa Central e Sudeste Europeu 501

A felicidade de uns, baseada na infelicidade de outros, revelou-se muitas vezes efêmera, pois a doutrina bolchevique exigia a liquidação da propriedade privada e o desenraizamento, para sempre, do seu proprietário. No contexto da guerra fria, a "teoria" da "intensificação da luta de classes" e a "luta ofensiva das classes" vieram acrescentar-se a essa doutrina. A partir de 1945, os novos regimes começaram as nacionalizações (estatizações) das grandes empresas, operação muitas vezes legitimada pela expropriação necessária dos bens dos "alemães, traidores e colaboracionistas". Assegurado o monopólio do poder, chegou a vez dos pequenos proprietários, comerciantes e artesãos. Os proprietários de oficinas e de modestas lojas que nunca haviam explorado quem quer que fosse, exceto eles próprios ou os seus familiares, tinham amplas razões de descontentamento. O mesmo acontecia com os camponeses, ameaçados desde 1949-1950 pela coletivização forçada das suas terras, imposta sob pressão dos dirigentes soviéticos. Em situação idêntica se encontravam os operários (sobretudo nos centros industriais), atingidos por diferentes medidas que afetavam o seu nível de vida ou liquidavam as conquistas sociais do passado.

O descontentamento ganhou terreno, as tensões sociais aumentaram. Os operários, para demonstrarem essa situação, utilizaram não apenas a palavra ou o envio de resoluções, mas também outras formas mais radicais de combate: a greve e a manifestação de rua. Durante o verão de 1948, poucos meses depois do "Fevereiro Vitorioso", iniciaram greves em 15 cidades da Tchecoslováquia e da Morávia e três da Eslováquia, por vezes acompanhadas por manifestações de rua. Nos últimos meses de 1951, eles se tornaram "reincidentes", com a organização de greves em todas as regiões industriais do país, reuniões de protesto nas fábricas e manifestações (dez a 30 mil pessoas nas ruas de Brno). Depois, no começo do mês de junho de 1953, em protesto contra a reforma monetária, greves e paradas de trabalho ocorreram em dezenas de fábricas importantes, acompanhadas por manifestações que, em Plzen, se transformaram em combates de rua. Em 1953, foram presos 472 grevistas e manifestantes; a direção do PCT pediu que fossem imediatamente elaboradas listas dos envolvidos na agitação, e que estes últimos fossem "isolados e postos em campos de trabalho".

Quanto aos camponeses, eles se revoltaram algumas vezes. Um dos participantes na revolta dos camponeses romenos, em julho de 1950, conta como se reuniram em frente da sede do Partido Comunista, sem armas, e como um ativista comunista começou a disparar com um revólver: "Forçamos então a entrada da sede do Partido", testemunha, "atiramos os retratos de Stalin e de Gheorghiu Dej ao chão e os pisoteamos. [...] Os reforços chegaram. Primeiro, os gendarmes do povoado. [...] Tivemos sorte porque uma moça, Maria Stoian,

502   *O Livro Negro do Comunismo*

havia cortado os cabos da central telefônica e começara a tocar os sinos. Os bolcheviques dispararam sobre ela tanto quanto puderam. [...] E depois, lá pelo meio da manhã, pelas 10 horas, creio, chegou a Securitate, com metralhadoras e armamento pesado. As mulheres e os velhos caíram de joelhos: 'Não atirem sobre nós e os nossos filhos. Vocês também têm filhos, e pais e mães velhos. Estamos morrendo de fome e somente nos juntamos para gritar que estão roubando nosso trigo.' O major Stanescu Martin deu então ordem para atirar". O autor dessa descrição foi preso, torturado e enviado para um campo de trabalhos forçados; ele foi libertado apenas em 1953.[12]

Nos regimes em que as liberdades e direitos fundamentais do cidadão não são respeitados, qualquer expressão de descontentamento é entendida como "política" e "contra o Estado". A perseguição foi conscienciosamente utilizada pelos dirigentes comunistas para mergulhar a sociedade no que Karel Kaplan classifica como "psicologia do medo" e que era concebida por eles como "fator de estabilização" do regime.

Nos anos 1949-1954, milhões de pessoas foram atingidas pela repressão: trata-se, com efeito, não apenas do aprisionamento de um ou outro indivíduo, mas também da prisão dos membros de suas famílias. A repressão se revestiu de múltiplas formas: não podemos nos esquecer dos "deslocados" de Budapeste, Sófia, Praga, Bucareste ou de outras cidades para a província; entre eles, encontravam-se, no verão de 1951, 14 mil judeus de Budapeste, sobreviventes de muitos massacres e a mais numerosa minoria judaica que subsistia na Europa Central. Lembremos ainda as famílias dos emigrantes, os estudantes excluídos das faculdades, as centenas de milhares de pessoas que figuravam nas listas — elaboradas a partir de 1949 pelos serviços de Segurança e constantemente atualizadas — de "politicamente suspeitos" ou de "pessoas hostis".

O mar de sofrimento era imenso, e os rios caudalosos que o alimentavam não cessavam de correr. Depois da eliminação dos representantes dos partidos políticos e da sociedade civil, chegou a vez da "gente do povo". Nas fábricas, "perturbadores da ordem" foram tratados como "grandes sabotadores" e atingidos pela "justiça de classe". Essa justiça voltou-se também contra todos os que, nos povoados, tinham o privilégio de uma autoridade natural em virtude de um saber e de uma experiência acumulados ao longo de décadas, e que se opunham a uma coletivização forçada de suas terras inspirada no modelo da "melhor agricultura do mundo". Milhões de pessoas compreenderam então que as promessas que

---

[12] Catherine Durandin, *Histoire des Roumains,* Paris, Fayard, 1995, pp. 72-3.

Europa Central e Sudeste Europeu

muitas vezes os haviam levado a se filiarem à política comunista não passavam de mentiras táticas. Alguns ousaram exprimir o seu desacordo.

Não dispomos ainda de estudos aprofundados sobre a dimensão social da repressão, da perseguição da "gente do povo". Dispomos de estatísticas confiáveis para as regiões tchecas e a Eslováquia, onde os arquivos foram não apenas abertos como consultados. Quanto aos outros países da Europa Central, teremos de nos contentar com os trabalhos de investigação jornalística e os testemunhos, bastante numerosos a partir de 1989.

Na Tchecoslováquia, em meados de 1950, o número de pessoas que haviam exercido a profissão de operário antes da sua prisão já representava 39,1% da totalidade das prisões por "crimes contra o Estado"; os pequenos empregados de escritório, frequentemente vítimas dos expurgos da administração, ocupavam o segundo lugar, com 28%. Em 1951-1952, cerca de metade daqueles que foram presos pela Segurança de Estado eram operários; os camponeses, que ocupavam o terceiro lugar, disputavam de perto a segunda posição com os "empregados de escritório".

Do mesmo modo, é através do relatório "sobre a atividade dos tribunais e da procuradoria" para o ano de 1950 que ficamos sabendo que, do total dos condenados por "delitos de menor gravidade contra a República" (incitação à revolta, propagação de notícias falsas, sabotagem de menor gravidade etc.) e julgados no país tcheco por tribunais distritais, 41,2% eram operários, e 17,7%, camponeses. Na Eslováquia as percentagens são, respectivamente, 33,9% e 32,6%. O número de operários e camponeses julgados pelo Tribunal de Estado por ocasião de "casos importantes" era bem menor. Os operários, incluindo os operários agrícolas, representavam no entanto um dos mais importantes grupos sociais, e essas camadas populares forneceram, se acrescentarmos a elas os camponeses, 28% dos condenados, 18,5% das condenações à morte e 17,6% das condenações à prisão perpétua.

O mesmo se verifica nos outros países, embora, por vezes, sejam os camponeses os que ocupam o primeiro lugar entre as vítimas da repressão. O influxo da "gente do povo" no universo carcerário liga-se provavelmente à expansão dos campos, à instalação do *sistema* concentracionário, talvez o fenômeno mais característico da barbárie dos regimes comunistas. As prisões deixaram de ser suficientes para acolher a massa de presos, e o poder retomou, também nesse domínio, a experiência da União Soviética e criou o arquipélago dos campos.

A história da repressão no século XX foi indubitavelmente enriquecida, tanto pelo bolchevismo como pelo nazismo, com a utilização do sistema de campos de concentração, mesmo em tempo de paz. Até a emergência do Gulag e do Lager (a anterioridade é do Gulag) os campos eram, historicamente, "um dos meios da repressão e da exclusão em tempo de guerra" — como o assinalou Annette Wieviorka na sua introdução ao estudo sobre os campos, publicado na revista *Vingtième Siècle*, em 1997. Durante a Segunda Guerra Mundial, o sistema concentracionário instalou-se na Europa Continental, e o Campo de concentração, o Lager ou o Gulag figuravam nos mapas da Europa dos Urais, ao sopé dos Pireneus. Mas a sua história não terminou com a derrota da Alemanha e dos seus aliados.

Foram os regimes fascistas ou autoritários, aliados da Alemanha, que introduziram o Campo de Concentração na história dos seus respectivos países. Na Bulgária, o governo conservador havia instalado um campo de aprisionamento na pequena ilha de Santa Anastásia, no mar Negro, ao largo de Burgas, depois os campos de Gonda Voda e de Belo Pole, onde foram encarcerados os opositores políticos. Na Eslováquia, os populistas que ocupavam o poder abriram, entre 1941 e 1944, próximo dos estaleiros que necessitavam de mão de obra, 15 "estabelecimentos penitenciários de trabalho", para onde foram enviados "elementos associais", geralmente ciganos Roms. Na Romênia, a ditadura do marechal Antonescu criou, objetivando a repressão racial, campos de concentração para presos políticos, como o de Tirgu-Jiu e outros, concebidos especialmente no território entre os rios Dniestr e Bug.

No fim da guerra, havia vários campos em estado de funcionamento e que podiam ser aproveitados como campos de trânsito para a massa de novos deportados (já o vimos no caso da Hungria) ou como campos de encarceramento para pessoas suspeitas de colaboração com os nazistas: foi o caso de Buchenwald e de Sachsenhausen, campos de concentração célebres da repressão nazista, na zona de ocupação soviética no Leste da Alemanha.

A partir de 1945 apareceram novos campos, nos quais o poder encarcerou os seus adversários políticos. A primazia da sua criação parece caber à Bulgária, onde, em 1945, um decreto autorizava a polícia a estruturar uma rede de "lares de educação pelo trabalho" (TVO em búlgaro); centenas de pessoas, entre elas dezenas de anarquistas, foram enviadas para o campo de Kutsian (próximo do importante centro mineiro de Pernik) — conhecido já na época como "As Carícias da Morte" —, para Bobov Dol ou para Bogdanov Dol, o "Campo das Sombras", para os que nele estavam detidos. Desde março de 1949, esses campos foram denunciados pelos anarquistas franceses, apoiados em pormenorizada documentação, como "campos de concentração bolcheviques".[13]

---

[13] *Les Bulgares parlent au monde*, editado pela Commission d'aide aux antifascistes de Bulgarie, Paris, março, 1949, pp. 42.

Europa Central e Sudeste Europeu   505

O "arquipélago do Gulag", para retomar a expressão do escritor russo Alexandre Soljenitsyne, instalou-se na Europa Central e no Sudeste Europeu entre 1949-1950. Uma síntese que pretenda hoje apresentar a história desses campos não pode apoiar-se, infelizmente, numa grande quantidade de estudos e testemunhos comparável à que possuímos sobre os campos nazistas. No entanto, devemos tentar realizá-la, tanto para aprofundar o conhecimento da natureza dos regimes comunistas quanto por respeito para com a memória das vítimas da arbitrariedade nesta parte da Europa.

Parece-nos — e o estudo do Gulag soviético faz com que nos inclinemos a aceitar essa hipótese — que os campos de concentração *como sistema* desempenharam, antes de mais nada, uma função econômica. Certamente, o sistema foi concebido para isolar e punir determinadas pessoas. No entanto, a análise do mapa com a localização geográfica dos campos comunistas nos leva imediatamente a constatar que eles se situavam justamente nas zonas onde o regime necessitava de uma força de trabalho numerosa, disciplinada e barata. Esses escravos dos tempos modernos não foram obrigados a construir pirâmides, mas sim canais, barragens, fábricas ou edifícios em honra dos novos faraós, ou a trabalhar nas minas de carvão, de antracito e de urânio. Teriam a escolha das vítimas, o ritmo da repressão e a sua magnitude sido influenciados pela "encomenda de prisioneiros" necessários à construção ou às minas?

Na Hungria e na Polônia, os campos foram instalados junto de zonas ricas em carvão. Na Romênia, a maior parte localizava-se no traçado do canal Danúbio–mar Negro e no delta do Danúbio. Entre os campos de concentração, o maior, e primeiro, era conhecido como Porta Alba, principal localidade desse pequeno arquipélago onde nomes como Cernavoda, Medjidia, Valea Neagra ou Basarabi — assim como os nomes do segundo conjunto, situado no delta do rio Danúbio (Periprava, Chilia Veche, Stoenesti, Tataru) — ficaram gravados na memória. Aliás, a construção do canal Danúbio–mar Negro ficou conhecida como "Canal da Morte". Nesse canteiro de trabalho forçado, onde as condições de vida eram extremamente terríveis, morreram tanto "indivíduos suspeitos" quanto camponeses que recusaram a coletivização. Na Bulgária, os prisioneiros do campo de Kutsian trabalhavam numa mina metalífera a céu aberto, os de Bukhovo, numa de urânio, os de Belene, no reforço dos diques do Danúbio. Na Tchecoslováquia, a grande maioria dos camponeses encarcerados foi concentrada em redor das minas de urânio da região de Jachymov, na Boêmia Ocidental, e depois na bacia carbonífera de Ostrava, no Norte da Morávia.

Por que razão esses locais de detenção foram chamados "campos de trabalho"? Será que os seus responsáveis ignoravam que na entrada dos campos de concentração nazistas figurava a inscrição *Arbeit macht frei* (O trabalho liberta)? As condições de vida nesses locais de detenção eram extremamente duras, sobretudo entre 1949 e 1953, e o trabalho cotidiano levava por vezes ao completo esgotamento dos prisioneiros.

Começa agora a ser possível conhecer o número exato de prisões e de campos de concentração. Já o número de pessoas que os povoaram é bem mais difícil de ser determinado. Na Albânia, o mapa estabelecido por Odile Daniel indica a localização de 19 campos e prisões. Na Bulgária, o mapa do "Gulag búlgaro", estabelecido depois de 1990, localiza 86 campos, e cerca de 187.000 pessoas foram recenseadas pela associação dos antigos presos políticos para o período 1944-1962. Esse número engloba não apenas os condenados, como também os que foram deportados sem julgamento e os detidos nos comissariados de polícia, por vezes durante semanas, sobretudo camponeses que a prisão causaria posteriormente a integração às cooperativas agrícolas. Segundo outras estimativas, cerca de 12.000 pessoas teriam sido enviadas para os campos de trabalho entre 1944 e 1953, e cerca de 5.000, entre 1956 e 1962.

Na Hungria, várias centenas de milhares de pessoas teriam sido perseguidas entre 1948 e 1953 e, segundo diferentes estimativas, 700.000 a 860.000 pessoas teriam sido condenadas. Na maior parte dos casos, tratava-se de delitos "contra a propriedade do Estado". É necessário, tanto para a Hungria quanto para os outros países, incluir nas estimativas as deportações administrativas da responsabilidade da polícia política. Na República Democrática Alemã, onde o muro-fronteira com o Ocidente ainda não havia sido levantado, os presos políticos "novos", além dos já referidos no capítulo precedente, parecem ter sido pouco numerosos.

Na Romênia, a avaliação do número de presos durante o regime comunista varia entre 300.000 e 1.000.000; o segundo número inclui provavelmente não apenas os presos políticos como também os de direito comum (sempre lembrando que a distinção entre esses dois tipos se revela por vezes bastante complicada, sobretudo nos casos de "parasitismo"). No que se refere aos campos de concentração, o historiador inglês Dennis Deletant avaliou em 180.000 o número de pessoas presas nos campos romenos no início dos anos 1950. Na Tchecoslováquia, o número de presos políticos nos anos 1948-1954 está hoje estabelecido em 200.000 pessoas. Para uma população de 12,6 milhões de habitantes, funcionaram 422 campos e prisões. O número dos presos engloba não apenas pessoas julgadas e condenadas, mas também pessoas encarceradas sem julgamento, aprisionadas em campos por decisão arbitrária das autoridades locais.

O universo carcerário de todos esses países apresentava semelhanças, o que parece lógico, já que a sua inspiração brotava da mesma fonte, a União Soviética, cujos emissários vigiavam, por toda parte, o seu estabelecimento. Parece-nos, no entanto, que certos países contribuíram para enriquecer o sistema com traços originais: caso da Tchecoslováquia, Romênia e Bulgária.

A Tchecoslováquia, pelo seu perfeccionismo burocrático: certos analistas são da opinião que o peso da burocracia do Império Austro-Húngaro era ainda sensível no comportamento dos comunistas tchecos. Assim, o poder dotou-se de uma legislação original, a Lei n° 247, de 25 de outubro de 1948, que regulamentava a instalação dos TNP (*tabory nucenéprace*: campos de trabalho forçado) concebidos para indivíduos entre os 18 e os 60 anos a serem "educados" num prazo de três meses a dois anos, prazo suscetível de ser encurtado ou[...] prolongado. A lei era dirigida contra os delinquentes, os que "evitam trabalhar" e aqueles "cuja maneira de viver necessita ser corrigida". A Lei Penal Administrativa n° 88, de 12 de julho de 1950, autorizava o envio para os TNP de todos os que não respeitavam, por exemplo, a proteção da "horticultura e da silvicultura" ou mostravam uma "atitude hostil para com a ordem democrática popular da República ou da sua construção". As medidas legisladoras visavam, como foi explicado na Assembleia Nacional, a "uma repressão eficaz aos inimigos de classe".[14]

De acordo com essas leis, a relegação do "inimigo" para os campos era decidida por uma comissão de três membros, criada inicialmente junto ao comitê nacional regional e, a partir de 1950, junto ao comitê nacional de distrito ou então pela Comissão Penal anexa a esse comitê, que era presidido pelo chefe da sua seção de segurança. Em geral, o poder comunista enviou para os TNP a "gente do povo" e, sobretudo, os operários, como se pode verificar nos estudos realizados a partir de 1989.

Em 1950, a burocracia comunista inventou ainda um outro instrumento de repressão, canalizado pelo exército: os PTP (*pomocny technicky prapor*: batalhão de apoio técnico). Os mobilizados para esses batalhões, que geralmente ultrapassavam em muito a idade do serviço militar, eram obrigados a

---

[14] Uma análise bastante detalhada dessas leis, do regime dos campos de concentração e de seus procedimentos jurídicos encontra-se no livro de Paul Barton e Albert Weil, *Salariat et Contrainte en Tchécoslovaquie*, Paris, Librairie Marcel Rivière & Cie, 1956.

508 *O Livro Negro do Comunismo*

um duro trabalho nas minas; eles viviam em condições por vezes idênticas às dos campos de trabalho forçado.

Como a Tchecoslováquia, a Romênia também contribuiu com medidas originais para a história da repressão nos países da Europa Central e do Sudeste Europeu: foi provavelmente o primeiro país a introduzir no continente europeu os métodos de "reeducação" através da "lavagem cerebral", utilizados pelos comunistas asiáticos; talvez os tenha até aperfeiçoado antes da sua utilização em larga escala na Ásia. O objetivo demoníaco era levar os detidos a torturarem-se uns aos outros. Essa invenção desenvolveu-se em Pitesti, uma prisão relativamente moderna, construída durante os anos 1930, a cerca de 110 quilômetros de Bucareste. A experiência começou em dezembro de 1949 e durou cerca de três anos. As suas causas são múltiplas: políticas, ideológicas, humanas e pessoais. Graças aos acordos celebrados entre o comunista Alexandru Nikolski, um dos chefes da polícia política romena, e Eugen Turcanu, um prisioneiro com um passado fascista, este último tornou-se o chefe de um movimento chamado Organização dos Detidos com Convicções Comunistas (ODCC). O objetivo era a reeducação dos presos políticos, combinando o estudo de textos doutrinários comunistas com tortura física e moral. O núcleo reeducativo era constituído por 15 detidos escolhidos, com a missão de primeiro estabelecerem contatos e depois recolherem as confidências dos outros presos. Segundo o relato do filósofo Virgil Ierunca,[15] a reeducação comportava quatro fases.

A primeira chamava-se o "desmascaramento externo": o preso devia dar provas da sua lealdade, confessando o que ele havia escondido na ocasião do inquérito do seu processo, sobretudo as suas ligações com amigos que continuavam em liberdade. No decorrer da segunda fase, a do "desmascaramento interno", ele devia denunciar os que o tinham ajudado no interior da prisão. Na terceira fase, a do "desmascaramento moral público", era exigida a negação de tudo o que para ele era importante ou mesmo sagrado — os pais, a mulher, a noiva, os amigos e Deus, caso se tratasse de alguém religioso. Chegava depois a quarta fase: o candidato a membro da ODCC devia "reeducar" o seu melhor amigo, torturando-o pessoalmente e tornando-se ele próprio um carrasco. "A tortura era a chave do êxito. Pontuava implacavelmente as confissões ao longo das quatro fases. [...] Era impossível escapar-lhe. Podia-se, quando muito, ser encurtada pela confissão dos piores horrores. Alguns estudantes foram

---

[15] *Pitesti, laboratoire concentrationnaire (1949-1952)*, prefácio de François Furet, Paris, Michalon, 1996, pp. 152.

Em 1952, as autoridades romenas decidiram — sem sucesso — ampliar a experiência de Pitesti, em particular aos campos de trabalho do canal Danúbio —mar Negro. O segredo foi entretanto revelado pelas rádios ocidentais, obrigando a direção comunista a pôr fim a essa "reeducação", em agosto de 1952.

---

torturados durante dois meses; outros, mais cooperativos', durante apenas uma semana."[16]

O inferno de Pitesti

A Securitate, a polícia política romena, utilizou os instrumentos "clássicos" de tortura durante os interrogatórios: espancamentos, pancadas nas solas dos pés, suspensão e prisão dos pés junto ao teto, com o indivíduo de cabeça para baixo. Em Pitesti a crueldade da tortura ultrapassou e muito esses métodos: foi praticada toda gama — possível e impossível — de suplícios. O corpo era queimado com cigarros; partes do corpo de alguns prisioneiros começavam a gangrenar, caíam como as dos leprosos; outros eram obrigados a ingerir excrementos e, se os vomitavam, o vômito era-lhes enfiado pela garganta abaixo.

A imaginação delirante de Turcanu se excitava sobretudo com os estudantes religiosos, que se recusavam a renegar Deus. Alguns eram "batizados" todas as manhãs da seguinte maneira: enfiavam-lhes a cabeça num tonel cheio de urina e fezes enquanto os outros presos recitavam em volta a fórmula do batismo. Para que o torturado não se asfixiasse, de tempos a tempos a sua cabeça era levantada do tonel, para que ele pudesse respirar, e de novo a mergulhavam no magma repugnante. Um dos que sistematicamente sofreram essa tortura criara o seguinte automatismo, que durou cerca de dois meses: era ele próprio que todas as manhãs imergia a cabeça no tonel, sob as gargalhadas dos reeducadores.

Quanto aos seminaristas, Turcanu obrigava-os a oficiar nas missas negras que ele próprio encenava, sobretudo durante a Semana Santa, na vigília pascal. Alguns desempenhavam o papel de meninos do coro, outros de padres. O texto litúrgico de Turcanu era, evidentemente, pornográfico e parafraseava de forma demoníaca o original. A Virgem Maria era referida como "a grande prostituta", e Jesus "o imbecil que morreu na cruz". O seminarista que desempenhava o papel de padre devia despir-se completamente; depois ele era envolvido por um lençol sujo de excrementos e lhe penduravam no pescoço um falo confeccionado com sabão, miolo de pão e pulverizado com DDT. Na noite que antecedeu a Páscoa de 1950, os estudantes em curso de reeducação foram obrigados a passar diante do "padre" e a beijar o falo, dizendo: "Cristo ressuscitou."

(V. Ierunca, *op. cit.*, pp. 59-61.)

Em 1952, as autoridades romenas decidiram — sem sucesso — ampliar a experiência de Pitesti, em particular aos campos de trabalho do canal Danúbio —mar Negro. O segredo foi entretanto revelado pelas rádios ocidentais, obrigando a direção comunista a pôr fim a essa "reeducação", em agosto de 1952.

---

[16] *Pitesti, op. cit.*, p. 55.

Por ocasião de um processo, em 1954, Eugen Turcanu e seis dos seus cúmplices foram condenados à morte, mas nenhum verdadeiro responsável do aparelho policial foi atingido.

Finalmente, o terceiro exemplo entre os países que, em nossa opinião, acrescentaram um traço original à história da repressão comunista na Europa: a Bulgária e o seu campo de Lovetch. O campo foi criado em 1959, sete anos depois da morte de Stalin, três anos após o discurso de Kruschev que condenava os crimes stalinistas no XX Congresso do PCUS e num momento em que vários campos destinados aos presos políticos estavam sendo fechados, inclusive na União Soviética. A área de Lovetch não era extensa e a sua capacidade não excedia os mil presos. Mas o que ali se passava era atroz pelas matanças que os carrascos praticavam. Os presos eram torturados e executados da maneira mais primitiva: a pauladas.

O campo fora aberto depois do encerramento do de Belene, bem presente na memória coletiva húngara, e onde se davam aos porcos os cadáveres dos detidos mortos ou assassinados.

Oficialmente, o campo foi criado para receber criminosos perigosos e malfeitores irrecuperáveis, mas os testemunhos que foram conhecidos a partir de 1990 demonstram no entanto que a maioria dos detidos foram enviados ali sem serem julgados: "Se você usa calças à ocidental, cabelo comprido, ouve música americana, fala as línguas desse mundo que nos é hostil, o que lhe permite estabelecer contato com turistas estrangeiros[...] então, você vai para a prisão!" Assim, os detidos nesse campo, nesse centro de reeducação pelo trabalho, eram geralmente jovens.

Tzvetan Todorov, no prefácio do livro que apresenta o testemunho de prisioneiros, dos seus familiares e também de elementos do aparelho repressivo, resume assim o dia a dia em Lovetch:

"Durante o toque da alvorada, logo pela manhã, o chefe da polícia (o representante da Segurança de Estado no campo) escolhe as suas vítimas; ele tem por hábito tirar do bolso um pequeno espelho e dá-lo a eles dizendo: 'Tome[...] olhe o seu rosto pela última vez!' A cada um dos condenados é então dado um saco, que servirá para transportar para o campo, à noite, o seu cadáver: todos são obrigados a levá-lo eles mesmos, como Cristo transportou a sua cruz até o Gólgota. Eles partem então para o local de trabalho, no caso uma pedreira. É lá que irão ser espancados até a morte, os corpos enfiados depois nos sacos, fechados com um pedaço de arame. À noite, seus camaradas trarão seus corpos para o campo, num carrinho de mão, e os cadáveres empilhados por de trás das latrinas, onde ficarão — até chegarem ao número de 20, para que o

Europa Central e Sudeste Europeu 511

caminhão não desperdice viagens. Todos os que, durante o dia, não cumprirem as normas, serão distinguidos durante o toque de recolher: o responsável da polícia desenhará com seu cassetete um círculo no chão a sua frente; os que forem convidados a entrar vão ser cobertos de pancadas."[17]

Não foi ainda estabelecido o número exato de mortos nesse campo, mas mesmo que se trate apenas de algumas centenas, Lovetch — fechado pelas autoridades búlgaras em 1962, depois de um nítido abrandamento do seu regime interno em 1961 —, é um símbolo importante da barbárie dos países comunistas. Teríamos vontade de falar aqui de "barbárie dos Bálcãs", em referência ao livro sobre o terror nos Bálcãs depois da Primeira Guerra Mundial, escrito por Henri Barbusse, um autor lembrado com frequência por suas posições pró-stalinistas.

Finalizando essa análise sobre a repressão que se abateu sobre todos os não comunistas, devemos sublinhar que o terror de massa não era de modo algum justificado pelo "contexto da época", pela guerra fria que desde 1947 regia o mundo e que atingia o auge nos anos seguintes, com a guerra "quente", a verdadeira guerra na Coreia de 1950 a 1953. Os adversários do poder comunista no interior dos países de que nos ocupamos nunca defenderam, na sua esmagadora maioria, o uso de métodos violentos ou a luta armada (a Polônia representa a única exceção digna de nota, para além da existência de grupos armados na Bulgária e na Romênia). Geralmente espontânea e desorganizada, a sua oposição revestia-se de formas democráticas. Os políticos que não tinham emigrado acreditavam de início que a repressão era um fenômeno passageiro. Os casos de oposição armada foram raros; tratava-se, muitas vezes, de "acertos de contas" dos serviços secretos ou ações às cegas, sem contexto político e mais próximas do crime puro e simples do que da luta política premeditada.

Portanto, a violência ou a importância das atividades oposicionistas não são suficientes para justificar a violência da repressão. Pelo contrário, sabe-se que a "luta de classes" foi regularmente "organizada" e que redes oposicionistas eram por vezes montadas pelos agentes provocadores da polícia secreta. Sabe-se também que acontecia ao Grande Manipulador recompensar esses agentes pelos seus serviços prestados, deixando-os ser executados.

Ainda hoje nos confrontamos, a propósito da história do comunismo, com um discurso que evoca o "respeito pelo contexto da época", o "aspecto social" etc. Esse discurso não terá subentendida uma visão ideológica da História e um outro "revisionismo" que não respeitam os fatos estabelecidos e se opõem

---

[17] T. Todorov, *op. cit.*, p. 38.

512 *O Livro Negro do Comunismo*

a uma verdadeira busca da verdade? Os que lhe são sensíveis não deveriam debruçar-se sobre a dimensão social da repressão, sobre toda essa "gente do povo" cruelmente perseguida?

Os processos dos dirigentes comunistas

A perseguição aos comunistas deve ser relacionada aos episódios mais importantes da história da repressão na Europa Central e no Sudeste Europeu na primeira metade do século XX. O movimento comunista internacional e as suas seções nacionais nunca deixaram de acusar "a justiça e a polícia burguesas" e mais particularmente as repressões fascista e nazista. Milhares de comunistas devotados foram efetivamente vítimas de regimes fascistas e da ocupação nazista durante a Segunda Guerra Mundial.

No entanto, a perseguição aos comunistas não cessou com a instalação progressiva das "democracias populares", quando o Estado da "ditadura do proletariado" substituiu o "Estado burguês".

Logo em 1945, na Hungria, a polícia política prendia Pal Demeny, Jozsef Skolnik e alguns dos seus camaradas. Esses consideravam-se comunistas e nessa qualidade haviam dirigido grupos clandestinos da Resistência geralmente integrando jovens e operários; nos grandes centros industriais, os filiados a esses grupos eram mais numerosos do que os do Partido Comunista ligado a Moscou. Para esse partido, os comunistas como Demeny eram tidos como concorrentes e denominados "trotskistas" ou "desviacionistas". O resistente Pal Demeny partilhou assim, depois da Libertação, o seu destino com o dos que haviam combatido e ficou preso até 1957. Na Romênia, o destino de Stefan Foris, secretário-geral do PCR desde meados dos anos 1930, foi mais trágico. Acusado de ser agente da polícia, mantido sob residência fixa em 1944, foi morto em 1946, a cabeça despedaçada por uma barra de ferro. A sua velha mãe, que o procurava por todo lado, foi um dia encontrada afogada num rio da Transilvânia, com grandes pedras atadas ao pescoço. O assassinato político de Foris, assim como os que o executaram, foram denunciados em 1968 por Ceausescu.

Os casos de Demeny, de Foris e de outros apontam para uma realidade difícil de definir: para o aparelho repressivo, havia os "bons" comunistas, organizados no partido fiel a Moscou, e os "maus", que recusavam ingressar nas suas fileiras. No entanto, esse princípio não foi válido durante muito tempo em todos os países, e a dialética da perseguição aos comunistas tornou-se mais refinada em 1948.

Europa Central e Sudeste Europeu 513

No final do mês de junho de 1948, o Kominform (Bureau de Informação dos Partidos Comunistas), criado em setembro de 1947 e reunindo os partidos comunistas no poder (com exceção da Albânia) e os dois partidos comunistas mais fortes da Europa Ocidental (o francês e o italiano) condenava a Iugoslávia de Tito e convocava a deposição desse dirigente. Nos meses seguintes, tomava forma um fenômeno até aí desconhecido na história do movimento comunista: o "desviacionismo", a oposição aos chefes de Moscou, a necessidade de autonomia e de independência relativamente ao "Centro-Rei", que estivera sempre confinada a pequenos grupos de militantes, surgia agora sob uma forma "estatizada". Um pequeno Estado balcânico, onde o monopólio do poder pelo Partido Comunista já havia se tornado patente, inclusive pela sua crueldade, desafiava o centro do império comunista. A situação, cada vez mais tensa, dava à perseguição aos comunistas perspectivas até então inimagináveis, pois eles podiam ser reprimidos, nos Estados dirigidos por comunistas, como "aliados" ou como "agentes" de um outro Estado comunista.

Consideremos as duas vertentes dessa novidade histórica na perseguição aos comunistas, cuja vertente iugoslava foi durante muito tempo ocultada e geralmente ignorada na história das democracias populares. Consumada a ruptura que o vocabulário jornalístico chamou de "Tito-Stalin", a Iugoslávia sofreu uma situação de miséria e fome tais que alguns a classificaram como "pior" do que a vivida durante a guerra. De um dia para o outro as ligações com o exterior foram totalmente interrompidas, e o país, seriamente ameaçado, com os tanques soviéticos concentrados nas suas fronteiras. A possibilidade de uma nova guerra, entre 1948 e 1949, foi real, num país destruído por conflito anterior, ainda tão próximo.

O poder em Belgrado reagiu à condenação da "traição iugoslava" e às ameaças reais com o "isolamento" dos fiéis a Moscou, chamados *informbirovtsi* ("kominformistas"), e de todos os que aprovavam a decisão do Kominform de junho de 1948. Esse isolamento não significava apenas um encarceramento que impedisse o contato com o mundo exterior. O poder titista, impregnado da doutrina bolchevique, recorreu aos métodos que correspondiam a sua cultura política: os campos de concentração. A Iugoslávia possuía numerosas ilhas e, talvez por referência ao primeiro campo bolchevique instalado no arquipélago das Solovki, uma delas, Goli Otok (a ilha nua), tornou-se o principal campo. E não era um campo qualquer, já que os métodos de reeducação utilizados eram semelhantes aos utilizados no campo de Pitesti, na Romênia; talvez esses métodos devam ser chamados de "balcânicos". Assim, o recém-chegado era obrigado a passar entre duas filas de um "corredor da desonra" ou "prova de fogo" composta por outros presos que queriam resgatar-se ou melhorar a sua situação e que o injuriavam, o socavam ou apedrejavam. Assim também, o ritual das "críticas e autocríticas", ligado, bem entendido, ao das "confissões".

A tortura era o pão de cada dia dos internados. Entre os suplícios, citemos o do "tonel" — a cabeça do detido era mergulhada num recipiente cheio de excrementos — e também o do *bunker*, uma espécie de cárcere instalado numa trincheira. No entanto, o que era utilizado com maior frequência pelos guardas-"reeducadores", e que faz lembrar os métodos dos campos de concentração nazistas, era o de quebrar pedras, onipresente naquela ilha rochosa do mar Adriático. E, para acabar de humilhar o executante, o cascalho obtido era lançado ao mar[...]

Provavelmente, a perseguição dos comunistas na Iugoslávia, que surgiu em 1948-1949, faz parte das perseguições mais maciças conhecidas até então na Europa após a da União Soviética nos anos 1920, a da Alemanha nos anos 1930 e a repressão dos comunistas durante a ocupação nazista — uma perseguição francamente "maciça" se considerarmos o número de habitantes e o número de comunistas filiados. Segundo fontes oficiais, durante muito tempo secretas, a repressão atingiu 16.731 pessoas, 5.037 das quais condenadas após processos formais. Três quartos das vítimas foram enviadas para Goli Otok e para Grgur. As análises independentes de Vladimir Dedijer estimam que só pelo campo de Goli Otok passaram 31.000 ou 32.000 pessoas. É ainda impossível precisar o número de prisioneiros mortos, vítimas de execuções, de esgotamento, de fome e de epidemias ou ainda de suicídios, solução extrema pela qual alguns comunistas respondiam aos dilemas que a situação cruelmente lhes colocava.

A segunda vertente da perseguição dos comunistas é mais conhecida: a repressão dos "agentes titistas", nas outras democracias populares. Ela se revestiu, com frequência, da forma dos "processos de grande espetáculo" destinados a impressionar não apenas a opinião pública dos países onde se desenrolaram, como a de todos os países reunidos à força no "campo da paz e do socialismo". O desenrolar dos processos devia provar a razão de uma afirmação cara a Moscou, segundo a qual o inimigo principal devia ser procurado no interior dos partidos comunistas, sendo necessário instaurar a desconfiança generalizada e uma vigilância sem falhas.

Desde o início de 1948, o Partido Comunista Romeno (PCR) debruçou-se sobre o caso de Lucretiu Patrascanu, ministro da Justiça entre 1944 e 1948, intelectual e teórico do marxismo, um dos fundadores do Partido, em 1921, com apenas 21 anos. Algumas das acusações contra Patrascanu preludiavam a campanha contra Tito. Demitido em fevereiro de 1948 e preso, Patrascanu

Europa Central e Sudeste Europeu 515

só foi condenado à morte em 1954, sendo executado em 16 de abril, depois de seis anos de prisão e um ano após a morte de Stalin. O mistério dessa execução tão demorada não foi ainda totalmente esclarecido. Uma das explicações avançadas defende que Gheorghiu Dej, secretário-geral do PCR, teria receado uma hipotética reabilitação de Patrascanu, que o transformaria num concorrente; essa hipótese é satisfatória, já que os dois dirigentes se encontravam em conflito desde a guerra.

Em 1949, os processos contra dirigentes comunistas visaram inicialmente os países vizinhos da Iugoslávia. O primeiro desenrolou-se na Albânia, cuja direção estava muito ligada aos comunistas iugoslavos. A vítima escolhida, Koci Xoxe, um dos chefes da Resistência armada comunista, ministro do Interior e secretário-geral do PCA depois da guerra, era verdadeiramente um homem devotado a Tito. Após todo o outono de 1948, quando uma campanha política fustigou a "facção trotskista pró-iugoslava dirigida por Xoxe e Kristo" no interior do Partido, os aliados dos comunistas iugoslavos foram presos, em março de 1949. Koci Xoxe foi julgado em Tirana com outros quatro dirigentes — Pandi Kristo, Vasco Koleci, Nuri Huta e Vango Mitrojorgji. Condenado à morte em 10 de junho, ele foi executado no dia seguinte. Os seus quatro camaradas foram condenados a pesadas penas de prisão, e outros comunistas pró-iugoslavos seguiriam pelo mesmo caminho, todos vítimas da "depuração" do Partido albanês.

O segundo processo espetacular da série "antititista" desenrolou-se em Budapeste, em setembro de 1949, tendo como acusado mais ilustre Laszlo Rajk, antigo combatente das Brigadas Internacionais na Espanha e um dos dirigentes da Resistência interna, posteriormente um ministro do Interior muito duro na repressão dos democratas não comunistas e finalmente ministro das Relações Exteriores. Preso em maio de 1949, Rajk foi torturado e, ao mesmo tempo, sujeito à chantagem dos seus antigos camaradas da direção — se ele "ajudasse o Partido", seria condenado, mas não executado — até se submeter a confissões que ele relatou perante o tribunal, com acusações muito fortes contra Tito e os iugoslavos, "inimigos das democracias populares". A sentença do tribunal húngaro, pronunciada em 24 de setembro, foi sem apelo: Laszlo Rajk, Tibor Szönyi e Andras Szalai foram condenados à morte; o iugoslavo Lazar Brankov e o social-democrata Pal Justus, à prisão perpétua. Rajk foi executado em 16 de outubro. Quatro oficiais de alta patente foram também condenados à morte por um tribunal militar, num processo anexo.

Na Hungria, durante a repressão decorrente do processo Rajk, outras 94 pessoas teriam sido detidas e posteriormente condenadas ou encarceradas.

Quinze dos condenados foram executados, 11 morreram na prisão, 50 cumpriram penas de mais de dez anos. O número de mortos provocados por esse caso teria sido de cerca de 60 pessoas, se incluirmos os suicídios dos seus próximos, mas também — e por que não? — de juízes e oficiais implicados no inquérito do processo.

As animosidades no interior da equipe dirigente, bem como o zelo do secretário-geral do Partido, Mátyás Rákosi, e dos chefes da polícia secreta deviam sem dúvida ser levados em consideração na escolha das vítimas e de seu "chefe", Laszlo Rajk. No entanto, esses fatores ou ainda outros não deviam esquecer o essencial: durante uma primeira onda de repressão, os decisores de Moscou, entre os quais figuravam os responsáveis da Segurança e dos serviços de informação encarregados da Europa Central e do Leste Europeu, estavam no centro das ações contra certos comunistas. Não se poupavam a esforços para descobrir uma vasta "conspiração internacional antissoviética". O processo Rajk devia desempenhar aí um papel-chave, com a sua principal testemunha de acusação, Noel Field, um americano que se filiara secretamente ao comunismo e que ajudava os serviços soviéticos, o que ficou claramente provado na ocasião da recente abertura dos arquivos.[18]

Essa tentativa de "internacionalizar" a conspiração, até o momento sobretudo "titista", foi mais uma vez verificada com o processo, em Sófia, contra Traitcho Kostov. Kominternista de longa data, condenado à morte pelo Antigo Regime, dirigente da Resistência armada interna, vice-presidente do Conselho após a guerra, Kostov era considerado o delfim de Georgui Dimitrov. O estado de saúde desse ex-secretário-geral da Internacional Comunista e chefe do Partido Comunista Búlgaro desde 1946 havia se agravado muito em 1949 (embora tratado na URSS desde março, morreu em 2 de julho).

Desde o final de 1948 que, na cúpula do PCB, os "moscovitas" (os dirigentes que tinham passado a guerra em Moscou, como acontecera com o húngaro Rákosi e com o tcheco Gottwald) criticavam os "defeitos e os erros" de Kostov, particularmente o seu "relacionamento incorreto com a URSS" no domínio da economia. Apesar das suas "autocríticas" e com o consentimento de Dimitrov (que o condenava violentamente numa carta datada de 10 de maio, enviada

---

[18] Noel Field foi preso em Praga, a pedido da Hungria e com o apoio dos conselheiros soviéticos. O processo desse norte-americano nunca ocorreu, e ele foi libertado em outubro de 1954 com sua mulher, Herta (ela também havia sido presa na Tchecoslováquia e transferida para Budapeste em 28 de agosto de 1949), e seu irmão, Hermann (preso em agosto de 1949, durante a colaboração dos serviços de segurança tchecos e poloneses).

Europa Central e Sudeste Europeu 517

de um sanatório soviético), Kostov foi preso, juntamente com vários dos seus colaboradores, em junho de 1949.

O processo contra Traitcho Kostov e os seus nove camaradas teve início em Sófia em 7 de dezembro de 1949. A sentença foi pronunciada em 14: Kostov foi condenado à morte como "agente" ao mesmo tempo da antiga polícia búlgara, do "traidor Tito" e dos "imperialistas ocidentais"; quatro outros dirigentes comunistas — Ivan Stelanov, Nikola Pavlov, Nikola Netchev e Ivan Tutev — foram condenados à prisão perpétua; três, a 15 anos; um, a 12, e o outro, a oito. Kostov foi enforcado dois dias depois de o recurso ter sido recusado.

O processo de Sófia ocupa um lugar original na história dos processos contra os dirigentes comunistas sob regimes igualmente comunistas. Por ocasião de suas primeiras declarações em tribunal, Kostov renegou as confissões feitas precedentemente, extorquidas durante o interrogatório do processo, proclamando a sua inocência. Posteriormente impedido de tomar a palavra, ele foi no entanto autorizado a fazer uma declaração final, na qual se proclamou um amigo da União Soviética — não conseguiu, é claro, terminar o discurso. "Incidentes" como esses obrigaram os encenadores de futuros processos públicos a refletir.

Na Bulgária, o "caso Kostov" não terminou com o enforcamento da principal vítima. Em agosto de 1950, começava o processo de 12 "colaboradores de Kostov", escolhidos entre os responsáveis pela economia; um outro processo, contra dois "membros do bando conspirador de Kostov", foi iniciado em abril de 1951, seguido por um terceiro que visou dois membros do Comitê Central do PCB. Ligados ao contexto desse caso, realizaram-se ainda alguns outros, mas a portas fechadas, contra oficiais do exército e da Segurança.

Na Tchecoslováquia, os dirigentes já haviam sido avisados, em junho de 1949, de que perigosos "conspiradores" se escondiam no interior do PCT. Para identificá-los, especialmente o "Rajk tcheco", foi criado em Praga um grupo especial em que operavam responsáveis do aparelho do Comitê Central, da polícia política e da Comissão de Controle do PCT. As primeiras prisões, em 1949, atingiram responsáveis comunistas de pouca importância. O regime, nessa primeira onda de processos contra comunistas, conseguiu montar apenas um único processo antititista: aquele que, entre 30 de agosto e 2 de setembro de 1950, julgou em Bratislava, capital da Eslováquia, 16 pessoas, entre elas dez iugoslavos. À cabeça do grupo encontrava-se Stefan Kevic, vice-cônsul da Iugoslávia em Bratislava. Dois dos eslovacos julgados foram condenados à morte, e um deles, Rudolf Lancanic, executado.

Foi no final de 1949 que a máquina policial que vinha no rastro do Rajk tcheco, reforçada e dirigida por homens experientes vindos da central de segu-

518   *O Livro Negro do Comunismo*

rança de Moscou, ganhou velocidade. Os chefes dos "conselheiros soviéticos" não escondiam o objetivo da sua missão. Um deles, Likhatchev, irritado com a falta de cuidado demonstrada por um responsável eslovaco da Segurança, exclamou: "Fui mandado aqui por Stalin, para organizar os processos. Não tenho tempo a perder. Não vim à Tchecoslováquia para discutir; vim para cortar cabeças (*svolotchit golovy*). Prefiro torcer 150 pescoços a deixar que o meu seja torcido."[19]

A reconstituição desse momento histórico da repressão pôde ser feita meticulosamente, uma vez que os historiadores haviam conseguido, já em 1968, ter acesso aos mais recônditos cantos dos arquivos do Partido e da polícia; posteriormente, em novembro de 1989, eles puderam aprofundar ainda mais os seus estudos.

O casal Pavlik foram as primeiras pessoas a serem presas em maio de 1949, durante a preparação do processo de L. Rajk na Hungria — o processo de Gejza Pavlik aconteceu no mês de junho de 1950. Em junho de 1949, o húngaro Mátyás Rákosi entregara ao chefe do PCT, Klement Gottwald, em Praga, a listagem de cerca de 60 altos responsáveis tchecos cujos nomes haviam sido referidos no decorrer do inquérito do caso Rajk. Praga, interessada nesse processo e sob pressão contínua dos serviços de segurança soviéticos e húngaros, começou a considerar com atenção crescente os comunistas que haviam passado a guerra exilados no Ocidente, particularmente os antigos membros das Brigadas Internacionais. No outono, o PCT constituiu uma seção especial da Segurança de Estado com o objetivo de "identificar os inimigos no interior do Partido", e não hesitou em recorrer a antigos elementos da Gestapo, "especialistas" no movimento comunista. Com a prisão de Evzen Löbl, vice-ministro do Comércio Exterior, em novembro de 1949, a repressão lançada contra os comunistas passou para uma etapa superior: ela atingia agora "quadros superiores", o que se confirmou no decorrer do ano seguinte, implicando, entre outros, dirigentes do Partido em nível regional.

Em janeiro e fevereiro de 1951, uma grande onda de prisões atingiu uma faixa importante da pirâmide do poder. Entre os 50 presos, altos representantes do Partido e do Estado, contavam-se "comunistas francófonos" e outros ainda, responsáveis de uma maneira ou de outra pelos contatos com os demais partidos, como Karel Svab.

---

[19] AUV KSC, Comissão de Barnabitky, carta de T. Balaz, *in* Karel Kaplan, *Zprava o zavrazdeni generalniho tajemnika* (Relatório sobre o assassinato do secretário-geral), Praga, Mlada Fronta, 1992, p. 68.

Europa Central e Sudeste Europeu 519

Entretanto, a etiqueta de "líder da conspiração" passava de um para outro e foram necessários dois anos para se descobrir o Rajk tcheco. Só no verão de 1951, e com a concordância imediata de Klement Gottwald, Stalin decidiu que o líder seria Rudolf Slansky, secretário-geral do PCT em pessoa, cujo "braço direito" era Bedrich Geminder, outra personalidade poderosa do aparelho do Komintern. Seu nome figura praticamente sempre junto do de Rudolf Slansky, tanto na correspondência entre Stalin e Gottwald, como nos interrogatórios de comunistas cujas prisões antecederam a de Slansky. Os autores soviéticos da encenação encaravam Geminder como "um líder sobressalente". A Segurança de Estado prendeu esses dois chefes da "conspiração" em 24 de novembro de 1951. No decorrer dos meses seguintes, dois outros altos responsáveis se juntaram a eles na prisão: Rudolf Margolius, vice-ministro do Comércio Exterior, em 12 de janeiro de 1952, e Josef Frank, adjunto de Rudolf Slansky, em 23 de maio de 1952.

Os conselheiros soviéticos e os seus subalternos locais torturaram ininterruptamente, a fim de preparar mais um processo de grande espetáculo. Eles alcançaram seus objetivos, e em 20 de novembro de 1952 pôde começar em Praga o "processo da direção do centro da conspiração encabeçada por Rudolf Slansky contra o Estado". Dessa vez eram julgados dirigentes comunistas de primeiro plano. A sentença foi pronunciada pelo tribunal em 27 de novembro: 11 dos réus eram condenados à morte; três, à prisão perpétua. Na madrugada de 3 de dezembro, entre as 3h e as 5h45min, o carrasco da prisão de Pankrac, em Praga, amarrava ao poste os 11 condenados.

O processo Slansky, modelo simbólico de repressão

Após os dos dirigentes bolcheviques em Moscou, nos anos 1930, o processo Slansky foi o mais espetacular e o mais comentado na história do comunismo. Entre os condenados encontravam-se personalidades eminentes do aparelho comunista internacional, transformando Praga, durante a guerra fria, na "Genebra comunista". A capital tcheca desempenhava então um papel-chave nas relações interpartidárias, sobretudo com os partidos comunistas francês e italiano.

Rudolf Slansky, secretário-geral do PCT desde 1945, era um admirador incondicional de Moscou, presidente do "Grupo dos Cinco", organismo especialmente encarregado da supervisão cotidiana da repressão e, a esse título, diretamente responsável pela aprovação de dezenas de penas de morte.

Bedrich Geminder e Josef Frank eram os seus vice-secretários-gerais. Geminder trabalhara na cúpula do aparelho do Komintern. De Moscou ele havia regressado a Praga para aí dirigir o departamento internacional do PCJ. Frank, preso nos campos de concentração nazistas entre 1939 e 1945, supervisionava os assuntos econômicos e a ajuda financeira destinada aos partidos comunistas ocidentais. Rudolf Margolius supervisionava, como vice-ministro do Comércio Exterior, as relações com as sociedades comerciais controladas por esses partidos. Otto Fischl, vice-ministro das Finanças, estava também ao corrente de certas manipulações financeiras do PCT. Ludvik Frejka havia participado, durante a guerra, da Resistência tcheca em Londres e dirigia, desde 1948, quando Klement Gottwald se tornara presidente da República, o departamento econômico da sua chancelaria.

Entre os condenados ligados aos serviços especiais soviéticos, quer diretamente, quer através do aparelho comunista internacional — à parte Slansky e Geminder —, citemos Bedrich Reicin, chefe dos serviços de informação do exército e, depois de fevereiro de 1948, vice-ministro da Defesa; Karel Svab, prisioneiro dos campos de concentração nazistas e depois responsável pelos assuntos do pessoal no aparelho central do PCT, função que o levara ao cargo de vice-ministro da Segurança Nacional; André Simone, jornalista que trabalhara antes da guerra, sobretudo na Alemanha e na França; e finalmente Artur London, colaborador dos serviços de informação soviéticos durante a Guerra da Espanha, resistente na França e deportado, tendo ajudado os serviços de informação comunistas a partir de 1945 na Suíça e na França, e, a partir do início de 1949, como vice-ministro das Relações Exteriores em Praga.

Dois outros responsáveis desse ministério figuram entre os acusados: o eslovaco Vladimir Clementis, ministro desde a primavera de 1948, advogado comunista antes da guerra, exilado na França, onde ele expressara uma opinião crítica quanto ao pacto germano-soviético, o que lhe valera a exclusão do Partido, decisão abolida em 1945; e Vavro Hajdu, também ele eslovaco, vice-ministro. O terceiro eslovaco do processo, Evzen Löbl, que passara a guerra exilado em Londres, foi preso quando desempenhava as funções de vice-ministro do Comércio Exterior.

Otto Sling também havia participado da Resistência tcheca em Londres, depois de ter integrado as Brigadas Internacionais na Espanha. Finda a guerra, ele se tornara secretário regional do PCT em Brno, capital da Morávia.

Os três condenados à prisão perpétua — Vavro Hajdu, Artur London e Evzen Löbl — viram a sua origem judaica posta em evidência durante o processo. O mesmo aconteceu com oito dos 11 condenados à morte, com exceção de Clementis, Frank e Svab.

O processo Slansky é um símbolo, em todas as democracias populares, e não apenas na Tchecoslováquia, da repressão dirigida contra os comunistas. No entanto, a sua monstruosidade não pode fazer esquecer o fato de que as vítimas de repressão eram sobretudo não comunistas. Durante todo o período de 1948 a 1954, os comunistas representam na Tchecoslováquia cerca de 0,1% dos condenados, 5% dos condenados à morte e 1% dos mortos — penas capitais executadas, suicídios provocados por perseguição, mortes nas prisões ou nos campos de concentração (acidentes de trabalho nas minas, assassinatos executados por guardas durante "tentativas de fuga" ou no decorrer de "atos de rebelião").

Europa Central e Sudeste Europeu 521

O processo Slansky, minuciosamente preparado por conselheiros soviéticos residentes na Tchecoslováquia agindo de acordo com as altas esferas do poder de Stalin em Moscou, marcou a segunda onda dos grandes processos políticos contra dirigentes comunistas que se desenrolaram nas democracias populares a partir de 1949.

Em 1953 e 1954, na Tchecoslováquia, ao grande espetáculo do processo Slansky seguiram-se os processos "consecutivos ao processo Slansky", apesar da morte de Stalin e da de Gottwald em março de 1953. Eles chegaram ao seu ápice em 1954. O primeiro grande processo desse ano decorreu em Praga entre 26 e 28 de janeiro: Marie Svermova, fundadora do PCT e membro da sua direção de 1929 a 1950, foi condenada à prisão perpétua; e os seus seis coacusados, altos responsáveis do aparelho partidário, a um total de 111 anos de cadeia. A esse processo seguiu-se um segundo, um mês mais tarde, entre 23 e 25 de fevereiro. Sete militantes do PCT, "membros do Grande Conselho trotskista", foram condenados a um total de 103 anos de prisão. O terceiro processo teve lugar em Bratislava, de 21 a 24 de abril, dirigido contra antigos líderes do Partido Comunista Eslovaco, julgados como "grupo de nacionalistas burgueses eslovacos". Um dos dirigentes da Resistência, Gustav Husak, foi condenado à prisão perpétua; e seus quatro coacusados, a 63 anos de cadeia. No decorrer do ano de 1954, foram organizados outros seis "grandes processos" contra altos dignitários do exército, contra altos responsáveis da economia (11 pessoas condenadas a 204 anos de prisão no total) e contra a "direção ilegal da social-democracia". Por fim, várias pessoas foram julgadas individualmente. Como de norma havia vários anos, antes de cada processo "importante", a ata de acusação e as sentenças a serem pronunciadas eram aprovadas pelo secretariado político do PCT no início de cada um; a direção discutia depois o relatório sobre o desenrolar do processo.

Os processos de 1953 e 1954 perderam as características de grande espetáculo. O último processo político do período de 1948-1954, em 5 de novembro de 1954, foi o de Eduard Utrata, responsável pela Economia.

Osvald Zavodsky, antigo combatente das Brigadas Internacionais, resistente na França e deportado, chefe da Segurança de Estado depois de 1948, foi o último comunista executado por essa onda de repressão. O tribunal condenou-o à pena capital em dezembro de 1953. O pedido de clemência foi recusado pelo poder: ele também sabia demais sobre os serviços especiais soviéticos. Em 19 de março de 1954, seu corpo balançava no cadafalso de Praga.

Como é que a repressão conseguiu atingir os comunistas mais categorizados? A escolha da vítima obedeceria a uma lógica qualquer? A abertura dos arquivos e novas investigações confirmaram em vários pontos as análises apresentadas antes de 1989: os processos pré-fabricados, o papel desempenhado pelas "confissões" extorquidas, a encenação dirigida por Moscou, o frenesi ideológico e a política antititista em primeiro lugar, depois a antissionista e a antiamericana, tudo isso traduzido em atos judiciais. Numerosos fatos deram precisão e completaram o que agora se sabe. A abertura dos arquivos permite também — para a segunda onda repressiva dirigida contra os comunistas, diferente da primeira, provocada pela necessidade imediata de combater a heresia titista — aprofundar o conhecimento do fenômeno através da formulação de algumas hipóteses.

Estudos solidamente documentados esclareceram as causas evidentes: a intervenção, a ingerência de Moscou, foram determinantes. Os processos dos comunistas estavam estreitamente articulados com a situação internacional da época, e o poder stalinista devia, depois da revolta de Tito, impor total submissão ao movimento comunista e acelerar o processo de "satelitização" dos novos territórios do império soviético. Essa repressão ligava-se igualmente aos problemas políticos, sociais e econômicos de cada um dos países que a conheceram: o dirigente comunista condenado servia de bode expiatório; os seus erros deviam "explicar" as insuficiências do governo, e o seu castigo, canalizar a "cólera do povo". O terror onipresente semeou e fez germinar o medo nas camadas dirigentes, o que era necessário para obter uma obediência absoluta e a submissão total às "ordens do Partido" e às necessidades do "campo da paz", definidas pelos dirigentes soviéticos.

As divergências internas nos meios dirigentes pesaram incontestavelmente na escolha das vítimas. Os ódios e as invejas recíprocas, tão frequentes nas sociedades submissas a um poder colonial, não são nada negligenciáveis. Foram assim, certamente, oferecidas ao senhor, ao Grande Manipulador de Moscou, interessantes variações do jogo que ele próprio jogava com os seus vassalos aterrorizados: com efeito, ele já possuía fazia bastante tempo todas as informações pormenorizadas sobre esses ódios e esses ciúmes.

As duas ondas repressivas que visaram os dirigentes comunistas definem, também, a tipologia da vítima-modelo. A repressão atacou antigos voluntários da Guerra Civil da Espanha, homens que haviam participado na Resistência do exterior, resistentes na Iugoslávia, emigrantes na França ou na Inglaterra. Na Hungria, Bulgária e Eslováquia os alvos foram, na sua maioria, comunistas da Resistência interna.

No entanto, deve-se ir mais longe e perguntar: por que é que o processo de Rudolf Slansky, o mais importante de todos, se transformou num grande espetáculo *mundial*? Que interesses subjacentes do poder stalinista no mundo emergiram na sua concepção? Qual a razão de uma tal publicidade, de uma tal brutalidade nas sentenças, por que a violência espetacular num momento em que a URSS parecia controlar perfeitamente as democracias populares? As formas com que esse controle se revestia, cartas "ucasses", reuniões para "consulta" e até as atividades de milhares de conselheiros soviéticos locais são agora bem conhecidas.

Nessa busca da lógica profunda da repressão, torna-se agora necessária a formulação de uma primeira hipótese: o bloco soviético preparava uma guerra, preparava a guerra na Europa. O "imperialismo americano" havia se tornado o inimigo principal, e os dirigentes soviéticos acreditavam — ou queriam fazer acreditar — que o inimigo preparava uma agressão contra o "campo comunista". O processo Slansky, o seu desenrolar, a sua repercussão organizada, a sua "ideologia" violentamente antiamericana — o antititismo continua presente mas articulado ao sentimento antiamericano dominante — foram também, e sem dúvida antes de tudo mais, um fenômeno que testemunha os preparativos de uma guerra por parte do poder soviético. A "pedagogia dos cadáveres" destinava-se não apenas às fileiras comunistas, mas também aos adversários. Stalin já havia se servido dela durante os anos 1930, com os grandes expurgos na União Soviética, na conjuntura do período que precedeu a guerra. Estaria ele convencido de poder recorrer mais uma vez ao mesmo método?

Ninguém, entre os que puderam conhecer a riqueza dos arquivos disponíveis, duvida hoje de que, em 1950-1951, enquanto acontecia a Guerra da Coreia, o bloco soviético preparava a guerra na Europa com o objetivo de ocupar a sua parte ocidental. Stalin, durante a reunião dos representantes políticos e militares do "campo", em 1951, mencionou a possibilidade de guerra para 1953. No bloco soviético, a militarização da economia atingira o seu auge.

A Tchecoslováquia possuía uma forte indústria de armamentos, cujas raízes remontavam à época da monarquia austro-húngara; nos anos 1930 o país contava-se entre os principais exportadores mundiais de armas. A partir de 1949, ela foi obrigada a transformar-se no fornecedor de armas do campo soviético. Essa decisão foi acompanhada pela militarização total da economia e da sociedade, pela propaganda constante sobre a iminência de uma guerra e pelo aumento sem precedentes das despesas militares — em cinco anos, as despesas destinadas ao exército foram multiplicadas por sete! Somos forçados a acrescentar: a pilhagem sistemática das minas de urânio dirigida por "peritos soviéticos'" e a destruição desenfreada da sociedade civil.

O historiador militar Jindrich Madry, que estudou os arquivos abertos depois de 1989, conclui num estudo recente: "Até maio de 1953, os armamentos da Tchecoslováquia foram intensificados ao máximo na previsão da 'guerra inevitável' que se aproximava."[20] O orçamento do Ministério da Defesa, planificado para 1953, devia ser dez vezes superior ao de 1948. Segundo as exigências soviéticas, a economia tcheca devia evoluir em termos de "economia de pré-guerra". Em 1º de janeiro de 1953, o número de homens mobilizados atingia 292.788, o dobro dos efetivos de 1949, e em abril o presidente da República decidiu prolongar o serviço militar para três anos. Reservas financeiras e materiais eram acumuladas tendo em vista a guerra, e é nesse contexto que se deve situar a "reforma monetária" de junho de 1953, que depauperou os detentores de poupanças. Vários indícios apontam para uma mudança da situação precisamente em junho de 1953, quando a guerra inevitável parece ter deixado de ser a estratégia preconizada pelos novos senhores de Moscou.

A lógica que presidiu à escolha das vítimas é mais claramente compreendida se a repressão contra os responsáveis comunistas for situada na perspectiva da preparação de uma guerra. O "Grande Irmão" não só conhecia muito bem os seus fiéis camaradas, como possuía ideias bastante claras relativamente aos seus adversários ocidentais. A sua "pedagogia dos cadáveres" atingiu, segundo parece, o auge do maquiavelismo. O que seria necessário fazer para convencer o adversário da sua própria força e da sua determinação (e semear eventualmente a ilusão de uma fraqueza) e mergulhá-lo numa total confusão? O que seria necessário fazer para convencer os seus fiéis, iniciados nos segredos do movimento, da gravidade da situação, da necessidade de uma disciplina de ferro no conflito que se mostrava iminente e da necessidade sagrada do sacrifício?

Impunha-se sacrificar os fiéis entre os fiéis, escolher os que garantissem que essa decisão teria o maior alcance possível à escala internacional, em todas as direções, incluindo a União Soviética. A utilização como arma da mais simples mentira, aquela de que se conhecem todos os contornos. Teria a encenação do grande espetáculo tido uma eficácia idêntica se os escolhidos como "agentes imperialistas" fossem um Antonin Zapotocky ou um Antonin Novotny, pouco conhecidos tanto no aparelho soviético como nos outros? Quem é que hoje em dia acredita que um Thorez ou um Togliatti, um Kruschev ou um Gottwald pensaram, mesmo por uma fração de segundo, em 1952, que Rudolf Slansky, Bedrich Geminder e outros dos seus mais próximos pudessem ser "agentes

---

[20] "O período de armamento e rearmamento", in *Soudobé dejiny* (Revista *A História do Tempo Presente*), Praga, nºs 4-5, 1994.

Europa Central e Sudeste Europeu

americanos"? É verdade que os iniciados se viram obrigados a usar todas as suas forças para decifrar e compreender essa mensagem-mentira, e aí residia um dos objetivos dessa operação maquiavélica.

Para que encontrasse eco o que Annie Kriegel classificou como "pedagogia infernal" era necessário escolher personalidades conhecidas no movimento antifascista na Espanha, na França, na URSS e na Inglaterra, conhecidas por terem sido deportadas para campos nazistas. Os personagens-chave dos aparelhos sabiam perfeitamente quais os serviços prestados pela maior parte dos comunistas condenados e até que ponto era inquestionável a sua lealdade para com Moscou. Entre os comunistas sacrificados, muitos eram os que tinham grandes responsabilidades na perseguição e nos assassinatos anteriores dos não comunistas; muitos tinham colaborado estreitamente com os "órgãos soviéticos".

Os processos continuaram até 1953-1954, quando a URSS optou pela nova estratégia de "coexistência pacífica".

Uma segunda hipótese que nos parece necessário formular diz respeito ao antissemitismo presente na repressão contra os comunistas. As análises dos processos mencionam regularmente um aspecto desse fenômeno: a "luta contra o sionismo" e os "sionistas" (ou seja, o banal antissemitismo) que claramente se articulava com a mudança da política soviética relativamente a Israel e ao mundo árabe. O novo Estado de Israel — para o qual a Tchecoslováquia, entre outros, muito contribuíra através do fornecimento de armas à Haganah — havia se transformado num "grande inimigo"; a estratégia soviética passava a contar agora com a "luta de libertação nacional" dos árabes.

Nicolas Werth (ver a primeira parte deste livro) identificou claramente, na União Soviética, um componente antissemita na repressão a partir de dezembro de 1947 e na preparação do "grande expurgo final" do início dos anos 1950. Na Europa Central, o antissemitismo era já muito nítido no processo Rajk: o juiz sublinhou os apelidos de origem judaica dos quatro acusados, insinuando — em vão — que Rajk teria um avô judeu. Esse antissemitismo atingiu o auge no processo Slansky, durante o qual se colocou grande ênfase na "origem judaica" dos 11 acusados e nas suas ligações ao "sionismo internacional".

Para avaliar a intensidade desse antissemitismo nos bastidores, basta escutar um dos chefes dos conselheiros de Moscou, já citado. O camarada Likhatchov, que pedira informações sobre a atividade subversiva de determinados dirigentes eslovacos, teria declarado (trata-se do testemunho do seu interlocutor, um policial eslovaco): "Não ligo à mínima de onde você os tira. Nem tampouco para

526   *O Livro Negro do Comunismo*

saber se é verdade ou mentira. Estou disposto a acreditar em tudo e, quanto ao resto, deixe o caso comigo. Por que tanta preocupação com essa merda judia?"[21]

Desse ponto decorre um outro aspecto desse componente antissemita que, tanto quanto sabemos, nunca foi mencionado. Stalin e os seus êmulos queriam acertar as contas com os elementos judaicos do aparelho comunista internacional, eliminando-os definitivamente. Esses judeus comunistas não professavam a fé judaica. A sua identidade parece, antes, ligar-se à nação à qual eles se haviam assimilado ou ao fato de pertencer à comunidade comunista internacional. Infelizmente — já que nos faltam testemunhos e fontes — nós ignoramos como é que essa identidade dos judeus comunistas foi influenciada pela experiência do genocídio. No entanto, sabemos que muitos dos seus próximos haviam morrido nos campos de extermínio nazistas.

Muito bem representados no aparelho da Internacional Comunista, esses judeus comunistas continuaram, depois da guerra, a ocupar lugares-chave em vários partidos e aparelhos de Estado da Europa Central. Miklos Molnar escreve na sua síntese sobre o comunismo húngaro: "Na cúpula da hierarquia, os dirigentes são praticamente todos de origem judaica, assim como ocorre, em proporção menos significativa, no aparelho do Comitê Central, na polícia política, na imprensa, na edição, no teatro, no cinema[...] A forte e incontestável promoção de quadros operários não pode escamotear o fato de que o poder de decisão pertence, numa larga medida, aos camaradas provenientes da pequena burguesia judaica."[22] Em janeiro de 1953, o chefe da Segurança de Estado da Hungria e antigo amigo de Rajk, Gabor Peter, foi preso sob a acusação de "conspirador sionista". O discurso oficial de Rákosi, ele próprio judeu comunista, difamando-o como "Peter e o seu bando" (Gabor Peter e outros oficiais da Segurança), fez dele um bode expiatório.

Na Romênia, o destino da kominterniana judia Ana Pauker foi decidido em 1952. Como Gheorghiu Dej, chefe do Partido, e Vasile Luca, Ana Pauker pertencia à "troika" dirigente. Segundo um testemunho ainda não confirmado por outras fontes, Stalin, na ocasião de um encontro com Dej, em 1951, teria se mostrado surpreendido por nenhum dos agentes do titismo ou do sionismo já terem sido presos, exigindo uma "mão de ferro". Desse modo, Vasile Luca, ministro das Finanças, foi exonerado em maio de 1952, juntamente com Teohari Georgescu, ministro do Interior, e condenado à morte. A condenação foi transformada em prisão perpétua, durante a qual ele morreu. Ana Pauker,

---

[21] K. Kaplan, *op. cit.*
[22] M. Molnar, *De Béla Kun à Janos Kadar...*, *op. cit.*, p. 187.

ministra dos Negócios Estrangeiros, foi destituída no início de julho, presa em fevereiro de 1953 e libertada em 1954, passando a ter uma vida familiar. Com ela, o pendor antissemita da repressão atingiu os quadros médios do aparelho.

Os acontecimentos então verificados em Moscou — reorganização profunda dos serviços de Segurança e prisão do seu chefe, Abakumov, em julho de 1951 — levam-nos à formulação de uma terceira hipótese: a do confronto de clãs no interior do aparelho da Segurança soviético. Esse confronto foi provavelmente decisivo tanto na escolha definitiva das vítimas entre os que haviam colaborado com os serviços de Segurança, quanto na importância da pena. Karel Kaplan constata no seu último trabalho de síntese: "Uma questão permanece em aberto, a de se saber se a liquidação de um grupo de colaboradores dos serviços de segurança soviéticos, bem como a sua substituição por outros (Bacilek, Keppert e outros) não têm a sua origem nos conflitos e nas mudanças que se verificaram no interior da central moscovita de segurança."[23]

O fundamento dessa hipótese apenas poderá ser demonstrado depois de longa pesquisa nos principais arquivos de Moscou. É fato verídico a existência de divergências, no final do reinado de Stalin, entre os seus potenciais sucessores — Kruschev, Malenkov, Beria — ligados aos diferentes chefes e grupos dos serviços de segurança; temos uma ideia das rivalidades existentes entre os "serviços especiais" do exército e os do NKVD, que estavam em situação de concorrência precisamente nas democracias populares onde o exército havia penetrado primeiro.[24]

Os arquivos de Praga refletem o estado de irresolução em que se encontravam os serviços de segurança soviéticos. Na primavera de 1950, a central de Moscou procedeu à substituição dos conselheiros soviéticos que foram para Praga no princípio de outubro de 1949 e que "não tinham obtido os resultados previstos". Durante uma reunião no Kremlin em 23 de julho de 1951, para a qual Gottwald, convidado, se fizera substituir por Alexei Cepicka, ministro da Defesa Nacional, Stalin criticou esses conselheiros pela sua atuação irresponsável. Escreveu, também, numa carta para Gottwald (versando principalmente sobre os destinos de Slansky e Geminder), trazida de Moscou por Cepicka: "No que se refere a sua avaliação positiva do trabalho do camarada Boiarski [principal conselheiro soviético] e ao desejo que expressou de o manter nas funções de conselheiro do Ministério da Segurança Nacional da República

---

[23] K. Kaplan, *op. cit.*, p. 256.

[24] Ver Mikhail Agurski, "La bataille au sein de la Sécurité d'État", *Le Monde*, 2-3 de outubro de 1983.

O Livro Negro do Comunismo

Tcheca, somos de opinião contrária. A experiência do trabalho do camarada Boiarski na República Tcheca demonstrou bem que ele não tinha a qualificação necessária para desempenhar responsavelmente os seus deveres de conselheiro. Por isso decidimos que abandonasse a Tchecoslováquia. Se há realmente a necessidade de um conselheiro em matéria de segurança de Estado (compete-lhe a decisão), nós nos esforçaremos para encontrar um responsável mais sólido e com maior experiência".[25]

Nessas condições, compreende-se que os chefes da Segurança se encontrassem psicologicamente fragilizados. Por exemplo, o chefe do grupo de responsáveis tchecos pela investigação tomou nota de uma declaração de um dos conselheiros: "Só se podem deixar prematuramente os serviços de segurança para ir à cidade dos pés juntos." Jindrich Vesely, chefe da Segurança de Estado, tentou suicidar-se em 1950. Falhou, mas repetiu a tentativa, em 1964, com sucesso. Antes dessa segunda tentativa, deu uma longa explicação do seu suicídio; parece sincera e pode ser consultada nos arquivos do Comitê Central do PCT. No documento, Vesely se refere à causa da primeira tentativa de suicídio. Sabia que Stalin procedia regularmente à eliminação dos chefes dos serviços de segurança: ele quis assim escapar a sua própria liquidação.

Nessa busca da lógica da escolha das vítimas entre os dirigentes comunistas, é finalmente indispensável a formulação de uma quarta hipótese: a preparação de um grande processo na capital moscovita do império devia coroar a série de processos políticos conduzidos nos outros países e punir os pretensos protagonistas de uma imensa "conspiração internacional" no próprio centro, em Moscou. Os novos dados analisados no capítulo "A última conspiração" constituem argumentos sérios que apoiam essa interpretação da repressão contra os comunistas na Europa Central e no Sudeste Europeu.

Do "pós-terror" ao pós-comunismo

Antes de abordar o período que vai de 1955 a 1956 — definido pelo historiador húngaro Miklos Molnar como "pós-terror" — até 1989-1990, data em que a maior parte dos regimes comunistas da Europa Central e do Sudeste entram em decomposição, impõem-se algumas constatações. Provavelmente, elas nos ajudarão a compreender a evolução e a lógica da repressão, a partir de 1955-1956.

---

[25] K. Kaplan, *op. cit.*, p. 141.

Verifica-se, em primeiro lugar, que a repressão que se seguiu à expansão dos regimes comunistas na Europa, e que sem dúvida pode ser classificada como "terror de massa", assentava — era aliás o seu objetivo — na violação e na liquidação das liberdades e dos direitos fundamentais. Estes haviam sido definidos e explicitados por documentos internacionais, particularmente pela Declaração Universal dos Direitos do Homem, votada em dezembro de 1948 pela Assembleia Geral das Nações Unidas, a despeito da abstenção da URSS e de cinco "democracias populares". Essa repressão estava em total contradição com o texto das Constituições em vigor nos países respectivos; com efeito, eram a direção e o aparelho do Partido Comunista que decidiam a sua amplitude e grandes orientações, agindo como organismos não constitucionais. Na Tchecoslováquia, por exemplo, foi somente em 1960 que o "papel dirigente do Partido Comunista" foi introduzido na Constituição, proclamada como a segunda Constituição socialista que se seguiu à da URSS. Frequentemente, a repressão violava também as leis em vigor: nenhuma lei permitia o emprego da tortura em larga escala na ocasião da detenção e do inquérito do processo; nenhuma lei dava plenos poderes à polícia política, transformada em máquina de fabricar processos. É bom ressaltar que os comentários que acompanharam as primeiras revisões dos processos contra comunistas condenavam a polícia por "ter-se erguido acima do Partido" e não "acima da lei" — isto certamente com a finalidade de diminuir ou escamotear a responsabilidade dos dirigentes políticos no funcionamento do sistema policial.

Analisemos em seguida as especificidades da ditadura comunista. Ela não foi específica de um Estado — embora esse Estado cobrisse a sexta parte da área total do globo —, mas de vários Estados, internacionalizando-se. As ditaduras comunistas representavam um sistema de vasos comunicantes entre si, tendo Moscou como o seu centro. Sabemos, graças à abertura dos arquivos, que a repressão nas futuras "democracias populares" foi inspirada e dirigida, logo após 1944, pelo poderoso aparelho comunista internacional, estruturado em redor da Internacional Comunista, posteriormente integrada pelo aparelho central soviético. Em 12 de junho de 1943, imediatamente após a dissolução do Komintern, anunciada em 9 de junho, foi criado o Departamento de Informações Internacionais do Comitê Central do PC(b)US, chefiado por Alexandre Stcherbakov, assistido por Georgi Dimitrov e Dimitri Manuilski. Esse departamento continuou a dirigir os partidos comunistas. Dimitrov, desde o início o seu verdadeiro chefe, foi nomeado chefe oficial por decisão do Politburo Soviético no final do mês de dezembro de 1943. O departamento dava suas diretivas através dos serviços estrangeiros dos partidos comunistas

530   *O Livro Negro do Comunismo*

instalados na URSS (que não existiam na Albânia e na Iugoslávia), através das ligações radiofônicas ou de mensageiros, e mais tarde durante as "consultas" em Moscou. Uma conversa entre Wladyslaw Gomulka e Dimitrov, em 10 de maio de 1945, exemplifica essa situação. Esse último criticava-o por não utilizar na Polônia medidas punitivas severas, e acrescentava: "Não podemos dispensar os campos de concentração." Será que a utilização dos campos contra inimigos políticos foi planejada logo no fim da guerra?[26]

A ampliação da experiência bolchevique aos Estados não integrados à União Soviética depressa se revelou arriscada: as sensibilidades nacionais continuavam a existir — e a se exprimir —, apesar das intervenções de Moscou destinadas a uniformizar os regimes do bloco soviético. Na sequência dos acontecimentos verificados em 1948-1949 na Iugoslávia, entre 1953 e 1956 na Hungria e em 1956 na Polônia, a diversificação dos regimes comunistas acentuou-se no início dos anos 1960, com a ruptura entre a URSS e a China e a sua repercussão nos países-satélites europeus, principalmente na Albânia e na Romênia.

Ressaltemos finalmente que os comunistas que ocupavam o poder souberam confrontar-se com o seu passado de opressores; nesse ponto reside uma das diferenças fundamentais entre o comunismo e o nazismo, que nunca teve um Kruschev, um Nagy, um Dubcek ou um Gorbatchev. No decorrer dos anos 1950, a "reabilitação" das vítimas transformou-se no principal trunfo dos combates pela sucessão no poder, sucessão aberta, quer pelo desaparecimento do grande chefe — Stalin e Gottwald em 1953, Bierut na Polônia em 1956 —, quer provocada pela destituição do secretário-geral — Rákosi —, na Hungria, em 1956. "Reabilitar" significava não apenas denunciar crimes gritantes, mas também identificar os seus responsáveis. A importância das reabilitações nas lutas dentro das cúpulas perdurou durante os anos 1960, sobretudo na Tchecoslováquia. O fenômeno influenciou também as bases humanas da utopia (sobretudo a *intelligentsia*), para as quais o ideal comunista possuía uma dimensão moral e que se sentiram traídas com a revelação dos crimes do regime. A história da repressão deve portanto integrar, a partir de 1953 e até aos anos 1960, as anistias, mesmo se muitas vezes parciais, pois representaram atos políticos de extraordinário significado.

Assim, em 1955-1956, a máquina de destruir pessoas continuava instalada, mas começava a emperrar. Responsáveis da polícia política, agentes consu-

---

[26] Acerca da atividade desse departamento e da formação do bloco soviético, ver os trabalhos do historiador russo Leonid J. Gibianskii; por exemplo, *Kholodnaia voina* (Guerra fria), Novas perspectivas, novos documentos, Moscou, Otvet, 1995. Gibianskii consultou não somente os arquivos russos, mas também os poloneses, iugoslavos e tchecos.

Europa Central e Sudeste Europeu 531

mados da repressão entre 1949 e 1953, foram exonerados, por vezes presos e condenados, embora as penas fossem leves. Dirigentes políticos eram obrigados a apresentar a demissão, substituídos algumas vezes por antigos presos — caso de Gomulka, na Polônia, e Kadar, na Hungria. A repressão tornava-se mais "suave"[...]

O período fundador dos regimes comunistas deixara muitas feridas abertas. O terror de massa como método de repressão não desapareceu por completo tanto nos anos 1950 como nos 1960. Com efeito, parece-nos legítimo incluir nesta categoria as intervenções militares do exército soviético. Os tanques na rua destinaram-se a semear o terror entre a população.

Os tanques soviéticos atuaram pela primeira vez em 17 de junho de 1953 na RDA: a sua utilização destinava-se a esmagar — no Leste de Berlim e em outras grandes cidades — manifestações espontâneas de trabalhadores provocadas por medidas governamentais que endureciam as condições de trabalho. Segundo os estudos mais recentes, pelo menos 51 pessoas encontraram a morte no decorrer dos motins e na repressão que se seguiu: duas pessoas foram esmagadas pelos tanques, sete condenadas pelos tribunais soviéticos, três por tribunais da RDA, 23 morreram em consequência de ferimentos; seis mortos pertenciam às forças de segurança. Até 30 de junho, 6.171 pessoas foram oficialmente detidas e, depois dessa data, cerca de 7.000 outras.[27]

Depois do XX Congresso do PCUS, os dirigentes soviéticos recorreram ainda por duas vezes a intervenções militares de grande envergadura: na Hungria, em 1956, e na Tchecoslováquia, em 1968. Os tanques serviram, em ambos os casos, para esmagar uma revolta antitotalitária popular que conquistara a adesão de importantes camadas da população.

Na Hungria, país onde o exército soviético tinha forças estacionadas, as suas unidades intervieram por duas vezes: por volta das 2 horas da madrugada de 24 de outubro em Budapeste — começando a retirada no dia 30 — e durante a noite de 3 para 4 de novembro. Violentos combates duraram até a noite do dia 6 de novembro, com focos de resistência que subsistiram, sobretudo nas zonas operárias da cidade, até 14 de novembro, enquanto no mesmo dia era derrotado um grupo rebelde na zona montanhosa de Mecsek. Os confrontos armados reapareceram em dezembro, ligados a manifestações de rua. Em Salgotarjan, em 8 de dezembro, 131 pessoas morreram como consequência de disparos efetuados por unidades soviéticas ou húngaras.

---

[27] Dieter Staritz, *Geschichte der DDR*, Frankfurt-sur-le-Main, Suhrkampf, 1996.

532   O Livro Negro do Comunismo

A morte violenta, ou a sua ameaça — elemento essencial do terror —, foram durante algumas semanas a realidade do cotidiano magiar. Os combates provocaram cerca de 3.000 mortos, dois terços dos quais em Budapeste, e 15.000 feridos. Com a abertura dos arquivos, os historiadores húngaros puderam estabelecer também o número de vítimas do lado dos opressores. Entre 23 de outubro e 12 de dezembro, as unidades da polícia política (AVH), dos exércitos soviético e húngaro e do Ministério do Interior teriam registrado 350 baixas; 37 elementos da AVH, da polícia ou do exército teriam sido executados sumariamente, quer fuzilados, quer linchados. Assim, a "honra da revolução foi manchada", segundo os termos dos historiadores.[28]

A repressão que se seguiu ao esmagamento da revolta húngara, e na qual a polícia militar soviética participou ativamente até o início de 1957, atingiu mais de cem mil pessoas, várias dezenas de milhares foram encarceradas em campos de concentração oficialmente reabertos em 12 de dezembro; 35.000 foram levadas a tribunal, das quais entre 25.000 e 26.000 foram presas. Vários milhares de húngaros foram deportados para a União Soviética; 229 rebeldes foram condenados à morte e executados; finalmente, 200.000 pessoas evitaram a repressão e emigraram.

Essa repressão depressa recorreu a um instrumento já bastante experimentado: a justiça de exceção, articulando-se à volta dos tribunais populares e da câmara especial dos tribunais militares. Foi perante o tribunal popular de Budapeste que se desenrolou o processo de Imre Nagy, comunista de longa data, que emigrou para Moscou durante a guerra, afastado do poder em 1948, mas primeiro-ministro em 1953, para de novo ser afastado em 1955. Nagy assumira a presidência do governo insurrecional. O seu processo terminou no final de junho de 1958. Dois dos seus coacusados encontravam-se ausentes: Geza Losonczy, jornalista comunista, antigo resistente que já fora preso entre 1951 e 1954, ministro do governo de Nagy, morto na prisão em 21 de dezembro de 1957, provavelmente com a ajuda dos investigadores; e Jozsef Szilagyi, comunista de antes da guerra, resistente preso durante a guerra, chefe do gabinete de Nagy em 1956, condenado à morte em 22 de abril e executado em 24. Segundo os documentos existentes, J. Szilagyi teria se comportado no decorrer da investigação como um acusador determinado, repetindo aos investigadores,

---

[28] Baseamo-nos especialmente na síntese publicada em 1956 pelos pesquisadores do Instituto de História da Revolução Húngara, em Budapeste, Csaba Bekes, Janos M. Rainer e Pal Germuska, *in Soudobe dejiny* (*História Contemporânea*), nº 4, Praga, 1997.

Europa Central e Sudeste Europeu 533

entre outras coisas, que, comparadas com as daquele momento, as prisões do regime fascista de Horthy tinham sido meros sanatórios.

A sentença do processo de Imre Nagy, iniciado em 9 de junho de 1958, foi pronunciada no dia 15, e os três condenados à morte foram executados no dia 16. Além de Nagy, foram condenados à pena capital o general Pal Maleter, resistente durante a guerra, comunista desde 1945, ministro da Defesa do governo insurrecional de 1956, preso pelas autoridades soviéticas; e Miklos Gimes, jornalista comunista, fundador de um jornal clandestino após o esmagamento da revolução. Cinco outros acusados foram condenados a penas entre os cinco anos de prisão e a prisão perpétua.

O processo de Imre Nagy, um dos últimos grandes processos políticos das democracias populares, demonstrava ser impossível ao poder comunista, restaurado graças à intervenção militar soviética, não recorrer a esse instrumento último de repressão. No entanto, ele já não tinha a capacidade para organizar grandes espetáculos; o processo de Nagy decorreu a portas fechadas, no edifício da prisão central e da sede da polícia política de Budapeste, numa sala especialmente preparada para o efeito. Em 1958, Nagy e os seus pares — símbolos da revolta popular, que recusavam reconhecer como legítimas a intervenção soviética e a tomada do poder pela equipe dirigida por Janos Kadar — não podiam continuar vivos.

As novas investigações sublinham a crueldade dessa repressão, não hesitando em utilizar a palavra "terror". No entanto, elas constatam a ambivalência do período e as suas diferenças relativamente a 1947-1953. Em 1959, com processos contra os rebeldes ainda em vigor, teve lugar a primeira anistia, embora parcial; as medidas de exceção foram levantadas em 1960, os campos de encarceramento suprimidos etc. O ano de 1962 assistiu ao afastamento dos agentes da polícia implicados nos processos pré-fabricados do período de Rákosi; Rajk e 190 outras vítimas daquela ocasião foram definitivamente reabilitados. Em 1963, foi proclamada uma anistia geral, mas que não atingiu alguns dos rebeldes, condenados como "assassinos". A repressão violenta cessava. No entanto, a reabilitação de Imre Nagy e dos seus "cúmplices" só aconteceu em 1989; ainda em 1988, a polícia espancava, em Budapeste, manifestantes que queriam comemorar o aniversário da sua execução[...]

Dois fatores externos influenciaram essa evolução: por um lado, a crítica mais aprofundada ao reinado de Stalin na URSS e o decorrente afastamento dos seus partidários na direção soviética; por outro lado, uma conjuntura internacional nova, em que a ideia de coexistência pacífica nas relações Leste-Oeste começava a tomar peso. Dois fatores que não se repercutiram apenas na Hungria[...]

Na Tchecoslováquia, 12 anos depois da insurreição húngara, os tanques soviéticos semeavam de novo o terror. A intervenção militar de 1968 deve distinguir-se da de 1956, ainda que tivesse o mesmo objetivo — o esmagamento de uma revolta popular contra o "socialismo à soviética". São diferentes pelo tempo que passou, pela conjuntura internacional e pela conjuntura específica do sistema comunista mundial. O grosso das tropas de assalto era evidentemente soviético, mas quatro outros membros do Pacto de Varsóvia participaram: Bulgária, Hungria, Polônia e República Democrática Alemã. Ressaltemos um outro fato fundamental: o exército soviético não possuía unidades estacionadas na Tchecoslováquia, como aconteceu na Hungria de 1956, país vencido que devemos considerar ocupado e onde as divisões soviéticas intervieram no combate armado que explodira nas ruas. O Estado-Maior soviético devia encarar a eventualidade de uma resistência armada dos tchecos à invasão, com a possibilidade de uma guerra local ou mesmo europeia.

Compreendem-se assim os impressionantes meios mobilizados. Na noite de 20 para 21 de agosto de 1968, com o nome de código "Danúbio", a operação preparada desde 8 de abril, quando foi assinada a diretiva GOU/1/ 87654 do marechal Gretchko, ministro da Defesa soviético, pôs em ação principalmente tropas soviéticas estacionadas nos territórios da RDA, da Polônia e da Hungria. Em primeiro lugar as unidades blindadas, os preciosos tanques que por todo lugar simbolizaram a repressão, inclusive na praça de Tiananmen, em Pequim, em 1989. O primeiro escalão era composto por 165.000 homens e 4.600 tanques; cinco dias mais tarde, a Tchecoslováquia encontrava-se ocupada por 27 divisões apoiadas por 6.300 tanques, 800 aviões, 2.000 canhões e cerca de 400.000 homens.

Caixões incômodos

Executados os 11 condenados no processo Slansky, em dezembro de 1952, os corpos foram incinerados, e as cinzas, dispersas sobre as estradas e campos gelados dos arredores de Praga. Seis anos depois, no entanto, o poder comunista húngaro repugnava a solução das cinzas.

Depois de executados, Imre Nagy e seus companheiros foram, primeiro, enterrados na prisão de Kozma, onde decorrera o processo de investigação, por baixo de uma espessa camada de concreto. Os cadáveres, se bem que colocados em local desconhecido das suas famílias, continuavam a assustar. Durante o verão de 1961, eles foram exumados e sepultados, em grande segredo durante a noite, no cemitério público de Budapeste, próximo do local onde se encontravam já duas outras vítimas do mesmo processo, Geza Losonczy e Jozsef Szilagyi. Os caixões

Europa Central e Sudeste Europeu

entraram para o cemitério por cima do muro, e os guardas ignoravam tudo sobre o enterro desses três mortos, registrados sob nomes fictícios. Durante 30 anos, os esforços dos familiares para saberem o local de sepultura foram vãos. Com base em informações não confirmadas, as famílias punham flores em alguns túmulos da parcela nº 301 do cemitério comunal. A polícia molestava os visitantes e por várias vezes danificou os túmulos, fazendo com que fossem pisoteados por cavalos.

Os corpos puderam finalmente ser exumados em março de 1989. A autópsia de Geza Losonczy revelou várias fraturas das costelas, algumas das quais eram seis meses anteriores à morte, e outras mais recentes.

O governo da época havia entregue a investigação sobre o local de sepultura a jovens oficiais. Entre os que se recusaram a ajudar os investigadores figurava Sandor Rajnai, responsável pela investigação do processo e embaixador da Hungria em Moscou entre 1988 e 1989.

Baseado no testemunho de Alajos Dornbach, advogado da parte civil no pedido de revisão do processo Nagy em 1988, publicado em *Communisme*, nºs 26-27, Paris, L'Âge d'Homme, 1990.

Para termos mais claramente a medida do poder de ataque desses tanques, monstros mensageiros do terror, lembremos que em 1940 a França foi atacada por cerca de 2.500 tanques — nitidamente menos pesados em massa de aço e esteira e com menor poderio de fogo do que os de 1968 —, e que a Alemanha de Hitler mobilizou, em junho de 1941, 3.580 tanques durante o ataque à URSS. E, finalmente, que a Tchecoslováquia tinha aproximadamente 14,3 milhões de habitantes, muito menos de metade da população francesa em 1940.

Não houve guerra local, e a resistência à invasão foi pacífica, não houve conflito armado, o que não impediu que os invasores tivessem matado 90 pessoas, sobretudo em Praga. Mais de 300 tchecos e eslovacos ficaram gravemente feridos, e mais de 500 sofreram ferimentos leves. O número de baixas na força de ocupação permanece até hoje desconhecido — acidentes de estrada, manipulação desajeitada de armas, execução de desertores. Sabe-se apenas que os tchecos abateram um soldado búlgaro. As autoridades soviéticas prenderam e deportaram vários dirigentes, sendo no entanto obrigadas a libertá-los poucos dias depois e a negociar com eles. Politicamente, a intervenção armada resultou num enorme fiasco: as forças de ocupação não conseguiram instalar o "governo operário e camponês" que fora previsto.

A repressão ligada a essa intervenção militar não terminou em 1968: entre as suas vítimas figuram as "tochas humanas", os que publicamente se imolaram pelo fogo como protesto contra a ocupação. Conquistaram na época, e até hoje, o estatuto de vítimas simbólicas. O primeiro a escolher esse destino foi Jan Palach, estudante de 20 anos, imolado pelo fogo no centro de Praga em 16 de janeiro de 1969 por volta das 14h30min. A sua morte provocou, três dias mais tarde, enormes manifestações. Jan Zajic, outro estudante, seguiu os mesmos passos de Jan Palach, em fevereiro. A terceira "tocha humana" — um comunista de 40 anos, Evzen Plocek — incendiou-se no princípio de abril em Jihlava, na Morávia.

A repressão na Tchecoslováquia depressa revestiu traços originais: foi executada pela polícia e pelo exército nacionais, depois de "normalizados". A pressão exercida pelas autoridades soviéticas, apoiada na instalação durável das forças de ocupação, foi enorme. Um acontecimento imprevisto fez com que as coisas andassem mais rápido: as manifestações espontâneas da noite de 28 para 29 de março de 1969, com cerca de meio milhão de pessoas. Os tchecos e os eslovacos saíram às ruas de 69 cidades para celebrarem a vitória da equipe nacional contra a da União Soviética no campeonato mundial de hóquei sobre o gelo. Vinte e uma das 36 guarnições soviéticas na Tchecoslováquia foram então atacadas. Os marechais agitaram-se e avisaram a Alexandre Dubcek, ainda secretário-geral do PCT — até 17 de abril que ele estava se arriscando a ter a mesma sorte de Imre Nagy[...]

O potencial de repressão das forças tchecas "normalizadas" — unidades especiais do exército e da polícia, assim como da milícia popular, formada nas fábricas — foi posto à prova no primeiro aniversário da ocupação. Elas haviam sido conscientemente preparadas para isso. Provocaram numerosos confrontos com os manifestantes, na sua maioria jovens. As cargas foram por vezes brutais, sobretudo em Praga, onde logo em 20 de agosto dois adolescentes haviam sido mortos. Todas as grandes cidades sofreram o choque das unidades especiais do exército, com tanques e blindados. Esse episódio violento foi classificado pelos especialistas como a "a mais importante operação de combate executada pelo exército tcheco no pós-guerra". Três outros manifestantes tombaram em 21 de agosto, dezenas ficaram gravemente feridos. Milhares foram presos e espancados. E, antes do fim de 1969, 1.526 manifestantes foram condenados por um decreto da presidência da Assembleia Federal, com força de lei, assinado em 22 de agosto pelo presidente desse organismo, Alexandre Dubcek[...][29]

O ano de 1969 assistiu à prisão de alguns dos participantes na revolta de 1968: o mesmo caminho foi seguido por um grupo de jovens, o Movimento da

---

[29] Sobre o primeiro aniversário da ocupação da Tchecoslováquia, em 1968, ver *Srpen, 69 (Agosto de 69)*, edição de documentos dirigida por Oldrich Tuma, Praga, USD-Maxdorf, 1996, pp. 344.

Juventude Revolucionária (HRM), ativo na preparação das comemorações do primeiro aniversário da invasão: a polícia conseguira infiltrar um elemento no grupo. No entanto, apesar da forte pressão exercida pelos "ultras", o poder dos "normalizadores" continuava a não dar luz verde para a preparação de processos políticos contra os dirigentes comunistas de 1968. As análises mencionam frequentemente que a nova equipe temia iniciar um processo que poderia voltar-se contra ela própria. Gustav Husak, o novo secretário-geral do PCT, escolhido pelos soviéticos para substituir Dubcek, conhecia a partitura: condenado em 1954 à prisão perpétua, durante um grande processo contra "os nacionalistas burgueses eslovacos", ele havia passado mais de nove anos na cadeia. Entretanto, o terror de massa, aprovado por Moscou, continuava a exercer-se de maneira insidiosa e cruel, numa estratégia sutil, destinada a instaurar o medo: centenas de milhares de pessoas viram cerceado o seu direito de participação na vida pública, sofrendo também discriminação profissional; os seus filhos, impedidos de acesso ao ensino secundário ou superior, tornaram-se reféns. Desde o início da normalização, o regime atacou os órgãos da sociedade civil que haviam se reorganizado em 1968: cerca de 70 organizações e associações foram proibidas ou liquidadas através de fusão com outras, a censura reinstalou-se etc. Dezenas de milhares de tchecos e eslovacos seguiram finalmente os passos dos exilados de 1948. Durante os 40 anos de regime comunista, cerca de 400.000 pessoas, na sua maioria qualificadas e com estudos superiores, escolheram abandonar o país; depois de 1969, os tribunais as condenaram sistematicamente por contumácia.

Entretanto, os processos políticos não desapareceram completamente durante a repressão que se seguiu ao esmagamento da "Primavera de Praga". Depois do processo de 16 membros do HRM, em março de 1971, no decorrer do qual o seu líder, Petr Uhl, foi condenado a quatro anos de prisão, nove outros se desenrolaram durante o verão de 1972. Neles foram julgados alguns dos protagonistas de "segunda linha" dos acontecimentos de 1968, perseguidos pelas suas atividades após a ocupação. Dos 46 acusados, dois terços dos quais eram antigos comunistas, 32 foram condenados a um total de 96 anos de prisão, e 16, depois de vários meses de detenção, a um total de 21 anos de pena, com direito a *sursis*. A pena mais pesada foi de cinco anos e meio de cadeia, "clemente" se comparada com as penas aplicadas no período fundador do regime. Vários dos condenados por essa onda de repressão — Petr Uhl, Jaroslav Sabata, Rudolf Batek — foram de novo presos depois de cumprirem as respectivas penas. Passaram ao todo, nos anos 1970 e 1980, nove anos das suas vidas na prisão. A Tchecoslováquia detinha, naquele momento, o triste recorde da perseguição política na Europa.

As grandes revoltas de 1956 e de 1968 — e o seu esmagamento — convidam-nos à análise de uma outra característica da lógica repressiva, a dos vasos comunicantes. Os acontecimentos que agitaram um país tiveram repercussão nos outros, em particular quando a potência do centro se comprometeu militarmente. Em 1956, em ligação com a revolta húngara, a direção pós-stalinista do PCT, alarmada, encontrava-se preparada para enviar unidades do exército tcheco para a Hungria. Internamente, intensificava-se a repressão, com o reenvio para a prisão de centenas de prisioneiros políticos já libertados e com a perseguição dos simpatizantes tchecos e eslovacos da revolta húngara; 1.163 pessoas foram levadas a tribunal, com frequência por terem expresso verbalmente a sua solidariedade para com os húngaros; a maior parte, 53,5%, eram operários, e as condenações foram de até um ano de prisão, raramente ultrapassando esse período. Nessa época, a repressão na Albânia foi mais espetacular: em 25 de novembro de 1956, o regime de Hoxha anunciava a condenação à morte e execução de três dirigentes acusados de "titismo" — Liri Gega, membro do Comitê Central do PCA, então grávida, o general Dale Ndreu e Petro Buli. Na Romênia, Gheorghiu Dej — que começava a jogar a "cartada chinesa" no seu relacionamento com a URSS — teve gestos de clemência para com nacionalistas que estavam sendo perseguidos; paralelamente, ele organizava um grande processo contra responsáveis pelo comércio externo, frequentemente judeus comunistas.

Ainda em 1968, os regimes — incluindo a União Soviética — que receavam o contágio das ideias da "Primavera de Praga" intensificaram a perseguição antes e depois da intervenção militar na Tchecoslováquia. O destino de Alfred Foscolo é testemunha disso, permitindo-nos compreender a atmosfera da época. De mãe búlgara e pai francês, professor na Bulgária até 1949, o jovem francês continuava a passar regularmente férias na Bulgária. Estudante de Direito e línguas orientais em Paris, ele decidiu colaborar com os seus amigos búlgaros fazendo a cópia, na França, de 500 exemplares de um panfleto que ele mesmo transportou para Sófia. Os jovens reivindicavam eleições livres, liberdade de movimentos e de imprensa, a reabilitação das vítimas da repressão, a autogestão operária e a abolição do Pacto de Varsóvia. No mesmo ano, ele tem uma filha com Raina Aracheva, que era búlgara. Fredy e Raina apresentam então um pedido de autorização de casamento, que demora a ser concedida. Mas 1968 chega.

Europa Central e Sudeste Europeu

No seu testemunho, Foscolo escreve:

"No início de 1968 fui chamado para o serviço militar. Em julho, a embaixada da Bulgária informa-me que a autorização de casamento seria concedida na condição de me deslocar para Sófia. Corri para lá durante um período de férias de 14 dias. Uma vez em Sófia, a autorização foi de novo recusada. Estamos em agosto de 1968; em 21, os soviéticos entram em Praga; em 28, sem saber o que fazer, tomo o Oriente-Express para Paris. Só viria a chegar lá alguns anos mais tarde: na fronteira sou preso pelos agentes da Darjavna Sigurnost. Incomunicável nos locais da Segurança de Estado, sou dado como desaparecido durante 15 dias para todos, exceto para o comandante Nedkov, que não me deixou alternativa: ou colaborava declarando-me agente imperialista ou então nunca mais ninguém ouviria falar de mim. Aceitei, com a esperança de que durante o processo poderia repor a verdade.

O processo se inicia em 6 de janeiro de 1969. Dois amigos de Raina acompanham-me como réus. Ao procurador, que pede para mim a pena de morte, o meu advogado de defesa responde que eu a mereço totalmente e pede clemência. Trata-se na verdade de uma farsa destinada a propaganda. Sou condenado a 27 anos de prisão com um cúmulo de 15 de detenção severa por espionagem. Os amigos de Raina apanham entre dez e 12 anos de cadeia, e Raina — que nada sabia do panfleto —, um ano. Um outro amigo, emigrante político búlgaro em Paris, é condenado à morte por contumácia.

"Depois de um mês na zona dos condenados à morte da prisão central de Sófia (7ª divisão), sou transferido para a prisão de Stara-Zagora, onde se encontrava detida a maioria dos 200 a 300 presos políticos do país. Nela, aprendi muito sobre a história penitenciária da Bulgária nos seus primeiros 25 anos de comunismo, apercebendo-me de que as minhas atribulações pouco representavam comparativamente ao que milhares de búlgaros haviam vivido. Testemunhei também o motim de 8 de outubro de 1969, durante o qual vários presos morreram. Um outro pedido de autorização para nos casarmos, apresentado naquela ocasião por mim próprio e por Raina, quando detidos, foi de novo recusado.

"Inesperadamente, fui libertado em 30 de abril de 1971 e expulso para a França. A nossa prisão em 1968, quando da ocupação da Tchecoslováquia, seguida de um processo de grande espetáculo, destinava-se a provar a implicação das "forças imperialistas" no movimento de emancipação do Leste; mas com o início das conversações de Helsinque, a minha presença nas prisões búlgaras tornou-se indesejável. Os meus dois camaradas búlgaros não se beneficiaram de clemência.

540   *O Livro Negro do Comunismo*

De volta a Paris, imaginei vários cenários para que Raina e a minha filha viessem se juntar a mim. Finalmente, cheguei clandestinamente a Sófia, sob uma falsa identidade e munido de passaportes falsificados. Graças a eles e a uma sorte tremenda, atravessamos os três a fronteira búlgaro-turca na noite de 19 para 20 de janeiro de 1974. Dois dias depois, chegávamos a Paris."[30]

No período entre 1955 e 1956 e 1989, a repressão foi marcada pela lógica própria a todos os regimes ditatoriais: o aparelho policial está ativo e ataca a oposição, geralmente espontânea nos movimentos sociais — greves ou manifestações de rua — ou já mais amadurecida, deliberada, formulando reivindicações e esforçando-se para se munir de uma estrutura organizacional. Para prevenir ou esmagar as atividades da oposição numa sociedade em que a contestação ganhava terreno e aproveitava a conjuntura internacional a partir da segunda metade dos anos 1970 com os acordos de Helsinque, o aparelho apoia-se numa rede de informantes cada vez mais extensa. É muito significativo para o estado do sistema que se tenha de recorrer a essa forma de controle da sociedade, aumentando consideravelmente o volume de informantes. Por exemplo, na Tchecoslováquia do início dos anos 1960, a polícia contentava-se com cerca de 8.000 informantes oficialmente recrutados, pois cada membro disciplinado do Partido Comunista estava evidentemente pronto a dar as informações desejadas. No final dos anos 1980, a mesma polícia precisava de 170.000 a 180.000 informantes!

Mas, paralelamente, a lógica repressiva no "pós-terror" foi cada vez mais influenciada pelas especificidades nacionais, pela relação de forças no interior das equipes dirigentes, pela apreciação pontual que essas faziam sobre a solidez dos seus regimes e pelo sucesso, ou insucesso, dos seus projetos políticos e econômicos. O Muro de Berlim, construído em 13 de agosto por iniciativa do SED, e com a aprovação dos dirigentes soviéticos, foi antes de mais nada uma manifestação de pânico quanto ao futuro do regime.

Na Romênia, a direção comunista exprimiu claramente a sua independência através da recusa em participar na intervenção militar contra a Tchecoslováquia. Algum tempo depois e ainda nos anos 1980, o seu "comunismo nacional" revelou-se, juntamente com o comunismo albanês, o mais repressivo de todos os países do espaço de que nos ocupamos. A repressão era efetivamente inerente ao sistema comunista, mesmo que a metrópole soviética não interviesse nela diretamente.

---

[30] Raina e Alfred Foscolo, "Prisionniers à Sofia", La Nouvuelle Alternative, nº 47, setembro de 1997, Paris.

Europa Central e Sudeste Europeu

A Romênia de Nicolae Ceausescu, o Conducator — que se fez adorar como o Guia, o Duce, o Führer —, teve de enfrentar, desde a segunda metade dos anos 1970, uma grave crise econômica e social, que provocou uma forte contestação. Se esse movimento se insere na luta pelas liberdades democráticas que se desenrolavam também nos outros países, ele se sustentou sobretudo na participação operária. A grande greve dos 35 mil mineiros do vale do Jiu, em agosto de 1977, as manifestações e as greves do verão de 1980, acompanhadas pela ocupação de fábricas em Bucareste, Galati, Tirgoviste e nas bacias mineiras, a revolta do vale de Motru, no outono de 1981, e outras tantas manifestações de contestação provocaram uma repressão muito dura por parte do poder de Ceausescu. Prisões, deslocamentos forçados, residências fixas, espancamentos, licenciamentos, internamentos psiquiátricos, processos e assassinatos — todo o arsenal repressivo foi amplamente utilizado. Com sucesso imediato, mas inútil a longo prazo. As manifestações e as greves explodiram de novo em 1987, culminando em novembro de 1988 com o levantamento popular de Brasov, a segunda maior cidade romena, com uma população de 300 mil habitantes. Os confrontos com as forças da ordem foram violentos e sangrentos; houve mortos e centenas de prisões.

Na Romênia, o calvário de alguns presos políticos parece eterno. Como o do padre Calciu, Gheorghiu Calciu Dumitreasa, por exemplo. Nascido em 1927, ele foi preso ainda estudante de medicina e enviado para Pitesti, prisão de que já falamos. O cativeiro durou até 1964. À saída da prisão, decidiu tornar-se padre. Comprometido, entre outros, com os fundadores do Sindicato Livre dos Trabalhadores Romenos (SLOMR), ele foi julgado, a portas fechadas, em 10 de maio de 1979, e condenado a dez anos de prisão por "transmissão de informações que põem em perigo a Segurança do Estado". Preso, ele fez cinco greves de fome. Ou ainda Ion Puiu, antigo responsável do Partido Nacional Camponês, condenado em 1947 a 20 anos de cadeia, de onde saiu em 1964 para de novo ser preso, em 1987, pela sua atividade na oposição.

O recrudescimento ou o abrandamento da repressão estiveram sempre ligados à situação política internacional, às relações Leste-Oeste e às flutuações da política soviética. De Brejnev a Gorbatchev o mundo evoluiu e com ele a ideologia da repressão. Nos anos 1960 e posteriormente, já não se perseguia — ou pouco — por apoio ao "titismo" ou ao "sionismo". Na maior parte dos países que nos interessam, a polícia preocupava-se muito mais com a "diversão ideológica" e com as "relações ilegais com o estrangeiro", sobretudo no Ocidente.

As formas de repressão, já bem "mais suaves" em um grande número de países, modificaram-se: por vezes, o exílio forçado — sobretudo na RDA e na

542   *O Livro Negro do Comunismo*

Tchecoslováquia — e, copiando o modelo soviético, o "tratamento psiquiátrico" substituíram a prisão. A violência do regime era então mais pormenorizadamente comentada e denunciada no Ocidente; a sua repercussão era imediata, e algumas das suas vítimas tinham o privilégio de testemunhar em publicações de grande tiragem. O fato de os crimes serem tornados públicos e mediatizados incitava os executantes da ditadura à reflexão, inclusive no caso da Romênia.

Entretanto, o sofrimento dos oprimidos, ainda que fosse atenuado, continuava a ser sofrimento. Os campos de concentração desapareceram, exceto na Albânia e na Bulgária, onde eles serviram, principalmente nos anos 1980, para o encarceramento de búlgaros de origem turca. Excetuando a Hungria, os processos políticos continuaram, marcos na evolução dos países que nos interessam. Como antes de 1956, esse método de dissuasão visava os que tinham querido fazer renascer a sociedade civil, os partidos que haviam sido liquidados ou sindicatos independentes, os que tinham mantido vivas as Igrejas da sombra. Foram raras as exceções em que os processos tocaram dirigentes comunistas. A esse propósito, podemos citar Paul Merker na RDA, condenado em março de 1955 a oito anos de prisão e libertado em 1956; Rudolf Barak, ministro tcheco do Interior, condenado a seis anos em abril de 1962; Milovan Djilas, importante dissidente do comunismo iugoslavo, preso uma primeira vez entre 1956 e 1961 e uma segunda, de 1962 a 1966. Quando a Albânia rompeu com a URSS alinhando com a China, os "pró-soviéticos" Liri Belishova, membro do Bureau Político, e Koço Tashko, presidente da Comissão de Controle do PCA, foram duramente punidos; o contra-almirante Temo Sejko foi executado em maio de 1961, na companhia de vários oficiais. Em 1975, já consumada a ruptura com a China, Henver Hoxha ordenou a liquidação de Beqir Balluku, ministro da Defesa, e Petrit Dume, chefe do Estado-Maior.

Presos políticos romenos em 1987: alguns casos

Francise Barabas, 40 anos, mecânico numa fábrica de têxteis, condenado a seis anos de prisão. Esse húngaro da Transilvânia distribuíra, com a ajuda do irmão e da sua futura mulher, panfletos onde se lia em húngaro: "Abaixo o sapateiro! Abaixo o assassino!" (A primeira profissão de Ceausescu havia sido a de sapateiro.)

Ion Bugan, eletricista, nascido em 1936. Condenado a dez anos, porque transportara no seu automóvel, pelas ruas do centro de Bucareste, em março de 1983, um letreiro onde se lia: "Deixem-nos em paz, assassinos!"

Ion Guseila, engenheiro, condenado, nos finais de 1985, a quatro anos, por ter distribuído panfletos nos quais se pedia a substituição do chefe do Estado.

Gheorghiu Nastasescu, operário da construção civil, 56 anos, condenado a nove anos por propaganda contra o regime. Passara já quatro anos na cadeia, por "propaganda antissocialista". No outono de 1983, ele havia lançado, do alto dos andaimes de um prédio em Bucareste, panfletos convidando todos a manifestarem o seu descontentamento.

Victor Totu, Gheorghiu Pavel, Florin Vlascianu, operários, nascidos em 1955, condenados a sete e oito anos; na noite de 22 de agosto de 1983, véspera do Dia da Romênia, escreveram nas paredes "Abaixo Ceausescu", comparando o seu regime ao regime nazista.

Dimitru Iuga, 40 anos, condenado a dez anos em 1983; ele já tinha por várias vezes se juntado a outros jovens com o objetivo de organizar manifestações contra Ceausescu. Estavam decididos a agir pacificamente. Sete jovens foram condenados a cinco anos de cadeia e — exceto Iuga — libertados em 1984, graças a uma anistia.

Nicolae Litoiu, 27 anos, condenado a 15 anos em 1981 por "conspiração contra a Segurança do Estado". No verão de 1981, em Ploiesti, ele havia lançado um petardo contra a Casa do Partido; ele também atirou panfletos do alto dos Armazéns Omnia. Gheorghiu Manu, seu cunhado, foi condenado a oito anos por ter sido informado das intenções de Litoiu.

Attila Kun, médico, condenado a três anos em janeiro de 1987 por ter se recusado a passar uma certidão de óbito referente a um preso político morto em consequência de tortura.

Borbely, professor de filosofia, 50 anos, condenado em 1982 a oito anos por colaboração na publicação de um "samizdat" em língua húngara.

La Nouvelle Alternative, nº 7, setembro de 1987, Paris.

A enumeração dos principais processos políticos desse período seria longa; somos forçados a contentar-nos com alguns exemplos.

As condenações à morte foram raras — exceto quanto a verdadeiros casos de espionagem — e raramente executadas. Foi o caso do búlgaro Dimitar Pentchev, condenado, juntamente com um amigo e cúmplice, à pena capital, em 1961, por ter tentado, com um grupo de jovens, ressuscitar o Partido Agrário de Nicolas Petkov; a sentença foi comutada, depois de recurso, em 20 anos de reclusão, e Pentchev foi libertado no outono de 1964, por ocasião de uma anistia geral. Transformado em operário, Pentchev ainda não havia terminado a sua instrutiva experiência de cárcere. Foi de novo preso, entre 1967 e 1974, dessa vez acusado de "passagem ilegal da fronteira", aventura em que um dos seus amigos foi morto. Em 1985, suspeito de terrorismo, passou dois meses na ilha de Belene, acabando por ser colocado sob residência vigiada numa pequena cidade mineira, Bobov-Dol[...]

544   *O Livro Negro do Comunismo*

Durante o período do "pós-terror", o número de mortos, vítimas da repressão, foi nitidamente inferior ao do período anterior a 1956. Além das mortes, às quais já nos referimos — de 1956 na Hungria e 1968-1969 na Tchecoslováquia —, contam-se algumas centenas a mais. Uma grande parte, cerca de 200 pessoas, foram mortas a tiro quando atravessavam a fronteira da RDA e o famoso Muro de Berlim. Um dos últimos presos políticos desse período a encontrar a morte foi o tcheco Pavel Wonka, morto na prisão em 26 de abril de 1988, por falta de cuidados médicos[...]

As contas fazem-se pouco a pouco, mas não é fácil, pois entre os mortos devem ser considerados os assassinatos executados pela polícia secreta e mascarados, por exemplo, em "acidentes de automóvel", como aconteceu com dois engenheiros romenos dirigentes do movimento grevista no vale do Jiu em 1977, algumas semanas depois de a greve ser esmagada.

Sem dúvida, as pesquisas futuras procurarão, como no período que precedeu 1956, estabelecer uma tipologia das vítimas, ou seja, definir o prisioneiro típico. Sabemos hoje que nem todas as vítimas desse período conheceram a prisão: caso dos que foram mortos durante as intervenções militares ou de tentativas desesperadas de passagem das fronteiras. Sabemos também que seria errado salientar os casos do dramaturgo tcheco Vaclav Havel, do filósofo húngaro Istvan Bibo, ou do escritor romeno Paul Goma, e deixar na sombra a "gente do povo". Limitar a análise da repressão a sua dimensão cultural é demasiado redutor. Aliás, que Babel ou que Mandelstam foi executado ou assassinado entre 1956 e 1989? Verificou-se, é certo, um assassinato, o do escritor búlgaro Georgui Markov em Londres, em setembro de 1978, pelo "guarda-chuva búlgaro" de um agente secreto. Entre as vítimas contam-se, sem dúvida, jovens cujo talento poderia ter desabrochado. Mas, no conjunto de países que estudamos — e o exemplo romeno apoia essa convicção —, foi a "gente do povo" que muito provavelmente forneceu o maior contingente de presos e de mortos. A história não deve esquecê-los.

Sabemos que as ditaduras comunistas receavam os espíritos criadores, a sua liberdade de expressão. As 260 assinaturas que acompanharam o manifesto oposicionista da Carta 77 provocaram, no início de 1977, o pânico da Tchecoslováquia comunista. Mas esses regimes policiais assustaram-se ainda mais com a saída à rua de dezenas de milhares de pessoas.

No final dos anos 1980, a repressão mostrava-se incapaz de semear o terror de massa. E os oprimidos souberam ultrapassar os últimos medos e as últimas angústias para iniciarem o assalto geral contra o poder.

Uma gestão complexa do passado

Será que um dia poderemos esquecer — ou escamotear — do sofrimento provocado por um sistema e pelos seus agentes quando esse sofrimento durou dezenas de anos? Será lícita a indulgência para com os vencidos quando se trata de um carrasco, de um torturador? Que fazer, quando se quer instalar a democracia e um Estado de direito, com os antigos senhores e os seus numerosos sicários, com o aparelho onipresente e estruturado do Estado e do partido que o dirigiu?

As respostas a essas perguntas não faltaram nas democracias nascentes da Europa Central e no Sudeste Europeu, após a derrocada dos regimes comunistas. A depuração dos antigos aparelhos comunistas esteve na ordem do dia, mesmo se a palavra lembrava memórias amargas. Portanto, não causou surpresa que os novos dirigentes — entre eles antigos comunistas em vários países — tenham se mostrado divididos quanto à extensão e aos métodos dessa depuração. Medidas radicais foram pedidas, entre elas a proibição dos partidos comunistas, classificados de "organizações criminosas", e processos públicos contra os responsáveis comunistas ainda vivos. E, por outro lado, quis-se evitar novos expurgos, idênticos aos velhos métodos comunistas. Denunciar os crimes e baixezas do antigo regime não significava, para o primeiro-ministro polonês Tadeusz Mazowiecki ou para o presidente da República Federativa Tcheca e Eslovaca Vaclav Havei, recorrer aos métodos utilizados pelo poder autoritário. Esses democratas anticomunistas recusavam-se a governar no medo e pelo medo. György Dalos, escritor húngaro e opositor de longa data do regime autoritário, escrevia em 1990: "As depurações, mesmo quando se pretendem tornar mais aceitáveis batizando-as de 'grande limpeza de primavera', poderão provocar insegurança entre os funcionários qualificados do antigo sistema dos quais temos uma necessidade urgente [...]. Seria grave se usássemos o medo para provocar uma nova 'lealdade', que muito pouco teria a ver com a ideia que uma democracia tem de si própria."[31]

Desde os primeiros dias da instauração da liberdade, a vítima do regime comunista, muito concretamente identificada, morta ou viva, silenciosa ou não, foi posta no centro das interrogações sobre as responsabilidades. A vítima no sentido amplo, indo das pessoas injustamente executadas ou presas e do pequeno sapateiro "expropriado" aos seres cotidianamente humilhados pela sua submissão à mentira do poder. A sociedade pós-comunista devia fazer face a essa

---

[31] "Liberté sans paroles", *Le Monde-Liber,* nº 6, dezembro de 1990.

"herança monstruosa", como a chamou Vaclav Havel, e aos graves problemas do crime e do castigo. A vítima, testemunha principal do sofrimento, interpelava necessariamente as novas estruturas políticas, que enquadravam, exploravam ou acalmavam o ressentimento provocado por esse sofrimento. Havia os que atiçavam o fogo para daí tirarem proveito e os que não queriam que a vida da sociedade se incendiasse numa vingança cega; havia os que observavam e os que, conscientes da fragilidade humana, procuravam as verdadeiras causas do mal e propunham medidas democráticas. Havia uma "maioria silenciosa" em todos os regimes comunistas, e eram muitas vezes os covardes e os medrosos de outrora, os "semicolaboracionistas", que reclamavam subitamente, e mais alto, uma vingança brutal.

Não é de estranhar que, depois de tantos anos de memória amputada, a interpretação do passado recente tivesse sido passional, com a procura de novas legitimidades, novas identidades. É compreensível que, nas transformações em curso, opiniões e pontos de vista se tivessem prioritariamente expresso através da imprensa, livre de censura. Uma abordagem "jornalística", "sensacionalista", e a corrida em direção ao "sensacional" pesaram muito, com uma visão em preto e branco da história, com a redução da sua evolução à dimensão carrasco-vítima, em que toda a nação e cada um dos seus membros se transformavam em resistentes ao regime imposto pelo estrangeiro. Essa abordagem não se preocupava com sutilezas de vocabulário: a utilização do termo "genocídio", por exemplo, foi muito frequente. Esse genocídio, fomentado pelos comunistas, teria sido utilizado contra romenos, tchecos e outros; e não só: sob o regime comunista, os tchecos teriam tentado o genocídio dos eslovacos[...] Na Romênia, foram os próprios livres-pensadores que criaram o conceito de "holocausto vermelho"; na Bulgária continua a ser utilizada a fórmula "esses inúmeros Auschwitz sem fornos crematórios", a propósito do Gulag.

Essas abordagens do passado recente já foram objeto de estudos imparciais; provam o peso que a Segunda Guerra Mundial teve nas sociedades comunistas. O exemplo extremo é fornecido pela Iugoslávia, onde a guerra que terminou há pouco é hoje analisada como um prolongamento das lutas fratricidas que precederam a instauração do poder comunista, com a manipulação das memórias sendo apontada como uma das causas do conflito. A sombra dos anos de guerra não se dissipou ainda, sobretudo no campo dos antigos aliados da Alemanha nazista. Se o marechal francês Philippe Pétain tivesse nascido romeno ou eslovaco, seria certamente apresentado por algumas das correntes como uma vítima do comunismo; foi o que se passou com o ditador romeno Antonescu ou com o presidente eslovaco Jozsef

Europa Central e Sudeste Europeu 547

Tiso, condenados e executados depois da guerra como corresponsáveis pelas atrocidades cometidas pelos seus Estados.

A história dos regimes comunistas revela-se extremamente politizada, uma constatação banal quando nascem novos partidos e movimentos desejosos de se enraizarem no passado, de procurarem antepassados e tradições. O polonês Andrzej Paczkowski, coautor desta obra, não hesita, a propósito da procura da tradição na Polônia atual, em falar de "guerra civil", felizmente verbal se pensarmos na Iugoslávia. Indivíduos e grupos procuram uma identidade de que a memória é um dos componentes. Uma abordagem instrumentalista, manipuladora do passado, afirma-se no presente, os antigos mitos e lendas renascem e aparecem outros novos. O mito do número de vítimas merece, pois, uma atenção especial. Segundo o historiador francês Robert Frank, esse número representa um "símbolo-chave", de "aparência científica (matemática)"; ele autoriza um discurso sobre a "morte em números" e permite instrumentalizar e sacralizar a morte em massa, o que se passou na história de todos os países a propósito das vítimas do comunismo. Isso obriga o investigador a um imperativo absoluto de prudência, prudência necessária também para combater as mitologias nacionais ou de grupo.

A interpretação politizada ao extremo da história facilita análises aprofundadas da evolução política dos países, sugere o húngaro György Litvan, diretor do Instituto de História da Revolução Húngara de 1956: a relação ao passado recente informa-nos frequentemente melhor sobre a base democrática de uma ou outra corrente do que o seu discurso sobre os problemas econômicos ou outros da transição em progresso.

Entre as memórias que se (re)constituem, se reconstitui também a memória "oficial": legisladores e decisores selecionam as tradições destinadas aos preâmbulos das constituições, escolhem as personalidades que figuram nas novas notas de banco, as festas nacionais que devem ser celebradas, as condecorações a serem atribuídas, as datas comemorativas, os nomes a serem dados às ruas, praças e demais logradouros públicos e, evidentemente, definem os programas de ensino. Os heróis-vítimas do período comunista não podem, como é óbvio, ser esquecidos. No entanto propõe-se também à população em causa que ponha a história do período comunista "entre parênteses" (parênteses criminosos, infelizes — os adjetivos não faltam). Nada disto é novidade no século XX, constata a historiadora italiana Maria Ferretti,[32] especialista da

---

[32] Maria Ferretti, *La Memoria mutilata. La Russia ricorda* (A memória mutilada. A Rússia se lembra), Milão, Corbaccio, 1993.

memória na Rússia, lembrando Benedetto Croce, que propunha que se pusesse entre parênteses o fascismo italiano. Tudo prova, pois, que o passado-parênteses não passa de uma mentira: duas décadas não podem ser "esquecidas", ignoradas, apagadas, pois marcaram consideravelmente a esmagadora maioria dos atuais cidadãos desses países, o espaço urbano e rural, os sítios. Algumas análises imparciais propõem explicações para esses comportamentos: ausência (ou falta de convicção) de uma "autocrítica histórica" nos indivíduos, grupos e povos; o desejo de evitar qualquer reflexão sobre a "responsabilidade coletiva" no apoio, muitas vezes tácito, ao regime; a presença do "sentimento do povo mártir" e inocente (Alexandra Laignel-Lavastine estuda na Romênia uma "martiriologia coletiva", acompanhada do "complexo de inocência" que relega para o outro qualquer responsabilidade).

A gestão do passado nos Estados pós-comunistas mereceria que lhe fosse dedicado um livro. Ao passarmos a limpo a situação em 1997, constatamos de novo a diversidade entre os países, ligada dessa vez principalmente às conjunturas políticas, à manutenção ou ao recuo das "antigas estruturas". Na Romênia, em particular, os homens do antigo aparelho comunista controlaram o poder até as eleições legislativas e presidenciais de novembro de 1996; uma situação semelhante existiu durante muito tempo na Bulgária. No entanto, mesmo nesses países surgiu uma documentação considerável sobre a repressão comunista. Um segundo aspecto deve ser ressaltado: atualmente, qualquer cidadão dispõe de numerosos documentos sobre esse assunto em todos os países de que nos ocupamos. O testemunho sobre o sofrimento domina largamente, com uma presença muito forte nos meios audiovisuais. De momento, e salvo talvez na República Tcheca e na Polônia, ou ainda na Hungria, nota-se a ausência de uma historiografia digna desse nome e fundamentada numa consulta séria dos arquivos.

Salientemos em seguida que em nenhum lado o Partido Comunista foi proibido. Os antigos partidos no poder mudaram geralmente de nome, exceto na República Tcheca, onde foi organizado um "referendo" no interior desse partido que se pronunciou pela continuação do antigo nome. Por quase todos os lugares, os dirigentes mais comprometidos foram afastados, e as direções, renovadas.

Houve poucos processos contra os responsáveis da repressão ainda vivos. O mais espetacular desenrolou-se na Romênia, sob a forma de um pseudoprocesso que terminou com a execução de Nicolae Ceausescu e da sua mulher, em 25 de dezembro de 1989, tendo o cadáver do ditador sido mostrado na televisão. Na Bulgária, Todor Jivkov, antigo secretário-geral do Partido, foi julgado em abril

Europa Central e Sudeste Europeu

de 1991, mas ficou em liberdade. Não há notícia de que tenha sido aplicado um dos mandamentos da nomenclatura búlgara: "Tomamos o poder pelo sangue, só pelo sangue o cederemos." Na Albânia, alguns dirigentes comunistas foram condenados por[...] "utilização abusiva dos bens públicos e infração à igualdade dos cidadãos", entre eles a viúva de Enver Hoxha, condenada a 11 anos de prisão. Na Tchecoslováquia, Miroslav Stepan, membro da direção e secretário do PCT para Praga, foi condenado em 1991 a dois anos de prisão como responsável pelas violências cometidas contra a manifestação de 17 de novembro de 1989. Vários processos foram finalmente abertos contra os dirigentes da RDA, sendo o mais recente o do seu último presidente, Egon Krenz, em agosto de 1997. Condenado a seis anos e meio de prisão efetiva, ele foi posto em liberdade enquanto espera o resultado de um recurso. Alguns processos continuam em aberto, como, na Polônia, o que diz respeito à responsabilidade do general Jaruzelski durante o estado de sítio em dezembro de 1981 ou o dos dirigentes tchecos que teriam "convidado" os ocupantes em agosto de 1968.

A justiça pós-comunista instaurou vários processos contra os funcionários do aparelho de segurança, diretamente implicado nos crimes. Um dos mais interessantes é talvez o processo polonês, visando Adam Humer e os seus 11 coacusados, oficiais do UB (*Urzad Bezpieczenstwa*, Departamento de Segurança), por crimes na repressão da oposição ao regime no final dos anos 1940 e início dos anos 1950; Adam Humer era, na época, coronel, vice-diretor do departamento de investigação do Ministério da Segurança Pública até 1954. Esses crimes foram efetivamente qualificados de crimes contra a humanidade, os únicos que, segundo a legislação, nunca prescrevem. No final desse processo, que durou dois anos e meio, o antigo coronel foi condenado a nove anos de prisão em 8 de março de 1996. Na Hungria, os autores do tiroteio de 8 dezembro de 1956 em Salgotarjan, uma cidade industrial a nordeste de Budapeste, foram condenados em janeiro de 1995 por crimes contra a humanidade. No entanto, a sentença do Supremo Tribunal de janeiro de 1997 decide que a partir de 4 de novembro de 1956, e devido à intervenção ilegal das forças soviéticas, houve estado de guerra entre os dois países e que esses atos devem ser qualificados como atos de guerra contra civis e não crimes contra a humanidade.

De que modo a República Tcheca gere os crimes do comunismo

Entre os países do antigo bloco soviético, a República Tcheca ocupa um lugar original na gestão do seu passado comunista. É o único país — ainda no contexto da antiga República Federativa Tcheca e Eslovaca — a ter adotado leis sobre a restituição dos bens confiscados pelo poder após 25 de fevereiro de 1948 e sobre a reabilitação maciça dos condenados; em 1994, os tribunais de distrito e de região reabilitaram cerca de 220 mil pessoas. É também o único país a ter adotado uma lei, muitas vezes contestada tanto no interior como no exterior, sobre as "purificações", limitando o acesso à função pública; essa lei exigiu a verificação do passado pessoal, com base em pesquisas nos registros dos colaboradores da polícia política. É também o único país que se dotou de um organismo especial para pesquisar os abusos do antigo regime: o Gabinete de Documentação e Investigação para os Crimes do Comunismo. Esse órgão faz parte integrante do Gabinete de Investigação da Polícia da República Tcheca e tem plenos poderes para investigar e levar a tribunal, mas também recolher documentação sobre todos os crimes para o período compreendido entre 1948 e 1989. Tal tarefa está entregue a cerca de 90 pessoas. O Gabinete intervém como órgão legal no processo judicial e cabe-lhe investigar cada delito, juntar provas e enviar o dossiê para o tribunal com um pedido de acusação. Em 1997, 98 pessoas foram levadas a tribunal depois da investigação por parte desse organismo, e o procurador da República entregou um ato de acusação contra 20 pessoas, cinco das quais compareceram perante os tribunais, e uma só — um antigo responsável do inquérito na Segurança de Estado — foi condenada a cinco anos de prisão efetiva. O prazo de prescrição dos delitos investigados expirou em 29 de dezembro de 1999.

O atual diretor do Gabinete, Vaclav Benda, matemático de formação, opositor nos anos 1970 e 1980, passou quatro anos na prisão; hoje, senador democrata-cristão, expressou numa entrevista recente a sua posição sobre os crimes comunistas — crimes contra a humanidade: "A imprescritibilidade dos crimes contra a humanidade existe na nossa legislação, mas resta saber a que crimes do comunismo pode ser aplicada. Não podemos definir automaticamente todos os crimes comunistas como crimes contra a humanidade. Por outro lado, esse compromisso internacional [sobre a imprescritibilidade] foi assumido pela Tchecoslováquia em 1974, e os pontos de vista jurídicos, sobre a questão de saber se é possível considerar os crimes cometidos antes dessa data passíveis de cair sob a alçada da imprescritibilidade, são divergentes."[33]

Pavel Rychetsky, vice-primeiro-ministro do Governo Federal em 1991-1992, responsável por essa legislação, atualmente senador eleito nas listas dos social-democratas e presidente da Comissão Legislativa do Senado tcheco, declarou-nos em junho de 1997: "Na República Tcheca, todos sentimos a necessidade de que se realizem processos, não para ver castigar velhos, mas para tornar público tudo o que se passou — numa espécie de catarse. Mas isso já foi feito para a maioria dos casos, e não podemos saber de nada mais horrível do que aquilo que já sabemos. O genocídio, crime contra a humanidade, é evidentemente imprescritível. Mas não se pode qualificar como tal nenhum crime comunista na Tchecoslováquia, pois não conseguiremos nunca provar que se tratava de atos correspondentes a essa definição. Na União Soviética houve sem dúvida crimes de genocídio contra

---

[33] *La Nouvelle Alternative*, nº 46, Paris, junho de 1997.

grupos étnicos ou outros grupos da população claramente circunscritos: cossacos, chechenos etc. No entanto esse crime não é punível, uma vez que não estava nos termos da lei em vigor, no momento em que foi cometido."

Esses exemplos — poderíamos, aliás, citar outros — nos levam a constatar que numerosos crimes continuam impunes, cobertos pela prescrição, ausência de testemunhas ou de provas. Uma vez depurada, a justiça tornou-se independente do poder Executivo e assegura o respeito pelos princípios dos "países civilizados", como se diz. Assim, o princípio da prescrição e o princípio da não retroatividade da lei — só é possível punir atos que eram abrangidos pelas leis da época em que foram cometidos. Em vários países, a legislação foi modificada para que certos crimes pudessem ser julgados. Na Polônia, a lei de 4 de abril de 1991 alterou uma lei de abril de 1984, sobre a Comissão Principal das Investigações sobre os Crimes Hitlerianos e o Instituto da Memória Nacional. A nova lei coloca o comunismo no mesmo nível dos ocupantes e dos fascistas, introduzindo a noção de crimes stalinistas, que são definidos deste modo: "Os crimes stalinistas, no sentido da lei, cobrem os atentados contra indivíduos ou grupos humanos, cometidos pelas autoridades do poder comunista ou por ele inspirados ou tolerados no período até 31 de dezembro de 1956."[34] Esses crimes não prescrevem. Em 1995, os artigos do Código Penal sobre a prescrição foram modificados, e os crimes mais graves, cometidos contra as liberdades cívicas antes de 31 de dezembro de 1989, começaram a poder ser julgados num prazo de 30 anos a partir de 1º de janeiro de 1990. Na República Tcheca, a lei sobre a "ilegitimidade do regime comunista e a resistência em face dele", adotada em 1993, prolonga até o fim de 1999 o prazo de prescrição para crimes cometidos entre 1948 e 1989 que possam ser classificados como "políticos".

A gestão do passado, como se vê, é complexa. Seja-me permitido terminar num registro mais pessoal. Em minha opinião, o castigo dos culpados não foi aplicado a tempo, de maneira adequada. Apesar do empenho de alguns, entre os quais me incluo, não foi possível introduzir na Tchecoslováquia qualquer coisa de semelhante à acusação de "indignidade nacional", punida com a "degradação nacional" — como aconteceu na França no pós-guerra. No entanto, a maneira como os alemães abriram os arquivos da Stasi, a polícia política da RDA, a todos os cidadãos que se sintam atingidos, parece-me judiciosa. Ela dá

---

[34] *Dziennik ustaw Rzeczypospolitej polskiej* (Jornal Oficial da República da Polônia), nº 45, Varsóvia, 29 de maio de 1991.

552   *O Livro Negro do Comunismo*

responsabilidade, e cada um é convidado a investigar o seu próprio "processo"
— o teu marido era informante, agora já sabes, é contigo[...]

A ferida, apesar de tudo, continua aberta.

Bibliografia selecionada

(Não referimos as obras citadas nas notas e nos quadros)

— Karel Kaplan, *Dans les archives du Comité Central— Trente ans de secrets du
bloc soviétique*, Paris, Albin Michel, 1978.
— Georges Mink, "Vida e Morte do Bloco Soviético", Florença, Casterman-Giunti,
1997.
— Karel Bartosek, *Les Aveux des Archives Prague-Paris-Prague, 1948-1968*, Paris,
Le Seuil, 1996.
— Antoine Marés (sob a direção de), *Histoire et Pouvoir en Europe Médiane*, Paris,
L'Harmattan, 1996.
— Vladimir Tismaneanu, *Fantoma lui Gheorghiu-Dej*, Bucareste, Editora Univers,
1995.
— Antonia Bernard, *Petite Histoire de la Slovénie*, Otto Urban, *Petite Histoire des
Pays Tchèques*, Liptak Lubomir, Petite Histoire da la Slovaquie, Paris, éd. de
l'Institut d'etudes slaves, 1996.
— Vincent Savarius, *Volontaires pour la Potence*, Paris, dossiers des Lettres nou-
velles, Julliard, 1963.
— *La Nouvelie Alternative*, revista trimestral, dossiers "Les regimes postcommunistes
et la mémoire du temps present" (nº 32, 1993); "La justice du postcommunisme"
(nº 35, 1994); "Mémoire des guerres et des resistances en Tchécoslovaquie, en
Europe centrale et en France" (nᵒˢ 37 e 38, 1995).

QUARTA PARTE

COMUNISMOS DA ÁSIA: ENTRE "REEDUCAÇÃO" E MASSACRE

A China, o Vietnã, o Laos e o Camboja,
por Jean-Louis Margolin
A Coreia do Norte,
por Pierre Rigoulot

*A Jean Pasqualini, morto em 9 de outubro de
1997, que revelou ao mundo os horrores do sistema
concentracionário chinês.*

Relativamente aos comunismos europeus, os da Ásia apresentam três especificidades primordiais. Com exceção da Coreia do Norte, ocupada pelos soviéticos em agosto de 1945, eles nasceram essencialmente dos seus próprios esforços, o que lhes deu (incluindo Pyongyang, devido à guerra da Coreia) a capacidade de construírem sistemas políticos independentes, enxertando um passado próprio com o marxismo-leninismo de origem soviética, e fortemente marcados por uma vertente nacionalista; o Laos constitui uma semiexceção, haja vista a sua evidente inferioridade em face do "grande irmão" vietnamita. Em segundo lugar, eles continuam no poder, neste momento em que escrevemos — até mesmo no Camboja —, ao preço de grandes concessões. O que significa — e é esta a terceira especificidade — que os arquivos essenciais não foram ainda abertos, com exceção daqueles relativos ao período Pol Pot, no Camboja — e mesmo esses permanecem largamente inexplorados —, e dos do Komintern, em Moscou, que infelizmente se calam antes da chegada ao poder de qualquer dos comunismos asiáticos.

O conhecimento sobre esses regimes e sobre seu passado, no entanto, progrediu muito ao longo da última década. Por um lado, é agora relativamente fácil visitar a China, o Vietnã, o Laos ou o Camboja, percorrer esses países e aí realizar pesquisas. Por outro, outras fontes importantes estão doravante disponíveis (já o estavam para certos interessados): meios de comunicação oficiais (incluindo escutas radiossintetizadas por diversos organismos ocidentais), e particularmente a imprensa regional, memórias publicadas de antigos dirigentes, testemunhos escritos de refugiados no estrangeiro, testemunhos orais recolhidos localmente — na Ásia, os grandes dramas não são assim tão antigos. Por questões de política interna, as autoridades de Phnom Penh encorajam até as críticas ao período Pol Pot, enquanto as de Pequim estimulam a denúncia dos horrores da Revolução Cultural. Mas os debates no mais alto nível permanecem inacessíveis: continuamos a não saber como e por que morreu, em 1971, o "sucessor designado" de Mao, o marechal Lin Biao. Essa abertura seletiva teve efeitos perversos: dispomos de relatos extraordinários e de algumas boas monografias locais e setoriais sobre a Revolução Cultural, mas as intenções de Mao continuam a ser um mistério, e sobretudo os expurgos dos anos 1950 (na China e no Vietnã) ou o Grande Salto Adiante são ainda muito pouco estudados: haveria o risco de pôr em causa os próprios fundamentos dos regimes ainda instalados. O que se passa nos maiores e mais assassinos campos de concentração da China, no oeste do país, continua praticamente ignorado. Globalmente, conhecemos muito melhor a sorte dos quadros comunistas e dos intelectuais reprimidos do que a da "gente do povo", que constitui a grande massa das vítimas: não é fácil evitar a ilusão de ótica. Acrescentemos que a Coreia do Norte, último verdadeiro comunismo "duro", permanece obstinadamente fechada, e que, até muito recentemente, eram muito poucos os que conseguiam de lá fugir. Os desenvolvimentos que se seguem terão sempre, inevitavelmente, o caráter de primeiras abordagens, muito incertas, inclusive no que concerne aos dados básicos, como o número de vítimas. Contudo, os objetivos e os métodos dos sistemas comunistas do Extremo Oriente não dão lugar a grandes dúvidas[...]

CAMPO DE TRABALHO NA REPÚBLICA POPULAR DA CHINA

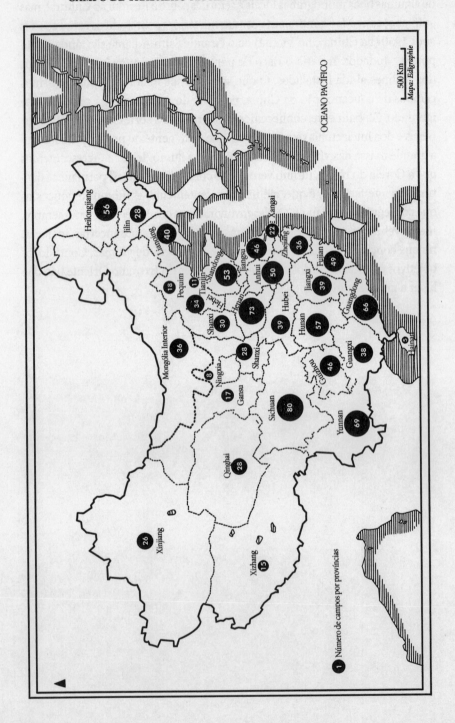

1
China: uma longa marcha na noite

"Depois do aniquilamento dos inimigos armados, haverá
ainda os inimigos não armados; estes lutarão contra nós
numa batalha de morte; não devemos nunca subestimá-los.
Se o problema não for colocado ou compreendido desde já
nestes termos, cometeremos os mais graves erros."

Mao Zedong[1]

A repressão na China comunista foi uma réplica das práticas do "Irmão
Mais Velho" — a URSS de um Stalin, cujo retrato estava ainda em evidência
em Pequim[2] no início dos anos 1980? Não, se levarmos em conta a quase-ausência de expurgos assassinos no interior do Partido Comunista ou a relativa
discrição da polícia política — não obstante o peso, nos bastidores, de seu
chefe, Kang Sheng, desde os tempos da resistência em Yan'an, nos anos 1940,
até a sua morte, em 1975.[3] Mas sim, seguramente, se considerarmos — sem
contar com a guerra civil — todas as mortes violentas atribuíveis ao regime:
apesar da ausência de qualquer contabilização minimamente confiável, estimativas sérias apontam para algo entre seis e dez milhões o número de vítimas
diretas, incluindo centenas de milhares de tibetanos; além disso, dezenas de
milhões de "contrarrevolucionários" passaram longos períodos das suas vidas

---

[1] Relatório apresentado na segunda sessão plenária do Comitê Central do VII Congresso
do Partido Comunista Chinês, em 5 de março de 1949, *in Obras Escolhidas* (tomo IV),
Pequim, Edições em Línguas Estrangeiras (fragmento incluído no *Pequeno Livro Vermelho*,
capítulo "As classes e a luta de classes"). Durante a Revolução Cultural, os interrogatórios
dos suspeitos começavam frequentemente pela leitura em voz alta desta citação.

[2] Utilizaremos a transcrição *pinyin* dos caracteres chineses, imposta pela China Popular, e
quase universalmente aceita (Mao Tsé-tung será, pois, Mao Zedong). Únicas exceções: as
personalidades anteriores a 1949, e as cidades de Pequim (Beijing), Nanquim (Nanjing) e
Cantão (Guangzhou), muito conhecidas sob estas formas.

[3] Ver, a este respeito, Roger Faligot e Rémi Kauffer, *Kang Sheng et les services secrets chinois
(1927-1987)*, Paris, Robert Laffont, 1987.

no sistema penitenciário, onde talvez 20 milhões tenham perecido. Sim, ainda mais definitivamente, se incluirmos os "mortos a mais", contando entre 20 e 43 milhões, dos anos 1959-1961, aqueles do indevidamente chamado "Grande Salto Adiante", vítimas de uma fome inteiramente provocada pelos projetos aberrantes de um homem, Mao Zedong, e mais ainda, em seguida, pela obstinação criminosa com que ele se recusou a reconhecer o erro e aceitar que se tomassem medidas para minorar os efeitos desastrosos da sua política. Sim, finalmente, se observarmos os números de um quase-genocídio no Tibet: provavelmente, entre 10% e 20% dos habitantes do "teto do mundo" pereceram em consequência da ocupação chinesa. A surpresa muito sincera de um Deng Xiaoping, ao observar que a chacina da Praça Tian'anmen, em junho de 1989 (talvez um milhar de mortos), era evidentemente insignificante à escala do que a China tinha conhecido num passado muito recente, constituía, *a contrario*, uma forma de confissão. E nem sequer se pode argumentar que esses massacres foram a triste consequência de uma guerra civil atroz (pois ela foi de fato de pequenas proporções, e o regime estava solidamente instalado em 1950), a simples continuação de uma história sinistra: se excetuarmos a ocupação japonesa (que, de resto, não provocou qualquer fome generalizada), é preciso recuar até o início da segunda metade do século XIX para encontrar matanças e fomes de uma amplitude minimamente comparável. Elas não tiveram nem a generalidade nem o caráter sistemático e planificado das atrocidades maoistas; no entanto, esse momento da história da China foi excepcionalmente dramático.

O exame do comunismo chinês é duplamente importante. Em 1949, o regime de Pequim governava cerca de dois terços da humanidade situada sob a bandeira vermelha. Depois do desaparecimento da URSS (1991) e da descomunização do Leste Europeu, essa proporção subiu para nove décimos; é mais do que evidente que a sorte dos farrapos dispersos do "socialismo real" depende do futuro do comunismo na China — país que desempenha, aliás, o papel de uma "segunda Roma" do marxismo-leninismo, sobretudo depois da ruptura sino-soviética de 1960, mas de fato desde o período de instalação da "zona liberada" de Yan'an (1935-1947), depois da Longa Marcha: era lá que os comunistas coreanos, japoneses e por vezes vietnamitas iam procurar refúgio e abastecimento. Se o regime de Kim II Sung é anterior ao triunfo do Partido Comunista Chinês (PCC) e deveu sua existência à ocupação soviética, ele só sobreviveu durante a Guerra da Coreia graças à intervenção (novembro de 1950) de um milhão de "voluntários" chineses armados. As modalidades da repressão na Coreia do Norte devem muito ao "modelo" stalinista, mas do maoismo (que desde Yan an se confunde totalmente com o comunismo

China: uma longa marcha na noite

chinês) de Pyongyang reteve a "linha de massa" (enquadramento e mobilização extremamente intensos e constantes da totalidade da população) e a sua consequência lógica: a insistência na "educação permanente" como principal meio de controle social. Kim parafraseia Mao quando afirma: "A linha de massa consiste em defender ativamente os interesses das massas trabalhadoras, em educá-las e reeducá-las para congregá-las em torno do Partido, em contar com a sua força e mobilizá-las para a realização das tarefas revolucionárias."[4]

A influência chinesa é ainda mais evidente nos regimes comunistas asiáticos posteriores a 1949. Desde a publicação das memórias do dirigente vietnamita Hoang Van Hoan, morto em Pequim,[5] sabemos que, a partir de 1950 e até os acordos de Genebra (1954), numerosos conselheiros chineses dirigiam as tropas e a administração do Viet minh, e que cerca de 30 mil soldados, na maior parte ligados à engenharia militar, vindos de Pequim, asseguraram, entre 1965 e 1970, a substituição das tropas norte-vietnamitas que tinham ido combater para o Sul. O general Vo Nguyen Giap, vencedor de Dien Bien Phu, reconheceu indiretamente, em 1964, a contribuição chinesa: "A partir de 1950, depois da vitória chinesa, o nosso exército e o nosso povo tiveram oportunidade de aprender lições preciosas com o Exército de Libertação do Povo Chinês. Nós pudemos nos educar graças ao pensamento militar de Mao Zedong. Esse foi o fator importante que determinou a maturidade do nosso exército e contribuiu para as nossas sucessivas vitórias."[6] Por sua vez, o Partido Comunista Vietnamita (PCV, na época chamado Partido do Trabalho) inscreveu nos seus estatutos, em 1951: "O Partido do Trabalho reconhece a teoria de Marx, Engels, Lenin e Stalin, e o pensamento de Mao Zedong, adaptado à realidade da Revolução Vietnamita, como o fundamento teórico do seu próprio pensamento e como a bússola que lhe indica a direção em todas as suas atividades."[7] Linha de massa e reeducação foram as duas diretivas em torno das quais se organizou o sistema político vietnamita. O *chengfeng* ("reforma do estilo de trabalho"), forjado em Yanan, presidiu, sob a sua transcrição vietnamita (*chinh huan*), aos

---

[4] Kim II Sung, *Obras*, tomo 30, p. 498, citado em Oh Il-whan, *La Propagande et le contrôle de pensée: les facteurs de résistance du système communiste nord-coréen*, tese de doutoramento em Sociologia Política (não publicada), Universidade de Paris-X, 1994, p. 209.

[5] Hoang Van Hoan, *Une goutte d'eau dans le grand océan — Souvenirs révolutionnaires*, Paris, 1989.

[6] Jornal *Nhan Dan*, 7 de maio de 1964, citado *in* "Révolutionnaires d'Indochine", *Cahiers Léon Trotski*, nº 40, dezembro de 1989, pp. 119-20.

[7] *Ibid.*, p. 119.

ferozes expurgos de meados dos anos 1950.[8] Quanto ao Camboja dos Khmers Vermelhos (1975-1979), também ele recebeu uma fortíssima ajuda de Pequim, e tentou ter êxito onde o próprio Mao fracassara, retomando em particular o mito voluntarista do Grande Salto Adiante. Todos esses regimes, como o de Mao, foram fortemente marcados pela sua origem guerreira (menos sensível na Coreia do Norte, ainda que Kim tenha vaidosamente se atribuído proezas como guerrilheiro antijaponês), prolongada por uma militarização permanente da sociedade (menos sensível na China, que não é uma "linha de frente"). É notável que a função central exercida pela polícia política no sistema soviético fica aqui sob a responsabilidade do exército, por vezes diretamente encarregado do trabalho de repressão.

Uma tradição de violência?

Enquanto vivo, Mao Zedong mereceu frequentemente, pela sua onipotência, a alcunha de "imperador vermelho". O que hoje sabemos sobre o seu caráter caprichoso e ferozmente egocêntrico, sobre as suas vinganças assassinas e sobre a vida de devassidão prolongada até os últimos dias,[9] torna fácil a sua assimilação aos déspotas que reinaram no Império do Centro. E, no entanto, a violência erigida como um sistema de reinado contemporâneo ultrapassa em muito uma tradição nacional que era na verdade liberal.

Não que a China não tenha conhecido, em várias ocasiões, erupções sangrentas. Esses episódios utilizaram geralmente, como em outras partes do mundo, o vetor da religião, aqui inseparável de uma certa maitreya, visão global do universo. O que separa as duas grandes tradições chinesas — o confucionismo e o taoismo — são menos divergências teóricas, oposições termo a termo, do que a insistência, do lado de Confúcio, na sociedade e no racional, e do lado de Lao-tseu, promotor do Tao, no indivíduo e no intuitivo, no sensível, e mesmo no irracional. Ora, todo chinês, ou quase, traz em si, diversamente dosadas, estas duas faces da sanidade. Ocasionalmente, nos momentos de crise, entre os mais deserdados, os mais desorientados, a segunda impõe-se totalmente e lança-se ao assalto do bastião da primeira: a pirâmide dos letrados, ou, em outras palavras, o Estado. Foram inúmeras as insurreições inspiradas por seitas apocalípticas e messiânicas: Turbantes Amarelos em 184, revolta matreísta de

---

[8] Georges Boudarel, "L'idéocratie importée au Vietnam avec le maoisme", *in La Bureaucratie au Vietnam —Vietnam-Asie-Débat nº 1*, Paris, L'Harmattan, 1983, pp. 31-106.

[9] Ver particularmente as recordações de seu médico pessoal.

Faqing em 515, rebelião maniqueísta[10] de Fang La em 1120, Lótus Branco em 1351, Oito Trigramas em 1813 etc.[11] A mensagem desses movimentos é bastante similar; sincretiza taoismo e budismo popular, apresentando frequentemente Matreia, Buda do futuro cujo advento luminoso e redentor, iminente, deve realizar-se na catástrofe universal do "velho mundo". Os fiéis, elite escolhida, devem ajudar a realização da profecia e depositam nessa realização as suas esperanças de salvação. Todos os laços contingentes devem ser quebrados, incluindo os familiares: segundo a crônica da dinastia Wei, em 515, "os pais, os filhos e os irmãos não se reconhecem mais uns aos outros".[12]

Ora, na China o conjunto da moralidade baseia-se no respeito pelas obrigações familiares: se estas são rejeitadas, tudo é permitido. O indivíduo submete-se totalmente à família de substituição que a seita passa a ser então. O resto da humanidade está condenado ao inferno no Além — e à morte violenta neste mundo. Por vezes (como em 402), os funcionários do Estado são cortados em pedaços, e se as respectivas mulheres e filhos se recusam a devorá-los, são por sua vez esquartejados; em 1120, a matança parece ter se estendido a milhões de pessoas.[13] Todos os valores são invertidos: segundo uma proclamação de 1130, "matar pessoas é cumprir o *dharma* (lei búdica)";[14] o assassinato é um ato de compaixão, uma vez que liberta o espírito; o roubo favorece a igualdade; o suicídio é uma felicidade invejável; quanto mais horrível for a própria morte, maior será a sua recompensa: segundo um texto do século XIX, "a morte por esquartejamento lento assegurará a entrada no Céu em veste escarlate".[15] Torna-se difícil não comparar, sob certos aspectos, esses cruéis milenarismos com os movimentos revolucionários asiáticos do século XX. Eles não são suficientes para explicar muitas das características desses movimentos revolucionários, mas ajudam a compreender por que razão alguns triunfaram e por que a violência que os acompanhou pôde, em dado momento, parecer normal, quase banal, aos olhos de muita gente.

As salvaguardas são, todavia, poderosas e explicam que, no final das contas, só muito raramente a ordem tenha sido perturbada: os visitantes europeus da

---

[10] Inspirada pela antiga religião do Irã pré-muçulmano.

[11] Esta parte e o desenvolvimento que se segue devem muito a Richard Shek, "Sectarian Eschatology and Violence", *in* Jonathan N. Lipman e Stevan Harrell, *Violence in China — Essays in Culture and Counterculture,* State University of New York Press, 1990, pp. 87-109.

[12] *Ibid., p.* 101.

[13] *Ibid., p.* 104.

[14] *Ibid.,* p. 105.

[15] *Ibid.,* p. 106.

Idade Média, e até os do Iluminismo, ficaram extraordinariamente impressionados, e seduzidos, pela Grande Paz emblemática do velho império. O confucionismo, doutrina oficial ensinada até nos rincões mais distantes das cidades, fazia da Benevolência a virtude cardeal do soberano e pretendia moldar o Estado pela família. Aquilo que podemos sem anacronismo designar como *princípios humanistas* reprova o recurso ao assassinato e valoriza a vida humana. É isso desde os tempos mais remotos. Para nos limitarmos a pensadores considerados canônicos ao longo de 21 séculos de império, evocaremos em primeiro lugar o filósofo chinês Mo Ti (479-381 a.C., aproximadamente), que condena a guerra de agressão da seguinte maneira: "Se o homicídio simples é considerado um crime, enquanto o homicídio múltiplo, como o que consiste em atacar outro país, é louvado como uma boa ação, podemos dizer que isso é saber distinguir o bem do mal?"[16] Na famosa obra *A Arte da Guerra*, de Sun Tzu (cerca de 500 a.C.), pode-se ler: "A guerra é semelhante ao fogo; aqueles que se recusam a depor as armas perecem pelas armas."[17] Convém combater com parcimônia, o menor tempo possível e derramando a menor quantidade de sangue possível: "Nunca se viu que uma guerra prolongada beneficiasse qualquer país[...] conseguir cem vitórias em cem batalhas não é o cúmulo da eficiência[...] Aquele que sabe verdadeiramente vencer os seus inimigos triunfa antes que as ameaças destes últimos se concretizem."[18] Poupar as próprias forças é essencial, mas também não se deve chegar ao extermínio do adversário: "Capturar o exército inimigo é melhor do que destruí-lo[...] Que não se encoraje o assassinato."[19] Devemos ver nessa proposição menos uma proclamação moral do que uma consideração de conveniência: as chacinas e as atrocidades provocam o ódio e a energia do desespero no adversário, que pode beneficiar-se desse fato para inverter a situação a seu favor. De resto, para o vencedor, "a melhor política é tomar o Estado intacto; aniquilá-lo é um recurso a ser evitado".[20]

Raciocínio típico da grande tradição chinesa (muito particularmente ilustrada pelo confucionismo): os princípios éticos não decorrem de uma visão transcendental, mas de um pragmatismo ligado à harmonia e à eficácia do funcionamento social. O que, sem dúvida, só lhes dá mais eficácia. E o outro "pragmatismo", o dos legistas — contemporâneo de Confúcio e de Sun

---

[16] Citado *in* Sun Tzu, *L'Art de la Guerre*, Paris, Flammarion, 1972, p. 45 (introdução de Samuel Griffith).

[17] *Ibid.*, p. 103.

[18] *Ibid.*, p. 108.

[19] *Id.*

[20] *Ibid.* e p. 105.

China: uma longa marcha na noite 565

Tzu, mas que insiste, ao contrário, na necessidade de o Estado afirmar o seu poder absoluto através da terrorização da sociedade —, prova a sua ineficiência fundamental para fazer funcionar essa mesma sociedade na sua hora de glória: a curta dinastia Qin, do século III a.C. Embora as coisas possam variar enormemente de um reinado para o outro, esse tipo de arbitrariedade tende a diminuir, sobretudo a partir da dinastia Song do Norte (960-1127): o exílio para uma região longínqua — que não exclui o regresso às boas graças da hierarquia — torna-se o castigo mais frequente para o funcionário faltoso. No tempo dos Tang, em 654, havia sido promulgado um código penal mais humano, que atribuía uma maior importância tanto à intenção quanto ao arrependimento, e suprimia a responsabilidade familiar automática em caso de rebelião; o processo que precedia a aplicação da pena capital tornou-se mais complexo e mais demorado, ao mesmo tempo em que certas punições mais horríveis eram abolidas; instituía-se igualmente um sistema de apelo.[21]

A violência do Estado aparece, no seu conjunto, limitada e controlada. A historiografia chinesa horroriza-se com o caso dos 460 letrados e administradores enterrados vivos pelo "primeiro imperador", Qin Shi (221-210 a.C.). Esse soberano — que Mao, lúcido no seu cinismo, escolheu especificamente como modelo — mandou igualmente queimar toda a literatura clássica (e o simples fato de evocá-la era passível da pena capital), condenou à morte ou deportou cerca de 20.000 membros da pequena aristocracia rural e sacrificou dezenas, senão centenas de milhares de vidas na construção da primeira Grande Muralha. Com a dinastia dos Han (206 a.C.-220 d.C.), diferentemente, o confucionismo retorna com toda a força, e o império não voltará a conhecer tiranias semelhantes nem matanças tão frequentes. A ordem é rigorosa, a justiça, severa, mas, excetuando as épocas (infelizmente bastante numerosas) de grandes insurreições ou de invasões estrangeiras, a vida humana passa a ter mais garantias do que na maioria dos outros Estados antigos, incluindo aqueles da Europa medieval ou moderna.

É certo que cerca de três centenas de delitos eram passíveis da pena de morte durante a pacífica dinastia Song, no século XII, mas cada execução devia em princípio ser examinada e confirmada pelo imperador. As guerras consumiam normalmente centenas de milhares de vidas, e a mortalidade final era decuplicada pelo efeito das epidemias, das fomes, das cheias (lembremos os catastróficos desvios do curso inferior — represado — do rio Amarelo) e

---

[21] Danielle e Vadime Elisseeff, *La Civilisation de la Chine Classique*, Paris, Arthaud, 1981, p. 296.

566   *O Livro Negro do Comunismo*

da desorganização dos transportes que os conflitos provocavam. A revolta dos Taiping e a sua repressão (1851-1868) foram assim responsáveis por um número de mortos entre *vinte e cem milhões,* tendo, em todo o caso, a população chinesa decaído, de 410 milhões, em 1850, para 350 milhões, em 1873.[22] Mas só uma ínfima parte dessas vítimas pode considerar-se como tendo sido efetivamente, intencionalmente, chacinada (cerca de um milhão, sem dúvida, pelos Taiping).[23] Tratava-se então de um período excepcionalmente agitado, marcado por numerosas rebeliões, por agressões repetidas dos imperialismos ocidentais e pelo desespero crescente de uma população depauperada. Foi, infelizmente, num contexto semelhante que viveram as duas, três ou quatro gerações que precederam os revolucionários comunistas, acostumando-as a um nível de violência e de desintegração dos valores inusitado na longa história chinesa.

E todavia a China da primeira metade do século XX não anunciava, nem em quantidade nem em modalidades, os excessos do maoismo triunfante. Se a Revolução de 1911 foi pouco dramática, os 16 anos que se seguiram, antes da semiestabilização imposta pelo regime do Kuomintang, conheceram um certo número de matanças. Foi, por exemplo, o caso desse foco revolucionário que era Nanquim, onde, de julho de 1913 a julho de 1914, o ditador Yuan Shikai mandou executar vários milhares de pessoas.[24] Em junho de 1925, a polícia das concessões estrangeiras de Cantão matou 52 participantes de uma manifestação operária. Em maio de 1926, em Pequim, 47 estudantes morreram durante uma manifestação pacífica antijaponesa. Sobretudo, em abril/maio de 1927, primeiro em Xangai e depois nas outras grandes cidades do Leste, milhares de comunistas foram executados pela original coligação que unia o chefe do novo regime, Chiang Kai-shek, e as sociedades secretas do submundo local. *A Condição Humana,* de André Malraux, evoca o caráter atroz de certas execuções, na caldeira de uma locomotiva. Não parece que os primeiros episódios da guerra civil que opôs os comunistas aos nacionalistas tenham sido acompanhados por matanças de grande amplitude, tal como a Longa Marcha (1934-1935); ao contrário dos japoneses, que cometeram, entre 1937 e 1945, inúmeras atrocidades na vasta porção da China que ocupavam.

---

[22] John K. Fairbank, *La Grande Révolution Chinoise. 1800-1989,* Paris, Flammarion, 1989 (trad. do inglês), p. 126.

[23] Estimativa feita com base em Jen Yu-wen, *The Taiping Revolutionary Movement,* New Haven, Yale University Press, 1973.

[24] Marie-Claire Bergère, Lucien Bianco, Jürgen Domes (dir.), *La Chine au XXe Siècle* (vol. l, *D'une révolution à l'autre 1895-1949),* Paris, Fayard, 1989, p. 125.

Bem mais assassinas do que a maior parte desses atos foram as fomes de 1900, 1920-1921 e 1928-1930. Todas elas atingiram o norte e/ou o noroeste do país, regiões mais sensíveis à seca: a segunda causou a morte de meio milhão de pessoas, a terceira, de dois a três milhões.[25] Mas, embora a segunda tenha estado ligada à desorganização dos transportes provocada pelas guerras civis, não se pode dizer que tenha havido qualquer "conspiração de fome", e não se pode, então, falar de chacina. O mesmo não acontece com o caso do Henan, onde, em 1942-1943, de dois a três milhões de pessoas morreram de fome (ou seja, 5% da população), tendo sido registrados atos de canibalismo. Apesar de as colheitas terem sido desastrosas, o governo central de Chongqing não concedeu qualquer redução de impostos, e numerosos camponeses viram todos os seus bens serem confiscados. A presença da frente de combate contribuiu para tornar as coisas ainda piores: os camponeses estavam submetidos, sem salário, a trabalhos obrigatórios, como cavar um fosso antitanque com 500 quilômetros de comprimento, que se revelou completamente inútil.[26] Foi como que uma prefiguração de certos erros do Grande Salto Adiante, ainda que a guerra pudesse, no caso de Henan, constituir uma desculpa parcial. De qualquer modo, o ressentimento dos camponeses foi enorme.

As atrocidades mais numerosas e, consideradas em conjunto, seguramente mais assassinas ocorreram sem alarde e deixaram poucos vestígios: tratava-se de pobres (ou semipobres) que lutavam contra outros pobres, afastados dos grandes eixos, no oceano da China dos povoados. Entre esses assassinos de baixo coturno contavam-se os salteadores que, formando por vezes bandos temíveis, pilhavam, saqueavam, espoliavam, sequestravam e matavam os que lhes resistiam ou os reféns que fugiam, se os respectivos resgates tardavam. Quando esses homens eram apanhados, os camponeses gostavam de participar ativamente nas execuções[...] Mas os soldados representavam frequentemente um flagelo ainda maior do que os bandidos que deviam combater: uma petição oriunda de Fujian solicitava, em 1932, a retirada das forças ditas da ordem, "de modo que tenhamos de combater apenas os bandidos".[27] Na mesma província, em 1931, a maioria de uma força militar composta por 2.500 soldados que

---

[25] Roderick Mac Farquhar e John K. Fairbank (dir.), *The Cambridge History of China*; vol. 14, *The People's Republic, Part 1 (1949-1965)*, Cambridge, Cambridge University Press, 1987, p. 371.

[26] John K. Fairbank e Albert Feuerwerker (dir.), *The Cambridge History of China*; vol. 13, *Republican China 1912-1949, Part 2*, Cambridge, Cambridge University Press, 1986, pp. 605-6.

[27] *Ibid.*, p. 292.

568   *O Livro Negro do Comunismo*

haviam excedido todos os limites em matéria de violações e pilhagens acabou por ser exterminada pelos camponeses revoltados. Em 1926, os camponeses do oeste do Hunan, passando-se por membros da sociedade secreta dos Lanças Vermelhas, desembaraçaram-se da mesma maneira, segundo se diz, de meia centena de milhares de "soldados-bandidos" que pertenciam a um senhor da guerra vencido. Quando, em 1944, na mesma região, os japoneses passaram à ofensiva, os camponeses, que se recordavam dos mortíferos trabalhos obrigatórios do ano anterior, perseguiram os militares derrotados, chegando por vezes a enterrá-los vivos; morreram cerca de 50.000.[28] E, no entanto, os soldados não passavam de pobres-diabos, camponeses como os seus carrascos, vítimas desafortunadas e aterrorizadas por um alistamento militar que, segundo o general americano Wedemeyer, se abatia sobre os aldeãos como a fome ou a cheia, e fazia ainda mais vítimas.

Muitas outras revoltas, geralmente menos violentas, tinham como alvo aquilo que era sentido como exações por parte da administração: impostos sobre a terra, sobre o ópio, sobre o álcool, sobre o abate de porcos, a corveia, os exageros de usura, os julgamentos injustos[...] Mas os seus piores golpes, os camponeses reservavam-nos frequentemente para outros camponeses: guerras ferozes contra outros povoados, outros clãs ou sociedades secretas devastavam os campos e criavam, com a ajuda do culto dos antepassados assassinados, ódios inextinguíveis. Assim, em setembro de 1928, os Espadas Pequenas de um condado da região de Jiangsu chacinaram 200 Espadas Grandes e incendiaram seis povoados. Desde o fim do século XIX, o leste do Guangdong estava dividido entre povoados Estandartes Negros e povoados Estandartes Vermelhos, violentamente hostis. Na mesma região, o condado de Puning viu o clã Lin perseguir e exterminar todos os que tinham a infelicidade de usar o patronímico Ho, sem excetuar os leprosos, muitas vezes queimados vivos, e numerosos cristãos. Essas lutas nunca eram políticas nem sociais: através delas, os pequenos nobres locais consolidavam o seu ascendente. O adversário era frequentemente o imigrante, ou o que vivia do outro lado do rio[...][29]

Uma revolução inseparável do terror (1927-1946)

E no entanto, quando, em janeiro de 1928, os habitantes de um povoado Estandarte Vermelho viram chegar uma tropa que arvorava a bandeira escar-

---

[28] *Ibid.*, pp. 291 e 293.
[29] *Ibid.*, pp. 294-7 e 312-4.

China: uma longa marcha na noite 569

late, juntaram-se entusiasticamente a um dos primeiros "sovietes" chineses, o de Hai-Lu-Feng, dirigido por P'eng P'ai. Os comunistas tiveram o cuidado de jogar com o equívoco, mas souberam colorir com o seu discurso os ódios locais, e finalmente, aproveitando a coerência da mensagem de que eram portadores, usá-los para os seus próprios fins, concedendo aos partidários neófitos a possibilidade de darem livre curso a seus mais cruéis impulsos. Assistiu-se assim, 40 ou 50 anos antes, durante alguns meses de 1927-1928, a uma espécie de prefiguração dos piores momentos da Revolução Cultural ou do regime Khmer Vermelho. Desde 1922 que o movimento tinha sido preparado por uma intensa agitação mantida pelos sindicatos camponeses suscitados pelo Partido Comunista, conduzindo a uma forte polarização entre "camponeses pobres" e "proprietários de terras" — sendo esses incansavelmente denunciados, ainda que nem os conflitos tradicionais nem sequer as realidades sociais permitissem dar um particular destaque a essa divisão. Mas a anulação das dívidas e a abolição dos arrendamentos asseguravam ao soviete um vasto apoio. P'eng P'ai aproveitou a circunstância para pôr em vigor um regime de "terror democrático": o povo inteiro era convidado a assistir aos julgamentos públicos dos "contrarrevolucionários", quase que invariavelmente condenados à morte; participava das execuções, gritando "mata, mata" aos Guardas Vermelhos, que tratavam de cortar a vítima pedaço a pedaço, que por vezes cozinhavam e comiam, ou obrigavam a família do supliciado — que, ainda vivo, assistia a tudo — a comer; todos eram convidados para os banquetes em que se partilhava o coração ou o fígado do antigo proprietário, e para os comícios onde o orador discursava diante de uma fileira de estacas, cada uma enfeitada com uma cabeça recentemente cortada. Esse fascínio por um canibalismo de vingança, que iremos reencontrar no Camboja de Pol Pot e que responderia a um antiquíssimo arquétipo largamente difundido na Ásia Oriental, aparece frequentemente nos momentos paroxísticos da história chinesa. Assim, numa era de invasões estrangeiras, em 613, o imperador Yang (dinastia Suei) vingou-se de um rebelde perseguindo até os seus parentes mais afastados: "Os que foram mais duramente castigados sofreram o suplício do esquartejamento e da exposição da sua cabeça espetada numa vara, ou foram desmembrados, tres-passados por flechas. O imperador intimou os grandes dignitários a comerem, pedaço a pedaço, a carne das vítimas."[30] O grande escritor Lu Xun, admirador do comunismo num momento em que este não rimava com nacionalismo nem com antiocidentalismo, escreveu: "Os chineses são canibais[…]" Menos popu-

---

[30] Tratado jurídico *Suei-chou*, citado *in* Elisseeff, *op. cit.*, p. 264.

lares que essas orgias sangrentas eram as violências que os Guardas Vermelhos de 1927 praticavam nos templos, contra os religiosos-feiticeiros taoistas: os fiéis pintavam os ídolos de vermelho, tentando preservá-los, e P'eng P'ai começava a se beneficiar dos primeiros sinais de uma divinização. Cinquenta mil pessoas, entre as quais numerosos pobres, fugiram da região durante os quatro meses em que o soviete aí reinou.[31]

P'eng P'ai (fuzilado em 1931) foi o verdadeiro promotor do comunismo rural e militarizado, solução imediatamente recuperada pelo quadro comunista até então um pouco marginal que era Mao Zedong (ele próprio de origem camponesa), e teorizada no seu célebre *Relatório sobre o Movimento Camponês em Hunan* (1927). Essa alternativa ao movimento comunista operário e urbano, naquele momento totalmente falido devido à repressão que sobre ele exercia o Kuomintang de Chiang Kai-shek, impôs-se rapidamente e conduziu, em 1928, à criação da primeira "base vermelha", nos longínquos montes Jinggang, em Hunan e Jiangxi. Foi a leste dessa província que, em 7 de novembro de 1931 (dia do aniversário do Outubro Russo[...], a consolidação e o alargamento da principal base permitiram a proclamação de uma República Chinesa dos Sovietes, cujo Conselho dos Comissários do Povo era presidido por Mao. Até a vitória de 1949, o comunismo chinês conhecerá numerosas metamorfoses e terríveis reveses, mas o modelo está definido: concentrar a dinâmica revolucionária na construção de um Estado, e concentrar esse Estado, guerreiro por natureza, na construção de um exército capaz, *in fine*, de derrotar o exército e o Estado "fantoches" inimigos — no caso, o governo central de Nanquim, presidido por Chiang Kai-shek. Não espanta, pois, o fato de a dimensão militar e repressiva ser primordial, e fundadora, já na própria fase revolucionária: estamos aqui muito longe do primeiro bolchevismo russo, porém mais longe ainda do marxismo: será *através do bolchevismo*, reduzido a uma estratégia de tomada do poder e de reforço de um Estado nacional-revolucionário, que os fundadores do PCC, e em particular a sua "cabeça pensante", Li Dazhao, chegarão ao comunismo, em 1918-1919.[32] Onde quer que o PCC triunfe, é o socialismo da caserna (e dos tribunais de exceção, e dos pelotões de fuzilamento) que se instala. P'eng P'ai, decididamente, tinha fornecido o modelo.

Uma parte da originalidade das práticas repressivas do comunismo chinês decorre de um fato que tende a passar inicialmente despercebido: o "Grande Terror" stalinista dos anos 1936-1938 foi *precedido* pelos sovietes chineses,

---

[31] Fairbank e Feuerwerker, *op. cit.*, pp. 307-22.
[32] Ver Roland Lew, *1949: Mao prend le pouvoir*, Bruxelas, Complexe, 1980.

responsáveis, segundo certas estimativas, por 186.000 vítimas, *não considerados os combates,* no Jiangxi, entre 1927 e 1931.[33] A grande maioria dessas mortes foi provocada por resistências à reforma agrária radical quase imediatamente implementada, a um rigoroso sistema de cobrança de impostos e à mobilização de jovens justificada pelas necessidades militares. O esgotamento da população é tal que, onde o comunismo foi particularmente radical (Mao foi criticado, em 1931, pelos seus excessos terroristas, que alienavam o povo, e perdeu provisoriamente a direção), e onde os quadros locais se viram marginalizados (por exemplo, em torno da "capital" soviética, Ruijin), a ofensiva das forças de Nanquim encontra apenas uma fraca resistência. Esta resistência é mais viva, e por vezes vitoriosa, nas "bases" mais tardias, mais autônomas, onde os quadros aprenderam as dolorosas lições da política do terror.[34] Registraram-se tensões análogas, que o PC aprendeu todavia a regular graças a uma repressão mais seletiva, menos sangrenta, na base de Shaanxi-Norte, centrada em Yan an. A pressão fiscal sobre os camponeses é terrível: 35% das colheitas em 1941, quatro vezes mais do que nas zonas controladas pelo Kuomintang. Os membros dos povoados acabam por desejar abertamente a morte de Mao[...] O Partido reprime, mas faz compromisso: inicia — sem nunca o confessar — o cultivo e a exportação em grande escala de ópio, que, até 1945, proporcionará entre 26% e 40% das receitas públicas da base.[35]

Como tantas vezes acontece nos regimes comunistas, as exações de que foram vítimas os próprios militantes deixaram mais rastros: porque sabiam exprimir-se melhor, e sobretudo porque faziam parte de redes que frequentemente subsistiram. Algumas contas pendentes foram ajustadas depois de décadas[...] Os quadros mais visados são quase invariavelmente aqueles que mantêm laços mais estreitos com as populações no interior das quais militam. Os seus adversários, mais dependentes do aparelho central, os acusam de "localismo", uma atitude que, com efeito, os leva frequentemente a uma certa moderação, quando não mesmo a discutirem as instruções do partido. Mas esse conflito esconde outro: os militantes locais são com frequência oriundos das camadas mais abastadas do campesinato, sobretudo de famílias de proprietários de terras (que fornecem também a maioria dos letrados), vindos para

---

[33] Jean-Luc Domenach, *Chine: l'archipel oublié,* Paris, Fayard, 1992, p. 47.

[34] Gregor Benton, "Under Arms and Umbrellas: Perspectives on Chinese Communism in Defeat", *in* Tony Saich e Hans Van de Ven, *New Perspectives on the Chinese Communist Revolution,* Armonk, M. E. Sharpe, 1995, pp. 131-3.

[35] Chen Yung-fa, "The Blooming Poppy under the Red Sun: The Yan'an Way and the Opium Trade", *in* Saich e Van de Ven, *op. cit.,* pp. 263-98.

572   *O Livro Negro do Comunismo*

o comunismo baseado num nacionalismo radical. Os militantes "centrais", os soldados do exército "regular", por seu turno, são na maior parte recrutados entre os marginais, os desqualificados: bandidos, vadios, mendigos, militares sem soldo, e, no caso das mulheres, prostitutas. Mao pensava, já em 1926, em lhes atribuir um papel importante na revolução: "Essas pessoas são capazes de bater-se muito corajosamente; chefiadas de uma maneira adequada, podem tornar-se uma força revolucionária."[36] Ele mesmo não considerava a si próprio um deles quando, muito mais tarde, em 1965, se apresentou ao jornalista americano Edgar Snow como "um velho monge passeando sob as estrelas com o seu guarda-chuva esburacado"?[37] O resto da população, excetuando uma minoria de opositores resolutos (também eles frequentemente membros da elite), brilha sobretudo pela sua passividade, pela sua "frieza", dizem os dirigentes comunistas — incluindo esse "campesinato pobre e semipobre" que é suposto constituir a base da classe do PC no meio rural[...] Os desqualificados transformados em quadros, que devem toda a sua existência social ao Partido, mais ou menos confusamente ávidos de desforra e apoiados pelo Centro,[38] tendem espontaneamente para as soluções mais radicais, e, quando necessário, para a eliminação dos quadros locais. Esse tipo de contradição continuará a explicar, depois de 1946, muitos dos excessos mais sangrentos da reforma agrária.[39]

O primeiro grande expurgo documentado, em 1930-1931, assolou a base de Donggu, no norte do Jiangxi. As tensões descritas mais acima foram localmente agravadas pela intensa atividade de uma organização político-policial ligada à direita do Kuomintang, o Corpo AB (de "antibolchevique"), que soube cultivar suspeitas de traição entre membros do PC. Este último recrutou largamente no interior das sociedades secretas. A adesão, em 1927, do chefe da sociedade dos Três Pontos constituiu um reforço decisivo. Tudo começa com a execução de numerosos quadros locais, após o que o expurgo se volta para o Exército Vermelho: cerca de 2.000 dos seus membros são liquidados. Alguns

---

[36] Citado *in* Yves Chevrier, *Mao e a Revolução Chinesa*, Florença, Casterman/Giunti, 1993, p. 65.

[37] François Godement, "La tourmente du vent communiste (1955-1965)", *in* Marie-Claire Bergère, Lucien Bianco, Jürgen Domes (dir.), *La Chine au XXe siècle* (vol. 2, *De 1949 à aujourd'hui)*, Paris, Fayard, 1990, p. 58.

[38] Este termo vago designa quem exerce o poder no seio do Partido; só parcialmente corresponde às instâncias oficiais, cujas fronteiras e capacidades de decisão são móveis, podendo alguns dos seus membros ser marginalizados; inversamente, um "aposentado" sem funções como Deng Xiaoping pôde continuar a ser, durante uma década, o verdadeiro "número um".

[39] Ver Benton, capítulo citado, e Lucien Bianco, "Peasant Responses to CCP Mobilization Policies, 1937-1945", *in* Saich e Van de Ven, *op. cit.*, pp. 175-87.

China: uma longa marcha na noite 573

quadros detidos conseguem evadir-se, procuram suscitar a revolta contra Mao, "imperador do Partido", são então convidados para negociações, novamente presos e mortos. O II Exército, de que uma das unidades se tinha rebelado, é desarmado até o último homem, e todos os seus oficiais, executados. As perseguições dizimam durante mais de um ano os quadros civis e militares; as vítimas contam-se aos milhares. Dos 19 mais altos quadros locais, alguns dos quais fundadores da base, 12 foram executados como "contrarrevolucionários", cinco mortos pelo Kuomintang, um morreu de doença, e o último abandonou a região e a revolução.[40]

No início da presença de Mao em Yan an, a eliminação do fundador da base, o lendário guerrilheiro Liu Zhidan, enquadra-se aparentemente no mesmo esquema; ela revela um aparelho central igualmente desprovido de escrúpulos, porém mais racional no seu maquiavelismo. O responsável parece, nesse caso, ter sido o "bolchevique" Wang Ming, "homem de Moscou" ainda não marginalizado dentro da direção e que pretende usurpar o controle das tropas de Liu. Este último, confiante, aceita ser detido; torturado, não confessa a sua "traição"; os seus principais partidários são então enterrados vivos. Zhou Enlai, adversário de Wang Ming, consegue a sua libertação, mas Liu insiste em conservar a autonomia do seu comando e é declarado "direitista empedernido". Enviado para a frente, morre em combate, talvez com uma bala nas costas[...][41]

O mais célebre dos expurgos do período anterior a 1949 começou por atingir os mais brilhantes intelectuais comunistas de Yan'an, em junho de 1942. Como voltará a fazer 15 anos mais tarde, dessa vez à escala do país inteiro, Mao começa por autorizar, durante dois meses, uma grande liberdade de crítica. Depois, subitamente, todos os militantes são "convidados" a "lutar", através de uma infinidade de comícios, contra Ding Ling, que tinha denunciado o formalismo da apregoada igualdade entre homens e mulheres, e contra Wang Shiwei, que tinha ousado reivindicar a liberdade de criação e de crítica ao poder para os artistas. Ding cede, aceita uma abjeta autocrítica e ataca Wang, que, por sua vez, não cede. Expulso do PC, é preso, sendo executado quando da evacuação provisória de Yan'an, em 1947. O dogma da submissão do intelectual ao político, desenvolvido em fevereiro de 1942 em *Conversas sobre a Arte e a Literatura,* do presidente do Partido, tem a partir de então o valor de lei. As sessões de *chengfeng* multiplicam-se, até a submissão total. É no início de

---

[40] Ver Stephen C. Averill, "The Origins of the Futian Incident", *in* Saich e Van de Ven, *op. cit.,* pp. 79-115.

[41] Ver David E. Apter, "Discourse as Power: Yan'an and the Chinese Revolution", *in* Saich e Van de Ven, *op. cit.,* pp. 218-9.

574   *O Livro Negro do Comunismo*

julho de 1943 que o expurgo ganha novo impulso, se amplia e se torna mortífero. O devoto incondicional dessa "Campanha de Salvamento", supostamente destinada a proteger os militantes contra as suas próprias insuficiências, suas próprias dúvidas ocultas, é o membro do Bureau Político Kang Sheng, posto por Mao, em junho de 1942, à frente de um inédito Comitê Geral de Estudos, que tem a função de supervisionar a Retificação. Essa "sombra negra", vestida de couro preto, montando um cavalo preto, acompanhada por um feroz cão preto, formada na escola do NKVD soviético, soube organizar a primeira verdadeira "campanha de massas" da China comunista: críticas e autocríticas generalizadas, detenções seletivas conduzindo a confissões que permitem novas detenções, humilhações públicas, espancamentos, elevação do pensamento de Mao, decretado infalível, à condição de único ponto de apoio garantido. Durante um comício, Kang Sheng aponta para o público e declara: "Todos vocês são agentes do Kuomintang[...] O processo da sua reeducação será ainda bastante longo."[42] As prisões, a tortura, as mortes (60, muitas por suicídio, só no Centro) se espalham ao ponto de inquietarem a direção do Partido, apesar de Mao ter afirmado que "os espiões eram tão numerosos como os pelos num cão".[43] No dia 15 de agosto, os "métodos ilegais" de repressão são proibidos, e, no dia 9 de outubro, como sabemos hoje, Mao tem uma súbita mudança de atitude e proclama: "Não devemos matar seja quem for; a maioria não devia sequer ter sido presa."[44] A campanha é então definitivamente interrompida. Em dezembro, numa autocrítica de fato, Kang Sheng foi obrigado a reconhecer que, entre os detidos, apenas 10% eram culpados, e que os mortos deviam ser publicamente reconhecidos como inocentes. A sua carreira estagnará até a eclosão da Revolução Cultural, em 1966, e Mao, diante de uma assembleia de altos quadros, em abril de 1944, terá de desculpar-se e inclinar-se três vezes numa homenagem à memória das vítimas inocentes, antes de ser aplaudido. Mais uma vez, o seu extremismo espontâneo encontrou pela frente uma forte resistência. Mas a recordação do terror de 1943 permaneceu indelével, no dizer daqueles que o conheceram: o que Mao perdeu em popularidade, ganhou em medo.[45]

---

[42] Vladimirov (representante do Komintern em Yan'an), *in* Boudarel, capítulo citado, p. 56.

[43] Frederick C. Teiwes (e Warren Sun), "From a Leninist to a Charismatic Party: The CCP's Changing Leadership, 1937-1945", *in* Saich e Van de Ven, *op. cit.*, p. 372.

[44] *Ibid.*, p. 373.

[45] *Ibid.*, pp. 370-5; Apter, capítulo citado; Roger Faligot e Remi Kauffer, *Kang Sheng et les services secrets chinois (1927-1987)*, Paris, Robert Laffont, 1987, pp. 186-206.

China: uma longa marcha na noite

Pouco a pouco, a repressão torna-se mais sofisticada. Se a guerra (contra os japoneses, contra o Kuomintang) é, nessa ocasião, acompanhada por matanças terroristas que fazem milhares de vítimas (3.600 em três meses, em 1940, numa pequena parte do Hebei, que importava de tomar o controle),[46] o assassinato tende a individualizar-se. Os renegados são particularmente visados, o que corresponde também às práticas tradicionais das sociedades secretas. Seguindo um antigo chefe da guerrilha: "Matávamos um grande número de traidores, de maneira que o povo não tivesse outra escolha senão continuar na via da revolução."[47] O sistema penitenciário desenvolve-se, evitando ter de recorrer às execuções tão frequentemente quanto antes. Em 1932, os sovietes de Jiangxi haviam visto florescer os estabelecimentos de correção pelo trabalho, ironicamente previstos por uma lei do Kuomintang. Em 1939, os condenados a longas penas de prisão são enviados para Centros de Trabalho e Produção, enquanto tribunais não totalmente de exceção começam a aparecer aqui e ali. O interesse é triplo: não provocar o desafeto da população através de castigos demasiado terríveis, beneficiar-se de uma força de trabalho disponível, conseguir novos fiéis através de uma reeducação já bem mais hábil. Desse modo, até alguns prisioneiros de guerra japoneses puderam ser integrados no Exército Popular de Libertação (EPL), herdeiro do Exército Vermelho Chinês, e utilizados contra Chiang Kai-shek![48]

Os métodos maoistas em Yan'an, vistos por um stalinista soviético

A disciplina do Partido baseia-se em formas estupidamente rígidas de crítica e autocrítica. É o presidente da célula que decide quem deve ser criticado e por que razão. "Ataca-se" em geral um comunista de cada vez. Todos participam. Ninguém pode esquivar-se. O "acusado" tem apenas um direito: arrepender-se dos seus "erros". Se acaso se declara inocente ou se "admite sua culpa" sem muita convicção, renova-se o ataque. É um verdadeiro adestramento psicológico. [...] Compreendi uma realidade trágica. Este cruel método de coerção psicológica a que Mao chama "purificação moral" criou uma atmosfera sufocante na organização do Partido em Yan'an. Um número não desprezível de militantes comunistas suicidaram-se, fugiram ou tornaram-se psicóticos[...] O método do *cheng feng* responde ao princípio de que "cada um deve saber tudo sobre os pensamentos íntimos dos outros". Tal é a vil e vergonhosa diretiva que rege todas as reuniões.

---

[46] Domenach, *op. cit.*, p. 48.
[47] Ye Fei, entrevista de 1983, *in* Benton, capítulo citado, p. 138.
[48] Domenach, *op. cit.*, pp. 44-52.

> Tudo o que há de mais íntimo e pessoal é desnudado sem o menor pudor, para exame público. Sob o rótulo da crítica e da autocrítica, inspecionam-se os pensamentos, as aspirações e os atos de cada um.[49]

Reforma agrária e expurgos urbanos (1946-1957)

O país onde os comunistas tomam o poder, em 1949, não é exatamente uma terra de doçura e de harmonia. A violência e frequentemente o assassinato constituem meios banalizados tanto de governar quanto de fazer oposição, ou ainda de ajustar contas entre vizinhos. Os atos de que vamos agora falar tiveram, pois, um caráter de oposição à violência, de resposta a exações bem reais (uma das vítimas de P'eng P'ai, um magistrado local, havia mandado executar uma centena de camponeses sindicalizados) e foram seguramente vistos como tais por uma grande parte da população rural. Por conseguinte, esse período conserva uma excelente imagem, tanto na história oficial pós-maoísta (de um modo geral, até as vésperas do Movimento Antidireitista de 1957, o Timoneiro teria procedido corretamente) quanto na memória de numerosas testemunhas, por vezes beneficiárias diretas (ou pelo menos assim se considerando) das desgraças dos seus concidadãos demasiado abastados. Uma coisa explicando a outra, os comunistas (incluindo os intelectuais comunistas) não foram, na ocasião, muito afetados pelos expurgos. E, no entanto, trata-se da mais sangrenta onda de repressão jamais lançada pelo Partido Comunista Chinês, estendendo-se por todo o país. Pela sua amplitude, pela sua generalidade, pela sua duração (houve breves momentos de trégua, mas praticamente em todos os anos assistiu-se ao lançamento de uma nova "campanha de massas"), pelo seu aspecto planificado e centralizado, ela faz a violência chinesa dar um salto qualitativo: a "retificação" de Yanan, em 1943, havia sido um ensaio geral, mas restrito apenas à escala de um rincão remoto do imenso país. No que diz respeito a certas camadas sociais, os assassinatos adquirem as proporções genocidárias que a China nunca conhecera até então, pelo menos em escala nacional (os próprios mongóis, no século XIII, só devastaram o Norte do império). Algumas dessas atrocidades ocorreram no contexto de uma guerra civil que durava havia três anos: por exemplo, a chacina de 500 habitantes,

---

[49] Vladimirov, *in* Boudarel, capítulo citado, pp. 55-6.

em grande parte católicos, da cidade de Siwanze, na Manchúria, quando da sua conquista. De resto, a partir do momento em que, em 1948, começaram a conquistar uma vantagem decisiva, os comunistas deixaram de libertar, como antes faziam, para fins propagandísticos, grandes massas de prisioneiros da oposição. A partir de então, encarcerados às centenas de milhares, e ultrapassando rapidamente a capacidade das prisões superlotadas, eles foram os primeiros pensionistas dos novos campos de reforma pelo trabalho (*laodong gaizao*, ou seja, abreviadamente, *laogai*), em que se conjugavam as preocupações de reeducação e a contribuição para o empreendimento de guerra.[50] Mas *durante as próprias hostilidades* os piores atos ocorreram por trás da cena principal, fora de qualquer contexto militar.

Os campos: submissão e engenharia social

Ao contrário da revolução russa de 1917, a revolução chinesa de 1949 propagou-se dos campos para as cidades. Portanto, é lógico que os expurgos urbanos foram posteriores ao movimento de reforma agrária. Os expurgos eram algo de que os comunistas tinham larga experiência, como se viu. No entanto — a fim de concretizarem e depois preservarem, melhor ou pior, a "frente unida" antijaponesa com o governo central do Kuomintang —, eles haviam resolvido, a partir de 1937, silenciar esse ponto fundamental do seu programa. Foi só depois da derrota nipônica que relançaram o movimento, no contexto da eclosão, em 1946, da guerra civil que iria levá-los ao poder. Milhares de equipes de agitadores profissionais — de preferência estranhos à região, para evitar que se deixassem envolver por solidariedades de vizinhança, de clã e de sociedade secreta — foram enviados de povoado em povoado, por todas as "zonas libertadas" pelo EPL. Com o avanço das tropas, o movimento estender-se-á gradualmente até as fronteiras meridionais e ocidentais (que não incluíam, na ocasião, o Tibet).

Não nos iludamos: na verdadeira revolução agrária que vai convulsionar, um a um, as centenas de milhares de povoados chineses, seria tão falso ver apenas uma manipulação vinda de cima como imaginar, ingenuamente, que o Partido

---

[50] Domenach, *op. cit.*, pp. 52-5.

578 · O Livro Negro do Comunismo

Comunista se teria limitado a responder à "vontade das massas".[51] Estas últimas tinham inúmeras razões para se sentirem infelizes e desejarem mudanças. E um dos desequilíbrios mais gritantes era a desigualdade entre camponeses: assim, no povoado da Longa Curva (Shanxi), onde William Hinton acompanhou a revolução,[52] 7% dos camponeses possuíam 31% das terras cultiváveis e 33% dos animais de tração. Uma investigação nacional, feita em 1945, atribui aos 3% de notáveis rurais cerca de 26% das terras.[53] A desigualdade de propriedade era redobrada pelo efeito da usura (de 3 a 5% ao mês, até 100% ao ano),[54] um quase monopólio dos proprietários rurais mais ricos.

Os mais ricos, ou simplesmente os menos pobres? Se, nas regiões costeiras do Sul, se encontram propriedades de várias centenas de hectares, a maior parte dos muito modestos "proprietários de terras" contenta-se com dois ou três hectares; na Longa Curva (1.200 habitantes), o mais rico é dono de dez minguados hectares. Além disso, as fronteiras entre grupos de camponeses são muito pouco nítidas: a maior parte da população rural pertence a essa classe intermediária entre os miseráveis sem-terra e os proprietários que não vivem essencialmente do seu próprio trabalho. Relativamente aos contrastes sociais extremos, que os campos do Leste Europeu conheceram até 1945, e que os da América Latina conhecem ainda hoje, pode-se dizer que a sociedade rural chinesa era *relativamente* igualitária. E, já o dissemos, os conflitos entre ricos e pobres estavam longe de constituir uma das principais causas de perturbação. Como em Hai-Lu-Feng, em 1927, os comunistas — a começar pelo próprio Mao — desempenharam assim o papel de engenheiros sociais: tratava-se de polarizar, muito artificialmente, grupos rurais definidos e delimitados de modo totalmente arbitrário (havia quotas, fixadas pelo aparelho, a respeitar: de 10 a 20% de "privilegiados", conforme as regiões e os meandros da política central), para em seguida decretar que nessa polarização residia a causa quase única da miséria camponesa. A rota para a felicidade tornava-se então muito fácil de encontrar[...]

Os agitadores começaram então a dividir os camponeses em quatro grupos: pobres, semipobres, médios e ricos — os excluídos dessa classificação eram, com mais ou menos argumentos, declarados "proprietários de terras" e, nas

---

[51] Foi essa, por exemplo, a tese de Jack Belden — o qual todavia fornece indicações que vão em sentido contrário — num dos primeiríssimos testemunhos sobre a revolução chinesa, *China Shakes the World*, Harmondsworth, Pelican, 1973 (1ª edição, 1949).

[52] William Hinton, *Fanshen*, Paris, Pion, 1971 (traduzido do inglês).

[53] Alain Roux, *La Chine populaire, tome I (1949-1966)*, Paris, Éditions Sociales, 1983, p. 81.

[54] *Ibid.*, p. 82.

circunstâncias, homens a abater. Por vezes, na falta de critérios de discriminação claros, e porque isso agradava aos mais pobres, eram acrescentados os camponeses ricos, ultrapassando frequentemente as diretivas do Partido (também é verdade que essas diretivas variavam[...]). Se o destino dos pequenos notáveis rurais estava, de saída, claramente traçado, os caminhos escolhidos para o cumprir foram tortuosos, ainda que por certo os politicamente mais eficazes: convinha, com efeito, fazer com que as "grandes massas" participassem, de forma, no mínimo, a comprometer-lhes, a fazer com que a partir desse instante eles temessem a derrota dos comunistas, e se possível dar-lhes a ilusão do livre-arbítrio, de que o novo poder se limitava a apoiar e depois ratificar suas decisões. Ilusão, incontestavelmente: porque em todo o lado, e quase simultaneamente, o processo e o resultado são os mesmos, ao passo que as condições concretas variam muito segundo os povoados e as regiões. Sabemos hoje quanto custou a montagem do cenário da "revolução camponesa" aos militantes, sempre prontos a utilizar o terror para conseguir mais rapidamente as convicções: durante a guerra, muitos jovens preferiram fugir para as zonas controladas pelos japoneses a alistarem-se no EPL. Os camponeses, sempre apáticos na sua massa, e frequentemente tão submissos em relação aos proprietários que continuavam a pagar-lhes clandestinamente as rendas tradicionais, mesmo depois da reeducação (prólogo da reforma) imposta pelo novo poder, estavam muito longe de aderir aos ideais do PC numa base social. Entre si, os agitadores classificavam-nos conforme a respectiva posição política: ativistas, ordinários, atrasados e simpáticos aos proprietários. Depois, tanto bem quanto mal, enxertavam essas categorias nos grupos sociais oficiais, criando uma sociologia "à Frankenstein", igualmente influenciada por uma miríade de querelas privadas e de desejos inconfessáveis (por exemplo, desembaraçar-se de um marido incômodo).[55] A classificação podia ser revista à vontade: para concluírem mais rapidamente a redistribuição das terras, as autoridades da Longa Curva resolveram subitamente passar o número de famílias de camponeses pobres de 95 (num total de 240) para 28![56] Quanto aos quadros comunistas, os civis eram geralmente classificados como "operários", e os militares, como "camponeses pobres" ou "semipobres", embora a maioria fosse oriunda das camadas privilegiadas[...][57]

---

[55] Bianco, capítulo citado.

[56] Hinton, *op. cit.*, pp. 649-51.

[57] Lynn T. White III, *Policies of Chaos: The Organizational Causes of Violence in China's Cultural Revolution*, Princeton, Princeton University Press, 1989, p. 82.

O elemento-chave da reforma agrária foi o "comício da acidez": diante do povoado reunido, compareciam o ou os proprietários, frequentemente apelidados de "traidores" (era hábito assimilá-los aos autênticos colaboradores do ocupante japonês, "esquecendo" — exceto nos primeiros tempos, em 1946 — que os camponeses pobres haviam feito exatamente o mesmo). Seja por receio desses personagens, ainda ontem poderosos, seja por consciência de uma certa injustiça, as coisas demoram muitas vezes a engrenar, e nesse caso os militantes têm de dar uma ajuda, maltratando fisicamente e humilhando os acusados; então, geralmente, a conjunção dos oportunistas com aqueles que têm contas a ajustar permite que jorrem as denúncias, e a temperatura começa a subir; tendo em vista a tradição camponesa de violência, não é difícil, depois disso, chegar à condenação à morte dos proprietários (evidentemente acompanhada pelo confisco dos respectivos bens), muitas vezes executada no próprio local e no mesmo instante, com a participação mais ou menos ativa dos camponeses. Mas os quadros procuram na maioria das vezes, embora nem sempre o consigam, apresentar o condenado à justiça da capital do distrito, para confirmar a sentença. Esse teatro de horrores, em que cada um desempenha com perfeição o seu papel, e com uma convicção real ainda que tardia, inaugura os "comícios de luta" e outras sessões de autocrítica que *todos* os chineses sofreram pessoalmente e impuseram a outros pelo menos até a morte do Grande Timoneiro, em 1976. Trata-se, sem dúvida, de uma manifestação da grande propensão, tradicional na China, para o ritualismo e o conformismo, tendência da qual um poder cínico pode usar e abusar à vontade.

Nenhum dado preciso permite determinar o número de vítimas, mas, como "tinha de haver", pelo menos aparentemente, uma por cada povoado,[58] um milhão parece ser o estrito mínimo, e a maior parte dos autores está de acordo em admitir cifras entre dois e cinco milhões de mortos.[59] Além disso, de quatro a seis milhões de "kulaks" chineses contribuíram para encher os novíssimos *laogai,* e sem dúvida o dobro foi colocado, por períodos de tempo variáveis, "sob controle" das autoridades locais: vigilância constante, as tarefas mais duras, perseguições em caso de "campanhas de massas".[60] Houve, no total, 15 mortos na Longa Curva, o que, se generalizarmos, nos levaria a estimativa mais alta. Mas o processo de reforma começou mais cedo nesse povoado; ora, depois de

---

[58] A. Doak Barnett e Ezra Vogel, *Cadres, Bureaucracy and Political Power in Communist China,* Nova York, Columbia University Press, 1967, p. 228.

[59] Domenach, *op. cit.,* p. 71; Claude Aubert, "Économie et société rurales", *in* Bergère *et al.* (1990), *op. cit.,* p. 150.

[60] Domenach, *op. cit.,* p. 70-2.

China: uma longa marcha na noite   581

1948, certos excessos foram banidos. E eles haviam atingido duramente essa aldeia: massacre de toda a família do presidente da associação católica local (com a igreja tendo sido fechada), espancamento e confisco dos bens dos camponeses pobres que se tinham solidarizado com os ricos, procura de "origens feudais" ao longo de três gerações (o que não deixava praticamente ninguém livre de uma "requalificação" funesta), torturas até a morte para obter a localização de um mítico tesouro, interrogatórios sistematicamente acompanhados por torturas com ferros em brasa, extensão das perseguições aos familiares dos executados, violação e destruição de sepulturas, a arbitrariedade de um quadro, antigo bandido, católico renegado que obriga uma menina de 14 anos a se casar com um dos seus filhos, e declara a quem queira ouvi-lo: "A minha palavra é lei, e aquele que eu condeno à morte tem de morrer."[61] No outro extremo da China, no Yunnan, o pai de He Liyi, polícia do antigo governo, é por essa simples razão classificado como "proprietário de terras". Tratando-se de um funcionário, é imediatamente condenado a trabalhos forçados; em 1951, no auge da reforma agrária local, declarado "inimigo de classe", ele é levado e exibido de povoado em povoado, e em seguida condenado à morte e executado, sem qualquer espécie de processo. Seu filho mais velho, militar que havia iniciado um movimento de aliciamento de soldados do Kuomintang para o EPL, o que lhe valera ser oficialmente felicitado, foi apesar disso classificado como "reacionário" e colocado sob "controle".[62] Tudo isso, repetimos, parece no entanto ter a aprovação da maior parte dos habitantes do meio rural, que podiam em seguida partilhar as terras dos expropriados. Alguns, por uma ou outra razão (frequentemente de ordem familiar), sentem-se atingidos por essas execuções tantas vezes arbitrárias; o seu desejo de vingança encontrará, em certos casos, ocasião de satisfazer-se, de modo oblíquo, durante a Revolução Cultural, inclusive através da aparência de um ultrarradicalismo contra o novo *establishment*.[63] A matança dos bodes expiatórios não terá como consequência essa unanimidade camponesa atrás do Partido "justiceiro", tal como visava a direção do PC.

---

[61] Hinton, *op. cit.*, p. 285. Notemos que Hinton se mostra, no fundo, *muito favorável* ao comunismo chinês. Trata-se, contudo, de um testemunho notável, e ele próprio um agricultor (nos Estados Unidos).

[62] He Liyi (com Claire Anne Chik), *Mr China's Son — A Villager's Life*, Boulder, Westview, 1993, pp. 52-4.

[63] Richard Masden, "The politics of revenge in rural China during the Cultural Revolution", *in* Lipman e Harrel, *op. cit.*, p. 186.

582   *O Livro Negro do Comunismo*

Os verdadeiros objetivos desse amplo movimento são, com efeito, acima de tudo políticos, depois econômicos, e só em último lugar sociais. Embora 40% das terras tenham sido redistribuídas, o pequeno número de privilegiados rurais e sobretudo a elevada densidade populacional da maior parte das regiões fizeram com que os camponeses pobres não ganhassem uma riqueza significativa: depois da reforma agrária, as terras trabalhadas somavam, em média, escasso 0,8 hectare.[64] Outros países da região (Japão, Taiwan, Coreia do Sul) levaram a cabo, com êxito, no mesmo período, reformas agrárias não menos radicais em áreas rurais que eram antes muito menos igualitárias. Que saibamos, não houve um único morto, e os expropriados receberam indenizações mais ou menos adequadas. A terrível violência do equivalente chinês visava, pois, não à reforma em si mesma, mas à tomada do poder total pelo aparelho comunista: seleção de uma minoria de ativistas, destinados a serem militantes ou quadros; "pacto de sangue" com as massas camponesas, implicadas nas execuções; demonstração aos recalcitrantes e aos indecisos da capacidade do PC de jogar com o terror mais extremo. Tudo isto permitia, finalmente, chegar a um conhecimento íntimo do funcionamento e das relações no interior dos povoados, que se constituíam como base, a médio prazo, da sua colocação a serviço da acumulação do capital industrial através da coletivização.

As cidades: "tática do salame" e expropriações

Embora tudo devesse supostamente partir das bases, o próprio Mao Zedong achou conveniente sancionar publicamente as matanças em curso, quando da fase de radicalização que se seguiu à entrada das tropas chinesas no conflito coreano (novembro de 1950): "Devemos certamente matar todos esses elementos reacionários que merecem ser mortos."[65] Mas a novidade, nesse momento, não é a reforma agrária, que, pelo menos no Norte da China, chega ao fim (em contrapartida, no Sul do país — "libertado" mais tarde, e particularmente nas províncias mais rebeldes como o Guangdong — o movimento está ainda longe de ter terminado, no início de 1952),[66] e sim a extensão do expurgo violento às cidades, através de uma série de "movimentos de massas" dirigidos, simultâneos ou sucessivos, que pouco a pouco reduzem à mais absoluta submissão os diver-

---

[64] Werner Meissner, "La voie orthodoxe (1949-1955)", *in* Bergère *et al.* (1990), *op. cit.*, p. 19.

[65] *In* "Comentários sobre o trabalho de repressão e de liquidação dos contrarrevolucionários", citado em *The Cambridge History of China,* vol. 14, p. 89.

[66] Roux, *op. cit.*, p. 164.

sos grupos (intelectuais, burgueses — incluindo os pequenos patrões militantes não comunistas, quadros comunistas demasiado independentes) suscetíveis de entravar o projeto de controle totalitário por parte do PCC. Poucos anos nos separam aqui da "tática do salame" do período da instauração das democracias populares europeias: é o período em que a influência soviética se faz sentir, mais nitidamente, na economia, mas também no aparelho político-repressivo. Um pouco à parte (embora se façam frequentemente terríveis amálgamas entre opositores, adversários de classe e bandidos, todos considerados "inimigos do governo popular"), a criminalidade e a marginalidade (prostituição, antros de jogo, casas de ópio etc.) são duramente reprimidas: de acordo com o próprio PC, dois milhões de "criminosos" teriam sido "liquidados" entre 1949 e 1952, e provavelmente outros tantos encarcerados.[67]

O sistema de controle, em grande parte montado ainda *antes* da vitória, rapidamente dispôs de meios consideráveis: 5,5 milhões de milicianos no fim de 1950, 3,8 milhões de propagandistas (ou ativistas) em 1953, 75.000 informantes encarregados de coordená-los (e de vigiar sua dedicação[...]). Na cidade, aperfeiçoando o sistema de controle mútuo tradicional (o *baojid*) recuperado pelo Kuomintang, os grupos de residentes (de 15 a 20 lares) são encabeçados por comissões de moradores, por sua vez subordinadas às comissões de rua ou de bairro.[68] Nada deve escapar-lhes: toda e qualquer visita noturna ou estada de um dia ou mais de um "forasteiro" deve ser objeto de registro junto à comissão de moradores; há um cuidado especial para que todos disponham do respectivo *hukou,* certificado de inscrição no registro dos habitantes da cidade, que se destina especialmente a evitar o êxodo rural "selvagem". Desse modo, mesmo aquele que tem menos responsabilidade desempenha um papel de auxiliar da polícia. Essa entidade, que de início recupera (como a justiça ou as prisões) a maior parte dos funcionários do Antigo Regime (pessoas que constituirão como alvos "naturais" nos futuros movimentos, uma vez esgotada a sua utilidade provisória), não tarda a tornar-se sobredimensionada: 103 postos de polícia por ocasião da tomada de Xangai em maio de 1949, 146 no final desse ano.[69] As tropas da Segurança (polícia política) atingem 1,2 milhão de homens.[70] Por toda parte, mesmo nas menores cidades, elas abrem cárceres improvisados, ao mesmo tempo que nas prisões já existentes a superlotação e as condições são

---

[67] Domenach, *op. cit.,* pp. 67 e 80.

[68] Meissner, capítulo citado, p. 25.

[69] White, *op. cit.,* p. 93.

[70] Domenach, *op. cit.,* p. 86.

de uma dureza sem precedentes: até 300 detidos numa cela com 100 metros quadrados, e 18.000 na penitenciária central de Xangai; rações alimentares de fome, esgotamento pelo trabalho; disciplina desumana com violências físicas constantes (por exemplo, coronhadas, pelo simples fato de erguer a cabeça, obrigatoriamente baixa durante toda a marcha). A mortalidade, até 1952 seguramente muito superior a 5% anuais (média dos anos 1949-1978 no *laogai*), chega a atingir 50% em seis meses numa determinada brigada do Guangxi, ou 300 mortos por dia em certas minas do Shanxi. As torturas mais variadas e mais sádicas são fatos comuns, sendo a mais frequente a suspensão pelos pulsos ou pelos polegares; um religioso chinês morre, depois de 102 horas de interrogatório contínuo. Os indivíduos mais terrivelmente brutos agem sem o menor controle: um comandante de campo teria assassinado ou mandado enterrar, vivos, 1.320 detidos, num ano, além de cometer inúmeros estupros. As revoltas, nessa ocasião muito numerosas (os detidos, incluindo um grande número de militares, não tinham tido ainda tempo de serem moralmente esmagados), conduzem a verdadeiras matanças; vários milhares dos 20 mil degredados dos campos petrolíferos de Yanchang são executados; em novembro, mil dos cinco mil amotinados de um estaleiro florestal são enterrados vivos.[71]

A campanha para a "eliminação dos elementos contrarrevolucionários" foi lançada em julho de 1950, e em 1951 serão sucessivamente desencadeados os movimentos dos "Três Anti" (contra a corrupção, o desperdício e a burocracia dos quadros do Estado e do Partido), dos "Cinco Anti" (contra os subornos, a fraude, a evasão fiscal, a prevaricação e a divulgação de segredos de Estado, o que visa a burguesia), e a campanha de "reforma do pensamento", dirigida contra os intelectuais ocidentalizados: eles deverão a partir desse momento seguir regularmente estágios de "reeducação" e provar seus "progressos" junto à sua coletividade de trabalho (*danwei*). A conjugação temporal entre todos esses movimentos mostra que o essencial é que nenhum membro das elites urbanas possa continuar a sentir-se privilegiado: a definição de "contrarrevolucionário", em particular, é tão vaga, tão ampla, que qualquer posição presente ou passada que se afaste minimamente da linha definida pelo PC pode bastar para fazer condenar qualquer pessoa. Isso significava a delegação de um poder repressivo quase discricionário aos secretários do Partido, locais ou de operação. Com o encorajamento do Centro, e a ajuda desse "braço armado" que é a Segurança, esses secretários vão usar e abusar de um tal poder: é perfeitamente apropriado,

---

[71] *Ibid*, pp. 94-101.

China: uma longa marcha na noite

como faz Alain Roux, utilizar a expressão "terror vermelho" a propósito, em particular, do terrível ano de 1951.[72]

Os números por si sós já impressionam: 3.000 detenções numa noite, em Xangai (e 38.000 em quatro meses); 220 condenações à morte e execuções públicas imediatas num só dia, em Pequim; 30.000 comícios de acusação, nessa mesma cidade, em nove meses; 89.000 detenções, 23.000 das quais conduziram a condenações à morte, em dez meses, em Cantão.[73] Um total de 450.000 empresas privadas (cerca de 100.000 das quais só em Xangai) está sujeito a inquérito, um terço dos patrões e quadros é considerado culpado de malversações (na maioria das vezes, evasão fiscal) e punido com maior ou menor severidade (cerca de 300.000 com penas de prisão).[74] Os residentes estrangeiros são particularmente visados: em 1950, são detidos 13.800 "espiões", sobretudo eclesiásticos, entre os quais um bispo italiano, condenado à prisão perpétua. Resultado, os missionários católicos passam de 5.500 em 1950 para uma dezena em 1955 — os fiéis chineses poderão então sofrer plenamente o choque da repressão, sem testemunhas incômodas: 20.000 detenções, pelo menos, em 1955, mas centenas de milhares de cristãos de todas as Ordens serão encarcerados durante as duas décadas seguintes.[75] Os antigos quadros políticos e militares do Kuomintang, anistiados com tanta ostentação em 1949, para minimizar sua fuga para Taiwan e Hong Kong, são dizimados, menos de dois anos mais tarde: a imprensa, muito seriamente, explica que "a extrema mansuetude das massas para com os reacionários tem limites". A legislação penal contribui para facilitar a repressão: distinguindo, entre os "contrarrevolucionários", os "ativos" e os "históricos", mas punindo igualmente estes últimos, introduz o princípio da retroatividade dos delitos; permite, por outro lado, julgar por "analogia" (baseando-se no tratamento do delito mais "parecido") o acusado que não cometeu qualquer ato especificamente sancionado por uma lei. As penas são extremamente severas: oito anos de prisão é praticamente o mínimo para os crimes "vulgares", sendo a média mais próxima dos 20 anos.

É muito mais difícil, também nesse caso, globalizar, mas o próprio Mao evoca para esse período, em 1957, o número de 800.000 contrarrevolucionários liquidados. As execuções urbanas atingiram, ao que tudo indica, pelo menos um milhão, ou seja, um terço do valor mais provável para as "liquidações"

---

[72] Roux, *op. cit.*, p. 170.

[73] Domenach, *op. cit.y* pp. 77-8.

[74] *Ibid.*, p. 79.

[75] "Quinze ans de persécution contre les catholiques en Chine communiste", publicação bimensal *Est et Quest*, 16-30 de setembro de 1966, pp. 4-9; Domenach, *op. cit.*, p. 504.

rurais: como havia naquela ocasião pelo menos cinco rurais por cada citadino, pode deduzir-se que foi nas cidades que a repressão se fez sentir mais rudemente. O quadro torna-se ainda mais sombrio se levarmos em conta os cerca de dois milhões e meio de detidos dos "campos de reeducação", representando aproximadamente 4,1% dos citadinos (contra 1,2% dos rurais encarcerados),[76] bem como os numerosíssimos suicídios de pessoas perseguidas ou molestadas, que Chow Ching-wen[77] calculou em 700.000; em certos dias, em Cantão, contavam-se até 50 suicídios de contrarrevolucionários. As modalidades da repressão urbana assemelham-se com efeito às da reforma agrária e afastam-se das praticadas na URSS, quase exclusivamente policiais e largamente secretas. O comitê local do Partido conserva na China o controle da maior parte das atividades da polícia, e há um esforço para fazer a população participar ao máximo na repressão, sem, como é evidente, lhe dar mais poder real de decisão do que nos campos.

Os operários, coordenados pelos comitês de rua, atacam os "covis" dos "tigres capitalistas", obrigando-os a abrirem seus livros de contabilidade, a receberem críticas e a autocriticarem-se, a aceitarem o controle do Estado sobre os seus negócios; se eles se "arrependem" completamente, são convidados a participar nos grupos de investigação e a denunciar os colegas; se mostram a menor resistência, o ciclo recomeça[...] Passa-se mais ou menos o mesmo com os intelectuais: eles têm de participar, no local de trabalho, nas reuniões "de submissão e de renascimento", confessar conscienciosamente os seus erros, mostrar que dali para a frente romperam sinceramente com o "liberalismo" e o "ocidentalismo", que tomaram consciência dos malefícios do "imperialismo cultural americano", que mataram o "homem velho" que havia neles, com as suas dúvidas e o seu pensamento autônomo. Isso pode ocupá-los até dois meses por ano. Meses durante os quais qualquer outra atividade é proibida. Também nesse caso, os acusadores têm todo o tempo, e não há fuga possível, a não ser o suicídio — solução chinesa conforme a tradição para aqueles que querem escapar à vergonha das renegações sucessivas, à ignomínia das denúncias obrigatórias de colegas, ou que um dia pura e simplesmente rompem o limite do suportável. Reencontraremos esses mesmos fenômenos durante a Revolução Cultural, amplificados e acompanhados de violências físicas. Agora, é toda a população e o conjunto das atividades urbanas que passam a ficar sob o controle absoluto do Partido. Os patrões, obrigados, em 1951, a

---

[76] Domenach, *op. cit.*, pp. 80-1.

[77] Citado em *The Cambridge...*, vol. 14, p. 88.

China: uma longa marcha na noite 587

porem a nu as suas contabilidades, esmagados por impostos, forçados, em novembro de 1953, a abrir o seu capital ao Estado, e, em 1955, a filiarem-se a sociedades públicas de abastecimento (o racionamento está, nesse momento, generalizado), e, novamente submetidos a uma investigação geral em outubro de 1955, não resistem sequer duas semanas quando, em 1956, lhes é "proposta" a coletivização, a troco de uma modesta renda vitalícia e por vezes um lugar de diretor técnico nas suas antigas empresas (a Revolução Cultural renegará essas promessas). Um recalcitrante de Xangai, levado a tribunal pelos seus operários, sob diversas acusações, é arruinado em dois meses e em seguida enviado para um campo de trabalho. Os pequenos e médios empresários, totalmente espoliados, suicidam-se frequentemente; já os grandes empresários são bastante menos maltratados: às suas competências ainda úteis somam-se os laços que eles mantêm com as influentes e ricas redes chinesas de além-mar, cujo apoio, na época, é ferozmente disputado com Taiwan.[78]

A máquina de triturar não se deteve. É certo que as campanhas lançadas em 1950-1951 terminaram oficialmente em 1952 ou 1953. Na verdade trabalharam tão bem, que havia muito menos grão para moer. A repressão continuou, no entanto, muito dura, e, em 1955, foi desencadeada uma nova campanha de "eliminação de contrarrevolucionários escondidos" (*sufan*), que visou particularmente os intelectuais, incluindo a partir de então os velhos companheiros de estrada do Partido que ousavam dar provas de um mínimo de independência. Assim, o brilhante escritor marxista Hu Feng, discípulo do reverenciado Lu Xun, tinha, em julho de 1954, denunciado junto do Comitê Central os "cinco punhais" (em especial a submissão da criatividade à "linha geral") que as diretivas do Partido cravavam na cabeça dos escritores. Em dezembro é lançada contra ele uma enorme campanha: todos os intelectuais de renome têm de rivalizar na denúncia, e depois as "massas" são convocadas para o golpe de misericórdia. Hu, completamente isolado, apresentou a sua autocrítica em janeiro, mas essa foi recusada. Preso em julho, juntamente com 130 "cúmplices", passará dez anos num campo; novamente detido em 1966, errará por todo o sistema penitenciário até a sua reabilitação total, em 1980.[79] Pela primeira vez, os membros do Partido são maciçamente envolvidos: o *Diário do Povo* denuncia a existência, entre as suas fileiras, de 10% de "traidores escondidos", e esse número parece ter guiado as quotas de interpelações.[80]

No que diz respeito aos *sufan*, uma fonte relata 81.000 detenções (o que parece bem modesto), outra fala de 770.000 mortos: mistérios da China[...]

---

[78] White, *op. cit.*, pp. 104-24.

[79] Jacques Andrieu, "Le mouvement des idées", *in* Bergère *et al.* (1990), *op. cit.*, pp. 268-9.

[80] Domenach, *op. cit.*, p. 118.

O Livro Negro do Comunismo

Quanto às famosas "Cem Flores",* elas fazem parte, no quadro da repressão em massa, desse ciclo de campanhas sucessivas. Simplesmente, nesse caso, o esmagamento dos "rebentos venenosos" será na mesma proporção das esperanças e dos ímpetos despertados, durante algumas breves semanas, pela liberalização anunciada, e depois renegada, por Mao. O seu objetivo era duplo: primeiramente, como em todos os movimentos de Retificação (que aconteciam, de tempos em tempos, até nas prisões),[81] suscitar a palavra espontânea, a expressão mais ampla dos desacordos, para em seguida melhor esmagar aqueles que tinham revelado os seus "maus pensamentos"; e, em segundo lugar, em face da dureza das críticas assim manifestadas, reconstituir a unidade do aparelho do Partido em torno das posições radicais do seu presidente, numa altura em que o XX Congresso do PCUS havia acentuado, na própria China, a tendência para uma legislação das práticas repressivas (mais controle dos tribunais sobre as atividades da Segurança e sobre a execução de penas)[82] e para questionar o culto a Mao. É significativo o fato de os intelectuais comunistas, escaldados depois de Yan'an, terem se mantido, no seu conjunto, prudentemente à margem. Mas centenas de milhares de ingênuos — frequentemente "companheiros de estrada" de 1949, e em particular membros dos insignificantes "partidos democráticos" que o PC achara melhor deixar subsistir — foram apanhados na armadilha, ao assumirem suas posições, quando o navio guinou brutalmente para o seu novo rumo "antidireitista". Houve, de um modo geral, poucas execuções, mas de 400.000 a 700.000 quadros (pelo menos 10% dos intelectuais chineses, incluindo técnicos e engenheiros), rotulados com o infamante rótulo de "direitistas", terão duas boas dezenas de anos para se arrependerem, num campo ou num remoto povoado privado de tudo, se conseguirem sobreviver à passagem dos anos, à fome de 1959-1961, ao desespero ou, uma década mais tarde, ao furacão dos Guardas Vermelhos, que lhes moveram uma perseguição obstinada. Será preciso esperar até 1978 para assistir às primeiras reabilitações. Além disso, milhões de quadros (100.000 só no Henan)[83] e de estudantes são "ruralizados", provisoriamente ou mesmo definitivamente: enviá-los para os

---

* Campanha lançada por Mao Zedong entre maio e junho de 1957 — alguns meses após o famoso discurso de Nikita Kruschev no XX Congresso do PCUS — convidando intelectuais a exprimirem abertamente as suas ideias. [N. do T.]

[81] Ver, por exemplo, Jean Pasqualini (com Rudolph Chelminski), *Prisonnier de Mao: sept ans dans un camp de travail en Chine*, Paris, Gallimard, 1975 (ed. original em inglês, 1973).

[82] Ver Domenach, *op. cit.*, pp. 121-6.

[83] Jean-Luc Domenach, *Aux origines du Grand Bond en avant: le cas d'une province chinoise, 1956-1958*, Paris, Éditions de l'EHESS et Presses de la FNSP, 1982, p. 151.

China: uma longa marcha na noite 589

rudes campos constitui um castigo, mas visa também preparar o Grande Salto Adiante, que neles deve se concentrar.

O encarceramento penitenciário é geralmente precedido por um encarceramento social, durante o período de "luta" contra o direitista. Ninguém quer conhecê-lo, nem mesmo para lhe dar um pouco de água quente. Ele tem de se apresentar no local de trabalho, mas para redigir confissões sucessivas e suportar reuniões e mais reuniões de "crítica-educação". Uma vez que o alojamento anda geralmente junto com o emprego, os vizinhos-colegas, ou mesmo seus filhos,[84] não lhe dão um momento de descanso: sarcasmos, insultos, proibição de caminhar pelo lado esquerdo da rua "por ser um direitista", ladainha que terminará com "o povo vai lutar[85] o direitista até a morte". Convém, evidentemente, aceitar tudo sem retorquir, sob pena de tornar o seu caso ainda mais grave.[86] Entende-se facilmente que os suicídios sejam então numerosos. Através das inúmeras investigações e sessões de crítica, através também de um expurgo que deve — milagre burocrático — atingir 5%[87] dos membros de *cada* unidade de trabalho (7% nas universidades, que se haviam distinguido por ocasião das Cem Flores), os funcionários do Partido instalam-se à frente das principais instituições culturais: o brilhante florescimento intelectual e artístico que a China conhecera na primeira metade do século estava morto, assassinado. Os Guardas Vermelhos tentarão mais tarde matar até a sua recordação.[88]

É então que a sociedade maoista da maturidade ganha verdadeiramente forma. Os próprios sobressaltos da Revolução Cultural só a desestabilizam por um momento. Será preciso esperar pelas grandes reformas de Deng Xiaoping para que essa página seja virada. O fundamento desse fato poderia ser o adágio do Grande Timoneiro: "Não esqueçam a luta de classes!" Tudo assenta, com efeito, numa rotulação generalizada dos indivíduos, iniciada nos campos

---

[84] Dez anos mais tarde, eles serão Guardas Vermelhos: essa primeira geração pós-revolucionária foi solidamente formada[...]

[85] O verbo "lutar", empregado transitivamente, significa aqui denunciar coletivamente alguém, exigir-lhe contrição e, na falta disso, reclamar a sua condenação; é uma "luta" muito especial, uma vez que a vítima não tem possibilidade de defender-se, nem sequer verbalmente. É em princípio previamente combinado se haverá apenas vociferações ou às vezes pancadas, e se essas podem eventualmente ir até o assassinato (coisa corrente durante a reforma agrária e a Revolução Cultural, mas rara entre esses dois períodos).

[86] He, *op. cit.*, pp. 3-8.

[87] O número parece ter um valor quase mágico, tanto que ele é mencionado nas "campa nhas". Mas constitui sobretudo um *mínimo* abaixo do qual é impensável descer. Iremos reencontrá-lo nos discursos de Pol Pot: a "variação" será, neste último caso, particularmente importante[...]

[88] Mac Farquhar e Fairbank, *op. cit.*, p. 257.

com a reforma agrária e nas cidades com os movimentos de "massas" de 1951, mas que só vem a terminar em 1955. A coletividade trabalhista desempenha um papel no processo, mas é significativo o fato de, em todos os casos, ser a polícia quem tem a última palavra. Trata-se, mais uma vez, de uma compartimentação sociológica fantasista, mas com consequências diabólicas para dezenas de milhões de pessoas. Em 1948, um quadro do povoado da Longa Curva afirmava que "a maneira como se ganha a vida determina a maneira de pensar".[89] E o inverso também é válido, se seguirmos a lógica maoista. Misturam-se, com efeito, grupos sociais (muito arbitrariamente delimitados) e grupos políticos, para chegar a uma divisão binária entre "categorias vermelhas" (operários, camponeses pobres e semipobres, quadros do Partido, militares do EPL e "mártires revolucionários") e "categorias negras" (proprietários de terras, camponeses ricos, contrarrevolucionários, "maus elementos" e direitistas). Entre esses dois grupos, encontramos as "categorias neutras" (por exemplo, intelectuais, capitalistas etc.), mas essas tendem a ser progressivamente empurradas para as "negras", na companhia dos desqualificados, marginais, "funcionários do Partido que escolheram a via capitalista" e outros espiões. Assim, durante a Revolução Cultural, os intelectuais serão a "nona categoria (negra) fedorenta". O rótulo, o que quer que se faça, é literalmente colado à pele: um direitista, mesmo que oficialmente "reabilitado", será um alvo privilegiado na primeira campanha de massas, e nunca terá o direito de regressar à cidade.[90] A lógica infernal do sistema é que são necessários inimigos para combater, e por vezes para abater, e que o estoque deve ser renovado, através de uma extensão das características incriminatórias ou por degenerescência: um quadro comunista pode, por exemplo, tornar-se um direitista.

Trata-se, como se deixa ver, menos de classes sociais no sentido marxista da expressão do que de castas à maneira indiana (a China tradicional, na verdade, nunca conhecera nada de semelhante). Por um lado, com efeito, o que conta é a situação social *anterior* a 1949, sem levar em consideração as enormes transformações posteriores. Por outro, a classificação do chefe da família é via de regra automaticamente estendida aos filhos (em contrapartida, a esposa conserva seu "rótulo de solteira"). Essa hereditarização contribui para ossificar terrivelmente uma sociedade que se diz revolucionária, e para lançar ao desespero os "malnascidos". A discriminação é, efetivamente, sistemática contra os "negros" e seus respectivos filhos, quer se trate da entrada para a

---

[89] Hinton, *op. cit.*, p. 484.
[90] Foi a experiência de He Liyi, *op. cit.*

China: uma longa marcha na noite 591

universidade ou para a vida ativa (diretiva de julho de 1957), ou ainda para a vida política. Torna-se muito difícil para um "negro" casar-se com um cônjuge "vermelho", pois a sociedade tende a ostracizá-lo: receiam-se os aborrecimentos com as autoridades que a convivência com essa gente "com problemas" pode acarretar. Com a Revolução Cultural, a rotulação vai atingir o seu paroxismo e provará todos os seus efeitos perversos, do ponto de vista do próprio regime.

A maior fome da história (1959-1961)

Durante muito tempo, circulou no Ocidente um mito tenaz: sim, a China não é um modelo de democracia, mas "pelo menos Mao conseguiu dar uma tigela de arroz a cada chinês". Infelizmente, nada é mais falso: por um lado, como vamos ver, a modesta ração alimentar disponível por habitante não aumentou provavelmente de forma significativa entre o início e o fim do seu reinado, e isto a despeito de esforços impostos a um campesinato, raramente vistos no curso da história; por outro lado, e sobretudo, Mao e o sistema que ele criou foram diretamente responsáveis por aquela que continuará a ser (assim esperamos[...]) a mais mortífera fome de todos os tempos, em todos os países, em valor absoluto.

Certamente o objetivo de Mao não era o de matar em massa os seus compatriotas. Mas o mínimo que se pode dizer é que os milhões de pessoas mortas de fome não o incomodaram minimamente; a sua principal preocupação durante esses anos negros parece ter sido negar ao máximo uma realidade cuja responsabilidade ele sabia poder ser-lhe atribuída. É muito difícil, nessa catástrofe, saber quanto se deve ao próprio projeto e quanto se deve aos desvios constantes da sua aplicação. Seja como for, o resultado final revela cruamente a incompetência econômica, o desconhecimento do país, o isolamento na autossuficiência e a utopia voluntarista da direção do PC e, singularmente, do seu chefe. A coletivização de 1955-1956 havia sido bastante bem aceita pela maioria dos camponeses: ela agrupava-os com base nos respectivos povoados, e o direito de retirar-se da cooperativa não era letra morta — 70.000 lares fizeram uso dele na província de Guangdong, em 1956-1957, e numerosas unidades foram dissolvidas.[91] Esse êxito aparente e os bons resultados das colheitas de 1957 levam Mao a propor e impor aos reticentes, em agosto de 1958, tanto os

---

[91] Justin Yifu Lin, "Collectivization and China's Agricultural Crisis in 1959-1961", *Journal of Political Economy*, 1990, vol. 98, nº 6, pp. 1.228-1.250.

592   *O Livro Negro do Comunismo*

objetivos do Grande Salto (anunciados em dezembro de 1957, definidos em maio de 1958), como o suposto meio de lá chegar: a comuna popular.

Trata-se, simultaneamente, e em muito pouco tempo ("três anos de esforços e de privações, mil anos de felicidade", assegura um slogan na moda), de modificar completamente o modo de vida dos camponeses — obrigados a agruparem-se em unidades de milhares, quando não de dezenas de milhares de famílias em que tudo se torna comum, a começar pelas refeições —, de desenvolver a produção agrícola numa proporção enorme, graças a obras faraônicas de irrigação e a novos métodos de cultivo e, finalmente, de suprimir a diferença entre o trabalho agrícola e o trabalho industrial através da instalação por todo lado de unidades industriais, sobretudo pequenos altos-fornos (a "agrocidade" kruscheviana não está muito longe). O objetivo é simultaneamente assegurar a autossuficiência de cada comunidade local e permitir um crescimento acelerado da indústria, tanto através das novas empresas rurais quanto graças aos consideráveis excedentes agrícolas que as comunas deveriam entregar em proveito do Estado e da grande indústria que ele controla: nesse belo sonho, que coloca o comunismo ao alcance da mão, como se diz, a acumulação de capital e a melhoria rápida do nível de vida podem andar juntas. Bastará cumprir os objetivos fixados de cima[...]

Durante alguns meses, tudo parece correr da melhor maneira. Trabalha-se dia e noite sob as bandeiras vermelhas drapejando ao vento, produz-se "mais, com maior rapidez, melhor e mais economicamente"; os responsáveis locais anunciam recorde atrás de recorde, e em consequência os objetivos sobem constantemente: até 375 milhões de toneladas de cereais para 1958, o dobro dos 195 milhões de toneladas (um número bastante bom) do ano anterior; em dezembro, anunciar-se-á que o objetivo foi atingido. É verdade que tal anúncio é feito depois de mandarem para os campos o pessoal do Departamento Central de Estatísticas, seguramente "direitista", uma vez que manifestara dúvidas[...] A Grã-Bretanha, que o Grande Salto deveria permitir ultrapassar em 15 anos, será agora, com toda a certeza, alcançada em dois. Porque, afirma o presidente, "a situação é excelente", ajustam-se para cima as normas de produção, aumentam-se as entregas obrigatórias, manda-se desguarnecer os campos em proveito das oficinas. Uma província que se pretende modelo, como o Henan, cede generosamente 200 mil dos seus trabalhadores àquelas que declaram resultados não tão bons.[92] A "emulação socialista" vai cada vez mais longe: supressão total das parcelas individuais e dos mercados livres,

---

[92] Domenach (1982), *op. cit.*, p. 152.

China: uma longa marcha na noite

abolição do direito de abandonar o coletivo, recolha de todos os utensílios metálicos para transformá-los em aço, e por vezes das portas de madeira para aquecer os altos-fornos. A título de compensação, todas as reservas alimentares comuns serão consumidas no curso de memoráveis banquetes. Como se pode lembrar, "era considerado revolucionário comer carne" no Shanxi:[93] nenhum problema, a colheita ia ser fabulosa[...] "A vontade é senhora das coisas", tinha já proclamado a imprensa do Henan, por ocasião de um Congresso Hidráulico Provincial, em outubro de 1957.[94]

Mas, logo, os dirigentes que por vezes ainda saem da Cidade Proibida (o que nesse momento não é de modo algum o caso de Mao) têm de render-se à evidência: caíram na sua própria armadilha, a do otimismo encomendado, do êxito obrigatório e da suposta onipotência dos dirigentes míticos vindos da Longa Marcha, habituados a gerir a economia e os trabalhadores como exércitos em campanha. É menos arriscado para um quadro falsificar as suas estatísticas, mesmo que para isso tenha de pressionar insuportavelmente os seus subordinados para fornecerem de qualquer maneira as quantidades previstas, do que confessar o não cumprimento dos sacrossantos objetivos: sob a palmatória de Mao, o "desvio à esquerda" (uma vez que voluntarismo, dogmatismo e violência são supostamente de esquerda) foi sempre menos perigoso do que a mediocridade direitista. Em 1958-1959, quanto maior for a mentira, mais rápida será a promoção do seu autor: o descontrole e os excessos são totais, os "termômetros" estão todos quebrados, e os potenciais críticos estão na prisão ou nas obras de irrigação.

As razões do drama são igualmente técnicas. Certos métodos agronômicos vindos diretamente do acadêmico soviético Lyssenko, e baseados na negação voluntarista da genética, têm valor de dogma tanto na China quanto na URSS. Impostos aos camponeses, revelam-se desastrosos: apesar de Mao afirmar que "com companhia [os grãos] nascem facilmente, quando crescem juntos sentem-se mais satisfeitos"[95] — aplicação criativa da solidariedade de classe à natureza —, as sementeiras ultra-apertadas (cinco a dez vezes a densidade normal) matam as jovens plantas, os sulcos profundos secam a terra ou fazem subir os sais; o trigo e o milho não se dão muito bem nos mesmos campos, e a substituição da cevada tradicional pelo trigo nas altas terras frias do Tibet é

---

[93] William Hinton, *Shenfan*, Nova York, Random House, 1984.

[94] Domenach (1982), *op. cit.*, p. 149.

[95] Mao, discurso secreto, *in* Roderick Mac Farquhar, Timothy Cheek e Eugene Wu (eds.), *The Secret Speeches of Chairman Mao*.

594   *O Livro Negro do Comunismo*

pura e simplesmente catastrófica. Outros "erros" são de iniciativa nacional: o extermínio dos pardais comedores de grãos fez proliferar os parasitas; muitas obras hidráulicas, executadas às pressas ou mal coordenadas umas com as outras, revelam-se inúteis ou até perigosas (erosão acelerada, risco de rotura brutal às primeiras cheias), e a sua construção custa caro em vidas humanas (10.000 dos 60.000 trabalhadores numa obra no Henan); a vontade de apostar o futuro numa enorme colheita de cereais (tal como o aço na indústria: *"big is beautiful"*) arruína as "pequenas" atividades agrícolas anexas, incluindo a pecuária, frequentemente indispensáveis ao equilíbrio alimentar; no Fujian, as plantações de chá, geradoras de um fortíssimo valor acrescentado, são transformadas em arrozais.

É, finalmente, no plano econômico que a alocação dos recursos se revela devastadora: a taxa de acumulação de capital atinge um nível sem precedentes (43,4% do PIB em 1959),[96] mas serve para implementar grandes obras de irrigação frequentemente não terminadas ou atamancadas, e sobretudo para desenvolver maciçamente a indústria dos centros urbanos (a China "caminha sobre duas pernas", segundo um célebre slogan maoista, mas todo o sangue da "perna" agrícola tem de passar para a industrial). Essa aberrante distribuição do capital determina não menos aberrantes distribuições de mão de obra: as empresas do Estado contratam em 1958 a bagatela de 21 milhões de novos operários, ou seja, um crescimento, nesse setor, de 85% num único ano! Resultado: entre 1957 e 1960, a população não agrícola passa de 15% para 20% do total — e é o Estado que tem de alimentá-la?[97] Ora, paralelamente, os trabalhadores dos campos ocupam-se de tudo (grandes obras, microaciarias cuja produção vai geralmente inteira para o refugo, destruição dos antigos povoados e construção de novos alojamentos etc.), menos do cultivo; em face das "miríficas" colheitas de 1958, considerou-se até mesmo possível reduzir em 13% a área semeada de cereais.[98] O resultado dessa combinação de "delírio econômico e mentira política"[99] foram as colheitas de cereais de 1960, que os camponeses já não tinham sequer forças para apanhar. O Henan, primeira província a declarar-se "100% hidraulizada" (todos os trabalhos de irrigação e de represamento possíveis foram em princípio realizados), será também uma das mais duramente atingidas pela fome (entre dois e oito milhões de mortos,

---

[96] Mac Farquhar e Fairbank, *op. cit.*, p. 380.

[97] *Ibid.*, p. 369.

[98] *Idem.*

[99] Domenach (1982), *op. cit.*, p. 157

conforme as estimativas).[100] As amostragens realizadas pelo Estado atingem o seu ponto mais alto; 48 milhões de toneladas de cereais entregues em 1957 (17% das disponibilidades), 67 milhões em 1959 (28%), e ainda 51 milhões em 1960. A armadilha recai sobre os mentirosos, ou melhor, infelizmente, sobre os administrados: no distrito considerado modelo de Fengyang (Anhui), foram anunciadas 199.000 toneladas de cereais em 1959, um belo progresso em relação às 178.000 do ano anterior; na realidade, a produção foi de 54.000 toneladas, contra 89.000 em 1958; mas o Estado reclamou a sua parte bem real da colheita-fantasma: 29.000 toneladas! Será, pois, no ano seguinte, a dieta de sopa rala de arroz para (quase) toda a gente, e o slogan da moda será a frase surrealista lançada por um *Diário do Povo* de finais de 1959: "Viver de uma maneira frugal num ano de abundância." A imprensa nacional pôs-se a preconizar as virtudes da sesta, e os professores de Medicina insistem na fisiologia particular dos chineses, que lhes torna supérfluas gorduras e proteínas.[101]

Talvez ainda houvesse tempo de corrigir o rumo, e, em dezembro de 1958, tomam-se as primeiras medidas nesse sentido. Mas o início da tensão com a URSS, e sobretudo, em julho de 1959, o ataque ao Bureau Político desencadeado pelo prestigiado marechal Peng Dehuai contra a estratégia empregada pelo próprio Mao levam este último, *por motivos de pura tática política,* a recusar-se a reconhecer a menor dificuldade, a fim de evitar ter de admitir o mais insignificante erro. O ministro da Defesa, excessivamente lúcido, é substituído por Lin Biao, que se revelará uma servil criatura do Grande Timoneiro. Peng, marginalizado, mas não preso, será, em 1967, expulso do Partido, condenado à prisão perpétua, e morrerá encarcerado em 1974: Mao sabia ser tenaz nos seus ódios. Tentando explorar a sua vantagem, impôs, em agosto de 1959, um relançamento e um aprofundamento do Grande Salto, com a intenção de alargar às cidades as comunas populares (o que ao fim não irá acontecer). A China terá a sua grande fome — mas Mao sobreviverá. Pois, como afirmará mais tarde Lin Biao, são os gênios que fazem a história[...]

A fome afetará todo o país: em Pequim, a quadra de basquete é transformada em horta, e dois milhões de galinhas invadem as varandas da capital;[102] nenhuma província escapa ao flagelo, a despeito da imensidão do país e à extrema diversidade das condições naturais e das culturas. Só isso bastaria

---

[100] A maior parte dessas informações procede de Jasper Becker, *Hungry Ghosts: China's Secret Famine.* Londres, John Murray, 1966. Trata-se, até onde sabemos, da única obra sintética sobre a fome consecutiva ao Grande Salto.

[101] *Ibid.,* p. 133.

[102] Roux, *op. cit.,* pp. 295-6.

para provar a inanidade da incriminação oficial das "piores catástrofes naturais do século". Na realidade, 1954 e 1980 foram anos meteorologicamente muito mais perturbados; em 1960, só oito das 120 estações meteorológicas chinesas relataram seca intensa, e menos de um terço dessas estações relatou seca.[103] Ora, a colheita de 1960, com 143 milhões de toneladas de cereais, é 26% inferior à de 1957 (a de 1958 a tinha ultrapassado ligeiramente); voltou-se ao nível de 1950 — com mais cem milhões de chineses para alimentar.[104] As cidades, privilegiadas pela distribuição dos estoques e pela proximidade dos órgãos do poder, são menos duramente atingidas (assim, em 1961, no auge da crise, os seus habitantes beneficiam-se, em média, de 181 quilos de cereais, enquanto os rurais recebem apenas 153; a ração destes últimos diminuiu 25%, contra apenas 8% no caso dos citadinos). Mao, de acordo com a tradição dos senhores da China, mas contrariamente à lenda complacentemente construída à sua volta, revela aqui a sua escassa preocupação com a sobrevivência desses seres grosseiros e primitivos que são os camponeses. Por outro lado, as desigualdades regionais, quando não locais, são muito acentuadas: as províncias mais frágeis, as do Norte e do Noroeste, as únicas a serem atingidas pela fome do século anterior, são logicamente as mais afetadas. Em contrapartida, o Heilongjiang, no extremo Norte, pouco atingido e ainda largamente virgem, vê a sua população saltar de 14 para 20 milhões de habitantes: é um porto de abrigo para os famintos. Segundo um processo bem conhecido, quando das fomes do passado da Europa, as regiões especializadas nas culturas industriais (cana-de-açúcar, oleaginosas, beterraba e sobretudo algodão), cujos produtos os esfomeados não têm meios para comprar, têm a sua produção duramente afetada (diminuindo por vezes em dois terços) quando a fome as atinge mais fortemente: o preço do arroz nos mercados livres (ou no mercado negro) foi multiplicado por 15, e às vezes por 30. O dogma maoista agrava o desastre: uma vez que as comunas populares *devem* proporcionar a autossuficiência, as transferências de víveres entre províncias são drasticamente reduzidas. As pessoas sofrem com a escassez de carvão (os mineiros, esfomeados, foram procurar comida, ou então cultivam hortas), e também com a tendência à apatia e à dissolução suscitadas pela fome. Numa província industrializada como Liaoning, os dois efeitos acumulam-se: produção agrícola de 1960 reduzida à metade daquela de 1958, e, enquanto uma média de 1,66 milhão de toneladas de cereais lá

---

[103] Becker, *op. cit.*, p. 283.
[104] Mac Farquhar e Fairbank, *op. cit.*, pp. 370 e 383.

China: uma longa marcha na noite 597

chegava todos os anos no início da década de 1950, em 1958 as transferências caem para 1,5 milhão de toneladas *em todo o país.*

O fato de a fome ter sido de natureza política está demonstrado pela concentração de uma grande parte da mortalidade nas províncias governadas por maoistas radicais, ao passo que, em tempos normais, são antes exportadoras de alimentos: Sichuan, Henan, Anhui. Esta última, no Centro-Norte, é sem dúvida a mais afetada: a mortalidade cresce 68%o, em 1960 (contra cerca de 15% num período normal), enquanto a natalidade cai para 11% (contra cerca dos 30% habituais). Resultado: a população sofre uma diminuição de dois milhões de pessoas (6% do total) num único ano.[105] Os ativistas do Henan estão convencidos, como Mao, de que todas as dificuldades são provocadas pelo fato de os camponeses esconderem os cereais: segundo o secretário da prefeitura de Xinyang (com dez milhões de habitantes), onde tinha sido lançada a primeira comuna popular do país, "não é que faltem os alimentos. Há grãos em quantidade, mas 90% dos habitantes têm problemas ideológicos".[106] É contra o conjunto dos rurais (a "hierarquia de classes" está, no momento, esquecida) que, no outono de 1959, é lançada uma ofensiva de estilo militar, na qual os encarregados recuperam os métodos da guerrilha antijaponesa. Pelo menos dez mil camponeses são aprisionados, e muitos morrem de fome. É dada ordem de quebrar todos os utensílios de cozinha dos particulares (os que não foram transformados em aço inutilizável), a fim de impedir qualquer espécie de autoalimentação e de tirar-lhes a vontade de rapinar os bens das comunidades. É mesmo proibido fazer fogo, num momento em que o rude inverno se aproxima! As distorções da repressão são terríveis: tortura sistemática de milhares de detidos, crianças mortas, cozinhadas e em seguida utilizadas como adubo — isto enquanto uma campanha nacional incita a "aprender com o Henan". No Anhui, onde se proclama a intenção de "conservar a bandeira vermelha, mesmo com 99% de mortos",[107] os quadros voltam às boas e velhas tradições de enterrar as pessoas vivas ou torturá-las com ferros em brasa. Os funerais são proibidos: receia-se que o seu número assuste os sobreviventes e se transformem em manifestações de protesto. É proibido recolher as inúmeras crianças abandonadas: "Quantas mais forem recolhidas, mais serão abandonadas."[108] Os aldeãos desesperados que tentam chegar às cidades são recebidos a

---

[105] *Ibid.*, pp. 376-7.
[106] Becker, *op. cit.*, p. 113.
[107] *Ibid.*, p. 146.
[108] *Ibid.*, p. 139.

598   *O Livro Negro do Comunismo*

tiro. O distrito de Fenyang conta mais de 800 mortos, e 12,5% da sua população rural, ou seja, 28.000 pessoas, são punidas segundo diversas modalidades. A situação ganha contornos de uma verdadeira guerra anticamponesa. Como disse Jean-Luc Domenach, "a intrusão da utopia na política coincidiu muito precisamente com a do terror policial na sociedade".[109] A mortalidade pela fome ultrapassa os 50% em certos povoados; por vezes, só os quadros que abusaram do seu poder estão em condições de sobreviver. E, como no Henan, os casos de canibalismo são numerosos (63 reconhecidos oficialmente), em especial através de "associações" onde as pessoas trocam os seus filhos pelos de outros, para os comerem.[110]

No momento em que Gagarin se lança ao espaço, e num país dotado de mais de 30 mil quilômetros de estradas de ferro, onde existe o telefone e o rádio, encontramos devastações próprias das grandes crises de subsistência do Antigo Regime europeu, mas que atingem uma população igual à do *mundo inteiro* no século XVIII: milhões de famintos que tentam alimentar-se cozendo ervas, casca de árvore e folhas de choupo, errando pelas estradas em busca de qualquer coisa para comer, tentando atacar os comboios de mantimentos, lançando-se por vezes em motins provocados pelo desespero (distritos de Xinyang e de Lan Kao no Henan)[111] — não lhes serão enviados quaisquer alimentos, mas por vezes virá a ordem para fuzilar os quadros locais "encarregados"; uma maior sensibilidade às doenças e às infecções multiplica a mortalidade; as mulheres, esgotadas, quase não são mais capazes de conceberem e parirem filhos. Os detidos do *laogai* não são os últimos a morrer de fome, embora a sua situação não seja necessariamente mais precária do que a dos camponeses vizinhos, que vão por vezes às portas do campo de concentração mendigar um pouco de comida: três quartos dos membros da brigada de trabalho de Jean Pasqualini em agosto de 1960 estavam, um ano depois, mortos ou moribundos,[112] e os sobreviventes tinham sido levados a procurar grãos de milho não digeridos nos excrementos dos cavalos, e vermes na bosta das vacas.[113] Servem igualmente de cobaias para a experimentação de sucedâneos para a fome, como a mistura de farinha com 30% de pasta de papel na confecção do pão, ou de plâncton dos pântanos com caldo de arroz; o primeiro provoca no campo inteiro uma onda

---

[109] Domenach (1982), *op. cit.*, p. 155.

[110] Becker, *op. cit.*, pp. 112-49.

[111] Roux, *op. cit.*, pp. 296-7.

[112] Pasqualini, *op. cit.*, p. 262.

[113] *Ibid.*, p. 252.

China: uma longa marcha na noite

de terríveis constipações, acarretando numerosas mortes; o segundo causa igualmente doenças, a que os mais fracos não resistem. Finalmente, chega-se ao sabugo de milho moído, que se espalhará pelo país inteiro.[114]

Em todo o país, a mortalidade salta de 11% em 1957 para 15% em 1959 e 1961, e sobretudo para 29% em 1960. A natalidade cai de 33% em 1957 para 18% em 1961. Sem ter em conta o déficit de nascimentos (talvez 33 milhões, mas alguns são simplesmente adiados),[115] as perdas ligadas à sobremortalidade causada pela fome podem ser avaliadas, de 1959 a 1961, entre 20 milhões (número semioficial na China desde 1988) e 43 milhões de pessoas.[116] De fato, estamos em presença da fome mais grave (pelo menos em números absolutos) de toda a história da China (a segunda seria a de 1877-1878, no Norte do país, que fez entre 9 e 13 milhões de vítimas), e sem dúvida também da história do mundo. Aqui, um pouco no mesmo contexto político-econômico afetara a URSS entre 1932 e 1934, causando cerca de cinco milhões de mortos, ou seja, bastante menos em proporção do que na China do Grande Salto.[117] A mortalidade nos campos era, em tempos normais, 30 a 60% superior à das cidades; passa para o dobro (29% contra 14%) em 1960. Os camponeses adiaram um pouco os efeitos da fome, consumindo o capital produtivo representado pelo gado: 45% dos porcos são abatidos, de 1957 a 1961, e sobretudo 30% dos animais de tração.[118] Quanto às culturas não estritamente alimentares (como o algodão, que àquela altura era a base da principal indústria do país), a superfície que lhes é dedicada diminui em mais de um terço entre 1959 e 1962: a quebra da produção transmitir-se-á desse modo ao setor manufatureiro. Embora, por volta do fim de 1959, os mercados livres camponeses voltem a ser autorizados, numa tentativa de incitar a produção, os preços que propõem — determinados pelas escassas quantidades — são tão elevados, que poucos aí podem encontrar com que sobreviver: em 1961, a carne de porco custa nesses mercados 14 vezes mais do que nos armazéns do Estado. Os preços dos produtos da pecuária sobem muito menos do que os dos cereais no Noroeste pastoril, cronicamente deficitário em cereais: no Gansu, continua-se a morrer de fome em 1962, e a ração cerealífera é equivalente à metade do limite de "semifome".

---

[114] *Ibid.*, pp. 225-8.

[115] Lin, *art. cit.*

[116] Becker, *op. cit.*, pp. 270-3.

[117] Mac Farquhar e Fairbank, *op. cit.*, pp. 370-2.

[118] *Ibid.*, pp. 372-6, para esses dados e a maior parte dos que se seguem a respeito do Grande Salto.

A recordação do Grande Salto em Anhui, ou como Wei Jingsheng rompeu com o maoismo

Desde que aqui cheguei,[119] ouvia muitas vezes os camponeses falarem do Grande Salto Adiante, como se tivesse sido um apocalipse, com o qual estavam felizes por terem conseguido escapar. Tendo-me apaixonado pelo tema, interrogava-os frequentemente sobre os pormenores, de tal modo que, com o passar do tempo, acabei por convencer-me, por minha vez, de que os "três anos de catástrofes naturais" não tinham sido tão naturais assim. Muito pelo contrário, eram o resultado de uma política errada. Os camponeses contavam, por exemplo, que, em 1959-1960, durante o "vento comunista",[120] a fome era tal que não tinham sequer forças para apanhar o arroz maduro, apesar de esse ter sido um bom ano. Muitos deles morriam de fome vendo os bagos de arroz caírem nos campos, sacudidos pelo vento. Em certos povoados, não se encontrava absolutamente ninguém para fazer a colheita. Certa vez, quando me dirigia acompanhado por um parente a um local situado a poucos *lis* da nossa casa e para onde tínhamos sido convidados, passamos nas proximidades de um povoado deserto onde nenhuma das casas tinha telhado. Só restavam as paredes de terra.

Convencido de que se tratava de uma localidade abandonada durante o Grande Salto Adiante, na época dos grandes agrupamentos de povoados, perguntei:

"Por que não derrubam essas paredes, para fazer campos de sementeira?"

Ao que o meu parente respondeu:

"Essas casas pertencem a pessoas; não podem ser derrubadas sem sua autorização."

Olhando para aquelas ruínas, recusei-me a acreditar que fossem habitadas.

"Claro que são habitadas! Aqui, morreram todos de fome durante o 'vento comunista'! E nunca ninguém voltou. Então, distribuíram as terras às equipes de produção vizinhas. No entanto, como se pensava que pelo menos alguns haviam de voltar, não se fez a partilha dos terrenos de habitação. Mas, ao fim de tanto tempo, receio bem que já ninguém volte."

Passávamos justamente ao lado do povoado. Os raios brilhantes do sol iluminavam as ervas daninhas, de um verde-jade, que cresciam entre as paredes de terra, sublinhando assim o contraste com os bem-cuidados campos de arroz à volta e aumentando a desolação da paisagem. Diante dos meus olhos, entre as ervas daninhas, surgiu subitamente uma cena que me tinha sido descrita durante um banquete [*sic*]: a de famílias trocando os filhos entre si para os comerem. Distinguia claramente os rostos consternados dos pais que mastigavam a carne das crianças pelas quais tinham trocado as deles. Os garotos que perseguiam as borboletas nos

---

[119] Em 1968, Wei, com 18 anos, guarda vermelho agora perseguido pelas autoridades, como milhões de outros, esconde-se junto da família, num povoado do Anhui, província particularmente castigada pelo Grande Salto Adiante.

[120] Uma das denominações oficiais do Grande Salto.

China: uma longa marcha na noite 601

campos situados à volta dessa cidade pareciam-me ser a reencarnação das crianças devoradas pelos pais. Faziam-me pena. Mas os pais faziam-me ainda mais pena. Quem os tinha obrigado a engolir, no meio das lágrimas e da dor de outros pais, aquela carne humana que nunca, nem nos seus piores pesadelos, teriam pensado provar? Compreendi então quem era aquele carrasco, "um carrasco tal que a humanidade, em vários séculos, e a China, em vários milênios, tinham produzido apenas um":[121] Mao Zedong. Mao Zedong e os seus sectários que, com o seu sistema e a sua política de criminosos, haviam levado pais enlouquecidos pela fome a entregar a outros a carne da sua carne para que matassem a fome, e a receber a carne da carne de outros pais para matar a deles. Mao Zedong, que, para lavar o crime que cometera ao assassinar a democracia,[122] havia lançado o "Grande Salto Adiante" e obrigado milhares e milhares de camponeses estupidificados pela fome a matarem a golpes de enxada os seus antigos companheiros e a salvar assim a sua própria vida graças à carne e ao sangue dos amigos de infância. Não, os carrascos não eram eles, os carrascos eram Mao Zedong e os seus seguidores. Finalmente, compreendia onde Peng Dehuai fora buscar a força para atacar o Comitê Central do Partido dirigido por Mao Zedong; finalmente, compreendia por que razão os camponeses detestavam tanto o "comunismo" e por que motivo não tinham admitido que se atacasse a política das "três liberdades e uma garantia" de Liu Shaoqi. Pela simples e boa razão de que não queriam no futuro ter de dar a mastigar a outros a carne da sua carne nem abater os companheiros para os comerem num acesso de loucura, por instinto de sobrevivência. Essa razão pesava muito mais decisivamente do que qualquer ideologia.[123]

Fosse por inconsciência inacreditável, fosse, mais verdadeiramente, por indiferença absoluta relativamente àqueles milhões de "ovos" que era preciso quebrar para chegar ao comunismo, o Estado reagiu à crise — se assim se pode dizer — com medidas que, nas circunstâncias, foram mesmo criminosas. Assim, as exportações líquidas de cereais, principalmente para a União Soviética, sobem de 2,7 milhões de toneladas em 1958 para 4,2 milhões em 1959, e em 1960 não fazem mais do que voltar ao nível de 1958; importam-se 5,8 milhões de toneladas em 1961, contra 66.000 em 1960, mas continua a ser muito pouco.[124] E a ajuda dos Estados Unidos é recusada, por razões políticas. O mundo, que poderia ter se mobilizado, deve continuar a ignorar as desventuras do socialismo à chinesa. Finalmente, a ajuda aos necessitados

---

[121] Célebre fórmula aplicada por Lin Biao a Mao Zedong, discurso de 18 de setembro de 1966.

[122] Alusão à "armadilha" das Cem Flores.

[123] Wei Jingsheng, "Mon évolution intellectuelle entre seize et vingt-neuf ans", in *La Cinquième Modernisation et autres écrits du "Printemps de Pékin"*, Paris, Christian Bourgois, 1997, pp. 244-6. Sobre Wei, ver abaixo.

[124] Mac Farquhar e Fairbank, *op. cit.*, p. 381.

602   *O Livro Negro do Comunismo*

dos campos representa menos de 450 milhões de yuans por ano, ou seja, 0,8 yuan por pessoa — enquanto o quilo de arroz custa nos mercados livres entre 2 e 4 yuans[...] O comunismo chinês, como ele próprio se gaba, soube "deslocar montanhas" e domar a natureza. Mas foi para deixar morrer de fome os construtores do ideal.

Entre o relançamento de agosto de 1959 e 1961, tudo se passa como se o Partido, estupefato, contemplasse o espetáculo do desastre sem conseguir reagir. Criticar o Grande Salto, atrás do qual Mao pusera todo o seu peso, era demasiado perigoso. Mas a situação degradou-se a tal ponto, que Liu Shaoqi, "número dois" do regime, pôde colocar o presidente do Partido na defensiva e impor um quase-regresso à coletivização "suave" de antes da formação das comunas populares: pequenos terrenos particulares, mercados camponeses, empresas artesanais livres, desconcentração ao nível da brigada de trabalho (equivalente ao antigo povoado) da gestão das atividades camponesas. Essas medidas permitiram sair rapidamente da fome.[125] Mas não da pobreza: é como se a produção agrícola, que crescera notavelmente entre 1952 e 1958, tivesse sido freada no seu ímpeto, durante duas décadas: a confiança não podia voltar enquanto "estivesse ainda quente" (Mao, as comunas populares) o ventre de onde jorrara o gigantesco flagelo dos anos 1959-1961. É certo que o valor bruto da produção agrícola duplicava entre 1952 e 1978, mas simultaneamente a população passava de 574 para 959 milhões, e o essencial do pequeno crescimento por habitante tinha de ser lançado na conta dos belos anos 1950. Para a maior parte das produções, seria necessário esperar pelo menos até 1965 (1968-1969 no Henan)[126] apenas para voltar ao nível de 1957 (em valor bruto). A produção agrícola final foi ainda mais afetada: o Grande Salto, com o seu desavergonhado desperdício, a fez cair cerca de 25%. Foi preciso esperar por 1983 para voltar globalmente ao nível de eficácia de 1952.[127] Todos os testemunhos da época da Revolução Cultural confirmam a grande pobreza do mundo rural, perpetuamente no limite da subalimentação, privado de tudo o que seja supérfluo (o tesouro, para uma família, pode ser uma simples garrafa de azeite),[128] onde todos haviam se tornado extremamente céticos em relação à propaganda do regime em consequência do traumatismo do Grande Salto. É facilmente compreensível que tenham sido os pequenos camponeses que, respondendo com

---

[125] Becker, *op. cit.*, pp. 235-54.

[126] Domenach, *op. cit.*, p. 154.

[127] Lin, *art. cit.*; Claude Aubert, "Économie et société rurales", *in* Bergère *et al.* (1990), *op. cit.*, pp. 166-8.

[128] Hua Linshan, *Les Années rouges*, Paris, Le Seuil, 1987, p. 202.

China: uma longa marcha na noite 603

entusiasmo às reformas liberais de Deng Xiaoping, constituíram a vanguarda da reintrodução da economia de mercado na China, exatamente 20 anos depois do lançamento das comunas populares.

O desastre de 1959-1961, "grande segredo" do regime, para cuja denegação muitos visitantes estrangeiros contribuíram naquele momento, nunca foi, porém, reconhecido como tal. Liu foi já muito longe, em janeiro de 1962, diante do auditório restrito de uma assembleia de quadros: a fome teria sido, em 70%, produto de erros humanos.[129] Era, na época, impossível ir mais além sem pôr diretamente em causa a chefia de Mao. No entanto, mesmo depois da morte deste último, e da emissão, em 1981, do "veredicto final" do PCC sobre o seu antigo chefe, o Grande Salto continua a escapar a toda e qualquer condenação, pelo menos publicamente.

---

[129] Becker, *op. cit.*, p. 243.

AS PRINCIPAIS UNIDADES

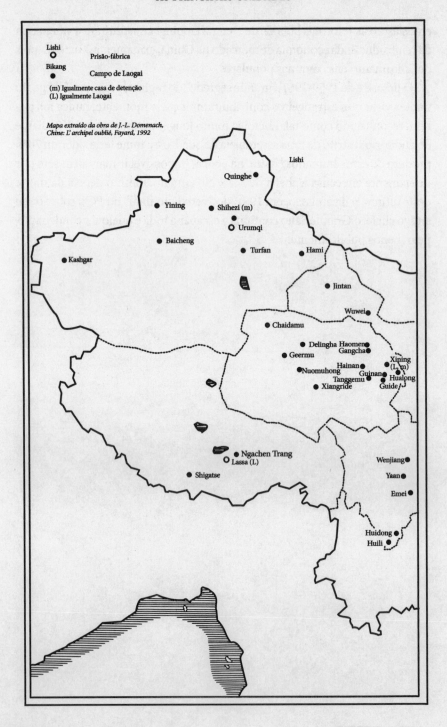

DO ENCARCERAMENTO DO *LAOGAI*

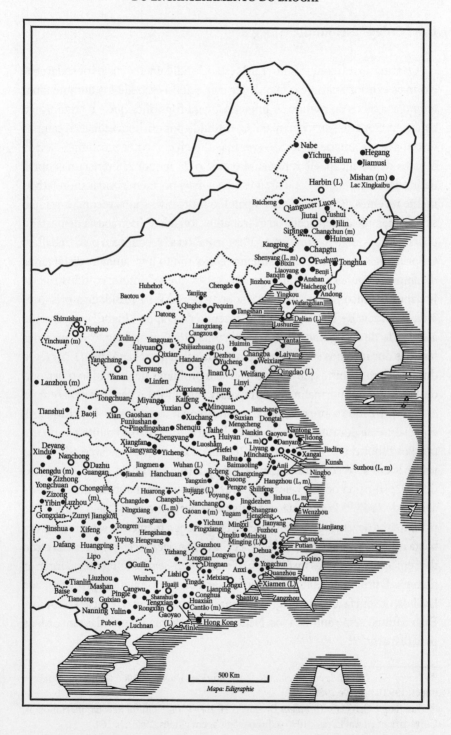

Mapa: Edigraphie

Um "Gulag" escondido: o *laogai*

Os armários do comunismo chinês estão decididamente cheios de cadáveres, e o mais extraordinário é o fato de ter conseguido escondê-los durante tanto tempo aos olhos do mundo. A imensa câmara frigorífica que é o arquipélago concentracionário não foge à regra. Constituído por um bom milhar de campos de trabalho de grande dimensão (ver mapa) bem como por uma infinidade de centros de detenção, ele raramente é objeto da menor referência nas obras dedicadas à República Popular, mesmo as mais pormenorizadas ou relativamente recentes. É verdade que o aparelho repressivo soube esconder-se: não se é condenado a "detenção" ou a "trabalhos forçados" (isso soaria demasiado próximo do Antigo Regime), mas à "reforma" ou à "reeducação pelo trabalho". Os principais lugares de internamento estão, muito logicamente, disfarçados de empresas públicas: assim, é preciso saber que a "tinturaria industrial de Jingzhou" (único nome que figura sobre a porta) é na realidade a prisão nº 3 da província de Hubei, ou que a "fazenda de chá de Yingde" corresponde à unidade de recuperação n° 7 da província de Guangdong.[130] As próprias famílias dos internos só escrevem para uma caixa postal anônima. E foi regra durante a era maoísta que as visitas fossem proibidas durante todo o período de instrução (que normalmente ultrapassava um ano). Os parentes nem sempre eram informados sobre o lugar de detenção ou o falecimento do prisioneiro, especialmente durante a Revolução Cultural — ou então só muito tempo depois: os filhos do ex-presidente da República Liu Shaoqi, encarcerado numa prisão secreta, só souberam da morte do pai (novembro de 1969) em agosto de 1972; só nessa ocasião eles puderam visitar a mãe, também detida desde agosto de 1967.[131] Por ocasião de seus raros deslocamentos "pelo mundo", os prisioneiros devem fazer-se invisíveis. Habituados a manterem sempre a cabeça baixa quando fora das suas celas, e a calarem-se, eles recebem, numa estação de trem, estas estranhas instruções: "Comportem-se naturalmente no interior do trem. É proibido, repito, proibido baixar a cabeça. Se alguém precisar ir aos lavabos, deverá fazer sinal ao guarda: punho fechado com o polegar estendido. Falar e fumar serão autorizados. Nada de brincadeiras. Os guardas têm ordens para disparar."[132]

---

[130] Harry Wu, *Laogai: le goulag chinois*, Paris, Éditions Dagorno, 1966 (edição original em inglês, 1992), pp. 28 e 198.

[131] Yan Jiaqi e Gao Gao, *Turbulent Decade: A History of the Cultural Revolution*, Honolulu, University of Hawai'i Press, 1996 (edição original em chinês, 1986), p. 164.

[132] Pasqualini, *op. cit.*, p. 182.

Os testemunhos de antigos prisioneiros foram durante bastante tempo muito raros: por um lado, como veremos, era, na época de Mao, muito difícil, e pouco frequente, sair do universo penitenciário; por outro, o libertado era muitas vezes obrigado a prometer nada revelar sobre o que tinha sofrido, sob pena de reencarceramento. Por isso, os estrangeiros — ínfima parte dos detidos — forneceram a grande maioria dos relatos que, ainda hoje, constituem o essencial da nossa informação: protegidos pelos respectivos governos, eles conseguiram frequentemente sair vivos do cárcere. Alguns foram expressamente encarregados de testemunhar sobre o sofrimento do exército de sombras de que participaram durante algum tempo. Foi o caso de Jean Pasqualini (seu nome chinês sendo Bao Ruo-wang): um dos camaradas de cadeia explicou-lhe por que razão os outros presos velavam tanto pela sua saúde e segurança: "Todos esses homens[...] e pensar que nenhum deles conseguirá jamais sair da prisão, incluindo eu próprio. É um contrato para a vida. Você é o único diferente, Bao. Pode ser que um dia você saia pela porta grande. Pode acontecer a um estrangeiro, mas não a nós. Você será o único a poder falar disso, se você sair. Foi por isso que quisemos conservar sua vida, Bao, [...] enquanto estiver aqui você vai continuar vivo. Posso prometer isso. E, se você for transferido para outros campos, você encontrará outros presos que pensarão como nós. Você é uma carga preciosa, meu velho!"[133]

O sistema penitenciário mais povoado de todos os tempos

O *laogai*, ou seja, parte nenhuma[...] Nesse buraco negro, o sol radioso do maoismo enterra dezenas de milhões de indivíduos (50 milhões no total até meados dos anos 1980, segundo Harry Wu — o número é apenas uma ordem de grandeza).[134] Muitos morrerão: se cruzarmos as duas avaliações aproximativas de Jean-Luc Domenach (uma dezena de milhões de detidos por ano, em média — entre 1% e 2% da população chinesa, conforme os momentos —, e 5% de mortalidade anual), veremos que 20 milhões de chineses morreram em cativeiro, quatro milhões dos quais durante o Grande Salto, entre 1959 e 1962 (mas o regresso às rações "normais" — que já eram mínimas — só aconteceu, em alguns casos, em 1964).[135] Depois do extraordinário testemunho de Pasqualini, dois estudos recentes (os de Wu e de Domenach) permitem

---

[133] *Ibid.*, p. 262.

[134] Wu, *op. cit.*, p. 38.

[135] Domenach (1992), *op. cit.*, p. 242; Pasqualini, *op. cit.*, p. 318.

608   *O Livro Negro do Comunismo*

que tenhamos uma visão de conjunto do mais desconhecido dos três grandes universos concentracionários do século.

É de fato um vasto universo, com permanência (pelo menos até 1978, ano da primeira grande onda de libertações)[136] e também variedade. Variedade de prisioneiros: 80% de "políticos" por volta de 1955 (mas numerosos indivíduos presos por delito comum podem ser requalificados como políticos — o que agrava a pena); os indivíduos presos por "delito comum" são aproximadamente 50% no início da década seguinte, e perto de dois terços em 1971:[137] sinal da desafetação popular relativamente ao regime e do regresso da criminalidade numa atmosfera de instabilidade política. Variedade de formas de internamento:[138] centros de "preventiva", prisões (entre as quais algumas muito especiais para dirigentes caídos em desgraça), *laogai* propriamente dito, e formas "atenuadas" de deportação que são o *laojiao* e o *jiuye*. Os *centros de detenção* constituem os canais de acesso ao arquipélago penitenciário; em número de aproximadamente 2.500, situados nas cidades, é lá que os suspeitos passam pela fase de formação de culpa, de duração variável (podendo ir até dez anos!); é também neles que se cumprem frequentemente as penas inferiores a dois anos. As *prisões,* que albergam apenas 13% dos detidos, são cerca de um milhar, e em geral dependem diretamente das autoridades centrais; desempenhando um papel semelhante àquele dos nossos "presídios de segurança máxima", encerram, sob vigilância reforçada, os condenados a penas mais pesadas (em especial as condenações à morte com um adiamento de dois anos, bizarria do direito chinês que na maioria das vezes se traduz num indulto por "reforma sincera"), e os prisioneiros "sensíveis" (altos quadros, estrangeiros, eclesiásticos, dissidentes, espiões etc.); as condições de vida, muito variáveis, podem não ser excessivamente más (a Prisão n° 1 de Pequim, onde os presos são bem alimentados, dormem num colchão de palha de arroz, e não em cima de uma tábua — um "sonho" para os que lá chegam vindos de outros pontos do arquipélago[139] —, é o estabelecimento modelo que se mostra aos visitantes estrangeiros); mas a disciplina, particularmente estrita, a dureza do trabalho industrial imposto, a intensidade do enquadramento ideológico levam frequentemente os detidos a solicitar o seu envio para "o ar livre", num campo de trabalho.

---

[136] Domenach (1992), *op. cit.,* p. 489.

[137] *Ibid.,* p. 512,

[138] Sobre esse ponto, ver Wu, *op. cit.,* pp. 23-39; Domenach (1992), *op. cit.,* pp. 139-226.

[139] Pasqualini, *op. cit.,* p. 104.

China: uma longa marcha na noite

A grande massa dos detidos encontra-se, pois, em vastos campos de trabalho, espalhados por todo o país, situando-se os maiores e mais povoados nas zonas semidesérticas do Norte da Manchúria, da Mongólia Interior, do Tibet, do Xinjiang e sobretudo do Qinghai, verdadeira "província penitenciária",[140] espécie de Kolyma chinês de clima ardente no verão e glacial no inverno[...] O seu campo nº 2 é talvez o maior da China, com pelo menos 50.000 deportados.[141] Os campos das regiões mais remotas do Oeste e do Nordeste têm a reputação de serem muito duros, mas globalmente os ritmos de trabalho são mais esgotantes nas fábricas-prisões das zonas urbanas do que nas grandes fazendas penitenciárias do Estado. Dependendo em princípio das administrações provinciais ou municipais (Xangai tem a sua rede, distribuída por numerosas províncias), os detidos têm, no seu conjunto, a mesma origem geográfica (não se encontram tibetanos no Leste da China; ao contrário do que acontecia na URSS, os campos integram-se em estratégias econômicas locais ou regionais, e só excepcionalmente participam em projetos em escala nacional, como a "estrada de ferro da amizade", em direção à Quirguízia soviética, cuja conclusão foi atrasada 30 anos pela dissensão sino-soviética[...]

A população desses campos divide-se em três grupos cuja situação é muito diferente. A massa mais importante, e sobretudo a mais permanente, é representada, no tempo de Mao, pelos adstritos ao *laogai* propriamente dito, termo que se poderia traduzir por "reforma[142] pelo trabalho". Esses condenados a penas de média e longa duração estão organizados militarmente (esquadrões, batalhões, companhias etc.); eles perderam todos os direitos cívicos, não recebem nenhum salário e só muito ocasionalmente podem ter visitas. Nos mesmos campos, e mais raramente nos estabelecimentos especiais, encontramos igualmente os sujeitos à "reeducação pelo trabalho", ou *laojiao*. Trata-se de uma forma de detenção administrativa, criada em agosto de 1957, no auge da campanha antidireitista; de certo modo, ela formaliza as práticas de encarceramento paralegal da Segurança. As vítimas não são condenadas (não há, portanto, um período fixo para a detenção), não perdem os seus direitos cívicos (mas não há assembleias de voto nos campos[...]) e recebem um pequeno salário (quase totalmente retido para cobrir as despesas de "cama e mesa"). As faltas de que as acusam são leves, e a sua estada no *laojiao* não excede em princípio

---

[140] Domenach (1992), *op. cit.*, p. 541.

[141] Wu, *op. cit.*, p. 30.

[142] Wu prefere o termo "recuperação".

610   *O Livro Negro do Comunismo*

alguns anos; mas lhes é dado a entender, da forma mais dura, que muito depende da sua atitude[...] A disciplina, as condições de detenção e de trabalho no *laojiao* são, na realidade, muito próximas das do *laogai,* e é a Segurança que administra ambos.

Um pouco mais "privilegiados" são os "adstritos profissionais obrigatórios" do *jiuye,* por vezes denominados "trabalhadores livres". Essa liberdade é limitada, uma vez que eles não têm o direito de abandonar o local de trabalho, na maioria das vezes um campo de trabalho, exceto por ocasião de uma ou duas licenças anuais. Mais bem tratados, um pouco menos mal pagos do que no *laojiao,* podem mandar vir a família ou casar, mas vivem em condições de semiencarceramento. Trata-se, na realidade, da "câmara de descompressão" dos campos, onde os "libertados" são guardados por vezes para o resto das suas vidas: nos anos 1960, 95% dos sobreviventes do *laogai* teriam sido colocados no *jiuye,* e 50% ainda no início da década de 1980, bem como de 20 a 30% dos *ex-laojiao.*[143] Afastados de seus lugares de origem, tendo perdido os empregos e o direito a residir na cidade, geralmente divorciados (a esposa é constantemente incitada pelas autoridades a separar-se do "criminoso"), suspeitos para o resto das suas vidas porque "erraram", o mais triste é que muitas vezes não têm outro lugar para onde ir, e resignam-se à sua condição[...] Nada mais tendo a esperar, podem inspirar pena até aos detidos do *laogai:* "Os trabalhadores livres, que começávamos a encontrar, formavam um triste grupo. Podemos dizer que estavam verdadeiramente na prisão como residentes. Eram preguiçosos, inexperientes e pouco asseados. Visivelmente, tinham chegado à conclusão de que já nada valia a pena, e de certa forma tinham razão. Estavam sempre famintos, sob as ordens dos guardas, e eram fechados durante a noite como o resto de nós. A única diferença entre a nossa condição e a deles era o privilégio que tinham de visitar a família. Nada mais que isso. É verdade que recebiam um salário, mas gastavam-no todo na alimentação e na roupa, que tinham deixado de ser oferecidas pelo governo. Esses trabalhadores livres mostravam-se totalmente indiferentes a tudo o que pudesse acontecer."[144] Sob o regime de Mao, qualquer condenação era na realidade uma condenação para toda a vida.

À procura do "homem novo"

A prisão ilimitada constitui uma contradição com o próprio projeto, altamente propagandeado, do sistema penitenciário: a reforma do detido, a sua

---

[143] *Ibid.,* pp. 142-3.

[144] Pasqualini, *op. cit.,* p. 282.

China: uma longa marcha na noite 611

transformação num "homem novo". Com efeito, diz Jean-Luc Domenach, o sistema proclama alto e bom som que "a detenção não é um castigo, mas uma ocasião para o criminoso se reabilitar".[145] Um documento interno da Segurança especifica o processo a que o suspeito deve ser submetido: "Ninguém pode submeter-se à lei, sem primeiro ter reconhecido os seus crimes. O reconhecimento dos crimes é uma condição prévia obrigatória; a submissão à lei é o começo da reforma. Reconhecimento e submissão são as duas primeiras lições que é necessário ensinar ao prisioneiro e ter presentes no espírito ao longo de todo o processo de reforma"; uma vez conseguida a ruptura com o passado, o prisioneiro pode começar a ser penetrado por "ideias justas": "É imperativo instituir os quatro princípios educativos de base — para voltar a encaminhar as ideias políticas do detido no bom sentido: o marxismo-leninismo, a fé no maoismo, no socialismo, no Partido Comunista e na ditadura democrática do povo."[146] Consequentemente, os estabelecimentos prisionais são sobretudo locais de ensino para esses "maus alunos" indisciplinados e um pouco lentos de espírito que são os detidos. "Damos as boas-vindas aos novos camaradas estudantes", anuncia uma bandeirola do campo de trabalho que acolhe Pasqualini.[147] O estudo é tudo, menos uma palavra vã: durante todo o período de instrução, ocupa pelo menos duas horas diárias, à noite, depois do jantar, no âmbito da cela; mas, se os "progressos" de certos prisioneiros são insuficientes, ou durante as campanhas políticas, pode prolongar-se por todo o dia, toda a semana ou até todo o mês. Em muitos casos, um período de "estudo contínuo", que pode ir de 15 dias a três meses, serve de estágio de integração no universo prisional.[148] As sessões decorrem de acordo com um ritual extremamente rígido, durante o qual é rigorosamente proibido caminhar, levantar-se (mesmo para mudar a posição sentada é preciso pedir autorização), conversar[...] e dormir, tentação permanente, sobretudo se o trabalho foi duro durante o dia. Pasqualini, criado no catolicismo, ficou surpreendido ao encontrar a meditação, a confissão e o arrependimento transformados em práticas marxistas-leninistas — situando-se a diferença na dimensão obrigatoriamente coletiva e pública desses atos: o objetivo não é restaurar o laço entre o homem e Deus, mas fundir o indivíduo numa massa totalmente submetida ao Partido. Para variar os prazeres, as sessões centradas na confissão (obrigatoriamente muito pormenorizada) deste

---

[145] Domenach (1992), *op. cit.*, p. 162.

[146] *In* Wu, *op. cit.*, pp. 49 e 55.

[147] Pasqualini, *op. cit.*, p. 208.

[148] Wu, *op. cit.*, p. 50.

612 O Livro Negro do Comunismo

ou daquele detido alternam com as leituras comentadas do *Diário do Povo* (durante a Revolução Cultural, serão as *Obras* do presidente Mao — era obrigatório trazer sempre consigo o livro das suas *Citações*), ou com "discussões" sobre qualquer acontecimento considerado assunto edificante.

Em todos os casos, o objetivo é sempre o mesmo: levar à abdicação da personalidade. O chefe da cela, também ele um prisioneiro, frequentemente um antigo membro do PC, desempenha aqui papel fundamental: "Lançávanos infatigavelmente em discussões de grupo ou em histórias que contivessem princípios morais a observar. Todos os outros temas a que os nossos espíritos poderiam abandonar-se — a família, a comida, o desporto, os passatempos ou, evidentemente, o sexo — eram absolutamente proibidos. 'Aos olhos do governo, devemos estudar em conjunto e vigiar-nos mutuamente', tal era a divisa, e estava inscrita por todo lado na prisão."[149] Convém purgar-se, reconhecer que se agiu mal porque se era mau: "Seja qual for a categoria a que pertençamos, todos cometemos os nossos crimes porque tínhamos maus pensamentos", assegura o chefe da cela.[150] E se isso acontecia, a culpa era da contaminação pelas ideias capitalistas, imperialistas, reacionárias: todos os delitos são, em última análise, políticos numa sociedade onde nada escapa ao político.

A solução é simples: mudar de ideias. E, como na China o rito é inseparável do coração, aceitar o molde que fará de todos e cada um mais um revolucionário padronizado, senão mesmo um herói do tipo Lei Feng, esse soldado muito orgulhoso de ser uma pequena engrenagem sem cérebro ao serviço da Causa e que, tendo tido a sorte de morrer esmagado em serviço, foi, no início dos anos 1960, apresentado pelo marechal Lin Biao como o exemplo a seguir: "O prisioneiro aprende muito rapidamente a falar sob a forma de slogans que não lhe dizem nada. O perigo disso, evidentemente, é que acaba por pensar só por slogans. A maior parte sucumbe a esse mal."[151]

A pretensa "lavagem cerebral" descrita por certos ocidentais não é mais do que isso: em si mesma, nada de muito sutil, a imposição bastante rude de uma ideologia grosseira, que tem resposta para tudo precisamente porque é simplista. Trata-se principalmente de não dar ao prisioneiro a mínima possibilidade de expressão autônoma. Os meios para consegui-lo são múltiplos. Os mais originais são uma subalimentação sistemática, que enfraquece tanto a resistência como a vida interior, e uma saturação permanente através da

---

[149] Pasqualini, *op. cit.*, pp. 51-2.

[150] *Ibid.*, p. 33.

[151] *Ibid.*, p. 53.

mensagem da ortodoxia, num contexto em que não se dispõe de tempos livres (estudo, trabalho, tarefas que preenchem inteiramente os longos dias), nem de espaço de intimidade (celas superlotadas, luzes acesas toda a noite, muito poucos objetos pessoais autorizados), nem, evidentemente, da menor latitude para exprimir um ponto de vista original: todas as intervenções (aliás obrigatórias) numa discussão são minuciosamente anotadas e registradas no dossiê de cada preso. Em 1959, Pasqualini pagou caro por ter expressado uma ligeira falta de entusiasmo relativamente à intervenção chinesa no Tibet. Outra originalidade: delegar aos próprios prisioneiros a maior parte do trabalho ideológico, o que prova o alto nível de eficácia do sistema. Os presos revistam-se mutuamente, avaliam os resultados dos companheiros em matéria de trabalho (e por conse-

---

Urina e dialética

Numa noite fria e ventosa, à hora do estudo, saí da cela para ir urinar. Quando o vento gelado do nordeste me bateu no rosto, senti-me menos inclinado a percorrer os 200 metros que me separavam das latrinas. Caminhei até um barracão e urinei contra a parede. Afinal, pensei, ninguém me veria naquela escuridão.

Enganava-me. Quando estava acabando, recebi um violento pontapé no traseiro. Quando me voltei, tudo o que consegui distinguir foi uma silhueta, mas a voz era a de um guarda.

"Não conhece o regulamento de higiene? — perguntou. — Quem é você?"

Disse o meu nome, e o que se seguiu foi uma lição, da qual nunca me esquecerei. [...]

"Admito que errei, guarda, mas aquilo que acabo de fazer constitui apenas uma infração ao regulamento da prisão, ao passo que o senhor violou a lei. Os funcionários do governo não têm o direito de bater nos prisioneiros. A violência física é proibida."

Seguiu-se um silêncio, durante o qual a silhueta refletiu, e eu esperei o pior.

"O que diz é correto, Bao — respondeu ele calmamente, num tom comedido. Se eu admitir que cometi um erro — e eu levantarei a questão quando da nossa próxima sessão de autocrítica (a dos guardas) —, estaria disposto a voltar à sua cela e a escrever uma confissão completa?"

Fiquei surpreendido por essa reação. E comovido também, pois estava em presença de um guarda que admitia o seu erro diante de um prisioneiro! [...]

"Sim, guarda, com certeza que sim."

[...] Sentei-me no meu lugar e comecei a preparar a minha confissão. Quando do exame de consciência semanal, alguns dias mais tarde, li-a em voz alta para que toda a cela ouvisse.

"Superficialmente, o que fiz pode parecer sem grande gravidade — acrescentei, depois de ter acabado a minha leitura —, mas, se examinarmos as coisas mais atentamente, o meu ato demonstra que não respeito os ensinamentos do governo

614   *O Livro Negro do Comunismo*

e que resisto à reforma. Ao urinar daquela maneira, fazia disfarçadamente ostentação da minha cólera. Foi um gesto cheio de covardia. Foi como se cuspisse na cara do governo pensando que ninguém me via. Só posso pedir ao governo que me castigue o mais severamente possível.

A confissão foi enviada ao guarda Yang, e eu fiquei à espera. Preparava-me já, fortalecendo a minha coragem, para fazer mais uma estada na solitária. Dois dias mais tarde, Yang entrou na cela com o seu veredicto.

"Há dias, disse ele, um de vocês julgou-se acima da lei e cometeu um falta grave. [...] Deixaremos passar por essa vez, mas não pensem que poderão sempre livrar-se de dificuldades escrevendo uma carta de desculpas."[152]

---

guinte de rações alimentares), pronunciam-se sobre o grau de "reforma" dos libertáveis; e, sobretudo, criticam os companheiros de cela, tanto para os levarem a uma autocrítica completa quanto para provarem os seus próprios progressos.[153]

A arma alimentar

Depois, havia a comida — a única coisa importante, a maior alegria e a mais poderosa motivação de todo o sistema penitenciário. Eu tivera a pouca sorte de chegar à Alameda da Bruma sobre a Erva[154] apenas um mês depois da introdução do racionamento como parte oficial da técnica dos interrogatórios. A desesperadamente magra e aguada papa de milho, as pequenas e duras bolachas de *wo'tou*[155] e a folha de um legume tornaram-se o centro da nossa vida e o objeto fundamental da nossa atenção mais profunda. À medida que o racionamento continuava e nós emagrecíamos, aprendemos a comer cada pedaço com uma aplicação infinita, fazendo-o durar o maior tempo possível. Circulavam rumores e histórias desesperadas sobre a qualidade e a abundância da comida nos campos de trabalho. Essas informações, descobri mais tarde, eram frequentemente inventadas pelos interrogadores para encorajarem os presos a confessar. Ao fim de um ano desse regime, eu estava disposto a admitir fosse o que fosse para conseguir mais comida.

A falta de alimentação era admiravelmente estudada: davam-nos o suficiente para nos manter vivos, mas nunca o bastante para nos permitir esquecer a nossa fome. Durante os meus 15 meses no centro de interrogatórios, comi arroz uma única vez, e carne nunca. Seis meses depois de ter sido preso, já não tinha mais nenhuma barriga, e começava a ter as articulações feridas de uma forma característica devido ao simples contato do corpo com o leito comunitário. A pele das

---

[152] Pasqualini, *op. cit.*, pp. 267-9.

[153] *Ibid.*, pp. 55-9, 117-20, 263.

[154] Nome poético do grande centro de detenção de Pequim.

[155] Equivalente chinês do pão, mais consumido do que o arroz no Norte do país.

minhas nádegas pendia como os seios de uma velha. Comecei a ver mal, e perdi a capacidade de concentração. Atingi uma espécie de recorde de carência de vitaminas quando fui finalmente capaz de cortar as unhas dos pés com a mão, sem me servir do cortador de unhas. Os meus cabelos caíam. [...]

"Antigamente a vida não era tão má assim — disse-me Loo. Tínhamos um prato de arroz de 15 em 15 dias, autêntico pão branco no fim de cada mês e um pouco de carne nas grandes festas, como o Ano-novo, o Primeiro de Maio e o 19 de Outubro.[156] Não era nada mau."

A mudança deveu-se ao seguinte: uma delegação do povo fora inspecionar a prisão durante o período das Cem Flores[157]. Eles tinham ficado horrorizados ao verem os presos comerem tão bem. Era intolerável, concluíram, que aqueles contrarrevolucionários — refugo da sociedade e inimigos do povo — se beneficiassem de um nível de vida superior ao de muitos camponeses. A partir de novembro de 1957, deixara de haver arroz, carne e farinha de trigo nos dias de festa.

A alimentação obcecava-nos ao ponto de nos tornarmos loucos, em certo sentido. Estávamos dispostos a tudo. Era um clima perfeito para os interrogatórios. Pusemo-nos todos a pedir para sermos enviados para os campos de trabalho. Ninguém saía da Alameda da Bruma sobre a Erva sem tê-lo especificamente solicitado por escrito. Havia até uma fórmula oficial: "Peço que me autorizem a demonstrar quanto me arrependo dos meus erros trabalhando nos campos de trabalho."

Mais tarde, quaisquer que fossem as condições intoleráveis que tivéssemos de suportar nos campos de trabalho, qualquer guarda podia dizer-nos, sem mentir, que só estávamos ali porque o tínhamos pedido.[158]

Os outros meios de pressão sobre o prisioneiro são mais clássicos. A cenoura é uma promessa de indulgência se ele confessar todos os seus "crimes", se for um preso modelo, se contribuir ativamente para a "recuperação" dos companheiros, e também se denunciar os seus "cúmplices", os colegas de cárcere insubmissos (trata-se de um teste essencial de sinceridade na reforma: "A denúncia dos outros é uma excelente forma de penitência."[159] Na sala de interrogatórios, uma bandeirola proclama: "Indulgência para com os que confessam; severidade para com os que resistem; redenção para os que conseguem méritos, recompensas para os que conquistam grandes méritos."[160] Alguns, condenados a longas penas, esperando conseguir alguns anos de remissão, mostram-se zelosos propagan-

---

[156] Feriado nacional na RPC.

[157] É sobretudo preciso compreender o Movimento Antidireitista que se seguiu.

[158] Pasqualini, *op. cit.*, pp. 47-9.

[159] *Ibid.*, p. 77.

[160] *Ibid.*, p. 38.

distas. O problema — Pasqualini dá numerosos exemplos — é que não lhes pagam na mesma moeda: a "boa conduta" não evita uma pesada condenação, e, dado que muitas vezes as penas só são anunciadas oralmente (o acusado está frequentemente ausente do seu próprio julgamento), uma "remissão" não faz mais do que reduzir a duração da detenção àquilo que sempre esteve previsto desde o início. Um velho prisioneiro revela o segredo do negócio: "Os comunistas não se sentem obrigados a cumprir as promessas que fazem aos seus inimigos. Como meios para atingir os seus fins, não hesitam em utilizar todas as artimanhas e astúcias que possam servir-lhes — e isso inclui ameaças e promessas [...] E não se esqueça de um outro detalhe: os comunistas não têm o mínimo respeito por aqueles que viram a casaca."[161]

O porrete tem, infelizmente, mais consistência. Os agravamentos de pena estão longe de serem excepcionais: aquele que não se submete confessando, aquele que se recusa a denunciar ("esconder informações ao governo é um delito passível de castigo"),[162] aquele que faz afirmações heréticas, aquele que, interpondo apelo à sua condenação, mostra que não aceita a "vontade das massas", todos eles incorrem em novas e pesadas condenações: é assim possível passar de cinco anos de prisão para prisão perpétua[...] E, depois, há o mal que os prisioneiros podem fazer uns aos outros. Uma vez que a "carreira" do chefe de cela depende das suas "ovelhas", esse será mais severo com os recalcitrantes, sendo por sua vez apoiado pelos oportunistas. Um grau acima, é a "prova", ou a "luta". Nada é espontâneo — a vítima é escolhida pela direção; o lugar (cela ou pátio), o momento e a intensidade são predeterminados —, mas a atmosfera anda próxima (pelo menos no assassinato) dos *pogroms* camponeses da reforma agrária: "A nossa vítima era um prisioneiro com cerca de 40 anos, acusado de ter feito uma falsa confissão. 'É um contrarrevolucionário empedernido!', gritava um guarda através de um megafone de cartolina. [...] Sempre que ele levantava a cabeça para dizer qualquer coisa — fosse verdade ou mentira, não nos interessava — nós o afogávamos sob uma tempestade de gritos: 'Mentiroso!', 'Vergonha da humanidade!', ou mesmo 'Pulha!' [...] A prova continuou nessa linha durante três horas, e a cada minuto que passava tínhamos mais frio e mais fome, e tornávamo-nos mais malvados. Penso que seríamos capazes de fazê-lo em pedaços para conseguirmos o que queríamos. Mais tarde, quando tive tempo para refletir, compreendi que também nós tínhamos sido as nossas próprias vítimas e tínhamos submetido a nós mesmos

---

[161] *Ibid.*, pp. 315-16.
[162] *Ibid*, p. 156.

China: uma longa marcha na noite

à prova, preparando-nos mentalmente para aceitar a posição do governo com um consentimento apaixonado, fossem quais fossem os méritos do homem que atacávamos."[163]

É compreensível que, em semelhantes condições, a imensa maioria dos prisioneiros apresente, depois de algum tempo, todos os sinais exteriores da submissão. Isso só muito secundariamente tem a ver com as caraterísticas da identidade chinesa: tratados sobretudo menos desumanamente, muitos prisioneiros de guerra franceses do Vietminh, confrontados com a mesma política de reeducação, seguiram o mesmo itinerário.[164] A eficácia da reeducação tem a ver com a combinação sinérgica de dois poderosos meios de pressão psicológica: uma infantilização radical, em que o Partido e a administração se tornam pai e mãe, que reensinam o preso a falar, a andar (de cabeça baixa, a correr, guiado pela voz do guarda), a controlar o apetite e a higiene etc., numa relação de dependência absoluta; a fusão no grupo, responsabilizável por cada gesto, por cada palavra, família de substituição no preciso momento em que os contatos com a verdadeira família tornaram-se quase impossíveis, em que as esposas dos detidos são incitadas a divorciarem-se, e os filhos, a renegarem os pais.

Qual é, no entanto, o grau de profundidade da reforma? Falar por slogans, reagir como um autômato, é simultaneamente aniquilar-se, fazer um "suicídio psíquico",[165] e proteger-se contra os problemas, sobreviver. Pensar que é fácil conservar a sua identidade, duplicando sua personalidade seria certamente demasiado otimista. Mas até aquele que acaba por não detestar mais o Big Brother raciocina mais em termos de utilidade do que de convicção. Pasqualini diz que, em 1961, a sua "reeducação tinha sido tão bem-sucedida, que [ele] começava a acreditar sinceramente no que os guardas [lhe] diziam". E acrescenta em seguida: "Sabia perfeitamente que era do meu interesse manter a minha conduta tão próxima quanto possível da letra da lei."[166] A contraprova é essa tomada de posição ultramaoista de um chefe de cela: para provar o seu ardor no trabalho e a sua fidelidade ao regime, os detentos deveriam exigir ir trabalhar, mesmo quando o limite fatídico de 15°C negativos era ultrapassado; deveriam levantar-se antes da hora imposta. Mas o guarda acaba por interromper a homilia, considerando-a "totalmente contrária à ortodoxia",[167]

---

[163] *Ibid.*, p. 86.

[164] Albert Stihlé, *Le Prêtre et le commissaire*, Paris, Grasset, 1971.

[165] Domenach (1992), *op. cit.*, p. 170.

[166] Pasqualini, *op. cit.*, p. 232.

[167] *Ibid.*, p. 243.

618 — O Livro Negro do Comunismo

e os detidos parecem aliviados. Como tantos chineses, acreditavam um pouco naquilo, mas estavam sobretudo interessados em evitar problemas.

Criminoso, forçosamente criminoso

Podemos muito bem notar que nunca é considerada a possibilidade de uma falsa acusação, ou de uma absolvição. Na China, ninguém é preso por ser culpado, mas é culpado por ter sido preso. Com efeito, todas as detenções são feitas pela polícia, órgão do "governo popular", por sua vez dirigido pelo Partido Comunista, presidido por Mao Zedong. Contestar a justiça da sua própria detenção é, consequentemente, opor-se à linha revolucionária do presidente Mao, e revelar ainda mais claramente a sua verdadeira natureza de contrarrevolucionário. Seguindo o mesmo raciocínio, o mais insignificante dos guardas, confrontado com qualquer desacordo, porá fim ao debate exclamando: "Como você ousa opor-se ao governo popular?" Aceitar os seus crimes, submeter-se em tudo, tal é a única via admitida. No interior da cela, os presos dizem uns aos outros: "Você é um contrarrevolucionário. Todos nós o somos. Do contrário, não estaríamos aqui."[168] Na lógica delirante desse sistema mental funcionando em circuito fechado, o acusado deve fornecer os motivos para a sua própria detenção ("Diga-nos por que está aqui" é frequentemente a primeira pergunta que o instrutor do processo lhe faz) e redigir a sua própria ata de acusação, incluindo a avaliação da pena "merecida". Entre essas duas fases: confissões sucessivas (se surge algum problema sério, é preciso recomeçar do zero), que podem exigir meses de trabalho e comportar centenas de páginas, relatando décadas de vida; e, enfim, os interrogatórios, que se estendem geralmente por longos períodos, podendo chegar a três mil horas:[169] "O Partido tem todo o tempo do mundo", é o que se ouve dizer. Os interrogadores jogam frequentemente com a privação do sono (redobrada pelo caráter muitas vezes noturno das sessões de instrução), com a ameaça de uma pena mais severa — senão mesmo de uma execução —, ou com a visita aterradora a uma sala de tortura em estado de funcionamento, apresentada *depois* como um "museu".[170]

A violência física propriamente dita é rara, pelo menos entre meados dos anos 1950 e a Revolução Cultural; tudo o que possa se assemelhar à tortura, assim como as pancadas e até os insultos são formalmente proibidos, e os detidos

---

[168] *Ibid.*, p. 33.

[169] Domenach (1992), *op. cit.*, p. 168.

[170] Pasqualini, *op. cit.*, pp. 43-4.

China: uma longa marcha na noite 619

o sabem: um "deslize", e têm a oportunidade única de fazer tremer os guardas. Por isso, esses recorrem a uma violência disfarçada, que não se confessa: a "prova" (onde as pancadas, *vindas dos outros prisioneiros*, são toleradas), ou o encarceramento em atrozes masmorras, sem aquecimento, sem ar, por vezes tão estreitas, que um homem não pode sequer estender-se, e onde o preso está em geral permanentemente acorrentado ou algemado (muitas vezes com as mãos atrás das costas), o que torna a higiene e as refeições quase impossíveis. O prisioneiro, levado à condição de animal, esfomeado, acaba frequentemente por morrer se o castigo se prolonga para além dos oito dias. A imposição permanente de algemas muito apertadas é a forma de "quase tortura" mais praticada: a dor torna-se rapidamente insuportável, as mãos incham, as cicatrizes são frequentemente irreversíveis: "Usar algemas especiais e apertá-las nos pulsos dos prisioneiros era uma forma de tortura muito utilizada nas prisões de Mao. Também acontecia acorrentarem os tornozelos do preso. Por vezes, prendiam as algemas às grades da janela, de modo que o preso não podia comer, nem beber, nem ir às latrinas. O objetivo era minar o moral do indivíduo, degradando-o. [...] Como o governo popular pretendia ter abolido todas as formas de tortura, isso se chamava oficialmente punição' ou persuasão."[171]

A instrução tem por objetivo obter a confissão (que, de fato, tem força de prova) e as denúncias, que autenticam a sua "sinceridade" ao mesmo tempo que lhe dão sentido, do ponto de vista do aparelho policial: é de regra que três denúncias significam prisão, e a sequência continua[...] Salvo algumas poucas exceções relatadas, os métodos destinados a vencer a resistência do detido são classicamente policiais: colocá-lo em face das suas contradições, fingir que se sabe tudo a seu respeito, confrontar as suas declarações com outras confissões ou denúncias. Estas últimas, obtidas por coação ou espontaneamente (há "caixas de denúncias" por todo lado, nas ruas das cidades), são tão numerosas, que é muito difícil esconder qualquer episódio significativo do seu passado. A leitura das cartas de delação que lhe dizem respeito provoca o desmoronar da resistência de Pasqualini: "[...] Foi uma revelação assustadora. Entre aquelas centenas de páginas encontravam-se formulários de denúncia preenchidos por colegas, por amigos e por todo o gênero de pessoas que eu só tinha encontrado uma ou duas vezes [...] — quantas pessoas, a quem eu dera a minha confiança sem reservas, tinham-me traído!"[172] Nien Cheng, libertada em 1973 sem ter confessado (fato excepcional, ligado, nesse caso, à sua extrema tenacidade,

---

[171] *Ibid.*, p. 409.
[172] Pasqualini, *op. cit.*, p. 77.

620   *O Livro Negro do Comunismo*

mas também aos ataques desferidos contra o aparelho judiciário-policial pela Revolução Cultural), viveu em seguida durante anos rodeada por parentes, amigos, alunos e criados que tinham tido, *todos eles,* qualquer coisa a dizer à Segurança a seu respeito — o que, por vezes, eles próprios reconheceram, considerando no entanto que não tinham tido escolha.[173]

Resistir a Mao

No dia em que regressei ao hospital, a guarda apresentou-me uma caneta e um frasco de tinta:

— Comece a escrever suas confissões! O instrutor está esperando.

Peguei no rolo de papel que o instrutor me entregara e vi que, em vez das folhas brancas que me tinham dado em 1966 para escrever a minha autobiografia, a primeira página apresentava, dentro de um quadrado vermelho e sob o título "Diretiva Suprema", uma citação de Mao: "Eles têm apenas o direito de ser dóceis e obedientes; não têm o direito de falar nem de agir quando não é a sua vez." Ao fundo da folha lia-se: "Assinatura do criminoso."

Senti a cólera subir em mim ao ver aquela palavra insultuosa e tomei a decisão de não assinar aquilo. Mas, depois de um momento de reflexão, concebi uma maneira de explorar a situação e desforrar-me dos maoistas.

Por baixo da citação de Mao, desenhei outro quadrado que intitulei igualmente "Diretiva Suprema" e no qual inscrevi uma outra citação de Mao. Não fazia parte do *Livro Vermelho,* mas do seu ensaio *Da justa solução das contradições no seio do povo.* Dizia o seguinte: "Onde quer que haja contrarrevolução, devemos evidentemente suprimi-la; quando cometemos um erro, devemos evidentemente corrigi-lo". [...]

Entreguei o papel à guarda, e nessa tarde fui chamada para um interrogatório.

Excetuando o militar, encontravam-se na sala os mesmos homens, de rostos sombrios — o que eu já esperava depois de me ter oposto ao seu direito de me considerarem culpada quando não o era. Sem esperar que me ordenassem, inclinei-me imediatamente diante do retrato de Mao. A citação que o instrutor tinha escolhido e que eu li em voz alta era: "Contra os cães dos imperialistas de hoje e aqueles que representam os interesses dos latifundiários e da corja reacionária do Kuomintang, nós devemos exercer o poder da ditadura para suprimi-los. Eles têm apenas o direito de serem dóceis e obedientes. Não têm o direito de falar nem de agir quando não é a sua vez."

O papel que eu tinha entregue estava diante do instrutor. Quando me sentei, ele deu um murro na mesa, olhando para mim, e gritou:

— Que significa isto? Pensa que estamos achando isto divertido?

— A sua atitude não é séria — disse o velho operário.

---

[173] Nien, *op. cit.,* 3ª parte.

> — Se não mudar de atitude — afirmou o operário jovem —, você nunca mais sairá daqui.
> Antes que eu pudesse dizer fosse o que fosse, o instrutor atirou o meu relatório para o chão, espalhando as folhas, e pôs-se de pé.
> — Volte para a sua cela e comece de novo!
> Um guarda chega para me levar de volta.[174]

No final do processo de instrução, tem de haver um "romance verdadeiro" da culpa, "coprodução entre o juiz e o suspeito", e que representa a "subversão semântica de fatos exatos".[175] O "crime" deve, com efeito, inserir-se na vida real (torna-se mais eficaz quando tanto o acusador quanto o acusado acreditam pelo menos um pouco, e, sobretudo, isso permite implicar "cúmplices"), mas totalmente reinterpretado, de forma paranoica, como a expressão constante de uma oposição política radical e raivosa: assim, evocar numa carta dirigida a um estrangeiro a redução da ração de cereais em Xangai durante o Grande Salto torna-se uma prova de espionagem — apesar de esses números terem sido publicados pela imprensa oficial e serem conhecidos por toda a comunidade estrangeira da cidade.[176]

> ### Abdicar da sua personalidade
>
> Não se precisa de muito tempo para que o prisioneiro perca a confiança em si mesmo. Ao longo dos anos, a polícia de Mao aperfeiçoou os seus métodos de interrogatório e atingiu um tal grau de refinamento, que eu desafiaria qualquer pessoa, chinesa ou não, a resistir-lhe. O objetivo não é tanto obrigar-nos a inventar crimes inexistentes, mas fazer-nos admitir que a vida normal que levávamos estava podre, era culposa e passível de castigo, uma vez que não correspondia à concepção de vida deles próprios — da polícia. A razão desse êxito reside no desespero, na percepção de que o preso tem de estar completa, definitiva e irrecuperavelmente à mercê dos seus carcereiros. Ele não dispõe de qualquer defesa, uma vez que a sua prisão é a prova absoluta e indiscutível da sua culpabilidade. (Durante os meus anos de prisão, conheci um homem que tinha efetivamente sido detido por engano — tinha o mesmo nome que a pessoa procurada. Depois de alguns meses, tinha confessado todos os crimes do outro. Quando o erro foi descoberto, as autoridades da prisão tiveram uma enorme dificuldade em convencê-lo a voltar para casa. Sentia-se demasiado culpado para isso.) O prisioneiro não tem direito

---

[174] Nien Cheng, *Vida e Morte em Xangai*, Paris, Albin Michel, 1987 (edição original em inglês, 1986), pp. 312-4.

[175] Domenach (1992), *op. cit.*, pp. 170 e 185.

[176] Nien, *op. cit.*, p. 438.

> a qualquer processo, apenas a uma cerimônia bem-regulamentada que dura talvez meia hora; não tem o direito de consultar um advogado nem de apresentar recurso no sentido ocidental do termo.[177]

Pronunciada a sentença, o preso é despachado para um campo de trabalho (fazenda do Estado, mina ou fábrica). Embora o pretenso estudo prossiga, mesmo que a "prova", para não enferrujar, continue a esmagar os faltosos de tempos em tempos, o essencial agora é trabalhar: na frase "reforma pelo trabalho", um dos termos, pelo menos, nada tem de hipotético. Os detentos são avaliados, antes de mais nada, com base na capacidade de aguentar 12 horas de um trabalho tremendamente cansativo, com um regime de duas refeições diárias tão ralas — mais do que magras — quanto são as refeições do centro de detenção. A cenoura, nesse caso, passa a ser uma ração alimentar de "trabalhador cumpridor", que exige ultrapassar uma norma já claramente superior à dos "civis". Assim individualizados, os resultados são também considerados no nível da cela ou do alojamento: daí as competições coletivas (chamadas "lançamentos de Sputniks", no fim dos anos 1950) para ver quem consegue embrutecer-se mais (16, 18 horas seguidas) para maior felicidade da administração. Não há dia de descanso, exceto nas grandes festas, em que se é obrigado, de qualquer maneira, a suportar as intermináveis arengas políticas. As roupas são muito insuficientes: o preso usa por vezes durante anos aquilo que tinha vestido no momento da detenção; roupas de inverno só são fornecidas nos campos do Norte da Manchúria, essa Sibéria chinesa, e o regulamento prevê uma muda de roupa interior[...] por ano.[178]

A ração alimentar média situa-se entre 12 e 15 quilos de cereais por mês (mas um detido que tenha fama de "preguiçoso" pode ver a sua reduzida a nove quilos): menos do que recebiam os forçados franceses do tempo da Restauração, menos até que a dos deportados dos campos soviéticos, mais ou menos igual à dos campos vietnamitas de 1975-1977.[179] As carências vitamínicas e proteicas são terríveis: quase nenhuma carne, nem açúcar, nem óleo, poucos legumes ou frutas — daí os muitos roubos de comida, sempre pretexto para punições severas, e tentativas de "autoalimentação" (por exemplo, ratos, que se comem secos, ou plantas comestíveis) nas fazendas. Os cuidados médicos são mínimos (exceto, em certa medida, no caso de doenças contagiosas), e os

---

[177] Pasqualini, *op. cit.*, p. 41.

[178] Domenach (1992), *op. cit.*, p. 211.

[179] *Ibid.*, p. 213.

mais fracos, demasiado velhos ou demasiado desesperados, são mandados para verdadeiros campos de moribundos, onde as rações de fome depressa se encarregam de eliminá-los.[180] O único verdadeiro ponto positivo relativamente aos centros de detenção é a conjugação de uma disciplina um pouco menos rígida e de detidos menos endurecidos, menos receosos, mais espontaneamente dispostos a violar os regulamentos quando os guardas dão as costas, embora respeitem formalmente a linguagem e o comportamento codificados impostos: um meio humanamente mais viável, onde é possível contar com um mínimo de solidariedade.

À medida que o detido progride na carreira do "sistema *laogai*", aquilo que constitui a sua grande originalidade — a tônica posta na reeducação — é menor. Mas, aí, a trajetória do indivíduo acompanha a do país: depois da fase, de "perfeição" do *laogai* (1954-1965, aproximadamente) — que vê milhões de detidos transformados em estudantes zelosos que se autodisciplinam quase sem intervenção exterior e se tornam eventualmente bons e fiéis comunistas na prisão —, tudo começa a esfiapar-se, a degradar-se, a banalizar-se. Isso coincidiu simultaneamente com a chegada cada vez mais maciça de presos de delito comum, frequentemente muito jovens, e com esse esforço de desmoralização geral dos quadros do regime que foi a Revolução Cultural. Pouco a pouco, o aparelho relaxou a sua pressão, ao mesmo tempo que, cada vez com mais frequência, se formavam gangues entre os detidos. A obediência e o respeito pela hierarquia deixavam então de ser automatismos: era preciso um maior enquadramento para obtê-los, fosse através de concessões, fosse através de um uso novo da violência — e essa violência nem sempre era em sentido único. A grande vítima foi de qualquer maneira a reforma do pensamento, essa educação para a servidão voluntária. Mas não estaria a contradição inscrita no próprio projeto? De um lado, o apelo a elevar-se acima de si mesmo, a aperfeiçoar- -se, a purificar-se, a juntar-se à massa proletária em marcha para um futuro radioso. Do outro, a sinistra realidade de uma vida inteira em cativeiro, por muitos esforços que se fizessem, e, no caso raro de uma *verdadeira* libertação, a ostracização pela incapacidade de lavar-se do pecado original. Em resumo, um discurso sobre a infinita perfectibilidade escondendo mal a rigidez absoluta de uma sociedade regida pela fatalidade — a do erro de um instante, e mais frequentemente ainda a do nascimento. É essa mesma insuportável, desumana contradição que vai provocar a implosão social da Revolução Cultural, e que, não resolvida, conduzirá ao seu fracasso.

---

[180] Pasqualini, *op. cit.*, pp. 188-91.

624   O Livro Negro do Comunismo

Uma execução sumária no *laogai*

No meio deles todos estava o cabeleireiro, acorrentado. Uma corda à volta do pescoço, firmemente presa à cintura, mantinha-lhe a cabeça baixa. Tinha as mãos atadas atrás das costas. Os guardas empurraram-no até a beira do estrado, bem à nossa frente. Ele ali ficou, de pé, em silêncio, como um penitente amarrado, enquanto dos rastros deixados pelos seus pés se elevava um ligeiro vapor. Yen tinha preparado um discurso.

"Tenho algo de horrível a dizer-lhes. Não me sinto feliz por isso, e não tenho orgulho em fazê-lo. É o meu dever, e isso deveria servir-lhes de lição. Esse ovo podre, que aqui veem à frente de vocês, foi preso por um problema moral: ele mantivera relações homossexuais com um rapaz. Por esse delito, foi condenado apenas a sete anos. Mais tarde, quando trabalhava na fábrica de papel, a sua conduta foi constantemente má, e ele roubou em diversas ocasiões. A pena foi-lhe duplicada. Agora descobrimos que, durante a sua estada aqui, seduziu um jovem prisioneiro de 19 anos — um prisioneiro mentalmente retardado. Se isso acontecesse lá fora, na sociedade, seria severamente punido. Mas, ao cometer o seu ato aqui, não só pecou moralmente, como também manchou a reputação da prisão e da grande política da Reforma pelo Trabalho. É por isso que, considerando os seus crimes repetidos, o representante do Supremo Tribunal Popular vai agora ler-lhes a sua sentença."

O homem de uniforme azul-escuro avançou e leu o sombrio documento, uma recapitulação dos delitos que terminava com a decisão do tribunal popular: a morte, com execução imediata da sentença.

Aconteceu tudo de uma forma tão repentina, que não tive sequer tempo para ficar chocado ou assustado. Antes mesmo que o representante do tribunal popular acabasse de ler a última palavra, o cabeleireiro estava morto. O guarda que se encontrava atrás dele empunhou uma enorme pistola e estourou-lhe os miolos. Uma chuva de sangue e de matérias cerebrais voou pelos ares e foi cair sobre aqueles entre nós que estavam nas primeiras filas. Desviei os olhos da figura horrível que, no chão, era agitada pelos últimos sobressaltos, e vomitei. Yen reapareceu e falou novamente:

"Que isto lhes sirva de aviso. Fui autorizado a dizer-lhes que doravante não haverá mais qualquer espécie de indulgência aqui. A partir de hoje, todos os delitos de ordem moral serão punidos da mesma maneira. Agora, voltem para as suas celas e discutam o que acaba de acontecer."[181]

A Revolução Cultural: um totalitarismo anárquico (1966-1976)

Ao lado dos horrores astronômicos, e quase desconhecidos, da reforma agrária ou do Grande Salto, os cerca de 400 mil a um milhão de mortos (esse

---

[181] Pasqualini, *op. cit.*, pp. 197-8.

China: uma longa marcha na noite 625

último número é o mais verossímil) relatados pela maioria dos autores a propósito dos estragos da "Grande Revolução Cultural Proletária"[182] poderiam parecer quase modestos. Se, mais do que qualquer outro episódio da história contemporânea da China, ela impressionou o mundo inteiro e permanece na memória de todos, foi pelo radicalismo extremo do seu discurso e de alguns dos seus atos, mas também porque teve lugar nas cidades, porque se concentrou nos meios políticos e intelectuais — e tudo isso na era da televisão, que soube oferecer soberbas imagens de cerimônias políticas as mais convenientes e cheias de um fervor tocante. Enfim, diferentemente dos movimentos anteriores, ela começou a ser oficialmente condenada na própria China quase imediatamente depois de ter terminado: tornou-se oportuno denunciar os excessos dos Guardas Vermelhos, em especial os velhos quadros e dirigentes comunistas — em lugar de insistir nos massacres levados a cabo pelo EPL na fase subsequente, do regresso à "ordem".

O primeiro paradoxo da Revolução Cultural reside no seguinte: ao mesmo tempo que o extremismo exaltado pareceu mais do que nunca perto de ter êxito, quando do relançamento de um processo revolucionário que parecia solidamente institucionalizado — varrendo em pouco mais de um ano praticamente todos os centros de poder —, ela era, apesar de tudo, um movimento parcial, enquistado nas zonas urbanas, e hegemônico exclusivamente entre a juventude escolarizada. Numa altura em que os campos estavam ainda mal refeitos do Grande Salto e o conflito com a URSS atingia o seu ponto máximo, foi decidido pelo próprio "Grupo da Revolução Cultural"[183] (GRC) não tocar nem na investigação científica — na ocasião concentrada no armamento nuclear —, nem no campesinato, nem no exército. No espírito do GRC, e talvez no de Mao, era recuar para melhor saltar: nenhum setor da sociedade e do Estado deveria escapar por muito tempo à revolucionarização. Mas a massa dos rurais agarrava-se ferozmente às "pequenas liberdades" concedidas por Liu Shaoqi, e pelo menos à parcela privada. Não se podia destruir a capacidade de defesa nem a economia: a recente experiência do Grande Salto incitava à

---

[182] Ver, por exemplo, Fairbank, *op. cit.*, p. 449, e Thurston, *art. cit.*, p. 149.

[183] Formado quando da reunião ampliada do Bureau Político do PC, em 16 de maio de 1966, e dependendo direta e exclusivamente da sua Comissão Permanente — ou seja, do próprio Mao —, consagra a expulsão da direção da Revolução Cultural de Peng Zhen (até então encarregado da sua preparação) e do Secretariado do Comitê Central, dirigido por Liu Shaoqi e Deng Xiaoping. O GRC é dominado por maoistas extremistas, como Jian Qing ("a Sra. Mao"), Chen Boda ou Zhang Chunaia, e Kang Shen é o seu conselheiro titular. Colaborando estreitamente com Mao, ele substituirá, de fato, até 1968, o Comitê Central e o Bureau Político como instância fundamental de decisão.

prudência neste último aspecto. A premissa básica era a tomada do poder na "superestrutura" intelectual e artística e a conquista do poder do Estado. Mas este último objetivo nunca foi totalmente atingido. Essas restrições foram por vezes violadas, mas em todo o caso não se assinalam grandes confrontações ou matanças de grandes proporções nos povoados, onde continuava a viver a esmagadora maioria dos chineses: 64% dos incidentes classificados como rurais ocorreram na coroa periurbana de uma grande cidade;[184] no entanto, na fase final de "retomada do controle", os relatos dão conta de numerosas execuções individuais, entre a população rural, dos que se tinham alinhado do lado errado, ou de Guardas Vermelhos urbanos em fuga para os campos. Finalmente, e aqui reside a grande diferença em relação às depurações dos anos 1950, o objetivo nunca foi claramente eliminar uma camada particular da população. Até os intelectuais, particularmente visados de início, depressa deixaram de estar na primeira fila dos perseguidos. Além disso, os perseguidores eram muitas vezes oriundos do seu próprio meio. Os episódios mais mortíferos foram, de um modo geral, o resultado de excessos, de violências relativamente espontâneas e de origem local, sem plano de conjunto. Mesmo quando o Centro ordenou operações militares que conduziram inevitavelmente a assassinatos, foi de uma maneira essencialmente *reativa,* para fazer face a uma situação fora de controle: nesse sentido, já estamos mais perto da repressão de junho de 1989 do que da reforma agrária, e a Revolução Cultural permanecerá talvez como o primeiro sinal do impasse de um comunismo chinês perdendo sua energia revolucionária.

O segundo paradoxo explica, inversamente, por que razão convém dar à Revolução Cultural todo o lugar que merece nesse relato. O movimento dos Guardas Vermelhos foi uma "rebelião repressiva"[185] (e o seu esmagamento, uma vasta repressão). Já vimos que, desde finais dos anos 1920, a dimensão terrorista era inseparável do comunismo chinês. Em 1966-1967, os próprios grupos mais radicais, os que mais ostentam seus ataques às instituições estatais, têm sempre um pé no Estado, onde dispõem de aliados, no mínimo o presidente Mao, referência absoluta e constantemente invocada em apoio da menor decisão tática. Integrando, na grande tradição chinesa, as lógicas do poder até na

---

[184] Harry Harding, "The Chinese State in Crisis", *in* Roderick Mac Farquhar e John K. Fairbank (ed.), *The Cambridge History of China,* vol. 15, 2ª parte: *Revolutions within the Chinese Revolution, 1966-1982,* Cambridge, Cambridge University Press, 1991, p. 209.

[185] Domenach (1992), *op. cit.,* p. 259.

China: uma longa marcha na noite 627

rebelião,[186] nunca se recusam a exagerar em matéria de repressão; criticando a pretensa pusilanimidade dos dirigentes em face do inimigo de classe, organizarão imediatamente os seus próprios grupos de "investigadores" truculentos, a sua polícia moral, os seus "tribunais" e as suas prisões. Ao longo da Revolução Cultural, "encontramos a luta da base contra a cúpula, mas uma 'base' mobilizada, manobrada, enquadrada, aterrorizada por um poder e uma elite que não ousam se mostrar"; esse transbordamento do poder através de uma versão de si mesmo, uma espécie de alter ego que o imita ao mesmo tempo que o cobre de críticas e de ataques, é representativo da "fórmula definitiva do maoismo [que], depois de uma longa busca, acabou por fazer do par rebelião-império o princípio permanente de uma alternativa fundadora do político acima do Estado e da sociedade".[187] Trata-se, evidentemente, de uma alternativa inviável, porque baseada numa falácia, e daí a frustração daqueles que tinham dado um sentido à sua rebelião: desse "mudar tudo para que nada mude", segundo a fórmula de O Leopardo, sairá uma contestação tanto da rebelião como do império. É certo que muito minoritária, mas consequente, essa contestação levará ao Muro da Democracia de 1979 e ao seu pensador mais ousado, Wei Jingsheng, que, no seu relato autobiográfico já citado, traz à luz as contradições finalmente mortais de um movimento nascido de descontentamentos legítimos: "Essa explosão de cólera revestiu a forma de um culto do tirano e foi canalizada para a via da luta e do sacrifício pela tirania[...] [Isso] conduziu a essa situação paradoxal, absurda, de um povo que se ergue contra o seu governo para melhor defendê-lo. O povo opôs-se ao sistema hierárquico que o subjugava ao mesmo tempo que agitava a bandeira do apoio aos fundadores desse sistema. Exigiu direitos democráticos ao mesmo tempo que lançava um olhar de desprezo à democracia, e pretendeu deixar-se guiar, no seu combate pela conquista dos seus direitos, pelo pensamento de um déspota."[188]

Acreditamos, nesse caso, que podemos nos abster de uma apresentação tão completa quanto aquela dos episódios anteriores: a Revolução Cultural, que deu origem a uma literatura abundante e frequentemente de qualidade, em particular através dos testemunhos dos seus atores e vítimas, é seguramente menos mal conhecida do que tudo o que a precede. Mas, principalmente, trata-se muito mais de uma outra revolução (mimada, abortada, desviada, pseudo,

---

[186] Ver Yves Chevrier, "L'empire distendu: esquisse du politique en Chine des Qing à Deng Xiaoping", in Jean-François Bayart, La Greffe de l'État — Trajectoires du politique 2, Paris, Karthala, 1996.

[187] Ibid,, pp. 383 e 375.

[188] Wei, op. cit., p. 227.

628 O Livro Negro do Comunismo

se quisermos, mas mesmo assim revolução) do que de mais uma "campanha de massas". Repressão, terror e crimes estão longe de esgotar o sentido do fenômeno, aliás extremamente proteiforme, variando segundo os momentos e os lugares. Só nos ocuparemos, pois, dos aspectos repressivos da Revolução Cultural. Podemos distribuí-los por três grandes categorias claramente distintas, inclusive temporalmente: as violências contra os intelectuais e os quadros políticos (essencialmente 1966-1967), as confrontações faccionais entre Guardas Vermelhos (1967-1968) e finalmente a brutal retomada do controle da situação operada pelos militares (1968). Com o IX Congresso do PC (1969), inicia-se a fase de institucionalização — fracassada — de certas "conquistas" de 1966 e, sobretudo, das lutas palacianas, tendo em vista a sucessão de Mao Zedong, enfraquecido pela doença. Os sobressaltos são muitos: eliminação, em setembro de 1971, do sucessor oficialmente designado, Lin Biao; regresso, em 1973, de Deng Xiaoping ao posto de vice-primeiro-ministro, e reintegração maciça dos altos quadros afastados por "revisionismo"; ofensiva da "esquerda" do aparelho, em 1974; tentativa, em 1976, de controle do Centro pelos "Quatro de Xangai", dirigida pela esposa do presidente, Jiang Qing, aproveitando a janela de oportunidade que se abriu entre a morte do primeiro-ministro moderado, Zhou Enlai, em janeiro, e a de Mao Zedong, em setembro; em outubro, os Quatro já são apenas um "Bando", devidamente encarcerado, e Hua Guofeng, senhor do país durante dois anos, pode apitar o fim da Revolução Cultural. Pouco falaremos dos "anos cinzentos" (a expressão é de J.-L. Domenach) posteriores ao esmagamento dos Guardas Vermelhos: a repressão foi, sem dúvida, dura, mas retomou nas suas grandes linhas as modalidades dos anos 1950.

Os atores da revolução

A Revolução Cultural representa o encontro de um homem com uma geração. O homem é, evidentemente, o próprio Mao. Atingido *no interior do aparelho central* pelo desastre do Grande Salto, ele teve de entregar, a partir de 1962, a direção efetiva do país ao presidente da República, Liu Shaoqi. Reduzido à posição certamente prestigiosa de presidente do Partido, refugia-se nesse "magistério da palavra" onde sabe não ter de temer qualquer concorrência. Mas, como velho estrategista que é, e receando ser simultaneamente transformado em estátua e definitivamente marginalizado ainda em vida, procura meios de transmissão eficazes que lhe permitam impor as suas escolhas fundamentais. O Partido, firmemente controlado por Liu e pelo seu adjunto, o secretário-

China: uma longa marcha na noite   629

-geral Deng Xiaoping, terá de ser contornado por fora; quanto ao governo, subordinado ao PC como em todos os países comunistas, sob a eficaz direção desse oportunista inteligente que é Zhou Enlai, moderado em razão senão em coração, constitui um elemento neutro na perspectiva de uma confrontação entre facções. Mao tem consciência de ter perdido o apoio da maior parte dos quadros e intelectuais quando ocorreram os expurgos de 1957, e o das massas rurais com a fome de 1959-1961. Mas, num país como a China comunista, uma maioria passiva, atomizada e assustada conta menos do que as minorias ativas e colocadas em posições estratégicas. Ora, desde 1959, o EPL é chefiado por Lin Biao, vassalo incondicional do Grande Timoneiro: pouco a pouco, Mao faz dele um centro de poder alternativo, que desempenha um importantíssimo papel, a partir de 1962, no Movimento de Educação Socialista — espécie de depuração antidireitista sub-reptícia que põe a tônica no puritanismo, na disciplina e na dedicação, valores muito militares —, fornecendo, em 1964, pelo menos um terço dos novos quadros políticos, e fazendo a sua junção com a pequena equipe de intelectuais e artistas fracassados que se estrutura à volta de Jiang Qing e do seu programa de destruição de toda a arte ou de toda a literatura não engajadas conformemente à linha do Partido. A formação militar torna-se obrigatória para os estudantes e, a partir de 1964, o EPL organiza milícias armadas nas fábricas, bairros e distritos rurais. O exército não é, e nunca será, candidato ao poder: o enquadramento do Partido é demasiado eficaz, e o medíocre Lin Biao — acusado por alguns de ser viciado em heroína — não tem pensamento nem projeção política próprios.[189] Porém, mais do que nunca, ele é para Mao o seu "seguro de vida" ou, para usar as suas próprias palavras, a sua Grande Muralha.[190]

A outra alavanca estratégica com que Mao pensa poder contar é a já mencionada geração, ou mais exatamente a sua fração escolarizada ao nível dos ensinos secundário e superior e institutos de formação profissional (incluindo as academias militares, único elemento do EPL autorizado a formar unidades de Guardas Vermelhos);[191] eles apresentam a enorme vantagem de estarem concentrados nas cidades, sobretudo nas maiores, no palco onde decorrerão as lutas pelo poder: um quarto dos habitantes de Xangai frequenta as suas es-

---

[189] Ver Frederick C. Teiwes e Warren Sun, *The Tragedy of Lin Biao: Riding the Tiger during the Cultural Revolution. 1966-1971,* Honolulu, University of Hawaii Press, 1996.

[190] Hua Linshan, *Les Années Rouges,* Paris, Le Seuil, 1987, p. 251.

[191] Ver, em particular, as fascinantes recordações de Ni Yuxian, aluno da Academia Naval de Xangai, recolhidas em Anne E. Thurston, *A Chinese Odyssey: The Life and Times of a Chinese Dissident,* Nova York, Charles Scribner's Sons, 1991.

colas.[192] Os que têm entre 14 e 22 anos em 1966 serão para Mao instrumentos muito entusiastas, à proporção de seu grande fanatismo doutrinário e de sua grande frustração. Fanatismo: primeira geração totalmente educada depois da Revolução de 1949, eles são simultaneamente demasiado jovens e demasiado urbanos para saberem alguma coisa sobre os horrores do Grande Salto,[193] dos quais Liu e os seus consortes poderão vir a arrepender-se amargamente de não os ter criticado oficialmente. Tal revolução foi louvada com todas as palavras pelo regime, sendo, segundo Mao, a "página em branco" pura de toda e qualquer escória em que será escrita a exultante epopeia da construção do comunismo, garantida pelo velho tirano: "O mundo vos pertence. O destino da China vos pertence."[194] Depressa essa geração aprendeu que, como diz uma canção dos Guardas Vermelhos: "O Partido é a nossa mãe e o nosso pai."[195] E, em caso de conflito de paternidade, a escolha deve ser clara: renegar os genitores. Pasqualini conta desse modo a visita que um "horroroso fedelho de 10 ou 11 anos" faz ao pai, internado no *laogai*, em 1962: "Não queria vir aqui — brada ele, altivamente —, mas a minha mãe me obrigou. Você é um contrarrevolucionário e uma desonra para a família. Você causou graves prejuízos ao governo. Merece estar na prisão. Tudo o que posso dizer é que seria melhor se reformar, pois, do contrário, você terá o que merece". Até os guardas ficaram chocados com essas palavras. O prisioneiro voltou lavado em lágrimas (o que é proibido) à sua cela, murmurando: "Se soubesse que isso iria acontecer, tinha o estrangulado no dia em que nasceu." Tien[196] deixou passar o incidente sem sequer o censurar.[197] Esse garoto teria cerca de 15 anos em 1966, a idade certa para se tornar um Guarda Vermelho[...] Os mais jovens foram sempre os mais violentos, os mais obstinados a humilhar as suas vítimas.

Ao mesmo tempo, porém, esses jovens, ensinados a se comportarem como pequenos "robôs" vermelhos, sentem-se frequentemente frustrados. Frustrados de heroísmo — enquanto a geração de seus pais lhes enche os ouvidos com relatos das suas proezas revolucionárias e guerreiras —, eles imitarão a Longa

---

[192] White, *op. cit.*, p. 203.

[193] Em contrapartida, a descoberta generalizada, por parte dos Guardas Vermelhos, da extrema miséria dos campos, quando das suas viagens de intercâmbio de experiências, ou quando da ruralização forçada de 1968, acelerará — um pouco tarde demais — o seu distanciamento do regime, como vimos acontecer com Wei Jingsheng.

[194] Mao Zedong, *Petit Livre Rouge des Citations*, Paris, Le Seuil, 1967, p. 172.

[195] Citada *in* Zhai Zhenhua, *Red Flower of China*, Nova York, Soho, 1992, p. 81.

[196] O guarda.

[197] Pasqualini, *op. cit.*, p. 311.

China: uma longa marcha na noite 631

Marcha, as primeiras bases vermelhas ou a guerrilha antijaponesa durante as confrontações de 1966-1968: uma vez mais, para parafrasear Marx, a História iria se repetir, mas sob a forma de farsa. Frustrados em relação ao essencial da literatura clássica e pela ausência de liberdade de discussão em face dos hiperprudentes professores sobreviventes da Retificação de 1957, eles iriam utilizar os seus pobres conhecimentos — principalmente as obras de Mao, e uma pitada de Lenin — para contestar, em nome da própria Revolução, a cinzenta monotonia a que a sua institucionalização dera lugar. Finalmente, muitos deles, oriundos das camadas "negras" da população, sujeitos à corrida de obstáculos representada pelas seleções e pelas quotas sucessivas regidas pelo princípio da origem de classe, podiam considerar-se frustrados de qualquer possibilidade real de alguma vez conseguirem um lugar equivalente ao seu trabalho, ao seu valor e às suas ambições: os estabelecimentos escolares de elite, onde os "negros" são frequentemente majoritários, serão também frequente-mente os mais revolucionários; e a abertura oficial dos Guardas Vermelhos aos "malnascidos", decretada pelo GRC em 1º de outubro de 1966,[198] permitirá à Revolução Cultural dar um passo essencial à frente.[199]

A autorização, em 16 de novembro, para a criação de grupos de Guardas Vermelhos nas fábricas e, em 15 de dezembro, nos povoados representará a outra extensão decisiva do movimento. Nessa altura são igualmente suspensos todos os veredictos políticos negativos impostos desde o início da Revolução Cultural (maio de 1966) aos operários; na dinâmica do momento, os reabili-tados procurarão com frequência conseguir a anulação de todas as rotulações "direitistas" e a destruição das fichas secretas onde estão registrados as opiniões e os "erros" de cada um. Duas categorias de trabalhadores industriais juntam-se então em massa aos estudantes e colegiais: os "elementos retardados" e outros discriminados por motivos políticos (mas tudo é política[...]), seja qual for a sua idade; e os trabalhadores sazonais, trabalhadores sem vencimentos fixos, sem garantia de emprego nem proteção sindical (e logo social), geralmente jovens, que formam a maioria do proletariado das novas grandes fábricas e que exigem melhores salários e contratos permanentes.[200] Acrescentemos ainda um bom punhado de jovens quadros que entreveem a ocasião inesperada de uma carreira rápida, e de encarregados outrora punidos por uma ou outra

---

[198] Os que passaram pela prisão continuam, no entanto, proibidos de desenvolver atividades políticas (William Hinton, *Shenfan*, Nova York, Random House, 1984, p. 529).

[199] Harding, *cap. cit.*, p. 150.

[200] White, *op. cit.*, pp. 245-7.

razão e desejosos de vingança,[201] bem como de oportunistas sempre prontos a uivarem com os lobos do momento (e a traí-los na primeira ocasião): teremos a heteróclita coligação de descontentes que, armados de ódio e de desejo de promoção social, se lançaram ao assalto de todos os poderes — na escola, na fábrica, nos gabinetes[…] Entretanto, minoritários na escala de uns 20% da população urbana, e mais ainda na escala do país inteiro, só podem ser bem-sucedidos quando, diante deles, o Estado está paralisado pelos ataques do Centro, e o EPL constrangido pelas suas ordens: em última análise, é Mao quem abre e fecha alternadamente as comportas da revolução, correndo o risco de ocasionalmente não saber o que fazer, devido à rapidez das alterações da relação de forças e à diversidade das situações locais, bem como à sua procura permanente de uma conciliação entre rebelião e a manutenção do império. Quando os "rebeldes" — é a designação que os engloba — "tomam o poder" (ou, mais concretamente, conseguem que o poder lhes seja entregue: basta para isso a transferência dos selos), as suas contradições internas e as suas ambições egoístas vêm imediatamente à tona e dão origem a lutas implacáveis, frequentemente armadas, entre facções incapazes de definirem-se de outra maneira que não seja *contra*.[202]

O momento de glória dos Guardas Vermelhos

As perseguições desencadeadas em 1966 por esses estudantes e colegiais que continuam a ser chamados, essencialmente, os "rebeldes revolucionários" ficaram como o símbolo do conjunto da Revolução Cultural. Mas elas foram, no seu conjunto, relativamente pouco mortíferas e absolutamente nada inovadoras: com mais um pouco de sadismo e de exaltação juvenil, assemelham-se muito àquelas de que foram vítimas os intelectuais dos anos 1950. Teriam sido muito mais espontâneas? Seria evidentemente absurdo pensar que Mao e os seus acólitos manipulavam cada equipe de Guardas Vermelhos, mas encontramos o

---

[201] Essa situação provocou curiosas inversões de posição: assim, o dirigente moderado do Henan, Pan Fusheng, afastado por instigação do ultramaoísta Wu Zhipu nas vésperas do Grande Salto, voltou ao serviço em 1966, integrado no clã ultraesquerdista de Chen Boda, enquanto Wu era preso e provavelmente morto em 1967 pelos Guardas Vermelhos de Cantão. Ver Domenach (1982), *op. cit.*, p. 163.

[202] Ver, sobre esse ponto, o quadro fascinante traçado por um ex-Guarda Vermelho que se tornou universitário nos Estados Unidos: Wang Shaoguang, *Failure of Charisma: The Cultural Revolution in Wuhan*, Hong Kong, Oxford University Press, 1995, pp. 95-111 e 161-209.

ciúme de Jiang Qing, a esposa do Grande Timoneiro, por trás das humilhações de que foi vítima Wang Guangmei, mulher do presidente da República Liu Shaoqi;[203] este último só foi sujeito à "autocrítica" e em seguida atirado para a prisão (onde morreu, torturado) quando Mao o considerou suficientemente isolado; inversamente, Zhou Enlai, apesar de duramente criticado, escapou a toda e qualquer humilhação. O aspecto sensacional do movimento são os ajustes de contas no topo da hierarquia, com o intermédio dos Guardas Vermelhos; é também a ruptura definitiva de solidariedades que datam, em alguns casos, dos tempos da Longa Marcha; e são os expurgos de quadros comunistas (60% foram expulsos dos seus cargos, embora muitos deles tenham sido reintegrados alguns anos mais tarde, mesmo antes da morte de Mao em setembro de 1976: Deng Xiaoping constitui o melhor exemplo). Mesmo aqui, há que relativizar a violência: muito ao contrário do que aconteceu na URSS stalinista dos anos 1930, a maior parte dos altos dirigentes e dos quadros sobreviverá aos maus--tratos. Só o pouco conhecido ministro de Huillères foi espancado até a morte pelos Guardas Vermelhos, e não houve qualquer execução judiciária no mais alto nível. Liu morreu louco, em 1969; Peng Dehuai sofreu fratura de duas costelas, em julho de 1967, durante uma "luta", e morreu de câncer em 1974; o ministro das Relações Exteriores Chen Yi, muito atacado, foi "ruralizado" em 1969, mas arranjou uma maneira de voltar ao primeiro plano do cenário político após a morte de Lin Biao, pouco antes de morrer em consequência de uma doença; o caso mais dramático — e mais precoce — continua a ser o do ministro da Segurança Luo Ruiqing: afastado em novembro de 1965 para deixar a Kang Sheng o caminho livre, preso em 1966, ferido nos pés durante uma tentativa de defenestração voluntária, ele foi finalmente mutilado em 1969 — a operação arriscada foi adiada várias vezes numa tentativa de fazê-lo confessar —, conseguindo mesmo assim sobreviver a Mao. As condições de detenção de todos eles, se bem que penosas e humilhantes, foram muito menos duras do que as dos milhões de prisioneiros que tinham contribuído para enviar para o *laogai*: beneficiaram-se sobretudo de um mínimo de cuidados médicos.[204]

O cenário das exações dos Guardas Vermelhos é tristemente semelhante, de uma ponta à outra da China, nas cidades e nas universidades. Tudo começa em 1º de junho de 1966, na sequência da leitura, na rádio, do *dazibao* (cartaz redigido em grandes caracteres) de Nie Yuanzi, professor assistente de

---

[203] Alain Roux, *La Chine Populaire, tome 2 (1966-1984)*, Paris, Éditions sociales, 1984, pp. 45-6.
[204] Ver Yan e Gao, *op. cit.* pp. 152-66 e 197-228.

634   *O Livro Negro do Comunismo*

Filosofia em Beida (universidade de Pequim, a mais prestigiosa do país), que convoca à luta diabolizando o adversário: "Quebremos todos os controles e as maléficas conjuras dos revisionistas, resolutamente, radicalmente, totalmente, completamente! Destruamos todos os monstros, todos os revisionistas do tipo Kruschev!"[205] Milhões de estudantes organizam-se, então, e encontram sem dificuldade nos seus professores, nos encarregados pelas universidades, e depois nas autoridades municipais ou provinciais que tentam defendê-los, os "monstros e demônios" a serem eliminados; com uma certa imaginação, chamam-lhes ainda de "gênios malfeitores" ou então "fantasmas bovinos" ou "espíritos reptilianos". O extremista do GRC, Qi Benyu, afirma a propósito de Peng, em 18 de julho de 1967: "A serpente venenosa está inerte, mas ainda não está morta. O tigre de papel Peng Dehuai mata sem pestanejar. É um senhor da guerra. Não se deixem iludir pela sua posição, a de um lagarto imóvel. Finge simplesmente a morte. É o seu instinto. Até os insetos e os animais têm um instinto de conservação, para não falar desse animal carnívoro. Derrubem-no e pisoteiem o seu corpo."[206] Devemos tomar esses termos pitorescos muito a sério, pois eles se destinam a suprimir por recusa de identificação toda e qualquer possibilidade de piedade. Sabemos agora que essas denominações conduzem geralmente à "luta", e com bastante frequência à morte: o apelo à destruição "de todos os monstros" que desencadeou o movimento na universidade de Pequim não permaneceu letra morta. O "inimigo de classe", adornado com cartazes, com chapéus e por vezes com roupas ridículas (sobretudo as mulheres), forçado a posturas grotescas (e penosas), com o rosto sujo de tinta preta, obrigado a latir como um cachorro, "de quatro", deve perder a sua dignidade humana. Um professor chamado Ma ("cavalo") teve de comer erva. Conta um velho universitário, que viu um dos seus estudantes ser espancado até a morte por um colega: "Quase não consigo compreender como aquilo aconteceu. Naquela ocasião, os proprietários eram os inimigos. Verdadeiramente, tinham deixado de ser pessoas. Podia-se, portanto, usar de violência contra eles. Era normal."[207] Em agosto de 1967, a imprensa de Pequim vocifera: os antimaoistas

---

[205] *Ibid.*, p. 28.

[206] Ver Yan e Gao, *op. cit.*, p. 210.

[207] Citado em Anne F. Thurston, "Urban violence during the Cultural Revolution: who is to blame?", *in* Jonathan N. Lipman e Stevan Harrell, *Violence in China — Essays in Culture and Counterculture*, State University of New York Press, 1990.

China: uma longa marcha na noite

são "ratazanas que correm pelas ruas, matem-nos, matem-no".[208] Encontramos essa mesma desumanização no período da reforma agrária, em 1949: assim, um proprietário de terras é atrelado a um arado e obrigado a lavrar a terra à força de chicote: "Você nos tratou como bestas, agora você pode ser o nosso animal!",[209] gritam os camponeses. Vários milhões de "animais" como esse foram exterminados. Alguns foram até mesmo comidos: 137, pelo menos, no Guangxi, sobretudo diretores de colégio, e isto com a participação dos quadros locais do PC; certos Guardas Vermelhos mandaram servir carne humana na cantina; foi aparentemente também o caso de certas administrações. Harry Wu fala de um executado do *laogai*, em 1970, cujo cérebro foi devorado por um guarda da Segurança. Ele tinha — crime sem igual — ousado escrever: "Derrubem o presidente Mao."[210]

Não se sabe o que, naquele instante, motiva mais esses Guardas Vermelhos cujo grosso cinturão vai, durante muito tempo, constituir a principal arma: parecem oscilar constantemente entre um real desejo de transformação social e o *happening* de um verão particularmente quente, passando pela prudência conformista de quem não quer problemas — permanecer passivo equivale a ser qualificado como revisionista, então, sendo assim[...] As contradições multiplicam-se já no início: repete-se interminavelmente o novo slogan simplista: "Há sempre razão para nos revoltarmos", inventado em 18 de maio por Mao (e ao qual, aparentemente, poderiam resumir-se os "mil componentes" do marxismo), mas as pessoas impõem a si mesmas e às outras um verdadeiro culto do presidente e das suas obras (o famoso *Livro Vermelho*); sobretudo, só o Centro tem o direito de decidir *quem* se favorece do "direito à revolta" (é impensável dá-lo aos inimigos, feitos apenas para serem esmagados) e *quando* essa licença pode ser utilizada: daí uma competição feroz entre organizações de Guardas Vermelhos para se beneficiarem do precioso selo "esquerda". Pretende-se fazer "fogo contra os estados-maiores" — mas o do Exército, controlado por Lin Biao, protege os Guardas Vermelhos, e o dos Transportes os leva e traz gratuitamente por toda a China, no outono de 1966, em comboios que gozam de prioridade absoluta[...] Os "intercâmbios de experiências" que os justificam transformam-se frequentemente em inebriantes viagens turísticas para jovens que nunca saíram da sua cidade natal, tendo, como atração "quatro estrelas", o encontro coletivo

---

[208] Citado em Marie-Claire Bergère, *La République populaire de Chine de 1949 à nos jours*, Paris, Armand Colin, 1987, p. 133.

[209] Jack Belden, *China Shakes the World*, Harmondsworth, Pelican, 1973 (1ª edição, 1949), p. 228.

[210] Becker, *op. cit.*, p. 218; Wu, *op. cit.*, p. 46.

com Mao, que provoca lágrimas (obrigatórias para as moças), demonstrações de fervor religioso e, ocasionalmente, tumultos mortais.[211]

Mao disse-o em 18 de agosto: "Não queremos gentileza, queremos a guerra"; e a Guarda Vermelha Song Binbin ("Song, a Gentil") logo se torna Song Yaowu ("Song Quer a Guerra").[212] O novo ministro da Segurança, Xie Fuzhi, próximo de Jiang Qing, declara no fim do mês de agosto diante de uma assembleia de quadros policiais: "Não podemos nos limitar às práticas comuns; não podemos seguir o Código Penal. Se prenderem pessoas porque bateram noutras, cometerão um erro[...] Os Guardas Vermelhos que matam devem ser punidos? A minha opinião é que, se as pessoas são mortas, pois bem, são mortas; o problema não é nosso[...] Não aprovo o fato de as massas matarem, mas, se as massas odeiam os maus ao ponto de não podermos detê-las, então não insistamos[...] A polícia popular deve estar ao lado dos Guardas Vermelhos, aliar-se a eles, solidarizar-se com eles, e fornecer-lhes informações, sobretudo a respeito dos elementos das Cinco Categorias (negras)."[213] Haverá, pois, de início, um combate sem grande risco: em face de um aparelho do Partido agitado por correntes contraditórias, dominado pela audácia de Mao e que não ousa condenar o movimento em curso, os intelectuais e tudo o que os rodeia (livros, pinturas, porcelanas, bibliotecas, museus, edifícios culturais) são presas fáceis, a respeito das quais todos os clãs do poder podem pôr-se de acordo.

O anti-intelectualismo tem, com efeito, já o assinalamos, uma pesada tradição no PCC, e Mao encarnou-a particularmente bem. Não é verdade que os Guardas Vermelhos repetem constantemente sua citação: "A classe capitalista é a pele; os intelectuais são os cabelos que crescem na pele. Quando a pele morre, deixa de haver cabelos?"[214] Os funcionários nunca utilizam a palavra "intelectual" sem acrescentarem o epíteto "fedorento"; Jean Pasqualini, que limpava as sandálias ao sair de um chiqueiro de porcos, passou por essa experiência com um guarda, que praguejou: "O seu cérebro é ainda mais sujo do que isso, e cheira ainda pior! Pare imediatamente! Isso é um hábito burguês.

---

[211] Ling, *op. cit.*, pp. 174-83, e Zhai, *op. cit.*, pp. 84-90: "Tentei chorar, mas não consegui", conta ela (p. 88); é certo que Mao não ganha nada em ser visto muito de perto: "Fiquei um pouco decepcionada. Parecia mais velho do que eu imaginava e tinha metade de seus cabelos embranquecida. Seu rosto apresentava as marcas da velhice e não resplandecia, como outrora deveria resplandecer. Os seus movimentos eram lentos. Era um velho senil" (p. 87).

[212] Thurston, *art. cit.*, p. 149.

[213] Yan e Gao, *op. cit.*, p. 76.

[214] Nien, *op. cit.*, p. 101.

China: uma longa marcha na noite 637

Limpe antes o seu cérebro!"[215] No início da Revolução Cultural, os alunos receberam um pequeno compêndio de Mao referente ao ensino, no qual o Grande Timoneiro condena o saber dos professores "incapazes de distinguir os cinco grãos" e que, "quanto mais aprendem, mais estúpidos se tornam". Defende igualmente o encurtamento dos estudos e a supressão da seleção através de exames: a universidade deve formar "vermelhos", e não "peritos", e deve ser prioritariamente aberta aos "vermelhos" de nascimento.[216]

Com experiência de duas ou três autocríticas, a maioria dos intelectuais tem pouca vontade de resistência. E os velhos escritores fazem uma pantomima, durante horas, do "avião", até caírem esgotados, diante dos jovens que os insultam; desfilam pelas ruas com o boné de burro enfiado na cabeça; são muitas vezes espancados, brutalmente. Alguns morrem, muitos outros suicidam-se, como o grande escritor Lao She, em agosto, ou Fu Lei, tradutor de Balzac e de Mallarmé, em setembro. Teng To é assassinado, Wu Han, Chao Shu-li e Liu Ching morrem no cativeiro, e Pa Kin passa anos vigiado em sua residência.[217] Ding Ling vê serem-lhe confiscados e destruídos dez anos de manuscritos.[218] O sadismo e o fanatismo dos "revoltosos" carrascos são terríveis. Assim, na universidade de Xiamen (Fujian): "Certos [professores], incapazes de suportar as sessões de ataques e de críticas, adoeceram e morreram praticamente na nossa presença. Não senti qualquer pena deles, nem dos poucos que se atiraram pelas janelas, nem daquele que se lançou numa das nossas famosas fontes termais, onde morreu cozido."[219] Cerca de 10% dos professores foram "lutados" (por seus colegas no ensino primário), e muitos outros foram atormentados.

As cidades aguardam a chegada dos Guardas Vermelhos como se aguarda um tufão, quando da campanha contra as "Quatro Velharias" (velhas ideias, velha cultura, velhos costumes, velhos hábitos), lançada por Lin Biao em 18 de agosto: os templos foram trancados (mas muitos foram destruídos — por vezes em autos-de-fé públicos — ou danificados), os tesouros, escondidos, os afrescos, recobertos com massa para sua proteção, os livros, escondidos. Queimam-se os cenários e o guarda-roupa da Ópera de Pequim, suprimida em proveito das "óperas revolucionárias de tema contemporâneo" da Senhora Mao, durante dez anos praticamente a única forma de expressão artística autorizada. A própria

---

[215] Pasqualini, *op. cit.*, p. 194.

[216] Zhai, *op. cit.*, p. 62.

[217] Douwe Fokkema, "Creativity and Politics", *in* MacFarquhar e Fairbank, *op. cit.*, p. 600.

[218] Yan e Gao, *op. cit.*, p. 79.

[219] Testemunho de um Guarda Vermelho, *in* Roux, *op. cit.*, p. 37.

Grande Muralha é em parte destruída: usam-se os seus tijolos para a construção de chiqueiros. Zhou manda então murar parcialmente e proteger com tropas o Palácio Imperial de Pequim.[220] Os diversos cultos são muito afetados: dispersão dos monges do célebre complexo budista dos montes Wutai, manuscritos antigos queimados, destruição parcial dos seus 60 templos; auto-de-fé de exemplares do Alcorão dos Uígures de Xinjiang, proibição de festejar o ano-novo chinês[...] A xenofobia, velha tradição chinesa, atinge extremos aterradores: saque dos túmulos "imperialistas" em certos cemitérios,[221] quase proibição das práticas cristãs, martelamento das inscrições inglesas e francesas no Bund, em Xangai. Nien Cheng, viúva de um cidadão britânico, que julgou dever oferecer um café a um Guarda Vermelho em "serviço de revista", ouve-o responder: "Para que necessita beber uma bebida estrangeira? Para que precisa comer comidas estrangeiras? Por que é que tem tantos livros estrangeiros? Por que é que a senhora é *tão* estrangeira?"[222] Os Guardas Vermelhos, esses garotos tragicamente sérios, resolvem proibir esses "derivativos da energia revolucionária" que são os gatos, as aves e as flores (tornando-se, assim, contrarrevolucionário plantá-las em seu jardim), e o primeiro-ministro tem de intervir para impedir que o sinal vermelho nos semáforos passe a significar "Avançar". Nas grandes cidades — principalmente em Xangai —, grupos de adolescentes tosquiam sumariamente os cabelos compridos, rasgam com tesouras as calças justas, arrancam os saltos altos, abrem à força os sapatos de bico pontiagudo, obrigam as lojas a adotar nomes "convenientes": centenas de Orientes Vermelhos que só vendem retratos e obras do Grande Timoneiro desorientam os velhos habitantes de Xangai.[223] Os contraventores arriscam-se a ver as suas portas seladas com um retrato de Mao, que seria sacrilégio rasgar. Os Guardas Vermelhos detêm os transeuntes nas ruas e obrigam-nos a recitar uma citação de Mao, à sua escolha.[224] Muitos já não ousam sair de casa.

O mais duro, para milhões de famílias "negras", foram, no entanto, as revistas dos Guardas Vermelhos. Misturando procura de "provas" de supostos crimes, confisco de prata e de ouro para as autoridades locais, para a sua organização[...] ou para eles próprios, e vandalismo puro e simples, partem, pilham e muitas vezes confiscam parte dos objetos ou mesmo tudo no interior de uma

---

[220] Yan e Gao, *op. cit.*, p. 70.

[221] Ling, *op. cit.*, p. 49; Yan e Gao, *op. cit.*, p. 71.

[222] Nien, *op. cá.*, p. 110.

[223] *Ibid.*, p. 86.

[224] Alguns escolheram: "O camarada Norman Béthune é um membro do Partido Comunista Canadense." Humor?

China: uma longa marcha na noite 639

residência. Humilhações, insultos e pancadas são quase obrigatórios para os revistados. Alguns defendem-se, o que é pior para eles; uma simples expressão de desdém, uma palavra levemente desrespeitosa, uma recusa de confessar onde estão escondidos os "tesouros", e vem a chuva de pancadas, e muitas vezes o assassinato; ou então, na melhor das hipóteses, o saque generalizado da casa.[225] Há também, raramente, mortos entre os Guardas. Frequentemente, pode-se ser "visitado" várias vezes, por diversas organizações; para não se revelarem frustrados, os últimos que aparecem levam frequentemente o mínimo vital que os seus predecessores tinham generosamente deixado aos "capitalistas" caídos em desgraça. Nessas condições, foram sem dúvida os suicídios que causaram o maior número de baixas, mas é inútil tentar fazer um inventário demasiado preciso: muitos assassinatos foram simulados desse modo[...]

Dispomos, no entanto, de dados parciais: o "terror vermelho" teria feito em Pequim 1.700 mortos, enquanto 33.600 lares teriam sido revistados, e 84.000 "negros", expulsos da cidade;[226] em Xangai, 150.000 casas teriam sido revistadas, e 32 toneladas de ouro, confiscadas. Na grande cidade industrial de Wuhan (Hubei), 21.000 revistas acompanhadas por 32 espancamentos mortais e 62 suicídios.[227] Ocorreram por vezes sangrentos desvios, como no distrito de Daxing, ao sul da capital, onde 325 "negros" e membros de suas respectivas famílias foram assassinados em cinco dias: o mais velho tinha 80 anos; o mais novo, 38 dias. Um médico é executado como "assassino de um vermelho" porque o seu doente, um "rebelde", teve uma alergia mortal à penicilina.[228] As "investigações" na administração — por vezes conduzidas por policiais disfarçados de Guardas Vermelhos — foram maciças e ocasionalmente mortíferas: cerca de 1.200 execuções na depuração do Ministério da Segurança, 22.000 pessoas interrogadas, e frequentemente encarceradas, no âmbito da constituição do processo Liu Shaoqi, expulsão (e geralmente detenção) de 60% dos membros do Comitê Central (que quase nunca se reunia) e de três quartos dos secretários provinciais do Partido; no total, juntando todos os períodos da Revolução Cultural, encarceramento de três a quatro milhões de quadros (num total de aproximadamente 18 milhões) e de 400.000 militares — a despeito da proibição de Guardas Vermelhos dentro do EPL.[229] Entre os intelectuais, 142.000

---

[225] Ver, por exemplo, Zhai, *op. cit.*, pp. 92 100.

[226] *Ibid.*, p. 100.

[227] Wang, *op. cit.*, p. 72.

[228] Yan e Gao, *op. cit.*, p. 77.

[229] Domenach (1992), *op. cit.*, pp. 273-4 e 284-5.

640 *O Livro Negro do Comunismo*

professores, 53.000 técnicos e cientistas, 500 professores de Medicina e 2.600 artistas e escritores teriam sido perseguidos, sendo muitos deles mortos ou levados ao suicídio.[230] Em Xangai, onde essas categorias são particularmente numerosas, calcula-se oficialmente, em 1978, que dez mil pessoas teriam sido mortas com extrema violência devido aos excessos da Revolução Cultural.[231]

O que mais impressiona, porém, é a facilidade com que esses jovens, que encontram pouco apoio nas outras camadas da sociedade, podem, no fim de 1966 e princípio de 1967, atacar os mais altos encarregados do Partido, "criticando-os" nos estádios de Pequim, quando não os torturando até a morte, como o encarregado do Partido em Tianjin, ou o presidente da câmara de Xangai, que, amarrado ao gancho da grua de reparo de bondes elétricos, espancado, responde teimosamente aos que lhe exigem uma autocrítica: "Prefiro morrer!"[232] Uma única explicação: o elemento determinante — Mao, o Centro além disso, toda a massa do aparelho do Estado está ao lado dos "revolucionários", e medidas como o fechamento por seis meses (o prazo será prorrogado), em 26 de julho de 1966, de todos os estabelecimentos de ensino secundário e superior são estímulos à mobilização para os seus 50 milhões de alunos. Desocupados, tendo garantida uma impunidade absoluta — mesmo que matem (serão "acidentes") —, e constantemente incitados pela propaganda oficial, quem poderia lhes oferecer resistência?

O primeiro *pogrom*

[...] Quando alguns de nós voltávamos da praia, aonde tínhamos ido tomar banho, ouvimos, ao aproximarmo-nos da entrada principal da escola, gritos e vociferações. Alguns camaradas de classe corriam para nós, gritando: "A luta começou! A luta começou!"

Corri para dentro. No campo de jogos, e ainda mais longe diante de um edifício escolar novo com três andares, vi um grupo de professores, 40 ou 50 no total, dispostos em filas, com a cabeça e a cara pintadas com tinta preta, de modo que formavam efetivamente um "bando negro". Tinham pendurados ao pescoço cartazes com inscrições como "Fulano de tal, autoridade acadêmica reacionária", "Beltrano, inimigo de classe", "Fulano, defensor da via capitalista", "Beltrano, chefe de bando corrupto" — todos qualificativos tirados dos jornais. Todos os cartazes estavam marcados com cruzes vermelhas, o que dava aos professores o aspecto

---

[230] Yan e Gao, *op. cit.*, p. 212; os números, que convém considerar com prudência, são os que constam do processo do "Bando dos Quatro" (1981).

[231] Nien, *op. cit.*, p. 602.

[232] Roux, *op. cit.*, p. 50.

China: uma longa marcha na noite

de condenados à morte à espera da execução. Todos tinham na cabeça bonés de burro, nos quais estavam pintados epítetos semelhantes, e carregavam nas costas vassouras sujas, espanadores e sapatos.

Tinham também pendurado em seus pescoços baldes cheios de pedras. Avistei o diretor: o balde que carregava era tão pesado, que o fio metálico cortara-lhe profundamente a pele, e ele cambaleava. Todos descalços, batiam em gongos ou panelas dando a volta no campo, ao mesmo tempo que gritavam[...] "Eu sou o gângster Fulano!"

Finalmente, caíram todos de joelhos, queimaram incenso e suplicaram a Mao Zedong que "fossem perdoados pelos seus crimes". Fiquei chocado com essa cena e senti-me empalidecer. Algumas moças quase desmaiaram.

Seguiram-se pancadas e torturas. Eu nunca tinha visto antes torturas como aquelas: obrigaram essas pessoas a comer matérias das latrinas e insetos; submeteram-nas a choques elétricos; fizeram com que se ajoelhassem em cima de cacos de vidro; forçaram-nas à *performance* do "avião", pendurando-as pelos braços e pelas pernas.

Os primeiros a pegar nos porretes e a torturar foram os bárbaros da escola: filhos de quadros do Partido e de oficiais do exército, pertenciam às cinco classes vermelhas — categoria que compreendia igualmente os filhos de operários, de camponeses pobres e semipobres, e de mártires revolucionários. [...] Grosseiros e cruéis, eles estavam habituados a jogar com a influência dos pais e a brigar com os outros alunos. Sendo de tal modo incompetentes nos estudos, eles estavam para ser expulsos, e culpavam provavelmente os professores por esse fato.

Encorajados pelos provocadores, os outros alunos gritavam: "Batam neles!", e, lançando-se contra os professores, davam-lhes murros e pontapés. Os mais tímidos foram obrigados a apoiá-los, gritando a plenos pulmões e erguendo o punho.

Não havia nada de estranho em tudo aquilo. Os jovens alunos eram, normalmente, calmos e bem-educados, mas, dado o primeiro passo, não podiam fazer outra coisa senão seguir adiante. [...]

O golpe mais duro para mim, nesse dia, foi, porém, o assassinato do meu querido professor Chen Ku-teh, aquele por quem eu tinha mais amor e respeito. [...]

O professor Chen, que tinha mais de 60 anos e sofria de hipertensão, foi arrastado para fora às 11h30min, exposto ao sol do verão durante mais de duas horas, e depois forçado a desfilar com os outros carregando um cartaz e batendo num gongo. Em seguida, arrastaram-no para o primeiro andar de um edifício escolar, depois novamente para baixo, batendo-lhe com os punhos e com cabos de vassoura ao longo de todo o trajeto. No primeiro andar, alguns dos agressores entraram numa sala de aula para irem buscar varas de bambu, com as quais continuaram a bater-lhe. Detive-os, suplicando:

"Não há necessidade de fazer isso! É demais!"

O professor Chen desmaiou várias vezes, mas eles faziam-no voltar a si jogando baldes de água fria em seu rosto. Quase não conseguia mexer-se: tinha os pés cortados pelos vidros e rasgados pelos espinhos. Mas o seu espírito não fora abatido.

"Por que não me matam?", gritava. "Matem-me!"

Isso durou seis horas, até que ele perdeu o controle dos seus excrementos. Os atormentadores tentaram enfiar um bastão no reto. Caiu pela última vez. Novamente jogaram-lhe água fria, mas era tarde demais. Os assassinos ficaram por um instante como que atordoados, pois era, sem dúvida, a primeira vez que espancavam um homem até a morte, tal como era, para a maior parte de nós, a primeira vez que assistíamos a semelhante cena. Começaram a fugir, uns atrás dos outros. [...] Arrastaram o corpo de sua vítima para fora do campo, até uma cabana de madeira onde os professores costumavam jogar pingue-pongue. Aí, estenderam-no em cima de um tapete de ginástica sujo e depois chamaram o médico da escola e disseram-lhe:

"Verifique cuidadosamente se ele morreu mesmo de hipertensão. Você não tem o direito de defendê-lo!"

O médico examinou-o e declarou que tinha morrido em consequência de torturas. Então alguns o agarraram e começaram a bater nele, dizendo:

"Por que é que você respira pelas mesmas narinas que ele? Quer acabar da mesma maneira?"

O médico acabou escrevendo na certidão de óbito: "Morte devida a um súbito ataque de hipertensão."[233]

Os revolucionários e seu Mestre

Lenda dourada: durante muito tempo, o Ocidente considerou os Guardas Vermelhos primos, apenas um pouco mais fanáticos, dos revolucionários de 1968,[234] seus contemporâneos. Lenda negra: a partir da queda dos Quatro, os Guardas Vermelhos são considerados na China os auxiliares quase-fascistas de um bando de aventureiros políticos. A realidade foi muito diferente: os "rebeldes" viam a si mesmos como bons comunistas maoistas, totalmente alheios a qualquer ideal democrático ou libertário. E eles o foram, efetivamente, no essencial. Com muito pouco centralismo democrático — e isso pôs fim à experiência em apenas dois anos —, eles representaram coletivamente uma espécie de estranho "partido comunista bis", no momento em que as divisões do primeiro o paralisavam completamente. Prontos a morrer por Mao, ligados tanto ideologicamente como humanamente a Lin Biao e sobretudo ao GRC

---

[233] Ken Ling, Miriam London e Ta-ling Lee, *La Vengeance du ciel: un jeune Chinois dans la Révolution culturelle*, Paris, Robert Laffont, 1981 (ed. original em ingles, 1972), pp. 20-3. A cena se passa num colégio de elite de Xiamen.

[234] Esse "muito tempo" não se aplica, evidentemente, a Simon Leys, cujas obras pioneiras podem ainda hoje ser lidas com proveito, tanto pela sua precisão cronológica quanto pela sua decifração da ideologia da Revolução Cultural: *Les Habits neufs du président Mao: Chronique de la "Révolution culturelle"*, Paris, Champ Libre, 1971; e *Ombres chinoises*, Paris, 10/18-Bibliothèque asiatique, 1974.

China: uma longa marcha na noite

de Jiang Qing, eles só eram uma alternativa em relação às direções municipais e provinciais que enfrentavam a hostilidade do Centro maoista, e uma força suplementar para os ajustes de contas do Palácio, em Pequim. A energia imensa dessas dezenas de milhões de jovens foi puramente destrutiva: durante os períodos — curtos, é verdade — em que conseguiram ocupar o poder, não fizeram estritamente nada e não modificaram em nenhum ponto assinalável os princípios básicos do totalitarismo instalado. Os Guardas Vermelhos pretenderam frequentemente imitar os princípios da Comuna de Paris de 1871, mas nunca as eleições que organizaram tiveram o que quer que fosse de livre e aberto: tudo era decidido por minúsculos aparelhos autoproclamados; a alternância só se fazia à força, em conflitos constantes, no interior das organizações[235] e das estruturas administrativas que conseguiram controlar. Além disso, houve, é certo, numerosas "libertações" individuais e o triunfo de certas reivindicações sociais nas fábricas:[236] porém, mais dura será muitas vezes a queda, em 1968[...]

Mil laços uniam os Guardas Vermelhos ao aparelho comunista. Em junho/julho de 1966, foram as equipes de trabalho enviadas para os principais estabelecimentos de ensino pelo grupo de Liu Shaoqi e pelas direções provinciais subordinadas que criaram os primeiros "antros negros" para professores "lutados", e impulsionaram os grupos iniciais de Guardas Vermelhos. Ainda que oficialmente retiradas no início de agosto, no âmbito do golpe de força de Mao no interior do Comitê Central, essas equipes continuaram por vezes a influenciar por muito tempo as organizações locais;[237] em todo o caso, estimularam de forma decisiva o recurso à violência contra os professores e quadros do ensino, e abriram caminho ao movimento contra as Quatro Velharias. Essa campanha, estimulada pelas autoridades locais, é na realidade dirigida pela polícia, que fornece a lista dos "revistáveis" e recolhe tanto as provas de acusação quanto os objetos confiscados: Nien Cheng terá a surpresa, e a alegria, de recuperar, em 1978, uma grande parte das porcelanas que lhe tinham sido barbaramente roubadas 12 anos antes. As vítimas expiatórias são frequentemente os eternos "lutados" das campanhas anteriores, mais alguns quadros intermediários sacrificados para salvar os verdadeiros detentores do poder.

A extensão do movimento às fábricas e o descontrole de um Mao que sente o seu objetivo — eliminar os seus adversários dentro do aparelho — fugir-lhe

---

[235] Cinco em poucos meses no caso da direção do Quartel-General Operário de Wuhan (Wang, *op. cit.*, p. 89).

[236] Ling, *op. cit.*, pp. 267-9.

[237] Ver, em particular, Ling, *op. cit.*

644   *O Livro Negro do Comunismo*

por entre os dedos conduzem naturalmente a confrontações de grande amplitude entre rebeldes e municipalidades ou direções provinciais. Mas, por um lado, essas sabem construir para seu uso poderosas organizações de massas, ditas "conservadoras", no fundo muito difíceis de distinguir dos rebeldes mais próximos da linha maoista. Por outro, os rebeldes, mais independentes ao nível local, veem a sua salvação na filiação nesse "Supercomitê Central" em que se tornou o GRC, onde Kang Sheng desempenha um papel tão discreto quanto essencial: equipes especializadas fazem a ligação com Pequim (de início, foram frequentemente estudantes da capital), que envia conselhos e listas negras (dois terços dos membros do Comitê Central, entre outros), esperando, em troca, resultados de investigações e provas, e fornece aos seus aliados as preciosas "boas etiquetas", durante muito tempo escudo mágico em face do EPL .[238] Os rebeldes fazem parte da máquina estatal tanto quanto os conservadores: apenas, não é exatamente a mesma máquina. Finalmente, é importante destacar a que ponto o consenso é total entre todos os grupos, todas as facções, no que diz respeito à repressão — e trata-se evidentemente de uma enorme diferença em relação à tradição revolucionária do Ocidente. Se críticas são feitas ao *laogai* (aliás, pouco afetado), é para censurar-lhe seu "laxismo": Nien Cheng sentiu duramente a chegada das brutais e desumanas novas guardas maoistas. Hua Linshan, rebelde de extrema esquerda e em luta aberta contra o EPL, ocupou a seção de mecânica de uma fábrica-prisão, para aí fabricar armas; no entanto "durante toda a nossa estada, [os prisioneiros] permaneceram nas suas celas, e nós não tivemos praticamente qualquer contato com eles".[239] Os Guardas Vermelhos, que utilizam o rapto como um meio essencial de luta, têm a sua própria rede penitenciária, em cada escola, cada administração, cada fábrica: nesses "estábulos", nesses "antros" ou, por eufemismo, nessas "classes de estudo" sequestra-se, interroga-se, tortura-se sem descanso, com muita inventividade e imaginação; assim, Ling fala de um "grupo de estudos psicológicos" informal no seu colégio: "Evitávamos mencionar as torturas, mas nós as considerávamos uma arte [...]. Acabamos até por pensar que as nossas pesquisas não eram suficientemente científicas. Havia muitos métodos que não estávamos em condições de experimentar."[240] Uma milícia "radical" de Hangzhou, essencialmente formada por "negros" anteriormente perseguidos,

---

[238] Harding, *cap. cit.*, p. 168.

[239] Hua, *op. cit.*, p. 311.

[240] Ling, *op. cit.*, pp. 32-3.

detém em média mil pessoas nos seus três centros de investigação; condena 23 indivíduos por calúnias dirigidas ao seu líder Weng Senhe; os seus membros operários ganham três dias de férias por cada dia dedicado à milícia, bem como refeições gratuitas.[241] É significativo o fato de, em todos os relatos de antigos Guardas Vermelhos, as práticas repressivas terem tanta relevância, de haver tantas referências a adversários atirados ao chão, prostrados, humilhados, por vezes assassinados, sem que, aparentemente, alguém se oponha. É igualmente significativo que o período da Revolução Cultural tenha sido marcado pelo reencarceramento de antigos detidos, pela reatribuição generalizada de rótulos de "direitista" anteriormente retirados, pela detenção sistemática de estrangeiros ou de chineses de além-mar, ou mesmo por novas infâmias como a obrigação de as filhas terminarem as penas dos pais mortos na prisão:[242] a administração civil sofreu consideravelmente, mas a do *laogai* teve pelo menos uma grande liberdade de ação. Então, geração de rebeldes, ou geração de carcereiros?[243]

Ideologicamente, nem mesmo grupos rebeldes tão radicais e preocupados com a elaboração teórica quanto o *Shengwulian* do Hunan[244] conseguiram afastar-se do quadro de referência maoista; é verdade que o pensamento do presidente é tão vago,[245] as suas palavras tão contraditórias, que cada um pode servir-se delas um pouco como quiser: tanto os conservadores como os rebeldes tinham o seu estoque de citações — por vezes as mesmas, interpretadas de maneira diferente. Na estranha China da Revolução Cultural, um mendigo podia justificar um roubo usando uma frase de Mao sobre a entreajuda,[246] e um trabalhador que tivesse desviado tijolos para um biscate podia rejeitar quaisquer escrúpulos porque "a classe operária deve exercer a sua direção sobre tudo".[247] Há em todo o caso um núcleo duro, incontornável:

---

[241] Keith Forster, "Spontaneous and Institutional Rebellion in the Cultural Revolution: The Extraordinary Case of Weng Senhe", in *Australian Journal of Chinese Affairs*, nº 27, 1992, pp. 38-75.

[242] Domenach (1992), *op. cit.*, pp. 278-86.

[243] Os estudantes diziam: "quando tivermos nas nossas mãos o controle da Comissão de Segurança Pública, poderemos prender quem quisermos". Ling, *op. cit.*, p. 252.

[244] Ver os seus textos essenciais *in* Hector Mandarés *et al.*, *Revo cul dans la Chine pop: anthologie de la presse des Gardes rouges (mai 1966-janvier 1968)*, Paris, Bibliothèque asiatique, 1974, pp. 353-427.

[245] E ele nada faz para explicitá-lo, o que arriscaria comprometê-lo excessivamente com um clã: ele não pronuncia *um único discurso* durante toda a Revolução Cultural!

[246] Ling, *op. cit.*, p. 119.

[247] Nien, *op. cit.*, p. 503.

646   *O Livro Negro do Comunismo*

a santificação da violência,[248] o radicalismo das confrontações de classe e dos respectivos prolongamentos políticos. Tudo é permitido ao detentor da linha justa. Os rebeldes não sonharam sequer afastar-se da propaganda oficial, cujo obscuro linguajar macaqueiam nos textos que produzem; nunca se privaram de mentir de uma forma desvergonhada, não só às massas, mas também aos seus próprios camaradas de organização.[249]

O mais dramático é talvez, no entanto, o consenso sobre a "castificação" operada nos anos 1950 e reforçada pela Revolução Cultural. Poderia ter sido de outra maneira: para apressar as coisas, o GRC, diz-se, abriu as portas da organização aos negros, que logo a invadiram. Muito naturalmente, inscreveram-se nos rebeldes (45% de filhos de intelectuais entre os dos colégios de Cantão), enquanto a prole dos quadros e dos operários especializados constituía 82% dos conservadores da grande metrópole meridional. Os rebeldes, que se apoiavam igualmente nos operários não especializados, eram os adversários naturais dos quadros políticos, enquanto os conservadores concentravam o seu fogo sobre os negros. Mas, como a sua visão incluía a cesura entre categorias sociopolíticas, e, partindo daí, para se libertarem da mancha de infâmia nativa, os rebeldes lançaram-se numa espécie de competição repressiva com os conservadores, e não se privaram de atacar também os negros, pedindo aos céus que o golpe poupasse os próprios pais[...] Pior ainda, aceitaram para si mesmos a nova noção de *hereditariedade de classe,* inicialmente propagada pelos Guardas Vermelhos de Pequim, dominados pelos filhos de militares e de quadros, mas nunca explicitamente combatida.

Exprimia-se, por exemplo, neste notável canto de marcha:

> *"Se o pai é um bravo, o filho é um herói,*
> *Se o pai é um reacionário, o filho é um cuzão.*
> *Se você é um revolucionário, então avança e vem conosco.*
> *Se não é, cresça e apareça.*
> *[...]*
> *Apareçam todos!*
> *Vamos expulsá-los da merda de seus postos!*
> *Mata! Mata! Mata!"*[250]

---

[248] "Tínhamos uma coisa em comum: a convicção de que 'a violência resolve todos os problemas'." Ling, *op. cit.,* p. 200.

[249] Ver, por exemplo, Hua, *op. cit.,* p. 328.

[250] Zhai, *op. cit.,* p. 81.

Uma "bem-nascida" faz o seguinte comentário: "Nós *nascemos vermelhos!*[251] O vermelho vem da barriga das nossas mães! E digo-o muito claramente: você nasceu negro! O que é que se há de fazer?"[252] A radicalização das categorias é furiosa. Zhai Zhenhua, de cinto na mão e injúria na boca, obriga a metade negra da sua classe a passar todo o seu tempo a estudar Mao: "Para se salvarem, tinham primeiro de aprender a ver a vergonha da sua horrível origem familiar, bem como a de seus pais, e a odiá-los."[253] Não existe a menor possibilidade de os negros se juntarem aos Guardas Vermelhos. Na estação de trem de Pequim, estes últimos patrulham, espancam e reenviam para casa todo e qualquer guarda vermelho "malnascido". Há, frequentemente, mais tolerância na província, onde os negros ocupam muitas vezes posições de responsabilidade; de qualquer maneira, os "bem-nascidos" têm sempre primazia: "A composição de classe' da Porquinha[254] era excelente, e isso constituía uma qualificação importantíssima: oriunda de uma família de pedreiros, gabava-se frequentemente de que nunca, havia pelo menos três gerações, a sua família tivera um teto sobre a cabeça."[255] Nas confrontações verbais, o argumento do nascimento vem constantemente à baila, sem nunca ser rejeitado. Hua Linshan, rebelde muito militante, é expulsa de um trem de Guardas Vermelhos mais conservadores: "O que ainda hoje sinto muito vivamente é o fato de a minha presença física ser para eles uma ofensa, uma sujeira. [...] Tive então a sensação de ser uma coisa imunda."[256] Nas manifestações, os Cinco Vermelhos são sempre colocados à frente.[257] O *apartheid* estende-se ao conjunto da sociedade: numa reunião de bairro, em 1973, Nien Cheng senta-se por distração junto do proletariado. "Como se tivessem recebido um choque elétrico, os operários mais perto de mim afastaram imediatamente os seus bancos, e vi-me isolada na sala cheia de gente"; ela vai então juntar-se a um grupo de mulheres "exclusivamente composto por membros da classe capitalista e intelectuais, os intocáveis da Revolução Cultural".[258] Nien esclarece que não foi a polícia nem o Partido que impuseram essa segregação.

---

[251] Sublinhado no texto.

[252] *Idem.*

[253] *Ibid.*, p. 105.

[254] Alcunha de uma colegial.

[255] Ling, *op. cit.*, p. 42.

[256] Hua, *op. cit.*, p. 106.

[257] *Ibid.*, p. 108.

[258] Nien, *op. cit.*, p. 494.

Da explosão das lutas de facções ao esmagamento dos rebeldes

A segunda fase do movimento começa no momento em que, no início de janeiro de 1967, se põe a questão do poder. O Centro maoista sabe que ultrapassou o ponto a partir do qual não há mais volta na confrontação com a antiga direção liuista, encurralada em Pequim, mas que pode ainda contar com poderosos bastiões na maioria das províncias. Para aplicar-lhe o golpe de misericórdia, os rebeldes têm de tomar o poder; o exército, trunfo principal, não intervirá: as novas tropas do presidente terão, assim, o campo livre. Xangai dá o sinal em janeiro, e praticamente por todo lado as municipalidades e comitês do Partido são facilmente derrubados. Agora, não se trata mais de criticar, mas de governar. E o desastre começa: as tensões entre grupos rebeldes rivais, entre estudantes e operários,[259] entre operários permanentes e temporários, levam quase instantaneamente a duras confrontações que envolvem cidades inteiras — em breve com armas de fogo e já não simplesmente cintos ou punhais. Os dirigentes maoistas, agora próximos da vitória, assustam-se: a produção industrial cai assustadoramente (40% em Wuhan, em janeiro),[260] já não há mais administração, e grupos que escapam ao seu controle instalam-se em posições de poder. A China tem uma falta terrível de quadros competentes: convém então reintegrar a grande maioria daqueles que foram atacados. É preciso pôr as fábricas para funcionar, e os estabelecimentos escolares não podem continuar indefinidamente fechados. Daí a dupla escolha, desde o final de janeiro: promover uma nova estrutura de poder, os Comitês Revolucionários (CR), baseados no princípio "três em um" — aliança dos rebeldes, dos antigos quadros e do EPL —, e empurrar sutilmente os Guardas Vermelhos para a saída (ou, antes, para as salas de aula), utilizando, se preciso for, o outro braço armado de Mao, colocado em estado de alerta já havia seis meses: o exército.

Para os rebeldes, a rocha Tarpeia* está muito perto do Capitólio[...] A Revolução Cultural é, no entanto, cheia de surpresas. Em abril já não há mais esperanças de um retorno à ordem, e Mao se inquieta: os conservadores e, por trás deles, os outros que foram derrubados em janeiro levantam a cabeça por todo lado e constituem por vezes uma perigosa frente comum com as guarnições do EPL, como em Wuhan, onde os rebeldes estão em debandada. Vem

---

[259] "Uma diferença fundamental aparecia entre os estudantes e os operários: os estudantes queriam o poder, enquanto os operários queriam dinheiro." Ling, *op. cit.*, p. 252.

[260] Wang, *op. cit.*, p. 118.

* "A rocha de Tarpeia": precipício na extremidade sudoeste do Capitólio, em Roma, de onde se atiravam os traidores. [N. do T.]

China: uma longa marcha na noite

então nova guinada à esquerda, acentuada em julho, depois do encarceramento dos emissários do GRC, pelos militares de Wuhan, que durou dois dias. Mas, como sempre que os Guardas Vermelhos sentem o vento de popa, assiste-se à explosão de violência e de lutas faccionais, que levam à anarquia — e os CRs nem sempre conseguem assumir suas funções. Assim, em setembro, é dada autorização ao EPL para fazer uso de suas armas (até então, tivera de assistir, impotente, à pilhagem dos seus arsenais), e uma segunda libertação de rebeldes. O ano de 1968 repete parcialmente o de 1967: novas inquietações para Mao em março, e incitações — mais comedidas do que um ano antes — à esquerda; em face da extensão das confrontações, cada vez mais mortíferas, liquidação, dessa vez radical, dos rebeldes, em julho.

Muito depende das hesitações de Mao, colocado perante esse cruel dilema do qual não consegue sair: caos de esquerda, ou ordem de direita. Todos os atores estão na expectativa da última diretiva do senhor do jogo, esperando que lhes seja favorável. Estranha situação: os inimigos mortais são todos sectários incondicionais do mesmo deus vivo. Assim, a poderosa federação conservadora do Milhão de Heróis, em Wuhan, ao saber da sua desautorização, em julho de 1967, declara: "Quer estejamos convencidos ou não, devemos seguir e aplicar as decisões do Centro, sem reservas", e dissolve-se imediatamente.[261] Não há, no entanto, interpretação canônica: os exegetas oficiais — os comitês do Partido — estão muito desconsiderados: reina assim a maior confusão quanto às intenções do Centro. E ninguém quer acreditar que o próprio Centro possa ser tão hesitante. Por outro lado, esse permanente jogo de balança faz com que cada um tenha oportunidade para sua sangrenta vingança, e os vencedores do momento nunca praticam a magnanimidade.

A essas causas exógenas do agravamento da violência somam-se dois fatores endógenos às organizações, sobretudo as rebeldes. Interesses de pequenos grupos e ambições individuais, nunca democraticamente arbitrados, conduzem constantemente a novas cisões, enquanto cínicos "políticos empresários" tentam capitalizar suas respectivas auras através de uma integração nos novos poderes locais, cultivando sobretudo suas relações com os estados-maiores regionais do EPL: muitos acabarão associados aos Quatro e convertidos em tiranetes de província. As lutas faccionais perdem pouco a pouco o seu caráter político e resumem-se à confrontação entre os que estão no poder e os que gostariam de substituí-los.[262] Finalmente, e já o vimos no *laogai*, aquele que acusa, na

---

[261] *Ibid.*, p. 158.
[262] Hinton (1984), *op. cit.*, p. 521.

China comunista, tem sempre razão, uma vez que se apoia e se protege em citações e slogans intocáveis; quem se defende, agrava quase sistematicamente o seu caso. A única resposta eficaz consiste, pois, numa contra-acusação de nível superior: que seja ou não fundada, pouco importa, o essencial é que se exprima em termos politicamente justos. A lógica do debate leva assim a um alargamento constante do campo dos ataques e do número dos atacados.[263] E, como tudo é política, o menor incidente pode ser facilmente interpretado como prova das piores intenções criminosas. A arbitragem por eliminação física está próxima[...]

* * *

A expressão "guerra civil", larvar ou declarada, seria frequentemente mais adequada para classificar esses acontecimentos do que a palavra "massacre", ainda que uma conduza quase automaticamente à outra. Assiste-se cada vez mais a uma guerra de todos contra todos. Em Wuhan, no final de dezembro de 1966, os rebeldes jogaram na prisão 3.100 conservadores e quadros.[264] O primeiro morto entre os rebeldes e a federação Milhão de Heróis tomba em 27 de maio de 1967: cada um trata então de armar-se e de ocupar pontos estratégicos. O QG dos rebeldes operários é tomado em 17 de junho: nessa ocasião foram 25 mortos, e 158 no total desse campo em 30 de junho. Depois da derrota dos conservadores, no final de julho, as represálias são terríveis: 600 mortos, 66.000 perseguidos, muitas vezes feridos, entre as suas fileiras. No momento da virada à esquerda de março de 1968, a caçada recomeça: dezenas de milhares de sequestrados num estádio; milícias cada vez mais infiltradas por marginais e gangues de rua semeiam o terror; as armas afluem das províncias vizinhas. Em maio, as confrontações entre facções rebeldes criam uma atmosfera de guerra civil: 80.000 armas roubadas do exército em 27 de maio (recorde da China para um dia[...]), o que permite a criação de um autêntico mercado paralelo de armamento, que atrai compradores do país inteiro; as fábricas passam agora a produzir tanques ou explosivos para abastecer as facções. Em meados de junho, já 57 pessoas tinham sido mortas por balas perdidas. Armazéns e bancos são pilhados: a população começa a fugir da cidade. O *deus ex machina* de Pequim conseguirá, no entanto, afundar os rebeldes, bastando para isso desautorizá-los; o EPL intervém em 22 de julho sem disparar um tiro, e as facções são obrigadas

---

[263] Wang, *op. cit.*, p. 66.
[264] *Ibid.*, p. 94.

a se autodissolverem em setembro.[265] Como acontece no Fujian pouco industrializado, onde a divagem entre conservadores e rebeldes não se consolida, é o bairrismo que domina, ou a hostilidade cidades-campos: quando os Guardas Vermelhos de Xiamen desembarcam na capital da província, são atacados aos gritos de "Fuzhou pertence aos habitantes de Fuzhou [...]; e, habitantes de Fuzhou, não esqueçam os seus antepassados! Seremos sempre os inimigos jurados de Xiamen".[266] Em Xangai, de uma maneira mais tortuosa, é a oposição entre provenientes do Norte e do Sul do Jiangsu que explica certos confrontos.[267] Mesmo ao nível minúsculo do povoado da Longa Curva (ver anteriormente), a luta entre facções revolucionárias disfarça mal o reacender da velha querela entre o clã Lu, que domina o norte do povoado, e o clã Shen, hegemônico no sul; é também a ocasião de ajustar velhas contas, que remontam ao tempo da ocupação japonesa ou aos sangrentos começos da reforma agrária, em 1946.[268] No Guangxi, predominantemente rural, os conservadores, expulsos de Guilin, cercam progressivamente a cidade com milícias camponesas, finalmente vitoriosas.[269] As batalhas campais entre facções do Estandarte Vermelho e do Vento de Leste fazem 900 mortos em Cantão, em julho-agosto de 1967.[270] Os combates travam-se por vezes com tiros de canhão.

A dureza desse período fica bem expressa por esse testemunho de um Guarda Vermelho que tinha então 14 anos: "Éramos jovens. Éramos fanáticos. Acreditávamos que o presidente Mao era grande, que detinha a verdade, que era a verdade. Eu acreditava em tudo o que Mao dizia. E acreditava que havia razões para a Revolução Cultural. Julgávamos ser revolucionários e que, à medida que éramos revolucionários que seguiam o presidente Mao, poderíamos resolver qualquer problema, todos os problemas da sociedade."[271] As atrocidades ganham maiores proporções, e são mais "tradicionais" do que as do ano anterior. Eis, por exemplo, ao que se podia assistir perto de Lanzhou, no Gansu: "Devia haver uns 50 veículos[...] Atravessado sobre o radiador de cada caminhão, estava amarrado um ser humano, por vezes dois. Estavam todos estendidos na diagonal e presos com arames e cordas[...] A multidão rodeava

---

[265] Wang, *op. ca.*, pp. 143-208.

[266] Ling, *op. cit.*, p. 85.

[267] White, *op. cit.*, p. 325.

[268] Hinton (1984), *op. cit.*, pp. 519 e 527-8.

[269] Ver especialmente o testemunho do ex-Guarda Vermelho Hua Linshan, *op. cit.*

[270] Bergère, *op. cit.*, p. 133.

[271] Thurston, *art. cit.*, pp. 158-9.

652   *O Livro Negro do Comunismo*

um homem e cravava-lhe no corpo dardos e sabres rudimentares, até que ele caísse numa massa contorcida de onde jorrava o sangue."[272]

A segunda metade de 1968 é marcada pela retomada generalizada do controle da situação pelo exército, pela dissolução dos Guardas Vermelhos, pelo envio, no outono, de milhões (5,4 no total até 1970)[273] de "jovens instruídos" para os confins dos campos, de onde se espera não vê-los regressar tão depressa (muitos por lá ficarão dez anos ou mais); de 12 a 20 milhões de pessoas serão ruralizadas à força antes da morte de Mao,[274] incluindo um milhão de habitantes de Xangai — 18% da população da cidade, um recorde.[275] Três milhões de quadros que haviam sido suspensos são alocados, às vezes por vários anos, nesses centros de reabilitação semiprisionais que são as Escolas de 7 de Maio.[276] É também sem dúvida o ano dos maiores massacres, na ocasião da entrada das equipes de operários do Partido e de soldados nos *campi*, e sobretudo quando foram retomadas certas cidades do Sul. Assim, Wuzhou, no Guangxi, é atacada com artilharia pesada e *napal*; Guilin é reconquistada em 19 de agosto por 30.000 soldados e milicianos camponeses armados, no final de uma verdadeira guerra de trincheiras (a indiferença dos camponeses pela Revolução Cultural parece assim por vezes ter se transformado em franca hostilidade, é certo que manipulada e amplificada pelo aparelho político-militar). Durante seis dias, os rebeldes são executados em massa. Quando cessam os combates, o terror se alastra durante um mês aos campos vizinhos, dessa vez contra os negros e antigos membros do Kuomintang, eternos bodes expiatórios. A sua amplitude é tal, que certos distritos poderão proclamar-se "completamente livres de qualquer membro dos cinco elementos negros".[277] É então que o futuro presidente do PC, Hua Guofeng, chefe da Segurança da sua província, ganha a alcunha de "o carniceiro do Hunan". O Sul do país foi o que mais sofreu: talvez 100.000 mortos só no Guangxi, 40.000 no Guangdong, 30.000 no Yunnan.[278] Os Guardas Vermelhos foram cruéis. Mas as verdadeiras matanças devem ser postas na conta dos seus carrascos: militares e milícias cumprindo ordens do Partido.

---

[272] Roux, *op. cit.*, pp. 54-5.

[273] Harding, *cap. cit.*, p. 188.

[274] Doze milhões, segundo Thurston; 14, segundo Fairbank; 20, segundo Bergère, *op. cit.*

[275] White, *op. cit.*, p. 294.

[276] Harding, cap. cit., p. 212.

[277] Hua, *op. cit.*, pp. 345-6.

[278] Domenach (1992), *op. cit.*, p. 278.

Guilin: exército contra Guardas Vermelhos

Mal o dia nasceu, os milicianos começaram a revistar as casas e a efetuar prisões. Ao mesmo tempo, os militares puseram-se a apregoar as suas diretivas através de alto-falantes. Tinham estabelecido uma lista de dez crimes, da qual constavam: ter-se apoderado de uma prisão, ter ocupado um banco, ter atacado órgãos militares, ter entrado à força nos gabinetes da segurança pública, ter pilhado trens, ter participado na luta armada etc. Bastava ter cometido qualquer um desses crimes para ser preso e julgado "segundo a ditadura do proletariado". Fiz um rápido cálculo e apercebi-me de que tinha acumulado seis desses delitos. Mas qual deles não fora cometido "pelas necessidades da revolução"? Nenhuma dessas atividades me proporcionara qualquer vantagem pessoal. Se não tivesse querido "fazer a revolução", nunca me teria entregue a qualquer daqueles atos criminosos. Queriam atirar-me toda a responsabilidade nas costas. Aquilo parecia-me injusto e, ao mesmo tempo, enchia-me de medo. [...]

Mais tarde, soube que os milicianos tinham matado alguns dos nossos "heróis de combate". Depois tinham cortado os tubos que faziam chegar o sangue e o oxigênio a alguns pacientes, fazendo novas vítimas. Daqueles que ainda conseguiam andar, tiraram todos os medicamentos e os levaram para as prisões provisórias.

Um ferido tinha fugido durante o trajeto, e os milicianos cercaram o bairro. Procederam a uma nova revista de todas as casas. Aqueles cujos nomes não estavam inscritos nos registro do bairro foram presos, e foi o que me aconteceu. [...]

Encontrei no mesmo andar onde estava (na Escola nº 7 de Guilin, transformada em prisão) um amigo da Escola de Mecânica. Disse-me que um herói de combate da sua escola tinha sido morto pelos milicianos. Aquele estudante resistira, no alto de uma colina, aos ataques dos milicianos por três dias e três noites. O quartel--general rebelde, para louvar a sua coragem, tinha-o nomeado "herói solitário e corajoso". Os milicianos, que tinham invadido a escola e procedido a numerosas prisões, mandaram-no sair das fileiras. Em seguida, eles o colocaram num saco de pano e o penduraram numa árvore, para que se parecesse verdadeiramente com uma "vesícula biliar".[279] Depois, diante de todos os alunos reunidos, eles o golpearam, um soldado a cada vez, com a coronha de seus fuzis, até o matarem.

As histórias horríveis abundavam na prisão, e eu recusava-me a ouvir mais. Durante aqueles dois dias, houve execuções em toda a cidade, e tornaram-se o principal tema de conversa. Aquelas matanças pareciam a todos quase normais. Os que realizavam aqueles massacres pouco ligavam, e aqueles que os relatavam tinham se tornado frios e insensíveis. Eu próprio ouvia aqueles relatos como se não tivessem qualquer relação com a realidade.

O mais terrível, na prisão, era quando um prisioneiro que aceitava colaborar com as autoridades ia tentar reconhecer alguns de nós. Os que nos guardavam gritavam subitamente: "Levantem essas caras de cães!" Alguns indivíduos mascarados

---

[279] Na China, esse termo evoca o "herói solitário e corajoso".

> entravam então na sala e nos observavam longamente. Se avistavam algum rosto conhecido, os milicianos apontavam as espingardas ao infeliz e mandavam-no sair. Muitas vezes, os rebeldes eram abatidos ali mesmo.[280]

Então, em 1968, o Estado retorna, de armas e bagagens. Recupera o monopólio da violência legítima, e não tem dificuldade em utilizá-la. Com um grande número de execuções públicas, volta-se às formas essencialmente policiais de antes da Revolução Cultural. Em Xangai, o ex-operário Wang Hongwen, subordinado de Jiang Qing e em breve vice-presidente do Partido, proclama a "vitória sobre a anarquia; em 27 de abril, vários dirigentes rebeldes são condenados à morte e imediatamente executados, diante de uma enorme multidão.[281] Zhang Chunqiao, outro membro dos Quatro, proclama em julho: "Se algumas pessoas forem falsamente acusadas [...], o problema não é muito grave. Mas seria dramático deixar escapar um único verdadeiro culpado."[282] Entra-se, com efeito, numa sombria era de conspirações fantasmagóricas, que permitem prisões em massa muito reais, e o retorno da sociedade ao silêncio; só a morte de Lin Biao, em 1971, atenuará, sem a interromper, aquela que foi a pior campanha de terror que a China conheceu desde os anos 1950.

O primeiro caso é o do pretenso Partido do Povo da Mongólia Interior, na realidade dissolvido e incorporado ao PC em 1947, mas que teria sido clandestinamente reconstituído. São perseguidas 346.000 pessoas entre fevereiro e maio de 1968, três quartos das quais mongóis (o chauvinismo antiminoritário não deixa a mínima dúvida); execuções, torturas e suicídios deixam um rastro de 16.000 mortos e 87.000 deficientes.[283] Acusações semelhantes levam a 14.000 execuções no Yunnan, outra província fértil em minorias étnicas.[284] Particularmente tenebrosa é, porém, a conspiração do Regimento de 16 de maio. Essa organização de Guardas Vermelhos pequineses de ultraesquerda, provavelmente minúscula e muito provisória (houve milhares de outras comparáveis), deixou como único testemunho algumas inscrições hostis a Zhou Enlai, em julho de 1967. Por motivos ainda pouco claros, o Centro maoista resolveu transformá-la numa vasta rede de "bandidos negros", contrarrevolucionários, e a campanha foi relançada em 1970-1971, para só acabar — sem conclusão nem

---

[280] Hua, *op. cit.*, pp. 338 e 341-2.
[281] White, *op. cit.*, p. 260.
[282] *Ibid.*, p. 277.
[283] Yan e Gao, *op. cit.*, pp. 266-7.
[284] Faligot e Kauffer, *op. cit.*, p. 407; Harding, *cap. cit.*, p. 214.

China: uma longa marcha na noite   655

processo — em 1976: comícios de "luta", confissões e torturas multiplicaram-se por todo o país. Seiscentos dos dois mil funcionários do Ministério das Relações Exteriores foram perseguidos. A guarda pessoal de Mao, a Unidade 8341, penetra na Universidade de Pequim, onde foram descobertos 178 "inimigos", dos quais dez morreram vítimas dos maus-tratos infligidos. Numa fábrica do Shaanxi, em finais de 1968, descobriram-se nada mais, nada menos que 547 "espiões", e 1.200 cúmplices destes últimos. Quanto à atriz de ópera Yan Fengying, acusada de treze crimes graves, comete o suicídio em abril de 1968; autopsiam-na, em busca de um emissor de rádio escondido no seu corpo. Do mesmo modo, os 13 maiores campeões de pingue-pongue põem fim aos seus dias.[285]

Na pior das noites, prepara-se, no entanto, um futuro menos trágico. Todos os testemunhos o confirmam: a China de 1969 e dos anos que se seguem é cheia de violências, de campanhas, de slogans. O fracasso patente da Revolução Cultural acaba por afastar do regime a maior parte da população urbana, e particularmente os jovens, que se sentem traídos na proporção de suas enormes esperanças. A frequência com que se recusam a ser ruralizados origina o aparecimento de uma camada flutuante de citadinos que vivem numa semi-clandestinidade. Cinismo, criminalidade e egoísmo progridem por todo lado. Em 1971, a eliminação brutal e inexplicada do sucessor designado pelo próprio Mao, Lin Biao, abre muitos olhos: decididamente, o Timoneiro deixou de ser infalível.[286] Os chineses estão fartos e cheios de medo — e com boas razões: o *laogai* embarcou sem dúvida mais dois milhões de passageiros, mesmo tendo em conta as saídas, entre 1966 e 1976.[287] Continuam a fingir a fidelidade ao chefe, mas, subterraneamente, prepara-se um despertar da sociedade civil, que acontecerá entre 1976 e 1979. Ele constituirá um movimento muito mais fecundo do que uma Revolução Cultural cuja divisa poderia bem ser a fórmula atribuída por Mao, em 1966, a um "bom" estudante: "É por obediência que me revolto."[288]

O terror teatralizado em 1969: uma reunião de "luta"

O auditório gritava slogans e agitava o *Livro Vermelho*. Depois do "Viva o Nosso Grande Dirigente, o Presidente Mao", foi o "Boa Saúde para o Nosso

---

[285] Yan e Gao, *op. cit.*, pp. 252-65.

[286] Hua, *op. cit.*, p. 365.

[287] Domenach (1992), *op. cit.*, p. 279.

[288] Citado em Mandarès *et al.*, p. 50.

656   *O Livro Negro do Comunismo*

Comandante Supremo Adjunto Lin, sempre Boa Saúde!" Isto refletia não só a posição elevada de Lin Biao depois do IX Congresso do Partido, mas também o fato de terem sido os partidários deste último que, desejosos de manter o culto da personalidade, organizaram aquela reunião. Estariam eles encarregados da instrução do meu caso?

Duas pernas apareceram no meu campo visual, e um homem falou à minha frente. Apresentou-me ao auditório, resumindo as minhas origens familiares e a minha vida pessoal. Tinha notado que de cada vez que os revolucionários contavam a história da minha vida, eu me tornava mais rica, e o meu modo de vida, mais decadente e mais luxuoso. Agora, a farsa adquiria proporções fantásticas. Como tinha prometido não responder e permanecer muda, sentia-me muito mais descontraída do que durante a minha primeira reunião de luta, em 1966. No entanto, a plateia levantou-se, e muitos homens juntaram-se à minha volta para gritarem a sua cólera e a sua indignação no momento em que o orador lhes disse que eu era uma agente do imperialismo.

Esses insultos eram de tal modo intoleráveis que ergui instintivamente a cabeça para responder. Então as mulheres levantaram as minhas mãos algemadas, em minhas costas, com tal brutalidade, que tive de dobrar-me para a frente, ao meio, para atenuar a dor. Mantiveram-me nessa posição até o fim da denúncia do orador. Foi só quando a plateia começou a gritar slogans que me voltaram a baixar os braços. Soube mais tarde que tinham me obrigado a adotar a "posição do jato" inventada para casos semelhantes pelos revolucionários. [...]

Os indivíduos que participavam na reunião chegaram perto da histeria. Os gritos deles abafavam a voz do orador. Alguém me empurrou com força, por trás. Estremeci e deixei cair o microfone. Uma das mulheres abaixou-se para apanhá-lo, enredou-se nos fios e caiu, arrastando-me consigo. Como tinha os braços presos nas costas, fiquei numa posição desconfortável, de cara contra o chão; na confusão, muitos caíram em cima de nós. Toda a gente gritava, e precisou-se de vários minutos para que finalmente me levantassem.

Completamente esgotada, estava ansiosa para que a reunião terminasse, mas os discursos sucediam-se sem interrupção, como se todos os presentes na tribuna quisessem dar a sua contribuição. Tinham deixado de atacar-me e lançavam-se agora num torneio oratório em que cada um queria cantar mais alto louvores a Lin Biao, usando os termos mais lisonjeiros e mais extravagantes que a rica língua chinesa podia oferecer-lhes.

Subitamente, abriu-se uma porta atrás de mim, e uma voz de homem gritou que alguém tinha partido. O efeito dessas palavras foi instantâneo. O orador interrompeu-se no meio de uma frase. Tive então a certeza de que alguém importante escutava na sala ao lado e que a sua partida tornava inútil a continuação da representação montada em seu proveito. Uns começavam a abandonar a sala, outros pegavam suas bolsas e casacos. O orador pôs-se a gritar slogans e toda a pressa, para tentar voltar a entusiasmá-los, mas ignoraram-no quase completamente. Só algumas vozes se fizeram ouvir enquanto a sala se esvaziava. Já ninguém parecia estar zangado comigo. Não me sorriam, mas olhavam para mim com indiferença. Não passava de uma das inúmeras vítimas com que tinham animado a reunião

> de luta. Tinham feito o que se esperava deles, e agora estava acabado. Houve até mesmo uma mão gentil que veio em minha ajuda quando um homem me empurrou. Foram embora conversando sobre bobagens, como se estivessem saindo de uma sessão de cinema.[289]

A era Deng: a desagregação do terror (depois de 1976)

Quando, em setembro de 1976, chega seu fim, Mao já estava politicamente morto havia algum tempo. Assim o revela o pouco entusiasmo das reações populares espontâneas quando da notícia do seu falecimento, bem como o fato de ter sido incapaz de assegurar a sua própria sucessão: os Quatro, de que estava ideologicamente próximo, são jogados numa prisão menos de um mês após a morte do seu padrinho; Hua Guofeng, que devia garantir a continuidade, tem de abdicar do essencial do seu poder, em dezembro de 1978, em favor do insubmersível Deng Xiaoping, odiado pelos maoistas. No entanto, a grande virada ocorrera, talvez, em 5 de abril de 1976, quando se celebra a festa dos mortos na China, ocasião em que o povo de Pequim comemora maciçamente, e aí sim, espontaneamente, o falecimento do primeiro-ministro Zhou Enlai, que ocorrera em janeiro. O poder assusta-se, e com razão, com essa capacidade de mobilização inédita, que escapa às lógicas faccionais e ao controle do Partido; além disso, certos poemas depostos juntamente com as coroas de flores contêm ataques maldisfarçados contra o velho Timoneiro. A multidão é então reprimida (mas, tal como em 1989, não são permitidos tiros na Praça Tian'anmen), contam-se oito mortos e 200 feridos, milhares de detenções em todo o país (houve réplicas na província do luto de Pequim), pelo menos 500 execuções — das quais cem foram de manifestantes presos — e investigações que, até outubro, envolvem dezenas de milhares de pessoas.[290] *Business as usual?* Não: o pós-maoismo tinha começado, marcado por um recuo do político e pela perda da capacidade do Centro de gerir sozinho as mobilizações. "Se, em 1966, na Praça Tian'anmen, era um povo beato que contemplava — de lágrima no canto do olho —, o homem que lhe roubaria a liberdade, em 1976, nessa mesma praça, é agora um povo que se tornou corajoso e que faz frente à mesma pessoa."[291]

---

[289] Nien, *op. cit.*, pp. 345-8.

[290] Sebastian Hellmann, "The suppression of the April 5th Movement and the Persecution of 'Counterrevolutionaries' in 1976", *Issues and Studies*, vol. 30, nº 1, janeiro de 1994, pp. 37-64.

[291] Wei, *op. cit.*, p. 226.

O Livro Negro do Comunismo

O Muro da Democracia (inverno de 1978-primavera de 1979) ia simbolizar essa nova realidade, ao mesmo tempo que mostrava claramente os seus limites. Uma plêiade de antigos guardas vermelhos afixa nele, com o consentimento de Deng, opiniões surpreendentes para quem foi educado no maoismo. O mais articulado desses pensadores, Wei Jingsheng, no seu dazibao (cartaz escrito em grandes caracteres) intitulado "A Quinta Modernização: a Democracia",[292] afirma, com efeito, que o povo é explorado pela classe dirigente do "socialismo feudal" que ocupa o poder; que a democracia é a condição de um desenvolvimento duradouro, e logo das "quatro modernizações" econômicas e técnicas propostas por Deng; que o marxismo, origem do totalitarismo, deve ser rejeitado em favor das correntes democráticas do socialismo. Em março de 1979, Deng, seguro do seu poder, manda prender Wei e alguns outros; será condenado a 15 anos de prisão por entrega de informações a um estrangeiro (o que constitui um "crime contrarrevolucionário"). Libertado em 1993 sem nunca ter "confessado", exprime-se tão francamente que, depois de ter sido novamente preso ao cabo de oito meses, é condenado a 14 anos de prisão em 1995 por ter forjado "um plano de ação que visava derrubar o governo".[293] O poder continua a ter dificuldade em aceitar críticas[...]

No entanto, com Deng pode-se pelo menos ser crítico e sobreviver: grande progresso se compararmos com a era de Mao, quando uma palavra a mais ou um grafite bastava para se ser fuzilado. É certo que as reformas pós-maoistas privilegiaram a economia, mas a política não foi esquecida. Tudo — a começar pelas transformações econômicas — vai no sentido de uma emancipação e de uma limitação da arbitrariedade do poder: assim, nos anos 1980, a supressão das associações de camponeses pobres e semipobres só deixa na dependência organizada do PCC um décimo do campesinato, que voltou maciçamente ao empreendimento familiar;[294] nas cidades, o setor em plena expansão das empresas individuais e privadas tira de qualquer espécie de controle político direto uma grande parcela da mão de obra. As estruturas estatais são formalizadas, mais regularizadas do que circunscritas, mas isso tem como efeito a devolução ao indivíduo dos meios de se defender. Em 1978, multiplicam-se as libertações (cerca de cem mil) e as reabilitações (muitas vezes a título póstumo), sobretudo nos meios artísticos e literários; assim, Ding Ling, vítima

---

[292] Os interessados encontrarão o texto completo (com os respectivos anexos) na já referida reunião dos escritos de Wei.

[293] Angel Pino, "Postface", *in* Wei, *op. cit.*, pp. 261-347.

[294] Jürgen Domes, "La société politique", *in* Bergère, Bianco e Domes, *op. cit.*, p. 251.

China: uma longa marcha na noite 659

da Retificação de 1957-1958, escapa, em 1979, da relegação rural a que estava sujeita, e de uma longa série de perseguições que remonta a Yan'an. É o início de uma "literatura das cicatrizes" e de um regresso ainda tímido à liberdade de criação. Dois terços dos ruralizados da Revolução Cultural podem regressar às cidades. A nova Constituição restabelece um mínimo de direitos para a defesa judiciária. Em 1979, o primeiro Código Penal da história da RPC (Mao, que queria ter as mãos livres, entravara a sua promulgação) limita a pena de morte aos "delitos abomináveis", restabelece o direito de apelo (que deixa de poder traduzir-se num agravamento da pena) e afasta a administração judiciária dos comitês do Partido.

Em 1982 vemos uma onda de reabilitações ainda maior: 242.000 só no Sichuan; no Guangdong, 78% dos que tinham recebido a etiqueta contrarrevolucionária são lavados da infâmia e recebem uma pequena indenização por cada ano passado na prisão. Entre os novos condenados, os políticos caem para 0,5%. Em 1983, o Ministério da Segurança vê as suas competências drasticamente reduzidas e tem de ceder ao da Justiça a administração do *laogai*. O Ministério Público começa a anular certas prisões, a instruir queixas contra a polícia, a perseguir os guardas torturadores — publicamente condenados — e a inspecionar os campos. A princípio, deve deixar-se de considerar a origem de classe na instauração dos processos. Em 1984, é facilitado o regresso à sociedade no final da pena, e, na prisão, a formação profissional começa a suplantar o estudo ideológico. Introduzem-se as noções de redução de pena, de liberdade condicional, de licenças de alguns dias; a preservação do laço familiar é doravante favorecida.[295] Em 1986, os efetivos nas prisões caíram para cerca de cinco milhões (e não voltarão a subir depois): menos da metade de 1976 e, com 0,5% da população total, o mesmo que nos Estados Unidos, menos do que na URSS dos últimos anos.[296] Apesar de terem sido feitos enormes esforços, a parte do PIB produzida no *laogai* situa-se na mesma ordem de grandeza, ou seja, três vezes menos do que no final dos anos 1950.[297]

Os progressos continuaram após a comoção do "segundo Tian'anmen". Desde 1990, os cidadãos podem combater a administração na justiça. A partir de 1996, a detenção administrativa é estritamente regulamentada, e reduzida a um mês; a pena máxima de *laojiao* tinha já passado para três anos. O papel e a autonomia dos advogados de defesa foram reforçados; o seu número mais

---

[295] Domenach (1992), *op. cit.*, pp. 335-45.

[296] Domenach (1992), *op. cit.*, p. 491.

[297] *Ibid.*, p. 415.

660 O Livro Negro do Comunismo

do que duplicou entre 1990 e 1996. A partir de 1995, os magistrados são recrutados por concurso (anteriormente, tratava-se as mais das vezes de antigos militares ou policiais).[298]

Estamos, no entanto, muito longe de poder pensar que a China se tornou um Estado de direito. A presunção de inocência continua a não ser admitida, o crime contrarrevolucionário não foi retirado dos códigos, embora seja agora utilizado com prudência. Em dezembro de 1994, o termo *laogai* foi substituído pelo mais banal "prisão", mas a *Gazeta Legal* acha conveniente precisar: "A função, o caráter e as tarefas da nossa administração penitenciária permanecerão inalterados".[299] A maior parte dos julgamentos decorre sem a presença do público, e os processos continuam frequentemente expeditivos (instrução quase sempre inferior a três meses, por vezes a uma semana) e não motivados. Apesar de a corrupção entre os quadros ser geral, eram menos de 3% os julgados por esse delito em 1993-1995.[300] Globalmente, embora os membros do PCC (4% da população) representassem, nos anos 1980, 30% dos culpados, só forneciam 3% dos executados.[301] Tudo isso é bem revelador dos laços de influência e da solidariedade que continuam a reger as relações entre os aparelhos político e judiciário. A detenção de uma parte da equipe municipal de Pequim por malversação provocou uma grande comoção em meados dos anos 1980, mas continua a ser um fato relativamente isolado. A *nomenklatura* comunista, cada vez mais envolvida nos negócios, permanece praticamente invulnerável.

Finalmente, essa violência extrema que é a pena de morte continua a ser correntemente aplicada na China. Existem centenas de casos de condenação à morte, entre os quais os "casos graves" de contrabando, a exportação ilegal de obras de arte ou a "revelação de segredos de Estado" (cuja definição é temivelmente vaga). O perdão presidencial, previsto em 1982, continua a não ser praticado. A China, com vários milhares de execuções todos os anos, é responsável por mais de metade das execuções que ocorrem em todo o planeta; e o número continua aumentando em relação ao final dos anos 1970, e também aos últimos séculos do império chinês.[302] É lícito aproximar essa sinistra realidade

---

[298] Jean-Pierre Cabestan, "Chine: un État de lois sans État de droit" *Revue Tiers Monde*, t. 37, *nº 147*, julho-setembro de 1996, pp. 649-68.

[299] Wu, *op. cit.*, p. 186.

[300] Cabestan, *art. cit.*, pp. 662-3.

[301] Andrew Scobell, "The Death Penalty in Post-Mao China", *The China Quarterly*, nº 123, setembro de 1990, pp. 503-20.

[302] *Idem.*

da facilidade com que se transgredia no sentido da eliminação física quando de campanhas ou crises. Em 1983, o aumento da criminalidade provocou talvez um milhão de detenções, e provavelmente um mínimo de dez mil execuções (muitas das quais públicas e "pedagógicas", o que a princípio é proibido pelo Código Penal), numa "campanha de massas" à moda dos anos 1950. Tal como nessa época, tenta-se amalgamar todos os elementos perturbadores: muitos intelectuais, sacerdotes e estrangeiros foram importunados quando da campanha Contra a Poluição Espiritual, lançada logo em seguida.[303] Quanto à ocupação da Praça Tian'anmen durante um mês, na primavera de 1989, a sua repressão foi à medida dos temores da equipe Deng, que mandou disparar, quando os dirigentes maoistas de 1976 tinham se recusado a fazê-lo: mil mortos aproximadamente, talvez dez mil feridos em Pequim, centenas de execuções na província, muitas vezes mantidas em segredo ou disfarçadas sob a capa de casos de delito comum; cerca de dez mil prisões em Pequim, 30 mil em toda a China. As condenações a penas de prisão contaram-se por milhares, e os dirigentes do movimento que não "se arrependeram" receberam sentenças de até 13 anos de cárcere. As pressões e as represálias contra as famílias, prática que se julgaria abandonada, recomeçaram em grande escala, tal como a postura de cabeça baixa em público, as brutalidades e a sentença condicionada pela extensão do arrependimento e das denúncias do acusado. Se os presos políticos constituem agora apenas uma pequena minoria dos detidos, contavam-se mesmo assim cerca de cem mil em 1991, dos quais mil eram dissidentes recentes.[304] A China comunista do final do século é consideravelmente mais próspera e menos violenta do que a de Mao; rejeitou por muito a tentação da utopia e da guerra civil purificadora. Mas, não tendo nunca desautorizado claramente o seu fundador, continua pronta, em caso de dificuldade grave, a reutilizar alguns dos seus funestos métodos.

Tibet: um genocídio no teto do mundo?

Em parte alguma as derivas da era Deng foram mais desastrosas do que no Tibet; em parte alguma a continuidade do Grande para o Pequeno Timoneiro foi mais sensível. Sendo um Estado unitário, a China concede às minorias nacionais direitos especiais, e uma certa autonomia administrativa no caso dos mais consideráveis. Mas os quatro a seis milhões de tibetanos, que de-

---

[303] Domenach (1992), *op. cit.*, pp. 352-5.
[304] *Ibid.*, pp. 365-78.

662   *O Livro Negro do Comunismo*

monstraram *de facto* que não estavam dispostos a contentar-se com isso, têm saudades do tempo em que eram praticamente senhores de si mesmos, e em que o seu território histórico não estava dividido entre a Zona Autônoma do Tibet (que representa apenas metade do país) e várias províncias chinesas: a do Qinghai foi constituída nos anos 1950 a expensas do Amdo tibetano, e as pequenas minorias tibetanas gozam de muito poucos direitos no Sichuan, no Gansu e no Yunnan, onde foram provavelmente tratadas ainda com menos consideração do que na Região Autônoma, o que levou em particular à dura rebelião dos nômades guerreiros Golok do Amdo (Tibet Setentrional).[305]

Dificilmente se contestará que os tibetanos vivem um drama desde a chegada do Exército Popular de Libertação (EPL) em 1950-1951. Mas não terá esse drama sido muitas vezes agravado, com as inevitáveis variantes locais, pelo desprezo chinês por esses "selvagens atrasados" dos altos platôs, desprezo do conjunto dos habitantes da China Popular? Assim, de acordo com os adversários do regime, 70 mil tibetanos teriam morrido de fome entre 1959 e 1962-1963 (como noutras regiões isoladas, houve bolsões de fome que subsistiram por muito mais tempo).[306] Isso representa de 2 a 3% da população, ou seja, perdas proporcionalmente bastante inferiores às sofridas pelo país no seu conjunto. É verdade que um estudo recente de Becker reporta números muito mais elevados, chegando aos 50% de mortos no distrito natal do Dalai-Lama, no Qinghai.[307] Entre 1965 e 1970, as famílias foram coercivamente agrupadas em comunas populares militarmente organizadas — como em outras regiões, e um pouco mais tardiamente. A vontade de produzir a todo o custo os mesmos "grandes" cereais que na China propriamente dita levou à tomada de medidas absurdas, responsáveis pela fome, como obras de irrigação e construção de socalcos malconcebidos, a supressão do pousio, indispensável nos solos pobres e não adubados, a substituição sistemática da cevada rústica, capaz de suportar o frio e a seca, pelo trigo, muito mais frágil, ou a limitação das pastagens dos iaques: muitos desses animais morreram, e os tibetanos deixaram de ter laticínios (a manteiga é um elemento fundamental da sua alimentação) e novas peles com que cobrir as suas tendas no inverno — alguns morreram de frio. Parece igualmente que, como noutros lugares, as entregas obrigatórias de mercadorias foram excessivas. As únicas dificuldades verdadeiramente específicas foram: a instalação de dezenas de milhares de colonos chineses, a partir de 1953, no

---

[305] Becker, *op. cit.*, p. 171.

[306] Vania Kewley, *Tibet: Behind the Ice Curtain*, Londres, Grafton Books, 1990, p. 251.

[307] Becker, *op. cit.*, p. 166.

China: uma longa marcha na noite 663

Tibet Oriental (Sichuan), onde eles se beneficiaram de uma parte das terras coletivizadas; a presença na Região Autônoma de cerca de 300 mil chineses da maioria Han, dos quais 200 mil militares, que era preciso alimentar; e o adiamento para 1965 das medidas de liberalização rural implementadas por Liu Shaoqi, o que nas outras províncias aconteceu em 1962, e simbolizadas no Tibet pelo slogan "Uma parcela de terra, um iaque".[308]

O Tibet também não foi poupado pela Revolução Cultural. Em julho de 1966, os Guardas Vermelhos (entre os quais alguns tibetanos,[309] o que destrói o mito unanimista mantido pelos partidários do Dalai-Lama) revistam casas particulares e substituem nos altares os budas por retratos de Mao Zedong; submetem os monges a essas "sessões de luta" contínuas das quais nem sempre se sai vivo; mas, principalmente, eles tomam os templos, incluindo os mais famosos: Zhou Enlai é obrigado a mandar soldados para proteger o próprio Potala de Lhassa (antiga residência do "deus vivo"). O saque do mosteiro de Jokhang, em Lhassa, repete-se em milhares de outros lugares; segundo o testemunho de um monge: "Havia várias centenas de capelas. Só duas foram poupadas. Todas as outras foram pilhadas e profanadas. Todas as imagens, textos sagrados e objetos rituais foram destruídos ou levados[...] Só a estátua de Çakyamuni, à entrada do Jokhang, foi poupada pelos Guardas Vermelhos, porque [...] simbolizava os laços entre a China e o Tibet. As destruições duraram quase uma semana. Depois de tudo isso, o Jokhang foi transformado em caserna para os soldados chineses[...] Uma outra parte [...] foi transformada em matadouro."[310] Considerando o peso da religião na sociedade tibetana, essas exações típicas desse período foram evidentemente ainda mais duramente sentidas do que noutros lugares. Parece também que o exército, menos ligado à população local, apoiou aqui mais decididamente os Guardas Vermelhos, pelo menos quando lhes era oposta resistência. No entanto, também nesse caso, as grandes matanças ocorreram no fim do movimento, em 1968, nas batalhas entre grupos maoistas (centenas de mortos em Lhassa, em janeiro), e, sobretudo, durante o verão, quando o exército impôs a formação de um Comitê Revolucionário por ele dirigido. Houve assim, no total, talvez mais chineses do que tibetanos mortos[311] durante a Revolução Cultural.

---

[308] *Ibid.*, p. 171.

[309] Pierre-Antoine Donnet, *Tibet mort ou vif,* Paris, Gallimard, 1990, p. 126.

[310] *Ibid.*, pp. 126-7.

[311] *Ibid.*, pp. 128-9.

664   *O Livro Negro do Comunismo*

Para o Tibet, no entanto, os piores anos foram, de longe, os que tinham começado com a chegada das tropas chinesas e culminado, em 1959, com a coletivização forçada (três anos depois da China), a insurreição que se seguiu, a brutal repressão que a esmagou e a fuga para a Índia do Dalai-Lama (soberano temporal e espiritual), acompanhado por cem mil pessoas, em que se incluía uma larga parte da pequena elite culta do país. Certamente os anos 1950 não foram na China propriamente dita um mar de rosas, mas, no alto platô, o poder deu mostras de uma violência extrema, destinada a impor simultaneamente o comunismo e o domínio chinês a uma população ferozmente independente, em parte seminômade (cerca de 40% dos habitantes), em parte ligada aos mosteiros. A situação torna-se ainda mais tensa com a coletivização, em meados da década. E, à sublevação dos guerrilheiros de Khampa, o exército responde com atrocidades absolutamente desproporcionais. Mas já na ocasião dos festejos do ano-novo tibetano, em 1956, o grande mosteiro de Chode Gaden Phendeling, em Batang, tinha sido destruído por um bombardeio aéreo, causando a morte de pelo menos dois mil monges e peregrinos.[312]

A litania das atrocidades é sinistra, e muitas vezes inverificável. Mas a concordância dos testemunhos é tal que o Dalai-Lama declarou, não sem razão, a propósito dessa época: "[Os tibetanos] não foram apenas fuzilados, foram espancados até a morte, crucificados, queimados vivos, afogados, mutilados, mortos por inanição, estrangulados, enforcados, cozidos em água fervendo, enterrados vivos, esquartejados ou decapitados."[313] O momento mais sombrio é sem dúvida o ano de 1959, o da grande insurreição do Kham (Tibet Oriental), que se espalha até Lhassa. É impossível distinguir entre o que foi reação às comunas populares e ao Grande Salto, o que foi mobilização espontânea contra vários anos de exações e o que se deveu à infiltração maciça, por parte da CIA, dos guerrilheiros Khampa, previamente treinados nas práticas de guerrilha em bases de Guam e do Colorado.[314] [315] A população civil, que parece simpatizar com os insurrectos e aceitar que eles se misturem a ela, sofrerá como eles os bombardeios maciços do exército chinês; os feridos, abandonados sem socorro, eram por vezes enterrados vivos ou acabavam sendo devorados pelos cães sem dono — o que também explica o elevado número de suicídios entre os vencidos. Lhassa, bastião de 20.000 tibetanos muitas vezes armados de mosquetes e

---

[312] Kewley, *op. cit.*, pp. 269-70.

[313] Donnet, *op. cit.*, p. 70.

[314] Kewley, *op. cit.*, p. 165.

[315] Donnet, *op. cit.*, pp. 66-9.

China: uma longa marcha na noite — 665

sabres, foi retomada em 22 de março, ao preço de entre 2.000 e 10.000 mortos e de destruições importantes infligidas ao templo de Ramoche e ao próprio Potala, escolhidos como alvos. O dirigente tibetano e uma centena de milhares dos seus compatriotas fugiram para a Índia. Houve pelo menos mais uma grande revolta em Lhassa, em 1969, reprimida com muito sangue. E a guerrilha Khampa reacendeu-se então até 1972. O ciclo revoltas-violências-novas revoltas recomeçou, pelo menos em Lhassa, a partir de outubro de 1987, ao ponto de, em março de 1989, ter sido declarada a lei marcial; a capital tibetana acabava de passar por três dias de sublevações claramente independentistas, acompanhadas por *pogroms* antichineses. As violências teriam feito mais de 600 vítimas em 18 meses, segundo o general Zhang Shaosong.[316] A despeito de alguns excessos inaceitáveis, especialmente contra monjas em cativeiro, é todavia claro que os métodos chineses mudaram: já não se pode falar de massacres. Mas, no total, poucas famílias tibetanas não ficaram com pelo menos um drama íntimo para contar.[317]

A maior tragédia do Tibet contemporâneo foi a dos centenas de milhares de prisioneiros dos campos de concentração — talvez um tibetano em cada dez, no total — dos anos 1950 e 1960. Parece que muito poucos (há quem fale de 2%)[318] escaparam vivos dos 166 campos recenseados, a maior parte no Tibet e nas províncias vizinhas: as organizações a serviço do Dalai-Lama reportaram, em 1984, 173.000 mortos em cativeiro. Comunidades monásticas inteiras foram enviadas para as minas de carvão. As condições de detenção — fome, frio, calor extremo — parecem ter sido, no seu conjunto, terríveis, e fala-se tanto de execuções de detidos que se recusavam a abrir mão da ideia de um Tibet independente quanto de casos de canibalismo entre os prisioneiros quando da fome do Grande Salto.[319] Tudo se passa como se os tibetanos, entre os quais um quarto dos homens adultos são lamas, constituíssem uma população de suspeitos: um em cada seis adultos, aproximadamente, foi classificado como direitista, contra um em 20 na China. Na região tibetana das planícies, no Sichuan, onde Mao pudera reabastecer-se quando da Longa Marcha, dois homens em cada três são presos nos anos 1950, só vindo a ser libertados em 1964 ou 1977 O Panchen-Lama, o segundo mais alto dignitário do budismo tibetano, ousa protestar junto de Mao, num relatório de 1962, contra a fome e

---

[316] *Ibid.*, p. 202.
[317] *Ibid.*, p. 137.
[318] Kewley, *op. cit.*, p. 255.
[319] *Ibid.*, pp. 122-4, 291 e 314-8.

666   *O Livro Negro do Comunismo*

a repressão que dizimam os seus compatriotas. Em resposta, é atirado para a prisão e depois colocado em regime de prisão domiciliar, até 1977; o "veredicto" que o condena é anulado em 1988.[320]

Se nenhum argumento convincente permite pensar que os chineses tenham planejado o genocídio físico dos tibetanos, o fato é que tentaram incontestavelmente o genocídio cultural. Os templos, já o dissemos, foram as suas vítimas preferidas: no dia seguinte à Revolução Cultural, apenas 13 dos 6.259 locais de culto do budismo tibetano continuavam a funcionar. Dos outros, os mais favorecidos foram transformados em casernas, em hangares ou em centros de detenção: apesar das enormes depredações, eles conseguiram sobreviver, e alguns deles estão hoje reabertos. Mas muitos foram totalmente arrasados, e os seus tesouros — manuscritos seculares, afrescos, *thanka* (pinturas), estátuas etc. —, destruídos ou roubados, sobretudo quando continham metais preciosos. Uma fundição de Pequim recolhe 600 toneladas de esculturas tibetanas até 1973. Em 1983, uma missão oriunda de Lhassa encontrou na capital chinesa 32 toneladas de relíquias tibetanas, que incluíam 13.537 estátuas e estatuetas.[321] O esforço de erradicação do budismo foi acompanhado por uma tentativa de impor nomes chineses aos recém-nascidos tibetanos, e, até 1979, de escolarizar as crianças em mandarim; numa espécie de recordação tardia — e malsituada — da revolução antimanchu de 1911, os Guardas Vermelhos puseram-se a cortar as tranças dos tibetanos dos dois sexos; tentaram igualmente impor as normas de vestimentas então em moda entre os Han.

As mortes violentas foram, sem dúvida, em proporção, mais numerosas no Tibet do que em qualquer outro território do conjunto chinês. É no entanto difícil levar inteiramente a sério os números divulgados pelo governo tibetano no exílio em 1984: 1.200.000 vítimas, ou seja, aproximadamente um tibetano em cada quatro. Anunciar 432.000 mortos em combate parece particularmente pouco verossímil. Mas é lícito falar de *massacres genocidários*: pelo número de mortos, pelo pouco caso em relação aos civis e aos prisioneiros, pela regularidade das atrocidades. A população da Região Autônoma baixou de 2,8 milhões de habitantes em 1953 para 2,5 milhões em 1964; tendo em conta o número de exilados e a taxa de natalidade (também ela incerta), isso poderia representar cerca de 800.000 "mortos a mais", ou seja, uma taxa de perdas semelhante à do Camboja dos Khmers Vermelhos.[322] O fato de, nessas condições, se manifestar tão frequentemente nas mulheres tibetanas o medo de um aborto ou da este-

---

[320] Becker, *op. cit.*, pp. 173-6.

[321] Donnet, *op. cit.*, pp. 133-4.

[322] Becker, *op. cit.*, p. 181.

rilização forçados quando da menor estada num hospital é tanto um indício suplementar de um sentimento de extrema insegurança quanto o efeito de práticas rudemente antinatalistas (que imitavam as práticas recentes em vigor entre a maioria Han, que por muito tempo dispensou as minorias). Diz-se que o secretário-geral do PCC, de visita a Lhassa em 1980, chorou de vergonha diante de tanta miséria, tanta discriminação, tanta segregação entre Han e tibetanos, e falou de colonialismo "em estado puro".[323] Os tibetanos, durante muito tempo esquecidos no seu país de neve e de deuses, têm a infelicidade de viver numa zona eminentemente estratégica em pleno coração da Ásia. Esperemos que eles não tenham de pagar por isso com seu desaparecimento físico — felizmente improvável — ou de sua alma.

---

[323] Donnet, *op. cit.*, pp. 154-5.

2
Coreia do Norte, Vietnã e Laos:
a semente do Dragão

por Pierre Rigoulot

Crimes, terror e segredo na Coreia do Norte

A República Popular e Democrática da Coreia (RPDC) foi criada em 9 de setembro de 1948 na parte do país que se estende ao norte do Paralelo 38. Nos termos de um acordo assinado com os americanos em 1945, a URSS havia sido encarregada de administrar "provisoriamente" essa zona, enquanto os Estados Unidos administrariam a Coreia Meridional, ao sul do mesmo paralelo.

Muito rapidamente, a Coreia do Norte revelou-se como o Estado comunista mais fechado do mundo. As autoridades soviéticas depressa vedaram o acesso ao Norte a qualquer representante da comunidade internacional.

Essa atitude de isolamento iria acentuar-se ainda mais durante os dois primeiros anos de existência da RPDC.

Finalmente, a guerra que o Norte desencadeou em 25 de junho de 1950 — e que ainda não está formalmente terminada, pois somente um armistício foi assinado, em 27 de julho de 1953, com as tropas da ONU — agravou o peso das mentiras, da desinformação e da propaganda, assim como a extensão a praticamente todos os aspectos da vida do país das áreas normalmente abrangidas pelo chamado segredo de Estado.

Todavia, não é só a guerra que está em causa: a natureza intrínseca do regime comunista norte-coreano, fechado sobre si próprio até mesmo em relação ao mundo comunista (com efeito, durante o conflito sino-soviético, o regime tergiversou todo o tempo, sem pender de uma forma clara ou duradoura para qualquer dos lados), e também o receio, um pouco na linha dos comunistas albaneses ou cambojanos, de ver a influência do mundo exterior corromper a "unidade ideológica do povo e do Partido", explicam que o Estado norte-coreano merece muito bem o nome que por vezes lhe é conferido, de "reino eremita".

Além disso, esse autismo político foi teorizado através da ideologia chamada do "Djutché", ou seja, do domínio de si próprio, da independência e até da autossuficiência, ideologia que passa a fazer oficialmente parte dos estatutos do Partido do Trabalho Coreano a partir do seu V Congresso, em novembro de 1970.

Nessas condições, e menos do que em qualquer outro lugar, não se pode ter a esperança de produzir informações globais e pormenorizadas acerca das realidades da repressão na Coreia do Norte, até porque nunca foi possível constituir, nem no interior nem no exterior do país, uma oposição ativa que pudesse, como aconteceu na URSS e nos países do Leste Europeu, recolher e difundir informações. Temos de nos contentar com ecos oficiais, que é preciso interpretar ou decifrar, com testemunhos de fugitivos, em número crescente desde há alguns anos, é verdade, mas durante muito tempo pouco numerosos, com dados recolhidos pelos serviços de informações dos países vizinhos, muito particularmente pela Coreia do Sul. Dados que convém, evidentemente, manejar com precaução.

Antes da constituição do Estado comunista

O comunismo coreano não foi fundado por Kim II Sung, ao contrário do que afirmam as hagiografias que a população norte-coreana é obrigada a engolir desde a infância. O seu nascimento é mais antigo, uma vez que em 1919 existiam dois grupos que se reclamavam bolchevistas. Uma vez que Moscou não deu o seu aval imediato a nenhuma das duas facções, a luta entre elas foi feroz. As primeiras vítimas do comunismo coreano são, portanto, os próprios comunistas. Guerrilheiros antijaponeses do "PC Coreano pan-russo", conhecidos como "grupo de Irkutsk", confrontaram-se de armas na mão com outros guerrilheiros de um grupo que fundara um "Partido Comunista Coreano" em junho de 1921. O caso fez várias centenas de mortos e obrigou o Komintern a sair da sua reserva e a tentar impor a unidade do movimento coreano.

Os comunistas coreanos estiveram frequentemente nas linhas de frente na luta contra os japoneses (recordemos que, em 1910, o Japão fez da Coreia uma colônia), e a ferocidade da repressão colonialista causou numerosas vítimas nas suas fileiras. No entanto, é difícil não atribuir aos próprios comunistas coreanos uma parte da responsabilidade pelo seu esmagamento: o desconhecimento do país por parte dos quadros formados no estrangeiro e a vontade possivelmente heroica — mas de consequências catastróficas — de organizar manifestações em dias de importância simbólica, como o 1° de maio, devem ser postos em causa.

670   *O Livro Negro do Comunismo*

Outros comunistas vão tombar mais tarde, durante as lutas entre facções no momento em que o país era dividido em duas zonas, como consequência da derrota do Japão na Segunda Guerra. Kim II Sung, simples comandante de uma unidade de guerrilha antijaponesa nos confins da Manchúria, é o escolhido pelos soviéticos, em detrimento de comunistas que militavam no interior do país havia muito tempo. Em setembro de 1945, em Pyongyang, ocorrem diversos assassinatos de quadros comunistas que se opõem a Kim II Sung, como Hyon Chun Hyok. Algumas dezenas? Algumas centenas? Ainda não se sabe.

Os nacionalistas, que em Pyongyang, nesse inverno de 1945-1946, ainda tinham direito de cidadania, foram também perseguidos e presos. Através do seu dirigente, Cho Man Sik, eles denunciavam a decisão da conferência dos ministros dos Negócios Estrangeiros das grandes potências, realizada em Moscou, em dezembro de 1945, de colocar a Coreia sob tutela durante um período de pelo menos cinco anos. Cho foi preso em 5 de janeiro de 1946 e executado passados mais de quatro anos, em outubro de 1950, durante a evacuação de Pyongyang diante do avanço das tropas da ONU. É evidente que vários dos seus amigos políticos mais chegados sofreram igual sorte[...]

A repressão exerce-se igualmente sobre a população. Nessa parte setentrional do país, os soviéticos forjam praticamente de alto a baixo um Estado à sua imagem: reforma agrária para abrir caminho à coletivização, partido único, enquadramento ideológico da população em associações de massas etc. Qualquer adversário político, qualquer proprietário de terras, qualquer opositor à reforma agrária, qualquer cidadão suspeito de ter colaborado com os japoneses, é perseguido. No entanto, é difícil colocar na conta do comunismo as vítimas de uma depuração que, provavelmente, não teria sido menos severa nas mãos dos dirigentes nacionalistas. Aliás, a implementação do regime, numa primeira fase, dá origem menos a um banho de sangue do que à fuga para o Sul de centenas de milhares de pessoas pertencentes às camadas sociais às quais nos referimos anteriormente, e mais geralmente de todos aqueles que temiam pela sua vida e pelos seus bens. Embora o fechamento do Norte a organismos internacionais ou provenientes da zona Sul se faça muito rapidamente, continua a ser possível passar do Norte para o Sul, mais ou menos facilmente, até 1948.

Vítimas da luta armada

Essa fuga, possível durante os três primeiros anos de existência de um poder que ainda não se afirma como Estado, não significa que os dirigentes

Coreia do Norte, Vietnã e Laos: a semente do Dragão 671

comunistas tenham renunciado a uma "comunização" geral da população da península. Consideravam, com efeito, como provável e próxima a unificação, em seu benefício, da Coreia. Os arquivos recentemente abertos em Moscou mostram um Kim II Sung impaciente por derrubar aqueles a quem ele já chama de "marionetes" dos americanos: as marionetes em questão têm um exército muito mais fraco que o do Norte (os Estados Unidos receavam que elas próprias se lançassem numa aventura no Norte), a sua concepção autoritária do poder é contestada sob a forma de greves, e muitas vezes de atentados e de ações de guerrilha enquadradas pelos comunistas em diversas regiões do país, e a população do Sul — Kim II Sung pensa dessa forma e, principalmente, diz isso — tinha confiança nele e em seu exército.[1] Kim II Sung insiste, pois, junto a Stalin, que dá finalmente luz verde no fim do inverno de 1949-1950. Em 25 de junho de 1950, ocorre a premeditada invasão. As tropas norte-coreanas invadem o Sul de surpresa. É o início de uma guerra terrível que fará mais de meio milhão de mortos na totalidade da população coreana, cerca de 400.000 mortos e um pouco mais de feridos entre os chineses vindos em socorro dos norte-coreanos quando esses se veem ameaçados de uma derrota total em face das tropas da ONU comandadas pelo general MacArthur, pelo menos 200.000 mortos entre os soldados norte-coreanos, 50.000 entre os soldados sul-coreanos, mais de 50.000 americanos, além de milhões de desabrigados. O batalhão francês integrado nas forças da ONU contará cerca de 300 mortos e 800 feridos.

Raras são as guerras cuja origem está tão obviamente ligada à vontade comunista de expandir — para o bem do povo — a sua zona de influência[…] Na época, numerosos intelectuais franceses de esquerda — Jean-Paul Sartre, por exemplo — apoiaram a posição comunista, fazendo da Coreia do Sul o agressor de um país pacífico. Hoje, principalmente graças ao estudo dos arquivos à nossa disposição, já não se permite a dúvida: esses sofrimentos e outros, como os que suportaram os prisioneiros (6.000 soldados americanos e quase outros tantos provenientes de outros países, na maior parte sul-coreanos, morreram na prisão) ou como o calvário do pessoal diplomático francês e inglês que ficou em Seul, preso e depois deportado pelas tropas norte-coreanas, o dos missionários que trabalhavam na Coreia do Sul, igualmente deportados, devem indiscutivelmente ser postos na conta do comunismo.[2]

---

[1] Ver principalmente a carta dirigida a Vychinski pelo embaixador soviético em Pyongyang, Chtikov, datada de 19 de janeiro de 1950, arquivos traduzidos pelo Woodrow Wilson Center, boletins nᵒˢ 5 e 6 do Projeto de História Internacional da Guerra Fria, Washington, 1995 e 1996.
[2] V. Charles Martel e Georges Perruche, "Prisonniers Français en Corée", *in Les Cahiers d'Histoire Sociale,* nº 3, outubro de 1994.

672   *O Livro Negro do Comunismo*

Sabemos que a cabo de três anos de guerra foi assinado, em julho de 1953, um armistício que estabelecia uma zona desmilitarizada entre as duas Coreias, mais ou menos sobre a linha de partida do conflito, ou seja, o Paralelo 38. Um armistício, e não a paz. A continuação de incursões e ataques por parte da Coreia do Norte causou numerosas vítimas. Entre os golpes desferidos pelo Norte contra o Sul e que visaram tanto civis como militares, podemos citar o ataque, em 1968, por um comando de 31 homens, ao palácio presidencial sul-coreano (um único sobrevivente entre os assaltantes), o atentado de Rangoon, na Birmânia, dirigido em 9 de outubro de 1983 contra membros do governo de Seul — fez 16 mortos, quatro dos quais ministros sul-coreanos — ou a explosão, em pleno voo, de um avião da Korea Air Line, em 29 de novembro de 1987, com 115 pessoas a bordo.

A Coreia do Norte não é suspeita, é culpada. Uma terrorista a seu serviço foi detida e explicou que em Pyongyang se pretendia, com aquela operação, mostrar que o Sul não era capaz de garantir a segurança dos Jogos Olímpicos de Seul previstos para alguns meses mais tarde e, desse modo, abalar o seu prestígio.[3]

Acrescentemos, porque se trata aqui da guerra conduzida contra o conjunto do mundo capitalista, que nos anos 1960 e 1970 a Coreia do Norte deu asilo a vários grupos terroristas, principalmente o Exército Vermelho japonês — que se destacou em Israel por seus atentados, grupos de *fedayin* palestinos, guerrilheiros filipinos, entre outros.

Vítimas comunistas do Partido-Estado norte-coreano

Lembramo-nos de que o relatório Kruschev foi sobretudo uma denúncia dos crimes de Stalin contra os comunistas. Na Coreia do Norte, seria igualmente longa a lista das vítimas dos expurgos no seio do Partido do Trabalho. Calculou-se que, dos 22 membros do primeiro governo norte-coreano, 17 foram assassinados, executados ou vítimas do expurgo![4]

Logo que o armistício de Pan Mun Jon é assinado, sabe-se que um expurgo atinge, no interior do Partido Comunista norte-coreano, um certo número de quadros de alto nível. Em 3 de agosto de 1953, um "grande processo" é ocasião para aniquilar os comunistas "do interior", julgados por espionagem

---

[3] Kim Hyun Hee, *Dans la Fosse aux Tigres,* Paris, Presses de la Cité, 1994, e entrevista com o autor (fevereiro de 1997).

[4] *Asia Watch Human Rights in Democratic People's Republic of Korea,* Washington, 1988.

a favor dos americanos e por tentativa de subversão do regime. Tibor Meray, jornalista e escritor húngaro, assistiu a esse processo. Ele havia conhecido um dos acusados, Sol Jang Sik, intérprete adjunto da delegação norte-coreana nas negociações de Kaesong em julho-agosto de 1951, além de poeta e tradutor de Shakespeare para o coreano.

O número 14

"Um grande número havia sido costurado nas costas do uniforme de cada prisioneiro. O principal acusado era o número 1, e os restantes estavam numerados por ordem de importância até o número 14.

O número 14 era Sol Jang Sik.

Mal consegui reconhecê-lo. O seu belo rosto apaixonado de outros tempos estava abatido e exprimia fadiga e resignação. Já não havia brilho em seus olhos sombrios. Movia-se como um robô. Como vim a saber vários anos mais tarde, os acusados eram bem alimentados nas semanas anteriores ao seu aparecimento, para apresentarem melhor aspecto após as provações e as torturas. Se o processo ocorria em público, as autoridades esforçavam-se por dar ao auditório, e particularmente aos representantes da imprensa ocidental, a impressão de que os prisioneiros estavam com boa saúde, bem-alimentados, em boa forma física e mental. Como na Coreia não existiam correspondentes ocidentais, havendo apenas representantes da imprensa soviética e de outros jornais comunistas, o objetivo óbvio era demonstrar a culpabilidade dos prisioneiros, humilhando aquelas pessoas que tinham sido personagens mais ou menos importantes e agora eram acusados.

Tirando isso, o processo era muito semelhante aos diferentes julgamentos políticos húngaros, tchecos ou búlgaros. Eu estava tão perturbado ao ver Sol naquelas condições, e a tradução era tão sumária, que mal consigo recordar o conteúdo exato das acusações (só esperava que Sol não me visse, e julgo que isso não aconteceu, pois a sala estava abarrotada). Tanto quanto me lembro, estava em causa uma conspiração contra a democracia popular coreana, com um complô para assassinar Kim Il Sung, o líder bem-amado da nação. Os acusados desejavam o retorno da velha ordem feudal[...] Além disso, eles queriam também passar a Coreia do Norte para as mãos de Syngman Rhee e, sobretudo, faziam espionagem a favor dos imperialistas americanos e dos agentes a quem esses pagavam[...]"[5]

Da lista de acusados faziam parte muitos funcionários altamente colocados — entre outros, Li Sung Yop, um dos secretários do Comitê Central do Partido Comunista, Paik Hyung Bok, do Ministério do Interior, e Cho Il Myung, mi-

---

[5] Tibor Meray, "Wilfred Burchett en Corée", *Les Cahiers d'histoire sociale*, nº 7, outono-inverno de 1996, p. 87.

nistro adjunto da Cultura e da Propaganda. Sol tinha muito pouca importância naquele grupo. Vários deles vinham do sul da Coreia.

Pak Hon Yong, ministro dos Negócios Estrangeiros, um comunista que lutara durante muito tempo no interior do país, foi condenado à morte em 15 de dezembro de 1955 e executado três dias mais tarde como "agente secreto americano". Outros o seguiram, em 1956, com a eliminação de Mu Chong, representante do grupo dito "de Yenan", antigo general no VIII Exército chinês, comandante da artilharia norte-coreana e depois chefe de estado-maior do GQG das forças combinadas sino-norte-coreanas durante a guerra contra o Sul e a ONU. Um outro expurgo atingiu os quadros ligados aos soviéticos, como Ho Kai, e mais uma vez quadros conhecidos por pertencerem à facção Yenan, ligados aos chineses, como Kim Du Bong, em março de 1958, e também, na mesma época, outros quadros, abertos às reformas kruschevianas. Várias ondas de expurgos ocorreram em 1960, em 1967 (Kim Kwang Hyup, secretário do Secretariado do Partido, é enviado para um campo de concentração), em 1969 (a vítima mais conhecida é Hu Hak-bong, encarregado das operações secretas contra o Sul, mas é preciso notar igualmente o desaparecimento de 80 estudantes do Instituto Revolucionário das Línguas Estrangeiras de Pyongyang), em 1972 (Pak Kum Chul, antigo vice-primeiro-ministro e membro do Bureau Político, encontra-se num campo), em 1977 (Li Yong Mu, antigo membro do Bureau Político, é igualmente enviado para um campo, também nesse caso com o desaparecimento de um certo número de estudantes, filhos de quadros postos sob suspeita), em 1978, em 1980 etc.

Na realidade, esses expurgos existem de uma forma estrutural, e não contingente ou conjuntural. Ainda, em 1997, é possível que tenha ocorrido uma no princípio do ano, dirigida contra oficiais do exército e quadros do Partido com veleidades reformadoras, à cabeça dos quais estaria o primeiro-ministro Kang Son San. Segundo testemunhos de fugitivos, sempre que surge uma tensão ligada a dificuldades materiais suplementares impostas à população, alguns quadros comunistas são designados como bodes expiatórios, a fim de evitar que o poder seja minimamente posto em causa, e depois são presos, enviados para um campo, ou executados.

As execuções

Ignoramos quantas foram, embora o Código Penal norte-coreano possa dar-nos uma indicação — há pelo menos 47 crimes puníveis com a pena de morte, que se podem classificar em:

— crimes contra a soberania do Estado;

— crimes contra a administração do Estado, crimes contra a propriedade do Estado;

— crimes contra as pessoas;

— crimes contra os bens dos cidadãos;

— crimes militares.

Kang Koo Chin, o melhor especialista dos anos 1960 e 1970 do sistema legal da Coreia do Norte, tentou um cálculo, apenas no que se refere aos expurgos no interior do Partido no período da brutal repressão de 1958-1960. Segundo ele, cerca de nove mil pessoas teriam sido excluídas do Partido, julgadas e condenadas à morte! Extrapolando essa estimativa séria e levando em consideração a quantidade de expurgos em massa conhecidos (uma dezena), atingir-se-ia o número respeitável de 90 mil execuções. Mais uma vez, trata-se simplesmente de uma ordem de grandeza: os arquivos de Pyongyang falarão mais tarde.

Foi também possível recolher alguns ecos, da parte de fugitivos, a respeito de execuções públicas visando a população "civil" e tendo como motivos a "prostituição", a "traição", o assassinato, o estupro, a "sublevação"[...] A multidão é então incitada a adotar uma atitude cooperante, e o julgamento é acompanhado de gritos, insultos e até de arremesso de pedras. Por vezes, chega-se a encorajar um verdadeiro linchamento, sendo o condenado espancado até a morte enquanto a multidão grita palavras de ordem. O fato de pertencer a uma ou outra classe desempenha aqui um papel capital. Duas testemunhas afirmaram perante os inquiridores da Asia Watch que o estupro só era punível com a morte para os cidadãos pertencentes às "categorias mais baixas".

Juízes às ordens do Partido — desde o princípio que lhes é exigido que se comportem em estrito acordo com a doutrina legal marxista-leninista —, julgamentos que só cobrem uma parte das decisões de encarceramento ou de execuções — procedimentos mais expeditivos são efetivamente possíveis —, advogados às ordens do Partido, tudo isso dá uma ideia da natureza do sistema judicial norte-coreano.

Prisões e campos

A Sra Li Sun Ok era membro do Partido do Trabalho e responsável por um centro de abastecimento reservado aos quadros. Vítima de um desses expurgos regulares, ela foi presa juntamente com outros camaradas. Longamente torturada com água e eletricidade, espancada, privada de sono, acabou por confessar tudo o que lhe exigiram, e principalmente que ela se havia apropriado de bens do Estado, sendo, logo após, condenada a 13 anos de prisão. Apesar de o termo não ser oficialmente utilizado, trata-se realmente de uma prisão. Seis mil pessoas, duas mil das quais mulheres, trabalham nesse complexo penal como animais, das cinco e meia da manhã até a meia-noite, fabricando pantufas, coldres de pistola, sacos, cintos, detonadores para explosivos, flores artificiais. As prisioneiras grávidas são forçadas a abortar brutalmente. Qualquer criança nascida na prisão é irremediavelmente estrangulada ou degolada.[6]

Outros testemunhos mais antigos já haviam trazido à luz a dureza das condições de vida na prisão. Um relato excepcional do que se passava nas prisões norte-coreanas durante os anos 1960 e 1970 chega-nos através de Ali Lameda, um poeta comunista venezuelano, favorável ao regime, que fora trabalhar para Pyongyang como tradutor dos textos da propaganda oficial. Tendo deixado transparecer algumas dúvidas acerca da eficácia da referida propaganda, Lameda foi preso em 1967. Embora não tenha ele próprio sido torturado durante o seu ano de cativeiro, afirmou ter ouvido os prolongados gritos de prisioneiros submetidos à tortura. No decorrer da sua detenção, perdeu cerca de 20 quilos, e o seu corpo ficou coberto de abscessos e de chagas.

Numa brochura publicada pela Anistia Internacional, Lameda recorda a simulação de julgamento no fim do qual foi condenado a 20 anos de trabalhos forçados por "ter tentado sabotar, espionar e introduzir agentes estrangeiros na Coreia do Norte", as condições em que esteve detido,[7] e finalmente a sua libertação ao fim de seis anos, na sequência de repetidas intervenções das autoridades venezuelanas.

Outros depoimentos evocam a fome, utilizada como arma para quebrar a resistência dos prisioneiros. Não só a quantidade de alimento era insuficiente, como tudo era feito para adulterar as rações distribuídas. Os prisioneiros ficavam frequentemente doentes: diarreias, doenças de pele, pneumonia, hepatite e escorbuto não eram raros.

---

[6] Entrevista com o autor em Seul, em fevereiro de 1997.

[7] Do mesmo modo, um outro estrangeiro, um francês chamado Jacques Sédillot, foi preso. Ele também fora trabalhar para a seção do Departamento de publicações em línguas estrangeiras de Pyongyang. Condenado igualmente a 20 anos, mas como "agente do imperialismo francês", ele foi libertado em 1975, num estado de enfraquecimento físico tamanho que veio a morrer alguns meses mais tarde, sem poder retornar à França.

Coreia do Norte, Vietnã e Laos: a semente do Dragão   677

As prisões e os campos fazem parte de um vasto conjunto de instituições que organizam a repressão. Distinguem-se:

— os "postos de socorro", espécie de prisões transitórias onde se aguarda julgamento por delitos políticos ligeiros e por delitos e crimes não políticos;

— os "centros de regeneração" pelo trabalho, que acolhem de 100 a 200 pessoas julgadas associais, ociosas, ou apenas preguiçosas. Existem em quase todas as cidades. Fica-se por lá entre três meses e um ano, muitas vezes sem julgamento nem acusação precisa;

— os campos de trabalhos forçados. Conta-se uma boa dúzia deles no país, comportando entre 500 e 2.500 pessoas cada. Os detidos são criminosos de delito comum, acusados de roubo, de tentativa de assassinato, de violação, mas havia também filhos de presos políticos, pessoas capturadas quando tentavam fugir do país etc.;

— as "zonas de deportação", para onde são levados os elementos considerados pouco seguros (familiares de um desertor para o Sul, famílias de antigos proprietários de terras etc.). Essas fixações de residência são feitas em lugares distantes e terão atingido várias dezenas de milhares de pessoas;

— as "zonas de ditadura especial", que são verdadeiros campos de concentração onde se podem encontrar prisioneiros políticos. Existem cerca de uma dúzia desses campos, que reúnem entre 150.000 e 200.000 pessoas. Notar-se-á que esse número representa apenas 1% da população global, um nível claramente inferior ao atingido pelo Gulag soviético no início dos anos 1950. Evidentemente, essa *"performance"* deve ser interpretada não como o efeito de uma bondade especial, mas antes como a manifestação de um nível excepcional de controle e de vigilância sobre a população.

Essas zonas de ditadura especial encontram-se sobretudo no Norte do país, em regiões montanhosas e frequentemente de difícil acesso. A zona de Yodok seria a maior de todas e comportaria 50.000 pessoas. Abrange os campos de Yongpyang e Pyonjon, muito isolados, que agrupam cerca de dois terços dos prisioneiros da zona, e os de Ku-up, Ibsok e Daesuk, onde são mantidas, embora separadamente, famílias de antigos residentes no Japão e os solteiros. Existem ainda outras zonas de ditadura especial em Kaechon, Hwasong, Hoiryung e Chongjin.

Esses campos de concentração foram criados no fim dos anos 1950 para encarcerar "criminosos políticos" e opositores a Kim Il Sung no interior do Partido[...] A respectiva população aumentou acentuadamente em 1980, na sequência do importante "expurgo" que se seguiu à derrota dos opositores à institucionalização do comunismo dinástico no VI Congresso do Partido do Trabalho. Alguns deles, como o campo nº 15 da zona de Yodok, estão divididos em "bairros de revolucionarização", onde se encontram os prisioneiros que

678   *O Livro Negro do Comunismo*

podem esperar rever um dia o mundo exterior, e "bairros de alta segurança", de onde jamais alguém poderá sair.

O bairro de revolucionarização é sobretudo ocupado por detidos da elite política, ou por repatriados do Japão que têm relações pessoais com dirigentes de associações japonesas favoráveis à Coreia do Norte.

A descrição feita pelos raros fugitivos que passaram pelos campos é apavorante: altas cercas de arame farpado, cães pastores-alemães, guardas armados, campos de minas em redor. A alimentação é totalmente insuficiente; o isolamento do exterior, completo; o trabalho, duro (minas, pedreiras, escavação de canais de irrigação, corte de madeira durante cerca de 12 horas por dia, às quais se somam duas horas de "formação política"). Todavia, a fome é o pior suplício, e os detidos tudo fazem para capturar e comer rãs, ratos e minhocas.

Esse quadro clássico do horror deve ser completado pela menção da progressiva decadência física dos prisioneiros, da utilização dos detidos para trabalhos "especiais", como a perfuração de túneis secretos, ou perigosos, em instalações nucleares, e mesmo como alvos vivos para os exercícios de tiro praticados pelos guardas. Torturas e violências sexuais são alguns outros aspectos entre os mais chocantes da vida dos detidos norte-coreanos.

Acrescentemos a afirmação pelo regime do caráter familiar da responsabilidade: muitas famílias encontram-se num campo devido à condenação de um único dos seus membros; no entanto, se, na ocasião do grande expurgo dos adversários de Kim Il Sung, em 1958, a punição era muitas vezes alargada a três gerações, esse sistema tende hoje a aligeirar-se. O que não impede que testemunhos relativamente recentes ilustrem essa estranha concepção do direito. Uma jovem fugitiva, Kang Chul Hwan, entrou no campo aos 9 anos. O ano era 1977. Ela havia sido internada junto com o pai, um dos irmãos e dois dos avós porque, em 1977, o avô, antigo responsável pela Associação dos Coreanos de Kyoto, no Japão, tinha sido preso por causa de algumas observações demasiado complacentes acerca da vida num país capitalista.

Até os 15 anos, Kang Chul Hwan seguiu no campo o regime reservado às crianças: de manhã, escola, onde se ensina sobretudo a vida do gênio nacional, Kim Il Sung; à tarde, trabalho (arrancar ervas daninhas, apanhar pedras etc.).[8]

---

[8] Entrevista com o autor em Seul, em fevereiro de 1997.

Devemos basear-nos no testemunho dos diplomatas franceses aprisionados pelos norte-coreanos em julho de 1950, no início da guerra? Ou no dos americanos do *Pueblo*, um navio-espião que navegava ao largo das costas coreanas, detido para averiguação em 1968? As circunstâncias, nos dois casos, são excepcionais, mas as declarações de uns e de outros demonstram a brutalidade dos interrogatórios, a indiferença em face da vida humana, as sistemáticas e péssimas condições de detenção.[9]

Em 1992, dois fugitivos trouxeram novas informações quanto à vida no maior dos campos norte-coreanos, o de Yodok. Eles afirmaram principalmente que ali as condições de detenção eram tão duras, que todos os anos, apesar das cercas eletrificadas, das torres de vigilância a cada quilômetro e do risco, em caso de fracasso, de um processo público e de execução perante os outros detidos, cerca de 15 presos tentavam fugir. Esses dois homens tornam mais pesada a fatura em vidas humanas das vítimas do comunismo, pois, segundo eles, não houve até hoje uma única evasão bem-sucedida.

Retemos, ainda, o testemunho excepcional recentemente produzido por um antigo guarda de um campo da zona de Hoiryong. Esse homem, que fugiu para a China em 1994, antes de alcançar Seul, fez progredir consideravelmente os nossos conhecimentos acerca do mundo concentracionário coreano.[10] Segundo essa testemunha, chamada An Myung Chul, as autoridades designam os "maus elementos" que devem ser executados: "Insubmissos, responsáveis por revoltas, assassinos, mulheres grávidas (qualquer relação sexual é formalmente proibida aos prisioneiros), matadores de gado, destruidores de materiais utilizados na produção. No cárcere, amarram-lhes um grosso pedaço de madeira entre as pernas dobradas e as nádegas, forçando-os a ficarem ajoelhados nessas condições. A má circulação do sangue provoca danos físicos a longo prazo, e, mesmo que os libertassem, eles não poderiam mais andar e morreriam ao fim de alguns meses."

Nesse campo, as execuções deixaram de ser públicas. Isso acontecia antigamente, mas as mortandades tinham se tornado tão correntes que acabaram por inspirar menos terror do que revolta. A guarda, fortemente armada, devia proteger o local do suplício, e, a partir de 1984, as execuções passam a ocorrer em segredo.

---

[9] *Cahiers de Histoire Sociale*, nº 3, *op. cit.*, para os primeiros; *Human Rights in Democratic People's Republic of Korea*, *op. cit.*, para os próximos.

[10] Extensos excertos desse testemunho foram publicados pelo *Coreana*, boletim da Société d'Études Coréennes, nº 1, março de 1995.

A golpes de pá

Quem se encarrega das execuções? A escolha é deixada a critério dos agentes da Segurança, que fuzilam quando não querem sujar as mãos, ou matam lentamente se pretendem acompanhar a agonia. Assim, tive conhecimento de que se pode matar a paulada, por apedrejamento ou com uma pá. Chegou-se ao ponto de matar os prisioneiros como se fosse um jogo, organizando um concurso de tiro no qual eles servem de alvos. Também aconteceu forçar os supliciados a lutarem entre si e a se despedaçarem mutuamente. [...] Vi várias vezes com os meus próprios olhos cadáveres atrozmente trucidados: as mulheres raramente morrem em paz. Vi seios rasgados a facadas, partes genitais dilaceradas por um cabo de pá, nucas despedaçadas a marteladas [...] No campo, a morte é algo muito banal. E os "criminosos políticos" batem-se como podem para sobreviver. Fazem o que quer que seja para conseguir mais milho e banha de porco. Entretanto, apesar dessa luta, morrem diariamente no campo, em média, quatro ou cinco pessoas, de fome, por acidente ou[...] executadas.

É praticamente impensável fugir de um campo. Um guarda que prende um fugitivo pode esperar entrar para o Partido e depois frequentar a Universidade. Alguns obrigam prisioneiros a escalar as cercas de arame farpado. Então eles disparam e fingem tê-los detido.

Além dos guardas, há cães vigiando os criminosos políticos. Servem-se desses terríveis animais, muito bem-treinados, como máquinas de matar. Em julho de 1988 no campo nº 13, dois prisioneiros foram atacados pelos cães. Dos seus corpos só restaram os ossos. Também em 1991, dois rapazes de 15 anos foram devorados por esses cães.

An afirma ter ouvido uma conversa entre o chefe da guarda e outros dois membros do pessoal de enquadramento do campo nº 13, durante a qual se evocaram práticas que se julgariam exclusivas dos exterminadores dos campos nazistas. "Camarada", pergunta um deles, subchefe de esquadra, "ontem vi fumaça saindo da chaminé da Terceira Seção.[11] É verdade que se prensam os corpos para lhes extrair a gordura?"

O chefe da guarda responde que tinha ido uma vez ao túnel da Terceira Seção, perto de uma colina.

"Senti o cheiro do sangue e vi cabelos colados às paredes[...] Nessa noite não consegui dormir. A fumaça que você viu provém da cremação dos ossos

---

[11] Uma das subdireções da "Agência de Segurança Nacional", encarregada das regiões fronteiriças. Esse campo encontra-se efetivamente bem ao lado da fronteira chinesa.

dos criminosos. Mas não fale com eles a esse respeito, ou você se arrependerá. Pode chegar a sua vez de ter um feijão-preto (uma bala) na cabeça!"

Outros guardas falaram das experiências que se faziam no campo, como deixar morrer de fome os prisioneiros, a fim de estudar a sua resistência:

"Os encarregados dessas execuções e dessas experiências bebem álcool antes de matar. Agora tornaram-se verdadeiros peritos; por vezes, batem nos prisioneiros com um martelo, na nuca. Os infelizes perdem então a memória; e desses semimortos fazem alvos vivos para os exercícios de tiro. Quando a Terceira Seção tem falta de pessoas, um caminhão negro, conhecido como 'o corvo', vem buscar mais, semeando o terror entre os presos. O 'corvo' vem ao campo uma vez por mês e leva 40 ou 50 pessoas não se sabe bem para onde[...]"

Em todos os casos, as detenções fazem-se discretamente, sem procedimentos legais, de modo que os próprios parentes e vizinhos nada sabem. Quando se apercebem do desaparecimento, evitam fazer perguntas, com receio de eles também terem aborrecimentos.

Depois de tais horrores, mal nos atrevemos a mencionar a existência dos campos de lenhadores norte-coreanos na Sibéria, a partir de 1967, apesar das duras condições de trabalho, da alimentação insuficiente, da vigilância de guardas armados, das solitárias para quem não cumprisse disciplinadamente as normas norte-coreanas etc.

Quando a URSS desmoronou, e graças ao testemunho de vários lenhadores evadidos e aos esforços de Serguei Kovalev, responsável por uma comissão dos direitos humanos junto a Boris Yeltsin, melhoraram as condições desses trabalhadores imigrados de uma natureza especial, e já não estão apenas sob o controle das autoridades norte-coreanas.

Paremos por um momento. Tal como no caso dos expurgos no interior do Partido, trata-se aqui somente da procura de uma ordem de grandeza. Encontrando-se dez mil pessoas detidas no campo nº 22, segundo uma estimativa da testemunha, morrendo ali cinco pessoas por dia e considerando que o número total de detidos nos campos de concentração norte-coreanos é da ordem dos 20.000,[12] chega-se a um total de cem mortos diários, ou 36.500 por ano. Multiplicando esse número por 45 anos (período de 1953-1998), atinge-se um valor de cerca de 1,5 milhão de mortos pelos quais o comunismo coreano seria diretamente responsável.

---

[12] Uma estimativa modesta: o leque vai de 150.000 a 400.000 detidos.

O controle da população

Se os campos abrigam um concentrado de horror, existe pouca liberdade fora deles. A Coreia do Norte é um lugar de negação da escolha individual, da autonomia pessoal. "A sociedade inteira deve ser firmemente constituída por uma força política unida que respira e avança com um só pensamento e com uma só vontade sob o comando do líder supremo", afirmava um editorial difundido numa rádio em 3 de janeiro de 1986. E um slogan corrente na Coreia do Norte ordena: "Pensem, falem e ajam como Kim II Sung e Kim Jong II[...]"

De alto a baixo da escala social, o Estado, o Partido, as suas associações de massas ou a sua polícia controlam os cidadãos em nome do que chamam de "os dez princípios do Partido para realizar a unidade". É esse texto, e não a Constituição, que ainda hoje rege a vida quotidiana dos norte-coreanos. Limitemo-nos, para captar o seu espírito, a citar o artigo 3º: "Imporemos absolutamente a autoridade do nosso Líder."

Em 1945, apareceu um Departamento da Segurança Social (entenda-se: um departamento encarregado, no plano social, do controle da população); em 1975, surgiu uma Comissão Nacional de Censura (a qual existia, evidentemente, desde há muito) e, em 1977, uma "Comissão Jurídica da Via Socialista".[13]

Quanto à polícia política, constituiu, em 1973, um "Ministério da Proteção Política Nacional", atualmente rebatizado com o nome de "Agência da Segurança Nacional", dividida em diferentes seções (a Segunda Seção ocupa-se dos estrangeiros; a terceira, da proteção das fronteiras; a sétima, dos campos etc.).

Uma vez por semana, todo mundo é "convidado" para um curso de doutrinação, e, também semanalmente, para uma sessão de crítica e autocrítica chamada na Coreia do Norte "balanço de vida". Cada um dos participantes deve acusar-se de pelo menos uma falta política e dirigir no mínimo duas censuras aos que o rodeiam.

Os quadros norte-coreanos são certamente privilegiados nos planos material e alimentar, mas o controle de que são alvo é também mais rigoroso: vivem num bairro especial, e as suas conversas telefônicas ou outras são sujeitas a escutas, as fitas cassetes áudio ou vídeo que possuem são verificadas, sob pretexto de "consertos", ou de "intervenção causada por fuga de gás". Mas, para todos os norte-coreanos, os aparelhos de rádio ou de televisão apenas

---

[13] Jean-Pierre Brulé, *La Corée du Nord de Kim II Sung*. Paris, ed. Barré-Dayez, 1982.

Coreia do Norte, Vietnã e Laos: a semente do Dragão

dão acesso, através de um sistema de blocagem dos botões, às estações do Estado; os deslocamentos necessitam do acordo das autoridades locais e das unidades de trabalho; a fixação de domicílio em Pyongyang, a capital e vitrine do socialismo norte-coreano, é, como noutros Estados comunistas, estritamente controlada.

Tentativa de genocídio intelectual?

A repressão, o terror não significam somente agressão ou sujeição do corpo, mas também do espírito. O encarceramento pode ser também espiritual, e essa não é a menor das degradações. Ao abrir esse panorama, evocamos o encerramento do país como uma cláusula metodológica: era impossível, relativamente a esse Estado, conseguir um conjunto de informações tão precisas e fiáveis quanto desejaríamos. Mas o fechamento ao mundo exterior, reforçado por uma agressão ideológica permanente, por uma violência sem paralelo em qualquer outro lugar, faz inegavelmente parte dos crimes do comunismo norte-coreano. É certo que os fugitivos que conseguem atravessar as malhas da rede testemunham também a extraordinária capacidade de resistência do ser humano. É nesse sentido que os adversários do conceito do totalitarismo afirmam que há sempre "encenação", resistência, e que a "totalidade" visada pelo *Big Brother* nunca foi conseguida.

No que diz respeito à Coreia do Norte, a condução da propaganda se faz segundo dois eixos. Um eixo classicamente marxista-leninista: o Estado socialista e revolucionário oferece a melhor vida possível aos cidadãos cumpridores. A vigilância em face do inimigo imperialista deve, no entanto, manter-se (visto que, poder-se-ia hoje acrescentar, muitos "camaradas" do exterior capitularam). O outro eixo é de tipo nacional e arcaico: afastado do materialismo dialético, o poder norte-coreano utiliza uma mitologia tendente a fazer crer aos súditos da dinastia dos Kim que o céu e a terra estão coniventes com os seus amos. Assim, a agência oficial norte-coreana assegurou que, em 24 de novembro de 1996 (trata-se só de alguns exemplos entre milhares), durante uma inspeção de Kim Jong II às unidades do exército norte-coreano estacionadas em Pan Mun Jon,[14] a zona ficou envolta por um nevoeiro tão denso como inesperado. Assim, o número um pôde andar pelos diferentes locais, a fim de tomar conhecimento das

---

[14] Esse povoado onde ocorreram as negociações do armistício foi o único ponto em que o exército do Norte se encontrou em contato imediato com os do Sul e os dos Estados Unidos.

O Livro Negro do Comunismo

"posições inimigas", sem ser visto por quem quer que fosse. Misteriosamente, o nevoeiro levantou-se, e o tempo clareou no exato momento em que ele posava para ser fotografado com um grupo de soldados[...] A mesma coisa havia acontecido numa ilha do mar Amarelo. Tendo chegado a um posto avançado de observação, Kim Jong II iniciou o estudo de um mapa das operações. Foi então que a chuva e o vento cessaram, as nuvens se afastaram, e o sol começou a brilhar[...] Os despachos da mesma agência oficial mencionam igualmente "uma série de fenômenos misteriosos que ocorreram em toda a Coreia com a aproximação do terceiro aniversário da morte do Grande Líder [...] O céu sombrio tornou-se subitamente luminoso no cantão de Kumchon [...] e três grupos de nuvens vermelhas dirigiram-se para Pyongyang[...] Pelas 20h10min do dia 4 de julho, a chuva, que havia começado a cair desde a manhã, parou, e um duplo arco-íris estendeu-se por cima da estátua do presidente [...]; depois, uma estrela muito brilhante resplandeceu no céu por cima da estátua" etc.[15]

Uma hierarquia estrita

Nesse Estado que se reclama como socialista, a população não se encontra apenas enquadrada e controlada; está registrada em função de critérios que respeitam a origem social, a localização geográfica (provêm de uma família do Sul ou do Norte?), os antecedentes políticos e os sinais recentes de lealdade para com o regime. Uma "sábia" divisão do conjunto foi assim implementada nos anos 1950. Com a ajuda da burocracia, foram desse modo constituídas pelo menos 51 categorias, que determinavam fortemente o futuro material, social e político dos cidadãos. Provavelmente de gestão muito pesada, esse sistema foi simplificado nos anos 1980, reduzindo de 51 para três o número de categorias sociais. É certo que o "fichamento" continua ainda muito complexo, visto que, além dessas "classes", os serviços secretos vigiam particularmente algumas "categorias" representadas numa ou noutra classe, principalmente a das pessoas vindas do exterior do país, sejam elas residentes ou visitantes.

Distingue-se, assim, uma classe "central", "núcleo" da sociedade, uma classe "indecisa" e uma classe "hostil", que representa cerca de um quarto da população norte-coreana. O sistema comunista norte-coreano justifica, por essas distinções, uma espécie de *apartheid:* um jovem de "boa origem", oriundo, por exemplo, de uma família que conta entre os seus membros antigos guerrilheiros

---

[15] Textos reproduzidos em *La Lettre de Corée*, nᵒˢ 4 e 5, de junho e agosto de 1997.

Coreia do Norte, Vietnã e Laos: a semente do Dragão

antijaponeses, não pode desposar uma jovem de "má origem", proveniente, por exemplo, de uma família do Sul. Um antigo diplomata norte-coreano, Koh Yung Hwan, que foi, no Zaire, nos anos 1980, primeiro-secretário da embaixada sul-coreana, afirma: "Na Coreia do Norte existe um sistema mais rígido do que o das castas."[16]

Mesmo admitindo que essa discriminação por origens faça sentido do ponto de vista marxista-leninista, a discriminação biológica é, desse mesmo ponto de vista, muito mais difícil de justificar. Todavia, os fatos aí estão: os deficientes físicos norte-coreanos são vítimas de um severo ostracismo. Assim, não lhes é permitido residir na capital, Pyongyang. Até há pouco tempo, eram simplesmente transferidos para localidades dos arredores, de maneira que os membros válidos das respectivas famílias pudessem visitá-los. Hoje, são deportados para locais isolados, nas montanhas ou nas ilhas do mar Amarelo. Dois locais de exílio foram identificados com exatidão: Bu Jun e Euijo, no Norte do país, não distantes da fronteira chinesa. Essa discriminação em relação aos deficientes acentuou-se recentemente com a aplicação dessa política de exclusão em outras grandes cidades além de Pyongyang: Nampo, Kaesong, Chongjin.

Em paralelo com os deficientes, os anões são sistematicamente perseguidos, detidos e enviados para campos onde não só são isolados, como também impedidos de ter filhos. "A raça dos anões deve desaparecer", ordenou o próprio Kim Jong II[...][17]

A fuga

Apesar da vigilância dos guardas da fronteira, alguns norte-coreanos conseguiram fugir; depois da guerra, cerca de 700 pessoas escaparam para o Sul, mas pensa-se que vários milhares atravessaram a fronteira chinesa. Ignorando o que se passa no exterior, estritamente controlados, os norte-coreanos que atravessam clandestinamente a fronteira são ainda pouco numerosos. Estima-se em cerca de uma centena os fugitivos que chegaram ao Sul em 1997, um número superior à média dos anos 1990 e sobretudo das décadas anteriores. O número de fugas anuais quintuplicou desde 1993, e tende a aumentar. Geralmente, os candidatos à passagem clandestina da fronteira fogem a uma ameaça de sanção ou tiveram a oportunidade de viajar ao estrangeiro. É assim que, entre os fugitivos, se conta um certo número de diplomatas ou de funcionários de

---

[16] *Le Figaro Magazine*, 8 de março de 1997.
[17] *Ibid.*

686   *O Livro Negro do Comunismo*

alto nível. Em fevereiro de 1997, o ideólogo do Partido, Hwang Jang Yop, refugiou-se na embaixada da Coreia do Sul em Pequim antes de chegar a Seul. Quanto ao embaixador no Egito, que fugiu para os Estados Unidos no fim de agosto de 1997, tinha razões para temer pelo seu futuro político: no ano anterior, o seu próprio filho tinha "desaparecido". Koh Yung Hwan, o diplomata da embaixada norte-coreana no Zaire, já mencionado, receava ser preso: ele tinha, imprudentemente, diante de uma transmissão televisiva do julgamento do casal Ceausescu, "esperado que nada de semelhante acontecesse no seu país" — prova flagrante da sua falta de confiança na direção. Fugiu quando tomou conhecimento da chegada de agentes da Segurança do Estado à embaixada, alguns dias depois. Segundo ele, qualquer tentativa de fuga descoberta antes da sua concretização leva o autor à prisão e ao campo. Pior: como pôde verificar em Amã, na Jordânia, o projeto de fuga de um diplomata salda-se geralmente por uma "neutralização": o candidato à fuga é engessado dos pés à cabeça e despachado para Pyongyang. No aeroporto, é apresentado como vítima de um acidente de automóvel, ou outro qualquer!

O simples cidadão que falha em sua tentativa de fuga não tem melhor sorte. Como a imprensa francesa relatou tempos atrás,[18] os fugitivos são provavelmente executados antes de sofrerem um tratamento particularmente degradante: "Os testemunhos recolhidos ao longo do rio (o Yalu) são concordantes. Os policiais que recuperam os fugitivos introduzem um arame na boca ou no nariz dos traidores à nação, que ousaram abandonar a mãe-pátria. Uma vez levados de volta, são executados. As respectivas famílias são enviadas para campos de trabalho."

Atividades no exterior

Não satisfeita em impedir brutalmente qualquer tentativa de fuga, a direção norte-coreana envia agentes ao estrangeiro para aí atingir os inimigos do regime. Em setembro de 1996, por exemplo, o adido cultural da Coreia do Sul em Vladivostok foi assassinado. O Japão suspeita que norte-coreanos tenham raptado cerca de 20 mulheres japonesas, mais tarde obrigadas a trabalhar na formação de espiões ou de terroristas. Existe um outro litígio entre o Japão e a Coreia do Norte a respeito das centenas de mulheres japonesas que se instalaram nesse último país a partir de 1959 com os seus esposos coreanos. Apesar

---

[18] Marc Epstein, *L'Express*, 14 de agosto de 1997.

Coreia do Norte, Vietnã e Laos: a semente do Dragão 687

das promessas então feitas pelo governo norte-coreano, nenhuma delas pôde regressar, ainda que temporariamente, ao seu país natal. Sabe-se, através do testemunho dos raros fugitivos que conheceram os campos, que várias dessas mulheres foram detidas e que a taxa de mortalidade entre elas é muito elevada. Das 14 japonesas encarceradas no campo de Yodok no final dos anos 1970, apenas duas estavam ainda vivas 15 anos mais tarde. O governo norte-coreano serve-se dessas mulheres, às quais promete autorização para partir, contra uma ajuda alimentar japonesa. Os despachos das agências não mencionam quantos quilos de arroz vale, aos olhos dos dirigentes norte-coreanos, a libertação de uma mulher japonesa. A Anistia Internacional e a Sociedade Internacional dos Direitos do Homem, entre outras associações, estão preocupadas com esses casos. O rapto de pescadores sul-coreanos é igualmente uma prática corrente.

Entre 1955 e 1995, os incidentes não cessaram. O governo sul-coreano afirma que mais de 400 pescadores continuam desaparecidos. Alguns passageiros e membros da tripulação de um avião desviado em 1969 e que nunca foram devolvidos ao governo do Sul, um diplomata sul-coreano raptado na Noruega em abril de 1979, um pastor, o reverendo Ahn Sung Un, raptado na China e levado para a Coreia do Norte em julho de 1995, representam outros tantos exemplos de cidadãos sul-coreanos vítimas das violências norte-coreanas em território estrangeiro.

Fome e miséria

Recentemente, um outro motivo grave veio pôr em causa o regime norte--coreano: a situação alimentar da população. Medíocre desde há muito tempo, agravou-se nos últimos anos de tal forma que as autoridades norte-coreanas, apesar do seu sacrossanto princípio de autossuficiência, lançaram recentemente apelos ao auxílio internacional. A colheita de cereais em 1996 cifrou-se em 3,7 milhões de toneladas, ou seja, menos três milhões do que a produção do início dos anos 1990. A de 1997 será certamente pouco diferente. A Coreia do Norte atribui, principalmente junto do Programa Alimentar Mundial da ONU, mas também junto dos Estados Unidos ou da Comunidade Europeia, a várias catástrofes naturais (inundações em 1994 e 1995, seca e macaréus em 1997). As causas dessa penúria alimentar estão de fato ligadas às dificuldades estruturais próprias de qualquer agricultura socialista, planificada e centralizada. Erros grosseiros, como o desflorestamento de colinas inteiras, a construção apressada de culturas em socalcos por equipes mais ou menos competentes, por ordens da cúpula do Partido, desempenharam também o seu papel na gravidade das inundações. O desmantelamento do comunismo soviético e o novo rumo adotado pela China implicam que a ajuda desses dois países à Coreia do Norte tenha diminuído bastante. A Rússia e a China têm agora de negociar de acordo com as leis do mercado internacional. A falta de divisas fortes pesa, portanto, sobre o governo norte-coreano, que adquire com grandes dificuldades máquinas agrícolas, adubos e combustíveis.

Qual é, porém, exatamente a gravidade da situação alimentar? Não sabemos, apesar das afirmações catastróficas de organizações humanitárias como a World Vision — que avança a possibilidade de dois milhões de vítimas — ou a Cruz Vermelha alemã — que fala de dez mil mortes de crianças por mês.[19] Existem indicações claras de graves dificuldades: relatórios de peritos da ONU confirmam os boatos que circulam entre a população fronteiriça chinesa: há, sem a mínima dúvida, escassez de alimentos e, em certos locais, fome. Mas a utilização de viagens de personalidades de boa vontade que não hesitam em falar da possibilidade de "milhões de mortos" futuros se o auxílio não for ampliado, a difusão no estrangeiro de fotografias de crianças esqueléticas ou de gravações de vídeo de conselhos transmitidos através da televisão sobre as maneiras de usar ervas como alimento revelam um esforço organizado no sentido de enegrecer um quadro que de qualquer forma não é brilhante. Não se trata, hoje, de levar o presidente Herriot a dizer que a Ucrânia está bem, quando o país atravessa uma terrível fome, mas, pelo contrário, de afirmar que a Coreia do Norte enfrenta uma terrível fome e que qualquer interrupção de auxílio poderia conduzir a ações imprevistas e perigosas para a estabilidade da península e para a paz no Extremo Oriente. O gigantesco exército norte-coreano está, no entanto, bem alimentado, e constrói mísseis cada vez mais aperfeiçoados.

Não dispomos praticamente de qualquer dado quantificado relativo às vítimas dessa escassez alimentar, exceto indicações, fornecidas pelos próprios norte-coreanos, de uma percentagem não negligenciável de crianças que apresentam sinais de subnutrição: os especialistas do Programa Alimentar Mundial puderam, por exemplo, levar a cabo um estudo sobre 4.200 crianças de uma amostragem escolhida exclusivamente pelo governo norte-coreano: 17% sofriam de subnutrição,[20] o que tende a confirmar a existência de uma

---

[19] *Le Monde,* 10 de outubro de 1997.

[20] Entrevista com Catherine Bertini, *La Croix,* 8 de outubro de 1997. No início dos anos 1990, um estudo do mesmo organismo mostrava, porém, que 43% das crianças indianas sofriam de subnutrição.

escassez generalizada e de muito prováveis bolsões locais ou regionais de fome. Essa escassez e essa fome, fortemente ligadas às escolhas políticas do regime norte-coreano, são entretanto limitadas e combatidas graças aos esforços do mundo "imperialista", que entrega milhões de toneladas de cereais. *Entregue somente aos efeitos do regime comunista, a população norte-coreana sofreria efetivamente uma verdadeira fome de consequências terríveis.* Torna-se também necessário notar que os efeitos da penúria em termos de vítimas são bastante reais, embora sejam sobretudo indiretos e se traduzam numa suscetibilidade acrescida às diversas doenças.

Em conclusão, pode-se falar de centenas de milhares de vítimas diretas e indiretas das penúrias alimentares, embora tendo presentes os esforços do governo norte-coreano para "enegrecer", por todos os meios, a situação, à semelhança do que fizeram os soviéticos quando, em julho de 1921, constituíram "uma comissão de auxílio aos famintos", pedindo ajuda à boa vontade do mundo burguês.

Balanço final

Na Coreia do Norte, mais do que em qualquer outro lugar, é difícil traduzir em números a desgraça comunista. Devido à escassez de elementos estatísticos, à impossibilidade de conduzir inquéritos locais, à inacessibilidade dos arquivos. E também por razões que têm a ver com o isolamento. Como contabilizar os efeitos do derrame de uma propaganda tão imbecil como permanente? Como quantificar a ausência de liberdades (de associação, de expressão, de deslocamento etc.)? Como avaliar a vida estragada de uma criança enviada para um campo porque o avô foi condenado, ou de uma mulher encarcerada obrigada a abortar em condições atrozes? Como incluir nas estatísticas a mediocridade de uma vida obcecada pela falta de alimento, de aquecimento, de roupas confortáveis e elegantes etc.? O que pesa, ao lado desse conjunto, a "americanização" da sociedade sul-coreana, invocada pelos nossos críticos do ultraliberalismo para colocar no *mesmo* plano a democracia obviamente imperfeita do Sul e o pesadelo organizado do Norte?

Pode objetar, do mesmo modo, que o comunismo norte-coreano é uma caricatura do comunismo, tal como foi o dos Khmers Vermelhos. Uma exceção arqueostalinista. Certamente, mas esse museu do comunismo, esse Madame Tussaud asiático, continua vivo[...]

Feitas essas reservas, podemos adicionar aos 100.000 mortos em consequência dos expurgos no interior do Partido do Trabalho, 1,5 milhão de mortos devido ao internamento concentracionário e 1,3 milhão de mortos na sequência da guerra desejada, organizada e desencadeada pelos comunistas — uma guerra inacabada que aumenta regularmente a quantidade das vítimas devido a operações pontuais, mas mortíferas (ataques de comandos norte-coreanos contra o Sul, atos de terrorismo etc.). Haveria que se adicionar a esse balanço as vítimas diretas e sobretudo indiretas da subnutrição. É nessa área que hoje faltam mais dados, mas também é aí que, agravando-se a situação, os elementos podem, dramaticamente e muito proximamente, tornar-se mais pesados. Mesmo que nos contentemos, desde 1953, com 500 mil vidas perdidas devido à fragilização em face das doenças, ou diretamente provocadas pela escassez alimentar (correm atualmente boatos, evidentemente incontroláveis, de atos de canibalismo!), chegamos, para um país com 23 milhões de habitantes e submetido a um regime comunista durante 50 anos, a um resultado global de três milhões de vítimas.

Vietnã: os impasses
de um comunismo de guerra

por Jean-Louis Margolin

"Vamos transformar as prisões em escolas!"
Lê Duan, secretário-geral do Partido Comunista Vietnamita[21]

Admitir as culpas do comunismo vietnamita é ainda hoje uma provação para uma quantidade de ocidentais que, ao se mobilizarem contra outras faltas — as do colonialismo francês, as do imperialismo americano —, se colocaram objetivamente no mesmo campo que o Partido Comunista Vietnamita (PCV). Daí, a pensar que esse último era a expressão das aspirações de um povo, que visava construir uma sociedade fraterna e igualitária, ia só um passo. O ar simpático do seu fundador e dirigente até 1969, Ho Chi Minh, a tenacidade extraordinária dos seus combatentes e a habilidade da sua propaganda externa, pacifista e democrática, fizeram o resto. Era tão difícil demonstrar simpatia por Kim II Sung e pelo seu regime de concreto armado quanto parece fácil preferir, à podridão do regime de Saigon de Nguyen Van Thieu (1965/1975), a austeridade sorridente dos mandarins vermelhos de Hanói. Pretendeu-se crer que o PCV já não era um partido stalinista: acima e antes de tudo nacionalista, teria principalmente utilizado a sua etiqueta comunista para receber auxílio dos chineses e dos soviéticos.

Não se trata de pôr em causa a sinceridade do patriotismo dos comunistas vietnamitas, que lutaram com uma determinação sem paralelo, durante meio

---

[21] Citado em Doan Van Toai, *Le Goulag vietnamien*, Paris, Robert Laffont, 1979, p. 28. Lê Duan visitava a prisão da ilha de Con-son, depois da "libertação" do Vietnã do Sul, em 1975.

692　　O Livro Negro do Comunismo

século, contra franceses, japoneses, americanos e chineses: a acusação de "trai ção" ou de "colaboração" desempenhou frequentemente no Vietnã o mesmo papel que a de "contrarrevolução" na China. Mas o comunismo não foi em parte alguma incompatível com o nacionalismo ou mesmo com a xenofobia, e na Ásia menos ainda do que em qualquer outro lugar. Ora, sob o verniz de um agradável unanimismo nacional, quem não quiser ser cego detecta facilmente um stalinismo-maoismo muito servil em relação aos seus protótipos.

O jovem Partido Comunista Indochinês (PCI)[22] começou bastante mal. Logo na sua fundação, em 1930, teve de enfrentar, por ocasião de um processo espetacular, as consequências dos erros sinistros de alguns dos seus ativistas de Saigon, os quais, já empenhados em 1928, e influenciados pela tradição das sociedades secretas e do terrorismo nacionalista, tinham julgado e executado um dos seus camaradas, queimando, em seguida, o corpo; o crime do qual ele era acusado: ter seduzido uma militante.[23] Em 1931, lançando-se um pouco loucamente na criação dos "sovietes" rurais no Nge Tinh (segundo o modelo do Jiangxi, mas o Vietnã não tem a imensidão da China[...]), começa de imediato a liquidar, às centenas, os proprietários de terras; uma parte dos habitantes foge, o que facilita o regresso rápido e em força das tropas coloniais. Quando o PCI, dissimulado sob a "Frente Unida" da Liga para a Independência do Vietnã — ou *Vietminh* —, ousa finalmente lançar-se na luta armada em grande escala, na primavera de 1945, ataca mais facilmente os "traidores" e os "reacionários" (que por vezes incluem o conjunto dos funcionários) do que o ocupante japonês, decerto mais bem armado; um dos seus responsáveis propõe uma campanha de assassinatos, a fim de "acelerar os progressos do movimento".[24] Proprietários e mandarins rurais constituem também alvos preferidos; criam-se "tribunais populares" para condená-los e confiscar-lhes os bens.[25] Mas o terror visa igualmente os adversários políticos do fraco PCI, que conta apenas com cerca de cinco mil militantes: é necessário fazer o vácuo,

---

[22] Embora composto majoritariamente por vietnamitas, e totalmente controlado por eles, o PCI tem a ambição de conduzir a revolução em toda a Indochina Francesa, incluindo o Laos e o Camboja. Formalmente autodissolvido em 1945, ele continua a funcionar até 1951, ano em que dá origem a três partidos estreitamente ligados e que já não têm o estatuto oficial de partidos comunistas (*cf.* capítulo sobre o Camboja).

[23] Ngo Van, *Vietnam 1920-1945: révolution et contre-révolution sous la domination coloniale*, Paris, L'Insomniaque, pp. 128-9.

[24] David G. Marr, *Vietnam 1945: The Quest for Power*, Berkeley, University of California Press, 1995, pp. 234-7.

[25] *Ibid.*, pp. 415-6.

Vietnã: os impasses de um comunismo de guerra   693

muito rapidamente, e ficar sozinho à frente do movimento nacional. O Dai Viet, partido nacionalista aliado dos japoneses, é selvaticamente perseguido: o Vietminh de Son Tay pede a Hanói um gerador elétrico e um especialista para torturar os "traidores" em grande escala. [26]

A Revolução de Agosto, que projeta Ho Chi Minh para o poder por oca sião da capitulação nipônica, faz do PCI o elemento central do novo Estado. O partido aproveita as poucas semanas que antecedem a chegada das tropas aliadas (francesas e britânicas no Sul e chinesas no Norte) para redobrar de ardor na liquidação da concorrência. Constitucionalistas moderados (incluindo a sua figura emblemática, Bui Quang Chieu) e a seita político-religiosa *Hoa Hao* (inclusive o seu fundador, Huynh Phu So, ele próprio responsável por vários assassinatos) são tão esquecidos quanto o grande intelectual e político de direita que é Pham Quynh. Mas são os trotskistas, ainda ativos na região de Saigon, embora pouco numerosos, que se tornam alvo de um verdadeiro extermínio: o seu principal dirigente, Ta Thu Tau, é preso e morto em setem bro, em um Quang Ngai particularmente devastado pelas depurações, [27] e o dirigente comunista de Saigon, Tran Van Giau, um veterano de Moscou, apesar de tê-los caucionado, posteriormente negará qualquer responsabilidade nesses assassinatos. Ele declara, em 2 de setembro: "Um certo número de traidores à pátria está em vias de engrossar as suas fileiras para servir o inimigo [...] é ne-cessário punir os bandos que, criando perturbações na República Democrática do Vietnã (RDV), dão ao inimigo a oportunidade de nos invadir." [28] Um artigo da imprensa de Hanói, de 29 de agosto, incita à criação, em cada bairro ou povoado, de "comissões de eliminação de traidores". [29] Dezenas, talvez centenas de trotskistas são perseguidos e abatidos; outros, que participam em outubro na defesa de Saigon contra os franco-britânicos, são privados de munições e de abastecimentos: a maioria morrerá.[30] Em 25 de agosto, está organizada em Saigon uma Segurança de Estado, segundo o modelo soviético, e as prisões, que acabam de se esvaziar, enchem-se de novo; o Vietminh cria uma "Comissão de Assassinato de Assalto", que desfila pelas ruas; amplamente recrutada entre pessoas do submundo, essa comissão está à frente do movimento popular antifrancês de 25 de setembro, que deixa atrás de si dezenas de cadáveres, fre-

---

[26] *Ibid.*, pp. 409 e 413
[27] *Ibid.*, pp. 434-5.
[28] Ngo, *op. cit.*, p. 341.
[29] Marr, *op. cit.*, p. 518.
[30] Ngo, *op. cit.*, pp. 352 e 358-61.

694   O Livro Negro do Comunismo

quentemente mutilados.[31] As companheiras vietnamitas de franceses são por vezes sistematicamente abatidas, apesar de acusadas de "falsas Vietminh". Só no decorrer dos meses de agosto e setembro, os assassinatos com origem no Vietminh contam-se por milhares, e os sequestros, por dezenas de milhares; a iniciativa é muitas vezes local, mas não há dúvida de que o aparelho central dá uma ajuda; o PCI lamentará mais tarde publicamente não ter então eliminado mais "inimigos".[32] No Norte, única parte do país que o PCI controlava até o desencadear da guerra da Indochina, em dezembro de 1946, campos de detenção e polícia política estão bem implantados, e a RDV é dirigida por um partido único de fato: os nacionalistas radicais do Viet-Nam Quoc Dan Dang (VNQDD, Partido Nacional do Vietnã, fundado em 1927), que se tinham envolvido com o Vietminh numa luta feroz marcada por assassinatos recíprocos, foram fisicamente eliminados a partir de julho, embora o seu partido tivesse sido tão duramente reprimido como o PCI pelo poder colonial, em especial depois de ter organizado, em 1930, o motim de Yenbai.

A violência repressiva comunista será em seguida, e durante muito tempo, desenvolvida como uma resistência armada contra a França. Vários testemunhos chamaram a atenção para os campos onde estiveram internados os soldados do Corpo Expedicionário Francês.[33] Muitos aí sofreram e aí morreram: de 20.000, apenas 9.000 sobreviviam quando os Acordos de Genebra (julho de 1954) permitiram a sua libertação.[34] As terríveis doenças das montanhas indochinesas haviam dizimado muitos prisioneiros privados de proteção medicamentosa e de higiene — e muitas vezes deliberadamente subalimentados — pelo enquadramento Vietminh. Houve maus-tratos, e por vezes verdadeiras torturas, embora os militares franceses lhes fossem úteis: considerados "criminosos de guerra", pretendia-se levá-los a se arrependerem e em seguida a

---

[31] Ibid., pp. 338, 341 e 350.

[32] Marr, op. cit., pp. 517 e 519-20.

[33] Ver, por exemplo, Albert Stihlé, Le Prêtre et le Commissaire, Paris, Grasset, 1971.

[34] L'Histoire, nº 149, maio de 1991. Um outro total, estabelecido em outubro de 1954 pelo exército francês, atingiu os 36.900 prisioneiros (incluindo os vietnamitas aliados da França), dos quais aparentemente 5.500 foram libertados, antes ou depois do fim dos combates — a taxa de perdas (um pouco menos de 60%) é de qualquer modo praticamente idêntica nos dois balanços — ver Colonel Robert Bonnafous, Les Prisonniers Français des Camps Viêt-minh, Tese universitária, Centre d'histoire militaire et détudes de défense nationale, Université Paul-Valéry (Montpellier), 1985, p. 217. A título de comparação, notemos que, segundo uma carta de março de 1955 do general de Beaufort, chefe da missão francesa junto à Comissão Internacional de Controle da Aplicação dos Acordos de Genebra, cerca de 9.000 dos 63.000 prisioneiros de guerra Vietminh haviam morrido, cf. Bonnafous, op. cit.

Vietnã: os impasses de um comunismo de guerra 695

aderirem aos valores dos seus carcereiros, sendo que o objetivo, para fins de propaganda, era o de fazer com que se voltassem contra o seu próprio lado. Essa "reeducação" de influência chinesa (os conselheiros enviados por Mao abundam desde 1950), realizada à custa de sessões de propaganda nas quais *é* exigida uma participação ativa aos "alunos", em que os prisioneiros são divididos em "reacionários" e "progressistas", e em que são feitas promessas (incluindo a de uma libertação), conheceu alguns êxitos impressionantes, principalmente devido ao esgotamento físico e psicológico dos detidos. Além disso, concorreu também o fato de, na RDV, os franceses terem sido bem menos maltratados do que aconteceria mais tarde com os prisioneiros autóctones.

É no momento em que a vitória parece possível, em dezembro de 1953, que se resolve lançar a reforma agrária nas zonas libertadas. Antes do fim de 1954, o movimento estende-se ao conjunto do território nacional situado a norte do Paralelo 17, concedido à RDV pelos acordos de Genebra; a reforma só terminará em 1956. O seu ritmo, bem como os seus objetivos, são os mesmos da reforma agrária chinesa dos anos 1946-1952: reforço dos laços do Partido — oficialmente ressurgido em 1951— com o campesinato pobre e médio, preparação do desenvolvimento econômico pelo alargamento do controle estatal, e eliminação de embriões potenciais de resistência ao comunismo. E, entretanto, mais ainda do que na China, a elite tradicional dos campos, por uma consciência nacional exacerbada, havia fortemente apoiado o Vietminh. Mas os métodos, ferozes e deliberadamente mortíferos, são também os aplicados no grande vizinho do Norte: em cada povoado, os ativistas "atiçam" — muitas vezes com dificuldade — os camponeses classificados como pobres e médios (por vezes com a ajuda de grupos de teatro), depois segue-se o "processo de rancor" contra a ou as vítimas, bodes expiatórios, com frequência escolhidas arbitrariamente (há uma quota a respeitar: de 4 a 5% da população — os eternos 5% do maoismo),[35] e a morte, ou pelo menos a prisão e o confisco dos bens; o opróbrio é estendido a toda a família — como na China. O fato de nunca se levarem em consideração os "méritos" políticos mostra simultaneamente o impiedoso dogmatismo e também a vontade de enquadramento totalitário da sociedade que sustenta o PCV. Uma proprietária e rica comerciante, mãe de dois Vietminh da primeira hora, que tivera direito ao título de "benfeitora da revolução", foi "lutada" duas vezes, mas os camponeses não demonstraram muito entusiasmo. Então, "um grupo bem experimentado na China foi envia-

---

[35] Georges Boudarel, *Cent fleurs écloses dans la nuit du Vietnam: communisme et dissidence 1954-1956*, Paris, Jacques Bertoin, 1991, p. 17/.

do para o local e conseguiu atrair a atenção da assistência. [...] A Sra. Long foi acusada de ter matado três rendeiros antes de 1945, de ter dormido com o residente francês, de ter lambido as botas dos franceses e feito espionagem a favor deles. Esgotada pela detenção, acabou por confessar tudo e foi condenada à morte. O seu filho, que se encontrava na China, foi chamado de volta ao país, aviltado, despojado das suas condecorações e condenado a 20 anos de prisão."[36] Tal como em Pequim, alguém torna-se culpado apenas por ser acusado, uma vez que o Partido não se engana jamais. Assim sendo, o menor dos males que cada um pode fazer a si próprio é desempenhar o papel que se espera dele: "Mais valia ter matado o pai e a mãe e confessá-lo do que nada dizer sem ter feito mal algum."[37]

O desencadear de violência é alucinante. O tema do *ódio* contra o adversário — de classe ou não — é repisado: segundo Lê Duc Tho, vencedor do prêmio Nobel da Paz juntamente com Henry Kissinger, "se se pretende levar os camponeses a pegarem em armas, é preciso de imediato despertar neles o ódio ao inimigo."[38] Em janeiro de 1956, o órgão oficial do PC, *Nhan Dan*, escreve: "A classe dos latifundiários nunca se manterá sossegada enquanto não for eliminada."[39] Como acontece ao norte da fronteira, a palavra de ordem é: "Antes dez mortos inocentes do que um só inimigo sobrevivente."[40] A tortura é prática corrente, o que preocupará Ho no fim de 1954: "Alguns quadros têm ainda [*sic*] cometido o erro de utilizar a tortura. Trata-se de um método selvagem, utilizado pelos imperialistas, pelos capitalistas e pelos senhores feudais para dominar as massas e controlar a revolução [...] No decorrer dessa fase [*re-sic*], o recurso à tortura é estritamente proibido."[41]

Havia uma originalidade relativa ao evidente modelo chinês: a essa "retificação" da sociedade que *é* a reforma agrária junta-se a do Partido (mais tardia na China); o peso dos membros das camadas privilegiadas no interior deste último explica sem dúvida tal simultaneidade. Também aqui se encontrariam "5%" de elementos infiltrados do VNQDD, partido semelhante ao Kuomintang chinês; recordação longínqua dos expurgos do Jiangxi (ver anteriormente), anda-se à caça de "elementos contrarrevolucionários AB" (antibolcheviques) fantasmas. A paranoia quebra todas as barreiras: heróis da guerra da Indochina

---

[36] *Ibid.*, pp. 174-5.

[37] *Ibid.*, p. 176.

[38] *Ibid.*, p. 171.

[39] *Ibid.*, p. 191.

[40] *Ibid.*, p. 170.

[41] *Ibid.*, pp. 177-8.

Vietnã: os impasses de um comunismo de guerra

são assassinados ou internados em campos de concentração. O traumatismo é terrível, e, no discurso dos comunistas vietnamitas, "1956" (o *chinh huan* culmina no princípio do ano) evoca ainda hoje o cúmulo do horror: "Um secretário do Partido Comunista caiu sob as balas do pelotão de execução gritando: 'Viva o Partido Comunista Indochinês!' Incapaz de compreender o que lhe acontecia, morreu convencido de ter sido abatido pelos fascistas."[42] As baixas, dificilmente quantificáveis, são de qualquer modo catastróficas: provavelmente em torno de 50.000 execuções nas zonas rurais (excluindo qualquer combate), ou seja, de 0,3 a 0,4% da população total (estamos muito próximos da taxa média de vítimas provocadas pela reforma agrária chinesa);[43] entre 50.000 e 100.000 pessoas teriam sido presas; estima-se em 86% a proporção de depurados nas células rurais do Partido, chegando por vezes aos 95% de exclusões entre os quadros da resistência antifrancesa. De acordo com o responsável pelo expurgo, que admite "erros" em julho de 1956: "A direção (da retificação) acabou por fazer um julgamento tendencioso acerca da organização do Partido. Partiu do princípio de que as células rurais, e sobretudo as da zona recentemente libertada, se encontravam todas sem exceção em poder do inimigo ou por ele infiltradas, e até mesmo que os órgãos de direção dos distritos e das províncias tinham caído sob o domínio da classe dos latifundiários e dos elementos contrarrevolucionários."[44] Temos aqui uma primeira prefiguração da condenação global do "novo povo" operada pelos Khmers Vermelhos (ver mais adiante).

O exército tinha sido o primeiro a organizar nas suas fileiras um *chinh huan*, mais ideológico do que repressivo, em 1951.[45] Entre 1952 e 1956, a "retificação," torna-se quase permanente. Em certos "seminários", a tensão é tal, que se torna necessário retirar lâminas e facas aos homens e deixar a luz acesa durante toda a noite para tentar prevenir os suicídios.[46] É no entanto do exército que virá o fim do expurgo. As perseguições atingem tão duramente os seus quadros, que eles começam a reagir com frequência através da deserção e da passagem para o Vietnã do Sul,[47] que a instituição se assusta ao se sentir enfraquecida, dado que a sua missão é a reunificação do país. Comparativamente com a China, o peso das necessidades militares impõe frequentemente um certo realismo, e a

---

[42] *Ibid.*, p. 190.

[43] Ngo, *op. cit.*, p. 375.

[44] Citado em Boudarel, *op. cit.*, p. 200; outras informações, *ibid.*, pp. 199-202.

[45] Georges Boudarel, "L'Ideocratie importée au Vietnam avec le maoisme", *in La Bureaucratie au Vietnam — Vietnam-Asie-Débat nº 1*, Paris, L'Harmattan, 1983, p. 63.

[46] *Ibid.*, p. 61

[47] Boudarel (1991), *op. cit.*, pp. 183-4.

698   *O Livro Negro do Comunismo*

fraca extensão do país facilita a partida de alguns descontentes: tudo isso vai no sentido de um certo atenuar da violência arbitrária. O destino dos católicos do Norte (1,5 milhão de pessoas, 10% da população total) também o confirma: imediatamente perseguidos, fortemente organizados, eles se aproveitaram da escapatória representada pela partida em massa, sob a proteção das últimas tropas francesas; pelo menos 600.000 chegaram ao Sul.

O efeito do XX Congresso do PC Soviético (fevereiro) começa também a fazer-se sentir, e o Vietnã conhecerá umas temidas "Cem Flores" em abril de 1956. Em setembro, publica-se a revista *Nhân Van* (Humanismo), que simboliza a aspiração dos intelectuais à liberdade. Alguns escritores atrevem-se a escarnecer da prosa do censor oficial To Huu, autor deste poema:

> *Viva Ho Chi Minh*
> *O farol do proletariado!*
> *Viva Stalin,*
> *A grande árvore eterna!*
> *Abrigando a paz à sua sombra!*
> *Matem, matem de novo, que a mão não pare um minuto;*
> *Para que arrozais e terras produzam arroz em abundância,*
> *Para que os impostos sejam cobrados rapidamente.*
> *Para que o Partido perdure, marchemos em conjunto com a mesma energia.*
> *Adoremos o presidente Mao,*
> *prestemos um culto eterno a Stalin.*[48]

Foi sol de pouca duração: em dezembro de 1956, as revistas literárias e críticas são proibidas, e uma campanha semelhante àquela organizada na China contra Hu Feng e a liberdade de criação (ver anteriormente) alastra-se pouco a pouco com o apoio pessoal de Ho Chi Minh.[49] Trata-se de fazer voltar ao bom caminho os intelectuais de Hanói, membros ou próximos do Partido, frequentemente antigos resistentes. No início de 1958, 476 "sabotadores da frente ideológica" são forçados a uma autocrítica e enviados para um campo de trabalho ou para o equivalente vietnamita do *laojiao* chinês.[50] Como na RPC, a tentação kruscheviana é, pois, rapidamente rejeitada em benefício de um ressurgimento da veia totalitária. O que simultaneamente a sustentará

---

[48] Citado em Ngo, *op. cit.*, p. 404.

[49] Georges Boudarel, "1954: les dilemmes de l'indépendance", *in* Georges Boudarel e Nguyen Van Ky, *Hanoi 1936-1996: Du drapeau rouge au billet vert*, Paris, Autrement, 1997, p. 141.

[50] Ngo, *op. cit.*, p. 404.

Vietnã: os impasses de um comunismo de guerra 699

e limitará, em relação às flutuações do Norte, é a guerra no Sul, que se reacende em 1957 contra a feroz repressão anticomunista do regime de Ngo Dinh Diem apoiado pelos Estados Unidos; o PCV decide secretamente, em maio de 1959, generalizá-la e apoiá-la a fundo com as suas remessas de armas e de homens, ao preço de imensos esforços da população do Vietnã do Norte. Tal não impede, em fevereiro de 1959, o lançamento de uma espécie de "grande salto adiante" na agricultura, depois de uma série de artigos entusiásticos escritos pelo próprio Ho, em outubro de 1958.[51] A conjunção das enormes obras de irrigação com uma grave seca dá origem, como mais a norte, à queda da produção e a uma fome generalizada que vitimou um número indeterminado de pessoas.[52] O esforço de guerra tampouco impede, em 1963-1965, e depois em 1967, o expurgo de centenas de quadros "pró-soviéticos" do partido, inclusive o antigo secretário pessoal do "tio Ho", pois o PCV partilha na altura o "antirrevisionismo" dos comunistas chineses. Alguns expurgados passarão dez anos nos campos, sem julgamento.[53]

A "guerra americana" — que só termina com os acordos de Paris (janeiro de 1973), que marcam a retirada das tropas dos Estados Unidos, ou melhor, com o desmoronamento do regime sul-vietnamita (30 de abril de 1975) — não foi acompanhada dos "banhos de sangue" que muitos temiam, e que atingiram o vizinho Camboja. Mas os prisioneiros vietnamitas feitos pelas forças comunistas — incluindo os "traidores" nas suas próprias fileiras — foram horrivelmente maltratados, e muitas vezes liquidados por ocasião dos deslocamentos;[54] e é evidente que aquilo que foi pelo menos tanto uma guerra civil quanto uma "luta de libertação" assistiu, de ambos os lados, a numerosas atrocidades e exações diversas, inclusive contra civis "recalcitrantes" em apoiar um ou outro campo; é no entanto muito difícil quantificá-las e saber que parte excedeu a outra na utilização de métodos terroristas. Os comunistas cometeram pelo menos uma chacina de grande amplitude: durante as semanas em que o "Vietcong"[55] controlou a antiga capital imperial de Hué, no quadro da ofensiva do Tet (fevereiro de 1968), foram mortas pelo menos três mil pessoas (muito mais do que as piores barbaridades cometidas pelo exército americano), incluindo padres

---

[51] Boudarel (1991), *op. cit.*, p. 150.

[52] Gérard Tongas, *J'ai vécu dans L'enfer communiste au Nord Vietnam*, Paris, Nouvelles Éditions Debresse, 1960, pp. 231-2.

[53] Daniel Hémery, entrevista, Paris, outubro de 1997; Georges Boudarel, "1965-1975: guerre ou paix?" *in* Boudarel e Nguyen, *op. cit.*, p. 154.

[54] Doan, *op. cit.*, pp. 206-7.

[55] Ou "comunistas vietnamitas", termo de origem sulista.

vietnamitas, religiosos franceses, médicos alemães e todos os funcionários, grandes ou pequenos, que foram encontrados pela frente; alguns foram enterrados vivos, enquanto outros foram convocados para "sessões de estudos", das quais jamais regressaram.[56] Torna-se difícil compreender esses crimes, nunca reconhecidos pelos seus autores, e que tanto prenunciam a política dos Khmers Vermelhos. Caso se tivessem apoderado de Saigon em 1968, teriam os comunistas procedido do mesmo modo?

O certo é que não foi assim que se comportaram em 1975. Durante algumas breves semanas, o milhão de antigos funcionários e militares do regime de Saigon pôde mesmo acreditar que a tão exaltada "política de clemência do presidente Ho" não seria demagogia; assim, eles não temeram registrar-se junto às novas autoridades. Depois, no início de junho, eles foram convocados para reeducação — "por três dias" para os simples soldados, e "por um mês" para os oficiais e altos funcionários.[57] Na realidade, os três dias transformaram-se em três anos, e o mês, em sete ou oito anos; os últimos sobreviventes "reeducados" só regressaram em 1986.[58] Pham Van Dông, então primeiro-ministro, reconheceu, em 1980, a existência de 200.000 reeducados no Sul; as estimativas credíveis variam entre 500.000 e um milhão (numa população de cerca de 20 milhões de habitantes), incluindo um grande número de estudantes, de intelectuais, de religiosos (sobretudo budistas e, por vezes, católicos), de militantes políticos (entre os quais comunistas), principalmente muitos que haviam simpatizado com a Frente Nacional de Libertação do Vietnã do Sul; essa organização revela-se então como um simples biombo que serve de cobertura à tomada total do poder pelos comunistas vindos do Norte, que violam quase instantaneamente todas as suas promessas de respeitar a personalidade própria do Sul. Como em 1954-1956, os companheiros de estrada e camaradas de ontem são os "retificados" de hoje. Aos prisioneiros encarcerados em estruturas especializadas, durante anos e anos, há que se acrescentar um número indeterminado, mas significativo, de reeducados "leves", enclausurados durante algumas semanas nos respectivos locais de trabalho ou de ensino. Note-se que nos piores momentos do regime sulista os adversários de esquerda denunciavam o encarceramento de 200 mil pessoas[...][59]

---

[56] Stanley Karnow, *Vietnam: A History*, Harmondsworth, Penguin Books, 1984, pp. 530-1.

[57] Doan, *op. cit.*, pp. 178-9.

[58] Cidade de Ho Chi Minh, entrevista a um antigo responsável comunista, 1996.

[59] *Cf.*, por exemplo, "Communauté vietnamienne", *Les Prisonniers Politiques*, Paris, Sudestasie, 1974.

Vietnã: os impasses de um comunismo de guerra   701

As condições de detenção não são uniformes. Inúmeros campos, próximos das cidades, não têm arame farpado, e o regime é mais constrangedor do que penoso. Para os "casos difíceis", pelo contrário, é o envio para as terras altas do Norte, insalubres e longínquas. É provável que alguns desses campos tenham sido inaugurados por prisioneiros franceses. Ali, o isolamento é absoluto, os cuidados médicos mínimos, e a sobrevivência depende muitas vezes do envio de víveres pelas famílias, que se arruínam para consegui-lo. A subnutrição é igualmente dramática nas prisões (200 gramas diários de um arroz avermelhado cheio de pedras), usadas sobretudo "preventivamente" para os que são alvo de uma investigação. Doan Van Toai deixou-nos uma descrição avassaladora desse universo, que lembra algumas das características dos centros de detenção chineses, e até piores no tocante à superlotação, às condições sanitárias, à violência dos castigos por vezes mortais (flagelação em especial), e também à lentidão dos períodos de instrução dos processos. Acumulam-se 70 ou 80 presos numa cela para 20, e qualquer passeio é inviabilizado pela construção apressada de novos edifícios de detenção no pátio; as celas que datam da época colonial são lugares confortáveis em comparação às novas. O clima tropical e a falta de arejamento tornam a respiração difícil (os presos revezam-se durante todo o dia diante de uma única e minúscula abertura), os cheiros são insuportáveis, as doenças de pele, permanentes. A própria água é severamente racionada. É, porém, a ida para a solitária, por vezes durante anos, sem o menor contato com a família, que mais custa a suportar. A tortura está dissimulada, mas presente, como as execuções; o isolamento sanciona a menor transgressão do regulamento; nesses lugares, come-se tão pouco, que o resultado mais provável é a morte ao fim de algumas semanas.[60]

* * *

A esse quadro de uma "libertação" muito estranha haveria que se acrescentar o calvário dos centenas de milhares de *boat people* que fogem à repressão e à miséria e que muitas vezes morrem afogadas ou assassinadas pelos piratas. Só em 1986 começa a manifestar-se uma relativa acalmia: o novo secretário-geral do PC, Nguyen Van Linh, manda então libertar a maioria dos presos políticos e ordena, em 1988, o fechamento dos últimos campos da morte das terras altas. Um primeiro Código Penal vai finalmente ser promulgado. A liberalização é, no entanto, tímida e contraditória, e a presente década é marcada por uma

---

[60] Doan, *op. cit.*

702 O Livro Negro do Comunismo

espécie de equilíbrio instável entre conservadores e reformistas. As erupções repressivas desencorajaram muitas esperanças, apesar de as detenções serem a partir de então seletivas e relativamente pouco maciças. Vários intelectuais e religiosos foram perseguidos e detidos; o descontentamento rural no Norte deu origem a revoltas reprimidas com violência. As melhores hipóteses de abertura residem sem dúvida, a longo prazo, na irrupção irresistível da economia privada, a qual, como na China, subtrai uma parte crescente da população ao controle do Estado e do Partido. Em contrapartida, porém, esse mesmo Partido tende a transformar-se numa oligarquia carreirista e corrupta, o que provoca uma nova forma de opressão, mais banal, sobre uma população ainda mais pobre do que a da China.

Testamento dos prisioneiros patriotas do Vietnã (excertos)

Nós,
    Operários, camponeses e proletários,
    — Religiosos, artistas, escritores e intelectuais patriotas atualmente detidos em diferentes prisões no Vietnã,
    Queremos antes de mais nada exprimir o nosso mais vivo reconhecimento a:
    — todos os movimentos progressistas do mundo inteiro,
        todos os movimentos de luta dos trabalhadores e intelectuais,
        e a todas as pessoas que, no decorrer desses últimos dez anos, apoiaram os movimentos de luta pelo respeito dos Direitos do Homem no Vietnã, pela democracia e pela liberdade dos vietnamitas oprimidos e explorados. [...]
    O regime penitenciário do Antigo Regime (alvo de condenações muito tenazes e de severos protestos da opinião internacional) foi substituído por outro regime concebido e planejado para a execução de crueldades e atrocidades mais sutis. Qualquer relação entre o prisioneiro e a sua família está absolutamente proibida, mesmo pelo correio. Desse modo, a família do preso, ignorando completamente a sua sorte, encontra-se mergulhada numa angústia insuportável, e, em face dessas humilhantes medidas discriminatórias, tem de guardar silêncio, devido ao receio de que o prisioneiro, mantido como refém, possa ser assassinado sem que o saibam. [...]
    Temos de insistir na denúncia das condições de detenção absolutamente inimagináveis. Na prisão de Chi Hoa, a prisão oficial de Saigon, havia cerca de 8.000 pessoas encarceradas sob o Antigo Regime, e esse fato era severamente criticado. Hoje, essa mesma prisão encerra mais de 40.000 pessoas. Com frequência, os prisioneiros morrem de fome, de falta de ar, sob tortura, ou suicidam-se. [...]
    Há duas espécies de prisões no Vietnã: as prisões oficiais e os campos de concentração. Esses campos estão perdidos na selva, o prisioneiro é ali condenado perpetuamente a trabalhos forçados, nunca é julgado, e nenhum advogado pode assumir a sua defesa. [...]

Se é verdade que a humanidade atual recua com temor diante do desenvolvimento do comunismo, e principalmente da pretensa "invencibilidade" dos comunistas vietnamitas que "venceram o todo-poderoso imperialismo americano", então nós, prisioneiros do Vietnã, pedimos à Cruz Vermelha Internacional, às organizações humanitárias do mundo, aos homens de boa vontade que enviem com urgência a cada um de nós um comprimido de cianeto, a fim de que possamos pôr fim ao nosso sofrimento e à nossa humilhação. Queremos morrer imediatamente! Ajudem-nos a realizar esse ato: ajudem-nos a morrer imediatamente. Ficaremos imensamente reconhecidos.

Feito no Vietnã, do mês de agosto de 1975 ao mês de outubro de 1977.[61]

Laos: populações em fuga

Todos ouvimos falar do drama dos *boat people* vietnamitas. Mas o Laos, tornado comunista na esteira do Vietnã do Sul, em 1975, conheceu, em proporção, um êxodo ainda mais considerável; é verdade que bastava atravessar o Mekong para se chegar à Tailândia, e que a maioria dos laocianos vive no vale desse rio, ou nas proximidades; a extensão do seu curso, os meios repressivos bastante limitados do poder, facilitavam a fuga. Assim, cerca de 300.000 pessoas (10% da população total) saíram do país, entre as quais 30% da importante minoria montanhesa dos Hmong (perto de 100.000 pessoas), e sem dúvida 90% das camadas intelectuais, técnicas e dos funcionários. Isto representa muito, e merece, sem dúvida, alguma reflexão. Só a Coreia do Norte, na Ásia comunista, conheceu provavelmente, no contexto do conflito coreano, uma proporção de partidas ainda mais considerável.

A seguir a 1945, o destino do Laos esteve sempre estreitamente ligado ao do Vietnã. Os franceses, e depois os americanos, sustentaram, inclusive militarmente, um poder monárquico dominado pelas forças de direita. Os comunistas vietnamitas reforçaram o pequeno Pathet Lao, dominado por alguns comunistas locais (em muitos casos pessoalmente ligados ao Vietnã) e que sempre dependeu militarmente deles. O Leste do país, muito escassamente povoado, foi diretamente envolvido na fase americana do conflito vietnamita: por lá passavam as vitais pistas de Ho Chi Minh; a aviação americana bombardeou constantemente a região, e a CIA conseguiu suscitar um forte movimento anticomunista armado entre uma grande parte da população H'mong. Não se

---

[61] Citado em Doan, *op. cit.*, pp. 331-4. Esse apelo, decorado por todos, circulou nas prisões da cidade de Ho Chi Minh, e foi "assinado" oralmente por 48 corajosos.

704   O Livro Negro do Comunismo

assinalam atrocidades significativas num conflito pouco intenso e intermitente. Em 1975, os comunistas controlavam os três quartos orientais do país, mas somente um terço da sua população; o restante, incluindo 600.000 refugiados internos (um laociano em cada cinco), encontrava-se perto do Mekong, a oeste.

A tomada do poder, na nova relação de forças indochinesas, foi pacífica: uma espécie de "golpe de Praga", asiático. O ex-primeiro-ministro (neutralista) Suvanna Phuma tornou-se conselheiro especial (ouvidor) do novo regime, representado pelo príncipe Suphanuvong, parente do rei deposto. A nova República Democrática Popular seguiu, no entanto, o exemplo vietnamita: a quase-totalidade dos funcionários do antigo regime (cerca de 30.000) foi enviada para "seminários" — ou, mais exatamente, para campos de reeducação —, frequentemente para as províncias do Norte e do Leste, longínquas, insalubres e próximas do Vietnã; por lá ficaram cinco anos, em média. Os "criminosos" mais empedernidos (oficiais do exército e da polícia), cerca de 3.000, foram internados em campos de regime severo nas ilhas Nam Ngum. A própria antiga família real foi presa em 1977, e o último príncipe herdeiro morreu na prisão. Tudo isto ajuda a explicar o grande número de fugas do país, elas próprias, por vezes, origem de dramas: não era raro os soldados dispararem sobre os fugitivos.

A principal originalidade em relação ao modelo vietnamita reside, no entanto, na manutenção obstinada de uma guerrilha anticomunista de alguns milhares de combatentes, na sua maioria H'mong, cuja atividade preocupou a tal ponto o poder de Vientiane, por volta de 1977, que esse mandou a aviação bombardeá-los; falou-se com insistência, na ocasião, de "chuvas amarelas" químicas ou bacteriológicas, mas o fato nunca foi verdadeiramente confirmado. O que é certo, em compensação, é que essa guerrilha, que dava seguimento à mobilização H'mong durante a guerra, esteve na origem de partidas em massa. Desde 1975, infindáveis colunas de civis H'mong dirigiam-se para a Tailândia; registrou-se pelo menos um incidente muito grave com o exército comunista, e, ao todo, os refugiados mencionam cerca de 45.000 vítimas (mortas em ataques ou de fome) durante esses deslocamentos; esse número é inverificável. Em 1991, 55.000 laocianos, 45.000 dos quais montanheses (a maioria Hmong), ainda se encontravam nos campos tailandeses, aguardando um destino de acolhimento definitivo (alguns encontraram refúgio na Guiana Francesa[...]).

Vários expurgos (não sangrentos) atingiram igualmente o topo do Estado e do Partido, em 1979, quando se deu a ruptura com a China, e em 1990, quando alguns foram tentados por uma evolução semelhante à do Leste Europeu. A partida dos cerca de 50.000 soldados vietnamitas, em 1988, depois uma libe-

Vietnã: os impasses de um comunismo de guerra 705

ralização econômica forte e a reabertura da fronteira tailandesa aliviaram a atmosfera. Deixa de haver detidos políticos, e a propaganda comunista faz-se discretamente. Mas apenas alguns milhares de refugiados regressaram definitivamente ao país do "milhão de elefantes". O estreitamento dos laços de um país extremamente pobre e atrasado com essa diáspora competente e por vezes abastada é uma aposta essencial para o futuro do país.[62]

---

[62] As informações precedentes são no essencial retiradas de Martin Stuart-Fox (ed.), *Contemporary Laos Studies in the Politics and the Society of the Laos People's Democratic Republic*, Santa Lúcia, University of Queensland Press, 1982, de Martin Stuart-Fox e Mary Koogman, *Historical Dictionary of Laos*, Metuchen & Londres, Scarecrow Press, 1992, assim como de uma entrevista com Christian Culas, a quem agradeço calorosamente.

3
Camboja: no país do crime desconcertante

"Devemos dar da história do Partido uma imagem pura e perfeita."
Pol Pot[1]

De Mao Zedong a Pol Pot, a filiação *é* óbvia. Mas aqui tocamos no primeiro desses paradoxos que tornam tão delicada de analisar, e mais ainda de compreender, essa revolução khmer vermelha em forma de turbilhão fúnebre: o tirano cambojano, na sua pouco contestável mediocridade, é apenas uma pálida cópia do caprichoso e culto autocrata de Pequim, capaz em todo o caso de fundar no país mais povoado do planeta, e sem uma ajuda exterior decisiva, um regime cuja viabilidade ainda não está esgotada. São, pelo contrário, a Revolução Cultural e o Grande Salto que podem passar por provas medíocres, por esboços preparatórios daquilo que ficará talvez como a tentativa de transformação social mais radical de todos os tempos: aplicar o comunismo integral *imediatamente*, sem esse longo período de transição que parecia fazer parte dos fundamentos da ortodoxia marxista-leninista. E abolir a moeda, completar a coletivização integral em menos de dois anos, suprimir as diferenças sociais pelo aniquilamento do conjunto das camadas proprietárias, intelectuais e comerciantes, resolver o antagonismo milenar entre campos e cidades pela supressão, em apenas uma semana, destas últimas. Só era preciso querer, com muita força, e o paraíso descia sobre a Terra: Pol Pot acreditou sem dúvida que se elevava assim ainda mais alto do que os seus gloriosos antepassados — Marx, Lenin, Stalin, Mao Zedong — e que a revolução do século XXI falaria khmer, tal como a do século XX havia falado russo e depois chinês.

---

[1] Citado *in* Michael Vickery, *Cambodia 1975-1982*, Boston, South End, 1984, p. 148.

Camboja: no país do crime desconcertante

A marca que os Khmers Vermelhos[2] deixarão na História é, porém, inteiramente feita de sangue. Basta ler a abundante bibliografia suscitada por essa experiência-limite: quer se trate dos testemunhos dos evadidos ou das análises dos investigadores, só se fala praticamente de repressão. A única questão válida parece ser: como, por que semelhante horror? Nesse sentido, sim, o comunismo cambojano[3] ultrapassa todos os outros, e difere deles. Conforme se insista num ou noutro desses termos, considerar-se-á que constitui um caso extremo, marginal, aberrante — e a brevidade do exercício do poder (três anos e oito meses) aponta nesse sentido —, ou então que representa a caricatura, grotesca mas reveladora, de alguns traços fundamentais do fenômeno comunista. O debate não está encerrado, não só porque os dirigentes khmers vermelhos são avaros de palavras e de escritos (e por isso os conhecemos mal), mas também porque os arquivos dos seus sucessivos mentores — vietnamitas e chineses — permanecem inacessíveis.

O dossiê é, no entanto, abundante: comunismo tardio, o Camboja foi também o primeiro país a dissociar-se do sistema comunista (1979), pelo menos na sua forma radical. E a estranha "democracia popular", que lhe sucedeu, durante a década da ocupação militar vietnamita, encontrou o seu fundamento ideológico quase único (o socialismo estava demasiadamente desconsiderado pelo traumatismo anterior) na condenação da "quadrilha genocida Pol Pot-Ieng Sary".[4] As vítimas (em parte refugiadas no estrangeiro) eram encorajadas a falar (e o fazem facilmente, por pouco que lhes é solicitado), e os investigadores, em certa medida, a trabalhar. A instauração de um regime político pluralista[5]

---

[2] O próprio nome que lhes resta (e que eles sempre recusaram) não lhes pertence: foi Sihanuk que o forjou por ocasião das primeiras guerrilhas, no fim dos anos 1960. Nós preferimos designá-los assim, em alternativa à expressão "polpotistas" (mais corrente no Camboja), que personaliza demasiado uma direção ao que parece verdadeiramente colegial; incidentalmente, ela facilita também a "limpeza" em curso de nomes como os dos dirigentes Ieng Sary ou Khieu Samphan, já que o simples fato de terem escapado aos expurgos dos anos 1975-1979 implica que eles tenham, no mínimo, ratificado crimes monstruosos.

[3] Utilizaremos aqui o epíteto "cambojano" para designar o que se relaciona com o Camboja, e "khmer" para o que se aplica à etnia majoritária de um país onde os grupos minoritários, evocados mais adiante, constituíam, antes de 1970, pelo menos 15% da população. No entanto, por nacionalismo étnico, os poderes que se sucederam em Phnom Penh tenderam a substituir "khmer" por "cambojano". Quanto ao "Kampuchea", nome oficial do país de 1975 a 1991, trata-se simplesmente da pronúncia khmer do afrancesado "Cambodge"; esse termo vem do sânscrito.

[4] Portanto, é curioso notar que foram os comunistas que, antes da maioria dos comentadores ocidentais, ousaram aplicar o termo *genocídio* a um regime comunista.

[5] Sobre o qual o golpe de Estado de julho de 1997 — do segundo-primeiro-ministro Hun Sen contra o príncipe Ranariddh, vencedor das eleições de 1993 — deixa pairar as maiores incertezas.

708   *O Livro Negro do Comunismo*

sob a égide da ONU, a partir de 1992, seguido da concessão de importantes fundos de pesquisa pelo Congresso dos Estados Unidos em benefício do Programa do Genocídio Cambojano, coordenado pela Universidade de Yale, facilita as condições materiais; pelo contrário, a vontade de "reconciliação" entre cambojanos, que chegou à reintegração dos últimos Khmers Vermelhos no jogo político, tende a suscitar uma inquietante amnésia na elite do país, no seio da qual se falou insistentemente do fechamento do Museu do Genocídio (ex-prisão central) e no enterro dos ossuários exumados.

Sabemos, pois, aproximadamente o que os cambojanos viveram entre 1975 e 1979, embora haja ainda muito que fazer ao nível da quantificação, das variações locais, da cronologia exata e das modalidades de tomada de decisão no interior do Partido Comunista do Kampuchea (PCK). Sabemos o bastante, de todo o modo, para justificar plenamente os precoces gritos de alerta de um François Ponchaud,[6] que, como os de Simon Leys antes dele, incomodaram tão fortemente o conformismo intelectual da esquerda, que durante algum tempo as pessoas se recusaram a escutá-los.[7] Gradualmente reconhecidas como verídicas, em parte graças aos comunistas vietnamitas, as "amargas narrativas" do terror khmer vermelho desempenharam um papel não negligenciável na crise do comunismo e do marxismo ocidentais. Tal como esses judeus que mobilizaram as suas últimas forças para que o mundo soubesse o que tinha sido a Shoah, testemunhar constituiu o objetivo máximo e a grande motivação de alguns cambojanos que, desafiando tudo, conseguiram fugir: a sua tenacidade havia finalmente dado resultado. E a humanidade inteira que deve hoje continuar esse trabalho, o de um Pin Yathay, por exemplo, que vagou um mês pela selva, sozinho, esfomeado, "para testemunhar o genocídio cambojano, para descrever o que tínhamos sofrido, para contar como se programara friamente a morte de vários milhões de homens, de velhos, de mulheres e de crianças[...] Como o país fora arrasado, e atirado de volta para a era pré-histórica, e os seus habitantes, torturados[...] Eu queria viver para suplicar ao mundo que ajudasse os sobreviventes a escapar ao extermínio total."[8]

---

[6] *Cambodge, année zéro*, Paris, Julliard, 1977.

[7] E houve contratestemunhos, atenuantes e mentirosos: ver, por exemplo, Jérôme & Jocelyne Steinbach, *Cambodge, l'autre sourire*, Paris, Editions Sociales, 1976.

[8] Pin Yarhay, *L'Utopie meurtrière: un rescapé du génocide cambodgien témoigne*, Bruxelas, Complexe, 1989, p. 381.

A espiral do horror

Apesar do seu nacionalismo desconfiado, os cambojanos lúcidos reconhecem que o país foi fundamentalmente vítima de si mesmo: desse pequeno grupo de idealistas que viraram carrascos, e de uma elite tragicamente incapaz. Mas esse tipo de coquetel não é assim tão invulgar, tanto na Ásia quanto em outros lugares, e só raramente conduz a revoluções. É aqui que a conjugação de uma situação geográfica (a longa fronteira com o Vietnã e o Laos) e uma conjuntura histórica (a guerra do Vietnã, em plena escalada a partir de 1964) exerce a sua força indubitavelmente decisiva.

Uma guerra civil (1970-1975)[9]

O reino khmer, protetorado francês desde 1863, tinha mais ou menos conseguido escapar à guerra da Indochina (1946-1954). No momento em que as guerrilhas ligadas ao Vietminh começavam a desenvolver-se, em 1953, o rei Sihanuk soube lançar-se numa pacífica "cruzada para a independência" — facilitada pelas suas boas relações com Paris —, a qual, coroada de sucesso, puxava o tapete dos seus adversários de esquerda. Todavia, diante do confronto entre os comunistas vietnamitas e os Estados Unidos, o sutil jogo de equilíbrio que tentou, a fim de preservar a neutralidade cambojana, valeu-lhe gradualmente a desconfiança de todos no exterior, e uma crescente incompreensão no interior.

Em março de 1970, a derrubada do príncipe pelo seu próprio governo e pela Assembleia, com a bênção da CIA (mas, ao que parece, não organizada por ela), só iria precipitar o país inteiro na guerra na medida em que foi acompanhada por terríveis *pogroms* contra a minoria vietnamita (perto de 450.000 pessoas, dois terços das quais conseguem chegar ao Vietnã do Sul), pelo incêndio das embaixadas comunistas vietnamitas e, finalmente, pelo ultimato (perfeitamente vão) que ordenava às "tropas estrangeiras" que elas deixassem o país. Hanoi, que subitamente se viu sem outro trunfo no Camboja, exceto os Khmers Vermelhos, decidiu apoiá-los a fundo (armas, conselheiros, formação militar no Vietnã) e, nesse meio-tempo, ocupar a maior parte do país em nome deles, ou melhor, em nome de Sihanuk, furioso com a humilhação sofrida ao ponto de associar-se aos seus piores inimigos da véspera — os comunistas locais —, que se apressaram a estender-lhe o tapete vermelho, aconselhados por Pequim

---

[9] Dirigida pelo general (e logo marechal) Lon Nol.

710   *O Livro Negro do Comunismo*

e Hanoi, mas sem lhe concederem a menor parcela de controle real sobre a resistência interna. Comunistas formalmente "monarquistas" bateram-se, pois, contra a bastante formal República Khmer.[10] Esta última, em posição de inferioridade militar em face dos norte-vietnamitas, e incapaz de capitalizar em seu benefício a grande impopularidade de Sihanuk nas camadas urbanas, médias e intelectuais, teve rapidamente de apelar à ajuda americana (bombardeios, armamento, conselheiros) e de aceitar uma vã intervenção dos soldados da infantaria sul-vietnamita.

Depois do desastre da operação Chenla-II, que, no início de 1972, viu as melhores tropas republicanas dizimadas, a guerra não foi mais do que uma longa agonia, com o cerco apertando constantemente em torno das principais zonas urbanas, abastecidas e ligadas umas às outras cada vez mais exclusivamente por via aérea. Mas esse combate de retaguarda foi, no entanto, destrutivo, mortífero e sobretudo desestabilizador para uma população que, ao contrário da vietnamita, nunca conhecera algo comparável. Os bombardeiros americanos, principalmente, despejaram 540.000 toneladas de explosivos sobre as zonas de combate, metade das quais no decorrer dos seis meses anteriores à proibição dos bombardeios pelo Congresso (agosto de 1973). Eles conseguiram atrasar o avanço dos Khmers Vermelhos, mas asseguraram-lhes um forte recrutamento rural provocado pelo ódio aos Estados Unidos, desestabilizaram um pouco mais a república através do afluxo de refugiados às cidades (sem dúvida um terço dos oito milhões de cambojanos),[11] permitiram mais tarde a sua evacuação quando da vitória dos Khmers Vermelhos e, finalmente, possibilitaram essa mentira grosseira, argumento recorrente da propaganda dos comunistas: "Vencemos a maior potência mundial, portanto venceremos qualquer resistência, da natureza, dos vietnamitas etc."[12]

A conquista de Phnom Penh, em 17 de abril de 1975, e das últimas cidades republicanas, foi, assim, recebida naquela ocasião pelos próprios vencidos com um alívio quase generalizado: nada, acreditava-se, podia ser pior do que aquela

---

[10] Acerca dos primórdios do Kampuchea Democrático (designação oficial do Estado Khmer Vermelho), os melhores enunciados recentes são os de David P. Chandler, *The Tragedy of Cambodian History: Politics, War and Revolution since 1945*, New Haven, Yale University Press, 1991; e de Marie-Alexandrine Martin, *Le Mal cambodgien: histoire d'une société traditionnelle face à ses leaders politiques, 1946-1987*, Paris, Hachette, 1989.

[11] *Cf.* David P. Chandler, *Pol Pot: frère numéro un*, Paris, Plon, 1993 (ed. original em inglês, 1992), pp. 142, 162-3 e 166-7; e Ben Kiernan, *The Pol Pot Regime: Race, Power and Genocide in Cambodia under the Khmer Rouge, 1975-1979*, New Haven, Yale University Press, 1996, pp. 20-5.

[12] *Cf.*, por exemplo, Haing Ngor, *Une odyssée cambodgienne* (escrito com Roger Warner), Paris, Fixot-Filipacchi, 1988 (ed. original em inglês, 1987), pp. 105-6.

Camboja: no país do crime desconcertante

guerra cruel e inútil. E contudo[...] Os Khmers Vermelhos não tinham esperado pela vitória para mostrarem a sua aptidão desconcertante para a violência e para as medidas mais extremas. À medida que a "libertação" progredia, o país cobriu-se de "Centros de Reeducação", cada vez menos diferentes dos "Centros de Detenção", reservados a princípio aos "criminosos" mais empedernidos. Esses centros foram sem dúvida inicialmente constituídos segundo o modelo dos campos de prisioneiros do Vietminh dos anos 1950, sendo também reservados essencialmente aos prisioneiros do exército Lon Nol. Não se punha a questão de se aplicarem as Convenções de Genebra, uma vez que os republicanos eram "traidores" antes de serem combatentes. No entanto, no Vietnã, não houve matanças deliberadas de detidos, franceses ou mesmo dos povos nativos. No Camboja, pelo contrário, o regime mais severo tendeu a generalizar-se, e parece ter sido decidido desde o início que a sorte mais natural para qualquer detido era a morte. Um grande campo, onde estavam encarcerados mais de mil detidos, foi estudado por Henri Locard;[13] fundado em 1971 ou 1972, eram para lá atirados não só os soldados inimigos, mas igualmente as respectivas famílias (verdadeiras ou supostas), incluindo crianças, e ainda monges budistas, viajantes "suspeitos" etc. Os maus-tratos, um regime de fome e as doenças liquidaram rapidamente a maioria dos detidos e a *totalidade* das crianças. As execuções eram igualmente numerosas: até 30 por noite.[14]

Outras fontes sugerem o massacre de uma dezena de milhares de pessoas durante a tomada da antiga capital real, Udong, em 1974.[15] E as deportações em massa de civis começaram em 1973: cerca de 40 mil foram transferidos da província de Takéo para as zonas fronteiriças do Vietnã — muitos fugiram para Phnom Penh; na ocasião da tentativa abortada de tomada da cidade de Kompong Cham, milhares de citadinos foram obrigados a seguir os Khmers Vermelhos na sua retirada;[16] Kratié, a primeira cidade relativamente importante a ser conquistada, foi inteiramente esvaziada da sua população. O ano de 1973 assinalou também um momento decisivo na emancipação relativamente ao Vietnã do Norte: irritado pela recusa do PCK em aderir ao processo da partida negociada dos americanos (acordos de Paris, janeiro de 1973), a ajuda vietna-

---

[13] Henri Locard, "Tramkâk District in the Grip of the Khmer Rouge", comunicação no colóquio *Cambodia: Power, Mith and Memory*, Universidade Monash, dezembro de 1996, pp. 26-33.

[14] As execuções feitas pelos Khmers Vermelhos eram sempre noturnas, o que corresponde à sua constante obsessão pelo segredo.

[15] Chandler (1993), *op. cit.*, nota 28, p. 308; Kiernan, *op. cit.*, p. 108.

[16] *Ibid.*, p. 167.

712 O Livro Negro do Comunismo

mita sofreu uma importante redução. Os seus meios de pressão decresceram proporcionalmente, e a equipe de Pol Pot[17] aproveitou para começar a eliminar fisicamente os sobreviventes dos "Khmers Vietminhs" que haviam regressado ao Camboja, antigos resistentes antifranceses (cerca de um milhar) que tinham partido para Hanói depois dos acordos de Genebra (1954).[18] Pela sua experiência, pelos laços que mantinham com o PC vietnamita, eles representavam uma alternativa aos dirigentes em função, e se haviam aproximado do comunismo, principalmente, *depois* da guerra da Indochina e/ou enquanto estudavam na França; muitas vezes, eles haviam iniciado a sua vida militante no Partido Comunista Francês.[19] A partir desse momento, reescrevendo a história, impõem o dogma de um PCK fundado em 1960, e não, como realmente aconteceu, em 1951, a partir do Partido Comunista Indochinês (PCI), iniciado por Ho Chi Minh e centrado no Vietnã. Tratava-se de retirar dos "51" — que passaram a ser perseguidos a partir de então — toda e qualquer legitimidade histórica e criar artificialmente uma solução de continuidade com o Partido Comunista Vietnamita (PCV). Como medida de precaução, os poucos sihanukistas dispersos na guerrilha foram igualmente liquidados. Os primeiros choques sérios entre tropas vietnamitas e Khmers Vermelhos parecem também datar de 1973.[20]

Deportações e segmentação da população (1975-1979)

O esvaziamento integral de Phnom Penh,[21] logo depois da vitória, foi, contudo, um choque tão inesperado para os habitantes da cidade como para a opinião mundial, a qual percebeu pela primeira vez que se desenrolavam no

---

[17] Voltaremos ao "irmão número um"; os outros dirigentes de primeiro plano são então Hu Yun, Hu Nim, Khieu Samphan ("testas-de-ferro" do PC em Phnom Penh até 1967, todos antigos ministros) e, nas esporádicas resistências surgidas a partir de 1963, Nuon Chea, Sao Phim, Son Sen, Vorn Vet, Ieng Sary, bem como as esposas deste último e de Saloth Sar (aliás, Pol Pot), e as irmãs Ieng Thirith e Khieu Ponnary. Com diferenças de poucos anos, todos pertenciam à mesma geração, nascida no fim dos anos 1920.

[18] Kiernan, *op. cit.*, p. 108.

[19] Chandler (1993), *op. cit.*, pp. 63-4.

[20] Serge Thion, "Chronology of Khmer Communism, 1940-1982", *in* David P. Chandler & Ben Kiernan, *Revolution and its Aftermath in Kampuchea: Eight Essays,* New Haven, Yale University Southeast Asia Studies, 1983, pp. 301-2.

[21] A medida foi aparentemente decidida em janeiro de 1975, ao mesmo tempo que a renúncia à moeda, quando as notas acabavam de ser impressas. O único dirigente a fazer oposição, o prestigiado Hu Yun, antigo ministro de Sihanuk e membro fundador do PCK, "desapareceu", nos meses seguintes — primeiro expurgo a esse nível, mas que prenunciava muitos outros.

Camboja acontecimentos excepcionais, mesmo que os cidadãos de Phnom Penh estivessem tentados a acreditar nos pretextos adiantados pelos novos senhores: proteger a população de eventuais bombardeios americanos e assegurar o seu abastecimento. A evacuação das cidades, que ficará talvez como a "assinatura" do regime na história, foi espetacular, mas, ao que parece, não excessivamente onerosa em vidas: tratava-se de populações que se encontravam de boa saúde e bem alimentadas, que puderam levar algumas reservas (e meios de troca, começando pelo ouro, joias[...] e os dólares).[22] A população não sofreu naquela ocasião brutalidades sistemáticas, embora não tenham faltado os recalcitrantes mortos "para servir de exemplo", nem a execução dos soldados derrotados. Os deportados não são em geral despojados dos seus haveres, nem sequer revistados. As vítimas diretas e indiretas da evacuação — feridos ou operados expulsos dos hospitais, velhos ou doentes isolados; igualmente, numerosos suicidas, por vezes famílias inteiras[...] — foram talvez cerca de dez mil,[23] em dois a três milhões de habitantes da capital, e algumas centenas de milhares no que respeita às outras cidades (de 46 a 54% da população total teriam sido jogados nas estradas!).[24] É o traumatismo que fica, indelével, na memória dos sobreviventes. Eles tiveram de deixar as suas casas e os seus bens em menos de 24 horas, embora um pouco tranquilizados pela mentira piedosa[25] de que "é apenas por três dias", mas estonteados por um turbilhão humano onde era fácil perder-se, por vezes definitivamente, os parentes. Soldados inflexíveis (*yothea*) que nunca sorriam, os arrastavam: de fato, a região de destino dependia do bairro de partida — infelicidade para as famílias divididas nesse momento. Foram aterrorizados com cenas de morte e de desespero, e não receberam em geral a menor ajuda (alimentos, cuidados...) dos Khmers Vermelhos durante um lento êxodo, que para alguns durou semanas.

Essa primeira deportação correspondeu também à primeira triagem dos ex-urbanos, feita nos cruzamentos de estradas. Ela era rudimentar e geralmente declarativa: inexplicavelmente, pelo menos numa perspectiva de controle

---

[22] Os Khmers Vermelhos aboliram imediatamente a moeda khmer. Uma consequência involuntária foi o monopólio que a partir de então a população conferiu ao dólar nas poucas trocas monetárias, todas ilegais, que subsistiam.

[23] Kiernan, *op. cit.*, p. 48.

[24] Marek Sliwinski, *Le Génocide khmer rouge: une analyse démographique,* Paris, L'Harmattan, p. 30.

[25] O que explica igualmente que alguns tenham partido sem grande coisa, e em particular sem produtos negociáveis no mercado clandestino, ele próprio uma condição quase absoluta da sobrevivência nos meses e anos que se seguiram.

714   *O Livro Negro do Comunismo*

policial,[26] os Khmers Vermelhos haviam ordenado a destruição de todos os documentos de identificação; isso permitiu a inúmeros antigos funcionários ou militares forjarem uma personalidade nova e, com alguma sorte, sobreviverem.[27] Sob o pretexto de poder servir ao novo regime na capital, ou de ir acolher condignamente Sihanuk, chefe de Estado nominal até 1976, procurava-se selecionar o maior número de funcionários de grau médio ou superior, e sobretudo de oficiais do exército. A maioria foi imediatamente liquidada, ou pereceu pouco depois na prisão.

Gerir inteiramente os enormes fluxos de citadinos estava ainda fora do alcance do fraco aparelho khmer vermelho, geralmente estimado, em 1975, em cerca de 120.000 militantes e simpatizantes (na sua maioria muito recentes), metade dos quais combatentes. Deixou-se portanto os evacuados instalarem-se onde queriam (ou podiam), com a condição de obterem a concordância do chefe do povoado. O Camboja não é nem muito grande nem muito densamente povoado, e quase todos os cidadãos urbanos tinham família próxima no campo: um grande número pôde juntar-se a eles, o que melhorou as suas possibilidades de sobrevivência, pelo menos enquanto não fossem deportados de novo (ver mais adiante). Globalmente, as coisas não foram demasiado difíceis: alguns habitantes dos povoados chegaram a abater uma vaca em homenagem aos evacuados,[28] ajudando-os muitas vezes a se instalarem. Mais geralmente, até o momento da queda do regime, os testemunhos falam pelo menos tanto de relações de entreajuda, ou de troca, quanto de hostilidade — sobretudo de início; poucos maus-tratos físicos, e aparentemente nenhum assassinato espontâneo.[29] As relações parecem ter sido particularmente amigáveis com os *Khmers Loeu* (minoria étnica das regiões remotas).[30] O fato de esses últimos, junto dos quais os Khmers Vermelhos constituíram as suas primeiras bases, terem sido especialmente favorecidos pelo regime, pelo menos até 1977, permite concluir que as tensões muitas vezes crescentes em outras partes do país entre os recém-chegados e os camponeses provinham da extrema penúria geral, em

---

[26] Percebe-se que a hostilidade dogmática a qualquer escrito não revolucionário (os livros eram destruídos, abandonados — como aconteceu aos da Biblioteca Nacional — ou transformados em papel de cigarro) prevaleceu então sobre qualquer outra consideração.

[27] *Cf.* Pin Yathay, *op. cit.*, pp. 60-4; Haing Ngor, *op. cit.*, pp. 102-3.

[28] Testemunho de Channo, *Phnom Penh Post* (a partir de agora, *PPP*), 7 de abril de 1995, p. 5.

[29] *Cf.*, por exemplo, Pin Yathay, *op. cit.*, pp. 57, 94 e 209-11.

[30] Usha Welaratna, *Beyond the Killing Fields: Voices of Nine Cambodian Survivors in America*, Stanford, Stanford University Press, 1993, p. 78.

Camboja: no país do crime desconcertante

que uma boca a mais podia significar uma dura fome: esse tipo de situação jamais contribuiu para o altruísmo[...][31]

A afluência dos citadinos perturbava a vida rural e o equilíbrio entre recursos e consumo: nas férteis planícies de arrozais da região 5 (Noroeste), aos 170.000 habitantes de origem juntavam-se 210.000 recém-chegados![32] Além disso, o PCK fez de tudo para aumentar o abismo entre o *Pracheachon Chah*— antigo povo, ou povo de base, por vezes designado como "70", porque estiveram de um modo geral sob o domínio dos Khmers Vermelhos desde o princípio da guerra — e o *Pracheachon Thmei*-novo povo, ou "75", ou ainda "17 de abril". Ele estimulou o "ódio de classe" dos "proletários patriotas" contra os "capitalistas-lacaios dos imperialistas". Estabeleceu um direito diferenciado; ou, mais precisamente, apenas os Antigos, uma pequena quantidade da população, tinham alguns direitos, em especial, no princípio, o de cultivar uma parcela privada, e o de comerem na cantina obrigatória antes dos outros, e um pouco melhor; acidentalmente, por vezes, tinham também o direito de participar das "eleições" de candidato único. O *apartheid* era completo — em princípio não tinham o direito de se falarem, e de qualquer modo nunca o de se casarem —, e até no próprio *habitat*: cada grupo tinha sua residência fixada em um bairro do povoado.[33]

Assim, as clivagens multiplicavam-se no interior de cada um dos dois grandes grupos da população. Do lado dos Antigos, tudo se fez para opor os "camponeses pobres" aos "latifundiários", aos "camponeses ricos" e aos ex-comerciantes (rapidamente a coletivização passou a ser total). Entre os Novos, os não funcionários e os não escolarizados foram separados ao máximo dos antigos servidores do Estado e dos intelectuais. O destino dessas duas últimas categorias foi geralmente infeliz: pouco a pouco, e descendo cada vez mais abaixo na hierarquia, elas foram "expurgadas", muitas vezes até o seu completo desaparecimento, incluindo com muita frequência, a partir de 1978, mulheres e crianças.

No entanto, não bastava aos dirigentes do PCK terem ruralizado a quase-totalidade da população cambojana: poucos meses depois de se instalarem, uma grande parte dos Novos foi forçada a dirigir-se para novos locais de deportação, dessa vez sem a mínima chance de protesto: assim, só no decurso do mês de

---

[31] Discussão geral das relações Antigos/Novos, *in* Kiernan, *op. cit.*, pp. 210-5.

[32] Kiernan, *op. cit.*, p. 219.

[33] Pin Yathay, *op. cit.*, p. 92.

716   *O Livro Negro do Comunismo*

setembro de 1975, várias centenas de milhares de pessoas deixaram as zonas do Leste e do Sudoeste em direção ao Noroeste.[34] Não são raros os casos de três ou quatro deportações sucessivas, sem contar com as "brigadas de trabalho" que arrastam, por vezes durante meses consecutivos, jovens e adultos sem filhos de tenra idade para longe do povoado que lhes estava designado. A intenção do regime era quádrupla: impedir qualquer laço duradouro — politicamente ameaçador — entre Novos e Antigos, e mesmo entre os próprios Novos;[35] "proletarizar" continuamente estes últimos, impedindo-os de levarem os seus magros bens[36] e de terem tempo para colher o que haviam semeado; estabelecer um controle completo sobre os fluxos de população, permitindo o lançamento de grandes frentes de trabalho e a valorização agrícola das montanhas e matagais subpovoados da periferia do país; finalmente, sem dúvida, eliminar um máximo de "bocas inúteis", de tal forma as novas evacuações (por vezes a pé, quando muito em carroça ou em vagões repletos de trens bastante lentos, pelos quais se chegava a esperar uma semana) foram terríveis para indivíduos que se tornaram subnutridos, que viam suas reservas de medicamentos se esgotarem.

As transferências "voluntárias" eram um caso um pouco especial. Frequentemente, é proposto aos Novos que "regressem ao seu povoado natal", ou que vão trabalhar para uma cooperativa menos dura, menos insalubre, com melhor alimentação. Invariavelmente, os voluntários (muitas vezes numerosos) viam-se enganados e atirados para um lugar ainda mais sinistro, mais mortífero. Pin Yathay, ele próprio vítima desse logro, soube decifrar o enigma: "Tratavase, realmente, de uma sondagem para detectar as tendências individualistas. [...] o citadino provava que não se libertara das suas lastimáveis propensões. Demonstrava assim que devia sofrer um tratamento ideológico mais severo num povoado onde as condições de vida fossem ainda mais difíceis e rudes. Apresentando-nos como voluntários, denunciávamo-nos a nós mesmos. Através desse método infalível, os Khmers Vermelhos detectavam os deportados mais instáveis, os menos satisfeitos com o seu destino."[37]

---

[34] Kiernan, *op. cit.*, p. 97

[35] Pin Yathay cita projetos de fuga ou de revolta desbaratados por repentinos movimentos de população.

[36] Por vezes, acabava-se autorizando somente uma tigela e uma colher como bens pessoais; *cf.* Charles H. Twining, "The Economy*, *in* Karl D. Jackson (ed.), *Cambodia 1975-1978: Rendezvous with Death*, Princeton, Princeton University Press, 1989, p. 121.

[37] Pin Yathay, *op. cit.*, p. 120.

A época dos expurgos e dos grandes massacres (1976-1979)

Tudo se passa como se a loucura classificativa e eliminatória imposta à sociedade progredisse pouco a pouco até a cúpula do poder. Vimos como os "pró-vietnamitas" autênticos e os Hu Yun haviam sido eliminados precocemente; os diplomatas do "governo real", que não eram todos comunistas, receberam ordens para que regressassem em dezembro de 1975, e todos, à exceção de dois, foram torturados e em seguida executados.[38] Entretanto, num PCK que parece nunca ter conhecido um funcionamento regular, as suspeitas de traição eram alimentadas, desde o princípio, pela grande autonomia das diferentes zonas (assim, o exército só foi unificado *após* o 17 de abril), depois pelos fracassos manifestos da economia e, finalmente, a partir de 1978, pelas fáceis contraofensivas vietnamitas na fronteira.

Desde a prisão, em setembro de 1976, de Keo Meas, que foi o "Nº 6" na hierarquia do PCK, o Partido viu-se como que devorado por dentro num ritmo cada vez mais acelerado. Nunca houve julgamentos, ou mesmo acusações claras, e todos os prisioneiros foram assassinados, ao fim de terríveis torturas; somente as suas "confissões" nos fazem entrever aquilo de que se podia acusá-los, mas as divergências com a linha Pol Pot nunca são claras; tratava-se indubitavelmente de "esmagar" todos aqueles cujo brilho pessoal, uma mínima independência de espírito ou uma associação anterior ao PCV (e até ao "bando dos Quatro" chinês, como no caso de Hu Nim), pudesse um dia ameaçar a preeminência de Pol Pot.[39] A paranoia parecia uma caricatura dos piores excessos stalinistas. Assim, durante uma sessão de estudos dos quadros do PC, imediatamente após o início do expurgo, o "Centro" evoca, como conclusão, "um combate feroz e sem piedade, até a morte, contra o inimigo de classe em especial nas nossas fileiras";[40] na publicação mensal do Partido, *Tung Padevat* (*Bandeiras Revolucionárias*), escreve-se, em julho de 1978: "Há inimigos por toda parte em nossas fileiras, no centro, no estado-maior, nas zonas, nos povoados de base."[41] E, no entanto, nessa ocasião, cinco dos 13 mais altos responsáveis de outubro de 1975 haviam sido executados, assim como a maioria dos secretários das regiões.[42] Dois dos sete membros da nova direção de 1978 são ainda liquida-

---

[38] Segundo Julio Jeldres, conselheiro de Sihanuk, *in PPP,* 20 de setembro de 1996.

[39] Chandler (1993), *op. cit.,* pp. 205-9.

[40] Kiernan, *op. cit.,* p. 333.

[41] Chandler (1991), *op. cit.,* p. 298.

[42] Podem ser comparados aos distritos franceses; cada região abrange vários deles.

718   *O Livro Negro do Comunismo*

dos antes de janeiro de 1979, sendo um deles o vice-primeiro-ministro Vorn Vet, que Pol Pot teria espancado pessoalmente, ao ponto de lhe quebrar uma perna.[43] O expurgo se autoalimenta: bastam três denúncias como "agente da CIA" para que alguém seja preso — daí o afinco dos inquisidores em mandar redigir confissão sobre confissão ao "peixe graúdo" (sete sucessivas para Hu Nim), fosse qual fosse o método utilizado[...][44] As conspirações imaginárias se espalham continuamente, as "redes" se multiplicam. O ódio furioso contra o Vietnã faz perder todo o sentido das realidades: um médico é acusado de ter sido membro da "CIA vietnamita"; ele teria sido recrutado em Hanói, em 1956, por um agente americano disfarçado de turista.[45] As liquidações descem até o nível das cooperativas: num único distrito, 40.000 dos 70.000 habitantes seriam "traidores que colaboram com a CIA"?[46]

Foi, no entanto, apenas na zona Leste que a retomada do poder assumiu proporções propriamente genocidárias. O Vietnã hostil estava próximo, e o chefe militar e político, Sao Phim, construíra uma sólida base local de poder; fenômeno único, uma rebelião dos quadros locais irá degenerar numa curta guerra civil, em maio-junho de 1978. Em abril, 409 quadros do Estado haviam sido encerrados em Tuol Sleng; em junho, vendo-se perdido, Sao Phim suicidou-se; a mulher e os filhos foram assassinados enquanto se cumpriam os ritos fúnebres; alguns restos dispersos das forças armadas da zona tentaram insurgir-se e em seguida passaram para o Vietnã, onde constituíram o embrião da Frente Unida de Salvação Nacional que acompanhará o exército de Hanói até Phnom Penh. O Centro triunfava, mas não deixava de condenar à morte esses "vietnamitas em corpos khmers" que seriam os habitantes do Leste. De maio a dezembro de 1978, entre 100.000 e 250.000 pessoas (em 1,7 milhão de habitantes) foram massacradas — a começar pelos jovens e pelos militantes como, por exemplo, a totalidade das 120 famílias (700 pessoas) do povoado de Sao Phim; num outro povoado, apenas sete pessoas escaparam para um total de 15 famílias, 12 das quais foram totalmente eliminadas.[47] A partir de julho, os sobreviventes foram deportados em caminhões, trens ou barcos para outras zonas, onde eles estavam destinados a ser progressivamente

---

[43] Y Phandara, *Retour à Phnom Penh: le Cambodge du génocide à la colonisation*, Paris, A. M. Métailié, 1982, p. 208.

[44] Chandler (1993), *op. cit.*, p. 207.

[45] *Ibid.*, p. 209; Chandler (1991), *op. cit.*, p. 295.

[46] Kiernan, *op. cit.*, p. 418.

[47] Kiernan, "Wild Chickens, Farm Chickens and Cormorants: Kampuchea's Eastern Zone under Pol Pot", *in* Chandler e Kiernan, *op. cit.*, pp. 191-7.

Camboja: no país do crime desconcertante

exterminados (milhares foram assassinados durante o transporte): assim, as pessoas eram vestidas com uniformes *azuis* (vindos da China em cargueiros especiais), enquanto o "uniforme" dos seguidores do regime de Pol Pot devia ser negro. E progressivamente, sem alarde, geralmente fora da vista dos outros cidadãos do povoado, os "azuis" desapareceram; numa cooperativa do Noroeste, somente uma centena, em três mil, se encontrava viva quando chegou o exército vietnamita.[48] Essas atrocidades assinalam uma reviravolta tripla, às vésperas do desmoronamento do regime: as mulheres, as crianças e os velhos são tão exterminados quanto os homens adultos; os Antigos são mortos como os Novos; finalmente, ultrapassados pela tarefa que a si mesmos impuseram, os Khmers Vermelhos exigem por vezes à população, incluindo os "75", que os ajude. A "revolução" tornava-se realmente louca, e ameaçava agora devorar até o último cambojano.

A dimensão das fugas para o estrangeiro prova que o poder khmer vermelho conduzira ao desespero uma grande parte dos cambojanos: sem contar com as chegadas (pouco numerosas) de abril de 1975, havia na Tailândia 23.000 refugiados em novembro de 1976.[49] Em outubro de 1977, encontravam-se no Vietnã cerca de 60.000 cambojanos.[50] E, entretanto, a extrema periculosidade da fuga, sempre punida com a morte em caso de captura e somente factível à custa de dias, ou mesmo de semanas vagueando por uma selva hostil[51] — num momento em que o esgotamento era geral —, fez recuar a maioria daqueles que a ponderavam. Dos que partiram, apenas uma pequena parte (quatro em 12 no grupo de Pin Yathay, que no entanto se haviam preparado minuciosamente) chegou a um porto seguro.

Depois de 20 meses de conflito fronteiriço esporádico, inicialmente encoberto, depois declarado a partir de janeiro de 1978, a chegada dos vietnamitas, em janeiro de 1979, foi sentida pela grande maioria dos cambojanos como uma "libertação" (a sua designação oficial, até hoje); é emblemático o fato de os habitantes do povoado de Samlaut ("heróis" da revolta de 1967) terem, como muitos outros, massacrado os seus quadros khmers vermelhos que não haviam fugido a tempo.[52] Esses últimos tiveram, mesmo assim, tempo para cometer as

---

[48] Chandler (1991), pp. 296-7; Kiernan, *op. cit.*, pp. 392-411.

[49] Kiernan, *op. cit.*, p. 144.

[50] De acordo com vários testemunhos (em particular, Chandler, 1991, *op. cit.*, p. 276), alguns foram reenviados para o Camboja — às vezes trocados por gado[...] — e, também, ao que parece, para a morte, *mesmo após o início dos combates.*

[51] *Cf.*, por exemplo, Pin Yathay, *op. cit.*, pp. 347-402.

[52] Y Phandara, *op. cit.*, p. 228.

derradeiras atrocidades: em inúmeras prisões,[53] entre as quais Tuol Sleng, não houve praticamente ninguém para libertar. Que muitos se tenham mais tarde se desencantado, e que as intenções de Hanói não tenham sido primariamente humanitárias, nada pode diminuir esse fato — que foi na época contestado: diante da virada verificada no regime khmer vermelho, particularmente em 1978, uma quantidade incalculável de pessoas foi salva da morte pelas divisões blindadas vietnamitas. O país pôde, pouco a pouco, retornar à vida, os seus habitantes puderam recuperar progressivamente a liberdade de se deslocarem, de cultivarem as suas terras, de acreditarem, de aprenderem, de amarem[...]

Variações em torno de um martirológio

O horror não precisa de ser quantificado para ser estabelecido. O que já dissemos e o que seremos forçados a dizer basta, indubitavelmente, para qualificar o regime do PCK. No entanto, quantificar é compreender: embora *nenhuma* categoria da população fosse poupada, quem eram os principais visados? Onde e quando aconteceu o que aconteceu? Como situar a tragédia do Camboja entre todas as desse século, e dentro do decorrer da sua própria história? O cruzamento de diferentes métodos (demografia, microestudos quantitativos, narrativas, avaliações provenientes dos protagonistas), nenhum dos quais é satisfatório em si mesmo, permite avançar em direção à verdade.

Dois milhões de mortos?

Para começar pela inevitável necessidade de avaliação global, deve-se convir que o raio de ação é grande, demasiado grande — o que já pode ser considerado significativo da amplitude do acontecimento: quanto mais considerável e difícil de compreender é um massacre, mais delicado é fazer o seu balanço. Por outro lado, muita gente teve interesse em confundir as pistas em direções opostas: os Khmers Vermelhos, para negarem as suas responsabilidades, e os vietnamitas e seus aliados cambojanos, para se justificarem. Pol Pot, na sua última entrevista jornalística em dezembro de 1979, garantiu que "somente alguns milhares de cambojanos devem ter morrido em consequência dos erros na aplicação da nossa política, que consistia em dar a abundância ao povo".[54]

---

[53] Henri Locard, *Le Goulag khmer rouge*, nota da Universidade de Lyon-2, 1995, p. 17.

[54] Chandler (1993), *op. cit.*, p. 265.

Camboja: no país do crime desconcertante 721

Khieu Samphan, numa publicação oficial de 1987, deu precisão aos fatos: 3.000 vítimas de "erros", 11.000 execuções de "agentes vietnamitas", 30.000 assassinatos por "agentes vietnamitas infiltrados" (*sic*). Entretanto, o documento menciona que os ocupantes vietnamitas, em 1979-80, teriam matado "cerca de 1.500.000 pessoas"; estando esse número fantasiosamente exagerado, pode ele ser tomado como uma confissão involuntária da mortalidade do período que começou em 1975, que deve ser lançado em grande parte no ativo dos Khmers Vermelhos.[55] O "desvio de cadáveres" é ainda mais flagrante ao tratar-se da avaliação dos mortos de *antes* do 17 de abril, durante a guerra civil: Pol Pot mencionou, em junho de 1975, o número, já sem dúvida exagerado, de 600.000; em 1978, o mesmo passou para "mais de 1,4 milhão".[56] A propósito das vítimas dos Khmers Vermelhos, o ex-presidente Lon Nol preferiu falar de 2.500.000, e Pen Sovan, antigo secretário-geral do Partido Popular Revolucionário do Kampuchea (PPRK), no poder desde 1979, avançou o número considerado pela RPK e pela propaganda vietnamita: 3.100.000.

Os dois primeiros estudos quantitativos considerados sérios — embora reconheçam as suas incertezas — são sem dúvida o de Ben Kiernan, que chegou a 1.500.000 mortos,[57] e o de Michael Vickery, que avança um número menos significativo (embora baseando-se inicialmente numa população indubitavelmente subavaliada). Stephen Heder retoma a estimativa de Kiernan, dividindo-a em partes iguais entre os Antigos e os Novos (o que é difícil de aceitar), e dividindo igualmente ao meio o número de mortos de fome e de assassinados.[58] David Chandler, incontestado especialista, mas que não fez uma avaliação analítica, fala de 800.000 a um milhão de pessoas como número mínimo.[59] Um estudo da CIA, baseado em dados aproximados, estima o déficit demográfico total (incluindo a diminuição do número de nascimentos induzida pelas dificuldades) em 3.800.000 pessoas entre 1970 e 1979 (as perdas da guerra de 1970-1975 estão, portanto, incluídas), para uma população subsistente em

---

[55] *Ibid.*, p. 322.

[56] Locard (1995), nota citada, pp. 8-9.

[57] Fundamenta-se sobretudo na extrapolação de uma importante quantidade de microestudos, em setores diferentes da população: 25% de perdas nas famílias dos refugiados; 35%, 41% e 53% de perdas sob o Kampuchea Democrático em três povoados; 42% num bairro de Phnom Penh (dos quais um quarto morto de fome ou doença); 36% num grupo de 350 habitantes da zona Leste, quase todos assassinados.

[58] Kiernan, *op. cit.*, pp. 456-60.

[59] Chandler (1993), *op. cit.*, p. 261.

1979 de cerca de 5.200.000 habitantes.[60] Baseando-se na comparação entre a área de arrozais cultivada antes de 1970 e em 1983, uma estimativa chega a 1.200.000 vítimas.[61] Marek Sliwinski, num recente e inovador estudo de base demográfica (enfraquecido no entanto pela ausência de qualquer recenseamento entre o fim dos anos 1960 e 1993), fala de um pouco mais de dois milhões de mortos, ou seja, 26% da população (mortalidade natural, avaliável em 7%, não incluída). É o único a tentar precisar a sobremortalidade dos anos de 1975-1979 em função do sexo e da idade: 33,9% de homens e 15,7% de mulheres; uma tal diferença teria como causa uma maioria de assassinatos; a mortalidade foi terrível em todas as idades, embora sobretudo nos jovens adultos (34% de homens de 20 a 30 anos, 40% dos 30-40 anos) e nos de mais de 60 anos de ambos os sexos (54%). Como por ocasião das grandes fomes ou epidemias do Antigo Regime, a natalidade baixou enormemente: 3% em 1970 e 1,1% em 1978.[62] O que é certo é que nenhum país foi, desde 1945, atingido a esse ponto. Em 1990, não voltara ainda a ser alcançado o número de habitantes de 1970. E a população encontra-se muito desequilibrada: 1,3 mulher por homem; entre os adultos de 1989, conta-se a bagatela de 38% de viúvas, contra 10% de viúvos.[63] Encontramos 64% de mulheres na população adulta, e 35% dos chefes de família são mães; a ordem de grandeza é a mesma para os 150.000 cambojanos refugiados nos Estados Unidos.[64]

Um tal volume de perdas — decerto quase igual a um habitante em cada sete, pelo menos, e mais provavelmente a um em cada quatro ou cinco — permite já eliminar a seguinte opinião frequentemente expressa:[65] a violência dos Khmers Vermelhos, por mais inaceitável que seja, teria sido em grande medida *reativa* — a reação de um povo louco de dor e de raiva — perante o "pecado original" dos bombardeios americanos. Notaremos de imediato que outros povos copiosamente bombardeados (os britânicos, os alemães, os japoneses, os vietnamitas…) não foram, por esse fato, tomados de uma explosão

---

[60] Craig Etcheson, *The Rise and Demise of Democratic Kampuchea*, Boulder, Westview, 1984, p. 148.

[61] Leo Mong Hai, presidente do Instituto Khmer para a Democracia; entrevista pessoal (dezembro de 1996).

[62] Sliwinski, *op. cit.*, pp. 49-67

[63] *Ibid.*, p. 52.

[64] Welaratna, *op. cit.*, p. XIX e 2.

[65] A ideia subentende a obra, aliás muito rica, e que significou um momento importante, de William Shawcross, *Sideshow: Nixon, Kissinger and the Destruction of Cambodia*, Londres, Deutsch, 1979 (trad. francesa, *Une tragédie sans importance*, Paris, Balland, 1979); e igualmente Kiernan, *op. cit.*, pp. 20 e 24.

Camboja: no país do crime desconcertante

extremista comparável (pelo contrário, por vezes). Mas, principalmente, as devastações da guerra, por dramáticas que sejam, não podem verdadeiramente ser comparadas com o que o PCK fez *em tempo de paz*, mesmo excluindo o último ano e o seu conflito fronteiriço com o Vietnã. O próprio Pol Pot, que certamente não teria qualquer interesse em minimizar, estimou, diz-se, o total de vítimas (sem justificar essa quantificação) em 600.000 — número levado em consideração, por mais espantoso que possa parecer, por muitos especialistas; Chandler, não menos apressadamente, avança "meio milhão" de vítimas; quanto aos bombardeios americanos, ele menciona, apoiando-se em diversos estudos, de 30.000 a 250.000 mortos.[66] Sliwinski, por sua vez, chega a 240.000 mortos numa avaliação média, aos quais se deveriam talvez juntar cerca de 70.000 civis vietnamitas, na sua maioria vítimas dos *pogroms* de 1970; reduz os mortos por bombardeio a cerca de 40 mil (um quarto dos quais combatentes), fazendo notar que as províncias mais bombardeadas eram frequentemente muito pouco povoadas e que em 1970 abrigavam pouco mais de um milhão de habitantes — muitos dos quais rapidamente fugiram para as cidades; pelo contrário, os "assassinatos" do período de guerra, em grande parte devidos aos Khmers Vermelhos, teriam sido cerca de 75.000.[67] É certo que a guerra enfraqueceu a resistência da sociedade, destruiu e desmoralizou uma parte das elites e aumentou fantasticamente o poder dos Khmers Vermelhos, tanto devido às escolhas estratégicas de Hanói como à presunção irresponsável de Sihanuk: os autores e os padrinhos do golpe de março de 1970 têm muito a censurar a si próprios. Mas isso em nada atenua a responsabilidade do PCK depois de 1975; aliás, as violências não tiveram, na ocasião, muito de espontâneo, como vimos.

É igualmente necessário interrogarmo-nos acerca das *modalidades* desses homicídios em massa. Os poucos estudos quantitativos sérios, apesar das suas contradições, permitem-nos entrevê-las. A ruralização forçada dos citadinos (deportações, esgotamento no trabalho...) fez, no máximo, 400.000 vítimas, provavelmente bastante menos. As execuções são o dado mais incerto, cifrando-se o valor médio a cerca de 500.000; porém, Henri Locard, raciocinando por extrapolação, atribui só às prisões — o que deixa de lado as execuções "no local", também elas numerosas — pelo menos de 400.000 a 600.000 vítimas;[68] Sliwinski afirma um total de um milhão de assassinatos. A doença e a fome

---

[66] Chandler, *op. cit.*, (1993), pp. 13 e 163.

[67] Sliwinski, *op. cit.*, pp. 42-8.

[68] Locard (1995), p. 10.

724   *O Livro Negro do Comunismo*

foram sem dúvida as mais mortíferas, com provavelmente, no mínimo, 700.000 mortos;[69] Sliwinski fala de 900.000, incluindo os efeitos diretos da ruralização.[70]

Alvos e suspeitos

Se é tão delicado deduzir dados globais a partir de estudos locais é porque a distribuição do horror foi bastante desigual. É evidente que os "70" sofreram menos do que os "75", em particular de fome, mesmo que se mantenha a ilusão de óptica proveniente do fato de terem sido os Novos a fornecer a quase totalidade dos testemunhos publicados. A mortalidade é muito forte nos ex-citadinos: dificilmente se encontra uma família intacta. Ora, trata-se de cerca de metade da população total. Assim, em cada 200 famílias instaladas num povoado da zona Norte, cerca de 50 sobreviviam em janeiro de 1979, e apenas uma tinha perdido "só" os avós.[71] Mas certas categorias mais restritas foram ainda bem mais dizimadas. Já mencionamos a caça aos antigos funcionários da administração Lon Nol e sobretudo aos militares; expurgos sucessivos atingiram estratos cada vez mais baixos na hierarquia.[72] Aparentemente, apenas os ferroviários, insubstituíveis, foram parcialmente mantidos nos seus postos — mas determinado chefe de estação acha sensato declarar uma posição mais subalterna.[73] Os monges, enquadramento tradicional desse país budista, representavam uma força concorrente inaceitável. Os que não renunciaram foram sistematicamente eliminados. Assim, de um grupo de 28 religiosos evacuados de um povoado da província de Kandal, apenas um sobrevivia em 1979.[74] Em escala nacional, de 60.000 ficariam reduzidos a cerca de um milhar.[75] A quase totalidade dos fotógrafos de imprensa desapareceu.[76] O destino dos "intelectuais"[77] foi mais diversificado. Por vezes foram perseguidos enquanto

---

[69] Etcheson, *op. cit.,* p. 148.

[70] Segundo Sliwinski, *op. cit.,* p. 82.

[71] Munthit, *PPP,* 7 de abril de 1995, p. 6.

[72] *Cf.,* por exemplo, Kenneth M. Quinn, "The Pattern and Scope of Violence", *in* Karl D. Jackson (ed.), *Cambodia 1975-1978: Rendezvous with Death,* Princeton, Princeton University Press, 1989, p. 190.

[73] Entrevista pessoal, dezembro de 1996.

[74] *PPP,* 7 de abril de 1995, p. 7.

[75] David Hawk, "The Photographic Record", *in* Jackson, *op. cit.,* p. 212.

[76] *PPP,* 7 de abril de 1995, p. 6.

[77] Bastava ter frequentado o ensino secundário, por vezes até ser corretamente alfabetizado, para deles fazer parte [...]

Camboja: no país do crime desconcertante 725

tais. Porém, mais frequentemente, segundo parece, a renúncia a qualquer pretensão de especialização e aos atributos simbólicos (livros, e até óculos) bastava para os eximir.

Os Antigos eram mais bem tratados, sobretudo no que diz respeito à alimentação: dentro de certos limites, podiam consumir frutas, açúcar, um pouco de carne; a quantidade de suas rações era maior e, luxo quase incrível sob Pol Pot, tinham muitas vezes direito a arroz "duro", em vez da universal sopa de arroz, rala, sinônimo de fome para tantos dos seus concidadãos. Os militares khmers vermelhos eram os primeiros a servir-se, apesar das suas pretensões à frugalidade. Os "70" tinham por vezes acesso a verdadeiras enfermarias e verdadeiros medicamentos, fabricados na China. As vantagens eram, no entanto, relativas: embora não fossem deportados, eles eram com frequência sujeitos a penosas tarefas em locais bem afastados de seu domicílio; as suas horas de trabalho eram igualmente extenuantes. A reduzida classe operária, que vivia num clima de acampamento militar que invadiu Phnom Penh, foi também submetida a uma férrea disciplina. Além disso, pouco a pouco, os camponeses pobres, supostamente mais fiéis, substituíram os operários de antes de 1975.[78]

Alguns indícios, em 1978, deixavam entrever a abolição progressiva da barreira entre Novos e Antigos; os primeiros ascenderam mesmo, por vezes, a responsabilidades locais. Interpretação positiva: aqueles que tinham conseguido sobreviver podiam ser considerados, a partir de então, adaptados às exigências do regime. Interpretações mais sinistras: tratar-se-ia de reforçar a unidade nacional diante do conflito com o Vietnã, do mesmo modo que Stalin havia feito em 1941 em face da Alemanha; e, num contexto de generalização dos expurgos, ter-se-ia tornado necessário preencher os enormes vazios cavados no aparelho. Como quer que seja, o agravamento geral da repressão no último ano do regime faz pensar num nivelamento por baixo; é desse período que se pode, sem dúvida, datar a passagem da maioria dos "70" para a oposição, silenciosa, aos Khmers Vermelhos.

O destino das quase 20 minorias étnicas, que representavam em 1970 pelo menos 15% da população do país, não foi homogêneo. Deve-se fazer uma distinção inicial entre minorias essencialmente *urbanas* (chineses, vietnamitas) e *rurais* (Cham muçulmanos das regiões lacustres e fluviais, Khmers Loeu — termo genérico que engloba grupos variados, muito dispersos — das montanhas e das selvas). As primeiras não parecem ter sido reprimidas enquanto tais, pelo menos até 1977. É verdade que cerca de 150.000 residentes vietnamitas foram

---

[78] Charles H. Twining, "The Economy", *in* Jackson, *op. cit.*, p. 134.

726   *O Livro Negro do Comunismo*

repatriados,[79] na base do voluntariado, entre maio e dezembro de 1975, o que reduziu inegavelmente a comunidade a algumas dezenas de milhares de pessoas, essencialmente cônjuges de khmers. Mas, naquela ocasião, escapar à tutela khmer vermelha seria suficientemente tentador para que numerosos khmers procurassem se fazer passar por vietnamitas — o que não parecia então especialmente perigoso. Por outro lado, nos lugares de deportação não há discriminação entre minorias urbanas e outros ex-citadinos; a provação comum constitui mesmo um cimento novo: "Os cambojanos das cidades, os chineses e os vietnamitas eram reunidos, todos misturados, sob a designação desonrosa de 'povo novo'. Éramos todos irmãos. Tínhamos esquecido as rivalidades nacionalistas e os rancores antigos [...]. Os cambojanos eram provavelmente os mais deprimidos. Estavam desalentados com os procedimentos dos seus compatriotas e dos seus carrascos: os Khmers Vermelhos. [...] Estávamos revoltados com a ideia de que os nossos torturadores tinham a nossa nacionalidade."[80]

Como compreender então que uma elevada proporção desses minoritários não tenha sobrevivido ao regime khmer vermelho? Avalia-se em 50% a mortalidade para os cerca de 400.000 chineses,[81] e bem mais para os vietnamitas que ficaram depois de 1975; Sliwinski estabelece os valores de 37,5% para os vietnamitas e 38,4% para os chineses.[82] A resposta está na comparação com outros grupos de vítimas; segundo Sliwinski, 82,6% dos oficiais do exército republicano, 51,5% dos diplomados do ensino superior e principalmente 41,9% dos residentes de Phnom Penh desapareceram.[83] Esse último número está muito próximo do estabelecido para as minorias: essas foram perseguidas enquanto "ultracitadinas" (em 1962, Phnom Penh contava 18% de chineses, 14% de vietnamitas)[84] e, secundariamente, "ultraexploradores" — muitos não souberam disfarçar a tempo a sua antiga posição social. A sua riqueza, com frequência superior à dos Khmers, era simultaneamente uma vantagem (o que se conseguia levar permitia a sobrevivência graças ao mercado negro)[85] e uma ameaça, porque os "transformava em alvos" aos olhos dos novos senhores. No

---

[79] Duas vezes menos do que em 1970, no periodo Lon Nol [...]

[80] Pin Yathay, *op. cit.*, p. 169.

[81] Kiernan, *op. cit.*, p. 295, citando o inquérito aprofundado de Stephen Heder.

[82] Marek Sliwinski, *op. cit.*, p. 77

[83] *Ibid.*, p. 76.

[84] François Ponchaud, "Social Change in the Vortex of Revolution", *in* Jackson, *op. cit.*, p. 153.

[85] Entretanto, Pin Yathay evoca esses chineses mortos de fome por não terem querido vender as suas barras de ouro contra algumas caixas de arroz [...] (*op. cit.*, p. 231.)

Camboja: no país do crime desconcertante

entanto, comunistas consequentes, estes últimos privilegiavam a luta de classes (ou o que eles entendiam como tal) relativamente à luta das raças ou dos povos.

Tal fato não significa que os Khmers Vermelhos não tenham usado e abusado do nacionalismo e da xenofobia. Em 1978, Pol Pot garantia que o Camboja construía o socialismo sem qualquer modelo, e o seu discurso em Pequim, em homenagem a Mao Zedong (1977), não foi transmitido para Phnom Penh. O ódio ao Vietnã, "ladrão" no século XVIII do Kampuchea Krom (englobado na Cochinchina), tornou-se pouco a pouco um tema central da propaganda — e permanece como sendo praticamente a única razão de afirmação subsistente ainda hoje para os Khmers Vermelhos. Desde meados de 1976, os vietnamitas que ficaram no Camboja caíram na armadilha: foi-lhes proibida a saída do país. Em nível local, ocorreram algumas chacinas, que se generalizaram (sobre uma população reduzida, é bom lembrar) na sequência de uma diretiva do Centro, em 19 de abril de 1977, que prescrevia a prisão e a entrega às forças de segurança centrais do conjunto dos vietnamitas — e, por precaução, dos seus amigos, assim como dos khmers que falassem vietnamita. Na província de Kratié, limítrofe de um Vietnã com o qual as hostilidades já haviam começado, qualquer ascendente vietnamita condenava as pessoas, e as autoridades qualificavam os *Yun* como "inimigos históricos".[86] Nesse clima, acusar a totalidade dos habitantes da zona Leste, em 1978, de serem "vietnamitas na pele de khmers" era assegurar-lhes a morte.

O punhado de católicos cambojanos foi, segundo Sliwinski, o grupo étnico ou religioso mais martirizado: 48,6% de desaparecidos.[87] A sua cidadania se somavam com frequência uma etnicidade muitas vezes vietnamita e uma associação com o "imperialismo colonial". A catedral de Phnom Penh foi o único edifício completamente arrasado. As minorias étnicas viram ser-lhes negada a sua personalidade própria. De acordo com um decreto, "no Kampuchea, só há uma nação e uma só língua, a língua khmer. Doravante, as diferentes nacionalidades já não existem no Kampuchea."[88] Os "montanheses" (Khmers Loeu), pequenos grupos de caçadores das florestas, foram, porém, inicialmente mais favorecidos: o PCK tivera entre eles as suas primeiras bases e lá havia recrutado uma parte significativa das suas primeiras tropas. Todavia, a partir do final de 1976, para satisfazer a obsessão da produção orizícola, os povoados das terras

---

[86] Kiernan, *op. cit.*, pp. 297-8.

[87] Sliwinski, *op. cit.*, p. 76.

[88] Citado em Elizabeth Becker, *Les Larmes du Cambodge — l'histoire d'un auto-génocide*, Paris, Presses de la Cité, 1986, p. 242.

altas foram destruídos, e os seus habitantes, obrigados a instalar-se no fundo dos vales, o que perturbou totalmente o seu modo de vida e para eles constituiu um drama.[89] Em fevereiro de 1977, os guardas Jarai, de Pol Pot, foram presos e em seguida liquidados.

Quanto aos Cham — principal minoria autóctone, que eram 250.000 em 1970, agricultores e sobretudo pescadores —, eles conheceram uma sorte muito particular, sobretudo devido à sua religião muçulmana. Considerados excelentes guerreiros, tinham sido cortejados pelos Khmers Vermelhos no início da sua "guerra de libertação"; eles faziam geralmente parte dos Antigos, embora lhes fosse censurado o fato de se envolverem com frequência em atividades comerciais (forneciam peixe a uma grande parte dos cambojanos). Todavia, em 1974, Pol Pot ordenou secretamente a dispersão de seus pequenos povoados, o que foi feito de uma forma progressiva. Em 1976, todos os quadros de origem cham foram expulsos dos seus postos. A partir de 1975, segundo um texto khmer vermelho, os Cham "devem mudar os seus nomes, adotando outros novos semelhantes aos nomes khmers. A mentalidade cham é abolida. Aqueles que não se conformarem com essa ordem sofrerão as consequências":[90] na zona Noroeste, podia-se ser morto por falar cham. Proíbe-se às mulheres o uso do sarongue (saia malaia) e dos cabelos compridos.

Foi, no entanto, a tentativa de erradicação do islã que provocou os piores dramas. Em 1973, nas zonas libertadas, foram destruídas mesquitas, e proibida a oração. A partir de maio de 1975, essas medidas se generalizaram. Foram recolhidos os Alcorões para que fossem queimados; as mesquitas foram reconvertidas ou arrasadas. Em junho, 13 dignitários muçulmanos foram executados, uns por terem preferido a oração a uma reunião política, outros por terem reclamado o direito ao casamento religioso. Frequentemente, forçou-se a escolha entre a criação ou consumo de carne de porco e a morte — ironicamente, ao mesmo tempo que, para muitos dos cambojanos, a carne desaparecia totalmente da alimentação durante anos seguidos, os Cham viam-se obrigados a comer carne de porco duas vezes por mês (alguns forçavam o próprio vômito após a refeição). Os religiosos, particularmente visados, foram dizimados: de um milhar de *Haji*,[91] sobreviveram cerca de 30. Ao contrário dos outros cambojanos, os Cham revoltaram-se frequentemente, o que provocou, em represália,

---

[89] *Cf.* testemunho de Niseth, evacuado de um povoado Pnong, *in* Welaratna, *op. cit.*, p. 180.

[90] Becker, *op. cit.*, p. 249.

[91] Que fizeram a peregrinação a Meca.

Camboja: no país do crime desconcertante

inúmeros massacres.[92] A partir de meados de 1978, os Khmers Vermelhos começaram a exterminar sistematicamente numerosas comunidades cham, incluindo mulheres e crianças — mesmo quando haviam aceito comer carne de porco.[93] Ben Kiernan menciona, para eles, 50% de mortalidade global, e Sliwinski, 40,6%.[94]

Variações no espaço e no tempo

A mortalidade conheceu igualmente importantes variações locais. Tudo de acordo com a proveniência das vítimas: segundo Sliwinski, em 1979 eram ainda desse mundo 58,1% dos habitantes de Phnom Penh (o que representa cerca de um milhão de pessoas, metade do total), 71,2% dos de Kompong Cham (outra província povoada), mas 90,5% dos de Oddar Mean Chhey, no Norte quase desértico — a sobremortalidade ligada ao regime cai aqui para 2,6%.[95] Previsivelmente, as zonas conquistadas mais tarde, as mais densamente povoadas e as mais próximas da capital (a evacuação das povoações de província foi aparentemente menos dramática) foram as que mais sofreram. Mas a sobrevivência dependia principalmente da zona onde as pessoas se encontravam (voluntariamente ou deportadas) na época do Kampuchea Democrático. Ser enviado para uma zona de floresta ou montanhosa, para uma região de cultura industrial como a juta (já não havia praticamente circulação inter-regional de víveres), era quase uma sentença de morte[96] qualquer que fosse a zona atribuída, a insensibilidade niveladora do regime impunha grosso modo as mesmas normas de produção, geralmente sem fornecer o mínimo apoio. Quando era necessário começar a desbravar terreno para construir uma miserável cabana, e depois esgotar-se de tanto trabalhar com rações de fome (sem mencionar a disenteria e o paludismo que vinham atingir os organismos já bastante enfraquecidos), as devastações tornavam-se terríveis: Pin Yathay avalia a mortalidade de um campo florestal, no final de 1975, em um terço em quatro meses;[97] no povoado de arroteamento de Don Ey, a fome é geral,

---

[92] Salvo anotação em contrário, essas informações relativamente aos Cham são extraídas do estudo aprofundado de Kiernan, *op. cit.*, pp. 252-88.

[93] Kiernan, *op. cit.*, pp. 428-31.

[94] Sliwinski, *op. cit.*, p. 76.

[95] *Ibid.*, p. 57.

[96] *Cf.* Michael Vickery, "Democratic Kampuchea: Themes and Variations", *in* Chandler e Kiernan, *op. cit.*, pp. 99-135.

[97] Pin Yathay, *op. cit.*, p. 206.

730   *O Livro Negro do Comunismo*

deixa de haver nascimentos e registram-se talvez 80% de mortos no total.[98] Em compensação, chegar a uma região agrícola próspera era uma possibilidade de sobrevivência, especialmente se a sobrecarga dos Novos, ponto muito importante, não vinha pesar exageradamente nos equilíbrios locais. Em contrapartida, tratava-se de um local bem mais controlado, em que se estava mais facilmente exposto aos expurgos: uma segunda "boa escolha", inversa, podia ser a das zonas mais longínquas, com quadros mais tolerantes e residentes Khmers Loeu mais acolhedores, como vimos; nesses locais afastados, a doença era inegavelmente o perigo principal.

Em nível ainda mais restrito do povoado, o comportamento dos quadros locais era ainda mais decisivo, chegando a condicionar, em larga medida, as relações com os Antigos. A fraqueza e a mediocridade do aparelho burocrático khmer vermelho concediam efetivamente uma grande autonomia às direções locais, para o melhor e para o pior.[99] Houve brutos sádicos (mulheres jovens, frequentemente),[100] arrivistas ou incompetentes desejosos de se distinguirem reforçando a repressão e as normas de trabalho. Dois tipos de quadros aumentavam, em compensação, a esperança de vida: primeiro, os mais humanos, como este chefe de povoado que, em 1975, apenas impunha aos refugiados quatro horas de trabalho por dia;[101] e todos aqueles, que os sobreviventes encontraram num ou noutro momento crítico, que autorizaram um doente ou um exausto a descansar, um marido a ir ver a sua mulher, que fecharam os olhos à "autoalimentação", em princípio proibida e que era porém vital. Mas eram também preciosos os mais corruptos, aqueles a quem a atração por um relógio Omega ou um tael de ouro podia fazer assinar uma mudança de residência ou de equipe de trabalho, ou mesmo levar a aceitar, por um período, uma vida totalmente à margem dos padrões estritamente estabelecidos.[102] No entanto, o reforço da centralização do regime reduziu cada vez mais os interstícios iniciais de tolerância, e a sua lógica infernal, através dos expurgos, conduziu à substituição gradual dos quadros humanos — suspeitos de fraqueza ou de corrupção — por novos responsáveis, muito jovens, mais puros e sobretudo terrivelmente duros.

---

[98] *Ibid.*, pp. 251-2.

[99] Tanto mais que, de modo diferente dos dirigentes comunistas de outros países, os do Camboja parecem se deslocar muito pouco, talvez por extrema paranoia. Nenhum testemunho o menciona, nem mesmo através de boato.

[100] *Cf.*, por exemplo, Heng e Demeure, *op. cit.*, pp. 105, 150-1 e 172-3.

[101] Pin Yathay, *op. cit.*, p. 85.

[102] *Cf.*, por exemplo, Pin Yathay, pp. 280, 332 e 344.

Camboja: no país do crime desconcertante

Finalmente, a mortalidade variou no tempo. A escassa duração e principalmente o polimorfismo geográfico do regime khmer vermelho impedem a definição de períodos bem delimitados. Além disso, o terror e a fome foram permanentes, e mais ou menos generalizados; apenas a respectiva intensidade variou, embora as possibilidades de sobrevivência dependessem bastante dessa intensidade. Os testemunhos proporcionam no entanto elementos suficientes para caminharmos no sentido de uma cronologia do martirológio. Os primeiros meses do regime foram assinalados por mortandades em massa, socialmente orientadas e facilitadas pela ingenuidade inicial dos "75" diante dos seus novos senhores. Em compensação, pelo menos até o outono, a subalimentação não foi excessivamente grave; além disso, as cantinas coletivas não tinham ainda proibido as refeições em família.[103] O Centro ordenou por diversas vezes o fim das matanças, entre o fim de maio e outubro: vestígio da influência residual então mantida pelos dirigentes mais moderados, ou, mais provavelmente, vontade de acentuar a sua autoridade sobre os estados-maiores de zona, demasiado autônomos. Os assassinatos prosseguiram posteriormente, mas a um ritmo mais moderado: segundo o banqueiro Komphot, refugiado na zona Norte, "as pessoas eram mortas uma a uma — não havia grandes massacres. Primeiro foi uma dúzia de 'novos', aqueles de quem se suspeitava terem sido soldados ou algo no gênero. No decorrer dos dois primeiros anos, um décimo dos novos foram mortos, um a um, com os respectivos filhos. Não sei dizer quanto isso representa no total".[104]

Aparentemente, 1976 foi o ano da terrível fome. A loucura das grandes obras atingia o seu pleno, esgotando os mais ativos e travando a agricultura. As colheitas de 1976, porém, não foram muito más, e recompuseram momentaneamente a situação no primeiro semestre (a colheita principal é feita entre dezembro e janeiro); mesmo assim, atingia-se, sem dúvida penosamente, metade dos valores médios dos anos 1960.[105] Em 1977, segundo alguns testemunhos, vive-se o cúmulo do horror: a fome devastadora, mas igualmente o retorno dos expurgos.[106] Estes últimos vieram revestidos de uma forma diferente dos de 1975: mais políticos (eram frequentemente consequência de conflitos crescentemente ferozes no interior do regime), com maiores conotações étnicas,

---

[103] O contexto tornou-se rapidamente bastante mais sombrio para os que foram deportados para as zonas de arroteamento.

[104] Becker, *op. cit.*, p. 276.

[105] Twining, *cap. cit.*, p. 143.

[106] *PPP*, 7 de abril de 1995, p. 5; Sliwinski (*op. cit.*, p. 65) corrobora essas impressões.

como vimos, eles atingiam novas categorias — em particular os camponeses ricos, ou mesmo médios, do "povo de base", e, mais sistematicamente do que antes, os professores.[107] Eles também foram marcados por uma nova ferocidade: embora instruções dadas em 1975 tivessem já determinado a execução das mulheres e filhos dos oficiais republicanos, foi só em 1977 que as esposas dos homens anteriormente executados (mesmo muito tempo antes) foram presas e mortas; a liquidação de famílias inteiras, e até de povoados inteiros — como o do ex-presidente Lon Nol (350 famílias), em 17 de abril de 1977, à guisa de uma comemoração do aniversário da "Libertação" — já não é excepcional.[108] O ano de 1978 foi mais controverso: segundo Sliwinski, a fome atenuar-se-ia notoriamente, devido sem dúvida a melhores colheitas e principalmente a uma maior flexibilidade de gestão; segundo Twining, corroborado por testemunhos, a seca e a guerra teriam, pelo contrário, atuado conjuntamente no sentido de provocar privações sem precedentes.[109] O certo é que as mortandades, cada vez mais generalizadas (também entre os Antigos e, sobretudo, na zona Leste), atingiram então um nível excepcional.

A morte cotidiana no tempo de Pol Pot

"No Kampuchea Democrático não havia prisões, nem tribunais, nem universidades, nem liceus, nem moeda, nem correios, nem livros, nem prática de esportes, nem distrações[...] Não era tolerado qualquer tempo morto numa jornada de 24 horas. A vida cotidiana dividia-se assim: 12 horas de trabalhos físicos, duas horas para comer, três horas para repouso e educação, sete horas de sono. Estávamos num imenso campo de concentração. Já não havia justiça. Era em Angkar[110] que se decidia sobre todos os atos da nossa vida. [...] Os Khmers Vermelhos utilizavam frequentemente parábolas para justificarem os seus atos e ordens contraditórios. Comparavam o indivíduo a um boi: 'Vocês veem esse boi que puxa o arado. Ele come onde nós mandamos. Se o deixarmos pastar nesse campo, ele come. Se o levarmos para outro campo onde não haja

---

[107] Essa extensão da "luta de classes" ao povoado, assim como a finalização, ao tempo, da coletivização integral (proibição das refeições familiares e da autoalimentação), permitem também datar desse momento o início do desencanto de uma boa parte dos Antigos (Kiernan, *op. cit.*, 1996, pp. 202 e 213-4).

[108] Quinn, *cap. cit.*, pp. 201-2.

[109] Sliwinski, *op. cit*, pp. 64-5; Twining, *cap. cit.*, pp. 143-5.

[110] Abreviatura de *Angkar padevat* (Organização Revolucionária), biombo do PCK ainda quase clandestino.

Camboja: no país do crime desconcertante 733

erva suficiente, ele pasta, apesar de tudo. Não se pode deslocar. É vigiado. E, quando lhe dizemos que puxe o arado, ele o puxa. Ele nunca pensa na mulher, nem nos filhos."[111]

O Kampuchea Democrático deixou, a todos os sobreviventes, essa impressão de estranheza, de perda das referências e dos valores. Passara-se realmente para o outro lado do espelho, e, se uma pessoa queria manter uma possibilidade de sobreviver, tinha de iniciar-se urgentemente nas novas regras do jogo. O primeiro ponto era o desprezo radical pela vida humana: "Perder-te não é uma perda. Manter-te não tem qualquer utilidade" — todos os testemunhos referem essa temida fórmula.[112] Foi efetivamente uma descida ao inferno o que viveram os cambojanos, alguns desde 1973: os territórios "libertados" da zona Sudoeste conheceram desde então a supressão da cultura budista, o arrancar dos jovens às suas famílias, a imposição de um código de indumentária uniforme, a transformação das cooperativas de produção em brigadas. É das incontáveis ocasiões que se havia de morrer que se torna agora necessário falar.

Futuro radioso, escravatura, fome

Para começar, convinha aceitar a sua nova condição, intermediária, pelo menos no que se refere aos "75", entre a de uma besta de carga e a de um escravo de guerra[113] (também isso pertencia à tradição angkoriana...). A admissão num povoado de Antigos era facilitada se o candidato tivesse um aspecto robusto e não viesse acompanhado de demasiadas bocas inúteis.[114] As pessoas viam-se progressivamente espoliadas dos seus haveres, e isso desde a evacuação, através dos soldados Khmers Vermelhos; no campo, ela foi feita pelos quadros e pelos Antigos, através do mercado negro — em período de penúria extrema, uma caixa de arroz (250 gramas) podia atingir o preço exorbitante de 100 dólares.[115] Eles tinham de habituar-se ao desaparecimento de qualquer espécie de ensino, de qualquer liberdade de deslocamento, de qualquer comércio lícito, de qualquer medicina digna desse nome, da religião, da escrita,

---

[111] Pin Yathay, *op. cit*, p. 305.

[112] *Cf.*, por exemplo, Chandler (1993), *op. cit*, p. 195; Ly Heng e Françoise Demeure, *Cambodge: le sourire bâillonné*, Xonrupt-Longemer, Anako, 1994, p. 100.

[113] Haing Ngor (*op. cit.*, p. 158), num dispensário khmer vermelho, ouviu uma enfermeira dizer à outra: "Você deu comida aos escravos de guerra?"

[114] Pin Yathay, *op. cit.*, p. 59

[115] *Ibid.*, p. 263.

assim como à imposição de normas estritas de vestimenta (uniforme negro, de mangas compridas, abotoado até ao pescoço) e de comportamento (nada de demonstrações de fato, nada de disputas ou de injúrias, nada de queixumes ou de choros). Tinham de obedecer cegamente a todas as ordens, assistir (com o ar de quem escuta atentamente) às intermináveis reuniões, gritar ou aplaudir à ordem, criticar os outros e autocriticar-se[…] A Constituição de 1976 do Kampuchea democrático indicava com muita oportunidade que o primeiro direito dos cidadãos era o de trabalhar: nunca os Novos conheceram outro. Compreende-se que os primeiros tempos do regime tivessem sido marcados por uma epidemia de suicídios que atingiram especialmente os que estavam separados dos familiares, as pessoas idosas que se sentiam uma carga para as famílias ou aqueles que tinham pertencido ao grupo dos mais abastados.

A adaptação dos "75" tornou-se com frequência mais difícil ainda devido à mediocridade das condições de "acolhimento" (se nos atrevermos a usar esse termo). Eles foram em grande parte enviados para regiões insalubres, principalmente no outono de 1975. Tudo o que podiam esperar eram ferramentas rudimentares e rações sempre insuficientes — nunca apoio técnico ou formação prática — e os piores castigos para aqueles que se saíam mal, fosse qual fosse a razão: mesmo uma deficiência física evidente não evitava a sanção aplicada aos "preguiçosos", e aos incapazes: a morte. Salvo ligação familiar particularmente forte, a instalação nunca era definitiva: as mudanças de brigada de produção, e sobretudo as novas deportações imprimiam o sentimento de um arbítrio total do poder. Daí, frequentemente, nos mais capazes, a tentação de fuga para terras ainda governadas com um mínimo de racionalidade, de previsibilidade, senão de humanidade. A fuga se assemelha muitas vezes a um suicídio adiado: tentada frequentemente sem bússola e sem mapa,[116] normalmente na estação das chuvas, a fim de ser perseguido ou detectado com maior dificuldade, com provisões insuficientes e o organismo enfraquecido pelas privações, pode imaginar-se que uma grande maioria dos fugitivos desapareceu, antes mesmo de ser localizada por uma eventual patrulha khmer vermelha, que tinha ordens para não mostrar qualquer clemência. No entanto, as tentativas foram numerosas, e estimuladas por uma vigilância relativamente frouxa, tendo em conta a pequena quantidade dos soldados e dos quadros.[117]

E, se a instalação na nova existência pusesse difíceis problemas de adaptação, o sistema em vigor não facultava aos recém-chegados qualquer possibilidade

---

[116] Pin Yathay conseguiu a preço de ouro um pedaço de mapa.

[17] Pin Yathay, *op. cit.*, p. 150.

Camboja: no país do crime desconcertante 735

de recuperação. Os responsáveis pareciam convencidos de que o "futuro radioso" estava ao alcance da mão, sem dúvida no final do Plano de Quatro Anos (1977-1980) apresentado por Pol Pot em agosto de 1976. O Plano pretendia desenvolver maciçamente a produção e a exportação de produtos agrícolas, único recurso evidente do país, de modo a realizar o acúmulo primitivo do capital. Desse modo, garantir-se-iam a industrialização da agricultura, o desenvolvimento de uma indústria leve e diversificada e, um pouco mais tarde, uma poderosa indústria pesada.[118] Estranhamente, essa mística modernista apoiava-se num fantasma passadista: o de Angkor. "Se o nosso povo foi capaz de construir Angkor, não há nada que não esteja ao nosso alcance", assegurava Pol Pot, no discurso em que, em 27 de setembro de 1977, anunciou oficialmente que a Angkar era de fato o Partido Comunista do Kampuchea.[119] A outra justificação do voluntarismo khmer vermelho é o "glorioso 17 de abril", que teria demonstrado a superioridade dos camponeses pobres do Camboja sobre a maior potência imperialista.

Foi bastante fútil, nesse contexto, o esforço exigido da população de passar para "três toneladas (de *paddy*, um arroz não descascado) por hectare"[120] — uma vez que, por volta de 1970, não se produzia mais de uma tonelada. Fútil também foi planejar triplicar a área dos arrozais no rico Noroeste. Concretamente, isso significaria o desmatamento de novas terras e o desenvolvimento da irrigação numa escala enorme:[121] tratava-se de passar muito rapidamente de uma para duas e, depois, a longo prazo, para três colheitas de *paddy* por ano. Em compensação, todas as outras culturas passavam para segundo plano; e o esforço exigido desse "exército do trabalho" que os Novos representavam não estava sequer avaliado.[122] Ora, tal esforço vai assumir as proporções de um esgotamento, de consequências muitas vezes mortais, das forças mais vivas de uma população inteira: são com frequência os homens mais robustos, aqueles dos quais mais se exige, os que morrem mais rapidamente.[123] As jornadas de trabalho duravam normalmente 11 horas; mas, ocasionalmente, competições

---

[118] Chandler (1993), *op. cit.*, pp. 191-3 e 197-8; a seção do Plano dedicada à indústria pesada é a mais extensa de todas [...].

[119] Citado em Chandler, *op. cit.*, p. 223.

[120] Por acaso, é o exato montante fixado pelo vice-primeiro-ministro de então, Hua Guofeng, na conferência nacional sobre o exemplo de Dazhai, em 1975.

[121] Quase nada relevante num Camboja relativamente pouco povoado, em que se conta principalmente com as chuvas e, frequentemente, com a inundação anual.

[122] Chandler, *op. cit.*, pp. 193-4, e Karl D. Jackson, "The Ideology of Total Revolution", *in* Jackson (ed.), *op. cit.*, p. 60.

[123] Pin Yathay, *op. cit.*, p. 147.

O Livro Negro do Comunismo

entre povoados (para maior glória dos respectivos quadros) obrigavam a iniciar o trabalho às quatro horas da manhã e continuar até as dez ou 11 da noite.[124] Quanto aos dias de descanso (por vezes totalmente suprimidos), só ocorriam geralmente de dez em dez dias;[125] mesmo esses, no entanto, eram ocupados em intermináveis reuniões políticas. O ritmo de trabalho não era, em tempo normal, necessariamente superior ao que o camponês cambojano conhecia habitualmente. A grande diferença residia na quase ausência de momentos de repouso, na insuficiência das pausas de descanso durante o trabalho e, principalmente, na subalimentação crônica.[126]

O futuro seria talvez radioso, mas o presente era desastroso. Em novembro de 1976, a embaixada americana em Bangkok, baseando-se nos relatos dos refugiados, estimava em 50% o recuo da área cultivada em relação ao período anterior a 1975.[127] Aqueles que nessa ocasião viajaram pelo país descrevem campos semidesérticos, sementeiras abandonadas, em consequência dos deslocamentos em massa para os estaleiros e para as zonas de arroteamento. O testemunho de Laurence Picq é alucinante (ver boxe a seguir).

A desorganização dos campos

Dos dois lados da estrada, arrozais abandonados estendiam-se a perder de vista. Procurei em vão os trabalhos de transplantação. Nada, a não ser, após cerca de dez quilômetros, um grupo de trabalho composto por algumas moças.

Onde se encontravam as centenas de jovens das brigadas móveis de que a rádio falava diariamente?

Grupos de homens e mulheres perambulavam de um lugar a outro, com ar vago, de trouxa nos ombros. Pelo seu vestuário, roupas andrajosas, outrora de cores vivas, calças justas ou saias rasgadas, adivinhava-se que eram "novos", antigos citadinos banidos da cidade.

Tomo conhecimento de que haviam sido organizadas novas transferências de população, por volta da metade do ano, para compensar o desequilíbrio causado pela política absurda de um "bando de traidores".

Esses citadinos tinham sido, numa primeira fase, enviados para as regiões privadas de recursos do Sudoeste, nas quais, diante da miséria total, deviam passar a ter uma "nova concepção do mundo". Ora, entretanto, as regiões férteis eram deixadas sem mão de obra. Morria-se de fome em todo o país, embora somente um quinto das terras semeadas fosse explorado!

---

[124] *Ibid.*, pp. 99 e 139.

[125] Teria sido inspirado pelo *décadi* da Revolução Francesa, que tentou suplantar o domingo?

[126] Twining, *cap. cit.*, p. 130.

[127] Kiernan, *op. cit.*, p. 235.

Para onde teria ido a antiga mão de obra que trabalhava aquelas terras? Muitas perguntas ficavam sem resposta.

Quanto às brigadas móveis, louvadas pela capacidade intrépida de trabalho, elas viviam em condições duras. As refeições eram levadas aos campos: algumas campânulas cozidas em água, um pouco de arroz, ou seja, metade do que tínhamos em Phnom Penh. Com tais rações, tornava-se impossível fornecer um verdadeiro esforço e, consequentemente, produzir o que quer que fosse. [...]

Arregalei os olhos. O espetáculo era terrível: uma miséria humana indescritível, uma desorganização total, um desperdício lamentável[...]

Enquanto o carro rodava em grande velocidade, um velho precipitou-se ao seu encontro, agitando os dois braços. À beira da estrada estava estendida uma jovem, sem dúvida doente. O motorista deu uma guinada, e o velho manteve-se no meio da estrada, com os braços erguidos para o céu.[128]

O projeto econômico do PCK implicava por si mesmo tensões intoleráveis. Essas foram ainda agravadas pela incapacidade arrogante dos quadros encarregados de o aplicar. A irrigação era a pedra angular do Plano, e foram dedicados a ela grandes esforços, sacrificando de algum modo o presente ao futuro. Porém, a mediocridade de concepção e/ou execução da maioria das obras empreendidas tornou esse esforço, em grande parte, quase inútil. Ao lado de alguns diques, canais ou barragens bem concebidos, ainda utilizados nos nossos dias, quantos foram levados na primeira enxurrada (afogando eventualmente algumas centenas de construtores ou de camponeses), quantos fizeram circular a água em sentido inverso, quantos se encheram de lodo em poucos meses[...] Os engenheiros hidráulicos, por vezes presentes entre a mão de obra, só podiam se desesperar em silêncio: criticar teria sido um ato de hostilidade para com a Angkar, com as conhecidas consequências[...] "Para construir barragens, tudo o que vocês precisam é de educação política", assegurava-se aos escravos.[129] Para aqueles camponeses analfabetos que, muitas vezes, eram os seus chefes, a acumulação máxima de cavadores, de horas de trabalho e de terra fazia as vezes de único princípio técnico.

Esse desprezo pela técnica e pelos técnicos era acompanhado por uma rejeição do mais elementar bom senso camponês: aqueles pobres-diabos de mãos calosas talvez dirigissem os estaleiros e os povoados, mas os seus senhores eram intelectuais urbanos, sedentos de racionalidade formal e de uniformidade, e convencidos da sua onisciência. Desse modo, havia sido ordenado que se

---

[128] Laurence Picq, *Au-delà du ciel: cinq ans chez les Khmers Rouges*, Paris, Bernard Barrault, 1984, pp. 133-5.

[129] Pin Yathay, *op. cit.*, pp. 166-7.

738   *O Livro Negro do Comunismo*

nivelasse a maioria dos pequenos diques que delimitavam os arrozais, sendo a dimensão imposta, em todos os lugares, de um hectare.[130] O calendário dos trabalhos agrícolas era determinado para uma região inteira, fossem quais fossem as condições ecológicas locais.[131] Sendo a produção de arroz considerada o único critério de êxito, alguns quadros acharam por bem cortar a totalidade das árvores nas zonas cultivadas, incluindo as árvores frutíferas; para destruir o abrigo de alguns pardais, que prejudicavam a plantação, eliminavam-se fontes de alimentação da população esfomeada.[132] Se a natureza foi submetida a duras provas, a mão de obra, por sua vez, foi subdividida e especializada até ao absurdo: cada categoria de idade foi "mobilizada"[133] à parte (os dos 7 aos 14 anos, depois dos 14 anos até ao casamento, os velhos etc.), e as equipes dedicadas a uma tarefa precisa e única multiplicaram-se. Ao lado disso tudo, quadros distantes, aureolados em seu poder, que não trabalhavam com os seus subordinados e que davam ordens sem sofrer a menor contestação.

A fome que atingiu milhões de cambojanos durante anos foi também utilizada, conscientemente, para melhor escravizar. Seres enfraquecidos, incapazes de constituírem reservas de alimentos, eram menos tentados a fugir. Permanentemente obcecados com a alimentação, a mola real do pensamento autônomo, a contestação e a própria sexualidade era quebrada entre eles. O *stop-and-go* a que se jogava durante as refeições fazia suportar melhor os deslocamentos forçados ou a passagem pelas cantinas coletivas (algumas refeições satisfatórias e todo mundo começava a gostar da Angkar), ou ajudava a quebrar as solidariedades interindividuais, inclusive entre pais e filhos. Não se receava beijar a mão que alimentava, por mais sangrenta que fosse.[134]

Triste ironia: um regime que tinha querido sacrificar tudo à mística do arroz (como houve uma mística do aço na URSS, ou do açúcar em Cuba) tornou esse alimento cada vez mais mítico. O Camboja exportava regularmente, desde os anos 1920, centenas de milhares de toneladas de arroz por ano, alimentando, frugal mas corretamente, a massa da sua população. Ora, uma boa parte dos cambojanos passou a conhecer apenas a sopa de arroz rala (contendo aproximadamente o equivalente a quatro colheres de café de arroz por pessoa[135]),

---

[130] *Ibid.*, p. 199.

[131] Twining, *cap. cit.*, p. 122.

[132] Pin Yathay, *op. cit.*, p. 291.

[133] A assimilação dos trabalhadores a um exército, assim como a da produção a uma campanha militar, é constante.

[134] Picq, *op. cit.*; Pin Yathay, *op. cit.*, pp. 163-4, 186 e 197.

[135] *PPP,* 7 de abril de 1995, p. 5.

Camboja: no país do crime desconcertante

desde que as cantinas coletivas foram generalizadas, no início de 1976. E as colheitas, como vimos, variaram entre o miserável e o catastrófico. As rações diárias reduziram-se em proporções extraordinárias. Estima-se que, antes de 1975, um adulto da região de Battambang consumia cerca de 400 gramas de arroz por dia — quantidade mínima para uma atividade normal. Mas todos os testemunhos coincidem: sob o regime dos Khmers Vermelhos, quando se conseguia dispor de uma caixa de arroz (250 gramas) por pessoa, era um festim. Embora as rações tenham variado muito, não era excepcional cinco, seis e mesmo oito pessoas terem de contentar-se com uma só caixa.[136]

Daí o caráter geralmente vital do mercado negro — que permitia conseguir arroz, proveniente especialmente dos quadros que desviavam as rações dos numerosos mortos não declarados —, assim como a procura individual de alimento, globalmente proibida — a Angkar agia para o bem do povo, *logo* as suas rações tinham de bastar[...] —, por vezes oficial[137] ou oficiosamente tolerada — salvo, evidentemente, quando se tratava de "roubo". Nada escapava à fome violenta dos famintos, nem os bens em princípio coletivos (*paddy*, antes ou durante a ceifa, e frutos, permanentemente), nem as escassas propriedades individuais (galinheiros, e depois os animais domésticos dos Antigos), nem os caranguejos, rãs, caracóis, lagartos e serpentes que pululavam nos arrozais, nem as formigas-vermelhas ou as grandes aranhas devoradas cruas, nem os rebentos, cogumelos e tubérculos da floresta, os quais, mal selecionados ou insuficientemente cozinhados,[138] provocavam um grande número de mortes. Atingiram-se extremos insuspeitos, mesmo para um país pobre: disputar com os porcos o farelo da sua gamela,[139] ou fazer um banquete com ratos do campo.[140] A busca individual de alimento foi um dos principais pretextos para sanções, podendo ir desde a advertência até as execuções, a título de exemplo, no caso de pilhagem em massa das colheitas.[141]

A subalimentação crônica, enfraquecendo os organismos, favoreceu o conjunto das doenças (em particular a disenteria), acentuando-lhes a gra-

---

[136] *Cf.*, em particular, Twining, *cap. cit.*, pp. 149-50; Kiernan, *op. cit.*, p. 240; Pin Yathay, *op. cit.*, p. 138.

[137] Pin Yathay, *op. cit.*, p. 228; Haing Ngor, *op. cit.*, pp. 257-8.

[138] Toda cozinha individual era em princípio proibida; driblava-se muitas vezes essa dificuldade fingindo ferver a água, medida profilática recomendada pelos Khmers Vermelhos.

[139] Heng e Demeure, op. cit., pp. 139-40.

[140] *PPP*, 7 de abril de 1995, p. 7.

[141] Haing Ngor (*op. cit.*, p. 215) evoca um menino de 4 anos agonizando durante vários dias, amarrado a um poste, diante dos pais impotentes.

740   *O Livro Negro do Comunismo*

vidade. Houve também "as doenças da fome", das quais a mais corrente, e a mais grave, era o edema generalizado — descrito em muitas outras ocasiões históricas comparáveis —, causado pelas fortes quantidades de sal do caldo quotidiano. Essa morte relativamente tranquila (as pessoas enfraquecem, e depois perdem a consciência) acaba por ser considerada desejável por alguns, em particular os velhos.[142]

O mínimo que se pode dizer é que essa morbilidade dramática — por vezes são os doentes acamados que constituem a maioria de uma comunidade[143] — nunca comoveu os responsáveis khmers vermelhos. O acidentado era um culpado, visto que fizera com que "Angkar perdesse mão de obra".[144] O doente, sempre suspeito de ser um preguiçoso, só podia deixar de trabalhar na condição de ir para a enfermaria ou para o hospital, onde as rações alimentares eram reduzidas à metade e onde o risco de epidemias era muito elevado. Henri Locard tem inegável fundamento ao escrever que "os hospitais são mais um lugar de eliminação da população do que de cura":[145] Pin Yathay perdeu, em algumas semanas, quatro membros da sua família num hospital. Um grupo de 15 jovens atingido por varicela foi tratado sem qualquer consideração: manutenção do trabalho, sem qualquer cuidado médico, obrigação de dormirem como normalmente faziam, no chão, apesar das feridas provocadas pelas erupções cutâneas. Resultado: um único sobrevivente.

Da destruição das referências à animalização

A fome, como se sabe, desumaniza. Faz com que as pessoas se fechem sobre si mesmas, esquecendo qualquer consideração estranha à sua própria sobrevivência. Como explicar de outra forma o recurso ocasional ao canibalismo? Foi, em todo o caso, menos extenso do que na China do Grande Salto Adiante, e parece ter se limitado ao consumo de cadáveres. Pin Yathay menciona dois exemplos concretos: uma ex-professora que devorou parcialmente a irmã, e, numa enfermaria de hospital, a partilha do cadáver de um jovem. Em ambos os casos, a sanção para os "ogres" (espírito particularmente demoníaco na tradição khmer) é a morte; e, no caso da professora, através de espancamento

---

[142] *Ibid.*, pp. 135-6; Pin Yathay, *op. cit.*, p. 267.
[143] Cf., por exemplo, Haing Ngor, *op cit.*, p. 145.
[144] Pin Yathay, *op. cit.*, p. 174.
[145] Locard (1995), *art. cit.*, p. 6.

Camboja: no país do crime desconcertante 741

diante de todo o povoado (e de sua filha).[146] O canibalismo vingativo também existia, como na China: Ly Heng[147] evoca o caso de um soldado khmer vermelho, desertor, forçado, antes de ser executado, a comer as suas próprias orelhas. O consumo de fígado humano é o mais citado, apesar de não se tratar de uma especificidade dos Khmers Vermelhos: os soldados republicanos impunham-no por vezes aos seus inimigos, entre 1970 e 1975; encontramos costumes semelhantes por todo lado no Sudeste Asiático.[148] Haing Ngor[149] relata a extirpação, numa prisão, do feto, do fígado e dos seios de uma mulher grávida assassinada; o feto é jogado fora (onde outros já se encontram secando dependurados na beirada do telhado do cárcere), o resto é levado, com esse comentário: "Esta noite temos fartura de carne!" Ken Khun recorda um chefe de cooperativa preparando um remédio para os olhos a partir de vesículas biliares humanas[150] (e distribuindo-o liberalmente pelos seus subordinados!) enquanto exaltava as qualidades palatares do fígado humano.[151] Não existirá nesse recurso à antropofagia um caso-limite de um fenômeno muito mais geral; o enfraquecimento dos valores, das referências morais e culturais e, antes de mais nada, da compaixão, virtude tão fundamental no budismo? Paradoxo do regime dos Khmers Vermelhos: afirmando querer implementar uma sociedade de igualdade, de justiça, de fraternidade, de abnegação, e, tal como os outros poderes comunistas, provocou-se um desencadeamento espantoso de egoísmo, do cada um por si, de desigualdade *no poder*, de arbitrariedade. Para sobreviver, era necessário sobretudo, e antes de mais nada, saber mentir, enganar, roubar e permanecer insensível.

O exemplo, se assim se pode dizer, vinha de cima. Pol Pot, desaparecido na clandestinidade desde 1963, nada fez para retomar o contato com a família, mesmo depois de 17 de abril de 1975. Os seus dois irmãos e a cunhada foram, portanto, deportados com os outros, e um deles pereceu rapidamente; os dois sobreviventes, compreendendo tardiamente, através de um retrato oficial, a verdadeira identidade do ditador, acharam por bem (sem dúvida, com razão) nunca dar a conhecer o seu parentesco com ele.[152] O regime fez de tudo para

---

[146] Pin Yathay, *op. cit.*, pp. 217 e 227.

[147] Heng e Demeure, *op. cit.*, pp. 172-3

[148] Ponchaud, *cap. cit.*, p. 160.

[149] Haing Ngor, *op. cit.*, pp. 174 e 193-4.

[150] Tratar-se-ia de uma invenção específica dos Khmers Loeu (Ponchaud, *cap. cit.*, p. 160).

[151] Kên Khun, *De la dictature des Khmers rouges à l'occupation vietnamienne — Cambodge, 1975-1979*, Paris, L'Harmattan, 1994, p. 94.

[152] Chandler (1993), *op. cit.*, pp. 174-5.

742 — O Livro Negro do Comunismo

afrouxar ou quebrar os laços familiares, tendo percebido claramente que os mesmos constituíam uma forte resistência espontânea diante do projeto totalitário de uma dependência exclusiva de cada indivíduo em face da Angkar. A unidade de trabalho dispunha frequentemente das suas próprias "instalações" (muitas vezes simples esteiras, ou camas de rede), mesmo a pouca distância do povoado. Era muito difícil obter autorização para abandoná-las: os maridos ficavam longe das esposas por semanas a fio, ou mais; os filhos eram afastados dos pais; os adolescentes podiam passar seis meses sem autorização para ver a família, sem notícias,[153] para por vezes descobrirem, quando regressavam, que todos haviam morrido.[154] Também aqui o modelo vinha de cima: os casais dirigentes viviam frequentemente separados.[155] Não era bem-visto uma mãe dedicar-se demasiado ao filho, mesmo pequeno.

O poder dos maridos sobre as esposas, dos pais sobre os filhos foi abolido: podia-se ser executado por ter esbofeteado a esposa, ser denunciado pelos filhos por lhes ter batido, ou forçado à autocrítica por uma injúria ou uma discussão.[156] Num contexto muito pouco humanista, devemos ver nesses aspectos a vontade do poder de arrogar-se o monopólio da violência legítima, de dissipar todas as relações de autoridade que lhe escapassem. Os sentimentos familiares eram encarados com o maior desprezo: as pessoas podiam estar separadas umas das outras, muitas vezes definitivamente, por não terem conseguido embarcar no mesmo caminhão, ou porque duas carroças que seguiam em fila tinham ordens para não tomarem a mesma estrada de deportação. Aos quadros pouco importava que velhos ou crianças se encontrassem doravante isolados: "Não se preocupem. A Angkar cuidará deles. Não confiam na Angkar?" — tal era a típica resposta aos que suplicavam para que fossem reunidos aos familiares.[157]

Com a substituição da cremação pelo enterro dos cadáveres (salvo exceções, para as quais era preciso suplicar, e ter um responsável com alguns sentimentos humanos), verificou-se mais um atentado à solidariedade familiar: para um Khmer, abandonar um parente próximo ao frio, na lama, sem ritos funerários (nada está previsto em semelhante caso), é faltar-lhe ao respeito mais elementar, é comprometer a sua reencarnação, eventualmente obrigá-lo à existência como fantasma. Dispor de um pouco das suas cinzas era, em compensação,

---

[153] O correio, é necessário elucidar, deixou por completo de funcionar.
[154] Entrevista pessoal, Camboja, dezembro de 1996.
[155] Picq, *op. cit.*
[156] Pin Yathay, op. cit., p. 168.
[157] *Ibid.*, pp. 90 e 122.

Camboja: no país do crime desconcertante

particularmente valorizado, nesse período de deslocamentos frequentes. Tratava-se de fato de uma das pedras angulares do ataque sistemático contra a rica cultura tradicional do Camboja, fosse budista ou pré-budista (as cerimônias "primitivas" dos Khmers Loeu não foram mais preservadas do que os ritos provenientes do Império Angkoriano), popular (cantigas de amor, gracejos) ou erudita (danças de corte, pinturas de templo, esculturas...). O Plano de 1976, imitando inegavelmente a Revolução Cultural chinesa, não reconhecia outras formas de expressão artística além dos cânticos e poemas revolucionários.[158]

Mas a redução do estatuto dos mortos é a outra vertente da negação da humanidade dos vivos. "Não sou um ser humano, sou um animal", conclui na sua confissão o antigo dirigente e ministro Hu Nim.[159] O homem vale só o mesmo que o animal? Podia-se perder a vida por deixar um boi fugir, e ser torturado até a morte por ter batido em um.[160] Houve homens amarrados a arados e fustigados sem piedade por não se terem mostrado à altura da vaca que ajudavam.[161] A vida humana tem um preço tão baixo[...] "Você tem tendências individualistas. [...] Você deve [...] se libertar dos seus sentimentos", retorquia um soldado khmer vermelho a Pin Yathay, que pretendia manter junto de si o filho ferido. Querendo ir vê-lo, morto, alguns dias mais tarde, Pin Yathay teve de provar que, doente, "não estaria desperdiçando as [próprias] forças em detrimento da Angkar", a fim de, arduamente, conseguir a autorização para ver o corpo do filho. Mais tarde, não lhe é dado o direito de ir visitar a mulher no hospital, sob o pretexto de que "a Angkar ocupa-se dela". Tendo ido ajudar uma vizinha gravemente doente e os seus dois filhos, ouviu esta observação de um Khmer Vermelho: "Não é seu dever ajudá-la; pelo contrário, isso prova que você ainda tem piedade, sentimentos de amizade. É preciso renunciar a esses sentimentos e extirpar do seu espírito as propensões individualistas. Volte imediatamente ao seu lugar."[162]

Essa negação sistemática do humano tem, do ponto de vista dos senhores do país, o seu reverso: o desaparecimento nas vítimas de qualquer escrúpulo em mentir, em parar de trabalhar quando os guardas e os espiões estão de

---

[158] Chandler (1993), *op. cit.*, p. 202; Henri Locard, *Les chants révolutionnaires khmers rouges et la tradition culturelle cambodgienne, ou la révolution triomphante*, nota não publicada e sem data.

[159] Françoise Corrèze e Alain Forest, *Le Cambodge à deux voix*, Paris.

[160] Heng e Demeure, *op. cit.*, p. 132

[161] Haing Ngor, *op. cit.*, pp. 131-3.

[162] Pin Yathay, *op. cit.*, pp. 222-3, 226 e 310; episódios idênticos são abundantes em *todos* os testemunhos.

costas voltadas, e, principalmente, em roubar. É uma questão de vida ou de morte, tendo em conta as rações fornecidas pela Angkar: todo mundo rouba, das crianças aos velhos — o que significa simplesmente, uma vez que tudo pertence ao Estado, a colheita de alguns frutos. Infernal armadilha de uma sociedade que apenas deixa às pessoas a escolha entre morrer, roubar e enganar: essa *deseducação*, particularmente nos jovens, permitiu manter-se até hoje um cinismo e um egoísmo que comprometem as possibilidades de desenvolvimento do Camboja.

O triunfo da brutalidade

Outra contradição irredutível do regime: a exigência de transparência absoluta das vidas e dos pensamentos opõe-se ao caráter particularmente dissimulado do grupo no poder. Fenômeno único no contexto dos regimes comunistas: a existência do PCK só é oficialmente declarada em 27 de setembro de 1977, 30 meses após o 17 de abril. A própria personalidade de Pol Pot é um segredo particularmente bem guardado. Aparece pela primeira vez nas "eleições" de março de 1976, sob a designação de "operário das plantações de seringueiras". Na realidade, ele nunca trabalhou, nem sequer no "sítio dos pais", como afirma uma biografia difundida por ocasião da sua visita à Coreia do Norte, em outubro de 1977. Foram os serviços secretos ocidentais que, por verificação, identificaram Pol Pot e Saloth Sar como uma única e mesma pessoa, militante comunista que havia fugido de Phnom Penh em 1963 e fora declarado "morto na resistência" por certos quadros do PCK. A vontade de permanecer na sombra para melhor exercer todo o poder era tal que Pol Pot não terá biografia, nem busto, nem sequer retrato oficial; a sua fotografia só raramente apareceu, e não houve nenhuma coletânea dos seus textos. Nada, pois, que evoque um culto da personalidade — e muitos cambojanos só depois de janeiro de 1979 tiveram conhecimento de que ele tinha sido o seu primeiro-ministro.[163] Pol Pot confundiu-se com a Angkar, e reciprocamente: tudo se passou como se, Anônimo supremo dessa organização anônima, ele estivesse presente no menor dos povoados, invisível, por trás do menor detentor de autoridade. A ignorância é mãe do terror: ninguém, em momento algum, pode sentir-se seguro.

---

[163] *PPP*, 7 de abril de 1995, p. 7; Chandler (1993), *op. cit.*, pp. 185-6, 227, 245 e 265.

Opacidade/transparência: os escravos do sistema já não pertencem a si próprios, por pouco que seja. O seu presente é totalmente orientado, através de um emprego de tempo feito para não lhes dar um momento de descanso, pela obsessão da comida, pelas frequentes reuniões de crítica-autocrítica, nas quais a menor falha pode originar problemas. O passado de cada um é minuciosamente investigado,[164] no caso de haver a menor dúvida acerca da veracidade das suas declarações, e muitas prisões, seguidas de torturas, destinam-se a obrigá-los a confessar o que teriam tentado esconder. As pessoas encontram-se à mercê de uma denúncia, do encontro casual de um antigo colega, vizinho, aluno[...] Relativamente ao futuro, parece só haver uma direção, submetida ao mínimo capricho do Moloch no poder. Nada deve poder escapar ao olhar do poder, que "tem tantos olhos como o ananás", diz um slogan corrente. Partindo-se do princípio de que tudo tem um significado político, a menor violação das regras estabelecidas pode assumir o valor de ato de oposição, e portanto de "crime contrarrevolucionário". Era necessário evitar a menor afronta, mesmo involuntária: na lógica paranoica que os Khmers Vermelhos difundiam ao seu redor (estava-se rodeado de inimigos tão pérfidos quanto bem dissimulados), não havia acidentes, não havia acasos, não havia inaptidões — apenas "traições". Quebrar um copo, não dominar bem um búfalo e traçar sulcos oblíquos eram coisas que podiam levar uma pessoa — bem como os seus parentes e amigos — diante dos membros da cooperativa transformados em tribunal, e os acusadores não faltavam. Nunca se deviam evocar os mortos, traidores justamente punidos ou covardes que tinham subtraído a sua força de trabalho à Angkar. A própria palavra "morto" tinha se tornado um tabu; devia-se dizer *batkluon* (corpo que desaparece).

O ponto fraco foi, no entanto, a ausência de qualquer aparelho judiciário (nunca houve julgamentos), e principalmente de um aparelho policial digno desse nome — era o exército, nada preparado para essa função, que estava encarregado da segurança interna. A rusticidade do aparelho repressivo explica a grande facilidade que havia em traficar, em falar livremente em particular, em roubar[...] Mas explica também o uso imoderado que foi feito das crianças e dos adolescentes, transformados em auxiliares de polícia. Uns, já integrados no aparelho khmer vermelho, designados *chhlop*, eram essencialmente espiões, escondendo-se, por exemplo, debaixo das estacas das casas, esperando ouvir conversas repreensíveis, ou procurando descobrir as proibidas reservas ali-

---

[164] Impõe-se por vezes a redação mensal de uma autobiografia completa; a menor variação entre duas versões equivale à morte (Welaratna, *op. cit.*, p. 125).

mentares particulares. Outros, frequentemente mais jovens, tinham sobretudo por tarefa seguir o itinerário político dos pais, irmãos ou irmãs e denunciá-los, "para seu próprio bem", no caso de pensamentos "heterodoxos". Para o conjunto dos cambojanos, tudo o que não era explicitamente autorizado era proibido (ou podia ser considerado como tal). Tendo em conta que a prisão era de fato a antecâmara da morte, os atos delituosos menores, sem reincidência, e que fossem objeto de uma autocrítica espontânea suficientemente humilde, ou eram perdoados, ou punidos com uma mudança de local de trabalho (por exemplo, para o chiqueiro — à chinesa) ou com um espancamento mais ou menos violento, em geral no fim da reunião coletiva. Os pretextos abundavam. Como esperar que os membros de uma família aceitassem não se verem durante meses, embora as suas equipes de trabalho estivessem frequentemente apenas a alguns quilômetros de distância uma das outras? Como evitar pequenos erros no trabalho, muitas vezes provenientes da falta de experiência, do esgotamento que enfraquece a atenção, do desgaste das ferramentas? Como resistir à tentação de colher um alimento, ou desse "roubo" que representa apanhar uma simples banana?

Qualquer desses "crimes" podia conduzir à prisão ou à morte.[165] *Todo mundo* os cometia, e, no entanto, o mais frequente era uma sanção mais comedida. Tudo é relativo: a flagelação, sobretudo para os jovens, era um castigo banal; os adultos mais pareciam ter sido espancados — e chegavam mesmo a morrer. Os carrascos podiam ser militares khmers vermelhos. Mas o mais normal era as pessoas serem espancadas pelos seus próprios colegas de trabalho, os "75", que, muitas vezes, rivalizavam tanto mais em zelo quanto é certo que eles próprios se sabiam em perigo constante. Como sempre, é preciso fingir uma submissão absoluta: queixas — ou, pior ainda, protestos — seriam interpretadas como sinais de oposição ao castigo, e portanto ao regime. Tratava-se de castigar, mas também de aterrorizar: faziam-se execuções simuladas.[166]

O assassinato como método de governo

"Basta um milhão de bons revolucionários para o país que estamos construindo. Não precisamos do resto. Preferimos abater dez amigos a conservar

---

[165] Seng Kimseang (PPP, 7 de abril de 1995, p. 7) recorda o espancamento até provocar o desmaio de um jovem adolescente por roubo de arroz, e depois o seu "desaparecimento" nas mãos da Angkar.

[166] Heng e Demeure, *op. cit.*, p. 185.

Camboja: no país do crime desconcertante

vivo um inimigo": tal era o discurso dos Khmers Vermelhos nas reuniões de cooperativa.[167] E puseram em prática essa lógica genocida. A morte violenta era quotidiana sob o regime de Pol Pot; morria-se mais frequentemente de assassinato do que de doença ou de velhice. O castigo, em toda parte chamado "supremo", era banalizado pela sua frequência, e pela futilidade das razoes que levavam à sua aplicação. Estranha inversão: era nos casos considerados mais graves que uma pessoa ia para a prisão (onde, é certo, a morte era apenas adiada), para ser obrigada a confessar conspirações e cúmplices. Embora a realidade do sistema repressivo fosse cuidadosamente dissimulada — mistério que o tornava ainda mais terrível —, alguns deportados perceberam as suas grandes linhas: "Talvez houvesse dois sistemas paralelos de repressão. Um sistema de cárcere, parte integrante de uma burocracia que se alimentava de si mesma, a fim de justificar a sua existência, e um outro sistema, mais informal, que dava aos chefes de cooperativa o direito de fazerem justiça. No fim, o resultado para os prisioneiros era o mesmo."[168] Henri Locard confirma essa hipótese.[169] Conviria acrescentar um terceiro modo de matar, que tende a prevalecer no último ano do regime: o "expurgo militar" — fazendo lembrar um pouco as "colunas infernais" da guerra da Vendeia, em 1793-1795 em que as tropas ligadas ao Centro massacram localmente, e em massa, equipes de quadros locais caídos em desgraça, povoados suspeitos, populações inteiras como na zona Leste. O que nunca ocorre é um ato de acusação preciso, nem possibilidade de defesa ou de comunicação da sorte das vítimas aos familiares ou colegas de trabalho: "Angkar mata, mas nunca explica", tal era um dos novos ditados da população.[170]

Torna-se difícil definir com exatidão os delitos punidos com a morte. Não porque faltem, mas, pelo contrário, porque é quase impossível citar uma falta que *não possa* implicar a execução capital: para o quadro khmer vermelho, é cômodo, e recomendável como prova de inteligência política, ter uma visão o mais paranoica possível do mínimo desvio. Limitar-nos-emos, portanto, a uma recapitulação dos principais motivos conducentes à morte, começando pelos mais frequentes. O "roubo" de alimentos vem certamente à cabeça. Tendo em conta a importância do arroz na alimentação, e o controle dele efetuado pelo regime, a sentença de morte foi aplicada em massa no caso de respiga

---

[167] Pin Yathay, *op. cit.*, p. 237.

[168] Haing Ngor, *op. cit.*, p. 178.

[169] Locard (1995), nota citada.

[170] Chandler (1991), *op. cit.*, p. 260.

selvagem, de pilhagem nos celeiros ou na cozinha; os ladrões eram frequentemente executados de imediato a golpes de cabo de enxada, diretamente no campo — e lá abandonados, para servirem de exemplo.[171] No caso de roubo de frutas ou legumes, havia maiores possibilidades de escapar com um simples espancamento. No entanto, algumas bananas colhidas por uma mulher faminta que amamentava o seu bebê conduziram-na à morte.[172] Adolescentes ladrões de pomares eram "julgados" pelos seus camaradas (que não tinham possibilidade de recusa), condenados e executados no mesmo instante com uma bala na cabeça: "Estávamos trêmulos. Disseram-nos que era uma lição para nós."[173] O abate clandestino de gado era menos frequente: a criação e os animais domésticos desapareceram rapidamente, ou eram muito bem guardados; a promiscuidade tornava muito difícil o desvio de gado. No entanto, uma família inteira podia ser assassinada por ter partilhado um bezerro.[174]

As visitas clandestinas à família, consideradas equivalentes a deserções, embora de curta duração, eram também muito perigosas. Todavia, parece que só se arriscava a vida em caso de reincidência — na condição de não ter cometido o gravíssimo erro de faltar ao trabalho. Gostar demasiadamente dos seus era mal-encarado; discutir com eles, ou com quem quer que fosse, podia também custar a vida (neste caso, também geralmente, nunca da primeira vez). Num clima de um puritanismo extremo — era recomendado que um homem se mantivesse a pelo menos três metros da sua interlocutora, se não fosse uma parente próxima — as relações sexuais fora do casamento eram sistematicamente punidas com a morte: infelicidade para os jovens amantes, infelicidade também para os quadros libidinosos, muitos dos quais "caíram por isso".[175] O consumo de bebidas alcoólicas[176] (geralmente sumo de palma fermentado) era um outro crime capital; mas isso era válido sobretudo para os quadros e para os Antigos, pois os Novos arriscavam já suficientemente a vida procurando alimentar-se. No tocante às práticas religiosas, muito malvistas, não conduziam forçosamente a uma condenação, desde que fossem discretas

---

[171] Pin Yathay, *op. cit.*, p. 289.

[172] Kên Khun, *op. cit.*, 96; na ocorrência, a mulher foi antes violada pelos membros das milícias assassinas; pouco tempo depois, o quadro responsável será vítima de uma depuração.

[173] *PPP*, 7 de abril de 1995, p. 6.

[174] *Ibid.*, p. 7.

[175] Pin Yathay, *op. cit.*, pp. 314-5; Henge Demeure, *op. cit.*, p. 107.

[176] Em compensação, o tabaco é consumido por todos, inclusive pelos mais jovens soldados khmers vermelhos; a droga, embora muito menos difundida, não é objeto de proibição especial.

Camboja: no país do crime desconcertante

e puramente individuais (o que é possível no budismo e muito difícil no islamismo); pelo contrário, as cerimônias de transes podiam ser punidas com a morte.[177] Claro que qualquer insubmissão era fatal. Os raros que se arriscaram, sobretudo nos primeiros tempos, aproveitando-se da suposta liberdade de crítica que lhes era concedida nas reuniões para recordar a insuficiência dos alimentos ou das roupas, "desapareceram" muito rapidamente, do mesmo modo que estes professores deportados, organizadores, em novembro de 1975, de uma manifestação de protesto contra as rações de fome, embora a manifestação em si não tivesse sido reprimida.[178] Os conceitos "derrotistas", desejar o desaparecimento do regime (ou a vitória do Vietnã, coisa que um bom número de cambojanos pensava em 1978), e até reconhecer que se tem fome: tudo isso expõe as pessoas ao pior. Os *chhlop* eram encarregados de registrar, e por vezes de provocar, essas palavras incriminadoras.

Não cumprir a tarefa atribuída, qualquer que fosse a razão, era também das faltas mais arriscadas. Toda a gente estava sujeita a erros ou acidentes menores, sempre potencialmente fatais, mas foi igualmente em nome dessa obrigação de resultados que grande número de deficientes, de inválidos e de doentes mentais foram assassinados: incapazes, sabotadores objetivos, eram ainda mais inúteis do que a massa dos Novos. Bem entendido, os feridos e amputados de guerra do exército republicano estavam todos condenados a desaparecer. Particularmente vulneráveis eram os que se encontravam incapacitados de compreender ou aplicar instruções e proibições: um louco que levava um pouco de mandioca, ou que exprimia o seu desagrado em termos incoerentes, era geralmente liquidado.[179] Os comunistas khmers aplicavam uma eugenia *de facto*.

O nível global de violência no Kampuchea Democrático era terrível. Mas, para a maioria dos cambojanos, o que aterroriza é o mistério que envolve os incessantes desaparecimentos, e não tanto o espetáculo da morte. Essa era quase sempre discreta, oculta. Haverá quem associe essa discrição no assassinato à invariável delicadeza dos militantes e quadros do PCK: "As suas palavras eram cordiais, muito doces, até nos piores momentos. Chegavam ao assassinato sem perderem a cortesia. Administravam a morte com palavras afáveis. [...] Eram capazes de fazer quaisquer promessas que quiséssemos ouvir para anestesiar a nossa desconfiança. Eu sabia que as suas doces palavras acompanhavam ou

---

[177] Ponchaud, *cap. cit.*, p. 169; PPP, 7 de abril de 1995, p. 7.

[178] Pin Yathay, *op. cit.*, pp. 161-3 e 190-1.

[179] Haing Ngor, *op. cit.*, p. 184; Welaratna, *op. cit.*, p. 53.

750   *O Livro Negro do Comunismo*

precediam os crimes. Os Khmers Vermelhos eram delicados em quaisquer circunstâncias, mesmo antes de nos abaterem como gado."[180] Uma primeira explicação é tática: como sugere Pin Yathay, manter a surpresa, evitar a recusa ou a revolta. Uma segunda é cultural: o domínio de si próprio é altamente valorizado no budismo; aquele que cede à emoção perde sua dignidade. Uma terceira é política: tratava-se, tal como nos bons tempos do comunismo chinês (antes da Revolução Cultural), de provar a implacável racionalidade da ação do Partido — que nada deve a paixões momentâneas ou a impulsos individuais — e a sua total capacidade de dirigir em qualquer circunstância. Essa discrição nas execuções bastaria para provar que eram amplamente coordenadas a partir do Centro: a violência primitiva e espontânea, como, por exemplo, a dos movimentos populares, não hesita em exibir-se. No final de uma tarde, ou numa noite, soldados vêm buscar as pessoas para "interrogatório", para "estudarem", ou para a boa e velha "rotina do porrete". Muitas vezes, amarram-lhes os cotovelos atrás das costas, e pronto. Outras vezes, mais tarde, alguém encontra na floresta um cadáver não enterrado — talvez para inspirar ainda mais medo —, mas nem sempre identificável. Sabe-se hoje que há numerosas valas comuns — mais de mil em cada uma das províncias completamente investigadas, e existem 20, ao todo — espalhadas pelos campos cambojanos.[181] Por vezes era concretizada a sinistra ameaça, constantemente repetida pelos Khmers Vermelhos, de ir servir de "fertilizante aos nossos arrozais":[182] "Matavam-se constantemente homens e mulheres para fazer adubo. Enterravam-se os cadáveres em valas comuns que eram onipresentes nos campos de cultivo, sobretudo nos de mandioca. Com frequência, ao arrancar os tubérculos de mandioca, desenterrava-se um crânio humano através de cujas órbitas saíam as raízes da planta comestível."[183] Os senhores do país parecem por vezes ter acreditado que não há nada melhor do que os cadáveres humanos para a agricultura;[184] embora também seja lícito ver aqui, em paralelo com o canibalismo (dos quadros), o ponto culminante da negação da humanidade dos "inimigos de classe".

A selvageria do sistema reaparece no momento supremo, o da execução. Para poupar as balas, mas também sem dúvida para satisfazer o frequente sadismo dos executores,[185] o fuzilamento não é o mais corrente: apenas 29% das

---

[180] Pin Yathay, *op. cit.*, pp. 163 e 387.

[181] *Le Monde,* 18 de junho de 1997, p. 16.

[182] Pin Yathay, *op. cit.*, p. 301.

[183] Kên Khun, *op. cit.*, p. 123 (testemunho de um estudante de medicina).

[184] Locard (1995), *op. cit.*, pp. 12-3.

[185] *Cf.*, por exemplo, Haing Ngor, *op. cit.*, pp. 179-80.

Camb*oja: no país do crime desconcertante*

751

vítimas, segundo o estudo de Sliwinski.[186] Em compensação, seriam contados 53% de crânios esmagados (com barras de ferro, com cabos de enxada), 6% de enforcados e asfixiados (com saco plástico), 5% de decapitados e de espancados até a morte. Confirmação da totalidade dos testemunhos: somente 2% de assassinatos teriam ocorrido em público. Entre esses, um número significativo de execuções "exemplares" de quadros caídos em desgraça, utilizando métodos particularmente bárbaros, em que o fogo (purificador?) parece desempenhar um papel relevante: enterramento até o peito numa vala cheia de brasas;[187] cremação das cabeças com petróleo.[188]

O arquipélago prisional

No Kampuchea Democrático não existiam, em princípio, prisões. Segundo o próprio Pol Pot, falando em agosto de 1978: "Nós não temos prisões e até nem utilizamos o termo 'prisão'. Os maus elementos são ocupados em tarefas produtivas."[189] Os Khmers Vermelhos orgulham-se disso, enfatizando a dupla ruptura com o passado político e com a tradição religiosa, sendo esse castigo diferido que é a detenção confundido com o karma budista, em que a soma de pecados das pessoas só é saldada numa existência vindoura. Doravante, a sanção é imediata [...] [190] Existiam no entanto "centros de reeducação" (*munty operuvri*), por vezes designados "centros de polícia de distrito". Os antigos cárceres de origem colonial, esvaziados como o resto da população urbana, não foram aliás reocupados, salvo em algumas pequenas cidades do interior — em que cerca de 30 detidos eram amontoados em celas concebidas para poucos prisioneiros. Foram com frequência os antigos estabelecimentos escolares, agora inúteis, e por vezes os templos, que os substituíram.[191]

---

[186] Sliwinski, *op. cit.*, p. 78; arredondei os decimais para a unidade, uma vez que os números só têm provavelmente um valor indicativo.

[187] Haing Ngor, *op. cit.,* p. 268.

[188] Heng e Demeure, *op. cit.,* p. 109. Estranhamente, isto faz lembrar o famoso suplício, talvez mítico, infligido aos Khmers na ocasião da ocupação vietnamita da primeira metade do século XIX: enterrados até o pescoço, as suas cabeças chamejantes teriam servido de suporte a bules de chá.

[189] Locard, 1995, nota citada, p. 18.

[190] *Cf.* pin Yathay, *op. cit.* p. 306.

[191] Sobre as prisões, baseamo-nos, salvo indicação em contrário, em dois estudos fundamentais de Henri Locard: *Le Goulag Khmer Rouge,* Nota da Universidade de Lyon-2 (Faculdade de Línguas), 1995; e "Tramkâk District in the Grip of the Khmer Rouge", comunicação no colóquio *Cambodia: Power, Myth and Memory,* Universidade de Monash, dezembro de 1996.

O Livro Negro do Comunismo

É verdade que estamos muito longe das prisões clássicas, até de regime severo. No entanto, nada se faz, é o mínimo que se pode dizer, para facilitar a vida dos detidos, ou pelo menos no sentido da sua sobrevivência: rações alimentares de fome (por vezes uma caixa de arroz para 40 pessoas),[192] nenhum cuidado médico, uma superlotação fenomenal, um acorrentamento permanente — uma grilheta para as mulheres e para alguns detidos masculinos "fracos", duas para os homens, com os cotovelos por vezes amarrados atrás das costas — a uma barra de ferro coletiva fixada ao chão (*khnoh*), nada de banheiros e nenhuma possibilidade de se lavarem[...] Compreende-se que, nessas condições, a esperança média de vida do novo detido possa ser avaliada em três meses e que os sobreviventes sejam escassos.[193] Um dos que o conseguiram evoca favoravelmente o seu local de detenção, na zona Oeste: "Lá só matavam cerca de metade dos prisioneiros, talvez ainda menos."[194] Teve sem dúvida a "sorte" de ser preso no final de 1975, numa ocasião em que ainda não era inconcebível ser libertado, tal como acontecera antes de 17 de abril: até 1976, de 20 a 30% dos prisioneiros foram postos em liberdade. É que, por vezes, levava-se a sério a função reeducativa (que passava principalmente por um trabalho esgotante), cerne do modelo prisional sino-vietnamita: funcionários do Antigo Regime, assim como soldados, tinham algumas possibilidades de serem libertados na condição de terem um bom comportamento e de trabalharem duramente, e isso ainda era verdade no início das deportações.[195] A antiga terminologia foi depois preservada (assim, o aprisionamento é com frequência disfarçado de convocação para uma "sessão de estudos" — o termo "khmer" é decalcado do chinês *xuexi*), embora esvaziada de todo o significado. O fato de o elemento pedagógico ter desaparecido completamente (exceto talvez no campo de Bung Tra Bek — para cambojanos recém-chegados do estrangeiro, na sua maioria estudantes — descrito por Y Phandara) é, por exemplo, indicado pela nota de uma direção local que mandava encarcerar as crianças com as respectivas mães, qualquer que fosse a sua idade, "de modo a desembaraçarmo-nos de todos de uma só vez".[196] Nesse caso, trata-se de concretizar o slogan: "Quando se arranca uma erva, é necessário extirpar todas as raízes",[197] ele próprio uma versão radical da "hereditariedade de classe" tão cara aos maoistas extremistas.

---

[192] Pin Yathay, *op. cit.*, p. 231.

[193] Três em 80 numa prisão local mencionada *in* Pin Yathay, *op. cit.*, p. 231.

[194] Kiernan, *op. cit.*, p. 345, nota 169.

[195] *PPP*, 7 de abril de 1995, p. 5.

[196] Locard (1996), *op. cit.*, p. 6.

[197] Locard (1995), *op. cit.*, p. 11.

Camboja: no país do crime desconcertante 753

O destino dessas crianças, abandonadas a si mesmas, não exatamente presas, mas sem ninguém para tomar conta delas, foi especialmente doloroso; pior ainda foi o caso dos "delinquentes", muito jovens, encarcerados sem considerações de idade mínima.

Crianças numa prisão de distrito

O que mais nos comovia era a sorte de 20 crianças, sobretudo filhos de pessoas deportadas depois de 17 de abril de 1975. Essas crianças roubaram porque tinham muita fome. Estavam presas não para serem punidas, mas para serem mortas de uma forma particularmente selvagem:

— os guardas de prisão batiam-lhes ou chutavam-nas até a morte;

— faziam delas brinquedos vivos; amarravam-nas pelos pés, penduravam-nas no teto, balançavam-nas, e depois tentavam estabilizá-las com chutes;

— perto da prisão havia um pântano; os carrascos atiravam para lá os pequenos prisioneiros, empurravam-nos para o fundo com os pés, e quando os desgraçados eram atacados por convulsões, deixavam a cabeça emergir, para recomeçarem de imediato a mergulhá-los à força na água.

Nós, os outros prisioneiros e eu próprio, chorávamos em segredo a sorte dessas pobres crianças que tinham abandonado esse mundo de um modo tão atroz. Havia oito carrascos guardas de prisão. Bun, o chefe, e Lân (só retenho na memória esses dois nomes) eram os mais selvagens, mas todos participaram nessa tarefa ignóbil, todos rivalizaram em crueldade para fazer sofrer os seus compatriotas.[198]

A principal clivagem entre os detidos opunha, se assim ousarmos dizer, os condenados a perecer lentamente, e os que seriam executados. Isso dependia sobretudo da razão por que se tinha sido preso: violação de uma proibição, origem social impura, desafeição manifesta em face do regime, incriminação por participação numa "conspiração". Nesses três últimos casos, era-se geralmente interrogado, fosse para confessar uma antiga ocupação "de risco", fosse para ser obrigado a reconhecer uma culpa e denunciar cúmplices. À mais leve reticência, recorria-se à tortura, com muito mais frequência do que em qualquer outro regime comunista; os inquisidores khmers vermelhos deram provas de muita imaginação mórbida e sádica na matéria;[199] uma das modalidades mais vulgares parece ter sido a quase asfixia por saco plástico enfiado na cabeça. Muitos prisioneiros, já enfraquecidos, não sobreviviam a essas sessões — sobretudo as

---

[198] Testemunho de um antigo funcionário, *in* Kên Khun, *op. cit.*, p. 131.

[199] *Cf.*, por exemplo, Haing Ngor, *op. cit.*, pp. 170-4, 188-94, 240-4; Heng e Demeure, *op. cit.*, pp. 144-9.

O Livro Negro do Comunismo

mulheres, vítimas das piores atrocidades. Os carrascos justificavam a si próprios em nome de uma alegada eficácia da tortura na procura da verdade: num relato de interrogatório, menciona-se que o detido "foi questionado com calma, sem lhe batermos. Por isso, não podemos saber com certeza se dizia a verdade ou não".[200] Nos casos mais sérios, ou quando as "confissões" pareciam especialmente promissoras no que diz respeito a futuras incriminações, o detido era transferido para o estádio superior do arquipélago prisional: podia-se assim passar do cárcere local para o do distrito, e chegar finalmente à prisão central de Tuol Sleng. Qualquer que fosse o nível atingido, a conclusão tendia a ser a mesma: o prisioneiro, uma vez estabelecido que não tinha mais "informações" a comunicar, pressionado a fundo pelos seus inquisidores (o que levava semanas, por vezes meses), podia então ser "jogado fora"; as execuções eram feitas na maior parte das vezes com arma branca, com particularidades locais, como, em Tramkâk, o esmagamento do pescoço com uma barra de ferro. Alto-falantes transmitiam uma música revolucionária bem barulhenta para abafar os gritos de agonia.

Entre as causas de prisão, encontram-se categorias análogas às que na cooperativa valiam aborrecimentos ou o assassinato, mas não nas mesmas proporções. Muitos dos simples ladrões vão parar na prisão, mas é geralmente necessário que tenham atuado em larga escala, ou com cúmplices. Em compensação, os casos de relações sexuais fora do casamento são bastante frequentes, e mais ainda os de declarações "subversivas": denúncia de desigualdades de tratamento alimentar, da baixa de nível de vida ou da submissão à China, dizer-se farto de uma agricultura apresentada como uma ofensiva militar permanente, gracejos sobre o hino da Revolução, propagação de boatos relativos a guerrilhas anticomunistas, referências às pregações budistas que descreviam um mundo onde reina o ateísmo, mas que está destinado a desaparecer. Uma mulher (portanto, era "70") quebrou uma colher na cantina, furiosa por ter perdido já quatro filhos devido à fome e por não ter conseguido autorização para ficar junto do último, moribundo no hospital. Em paralelo com esses "casos políticos", há um grande número de "casos sociais": os que ocultaram a sua antiga profissão, ou episódios comprometedores da sua biografia, como uma estada prolongada no Ocidente. A última especificidade da população prisional é a de comportar uma massa não negligenciável (embora muito minoritária) de Antigos, e até de soldados ou funcionários khmers vermelhos: 10% da amostra (46 processos em 477) na prisão de Tramkâk. Esses também manifestaram o seu cansaço

---

[200] Locard (1996), *op. cit.*, p. 8.

Camboja: no país do crime desconcertante 755

ou desertaram, geralmente para ir ver a família. Quanto aos quadros de nível médio ou superior, eles são na maior parte das vezes diretamente atirados, sob controle do Centro, para a prisão de Tuol Sleng.

Sobreviver ao horror

Pelo crime de falar inglês, fui preso pelos Khmers Vermelhos e levado, de corda no pescoço, mancando e cambaleante, para a prisão de Kach Roteh, perto de Battambang. Era apenas o começo. Fui acorrentado com todos os outros prisioneiros, com ferros que me cortavam a pele. Os meus tornozelos ainda conservam as marcas. Torturaram-me, repetidamente, durante meses. O meu único alívio era quando desmaiava.

Todas as noites, os guardas irrompiam nas celas e chamavam os nomes de um, dois ou três prisioneiros. Levavam-nos, e não voltávamos a vê-los — eram assassinados por ordem dos Khmers Vermelhos. Que eu saiba, sou um dos raríssimos prisioneiros a ter sobrevivido em Kach Roteh, um verdadeiro campo de tortura e de extermínio. Só sobrevivi graças ao meu jeito para contar as fábulas de Esopo e contos khmers clássicos sobre animais aos adolescentes e às crianças que eram os nossos guardas.[201]

A visita a esse antigo colégio, conhecido no organograma do PCK pelo código S-21, provoca a sensação de tocar o fundo do horror. Trata-se, no entanto, de apenas mais um centro de detenção entre centenas de outros e, apesar das suas quase 20.000 vítimas, não era necessariamente o mais mortífero: as condições de encarceramento, certamente terríveis, não eram piores do que noutros lugares. Isso significa que apenas cerca de 2% dos assassinados, talvez 5% dos presos, passaram por Tuol Sleng, o que nada tem a ver com a centralidade de um Auschwitz no sistema concentracionário nazista. Não havia um modo de tortura verdadeiramente específico, a não ser o uso corrente da eletricidade. As duas particularidades residem no caráter de "prisão do Comitê Central", para onde são levados sobretudo quadros e dirigentes caídos em desgraça, e de "buraco negro", do qual, em princípio, não se pode sair vivo: somente seis ou sete detidos escaparam à morte. A última particularidade provém da nossa informação: um registro completo das entradas, de 1975 até meados de 1978 (14.000 nomes); e sobretudo vários milhares de confissões pormenorizadas e de relatos de interrogatórios, entre os quais alguns se referem a grandes do regime.[202]

---

[201] Kassie Neu, diretor do Instituto Cambojano dos Direitos do Homem, *in PPP*, 20 de setembro de 1996, p. 8 (traduzido do inglês por J.-L. Margolin).
[202] Chandler (1991), *op. cit.*, pp. 285-302.

Cerca de quatro quintos dos detidos eram Khmers Vermelhos, embora operários e técnicos, especialmente de origem chinesa, que tinham para lá sido enviados em 1978, assim como alguns estrangeiros (marinheiros, na maior parte das vezes) que tinham tido o azar de cair nas mãos do regime.[203] Havia permanentemente entre mil e 1.500 detidos, mas o *turnovers* maciço, o que é comprovado pelos registros de entrada (que são aproximadamente equivalentes ao número de vítimas do ano), em aumento constante: apenas 200 em 1975, 2.250 em 1976, 6.330 em 1977 e 5.765 só no primeiro semestre de 1978. Os inquisidores enfrentavam um cruel dilema: "Consideramos a tortura absolutamente necessária", lê-se num dos seus livros de notas, mas, por outro lado, ela provoca a morte dos internados demasiado cedo, sem que tenham "confessado" o suficiente: isso representa, portanto, uma "derrota para o Partido". E daí essa incongruência: um mínimo de presença médica num local onde todos têm morte certa.[204] Certos detidos representavam casos mais fáceis: as mulheres e filhos de prisioneiros (muitas vezes já executados), dos quais se desembaraçavam rapidamente em datas certas. Assim, em 1º de julho de 1977, 114 mulheres (das quais 90 eram esposas de torturados) foram assassinadas; no dia seguinte, foi a vez de 31 filhos e 43 filhas de detidos; 15 haviam sido previamente arrancados de um centro de infância. O máximo diário de execuções foi atingido por altura da proclamação da existência do PCK: 418, em 15 de outubro de 1977.[205] Estima-se que cerca de 1.200 crianças foram assassinadas no S-21.[206]

As razões da loucura

Tal como em relação aos outros crimes em massa desse século, o excesso da monstruosidade cria a tentação de procurar a sua *ultima ratio* na loucura de um homem, ou no fascínio obtuso de um povo. Não está em causa atenuar a responsabilidade de um Pol Pot; mas nem a história nacional cambojana, nem o comunismo internacional, nem a influência de certos países (a começar pela China) deveriam ficar isentos de responsabilidades: quintessência do que de pior podiam produzir, a ditadura dos Khmers Vermelhos está no ponto de

---

[203] Quinn, *cap. cit.*, p. 198; Kiernan, *op. cit.*, pp. 432-3.

[204] Chandler (1991), *op. cit.*, p. 374, nota 27; Quinn, *cap. cit.*, p. 210.

[205] Kiernan, *op. cit.*, pp. 353-4.

[206] Quinn, *cap. cit.*, p. 198.

Camboja: no país do crime desconcertante

encontro dessas três dimensões e, ao mesmo tempo, situada num contexto geográfico e temporal preciso.

Uma exceção khmer?

"A revolução khmer não tem precedentes. O que tentamos fazer nunca foi conseguido na história passada."[207] Os próprios Khmers Vermelhos, logo que se emanciparam dos seus protetores vietnamitas, insistiram constantemente na unicidade da sua experiência. Os seus discursos oficiais quase nunca fazem referência ao estrangeiro, a não ser de forma negativa, e praticamente não citam os pais fundadores do marxismo-leninismo, ou mesmo Mao Zedong. O seu nacionalismo tem, em larga medida, o estranho mofo do que foi desenvolvido pelos seus antecessores, Sihanuk ou Lon Nol: a mistura de um dolorismo extremo e de pretensão desmedida; um país-vítima, permanentemente oprimido por vizinhos pérfidos, cruéis, obstinados em derrotá-los como se a sua própria sobrevivência disso dependesse, e entre eles, na primeira fila, o Vietnã; um país-de-abundância, abençoado pelos deuses, com um passado prodigioso, com um povo sem igual, que teria vocação para se juntar à vanguarda do planeta, se ao menos[...][208] O triunfalismo não conhecia limites: "Estamos em vias de fazer uma revolução única. Conhece algum país que ouse, como nós, suprimir o mercado e a moeda? Nós batemos de longe os chineses, que nos admiram. Eles tentam imitar-nos, mas ainda não o conseguiram. Seremos um bom modelo para o mundo inteiro — tal é o discurso de um intelectual pertencente aos quadros do Partido que viajou pelo estrangeiro.[209] Mesmo depois de ter sido afastado do poder, Pol Pot continuou a considerar que o 17 de abril de 1975 foi o maior acontecimento revolucionário da História, "com exceção da Comuna de Paris, em 1871".[210]

Ora a realidade, tristemente prosaica, é a de um pequeno país há muito fechado sobre si mesmo, mantido pelo protetorado francês na posição de um amável conservatório de interessantes tradições, em que as diferentes classes em luta quase incessante pelo poder nunca recuaram diante do apelo à intervenção

---

[207] Ieng Sary, 1977, citado em Chandler (1991), *op. cit.*, p. 240.

[208] Acerca dessa questão da "consciência infeliz" khmer, *cf.* Jean-Claude Pomonti, "Angoisses khmères", *Le Monde*, 10 de março de 1995.

[209] Y Phandara, *op. cit.*, p. 88.

[210] Nesse caso, é a Revolução Cultural chinesa que manifesta a sua influência: a "Comuna de Xangai", de janeiro de 1967, pretende imitar a revolução parisiense.

estrangeira a seu favor, e no qual ninguém parece ter se colocado seriamente a questão do desenvolvimento econômico: poucas empresas, classes médias pouco significativas, poucos técnicos, uma agricultura de subsistência com um peso esmagador. Em suma, o "homem doente" por excelência do Sudeste Asiático.[211] Mas o irrealismo extremo favorece soluções extremas; a combinação de uma desconfiança quase paranoica em relação a terceiros e de um exagero megalômano das suas próprias capacidades propicia o voluntarismo e o isolamento; a fraqueza da economia e a pobreza da maioria dos habitantes reforçam a atração por aqueles que se apresentam como promotores de um possível progresso. O Camboja era portanto um "elo fraco", tanto econômica como politicamente; a conjuntura política internacional, e mais particularmente a guerra do Vietnã, fizeram o resto. Em relação à selvageria dos Khmers Vermelhos, ela teria a sua origem na contradição não assumida entre as ambições desmedidas e o peso das limitações.

Alguns autores consideram igualmente que certas características da nação cambojana podem ter favorecido a ação homicida dos Khmers Vermelhos. É o caso do budismo, com um papel todavia ambíguo: a sua indiferença diante dos contrastes sociais e a transferência para a existência futura da retribuição dos méritos e deméritos da vida presente contrastam perigosamente com a visão revolucionária. Mas o seu anti-individualismo corresponde bem à eliminação do "eu" pelos Khmers Vermelhos. O limitado valor de uma existência, no meio do turbilhão das reencarnações, e o fatalismo que daí decorre em face do destino inevitável minimizaram a resistência dos crentes diante dos abusos do poder.[212]

Em Haing Ngor, muito combalida à saída da prisão, uma velha acaba por dizer o que toda a gente pensa:

"Samnang, talvez você tenha feito algo de muito errado na sua vida anterior. Talvez esteja a ser castigado por isso.

— Sim, deve ser isso. Creio que o meu *kama*[213] não está muito, muito bom!"[214]

O budismo, é certo que fortemente reprimido, não se constituiu em todo o caso como esse núcleo de resistência aos Khmers Vermelhos que o islã foi para os Cham.

---

[211] Outros dois países conhecem na região uma posição parcialmente comparável: o Laos e a Birmânia. Porém, o primeiro só constitui uma entidade política unificada depois de 1945, e o segundo, notavelmente próspero sob a colonização britânica, não tem a mesma posição de fraqueza em comparação aos seus vizinhos.

[212] Ponchaud, *cap. cit.*, pp. 170-5.

[213] Karma, pronunciado à khmer

[214] Haing Ngor, *op. cit.*, 176.

Camboja: no país do crime desconcertante 759

O presente leva muitas vezes a rever o passado. Não tanto para mudar os fatos estabelecidos, "à norte-coreana" se quisermos, mas para lhes modificar a hierarquia e a interpretação. O aparentemente pacífico Camboja de Sihanuk, de há muito ilhota de neutralidade no meio das guerras indo-chinesas, tinha levado a que se desse destaque ao "sorriso khmer" — o das apsarás dos relevos angkorianos, dos monarcas bonachões, dos camponeses pequenos proprietários recolhendo sem esforços desmedidos o *paddy* do arrozal, o peixe do lago e o açúcar da palmeira. A fúria das três últimas décadas chama a atenção para dimensões mais sombrias. Angkor tem um indiscutível esplendor,[215] mas os seus quilômetros de baixos-relevos representam majoritariamente cenas guerreiras.[216] Os gigantescos edifícios e os ainda mais gigantescos reservatórios de água (*baray*) exigiram deportações e escravizações em massa.

Existem muito poucos documentos escritos relativos ao período angkoriano (séculos VIII-XIV), mas todas as monarquias indo-budistas do Sudeste Asiático peninsular (Tailândia, Laos, Birmânia…) foram constituídas segundo o seu modelo. A sua história cheia de violência assemelha-se à do Camboja; em toda essa região as concubinas repudiadas eram levadas para serem pisoteadas por elefantes, ou inaugurava-se um reinado de massacres começando por aquele de sua própria família, e as populações vencidas eram deportadas em massa para as zonas desérticas. O absolutismo está fortemente enraizado nessas sociedades, e qualquer contestação é assumida como um sacrilégio. O déspota iluminado não abusa disso: as estruturas administrativas, particularmente fracas, conduziriam rapidamente a uma situação de ruptura. Porém, a capacidade de aceitação por parte das populações é bastante elevada: ao contrário do que acontece no mundo chinês, as revoltas antimonárquicas são raras, e a fuga para outros Estados (nunca muito distantes) ou para regiões mais longínquas era a salvação mais procurada.[217]

O reinado de Sihanuk (desde 1941, embora o protetorado francês tenha durado até 1953) pode deixar uma recordação quase idílica em comparação com o que se seguiu a sua derrubada, em março de 1970. O príncipe não recuou, no entanto, diante de um amplo uso da violência, particularmente contra a oposição de esquerda. Em 1959-1960, inquieto com a popularidade

---

[215] A sua arquitetura é todavia muito arcaica no que respeita às técnicas, mais próximas do Egito

[216] Não é o caso dos grandes templos javaneses (Borobudur em particular) pouco mais ou menos contemporâneos.

[217] Muitos etnólogos destacam um laço com a terra e com os antepassados mais fraco do que no mundo sinizado, incluindo o Vietnã.

crescente de uma esquerda comunista que criticava a corrupção do poder, ordenou ou consentiu o assassinato do redator-chefe do jornal *Pracheachun* (*O Povo*), depois mandou espancar em plena rua o diretor da revista bissemanal francesa *L'Observateur* (uma das maiores tiragens do país), o futuro dirigente khmer vermelho Khieu Samphan; contam-se, em agosto de 1960, 18 prisões, e os principais órgãos da esquerda são proibidos. Em 1962, em condições ainda misteriosas, é com certeza a polícia secreta quem assassina o secretário-geral do PCK clandestino, Tou Samouth — facilitando o acesso à respectiva direção de Saloth Sar. Em 1967, a revolta de Samlaut e a influência da Revolução Cultural em certas escolas chinesas provocam uma repressão mais dura do que nunca, responsável por várias mortes: os últimos comunistas que atuavam à luz do dia e uma centena de simpatizantes intelectuais reforçam as primeiras guerrilhas khmers vermelhas.[218] Assim, devemos seguir então Henri Locard, quando escreve: "A violência polpotista nasceu da brutalidade dos sihanukistas?"[219] Sim, ao nível da cronologia: o autocrata principesco e, depois de 1970, o marechal iluminado tornaram impotentes os que criticavam os seus ineptos regimes; mas, ao fazer isso, eles permitiram que o PCK passasse a subsistir como uma oposição credível. Não, no plano da genealogia: os fundamentos ideológicos e os objetivos últimos da ação dos Khmers Vermelhos não são *reativos*, antes retomam exatamente a "grande tradição", saída do leninismo e passada através dos sucessivos crivos de Stalin, Mao Zedong e Ho Chi Minh. A calamitosa evolução do Camboja após a independência, e depois o seu envolvimento na guerra *facilitaram* a tomada do poder pelos extremistas do PCK e *legitimaram* o recurso a uma violência inimaginável; entretanto, nenhuma circunstância externa explica o radicalismo em si mesmo.

1975: Uma fratura radical

No caso da revolução cambojana, é mais fácil enunciar o que ela recusa do que dizer o que propõe. É verdade que ela corresponde a uma vontade de vingança, e por aí encontrou inegavelmente o essencial da sua base social, posteriormente desmobilizada pela coletivização radical. Vingança dos camponeses contra os citadinos: os Antigos apoderam-se rapidamente dos bens dos Novos, seja atuando no mercado negro, seja, muito simplesmente, roubando-os das

---

[218] Chandler (1993), *op. cit.*, pp. 101, 105-6 e 135; Raoul Marc Jennar, *Cambodge: une presse sous pression*, Paris, Reporters Sans Frontières, 1997, p. 23.

[219] Locard (1995), nota citada, p. 15.

Camboja: no país do crime desconcertante 761

suas bagagens.[220] Vingança, dentro do próprio povoado, dos camponeses mais pobres contra os "capitalistas" locais (entenda-se: aqueles que têm qualquer coisa para comercializar, ou empregam alguma mão de obra). Mas a vingança é também, e talvez sobretudo, interindividual, subvertendo as antigas hierarquias profissionais, familiares etc. Os testemunhos insistem na surpreendente promoção aos postos de responsabilidade locais dos marginais do povoado, alcoólatras, por exemplo: "Estes homens, reabilitados pela Angkar, investidos em funções de comando, eram capazes de matar os seus compatriotas sem remorsos, sem escrúpulos."[221] Haing Ngor vê aqui a santificação política do que considera o mais vil da alma khmer: o *kum*, rancor assassino contra o qual o tempo nada pode. Entre aqueles de que tinha mais razão de se queixar, havia uma tia sua, que ficara no povoado familiar e que anteriormente se vira obrigada a pedir auxílio aos seus parentes urbanos; e um simples enfermeiro que ele conhecera quando era médico de um hospital, que, embora fosse Novo, procurou fazer com que ele fosse condenado à morte, e acabou sendo promovido a chefe de equipe de trabalho, invertendo assim radicalmente a hierarquia que tivera de suportar.[222] São todas as tensões da sociedade cambojana, das quais apenas algumas podem ser classificadas como "sociais" *stricto sensu*, que, desse modo, explodem.

Inversão dos valores: empregos antes desprezados, como cozinheiro (ou até varredor da cantina) ou pescador, passaram a ser os mais procurados, porque permitiam fáceis desvios de alimentos. Pelo contrário, os diplomas nada mais são do que "papelada inútil", e os que tentam ainda fazer-se valer deles têm de ter muito cuidado. A humildade tornou-se uma virtude cardeal: entre os quadros que regressaram ao país, "a tarefa mais procurada foi estranhamente a limpeza dos sanitários [...] vencer a sua repugnância era uma prova de transformação ideológica."[223] A Angkar pretendia captar e monopolizar os laços de afeição familiares: as pessoas dirigiam-se a ela publicamente utilizando a designação coletiva de "pais-mães" (o que mantém a confusão entre o Partido-Estado e o conjunto da população adulta, fenômeno característico do comunismo asiático); e o período revolucionário pós-1975 foi designado com o termo *samay pouk-mé* ("era pais-mães"); os chefes militares eram tratados por "avôs".[224] O

---

[220] Haing Ngor, op. cit., p. 163.
[221] Pin Yathay, *op. cit.*, pp. 95-6. O mesmo tipo de expediente foi largamente utilizado pelo PC chinês na fase de conquista do poder.
[222] Haing Ngor, *op. cit.*, pp. 112, 126 e 237-8.
[223] Laurence Picq, *op. cit.*, p. 22.
[224] Pinn Yathay, *op. cit.*, p. 271; Ponchaud, *cap. cit.*, p. 164.

762 O Livro Negro do Comunismo

medo e o ódio à cidade eram extremos: cosmopolita, dedicada exclusivamente ao consumo e ao prazer, Phnom Penh é para os Khmers Vermelhos "a grande prostituta do Mekong".[225] Uma das justificações dadas para a evacuação da capital foi a de que "um plano secreto político-militar da CIA americana e do regime de Lon Nol" previa em particular "corromper os nossos combatentes e enfraquecer o seu espírito combativo através das mulheres, do álcool e do dinheiro" depois da "libertação".[226]

Mais do que os próprios chineses, os revolucionários do Camboja levavam a sério o famoso adágio de Mao: "E numa folha em branco que se escreve o mais belo dos poemas."[227] Foi conveniente a todos se libertarem de tudo o que excedesse aquilo que se encontra num camponês pobre: os cambojanos que regressavam ao país tiveram de renunciar a quase todas as suas bagagens, incluindo os livros. Os escritos em "língua imperialista" — francês ou inglês —, bem como os escritos em khmer ("relíquias da cultura feudal"[228]) estavam destinados à destruição; durante uma dezena de anos, Haing Ngor ouviu os soldados khmers vermelhos dizerem: "Agora, nada de livros capitalistas! Os livros estrangeiros são instrumentos do Antigo Regime que traiu o país. Por que é que você tem livros? Você é agente da CIA? Nada de livros estrangeiros sob o regime da Angkar."[229] Convinha também queimar diplomas, assim como bilhetes de identidade, e até álbuns de fotografias:[230] a revolução é o recomeço a partir do zero. Muito logicamente, eram as pessoas sem passado que se encontravam favorecidas: "Só o bebê recém-nascido não tem mancha", garantia um slogan.[231] A educação foi reduzida à sua expressão mais simples: ou seja, nenhuma escola ou, na maior parte dos casos, alguns cursos de leitura, de escrita e sobretudo de cânticos revolucionários, entre os 5 e os 9 anos, habitualmente não mais de uma hora diária; os próprios professores eram muitas vezes fracamente alfabetizados. A única coisa que contava era o saber prático: longe da inútil cultura livresca, "as nossas crianças das zonas rurais sempre tiveram conhecimentos muito úteis. Sabem diferençar a vaca calma da nervosa. Sabem aguentar-se sobre um búfalo nos dois sentidos. São os senhores do rebanho. Praticamente, tornaram-se senhores da natureza. Conhecem as variedades de

---

[225] Chandler (1991), *op. cit.*, p. 247.

[226] Ieng Sary, *in Newsweek,* 4 de setembro de 1975

[227] *Drapeau Rouge* (Pequim), 1º de junho de 1958.

[228] Pin Yathay, *op. cit.*, p. 60.

[229] Haing Ngor, *op. cit.*, p. 103.

[230] Picq, *op. cit.*, p. 21; Y Phandara, *op. cit.*, p. 91.

[231] Locard, *PPP,* 20 de maio de 1994, p. 16.

Camboja: no país do crime desconcertante

arroz como as suas mãos. [...] Conhecem e compreendem verdadeiramente [...] esse tipo de saber está muito adaptado à realidade da nação".[232]

Pol Pot, ou as crianças no poder[...] Todos os testemunhos confirmam a extrema juventude de uma grande parte dos soldados khmers vermelhos. São recrutados aos 12 anos, por vezes menos — Sihanuk teve pré-adolescentes entre os seus guardas, que se distraíam torturando gatos.[233] Ly Heng evoca a última campanha de recrutamento, estendida aos Novos, pouco antes da chegada dos vietnamitas: dirigia-se tanto aos rapazes como às moças, entre os 13 e os 18 anos; diante do pouco sucesso da convocação de voluntários, brigadas móveis de jovens foram obrigadas a passar dos estaleiros para o exército.[234] Os jovens recrutas perdiam todos os contatos com a família, e geralmente com o povoado natal. Vivendo nos acampamentos, relativamente afastados da população que os temia e evitava, honrados pelo poder, eles se achavam todo-poderosos, e muito menos ameaçados pelos expurgos do que os quadros. Para lá do palavreado revolucionário, a motivação de muitos, confessada até por alguns fugitivos, era "não precisar trabalhar e poder matar pessoas".[235] Os que tinham menos de 15 anos eram os mais temíveis: "Eles eram recrutados muito novos, e só lhes era ensinada a disciplina. Simplesmente obedecer às ordens, sem necessidade de justificação [...] Não acreditavam nem na religião nem na tradição, mas apenas nas ordens dos Khmers Vermelhos. Era por isso que matavam o seu próprio povo, bebês inclusive, como se matam mosquitos."[236]

Os soldados foram, até 1978, exclusivamente "70". Os filhos dos "75", esses eram frequentemente usados desde os 8 ou 9 anos como espiões; no entanto, o grau de adesão ao regime era tão fraco, que se instalou muitas vezes uma forma de cumplicidade tácita entre eles e os espionados, sempre arranjando-se uma maneira de avisá-los discretamente da sua presença.[237] Um pouco mais velhos, após os expurgos em massa de quadros locais, eles se tornaram muitas vezes "crianças milicianas", suplentes dos novos chefes de cooperativas, encarregados de localizar, prender e espancar os culpados de autoalimentação.[238] A experiência de Laurence Picq, no Centro, mostra que, com o tempo, a "dita-

---

[232] Rádio Phnom-Penh, 18 de abril de 1977, citado *in* Jackson, *op. cit.*, p. 74.

[233] Norodom Sihanuk, *Prisonnier des Khmers Rouges*, Paris, Hachette, 1986.

[234] Heng e Demeure, *op cit.*, pp. 189-90.

[235] Chandler (1991), *op. cit.*, p. 243.

[236] Ditch Pran ("modelo", do filme *La Déchirur*), citado *in* Sydney Schanberg, "The Death and Life of Dith Pran", *New York Times Magazine*, 20 de janeiro de 1980.

[237] Heng e Demeure, *op. cit.*, p. 112.

[238] Kên Khun, *op. cit.*, pp. 97-8.

dura infantil" estava destinada a uma extensão de sua atuação ao domínio do enquadramento civil. Picq descreve a "formação" acelerada de um contingente de crianças dos campos:

"Explicaram-lhes que a primeira geração de quadros tinha traído e que a segunda não era melhor do que a primeira. Por isso, eles seriam chamados a substituí-la muito rapidamente [...].

"Foi entre essa nova geração que apareceram as crianças-médicos. Elas eram seis meninas de 9 a 13 anos. Mal sabiam ler, mas o Partido confiou a cada uma delas uma caixa de seringas. Estavam encarregadas de dar as injeções.

"— As nossas crianças-médicos — eles nos diziam — são oriundas do campesinato. Elas estão prontas a servir a sua classe. São notavelmente inteligentes. É só dizer-lhes que a caixa vermelha contém vitaminas, e elas se lembrarão. Mostrem-lhes como se esteriliza uma seringa, e elas saberão fazê-lo!

"Essas crianças eram puras, incontestavelmente, mas ninguém contara com a embriaguez que proporciona o saber dar uma injeção! Muito rapidamente, as crianças-médicos mostraram-se de uma arrogância e de uma insolência sem precedentes."[239]

A ruptura resulta ainda da supressão da religião, e do extremo moralismo imposto em todos os domínios da vida quotidiana. Deixou de haver lugar, como vimos, para os "anormais" de todos os gêneros, inclusive para os doentes crônicos, os loucos, os deficientes. Mas o sistema acaba por entrar em contradição com o projeto oficial de uma nação poderosa e numerosa: os constrangimentos impostos à sexualidade e ao casamento, e, mais ainda, a subalimentação permanente destroem até o desejo[240] e provocam a queda da natalidade, de 30 a cada mil habitantes em 1970 para (provavelmente) 11 a cada mil em 1978.[241]

Nada deve existir que se oponha, voluntária ou involuntariamente, à vontade do PCK. À menor das suas decisões liga-se o dogma da infalibilidade. Temível constrangimento para aquele que foi preso: como na China, é aí que se encontra a "prova" de que é culpado, vindo as confissões posteriores apenas sobrelegitimar a ação decidida pela Angkar. É o caso de um prisioneiro de 1972: após dois anos de interrogatórios, acabou por se livrar da acusação de ser um militar republicano; foi então libertado, após uma reunião de propaganda na qual se louvou a bondade da Angkar, que, "embora ele seja um oficial de Lon

---

[239] Picq, *op. cit.*

[240] "Fomos castrados com toda a sutileza pelos Khmers Vermelhos", *in* Pin Yathay, *op. cit.*, p. 316.

[241] Sliwinski, *op. cit.*, p. 67.

Nol", queria ter em conta a sua honestidade e a sua sinceridade.[242] E isso se passava antes de todo o processo se degringolar depois de 17 de abril[...] A arbitrariedade é total: o Partido não tem de justificar as suas escolhas políticas, nem a seleção dos quadros, nem as suas mudanças, quer de orientação, quer de pessoal: ai daquele que não compreendeu a tempo que os vietnamitas eram inimigos, ou que tal líder histórico do movimento era de fato um agente da CIA! É do ângulo da traição, ou da sabotagem conduzida pelas antigas classes exploradoras e os respectivos aliados, que Pol Pot e os seus correligionários analisam os fracassos (econômicos, e frequentemente militares) cada vez mais patentes do regime: daí o exagero das medidas terroristas.[243]

O mundo novo

"No Kampuchea Democrático, sob o regime glorioso da Angkar, devemos pensar no futuro. O passado está enterrado, os 'novos' devem esquecer o conhaque, as roupas caras e os cortes de cabelo de acordo com a moda. [...] Não temos necessidade da tecnologia dos capitalistas, de modo nenhum! No novo sistema, não há necessidade de enviar as crianças à escola. A nossa escola é o campo. A terra é o nosso papel, o arado, a nossa caneta: escreveremos com nosso trabalho! Os certificados e os exames são inúteis; saibam trabalhar e saibam abrir os canais: eis os novos diplomas de vocês! E, quanto aos médicos, tampouco precisamos deles! Se alguém necessitar que lhe retirem os intestinos, eu próprio me encarregarei disso!"

Fez o gesto de eventrar alguém com uma faca, para o caso de algum de nós não ter percebido a alusão.

"Como vocês veem, é fácil, não é necessário ir à escola para isso! Também não necessitamos de profissões capitalistas como os engenheiros e os professores! Não precisamos de professores em escolas para nos dizer o que é preciso fazer; eles são todos corruptos. Necessitamos simplesmente de pessoas que queiram trabalhar nos campos! No entanto, camaradas[...] há pessoas que recusam o trabalho e o sacrifício[...] Há agitadores que não possuem a boa mentalidade revolucionária[...] Esses, camaradas, são os nossos inimigos! E alguns deles encontram-se aqui mesmo, esta noite!"

A assistência foi invadida por um sentimento de mal-estar que se traduziu em diversos movimentos. O Khmer Vermelho prosseguia, olhando para cada rosto à sua frente.

"Essas pessoas não largam a velha maneira de pensar capitalista! Podemos reconhecê-las: vejo entre nós quem ainda usa óculos! E usam óculos por quê? Será que não podem ver-me se eu lhes der uma bofetada?"

Avançou bruscamente para nós, de mão erguida.

---

[242] Locard (1996), *op. cit.*, p. 28.

[243] *Cf.*, por exemplo, Chandler (1993), *op. cit.*, p. 214.

> "Ah! Eles fogem com a cabeça. Portanto, podem ver-me; portanto, não têm necessidade de óculos! Usam óculos para seguir a moda capitalista, julgando que isso os torna belos! Nós não temos necessidade disso: aqueles que desejam ser belos são preguiçosos e exploradores que sugam a energia do povo!"
>
> Sucederam-se discursos e danças durante horas. Finalmente, todos os quadros se alinharam gritando a uma só voz: "O-SANGUE-VINGA-O-SANGUE!" Ao pronunciar a palavra "sangue", batiam no peito com o punho; ao gritar "vinga", saudavam de braço estendido e punho cerrado. "O-SANGUE-VINGA-O-SANGUE! O-SANGUE-VINGA-O-SANGUE!"
>
> Com expressões tensas, cheias de uma determinação selvagem, gritavam os slogans ao ritmo das pancadas no peito, terminando essa assustadora demonstração com um vibrante: "Longa vida à revolução cambojana!"[244]

Nesse sistema pobre tanto em realizações como em representações, incapaz de ir além da sua origem guerreira, o ódio era objeto de um verdadeiro culto, que se exprimia através de uma mórbida obsessão de *sangue*.

A primeira estrofe do hino nacional, *A Brilhante Vitória do 17 de abril*, é, desse ponto de vista, significativa:

> *Sangue escarlate que inunda a cidade e o campo da pátria*
> *kampucheana*
> *Sangue dos nossos esplêndidos operários-camponeses,*
> *Sangue que se agitou em terrível cólera, em luta obstinada,*
> *Em 17 de abril, sob o estandarte da Revolução*
> *Sangue libertador da escravatura,*
> *Viva, viva a brilhante vitória do 17 de abril!*
> *Grandiosa vitória, mais importante do que a época de Angko!*[245]

E Pol Pot comenta:

"Como sabem, o nosso hino nacional não foi composto por um poeta. A sua essência é o sangue do nosso povo inteiro, de todos aqueles que pereceram nos séculos passados. Esse chamamento do sangue foi incorporado ao nosso hino nacional."[246]

Até uma cantiga de embalar termina com "Nunca deves esquecer a vingança de classe."[247]

---

[244] Discurso de um quadro khmer vermelho de Tonle Bati, no verão de 1975, *in* Haing Ngor, *op. cit.*, pp. 110-1.

[245] Locard (data não indicada), *art. cit.*, p. 17.

[246] Discurso de 27 de setembro de 1977, *in* Jackson, *cap. cit.*, p. 73.

[247] Pin Yathay, *op. cit.*, p. 181.

Um marxismo-leninismo paroxístico

A experiência khmer vermelha, excepcionalmente mortífera, suscita, como a Shoah, a tentação de se insistir na sua unicidade. Os outros regimes comunistas e os respectivos defensores, na sua grande maioria, acertaram o passo: a tirania polpotista seria ou um desvio ultraesquerdista, ou, melhor, um "fascismo vermelho", simplesmente disfarçado de comunismo. E, no entanto, com o distanciamento, é claro que o PCK no poder pertencia indiscutivelmente à "grande família"; as particularidades do caso cambojano são importantes, mas a Albânia também não foi a Polônia[...] Tudo somado, o comunismo cambojano está mais próximo do chinês do que o chinês do soviético.

Salientaram-se as várias influências possíveis sobre os Khmers Vermelhos. A análise da "pista francesa" impõe-se: quase todos os dirigentes khmers vermelhos estudaram na França, e a maioria aderiu ao PCF, inclusive o futuro Pol Pot.[248] Um certo número das suas referências históricas provêm dessa formação: Suong Sikoeun, adjunto de Ieng Sary, garante: "Fui muito influenciado pela Revolução Francesa, e particularmente por Robespierre. Daí, foi um passo para me tornar comunista. Robespierre é o meu herói. Robespierre e Pol Pot: os dois homens têm as mesmas qualidades de determinação e de integridade."[249] Além desse exemplo de intransigência, é todavia difícil encontrar algo de significativo, na prática ou no discurso do PCK, que tenha a sua origem claramente na França, ou no comunismo francês. Os dirigentes khmers vermelhos eram muito mais práticos do que teóricos: são as experiências de "socialismo real" que os apaixonam verdadeiramente.

Essa paixão teve momentaneamente por objeto o Vietnã do Norte. Esse país foi, muito mais do que o PCF, o padrinho do comunismo cambojano, e depois participou intimamente nas suas orientações até cerca de 1973. O PCK é, inicialmente, apenas uma das seções do Partido Comunista Indo-chinês (PCI), no qual a hegemonia vietnamita é total, e que foi desmembrado em três ramos nacionais (sem no entanto desaparecer) simplesmente pela vontade dos camaradas de Ho Chi Minh, em 1951. Até o princípio da guerra, o PCK parece não se beneficiar de qualquer autonomia em relação ao PCV, seja nos planos programático, estratégico (o legalismo ou as ações armadas dos comunistas

---

[248] Chandler (1993), *op. cit.*, pp. 63 e 72-3.

[249] Entrevista posterior à "reunião" dos partidários de Ieng Sary, *in PPP*, de 15 de novembro de 1996, p. 6. Sobre a admiração do jacobinismo como vetor do comunismo, *cf.* François Furet, *Le Passé d'une illusion: Essai sur l'idée communiste au XXe siècle*, Paris, Robert Laffont, 1995.

768   *O Livro Negro do Comunismo*

cambojanos são, antes de mais, meios para pressionar Sihanuk no contexto da guerra do Vietnã[250]), seja no plano tático (armamento, enquadramento, logística). Mesmo após o golpe de Estado, são os vietnamitas que constituem os quadros da administração revolucionária das "zonas libertadas" e os novos recrutas cambojanos. O abismo só começa a crescer após os acordos de Paris, em janeiro de 1973: a estratégia de Hanoi empurrava o PCK para a mesa das negociações, mas isso teria dado o papel principal a Sihanuk e arriscava-se a revelar a fraqueza organizacional dos Khmers Vermelhos. Por isso, pela primeira vez, recusaram-se a ser manipulados: a partir de então, eles possuíam os meios para fazê-lo.

Que marca específica deixou o comunismo vietnamita no PCK? A resposta não é fácil: a grande maioria dos métodos do PCV vem da China. Visto de Phnom Penh, como distinguir o que chega diretamente de Pequim do que transitou por Hanói? Algumas características dos Khmers Vermelhos lembram todavia fortemente o Vietnã. Primeiro, a obsessão pelo *secreto* e pela *dissimulação*. Ho Chi Minh apareceu em 1945 sem se referir ao seu rico passado de quadro da Internacional Comunista sob o nome de Nguyen Ai Quoc; períodos inteiros da sua carreira só começaram a ser conhecidos depois da abertura dos arquivos soviéticos.[251] O PCI declarou a sua autodissolução a favor do Vietminh em novembro de 1945, reconstituiu-se em 1951 com o nome de Partido dos Trabalhadores do Vietnã, e só retomou a etiqueta comunista em 1976; no Vietnã do Sul, o Partido Popular Revolucionário era apenas um dos componentes da Frente Nacional de Libertação. E, todavia, todas essas organizações foram de fato dirigidas com pulso de ferro pelo mesmo pequeno grupo de veteranos comunistas. Nas metamorfoses da vida de Pol Pot (incluindo, após a derrota de 1979, os anúncios da sua "retirada", e, depois, da sua "morte"), no jogo entre a Angkar e o PCK, na opacidade da direção, podem-se ler fenômenos semelhantes, e não igualados em outros pontos do mundo comunista.

Segundo traço comum, na realidade complementar do primeiro: o aproveitamento excepcionalmente longo da *frente unida*. Em 1945, o ex-imperador Bao Dai foi episodicamente conselheiro de Ho Chi Minh, que soube ele próprio conseguir o apoio dos americanos e decalcou a sua Declaração

---

[250] Até a revolta de Samlaut, em 1967, ponto de origem oficial da resistência armada, se deu contra a vontade de Lon Nol de reduzir as entregas de arroz cambojano ao exército norte-vietnamita [...].

[251] Sophia Quinn-Judge, "Ho Chi Minh: New Perspectives from the Comintern Files", *in* Philippe Le Failler e Jean-Marie Mancini (ed.), *Viêt Nam: Sources et approches*, Aix-en-Provence, Publications de l'Université de Provence, 1996, pp. 171-86.

Camboja: no país do crime desconcertante 769

de Independência na dos Estados Unidos; os Khmers Vermelhos eram parte ativa, em 1970, de um governo real de união nacional, e retomaram esse tipo de estratégia após a sua derrubada. Nem o Vietminh nem a Angkar fizeram referência ao marxismo-leninismo e jogaram sem complexos com o nacionalismo, ao ponto de esse acabar por impor-se como dimensão autônoma e central. Finalmente, distingue-se nesses *comunismos de guerra,* que aparentemente só podem ser desenvolvidos no contexto de um conflito armado,[252] uma forte tendência militarista,[253] em que o exército constitui a coluna vertebral e até a razão de ser do regime, ao mesmo tempo que proporciona um modelo para a mobilização dos civis, em especial na economia.

E quanto à Coreia do Norte? A imagem tipicamente coreana do cavalo voador (*Chollimd*) é muitas vezes utilizada para ilustrar o progresso econômico.[254] Pyongyang foi uma das duas capitais estrangeiras visitadas por Pol Pot enquanto chefe do governo, e numerosos técnicos norte-coreanos ajudaram a repor em ordem a indústria cambojana.[255] Do "kimilsungismo", Pol Pot talvez tenha retido os expurgos permanentes, o controle policial e a espionagem generalizados, assim como um discurso em que a luta de classes tende a passar para segundo plano em benefício de uma dialética todo o povo/punhado de traidores; isso significa efetivamente que a totalidade da sociedade pode ser atingida pela repressão, e que nenhum grupo social tem vocação para se substituir ao Partido-Estado na condução dessa mesma sociedade. Estamos aqui muito longe do maoismo, mas, na verdade, muito perto do stalinismo.

Após 1973, o PCK procurou mudar de "grande irmão". A China de Mao Zedong impunha-se, quer por motivos de afetividade (o seu radicalismo afirmado), quer por oportunismo (a sua capacidade de fazer pressão sobre o Vietnã fronteiriço). O acolhimento na capital chinesa, em setembro de 1977, do ditador cambojano, quando da sua primeira viagem oficial ao estrangeiro, foi triunfal, e a amizade entre os dois países era então qualificada como "indestrutível", colocando o Camboja na mesma e exclusiva categoria que a Albânia.[256] A partir de maio de 1975, os primeiros técnicos chineses chegavam a Phnom Penh, e atingiram a cifra de no mínimo quatro mil (15 mil, segundo Ben Kiernan), enquanto a China prometia imediatamente um bilhão de dólares em diversos apoios.[257]

---

[252] Os fracassos do Vietnã depois de 1975 são testemunho disso.

[253] Visível na China apenas durante o curto reinado do marechal Lin Biao (1967-1971).

[254] Chandler (1991), *op. cit.,* p. 276.

[255] Twining, *cap. cit.,* p. 132.

[256] Chandler (1993), *op. cit.,* pp. 225-6.

[257] *Ibid.,* p. 176; Ben Kiernan, *op. cit.,* p. 379.

O Livro Negro do Comunismo

Era ao nível da reorganização do país com base nos campos coletivizados que a experiência chinesa parecia exemplar. A comuna popular, ampla estrutura de diversificadas atividades, autônoma tanto quanto possível e contexto da mobilização do trabalho assim como da administração da população, foi seguramente o modelo das cooperativas cambojanas. Até nos pormenores se encontram as inovações da China de 1958: as cantinas obrigatórias, a "colocação em comum" das crianças, a coletivização dos próprios objetos de uso corrente, as grandes obras hidráulicas que absorvem uma enorme parte do trabalho, a concentração (no fundo contraditória ao próprio projeto) em uma ou duas produções quase exclusivas, os objetivos quantificados totalmente irrealistas, a insistência na rapidez de realização, nas possibilidades ilimitadas de uma mão de obra corretamente mobilizada[...] Mao dissera: "Com o grão e o aço, tudo se torna possível." Os Khmers Vermelhos respondiam: "Se tivermos arroz, temos tudo."[258] Nota-se a ausência do aço na versão cambojana: o irrealismo não ia ao ponto de inventar jazidas de ferro e de carvão, inexistentes no Camboja. Em compensação, ninguém teve de dizer a Pol Pot como tinha terminado o Grande Salto chinês[259] — ou melhor, o problema não era dele. A própria noção está no centro do discurso dos Khmers Vermelhos. Assim, o hino nacional termina com: "Construamos a nossa pátria para que ela realize um Grande Salto Adiante! Um imenso, um glorioso, um prodigioso Salto Adiante!"[260]

O Kampuchea Democrático foi fiel ao Grande Salto chinês para além de qualquer expectativa: como ele, teve como principal consequência uma fome imensa e mortífera.

Em contrapartida, a Revolução Cultural teve poucos ecos diretos. Como os outros poderes comunistas, o de Phnom Penh tinha verificado até que ponto era arriscado mobilizar "as massas", mesmo enquadradas e severamente controladas, contra esse ou aquele setor do partido. Tratava-se, por outro lado, de um movimento fundamentalmente urbano e saído dos estabelecimentos de ensino, sendo, portanto, intransponível por definição. Encontram-se decerto no Camboja, decuplicados, o anti-intelectualismo de 1966 e a negação da cultura simbolizada pelas "óperas revolucionárias" de Jiang Qing (copiadas, ao que parece, durante o regime de Pol Pot[261]); a ruralização de milhões de ex-Guardas Vermelhos talvez tenha inspirado o esvaziamento das cidades.

---

[258] Rádio Phnom Penh, 25 de julho de 1975, *in* Jackson, "Ideology...", *cap. cit.*, p. 60.

[259] Sihanuk garante que Zhu Enlai, em 1975, advertira precisamente a direção cambojana de que esse era um exemplo a não ser seguido.

[260] Locard (não datado), *art. cit.*, p. 17

[261] *Cf.* Pin Yathay, *op. cit.*, p. 321.

Tudo se passa como se os Khmers Vermelhos fossem mais inspirados pela teoria, ou melhor ainda, pelos slogans maoistas, do que pelas práticas efetivas da RPC. Os campos chineses, focos de revolução, foram, é certo, o local de exílio de milhões de intelectuais citadinos, sobretudo na esteira da Revolução Cultural; o regime utiliza ainda hoje meios severos para limitar o êxodo rural. Mas as grandes cidades continuaram a desempenhar um papel motor tanto depois como antes de 1949, e os operários permanentes, em particular, foram os meninos queridos do regime. Nunca o PCC encarou a hipótese de esvaziar completamente as cidades das respectivas populações, deportar os habitantes de regiões inteiras, abolir a moeda ou todo o sistema escolar e perseguir a totalidade dos intelectuais. Mao nunca perdeu uma ocasião de lhes mostrar o seu desprezo, mas, no fundo, não via como passar sem eles. E os Guardas Vermelhos eram frequentemente oriundos de universidades da elite. Khieu Samphan utilizou uma retórica nitidamente maoista quando acolheu desse modo os intelectuais que voltavam ao Camboja para provar a sua fidelidade ao regime: "Vamos dizer isso claramente, não precisamos de vocês, precisamos de pessoas que saibam trabalhar a terra, e é tudo. [...] Aquele que está politizado, que assimilou bem o regime, pode fazer o que quer que seja, a técnica vem depois [...]; não necessitamos de engenheiros para cultivar o arroz, plantar o milho ou criar porcos."[262] Entretanto, nunca na China uma tal negação de qualquer especialização se tornou política consentida[...] Além disso, por uma espécie de isostasia, cada guinada para um extremismo utopista, cada onda repressiva conduzia muito rapidamente, no "país do Centro", a um regresso a métodos e a princípios mais "normais", sendo tal iniciativa proveniente do próprio interior do Partido Comunista: foi inegavelmente o que assegurou a durabilidade do regime, enquanto o PCK se esvaziou da sua substância.

No que diz respeito a modalidades da repressão, finalmente, encontram-se as mesmas contradições. A inspiração global é incontestavelmente chinesa (ou sino-vietnamita): sessões constantes e intermináveis onde críticas e autocríticas são obrigatórias, numa vaga perspectiva educativa, ou reeducativa; reexame da biografia e "confissões" escritas sucessivas; "registro social" (o nascimento, a profissão) determinando o "registro político", que por sua vez define o registro criminal, e hereditarização/familiarização cada vez mais acentuada do conjunto. Finalmente, tal como por toda a Ásia, a intensidade da participação e de adesão

---

[262] Marie-Alexandrine Martin, *Le Mal Cambodgien — histoire d'une société traditionelle face à ses leaders politiques, 1946-1987*, Paris, Hachette, 1989, p. 193.

772 O Livro Negro do Comunismo

políticas exigidas tende a abolir a dicotomia Partido-Estado/sociedade, numa perspectiva obviamente totalitária.

As especificidades cambojanas são, no entanto, consideráveis, e todas vão no sentido de um agravamento relativamente ao protótipo. A principal diferença reside em que, pelo menos até aos anos 1960,[263] os comunistas chineses e vietnamitas levaram a reeducação a sério: foram feitos muitos esforços para convencer os presos da justeza da atitude do Partido a seu respeito, e isso implicava que fossem praticamente banidos os maus-tratos ou a tortura: já no Camboja, estes últimos foram sistemáticos. Era necessário também que, por mais hipotético que fosse, um "bom comportamento" outorgasse ao preso a perspectiva de uma libertação, de uma reabilitação, ou pelo menos de um modo de detenção mais suave: os presos quase nunca foram libertados dos cárceres cambojanos, e ali morria-se incrivelmente depressa. Na China ou no Vietnã, a repressão em massa chegava em ondas, intervaladas com períodos de calmaria; eram visados "grupos-alvos" mais ou menos vastos, mas que representavam sempre apenas uma pequena parte da população — no Camboja, todos os "75", no mínimo, eram considerados suspeitos, e não havia qualquer pausa. Finalmente, no plano das modalidades, do "saber reprimir", os outros comunismos asiáticos dão uma impressão, sobretudo no início, de organização, de eficácia, de uma relativa coerência, de uma certa inteligência (ainda que perversa). No Camboja, a brutalidade patente e a arbitrariedade dominam uma repressão de iniciativa largamente local, embora os princípios venham de cima. Não se tem notícia, em todo o resto da Ásia comunista, das ocorrências de execuções e de massacres locais como os cambojanos, com exceção, em certa medida, da China durante a reforma agrária (mas as vítimas foram somente os latifundiários) e no auge da Revolução Cultural (embora de forma mais pontual, tanto no espaço como no tempo). Em resumo, os maoistas das margens do Mekong recorreram a um modo de stalinismo primitivo (ou, se preferirmos, degenerado).

Um tirano exemplar

A marca pessoal de um Stalin ou de um Mao foi tão considerável, que a sua morte imprimiu rapidamente modificações fundamentais, particularmente no que respeita à repressão. Será legítimo falar-se de polpotismo? O ex-Saloth Sar atravessa de uma ponta à outra a história do comunismo cambojano: é difícil

---

[263] E, em seguida, a população penal reduziu-se muito, em particular no tocante aos detidos políticos (na China mais cedo do que no Vietnã).

imaginar o que esse teria sido sem ele. Descobrem-se na sua personalidade alguns traços que vão no sentido das derivas mais sangrentas. Para começar, o que fazer com esse passado longínquo, tão pouco de acordo com a lenda revolucionária e que ele tudo fez para negar? Ter uma irmã e uma prima dançarinas e concubinas do rei Monivong, um irmão funcionário do Palácio até 1975, e ter ele próprio passado uma boa parte da sua infância no coração de uma monarquia arcaica: não haverá em tudo isso razões para que pretenda "desculpar-se" destruindo mais e mais o velho mundo? Pol Pot parece ter mergulhado sempre mais na negação da realidade, talvez por não assumir a da sua própria história. Homem do aparelho, desde cedo ambicioso, mais à vontade numa pequena reunião do que perante uma multidão, viveu desde 1963 completamente afastado do resto do universo: acampamentos na selva, residências secretas (ainda hoje ignoradas) numa Phnom Penh deserta. Parece ter cultivado desse modo uma profunda paranoia: apesar de ser todo-poderoso, aqueles que iam ouvi-lo eram revistados; mudava frequentemente de residência, suspeitava de que os seus cozinheiros queriam envenená-lo, e mandou executar eletricistas "culpados" de cortes de energia.[264]

Como interpretar de outra maneira, senão pelas suas obsessões, esse alucinante diálogo com um jornalista da televisão sueca, em agosto de 1978:

"— Vossa Excelência quer dizer-nos qual é a realização mais importante do Kampuchea Democrático após três anos e meio?

— A realização mais importante [...] é o fato de ter derrotado todas as conspirações e atos de ingerência, de sabotagem, de tentativa de golpe de Estado, e os atos de agressão por parte de inimigos de toda espécie."[265]

Involuntariamente, que confissão de fracasso para o regime!

O professor sensível e tímido, amante da poesia francesa e amado pelos seus alunos, o divulgador cativante e caloroso da fé revolucionária que todos descrevem, dos anos 1950 aos anos 1980, era um ser de duas caras: no poder, mandou prender alguns dos seus mais velhos companheiros de revolução, que se julgavam seus amigos pessoais, não respondeu às suas cartas suplicantes, autorizou a sua tortura "forte" e mandou executá-los;[266] diz-se que talvez ele tenha participado do suplício. O seu "arrependimento" após a derrota, num seminário para quadros do Partido, em 1981, é um modelo de hipocrisia:

---

[264] Chandler (1993), *op. cit.*, pp. 216-7.

[265] Locard (1995), nota citada, p. 19.

[266] Chandler (1993), *op. cit.*, pp. 210-1.

774   *O Livro Negro do Comunismo*

"Ele disse saber que numerosos habitantes do país o odiavam e o consideravam responsável pelas matanças. Disse saber que muitas pessoas tinham morrido. Ao dizer isso, quase desmaiou e desfez-se em lágrimas. Disse que devia assumir a responsabilidade porque a linha era demasiado à esquerda e que ele não acompanhara de perto o que se passava. Mencionou que era uma situação semelhante à do dono de uma casa que ignorava o que faziam os filhos e que dera demasiada confiança às pessoas. [...] Diziam-lhe coisas que não eram verdadeiras, que tudo ia bem, mas que essa ou aquela pessoa era um traidor. Afinal de contas, os verdadeiros traidores eram eles. O principal problema eram os quadros formados pelos vietnamitas."[267]

Devemos então acreditar nesse outro velho companheiro de Pol Pot, o seu ex-cunhado Ieng Sary, que o acusa de megalomania: "Pol Pot considera-se um gênio incomparável nos domínios militar e econômico, em higiene, em composição de canções,[268] em música e em dança, em arte culinária, em moda [*sic*], em tudo, inclusive na arte de mentir. Pol Pot considera-se acima de todas as criaturas do planeta. É um deus na terra?"[269] Temos aqui algo muito próximo de certos retratos de Stalin. Coincidência?

O peso da realidade

Para lá da infeliz consciência da história nacional, e da influência dos comunismos no poder, a violência dos Khmers Vermelhos foi induzida pelo contexto temporal e espacial em que o regime se situava. Produto quase acidental de uma guerra que ultrapassava largamente o Camboja, o regime viu-se, com assombro, fraco e isolado no seu próprio país logo que foi conseguida a vitória. A hostilidade do Vietnã e os sufocantes abraços da China fizeram o resto.

O 17 de abril chegou muito tarde a um mundo muito envelhecido. A primeira fraqueza dos Khmers Vermelhos, talvez a maior, é a de serem uma anomalia histórica, e menos uma utopia do que uma *acronia*. Trata-se de um "comunismo tardio", no sentido em que se fala de Antiguidade tardia, quando o mundo está já em vias de inclinar-se noutro sentido. Quando Pol Pot chega ao poder, Stalin já morreu (1953), Ho Chi Minh já morreu (1969), e Mao não se sente muito bem (morre em setembro de 1976). Resta Kim II Sung, mas a Coreia do Norte é pequena e distante. O modelo chinês abre brechas diante

---

[267] Segundo a narrativa de um participante, *in* Chandler (1993), *op, cit.*, pp. 266-7.

[268] Sihanuk pretende que ele teria composto o hino da Angkar.

[269] *PPP*, 20 de setembro de 1996, p. 7.

dos olhos do novo ditador: o "bando dos Quatro" tenta relançar a Revolução Cultural em 1975, mas nada resulta daí; após as últimas manobras, a morte do Timoneiro basta para desmoroná-la como um castelo de cartas; os Khmers Vermelhos tentam apoiar-se no que resta dos maoistas tradicionais, mas estes últimos, desde o final de 1977, estão envolvidos num combate de retaguarda contra o irresistível regresso de Deng Xiaoping e dos seus partidários reformadores; um ano depois, é o fim oficial do maoismo, e o Muro da democracia, enquanto se chacina violentamente no Camboja. Terminado o Grande Salto, viva o revisionismo! O resto da Ásia, visto de Phnom Penh, é ainda mais deprimente: depois do estímulo pontual fornecido pela vitória das forças revolucionárias na Indochina, os guerrilheiros maoistas da Tailândia, da Malásia e da Birmânia retomam ou iniciam o seu declínio; os países que compõem a ala mercantil do continente, invejada e admirada, são agora, ao lado do Japão, os "pequenos dragões" (Cingapura, Taiwan, Coreia do Sul, Hong Kong) tão prósperos economicamente como politicamente anticomunistas, e todavia cada vez mais emancipados da tutela ocidental. Finalmente, o que eles podem saber de uma *intelligentsia* ocidental em que o marxismo inicia um declínio definitivo só pode confundi-los. O sentido da história não estará em vias de se inverter?

Para essa lenta queda, duas respostas possíveis: o acompanhamento, e portanto a moderação, a revisão dos dogmas, e igualmente o risco de perderem a sua identidade e a sua razão de ser; ou o reforço daquilo que se é, a radicalização da ação, o descarrilamento em direção a um hipervoluntarismo — "teorizado" pelo regime norte-coreano. O eurocomunismo, que na época conhecia a sua fase de esplendor, ou as Brigadas Vermelhas (Aldo Moro é assassinado em 1978): dois impasses históricos, podemos sabê-lo agora — embora um tenha sido sangrento e o outro não. Tudo se passa como se os antigos estudantes da França dos anos 1950 tivessem compreendido que, a menos que implementassem toda a sua utopia, imediatamente e a qualquer preço, não poderiam escapar à cilada dos compromissos com o presente realmente existente. Era necessário impor o "ano zero" a uma população privada de qualquer pausa para respirar, ou acabar por ser exterminado. O Grande Salto não dera os seus frutos? A Revolução Cultural abortara? Foi porque se havia contentado com meias-medidas, porque os embriões de resistência ao serviço da contrarrevolução não tinham sido todos eliminados: as cidades corruptoras e incontroláveis, os intelectuais confiantes no seu saber e pretendendo pensar por si mesmos, o dinheiro e as relações mercantis elementares, precursores de uma restauração capitalista, e os "traidores infiltrados no interior do Partido" Essa vontade de conseguir rapidamente uma sociedade diferente, um homem novo, só podia, apesar ou por causa da docilidade dos cambojanos, esbarrar na resistência finalmente intransponível da realidade. Não querendo renunciar, o regime derrapou cada vez mais num oceano de sangue, que acreditava dever fazer correr sem tréguas, a fim de se manter no poder. O PCK via-se como o glorioso sucessor de Lenin e de Mao: mas, do ponto de vista histórico, ele não deveria antes ser considerado o antecessor desses grupos que traduziram o marxismo-leninismo na liberdade para cometer quaisquer atos de violência: o Sendero Luminoso peruano, os Tigres de Eelam Tâmiles (Sri Lanka), o Partido dos Trabalhadores do Curdistão (PKK) etc.?

O drama dos Khmers Vermelhos é, talvez, a sua fraqueza, é certo que cuidadosamente dissimulada através de uma verborragia triunfalista. Porém, no fundo, o 17 de abril teve duas razões fundamentais: o considerável apoio militar do Vietnã do Norte e a inépcia do regime de Lon Nol (ainda agravada pelas incoerências da política americana). Praticamente, Lenin, Mao e, em larga medida, Ho Chi Minh se valeram apenas dos seus próprios esforços para alcançar a vitória, e nem todos os seus adversários foram medíocres. Os seus partidos e, no que respeita aos dois últimos, as suas forças armadas haviam sido paciente e lentamente edificados, e representavam, antes da chegada ao poder, forças consideráveis. Nada disso aconteceu no Camboja. Até meados da guerra civil, os Khmers Vermelhos estavam completamente dependentes de Hanoi. Mesmo em 1975, cita-se o número de cerca de 60 mil combatentes khmers vermelhos (menos de 1% da população), que derrotaram cerca de 200 mil soldados republicanos desmoralizados.

Exército fraco, partido fraco[...] Nenhuma fonte é verdadeiramente fiável, mas foram mencionados os números de 4.000 membros em 1970, e 14.000 em 1975:[270] de um grande grupúsculo a um pequeno partido. Esses números implicam também que os quadros experientes eram muito pouco numerosos até o fim do regime — e esse fato torna os expurgos que os atingiram ainda mais dramáticos. As consequências são visíveis nos relatos dos deportados: por cada responsável competente, quantos incapazes, tanto mais pretensiosos e cruéis quanto mais limitados. "Os mais antigos promovidos a quadros eram ignorantes. Aplicavam e explicavam a torto e a direito os princípios revolucionários. Essa incompetência ampliava a loucura dos Khmers Vermelhos."[271] Tudo se passa de fato como se a verdadeira fraqueza do regime, embora não

---

[270] Timothy Carney, "The Organization of Power", *in* Jackson, *op. cit.*, p. 95.
[271] Pin Yathay, *op. cit.*, p. 308.

Camboja: no país do crime desconcertante

confessada, e o sentimento de insegurança que provocava só pudessem ser compensados por um acréscimo de violência; como essa acaba por gerar indiferença, o grau de terror deve aumentar mais, e assim por diante. Em consequência, esse clima de insegurança, de desconfiança generalizada, de incerteza no dia de amanhã que tanto traumatizou aqueles que o viveram. Essa atmosfera reflete a impressão (justificada) de isolamento experimentada no topo: os "traidores escondidos" estão em todo lado. Por isso, "podemos cometer um erro ao prender uma pessoa, mas nunca devemos nos enganar quando a libertamos", afirma um slogan khmer vermelho:[272] encorajamento à repressão cega. Pin Yathay analisa corretamente o círculo infernal existente: "Os Khmers Vermelhos tinham, efetivamente, receio de libertar a cólera do povo novo aliviando o aparelho repressivo. Obcecados pela ideia de uma eventual revolta, eles haviam decidido, pelo contrário, fazer com que pagássemos essa impassibilidade da qual nos censuravam. Era o reino do medo permanente. Tínhamos medo das suas perseguições. Eles tinham medo de uma insurreição popular. E receavam, igualmente, manobras ideológicas e políticas por parte dos seus camaradas de combate[273][...]" Esse receio de insurreições populares era justificado? Não existem indícios de muitos movimentos desse tipo,[274] e todos foram desmantelados de modo fácil, rápido e[...] selvagem. Porém, na primeira oportunidade, quando, por exemplo, o enquadramento local se encontrava desestabilizado pelos expurgos, é significativo o fato de toda cólera dos novos escravos ter vazado, mesmo com o risco de elevar o terror a um novo patamar.

Houve revoltas de desespero, e outras provocadas por boatos loucos. A um nível mais modesto de resistência, poderão ser evocadas as injúrias dirigidas no escuro, do fundo do estaleiro de uma barragem, ao guarda khmer vermelho de vigia no alto do muro.[275] Mais globalmente, os testemunhos deixam a sensação de uma grande liberdade de linguagem entre os Novos que trabalhavam em conjunto, de cumplicidades fáceis de conseguir no roubo ou nas pausas clandestinas, e de um número reduzido de denúncias: espionagem e delação não foram aparentemente muito eficazes. Isso confirma o corte completo entre os quadros e os "75". A solução que os primeiros julgaram encontrar foi a manutenção de um clima de guerra, e depois o recurso à própria guerra — o método tinha dado as suas provas em outros locais. Alguns slogans são sig-

---

[272] Locard (1995), nota citada, p. 19.

[273] Pin Yathay, *op. cit.*, p. 288.

[274] O melhor recenseamento encontra-se *in* Kiernan, *op. cit.*

[275] Haing Ngor, *op. cit.*, p. 227.

nificativos: "Uma mão segura a enxada, a outra bate no inimigo",[276] ou "Com a água produz-se o arroz, com o arroz faz-se a guerra".[277] Nunca os Khmers Vermelhos julgaram dizer uma verdade tão grande: nunca houve arroz suficiente, e perderam a guerra.

Um genocídio?

É necessário tomar a decisão de qualificar os crimes dos Khmers Vermelhos. É uma aposta científica: situar o Camboja relativamente aos outros grandes horrores desse século e inscrevê-lo no respectivo lugar na história do comunismo. E igualmente uma necessidade jurídica: uma parte significativa dos responsáveis do PCK está ainda viva, e ativa. Devemos resignar-nos com o fato de que eles continuem a gozar de uma total liberdade de movimentos? Em caso negativo, sob que pontos de incriminação julgá-los?[278]

Que Pol Pot e os seus correligionários são culpados de crimes de guerra é uma evidência: os prisioneiros do exército republicano foram sistematicamente maltratados e muitas vezes executados; aqueles que depuseram as armas em 1975 foram seguidamente perseguidos sem piedade. O crime contra a humanidade não constitui problema: grupos sociais inteiros foram considerados indignos de existirem, e largamente exterminados. A menor divergência política, verdadeira ou suposta, era punida com a morte. A verdadeira dificuldade reside no crime de genocídio. Se tomarmos a definição ao pé da letra, arriscamo-nos a cair numa discussão um pouco absurda: aplicando-se o genocídio apenas aos grupos nacionais, étnicos, raciais e religiosos, e, como *globalmente* os Khmers não podem ser considerados alvos de extermínio, toda a atenção se concentra nas minorias étnicas, e eventualmente no clero budista. Mas, mesmo todos juntos, esses grupos apenas constituíram uma parte relativamente reduzida das vítimas; além disso, como vimos, é arriscado afirmar que os Khmers Vermelhos reprimiram especificamente as minorias, exceto os vietnamitas a partir de 1977 — embora restassem muito poucos nessa altura; os próprios Cham foram visados principalmente porque a sua fé islâmica representava um foco de resistência. Alguns autores tentaram resolver o problema introduzindo

---

[276] Locard (1995), nota citada, p. 19
[277] Kiernan, *op. cit.*, p. 247.
[278] Na discussão que se segue, baseio-me em parte em Craig Etcheson, "Genocide: By the Laws, not By Emotion", *PPP*, 11 de agosto de 1995, p. 20.

Camboja: no país do crime desconcertante

a noção de *politicídio*[279] — definido em geral como um genocídio de base política (poder-se-ia utilizar também *sociocídio*: genocídio de base social). Trata-se de recuar para melhor saltar: devemos situá-lo, sim ou não, no mesmo nível de gravidade que o genocídio? E, se sim, como esses autores parecem entender, por que razão embaralhar as pistas não mantendo o termo consagrado? É preciso lembrar que, durante as discussões prévias à adoção da Convenção do Genocídio pela ONU, só a URSS, por razões demasiado óbvias, se opôs à inclusão do grupo *político* entre os qualificativos do crime. Mas, sobretudo, o termo *racial* (que não abrange, note-se, nem a etnia nem a nação) deveria proporcionar uma solução: a raça, fantasma desmontado pelos progressos do conhecimento, só existe aos olhos de quem pretende delimitá-la; na realidade, é tão lógico falar de uma raça judaica como de uma raça burguesa. Ora, para os Khmers Vermelhos, como, aliás, para os comunistas chineses, certos grupos sociais são globalmente criminosos, e por natureza; além disso, esse "crime" é transmitido tanto aos cônjuges como à descendência, através de uma forma de hereditarização dos caracteres (sociais) adquiridos: Lyssenko não anda muito longe. Portanto, temos o direito de evocar uma *racialização* desses grupos sociais: o crime de genocídio pode então aplicar-se à sua eliminação física, levada muito longe no Camboja, e seguramente conduzida com conhecimento de causa. Assim, Y Phandara ouve um Khmer Vermelho dizer, a propósito do "17 de abril": "É o nome dos citadinos que apoiavam o regime do traidor Lon Nol. [...] Há entre eles imensos traidores. O Partido Comunista teve a prudência de eliminar uma boa parte deles. Os que ainda vivem trabalham no campo. Já não têm energia para se erguerem contra nós."[280]

Para milhões de cambojanos de hoje, a fratura da "era Pol Pot" deixou a sua marca de fogo, irremediável. Em 1979, 42% das crianças eram órfãs, três vezes mais de pai do que da mãe; 7% haviam perdido os dois progenitores. Em 1992, é entre os adolescentes que a situação de isolamento é mais dramática: 64% de órfãos.[281] Uma parte dos males sociais gravíssimos que ainda hoje fazem enormes estragos na sociedade cambojana, de um nível excepcional relativamente à Ásia Oriental, provém desta desarticulação: criminalidade em massa e frequentemente violenta (as armas de fogo são encontradas por todos os lados), corrupção generalizada, desrespeito e falta de solidariedade, ausência, em todos os níveis, do menor sentido do interesse geral. As centenas

---

[279] Barbara Harff e Ted Robert Gurr, "Towards an Empirical Definition of Genocides and Politicides", *International Studies Quaterly*, nº 32, 1988.

[280] Y Phandara, *op. cit.*, pp. 72-3.

[281] Calculado segundo Sliwinski, *op. cit.*, p. 128.

780　　　　　　　*O Livro Negro do Comunismo*

de milhares de refugiados no estrangeiro (150 mil só nos Estados Unidos) continuam, também eles, a sofrer o que viveram: pesadelos frequentes, a mais alta taxa de depressões nervosas de todos os oriundos da Indochina, uma grande solidão para as mulheres que chegaram sozinhas, em número muito maior do que os homens da sua geração, assassinados.[282] E, no entanto, a energia da sociedade cambojana não desapareceu: quando, em 1985, os últimos resquícios da coletivização foram abandonados, o aumento da produção permitiu quase de imediato o desaparecimento da penúria alimentar.[283]

Em face dos responsáveis da ditadura khmer vermelha, esse laboratório de todos os desvios mais sombrios do comunismo, os cambojanos, nos quais se compreende o desejo primordial de regressarem a uma vida normal, não devem ser os únicos a suportar o fardo da liquidação de um passado terrível. O mundo, que com frequência teve tanta complacência para com os seus carrascos, e tão tardiamente, deve também tomar esse drama como seu.

---

[282] Welaratna, *op. cit.*, pp. 254-8.
[283] Sliwinski, *op. cit.* p. 153.

Conclusão

Há comunismos no poder na Ásia; aliás, praticamente, não existem em outras partes do mundo. Mas existirá um *comunismo asiático*, no sentido, por exemplo, em que existiu um comunismo do Leste Europeu? A resposta é tudo, menos evidente. Na Europa, com exceção (e mesmo assim) da Iugoslávia e da Albânia, os comunistas tiveram pelo menos em comum o fato de terem tido o mesmo pai. Morreram praticamente todos ao mesmo tempo (e *até mesmo* na Iugoslávia e na Albânia) quando esse pai começou a não andar nada bem; e eles o seguiram de perto no túmulo. Na Ásia, só se vislumbra relação semelhante entre o Vietnã e o Laos, cujos destinos parecem ainda organicamente ligados. Em todos os outros lugares, o que ressalta é a singularidade dos processos de conquista e de consolidação do poder, ainda que a Coreia do Norte fosse, no período de Stalin, uma espécie de democracia popular, e também ainda que, para o Vietminh, a virada para a vitória tenha sido a chegada do EPL às fronteiras de Tonquim. Não há nem nunca houve um "bloco" comunista na Ásia, a não ser nos desejos de Pequim: faltava a estreita cooperação econômica, a circulação em grande escala dos quadros e, principalmente, os laços discretos entre os aparelhos militar e policiais. Houve tentativas desse gênero, mas a uma escala reduzida, e duraram pouco (salvo, mais uma vez, entre o Laos e o seu "grande irmão" vietnamita): entre a China e a Coreia do Norte, durante e um pouco depois do conflito coreano; entre a China e o Vietnã nos anos 1950; entre a China e o Camboja de Pol Pot; entre o Vietnã e o Camboja dos anos 1980. Praticamente só existem na Ásia comunismos *nacionais*, principalmente capazes de assegurar a sua própria defesa (salvo no Laos...), embora a ajuda chinesa (e às vezes soviética) tenha em diversas ocasiões sido essencial; aliás, foi só naquela região que se viram guerras "100% comunistas" no final dos anos 1970, entre o Vietnã e o Camboja, depois entre o Vietnã e a China. Ao nível da educação, da propaganda, dificilmente se encontram neste planeta regimes mais

O Livro Negro do Comunismo

nacionalistas, e até mais estreitamente chauvinistas, do que os comunismos da Ásia, que se constituíram todos na luta contra um imperialismo estrangeiro. Pelo menos isso representa um ponto comum; o problema é que esse nacionalismo se volta frequentemente contra o comunismo vizinho.

Por outro lado, sempre que entramos no pormenor das políticas (e em especial das políticas repressivas, tema que aqui nos ocupa), as semelhanças não deixam de impressionar, e assinalamos numerosas no decurso dos capítulos anteriores. Antes de retomar as principais, será bom interrogarmo-nos sobre a *cronologia* comparada dos regimes estudados. Na Europa, as grandes etapas da história de cada país estão estreitamente articuladas com as dos outros, com exceção da Albânia e, em menor medida, da Romênia ou da Iugoslávia. Na Ásia, em primeiro lugar, os pontos de origem estão afastados no tempo, entre 1945 e 1975: o mesmo acontece com as reformas agrárias e a coletivização, inclusive no Vietnã entre o Norte e o Sul. Todavia, por outro lado, encontra-se sempre a sucessão dessas duas etapas, pouco tempo depois do acesso ao poder (sete anos no máximo, no caso da China, para a totalidade do processo). No plano político, o PC nunca age de face completamente descoberta na fase de conquista do poder; é mantida a aparência de uma "frente unida" algum tempo depois da vitória (oito anos na China), mesmo que se trate simplesmente de não revelar a existência do Partido, como no Camboja até 1977. No entanto, se muitos se deixam enganar *antes* pelas promessas de uma democracia pluralista (e isso contribuiu para o êxito comunista, em especial no Vietnã), a máscara cai muito rapidamente, logo *depois*: no Vietnã, num campo de sulistas prisioneiros, até 30 de abril de 1975, mais ou menos corretamente alimentados e vestidos, não obrigados a trabalhar, reduzem-se brutalmente as rações, a disciplina é reforçada, e impõem-se jornadas de trabalho extenuantes logo que é conseguida a "libertação" do Sul; os chefes do campo justificam assim essas medidas: "Até aqui, vocês se beneficiaram do regime dos prisioneiros de guerra [...]. Agora, todo o país está libertado, nós somos os vencedores, e vocês são os vencidos! Depois da Revolução de 1917 na Rússia, todos os vencidos foram eliminados."[1] As camadas sociais bem tratadas no quadro da frente unida (intelectuais e capitalistas "nacionais", em particular) sofreram, em pleno, o ostracismo e a repressão quando a ditadura do Partido se instalou.

Em um nível mais sutil, as semelhanças cronológicas são inconstantes. A Coreia do Norte tem os seus ritmos próprios desde o fim dos anos 1950, e esse

---

[1] Doan, *op. cit.*, p. 302.

Conclusão 783

museu do stalinismo parece muito isolado desde há muito tempo. A Revolução Cultural chinesa não teve êmulos. Pol Pot triunfa quando Jiang Qing está à beira do naufrágio, e sonha com um Grande Salto abandonado há 14 anos. Mas, por toda parte onde os PCs já se encontram no poder, a época de Stalin é marcada por expurgos e pelo desenvolvimento da Segurança. A onda de choque do XX Congresso provoca por todo lado a tentação da liberalização política, rejeitada quase que imediatamente a favor de um endurecimento dos regimes, e, no plano econômico, de uma tentação voluntarista e utópica — o Grande Salto, na China, e o seu sucedâneo vietnamita, o *Chollima* coreano. Por todo lado, exceto na Coreia, os anos 1980 e 1990 são marcados por uma liberalização da economia: no Laos e no sul do Vietnã, ela segue de muito perto as medidas de coletivização, de fato nunca terminada. Mais depressa do que se tem dito com muita frequência, o reformismo econômico conduz a uma normalização e a um abrandamento das práticas repressivas, embora o processo seja titubeante, contraditório e incompleto. À exceção de Pyongyang, o terror em massa e a uniformização das consciências não passam de recordações, e não há mais prisioneiros políticos do que numa banal ditadura sul-americana: no Laos, segundo os números da Anistia Internacional, passou-se de 6.000 ou 7.000 em 1985 para 33 em março de 1991, e os números baixaram em proporções semelhantes no Vietnã ou na China. A nossa época nos traz por vezes boas notícias, apesar de tudo, e isso prova, eventualmente, que a tendência para o assassinato em massa já não é incontornável nos comunismos da Ásia, tal como o foi nos da Europa. A fim de regressarmos à problemática central dessa obra, o *terror* teve o seu tempo — que foi muitas vezes um tempo demasiado longo (até cerca de 1980) —, tendo ocasionado regularmente, por toda parte, crimes abomináveis em maior ou menor grau. Atualmente o terror deu lugar a uma simples *repressão* essencialmente seletiva e dissuasiva, embora cada vez mais banalizada pelo recuo da preocupação reeducativa.

A chave dessas semelhanças cronológicas que, no fim das contas, prevalecem sobre as disparidades localiza-se, desde 1956, muito mais em Pequim do que em Moscou, e o XX Congresso é o responsável por isso: chocou e foi considerado uma ameaça por Mao Zedong, Ho Chi Minh ou Kim II Sung, e também por Maurice Thorez. Ao contrário, o fato valoriza a audácia da iniciativa de Kruschev. O Centro chinês, pelo menos depois de Yan'an, desempenhava, como assinalamos, o papel de uma segunda Meca para os comunistas de toda a Ásia; porém, o prestígio da URSS de Stalin era imenso, e o peso dos seus meios econômicos e militares fazia o resto. A intervenção chinesa na Coreia, e depois

784   *O Livro Negro do Comunismo*

o seu apoio maciço ao Vietminh, foram os primeiros abalos, mas 1956 vê Mao atirado para a liderança do campo "antirrevisionista" *de facto,* no qual estão alinhados, a partir de então, os países irmãos da Ásia. Os erros da Revolução Cultural enfraquecerão o magistério chinês; as necessidades militares do Vietnã o levarão, desde meados dos anos 1960, a tentar uma aproximação oportunista à URSS. Mas a cronologia faz fé: as iniciativas vêm regularmente da China e são frequentemente adotadas até os menores detalhes. Há um ar de família, que não engana, em todos os regimes comunistas; mas, entre os da Ásia, parece por vezes tratar-se de clonagem — pensemos, por exemplo, nas reformas agrárias chinesa e vietnamita.

Se o "comunismo do *gulash*" tão caro a Kruschev atraiu tão pouco os comunismos da Ásia, pelo menos até ao começo da década de 1980, foi porque os mesmos se encontravam ainda na fase das guerras revolucionárias, e também porque constituíam *ideocracias* levadas a um ponto extremo. Na tradição confuciana da "retificação dos nomes" (e por toda parte, excetuando o Camboja, existe a tradição confuciana), é a realidade que se deve curvar perante a palavra; no plano penal, o que conta não é o que as pessoas fazem, mas o veredicto que se obtém, e a etiqueta que se cola em cada um; ora, tanto um como a outra respondem a todo gênero de considerações estranhas aos atos praticados. É menos a boa ação do que a palavra justa que estabelece a paz nos espíritos. Em consequência, este díptico dos comunismos da Ásia: sobre ideologização, mas também voluntarismo. A primeira decorre da ênfase classificatória e reorganizadora resultante da combinação do modo de pensar confuciano e da visão revolucionária de uma refundição total da sociedade. O segundo, na perspectiva ainda mais ampla de uma transformação do mundo, quer apoiar-se, como se se tratasse de uma alavanca, na completa penetração das consciências pelas "ideias justas". Evocamos essas contendas oratórias em que triunfava quem jogava sob o adversário uma citação de Mao à qual não era possível replicar. O Grande Salto foi também um festival de palavras. Como é evidente, o irrealismo dos asiáticos tem limites: quando a realidade resiste demasiado ao discurso, tal fato não lhes escapa. E depois de terem verificado a falência de tantos discursos, assim como as inúmeras catástrofes que os mesmos acarretaram, acabaram por só querer ouvir o de Deng Xiaoping, profundamente anti-ideológico: "Não importa que um gato seja preto ou cinzento; o importante é que ele apanhe ratos."

Mas a verdadeira, a grande originalidade dos comunismos asiáticos, é sem dúvida terem conseguido transferir *do partido para o conjunto da sociedade*

Conclusão

essa sobreideologização e esse voluntarismo, dos quais se podem inegavelmen te encontrar equivalentes, como, por exemplo, na URSS stalinista. Também aqui, puderam apoiar-se em duas tradições, elas próprias coordenadas. Na Ásia sinizada (que abrange portanto o Vietnã e a Coreia, além da China), não existe, desde há muito, a distância que se verifica no Ocidente entre cultura de elites e cultura popular: o confucionismo, em particular, soube passar da classe dirigente para os campos mais distantes sem se modificar muito; foi igualmente o caso, na China, desde o início do presente milênio, de uma instituição tão aberrante como os pés enfaixados das mulheres. Aliás, o Estado nunca se constituiu como uma instituição coerente, separada da sociedade e baseada num direito complexo: contrariamente à ideia que muitas vezes tentaram dar de si próprias, as monarquias de inspiração chinesa foram quase sempre privadas da maior parte dos instrumentos formais de intervenção de que reinos do Ocidente já dispunham no fim da Idade Média.[2] Só podiam sobreviver e governar através do consentimento dos seus súditos — um consentimento obtido não por uma qualquer forma de consulta democrática, nem pela arbitragem institucionalizada entre interesses divergentes, mas por uma ampla e profunda difusão de normas idênticas de moral cívica, sendo essa mesma baseada numa moral familiar e interindividual: isso é exatamente o que Mao denominou "linha de massa". O Estado moral (ou ideológico) tem uma longa e rica história na Ásia Oriental. É um Estado, no fundo, pobre e fraco; mas, se consegue a adesão da consciência de cada grupo, de cada família, de cada indivíduo às suas próprias normas e ideais, a sua força torna-se incrível, sem quaisquer limites — excetuados os impostos pela natureza, a implacável inimiga de Mao na época do Grande Salto Adiante. Os comunismos asiáticos procuraram, pois, e conseguiram numa dada fase (indiscutivelmente terminada em todo lado), criar sociedades profundamente *holísticas*. Daí que esse chefe de cela vietnamita, ele próprio prisioneiro, se sinta no direito de gritar com o detido recalcitrante: "Você se opõe ao chefe de cela nomeado pela revolução. Portanto, você se opõe à revolução!"[3] E daí essa extraordinária vontade, paciente e obstinada, de fazer do último dos detidos — e até mesmo de oficiais franceses saídos de Saint-Cyr — portadores e difusores da mensagem do Partido. Enquanto a Revolução Russa não consegue destruir o abismo entre "eles", e

---

[2] Sobre esse ponto, *cf.*, por exemplo, Yves Chevrier, "L'Empire distendu: esquisse du politique en Chine des Qing à Deng Xiaoping", *in* Jean-François Bayart, *La Greffe de l'État — Trajectoires du politique* 2, Paris, Karthala, 1996.

[3] Doan, *op. cit.*, p. 195.

786 O Livro Negro do Comunismo

"nós", a Revolução Cultural soube fazer crer a muitos, por um momento, que o Estado e o Partido eram também eles: em certos casos, Guardas Vermelhos que não eram membros do PC acharam-se no direito de decidir exclusões do Partido. Os comunismos do Ocidente conheceram igualmente a crítica, a autocrítica, as intermináveis reuniões de "discussão", a imposição de textos canônicos. Mas isso foi geralmente reservado à esfera do Partido. Na Ásia, as mesmas normas são expandidas a todos.

Tal fato teve duas consequências principais, no que diz respeito às formas assumidas pela repressão. A mais evidente é a ausência, que já verificamos tantas vezes, de qualquer referência, embora formal, ao direito, à lei, à justiça: tudo é político, e apenas isso. A edição tardia de um Código Penal (1979 na China e 1986 no Vietnã) assinala de fato o fim dos grandes terrores. A outra é o caráter *ainda mais generalizado do que sangrento* das grandes ondas repressivas: elas abrangem quer o conjunto das sociedades, quer camadas muito amplas, na sua totalidade (camponeses, urbanos, intelectuais etc.). O regime de Deng Xiaoping afirmou que a Revolução Cultural havia "perseguido" cem milhões de chineses — número inverificável; mas provavelmente não fez mais do que um milhão de mortos. A relação não foi a mesma nos grandes expurgos stalinistas. Para que dar-se ao trabalho de matar, quando se pode aterrorizar tão eficazmente? O que, sem dúvida, explica também a grande proporção de *suicídios* na mortalidade política: a intensidade das campanhas, difundidas pelos colegas, pelos amigos, pelos vizinhos, pela família é portadora de tensões absolutamente insuportáveis para um certo número de indivíduos: deixa de existir espaço de manobra.

O nosso raciocínio comporta o seu próprio limite: chama-se Camboja (e, numa medida muito menos intensa, Laos). Esse país nunca foi penetrado pelo confucionismo; a sua tradição política é muito mais indiana do que chinesa. Seria necessário ver, no desencadeamento de uma violência tão sangrenta como generalizada, que só o Camboja conheceu, o sobressalto de um poder que tentava aplicar as receitas sino-vietnamitas a uma população em nada predisposta a recebê-las? Aí está uma pista a aprofundar, embora conviesse também fazê-lo quanto às exatas condições dessa experiência felizmente única.

Era nosso propósito sublinhar aqui as especificidades do comunismo asiático (ou pelo menos do da Ásia sinizada). O leitor do conjunto dessa obra descobrirá mais facilmente por si próprio os laços muito fortes que o ligam ao sistema comunista mundial, e ao seu chefe de fila soviético. Muitos dos fenômenos que mereceram a nossa atenção (a "página branca", essa nostalgia

Conclusão 787

do recomeço absoluto, da tábua rasa; o culto e a manipulação da juventude) podem facilmente encontrar-se em outros lugares. Continua a ser verdade que os destinos do comunismo na Europa e na Ásia, já em si tão divergentes, impõem a interrogação acerca das diferenças estruturais que podem existir entre as variantes de um fenômeno planetário.

Seleção bibliográfica Ásia[4]

CAMBOJA

Elizabeth Becker, *Les Larmes du Cambodge — histoire dun auto-génocide*, Paris, Presses de la Cité, 1986.

David P. Chandler, *The Tragedy of Cambodian History: Politics, War and Revolution since 1945*, New Haven, Yale University Press, 1991.

David P. Chandler, *Pol Pot: Frère Numéro Un*, Paris, Pion, 1993 (ed. original em inglês, 1992).

Ben Kiernan, *The Pol Pot Regime: Race, Power and Genocide in Cambodia under the Khmer Rouge, 1975-79*, New Haven, Yale University Press, 1996.

Karl D. Jackson (ed.), *Cambodia 1975-1978: Rendezvous with Death*, Princeton, Princeton University Press, 1989.

Marie-Alexandrine Martin, *Le Mai cambodgien: histoire dune société traditionnelle face à ses leaderspolitiques 1946-1987*, Paris, Hachette, 1989.

Haing Ngor, *Une odyssée cambodgienne* (escrito com Roger Warner), Paris, Fixot-Filipacchi, 1988 (ed. original em inglês, 1987).

Laurence Picq, *Au-dela du del: cinq ans chez les Khmers rouges*, Paris, Bernard Barrault, 1984).

Marek Sliwinski, *Le Génocide Khmer rouge: une analyse démographique*, Paris, L'Harmattan, 1995.

Pin Yathay, *Lutopie meurtrière: un rescapé du génocide cambodgien témoigne*, Bruxelas, Complexe, 1989.

CHINA (incluindo o TIBET)

Jasper Becker, *Hungry Ghosts: China's Secret Famine*, Londres, John Murray, 1996.

Marie-Claire Bergère, *La République populaire de Chine de 1949 à nos jours*, Paris, Armand Colin, 1987.

---

[4] Apenas se encontram aqui obras acessíveis e que possam servir de referência, privilegiando-se as escritas ou traduzidas em francês.

Marie-Claire Bergère, Lucien Bianco, Jürgen Domes (dir.), *La Chine au XX? siècle* (*vol. 1: Dune révolution à l'autre, 1895-1949; vol. 2: De 1949 à aujourd'hui*), Paris, Fayard, 1989 e 1990.

Yves Chevrier, *Mao et la révolution chinoise*, Florença, Casterman/Giunti, 1993.

Jean-Luc Domenach, *Chine: Varchipel oublié*, Paris, Fayard, 1992.

Pierre-Antoine Donnet, *Tibet mortou vif*, Paris, Gallimard, 1990.

John K. Fairbank e Albert Feuerwerker (dir.), *The Cambridge History of China — vol. 13: Republican China 1912-1949, Part 2*, Cambridge, Cambridge University Press, 1986.

William Hinton, *Fanshen*, Paris, Pion, 1971 (traduzido do inglês).

Hua Linshan, *Les Années rouges*, Paris, Seuil, 1987.

Ken Ling, Miriam London & Ta-ling Lee, *La Vengeance du del: un jeune Chinois dans la Révolution culturelie*, Paris, Robert Laffont, 1981 (ed. original em inglês, 1972).

Roderick MacFarquhar & John K. Fairbank (dir.), *The Cambridge History of China — vol. 14: The Peoples Republic, Part I (1949-1965); vol. 15, Part 2: Revolutions within the Chinese Revolution, 1966-1982*, Cambridge, Cambridge University Press, 1987 e 1991.

Nien Cheng, *Vie et mortà Shangai*, Paris, Albin Michel, 1987 (ed. original em inglês, 1986).

Jean Pasqualini (com Rudolph Chelminski), *Prisonnier de Mao: sept ans dans un camp de travail en Chine*, Paris, Gallimard, 1975 (ed. original em inglês, 1973).

Alain Roux, *La Chine populaire, tomo 1 (1949-1966), tomo 2 (1966-1984)*, Paris, Editions Sociales, 1983.

Wei Jingsheng, *La Cinquième Modernisation et autres écrits du "Printemps de Pékiri'*, Paris, Christian Bourgois Éditeur, 1997.

Harry Wu, *Laogai: legoulag chinois*, Paris, ed. Dagorno, 1996 (ed. original em inglês, 1992).

Yan Jiaqi & Gao Gao, *Turbulent Decade: A History of the Cultural Revolution*, Honolulu, University of Hawai'i Press, 1996 (ed. original em chinês, 1986).

VIETNÃ

Georges Boudarel, *Cent fleurs écloses dans la nuit du Vietnam: communisme et dissidence 1954-56*, Paris, Jacques Bertoin, 1991.

Coletivo, *La bureaucratie au Vietnam — Vietnam-Asie-Débatn°. 1*, Paris, L'Harmattan, 1983.

Jacques Dalloz, *La Guerre d'Indochine 1945-1954*, Paris, Seuil, 1987.

790   *O Livro Negro do Comunismo*

Doan Van Toai, *Le Goulag vietnamien*, Paris, Robert Laffont, 1979.

Daniel Hémery, *Révolutionnaires vietnamiens et pouvoir colonial en Indochine, 1932-37*, Paris, Maspero, 1975.

Stanley Karnow, *Vietnam: A History*, Harmondsworth, Penguin Books, 1984 (trad. francesa: *Viêt-Nam*, Paris, Presses de la Cité, 1984).

David G. Marr, *Vietnam 1945: The Quest for Power*, Berkeley, University of California Press, 1995

Ngo Van, *Viet-nam 1920-1945: révolution et contre-révolution sous la domination coloniale*, Paris, L'Insomniaque, 1995.

LAOS

Martin Stuart-Fox e Mary Koogman, *Historical Dictionary of Laos*, Metuchen & Londres, Scarecrow Press, 1992.

QUINTA PARTE

O TERCEIRO MUNDO

por Pascal Fontaine,
Yves Santamaria e
Sylvain Boulouque

1
A América Latina e a experiência comunista

por Pascal Fontaine

Cuba: o interminável totalitarismo tropical

A principal das ilhas caribenhas conheceu desde o início do século uma vida política agitada, com a nítida marca dos movimentos democráticos e sociais. Já em 1933, um *putsch* militar encabeçado pelo sargento estenógrafo Fulgencio Batista derrubara a ditadura de Gerardo Machado. Ao se tornar chefe do exército, Batista fez e desfez durante 20 anos os presidentes de um poder com forte orientação social e oposto às ingerências americanas. Eleito em 1940 presidente da República, promulgou uma Constituição liberal. Em 1952, conduziu um último golpe de Estado, interrompeu o processo democrático, simbolizado por eleições livres previstas para esse mesmo ano, e governou apoiando-se alternadamente em diversos partidos políticos, entre os quais o Partido Socialista Popular, na realidade o Partido Comunista Cubano.

Com Batista, Cuba conheceu um claro progresso econômico, mas com as riquezas muito mal distribuídas,[1] e principalmente com um grande desequilíbrio entre os campos desfavorecidos e as cidades com fortes infraestruturas e dinheiro fácil proveniente do submundo ítalo-americano — em 1958, existiam 11.500 prostitutas em Havana. A corrupção e as negociatas caracterizaram a era Batista, e, pouco a pouco, a classe média afastou-se do regime.[2] Os estudan-

---

[1] Em 1952, Cuba ocupava o terceiro lugar entre os 20 países latino-americanos relativamente ao produto nacional bruto por habitante; e 30 anos mais tarde, após mais de 20 anos de castrismo, tinha caído para a 15ª posição, somente à frente da Nicarágua, de El Salvador, da Bolívia e do Haiti; *cf.* Jeannine Verdès-Leroux, *La Lune et la caudillo*, Gallimard, 1998, p. 16.

[2] A crítica ao regime de Batista não deve fazer esquecer as mentiras da propaganda castrista a respeito da situação do país — o novo regime tinha necessidade de acrescentá-las para ser mais credível e conquistar a simpatia dos intelectuais ocidentais. Castro afirmou que 50% da população era analfabeta; efetivamente, em 1958, a taxa era de 22%, sendo, na época, estimada em 44% ao nível da população mundial.

O Livro Negro do Comunismo

tes, liderados por José Antonio Etcheverria, criaram um Diretório Estudantil Revolucionário que patrocinou um grupo armado e atacou, em março de 1953, o palácio presidencial. Foi um fracasso total; Etcheverria foi morto, e o Diretório, decapitado. Porém, em 26 de julho desse mesmo ano, um outro grupo de estudantes atacou a caserna da Moncada. Alguns foram mortos, e um dos seus líderes, Fidel Castro, foi capturado. Condenado a 15 anos de prisão, saiu em liberdade pouco depois, dirigiu-se ao México e empenhou-se na formação de um movimento de guerrilha, o Movimento do 26 de Julho, composto essencialmente por jovens liberais. A luta armada entre Batista e os *barbudos* iria durar 25 meses.

A repressão conduzida pelo regime foi violenta e fez milhares de vítimas.[3] As redes de guerrilha urbana foram as mais atingidas, com 80% de perdas, contra 20% das guerrilhas rurais da Sierra. Em 7 de novembro de 1958, à frente de uma coluna de guerrilheiros, Ernesto Guevara inicia uma marcha sobre Havana. Em 31 de dezembro, os sindicatos desencadeiam uma greve geral. Em 19 de janeiro de 1959, Batista põe-se em fuga, acompanhado por todos os principais dignitários da sua ditadura; Rolando Masferrer, patrão da sinistra polícia paralela chamada "os Tigres", e Estebán Ventura, chefe da polícia secreta, dois torturadores, alcançaram Miami. O líder da Confederação dos Trabalhadores Cubanos (CTC), Eusebio Mujal, que assinara vários acordos com Batista, achou prudente refugiar-se na embaixada da Argentina. A vitória fácil dos guerrilheiros eclipsou o papel desempenhado por outros movimentos na queda de Batista. Na realidade, a guerrilha só havia travado combates pouco significativos, e Batista foi vencido, antes de mais nada, porque perdeu o controle de Havana em face do terrorismo urbano. O embargo americano de armas jogou igualmente em seu desfavor.

Em 8 de janeiro de 1959, Fidel, Guevara e os *barbudos* fazem uma entrada triunfal na capital. Desde a tomada do poder, as prisões de Cabana, em Havana, e de Santa Clara foram palco de execuções em massa. De acordo com a imprensa estrangeira, essa depuração sumária fez 600 vítimas entre os partidários de Batista, em cinco meses. Organizaram-se tribunais de exceção, criados unicamente para pronunciar condenações. "As formas dos processos e os princípios sobre os quais o direito foi concebido eram altamente signi-

---

[3] Após a investigação, Jeannine Verdès-Leroux concluiu ser falso o número de 20.000 mortos avançado pela propaganda castrista e retomado pelos intelectuais ocidentais de esquerda. Avança o número de 2.000 mortos, após um exame aprofundado das fontes.

A *América Latina e a experiência comunista*   795

ficativos: a natureza totalitária do regime estava ali inscrita desde o início", comprova Jeannine Verdès-Leroux.[4] Realizaram-se simulacros de julgamentos num ambiente de feira: uma multidão de 18.000 pessoas reunidas no Palácio dos Desportos "julga" o comandante batistiano Jesús Sosa Blanco, acusado de vários assassinatos, apontando os polegares para o chão. "É digno da antiga Roma!", exclamou. Ele foi logo fuzilado.

Na Sierra, Fidel dera, em 1957, uma entrevista ao jornalista Herbert Matthews, do *New York Times*, em que declarava: "O poder não me interessa. Depois da vitória, quero regressar à minha cidade e retomar a minha profissão de advogado." Declaração de intenção certamente hipócrita, de imediato desmentida pela política que a seguiu. Desde a tomada do poder, surdas lutas viscerais minaram o jovem governo revolucionário. Em 15 de fevereiro de 1959, o primeiro-ministro Miro Cardona demitiu-se. Já comandante-chefe do exército, Castro substituiu-o. Em junho, decidiu anular o projeto de organizar eleições livres, anteriormente prometidas para um prazo de 18 meses. Perante os habitantes de Havana, justificou a sua decisão através desta interpelação: "Eleições! Para quê?" Negava desse modo um dos pontos fundamentais inscritos no programa dos revolucionários anti-Batista. Fidel eternizava assim uma situação instaurada pelo ditador derrubado. Além disso, suspendeu a Constituição de 1940, que garantia os direitos fundamentais, para governar exclusivamente por decreto — antes de impor, em 1976, uma Constituição inspirada na da URSS. Teve igualmente o cuidado de promulgar dois textos legais, a Lei nº 54 e a Lei nº 53 (texto relativo à lei sobre as associações), que limitavam o direito dos cidadãos a associarem-se livremente.

Fidel, que trabalhava então em estreita relação com os seus próximos, tratou de afastar os democratas do governo e, para conseguir esse objetivo, apoiou-se no seu irmão Raúl (membro do Partido Socialista Popular, isto é, do PC) e em Guevara, sovietófilo convicto. Em junho de 1959, cristalizava-se a oposição entre liberais e radicais acerca da reforma agrária lançada em 17 de maio. O projeto inicial visava constituir uma média burguesia fundiária através de uma redistribuição de terras. Fidel escolheu uma política mais radical, sob a égide do Instituto Nacional de Reforma Agraria (INRA), confiado a marxistas ortodoxos e do qual ele foi o primeiro presidente. Rapidamente, anulou o plano proposto pelo ministro da Agricultura, Humberto Sori Marin. Em junho de 1959, e para acelerar a reforma agrária, ordenou ao exército que tomasse o controle de cem latifúndios na província de Camagüey.

---

[4] Jeannine Verdès-Leroux, *op. cit.*, pp. 179-89.

A crise, latente, explodiu em julho de 1959, quando o presidente da República, Manuel Urrutia — um antigo juiz de instrução que corajosamente defendera os *barbudos* em 1956 —, apresentou a sua demissão. Pouco depois, o ministro dos Negócios Estrangeiros, Roberto Agramonte, foi substituído por Raúl Roa, um castrista da primeira hora. O ministro dos Assuntos Sociais, que discordava de um veredicto pronunciado contra aviadores acusados de crime contra civis, demitiu-se, por sua vez.[5] No decorrer de 1960, o processo amplificou-se: em março, Rupo Lopez Fresquet, ministro das Finanças desde janeiro de 1959, rompeu com Fidel, passou à oposição e depois exilou-se. Um outro membro do governo, Anres Suarez, abandonou definitivamente o país no mesmo ano. Os últimos jornais independentes desapareceram, o silenciamento metódico chegava ao seu termo. Em 20 de janeiro de 1960, Jorge Zayas, diretor do jornal antibatistiano *Avance,* partiu para o exílio; em julho, Miguel Angel Quevedo, redator-chefe do *Bohemia,* deixou Cuba — o *Bohemia* reproduzira as declarações de Fidel quando do processo da Moncada. Restavam apenas os jornais comunistas *Granma* e *Hoy.* No outono de 1960, as últimas figuras da oposição, políticas ou militares, foram presas, como William Morgan ou Humberto Sori Marin. Morgan, antigo comandante da Sierra, foi fuzilado no princípio de 1961.

Pouco depois, os últimos democratas retiravam-se do governo, como Manolo Ray,[6] ministro das Obras Públicas, ou Enrique Oltusky, ministro das Comunicações. Foi nessa ocasião que se produziu a primeira grande onda de partidas: cerca de 50 mil pessoas, oriundas das classes médias, que haviam apoiado a revolução, escolheram o exílio. A ausência de médicos, de professores ou de advogados fragilizou durante bastante tempo a sociedade cubana.

Depois das classes médias, foi o mundo operário que sofreu a repressão. Logo de início, os sindicatos mostraram-se rebeldes relativamente ao novo regime tal como o mesmo se perspectivava. Um dos seus principais líderes era o responsável pelos sindicatos do açúcar, David Salvador. Homem de esquerda, rompera com o PSP quando esse último se recusara a combater a ditadura de Batista; em 1955, ele havia organizado as grandes greves das centrais açuca-

---

[5] No decurso desse processo chamado dos Aviadores (fevereiro de 1959), o ministro da Defesa ocupou o lugar do procurador. Absolvidos os aviadores, Castro interveio, no sentido de que fossem condenados, o que veio a acontecer em março — o direito está a serviço do ditador.

[6] Manolo Ray relança um novo movimento armado, o Movimento Revolucionário Popular (MRP), que estará muito ativo em 1960-1961.

A *América Latina e a experiência comunista*　　　797

reiras; preso e torturado, ele dera o seu apoio à greve de abril de 1958, lançada pelos castristas do Movimento do 26 de Julho. Democraticamente eleito secretário-geral da Confederação dos Trabalhadores Cubanos, em 1959, viu lhe serem impostos dois adjuntos, comunistas de primeira hora que não haviam sido submetidos à prova democrática da eleição. Tentou tramar a infiltração e o controle da sua central pelos comunistas, mas, a partir da primavera de 1960, Salvador foi relegado ao ostracismo. Passou à clandestinidade em junho. Preso em agosto de 1962, foi condenado a uma pena de 12 anos de cadeia. Mais uma outra grande figura da oposição a Batista estava sendo afastada. Finalmente, Fidel conseguirá, em 1962, que o sindicato único, a CTC, peça a supressão do direito à greve: "O sindicato não é um órgão reivindicativo", clarifica um membro do aparelho do Partido.

Depois da sua prisão, em 1953, Fidel Castro tivera a cabeça salva graças à intervenção do arcebispo de Santiago de Cuba, Mons. Perez Serantes. O clero havia acolhido com grande alívio a saída de Batista. Alguns padres chegaram mesmo a acompanhar os guerrilheiros na Sierra. Mas a Igreja protestara contra os julgamentos expeditivos dos batistianos, tal como condenara os crimes dos "Tigres" de Masferrer. Desde 1959, ela vinha denunciando a infiltração comunista. Fidel aproveitou o pretexto da baía dos Porcos[7] para proibir, através de uma ordem governamental, a revista *La Quincena*. Em maio de 1961, todos os colégios religiosos foram fechados, e os respectivos edifícios, confiscados, inclusive o colégio jesuíta de Belen, no qual Fidel fizera os seus estudos. Envergando o seu uniforme, o Líder Máximo declarou: "Que os padres falangistas se preparem para fazer as malas!" A advertência não era gratuita, já que, em 17 de setembro de 1961, 131 padres diocesanos e religiosos foram expulsos de Cuba. Para sobreviver, a Igreja teve de voltar-se para si mesma. O regime orientou-se no sentido da marginalização das instituições religiosas. Um dos procedimentos consistia em deixar cada cubano livre de expressar a sua fé, arriscando-se porém a sofrer as medidas de represália, como a proibição de acesso à universidade e às carreiras administrativas.

A repressão atingiu também com força o mundo artístico. Em 1961, Fidel definiu o papel dos artistas dentro da sociedade. Um slogan resume as suas concepções: "Dentro da revolução, tudo; fora dela, nada!" O destino de Ernesto Padilla ilustra perfeitamente o estado da cultura. Escritor revolucionário, Padilla acabou por abandonar Cuba em 1970, depois de ter sido forçado a fazer a sua

---

[7] Tentativa infeliz de desembarque de guerrilheiros anticastristas, operação da CIA iniciada por D. Eisenhower e prosseguida por J. F. Kennedy.

"autocrítica". Após dez anos de vida errante, Reinaldo Arenas aproveitou o êxodo de Mariel para, ele também, deixar Cuba definitivamente.

Che Guevara, o reverso do mito

Fidel Castro referia-se constantemente à Revolução Francesa: a Paris jacobina tivera Saint-Just; a Havana dos guerrilheiros tinha o seu Che Guevara, versão latino-americana de Netchaiev

Filho de boa família, nascido em Buenos Aires em 1928, Ernesto Guevara já bastante jovem começa a percorrer o subcontinente americano. Esse jovem burguês, fragilizado por uma asma crônica, conclui os seus estudos de medicina após um périplo entre os Pampas e a selva da América Central. No início dos anos 1950, confronta-se com a miséria na Guatemala, na época do regime progressista de Jacobo Arbenz, que é derrubado pelos americanos — Guevara aprende então a odiar os Estados Unidos. "Pertenço, pela minha formação ideológica, àqueles que acreditam que a solução dos problemas desse mundo se encontra por trás da chamada cortina de ferro", escreve ele a um amigo em 1957 (Carta a René Ramos Latour, citada por Jeannine Verdès-Leroux, *op. cit.*). Uma noite de 1955, no México, Guevara encontra-se com um jovem advogado cubano exilado que prepara o seu regresso a Cuba: Fidel Castro. Ele decide então seguir esses cubanos que desembarcarão na ilha em dezembro de 1956. Nomeado comandante de uma "coluna", ele rapidamente se destaca pela sua dureza. Um rapaz, guerrilheiro da sua coluna, que roubou um pouco de comida, é imediatamente fuzilado, sem qualquer processo. Esse "partidário do autoritarismo implacável", segundo o seu antigo companheiro da Bolívia, Régis Debray (*Loués soient nos seigneurs*, Gallimard, 1996, p. 184), que já quer impor uma revolução comunista, entra em conflito com vários comandantes cubanos verdadeiramente democratas.

No outono de 1958, abre uma segunda frente na planície de Las Villas, no centro da ilha. Obtém um brilhante sucesso ao atacar em Santa Clara um trem repleto de reforços militares enviado por Batista: os soldados fogem, recusando o combate. Conseguida a vitória, Guevara ocupa o cargo de "procurador", passando a decidir recursos de última instância. Em todo o caso, a prisão de Cabana, onde ele exerce, é palco de numerosas execuções, principalmente de antigos camaradas de armas que permaneceram democratas.

Nomeado ministro da Indústria e diretor do Banco Central, ele encontra nessas funções a oportunidade de aplicar a sua doutrina política, impondo a Cuba o "modelo soviético". Desprezando o dinheiro, embora tenha vivido nos bairros seletos de Havana, ministro da Economia, mas desconhecedor das mais elementares noções de economia, acabou por arruinar o Banco Central. Encontra-se mais à vontade para instituir os "domingos de trabalho voluntários", fruto da sua admiração pela URSS e pela China — saudará a Revolução Cultural. Régis Debray (*op. cit.*, p. 185) faz notar: "Foi ele, e não Fidel, que inventou, em 1960, na península de Guanaha, o primeiro 'campo de trabalho corretivo' (nós diríamos de trabalhos forçados)[...]"

No seu testamento, esse aluno da escola do Terror elogia "o ódio eficaz que faz do homem uma eficaz, violenta, seletiva e fria máquina de matar" (Régis Debray, *op. cit.*, p. 186). "Não posso ser amigo de uma pessoa que não partilhe as minhas ideias", advoga esse sectário que dá ao filho o nome de Vladimir, em homenagem a Lenin. Dogmático, frio e intolerante, "Che" (expressão argentina) está inteiramente afastado da natureza aberta e calorosa dos cubanos. Em Cuba, ele é um dos artesãos da militarização da juventude, sacrificando-a ao culto do homem novo.

Desejoso de exportar a revolução na sua versão cubana, cego por um antiamericanismo primário, ele se aplica na propagação da guerrilha através do mundo, de acordo com o seu slogan: "Criar dois, três[...] inúmeros Vietnãs!" (maio de 1967). Em 1963, ele está na Argélia, depois em Dar-es-Salam, antes de chegar ao Congo, onde se cruza com um certo Désiré Kabila, um marxista hoje tornado senhor do Zaire e a quem não repugnam as chacinas de populações civis.

Fidel utilizou-o para fins táticos. Quando se dá a ruptura entre ambos, Guevara dirige-se para a Bolívia. Tentando aplicar a teoria do *foco* de guerrilha, desdenhando a política do Partido Comunista Boliviano, ele não consegue encontrar apoio por parte dos camponeses, dos quais nem um sequer se juntou ao seu grupo itinerante. Isolado e encurralado, Guevara é capturado e executado em 8 de outubro de 1967.

O exército dos antigos rebeldes também conheceu um processo de sujeição. Em julho de 1959, um parente de Fidel, o comandante da Força Aérea, Diaz Lanz, demitiu-se e passou para os Estados Unidos. No mês seguinte, foi iniciada uma onda de prisões, a primeira, sob o pretexto de fazer abortar uma tentativa de golpe de Estado.

Em 1956, Huber Matos já ajudava os *barbudos* na Sierra, procurando bases de apoio na Costa Rica, abastecendo-os de armas e munições com um avião particular, libertando Santiago de Cuba, a segunda cidade do país, à frente da coluna nº 9 "António-Guiterras". Ele tornou-se governador da província de Camagüey; mas, em profundo desacordo com a "comunização" do regime, abandonou as suas funções. Castro viu nesse ato uma conspiração e encarregou um herói da guerrilha, Camillo Cienfuegos, de prender Matos em virtude do seu "anticomunismo". Sem qualquer respeito por esse combatente exemplar, Castro infligiu-lhe um "Processo de Moscou à moda de Havana" no qual ele próprio interveio. Diante do tribunal, exerceu pressões sem moderação: "Eu vou lhes dizer. Vocês devem fazer uma escolha: Matos ou eu!"; e proibiu as testemunhas favoráveis ao acusado de se exprimirem. Matos foi condenado a 20 anos de prisão, que cumpriu até o último dia. Todos os seus familiares foram encarcerados.

Privados da menor possibilidade de expressão, numerosos opositores de Castro passaram à clandestinidade, acompanhados pelos antigos organizadores da guerrilha urbana contra Batista. No início dos anos 1960, essa oposição clandestina transformou-se num movimento de revolta implantado nas montanhas de Escambray. Respaldado por autênticos *barbudos*, o movimento recusava a coletivização forçada das terras e a ditadura. Raúl Castro enviou todos os seus meios militares, blindados e artilharia, assim como centenas de membros das milícias, para pôr fim à rebelião. As famílias dos camponeses rebeldes foram deslocadas, a fim de minar as bases populares da revolta. Algumas centenas dessas famílias foram transferidas para a região das plantações de tabaco, em Pinar del Rio, no extremo oeste da ilha, a centenas de quilômetros de Escambray. Foi a única vez que o poder castrista recorreu à deportação de populações.

No entanto, os combates duraram cinco anos. Cada vez mais isolados, os grupos desapareceram uns após outros. Para os rebeldes e os seus chefes, a justiça foi rápida. Guevara teve a oportunidade de liquidar um dos seus antigos e jovens chefes da guerrilha antibatistiana, Jesus Carreras, que se opusera à sua política em 1958. Ferido no decorrer de uma emboscada, Carreras foi conduzido para o pelotão de fuzilamento, tendo Guevara recusado conceder-lhe o perdão. Em Santa Clara, foram julgados 381 "bandidos" capturados. Na prisão de La Loma de los Coches, nos anos que se seguem ao triunfo de 1959 e durante a liquidação dos grupos de Escambray, mais de mil "contrarrevolucionários" foram fuzilados.

Após a demissão do ministério da Agricultura, Humberto Sori Marin tentou criar em Cuba um *foco* (centro de luta armada). Preso e julgado por um tribunal militar, foi condenado à pena capital. A mãe implorou o seu perdão junto a Castro, lembrando-lhe que ele e Sori Marin se conheciam desde os anos 1950. Castro prometeu poupar-lhe a vida; alguns dias mais tarde, Humberto Sori Marin era fuzilado.

Periodicamente, depois das guerrilhas de Escambray, houve tentativas de implantação de grupos armados em solo cubano. Na sua maioria, pertenciam aos comandos *Liberation*, de Tony Cuesta, e aos grupos Alpha 66, criados no início dos anos 1960. A maior parte desses desembarques, inspirados no do próprio Castro, fracassou.

Em 1960, os juízes perderam a sua inamovibilidade e passaram a ficar sob a autoridade do poder central, negação da separação dos poderes bem característica da ditadura.

A Universidade não podia escapar a essa onda geral de sujeição. Jovem estudante de engenharia civil, Pedro Luis Boitel candidatou-se à presidência da Federação Estudantil Universitária (FEU). Antigo opositor de Batista, ele era também um ferrenho adversário de Fidel Castro. Rolando Cubella, o candi-

A *América Latina e a experiência comunista* 801

dato do regime, foi eleito com o apoio dos irmãos Castro. Preso pouco depois, Boitel foi condenado a dez anos de prisão e encarcerado num estabelecimento particularmente rígido: Boniato. Por várias vezes, ele fez greve de fome para protestar contra o tratamento desumano a que os detidos estavam sujeitos. Em 3 de abril de 1972, iniciou uma nova greve para obter condições decentes de encarceramento. Boitel protestou nestes termos a um dos responsáveis da prisão: "Faço essa greve para que me apliquem os direitos reservados aos prisioneiros políticos. Direitos que vocês exigem para os detidos das ditaduras dos países da América Latina, mas que recusam aos do seu (de vocês) próprio país!" Mas nada aconteceu. Sem assistência médica, Boitel agonizava. A partir do 45º dia, o seu estado tornou-se crítico; ao 49º, entrou em semicoma. As autoridades continuaram a não intervir. Em 23 de maio, às três horas da manhã, após 53 dias de greve de fome, Boitel morreu. As autoridades recusaram à mãe o direito de ver o corpo do filho.

Muito rapidamente, Fidel apoiou-se num eficaz serviço de informações. A "Segurança" foi confiada a Ramiro Valdés, enquanto Raúl Castro dominava o Ministério da Defesa. Reativou os tribunais militares, e em breve o *paredón* — o muro onde eram feitas as execuções — se tornou um utensílio judiciário de recurso legal.

Apelidado de "Gestapo Vermelha" pelos cubanos, o Departamento de Segurança do Estado (DSE), também conhecido sob o nome de *Direction General de Contra-Inteligencia,* praticou suas primeiras ações entre 1959 e 1962, quando foi encarregado de infiltrar e destruir as diversas oposições a Castro. O DSE dirigiu a sangrenta liquidação dos resistentes de Escambray e tratou da implementação dos trabalhos forçados. Obviamente, é esse o departamento que detém o domínio sobre o sistema carcerário.

Inspirado no modelo soviético, o DSE foi dirigido desde o início por Ramiro Valdés, um próximo de Fidel Castro desde o tempo de Sierra Madre. Com o decorrer dos anos, desempenhou um papel cada vez mais considerável, conquistando uma certa autonomia. Teoricamente, ele é subordinado ao "Minit", o Ministério do Interior. Abrange vários ramos, que foram bem detalhados pelo general da Força Aérea, Dei Pino, que se refugiou em Miami, em 1987. Algumas seções estão encarregadas de vigiar todos os funcionários das administrações. A 3ª seção controla os que trabalham no setor da cultura, dos desportos e da criação artística (escritores, cineastas). A 4ª seção ocupa-se dos organismos relacionados com a economia e com o Ministério dos Transportes e Comunicações. A 6ª seção, que emprega mais de mil agentes, está encarregada das escutas telefônicas. A 8ª seção vigia as correspondências, quer dizer, viola o segredo postal. Outras seções vigiam o corpo diplomático e os visitantes estrangeiros. O DSE sustenta a sobrevivência do sistema castrista utilizando para fins econômicos os milhares de detidos condenados a trabalhos forçados. Ele se constitui de um mundo de privilegiados que dispõem de poderes ilimitados.

A *Direction Especial dei Ministério dei Interior*, ou DEM, recruta *chivatos* (informantes) aos milhares, a fim de controlar a população. A DEM trabalha segundo três eixos: o primeiro, chamado "informação", consiste em estabelecer um processo sobre cada cubano; o segundo, "o estado da opinião", sonda a opinião dos habitantes; o terceiro, designado por "linha ideológica", tem por missão vigiar as igrejas e as congregações através da infiltração de agentes.

Desde 1967, o Minit dispõe das suas próprias tropas de intervenção: as *Fuerzas Especiales*. Em 1995, elas contavam 50 mil homens. Essas tropas de choque colaboram estreitamente com a *Direction 5* e com a *Direction de Seguridad Personal* (serviço de proteção pessoal). Guarda pretoriana de Castro, a DSP é composta por três unidades de escolta de mais de cem homens cada. Reforçada por homens-rã e um destacamento naval, deve proteger fisicamente Fidel Castro. Estimava-se, em 1995, em vários milhares de homens os efetivos encarregados dessa tarefa. Além disso, especialistas estudam os cenários possíveis de atentados contra o líder, provadores testam a sua alimentação, e um corpo médico especial está à sua disposição 24 horas por dia.

A *Direction 5* é "especializada" na eliminação de opositores. Dois autênticos opositores de Batista que se tornaram anticastristas foram vítimas dessa seção: Elias de la Torriente foi abatido em Miami, e Aldo Vera, um dos chefes da guerrilha urbana contra Batista, foi assassinado em Porto Rico. No exílio em Miami, Hubert Matos é obrigado a fazer-se proteger por vários guardas armados. As detenções e os interrogatórios conduzidos pela *Dirección 5* realizam-se no centro de detenção de Villa Marista, em Havana, um antigo edifício da congregação dos Irmãos Maristas. Ali, num universo fechado, ao abrigo dos olhares, num extremo isolamento para o detido, praticam-se torturas mais psíquicas do que físicas.

Outra unidade da polícia política é a *Dirección General de la Inteligência* (Direção Geral da Informação), que mais se assemelha a um serviço de informações clássico. As suas áreas prediletas são a espionagem, a contraespionagem, a infiltração nas administrações dos países não comunistas e nas organizações dos exilados cubanos.

A América Latina e a experiência comunista

É possível fazer um balanço da repressão dos anos 1960: entre sete e dez mil pessoas foram fuziladas, e avaliava-se em 30 mil o número de detidos políticos. Em consequência, o governo castrista teve muito rapidamente de gerir um número considerável de presos políticos, principalmente com os prisioneiros de Escambray e os de Playa Giron — a baía dos Porcos.

A Unidade Militar de Apoio à Produção (UMAP), que funcionou entre 1964 e 1967, foi o primeiro ensaio de desenvolvimento de trabalho penitenciário. Operacionais em novembro de 1965, os campos da UMAP eram verdadeiros campos de concentração, para onde eram desordenadamente atirados religiosos (católicos, entre os quais o atual arcebispo de Havana, Mons. Jaime Ortega, protestantes, testemunhas de Jeová), proxenetas, homossexuais e quaisquer indivíduos considerados "potencialmente perigosos para a sociedade". Os prisioneiros tinham de construir eles mesmos os seus abarracamentos, principalmente na região de Camagüey. As "pessoas socialmente desviantes" eram submetidas a uma disciplina militar, que se transformou num regime de maus-tratos, de subalimentação e de isolamento. Para escapar a esse inferno, havia detidos que se automutilavam. Outros saíram psiquicamente destruídos pelo encarceramento. Uma das funções da UMAP foi a "reeducação" dos homossexuais. Antes da sua criação, alguns deles tinham perdido os empregos, principalmente na área cultural; a Universidade de Havana foi alvo de depurações anti-homossexuais, e era comum "julgá-los" em público, no próprio local de trabalho. Eram forçados a reconhecer os seus "vícios", a renunciar aos mesmos ou serem despedidos, antes de serem presos. Os protestos internacionais provocaram o encerramento dos campos da UMAP após dois anos de existência.

Em 1964, foi implementado um programa de trabalho forçado na ilha dos Pinheiros: o plano "Camillo-Cienfuegos". A população penal foi organizada em brigadas divididas em grupos de 40 pessoas, as *cuadrillas,* comandadas por um sargento ou por um tenente; os prisioneiros eram destinados aos trabalhos agrícolas ou à extração nas pedreiras, sobretudo de mármore. As condições de trabalho eram muito duras, os detidos trabalhavam quase nus vestindo um simples calção. À guisa de punição, os recalcitrantes eram obrigados a cortar erva com os dentes, e outros foram jogados dentro de fossas de excrementos durante várias horas.

A violência do regime penitenciário atingiu tanto os presos políticos quanto os de direito comum. Começava com os interrogatórios conduzidos pelo *Departemento Técnico de Investigaciones,* a seção encarregada dos inquéritos. O DTI utilizava o isolamento e explorava as fobias dos detidos: uma mulher que tinha horror a insetos foi encarcerada numa cela infestada de baratas. O DTI usou pressões físicas violentas: havia prisioneiros que eram forçados a subir escadas calçando sapatos recheados com chumbo, e em seguida eram atirados degraus abaixo. À tortura física juntava-se a tortura psíquica, frequentemente com acompanhamento médico; os guardas utilizavam o pentotal e outras drogas, a fim de manter os presos acordados. No hospital de Mazzora, os eletrochoques eram usados com fins repressivos, sem qualquer restrição. Os guardas empregavam cães de guarda, procediam a simulações de execução; as celas disciplinares não tinham água nem eletricidade; o detido que se pretendia despersonalizar era mantido em completo isolamento.

Uma vez que em Cuba a responsabilidade é considerada coletiva, o mesmo acontece com o castigo. Trata-se de um outro meio de pressão: os familiares do detido pagam socialmente o empenhamento político do seu parente. Os filhos não têm acesso à universidade, e os cônjuges perdem o emprego.

* * *

Há que se distinguirem as prisões "normais" das prisões de segurança subordinadas ao GII (a polícia política). A prisão Kilo 5,5 — localizada exatamente nesse quilômetro da autoestrada de Pinar dei Rio — é um estabelecimento de alta segurança que ainda existe atualmente. Ela era dirigida pelo capitão Gonzalez, apelidado El Nato, que misturava frequentemente presos políticos e de direito comum. Nas celas previstas para dois prisioneiros acumulavam-se sete ou oito, com todos dormindo no chão. As celas disciplinares se chamavam *Tostadoras*, em virtude do calor insuportável ali reinante tanto no inverno como no verão. Kilo 5,5 é um centro fechado, no qual os detidos confeccionam artigos de artesanato. Existe também uma seção para mulheres. Em Pinar dei Rio foram construídas celas subterrâneas e salas de interrogatório. Ali, a tortura é, desde há alguns anos, mais psicológica do que física, especialmente a tortura pela privação do sono, bem conhecida desde os anos 1950 na URSS. À ruptura do ritmo de sono e à perda da noção do tempo acrescem as ameaças aos familiares e uma chantagem sobre a frequência das visitas. A prisão Kilo 7, em Camagüey, é particularmente violenta. Em 1974, uma disputa causou a morte de 40 prisioneiros.

O centro do GII de Santiago de Cuba, construído em 1980, tem o terrível privilégio de possuir celas com temperaturas bastante elevadas e celas com temperaturas muito baixas. Os prisioneiros são despertados de 20 em 20 ou 30 em 30 minutos. Esse procedimento pode durar vários meses. Nus, totalmente isolados do mundo exterior, muitos prisioneiros que são submetidos

A prisão mais tristemente célebre foi, durante muito tempo, a de Cabana, onde foram executados Sori Marin e Carreras. Ainda em 1982, cerca de cem prisioneiros foram ali fuzilados. A "especialidade" de Cabana eram as masmorras de reduzidas dimensões chamadas *ratoneras* (buracos de rato). Ela foi desativada em 1985. Mas as execuções prosseguem em Columbio, em Boniato, prisão de alta segurança onde reina uma violência sem limites e onde dezenas de políticos são mortos de fome. Para não serem violentados pelos presos de direito comum, alguns se lambuzam com excrementos. Boniato continua a ser ainda hoje a prisão dos condenados à morte, sejam políticos ou de direito comum. É célebre pelas suas celas de rede de arame, as *tapiadas*. Por falta de assistência médica, dezenas de prisioneiros encontraram a morte nessas celas. Os poetas Jorge Valls, que devia cumprir 7.340 dias de prisão, e Ernesto Diaz Rodríguez, assim como o comandante Eloy Guttierrez Menoyo, testemunharam as condições particularmente duras que ali vigoram. Em agosto de 1995, ocorreu uma greve de fome lançada conjuntamente pelos presos políticos e pelos de direito comum, a fim de denunciar as condições de vida deploráveis: alimentação péssima e doenças infecciosas (tifo, leptospirose). A greve durou quase um mês.

Algumas prisões voltaram a pôr em vigor as jaulas de ferro. No fim dos anos 1960, na prisão de Tres Macios dei Oriente, as *gavetas* (celas), destinadas originalmente aos presos de direito comum, foram ocupadas pelos presos políticos. Tratava-se de uma cela de 1 metro de largura por 1,8 metro de altura, e com um comprimento de uma dezena de metros. Nesse universo fechado, em que a promiscuidade é dificilmente suportável, sem água nem higiene, os prisioneiros permaneciam semanas, às vezes vários meses.

Nos anos 1960, foram inventadas as *requisas* (buscas) com fins repressivos. Em plena noite, os detidos eram acordados e expulsos violentamente das suas celas. Atordoados pelas pancadas, muitas vezes nus, eram obrigados a aguardar em grupo o fim da inspeção antes de voltarem às celas. As *requisas* podiam repetir-se várias vezes por mês.

As visitas dos familiares proporcionavam aos guardas o ensejo de humilhar os detidos. Em Cabana, eles deviam se apresentar nus perante a família. Os maridos encarcerados eram obrigados a assistir à revista íntima das esposas.

No universo carcerário de Cuba, a situação das mulheres é especialmente dramática, uma vez que elas são entregues sem defesa ao sadismo dos guardas. Mais de 1.100 mulheres foram condenadas por motivos políticos desde 1959.

Em 1963, elas eram encarceradas na prisão de Guanajay. Os testemunhos reunidos estabelecem o uso de sessões de espancamento e de humilhações diversas. Um exemplo: antes de passarem pela ducha, as detidas deviam despir-se diante dos guardas, que lhes batiam. No campo de Potosi, na zona de Las Victorias de las Tunas, contavam-se, em 1986, três mil mulheres encarceradas — estando misturadas delinquentes, prostitutas e políticas. Em Havana, a prisão de Nuevo Amenacer continua a ser a mais importante. Amiga de Castro de longa data, representante de Cuba na UNESCO nos anos 1970, a doutora Martha Frayde descreveu assim esse centro carcerário, onde as condições de vida eram particularmente duras: "A minha cela tinha seis metros por cinco. Éramos 22 dormindo em catres sobrepostos a dois ou a três. [...] Na nossa cela, chegou a acontecer de sermos 42. [...] As condições de higiene tornavam-se totalmente insuportáveis. As tinas onde devíamos nos lavar estavam cheias de imundícies. Tornara-se absolutamente impossível fazer a nossa *toilette*. [...] Começou a faltar água. A limpeza dos banheiros tornou-se impossível. Primeiro encheram e depois transbordaram. Formou-se uma camada de excrementos que invadiu as nossas celas. Depois, como uma onda irreprimível, atingiu o corredor e depois a escada, escoando-se até o jardim. [...] As prisioneiras políticas fizeram um tal escarcéu que a direção da prisão decidiu mandar vir um caminhão-pipa. [...] Com a água putrefata do caminhão, varremos os excrementos. Todavia, a água trazida não era suficiente, e foi preciso continuar a viver naquela imundície nauseabunda que só foi resolvida alguns dias mais tarde."[8]

Um dos maiores campos de concentração, o *El Manbi*, situado na região de Camagüey, comportava nos anos 1980 mais de três mil prisioneiros. O de Siboney, onde as condições de vida, como a alimentação, também são execráveis, possui o terrível privilégio de ter um canil. Os pastores-alemães são utilizados na busca dos prisioneiros evadidos.

Existem em Cuba campos de trabalho de "regime severo". Os condenados que não regressarem aos seus locais de detenção são julgados pelo tribunal popular interno do campo e transferidos para um campo de regime severo onde os *Consejos de trabajo de los presos* (conselhos de trabalho dos prisioneiros) desempenham uma função semelhante à dos *kapos* dos campos nazistas: esses "conselheiros" julgam e punem os seus próprios companheiros de prisão.

Frequentemente, as penas são agravadas por iniciativa do enquadramento carcerário. Aquele que se rebela vê uma nova pena juntar-se à inicial. A segunda

---

[8] Martha Frayde, *Écoute Fiãel*, Denoel, 1987.

A *América Latina e a experiência comunista*

pena sanciona a recusa de se usar o uniforme dos presos de direito comum, ou de participar nos "planos de reabilitação", ou ainda uma greve de fome. Nesse caso, os tribunais, tendo em conta que o detido pretendia prejudicar a segurança do Estado, requerem uma pena de "medidas de segurança". Trata-se, de fato, de uma renovação de um a dois anos da detenção no campo de trabalho. Não é raro os detidos cumprirem mais um terço ou ainda a metade da pena inicial. Condenado a dez anos de prisão, Boitel acumularia por esse sistema 42 anos de encarceramento.

Situado próximo de Santiago de Las Vegas, o campo Arco-Íris está concebido para receber 1.500 adolescentes. Não é o único: existe também o de Nueva Vida, no sudeste da ilha. Na zona de Paios, situa-se o Capitiolo, campo de internamento especial reservado a crianças com cerca de 10 anos. Os adolescentes cortam cana ou fazem trabalhos de artesanato, tais como as crianças enviadas para estágio em Cuba pelo MPLA de Angola ou pelo regime etíope nos anos 1980. Outros ocupantes dos campos e das prisões, os homossexuais conhecem todo o gênero de regimes carcerários: aos trabalhos forçados e à UMAP sucedem-se os encarceramentos "clássicos" em prisão. Por vezes, dispõem de uma zona especial dentro da prisão; é o caso da Nueva Carceral de La Habana dei Este.

Desprovido de qualquer direito, o detido é no entanto submetido e integrado a um "plano de reabilitação", que supostamente o prepararia para a sua inserção na sociedade socialista. Esse plano compreende três fases: a primeira é o chamado "período de segurança máxima" e decorre na prisão; a segunda é designada por "segurança média" e realiza-se numa *granja*; a terceira, dita de "segurança mínima", decorre em "frente aberta".

Os detidos que "cursavam o plano" usavam o uniforme azul, como os de direito comum. De fato, o regime tentou por esse processo confundir os presos políticos e os de direito comum. Os políticos que recusavam o plano usavam o uniforme amarelo (*amarillo*) do exército de Batista, vexame insuportável para os numerosos prisioneiros de opinião formada que vinham das fileiras da luta antibatistiana. Esses detidos "indisciplinados", opositores ao plano (*plantado*), recusavam energicamente tanto um uniforme como o outro. As autoridades os deixavam por vezes anos inteiros vestidos com simples calções, daí o seu nome de *calzoncillos*, e não recebiam qualquer visita. Huber Matos, que foi um deles, testemunhou: "Vivi, portanto, vários meses sem uniforme e sem visitas. Encontrava-me na solitária apenas por ter recusado submeter-me ao arbítrio das autoridades. [...] Preferi ficar nu, no meio dos outros prisioneiros também despidos, numa promiscuidade dificilmente suportável."

808 O Livro Negro do Comunismo

A passagem de uma fase para a outra depende da decisão de um "oficial reeducador", que, em geral, pretende impor a resignação ao detido em curso de reeducação através do esgotamento físico e moral. Antigo funcionário do regime, Carlos Franqui analisa desse modo o espírito do sistema: "O opositor é um doente, e o policial o seu médico. O prisioneiro será libertado quando inspirar confiança ao policial. Se não aceitar a cura, o tempo não conta."

As penas mais pesadas cumprem-se na prisão. A Cabana, que foi desativada em 1974, tinha uma zona especial reservada aos presos civis (a zona 2) e uma outra para os militares (a zona 1). Na zona 2, houve rapidamente mais de mil homens distribuídos por galerias de 30 metros de comprimento por seis de largura. Existiam também prisões dependentes do GII, a polícia política.

Os condenados a penas leves de três a sete anos de prisão têm residência fixa em *frentes* ou em *granjas*. A granja é uma inovação castrista. É constituída por acampamentos confiados aos guardas do Ministério do Interior, os quais têm o direito de disparar sobre qualquer pessoa que tente fugir.[9] Rodeada por várias redes de arame farpado e torres de vigia, assemelha-se ao campo de trabalho corretivo soviético. Algumas granjas podiam comportar de 500 a 700 prisioneiros. As condições de detenção são horríveis: trabalho de 12 a 15 horas por dia, com guardas que não hesitam em perfurar os detidos com a ponta das baionetas para acelerar o seu ritmo.

Quanto à "frente aberta", trata-se de um canteiro de trabalho onde o prisioneiro tem residência fixa, sendo geralmente posto sob comando militar. São sempre canteiros de construção onde o número de detidos é variável, de 50 a mais de uma centena, e por vezes 200, se a obra é importante. Os detidos nas granjas — políticos ou de direito comum — produzem elementos pré-fabricados para uso dos presos das frentes abertas. O detido de uma frente aberta dispõe de três dias de licença no fim de cada mês. Segundo vários testemunhos, a alimentação é ali menos má do que nos campos. Cada frente é independente, o que permite uma gestão mais fácil dos detidos, evitando uma concentração demasiada de políticos que podiam criar focos de dissidência.

Esse tipo de sistema apresenta um interesse econômico indiscutível.[10] Por exemplo, todos os detidos são mobilizados para o corte da cana-de-açúcar, a *Zafra*. O responsável das prisões em Oriente, no sul da ilha, Papito Struch, declarou em 1974: "Os detentos constituem a principal força de trabalho de

---

[9] Alfredo Carrion foi abatido à queima-roupa por um guarda conhecido pelo nome de "Jaguey Grande", por ter tentado evadir-se da Granja Melena 2.

[10] O semanário governamental *Bohemia* reconheceu, em abril de 1973, "a utilização de prisioneiros contrarrevolucionários em tarefas de interesse público".

A América Latina e a experiência comunista

Cuba". Em 1974, o valor dos trabalhos realizados representava mais de 348 milhões de dólares. Todos os organismos do Estado recorrem aos prisioneiros. Assim, nos canteiros de trabalho do Desenvolvimento dos Trabalhos Sociais e Agrícolas (DESA) cerca de 60% da mão de obra utilizada é de detidos. Os prisioneiros trabalham em dezenas de sítios em Los Valles de Picadura, que se constituem como uma vitrine para os benefícios da reeducação pelo trabalho. Dezenas de convidados do governo visitaram essas instalações, entre os quais chefes de Estado como Leonid Brejnev, Houari Boumediene e François Mitterrand, em 1974.

Todas as escolas secundárias de província foram construídas por presos políticos com um enquadramento civil reduzido ao mínimo, como alguns técnicos. Em Oriente, no Camagüey, os presos construíram mais de 20 escolas politécnicas. Em toda a ilha, numerosas centrais açucareiras existem graças ao seu trabalho. O semanário *Bohemia* discriminou outros trabalhos realizados pela mão de obra carcerária: centrais leiteiras e centrais de criação de bovinos na província de Havana; oficinas de carpintaria e escolas secundárias em Pinar dei Rio; uma instalação suinícola, uma central leiteira e uma oficina de carpintaria em Matanzas; duas escolas secundárias e dez centrais leiteiras em Las Villas[...] Os planos de trabalho, cada ano mais exigentes, requerem uma quantidade cada vez mais significativa de prisioneiros.

Em setembro de 1960, Castro criou os Comitês de Defesa da Revolução (CDR). Esses comitês de bairro têm por base a *cuadra*, o conjunto de casas à frente do qual é colocado um responsável encarregado de vigiar os complôs "contrarrevolucionários" entre a totalidade de habitantes. Esse enquadramento social é particularmente estreito. Os membros do comitê são obrigados a assistir às reuniões do CDR e são mobilizados para rondas, a fim de frustrar a "infiltração inimiga". A consequência desse sistema de vigilância e delação foi a intimidade das famílias ter deixado de existir.

A finalidade dos CDRs tornou-se manifesta quando, em março de 1961, por instigação de R. Valdés, chefe da Segurança, se organizou e perpetrou uma grande *blitz* num fim de semana. Foi a partir das listas estabelecidas pelos CDRs que mais de cem mil pessoas foram interpeladas e vários milhares delas conduzidas a centros de detenção: estádio, edifícios ou ginásios.

Os cubanos foram profundamente abalados pelo êxodo em massa do porto de Mariel, em 1980. Esse efeito foi agravado pela ação dos CDRs, que organizaram *actos de repudio* destinados a marginalizar socialmente e a quebrar o moral dos opositores — doravante designados pelo nome de *gusanos* (vermes) — e das suas famílias. Agrupada diante da casa do opositor, uma

810   *O Livro Negro do Comunismo*

multidão rancorosa bombardeia com pedras e injúrias os seus moradores. Slogans castristas e insultos são inscritos nas paredes. A polícia só intervém quando "a ação revolucionária de massas" se torna fisicamente perigosa para a vítima. Essa prática de quase linchamento alimenta no interior da população sentimentos de ódio recíproco numa ilha onde todos são conhecidos. Os atos de repúdio quebram os laços entre vizinhos, alteram o tecido social para melhor impor o todo-poderoso Estado socialista. A vítima — vaiada aos gritos de *"Afuera, gusano!"* ("Fora, verme!"), *"Agente de la CIA!"* e, claro, *"Viva Fidel!"* — não tem qualquer hipótese de defender-se na justiça. O presidente do Comitê Cubano para os Direitos do Homem, Ricardo Bofill, foi sujeito a um ato de repúdio em 1988. Em 1991, foi a vez de Oswaldo Payas Sardinas, presidente do movimento cristão Libertação. Mais tarde, perante o cansaço dos cubanos em relação a essas orgias de ódio social, as autoridades começaram a utilizar pessoas provenientes de bairros diferentes dos das vítimas.

Segundo o artigo 16 da Constituição, o Estado "organiza, dirige e controla a atividade econômica em conformidade com as diretivas do Plano Único de Desenvolvimento Econômico e Social". Por trás dessa fraseologia coletivista esconde-se uma realidade prosaica: o cubano não dispõe nem da sua força de trabalho nem do seu dinheiro na sua própria terra. Em 1980, o país conheceu uma onda de descontentamento e de perturbações: alguns armazéns do Estado foram queimados. O DSE prendeu de imediato 500 "opositores", em menos de 72 horas. Depois, os serviços de segurança intervieram na província contra os mercados livres camponeses, e, por fim, foi lançada em todo o país uma vasta campanha contra os traficantes do mercado negro.

Adotada em março de 1971, a Lei nº 32 reprimia o absenteísmo no trabalho. Em 1978, foi promulgada a lei de "periculosidade pré-delituosa". Em outras palavras, um cubano podia, a partir de então, ser preso sob qualquer pretexto, desde que as autoridades considerassem que o indivíduo representava um perigo para a segurança do Estado, mesmo que não tivesse praticado qualquer ato nesse sentido. Efetivamente, essa lei institui como crime a manifestação de qualquer pensamento não conforme aos cânones do regime. E mais ainda, uma vez que todos e cada um se tornaram potencialmente suspeitos.

Depois da UMAP, o regime utilizou detidos do Serviço Militar Obrigatório. Criada em 1967, a Colônia Juvenil do Centenário[11] tornou-se, em 1973, *El Ejército Juvenil dei Trabajo*. Organização paramilitar, os jovens trabalham nos

---

[11] Trata-se do centenário da revolta contra os espanhóis, em 1868.

A América Latina e a experiência comunista   811

campos e participam em obras de construção em condições frequentemente terríveis, com horários dificilmente suportáveis, por um salário ridículo de 7 pesos, ou seja, um terço de dólar em 1997.

Essa militarização da sociedade esteve presente desde antes da guerra em Angola. Qualquer cubano em ordem com o serviço militar tinha o seu certificado de alistamento verificado por um comitê militar, apresentando-se semestralmente para o controle de sua situação (trabalho, residência).

Nos anos 1960, os cubanos "votaram com os remos". Em 1961, os primeiros a deixar Cuba em grande quantidade foram os pescadores. O *balsero,* equivalente cubano do *boat-people* do Sudeste da Ásia, pertence à paisagem humana da ilha, tal como o cortador de cana. O exílio é utilizado de modo sutil por Castro como meio de regulação das tensões internas na ilha. Esse fenômeno, presente desde a origem, foi constante até meados dos anos 1970. Muitos foram para a Flórida ou para a base americana de Guantánamo.

Mas o fenômeno foi levado ao conhecimento do mundo inteiro com a crise de abril de 1980. Milhares de cubanos cercaram a embaixada do Peru em Havana, exigindo vistos de saída para fugir a um cotidiano insuportável. No fim de várias semanas, as autoridades permitiram que 125 mil pessoas — numa população que, na época, era de 10 milhões de habitantes — abandonassem o país embarcando no porto de Mariel. Fidel aproveitou o ensejo para "libertar" os doentes mentais e os pequenos delinquentes. Esse êxodo em massa foi uma manifestação do fracasso do regime, pois os *Marielitos,* como foram chamados, eram oriundos das camadas mais humildes da sociedade, às quais o regime dizia dar uma grande atenção. Brancos, mulatos e negros, frequentemente jovens, fugiam do socialismo cubano. Após o episódio de Mariel, numerosos cubanos inscreveram-se em listas para conseguir o direito de abandonar o seu país. Dezessete anos mais tarde, eles continuam à espera dessa autorização.

No decorrer do verão de 1994, Havana foi palco, pela primeira vez desde 1959, de violentos tumultos. Candidatos à partida, não podendo embarcar nas *balsas,* as jangadas improvisadas confrontaram-se com a polícia. Nas ruas do bairro Colomb, a avenida marginal — o *Malecón* — *foi* saqueada. O restabelecimento da ordem implicou várias dezenas de detenções, mas, finalmente, Castro autorizou novo êxodo de 25 mil pessoas. Posteriormente, as partidas não cessaram, e as bases americanas de Guantánamo e do Panamá estão saturadas de exilados voluntários. Castro tentou igualmente travar essas fugas em jangadas, enviando helicópteros para bombardear as frágeis embarcações com sacos de areia. Cerca de sete mil pessoas pereceram no mar durante o

812   O Livro Negro do Comunismo

verão de 1994. Ao todo, estima-se que um terço dos *balseros* morreu durante a fuga. Em 30 anos, teriam sido entre 25 mil e 35 mil os cubanos que tentaram a fuga pelo mar. No total, os diversos êxodos fazem com que Cuba tenha atualmente 20% dos seus cidadãos no exílio. Numa população global de 11 milhões de habitantes, perto de 2 milhões de cubanos vivem fora da ilha. O exílio desarticulou as famílias, e são incontáveis as que estão dispersas entre Havana, Miami, Espanha ou Porto Rico[...]

De 1975 a 1989, Cuba deu apoio ao regime marxista-leninista do Movimento Popular para a Libertação de Angola — MPLA (ver a contribuição de Yves Santamaria), ao qual se opunha a UNITA de Jonas Savimbi. Aos inúmeros "cooperantes" e às dezenas de "conselheiros técnicos", Havana juntou um corpo expedicionário de 50 mil homens.[12] O exército cubano comportou-se na África como em terreno conquistado. Os tráficos foram numerosos (dinheiro, marfim, diamantes), e a corrupção, endêmica. Quando, em 1989, os acordos de Nova York sancionaram o fim do conflito, as tropas cubanas, na maioria negros, foram repatriadas. Mas as suas baixas estão avaliadas entre 7 mil e 11 mil mortos.

As convicções de numerosos oficiais haviam sido abaladas por essa experiência. O general Arnoldo Ochoa — chefe do corpo expedicionário em Angola e, além disso, membro do Comitê Central do Partido Comunista — decidiu organizar uma conspiração para depor Fidel. Preso, foi julgado por um tribunal militar, na companhia de vários altos responsáveis das Forças Armadas e dos Serviços de Segurança, entre os quais os irmãos La Guardia. Estes últimos tinham cooperado no tráfico de drogas por conta do serviço MC, serviço especial apelidado pelos cubanos "Marihuana y Cocaina". Não era o caso de Ochoa, que só trouxera de Angola algum marfim e diamantes. Na realidade, Castro aproveitou a ocasião para livrar-se de um rival potencial que, pelo seu prestígio e pelas suas altas funções políticas, era suscetível de canalizar o descontentamento. Com Ochoa condenado e executado, o exército foi depurado, o que desestabilizou e traumatizou ainda mais a instituição. Consciente do forte ressentimento dos oficiais relativamente ao regime, Fidel confiou a direção do Ministério do Interior a um general próximo de Raúl Castro, tendo o seu antecessor sido sacrificado por "corrupção" e "negligência". Mas, a partir de então, o regime só pôde côntar com certeza com a devoção cega das Forças Especiais.

---

[12] É constante em Fidel a vontade de apoiar as revoluções fora de Cuba até os anos 1980. Em 1979-1980, ele envia 600 conselheiros militares para Granada, a fim de apoiar o regime socialista pró-soviético de Maurice Bishop. Em 1983, apesar da sua intervenção, os americanos aprisionaram 750 cubanos.

Em 1978, havia entre 15.000 e 20.000 prisioneiros de opinião. Muitos vinham do M-26, dos movimentos estudantis antibatistianos, das guerrilhas de Escambray ou dos antigos da baía dos Porcos. Em 1986,[13] estimava-se de 12.000 a 15.000 o número de prisioneiros políticos encarcerados em 50 prisões "regionais" distribuídas por toda a ilha. A isso juntam-se hoje múltiplas frentes abertas reforçadas por brigadas de 50, 100 e mesmo 200 prisioneiros. Ali, algumas frentes abertas estão organizadas em meios urbanos. Assim, Havana dispunha de seis no fim dos anos 1980. Hoje, o governo reconhece a existência de 400 a 500 prisioneiros políticos. No entanto, na primavera de 1997, Cuba conheceu uma nova onda de prisões. Na opinião dos responsáveis cubanos dos direitos do homem, eles próprios muitas vezes antigos presos, já não se pratica a tortura física em Cuba. De acordo com os mesmos responsáveis e a Anistia Internacional, haveria, em 1997, entre 980 e 2.500 prisioneiros políticos (homens, mulheres e adolescentes).

Desde 1959, mais de cem mil cubanos conheceram os campos, as prisões ou as frentes abertas. Entre 15.000 e 17.000 pessoas foram fuziladas. "Não há pão sem liberdade, não há liberdade sem pão", proclamava, em 1959, o jovem advogado Fidel Castro. Mas, como esclarecia um dissidente antes do início do "regime especial" — o fim do auxílio soviético: "Uma prisão, embora abastecida de alimentos, sempre será uma prisão."

Tirano que parece fora do tempo, Castro, perante os fracassos do seu regime e as dificuldades que Cuba enfrenta, afirmava, em 1994, que "preferia morrer a renunciar à revolução". Que preço terão ainda de pagar os cubanos para satisfazer o seu orgulho?

Nicarágua: o fracasso de um projeto totalitário

Pequeno país da América Central, situado entre El Salvador e Costa Rica, a Nicarágua é marcada por uma tradição de sobressaltos políticos sangrentos. Durante várias décadas, foi dominada pela família Somoza e pelo seu chefe, o general Anastasio Debayle Somoza, "eleito" presidente da República em fevereiro de 1967. Pouco a pouco, graças a uma terrível Guarda Nacional, a família Somoza apropriou-se de cerca de 25% das terras aráveis, da maioria

---

[13] Na mesma época, cerca de 35.000 jovens eram empregados em trabalhos obrigatórios — medida penal ou disciplinar — no quadro do Serviço Militar Patriótico.

814   *O Livro Negro do Comunismo*

das plantações de tabaco, de açúcar, de arroz e de café e de uma grande quantidade de fábricas.

Essa situação provocou o aparecimento de movimentos de oposição armada. Inspirando-se no modelo cubano, Carlos Fonseca Amador e Tomás Borge fundaram a Frente Sandinista de Libertação Nacional (FSLN) (retirado do nome de César Sandino, antigo oficial que organizou a guerrilha na época anterior à guerra e que foi assassinado em 1934). Sem apoio exterior, a Frente manteve com dificuldade alguns focos de guerrilha. Em 1967, estouraram tumultos em Manágua, e a Guarda Nacional matou pelo menos 200 pessoas nas ruas da capital. Depois do assassinato, em 1978, de Pedro Joaquim Chamorro, patrão do jornal liberal *La Prensa,* a FSLN, apoiada durante vários anos por Cuba, relançou a guerrilha. Desencadeou-se então uma verdadeira guerra civil entre a Frente e a Guarda Somozista. Em 22 de fevereiro de 1978, a cidade de Masaya sublevou-se. Em agosto, um comandante da guerrilha, Eden Pastora, apoderou-se do palácio presidencial de Somoza, em Manágua, e conseguiu a libertação de numerosos responsáveis da FSLN. Em setembro, a Guarda Nacional, para reconquistar Estelí, bombardeou a cidade com *napalm* e massacrou grande quantidade de civis em confrontos de rua extremamente violentos. Saíram da Nicarágua 160.000 pessoas para a vizinha Costa Rica. Em abril de 1979, as cidades de Estelí e de León revoltaram-se novamente, assim como Granada. Mais bem coordenado do que no ano anterior, o esforço dos revolucionários foi muito mais compensador, pois é certo que os somozistas já haviam conseguido juntar contra si a quase totalidade da população. Em junho, Manágua revoltou-se, e, em 17 de julho de 1979, o ditador, que tinha perdido todo o apoio internacional, foi obrigado a deixar o país. O custo da guerra civil e da repressão se situaria entre 25.000 e 35.000 mortos; os sandinistas avançam o número de 50.000 vítimas. De qualquer maneira, o preço pago por esse país de três milhões de habitantes era enorme.

Ortega-Pastora: dois itinerários revolucionários

Ambos nicaraguenses, conhecem desde muito jovens as masmorras de Somoza. Proveniente da média burguesia fundiária, Pastora tem cerca de 20 anos quando os *barbudos* triunfam em Cuba. Ortega nasceu em 1945, num meio modesto. No início dos anos 1960, participa na luta nas fileiras das organizações de juventude antissomozistas.

A Frente Sandinista de Libertação Nacional, criada em 1961 por Carlos Fonseca Amador e Tomás Borge, reúne, de maneira precária, diversas tendências. Aliás, os dois fundadores demonstram sensibilidades diferentes. Amador é castrista,

A América Latina e a experiência comunista

815

enquanto Borge se reclama de Mao Tsé-tung. No decurso dos anos, distinguem-se três correntes no seio da FSLN: a "Guerra Popular Prolongada" (GPP, maoista) privilegia a luta a partir dos campos. A tendência marxista-leninista ou "proletariana" de Amador e de Jaime Wheelock apoia-se num proletariado embrionário. A corrente "terceirista" ou "insurrecional", organizada pelos marxistas dissidentes e democratas, trabalha no sentido de construir a guerrilha urbana; Pastora identifica-se com essa tendência, enquanto Ortega se junta aos proletariados. Daniel Ortega entrou na Revolução por engajamento político; Pastora, para vingar o pai, opositor democrata abatido pela Guarda Somozista. Depois das greves insurrecionais de 1967 que se seguiram às pretensas eleições presidenciais, Pastora é preso. Torturado (ele foi ferido e obrigado a beber do seu próprio sangue) e depois solto, ele monta uma operação punitiva contra os seus carrascos. Os dois guerrilheiros que o acompanham chamam-se Daniel e Humberto Ortega. Em seguida, é a vez de Daniel Ortega cair nas garras da polícia somozista. Eden, por seu lado, continua a estruturar a guerrilha. Recebido por Fidel Castro, reafirma a sua preferência por uma democracia parlamentar e tece laços com os democratas centro-americanos, como o costarriquenho Fuguérés e o panamenho Torrijos. Ortega é libertado em 1974, após a tomada, como refém, de um dignitário somozista. Apressa-se a apanhar o primeiro avião para Havana. Pastora fica com os seus combatentes.

Em outubro de 1977, é organizada uma sublevação em várias cidades nicaraguenses. Esmagados pela Guarda, batidos pela aviação somozista, Pastora e Ortega se retiram para a selva. Em janeiro de 1978, o país inflama-se. Em agosto desse ano, Pastora toma de assalto a Câmara dos Deputados. Consegue, entre outras coisas, a libertação de todos os prisioneiros políticos, inclusive de Tomás Borge. Daniel Ortega divide o seu tempo entre Havana e a Frente-Norte da Nicarágua. Durante um ataque a Masaya, Camillo Ortega, um dos irmãos de Daniel, encontra a morte. Bem-estruturada e apoiada pelos conselheiros cubanos, a insurreição ganha terreno. Os quadros da FSLN refugiados em Cuba regressam à Nicarágua. Ao sul de Manágua, Pastora e seus *muchachos* lutam ferrenhamente contra as unidades de elite da Guarda.

Após o triunfo dos sandinistas, em julho de 1979, Pastora torna-se vice-ministro do Interior, enquanto Ortega é, sem surpresa, eleito presidente da República. Ortega se alinha abertamente com Cuba. Os conselheiros militares e "internacionalistas" cubanos abundam em Manágua. Pastora, cada vez mais isolado, reafirma a sua preferência por uma democracia parlamentar. Desiludido, Eden Pastora demite-se, em junho de 1981, e organiza a resistência armada no sul do país.

Vencedores, os antissomozistas uniram-se de imediato numa Junta de Governo e de Reconstrução Nacional (JGRN), que agrupava os representantes das diferentes tendências (socialistas, comunistas, mas também democratas e moderados). Essa Junta apresentou um programa com 15 pontos, o qual previa a implementação de um regime democrático, baseado no sufrágio universal e na liberdade de organização de partidos políticos. Entretanto, nesse

816   *O Livro Negro do Comunismo*

meio-tempo, o poder executivo permanecia nas mãos da JGRN, no interior da qual os sandinistas vão se tornar preponderantes.

A Junta reconhece laços privilegiados com Cuba,[14] embora não exclua uma participação ocidental na reconstrução da Nicarágua, onde os estragos causados pela guerra civil são avaliados em 800 milhões de dólares. No entanto, muito rapidamente os democratas são marginalizados. Em março de 1980, a viúva de Pedro Joaquim Chamorro, Violeta Chamorro, uma das grandes figuras do combate antissomozista, demitiu-se, seguida pouco depois por um outro líder, Adolfo Robelo. Entre outras coisas, eles recusavam o domínio da FSLN sobre o Conselho de Estado.

Em paralelo a essa crise política, a Junta, doravante dominada pela FSLN, constituiu uma polícia secreta. Os sandinistas criaram as suas forças armadas, transformando os 6.000 guerrilheiros de 1979 num exército que, dez anos mais tarde, contará 75.000 homens. O serviço militar é instaurado a partir de 1980: os homens, dos 17 aos 35 anos, são mobilizáveis e estão sujeitos à jurisdição dos tribunais militares, criados em dezembro de 1980. Qualquer estudante que não faça os seus cursos de instrução militar não pode ter esperança de obter um diploma. Esse exército devia tornar possível a realização de um sonho nascido na euforia da vitória: uma sequência de vitórias das guerrilhas da América Central, a começar por El Salvador. A partir de janeiro de 1981, as autoridades desse país já denunciavam as incursões de combatentes sandinistas no seu território.

O novo poder criou tribunais de exceção. O Decreto 185, de 5 de dezembro de 1979, instaurava instâncias especiais para julgar os ex-membros da Guarda Nacional e os partidários civis de Somoza. Os sandinistas pretendiam julgar os "criminosos somozistas", como os castristas tinham julgado os "criminosos batistianos". Os detidos eram julgados segundo o Código Penal em vigor à época dos fatos imputados, mas os tribunais de exceção funcionavam à margem do sistema judicial normal, e o procedimento de recurso só podia ser apresentado perante a suprema corte desses mesmos tribunais. Aí estava um meio inelutável para estabelecer uma jurisprudência especial à margem do aparelho judicial ordinário. Os procedimentos estavam plenos de irregularidades. Desse modo, havia por vezes crimes considerados provados sem que tivesse sido produzida qualquer prova concreta. Os juízes não tinham em qualquer conta

---

[14] Esses laços são confirmados pela presença de 500 militares nicaraguenses ao lado do corpo expedicionário cubano em Angola. O alinhamento dos sandinistas é atestado pela rejeição da resolução da ONU, condenando a intervenção soviética no Afeganistão.

A *América Latina e a experiência comunista* 817

a inocência presumida de todo acusado, e as condenações baseavam-se mais frequentemente na noção de responsabilidade coletiva do que na prova de culpabilidade individual. Por vezes, foram condenadas pessoas sem o menor elemento suscetível de provar a realidade do crime.

A implementação dessa repressão exigia dispor de um instrumento eficaz. O país foi rapidamente controlado pelos 15.000 homens das tropas do Ministério do Interior. Mas um serviço — a *Dirección General de Securidad dei Estado* (DGSE) — foi mais especialmente encarregado da polícia política. Formada pelos agentes cubanos do GII, a DGSE dependia diretamente do Ministério do Interior. Ela estava encarregada da detenção e do interrogatório dos presos políticos e praticou a chamada "tortura limpa", aprendida junto dos peritos cubanos e alemães orientais. Nas regiões rurais distantes, unidades do exército regular prenderam e detiveram, frequentemente durante vários dias, civis suspeitos, em campos militares, antes de os enviarem à DGSE. Os interrogatórios desenrolavam-se principalmente no centro de detenção do Chipote, no complexo militar "German-Pomarés", zona militar localizada nas encostas do vulcão Loma de Tiscapa, nos arredores do Hotel Intercontinental, em Manágua. Dois membros do Partido Social Cristão, José Rodríguez e Juana Blandon, confirmam a utilização de chantagens feitas sobre os familiares e de ruptura dos ritmos de sono. A Segurança recorria igualmente a tratamentos degradantes. Assim, havia presos mantidos em celas minúsculas e escuras, de forma cúbica, chamadas *chiquitas* (as pequenas). Era impossível um homem sentar-se, e a área do chão nunca ultrapassava um metro quadrado. As celas estavam mergulhadas numa escuridão total, sem qualquer arejamento ou instalação sanitária. Houve prisioneiros que estiveram isolados nessas celas durante mais de uma semana. Os interrogatórios decorriam a qualquer hora do dia ou da noite, por vezes conduzidos sob a ameaça de uma arma, com simulações de execução ou ameaças de morte. Alguns presos eram privados de alimentação e água após a sua detenção. Ao fim de alguns dias de reclusão, fisicamente extenuados, muitos deles acabaram por assinar depoimentos falsos que os incriminavam.

Em 15 de março de 1982, a Junta proclamou o estado de sítio, o que lhe possibilitou encerrar as estações de rádio independentes, suspender os direitos de reunião e limitar as liberdades sindicais, em virtude da resistência das organizações a tornarem-se órgãos acessórios do poder que entendia limitar o seu papel na consolidação do regime. A tudo isso devem-se acrescentar as perseguições contra as minorias religiosas: protestantes, moravianistas ou testemunhas de Jeová. Em junho de 1982, a Anistia Internacional estimava

818   *O Livro Negro do Comunismo*

esses prisioneiros em mais de 4.000 pessoas, entre as quais numerosos guardas somozistas, mas também várias centenas de presos políticos. Um ano mais tarde, o número de prisioneiros era calculado em 20.000 pessoas. Um primeiro balanço da Comissão Permanente dos Direitos do Homem (CPDH), efetuado no fim de 1982, chamava a atenção para um fenômeno ainda mais grave, o dos múltiplos "desaparecimentos" de pessoas presas como "contrarrevolucionários" e de mortos "no decorrer de tentativas de fuga".

Paralelamente à implantação de um sistema repressivo, o regime empenhou-se numa centralização econômica acelerada: o Estado controlava cerca de 50% dos meios de produção. Todo o país teve de aceitar o modelo social imposto pela FSLN. À imagem de Cuba, o jovem poder sandinista cobriu o país de organizações de massa. Cada bairro tinha o seu Comitê de Defesa do Sandinismo (CDS), cuja função correspondia à dos CDRs cubanos: enquadrar militarmente o país e vigiar os seus habitantes. As crianças, mais bem escolarizadas do que sob Somoza, pertenciam de fato às organizações de pioneiros, os *Camillitos* — em memória de Camillo Ortega, o irmão do líder sandinista Daniel Ortega, morto em Masaya. As mulheres, os operários e os camponeses viram-se incorporados em "associações" estreitamente controladas pela FSLN. Os partidos políticos não gozavam de qualquer liberdade real. A imprensa foi rapidamente amordaçada, e os jornalistas, submetidos a uma censura terrível. Gilles Bataillon caracterizou perfeitamente essa política: os sandinistas pretendiam "ocupar a totalidade do espaço social e político".[15]

Os sandinistas e os indígenas

Na costa atlântica da Nicarágua viviam cerca de 150.000 indígenas: Miskito, Sumu ou Rama, bem como crioulos e ladinos. Os sandinistas declararam-se muito rapidamente contra essas comunidades decididas a defender a sua terra e sua língua e que tinham se beneficiado até então de uma autonomia vantajosa, isenção de impostos e de serviço militar, herdada da época colonial. Em outubro de 1979, o líder da Alpromisu, Lyster Athders, foi assassinado dois meses depois de ter sido detido. No início de 1981, os líderes nacionais de Misurasata, a organização política que agrupava as diferentes tribos, são presos, e, em 21 de fevereiro de 1981, as forças armadas que intervinham contra os monitores da alfabetização mataram sete miskitos e feriram outros 17. Em 23 de dezembro de 1981, em Leimus, o exército sandinista massacrava 75 mineiros que tinham reivindicado o pagamento de salários atrasados. No dia seguinte, outros 35 mineiros tiveram a mesma sorte.

---

[15] Gilles Bataillon, "Nicaragua: de la tyrannie à la dictature totalitaire". *Esprit*, outubro de 1983.

A *América Latina e a experiência comunista*   819

Outro recurso da política sandinista consistia em deslocar as populações, a pretexto de "protegê-las contra as incursões armadas dos antigos guardas somozistas instalados em Honduras". Durante essas operações, o exército cometia imensas exações. Milhares de indígenas (7 a 15 mil, segundo as estimativas da época) refugiaram-se em Honduras, enquanto vários outros milhares (14.000) eram aprisionados na Nicarágua. Os sandinistas disparavam sobre os fugitivos que atravessavam o rio Coco. É essa situação triplamente inquietante — massacres, deslocamento de populações e exílio no estrangeiro — que autoriza o etnólogo Gilles Bataillon a falar de "política etnocidária".

Essa virada autoritária levantou contra a administração de Manágua as tribos indígenas, que se agruparam em duas guerrilhas, a Misura e a Misurata. Aí se encontraram misturados indígenas Sumo, Rama e Miskito, cujo modo de vida comunitário era incompatível com a política integracionista dos *Comandantes* de Manágua.

Escandalizado, Eden Pastora protestara a plenos pulmões no Conselho de Ministros: "O próprio tirano Somoza deixou-os em paz. Ele os explorou, mas vocês querem proletarizá-los à força!" Tomás Borge, o ferrenho maoísta ministro do Interior, retorquiu-lhe que "a Revolução não pode tolerar exceções".

Com o apoio decisivo do governo, os sandinistas optaram pela assimilação forçada. O estado de sítio foi decretado em março de 1982 e durou até 1987. Em 1982, o Exército Popular sandinista "deslocou" perto de dez mil indígenas para o interior do país. A fome tornou-se então uma arma terrível nas mãos do regime. Assim, as comunidades índias reunidas no centro do país recebiam uma alimentação quantificada entregue por funcionários do governo. Os abusos de poder, as flagrantes violações dos direitos humanos e a destruição sistemática das aldeias indígenas caracterizaram os primeiros anos do poder sandinista na costa atlântica.

O país, de norte a sul, sublevou-se rapidamente contra o regime ditatorial, de tendência totalitária, de Manágua. Começou uma nova guerra civil, atingindo numerosas zonas como as regiões de Jinotega, Estelí e Nueva Segovia, no norte, Matagalpa e Boaco, no centro, e Zelaya e Rio San Juan, no sul. Em 9 de julho de 1981, o prestigiado comandante Zero — Eden Pastora, vice-ministro da Defesa — rompeu com a FSLN e abandonou a Nicarágua. A resistência aos sandinistas organizou-se, tendo-lhes sido abusivamente atribuído o nome de "Contra", quer dizer, contrarrevolucionário. No norte, encontrava-se a Força Democrática Nicaraguense (FDN), onde combatiam ex-somozistas e autênticos liberais. No sul, antigos sandinistas, reforçados pelos camponeses que recusavam a coletivização das terras e pelos indígenas que tinham fugido para Honduras ou para a Costa Rica, constituíram neste último país a Aliança Revolucionária Democrática (ARDE), cujo chefe político era Alfonso Robelo, e o responsável militar era Eden Pastora.

820   *O Livro Negro do Comunismo*

Em abril de 1983, para lutar contra os grupos oposicionistas, o Estado constituiu os Tribunais Populares Antissomozistas (TPA), supostamente para julgar os réus acusados de manter relações com os Contra, e até de participar em operações militares. Os crimes de rebelião e os atos de sabotagem também estavam sob a alçada dos TPAs. Os membros dos TPAs eram nomeados pelo governo e provenientes de associações ligadas à FSLN. Os advogados, muitas vezes nomeados administrativamente, limitavam-se a cumprir as formalidades burocráticas. Os TPAs aceitavam regularmente como prova confissões extra-judiciais, conseguidas por outras instâncias que não o juiz. Os TPAs foram dissolvidos em 1988.

A nova guerra civil ganhou dimensão. Os combates mais violentos decorre-ram no Norte e no Sul do país, de 1982 a 1987, com excessos de ambos os lados. O conflito na Nicarágua inscrevia-se num contexto de oposição leste-oeste. Os cubanos enquadravam o Exército Popular Sandinista e estavam presentes em cada uma das suas unidades. Assistiam inclusive ao Conselho de Ministros em Manágua, e Fidel Castro não recusou exercer o papel de mentor dos coman-dantes. Assim, Eden Pastora, antes de passar à oposição, assistiu, petrificado, a uma cena pouco comum em Havana. O governo sandinista, completo, encon-tra-se no gabinete de Castro, que passa em revista todos os ministros e lhes dá "conselhos" sobre como gerir a Agricultura, a Defesa ou o Interior. Manágua dependia inteiramente de Cuba. O responsável dos conselheiros militares cubanos foi durante algum tempo o general Arnoldo Ochoa. No terreno, os sandinistas, apoiados por búlgaros, alemães orientais e palestinos, decidiram deslocar as populações para grandes distâncias.

Em 1984, o governo, que pretendia mostrar uma fachada democrática e encon-trar uma nova legitimidade, organizou uma eleição presidencial. Um discurso de maio de 1984 de Bayardo Arce, um dos nove membros da direção nacional da FSLN, deixa muito claras as intenções dos sandinistas: "Pensamos que é preciso utilizar as eleições para que se vote pelo sandinismo, porque é esse que está posto em causa e que se encontra estigmatizado pelo imperialismo. Isso per-mitirá demonstrar que, no final das contas, o povo nicaraguense é a favor desse totalitarismo [o sandinismo], que é a favor do marxismo-leninismo. [...] É agora necessário tratar de acabar com todo esse artifício do pluralismo, com a existência de um Partido Socialista, de um Partido Comunista, de um Partido Social Cristão e de um Partido Social-Democrata; isso nos foi útil até agora. Mas é chegada a hora de acabar com isso[...]" E Bayardo Arce convidava os

A *América Latina e a experiência comunista* 821

seus interlocutores do Partido Socialista Nicaraguense (pró-soviético) a fundirem-se num partido único.[16]

Diante da violência dos *turbas*, os homens de ação do partido sandinista, o candidato conservador Arturo Cruz retirou a sua candidatura e, sem surpresa, assistiu-se à eleição de Daniel Ortega, o que não contribuiu para frear as hostilidades. Em 1984-1985, o regime no poder organizou grandes ofensivas contra os resistentes antissandinistas. Em 1985-1986, as tropas de Manágua atacaram as zonas fronteiriças com a Costa Rica. Apesar de um apoio popular inegável, Eden Pastora interrompeu o combate em 1986 e recuou com os seus quadros para a Costa Rica. Enquadrada pelos comandos sandinistas, a Moskitia só opôs, a partir de 1985, uma resistência esporádica. As forças *contras* e da "resistência antissandinista" desagregaram-se, mas não desapareceram.

O governo justificou a supressão de numerosas liberdades individuais e políticas invocando os ataques dos Contra. A esse fato juntou-se, em 1º de maio de 1985, um embargo decretado pelos Estados Unidos, embargo contrabalançado pela atitude dos países europeus. A dívida do país disparou, a inflação atingiu os 36.000% em 1989. O governo instituiu as senhas de racionamento. Cerca de 50% do orçamento estavam designados para as despesas militares. O Estado estava incapaz de velar pelas necessidades do povo. Faltavam leite e carne. As plantações de café estavam devastadas pela guerra.

Em 1984-1986, foram desencadeadas várias ondas de prisões nas zonas rurais. Delegado da FSLN, Carlos Nuves Tellos defendia a prisão preventiva prolongada argumentando com o fato de que isso "era uma necessidade imposta pelas dificuldades que representavam as centenas de interrogatórios nas zonas rurais". Membros de partidos da oposição — liberais, social-democratas, democrata-cristãos — e sindicalistas opositores foram presos pelo fato de suas atividades serem consideradas "favoráveis ao inimigo". Em nome da defesa da Revolução, multiplicaram-se as prisões ordenadas pela DGSE. Não era possível qualquer recurso. Essa polícia política, além da sua natureza violenta, tinha o poder de prender qualquer suspeito e de o manter sob detenção indefinidamente, secretamente, sem culpa formada. Podia igualmente decidir sobre as condições de detenção de um prisioneiro ou acerca dos seus contatos com o respectivo advogado e com a família. Alguns detidos nunca conseguiram se comunicar com um advogado.

---

[16] Bayardo Arce, "De la stratégie révolutionnaire et de la construction du socialisme", *Esprit*, janeiro de 1986.

Certos centros carcerários figuravam entre os mais duros. Assim, em Las Tejas, os prisioneiros eram obrigados a se manter de pé sem poder dobrar os braços ou as pernas. As celas, todas construídas a partir do mesmo modelo, não dispunham de eletricidade, nem de sanitários. Em períodos de estado de sítio, os prisioneiros eram ali mantidos vários meses. Na sequência de uma campanha conduzida por organismos de defesa dos direitos humanos, as *chiquitas* foram destruídas, em 1989. Segundo a Anistia Internacional, contavam-se muitos casos de morte nos centros da DGSE. No entanto, Danilo Rosales e Salomon Tellevia faleceram oficialmente de "ataque cardíaco". Em 1985, o detido José Angel Vilchis Tijerino, espancado a coronhadas, viu um dos seus companheiros de prisão morrer na sequência de maus-tratos. A Anistia Internacional e diversas ONGs denunciaram abusos semelhantes nas zonas rurais. Um detido da prisão de Rio Blanco, em Matagalpa, declarou ter sido encerrado com 20 outros presos numa cela tão pequena, que tinha de dormir em pé. Um outro, privado de alimento e de água durante cinco dias, teve de beber a sua própria urina para sobreviver.

O sistema carcerário é decalcado do modelo cubano. A lei de clemência de 2 de novembro de 1981, inspirada em textos cubanos, estabelecia que fosse tomada em consideração a atitude do prisioneiro quando da sua eventual libertação. Os limites da lei foram rapidamente atingidos. Embora centenas de prisioneiros condenados pelos tribunais de exceção tivessem sido indultados, nunca foi iniciada qualquer revisão sistemática dessas condenações.

As detenções respondiam à noção de "crime somozista", o que nada significa de rigoroso. Assim, em 1989, em 1.640 detidos por delitos contrarrevolucionários, havia apenas 39 quadros somozistas. Aliás, nos efetivos dos Contra, a presença de ex-guardas somozistas nunca ultrapassou os 20%. Tratava-se do argumento de choque utilizado pelos sandinistas para encarcerarem os seus opositores. Entre esses, mais de 600 foram detidos no Cárcel Modelo. As falsificações de provas, e até as acusações sem fundamento, caracterizaram os primeiros anos "judiciais" do sandinismo.

Em 1987, mais de 3.700 presos políticos apodreciam nas masmorras nicaraguenses. O centro de Las Tejas era conhecido pelos seus maus-tratos. Os detidos tinham de despir-se e vestir um uniforme azul antes de entrarem nas celas da DGSE. Essas, minúsculas, dispunham de camas encastradas nas paredes de concreto. Desprovidas de janelas, eram iluminadas por um minúsculo fio de luz filtrado através de uma estreita grelha de ventilação situada por cima da porta de aço.

A isso juntava-se a readaptação pelo trabalho. Havia cinco categorias de encarceramento. Aqueles que eram declarados inaptos para os programas de trabalho por razões de segurança eram encarcerados nas zonas de Alta Segurança. Só viam as famílias uma vez em cada 45 dias e só podiam sair das respectivas celas seis horas por semana. Os prisioneiros que integravam os programas de readaptação estavam autorizados a realizar trabalhos remunerados. Tinham direito a uma visita conjugal mensal e a uma visita dos familiares quinzenalmente. Aqueles que satisfaziam as exigências do programa de trabalho podiam pedir transferência para uma prisão agrícola de regime menos rigoroso, dito "semiaberto", e depois passar ao regime "aberto"

Em 1989, encontravam-se 630 prisioneiros no centro de detenção de Cárcel Modelo, a 20 quilômetros de Manágua. Trinta e oito ex-guardas somozistas cumpriam pena numa zona à parte. Os outros presos políticos estavam encarcerados em prisões regionais: Estelí, La Granja, Granada. Certos prisioneiros, principalmente em Cárcel Modelo, recusaram-se, por questões ideológicas, a participar desses trabalhos. O que não se fez sem violências. A Anistia Internacional assinalou maus-tratos na sequência de movimentos de protesto e de greves de fome.

Em 19 de agosto de 1987, em El Chipote, uma dezena de presos foram espancados pelos guardas. Diversos presos denunciaram a utilização de cassetetes "elétricos". Em fevereiro de 1989, para protestarem contra a dureza do seu encarceramento, 90 detidos de Cárcel Modelo iniciaram uma greve de fome. Trinta grevistas foram transferidos para El Chipote, onde, como castigo, foram amontoados, nus, numa única cela, durante dez dias. Noutras prisões, vários detidos foram mantidos nus, algemados e privados de água.

Alegando os atos de guerrilha, o governo deslocou populações consideradas favoráveis à oposição armada. As ofensivas e contraofensivas dos dois campos tornaram difícil a avaliação rigorosa das perdas. Em todo o caso, foram executadas várias centenas de opositores nas zonas rurais onde os combates foram especialmente violentos. Ao que parece, os massacres eram uma prática comum entre as unidades de combate do exército e nas do Ministério do Interior. As tropas especiais do Ministério dependiam de Tomás Borge, ministro do Interior. Correspondiam às forças especiais do Minit cubano.

Foram assinaladas execuções de camponeses na região de Zelaya. Não dispomos de quaisquer números exatos. Os corpos eram em geral mutilados, e os homens, castrados. Esses camponeses massacrados eram suspeitos de ajudarem ou pertencerem aos Contra. As suas casas eram arrasadas, e os sobreviventes, deslocados. Esses fatos são imputáveis aos soldados do exército

824   *O Livro Negro do Comunismo*

regular. O governo queria impor a sua política pelo terror e privar a oposição armada das suas bases. Não podendo interceptar os resistentes, os sandinistas vingavam-se nos seus familiares. Em fevereiro de 1989, a Anistia Internacional dava conta de dezenas de execuções extrajudiciais, principalmente nas províncias de Matagalpa e de Jinotega. Os corpos mutilados das vítimas foram encontrados e identificados por familiares nas proximidades das respectivas residências. No decurso de toda a guerra, registram-se numerosos desaparecimentos imputáveis aos elementos da DGSE. Isto foi acompanhado por deslocamentos forçados da população para o centro do país. Os indígenas Miskito e os camponeses que viviam nas zonas fronteiriças foram as grandes vítimas desses "desaparecimentos". A crueldade de um campo correspondia ao horror de outro. Assim, o ministro do Interior não hesitou em abater com uma arma automática prisioneiros políticos encarcerados em Manágua.

No entanto, os acordos assinados em Esquipulas, na Guatemala, em agosto de 1987, relançaram o processo de paz. Em setembro de 1987, o jornal de oposição *La Prensa* foi autorizado a reaparecer. Em 7 de outubro do mesmo ano, foi declarado um cessar-fogo unilateral em três zonas situadas nas províncias de Segovia, Jinotega e Zelaya. Mais de 2.000 prisioneiros políticos foram libertados, embora, em fevereiro de 1990, ainda existissem 1.200. Em março de 1988, iniciaram-se negociações diretas entre o governo e a oposição, em Sapoa, na Costa Rica. Em junho de 1989, oito meses antes das eleições presidenciais, a maioria dos 12.000 homens da guerrilha antissandinista tinha se retirado para as suas bases em Honduras.

O custo humano da guerra situa-se à volta dos 45.000-50.000 mortos, civis na sua maioria. Pelo menos 400.000 nicaraguenses fugiram do seu país para se refugiarem na Costa Rica, em Honduras ou nos Estados Unidos, principalmente em Miami e na Califórnia.

Incapazes de impor duradouramente a sua ideologia, combatidos tanto no interior como no exterior do país, minados por querelas no próprio seio da FSLN, os sandinistas foram forçados a pôr o seu poder democraticamente em jogo. Em 25 de fevereiro de 1990, a democrata Violeta Chamorro foi eleita presidente, com 54,7% dos sufrágios. Pela primeira vez em 160 anos de independência, a alternância política fez-se tranquilamente. A aspiração à paz levara a melhor sobre o estado de guerra permanente. Qualquer que tenha sido a causa — quer tenham finalmente compreendido a importância da democracia ou tenham cedido a uma relação de forças —, os comunistas nicaraguenses não foram, como outros poderes comunistas, até o extremo de uma lógica de terror para conservar o poder a qualquer preço. Apesar de tudo isso, pela sua

A América Latina e a experiência comunista

vontade de hegemonia política e de aplicação de doutrinas sem relação com as realidades, os sandinistas se desviaram de um justo combate contra uma ditadura sangrenta e provocaram uma segunda guerra civil que implicou um recuo momentâneo da democracia e numerosas vítimas civis.

Peru: a "longa marcha" sangrenta do Sendero Luminoso

Em 17 de maio de 1980, dia das eleições presidenciais, o Peru foi teatro da primeira ação armada de um grupúsculo maoista chamado *Sendero Luminoso*. Em Chuschi, jovens militantes apoderaram-se das urnas de voto e as queimaram, como forma de enviar um sinal anunciador do começo da "guerra popular", anúncio a que ninguém prestou atenção. Algumas semanas mais tarde, os habitantes da capital, Lima, descobriram cães dependurados nos candeeiros ostentando letreiros com o nome de Deng Xiaoping, o dirigente chinês "revisionista" acusado de trair a Revolução Cultural. Qual a origem desse estranho grupo político com práticas tão macabras?

No Peru, o fim dos anos 1970 tinha sido particularmente agitado: seis greves gerais, com adesões em massa, entre 1977 e 1979, todas antecedidas de grandes mobilizações nas principais cidades de província, Ayacucho, Cuzco, Huancayo, Arequipa e até Pucallpa. Essas greves tinham sido acompanhadas pelo aparecimento de *Frentes de Defesa* muito amplas, estruturadas em redor de reivindicações. Esse tipo de organização, que já existia em Ayacucho havia algum tempo, tornou-se a matriz do Sendero Luminoso. Em quíchua, Ayacucho significa "o lugar dos mortos"; essa região é uma das mais deserdadas do Peru: menos de 5% das terras são aráveis, o rendimento anual por habitante é inferior a 100 dólares, a expectativa de vida de 45 anos. A mortalidade infantil atinge o recorde de 20%, embora seja "somente" de 11% para o conjunto do Peru. Foi nesse húmus de desesperança social que o Sendero encontrou as suas raízes.

Ayacucho é também um centro universitário particularmente ativo desde 1959. Ali se ensinava puericultura, antropologia aplicada e mecânica rural. Rapidamente, foi criada uma Frente dos Estudantes Revolucionários, que desempenhou um papel importante no interior da faculdade. Comunistas ortodoxos, guevaristas e maoistas disputavam duramente o controle dos estudantes. No início dos anos 1960, um jovem ativista maoista, professor de Filosofia, Abimael Guzman, desempenhava um papel de primeiro plano.

826   *O Livro Negro do Comunismo*

Nascido em Lima em 6 de dezembro de 1934, jovem taciturno, Abimael Guzman fez estudos brilhantes. Membro do Partido Comunista em 1958, tornou-se rapidamente notado pelos seus dons de orador. Em 1965, participou na criação do grupo comunista *Bandera Roja* (Bandeira Vermelha), cisão que atingiu o Partido Comunista Peruano na sequência do grande cisma sino-soviético. Segundo alguns, ele chegou a ir à China; segundo outros, não.[17] Em 1966, o governo fechou a Universidade, na sequência de tumultos insurrecionais. Os maoistas da *Bandera Roja* criaram então a Frente de Defesa da População de Ayacucho. E, em 1967, Guzman militou a favor da luta armada. Em junho de 1969, participou do sequestro do subprefeito Octavio Cabrera Rocha, em Huerta, ao norte da província de Ayacucho. Preso em 1970 por delito contra a segurança do Estado, foi libertado alguns meses mais tarde. Em 1971, na IV Conferência do *Bandera Roja*, uma outra cisão originou o aparecimento de um novo grupo comunista: o Sendero Luminoso. O nome foi tomado de empréstimo a José Carlos Mariatégui,[18] que escrevera: "O marxismo-leninismo abrirá o trilho (*sendero*) luminoso da revolução." Adulado pelos militantes, Guzman é chamado "a quarta espada do marxismo" (depois de Marx, Lenin e Mao). Vargas Llosa analisa desse modo o seu "projeto" revolucionário: "Para ele, o Peru descrito por José Carlos Mariatégui nos anos 1920 é essencialmente semelhante à realidade chinesa analisada por Mao nessa época — uma 'sociedade semifeudal e semicolonial —, e ele conseguirá a sua libertação através de uma estratégia semelhante à da Revolução Chinesa: uma guerra popular prolongada que, utilizando os campos como coluna vertebral, realizará o assalto' às cidades. [...] O modelo de socialismo que reivindica são a Rússia de Stalin, a Revolução Cultural do 'bando dos quatro' e o regime de Pol Pot no Camboja."[19]

De 1972 a 1979, o Sendero parece encontrar-se limitado às lutas pelo controle das organizações estudantis. Recebeu um reforço de estudantes da Universidade de Tecnologias de San Martin de Torres, de Lima. Infiltrou amplamente o sindicato dos professores primários, e as suas colunas rurais de guerrilheiros foram muitas vezes enquadradas por professores. A partir do final de 1977, Guzman passou à clandestinidade. Assistiu-se então ao cul-

---

[17] Mario Vargas Llosa, "Bréviaire d'un Massacre", *Esprit*, nº 82, outubro de 1983 ("Ao contrário dos outros dirigentes do Sendero Luminoso, não se sabe se ele visitou a China popular nem mesmo se alguma vez terá saído do Peru").

[18] José Carlos Mariatégui (1895-1930) é o autor dos célebres Sete Ensaios sobre a Realidade Peruana; situava-se a meio caminho entre o marxismo e o populismo, e por essa razão era tão reivindicado pelos comunistas como pelos populistas.

[19] Mario Vargas Llosa, *art. cit.*.

A *América Latina e a experiência comunista* 827

minar de um processo iniciado em 1978: em 17 de março de 1980, durante a sua segunda sessão plenária, o partido maoista optou pela luta armada. Os efetivos do Sendero foram reforçados por elementos trotskistas de Carlos Mezzich e por maoistas dissidentes do grupo Pukallacta. Soara a hora da luta armada, e daí a operação de Chuschi, seguida, em 23 de dezembro de 1980, pelo assassinato de um latifundiário, Benigno Medina, o primeiro caso de "justiça popular". Contando originalmente com 200 a 300 ativistas, o Sendero eliminava sistematicamente os representantes das classes proprietárias e os membros das forças de ordem.

Em 1981, os postos de polícia de Totos, San José de Secce e Quinca foram atacados. Em agosto de 1982, os maoistas tomaram de assalto o posto de Viecahuaman; seis policiais antiguerrilha (os *Sinchis* — nome quíchua, que significa valente, corajoso) foram mortos, e outros 15 fugiram ou foram feitos prisioneiros. Sem apoios externos, os guerrilheiros recuperaram armas nos depósitos da polícia e explosivos nos estaleiros, não hesitando em atacar os acampamentos de mineiros. O bastão de dinamite arremessado com uma funda tradicional, o *maraka*, tornou-se a sua arma favorita. A par desses ataques, realizaram múltiplos atentados[20] contra edifícios públicos, linhas elétricas e pontes. Bem implantados em Ayacucho, os comandos cercaram a cidade em março de 1982, atacaram a prisão e libertaram 297 presos (políticos e de direito comum). A preparação minuciosa do ataque, a infiltração na cidade, as operações simultâneas contra os aquartelamentos da polícia revelaram uma longa aprendizagem da subversão.

O Sendero Luminoso empenhou-se na destruição das instalações e das infraestruturas realizadas pelo Estado, a fim de estabelecer as bases das suas "comunas populares". Desse modo, em agosto de 1982, um comando destruiu o centro de pesquisa e de experimentação agronômicas de Allpahaca: os animais foram abatidos, e as máquinas, incendiadas. Um ano mais tarde, foi a vez de o Instituto de Investigações Técnicas sobre os Camelídios (lhamas, guanacos, alpacas) desaparecer sob o fogo. De passagem, os engenheiros e os técnicos, considerados vetores da corrupção capitalista, foram massacrados. Assim, Tino Alansaya, chefe de projeto, foi assassinado, e o seu corpo, dinamitado. Como justificação, os guerrilheiros declararam que se tratava "de um agente do Estado burocrático-feudal!". Em oito anos, 60 engenheiros foram assassinados nas zonas rurais. Os cooperantes das ONGs não foram poupados: em 1988, o americano Constantin Gregory, da AID, foi executado

---

[20] Em agosto de 1982, o Sendero Luminoso reivindicava 2.900 ações.

828   *O Livro Negro do Comunismo*

pelo Sendero. Em 4 de dezembro do mesmo ano, dois cooperantes franceses são também assassinados.

Guzman poderia ter predito: "O triunfo da Revolução custará um milhão de mortos!" — o Peru contava então 19 milhões de habitantes. Em virtude desse princípio, os maoistas encarregavam-se de eliminar todos os símbolos de uma ordem política e social odiada. Em janeiro de 1982, executaram dois professores diante dos respectivos alunos. Alguns meses mais tarde, 67 "traidores" foram abatidos publicamente no decorrer de um "julgamento popular". No início, a execução de latifundiários e de outros proprietários de terras não chocara os camponeses, esmagados pelos impostos e estrangulados pelos empréstimos a taxas usurárias. Em contrapartida, a eliminação da pequena burguesia e dos comerciantes privava-os de uma série de vantagens (empréstimos a taxas suportáveis, trabalho, ajudas diversas). Numa preocupação de pureza revolucionária, e para estabelecer a sua tirania, os guerrilheiros dizimaram igualmente os bandos de *abigeos* (ladrões de gado) que assolavam as altas planícies. Essa luta contra a delinquência era puramente tática, e, em 1983, o Sendero começou a colaborar com os narcotraficantes em Huánuco.

Nas regiões de conflitos étnicos, o Sendero soube alimentar o ódio contra o poder central de Lima, vestígio de um "passado colonial execrável" como se compraz em lembrar o presidente Gonzalo (Guzman). Afirmando-se defensor da indianidade como Pol Pot se referia à pureza khmer da época de Angkor, o Sendero conquistou algumas simpatias junto de certas tribos índias, que, com o tempo, começaram a suportar cada vez menos a violência maoista. Em 1989, na Alta Amazônia, os ashaninkas foram recrutados à força ou perseguidos. Desses, 25 mil viviam escondidos na selva antes de serem colocados sob a proteção do exército.

Entregue à vingança maoista, a região de Ayacucho viveu sob a nova ordem moral: raspavam-se o cabelos das prostitutas, os maridos volúveis e os bêbedos eram chicoteados, desenhavam-se uma foice e um martelo no couro cabeludo dos recalcitrantes, as festas consideradas doentias eram proibidas. As comunidades eram dirigidas por "comitês populares", à frente dos quais estavam cinco "comissários políticos", estrutura piramidal característica da organização político-militar do Sendero. Vários comitês constituíam uma base de apoio dependente de uma coluna principal composta por entre sete e 11 membros. Os comissários políticos tinham como adjuntos comissários encarregados da organização rural e da produção. Esses comissários organizavam os trabalhos coletivos nas "zonas libertadas". Não era tolerada qualquer recusa, e a menor afronta era punida com morte imediata. O Sendero escolhera uma política

A *América Latina e a experiência comunista* 829

autárquica e destruiu as pontes, a fim de isolar as zonas rurais das cidades, o que suscitou de imediato uma forte oposição camponesa. Para assegurar o controle das populações e exercer uma chantagem sobre os familiares, o Sendero não hesitou em recrutar crianças à força.

Numa primeira fase, o governo respondeu ao terrorismo através da utilização dos comandos especiais (*Sinchis*) e da infantaria de marinha. Em vão. Em 1983-1984, a "guerra popular" passava à ofensiva. Em abril de 1983, 50 guerrilheiros do Sendero cercaram Luconamanca, onde 32 "traidores" foram massacrados a golpes de machado e a facadas, assim como outras pessoas que queriam fugir. O balanço total ficou em 67 mortos, quatro dos quais sendo crianças. Com esse massacre, o Sendero pretendia fazer compreender às autoridades que seria impiedoso. Em 1984-1985, a sua ofensiva voltou-se para os representantes do poder. Em novembro de 1983, o presidente da câmara do centro mineiro Cerro de Pesco foi assassinado, e o seu corpo, dinamitado. Sentindo-se abandonados pelas autoridades, vários presidentes de câmara e seus adjuntos demitiram-se, e os padres fugiram.

Em 1982, a guerra tinha feito 200 mortos. Em 1983, esse número é multiplicado por dez. Em 1984, contaram-se mais de 2.600 atos terroristas. Mais de 400 soldados e policiais são mortos em operações. Aos crimes do Sendero responderam os excessos do exército. Quando, em junho de 1986, os militantes desencadearam motins em três prisões de Lima, aparentemente para levar a guerra até as cidades, a repressão foi feroz: houve mais de 200 mortos. Os maoistas fracassaram ao tentar uma infiltração duradoura nos bem-estruturados sindicatos de mineiros e nos *barrios* (bairros) que dispunham de um corpo associativo sólido. A fim de preservar um certo crédito, o Sendero concentrou então os seus golpes no partido majoritário no poder, a APRA.[21] Em 1985, sete apristas foram mortos e sofreram as mutilações reservadas aos espiões: orelhas e línguas cortadas, olhos vazados. No mesmo ano, o Sendero abriu uma nova frente em Puno. Os distritos de La Libertad, as províncias de Huánuco e de la Mar, e a Alta Amazônia foram atingidos pela guerrilha. As cidades de Cuzco e de Arequipa foram palco de atentados (com explosivos de plástico) contra as centrais elétricas. Em junho de 1984, os maoistas provocaram o descarrilamento de um trem que transportava um concentrado de chumbo; pouco depois foi

---

[21] APRA: Alianza Popular Revolucionaria Americana, fundada em 1924 pelo peruano Victor Raul Haya de la Torre. Inicialmente de vocação continental, a APRA devia gradualmente limitar-se apenas ao Peru.

830   *O Livro Negro do Comunismo*

a vez de um trem que transportava cobre. Em 1984, era proclamado o estado de sítio em 10 das 146 províncias do Peru.

Para erradicar essa violência, o exército contou primeiro com a repressão· para cada 60 camponeses abatidos, o estado-maior prometeu eliminar três guerrilheiros. Essa política teve como efeito, numa primeira fase, empurrar os indecisos para o campo dos maoistas. No começo dos anos 1990, o governo mudou de política: o camponês deixou de ser considerado um inimigo e passou a ser um parceiro. Uma completa mudança da hierarquia militar e um melhor recrutamento de homens possibilitaram a colaboração com os camponeses. Pelo seu lado, o Sendero aperfeiçoou a sua tática; foram definidas quatro formas de luta quando da III Conferência do grupo maoista: guerra de guerrilha, sabotagem, terrorismo seletivo e guerra psicológica, como o ataque a feiras agrícolas.

Uma breve onda de dissidência nas fileiras do Partido foi seguida pela execução dos "traidores defensores da linha burguesa". Com o objetivo de castigar aqueles que traíam as "forças do povo", o Sendero criou, na Amazônia, campos de trabalho. Em dezembro de 1987, 300 mulheres, crianças e idosos famintos conseguiram fugir desse "Gulag peruano" e chegaram a Belém, nos confins da floresta virgem. Em 1983, camponeses sujeitos a trabalho forçado haviam abandonado as zonas controladas pelo Sendero, que os obrigava a cultivar a terra, os campos de coca e a suprir as necessidades das colunas de guerrilheiros. Numerosas crianças nascidas nas altas planícies encontraram ali a morte, e as pessoas que tentavam escapar eram sistematicamente abatidas. Aprisionados nos campos, obrigados a participar nas sessões de estudo dos textos do presidente Gonzalo, os detidos depressa conheceram a fome. Foi o caso de 500 pessoas detidas num campo da região de Convención.

Em setembro de 1983, a polícia marcara um primeiro ponto ao prender Carlos Mezzich, um dos chefes do estado-maior de Guzman. Cansados da crueldade de um Sendero incapaz de melhorar a sua sorte, a massa de camponeses não pendia mais para o lado da revolução guzmaniana. Além disso, o Sendero foi combatido por outros movimentos políticos. A esquerda unida, apoiada numa forte implantação sindical, opôs-se com êxito às tentativas de infiltração do Sendero, que se mostrava, definitivamente, muito mais à vontade na utilização de métodos sanguinários e expeditivos do que num trabalho comunitário ou associativo. Com efeito, em 1988-1989, Lima e Cuzco tornaram-se alvos diretos do Sendero, e os bairros pobres passaram a ser a massa da cultura revolucionária, segundo as diretivas do presidente Gonzalo: "Trata-se de tomar os bairros pobres como bases e o proletariado como dirigente!"

A *América Latina e a experiência comunista* 831

O Sendero procedeu então ao enquadramento das favelas, e os insubmissos foram eliminados. Os seus militantes haviam se infiltrado em algumas organizações de caridade, como o Socorro Popular do Peru. De fato, o grupo maoista tentava eliminar a implantação urbana da esquerda marxista clássica. Depois das tentativas para se apoderarem dos sindicatos, esse foi um novo fracasso. Além disso, no seu caminho, o Sendero esbarrou com os Tupacamarus do MRTA. Os confrontos foram de uma violência inaudita. Em 1990, 1.584 civis e 1.542 rebeldes encontraram a morte. Derrotado pelo MRTA, acossado pelo exército, o Sendero Luminoso começou a se desagregar.

Em 12 e 13 de setembro de 1992, Guzman e a sua adjunta, Elena Iparraguire, foram presos. Algumas semanas mais tarde, o número três da organização, Oscar Alberto Ramirez, caía nas mãos da polícia. Em 2 de março de 1993, a responsável militar do Sendero, Margot Dominguez (Edith, na clandestinidade), foi presa. Finalmente, em março de 1995, uma coluna de 30 guerrilheiros, sob o comando de Margie Clavo Peralta, foi desmantelada pelos serviços de segurança. Apesar disso, um aumento de efetivos permitia ao Sendero Luminoso contar, em 1995, com 25.000 membros, 3.000 a 5.000 dos quais "regulares".

A predição de Guzman não se realizou. O Peru não se afogou no seu próprio sangue.[22] Segundo algumas fontes, o Sendero Luminoso é responsável pela morte de 25.000 a 30.000 pessoas. As crianças dos campos pagaram um pesado tributo ao terrorismo de guerra civil do Sendero: entre 1980 e 1991, os atentados mataram 1.000 crianças e mutilaram cerca de 31.000. O esfacelamento das famílias nas zonas de guerra também deixou cerca de 50.000 crianças entregues a si próprias, entre as quais numerosos órfãos.

Orientações bibliográficas

Michael Lowy, *Le Marxisme en Amérique Latine de 1909 à nos jours. Antologie,* F. Maspero, 1980

Louis Mercier-Vega. *La Révolution par l'État. Une nouvelle classe dirigeante en Amérique Latine,* Payot, 1978. *Technique du contre-État,* Belfond, 1968; *Les Mécanismes du pouvoir en Amérique Latine,* Belfond, 1967. Publications de La Documentation Française, série América Latina.

---

[22] Estima-se o custo da violência em 20 bilhões de dólares.

NICARÁGUA

Genevieve e Élie-Georges Berreby, *Commandant Zéro*, Robert Laffont, 1987

J. M. Caroit e V. Soulé, *Le Nicaragua, le modele sandiniste*, Le Sycomore, 1981.

René Dumont, *Finis les lendemains qui chantent*, Le Seuil, 1982.

Nicaragua. Colonialisme et révolution, difusão Inti, Paris, 1982.

Gilles Bataillon, "Le Nicaragua et les indiens Miskito", *Esprit*, julho-agosto de 1982; "Le Nicaragua et les indiens de la cote atlantique", *Esprit*, julho de 1983; "Nicaragua: de la tyrannie à la dictature totalitaire", *Esprit*, outubro de 1983, número especial "Amériques latines à la une"; "Nicaragua: des elections à l'etat d'urgence" e "Paysage après la bataille (Nicaragua)", *Esprit*, janeiro de 1986; "L'Opposition nicaraguayenne à la recherche d'une strategic", *Esprit*, junho de 1987; "Communistes et sociodemocrates dans la revolution", *Communisme* 13, 1987.

CUBA

Juan Clark, *Testimonio de un pueblo*, Miami.

Carlos Franqui, *Journal de la révolution cubaine*, Le Seuil, 1976.

Armando Valladares, *Mémoires de prison*, Albin Michel, 1986.

Jorge Valls, *Mon ennemi, mon frère*, Gallimard, L'Arpenteur, 1989.

Jeannine Verdès-Leroux, *La Lune et le caudillo. Le rêve des intellectuels et le régime cubain (1959-1971)*, Gallimard, L'Arpenteur, 1989.

PERU

Alain Hertoghe et Alain Labrousse, *Le Sentier lumineux, un nouvel intégrisme dans le Tiers-Monde*, La Découverte, 1989.

2
Afrocomunismos: Etiópia, Angola, Moçambique

por Yves Santamaria

Para a opinião pública, a relação entre a região "ultramarina" e o movimento comunista foi função do apoio dado por esse último às lutas anticoloniais, antes que a guerra fria viesse globalizar as apostas: perante as propensões colonizadoras de Washington, a IV República Francesa tentou fazer crer que qualquer recuo em face dos nacionalistas indígenas se tornava *ipso facto* um convite às ambições de Moscou, segundo a máxima atribuída a Lenin: vista do Leste, a rota de Paris passa por Argel. Foi necessário esperar, na glaciação que se seguiu à derrota americana no Vietnã em 1975, a instauração dos regimes pró-soviéticos na África ex-portuguesa e na Etiópia, para que aparecesse uma delicada articulação entre dois temas furiosamente exóticos e tão familiares — a África, o comunismo a ideia de uma nocividade que não se limitava ao contexto geopolítico. Para além do domínio eventual do campo socialista sobre setores considerados vitais para o Ocidente, eis que o comunismo, longe de revelar-se para o Terceiro Mundo como um remédio inexcedível contra o subdesenvolvimento, parecia uma vez mais infligir às populações locais punições já administradas por todo o mundo aos povos insuficientemente imbuídos da missão que, aos olhos dos herdeiros da Revolução de Outubro, lhes era atribuída pela História.

O comunismo de cores africanas

Os "Khmers Negros"; assim eram ainda conhecidos em 1989, após a queda do Muro de Berlim, os homens da Frente Patriótica Ruandesa (tutsi), de tendência declaradamente polpotiana. Todavia, o seu chefe, Paul Kagamé, não escapava à denominação de "americano" que lhe era atribuída por alguns responsáveis franceses, conhecedores da sua formação nos Estados Unidos e sempre alerta em face das manobras anglo-saxônicas no território africano.[1] Suficientemente complexo, o caso da região dos Grandes Lagos ilustra, ainda hoje, a grande dificuldade dos observadores enquanto intérpretes da política africana: o continente "negro" é um lugar privilegiado de projeção dos fantasmas políticos ocidentais. Nessas condições, será possível invocar inocentemente um "comunismo africano", sem cair no pecado etnocêntrico, numa ocasião em que o presidente moçambicano Joaquim Chissano não hesitava em admitir, enquanto a História mudava de rumo no Leste Europeu, que, decididamente, "essa história do marxismo começava a nos criar problemas"?[2] Efetivamente, os debates acerca da autenticidade de uma adesão dos africanos ao universo comunista assemelham-se tremendamente àqueles que agitaram os amantes desse tipo de polêmicas a propósito de outras regiões do planeta. No final das contas, já que para o general De Gaulle a URSS não deixara de ser a prezada e poderosa Rússia, por que motivo não seria o Movimento Popular para a Libertação de Angola (MPLA) a expressão "marxista-leninista" — por conseguinte, a tradução para uso do Ocidente — da colcha de retalhos étnica crioulos-índios-mbundu? Quanto a Mengistu ter recusado ao "Negus vermelho" a dignidade de "comunista", é sabido que esse qualificativo foi escrupulosamente negado a Stalin por setores importantes da extrema esquerda marxista, de que os trotskistas não são a subvariedade menos influente.

Portanto, limitemo-nos a registrar o fato de a seriedade da referência a Marx, ao bolchevismo e à URSS feita pelos partidos, Estados e regimes aqui mencionados não ter sido contestada, no decurso do período considerado (principalmente, entre 1974-1991), nem pelos protagonistas, nem pelos seus adversários, e menos ainda pela instância legitimadora, isto é, a União Soviética e o movimento comunista internacional. É certo que a filiação organizacional ao campo comunista foi uma característica das minorias: as estimativas soviéticas avançavam os números de 5.000 para toda a África em 1939, e de 60.000 no início dos anos 1970.[3] No entanto, numerosos exemplos, principalmente europeus, aí estão para recordar que, de acordo com a lógica leninista, apenas

---

[1] Éric Fottorino, "Dans le piège des rwandais", *Le Monde*, 25 de julho de 1997

[2] Declaração ao *Expresso* de Lisboa, em 12 de maio de 1990, *in* M. Cahen, "Le socialisme, c'est les Soviets plus l'ethnicité", *Politique africaine*, junho de 1991.

[3] Marina e David Ottaway, *Afrocommunism*, Nova York, Holmes & Meier, 1986, pp. 30-5. Aproveitamos esta nota para destacar que tomamos a palavra "afrocomunismo" de empréstimo a esses autores, utilizando-a em nosso título. Trata-se de uma comodidade puramente lexical e que exclui toda conotação positiva semelhante à que se ligou, nos anos 1970, à noção de "eurocomunismo". Essa noção tendia, na verdade, a projetar nas relações entre os PCs da Itália, França e Espanha as esperanças que uma grande parte da esquerda em um "socialismo com o rosto humano" desligado do ônus soviético.

Afrocomunismos: Etiópia, Angola, Moçambique 835

conta a conformidade ideológica do *poder* (mais do que a do regime ou do Estado), e que esse é pouco sensível *a priori* à impregnação prévia da sociedade pela cultura comunista. Logo que chegaram ao poder, os novos dirigentes cuidaram de enquadrar simbolicamente a paisagem, multiplicando os indícios de ruptura com o "socialismo africano" que florescera após as primeiras independências dos anos 1950-1960. A lição dos fracassos da primeira onda emanava da fonte: se a política agrária comunitária (*ujamaa*) conduzida na Tanzânia por Julius Nyerere não atingira os resultados previstos, fora porque o partido TANU/ASP[4] não era suficientemente "marxista-leninista": essa era a explicação encontrada tanto pela Frelimo[5] quanto pelos peritos etíopes. A adoção de um modelo "socialista científico" possibilitava às elites dirigentes atenuar o perigo "tribalista" — deriva natural, em sua opinião, de solidariedades camponesas não planificadas. Aceitando como regra básica do jogo que o Estado constrói a nação — conforme um modelo que não era desconhecido dos europeus —, as forças no poder inseriram-na na comunidade internacional. Ninguém podia ignorar, ao aterrissar em Maputo, capital de Moçambique, que se estava chegando a uma "zona libertada da humanidade".[6]

Longe de convidar a uma qualquer negação dos direitos do homem, o slogan que iluminava a fachada do aeroporto exibia as duas dimensões consubstanciadas no projeto comunista: diante da África do Sul racista, o anti-imperialismo; do lado dos Estados socialistas, a inscrição no sistema comunista mundial. Como Moçambique, Angola e a Etiópia encontraram lugar na categoria de país de "orientação socialista". Efetivamente, depois de Kruschev os analistas soviéticos tiveram o cuidado de aperfeiçoar a sua tipologia: a eclosão de novas nações "progressistas" impôs o uso de uma terminologia adequada, reservando um lugar àquelas que, apesar de se terem distanciado da "via capitalista", não podiam valer-se (como Cuba ou o Vietnã) do rótulo de "socialista".[7] Com efeito, esse rótulo se constitui como que uma garantia da parte da União Soviética de compromissos cuja rentabilidade não parece assegurada na cena africana. Por isso, para assegurar as bases materiais do respectivo desenvolvimento, os Estados de orientação socialista devem contar sobretudo com os recursos

---

[4] Tanganyka African National Union/Afro Shirazi Party (Zanzibar)

[5] Frente de Libertação de Moçambique.

[6] Christian Geffray, "Fragments d'un discours du pouvoir (1975-1985): du bon usage d'une méconnaissance scientifique", *Politique africaine*, nº 29, março de 1988.

[7] Marie Mendras, "La stratégie oblique en Afrique subsaharienne", *in* GERSS (Groupe d'etudes et de recherches sur la stratégie soviétique), "L'URSS et le tiers-monde: une stratégie oblique", *Cahiers de la Fondation pour les études de Défense nationale*, nº 32, 1984.

836   O Livro Negro do Comunismo

autóctones e os financiamentos ocidentais. Quanto ao plano militar da cooperação, ele se inscreve na longa tradição do "imperialismo vermelho", que teorizava, desde os primeiros passos da Internacional Comunista,[8] a obrigação de assistência proletária. Embora em termos de tecnologia militar a clientela soviética na África tenha excedido largamente os três Estados que são objeto dessa abordagem, eles foram os principais beneficiários. E a profundidade da inserção num sistema mundial permitiu aos respectivos governos beneficiar-se dos recursos diferenciados da galáxia comunista: em paralelo com os 8.850 conselheiros soviéticos agindo na totalidade do continente africano, foi possível apurar a presença, em 1988, de 53.900 cubanos, sem que se tenha podido quantificar a importância dos especialistas alemães orientais, particularmente apreciados junto dos Serviços de Segurança envolvidos.[9]

É certamente lícito reconhecer, na adoção da retórica marxista-leninista pelo MPLA de Angola, pela Frelimo de Moçambique ou pelo Derg/PTE da Etiópia, o processo conhecido pelos historiadores da Antiguidade sob a designação de "interpretação", graças ao qual os deuses gauleses conheceram uma longa imortalidade sob as suas roupagens romanas. É certo que a "instrumentalização" não é forçosamente de sentido único e que, por exemplo, a burocracia imperial etíope soube canalizar em seu benefício o potencial centralizador do modelo comunista realmente existente. Mesmo assim, e seja qual for a força desse modelo explicativo, não deixa de haver uma *política* comunista na África, identificável como tal a partir de um sólido conjunto de critérios de autenticação. Muitos desses critérios, se considerados isoladamente, concorrem para a caracterização de outros Estados africanos, a começar pela recusa do pluripartidarismo associada à noção de vanguardismo, virtude exclusivamente reservada à facção no poder. No entanto, Moscou só atribuiu o rótulo de "partidos de vanguarda que se basearam numa teoria revolucionária" ao MPLA-Partido do Trabalho (Angola), à Frelimo-Partido dos Trabalhadores (Moçambique) e também ao Partido Congolês do Trabalho; a esses últimos juntou-se, em 1984, o Partido dos Trabalhadores da Etiópia. O mesmo se passa relativamente à existência de uma "política do ventre"[10] de tipo mafioso, em

---

[8] Podemos citar a esse respeito as declarações demasiadamente explícitas de Bukharin, em 18 de novembro de 1922, durante o IV Congresso do Komintern (Suplemento de *La Correspondance internationale*, nº 38, 4 de janeiro de 1923).

[9] Gareth M. Windrow, *The foreign Policy of the GDR in Africa*, Cambridge, Cambridge University Press, 1990.

[10] Jean-François Bayart, "L'État", *in* Coulon-Martin, *Les Afriques politiques,* Paris, La Découverte, 1991, p. 219.

Afrocomunismos: Etiópia, Angola, Moçambique

que, na ausência de "classe burguesa", o controle do aparelho do Estado constitui a única forma de enriquecimento pessoal. É bem verdade que se trata, nesse caso, de práticas nomenclaturistas, das quais a África se encontra longe de deter o monopólio. E, certamente, poderíamos limitar-nos a assimilar a especificidade comunista dos três regimes aqui invocados, destacando neles a vontade — em cada caso e sob uma mesma retórica — de criar um "homem novo", confiando ao ministério da Verdade autóctone o cuidado de escolher o que na cultura ancestral merece folclorização ou erradicação.

Faltaria interrogarmo-nos sobre quais foram os motivos que, no bazar ideológico do século XX, levaram elites que ascenderam à direção desses Estados a abastecerem-se na prateleira ideológica marxista-leninista.[11] Para nos limitarmos apenas a esse elemento de compreensão, não se exclui que o fascínio pelas potencialidades que a doutrina oferece a uma utilização vertiginosa da violência possa constituir um dos elementos do debate. E do mesmo modo que no Ocidente aparecem cada vez mais visíveis aos investigadores os laços entre as manifestações totalitárias e a "cultura de guerra", que prevaleceu na Europa de 1914 a 1945, também o episódio comunista na África se insere na longa duração de uma violência cujo estudo mal começa a ultrapassar as oposições maniqueístas entre a harmonia (ou barbárie) pré-colonial, a ordem (ou repressão) colonialista e a anomia consecutiva às independências e/ou às cobiças neocoloniais.[12] A África comunista não foi, é certo, um ilhéu de violência; longe disso: a Nigéria, quando da guerra do Biafra, e a Ruanda, com o genocídio dos hutus, deram, cada uma na sua época, consideráveis contribuições para descrer do seu semelhante. A Etiópia, Angola e Moçambique mantêm no entanto, além das querelas de números, a sua especificidade criminal, por um lado através dos processos de remodelação do tecido social marcados pelo "aldeamento" forçado do mundo rural, e por outro pela utilização política da fome. Proporcionam, além disso, ao especialista do comunismo não africano, a tentação da paisagem familiar, tanto no plano da depuração do Partido ou da liquidação do esquerdismo, como no tratamento das oposições nacionalistas/ étnicas, de militância política ou religiosa.

Uma vez que, apesar da profissionalização da Agit-prop, a negação do assassinato em massa tinha cada vez mais dificuldade em contornar as redes

---

[11] Questão preliminar em todo debate sobre a sinceridade da crença comunista africana, como salientava Michael Walter em seu editorial nos nᵒˢ 3-4 (setembro/dezembro de 1985) do *Journal of Communist Studies*, consagrado aos regimes militares marxistas na África.

[12] Ver a primeira abordagem de René Lemarchand, "La violence politique", *in* Coulon-Martin, *Les Afriques politiques, op. cit.* Importante bibliografia.

mediáticas internacionais, a dimensão criminal do comunismo africano suscitou um aumento das práticas absolutórias. Para os que têm tendência a afastar a suspeita de intencionalidade que recai sobre os regimes sobretudo "progressistas", cada iniciativa do Estado marxista-leninista tende a apresentar-se como uma réplica adequada a forças contrarrevolucionárias. Polêmica que já vem do tempo do Terror revolucionário francês, rejuvenescida pela Revolução bolchevique, a invocação da "tirania das circunstâncias" encontra, na conjuntura africana, ampla matéria de discussão proveniente de áreas que ultrapassam largamente as fileiras comunistas. A esse respeito, a amplitude — muito relativa, mas incomparável com as suscitadas pelos outros países africanos de orientação socialista[13] — das polêmicas levantadas no Ocidente por esses três Estados bastaria para justificar a nossa escolha. É que às clássicas figuras do Mal (o legado do passado, a estratégia intervencionista imperialista) junta-se, na Etiópia, em Moçambique e até em Angola, a contribuição das forças naturais de um ambiente cuja dureza o mundo comunista se compraz então em salientar, mesmo que para isso tenha de pôr a seca ao serviço dos seus projetos prometeicos. Desde as anomalias pluviométricas ao peso das etnias, a argumentação nem sempre afasta a tentação de atribuir a barbárie africana a uma suposta africanidade. Todavia as sociedades africanas são pelo menos tão dependentes do seu tempo como da sua herança e, a essa luz, não poderiam ter sido preservadas das sangrias totalitárias.

O Império Vermelho: A Etiópia

Quando desaparece, em 12 de setembro de 1974, o império encarnado pelo Negus* Hailé Sélassié I, então com 82 anos de idade, o diagnóstico parece fácil. Fragilizado pela incerteza quanto à identidade do seu sucessor, assim como pelo choque petrolífero, esgotado pelas guerras fronteiriças e pela penúria alimentar, contestado pelas camadas urbanas provenientes da modernização social, o regime desmorona-se sem grandes sobressaltos. Fruto das preocupações geopolíticas do soberano deposto,[14] o exército — que se distinguira na Coreia em 1950

---

[13] Na véspera da era Gorbatchev (1985), os soviéticos incluíam nessa categoria, além do trio aqui considerado, a Argélia, o Benim, Cabo Verde, o Congo, a Guiné, a Guiné-Bissau, Madagascar, São Tomé e Príncipe e a Tanzânia.

* Título dado ao soberano da Etiópia. [N. do T.]

[14] Hailé Sélassié fora obrigado a exilar-se, de 1936 a 1941, no decorrer do breve episódio da colonização italiana da Etiópia.

Afrocomunismos: Etiópia, Angola, Moçambique

ao lado dos americanos[...] — instala-se no comando do Estado: 108 homens compõem o *Derg* (Comitê Militar Administrativo Provisório), no interior do qual as oposições ideológicas parecem sumir por trás da palavra de ordem *Ethiopia tikdem* (a Etiópia primeiro). No entanto, os equívocos dissipam-se muito rapidamente. Colocado na chefia do governo, o general Aman Andom, herói da guerra contra a Somália, de origem eritreia, é liquidado na noite de 22 para 23 de novembro. Algumas horas mais tarde, é a vez de 59 personalidades: seguindo uma técnica já bastante experimentada, os políticos liberais sofreram a mesma sorte que os tradicionalistas ligados ao Antigo Regime. O destino dos membros do Derg estava doravante ligado ao do chefe que os dirigia em julho e que, em 21 de dezembro de 1974, compromete abertamente o país na via do socialismo: Mengistu Hailé Mariam.

A biografia do ex-presidente ainda está por ser escrita.[15] O homem gostou do seu papel de pária, jogando com a sua pele escura e a sua pequena estatura (compensada, é certo, pelo uso de saltos altos...) para aparecer na pose de *bariah* (escravo) perante o clã amhara, coração do regime imperial. No entanto, ele estava ligado a esse meio privilegiado pela mãe, autêntica descendente da aristocracia. Apesar de ser bastardo (o pai era um cabo analfabeto), ele beneficiou-se da proteção de um tio que, sendo ministro do Negus, pôde facilitar o seu começo na carreira militar. A educação de Mengistu limitou-se, porém, a uma escolaridade primária, e é sem diploma que entra na Escola Militar de Holetta, reservada aos jovens desprotegidos. Comandante de brigada mecanizada, as suas qualidades proporcionaram-lhe, por duas vezes, um estágio em Fort Levenworth (Texas). Sem bagagem teórica conhecida, embora dotado de um grande apetite pelo poder, bastaram-lhe três anos para afastar os seus rivais: após a eliminação (por conspiração "direitista") do coronel Sisaye, chegou a vez, em 3 de fevereiro de 1977, do general Teferi Bante e de oito dos seus camaradas. Segundo a lenda, foi com tiros de metralhadora 12,7 que Mengistu selou o destino dos "capituladores", durante uma memorável reunião das instâncias dirigentes do Derg.

No Grande Palácio construído por Menelik II após a fundação de Adis-Abeba em 1886, o chefe supremo da Etiópia pode doravante tomar posse dos despojos imperiais, incluindo o Parlamento.[16] O seu implacável estilo de comando, popularizado por uma comunicação muito profissional, nada tem que possa causar embaraço aos súditos do defunto "rei dos reis". A sua legitimidade é

---

[15] Ver o retrato traçado por Jacques de Barrin no *Le Monde* de 23 de maio de 1991.

[16] Paul B. Henze, "Communisme and Ethiopia", *Problems of Communism*, maio-junho de 1981.

840   *O Livro Negro do Comunismo*

incontestada aos olhos do campo socialista: o golpe de fevereiro foi antecedido, em dezembro de 1976, por uma visita de Mengistu a Moscou. Em abril de 1977, a Etiópia rompe as suas relações militares com os Estados Unidos. Cubanos e soviéticos fornecem então um apoio maciço, tanto em equipamento como em pessoal,[17] que se vai revelar decisivo em face dos independentistas eritreus e da ofensiva somali de julho de 1977, em Ogaden. Os soviéticos apreciam bastante os esforços de sovietização empreendidos pelo regime, imitando por vezes o socialismo preconizado na Somália, então aliada da URSS. A "via etíope", esboçada em dezembro de 1974 pelo Comitê Provisório, ganha forma em janeiro de 1975, quando o Derg nacionaliza bancos e seguros, bem como o essencial do setor de transformação. Principalmente, em março, a abolição da propriedade de terras e a limitação a um bem imobiliário por família testemunham a radicalização do regime. Moscou encoraja a criação do único instrumento capaz, em sua opinião, de fazer transpor aos dirigentes um limiar qualitativo essencial: o Partido. Porém, é preciso esperar por 1979 para que se constitua uma Comissão de Organização do Partido dos Trabalhadores (COPTE). Os trabalhos do seu segundo Congresso, em janeiro de 1983, foram considerados suficientemente frutíferos pelos soviéticos, pelo que, em 11 de setembro de 1984, a criação do Partido dos Trabalhadores da Etiópia (PTE) vem coroar as cerimônias do décimo aniversário da Revolução. Reconhecendo-se herdeiro da "Grande Revolução de Outubro", o PTE tem acesso ao grau de integração suprema no sistema comunista mundial: os acordos de partido a partido. Único senão, a Etiópia não pode ainda elevar-se à categoria de "democracia popular". A fragmentação multiétnica e a dependência econômica relativamente ao Ocidente permanecem como moléstias de momento redibitórias.[18]

O ritmo da construção do Partido não dependia de uma "boa" composição sociológica. Imediatamente antes da sua fundação, apesar dos notáveis esforços para fixar um quadro mais conforme com a ideia que se possa ter do "partido da classe operária", os referidos operários representavam menos de um quarto dos efetivos. Símbolo da realidade das relações sociais, militares e funcionários representavam cerca de três quartos dos membros em face de 3% de camponeses[19] num país onde o campesinato representa 87% da população. Ao nível das direções, a relação de forças tendia ainda mais maciçamente a favor dos

---

[17] Um total de 15.000 cubanos, segundo uma fonte norte-americana.

[18] Christopher Clapham, "The Workers' Party of Ethiopia", *The Journal of Communist Studies, nº* 1, março de 1985.

[19] Olga Kapeliouk, "Quando o camponês é mantido fora das decisões políticas", *Le Monde diplomatique,* abril de 1984.

Afrocomunismos: Etiópia, Angola, Moçambique

quadros do exército: o Politburo do PTE era composto principalmente por sobreviventes do Derg. Reduzido à dimensão conveniente, o lugar da *intelligentsia* explicava-se pela destruição física dos seus quadros e organizações. Após a chegada, da Europa e dos Estados Unidos, de estudantes formados em universidades bastante impregnadas do radicalismo da época, uma campanha de cooperação (*zamechâ*) conduzida num espírito mao-populista lançara 50 mil estudantes (e alguns professores) ao encontro do universo rural. O regresso à cidade saldou-se num reforço de organizações de obediência marxista-leninista, o PRPE e o MEISON.[20] Aos olhos de uma população bastante indiferente, a rivalidade entre os dois movimentos explicava-se pela sua composição étnica: de dominante amhara no PRPE e oromo no MEISON. Ideologicamente próximas, as duas organizações separavam-se quanto ao tratamento da questão eritreia, estando o MEISON mais ligado ao método centralizador do Derg. Jogando com os confrontos armados entre as duas facções, habilmente qualificados de "terror branco", Mengistu procedeu ao seu extermínio em duas fases. Durante a primeira vaga, desencadeada no outono de 1976, o "terror vermelho" aniquilou o PRPE. Em 17 de abril de 19/7, por ocasião de um discurso público, Mengistu lançou o povo ao assalto dos "inimigos da revolução". Juntando os atos às palavras, partiu sucessivamente três frascos de sangue (crê-se, pelo menos) destinados a simbolizar o "imperialismo", o "feudalismo" e o "capitalismo burocrático". O MEISON deu um grande apoio à operação, infiltrando as 293 *kebele*, milícias urbanas constituídas pelo Derg segundo o modelo das "seções" parisienses da Revolução Francesa[21] e equipadas pelo exército para enfrentar qualquer circunstância. Na sequência da execução, em 11 de novembro, do tenente-coronel Atnafu Abate,[22] a sua principal fonte de apoio no interior do Derg, a armadilha fecha-se sobre o MEISON, por sua vez vítima dos tristemente célebres Peugeot 504 brancos dos "estranguladores", os esquadrões da morte dos serviços de segurança.[23]

Mesmo nos dias de hoje, conseguir elementos fiáveis relativos às vítimas do terror continua fora do nosso alcance. Em relação ao período de fevereiro de 1977-junho de 1978, foi avançado o número de 10.000 assassinatos políticos,

---

[20] Partido Revolucionário do Povo Etíope; Movimento Socialista Pan-Etíope (acrônimo).

[21] Membro eminente do MEISON e do Bureau Político do Derg, Hailé Fida adquirira a sua formação marxista-leninista durante seus estudos na França. Preso em agosto de 1977, ele desapareceu após alguns meses de detenção.

[22] Atnafu se destacara por sua ferocidade na repressão anti-PRPE.

[23] Patrice Piquard, "L'Éthiopie juge Mengistu, le boucher rouge", *L'Événement du Jeudi*, 22-28 de dezembro de 1994.

842   *O Livro Negro do Comunismo*

só na capital, no decurso das sessões do processo realizado em Adis-Abeba em maio de 1995.[24] Poderia parecer deslocado proceder a uma distinção entre as vítimas (dos pró-chineses aos falachas, judeus autóctones vítimas de chacinas em 1979...): como lembrou Karel Bartosek a respeito da Tchecoslováquia,[25] vai longe o tempo em que se ousava privilegiar no interior das valas comuns aqueles que alimentavam o tema do Saturno bolchevique, que, como se sabe, devora os seus próprios filhos. Voltando às misturadas stalinistas, em que os mesmos espiões eram pagos pelos orçamentos de Hitler, Chamberlain, Daladier e do Mikado reunidos, os requisitórios apressados dos procuradores às ordens do Derg não hesitavam em classificar as hostes de prisioneiros do pronto-a-ser--liquidado ritual como: "Reacionários, antirrevolucionários, antipovo e membros anarquistas e subversivos do PRPE." Como na ex-URSS, não terminaram ainda as descobertas das valas comuns onde se acumulam "desaparecidos" recenseados pelos relatórios da Anistia Internacional. A exemplo da China, as famílias foram convidadas a custear juntamente com o Estado as despesas inerentes à execução das sentenças, segundo o princípio dito "paying for the bullet" (pagar a bala). Símbolo distintivo do coronel Teka Tulu (chamado "a Hiena"), um dos chefes mais odiados da Segurança do Estado, o fio de nylon (a "gravata-borboleta de Mengistu") foi muito utilizado durante as sessões de matança. A técnica foi aliás experimentada, numa noite de agosto de 1975, na pessoa do imperador deposto. Oficialmente, o falecimento foi atribuído (como no caso da neta do monarca, a princesa Ijegayehu Asfa) ao fracasso de uma intervenção cirúrgica.

A colaboração dos serviços de segurança leste-alemães (Stasi) e soviéticos foi bastante apreciada. Os estudantes residentes em Moscou não foram poupados, com as autoridades soviéticas se encarregando, em vários casos, de entregá-los ao braço etíope competente. Em Adis-Abeba, o sargento Legesse Asfaw servia de intermediário entre os especialistas europeus e os seus camaradas autóctones. Esses últimos impuseram práticas exemplares em matéria de exposição de vítimas torturadas nos passeios de Adis-Abeba.[26] Em 17 de maio de 1977, o secretário-geral sueco do Save the Children Fund relatou que "cerca de mil

---

[24] Bertrand Le Gendre, "Éthiopie: le procès de la Terreur rouge", *Le Monde*, 13 de maio de 1995. Em 1977, o secretário-geral da Federação dos Professores da Etiópia afirmava um total de 30.000 assassinatos políticos desde 1974. *Cf. Human Rights Violations in Ethiopia*, Anistia Internacional, 1978, p. 16.

[25] Karel Bartosek, *Les Aveux des archives, Prague-Paris-Prague, 1948-1956*, Paris, Le Seuil, 1996,

[26] Para mais detalhes, ver *Human Rights Violations in Ethiopia, op. cit.*, pp. 9-11.

Afrocomunismos: Etiópia, Angola, Moçambique

crianças foram massacradas em Adis-Abeba, e os seus corpos, expostos nas ruas, são presa das hienas errantes. [...] Quando se sai de Adis-Abeba, podem-se facilmente ver na beira da estrada os corpos amontoados das crianças assassinadas, na sua maioria com idade dos 11 aos 13 anos".[27]

Os 1.823 processos instruídos desde 1991 pela justiça do presidente Meles Zenawi[28] referem-se principalmente a personalidades urbanas marcantes. Mas uma visão muito centrada na capital falsearia a realidade sociológica e geográfica do terror exercido contra um país que, no interior das suas fronteiras da época, se estendia por 1.222.000 km², com uma população aproximada de 40 milhões de pessoas. A região do Wollo, onde o PRPE se beneficiava de uma relativa implantação, conheceu igualmente a sua parte de violência. Em maio de 1997, diante da instância criminal do Supremo Tribunal de Adis-Abeba, o coronel Fantaye Yhdego e os tenentes Hailé Gebeyahu e Ambachew Alemu tiveram assim de responder pelos seus atos, entre os quais se contava o envenenamento por gás de 24 membros do PRPE, em fevereiro de 1977, em Dese e Kombalcha.[29] Com exceção de Choa,[30] a situação mais bem conhecida é a da Eritreia, onde a oposição nacionalista, extremamente bem organizada e beneficiando-se de sólidas bases nos meios marxo-terceiro-mundistas, teve possibilidade de recolher e difundir informações cuja natureza desacreditava, junto da opinião pública internacional,[31] o regime de Adis-Abeba. Esse regime havia reafirmado, em 20 de dezembro de 1974, a indivisibilidade da nação: qualquer secessão da antiga colônia italiana[32] amputava efetivamente a Etiópia da sua frente sobre o mar Vermelho. Em relação ao Sudeste, em direção ao oceano Índico, as tendências panetíopes esbarravam nas reivindicações sobre o Ogaden feitas pela Somália, onde, desde 1969, o regime de Siyad Barre adotara

---

[27] *Ibid.*, pp. 14-5.

[28] Presidente da República no dia seguinte à fuga de Mengistu. O processo dos dignitários do regime Mengistu, acusados de crimes contra a humanidade, marcado uma primeira vez para dezembro de 1994, foi adiado para 13 de maio de 1995. Ao continuar as investigações, as autoridades parecem ter renunciado a toda difusão na imprensa. No entanto, os processos de antigos responsáveis dos escalões intermediários continuam desde então.

[29] *The Ethiopian Herald*, 13 de maio de 1997

[30] A província central, cujo coração é Adis-Abeba.

[31] Seria completamente inexato — e o paralelo seria interessante com a Argélia, o Afeganistão ou Moçambique — traçar um quadro de uma Eritreia unida ao enfrentar o invasor. A região inclui várias minorias étnicas (sem falar do destino reservado aos soldados etíopes), e as divergências foram muitas vezes sangrentas nos meios nacionalistas.

[32] Ocupada pela Itália a partir de 1882, a Eritreia foi anexada de fato por Hailé Sélassié, aliás, personalidade de destaque do anticolonialismo africano, em 1962.

844   O Livro Negro do Comunismo

oficialmente o marxismo-leninismo. Além disso, a aproximação entre Moscou e
Mogadíscio acabava de culminar no tratado de amizade de 1974. Entre os seus
dois protegidos, a URSS teve de escolher. Depois de terem jogado inutilmente a
carta de uma federação Etiópia-Somália-Yêmen do Sul, os soviéticos apostaram
em Adis-Abeba. Mengistu pôde de imediato beneficiar-se, sob a denominação de "Operação Estrela Vermelha", da potência de fogo e da logística naval
e aérea do Exército Vermelho, assim como do corpo expedicionário cubano,
a fim de rechaçar as ofensivas da Frente Popular de Libertação da Eritreia
(marxista-leninista) e do exército somali, de julho de 1977 a janeiro de 1978.

A eficácia da ação de Mengistu foi tal que, quando da 39ª sessão do
Gabinete da Federação Sindical Mundial, realizada em Adis-Abeba, de 28 a 30
de março de 1988, a organização — na qual a CGT francesa, então dirigida por
Henri Krasucki, detinha responsabilidades importantes — lhe atribuiu a sua
medalha de ouro pela "sua contribuição para a Luta pela paz e pela segurança
dos povos, pela sua independência nacional e econômica". Na prática, isso
traduzia-se por vezes dolorosamente para os povos em questão: pouco depois
do encerramento da sessão, em junho de 1988, 2.500 habitantes de Hawzen[33]
pereceram sob as bombas; como em Guernica, no País Basco espanhol, era
dia de feira livre. Guerra colonial ou repressões antinacionalistas, as regiões
periféricas do Império (Eritreia, Tigré, Oromo, Ogaden, Wollega, Wollo) eram
abaladas por revoltas frequentemente enquadradas por "Frentes Populares"
cujos quadros partilhavam com os seus adversários pelo menos uma retórica
marxista-leninista.[34] Contra elas foram usados recursos militares diversificados,
comprazendo-se algumas correntes esquerdistas e/ou pró-chinesas em salientar, nessa explosão (incontestável) de barbárie, as responsabilidades sucessivas
dos Estados Unidos, da Rússia e de Israel.[35] Seguindo o modelo das operações
montadas contra a intervenção americana no Vietnã, um "Tribunal Permanente
da Liga Internacional para os Direitos e a Libertação dos Povos" reuniu-se em
Milão, em maio de 1980. Publicados em 1981 pelo Comitê Belga de Auxílio

---

[33] Hawzen situa-se no Tigré, isto é, numa província periférica da Etiópia, que constitui o
interior do litoral eritreu.

[34] Existiam também, num nível regional, oposições armadas mais heterogêneas: reunindo monarquistas, expropriados e outros vencidos na Revolução de 1974, a UDE (União
Democrática Etíope) se encontrava ao lado de notáveis como Beni Amer ou Afar para
operações de precisão, mas que aumentavam a insegurança geral.

[35] É fato que a retirada de Gorbatchev do Corno da África acarretou imediatamente uma
aproximação entre Adis-Abeba e Tel Aviv, inquieta com o enfraquecimento eventual de
uma potência hostil ao mundo islâmico.

à Eritreia, os seus considerandos refletem a posição da FPLE.[36] A partir dos relatórios da Anistia Internacional, alguns elementos recolhidos permitem, no entanto, comparações com um grande número de outros teatros de operações, e o nome de Oradour-sur-Glane ocorre espontaneamente ao observador francês que narra os massacres de populações civis refugiadas em igrejas. Assim, a publicação do "Tribunal Permanente" evoca o caso da aldeia de Wokiduba, em que 110 pessoas teriam sido massacradas na igreja ortodoxa durante o verão de 1975. Em lugar dos Peugeot brancos de Adis-Abeba, os esquadrões da morte que agiram em Asmara preferiram as caminhonetes Volkswagen bege, encarregadas de transportar para os "matadouros" (valas comuns) aqueles para quem já não é oportuno serem encarcerados no campo de concentração de Adi Qualla, perto de Mendefera. O balanço da "guerra total" decretada por Mengistu em agosto de 1977 contra os "secessionistas" da Eritreia permanece ignorado. Apenas no período de 1978-1980, 80.000 mortos civis e militares? A essa estimativa,[37] e levando-se principalmente em consideração as vítimas das operações de represálias maciças e dos *raids* de terror aéreo, é lícito juntar as vítimas de uma política sistemática de desorganização da vida rural. Embora os centros urbanos tenham se beneficiado de um abastecimento prioritário e de uma presença militar assalariada favorável ao comércio, a agricultura padeceu com a destruição do gado — especialmente pelos aviadores, com forte preferência pela caça ao camelo —, com a implantação de minas, o desflorestamento e a desorganização autoritária das trocas. Protagonistas essenciais da produção agrícola, as mulheres foram particularmente atingidas pelas violações sistemáticas cometidas pela tropa, e contribuíram grandemente para manter um clima de insegurança pouco propício à atividade exterior.[38]

É difícil afirmar que a preocupação governamental de isolar os guerrilheiros das suas bases civis constituiu a razão inicial dos deslocamentos em massa de população na ocasião da fome de 1982-1985, embora possam ter sido efetuadas localmente punções demográficas significativas. Se a Eritreia não foi afetada, o Wollo foi atingido em proporções não negligenciáveis: das 525.000 pessoas deslocadas entre novembro de 1984 e agosto de 1985, 310.000 (ou seja, 8,5%

---

[36] Frente Popular de Libertação da Eritreia. Dirigida por cristãos, a FPLE originou-se, em 1970, de uma cisão marxisante da Frente de Libertação da Eritreia, de maioria muçulmana. Ver Alain Fenet, "Le programme du FPLE, nation et révolution", *in La Corne de l'Afrique, Questions nationales et politique internationale, Paris*, L'Harmattan, 1986.

[37] *Evil Days. Thirty Years of War and Famine in Ethiopia: An African Watch Report*, Nova York, 1991, p. 117.

[38] *Ibid.*, p. 127.

846 *O Livro Negro do Comunismo*

da população dessa província) eram originárias do Wollo.[39] E certas regiões fronteiriças (Gondar) já se encontravam literalmente esvaziadas de uma parte significativa (30 a 40%) das suas populações, reunidas no Sudão em campos de concentração controlados por organizações oposicionistas.[40] Crise de subsistência grave, embora regional, que atingiu 25% da população, a fome inscrevia-se numa série multissecular cujo último episódio (em 1972-1973) pesara na queda do regime imperial. Os seus efeitos foram agravados pelo empobrecimento dos camponeses, colocados frente a frente com a obrigação de se privarem das suas reservas, a fim de satisfazerem as quotas de entregas que lhes eram impostas pelo Estado. Já pesadamente sobrecarregados de impostos, os camponeses viram-se por vezes forçados a pagar a alto preço, no mercado livre, os grãos que lhes haviam sido comprados pela administração ao preço imposto. Muitos deles tiveram de desfazer-se do seu gado, encontrando-se particularmente desguarnecidos num período difícil. A fome que se iniciou em 1982 foi, a princípio, a consequência de uma autêntica seca. A crise foi aumentada pela paralisia das trocas, em que a perseguição aos comerciantes e a insegurança desempenharam cada qual o seu papel. Essa crise foi colocada pelo regime Mengistu, a serviço de objetivos definidos no interior da sua Relief and Rehabilitation Commission (RRC), ou, por outras palavras, a emanação *ad hoc* do Politburo etíope. Através do controle dos auxílios e do deslocamento das populações, a arma alimentar visava à realização de vários objetivos, entre os quais figuraram notadamente a submissão das dissidências e o ordenamento "científico" do espaço pelo Partido-Estado.[41] A interdição estabelecida às entidades não governamentais de intervirem para além das zonas do Wollo e o desvio da ajuda destinada ao Tigré tendiam a fazer afluir aos setores controlados pelo exército as populações rurais até então sob controle das guerrilhas. As transferências forçadas, frequentemente facilitadas pela notícia de distribuições de víveres, foram apresentadas como uma recolocação demográfica do norte (seco) para o sul (úmido/fértil). Essas transferências afetaram prioritariamente não as vítimas da fome, mas realmente as populações sob controle militar, fosse qual fosse a situação alimentar da sua região de origem: a esse respeito, os habitantes das regiões disputadas entre o Derg e a Frente de Libertação do

---

[39] Georges Lecomte, "Utopisme politique et transfert de population en Éthiopie", *Esprit*, junho de 1986.

[40] Jean Gallais, "Sécheresse, famine, État en Éthiopie", *Hérodote*, nº 39, outubro-dezembro de 1985.

[41] Michel Foucher, "L'Éthiopie: à qui sert la famine?", *Hérodote*, nº 39, outubro-dezembro de 1985.

Tigré constituem um exemplo característico. O voluntariado, embora seja, pontualmente, inegável, desaparece sob o aspecto maciço das deportações. Esse despotismo regulador foi elegantemente batizado pelos dirigentes com o nome de *bego* (boa vontade) *teseno* (coerção), dito de outro modo, "coerção para o bem de outrem". Já desde 1980 que ele se exercia à custa de outros "voluntários", recrutados *manu militari* nos grandes aglomerados populacionais em benefício das fazendas do Estado e cujas condições de existência chamaram a atenção das sociedades antiescravagistas anglo-saxônicas.[42]

A política de aldeamento, ao atingir comunidades estruturadas, enfrentou importantes resistências, por vezes sangrentas e de forma a enriquecer a sinistra antologia das guerras camponesas sob regime comunista. Tendo em vista, como em Moçambique, reagrupar as comunidades rurais num local de residência mais facilmente controlável pelo Partido, tal política devia, no entanto, permitir ao camponês "mudar a sua vida e o seu pensamento, e abrir um novo capítulo no estabelecimento de uma sociedade moderna nas zonas rurais e ajudar a edificar o socialismo".[43] Ligada ao programa de reinstalação, a mesma visava tanto ao aumento do setor sovkhoziano da agricultura quanto à criação de um "homem novo"; deve ser ainda salientado, como sustenta o geógrafo Michel Foucher,[44] que "os efeitos da fome ultrapassaram amplamente os setores e as populações afetados pela crise climática, já que a mesma representou a ocasião para estimular uma vasta reorganização autoritária do espaço". Sem negar o êxito de algumas operações-vitrine, é nesse caso também extremamente arriscado pretender quantificar os custos humanos da operação. A taxa de mortalidade (14%) de certos campos de trânsito, como o de Ambassel, no Wollo, foi superior à registrada nos bolsões de fome.[45] Às 200 a 300 mil vítimas da negligência e do segredo não é ousado juntar-se um número igual de pessoas sacrificadas no altar da passagem acelerada do "feudalismo" para o "socialismo", voluntariamente deixadas fora dos circuitos de ajuda internacional, abatidas durante as prisões em massa ou as tentativas de fuga, despressurizadas nos compartimentos de carga dos Antonov que as levavam para o Paraíso, ou

---

[42] Anti-Slavery Society, *Forced Labour in Humera: Intervention on Behalf of the Anti-Slavery Society* apresentado ao Conselho Econômico e Social da ONU, Comissão dos Direitos do Homem, Grupo de Trabalho sobre a Escravatura, Genebra, agosto de 1981. Ver *Evil Days, op. cit.*, p. 167.

[43] Relatório do presidente Mengistu Hailé Mariam ao Comitê Central do Partido dos Trabalhadores da Etiópia, 14 de abril de 1986.

[44] M. Foucher, *art. cit.*, p. 112.

[45] Cultural Survival, *Ethiopia: More Light on Resettlement*, Londres, 1991.

848   *O Livro Negro do Comunismo*

abandonadas sem reservas suficientes, sendo alvo da hostilidade por vezes assassina dos que tinham chegado primeiro. Em termos mediáticos, o balanço para o regime foi contrastado: depois de ter tentado dissimular a amplitude da fome, Mengistu contra-atacou. Tirando partido das imagens chocantes difundidas pelo Ocidente no outono de 1984, anunciou, em 16 de novembro de 1984, quando a emoção atingia o seu máximo, a sua decisão de proceder à transferência de 2,5 milhões de pessoas, jogando uma partida cerrada na esperança de colocar o auxílio internacional que se anunciava a serviço dos seus projetos, e isso a despeito da hostilidade da administração Reagan. As reações foram divididas na França, onde a imunidade concedida a uma parte da *intelligentsia* pela familiaridade cultural do comunismo esteve parcialmente na origem da decisão dos Médicos sem Fronteiras, única ONG a recusar caucionar a política de *resettlement,* sendo declarada *persona non grata* pelo regime, em 2 de dezembro de 1985. Em nível planetário, em compensação, um exemplar comportamento na batalha da imagem, bem como o suporte de numerosos peritos da ONU, permitiram ao regime capitalizar — para fins militares ou sumptuários — os benefícios de uma onda de solidariedade humana sem precedentes, na qual participaram as mais diversas estrelas de *rock,* como Bob Geldorf e Michael Jackson, intérpretes, ao lado dos mais belos expoentes do *showbiz* americano, do hino *We are the World,* do qual se pode recear que fique como único vestígio do drama etíope na memória de dezenas de milhões de ex-adolescentes dos idos anos 1980.

A partir de 1988, o crepúsculo de Mengistu se confunde apenas parcialmente com o da União Soviética. A partida dos conselheiros soviéticos para fora das zonas de combate é anunciada em março de 1990. Nessa data, a relação de forças já se modificou: em todas as frentes, o exército recua diante dos rebeldes das Frentes Populares de Libertação da Eritreia e do Tigré, e o regime não se cansa de fazer vibrar a corda da pátria em perigo. O progressivo cancelamento da política de reinstalação e o anúncio ostentório de medidas de liberalização da economia conjugam-se com a depuração das forças armadas, nas quais, em 16 de maio de 1989, uma tentativa prematura de *putschistas* largamente infiltrados pelos serviços de informações foi afogada em sangue. Em 21 de junho de 1990, Mengistu decreta a mobilização geral: teoricamente reservada aos maiores de 18 anos, essa nem sempre poupa os mais novos (entre 14 e 16 anos), apanhados nos estádios de futebol ou nas imediações dos estabelecimentos escolares. É 1991 o ano do fechamento de todos os estabelecimentos de ensino superior, sendo o conjunto dos estudantes convidado a participar no esforço de guerra exigido à nação. Enquanto o cerco se aperta sobre Adis-

Abeba, em 19 de abril de 1991 Mengistu apela à constituição de um exército de recrutamento "à iraquiana", que pretende fazer crescer até um milhão de combatentes. Dispondo nessa ocasião de 450.000 homens (contra 50.000 em 1974), o exército mais numeroso da África subsaariana já não dá resposta, e os seus novos aliados americanos e israelitas veem com satisfação esboçar-se uma solução alternativa. Em 21 de maio de 1991, o coronel Mengistu foge, via Quênia, para Harare: herói da luta contra os colonos brancos rodesianos, Robert Mugabe concede-lhe asilo político. No outono de 1994, convocado a comparecer, como principal responsável pela tragédia etíope, diante de um tribunal de Adis-Abeba, o Zimbábue recusou a extradição daquele que inspirara aos jornalistas alemães orientais do *Ethiopian Herald* uma das suas proclamações mais sonoras: "Liquidaremos a herança satânica do passado e colocaremos a natureza sob o nosso controle."[46]

Violências lusófonas: Angola, Moçambique

Presente desde o século XV nas costas africanas, Portugal só tardiamente empreendeu a colonização do imenso império (25 vezes a sua superfície...) que as rivalidades europeias lhe permitiram talhar no continente negro. Essa tardia e superficial ocupação do espaço não facilitou certamente a difusão de um sentimento de dependência homogênea no interior dos territórios. As organizações que se lançaram na luta armada no início dos anos 1960 tiveram de apoiar-se, em meio às populações não brancas, num sentimento anticolonial certamente mais virulento do que as suas eventuais aspirações nacionais.[47] Conscientes dos obstáculos com que deparava o seu jacobinismo, as direções nacionalistas concederam rapidamente uma forte atenção ao *Inimigo interno*[48] — chefes tradicionais, colaboradores do colonizador, dissidentes políticos — acusado de atacar e causar dano à pátria em perigo. Esses traços característicos de uma cultura política que o duplo código genético salazarista e stalinista não predispunha ao culto da democracia representativa iam acentuar-se a despeito da partida precipitada da potência tutelar.

---

[46] Bertrand Le Gendre, "Éthiopie: le procès de la Terreur rouge", *art. cit.*

[47] Ver, a esse respeito, os trabalhos de Michel Cahen, principalmente sua polêmica com Elisio M. Macamo, *in Lusotopie*, 1996, pp. 365-78.

[48] Alex Vines, *Renamo, Terrorism in Mozambique*, Centre for Southern African Studies, University of York, 1991, p. 5.

850   *O Livro Negro do Comunismo*

A República Popular de Angola

No momento em que, para grande fúria da população branca, os oficiais no poder em Lisboa se manifestam a favor da independência das colônias em 27 de julho de 1974, o exército português continua senhor do terreno angolano. O seu descomprometimento precipitado abre caminho às três organizações independentistas: *Movimento Popular para Libertação de Angola* (MPLA), *Frente Nacional de Libertação de Angola* (FNLA) e *União para a Independência Total de Angola* (UNITA). Em 15 de janeiro de 1975, a nova República Portuguesa reconhece-os, durante a assinatura dos acordos de Alvor sobre a independência, como "os únicos representantes legítimos do povo angolano". O calendário é promissor: eleições para a Constituinte no prazo de nove meses; proclamação da independência em 11 de novembro de 1975. Todavia, enquanto o êxodo de 400.000 portugueses se acelera, de fevereiro a junho de 1975, a viabilidade da coligação governamental (na qual o MPLA se instalou na Informação, na Justiça e nas Finanças) aparece rapidamente como um logro. Os incidentes sangrentos multiplicam-se, e o cessar-fogo de Nakuru, em 14 de junho, é somente uma trégua aproveitada por cada movimento para acumular forças e preparar a intervenção dos seus aliados estrangeiros.

Desde outubro de 1974, as armas soviéticas vêm aumentar o potencial das milícias do MPLA, que se beneficiavam também do apoio da ala esquerda do exército português, reunido no Movimento das Forças Armadas (MFA). Influenciados pelo Partido Comunista Português, esses setores podem então contar com a presença em Luanda, desde maio de 1974, do "almirante vermelho" Rosa Coutinho. No mês de março de 1975, os primeiros elementos cubanos e soviéticos desembarcam em Angola. Fidel Castro explicará *a posteriori* a decisão: "A África é hoje o nó fraco do imperialismo. É lá que existem perspectivas excelentes para se poder passar do tribalismo ao socialismo sem ter de percorrer as várias etapas que tiveram de atravessar algumas outras regiões do mundo."[49] Depois da dissolução do governo (entre 8 e 11 de agosto), o *Vietnã Heroico* acosta em Luanda: a bordo, várias centenas de soldados (negros, na sua maioria). Já são 7.000 quando, em 23 de outubro, a União Sul-Africana intervém maciçamente ao lado da UNITA, doravante relegada pelo *Pravda* para o estatuto de "força fantoche, armada pelos mercenários da China e da

---

[49] Entrevista a *Afrique Asie*, nº 135, 16 de maio de 1977. *In* Pierre Beaudet (dir.), *Angola, bilan d'un socialisme de guerre*, Paris, L'Harmattan, 1992.

Afrocomunismos: Etiópia, Angola, Moçambique

CIA com o auxílio dos racistas sul-africanos e rodesianos".[50] A análise não é, certamente, destituída de pertinência. Modelada com contornos maoistas, a direção da UNITA tem efetivamente um agudo sentido de pacto com o diabo. Na circunstância, a colcha de retalhos do inventário dos apoios da UNITA vem inscrever-se no panteão do realismo lenino-stalinista; o caminho tortuoso que havia de conduzir Savimbi até junto de Pieck Botha nada teve que possa decepcionar os defensores do pacto germano-soviético de 1939. De momento, porém, a logística aeronaval sovieto-cubana revela-se determinante para a sobrevivência do regime. Em 11 de novembro de 1975, MPLA e UNITA proclamam cada qual por seu lado a independência do país,[51] enquanto se desenha um novo mapa daquela que era a pérola do *Ultramar* português: o MPLA domina os portos, o petróleo e os diamantes, isto é, grosso modo, o litoral; os seus rivais (entre os quais a UNITA conquista em breve a supremacia) apoiam-se no Norte e, sobretudo, nos planaltos centrais.

A identificação dos protagonistas torna-se a partir de então mais fácil aos olhos dos ocidentais, como aliás dos comunistas da África Austral Para o dirigente moçambicano Samora Machel, o caráter implacável da luta inscreve-se na configuração das forças: "Em Angola, há duas partes que se confrontam: por um lado, o imperialismo e os seus aliados e fantoches; por outro, as forças progressistas que apoiam o MPLA. Nada mais."[52] Líder incontestado do Movimento, Agostinho Neto é negro, antigo *assimilado*,* proveniente de uma família de pastores protestantes e "organizado" pelo PC português, de pró-sovietismo comprovado desde os anos 1950. Fundado em 1956, o MPLA agenciou, no decorrer das estadas que se multiplicaram na URSS ao longo dos anos 1960, um bom número dos seus quadros dirigentes (como J. Mateus Paulo ou A. Domingos Van Dunem) de acordo com o molde marxista-leninista que então vigorava. Ao estudo do socialismo científico juntava-se, para alguns deles (J. Njamba Yemina), uma formação militar adequada, na União Soviética, ou nas escolas de guerrilha de Cuba. Foi como consequência da tomada do poder que o Congresso de Luanda (4-10 de dezembro de 1977) compreendeu a necessidade da passagem de um movimento de tipo frentista para uma estrutura de vanguarda decalcada do modelo bolchevique e apta a

---

[50] *Pravda*, 5 de novembro de 1975. *In* Branko Lazitch, Pierre Rigoulot, "Angola 1974-1988. Un échec du communisme en Afrique", suplemento de *Est et Ouest*, nº 54, maio de 1988.

[51] À denominação "República Popular de Angola", única reconhecida por Portugal em fevereiro de 1976, a UNITA e a FNLA acrescentam o adjetivo "democrática".

[52] B. Lazitch, P. Rigoulot, *op. cit.*, p. 33.

* Em português no original. [N. do T.]

852 O Livro Negro do Comunismo

assumir o estatuto de "partido irmão" no movimento comunista internacional. Com efeito, o novo "MPLA-Partido do Trabalho" foi de imediato reconhecido por Raul Castro, presente no Congresso, como o único "capaz de exprimir corretamente os interesses do povo trabalhador"

A concepção de um Estado "instrumento capaz de aplicar as orientações definidas pelo Partido único", implicava para o novo partido uma vigilância acrescida relativamente às formações rivais, prontas a camuflar a sua natureza contrarrevolucionária por trás de uma fraseologia esquerdista, bem como um centralismo democrático a toda a prova. Portanto, não é de espantar que se assista ao ressurgimento nas latitudes austrais de práticas antidesviacionistas até então reservadas ao hemisfério norte. Antes mesmo da oficialização do bolchevismo angolano, Neto já tinha uma considerável experiência nessa área. Quando, em fevereiro de 1975, ele subjugou (com o apoio das tropas portuguesas) a facção "Revolta do Leste" organizada pelo quadro ovimbundu Daniel Chipenda, o episódio permitiu a esse último uma denúncia das liquidações perpetradas contra dissidentes do MPLA desde 1967. Então, decifra-se melhor o comunicado publicado pelo Movimento em fevereiro de 1974, segundo o qual esse tinha "frustrado e neutralizado" a conspiração da contrarrevolução interna que "visava à eliminação física do seu presidente e de muitos dos seus quadros".[53]

Ministro da Administração Interna, rival de Neto, Nito Alves encontrava-se em Luanda durante os acontecimentos de 25 de abril de 1974, que significaram o canto de adeus do regime colonial. Na ausência da direção exterior, ele conseguiu conquistar uma audiência não negligenciável junto dos negros urbanizados, negando principalmente aos brancos a nacionalidade angolana, salvo no caso de comportamento anticolonialista confirmado. Alves apoiou-se numa rede de comitês de bairro, em nome de um *Poder popular** para cuja conquista não recuou nem mesmo diante das práticas mais stalinistas, pouco suscetíveis, aliás, de surpreender as suas vítimas, geralmente de obediência maoista.[54] Seguro das garantias que certamente lhe foram dadas pelos soviéticos, pelos cubanos e pelos comunistas portugueses, ensaiou um golpe de força em 27 de maio de 1977 para tentar evitar a depuração desencadeada pouco tempo antes contra os seus partidários. Enquanto o fracasso da operação se tornava

---

[53] *Libération-Afrique*, nº 9, março de 1974.

* Em português no original. [N. do T.]

[54] Ver um ponto de vista trotskista mencionado *in* Claude Gabriel, *Angola, le tournant africain?* Paris, La Brèche, 1978.

Afrocomunismos: Etiópia, Angola, Moçambique

patente (principalmente em virtude da política de espera dos conselheiros estrangeiros de Nito Alves), Neto tomou a palavra na rádio: "Penso que nosso povo irá compreender as razões pelas quais estamos agindo com uma certa dureza contra aqueles que estão relacionados com esses acontecimentos." Acusados de "racismo, de tribalismo e de regionalismo", os desviacionistas foram objeto de uma depuração radical. Enquanto o Comitê Central e o aparelho eram profundamente remodelados[55] e os confrontos ensanguentavam a capital, a repressão estendia-se às capitais provinciais: em Ngunza (Cuanza Sul), 204 desviacionistas teriam sido abatidos apenas na noite de 6 de agosto,[56] o que iria dar alguma credibilidade aos números avançados depois de 1991 pelos sobreviventes, segundo os quais o MPLA teria realizado uma depuração de vários milhares dos seus membros nessa ocasião. Os comissários políticos das FAPLAs (Forças Armadas) foram igualmente alvo da vigilância de Sapilinia, membro do Comitê Central que chefiou pessoalmente a respectiva liquidação em Luena (Moxico).[57]

A relativa popularidade de Nito Alves era mantida pela denúncia, nas colunas do *Diário de Luanda* e nos programas de rádio "Kudibanguela" e "Povo em Armas", da degradação das condições de vida. Essas fontes deixam entrever a existência de penúrias alimentares cruéis (a expressão "fome" é utilizada pelos nitistas) em certas regiões. As mesmas fontes denunciam um estado de esgotamento dos assalariados urbanos ainda em atividade e controlados pelo regime: uma lei de novembro de 1975 e um decreto de março de 1976 tinham vindo garantir a disciplina no aparelho produtivo; a greve extrassindical (ou seja, antipartido) é equiparada a um crime em virtude das palavras de ordem de "produzir e resistir". Aparecem então (apesar da sua instrumentalização burocrática) formas de contestação que já não se satisfazem com a denúncia ritual da desorganização provocada pelo êxodo branco e pela guerra. Próspera desde os anos 1960, a economia angolana desmoronou-se literalmente a partir de 1975, e o controle estatal do sistema esconde, cada vez com maior dificuldade, uma dolarização generalizada: monopólio partidário e capacidade de acesso a uma divisa que se negocia a 50 vezes o seu valor oficial conjugam os seus efeitos no aparecimento de uma *nomenklatura* bastante indiferente às condições de existência do "povo trabalhador". Ninguém tem capacidade, durante

---

[55] Do total de 30 membros, cinco foram fuzilados (como Nito Alves), três desapareceram em circunstâncias pouco claras e dois foram excluídos. *Cf.* Lazitch, Rigoulot, *op. cit.*, p. 21

[56] Segundo a revista trotskista portuguesa *Acção Comunista*, citada por C. Gabriel, *op. cit.* p. 329.

[57] *Ibid.*

854   *O Livro Negro do Comunismo*

cerca de uma dezena de anos, para avaliar a situação alimentar em imensas zonas do território. Enquanto o governo consegue desligar o mercado urbano — alimentado pelo rendimento petrolífero — dos produtores locais, o Estado negligencia os campos afetados pela guerra e pressionados pelos dois lados na medida das necessidades de recrutamento. O termo "fome", cuidadosamente afastado até então pelos meios oficiais, ressurgiu em 1985 sob a forma de um aviso da FAO. Na ocasião das grandes autocríticas desencadeadas pela *perestroika* soviética, o governo angolano reconhecerá então a gravidade de uma situação que culminava na conclusão formulada pela UNICEF no início de 1987, segundo a qual várias dezenas de milhares de crianças haviam morrido de fome no decorrer do ano anterior.

Rico graças ao domínio do enclave petrolífero de Cabinda,[58] mas pobre em recursos administrativos, militares e militantes, o regime pôde dedicar poucos recursos aos seus projetos de coletivização e de aldeamento rurais. Tais como se apresentavam, foram sentidos como uma ameaça por importantes setores campesinos. Principalmente as coletas fiscais, a insuficiência dos investimentos públicos, os entraves à comercialização, o fechamento dos pontos de escoamento urbanos provocaram um recuo rural. Treze anos depois da independência, o Estado angolano publicou num relatório oficial[59] a posição do agrônomo René Dumont, que denunciava em linguagem compreensível para os seus interlocutores a "troca desigual", que espolia os camponeses das suas "mais-valias". Essa situação transformou-se rapidamente em hostilidade contra um mundo litoral dominado pela cultura (marxizante no caso) dos assimilados crioulos e mestiços, muito presentes no topo do MPLA. Foi nessa base, reforçada por um ódio ao estrangeiro cubano, russo, alemão oriental ou norte-coreano,[60] que a UNITA de Jonas Savimbi pôde — apesar de os seus homens praticarem sem moderação a arte de viver à custa do habitante — beneficiar-se de um apoio crescente, muito para além das terras dos ovimbundos que representavam a sua base étnica desde o princípio. Nessas condições, mais do que uma guerra

---

[58] Anexada a Angola em 1956 por Portugal, Cabinda é separada do restante do país pela foz (zairense) do Congo. Sua população (baconga), aliciada pela ideia de uma independência sustentada pelos *royalties* do petróleo, é controlada, desde 1975, por 10.000 homens das FAPLAs e por 2.000 cubanos.

[59] *Síntese do plano de recuperação econômica a nível global para o biênio 1989-90*, República Popular de Angola, 1988. *In* P. Baudet, *op. cit.*, p. 64.

[60] Como observa Jean-François Revel no prefácio ao texto de B. Lazitch e P. Rigoulot (*op. cit.*), "os soviéto-cubanos estão lá para impor a Angola o sistema comunista, uma vez que não há a possibilidade — o que seria mesmo inconcebível — de a África do Sul exportar para Angola o sistema do *apartheid*".

Afrocomunismos: Etiópia, Angola, Moçambique

de tipo stalinista conduzida pelo MPLA contra o campesinato, seria mais rigoroso referir, no caso angolano, uma "guerra camponesa", noção que coloca os protagonistas em posição simétrica mais em conformidade com a relação de forças existentes no terreno. Apoiados pela administração Reagan, mas impregnados de cultura maoista, os dirigentes da UNITA servem-se, aliás, alegremente, da retórica da oposição cidade/campo, denunciando em nome do "povo africano" a "aristocracia mestiça" do MPLA.[61] Torna-se no entanto difícil avaliar a dimensão, em vésperas das convulsões no Leste, da ligação camponesa a Savimbi. No seguimento do descomprometimento sul-africano e cubano que se seguiu aos acordos de Nova York, de 22 de dezembro de 1988, a conversão do MPLA produziu os efeitos esperados. A adoção pela sua direção, em julho de 1990, da economia de mercado, bem como a aceitação do pluralismo partidário, implicaram, durante as eleições de 1992, a derrota da UNITA.

O inegável desenvolvimento dessa organização no decurso dos 15 primeiros anos de independência era essencialmente o sintoma de uma reação de rejeição em face do Estado-MPLA, ela mesma mais fruto do traumatismo provocado por 15 anos de desestruturação das trocas, de recrutamentos forçados e de deslocamentos em massa de populações do que da ausência de garantias judiciais que presidiu a repressão em massa aos opositores. O período de transição para o pluripartidarismo foi, aliás, pouco propício à investigação das responsabilidades em matéria de violação dos direitos humanos, e os membros da polícia política — com frequência provenientes, como na URSS, de etnias minoritárias — nunca tiveram de responder pelas suas atividades anteriores, em razão da continuidade governamental. Com exceção das pequenas formações em que se agrupavam os que tinham escapado às depurações, nenhum dos dois grandes partidos julgou oportuno exigir que fosse esclarecido o que aconteceu às dezenas de milhares de vítimas, cujo destino não estivera, para manter a sobriedade própria dos relatórios da Anistia Internacional, "em conformidade com as normas de equidade internacionalmente reconhecidas".

Moçambique

Em 25 de setembro de 1974, os militares portugueses ainda não tinham instituído o pluripartidarismo em Lisboa quando confiaram os destinos de Moçambique exclusivamente à *Frente de Libertação de Moçambique* (Frelimo).

---

[61] Christine Messiant, "Angola, les vois de l'ethnisation et de la décomposition", *Lusotopie* 1-2, 1994.

856 O Livro Negro do Comunismo

Fundada em junho de 1962,[62] a Frente soubera, sob a autoridade do doutor (em antropologia) Eduardo Chivambo Mondlane, conquistar as simpatias da comunidade internacional e beneficiar-se do apoio militar tanto da China como da URSS. Ao contrário do que acontecera em Angola, a Frelimo havia conseguido, antes da "revolução dos cravos" portuguesa (25 de abril de 1974), colocar em dificuldade as tropas coloniais, aliás majoritariamente compostas por africanos.[63] Agrupando uma parte notável das elites intelectuais nacionalistas, a Frente reflete as divisões ideológicas que a atravessam. Em 1974, porém, já não é possível ocultar a impregnação marxista-leninista da sua direção. Depois do seu II Congresso (1968), o significado do combate anti-imperialista, desenvolvido por Samora Machel segundo a lógica chinesa das "zonas libertadas", aparecia cada dia mais conforme à afirmação feita, pouco antes do seu desaparecimento (1969), pelo próprio Mondlane: "Concluo hoje que a Frelimo é mais socialista, revolucionária e progressista do que nunca e que a nossa linha é diariamente mais orientada para o socialismo marxista-leninista." E, interrogando-se sobre as razões dessa evolução, explicava: "Porque, nas condições de vida em Moçambique, o nosso inimigo não nos deixa escolha."

Em seguida à independência, o inimigo pareceu querer conceder uma certa pausa aos novos senhores. Esses últimos, em que o elemento urbano *assimilado*, branco, mestiço ou indiano era hegemônico, lançaram-se com entusiasmo na obstetrícia nacional. Num país rural, a invenção da nação pressupunha, a seus olhos, um enquadramento do Partido-Estado, única forma de garantir uma política de "aldeamento", consequente, capaz, além disso, de engendrar o *homem novo*, tão caro ao poeta Sérgio Vieira.[64] Já iniciada no começo dos anos 1970 nas "zonas libertadas", com resultados diversos, essa política foi sistematizada no conjunto do território. Todos da população rural, a saber 80% do total, deveriam supostamente abandonar o seu habitat tradicional, a fim de se reagruparem em povoados. No entusiasmo da independência, as populações responderam favoravelmente às solicitações da administração,

---

[62] Em síntese, a Frelimo é o produto da fusão de organizações nacionalistas constituídas entre os moçambicanos emigrados para Tanganica, Rodésia e Niassalândia. Ver Luís de Brito, "Une relecture nécessaire: la genèse du parti-État Frelimo", *Politique africaine*, nº 29, março de 1988.

[63] Sobre a fraqueza do nacionalismo moçambicano, ver Claude Cahen, "Sur quelques mythes et quelques réalités de la colonisation et de la décolonisation portugaises", comunicação ao colóquio *Décolonisations comparées*, Aix-en-Provence, 30 de setembro-3 de outubro de 1993.

[64] Christian Geffray, *La Cause des armes au Mozambique. Anthropologie d'une guerre civile*. Paris, Karthala, 1990, p. 27.

Afrocomunismos: Etiópia, Angola, Moçambique 857

cultivando campos coletivos rapidamente abandonados nos anos seguintes, participando por vezes na edificação das construções exigidas, sem contudo concordarem em residir no local. No papel, porém, o país estava coberto por uma administração hierarquizada, teoricamente sob controle das células de um partido que, em 1977, tinha claramente reivindicado a herança bolchevique e apelado ao desenvolvimento da coletivização das terras *e* ao reforço dos laços com o movimento comunista internacional. Haviam sido assinados diversos tratados com o Leste, e o fornecimento de armamento e de instrutores parecia autorizar um apoio acrescido aos nacionalistas rodesianos do *Zimbábue African National Union* (ZANU).

Em um momento em que Moçambique se associava ao bloqueio que ameaçava estrangulá-la, foi como represália que a Rodésia branca de Ian Smith decidiu dar o seu apoio à resistência que começava a aparecer nos campos. Sob a direção de Afonso Dhlakama, a *Resistência Nacional Moçambicana* (Renamo) beneficiou-se de um apadrinhamento estreito dos serviços especiais rodesianos até a independência do Zimbábue, data a partir da qual a tutela logística passou a ser assegurada pela África do Sul (1980). Para surpresa de numerosos observadores, a adesão à resistência das populações dos povoados foi crescendo, a despeito dos métodos bárbaros da Renamo, cuja ação assustava até os seus protetores rodesianos. Os fugitivos dos "campos de reeducação" que se multiplicaram a partir de 1975[65] sob a férula do *Serviço Nacional de Segurança Popular* (SNASP) não eram os menos violentos. Na falta de adesão, o controle das populações tornava-se uma questão vital para ambas as partes, e os raros estudos no terreno confirmam as observações da *Human Rights Watch*[66] quanto à amplitude e à bestialidade das exações cometidas pelos dois campos contra as populações civis. Menos enquadrada do que a violência de Estado da Frelimo, a exercida pela Renamo não se resumiu em ações contra as "grandes companhias", a partir de então entregues a si mesmas depois da deserção dos seus responsáveis. O apoio que apesar de tudo lhe é concedido exprime um ódio ao Estado cuja dimensão testemunha violências que a Frelimo procura justificar, numa linguagem estrangeira, como feita em nome da luta contra o "tribalismo", contra um apego às práticas religiosas qualificadas de "obscurantistas", e contra uma fidelidade continuada e relativa às linhagens

---

[65] Um dos mais importantes reuniu dez mil testemunhas de Jeová em Milange, próximo à fronteira do Malawi.

[66] *Conspicuous Destruction. War, Famine & the Reform Process in Mozambique*, Human Rights Watch, Nova York, 1992.

858　　O Livro Negro do Comunismo

de chefias tradicionais que foram rejeitadas em bloco — sob o rótulo de "feuda-lismo" — pelo regime depois da sua independência.[67]

As prerrogativas do SNASP tinham sido bastante aumentadas antes mesmo de a amplitude da ameaça constituída pela Renamo ter sido percebida pelas autoridades de Maputo. Criada em outubro de 1975, a Segurança Popular estava efetivamente habilitada a prender e deter qualquer pessoa suspeita de "ataque à Segurança do Estado", noção que incluía os que cometessem delitos econômicos. O SNASP fora fundado para levar essas pessoas a tribunal e, nesses casos, encarregava-se da instrução. Podia igualmente enviá-las direta-mente para um "campo de reeducação". Negado aos detidos pelo artigo 115 do Código de Processo Penal, o *habeas-corpus* era só uma recordação (admitindo que a sua aplicação tenha sido efetiva nos tempos salazaristas...) quando o primeiro ataque de envergadura da Resistência visou, em 1977, o campo de reeducação de Sacuze. As "ofensivas pela legalidade", periodicamente condu-zidas por Samora Machel, não limitaram as prerrogativas do SNASP. Visavam pôr em concordância o fato com o direito; tal foi a lógica da Lei 2/79, de 28 de fevereiro de 1979, sobre os crimes contra a segurança do povo e do Estado Popular, restabelecendo a pena de morte, abolida em Portugal e em todas as suas colônias desde 1867. O castigo supremo não era, aliás, sempre aplicado dentro das regras, e principalmente quando se tratava de eliminar os dissidentes da Frelimo. Foi esse em especial o destino de Lázaro Nkavandame, Joana Simaião e Uria Simango, liquidados na ocasião da sua detenção em 1983 e cujo destino foi mantido secreto até que o Partido riscou o marxismo-leninismo da sua agenda.[68] Esse mesmo ano de 1983 foi igualmente marcado, no plano jurídico, pelo fechamento da Faculdade de Direito Eduardo Mondlane, em Maputo; acreditando-se nas considerações apresentadas pelo governo, era efetivamente claro que esse estabelecimento não preparava os juristas para defenderem os direitos do povo, mas unicamente os dos exploradores.[69] De um modo geral, a *intelligentsia* caiu muito rapidamente num desencanto discreto, tingido de servilismo em relação à *Associação dos Escritores Moçambicanos*, entregando-se em privado a comparações iconoclastas entre KGB, CIA e SNASP.[70] Mais raros

---

[67] Michel Cahen, "Check on Socialism in Mozambique. What Check? What Socialism?", *Review of African Political Economy*, nº 57, 1993, p. 54.

[68] V Congresso da Frelimo, julho de 1989.

[69] *Mozambique, indépendance et droits de l'homme*, Amnesty International, 1990, p. 24.

[70] Michel Laban, "Écrivains et pouvoir politique au Mozambique après l'indépendance", *Lusotopie*, 1995.

Afrocomunismos: Etiópia, Angola, Moçambique

foram aqueles que, como o poeta Jorge Viegas, pagaram a sua dissidência com o hospital psiquiátrico e depois com o exílio.

O recrudescimento político então verificado andava a par, segundo uma lógica já comprovada quando dos primeiros passos da Rússia soviética, de uma abertura econômica. Indubitavelmente, essa não tinha necessidade de uma maior abertura em face do estrangeiro, uma vez que os investimentos ocidentais foram sempre bem recebidos, como convém a um país de "orientação socialista" ao qual a URSS recusou a entrada no Comecon.[71] O IV Congresso (1983) voltou a sua atenção para a população rural, pondo fim à política de coletivização, de efeitos desastrosos. Ao fazer uma das denúncias de que tanto gostava, Samora Machel deixou as coisas muito claras: "Não esqueçamos o fato de que o nosso país é, antes de mais nada, constituído por camponeses. Nós persistimos em falar da classe operária e relegamos para segundo plano a maioria da população."[72] Cada incêndio de palhoças pelas milícias governamentais, por ordens (teóricas) de superiores hierárquicos preocupados com as quotas de aldeamento, reforçava automaticamente a Renamo. Além disso, a desestruturação dos sistemas de cultivo, a degradação das condições de troca de bens de consumo/culturas alimentares e a desorganização do comércio concorriam para um agravamento das dificuldades de alimentação.

Não parece que a arma da fome tenha sido utilizada de forma sistemática, tanto pelas autoridades como pela Renamo. No entanto, o controle do auxílio alimentar representou para a Frelimo um trunfo essencial para o reagrupamento das populações que os dois campos disputavam. Por esse fato, a concentração improdutiva de agricultores colocados de frente com a impossibilidade de regressarem às suas terras era ela mesma geradora de dificuldades alimentares futuras. No total, segundo a Human Rights Watch, a insuficiência das rações globalmente disponíveis durante o período de 1975-1985 esteve na origem de uma quantidade de mortos superior à causada pela violência armada.[73] A avaliação é confirmada pela Unicef, que estima em 600 mil o número de vítimas da fome no decorrer da década em questão e não hesita em esboçar uma comparação com a Etiópia. A ajuda internacional traduziu-se, para muitos, na

---

[71] Ver Michel Cahen, *Mozambique, la révolution implosée*, Paris, L'Harmattan, 1987, pp. 152-4.

[72] Discurso do presidente Samora Machel na sessão de dezembro de 1985 da Assembleia Popular. *In* M. Cahen, *Mozambique, la révolution implosée, op. cit.*, p. 163.

[73] *Conspicuous Destruction, op. cit.*, p. 4. A Unicef estima em 600.000 o número de vítimas da fome em toda a década e considera esse número comparável ao da Etiópia — é certo que apenas para o período 1984-1985.

860   O Livro Negro do Comunismo

sobrevivência das populações expostas. Em janeiro de 1987, o embaixador dos Estados Unidos em Maputo enviou ao Departamento de Estado um relatório que quantificava em 3,5 milhões o número de moçambicanos ameaçados pela fome,[74] desencadeando um auxílio imediato de Washington e de várias organizações internacionais. No entanto, as zonas mais isoladas e expostas às instabilidades climáticas foram vítimas de fomes brutalmente mortíferas de amplitude dificilmente estimável, como a região de Memba, onde, segundo as organizações humanitárias, oito mil pessoas morreram de fome na primavera de 1989.[75] Nas áreas abrangidas pela solidariedade estrangeira, o mercado retomou rapidamente os seus direitos. É, em todo o caso, uma das ilações de um relatório da Comunidade Europeia de 1991,[76] do qual ressalta que somente 25% da ajuda alimentar eram vendidos ao preço acordado, ficando 75% nas mãos do aparelho político-administrativo, o qual, depois da punção de rigor, negociava os excedentes no mercado paralelo. O *homem novo* que Samora Machel e os seus teimavam em construir era bem "o produto patológico desse compromisso, o qual, no sujeito individual, é vivido como desonra, mentira, loucura esquizofrênica. Ele quer viver, mas para isso tem de dividir-se, levar uma vida escondida e verdadeira e uma vida pública e falsa, querer a segunda para proteger a primeira, mentir incessantemente para guardar em algum lugar um cantinho de verdade".[77]

O repentino desmoronamento dos Partidos-Estado do Leste levou, num movimento muito natural, a prestar mais atenção à sua fraqueza e a acentuar a resistência das sociedades civis. Embora, no decorrer dos 15 anos considerados, a caracterização pública do comunismo africano como "legitimação política moderna"[78] pudesse ter tido consequências dolorosas para um universitário autóctone, essa percepção nem por isso deixa de conservar a sua carga explicativa. A pouca duração da experiência africana, conjugada com a percepção dominante de uma África tautologicamente votada à violência em razão da sua própria africanidade, poderia levar a atenuar — a despeito das nossas precauções iniciais — os contornos do nosso tema. A fim de resistir à tentação, não é,

---

[74] Jean-François Revel, "Au Mozambique aussi, le marxisme-leninisme engendre la famine", *Est & Quest*, n⁰ 40, março de 1987.

[75] C. Geffray, *la Cause des armes, op. cit.*, p. 209.

[76] H. Gebaver, "The Subsiddized Food Distribution System in Mozambique and its Socioeconomic Impact", Technical Assistance, EC Food Security Department, Maputo, 1991. *In Conspicuous Destruction, op. cit.*, p. 120.

[77] Alain Besançon, "La normalité du communisme selon Zinoviev", *Pouvoirs*, n⁰ 21, 1982.

[78] Jean Leca, *in* C. Cahen, *Mozambique, la révolution implosée, op. cit.*, p. 161.

sem dúvida, inútil inverter a perspectiva. Se é verdade que a especificidade da violência observada nos Estados de obediência marxista-leninista dificilmente sobressai num continente marcado pelo partido único, os massacres e a fome não serão devidos, como escrevia A. Mbembe, ao fato de que, embora os países africanos "tenham sido colonizados e conduzidos à independência pelas potências ocidentais, foram definitivamente os regimes de tipo soviético que lhes serviram de modelo", não tendo os esforços de democratização "modificado a natureza profundamente leninista dos Estados africanos"?

3
O comunismo no Afeganistão

por Sylvain Boulouque

O Afeganistão[1] estende-se por 640.000 km², isto é, uma superfície um pouco maior do que a de um país como a França, e se situa nos confins de quatro Estados: a União Soviética a norte, o Irã a oeste, o Paquistão a leste e a sul, e marginalmente, em algumas dezenas de quilômetros, a China a leste. Mais de um terço do seu território é composto por altas montanhas, algumas das quais ultrapassam os 7.000m. Em 1979, a população afegane contava 15 milhões de habitantes distribuídos por diversas etnias. A etnia dominante, com seis milhões de pessoas, implantada principalmente no sul do país, é a dos pachtos, população de maioria sunita, que fala a sua própria língua, o pachto. Os tadjiques, principalmente persófonos sunitas, exprimem-se em dari e estão representados por quatro milhões de pessoas instaladas sobretudo no leste do país. Os uzbeques, também eles sunitas, população turcófona instalada no norte, representam um milhão e meio de pessoas. Igualmente estimados em um milhão e meio de pessoas, os hazaras são predominantemente xiitas e

---

[1] Sobre a história do Afeganistão, consultar: Michael Barry, *La Résistance Afghane, du Grand Moghol à l'invasion soviétique,* Paris, Flammarion, coleção "Champs", 1989 (uma primeira versão desse livro foi publicada em 1984, com o título de *Le Royaume de l'insolence,* Paris, Flammarion). Olivier Roy, *l'Afghanistan, Islam et modernité politique,* Paris, Le Seuil, coleção "Esprit", 1985. Assem Akram, *Histoire de la guerre d'Afghanistan,* Paris, Balland, coleção "Le Nadir", 1996. Pierre et Michèle Centlivres (ed.), *Afghanistan, la colonisation impossible,* Paris, Le Cerf, 1984. Jacques Lévesque, *L'URSS en Afghanistan,* Bruxelas, Complexe, coleção "La Mémoire du siècle", 1990. Éric Bachelier, *l'Afghanistan en guerre, la fin du grand jeu soviétique,* Lyon, Presses Universitaires de Lyon, 1992. André Brigot et Olivier Roy (ed.), *La Guerre d'Afghanistan, Intervention soviétique et résistance,* "Notes et études documentaires", nº 4785, Paris, La Documentation française, 1985. Do mesmo modo, pode-se consultar a revista *Les Nouvelles d'Afghanistan,* que, desde 1980, publica informações regulares de excelente qualidade sobre a evolução do país.

O comunismo no Afeganistão 863

vivem no centro do país. As outras etnias, entre as quais se contam turcomanos, quirguizes, baluches, aymaqs, kohistanes e nuristanes, estão distribuídas por toda a extensão do território e constituem, no total, 10% da população afegane.

O principal fator de união nacional é o islã. 99% dos afeganes são muçulmanos, 80% dos quais, sunitas, e 20%, xiitas. Existem minorias sikhs e hindus e uma pequena comunidade judaica. Era um islamismo moderado que marcava o ritmo da vida cotidiana do Afeganistão, tanto nas cidades como nos campos. As estruturas tradicionais do sistema tribal foram mantidas até há pouco tempo, em que os chefes de tribo dirigiam pequenas comunidades. Esmagadoramente rural, o Afeganistão dispunha, em 1979, de uma grande cidade, com mais de 500 mil habitantes, Cabul, a capital, localizada no Leste do país, e de algumas cidades de menor importância, como Herat, no Oeste, Candahar, no Sul, Mazar-e-Charif e Cunduz; nenhuma dessas ultrapassava os 200 mil habitantes. Uma longa tradição de resistência às tentativas de conquista constitui um outro capital comum dos afeganes. Eles haviam resistido a tentativas de invasão dos mongóis e, depois, dos russos. O Afeganistão esteve sob tutela inglesa desde meados do século XIX até 1919. Enquanto a Inglaterra e a Rússia, posteriormente a União Soviética, se defrontavam através dos povos da Ásia Central, a monarquia afegane procurou sempre afirmar a sua independência relativa, uma vez que foi frequentemente o prêmio de rivalidades entre as potências. A tomada efetiva do poder pelo rei Zaher, em 1963, acelerou a onda de modernização cultural, econômica e política. A partir de 1959, as mulheres haviam sido desobrigadas de usar o véu, tiveram acesso à escola, as universidades passaram a ser mistas. O rei tinha escolhido democratizar o regime, e o Afeganistão encontrava-se na via do sistema parlamentar: os partidos políticos foram reconhecidos em 1965, e realizaram-se eleições livres. O golpe de Estado comunista de 27 de abril de 1978 e a consequente intervenção soviética modificaram o equilíbrio do país e desorganizaram os quadros tradicionais em plena mutação.

O Afeganistão e a URSS de 1917 a 1973

Os laços entre a União Soviética e o Afeganistão eram antigos. Em abril de 1919, o rei Amanollah estabeleceu relações diplomáticas com o novo governo de Moscou, o que permitiu a esse último abrir cinco consulados. Em 28 de fevereiro de 1921, foram assinados um tratado de paz e um acordo de cooperação, e os soviéticos participaram na construção de uma linha telegráfica.

864   *O Livro Negro do Comunismo*

Pagavam ao rei um subsídio anual de 500.000 dólares. Esse entendimento marcava para os soviéticos não só a vontade de contrabalançar a influência inglesa no país, mas também de estender a revolução aos países sob domínio colonial ou semicolonial.[2] Desse modo, quando do Congresso dos Povos do Oriente, realizado em Bacu, de 1º a 8 de setembro de 1920, os responsáveis da Internacional Comunista consideraram que o anticolonialismo e o anti-imperialismo poderiam atrair para o seu campo os povos "sob domínio" e lançaram-se em declarações em que a expressão "luta de classes" era substituída por *Jihad* ("guerra santa"). Parece que três afeganes participaram nesse congresso: Agazadé pelos comunistas afeganes, Azim pelos "sem-partido", e Kara Tadjiev, que se tornou mais tarde o representante dos sem-partido junto ao Congresso.[3] Nessa mesma linha, as resoluções do IV Congresso da Internacional Comunista, o qual se iniciou em 7 de novembro de 1922, preconizavam o enfraquecimento das "potências imperialistas" através da criação e organização de "frentes únicas anti-imperialistas".

Ao mesmo tempo, as tropas soviéticas comandadas pelo general Mikhail Vassilievitch Frunzé (1888-1925), um dos responsáveis do Exército Vermelho que participara na repressão contra o movimento anarquista ucraniano de Nestor Makhno, anexaram, em setembro de 1920, o Khanat (província de Bukhara), que, anteriormente, fizera parte do reino do Afeganistão, e multiplicaram as operações contra os camponeses, os *hasmatchis* — designados como "bandidos", que sempre haviam recusado o domínio russo e depois bolchevique na região —, utilizando métodos semelhantes aos usados contra os camponeses revoltosos na Rússia. A anexação dessa região tornou-se definitiva em 1924, mas os combates prosseguiram, enquanto um milhão de basmatchis se refugiavam no Afeganistão. Só em 1933 os basmatchis foram definitivamente esmagados pelo Exército Vermelho. A influência dos comunistas nas esferas dirigentes do Afeganistão já se fazia sentir; muitos oficiais afeganes iam formar-se na URSS. Paralelamente, "diplomatas soviéticos" realizavam atividades clandestinas: um adido militar e vários engenheiros foram expulsos por esse tipo de trabalho.[4] A presença de agentes da GPU no Afeganistão está igualmente atestada, na pessoa de Georges Agabekov, membro da Tcheka desde 1920, integrado ao

---

[2] Ver, a esse respeito, Louis Fisher, *Les Soviets dans les affaires mondiales*, Paris, Gallimard, 1933, 766 pp., particularmente os capítulos 13 e 29, relativos à rivalidade anglo-russa e depois russo-afegã na Ásia Central.

[3] Nicolas Tandler, "'Désinformation' à propos de l'Afghanistan", *Est & Ouest*, nº 616, 1º-15 de junho de 1978, pp. 19-20.

[4] *Ibid.*, p. 20.

O comunismo no Afeganistão

serviço Inostrany Otdel (a seção estrangeira), de que se tornou o residente ilegal, primeiro em Cabul e depois em Istambul, onde continuou a ocupar-se do Afeganistão até a sua ruptura com a GPU, em 1930.[5]

Em 1929, o rei Amanollah iniciou uma política de reforma agrária. Conduziu em paralelo uma campanha antirreligiosa. As leis foram decalcadas do modelo do reformador turco Kemal Ataturk e provocaram um levante camponês, encabeçado por Batcha-yé-Saqqao, "o Filho do Aguadeiro", que derrubou o regime.[6] Inicialmente, esse levante foi visto pela Internacional Comunista como anticapitalista. Depois, a URSS ajudou as tropas do Antigo Regime, comandadas pelo embaixador afegane em Moscou, Gulam-Nabi Khan, a entrar no Afeganistão. As tropas soviéticas (as melhores unidades de Tachkent, apoiadas pela aviação russa) penetraram no Afeganistão com uniformes afeganes. Cinco mil afeganes que representavam as forças governamentais foram mortos, todos os camponeses encontrados durante a passagem do Exército Vermelho foram imediatamente executados.[7] O rei Amanollah e Gulam-Nabi Khan fugiram para o estrangeiro, e o apoio soviético terminou. Nader Shah, precipitadamente de volta do seu exílio na França, assumiu a chefia do cxército afegane, os notáveis e as tribos proclamaram-no rei, e "o Filho do Aguadeiro", que iniciara uma fuga, foi preso e executado. Nader Shah procurou o entendimento com os ingleses e com os soviéticos. Era reconhecido e escutado em Moscou, em troca do fim do apoio aos insurrectos basmatchis. O dirigente dos basmatchis, Ebrahim Beg, foi rechaçado pelo exército afegane para o território soviético, onde foi preso e executado.[8] A 24 de junho de 1931, foi assinado um novo tratado de não agressão. Nader Shah morreu assassinado por um estudante, e Zaher Shah, seu filho, tornou-se rei em 1933.

Depois de 1945, o país conheceu várias ondas de "modernização", principalmente sensíveis na capital, com a implementação de planos quinquenais e septenais. Foram assinados novos acordos de associação e de amizade com a União Soviética, entre os quais o de dezembro de 1955, que preconizava a não ingerência, ao mesmo tempo que numerosos conselheiros soviéticos

---

[5] Georges Agabekov, *Guépéou, notes d'un tchékiste*, Berlim, Strelan, pp. 248. Traduzido para o francês e apresentado por Marc Lazarévitch em "L'intervention soviétique en Afghanistan de 1929", *Les Cahiers d'histoire sociale*, n° 1, 1993, pp. 149 62.

[6] Ludwig Adamec, "Le Fils du porteur d'eau", *Les Nouvelles d'Afghanistan*, nº 48, julho de 1990, pp. 16-7.

[7] Marc Lazarévitch, *art. cit.*, p. 158. Sobre a revolta, ver também Olivier Roy, *l'Afghanistan*, *op. cit.*, pp. 88-9.

[8] Michael Barry, *op. cit.*, p. 241.

866   *O Livro Negro do Comunismo*

eram enviados para o Afeganistão, notadamente a fim de contribuir para a modernização do exército.

O príncipe Mohammed Daud, primo do rei e primeiro-ministro, governou de 1953 a 1963. Participou na criação do movimento dos não alinhados. Com o decorrer do tempo, a influência soviética tornou-se preponderante, os soviéticos introduziram-se no exército e nos setores-chave da vida do país. Os acordos econômicos foram orientados de modo quase exclusivo a favor da URSS, embora o príncipe tentasse regularmente aproximações com os Estados Unidos. Em 1963, Daud foi demitido pelo monarca, Zaher Shah, que doravante exerceria realmente o poder. No decurso da década de 1963-1973, Zaher tentou transformar o regime numa monarquia constitucional. Os partidos políticos foram legalizados e as primeiras eleições livres realizaram-se em janeiro de 1965. Um segundo escrutínio foi organizado em 1969. Na ocasião das duas eleições, os resultados deram a vantagem a notáveis locais e a grupos favoráveis ao governo. O Afeganistão ocidentalizava-se e modernizava-se, embora o país não fosse ainda uma verdadeira democracia: "O regime real estava longe de ser perfeito: altivo, privilegiado, frequentemente corrupto", sublinha Michael Barry. "Mas estava longe de ser esse abismo de barbárie que os comunistas afeganes se comprazem em descrever. Além disso, a realeza, desde 1905, abolira a tortura, e até os castigos corporais previstos pela Charia haviam caído em desuso: nesse domínio, o regime comunista representa uma regressão selvagem."[9]

Os comunistas afeganes

O Partido Comunista Afegane, que permanecera clandestino, apareceu à luz do dia sob o nome de Partido Democrático do Povo Afegane (PDPA). As eleições permitiram a Babrak Karmal e à sua companheira, Anathihâ Ratebzâd, serem eleitos deputados. Outros comunistas, entre os quais Hafizullah Amin, foram eleitos nas eleições de 1969. Um Congresso do PDPA, realizado no início do ano de 1965, designou, com o aval dos soviéticos, Nur-Mohammed Taraki como secretário-geral. No entanto, por trás de uma união de fachada, existiam rivalidades e divergências, que eram de ordem tanto política como tribal e pessoal. Babrak Karmal era um *kabuli*, aristocrata pertencente à família real; filho do general Mohammed Hosayan Khan, Karmal era apenas um pseudônimo, "o Amigo dos Trabalhadores". Segundo um desertor da KGB, Karmal

---

[9] *Ibid.*, p. 253.

O *comunismo no Afeganistão* 867

teria pertencido a essa instituição durante muitos anos. O outro fundador do Partido, Nur-Mohammed Taraki, era filho de um camponês abastado, nascido num povoado da província de Ghazni. Era um pachto que atingira as esferas governamentais graças aos seus conhecimentos de inglês. Hafizullah Amin era também um pachto, nascido nos arredores de Cabul, no seio de uma família de pequenos funcionários.[10]

O PDPA era formado por dois movimentos, dispondo cada um do seu jornal, o *Khalq* (O Povo) e o *Partcham* (Estandarte ou Bandeira). O *Khalq* agrupava os pachtos do Sudeste do país, e o *Partcham* reunia as classes abastadas persófonas e queria implementar a teoria da frente unida. Ambos eram abertamente ortodoxos e seguiam de muito perto a política soviética, embora o *Partcham* parecesse mais sensível aos *desígnios* de Moscou. A cisão entre as duas facções durou de 1966 a 1976, com cada uma delas reivindicando o título de comunista afegane e agindo em nome do PDPA. O *Khalq* e o *Partcham* foram reunificados em 1976. O Partido nunca ultrapassaria de 4.000 a 6.000 membros.[11] Ao lado desses dois movimentos agrupados no seio do PDPA, existiam variantes pró-chinesas do comunismo. A Chama Eterna (*Sholà-yé-Jawid*), que recrutava os seus militantes principalmente entre os xiitas e os estudantes, dividiu-se mais tarde em várias tendências. O conjunto dos grupos maoistas se juntaria posteriormente à resistência. Entre 1965 e 1973, os comunistas afeganes conduziram uma campanha de descrédito sistemático do governo e da monarquia. Multiplicaram as manifestações e as interrupções das sessões do Parlamento. Paralelamente, os militantes do PDPA procuravam recrutar adeptos, sobretudo nas esferas dirigentes.

O golpe de Estado de Mohammed Daud

Daud, afastado do poder em 1963 pelo rei Zaher, fomentou e conseguiu levar a cabo um golpe de Estado em 1973, graças ao apoio dos oficiais comunistas. É necessário notar que as interpretações divergem: uns tendem a pensar que se tratou de uma ação teleguiada de Moscou,[12] enquanto outros admitem que

---

[10] As biografias dos principais dirigentes do PDAP são apresentadas *ibid.*, pp. 294-7.

[11] Étienne Gille, "L'accession au pouvoir des communistes prosoviétiques", *in* Pierre et Michèle Centlivres, *Afghanistan, op. cit.*, p. 184, et Jacques Lévesque, *L'URSS en Afghanistan, op. cit.*, p. 35.

[12] Olivier Roy, "De l' instauration de la République à l'invasion soviétique", *La Guerre d'Afghanistan. Intervention soviétique et résistance, op. cit.*, pp. 29-30.

868 O Livro Negro do Comunismo

Daud utilizou os comunistas. Como quer que seja, o governo de Daud incluía sete ministros comunistas pertencentes ao *Partcham*. As liberdades constitucionais foram suspensas. Foi desencadeada uma primeira fase de repressão, por instigação dos comunistas. "O dirigente nacionalista Hashim Maiwandwal (antigo primeiro-ministro de tendência liberal entre 1965 e 1967) é preso por conspiração, juntamente com cerca de outras 40 pessoas, das quais quatro são executadas. Maiwandwal 'suicida-se' (versão oficial) na prisão. A opinião geral é que se trata de um assassinato, constituindo um golpe montado, a fim de retirar a Daud qualquer solução alternativa credível e para eliminar certas personalidades não comunistas."[13] A tortura e o terror tornaram-se métodos correntes, e a sinistra prisão de Pol-e-Tcharki foi inaugurada em 1974.

No entanto, em 1975, Daud expulsou os comunistas e assinou novos acordos comerciais com os países do bloco do Leste, mas também com o Irã e a Índia. As relações com a URSS deterioraram-se, e, na ocasião de uma visita à União Soviética, Daud aborreceu-se com Leonid Brejnev e procurou afirmar a independência econômica do seu país. Os seus dias estavam contados, e acabou por ser derrubado em 27 de abril de 1978. Michael Barry resume muito bem a situação nos dias anteriores ao golpe de Estado: "O Afeganistão anterior a 1978 era um Estado laico, que nunca tolerou a oposição integrista muçulmana, oficialmente neutra, complacente em relação à União Soviética, à qual não contestava as fronteiras nem o domínio sobre outros muçulmanos. [...] Afirmar que a URSS tomara a dianteira para bloquear o crescimento do integrismo muçulmano não faz sentido; ao liquidar Daud, antes reforçou uma contestação islâmica que até aquele momento ela tivera tendência de subestimar; quando muito, o golpe de Estado comunista foi acelerado para impedir que o Afeganistão escapasse à última hora ao domínio da URSS."[14]

O golpe de Estado de abril de 1978 ou a "Revolução de Saur"

O incidente que desencadeou o golpe de Estado comunista foi o assassinato de Mir-Akbar Khaybar, um dos fundadores do PDPA, em condições que permanecem misteriosas. Uma primeira versão, avançada depois da tomada do poder pelo *Partcham*, é a sua eliminação pelos homens do *Khalq* dirigidos por Hafizullah Amin. A segunda versão é que o seu assassinato foi cometido por Mohammed Najibullah, o futuro dirigente dos serviços secretos afeganes, com

---

[13] *Ibid.*, p. 30.

[4] Michael Barry, *op. cit.*, p. 252.

O comunismo no Afeganistão

a cumplicidade dos serviços secretos soviéticos.[15] Esse assassinato teve como consequência a multiplicação das manifestações comunistas e a derrubada de Daud. Parece, efetivamente, que a tomada do poder foi premeditada. Amin, chefe do *Khalq*, que estava particularmente bem implantado ao lado dos militares, havia projetado um golpe de Estado para o mês de abril de 1980.[16] Com efeito, a implantação do comunismo no Afeganistão teve a particularidade de ter retomado os métodos inaugurados na Espanha e seguidamente aplicados nas "democracias populares": introdução nas esferas dirigentes, infiltração no exército e na alta administração, depois tomada do poder pela força, quando do golpe de Estado de abril de 1978, qualificado de "Revolução de Abril" ou "Revolução de Saur" (do touro). A marginalização dos comunistas por Daud e o assassinato de Mir-Akbar Khaybar aceleraram os preparativos. As manifestações comunistas multiplicaram-se. Daud mandou prender ou manter em residência vigiada os principais dirigentes comunistas. Amin, com residência fixa, beneficiou-se da cumplicidade dos policiais, ao que parece membros do PDPA, que vigiavam a sua residência, e pôde, portanto, organizar o golpe de Estado a partir de sua casa.[17]

O palácio presidencial foi tomado de assalto, em 27 de abril de 1978, por tanques e aviões. Daud, os seus familiares e a guarda presidencial recusaram render-se. Ele e 17 membros da sua família foram eliminados no dia seguinte. Em 29 de abril, foi efetuada uma primeira depuração, que fez 3.000 vítimas entre os militares não comunistas. A repressão conduzida contra os partidários do Antigo Regime fez cerca de 10.000 vítimas. Entre 14.000 e 20.000 pessoas foram detidas por razões políticas.[18]

O novo governo, dirigido por Nur-Mohammed Taraki, foi proclamado em 30 de abril. Taraki, do *Khalq*, foi nomeado presidente da República Democrática do Afeganistão; Babrak Karmal, do *Partcham*, vice-presidente e vice-primeiro--ministro, e Hafizullah Amin, do *Khalq*, segundo-vice-presidente e ministro dos Negócios Estrangeiros. A União Soviética foi o primeiro Estado a reconhecer o novo governo,[19] com o qual assinou um acordo de cooperação e assistência mútua. Taraki decretou reformas que, segundo todos os observadores e testemunhas, quebraram os quadros tradicionais da sociedade afegane. As dívidas

---

[15] *Ibid.*, p. 301, e Assem Akram, *op. cit.*, pp. 93-5; este último baseia-se no testemunho do irmão de Mohammed Najibullah.

[16] *Ibid.*, p. 300.

[17] *Ibid.*, p. 302.

[18] Anistia Internacional, *Relatório Anual*, 1979, relativo ao ano civil de 1978, p. 101.

[19] Michael Barry, *op. cit.*, p. 304.

870 O Livro Negro do Comunismo

rurais e as hipotecas sobre as terras foram eliminadas, a escola tornou-se obrigatória para todos, implementou-se uma propaganda antirreligiosa. Taraki foi proclamado "o guia e o pai da Revolução de Abril". No entanto, as reformas provocaram um descontentamento geral, e as primeiras revoltas explodiram, em julho de 1978, em Asmar, no Sudeste do Afeganistão. A violência política tornou-se onipresente. A 14 de fevereiro de 1979, o embaixador americano, Adolph Dubs, foi raptado pelo grupo maoista Setem-i-Milli, que reclamava a libertação de um dos seus dirigentes, Barrudim Bâhes, que entretanto havia sido executado pelo KHAD — os serviços de segurança afeganes, aconselhados pelos soviéticos. Os homens do KHAD intervieram e mataram o embaixador americano e os seus raptores.[20] "Alguns dirão que essa operação foi sub-repticiamente dirigida com o objetivo de comprometer a situação diplomática do regime khala."[21] Não existe qualquer testemunho desse rapto.

Pouco depois, o governo comunista decretou uma campanha antirreligiosa. O Alcorão era queimado nas praças públicas. Vários responsáveis religiosos (imãs) foram presos e assassinados. Assim, no clã dos Mojaddedi, grupo religioso muito influente de uma etnia xiita, todos os homens, ou seja, 130 pessoas de uma mesma família, foram massacrados na noite de 6 de janeiro de 1979.[22] A prática religiosa foi proibida a todas as confissões, inclusive à pequena comunidade judaica composta por 5.000 membros com residência principalmente em Cabul e em Herat e que encontrou refúgio em Israel.

A rebelião se alastrou, multiforme, sem estrutura real. Primeiro progrediu nas cidades e depois estendeu-se aos campos. "Cada tribo, cada etnia, com as suas próprias tradições, vai constituir-se numa rede de resistência. A resistência é formada por múltiplos grupos em contato permanente com a população, e cujo laço primordial é o islã."[23] Em face de essa recusa generalizada em aceitar a sua tomada do poder, os comunistas afeganes recorreram ao terror, auxiliados por conselheiros soviéticos. Michael Barry recorda: "Em março de 1979, o povoado de Kerala foi palco de um massacre: 1.700 adultos e crianças, toda

---

[20] Rémi Kauffer e Roger Faligot, Les Maîtres espions. Histoire mondiale du renseignement, t. 2, De la guerre froide à nos jours, Paris, Robert Laffond, 1994, p. 391. Ver também Patrice Franceschi, Ils ont choisi la liberté, op. cit., pp. 41-2, e Étienne Gille, Afghanistan, op. cit., pp. 199-200.

[21] Étienne Gille, op. cit., p. 199.

[22] Assem Akram, op. cit., p. 516, e Marie Broxup e Chantal Lemercier-Quelquejay, "Les expériences soviétiques de guerres musulmanes", in André Brigot e Olivier Roy, La Guerre d'Afghanistan, op. cit., p. 41.

[23] Éric Bachelier, op. cit., p. 50.

O comunismo no Afeganistão 871

a população masculina do povoado, foram reunidos na praça e metralhados à queima-roupa; os mortos e os feridos foram enterrados uns sobre os outros em três valas comuns, com um *bulldozer*. As mulheres, apavoradas, veem, durante longos momentos, os montículos de terra agitarem-se, porque os enterrados vivos tentavam escapar. Depois, mais nada. As mães e as viúvas fugiram todas para o Paquistão. Essas patéticas 'contrarrevolucionárias-feudais-vendidas-aos- -interesses-chineses-e-americanos' dão testemunho, entre soluços de dor, nas suas cabanas de refugiados."[24]

Os comunistas afeganes pediram então uma ajuda discreta, mas cada vez maior, aos soviéticos. Em março de 1979, alguns Migs decolaram da União Soviética e bombardearam a cidade de Herat, que acabara de cair nas mãos dos rebeldes que se opunham ao poder dos comunistas. O bombardeamento e depois a repressão fizeram, conforme as fontes, entre 5.000 e 25.000 mortos numa população de 200.000 habitantes, porque o exército se encarregou se- guidamente de limpar a cidade de rebeldes. Portanto, não existem elementos sobre a amplitude da repressão.[25] A rebelião alastrou-se à totalidade do país, e os comunistas viram-se obrigados a pedir de novo ajuda aos soviéticos, que a forneceram: "Material especial no montante de 53 milhões de rublos, incluindo 140 canhões, 90 veículos blindados (50 dos quais de urgência), 48.000 espingar- das, cerca de 1.000 lança-granadas, 680 bombas de aviação [...]. Como ajuda prioritária, os soviéticos forneceram 100 reservatórios de líquido incendiário, 150 caixas de granadas; porém se desculparam por não poderem satisfazer o pedido afegane de bombas carregadas com gás tóxico e de pilotos de helicóp- teros."[26] Entretanto, o terror reinava em Cabul. A prisão de Pol-e-Tcharki, localizada na zona oriental da cidade, tornou-se um campo de concentração.[27] O diretor da prisão, Sayyed Abdullah, explicou aos prisioneiros: "Vocês estão

---

[24] Michael Barry, *op. cit.*, p. 314. Ver também, sobre as viúvas de Kerala, *Les Nouvelles d'Afghanistan*, n°s 35-36, dezembro de 1987, p. 33. Aliás, Michael Barry lembrava que cinco oficiais soviéticos controlavam a operação.

[25] Jacques Lévesque, *op. cit.*, p. 48. Étienne Gille, *Afghanistan, op. cit.*, p. 200. Ver também Anistia Internacional, *Violation des droits de l'homme et des libertés fondamentales en République démocratique d'Afghanistan*, 11 de abril de 1979, 30 pp. O dossiê da Anistia ba- seia-se somente em casos oficiais. A organização de defesa dos direitos humanos menciona a presença de crianças entre os prisioneiros.

[26] Vladimir Bukovski, *Jugement* à *Moscou, un dissident dans les archives du Kremlin*, Paris, Robert Laffont, 1995, pp. 378-9. O autor dá o relato completo da discussão entre Alexis Kossyguine e Nour-Mohammed Taraki, com este último pedindo ajuda aos soviéticos, que se mostraram reticentes a princípio.

[27] A expressão foi retirada de Michael Barry, *op. cit.*, pp. 306-7.

872   *O Livro Negro do Comunismo*

aqui para serem reduzidos ao estado de lixo." A tortura era moeda corrente: "O castigo supremo da prisão era ser enterrado vivo na fossa das latrinas."[28] Os detidos eram executados ao ritmo de várias centenas por noite, "os cadáveres e os agonizantes eram enterrados com a ajuda de *bulldozers*".[29] Os métodos que Stalin utilizava contra os povos punidos voltaram a uso. Desse modo, em 15 de agosto de 1979, 300 pessoas da etnia dos Hazâras, suspeitas de apoiarem a resistência, foram presas. "Dessas, 150 foram enterradas vivas por *bulldozers*; as da outra metade foram regadas com gasolina e queimadas vivas."[30] Em setembro de 1979, as autoridades da prisão reconheciam que 12.000 detidos tinham sido eliminados. O diretor da prisão de Pol-e-Tcharki afirmava a quem quisesse ouvi-lo: "Só deixaremos um milhão de afeganes vivos; é o suficiente para construir o socialismo!"[31]

Enquanto o Afeganistão se transformava numa prisão gigantesca, os confrontos entre o *Khalq* e o *Partcham* prosseguiam no interior do PDPA. Deu-se uma reviravolta que favoreceu o *Khalq*. Os representantes do *Partcham* foram enviados para as embaixadas dos países do Leste; o seu dirigente, Babrak Karmal, que fora agente da KGB,[32] foi destacado para a Tchecoslováquia, a pedido expresso da União Soviética. Em 10 de setembro de 1979, Amin tornou-se primeiro-ministro e secretário-geral do PDPA. Eliminou os seus alegados opositores, mandando assassinar Taraki, o qual, segundo a versão oficial, teria morrido na sequência de uma doença prolongada quando regressava de uma viagem à URSS. Os diferentes observadores assinalaram a presença de 5.000 conselheiros soviéticos no Afeganistão, e particularmente a do coronel-general Ivan Gregorevitch Pavlosky, chefe do estado-maior das forças terrestres soviéticas.[33]

Pouco mais de um ano após o golpe de Estado comunista, o balanço era aterrador. Shah Bazgar explica: "Babrak Karmal confessou ele próprio que os expurgos dos seus dois antecessores, Taraki e Amin, haviam feito pelo menos 15.000 vítimas. Na verdade, foram no mínimo 40.000. Entre elas, infelizmente, dois dos meus primos maternos desapareceram na penitenciária de Pol-e-Tcharki. Um, Selab Safay, era um prestigiado homem de letras, cujos poemas eram lidos no rádio e na televisão. Eu tinha por ele um afeto profundo. O

---

[28]   *Ibid.,* p. 306
[29]   *Ibid.,* p. 307.
[30]   *Ibid.,* p. 307.
[31]   *Ibid.*
[32]   Christopher Andrew e Oleg Gordievsky, *Le KGB dans le monde,* Paris, Fayard, 1990, p. 569.
[33]   Roger Faligot e Rémi Kauffer, *op. cit.,* p. 390.

O comunismo no Afeganistão

meu outro primo, seu irmão, era professor. Toda a elite do país se encontrava decapitada. Os raros sobreviventes testemunhavam as atrocidades comunistas. As portas das celas eram abertas: de listas na mão, os soldados soletravam nomes de detidos. Esses levantavam-se. Alguns instantes mais tarde, ouviam-se rajadas de metralhadora."[34] Esses números só levam em consideração os acontecimentos de Cabul e das principais cidades do país. As execuções nos campos, onde os comunistas faziam reinar a ordem pelo terror com o objetivo de aniquilar qualquer forma de resistência, e os bombardeamentos desses mesmos campos provocaram a morte de cerca de 100.000 pessoas. O número de refugiados afeganes que fugiam desses massacres foi calculado em mais de 500.000 pessoas.[35]

A intervenção soviética

O Afeganistão soçobrava na guerra civil. Os comunistas, apesar da repressão, não conseguiam estabelecer o seu poder e pediram uma vez mais a ajuda soviética. Em 27 de dezembro de 1979, foi desencadeada a operação "Borrasca 333", e as tropas soviéticas entraram no país. Elas haviam sido chamadas, nos termos do tratado de cooperação e de amizade, para vir em auxílio dos "irmãos" de Cabul. "Um grupo de assalto dos comandos da KGB, chefiado pelo coronel Boiarinov, [...] encarrega-se do assalto ao palácio e assassina Amin e todas as testemunhas suscetíveis de descrever os acontecimentos."[36] Amin parecia querer desligar-se da tutela soviética, tivera contatos com os americanos — por ocasião dos seus estudos nos Estados Unidos, nos anos 1950 — e multiplicara as ligações com países que não estavam diretamente sob a influência soviética. De fato, a decisão soviética estava tomada desde 12 de dezembro de 1979. Babrak Karmal o substituiu. Amin deveria ter se retirado e aceitado uma aposentadoria dourada. Em face da sua recusa, o novo governo foi anunciado, no decorrer

---

[34] Shah Bazgar, *Afghanistan, la résistance au coeur,* Paris, Denoêl, 1987, pp. 65-6. Shah Bazgar foi assassinado em 23 de novembro de 1989 numa emboscada, enquanto ele realizava uma reportagem sobre os sistemas de irrigação. A única arma que ele carregava era uma câmera. *Cf.* Gilles Rossignol e Étienne Gille, "Un témoin: Shah Bazgar", *Les Nouvelles d'Afghanistan,* nº 45, dezembro de 1989, p. 6.

[35] Olivier Roy, *Afghanistan, op. cit.,* p. 126, e Étienne Gille, *ibid.,* p. 199.

[36] Christopher Andrew e Oleg Gordievsky, *op. cit.,* pp. 570-1. Os autores mencionam que Boiarinov foi morto por seus homens, pois ele tinha sido confundido com um afegane. Vladimir Bukovski chegou às mesmas conclusões.

874   *O Livro Negro do Comunismo*

de uma emissão de rádio difundida a partir do sul da União Soviética, antes mesmo do seu assassinato.[37]

As hipóteses acerca da intervenção soviética são numerosas. Alguns veem nela o prosseguimento da expansão russa tendo por finalidade atingir os mares quentes. Para outros, é uma vontade de estabilização da região, diante da expansão de um islamismo radical. A menos que essa intervenção não seja a expressão da expansão do imperialismo soviético, assim como do caráter messiânico do regime marxista que pretendia submeter o conjunto dos povos ao comunismo. A isso juntava-se a vontade de defender um Estado governado por comunistas e supostamente ameaçado por "agentes do imperialismo".[38]

As tropas soviéticas chegaram ao Afeganistão em 27 de dezembro de 1979. No início de 1980, o contingente representava cerca de 100.000 homens. A guerra do Afeganistão desenrolou-se em quatro fases. As tropas soviéticas ocuparam o país entre 1979 e 1982. A fase mais dura dessa guerra total decorreu nos anos de 1982-1986, a retirada efetuou-se entre 1986 e 1989. Duzentos mil soldados soviéticos estiveram permanentemente estacionados no Afeganistão. A última fase caracterizou-se, entre 1989 e 1992, pela manutenção, na direção do Estado, de Mohammed Najibullah, que tentou representar o papel de Gorbatchev afegane ao propor uma reconciliação nacional, período durante o qual a União Soviética entregou, a título de auxílio, 2,5 bilhões de rublos em tecnologia militar após a partida das tropas em 15 de fevereiro de 1989 e 1,4 bilhão em 1990. O governo de Najibullah só caiu em 1992, após o desapareci mento da União Soviética.[39]

Desde então combinaram-se duas técnicas: por um lado, a tática da guerra total, conduzida pelos soviéticos, que praticavam a política da terra queimada; por outro, os métodos de terror de massa e a eliminação sistemática dos opositores, ou supostos como tais, nas prisões especiais da AGSA (Organização para a Proteção dos Interesses do Afeganistão), que se transformou no KHAD (Serviço de Informação do Estado) em 1980, e depois no WAD (Ministério da Segurança do Estado) em 1986, o qual dependia diretamente da KGB tanto

---

[37] Arquivos do Politburo, citados por Assem Akram, *op. cit.*, pp. 149-50; Vladimir Bukovski, *op. cit.*, pp. 383-4.

[38] Assem Akram, *op. cit.*, pp. 150-4, desenvolve as diferentes possibilidades da expansão comunista.

[39] Vladimir Bukovski, *op. cit.*, pp. 489-90. Christophe de Ponfilly e Frédéric Laffont relatam em *Poussières de guerre* (Paris, Robert Laffont, 1990, p. 91): "Os russos utilizaram seu armamento mais moderno: aviões [entre os quais os SU-29] soltam bombas, voando a mais de dez mil metros."

O comunismo no Afeganistão

pelo financiamento quanto pelos instrutores. Esse método de governo pelo terror durou até 1989, data da retirada das tropas soviéticas do Afeganistão. Na realidade, prolongou-se até 1992, data da queda do governo de Mohammed Najibullah.

Ao longo desses 14 anos de guerra, os soviéticos e os comunistas afeganes nunca dominaram mais de 20% do território. Contentaram-se em manter os grandes eixos, as principais cidades, as zonas ricas em cereais, em gás e em petróleo, cuja produção estava certamente destinada à União Soviética. "A exploração dos recursos e a valorização do Afeganistão entram no quadro de uma economia de exploração colonial típica: a colônia fornece as matérias-primas e deve absorver os produtos industriais da metrópole, fazendo desse modo funcionar a sua indústria. [...] Segundo a técnica russa bem conhecida, o ocupante faz o país pagar os custos da conquista e da ocupação. Os exércitos, os tanques, os bombardeamentos das cidades são faturados e pagos com o seu gás, o seu algodão e, mais tarde, o seu cobre e a sua eletricidade."[40] Durante esses 14 anos, os soviéticos, apoiados pelo exército afegane, travaram uma guerra total. Mas o exército afegane, dispondo de 80.000 homens em 1978, sofria a hemorragia provocada pela multiplicação das deserções. Quase não ultrapassava os 30.000 homens dois anos mais tarde. Em 1982, foram convocados os reservistas. Em março de 1983, foi decretada a mobilização geral de todos os homens com 18 anos ou mais. Jovens de 15 anos foram recrutados à força.

Os soldados soviéticos enviados para o Afeganistão, excetuando os das unidades de tropas especiais, eram principalmente cidadãos das repúblicas periféricas, ucranianos, letônios, lituanos, estônios. Substituíram os contingentes de muçulmanos soviéticos, visto que o poder receava o contágio de um islamismo radical. Pelo menos 600.000 recrutas foram enviados para o Afeganistão. O número de soldados soviéticos mortos teria sido superior a 30.000.[41] Os seus corpos nunca foram entregues às respectivas famílias nem levados para a URSS. Nos caixões chumbados e selados, os cadáveres eram substituídos por areia ou por corpos de outros soldados.[42] Desmoralizados por uma guerra sem nome, os soldados afundavam-se no alcoolismo e nas

---

[40] *Les Nouvelles d'Afghanistan*, nº 7, novembro de 1981, p. 9. O mesmo número dessa revista consagrou um longo dossiê aos "Interesses econômicos soviéticos no Afeganistão" e às pilhagens das riquezas naturais às quais se dedicaram os soviéticos.

[41] Assem Akram, *op. cit.*, p. 346, e Éric Bachelier, *L'Afghanistan, op. cit.*, capítulo 6, pp. 75-86.

[42] S. Jemis, "Un bonjour d'Afghanistan", *L'Alternative*, nº 19, novembro-dezembro de 1982, p. 43. Ver, a esse respeito, o testemunho de Svetlana Aleksievitch, *Les Cercueils de zinc*, Paris, Bourgois, 1991.

876 *O Livro Negro do Comunismo*

drogas (haxixe, ópio e heroína). Certos tráficos foram organizados pela KGB. Os lucros da produção da droga afegane suplantavam os do Triângulo de Ouro. A fim de serem repatriados, os soldados mutilavam-se voluntariamente. Quando regressavam para casa, eram abandonados à sua sorte, tendo alguns sido enviados para hospitais psiquiátricos devido a perturbações psíquicas,[43] e outros caíram na delinquência. Outros ainda desenvolveram uma retórica nacionalista, a qual originou o movimento ultranacionalista e antissemita Pamiat, que se beneficiou da cumplicidade benevolente da KGB.[44]

Diante da invasão soviética, a Resistência afegane organizou-se. O número de resistentes foi calculado entre 60.000 e 200.000 homens. Eles beneficiavam-se do apoio da população. A Resistência afegane era composta por sete partidos sunitas, cuja base de retaguarda estava localizada no Paquistão, e oito partidos xiitas, instalados no Irã.[45] Todos os grupos nascidos da Resistência reclamam do islamismo radical ou moderado — como o do comandante Massud. A Resistência beneficiou-se do apoio do Congresso americano, que lhe forneceu armas, entre as quais, a partir de meados dos anos 1980, mísseis terra-ar Stinger, que possibilitaram aos resistentes impedir os ataques aéreos dos soviéticos, um dos elementos fundamentais da guerra conduzida pelo invasor. A estratégia utilizada pelos soviéticos era a do terror. Qualquer pessoa, qualquer povoado suspeito de ajudar muito ou pouco a Resistência era de imediato vítima de represálias. A repressão abatia-se por toda parte e continuamente.

As atrocidades são comuns a todas as guerras. A violência originada pela brutalização das massas e pela guerra generalizada[46] conduzidas pelos soviéticos abateu-se sobre o Afeganistão. Também os resistentes afeganes perpetraram algumas chacinas. Embora não sejam aqui evocadas, as exações da resistência continuam a ser inaceitáveis e indesculpáveis. Diferentemente de outros conflitos, como o do Vietnã, com o qual o do Afeganistão foi comparado, convém salientar que essa guerra não foi mediatizada; foram obtidas muito poucas imagens do conflito. Tratou-se de uma insurreição generalizada, em

---

[43] Christophe de Ponfilly e Frédéric Laffont, *op. cit.*, p. 175.

[44] Ver, a esse respeito, Vladimir Bukovski, *op. cit.*, pp. 262 e 456, assim como Françoise Thom, "Le KGB et les Juifs", *Pardès*, nos 19-20, Paris, Le Cerf, 1994, pp. 7-24.

[45] Éric Bachelier, *op. cit.*, p. 52. Através de um estudo detalhado dos grupos da Resistência, ver igualmente Olivier Roy, *Islam, op. cit.*, e Assem Akram, *op. cit.*, capítulo 8.

[46] Sobre a noção de brutalização e totalização das massas, ver Annette Becker e Stéphane Audoin-Rouzeau, "Violence et consentement la culture de guerre du Premier conflit mondial", em Jean-Pierre Rioux et Jean François Sirinelli, *Pour une histoire culturelle,* Paris, Le Seuil, "collection l'Univers Historique", 1997, pp. 251-71, e François Furet, *Le Passé d'une illusion,* Paris, Robert Laffont, 1995, capítulos 2 e 3.

O comunismo no Afeganistão   877

resposta a um golpe de Estado comunista seguido de uma invasão. Torna-se necessário, por outro lado, notar que as potências que apoiaram os resistentes prestaram pouca atenção à atitude de alguns desses últimos quanto ao respeito aos direitos humanos, favorecendo por vezes os mais obscurantistas dentre eles. Mesmo assim, a responsabilidade dos acontecimentos que se produziram no Afeganistão cabe diretamente aos comunistas e aos seus aliados soviéticos. O governo pelo terror de massa e o sistema coercivo implementados continuam a ser uma constante na história do comunismo.

A amplitude da repressão

A questão dos refugiados

O número de refugiados aumentou incessantemente. No final de 1980, estava estimado em mais de um milhão. Sabe-se que 80% dos intelectuais tinham fugido do país na data de 4 de julho de 1982. No início de 1983, contavam-se cerca de três milhões de refugiados numa população total de 15 milhões de habitantes. Em 1984, o número de refugiados ultrapassava quatro milhões, ou seja, mais de um quarto da população total,[47] e atingia cinco milhões no começo dos anos 1990. Aos refugiados que haviam deixado o Afeganistão juntavam-se os "refugiados do interior", que abandonavam os seus povoados para escaparem à guerra e à repressão, elevando-se o seu número a cerca de dois milhões. Segundo a Anistia Internacional, os refugiados que abandonaram o Afeganistão constituem "o grupo numericamente mais importante do mundo".[48] Mais de dois terços encontravam-se instalados principalmente no Paquistão, um terço vivia no Irã, e uma minoria ínfima conseguira chegar à Europa e aos Estados Unidos. Um observador verifica: "No outono de 1985, no decurso de uma missão clandestina, a cavalo, em quatro províncias do Leste e do Centro efetuada pela Federação Internacional dos Direitos do Homem, o médico sueco Johann Lagerfelt e eu próprio [Michael Barry] conseguimos recensear 23 povoados e avaliar nesses locais uma taxa de despovoamento da ordem dos

---

[47] Olivier Roy, "Les limites de la pacification soviétique en Afghanistan", L'Alternative, nº 31, janeiro-fevereiro de 1985, p. 14.

[48] Anistia Internacional, Relatório Anual, 1989, relativo ao ano de 1988, p. 172. Ver também "Les réfugiés afghans", Les Nouvelles d'Afghanistan, nºs 35-36, dezembro de 1987.

878   *O Livro Negro do Comunismo*

56,3%."[49] No conjunto do território, cerca de metade da população afegane fora forçada a exilar-se, sendo a sua partida consequência direta do terror em grande escala, usado pelo Exército Vermelho e pelos seus auxiliares afeganes.

A destruição dos povoados e os crimes de guerra

Desde o começo da intervenção, os ataques soviéticos concentraram-se especialmente em quatro direções: ao lado da fronteira, no vale do Panjshir e nas regiões de Candahar, no Sul do país, e Herat, no leste, duas zonas que foram ocupadas em fevereiro de 1982. A guerra total conduzida pelos soviéticos foi muito rapidamente condenada pelo Tribunal Permanente dos Povos, herdeiro dos antigos "tribunais Russell", que "se inspiram diretamente no Tribunal de Nuremberg, do qual são uma filiação jurídica".[50] O Tribunal Permanente dos Povos conduziu um inquérito sobre esse assassinato coletivo. A missão foi confiada ao afeganólogo Michael Barry, ao jurista Ricardo Frailé e ao fotógrafo Michel Baret. O inquérito confirmou que, em 13 de setembro de 1982, em Padkhwab-e-Shana (a sul de Cabul, na província do Logar), 105 camponeses escondidos num canal de irrigação subterrâneo tinham sido queimados vivos pelos soviéticos, que tinham efetivamente utilizado petróleo e dinitrotolueno — um líquido altamente inflamável — a partir de tubos ligados a caminhões para matar os afeganes escondidos. A sessão do Tribunal dos Povos realizada na Sorbonne em 20 de dezembro de 1982 condenou oficialmente esse crime. O representante do governo afegane em Paris denunciou o Tribunal como joguete dos imperialistas e negou o crime, argumentando que "tendo os *karez* [as condutas dos túneis] apenas alguns centímetros de altura, [é] impossível que lá tenham penetrado seres humanos".[51]

Fora cometido um assassinato semelhante no povoado de Khasham Kala, na província do Logar. Uma centena de civis que não ofereceram qualquer

---

[49] Michael Barry, *op. cit.*, p. 18.

[50] Marina Isenburg, "Les origines du Tribunal permanent des peuples", *Bulletin d'information et de liaison du Bureau International Afghanistan, La Lettre du BIA*, número especial, "Afghanistan, Tribunal des peuples. Stockholm: 1981-Paris: 1982, compte rendu des travaux", p. 3.

[51] Citado por Michael Barry, *op. cit.*, p. 80. Sobre o massacre do povoado de Padkhwab-e--Shana, Ver *La Lettre du BIA, op. cit.*, e Michael Barry, *op. cit.*, capítulo 1: "Enquête sur un crime de guerre en Afghanistan", pp. 68-80.

O comunismo no Afeganistão

resistência haviam encontrado a morte da mesma maneira.[52] Quando o exército soviético entrava numa cidade, instalava-se o terror: "A coluna detém-se diante de um povoado. Após uma preparação de artilharia, são bloqueadas todas as saídas; em seguida, os soldados descem dos seus blindados para vasculhar a cidade, procurando 'inimigos'. Muito frequentemente, e aqui os testemunhos são inúmeros, essas buscas em povoados são acompanhadas de atos de barbárie cega, mulheres e idosos são liquidados se porventura esboçam um gesto de medo. Soldados, soviéticos, mas também afeganes, apoderam-se dos aparelhos de rádio ou dos tapetes e arrancam as joias das mulheres."[53] Os crimes de guerra ocorriam com extrema frequência: "Soldados soviéticos jogaram gasolina sobre os braços de um rapaz e puseram fogo na presença dos pais porque eles se recusavam a fornecer informações. Várias pessoas foram forçadas a permanecer descalças na neve a uma temperatura de vários graus negativos, a fim de os obrigar a falar." Um soldado explicou: "Nós não fazíamos prisioneiros de guerra. Nenhum. Geralmente, matavam-se os prisioneiros ali mesmo [...]. Quando se verificavam expedições punitivas, não matávamos as mulheres e as crianças a tiro. Nós as fechávamos num cômodo e atirávamos granadas ali dentro."[54]

O objetivo dos soviéticos era semear o terror, amedrontar as populações e dissuadi-las de ajudar a Resistência. As operações de represália eram conduzidas no mesmo espírito. Mulheres eram atiradas nuas de dentro de helicópteros, e, para vingar a morte de um soldado soviético, povoados inteiros eram destruídos. Assim, os observadores registravam: "Na sequência de um ataque a uma coluna próximo dos povoados de Muchkizai, na região de Candahar, em 13 de outubro de 1983, a população de Kolchabâd, Muchkizai e Timur Qalatcha foi massacrada como represália. O número total das vítimas foi de 126: em Timur Qalatcha, 40, ou seja, a totalidade da população desse povoado; 51 em Kolchabâd; e 35 em Muchkizai. Trata-se majoritariamente de mulheres e crianças; 50 mulheres com idades entre 20 e 32 anos e 26 crianças; todos os homens tinham abandonado os povoados quando a coluna se aproximava para fugir

---

[52] Anistia Internacional, *Relatório Anual*, 1983, relativo ao ano de 1982, p. 227, e Bernard Dupaigne, "L'armée soviétique en Afghanistan", *L'Alternative*, nº 31, janeiro-fevereiro de 1985, pp. 8-9.

[53] *Ibid.*, pp. 8-9.

[54] *Ibid.*

880   *O Livro Negro do Comunismo*

aos recrutamentos."[55] Por outro lado, esses povoados eram sistematicamente bombardeados para impedir a Resistência de lançar contraofensivas. Assim, em 17 de abril de 1985, os soviéticos destruíram várias cidadezinhas, a fim de minar as bases de retaguarda da Resistência na região de Laghman, tendo sido mortas cerca de mil pessoas. Em 28 de maio de 1985, os soviéticos abandonaram a zona de Laghman-Kunar e "limparam" as localidades.[56]

As convenções internacionais foram sistematicamente violadas. O *napalm* e o fósforo foram utilizados de modo intensivo quando foram bombardeados os campos afeganes pela aviação soviética.[57] Foram igualmente utilizados gases tóxicos de diversos tipos contra as populações civis. Diferentes testemunhos deram nota de gases irritantes, asfixiantes e lacrimogêneos. Em 19 de dezembro de 1982, assinalava-se o uso de gases neurotóxicos contra a Resistência afegane, embora o número de vítimas não seja conhecido.[58] Em 1982, o Departamento de Estado americano assinalava o emprego de micotoxina — uma arma biológica. A revista *Les Nouvelles d'Afghanistan* indicava, em dezembro de 1986: "Os soviéticos teriam usado nesse verão uma arma química em Candahar; segundo o *Le Point*, de 6 de outubro de 1986, a utilização de produtos químicos mortíferos foi igualmente assinalada em Paghman."[59] Paralelamente, o exército soviético lançava substâncias tóxicas nas fontes de água potável, provocando desse modo a morte de pessoas e do gado.[60] O comando soviético mandava bombardear os locais onde os desertores se encontravam refugiados, a fim de desencorajar os afeganes de lhes concederem abrigo.[61] Esse mesmo comando mandava os soldados afeganes para a retirada das minas das estradas ou para os postos avançados. No fim do ano de 1988, para "limpar" os eixos principais e desse modo preparar a sua retirada, o Exército Vermelho utilizou mísseis Scud e Ouragan. Em 1989, as tropas soviéticas retomaram o caminho utilizado

---

[55] Citado por Olivier Roy, "Les limites de la pacification soviétique en Afghanistan", *L'Alternative*, nº 31, *art. cit.*, p. 13. A Anistia Internacional, em seu *Relatório Anual*, 1984, relativo ao ano de 1983, p. 240, denunciou o assassinato de 23 civis no povoado de Raudza (província de Ghazni). Em cada um de seus relatórios anuais, a Anistia Internacional assinalava a ocorrência de destruições de povoados semelhantes.

[56] Assem Akram, *op. cit.*, p. 523. Anistia Internacional, *Relatório Anual*, 1986, p. 222.

[57] *La Lettre du BIA*, número especial, "Afghanistan", *op. cit.*, p. 15.

[58] Pierre Gentelle, "Chronologie 1747-1984", *Problèmes politiques et sociaux*, nº 499, 15 de dezembro de 1984, Paris, La Documentation française, p. 14.

[59] *Les Nouvelles d'Afghanistan*, nº 31, dezembro de 1986, p. 23.

[60] Assem Akram, *op. cit.*, p. 523. Guennadi Botcharov relata uma prática similar. Os animais foram sistematicamente abatidos (*La Roulette russe*, Paris, Denoël, 1990, p. 30)

[61] Vladimir Bukovski, *op. cit.*, p. 532.

O comunismo no Afeganistão

dez anos antes, controlando os eixos viários, a fim de evitarem ataques dos resistentes. Antes da sua retirada, eles haviam iniciado uma nova estratégia: o assassinato dos refugiados. A Anistia Internacional nota que "grupos de homens, mulheres e crianças, ao fugirem das suas cidades, são submetidos pelas forças soviéticas e afeganes a intensos bombardeamentos como represália por ataques da guerrilha. Entre os casos citados: um grupo de uma centena de famílias do povoado de Sherkhudo, na província de Faryab, na extremidade noroeste do país, foi atacado duas vezes durante a sua fuga de mais de 500 quilômetros em direção à fronteira paquistanesa. Durante o primeiro ataque, em outubro de 1987, as forças governamentais teriam cercado e liquidado 19 pessoas, entre as quais sete crianças com menos de 6 anos. Quinze dias mais tarde, helicópteros teriam aberto fogo sobre esse grupo, matando cinco homens."[62] Por várias vezes, as cidades de refugiados no Paquistão, suscetíveis de servirem de base de retaguarda à Resistência, foram igualmente bombardeadas, como o campo Matasangar, em 27 de fevereiro de 1987.[63]

Os observadores puderam verificar a utilização maciça de minas antipessoais. Vinte milhões de minas foram colocadas principalmente em redor das zonas de segurança. Essas minas eram utilizadas para proteger as tropas soviéticas e as explorações industriais que forneciam produtos à União Soviética. Foram igualmente lançadas a partir de helicópteros nas zonas de agricultura, a fim de impossibilitar a exploração das terras.[64] As minas antipessoais teriam causado no mínimo 700.000 mutilados e, ainda hoje, continuam a fazer vítimas. Para aterrorizar as populações civis, os soviéticos escolheram como alvos as crianças, oferecendo-lhes "presentes": bombas disfarçadas de brinquedos, frequentemente lançadas de aviões.[65] Quando Shah Bazgar descreve as destruições sistemáticas dos povoados, ele conclui: "Os soviéticos atacavam cada residência, pilhando, violando as mulheres; eles sabem que, ao cometerem tais atos, quebram os fundamentos da nossa sociedade."[66]

---

[62] A Crônica da Anistia Internacional, "Afeganistão, assassinatos de refugiados", nº 19 bis, junho de 1988, p. 10. A Anistia reitera essa constatação num comunicado à imprensa, de 4 de maio de 1988 (Arquivos da Anistia Internacional, dossiê "Afeganistão", ano de 1988).

[63] Les Nouvelles d'Afghanistan, nos 35-6, dezembro de 1987, p. 17.

[64] Assem Akram, op. cit., pp. 178-9, e Anne Guérin, "Une sanglante lassitude", La Chronique d'Amnesty International, nº 2, dezembro de 1986, p. 9. Anne Guérin não informava sobre o número de minas.

[65] Ibid.

[66] Shah Bazgar, op. cit., pp. 101-2.

882   *O Livro Negro do Comunismo*

Essa estratégia de terra queimada e de guerra total era igualmente acompanhada pela destruição sistemática do patrimônio cultural do Afeganistão. Cabul, que era uma cidade cosmopolita, onde o "espírito cabuli, muito vivo, [era] feito de bom humor, no limite do licencioso, [alardeava] uma descontração e uma liberdade de costumes [afastados] da austeridade dos campos".[67] Essa cultura característica desaparecera em virtude da guerra e da ocupação soviética. Herat tornou-se uma cidade mártir na sequência dos repetidos bombardeamentos dos soviéticos, como represália pela insurreição generalizada que se desenvolveu no Oeste do país a partir de março de 1979. Os monumentos dessa cidade, como a Grande Mesquita, que data do século XVII, e a Cidade Velha, construída no século XVI, foram gravemente danificados, e a sua reconstrução, impedida pela ocupação soviética.[68]

À guerra perpetrada contra as populações civis juntou-se o terror político que foi exercido continuamente nas zonas controladas pelos comunistas afeganes, ajudados pelos soviéticos. O Afeganistão sovietizado foi transformado num gigantesco campo de concentração. A prisão e a tortura eram sistematicamente utilizadas contra os opositores.

O terror político

A ordem encontrava-se nas mãos do KHAD, a polícia secreta afegane, equivalente à KGB russa. Esse serviço controlava os locais de detenção e praticava a tortura e o assassinato em grande escala. Embora o KHAD fosse oficialmente chefiado por Mohammed Najibullah, "a partir da ocupação soviética é Vatanshâh, um tadjique soviético, com cerca de 40 anos [...], que assume a direção do serviço de tortura e de interrogatório nas instalações do KHAD".[69] A prisão de Pol-e-Tcharki, situada a 12 quilômetros a leste de Cabul, fora esvaziada após a anistia decretada quando Babrak Karmal chegou ao poder. Em fevereiro de 1980, Karmal instaurou a lei marcial, e as prisões encheram-se mais uma vez. "Essa prisão é composta de oito alas dispostas como os raios de um núcleo circular central. [...] O bloco nº 1 está reservado aos acusados, aqueles cujos interrogatórios terminaram, mas que não foram

---

[67] Olivier Roy, "Kaboul, la sinistrée", *in* Éric Sarner (ed.), *Villes en guerre*, Paris, Autrement, 1986, p. 74.

[68] *Les Nouvelles d'Afghanistan* dedicaram um dossiê a essa cidade: "Hérat ou l'art meurtri", nos 41/42, março de 1989, p. 40.

[69] Michael Barry, *op. cit.*, p. 308.

O comunismo no Afeganistão

julgados. O bloco nº 2 reúne os prisioneiros mais importantes, em particular os sobreviventes dos funcionários comunistas das facções que perderam o poder. [...] O bloco nº 4 alberga prisioneiros importantes [...]. O bloco nº 3 é o mais temido, porque, oculto no meio dos outros, não recebe a luz do sol; e é nessas masmorras que os prisioneiros mais agitadores estão detidos. As celas desse bloco nº 3 são tão pequenas que as pessoas não podem levantar-se nem estender-se. São celas superlotadas. [...] A prisão foi ampliada na primavera de 1982 através da escavação de celas subterrâneas. Trata-se provavelmente das celas de que falam os prisioneiros quando evocam com horror os 'túneis'. [...] Existem, na realidade, de 12.000 a 15.000 prisioneiros em Pol-e-Tcharki. Há que se adicionarem a esse número, no mínimo, 5.000 presos políticos suplementares detidos nas outras prisões de Cabul e nos oito principais centros de detenção."[70]

No início de 1986, um relatório publicado pelas Nações Unidas sobre a situação dos direitos humanos no Afeganistão[71] arrasava o KHAD, qualificado de "máquina de torturar". O relatório indica que o KHAD controla sete centros de detenção em Cabul: "1) O serviço nº 5 do KHAD, mais bem conhecido através do nome Khad-i-Panj. 2) O quartel-general do KHAD no distrito de Shasharak. 3) O edifício do Ministério do Interior. 4) O serviço central de interrogatórios conhecido pelo nome de Sedarat. 5) Os serviços do ramo militar do KHAD, conhecidos pelo nome de Khad-i-Nezami, e duas casas particulares nas proximidades do edifício Sedarat. 6) A casa Ahmad Shah Khan. 7) A casa Wasir Akbar Khan, os serviços do KHAD no distrito de Howzai Bankat."[72]

O KHAD tinha igualmente requisitado "200 casas" particulares na circunvizinhança da capital, bem como nos arredores das grandes cidades, das prisões e dos postos militares.[73] "No tocante à natureza das torturas", prossegue o documento, "foram assinaladas ao relator especial toda uma série de técnicas de tortura que seriam utilizadas. No seu testemunho, um antigo oficial da polícia de segurança descreveu oito tipos de tortura: as torturas por eletrochoque geralmente utilizadas nos órgãos genitais dos homens e nos seios das

---

[70] Bernard Dupaigne, "Les droits de l'homme en Afghanistan", *Les Nouvelles d'Afghanistan*, nᵒˢ 24-25, outubro de 1985, pp. 8-9.

[71] Relatório estabelecido por Félix Ermacora, relator especial da ONU, aplicando a resolução 1984/55 da Comissão de Direitos Humanos, *A Questão dos Direitos Humanos no "Afeganistão"*, 1985, 40 pp.

[72] Anistia Internacional, comunicado de imprensa de 2 de novembro de 1983, arquivos da Anistia Internacional, dossiê "Afeganistão", 1983.

[73] *Id., Relatório Anual de 1987*, relativo ao ano de 1986, p. 160.

884   *O Livro Negro do Comunismo*

mulheres; extirpação das unhas com introdução de choques elétricos; proibição aos prisioneiros de fazerem as suas necessidades, de modo que, ao fim de algum tempo, eram obrigados a fazê-las na presença dos outros detidos [...]; introdução de pedaços de madeira no ânus dos homens, especialmente dos prisioneiros mais idosos e respeitados; arrancada da barba de certos prisioneiros, particularmente homens idosos ou personalidades religiosas; compressão do pescoço dos prisioneiros, a fim de obrigá-los a abrir a boca para que fosse possível urinar lá dentro; utilização de cães contra os detidos; suspensão pelos pés durante um período indeterminado; violação de mulheres, de pés e mãos atados, e introdução na vagina de toda a variedade de objetos."[74] A essas torturas físicas há que se acrescentar todo o gênero de torturas psicológicas: assassinato simulado, violação de um familiar na presença do prisioneiro, falsa libertação.[75] Os conselheiros soviéticos participavam nos interrogatórios e colaboravam com o carrasco.[76] Christopher Andrew e Oleg Gordievsky lembraram que "KGB reviveu em terra afegane alguns dos horrores do seu passado stalinista".[77] O KHAD empregava 70.000 afeganes, dos quais 30.000 civis controlados por 1.500 oficiais da KGB.[78]

A despeito do terror político que se fazia sentir em Cabul desde o golpe de Estado comunista, os grupos de resistência multiplicaram-se, e as bombas visavam as instalações dos responsáveis comunistas. As manifestações aumentaram. Assim, os estudantes entraram em greve na semana de 27 de abril de 1980 para celebrar, à sua maneira, o aniversário do golpe de Estado. Durante a manifestação, "60 estudantes, seis dos quais eram mulheres bem jovens, teriam sido abatidos".[79] A greve durou um mês e implicou a prisão de numerosos estudantes, rapazes e moças, alguns dos quais foram alvo de torturas. "Os que tiveram mais sorte foram expulsos dos respectivos liceus, provisória ou definitivamente."[80] As interdições profissionais atingiram os não comunistas. A repressão contra os alunos e os professores foi ainda mais dura. "Para

---

[74] Relatório de Félix Ermacora, citado por Shah Bazgar, *op. cit.*, p. 132.

[75] Anistia Internacional, *Afghanistan: la torture des prisonniers politiques, op. cit.*, pp. 19-26, e Cristina L'Homme, "Les Soviétiques interrogent, les Afghans torturent", *La Chronique d'Amnesty International*, nº 2, dezembro de 1986, pp. 6-8.

[76] Testemunho de Tajwar Kakar, citado por Doris Lessing, *Le vent emporte nos paroles...*, Paris, Albin Michel, 1987, pp. 193-204.

[77] Christopher Andrew e Oleg Gordievsky, *op. cit.*, p. 572.

[78] Rémi Kauffer e Roger Faligot, *op. cit.*, p. 392.

[79] Anistia Internacional, *Relatório Anual 1981*, relativo ao ano de 1980, p. 225, e *Les Nouvelles d'Afghanistan*, "Les manifestations étudiantes d'avril 1980", nº 48, julho de 1990, pp. 18-20.

[80] Assem Akram, *op. cit.*, p. 169.

impressionar os estudantes liceanos, os algozes os levam para as 'câmaras de horror, onde os resistentes são torturados; Farida Ahmadi vê membros cortados e espalhados na câmara do KHAD. [...] Essas vítimas seletivas do mundo estudantil são por vezes soltas para semearem o horror entre os colegas através dos seus testemunhos pessoais."[81]

No outono de 1983, a Anistia Internacional publicou um documento e lançou um apelo para conseguir a libertação de determinados prisioneiros. O professor Hassan Kakar, chefe do departamento de História, especialista em história afegane, que ensinara em Boston e em Harvard, foi preso por ter ajudado membros da facção *Partcham* (embora não fosse membro do PDPA) e ter dado abrigo a várias pessoas. O seu julgamento decorreu a portas fechadas, sem advogado. Foi acusado de delitos contrarrevolucionários e condenado a oito anos de prisão. Dois colegas, igualmente professores, foram condenados a dez e oito anos de prisão. O único físico atômico afegane, Mohammed Yunis Akbari, foi suspenso das suas funções em 1983, preso e detido sem acusação (já tinha sido detido por duas vezes, em 1981, e de novo em 1983)[82] e depois condenado à morte, em 1984. Foi executado em 1990.[83] Os intelectuais que participavam nos grupos de reflexão, a fim de procurarem meios para conseguir a paz, foram presos. Qualquer pessoa suscetível de se tornar uma "ameaça" para o regime era sistematicamente eliminada.

A informação era rigorosamente controlada. Os estrangeiros não acreditados pelo regime eram *personae non gratae*, e médicos e jornalistas sofreram a mesma sorte. Após a detenção, eram conduzidos pelos soviéticos para a prisão central e submetidos a um interrogatório. Não eram fisicamente torturados, uma vez que as associações humanitárias tinham conhecimento de que eles residiam no Afeganistão e pediam de imediato a sua libertação. No entanto, eram obrigados a confessar, no decorrer de processos falsificados, atividades de espionagem a favor de potências estrangeiras e a participação nos combates da Resistência, a despeito da sua presença a título humanitário.[84]

---

[81] Michael Barry, *op. cit.*, p. 308.

[82] Anistia Internacional, *Afeganistão*, documento externo, SF: 83 E 162 — ASA 11/13/83, 11 de outubro de 1983, pp. 6-7, e *id.*, *Afghanistan: la torture des prisonniers politiques, op. cit.*

[83] *Id.*, relatórios anuais de 1983 a 1991. A data de sua execução permanece desconhecida, afirma a organização em seu relatório de 1991, p. 20.

[84] Ver principalmente Alain Guillo, *Un grain dans la machine*, Paris, Robert Laffont, 1989; Philippe Augoyard, *La prison pour délit d'espoir, médecin en Afghanistan*, Paris, Flammarion, 1985, e Jacques Abouchar, *Dans la cage de l'Ours*, Paris, Balland, 1985.

886 *O Livro Negro do Comunismo*

Embora os estrangeiros fossem testemunhas incomodativas, não eram torturados nem assassinados.[85] Em contrapartida, qualquer afegane suspeito era habitualmente preso, torturado e depois geralmente assassinado. Desse modo, os militantes do Partido Social Democrata pachto (Afghan Mellat), fundado em 1966, foram detidos em 18 de maio de 1983, apesar de, segundo informações, não apoiarem a Resistência afegane. A Anistia Internacional publicou uma lista — posteriormente completada — de 18 militantes presos, que teriam feito "confissões públicas". Oficialmente, o governo anunciou, entre 8 de junho de 1980 e 22 de abril de 1982, mais de 50 condenações à morte por atividades contrarrevolucionárias, 77 em 1984 e 40 em 1985.[86]

Em 19 de abril de 1992, a prisão de Pol-e-Tcharki foi tomada, tendo sido libertadas 4.000 pessoas. Em maio de 1992, foi descoberta nas proximidades da referida prisão uma vala comum contendo 12.000 cadáveres.[87] No verão de 1986, Shah Bazgar estabelecera uma lista na qual recenseava 52.000 prisioneiros em Cabul, 13.000 em Djalalabad. Segundo os seus números, o total dos prisioneiros ultrapassava 100.000 pessoas.[88]

Em 1986, Babrak Karmal foi demitido das suas funções e substituído pelo presidente bastante gorbatcheviano Mohammed Najibullah, que se fazia chamar "camarada Najib", a fim de evitar a referência a Alá, e retomou o nome de Najibullah quando foi necessário defender a ideia da reconciliação nacional. Najibullah era um homem a serviço de Moscou, antigo médico, embaixador no Irã, membro do *Partcham*. Dirigiu o KHAD de 1980 a 1986, o que lhe valeu, pelos serviços prestados, as felicitações de Iuri Andropov, o antigo dirigente da KGB que se tornou secretário-geral do Partido. O irmão, Seddiqullah Rahi, o chamava de "o Boi" e o comparava a Beria. E esclarecia que ele teria assinado a ordem de execução de 90.000 pessoas no espaço de seis anos.[89] Além da direção dos serviços especiais, Najibullah tinha submetido à tortura um grande número de pessoas. Assim, um dos raros sobreviventes testemunha: "[...] Tendo negado por diversas vezes as acusações que me imputavam, Najibullah aproximou-se

---

[85] François Missen, em *La Nuit afghane*, Paris, Ramsay, 1990, relatava que ele havia sido detido na companhia de Antoine Darnaud, seu cinegrafista, e de Osman Barai, seu guia. Este último nunca foi libertado.

[86] Anistia Internacional, *Afeganistão, op. cit.*, p. 8, e, a respeito de Afghan Mellat, *Relatório Anual 1989*, sobre as libertações de 23 dos 30 militantes detidos.

[87] Éric Bachelier, *op. cit.*, p. 62, e Assem Akram, *op. cit.*, pp. 207-8.

[88] Shah Bazgar, *op. cit.*, pp. 227-9.

[89] Seddiqullah Rahi, *Connaissez-vous Najiboullah?*, citado por Assem Akram, *op. cit.*, p. 210. *Idem* para a citação seguinte.

O comunismo no afeganistão

de mim e deu-me vários socos no estômago e no rosto. Estatelei-me no chão. No solo, semi-inconsciente, fui chutado no rosto e nas costas. Escorria-me sangue da boca e do nariz. Só recuperei a consciência várias horas mais tarde, quando já me tinham levado para a minha cela."

Ao terror político juntava-se a mais absoluta arbitrariedade. Assim, um negociante, antigo deputado da Assembleia Nacional no tempo do rei Zaher, foi preso por engano, torturado e depois solto. "A minha detenção teve lugar por volta das 9h30 da noite. [...] Fui colocado numa cela onde se encontravam dois outros prisioneiros, um operário da construção de Calahan, ao norte de Cabul, e um funcionário da província de Nangahar, que trabalhara no Ministério da Agricultura. Era manifesto que o operário fora gravemente maltratado. Tinha as roupas cobertas de sangue, e os seus braços apresentavam graves contusões. [...] Fui levado para interrogatório. Disseram-me que eu me deslocara no decorrer das últimas semanas a Mazar-e-Charif e Candahar, e que a finalidade da minha viagem havia sido a de semear o descontentamento contra o governo [...]. Eu não saía de Cabul havia mais de seis meses. Protestei a minha inocência, mas, logo que o fiz, a pancadaria começou. [...] Ligaram-me os dedos dos pés a um telefone de manivela e começaram a aplicar-me choques elétricos. [...] Depois disso, não voltei a ser interrogado. Dois dias depois, um dos homens do KHAD que participara no meu interrogatório veio à minha cela para me comunicar que eu iria ser libertado. Disse-me que o KHAD estava agora convencido de que a minha detenção fora um engano[...]."[90]

O terror aplicava-se igualmente às crianças. Eram arrebanhadas, enviadas para a União Soviética e formadas como espiões encarregados de se infiltrar na Resistência. Nairn contou a Shah Bazgar: "Eu sou de Herat. Aos 8 anos, tiraram-me da escola para me fazerem ingressar na Sazman [a Juventude Comunista Afegane], e depois passei nove meses na URSS. Alguns pais eram forçados a aceitar. No que me diz respeito, o meu pai, que é a favor dos comunistas, estava de acordo. A minha mãe tinha morrido. Ele voltou a casar-se. Em casa, excetuando um irmão e uma irmã, toda a gente era do *Khalq*. O meu pai vendeu-me aos soviéticos. Durante vários meses, recebeu dinheiro. [...] Nós devíamos fazer espionagem." As crianças eram drogadas para limitar a sua autonomia, e os mais velhos beneficiavam-se dos "serviços" de prostitutas.

— Já viu uma criança morrer à tua frente?

---

[90] Anistia Internacional, *Afeganistão, op. cit.,* p. 13. Os testemunhos transmitidos pela organização de defesa dos direitos humanos são anônimos.

888   *O Livro Negro do Comunismo*

— Várias vezes. Uma delas foi por choques elétricos. O corpo deu um salto, talvez de um metro, e depois caiu no chão. A criança havia se recusado a desempenhar a tarefa de espião. De outra vez, uma criança foi levada à nossa presença. Era acusada de não ter denunciado um dos seus amigos que tinha se enfiado debaixo de um blindado russo, ao que parece para incendiá-lo. Foi enforcada diante dos nossos olhos, numa árvore. Os responsáveis gritavam: "Isso é o que pode lhes acontecer se vocês se recusarem a fazer o que lhes mandam", testemunha Nairn.[91]

No total, 30.000 crianças, dos 6 aos 14 anos, foram enviadas para a URSS. Os pais que protestavam eram comparados aos resistentes, e presos.

O terror atingiu o conjunto da população; todas as faixas etárias foram vítimas dessa guerra total e dessa política totalitária. As tropas de ocupação procuravam por todos os meios eliminar os bolsões de resistência. Para isso, utilizavam o terror em grande escala: bombardeamentos das populações civis, assassinatos em massa nos povoados, êxodo imposto aos seus habitantes. A esse terror contra as populações civis somava-se o terror político; em todas as grandes cidades havia prisões especiais onde os detidos eram torturados e muito frequentemente assassinados.

As consequências da intervenção

O golpe de Estado comunista e, depois, a intervenção soviética no Afeganistão tiveram consequências trágicas para o país. Enquanto essa nação conhecera, a partir dos anos 1960, um desenvolvimento econômico, uma modernização e um esboço de funcionamento democrático, todo o processo foi claramente destruído pelo golpe de Estado de Daud, apoiado pelos comunistas. A tomada do poder pelos homens de Moscou interrompeu o impulso econômico do país. O Afeganistão mergulhou na guerra civil. A economia transformou-se numa economia de guerra, particularmente voltada para o interesse dos soviéticos. Foram organizados tráficos de todos os gêneros (armas, drogas…). A economia foi rapidamente arruinada. A amplitude do desastre é ainda hoje dificilmente mensurável. Numa população total de cerca de 16 milhões, mais de cinco milhões fugiram para o Paquistão e para o Irã, onde vivem em condições miseráveis. O número de mortos é muito difícil de estabelecer-se: a guerra teria

---

[91] Testemunho de Naim, 10 anos, em Shah Bazgar, *op. cit.*, pp. 25-8.

O comunismo no afeganistão

feito, conforme os testemunhos, entre um milhão e meio e dois milhões de vítimas, 90% das quais sendo civis. Teria havido entre dois e quatro milhões de feridos. O papel direto e indireto do comunismo no desenvolvimento dos movimentos islâmicos e no despertar das tensões interétnicas é incontestável, embora ainda hoje continue difícil de analisar. Lançado na via da modernização, o Afeganistão foi transformado num país onde a cultura de guerra e a violência se tornaram as únicas referências.

POR QUÊ?

por Stéphane Courtois

> "Os olhos azuis da Revolução
> brilham com uma crueldade necessária."
>
> Louis Aragon
> *Le Front Rouge*

Para lá da cegueira, das paixões partidárias, das amnésias voluntárias, este livro tentou esboçar um quadro que mostrasse o conjunto dos atos criminosos cometidos no mundo comunista, desde o assassinato individual até os massacres em massa. Numa reflexão geral sobre o fenômeno comunista no século XX, trata-se apenas de uma etapa num momento de mudança: o desmoronamento do âmago do sistema, em Moscou, no ano de 1991, e o acesso a uma documentação rica, até então mantida sob o mais estrito segredo. Todavia, o estabelecimento, indispensável, de um conhecimento mais aprofundado e mais documentado não pode bastar para satisfazer a nossa curiosidade intelectual nem a nossa consciência. Fica, na verdade, a questão fundamental do "Por quê?". Por que foi que o comunismo moderno, surgido em 1917, se transformou quase imediatamente numa ditadura sangrenta e depois num regime criminoso? Os seus objetivos só podiam ser atingidos através da violência mais extrema? Como explicar que o crime tenha sido encarado e praticado pelo poder comunista, durante décadas, como uma medida banal, normal e vulgar?

A Rússia Soviética foi o primeiro país de regime comunista. Era o coração, o motor de um sistema comunista mundial, construído pouco a pouco, que viria a conhecer, a partir de 1945, um formidável desenvolvimento. A URSS de Lenin e de Stalin foi a matriz do comunismo moderno. O fato de essa matriz ter adquirido, repentinamente, uma dimensão criminosa é ainda mais surpreendente, se considerarmos que esse fato a situa na contramão da evolução do movimento socialista.

Ao longo de todo o século XIX, a reflexão sobre a violência revolucionária foi dominada pela experiência fundadora da Revolução Francesa, a qual conheceu, em 1793-1794, um episódio de violência intensa que adotou três formas principais. A mais selvagem surgiu com as "matanças de setembro", durante as quais mais de mil pessoas foram assassinadas em Paris por amotinados, sem que tivesse havido qualquer intervenção governamental ou de qualquer par-

894   *O Livro Negro do Comunismo*

tido. A mais conhecida baseava-se na instituição do Tribunal Revolucionário, dos Comitês de Vigilância (de delação) e da guilhotina, que enviaram para a morte 2.625 pessoas em Paris e 16.600 em toda a França. Oculto durante muito tempo, o terror praticado pelas "colunas infernais" da República tinha por missão liquidar a Vendeia, fazendo dezenas de milhares de mortos entre uma população desarmada. No entanto, esses meses de terror não foram mais do que um episódio sangrento, que se inscreve como um momento numa trajetória de mais longa duração, simbolizada pela criação de uma república democrática, com a sua Constituição, a sua Assembleia e os seus debates políticos. Quando a Convenção se afirmou, Robespierre foi derrubado, e o Terror acabou.

François Furet mostra-nos, no entanto, como surgiu então uma certa ideia da Revolução, inseparável de medidas extremas: "O Terror é o governo do medo, que Robespierre teoriza como governo da virtude. Criado com a finalidade de exterminar a aristocracia, o Terror torna-se um meio de submeter os malvados e combater o crime. E, por isso mesmo, um aliado da Revolução, inseparável dessa porque só ele permite a construção futura de uma República de cidadãos. [...] Se não é ainda possível a existência de uma República de cidadãos livres, é porque os homens, pervertidos pela história passada, são maus; através do Terror, a Revolução, essa história inédita, inteiramente nova, criará um homem novo."[1]

Sob certos aspectos, o Terror prefigurava a atitude dos bolcheviques — a manipulação das tensões sociais pela facção jacobina, a exacerbação do fanatismo ideológico e político e a condução de uma guerra de extermínio contra um campesinato revoltado. Robespierre colocou incontestavelmente a primeira pedra no caminho que mais tarde havia de conduzir Lenin ao terror. Pois foi ele próprio quem afirmou, na Convenção, durante a votação das leis do Prairial: "Para punir os inimigos da Pátria, é suficiente saber a sua identidade. Não se trata de castigá-los, mas de destruí-los."[2]

Essa experiência fundadora do terror não parece ter inspirado minimamente os principais pensadores revolucionários do século XIX. O próprio Marx dedicou-lhe pouca atenção; sublinhou e reivindicou, é certo, o "papel da violência na História", mas via nele uma proposta muito generalizada, que não visava pôr em prática, de uma forma sistemática e voluntária, o uso da violência contra as pessoas, ainda que não estivesse isenta de uma certa ambiguidade, de que se

---

[1] François Furet, "Terreur", *in* F. Furet, Mona Ozouf, *Dictionnaire critique de la Révolution Française*, Paris, Flammarion, 1988.

[2] Jacques Baynac, *La Terreur sous Lénine*, Paris, Le Sagittaire, 1975, p. 75.

Por quê? 895

aproveitaram os defensores do terrorismo como forma de resolver os conflitos sociais. Apoiando-se na experiência, desastrosa para o movimento operário, da Comuna de Paris e da duríssima repressão que se seguiu — pelo menos vinte mil mortos —, Marx criticou com firmeza esse tipo de ação. No debate travado no interior da I Internacional entre Marx e o anarquista russo Mikhail Bakunin, os pontos de vista do primeiro pareciam ter claramente prevalecido. Nas vésperas da guerra de 1914, o debate interno sobre a violência terrorista no movimento operário e socialista parecia praticamente encerrado.

Paralelamente, o rápido desenvolvimento da democracia parlamentar na Europa e nos Estados Unidos era um elemento novo e fundamental. A prática parlamentar provava que os socialistas podiam ser um elemento de peso no campo político. Nas eleições de 1910, a SFIO elegeu 74 deputados, juntamente com trinta socialistas independentes, cujo chefe de fila, Millerand, já vinha participando, desde 1899, de um governo "burguês"; Jean Jaurès era o homem da síntese entre a velha logomaquia revolucionária e a ação reformista e demo-crática no dia a dia. Os socialistas alemães eram os mais bem organizados e os mais poderosos da Europa; nas vésperas de 1914, contavam já com um milhão de filiados, 110 deputados, 220 representantes nas *landtag* província, 12.000 vereadores municipais, 89 jornais diários. Na Inglaterra, o movimento traba-lhista também era numeroso e organizado, fortemente apoiado em poderosos sindicatos. Quanto à social-democracia escandinava, era muito ativa, bastante reformista e de orientação claramente parlamentar. Os socialistas poderiam esperar conquistar, num dia não muito distante, uma maioria parlamentar absoluta que lhes permitisse implementar, de uma maneira pacífica, reformas sociais fundamentais.

Essa evolução era ratificada, no plano teórico, por Édouard Bernstein, um dos principais teóricos marxistas do final do século XIX e executor testa-mentário de Marx (juntamente com Karl Kautsky), o qual, considerando que o capitalismo não mostrava os sinais de desmoronamento anunciados por Marx, preconizava uma passagem progressiva e pacífica para o socialismo, baseada numa aprendizagem, por parte da classe operária, da democracia e da liberdade. Em 1872, Marx expressara a esperança de que a revolução pudesse revestir formas pacíficas nos Estados Unidos, na Inglaterra e na Holanda. Essa orientação era aprofundada pelo seu amigo e discípulo Friedrich Engels no prefácio à segunda edição do texto de Marx, *As Lutas de Classes na França*, publicado em 1895.

Os socialistas mantinham, no entanto, uma atitude ambígua relativamente à democracia. Por ocasião do caso Dreyfus, na França, na virada do século,

896 O Livro Negro do Comunismo

eles adotaram posições contraditórias: enquanto Jaurès se colocava ao lado de Dreyfus, Jules Guesde, a figura central do marxismo francês, declarava desdenhosamente que o proletariado não tinha nada que envolver-se numa querela interna do mundo burguês. A esquerda europeia não era homogênea, e algumas das suas correntes — anarquistas, sindicalistas, blanquistas — sentiam-se ainda atraídas por uma contestação radical do parlamentarismo, inclusive sob uma forma violenta. Todavia, na véspera da guerra de 1914, a II Internacional, oficialmente de obediência marxista, orientava-se para soluções pacíficas, baseadas na mobilização das massas e no sufrágio universal.

Desde o início do século que, no interior da Internacional, se distinguia uma ala extremista à qual pertencia a facção mais dura dos socialistas russos, os bolcheviques, liderados por Lenin. Embora ligados à tradição europeia do marxismo, os bolcheviques mergulhavam também as suas raízes no terreno do movimento revolucionário russo. Ao longo do século XIX, esse último manteve uma estreita afinidade com uma violência minoritária, cuja primeira expressão radical se deve ao famoso Serguei Netchaiev, em quem Dostoievski se inspirou para criar Piotr Vierkhovienski, a personagem revolucionária do seu famoso romance *Os Demônios*, em 1869, Netchaiev redigiu um *Catecismo do Revolucionário*, onde se definia: "Um revolucionário é um homem antecipadamente perdido; não tem interesses particulares, negócios privados, sentimentos, ligações pessoais, bens, e nem sequer um nome. Tudo nele é totalmente absorvido por um único interesse que exclui todos os outros, por um único pensamento, por uma paixão — a revolução. No seu íntimo, não apenas por palavras, mas também por atos, rompeu todos os laços com a ordem pública, com todo o mundo civilizado, com todas as leis, conveniências, convenções sociais e regras morais do mundo em que vive. O revolucionário é um inimigo implacável desse mundo e só continuará a viver para mais seguramente o destruir."[3]

Em seguida, Netchaiev especificava os seus objetivos: "O revolucionário não se integra no mundo político e social, no mundo dito culto, e só vive ali com a esperança da sua mais completa e rápida destruição. Nunca será um revolucionário, se mostrar compaixão, seja pelo que for, nesse mundo."[4] E, imediatamente, visiona a ação: "Toda essa sociedade imunda deve ser dividida

---

[3] Michael Confino, *Violence dans la violence. Le débat Bakounine-Netchaïev*, Paris, Maspero, 1973.

[4] *Idem*, p. 102.

Por quê? 897

em várias categorias. A primeira compreende os condenados à morte imediata. [...] A segunda categoria deverá abranger os indivíduos aos quais a vida é concedida provisoriamente, a fim de que, através dos seus atos monstruosos, incitem o povo à insurreição inelutável."

Netchaiev teve seguidores. Em 1º de março de 1887, deu-se um atentado contra o czar Alexandre III; falhou, mas os seus autores foram presos: entre eles, contava-se Alexandre Ilitch Ulianov, irmão mais velho de Lenin, que foi enforcado juntamente com quatro dos seus cúmplices. O ódio de Lenin por esse regime estava profundamente enraizado, e foi aliás Lenin pessoalmente quem, à revelia dos membros do Politburo, decidiu e organizou o assassinato da família imperial dos Romanov, em 1918.

Na opinião de Martin Malia, esse ato de violência por parte de uma facção da *intelligentsia*, "regresso imaginário à Revolução Francesa, marcou a chegada à cena mundial do terrorismo como tática política sistematizada (muito diferente do terrorismo do atentado solitário). E foi assim que a estratégia populista de insurreição vinda das bases (das massas), conjugada com o terror vindo de cima (das elites que as guiavam), conduziu a Rússia a uma legitimação da violência política que ultrapassava a legitimação inicial dos movimentos revolucionários da Europa Ocidental, de 1789 a 1871".[5]

Essa violência política, marginal, alimentava-se todavia da violência que ao longo dos séculos atravessou a vida da Rússia e que, como sublinha Hélène Carrère d'Encausse, no seu livro *Le Malheur russe*: "Esse país, no seu infortúnio sem par, surge como um enigma aos olhos dos que investigam o seu destino. Foi ao tentar esclarecer as origens profundas desse infortúnio secular que um vínculo específico nos pareceu ligar — sempre para o pior — a conquista ou a conservação do poder e o uso do assassinato político, individual ou coletivo, real ou simbólico. [...] Essa longa tradição mortífera formou, sem dúvida alguma, uma consciência coletiva onde a esperança de um universo político pacificado não tem lugar."[6]

O czar Ivan IV, cognominado "o Terrível", não tem ainda 13 anos quando, em 1543, manda os seus cães despedaçarem o príncipe Chuiski, seu primeiro-ministro. Em 1560, a morte da mulher lança-o numa fúria vingativa; vê em cada pessoa um potencial traidor, extermina, em círculos concêntricos,

---

[5] Martin Malia, *La Tragédie soviétique*, Paris, Le Seuil, 1995, p. 92.

[6] Hélène Carrère d'Encausse, *Le Malheur russe. Essai surle meurtre politique*, Paris, Fayard, 1988, p. 17.

O Livro Negro do Comunismo

todos os próximos dos seus inimigos reais ou imaginários. Cria uma guarda de corpo, a *opritchnina*, que tem todos os poderes e exerce o terror individual e coletivo. Em 1572, liquida os membros da *opritchnina*, antes de assassinar o seu próprio filho e herdeiro. E é durante o seu reinado que se institui a servidão dos camponeses. Pedro, o Grande, não se mostra mais brando, nem com os inimigos declarados da Rússia, nem com a aristocracia, nem com o povo; e também ele assassinou com as próprias mãos o seu filho e herdeiro.

De Ivan a Pedro, a Rússia conheceu um dispositivo específico que ligava a vontade de progresso emanante de um poder absoluto a uma servidão cada vez mais acentuada do povo e das elites ao Estado ditatorial e terrorista. Vassili Grossman escreveu a propósito da abolição da servidão, em 1861: "Esse acontecimento, como o século seguinte veio demonstrar, foi ainda mais revolucionário do que o advento da Grande Revolução de Outubro. Esse acontecimento abalou os alicerces milenares da Rússia, alicerces em que nem Pedro nem Lenin tocaram: a sujeição do progresso à escravatura."[7] E, como sempre, só foi possível manter essa escravatura durante séculos através da aplicação contínua de um alto grau de violência permanente.

Tomas Masaryk, um homem de Estado de grande cultura, fundador da República Tcheca em 1918, grande conhecedor da Rússia revolucionária por lá ter vivido entre 1917 e 1919, estabeleceu imediatamente a relação entre as violências czarista e bolchevique. Em 1924, escrevia: "Os russos, os bolcheviques e os outros são filhos do czarismo. Foi dele que receberam, durante séculos, a educação e a formação. Conseguiram suprimir o czar, mas não acabaram com o czarismo. Continuam a usar o uniforme czarista, ainda que pelo avesso. [...] Os bolcheviques não estavam preparados para uma revolução administrativa, positiva, mas apenas para uma revolução negativa. E isso quer dizer que, por fanatismo doutrinai, pobreza de espírito e falta de cultura, cometeram um grande número de destruições supérfluas. Censuro-lhes especialmente o fato de, a exemplo dos czares, terem um verdadeiro prazer em matar."[8]

Essa cultura da violência não era própria dos meios do poder. Quando as massas camponesas se revoltavam, a matança dos nobres e o terror selvagem estavam na ordem do dia. Duas dessas revoltas deixaram marca na memória russa: a de Stenka Razine, entre 1667 e 1670, e, sobretudo, a de Pugatchev, que, entre 1773 e 1775, encabeçou uma vasta insurreição camponesa, fez tremer o

---

[7] Vassili Grossman, *Tout passe*, Paris, Julliard/L'Âge d'Homme, 1984, p. 205.

[8] Tomas G. Masaryk, *La Résurrection d'un Etat. Souvenirs et réflexions 1914-1918*, Paris, Plon, 1930, p. 197.

Por quê? 899

trono de Catarina, a Grande, e deixou um rastro sangrento ao longo de todo o vale do Volga, antes de ser preso e executado em condições atrozes — esquartejado, cortado em pedaços e lançado aos cães.

Acreditando-se em Máximo Gorki, escritor, testemunha e intérprete da miséria russa anterior a 1917, essa violência emanava da própria sociedade. Em 1922, ao mesmo tempo que reprova os métodos bolcheviques, ele redigiu um longo texto premonitório:

"A crueldade — eis o que toda a minha vida me espantou e atormentou. Onde se encontra a origem da crueldade humana? Refleti muito a esse respeito e não compreendi, nem nunca hei de compreender. [...] Hoje, depois da terrível demência da guerra na Europa e dos acontecimentos sangrentos da revolução, [...] devo salientar que a crueldade russa não parece ter evoluído; dir-se-ia que as suas formas não se alteram. Um analista do princípio do século XVII conta que no seu tempo se praticavam estas torturas: 'A uns, enchiam-lhes a boca de pólvora e deitavam-lhe fogo; a outros, introduziam-lhes a pólvora por baixo. Furavam os seios das mulheres e, passando cordas através das feridas, penduravam-nas'. Em 1918 e 1919, fazia-se o mesmo no Don e no Ural: introduziam no ânus de um homem um cartucho de dinamite e faziam-no explodir. Julgo ser exclusivo do povo russo — assim como o sentido de humor para os ingleses — o sentido de uma crueldade especial, uma crueldade de sangue-frio, como que desejosa de experimentar os limites da resistência humana ao sofrimento e de estudar a persistência e a estabilidade da vida. Sente-se na crueldade russa um refinamento diabólico; há nela qualquer coisa de sutil, de requintado. Não é possível explicar essa particularidade usando palavras como psicose ou sadismo, palavras que, no fundo, nada explicam. [...] Se esses atos de crueldade fossem apenas a expressão da psicologia pervertida dos indivíduos, poderíamos nem sequer falar dela: seria da alçada do psiquiatra e não do moralista. Mas aqui refiro-me apenas ao divertimento coletivo pelo sofrimento. [...] Quais são os mais cruéis? Os Brancos ou os Vermelhos? Provavelmente, tanto uns como os outros, porque todos são russos. De resto, nessa questão de grau de crueldade, a história responde claramente: o mais ativo é o mais cruel."[9]

No entanto, desde meados do século XIX, a Rússia parecia ter adotado um curso mais moderado, mais "ocidental", mais "democrático". Em 1861, o czar Alexandre II aboliu a servidão e emancipou os camponeses; criou os *zemst-*

---

[9] Maxime Gorki, *Le Paysan russe,* Le Sagittaire, 1924, pp. 126-7.

900   *O Livro Negro do Comunismo*

vos, órgãos de poder local. Em 1864, com o objetivo de fundar um Estado de direito, instituiu um sistema judiciário independente. As universidades, as artes, as revistas floresceram. Em 1914, uma boa parte do analfabetismo nos campos — que representavam 85% da população — tinha sido reabsorvida. A sociedade parecia implicada numa corrente "civilizadora" que a conduzia a uma atenuação da violência a todos os níveis. E até mesmo a revolução fracassada de 1905 deu um impulso ao movimento democrático do conjunto da sociedade. Paradoxalmente, foi exatamente no momento em que a reforma parecia poder impor-se à violência, ao obscurantismo e ao arcaísmo que a guerra veio mudar tudo e que, no dia 19 de agosto de 1914, a mais intensa violência de massas irrompeu bruscamente na cena europeia.

Martin Malia escreveu: "O que o *Orestes* de Ésquilo demonstra é que o crime engendra o crime, a violência a violência, até que o primeiro crime da corrente, o pecado original da humanidade, seja expiado pela acumulação do sofrimento. De igual modo, o sangue vertido em agosto de 1914 é uma espécie de maldição de Atrides na casa Europa, que engendrou essa concatenação de violências internacionais e sociais que dominaram todo um século: a violência e as matanças dessa Primeira Guerra Mundial foram desproporcionadas relativamente aos ganhos que qualquer das partes poderia esperar. Foi a guerra que gerou a Revolução Russa e a tomada do poder pelos bolcheviques."[10] Essa análise não teria sido desmentida por Lenin, que, desde 1914, apelava à transformação da "guerra imperialista em guerra civil", e profetizava que da guerra capitalista sairia a revolução socialista.

Essa violência intensa, contínua ao longo de quatro anos, sob a forma de uma matança ininterrupta e sem saída, levou à morte de 8,5 milhões de combatentes. Correspondia a um novo tipo de guerra, definida pelo general alemão Ludendorff como uma "guerra total", implicando a morte tanto de militares como de civis. E, no entanto, essa violência, que atingiu um nível jamais visto na história mundial, foi limitada por todo um conjunto de leis e costumes internacionais.

Entretanto, a prática de hecatombes cotidianas, muitas vezes em condições horríveis — os gases, os homens enterrados vivos pela explosão das granadas, as longas agonias entre as linhas —, pesou consideravelmente nas consciências, enfraqueceu as resistências psicológicas dos homens em face da morte — a sua e a dos outros. Desenvolveu-se uma certa insensibilização, até mesmo

---

[10] Martin Malia, *op. cit.*, p. 13.

uma certa dessensibilização. Karl Kautsky, o principal dirigente e teórico do socialismo alemão, voltou ao assunto em 1920: "É à guerra que devemos atribuir a principal causa dessa transformação de tendências humanitárias numa tendência de brutalidade. [...] Durante quatro anos, a guerra mundial absorveu a quase-totalidade da população masculina saudável, as tendências brutais do militarismo atingiram o auge da insensibilidade e da bestialidade, e o próprio proletariado não conseguiu escapar à sua influência. Foi contaminado ao mais alto grau e saiu embrutecido de todos os pontos de vista. Os que regressaram, habituados à guerra, estavam mais do que dispostos a defender, em tempo de paz, as suas reivindicações e os seus interesses, através de atos sangrentos e violências exercidas sobre os seus concidadãos. Esse fato forneceu à guerra civil um dos seus elementos."[11]

Paradoxalmente, nenhum dos chefes bolcheviques participou da guerra, quer por estarem no exílio — Lenin, Trotski, Zinoviev —, quer por terem sido relegados para os confins da Sibéria — Stalin, Kamenev. Na sua maioria, eram homens de gabinete ou oradores de comício, sem experiência militar, nunca tinham participado de qualquer combate real, com mortos verdadeiros. Até a tomada do poder, as suas guerras tinham sido sobretudo verbais, ideológicas e políticas. Tinham uma visão abstrata da morte, do massacre, da catástrofe humana.

Essa ignorância pessoal dos horrores da guerra jogou a favor da brutalidade. Os bolcheviques faziam uma análise de classe bastante teórica que ignorava a profunda dimensão nacional, senão mesmo nacionalista, do conflito. Responsabilizavam o capitalismo pela matança, justificando *a priori* a violência revolucionária: pondo termo ao reinado do capitalismo, a revolução acabava com os massacres, mesmo que isso significasse a destruição do "punhado" de capitalistas responsáveis. Macabra especulação, fundamentada na hipótese errônea de que se devia combater o mal com o mal. Durante os anos 1920, um certo pacifismo, alimentado pela revolta contra a guerra, revelou-se muitas vezes como um vetor ativo de adesão ao comunismo.

Não deixa de ser verdade, como sublinhou François Furet em *Le Passé dune illusion*. "A guerra é feita por massas de civis arregimentados, que passam da autonomia do cidadão para uma obediência militar por um período de tempo cuja duração desconhecem e são mergulhados num inferno de fogo, onde se trata mais de aguentar do que de calcular, de ousar ou de vencer. Nunca a servidão militar apareceu tão despida de adornos à nobreza como aos olhos

---

[11] Karl Kautsky, *Communisme et terrorisme*, Paris, Éditions Jacques Povolozki, 1920, p. 164.

902 *O Livro Negro do Comunismo*

desses milhões de homens transplantados, acabados de sair do mundo moral da cidadania. [...] A guerra é o estado político mais estranho ao cidadão. [...] O que a tornou necessária situa-se ao nível das paixões, sem relação com o dos interesses, que transige, e menos ainda com a razão, que reprova. [...] O exército em guerra constitui uma ordem social na qual o indivíduo deixa de existir e cuja própria inumanidade explica uma força de inércia quase impossível de quebrar."[12] A guerra deu nova legitimidade à violência e ao desprezo pelo indivíduo, ao mesmo tempo que enfraqueceu uma cultura democrática ainda adolescente e revitalizava uma cultura de servidão.

Na aurora do século XX, a economia russa tinha entrado numa fase de crescimento vigoroso, e a sociedade desenvolvia a sua autonomia a cada dia que passava. A violência excepcional de uma guerra repentina e a sua influência sobre as pessoas, a produtividade e as estruturas puseram a nu as limitações de um regime político a cujo chefe faltavam a energia e a clarividência para salvar a situação. A Revolução de Fevereiro de 1917 foi uma resposta a uma situação de catástrofe e tomou um rumo "clássico", uma revolução "burguesa" e democrática, com eleição de uma Assembleia Constituinte, duplicada por uma revolução social, operária e camponesa. Com o golpe de Estado bolchevique, em 7 de novembro de 1917, tudo mudou, e a revolução entrou numa era de violência generalizada. Fica uma pergunta: por que razão, na Europa, a Rússia foi a única a sofrer uma tal calamidade?

A guerra mundial e a tradicional violência russa permitem, é certo, compreender melhor o contexto no qual os bolcheviques chegaram ao poder; não explicam, no entanto, o caminho extremamente brutal que adotaram logo de início e que contrastava singularmente com a revolução iniciada em fevereiro de 1917, a qual tinha nos seus começos um caráter largamente pacífico e democrático. O homem que impôs essa violência, assim como impôs ao seu Partido a tomada do poder, foi Lenin.

Lenin instaurou uma ditadura que depressa se revelou terrorista e sanguinária. A violência revolucionária deixou então de aparecer como uma violência reativa, reflexo de defesa contra as forças czaristas desaparecidas havia meses, mas como uma violência ativa, que despertou o velho hábito russo da brutalidade e da crueldade e atiçou a violência latente da revolução social. Embora o Terror Vermelho só tenha sido "oficialmente" inaugurado em 2 de setembro de 1918, existiu um "terror antes do terror"; a partir de novembro de 1917,

---

[12] François Furet, *Le Passé d'une illusion. Essai sur l'idée communiste au XXe siècle*, Paris, Robert Laffont/Calmann-Lévy, 1995, pp. 64-5.

Lenin dedicou-se a organizar o terror, e isso na ausência total de qualquer manifestação de oposição por parte dos outros partidos ou dos diferentes componentes da sociedade. No dia 4 de janeiro, ele dissolveu a Constituinte, eleita por sufrágio universal — pela primeira vez na história da Rússia —, e mandou disparar sobre os seus defensores que protestavam na rua.

Essa primeira fase terrorista foi imediatamente denunciada, com grande vigor, por um socialista russo, o chefe dos mencheviques, Yuri Martov, que, em agosto de 1918, escrevia: "Desde o momento em que conseguiram chegar ao poder, e tendo já abolido a pena de morte, os bolcheviques começaram a matar. A matar os prisioneiros da guerra civil, como fazem todos os selvagens. A matar os inimigos que se renderam após o combate, contra a promessa de que seriam poupados. [...] Depois dessas matanças organizadas ou toleradas pelos bolcheviques, o próprio poder assume a tarefa de liquidar os seus inimigos. [...] Depois de terem exterminado sem julgamento dezenas de milhares de indivíduos, os bolcheviques efetivaram as execuções[...] dentro das normas. Foi assim que criaram um novo Supremo Tribunal Revolucionário para julgar os inimigos do poder soviético."[13]

Martov tinha sombrios pressentimentos: "A besta lambeu o sangue quente do homem. A máquina de matar pessoas pôs-se em marcha. Os senhores Medvedev, Bruno, Peterson, Karelin — os juízes do tribunal revolucionário — arregaçaram as mangas e tornaram-se açougueiros. [...] Mas o sangue clama por sangue. O terror político instaurado pelos bolcheviques em outubro espalhou sobre a Rússia os seus sangrentos vapores. A guerra civil contribui com as suas atrocidades, rebaixando os indivíduos à selvageria e à ferocidade; cada vez mais se esquecem dos grandes princípios de verdadeira humanidade, desde sempre inerentes à doutrina do socialismo". Martov repreende Radek e Rakovski, dois socialistas que haviam aderido aos bolcheviques; um, judeu polonês, o outro, romeno-búlgaro: "Vieram à nossa casa para cultivar a nossa antiga barbárie, usada pelos czares, para incensar o velho altar russo do assassinato, para levar a um grau ainda desconhecido, mesmo no nosso selvagem país, o desprezo pela vida alheia, para finalmente organizarem a obra pan-russa da carrascocracia. [...] O carrasco voltou a ser a figura central da vida russa!"

Contrariamente ao Terror da Revolução Francesa, que, com exceção da Vendeia, só atingiu uma pequena faixa da população, o terror de Lenin visava todas as formações políticas e todas as camadas da população: nobres, grandes burgueses, militares, policiais, mas também democratas-constitucionais

---

[13] Youri Martov, "À bas la peine de mort", *in* J. Baynac, *op. cit.*, pp. 266-7.

904   *O Livro Negro do Comunismo*

mencheviques, socialistas-revolucionários, e até o povo em geral, camponeses e operários. Os intelectuais foram especialmente maltratados, e em 6 de setembro de 1919, após a detenção de várias dezenas de conhecidos cientistas, Gorki dirige a Lenin uma carta curiosa: "Para mim, a riqueza de um país, a força de um povo, medem-se pela quantidade e qualidade do seu potencial intelectual. A revolução só tem sentido se favorecer o crescimento e o desenvolvimento desse potencial. Os homens de ciência devem ser tratados com a máxima cortesia e respeito. Mas nós, para salvarmos a pele, cortamos a cabeça ao povo, destruímos o nosso cérebro."[14]

A brutalidade da resposta de Lenin esteve à altura da lucidez da carta de Gorki: "Faríamos mal assimilando as 'forças intelectuais' do povo às 'forças' da *intelligentsia* burguesa. [...] As forças intelectuais dos operários e dos camponeses crescem e amplificam-se na luta para derrubar a burguesia e os seus acólitos — esses pequenos intelectuais miseráveis, lacaios do capitalismo, que se pretendem o cérebro da nação. Na realidade, não é um cérebro, é merda." Essa anedota sobre os intelectuais é um primeiro indicativo do profundo desprezo que Lenin votava aos seus contemporâneos, incluindo os espíritos mais eminentes. Do desprezo, depressa passou ao assassinato.

O objetivo prioritário de Lenin era manter-se o mais tempo possível no poder. Ao fim de dez semanas, quando conseguiu ultrapassar a duração da Comuna de Paris, deu asas à imaginação, e a sua vontade de conservar o poder decuplicou. O curso da história começou a bifurcar, e a Revolução Russa, dominada pelos bolcheviques, enveredou por caminhos até então desconhecidos.

Por que seria a conservação do poder tão importante, ao ponto de justificar o uso de todos os meios e o abandono dos princípios morais mais elementares? Porque só ela permitiria a Lenin concretizar as suas ideias, as da "construção do socialismo". A resposta revela a verdadeira mola real do terror: a ideologia leninista e a vontade perfeitamente utópica de aplicar uma doutrina totalmente defasada da realidade.

A esse respeito, pode-se legitimamente perguntar: o que existe de marxista no leninismo anterior a 1914 e, sobretudo, posterior a 1917? É certo que Lenin baseava a sua posição em algumas noções marxistas elementares: a luta de classes, a violência inerente à História, o proletariado como classe portadora do sentido da História. No entanto, em 1902, no seu famoso texto *Que fazer?*, propunha uma nova concepção do partido revolucionário formado por pro-

---

[14] Citado *in* Arkadi Vaksberg, *Le Mystère Gorki*, Paris, Albin Michel, 1997, p. 111.

Por quê? 905

fissionais, reunidos numa estrutura clandestina, de disciplina quase militar. Retomava e desenvolvia o modelo de Netchaiev, muito distante da concepção das grandes organizações socialistas alemãs, inglesas ou mesmo francesas.

Foi em 1914 que se deu a ruptura definitiva com a II Internacional. Enquanto a quase totalidade dos partidos socialistas, brutalmente confrontados com a força do sentimento nacional, apoiava os respectivos governos, Lenin lançou-se numa fuga em frente teórica: profetizou "a transformação da guerra imperialista em guerra civil". Num momento em que o frio raciocínio levava a concluir que o movimento socialista ainda não era suficientemente poderoso para contrariar o nacionalismo e que, após uma guerra inevitável — uma vez que não fora possível evitá-la —, ele seria convocado a reunir as suas forças para impedir qualquer recidiva belicosa, a paixão revolucionária prevaleceu em Lenin: ele quis um ato de fé, propôs uma aposta, um tudo ou nada. Durante dois anos, a profecia leninista pareceu estéril. Depois, subitamente, foi a divina surpresa: a Rússia entrava em revolução. Lenin convenceu-se de que se devia ver nisso uma clara confirmação do seu vaticínio. O voluntarismo netchaieviano suplantava o determinismo marxista.

Se o diagnóstico sobre a possibilidade de tomar o poder era formidavelmente exato, a hipótese de a Rússia estar pronta a enveredar pela via do socialismo, que lhe proporcionaria um progresso fulgurante, revelou-se radicalmente falsa. É nesse erro de apreciação que reside uma das causas profundas do terror, nessa defasagem entre a realidade — uma Rússia que aspirava a alcançar a liberdade — e a vontade leninista de deter o poder absoluto para aplicar uma doutrina experimental.

Trotski definiu bem, em 1920, esse encadeamento implacável: "É perfeitamente evidente que, se definirmos como objetivo a abolição da propriedade privada individual dos meios de produção, não haverá outra maneira de consegui-lo senão através da concentração de todos os poderes do Estado nas mãos do proletariado, a criação de um regime de exceção durante um período transitório. [...] A ditadura é indispensável porque não se trata de mudanças parciais, mas da própria existência da burguesia. Nessa base, nenhum acordo é possível; só a força pode decidir. [...] Quem quer atingir um fim não pode repudiar os meios."[15]

Apanhado entre o desejo de aplicar a sua doutrina e a necessidade de conservar o poder, Lenin imaginou o mito da revolução bolchevique mundial. Em novembro de 1917, ele quis acreditar que o incêndio revolucionário iria

---

[15] Léon Trotski, *Défense du terrorisms*, éditions de la Nouvelle Revue Critique, 1936, p. 44.

devastar todos os países implicados na guerra, e sobretudo a Alemanha. Ora, não houve qualquer revolução mundial e, após a derrota alemã, em novembro de 1918, instalou-se uma nova Europa, pouco preocupada com as faíscas revolucionárias rapidamente extintas na Hungria, na Baviera e até em Berlim. Patente por ocasião da derrota do Exército Vermelho em Varsóvia, em 1920, e admitida com dificuldade em 1923, após o fracasso do outubro alemão, a falibilidade da teoria leninista sobre a revolução europeia e mundial deixou os bolcheviques isolados, frente a frente com uma Rússia em plena anarquia. Mais do que nunca, o terror esteve na ordem do dia, o que permitia conservar o poder, começar a remodelar a sociedade à imagem da teoria e impor silêncio a todos aqueles que, pelos seus discursos, pela sua prática ou somente pela sua existência — social, política, intelectual — denunciavam todos os dias a vacuidade da teoria. A utopia no poder torna-se uma utopia mortífera.

Essa dupla defasagem entre a teoria marxista e a teoria leninista, e depois entre a teoria leninista e a realidade, deu origem ao primeiro debate fundamental sobre o significado da revolução russa e bolchevique. Em agosto de 1918, Kautsky pronunciou uma sentença sem apelo: "Em caso algum é permitido supor que na Europa Ocidental se repetirão os acontecimentos da grande Revolução Francesa. Se a Rússia atual apresenta tanta similitude com a França de 1793, isso é a prova de que se encontra próxima da fase da Revolução Francesa. [...] O que lá se passa não é a primeira revolução socialista, mas sim a última revolução burguesa."[16]

∗ ∗ ∗

Deu-se então um acontecimento crucial: a mudança radical do estatuto da ideologia no movimento socialista. Já antes de 1917, Lenin mostrara a sua convicção profunda de que era o único detentor da verdadeira doutrina socialista, capaz de decifrar o verdadeiro "sentido da História". A irrupção da Revolução russa, e sobretudo a tomada do poder, foram fatos interpretados por Lenin como "sinais do Céu", uma confirmação gritante, irrefutável, de que a sua ideologia e sua análise eram infalíveis.[17] A partir de 1917, a sua política e a elaboração teórica que a acompanha tornam-se a palavra do Evangelho. A ideologia transforma-se em dogma, em Verdade absoluta e universal. Essa sacralização tem consequências imediatas, bem referenciadas por Cornelius Castoriadis: "Se existe uma teoria verdadeira da História, se existe uma ra-

---

[16] K. Kautsky, *La Dictature du prolétariat*, UGE 10/18, pp. 219 e 55.

[17] Ver sua biografia feita por Nicolas Valentinov, *Mes rencontres avec Lénine*, Paris, Plon, 1964.

Por quê? 907

cionalidade ativa nas coisas, é claro que a direção do desenvolvimento deve ser confiada aos especialistas dessa teoria, aos técnicos dessa racionalidade. O poder absoluto do partido [...] tem um estatuto filosófico; fundamenta-se na razão da concepção materialista da História. [...] Se essa concepção é verdadeira, o poder deve ser absoluto, e toda a democracia não passa de uma concessão à falibilidade humana dos dirigentes ou processo pedagógico que só eles podem administrar em doses corretas."[18]

É a elevação da ideologia e da política à condição de Verdade absoluta, porque "científica", que fundamenta a dimensão "totalitária" do comunismo. É ela que comanda o partido único. E ainda ela que justifica o Terror. E é ela que obriga o poder a permear todos os aspectos da vida social e individual.

Lenin afirma a justeza da sua ideologia proclamando-se representante de um proletariado russo numericamente muito fraco e que não hesitará em esmagar quando ele se revoltar. Essa apropriação do símbolo proletariado foi uma das grandes imposturas do leninismo e provocou, a partir de 1922, a réplica cruel de Alexandre Chliapnikov, o único dirigente dos bolcheviques vindo do operariado, que, quando do XI Congresso do Partido, apostrofava assim Lenin: "Vladimir Hitch afirmou ontem que o proletariado, enquanto classe e no sentido marxista, não existia na Rússia. Permita-me felicitá-lo por exercer uma ditadura em nome de uma classe que não existe." Essa manipulação do símbolo proletariado encontra-se em todos os regimes comunistas da Europa e do Terceiro Mundo, da China a Cuba.

Reside aqui uma das características principais do leninismo, na manipulação da linguagem, no divórcio entre as palavras e a realidade que são supostas representar, numa visão abstrata em que a sociedade, os indivíduos, perderam toda a espessura e não passam de peças de uma espécie de *Meccano* histórico e social. Essa abstração, estreitamente ligada à posição ideológica, é um elemento fundamental do terror: não se exterminam pessoas, mas apenas "burgueses", "capitalistas", "inimigos do povo"; não se assassina Nicolau II e a sua família, mas "partidários do feudalismo", "sugadores de sangue", parasitas, piolhos[...]

Essa postura ideológica depressa adquiriu um impacto considerável, graças à detenção do poder do Estado, que procura legitimidade, prestígio e meios. Em nome da verdade da mensagem, os bolcheviques passaram da violência simbólica para a violência real, e instalaram um poder absoluto e arbitrário, a que chamaram "ditadura do proletariado", retomando uma expressão que Marx havia utilizado, por acaso, numa carta. Além disso, os bolcheviques

---

[18] Cornelius Castoriadis, *L'Institution imaginaire de la société*, Paris, Le Seuil, 1975.

908   *O Livro Negro do Comunismo*

empenham-se num formidável proselitismo: criam uma nova esperança dando a impressão de devolverem toda a sua pureza à mensagem revolucionária. Essa esperança encontra rapidamente eco, tanto naqueles que, finda a guerra, alimentam desejos de vingança, como naqueles — muitas vezes os mesmos — que sonham com uma reativação do mito revolucionário. Bruscamente, o bolchevismo adquire um alcance universal e encontra êmulos nos cinco continentes. O socialismo situa-se numa encruzilhada de caminhos: democracia ou ditadura.

Com o seu livro *A Ditadura do Proletariado*, escrito no verão de 1918, Kautsky põe o dedo na ferida. Num momento em que os bolcheviques estão no poder há apenas seis meses e só alguns indícios permitem pressagiar as hecatombes que o seu sistema político provocará, Kautsky define exatamente o que está em jogo: "A oposição das duas correntes socialistas [...] baseia-se na oposição de dois métodos fundamentalmente diferentes: o método democrático e o método ditatorial. As duas correntes querem a mesma coisa: a emancipação do proletariado e, com ele, da humanidade, através do socialismo. Mas o caminho escolhido por uns é tido pelos outros como errado e infalivelmente conducente à ruína. [...] A reivindicação da livre discussão coloca-nos, de saída, no terreno da democracia. O objetivo da ditadura não é tanto refutar a opinião oposta, como suprimir violentamente a sua expressão. Por isso, os dois métodos, democracia e ditadura, opõem-se já de uma forma irredutível antes mesmo do início da discussão. Um exige o debate, o outro recusa-o."[19]

Colocando a democracia no centro do seu raciocínio, Kautsky interroga-se: "A ditadura de uma minoria encontra sempre o seu apoio mais sólido num exército devotado. Mas, quanto mais substitui a maioria pela força das armas, mais obriga a oposição a procurar a salvação no recurso às baionetas e aos punhos em vez de no voto que lhe é negado; então, a *guerra civil* torna-se o meio pelo qual são resolvidas as oposições políticas e sociais. Enquanto não reinam a mais perfeita apatia política e social ou o mais completo desalento, a ditadura de uma minoria está constantemente ameaçada por golpes de Estado ou por uma permanente guerrilha. [...] Como consequência, não consegue livrar-se da guerra civil e é confrontada a todo instante com o perigo de se ver esmagada por essa mesma guerra civil. Mas não existe maior obstáculo à construção de uma sociedade socialista do que um conflito em suas entranhas. [...] Numa guerra civil, cada partido combate pela sua própria sobrevivência,

---

[19] K. Kautsky, *La Dictature...*, *op. cit.*, pp. 173-4.

Por quê? 909

e aquele que sucumbir fica à mercê de um total aniquilamento. É a consciência desse ato que torna as guerras civis tão cruéis."[20]

Essa análise premonitória exigia imperativamente uma resposta. Com raiva, e apesar das suas obrigações esmagadoras, Lenin escreveu um texto que se tornou célebre, *A Revolução do Proletariado e o Renegado Kautsky*. O próprio título já era um bom indicador do tom do debate[...] ou, como Kautsky dissera, da recusa do debate. Lenin define claramente o cerne do seu pensamento e da sua ação: "O Estado é, nas mãos da classe dominante, uma máquina destinada a esmagar a resistência dos seus adversários de classe. Nesse aspecto, a ditadura do proletariado em nada se distingue, no fundo, da ditadura de qualquer outra classe, uma vez que o Estado proletário é uma máquina que serve para esmagar a burguesia." Essa concepção muito sumária e redutora do que é o Estado leva-o a explicitar a essência da ditadura: "A ditadura é um poder que se apoia diretamente na violência e não está de mãos atadas por qualquer lei. A ditadura revolucionária do proletariado é um poder conquistado e mantido pela violência, que o proletariado exerce sobre a burguesia, poder esse que não está de mãos atadas por qualquer lei."

Confrontado com a questão fulcral da democracia, Lenin se desvia com uma pirueta: "A democracia proletária, de que o poder dos sovietes é uma das formas, desenvolveu e difundiu a democracia como em nenhuma outra parte do mundo, em proveito justamente da imensa maioria da população, em proveito dos explorados e dos trabalhadores."[21] Retenhamos bem essa expressão "democracia proletária". Durante décadas, ela dará que falar e servirá de capa aos piores crimes.

A querela Kautsky/Lenin destaca os maiores desafios surgidos com a revolução bolchevique, entre um marxismo que quer cingir-se às chamadas "leis da História", e um subjetivismo ativista ao qual tudo serve para alimentar a paixão revolucionária. A tensão subjacente à posição de Marx, entre o messianismo do *Manifesto do Partido Comunista*, de 1848, e a fria análise dos movimentos da sociedade de *O Capital*, transforma-se, sob o efeito de triplo acontecimento da Guerra Mundial, da Revolução de Fevereiro e da Revolução de Outubro, numa profunda e irremediável ruptura que fará dos socialistas e dos comunistas os mais célebres irmãos inimigos do século XX. O que está em jogo não deixa por isso de ser essencial: democracia ou ditadura, humanidade ou terror.

---

[20] *Idem*, pp. 217 e 219.
[21] *Idem*, p. 53.

910   *O Livro Negro do Comunismo*

Totalmente imbuídos de uma paixão revolucionária, confrontados ao turbilhão dos acontecimentos, os dois principais atores dessa primeira fase da revolução bolchevique, Lenin e Trotski, vão teorizar a sua ação. Ou, mais precisamente, vão dar forma ideológica às conclusões que a conjuntura lhes inspira. Inventam a revolução permanente: na Rússia, a situação permite passar diretamente da revolução burguesa (Fevereiro) para a revolução do proletariado (Outubro). Dão uma roupagem ideológica à transformação da revolução permanente em guerra civil permanente.

Medimos por aqui todo o impacto que a guerra teve na posição dos revolucionários. Trotski escreve: "Kautsky vê na guerra, na sua terrível influência sobre os costumes, uma das causas do caráter sanguinário da luta revolucionária. É incontestável."[22] Mas os dois homens não chegam à mesma conclusão. O socialista alemão, em face do peso do militarismo, é cada vez mais sensível à questão da democracia e da defesa da pessoa humana. Para Trotski, "o desenvolvimento da sociedade burguesa, de onde saiu a democracia contemporânea, não constitui de modo algum o processo de uma democratização gradual, que já era, antes da guerra, o sonho de um dos maiores utopistas da democracia socialista, Jean Jaurès, e é agora o sonho do mais sábio de todos os pedantes, Karl Kautsky".[23]

Generalizando o seu pensamento, Trotski fala da "implacável guerra civil que grassa por todo o mundo". Considera que o planeta entrou numa época "em que a luta política se transforma rapidamente em guerra civil", em que cedo se confrontarão apenas "duas forças: o proletariado revolucionário, liderado pelos comunistas, e a democracia contrarrevolucionária, encabeçada por generais e almirantes". O erro de perspectiva é duplo: por um lado, a História demonstrou que a aspiração à democracia representativa e a sua implantação se tornaram um fenômeno mundial, mesmo na URSS de 1991. Por outro, Trotski, como Lenin, tem uma forte tendência para generalizar a importância do caso russo, ele próprio interpretado de uma forma caricatural. Os bolcheviques estão convencidos de que, pelo fato de uma guerra civil ter se desencadeado na Rússia — largamente por culpa deles próprios —, ela vai — e deve ir — estender-se à Europa e ao mundo inteiro. É todavia sobre esse duplo erro de interpretação que, durante décadas, vai ser construída a justificação do terror comunista.

Baseado nessas premissas, Trotski tira conclusões definitivas: "Podemos e devemos explicar que durante a guerra civil exterminamos os guardas brancos

---

[22] L. Trotski, *Défense...*, *op. cit.*, p. 83.

[23] *Idem*, p. 107.

Por quê? 911

para que eles não exterminem os trabalhadores. Portanto, o nosso objetivo não é suprimir vidas humanas, mas, pelo contrário, preservá-las. [...] O inimigo deve ser posto na impossibilidade de fazer mal, o que, em tempo de guerra, só pode traduzir-se na sua eliminação. Na revolução, como na guerra, trata-se de quebrar a vontade do inimigo, de forçá-lo a capitular aceitando as condições do vencedor. [...] A questão de saber a quem vai pertencer o poder nesse país, ou seja, se a burguesia deve viver ou morrer, não se resolverá pela invocação dos artigos da Constituição, mas pelo recurso a todas as formas de violência."[24] Encontramos na escrita de Trotski as expressões que fundamentam, em Ludendorff, a concepção da guerra total. Os bolcheviques, que se julgavam grandes inovadores, eram na realidade dominados pela sua época e pelo ultramilitarismo ambiente.

Os comentários de Trotski sobre a questão da liberdade de imprensa mostram a que ponto está instalada essa mentalidade de guerra: "Em tempo de guerra, todas as instituições, organismos do poder governamental e de opinião pública tornam-se, direta ou indiretamente, órgãos auxiliares da guerra. Isso refere-se sobretudo à imprensa. Nenhum governo, empenhado numa guerra séria, pode permitir no seu território a difusão de publicações que, abertamente ou não, apoiem o inimigo. E com mais forte razão, em tempo de guerra civil. A natureza desse tipo de guerra é tal que os dois campos em luta têm, na retaguarda das suas tropas, populações aliadas ao inimigo. Na guerra, onde a morte sanciona os êxitos e os fracassos, os agentes inimigos que se infiltram na retaguarda dos exércitos são submetidos à pena de morte. Lei desumana, sem dúvida, mas nunca ninguém considerou a guerra uma escola de humanidade, e muito menos uma guerra civil."[25]

Os bolcheviques não são os únicos implicados na guerra civil que rebenta na Rússia na primavera-verão de 1918 e que vai, nos próximos quatro anos, desencadear uma loucura de crueldades, de ambos os lados: pessoas crucificadas, empaladas, decapitadas e queimadas vivas. Mas só os bolcheviques teorizam a guerra civil, a reivindicam. Sob o efeito conjugado da doutrina e dos novos costumes gerados pela guerra, *a guerra civil torna-se, para eles, uma forma permanente de luta política.* A guerra civil dos Vermelhos contra os Brancos esconde uma outra guerra, muito mais importante e significativa, a guerra dos Vermelhos contra uma parte importante do mundo operário e uma grande parte do campesinato que, a partir do verão de 1918, começam a não suportar o

---

[24] *Idem*, p. 57.
[25] L. Trotski, *Defense...*, *op. cit.*, p. 78.

castigo bolchevique. Essa guerra não opõe mais, como no esquema tradicional, dois grupos políticos em conflito, mas sim o poder instalado, por um lado, e a maioria da sociedade, por outro. Com Stalin, ela virá opor o Partido-Estado ao conjunto da sociedade. É um fenômeno novo, inédito, que só pode ter uma certa duração e conhecer uma certa expansão graças à instauração de um sistema totalitário que controla todo o conjunto de atividades da sociedade e se apoia num terror de massa.

Estudos feitos recentemente com base nos arquivos mostram que essa "guerra suja" (Nicolas Werth) dos anos 1918-1921 foi a verdadeira matriz do regime soviético, o crisol onde serão forjados os homens que iam iniciar e desenvolver essa revolução, o caldeirão infernal onde foi cozinhada essa mentalidade tão especial do comunismo leninista-stalinista — miscelânea de exaltação idealista, de cinismo e de crueldade desumana. Essa guerra civil, que do território soviético deve se alastrar ao mundo inteiro, foi convocada para durar o tempo necessário até o socialismo conseguir conquistar o planeta e instaurar a crueldade como um modo de relacionamento "normal" entre os homens. Ela provocou a ruptura das barreiras tradicionais contra uma violência absoluta e fundamental.

Entretanto, nos primeiros dias da revolução bolchevique, os problemas postos por Kautsky atormentavam os revolucionários russos. Isaac Steinberg, socialista-revolucionário de esquerda, aliado aos bolcheviques, que foi comissário do povo para a Justiça, de dezembro de 1917 a maio de 1918, falava, em 1923, a propósito do poder bolchevique, de um "sistema de terror de Estado metódico" e punha a questão fulcral dos limites da violência na revolução: "O desabamento do Velho Mundo, a sua substituição por uma vida nova, mas que conserva os mesmos males, que está contaminada pelos mesmos velhos princípios, coloca o socialista em face de uma escolha crucial: a violência antiga (czarista, burguesa), ou a violência revolucionária no momento da luta decisiva. [...] A violência antiga não é mais do que uma proteção doentia da escravatura; a nova violência é a via dolorosa para a emancipação. [...] É isso que determina nossa escolha: pagamos no instrumento da violência para acabar de uma vez por todas com a violência. Porque não existe outro instrumento para lutar contra ela. É aqui que se situa a ferida moral, escancarada, da revolução. É aqui que se revelam a sua antinomia, a sua dor interna, a sua contradição."[26] E acrescenta: "Tal como o terror, a violência (considerada igualmente sob a for-

---

[26] Isaac Steinberg, *L'Aspect éthique de la révolution* (Berlim, 1923), *in* J. Baynac, *La Terreur...*, *op. cit.*, p 370.

ma da sujeição e da mentira) contamina sempre os tecidos essenciais da alma do vencido em primeiro lugar, posteriormente do vencedor, e em seguida de toda a sociedade."

Steinberg estava consciente dos enormes riscos da experiência socialista, do simples ponto de vista da "moral universal" ou do "direito natural". Gorki tinha os mesmos sentimentos quando, em 21 de abril de 1923, escreveu a Romain Rolland: "Não tenho o menor desejo de regressar à Rússia. Não poderia escrever se tivesse de desperdiçar o meu tempo a repisar a mesma antífona: 'Não matarás'".[27] Todos os escrúpulos desses revolucionários não bolcheviques e as últimas dúvidas dos próprios bolcheviques foram varridos pelo furor de Lenin, revezado por Stalin. No dia 2 de novembro de 1930, Gorki, que acabava de aliar-se ao "chefe genial", escrevia ao mesmo Romain Rolland: "Parece-me, Rolland, que você julgaria os acontecimentos internos da União [Soviética] com mais serenidade e equidade se admitisse esse simples fato: o regime soviético e a guarda avançada do partido operário encontram-se em estado de guerra civil, ou seja, guerra de classes. O inimigo contra o qual lutam — e devem lutar — é a *intelligentsia*; que se esforça por restaurar o regime burguês, e o camponês rico, que, ao defender os seus escassos bens, base do capitalismo, impede a obra da coletivização, recorrendo ao terror, ao assassinato dos coletivistas, ao incêndio dos bens coletivizados e outros métodos da guerra de guerrilha. Na guerra, mata-se."[28]

A Rússia conheceu então uma terceira fase revolucionária que, até 1953, foi encarnada por Stalin. Caracterizou-se por um terror generalizado, simbolizado pelo grande expurgo dos anos 1937-1938. Doravante, toda a sociedade é visada, mas também o aparelho do Estado e do partido. Stalin definiu sucessivamente os grupos inimigos a exterminar. E esse terror não esperou pela excepcional conjuntura da guerra para se desencadear. Estabeleceu-se em período de paz externa.

Enquanto Hitler, salvo exceção, nunca se ocupou da repressão, deixando essas tarefas "subalternas" a homens de confiança como Himmler, Stalin interessa-se de perto por ela, sendo simultaneamente seu iniciador e organizador. Rubrica pessoalmente as listas de milhares de nomes de pessoas a serem fuziladas e obriga os membros do Politburo a fazerem o mesmo. Durante o Grande Terror, em *14 meses*, de 1937 a 1938, 1,8 milhão de pessoas são detidas, no decorrer de 42 operações ciosamente preparadas; cerca de 690.000 pessoas

---

[27] *In* A.Vaksberg, *op. cit.*, p. 183.
[28] *In* A. Vaksberg, *op. cit.*, p. 264.

são assassinadas. O clima de guerra civil, mais ou menos "quente" ou "frio", intenso e aberto ou disfarçado e insidioso, é permanente. A expressão "guerra de classes", muitas vezes preferida à de luta de classes, não é de modo algum metafórica. O inimigo político não é tal ou tal opositor e nem sequer a "classe inimiga", mas toda a sociedade.

Era inevitável que, com o passar do tempo, e por contágio, o terror que visava à destruição da sociedade atingisse essa contrassociedade constituída pelo partido no poder. Já sob a liderança de Lenin, em 1921, os dissidentes ou os oposicionistas tinham sofrido sanções. Mas os potenciais inimigos continuavam a ser os que não eram membros do Partido. No tempo de Stalin, os membros do Partido tornam-se por sua vez inimigos potenciais. No entanto, foi preciso esperar pelo assassinato de Kirov para que Stalin, aproveitando o pretexto, conseguisse aplicar a pena capital aos membros do Partido. Retoma desse modo as teses de Netchaiev, a quem, na sua carta de ruptura, Bakunin escrevia em junho de 1870: "Na base da nossa atividade deve estar essa simples lei: verdade, honestidade, confiança em todos os irmãos [revolucionários]; a mentira, a astúcia, a mistificação e — por necessidade — a violência só serão utilizadas contra os inimigos. [...] Enquanto você, meu caro — e é esse o seu principal e colossal erro —, você está muito afeiçoado ao sistema de Loyola e de Maquiavel. [...] Apaixonado por métodos policiais e jesuíticos, você teve a ideia de construir sobre eles a sua própria organização [...], razão pela qual age com os seus amigos como se fossem seus inimigos."[29]

Outra inovação de Stalin: os carrascos passam por sua vez a vítimas. Após o assassinato de Zinoviev e de Kamenev, seus velhos camaradas de partido, Bukharin diz à sua companheira: "Estou bastante satisfeito por terem mandado fuzilar esses cães!"[30] Menos de dois anos mais tarde, é ele, Bukharin, que é fuzilado como um cão. Esse procedimento stalinista pode ser encontrado na maioria dos regimes comunistas.

Antes de exterminar certos "inimigos", Stalin reservou-lhes uma sorte especial: fez com que comparecessem em julgamentos-espetáculo. A fórmula tinha já sido inaugurada por Lenin, em 1922, com o primeiro julgamento montado, o dos socialistas-revolucionários. Stalin aperfeiçoou-a e fez dela uma constante do seu dispositivo de repressão, continuando a aplicá-la no Leste Europeu depois de 1948.

---

[29] M. Confino, *op. cit.*, p. 137.

[30] *In* Alain Brossat, *Un communisme insupportable*, Paris, L'Harmattan, 1997, p. 266.

Por quê?

Annie Kriegel descreveu muito bem o formidável mecanismo de profilaxia social que constituíam esses julgamentos cuja dimensão de "pedagogia infernal" substituía, na Terra, o Inferno prometido pela religião.[31] Simultaneamente, era posta em prática a pedagogia do ódio de classe, da condenação do inimigo. No comunismo asiático, esse procedimento é levado ao extremo: organizam-se jornadas do ódio.

À pedagogia do ódio Stalin acrescentou a pedagogia do mistério: o segredo mais absoluto rodeava as detenções, as causas, as condenações e o destino das vítimas. Mistério e segredo, estreitamente ligados ao terror, alimentavam uma enorme angústia em toda a população.

Uma vez que se consideram em guerra, os bolcheviques criam uma terminologia para os inimigos: "agentes inimigos", "populações coniventes com o inimigo" etc. De acordo com o modelo guerreiro, a política é reduzida a termos simplistas, definida como uma relação amigo/inimigo,[32] como reivindicação de um "nós" oposto a "eles". Implica uma visão em termos de "campo" — ainda uma expressão militar: o campo revolucionário, o campo contrarrevolucionário. E, sob pena de morte, todos são intimados a escolher o seu campo. Grave regressão a um estado político arcaico, que anula 150 anos de esforços da burguesia individual e democrata.

Como definir o inimigo? Estando a política reduzida a uma guerra civil generalizada que opõe duas forças — a burguesia e o proletariado —, e havendo necessidade de exterminar uma das duas por meios muito violentos, o inimigo não é apenas o homem do Antigo Regime, o aristocrata, o grande burguês, o oficial, mas todos os que se opõem à política bolchevique e são classificados como "burgueses". O "inimigo" é representado por qualquer pessoa ou categoria social que, dentro da ótica dos bolcheviques, constitua um obstáculo ao poder absoluto. O fenômeno manifesta-se imediatamente, inclusive nas instâncias de onde o terror está ainda ausente: as assembleias eleitorais dos sovietes. Kautsky, que já pressentia esse acontecimento em 1918, escreveu: "Os únicos com direito a voto [nos sovietes] são aqueles que 'ganharam os seus meios de subsistência graças a um trabalho produtivo ou proveitoso para o conjunto'. Mas o que é um 'trabalho produtivo ou proveitoso para o conjunto'? É uma 'palavra de borracha'. E 'palavra de borracha' é também a ordenança relativa aos excluídos do direito de voto, incluindo os que 'empregam assalariados para

---

[31] *Les Grands procès dans les systèmes communistes,* Paris, Gallimard, Idées, 1972.

[32] Carl Schmitt, *La Notion de politique,* Paris, Calmann-Lévy, 1972, p. 66.

916   *O Livro Negro do Comunismo*

deles obterem um lucro'. [...] Percebe-se perfeitamente que não é preciso muito para ser etiquetado como capitalista no regime eleitoral da República Soviética, e para perder o direito de voto. A natureza elástica das definições das palavras da lei eleitoral abre a porta ao reino da arbitrariedade mais evidente, e não se deve ao sistema legislativo, mas ao seu objeto. Nunca se conseguirá definir, de uma maneira juridicamente inatacável e precisa, o termo proletário."[33]

O fato de o termo "proletário" ter substituído o de "patriota" usado no tempo de Robespierre mostra que a categoria "inimigo" é de geometria variável e pode inchar ou desinchar conforme a política do momento. Essa categoria torna-se um elemento fundamental do pensamento e da prática comunistas. Tzvetan Todorov precisa: "O inimigo é a grande justificativa do terror; o Estado totalitário não existe sem inimigos. Se lhe faltarem, ele os inventará. Uma vez identificados, não merecem piedade. [...] Ser inimigo é uma tara incurável e hereditária. [...] Insiste-se por vezes no fato de os judeus terem sido persegui-dos não pelo que fizeram, mas pelo que eram: judeus. Passa-se precisamente o mesmo com o poder comunista: exige a repressão (ou, em momentos de crise, a eliminação) da burguesia enquanto classe. O simples fato de pertencer a essa classe é suficiente, não sendo mais necessário *fazer o* que quer que seja."[34]

Resta uma questão essencial: por que exterminar "o inimigo"? O papel tradicional da repressão é, segundo o título de uma obra célebre, "vigiar e pu-nir". Essa frase, "vigiar e punir", estava ultrapassada? O "inimigo de classe" era "irrecuperável"? Soljenitsyne traz-nos uma primeira resposta, mostrando que no Gulag os prisioneiros de direito comum eram sistematicamente mais bem tratados do que os políticos. Não só por razões práticas — desempenhavam funções de enquadramento —, mas também por razões "teóricas". Com efeito, o regime soviético empenhava-se em criar um "homem novo", procurando inclusive reeducar os criminosos mais empedernidos. Esse foi até um dos vetores mais frutíferos da sua propaganda, tanto na Rússia de Stalin como na China de Mao ou na Cuba de Fidel.

Mas por que razão se torna necessário matar o "inimigo"? Com efeito, não constitui novidade que a política consiste, entre outras coisas, em identificar amigos e inimigos. Já o Evangelho declarava: "Quem não está comigo está contra mim." A novidade reside no fato de Lenin decretar que não só "Quem não está comigo está contra mim", mas ainda que "Quem é contra mim tem

---

[33] K. Kautsky, *La Dictature...*, *op. cit.*, pp. 241-3.
[34] Tzvetan Todorov, *L'Homme dépaysé*, Paris, Le Seuil, 1995, p. 33.

Por quê? 917

de morrer", e generalizar essa proposta do domínio da política à sociedade na sua globalidade.

Com a prática do terror, assiste-se a uma dupla mutação: o adversário, primeiro inimigo e depois criminoso, passa a excluído. Essa exclusão conduz quase que automaticamente à ideia do extermínio. Na verdade, a dialética amigo/inimigo é doravante insuficiente para resolver o problema fundamental do totalitarismo: a procura de uma humanidade unificada, purificada, sem antagonismos, de acordo com a dimensão messiânica do projeto marxista de unificação da humanidade no e através do proletariado. Esse projeto justifica a tentativa de uma unificação forçada — do Partido, da sociedade e depois do império —, que rejeite como refugo os que não se incluem no produto refinado. Passa-se, muito rapidamente, de uma lógica de combate político para uma lógica de exclusão, depois para uma ideologia de eliminação e, finalmente, de extermínio de todos os elementos impuros. No final dessa lógica, está o crime contra a humanidade.

A atitude de certos comunismos asiáticos — China, Vietnã — é um pouco diferente. Sem dúvida, por efeito da tradição confuciana, dá-se mais valor à reeducação. O *Laogai* chinês distingue-se por essa instituição que obriga o prisioneiro — denominado "aluno" ou "estudante" — a reformar o seu pensamento sob o controle de carcereiros-professores. Não haverá nesse tipo de "reeducação" uma atitude menos franca, mais hipócrita ainda do que no assassinato puro e simples? Não será pior forçar o inimigo a renegar-se e a submeter-se ao discurso dos seus algozes? Os Khmers Vermelhos, pelo contrário, optaram logo de saída por uma solução radical: considerando que a reeducação de uma parte do povo era impossível, por estar já demasiado "corrompida", decidiram mudar de povo. Daí o extermínio em massa de toda a população intelectualizada e urbanizada, visando, também nesse caso, destruir primeiro o inimigo no plano psicológico, desagregar a sua personalidade impondo-lhe uma "autocrítica" que o desonra e que, de qualquer maneira, não o poupa ao castigo supremo.

Os líderes dos regimes totalitários reivindicam o direito de enviar os seus semelhantes para a morte em nome da "força moral". A justificação fundamental é sempre a mesma: a necessidade baseada na ciência. Refletindo sobre as origens do totalitarismo, Tzvetan Todorov escreveu: "Foi o cientificismo e não o humanismo que contribuiu para lançar as bases ideológicas do totalitarismo. [...] A relação entre cientificismo e totalitarismo não se limita à justificação dos atos por pretensas necessidades científicas (biológicas ou históricas); é preciso já praticar o cientificismo (ainda que 'selvagem') para acreditar na transparência

918 *O Livro Negro do Comunismo*

da sociedade e, logo, na possibilidade de transformá-la em função do nosso ideal através de uma revolução."[35]

Em 1919, Trotski ilustrava poderosamente esse propósito: "O proletariado é uma classe historicamente ascendente [...]. A burguesia é, atualmente, uma classe decadente. Não apenas já não desempenha um papel essencial na produção, como, pelos seus métodos imperialistas de apropriação, destrói a economia mundial e a cultura humana. No entanto, a vitalidade histórica da burguesia é colossal. Aferra-se ao poder e não o larga. Por isso, ao cair, ameaça arrastar consigo toda a sociedade. É nossa obrigação arrancá-la do poder e cortar-lhe as mãos. O terror vermelho é a arma utilizada contra uma classe condenada a perecer e que não se resigna a isso."[36] E concluía: "A revolução violenta tornou-se uma necessidade na exata medida em que as exigências imediatas da História não podem ser satisfeitas pelo aparelho da democracia parlamentar."[37] Reconhecemos aqui a divinização da História, à qual tudo deve ser sacrificado, e a incurável ingenuidade do revolucionário que imagina, graças à sua dialética, poder favorecer a emergência de uma sociedade mais justa e mais humana utilizando métodos criminosos. Doze anos mais tarde, Gorki dizia o mesmo, de uma forma ainda mais brutal: "Temos contra nós tudo o que cumpriu o seu tempo tal como a História mediu, e isso nos dá o direito de nos considerarmos sempre em guerra civil. Donde, naturalmente, a conclusão: se o inimigo não se rende, exterminamo-lo."[38] No mesmo ano, Aragon disse-o em verso: "Os olhos azuis da Revolução brilham com uma crueldade necessária."

Inversamente, em 1918, Kautsky abordava a questão com muita coragem e franqueza. Despindo as palavras de fetichismos, escreveu: "Na verdade, o nosso objetivo último não é o socialismo, mas sim abolir 'todas as formas de exploração e de opressão, quer sejam dirigidas contra uma classe, um partido, um sexo ou uma raça'. [...] Se conseguissem demonstrar-nos que estamos errados não acreditando que a libertação do proletariado e da humanidade em geral pode tornar-se uma realidade unicamente, ou mais comodamente, com base na propriedade privada dos meios de produção, deveríamos então lançar o socialismo janela afora, sem com isso renunciarmos ao nosso objetivo final, e nesse caso deveríamos até fazê-lo precisamente no interesse desse mesmo

---

[35] Tzvetan Todorov, *Nous et les autres,* Paris, Le Seuil, 1989, p. 233.

[36] Léon Trotski, *Défense du terrorisme, op. cit.,* p. 82.

[37] *Idem,* p. 57.

[38] A. Vaksberg.

Por quê? 919

objetivo final."[39] Kautsky dava claramente primazia ao humanismo sobre o cientificismo marxista, de que era, todavia, o mais eminente representante.

O ato de matar propriamente dito requer uma pedagogia: em face das reticências que qualquer pessoa tem em matar o seu próximo, a pedagogia mais eficaz ainda consiste em negar a humanidade da vítima, em "desumanizá-la" previamente. Alain Brossat faz muito justamente notar: "O rito bárbaro dos expurgos, o funcionamento em pleno vapor da máquina exterminadora, não se dissociam, nos discursos e práticas de perseguição, dessa animalização do Outro, da redução dos inimigos, imaginários ou reais, ao estado zoológico."[40]

E, efetivamente, durante os grandes julgamentos de Moscou, o procurador Vychinski, intelectual, jurista e homem de sólida educação clássica, entregou-se a uma orgia de "animalização" dos acusados: "Matem-se os cães raivosos! Morte a esse bando que esconde das massas populares as suas presas de fera, os seus dentes rapaces! Maldito sejas, abutre-Trotski, espumando uma baba peçonhenta com a qual salpicas as grandes ideias do marxismo-leninismo! Eliminemos esses mentirosos, esses histriões, esses miseráveis pigmeus, esses cães fraldiqueiros, esses chacais que importunam o elefante! [...] Sim, abaixo essa abjeção animal! Acabemos com esses detestáveis híbridos de raposas e de porcos, essas carcaças fedorentas. Façamos calar os seus grunhidos porcinos. Exterminemos os cães raivosos do capitalismo, que querem despedaçar os melhores entre os homens da nossa terra soviética! Façamos com que eles engulam o ódio bestial que votam aos dirigentes do nosso Partido!" Mas não foi Jean-Paul Sartre quem, em 1952, injuriou cruamente: "Todo anticomunista é um cão!"? Essa retórica diabólico-animalesca parece-nos reforçar a hipótese de Annie Kriegel sobre a função essencialmente pedagógica dos julgamentos montados e transformados em grandes espetáculos. Como nos mistérios da Idade Média, é posta em cena, para edificação do bom povo, a figura do "malvado", do herético, do "trotskista" e, pouco depois, do "sionista-cosmopolita", em resumo, do Diabo[...]

Brossat relembra que foi através de folias e de carnavais que se instalou uma verdadeira tradição da animalização do Outro, que encontramos na caricatura política desde o século XVIII. Esse rito metafórico permitia, precisamente através do animal, a expressão de crises e de conflitos latentes. Nos anos 1930,

---

[39] K. Kautsky, *La Dictature...*, *op. cit.*, pp. 176-7.
[40] Alain Brossat, *Un communisme insupportable*, *op. cit.*, p. 265.

em Moscou, nada é metafórico: o adversário "animalizado" é tratado como um animal de caça antes de tornar-se carne para a forca — na ocorrência, candidato a uma bala na nuca. Se Stalin sistematizou e generalizou esses métodos, eles foram largamente retomados pelos seus sucessores chineses, cambojanos e outros. E Stalin não os inventou. O próprio Lenin não está isento de culpa: após a tomada do poder, chamava aos seus inimigos "insetos nocivos", "piolhos", "escorpiões" e "vampiros".

Na ocasião do julgamento-fantoche do chamado "partido industrial", a Liga dos Direitos Humanos publicou um protesto assinado, entre outros, por Albert Einstein e Thomas Mann; Gorki respondeu a essa publicação com uma carta aberta: "Considero que essa execução foi perfeitamente legítima. É perfeitamente natural que o poder operário e camponês extermine os seus inimigos como se fossem piolhos."[41]

Alain Brossat tira as seguintes conclusões dessa deriva zoológica: "Como sempre, os poetas e os carniceiros do totalitarismo traem-se em primeiro lugar pelo seu vocabulário: esse 'liquidar' dos carrascos moscovitas, primo direto do 'tratar' dos industriais do genocídio nazista, constitui o microcosmo linguístico da irreparável catástrofe mental, cultural, que se expõe então em plena visibilidade no espaço soviético: a vida humana deixou de ter valor, o pensamento por categorias ('inimigos do povo', 'traidores', 'elementos seguros') substituiu a noção carregada de positividade ética da espécie humana [...]. No discurso, nas práticas políticas e nos métodos de extermínio dos nazistas, a animalização do Outro, indissociável da obsessão da mácula e do contágio, está estreitamente ligada à ideologia da raça. É concebida nos termos implacavelmente hierárquicos do discurso da raça, do sobre e do subumano; [...] mas, na Moscou de 1937, o discurso de raça e os dispositivos totalitários inerentes estão vedados, indisponíveis. É daí que decorre a importância da animalização do Outro, para elaborar e pôr em prática uma política baseada no 'tudo é permitido ao totalitário.'"[42]

No entanto, alguns não hesitaram em ultrapassar a barreira ideológica, e passar do social ao racial. Numa carta escrita em 1932, Gorki, que, recordemos, era nesse momento um amigo pessoal de Iagoda, chefe da GPU, e cujo filho era um assalariado dessa mesma GPU, dizia: "O ódio de classes deve ser cultivado pela repulsa orgânica relativamente ao inimigo, enquanto ser inferior. É minha

---

[41] A. Vaksberg, *op. cit.*, p. 262.
[42] Alain Brossat, *op. cit.*, p. 268.

Por quê? 921

íntima convicção que o inimigo é efetivamente um ser inferior, um degenerado no plano físico, mas também 'moral'."[43]

Gorki levará até as últimas consequências essa posição, promovendo a criação do Instituto de Medicina Experimental da URSS. No início de 1933, escreveu: "Está muito breve o tempo em que a ciência vai perguntar aos seres ditos normais: querem que todas as doenças, as incapacidades, as imperfeições, a senilidade e a morte prematura do organismo sejam minuciosa e aprofundadamente estudadas? Esse estudo não pode ser feito com experiências em cães, em coelhos, em cobaias. A experimentação com o próprio homem é indispensável; é imprescindível estudar nele próprio o funcionamento do seu organismo, os processos de alimentação intracelular, a hematopoese, a química dos neurônios e, mais geralmente, todos os processos orgânicos. Para isso, serão necessárias centenas de unidades humanas para prestar um verdadeiro serviço à humanidade, o que será com toda a certeza mais importante e mais útil do que o extermínio de dezenas de milhões de seres saudáveis para conforto de uma classe miserável, física e moralmente degenerada, de predadores e de parasitas."[44] Aos efeitos mais negativos do cientificismo sócio-histórico juntam-se assim os do cientificismo biológico.

Essa deriva "biológica" ou "zoológica" permite-nos compreender melhor por que é que numerosos crimes do comunismo se enquadram na categoria dos crimes contra a humanidade e por que razão a ideologia marxista-leninista pôde praticar e justificar esses crimes. Voltando às decisões jurídicas ligadas às recentes descobertas da biologia, Bruno Gravier escreve: "O teor das leis sobre a bioética [...] vem balizar outras ameaças, mais insidiosas porque ligadas ao progresso da ciência, das quais desconhecemos que papel desempenham na gênese de ideologias buscadas no terror 'enquanto lei do movimento' (J. Asher) [...]. O desígnio eugênico contido nos textos de médicos famosos, como Richet ou Carrel, foi a base em que assentaram o extermínio em massa e os atos aberrantes dos médicos nazis."[45]

Ora, existe no comunismo um eugenismo sociopolítico, um darwinismo social. Dominique Colas escreveu: "Senhor do conhecimento sobre a evolução das espécies sociais, Lenin decide quais devem desaparecer por estarem con-

---

[43] *In* Vaksberg, *op. cit.*, pp. 268-87.

[44] *Idem*, p. 312.

[45] Bruno Gravier, "Une actualité toujours plus cruciale", *in* Marcel Colin (sob a dir.), *Le Crime contre l'humanité*, Érès, p. 10.

922   *O Livro Negro do Comunismo*

denadas pela História."[46] A partir do momento em que se decreta, em nome de uma ciência — ideológica e político-histórica como o marxismo-leninismo —, que a burguesia representa uma etapa ultrapassada da evolução da humanidade, justifica-se a sua liquidação enquanto classe e, logo a seguir, a liquidação dos indivíduos que a constituem ou que são supostos de pertencer-lhe.

Referindo-se ao nazismo, Marcel Colin fala: "As classificações, segregações, exclusões e critérios puramente biológicos são veiculados pela ideologia criminosa. Pensamos nesses pressupostos científicos (hereditariedade, hibridação, pureza de raça), até de contribuição fantasmática, milenarista ou planetária, que são muito marcados historicamente e inultrapassáveis."[47] Esses pressupostos científicos aplicados à história e à sociedade — o proletariado detentor do sentido da História etc. — relevam sem dúvida de uma fantasmagoria milenarista e planetária e são onipresentes na experiência comunista. São eles que fixam uma ideologia criminogênica que determina, segundo critérios puramente ideológicos, uma segregação arbitrária (burguesia/proletariado), e classificações (pequena burguesia, alta burguesia, camponeses ricos, camponeses remediados, camponeses pobres etc.). Fixando-as — como se fossem definitivas e como se os indivíduos não pudessem passar de uma categoria para a outra —, o marxismo-leninismo instala o primado da categoria, da abstração, sobre o real e o humano; qualquer indivíduo ou grupo é encarado como arquétipo de uma sociologia primária e desencarnada. O que torna o crime mais fácil: o delator, o inquiridor, o carrasco do NKVD não denunciam, não perseguem, não matam um homem; eliminam uma abstração nociva à felicidade geral.

A doutrina tornou-se uma ideologia criminogênica pelo simples fato de negar um dado fundamental, a unidade daquilo a que Robert Antelme chama "espécie humana", ou o que no preâmbulo da Declaração dos Direitos Humanos, de 1948, é chamado "família humana". Seriam as raízes do marxismo-leninismo menos profundas em Marx do que num darwinismo aberrante, aplicado à questão social e conducente aos mesmos erros que na questão racial? Uma coisa é certa: o crime contra a humanidade é o resultado de uma ideologia que reduz o homem e a humanidade a uma condição não universal mas restrita: biológico-racial ou sócio-histórica. Também aqui, e por um efeito de propaganda, os comunistas conseguiram fazer crer que a sua posição era universal, que tinha em conta a humanidade na sua globalidade. Considera-se até frequentemente

---

[46] Dominique Colas, *Lénine et le léninisme,* Paris, PUF, Que sais-je?, 1987, p. 101. Ver também sua tese de doutorado, *Le Léninisme,* PUF, 1982.

[47] M. Colin, *op. cit.,* p. 14.

que existe uma diferença radical entre o nazismo e o comunismo baseada no fato de o projeto nazista ser particularizante — estritamente nacionalista e racial —, enquanto o projeto leninista é universalista. Nada mais falso: na teoria e na prática, Lenin e os seus seguidores excluíram claramente da humanidade o capitalismo, a burguesia, os contrarrevolucionários etc. Retomando palavras correntes do discurso sociológico ou político, fizeram deles inimigos absolutos. E, como Kautsky dizia em 1918, são as palavras "de borracha" que permitem excluir da humanidade quem se quer, quando se quer e como se quer e que conduzem diretamente ao crime contra a humanidade.

Mireille Delmas-Marty escreveu: "Os biólogos, como Henri Atlan, são os primeiros a reconhecer que a noção de humanidade ultrapassa a abordagem biológica e que a biologia 'tem muito pouco a dizer sobre a pessoa humana'. [...] É verdade que podemos perfeitamente considerar a espécie humana como mais uma espécie animal entre outras, uma espécie que o próprio homem aprende a fabricar, como já é capaz de fabricar espécies animais ou vegetais."[48] Não terá sido isto que os comunistas tentaram fazer? Não estaria a ideia do "homem novo" no cerne do projeto comunista? Os "Lyssenko" megalômanos não teriam já tentado criar, além de outras espécies de milho ou de tomate, uma nova espécie de homem?

Essa mentalidade cientificista do fim do século XIX, contemporânea do triunfo da medicina, inspirou Vassili Grossman a fazer essa observação sobre os chefes bolcheviques: "Os homens dessa têmpera comportam-se como os cirurgiões numa clínica. [...] Eles têm a alma na faca. O que caracteriza esses homens é a sua fé fanática na onipotência do bisturi. O bisturi é o grande teórico, o *líder* filosófico do século XX."[49] A ideia é levada ao extremo no caso de Pol Pot, que, com um terrível golpe de bisturi, amputa a parte "gangrenada" do corpo social — "o povo novo" — e conserva a parte "sã" — "o povo antigo". Por muito louco que fosse, o conceito não era totalmente novo. Já em 1870, Piotr Tkatchev, revolucionário russo e digno êmulo de Netchaiev, propôs o extermínio de todos os russos com mais de 25 anos, considerados incapazes de conceber a ideia revolucionária. Na mesma época, numa carta que dirigiu a Netchaiev, Bakunin mostrava a sua indignação contra essa proposta louca: "O nosso povo não é uma folha em branco na qual qualquer sociedade secreta pode escrever o que quiser, como, por exemplo, o vosso programa comunis-

---

[48] Mireille Delmas-Marty, "L'Interdit et le respect: comment définir le crime contre l'humanité?", *in* Colin, *op. cit.*, p. 26.

[49] V. Grossman, *Tout passe, op. cit.*, p. 193.

924   *O Livro Negro do Comunismo*

ta."[50] É verdade que a Internacional clama "Façamos do passado tábua rasa!" e que Mao se compara a um genial poeta escrevendo sobre a famosa folha em branco. Como se uma civilização várias vezes milenar pudesse comparar-se a uma folha em branco!

O conjunto dos processos de terror que acabamos de invocar foi, é certo, iniciado na URSS por Lenin e Stalin, mas contém um determinado número de elementos invariáveis que se encontram, com diferentes graus de intensidade, em todos os regimes que se reclamam do marxismo-leninismo. Cada país ou partido comunista teve a sua história específica, as suas características, locais e regionais, os seus casos mais ou menos patológicos, mas esses inscreveram-se sempre na matriz elaborada em Moscou em novembro de 1917 e que, por esse fato, impôs uma espécie de código genético.

Como compreender os atores desse sistema aterrador? Teriam características especiais? Parece que todos os regimes totalitários suscitaram vocações e souberam descobrir e promover os homens capazes de os fazerem funcionar. O caso de Stalin é singular. No domínio da estratégia, foi um digno herdeiro de Lenin, capaz de investigar um caso local e de abarcar uma situação mundial. Surgirá sem dúvida aos olhos da História como o mais brilhante político do século XX, tendo conseguido elevar a pequena União Soviética de 1922 à categoria de uma superpotência mundial e impor, durante décadas, o comunismo como uma alternativa ao capitalismo.

Foi também um dos maiores criminosos de um século rico em carrascos de grande envergadura. Deveremos ver nele um novo Calígula, como o descreviam Boris Suvarin e Boris Nicolaievski, em 1953? A sua ação terá sido a de um puro paranoico, como Trotski dá a entender? Não será, pelo contrário, a de um fanático extraordinariamente dotado para a política e que repudiava os métodos democráticos? Stalin levou às últimas consequências a posição definida por Lenin e já preconizada por Netchaiev: adotou medidas extremas para implementar uma política extrema.

O fato de Stalin ter enveredado deliberadamente pela via do crime contra a humanidade como método de governo remete-nos também para a dimensão propriamente russa da personagem. Oriundo do Cáucaso, toda a sua infância e adolescência foram embaladas por histórias de generosos bandidos, os *abrek,* montanheses caucasianos banidos dos seus clãs ou que, tendo jurado uma vingança sangrenta, combatiam movidos pela coragem do desespero. Ele

---

[50] M. Confino, *op. cit.,* p. 120.

Por quê? 925

próprio adotou o pseudônimo de Koba, o nome de um desses míticos príncipes-bandidos, uma espécie de Robin Hood, o protetor das viúvas e dos órfãos. Ora, na sua carta de ruptura com Netchaiev, Bakunin dizia-lhe:

> "Você se lembra de como se ofendeu comigo quando lhe chamei *abrek*, e ao seu catecismo um catecismo de *abrekr*, você dizia que todos os homens deveriam ser assim, que a abnegação total de si mesmo e a renúncia a todas as necessidades pessoais, a todas as satisfações, aos sentimentos, aos apegos e ligações, deveriam ser o estado normal, natural e cotidiano de todos, sem exceção. Quer, ainda hoje, que sua crueldade cheia de abnegação, o seu extremo fanatismo, sejam uma regra de vida da comunidade. Deseja inépcias, coisas impossíveis, a negação total da natureza, do homem e da sociedade."[51]

A despeito do seu total empenho revolucionário, Bakunin já havia percebido, em 1870, que até a atividade revolucionária deve submeter-se a certas regras morais fundamentais.

O terror comunista foi muitas vezes comparado ao da Santa Inquisição católica de 1199. E, aqui, o romancista esclarece-nos, sem dúvida, melhor do que o historiador. No seu magnífico romance *La Tunique d'infamie*, Miguel del Castillo observa: "A finalidade não é torturar ou queimar: consiste apenas em fazer as perguntas certas. Não há terror sem verdade, que é o seu fundamento. Se não conhecêssemos a verdade, como reconheceríamos o erro? [...] A partir do momento em que temos a certeza de estarmos de posse da verdade, como poderíamos deixar o nosso próximo mergulhado no erro?"[52]

A Igreja prometia o perdão do pecado original e a salvação no Além, ou o fogo de um inferno sobrenatural. Marx acreditava numa autorredenção prometeica da humanidade. Foi o sonho messiânico da "Grande Noite". Mas, para Leszek Kolakowski: "A ideia de que o mundo em que vivemos está tão corrompido, que é impossível melhorá-lo, e que, precisamente por isso, o mundo que lhe sucederá trará a plenitude da perfeição e a libertação última, é uma das aberrações mais monstruosas do espírito humano. [...] Claro que essa aberração não é uma invenção do nosso tempo, mas é preciso reconhecer que, no pensamento religioso que opõe a força da graça sobrenatural à globalidade dos valores temporais, ela é bem menos abominável do que nas doutrinas

---

[51] M. Confino, *op. cit.*, p. 112.

[52] Miguel del Castillo, *La Tunique d'infamie*, Paris, Fayard, 1997, p. 25.

926   *O Livro Negro do Comunismo*

mundanas que nos garantem que poderemos garantir a nossa salvação com um único salto do abismo dos infernos até o topo dos céus."[53]

Ernest Renan fora sem dúvida premonitório quando, nos seus *Diálogos Filosóficos*, dizia que, para assegurar o poder absoluto numa sociedade de ateus, não basta ameaçar os insubmissos com o fogo do inferno mitológico, sendo necessário instituir um "inferno real", um campo de concentração destinado a quebrar os revoltosos e intimidar todos os outros, servido de uma polícia especial composta por seres desprovidos de escrúpulos morais e inteiramente dedicados ao poder instituído, verdadeiras "máquinas obedientes, prontas às maiores ferocidades".[54]

Após a libertação da maioria dos prisioneiros do Gulag, em 1953, e mesmo depois do XX Congresso dos PCUS, quando uma certa forma de terror não estava já na ordem do dia, o princípio do terror conservou a sua função e continuou a ser eficaz; a lembrança do terror bastava para paralisar as vontades, conforme recorda Aino Kuusinen: "Era a recordação desse terror que pesava no espírito das pessoas; ninguém parecia acreditar que Stalin tinha verdadeiramente desaparecido de circulação. Quase não havia em Moscou uma família que não tivesse sofrido com as suas perseguições, e, no entanto, nunca ninguém falava nisso. Assim, por exemplo, eu nunca invocava na presença dos meus amigos as minhas recordações da prisão ou do campo de concentração. E eles nunca me faziam perguntas. O medo estava demasiado enraizado nas suas mentes."[55] Se as vítimas conservavam vivas as memórias do Terror, os carrascos continuavam a apoiar-se nelas. Em pleno poder brejneviano, a URSS editou um selo comemorativo do quinquagésimo aniversário da Tcheka e publicou uma compilação de textos de homenagem à instituição.[56]

Para concluir, vamos dar, uma última vez, a palavra a Gorki, no seu texto de homenagem a Lenin, em 1924: "Um velho conhecido meu, um operário de Sormov, um homem naturalmente doce, queixava-se de que era duro trabalhar na Tcheka. Respondi-lhe: 'Também me parece que não é um trabalho para você. Não condiz com o seu modo de ser.' Ele confirmou, tristemente: 'Não, de maneira nenhuma.' Mas, depois de ter refletido, acrescentou: 'No entanto, quando penso que seguramente o próprio Hitch é muitas vezes obrigado a

---

[53] L. Kolakowski, *L'Esprit révolutionnaire*. Paris, Éditions Complexe, 1978, p. 22.

[54] Tzvetan Todorov, *Nous et les autres*, Paris, Le Seuil, 1989, pp. 226-7

[55] A. Kuusinen, *op. cit.*, p. 224.

[56] Esse texto foi analisado por Michel Heller, "Lénine et la Vetcheka", *Libre*, nº 2, 19.

Por quê? 927

segurar a sua alma pelas asas, tenho vergonha da minha fraqueza.' Aconteceria a Lenin ter de 'segurar a sua alma pelas asas'? Dava tão pouca atenção à sua pessoa, que nunca falava de si mesmo com os outros; melhor do que ninguém, sabia calar-se sobre as mais secretas tempestades da sua alma. Uma vez, porém, disse-me, enquanto acariciava umas crianças: 'A vida deles será melhor do que a nossa; muito do que nós sofremos lhes será poupado. A sua vida será menos cruel.' Com o olhar perdido na lonjura, acrescentou, sonhador: 'Mesmo assim, não os invejo. A nossa geração concretizou uma tarefa espantosa pela sua importância histórica. A crueldade da nossa vida, imposta pelas circunstâncias, será compreendida e perdoada. Tudo será compreendido, tudo!'"[57]

Sim, tudo começa agora a ser compreendido, mas não no sentido em que o entendia Vladimir Hitch Ulianov. Que resta hoje dessa "tarefa espantosa pela sua importância histórica"? Não uma ilusória "construção do socialismo", mas uma imensa tragédia que continua a pesar sobre a vida de centenas de milhões de pessoas e que irá marcar a entrada no terceiro milênio. Vassili Grossman, o correspondente de guerra de Stalingrado que viu a KGB confiscar-lhe o manuscrito da sua obra-prima e que por isso morreu, tira, no entanto, de tudo isso uma lição otimista, que retomamos por nossa conta: "O nosso foi o século em que a violência exercida pelo Estado sobre o homem atingiu o seu mais alto grau. Mas é aí, precisamente, que residem a força e a esperança dos homens: foi o século XX que abalou o princípio hegeliano do processo histórico universal: 'Tudo o que é real é racional', princípio de que se reclamavam, em apaixonadas polêmicas que duraram dezenas de anos, os pensadores russos do século passado. E é justamente agora, na época do triunfo do poder do Estado sobre a liberdade dos homens, que os pensadores russos, vestindo o farrapo dos campos, enunciam, invertendo a lei de Hegel, o princípio supremo da história universal: 'Tudo o que é desumano é insensato e inútil.' Sim, nesses tempos do triunfo total da desumanidade, tornou-se evidente que tudo o que foi criado pela violência é insensato, inútil, sem alcance, sem futuro."[58]

---

[57] M. Gorki, *Lénine, op. cit.*, pp. 31-2.
[58] V. Grossman, *Tout passe, op. cit.*, p. 228.

OS AUTORES

Stéphane Courtois, pesquisador-chefe do CNRS (GÉODE — Paris X); diretor da revista *Communisme*, especialista em história do comunismo. Publicou principalmente: *Le PCF dans la guerre* (Ramsay, 1980); *Qui savait quoi? L'extermination des Juifs, 1941-1945* (La Découverte, 1987, como colaborador); *Le Communisme* (MA Éditions, 1987, com M. Lazar); *Le Sang de l'étranger. Les immigrés de la MOI dans la Résistance* (Fayard, 1989, como colaborador); *Cinquante ans d'une passion française. De Gaulle et les communistes* (Balland, 1991, com M. Lazar); *Rigueur et passion, Hommage à Annie Kriegel* (Le Cerf/L'Age d'homme, 1994, como colaborador); *L'État du monde en 1945* (La Découverte, 1994, com A. Wieviorka); *Histoire du Parti communiste français* (Presses Universitaires de France, 1995, com M. Lazar); *Eugen Fried. Le grand secret du PCF* (Le Seuil, 1997, com A. Kriegel).

Nicolas Werth, professor *agrégé* de história, pesquisador do Instituto de História do Tempo Presente, dedicou-se ao estudo da história da URSS. Publicou principalmente: *Être communiste en URSS sous Staline* (Gallimard, 1981); *La Vie quotidienne des paysans russes de la Révolution à la collectivisation, 1917-1939* (Hachette, 1984); *Histoire de l'Union Soviétique, de l'Empire russe à la CEI* (PUF, 1992); *Rapports secrets soviétiques. La société russe dans ses rapports confidentiels, 1921-1991* (Gallimard, 1995, com Gaël Moullec).

Jean-Louis Panné, historiador. Colaborou para a execução do *Dictionnaire biographique du mouvement ouvrier français* (1914-1939); autor (com Emmanuel Wallon) de *L'Entreprise sociale, le pari autogestionnaire de Solidarnosc*, L'Harmattan, 1987; *Boris Souvarine, le premier désenchante du communisme*, Robert Laffont, 1993.

Andrzej Paczkowski, vice-diretor do Instituto de Estudos Políticos da Academia Polonesa de Ciências, membro do Conselho Científico dos Arquivos

930   *O Livro Negro do Comunismo*

do Ministério do Interior e da Administração. É autor de: *Stanislaw Mikolajczyk (1901-1966) ou la défaite d'un réaliste. Essai de biographie politique*, 1991; *L'Appareil de la Sécurité, 1944-1956* (documentos); 2 vols., 1994 e 1996; *Un demi-siècle d'histoire de la Pologne, 1939-1989*, 1995 (prêmio Clio de melhor livro de história, 1996).

Karel Bartosek, historiador de origem tcheca, pesquisador do IHTP (CNRS) de 1983 a 1996, diretor da revista *La Nouvelle Alternative*, especialista na história da Europa Central e Leste Europeu. Publicou, entre outros: *The Prague Uprising, 1945* (em tcheco, eslovaco, alemão e inglês, entre 1960 e 1965); *De l'exil à la Résistance, Réfugiés et immigrés d'Europe Centrale en France, 1933-1945* (codir., Arcantère, 1989); *Confession* (entrevistas com Bedrich Fucik, Toronto, 1989); *Le témoin du procès de Husak témoigne* (entrevistas com Ladislav Holdos, Praga, 1991); *Les Aveux des archives. Prague-Paris-Prague, 1948-1968*, Le Seuil, 1996.

Jean-Louis Margolin, professor *agrégé* de história, *maître de conférences* da Université de Provence, pesquisador do Instituto de Pesquisa sobre o Sudeste Asiático (CNRS). Publicou *Singapour, 1959-1987. Genèse d'un nouveau pays industriel* (L'Harmattan, 1989).

COLABORADORES

Rémi Kauffer, especialista em história da informação, do terrorismo e dos aparelhos clandestinos. Publicou principalmente: com Roger Faligot, *Service B* (Fayard, 1985); *KGB objectif Pretoria* (Lausanne, 1986); *Kang Sheng et les services secrets chinois, 1927-1987* (Robert Laffont, 1987); *As-tu vu Cremet* (Fayard, 1991); *Histoire mondiale du Renseignement* (2 vols., Robert Laffont, 1993-1994, como colaborador).

Pierre Rigoulot, pesquisador do Instituto de História Social. Redator-Chefe dos *Cahiers d'histoire sociale*. Publicou principalmente: *Des Français au Goulag* (Fayard, 1984); *La Tragédie des Malgré-nous* (Pion, 1990); *Lespaupières lourdes, Les Français face au Goulag: aveuglement et indignation* (Éditions Universitaires, 1991).

Os autores

Pascal Fontaine, jornalista especializado em América Latina.

Yves Santamaria, professor de história, *maître de conferences* do IUFM de Mans e do IEP de Paris. Autor de *Du Printemps despeuples à la Société des nations* (La Découverte, 1996, com Brigitte Waché).

Sylvain Boulouque, estudante de história, pesquisador associado do GEODE (Universidade Paris X).

ÍNDICE ONOMÁSTICO

A

Abakumov, Victor, 292-297, 512
Abate, Atnafu, 816
Abdullah, Sayyed, 844
Abensour, Miguel, 464
Aboul Aoun, Rifaat, 422
Abramov, 238
Abramovitch, Rafael (dito Rein), 95, 408
Adolph, Alfred, 412
Agabekov, Georges, 837
Agazadé (delegado no Congresso dos Povos Orientais), 837
Agramonte, Roberto, 771
Agranov, Iakov, 159
Ahmadi, Farida, 856
Ahn Sung Un, 669
Akbari, Mohammed Yunis, 857
Alansaya, Tino, 802
Alexandre I (da Bulgária), 330
Alexandre II, czar, 869
Alexandre, rei, 359
Alexeiev, Mikhail, 77
Alikhanov, Gevork, 238, 345
Alter, Victor, 377
Alvarez del Vayo, Juan, 395, 401
Alves, Nito, 826-827
Amador, Fonseca Carlos, 789
Amanollah, Khan (rei), 836, 837, 838
Ambachew, 818
Amin, Hafizullah, 839, 841, 842, 846
An Myung Chul, 661
Anders, Ladislav, 375

Andom, Aman, 813
Andrade, Juan, 404, 411
Andreiev, Nikolai, 173, 190, 191, 214, 230, 279
Andreiev, V., 190
Andrew, Christopher, 856
Andrianov, Andrei, 295
Andropov, Iuri, 858
Antelme, Robert, 891
Antonescu, Ion, 490, 532
Antonov-Ovseenko, Alexandre, 69, 121, 136, 137,144, 235, 398
Anvelt, Jan, 330, 352
Aracheva, Raina, 124, 525
Arafat, Yasser, 420, 424
Aragon, Louis, 24, 31, 362-363, 402, 887
Araquistain, Luis, 401
Arce, Bayardo, 796
Arenas, Reinaldo, 770
Arquer, Jordi, 404, 411
Ascaso, Joaquin, 406
Asfa, Ijegayehu, 817
Asfaw, Legesse, 817
Asher, J., 890
Atarbekov, Georgi, 128, 131
Ataturk, Kemal, 837
Athders, Lyster, 794
Atlan, Henri, 891
Augurskij, Samuel, 358
Averbuch, Wolf, 358
Azaña, Manuel, 401
Azev, Evno, 336
Azim (delegado no Congresso dos Povos Orientais), 837

B

Baader, Andreas, 423, 424
Babel, Issak, 241, 296, 529
Babeuf, Gracchus, 21, 34
Baccala, Vincenzo, 371
Bachtalov, 254
Bacilek, 512
Badaiev, Alexis, 295
Bahes, Barrudim, 842
Bakunin, Mikhail, 865, 883, 892-894
Balluku, Beqir, 527
Bander, 466
Bante, Teferi, 814
Bao Dai, 597, 746
Bao Ruo-Wang, 591
Barabas, Francise, 528
Barak, Rudolf, 529
Barbieri, Francesco, 528
Barbusse, Henri, 33, 497
Baret, Michel, 850
Barre, Siyad, 818
Barry, Michael, 838, 840, 843, 850
Barton, Paul, 40
Bartosek, Karel, 816
Bartziotas, Vassilis, 367
Bassov, 295
Basztakov, Ivan L., 435
Bataillon, Gilles, 793
Batcha-Yé-Saqqao (dito o filho do carregador de água), 837
Batek, Rudolf, 523
Batista, Fulgencio, 769, 770, 772, 774, 775, 778, 7783
Bazgar, Shah, 845, 853, 859
Beaufrere, Marcel, 366
Becker, Jasper, 644
Beg, Ebrahim, 838
Beimler, Hans, 414
Belishova, Liri, 527
Benda, Vaclav, 535
Benjamin (metropolita de Petrogrado), 155
Beran, Josef, 483

Berdiaev, Nikolai, 159
Berger, Joseph, 25, 357
Beria, Lavrenti, 33, 170, 230, 246, 247, 251-256, 260, 261, 264, 266-269, 274, 287, 288, 289, 293-294, 296, 297, 349, 363, 377, 434-438, 441, 513, 858
Berling, Zygmunt, 440, 441
Berman, Rudolf, 225
Berneri, Camillo, 403
Bernstein, Édouard, 865
Berzine, Ian, 398
Bibo, Istvan, 529
Bierut, Boleslaw, 450, 454, 516
Blagoieva, Stella, 349
Blanco, Jesús Sosa, 770
Blandon, Juana, 792
Bloch, 357
Bloch, Gérard, 365
Bloch, Jean-Richard, 365
Bloch, Michel, 365
Blucher, Vassili, 239
Blum, Léon, 397, 401
Bodnaras, Emil, 468
Bofill, Ricardo, 785
Bogomolov, Alexandre, 235
Boiarinov (coronel), 846
Boiarski, 513
Boico, Cristina, 468
Boitel, Pedro Luis, 776
Bonet, Pedro, 404, 411
Bontch-Bruevitch, Vladimir, 73
Borbely, L., 528
Borge, Tomás, 789, 790, 795, 799
Borodin, Mikhail, 331, 332
Borowski, Jan (dito Komorowski, Ludwik), 352
Botha, Pick, 825
Boumediene, Houari, 784
Brandler, Heinrich, 328
Brankov, Lazar, 501
Bratianu, Constantin, 472
Bratianu, Vintila, 472
Bräuning, Karl, 410
Brecht, Bertolt, 37

Índice Onomástico

Brejnev, Leonid, 41, 234, 283, 421, 527 784, 840
Brener, Mikhail, 104
Bressler, *aliás* Von Ranke, Moritz, 408
Breton, André, 368
Brichman, Karl, 352
Briukhanov, Alexandre, 207
Brossat, Alain, 887, 888
Bruno, 873
Brussilov, Alexis, 60
Buber-Neumann, Margarete, 32, 356, 357
Buchholz, Mathieu, 366
Bugai, Nicolai, 311
Bugan, Ion, 528
Bui Quang Chieu, 673
Bui, Alexei, 209
Bukharin, Nikolai, 99, 163, 171, 173, 176, 193, 206, 223, 239, 313, 341, 342, 883
Bukovski, Vladimir, 32, 41
Bulgakov, Serge, 159
Bulganin, Nicolau, 97, 298, 299
Buli, Petro, 523
Bullejos, José, 344
Burillo, Ricardo, 404
Burtzev, Vladimir, 336

C

Caballero, Largo, 395, 401, 404
Cabrera Rocha, Octavio, 801
Caccavale, Romolo, 371
Calligaris, Luigi, 371
Campanella, Tommaso, 14
Cardona, Miro, 771
Carlos (dito Ilitch Ramirez-Sanchez), 422, 423, 424
Carrel, Alexis, 890
Carreras, Jesus, 776, 780
Carrere d'Encausse, Hélène, 156, 867
Carton, Martinez, 416
Castillo, Miguel del, 893
Castoriadis, Cornelius, 875-876
Castro, Fidel, 14, 15, 34, 39, 365, 552, 555, 561, 770-778, 781, 785, 789, 790, 795, 796, 825, 885

Castro, Raúl, 771, 775, 777, 788, 825
Catarina, a Grande, 868
Catarina II, 224, 259
Ceaucescu, Nicolae, 15, 499, 526, 527
Celor, Pierre, 344, 345
Cepicka, Alexei, 513
Cerquetti, 371
Chakhty, 205, 208
Chalamov, Varlam, 40, 41, 246
Challaye, Félicien, 411
Chamberlain, Huston, 817
Chami, Djemal, 367
Chamorro, Pedro Joaquim, 789, 791
Chamorro, Violeta, 791, 799
Chandler, David, 700, 701
Chao Shu-Li, 620
Chateaubriand, François-René de, 43-45
Chehu, Memet, 367
Cheinin, Lev, 296
Chen Duxiu, 367
Chen Ku-teh
Chen Yi, 616
Chen Yun, 336
Chiang Kai-shek, 331, 332
Chimanov, 337
Chimczac, Eugeiusz
Chipenda, Daniel, 826
Chissano, Joaquim, 809
Chivambo Mondlane, Eduardo, 830
Chkiriatov, 205
Chliapnikov, Alexandre, 63, 298, 338, 340, 876
Cho Il Myung, 656
Cho Man Sik, 652
Cholokhov, Mikhail, 200-203
Chow Ching-Wen, 571
Chtcheglovitov, Ivan, 96
Chtcheptitski (metropolita uniata), 274
Chtcherbakov, Alexandre, 274
Chuiski, Andrei, 867
Chukhovitch, Roman, 274
Churchill, Winston, 298, 378, 384
Chvernik, Nikolai, 230
Cichowski, Kazimerz, 359

936 O Livro Negro do Comunismo

Cienfuegos, Camillo, 775
Ciliga, Ante, 342, 343, 360
Ciementis, Vladimir, 505-507
Codou, Roger, 413
Codovilla, Vittorio, 398
Colas, Dominique, 890
Colin, Marcel, 890
Confino, Michael, 161
Confúcio, 550
Conquest, Robert, 24,224,225
Constantinides
Copic, Vladimir, 414
Costa, Carlo, 371
Courtade, Pierre, 477
Courtois, Stéphane
Coutinho, Rosa, 825
Croce, Benedetto, 533
Cruz, Arturo, 796
Csati, Jozsef, 484
Cubella, Rolando, 776
Cuesta, Tony, 776
Cuno, Wilhem, 327
Cusin, Gaston, 397
Czerny, Jozsef, 323, 324
Czernyszev, Vassili V., 436

D

Dahl, Harry, 423
Daladier, Édouard, 817
Dalai-Lama, 644-648
Dalos, György, 530
Dan, Fedor, 93, 142
Daniel, Iuri, 309
Daniel, Odile, 492
Danilov, Victor, 311
Daud, Mohammed, 838, 840, 841, 860
David, Walter, 356
Déat, Marcel, 41
Debray, Régis, 774
Dedic, 360
Dedijer, Vladimir, 500
Dej, Gheorghiu, 488, 501, 512, 523
Dekanozov, Vladimir, 253

Del Pino, 777
Delage, Jean, 337
Deletante, Dennis
Delmas-Marty, Mireille, 891
Demaziere, Albert, 366
Demény, Pal, 498, 499
Deng Xiaoping, 424, 546, 574, 587, 612, 616, 640, 643, 752, 761, 762, 800
Denikin, Anton, 71, 78, 90, 102, 103, 109, 120, 124, 129
Deutch, Gustl, 373
Déziré, Georges, 347
Dhlakama, Alfonso, 831
Diaz Rodríguez, Ernesto, 781
Diaz, José, 404, 415
Dimitrov, Georgi, 296, 330, 348, 352, 502, 515
Ding Ling, 559, 620, 641
Ding Mocun, 336
Djilas, Milovan, 384, 385, 527
Doan Van Toai, 681
Dobsa, Ladislas, 323
Dolguikh, Ivan, 286
Dollfuss, Engelbert, 373
Domenach, Jean-Luc, 582, 591, 594, 612
Domenech, José, 416
Domingos, A., 826
Dominguez, Margot (dita Edith), 806
Donath, Gyorgy, 470
Donskoi, Dimitri, 155, 258
Doriot, Jacques, 41, 346
Dornbach, Alajos, 520
Dostoievsky, Fedor, 26, 866
Dragic, 360
Draza, Mihailovic, 383
Dreyfus, Alfred, 865
Dro (general armênio), 267
Drtina, Prokop, 475
Dtmitriu, Anton
Dubcek, Alexandre, 516, 522
Dübi, Lydia, 352
Dubs, Adolph, 842
Duclos, Jacques, 14, 334, 344, 361, 367, 398

Índice Onomástico

Duhamel, Georges, 411
Dume, Petrit, 527
Dumitreasa, Calciu (o padre Calciu), 526
Dumont, René, 828
Dusza, Josef
Duvignaud, Jean, 477
Dzerjinski, Feliks, 30, 69, 70, 72-76, 79, 80, 82, 85-88, 91-97, 99, 100, 105, 108, 114, 122, 127, 128, 137, 142, 147, 151, 154-155, 158, 159, 163, 165, 166, 171, 237, 238, 338, 340, 341, 429, 432
Dziurzynska Suchon, Lucyna, 438
Dzodze, Kotchi, 501

E

Eberlein, Hugo, 235
Eberling, 360
Eden, Anthony, 378, 401
Egorov, Alexandre, 97, 239
Ehrenburg, Ilyá, 278, 291
Eichman, Adolf, 30
Eideman, 238
Eiduk, 86
Elkhe, Robert, 185, 232
Einstein, Albert, 478, 888
Eltingon, Naoum (dito Leonide), 296, 364, 399
El Campesino (dito Valentin González), 407, 412, 415, 416
Ellenstein, Jean, 26
Elorza, Antonio, 397
Éluard, Paul, 368
Engels, Friedrich, 547, 865
Epstein, 291
Ercoli (ver Togliatti Palmiro)
Erlich, Henryk, 377
Escuder, 411
Ester, José, 416
Etcheverria, José Antonio, 769, 770
Etinguer, Jacob, 296

F

Fefer, Isaac, 291
Feldbine, Lev (ver Orlov, Alexandre)
Feldman, Fred, 238
Ferretti, Maria, 533
Ferro, Marc, 54
Field, Noel, 502
Filiatre, Roland, 366
Fischer, Ruth, 414
Fischl, Otto, 505
Flieg, Leo, 235
Florin, Wilhelm, 352, 355
Foris, Stefan, 498, 499
Foscolo, Alfred, 524
Foucher, Michel, 821
Fouquier-Tinville, Antoine, 73
Fourrier, Jules, 346
Frailé, Ricardo, 850
Franco, Francisco, 394
Frank, 506
Frank, Josef, 505
Frank, Robert, 532
Frank, Semion, 159
Franqui, Carlos, 783
Franz, Hörst, 423
Frayde, Martha, 781
Frei, Rudolf, 409
Frejka, Ludvik, 506
Freund, Hans, 403
Fried, Eugen, 348
Fromm, Erich, 26
Frommelt, Erich, 413
Frossard, André, 20
Frukina, Maria, 359
Frunzé, Mikhail Vassilievitch, 837
Fucik, Bedrich, 485
Fuguérés, 790
Furet, François, 39, 273, 299, 864, 871
Furubotn, Peder, 392

G

Gagarin, Yuri, 582
Gaggi, Otello, 371w
Gasso, Joan Farré, 417

O Livro Negro do Comunismo

Gaulle, Charles de, 34, 35, 809
Gebeyahu, Hailé, 818
Gega, Liri, 523
Geldorf, Bob, 822
Geminder, Bedrich, 505, 510, 513
Genoud, François, 422
Georgescu, Teohari, 512
Georghieff, Kosta, 330
Gerö, Ernö, 398, 399, 404, 407
Ghezzi, Francesco, 371
Ghini (bispo), 482
Gide, André, 396, 411
Gimes, Miklos, 518
Gironella, Pascal, 411
Gitton, Marcel, 346
Goebbels, Joseph, 30
Goldberg, Alexandre, 104
Goldman, 92
Golikov, Philip, 276
Goma, Paul, 529
Gombrowicz, Witold, 36
Gomez Emperador, Mariano, 399
Gomulka, Wladyslaw, 359, 393, 449, 450, 454, 455, 457, 515, 516
Gonzalez (dito El Nato), 780
Gonzalez, Valentin (ver El Campesino)
Gopner, Serafina, 127
Gorbatchev, Mikhail, 516, 526
Gorbatiouk, 336
Gorbatov, 239
Gordievsky, Oleg, 856
Gorelli, Aldo, 371
Gorev, 327
Goriev, Vladimir (dito Ivanov), 398
Gorki, Máximo, 33, 76, 149, 868, 873, 882, 887, 888, 889, 895
Gorkic, Milan, 237, 360
Gorkin, Julian, 364, 397, 401, 402, 404, 406, 409, 411, 413
Gornfeld, 160
Gots, Abraham, 156
Gottwald, Klement, 353, 474, 502, 504, 506, 507, 510, 513

Grandi, Dino, 838
Gravier, Bruno, 890
Graziosi, Andrea, 85, 172, 194, 311
Gregor, 360
Gregory, Constantin, 802
Gretchko, Andrei (marechal), 520
Grigorenko, Piotr (general), 32, 309
Grigorievitch, Ivan, 20
Groman, 206
Gromyko, Andrei, 234, 421
Grossman, Vassili, 20, 29, 32, 291, 306, 369, 867, 892, 895
Grosz (arcebispo de Kalocza), 483
Gu Shunzhang, 335, 336
Guang Huian, 336
Guesde, Jules, 865
Guevara, Ernesto (dito Che), 15, 35, 770, 771, 773-775
Guilels, Émile, 291
Gulam-Nabi Khan, 838
Guralski, August (Boris Heyfetz, dito), 327
Gurvitch, Nathan, 292
Guseila, Ion, 528
Guttierrez Menoyo, Eloy, 781
Guzman, Abimael (dito o presidente Gonzalo), 425, 801-803, 805

H

Habache, Georges, 420
Haddad, Waddi, 420, 421, 422
Hadji, Uzun, 169
Hailé Sélassié (rei da Etiópia), 814
Haingngor, 711, 718-719, 736, 738, 739
Haitas, A., 391
Hajdu, Vavto, 505-507
Harry Wu, 591, 618
Haubrich, József, 323
Havel, Vaclav, 529, 531
Hawatmeh, Nayef, 420
He Jiaxing, 336
He Jihua, 336
He Liyi, 566

Índice Onomástico

He Mengxiong, 336
Heder, Stephen, 700
Hegel, Georg, 896
Heijenoort, Jan van, 361
Helfferich, Kar, 90
Henrique VIII, 14
Hernandez, Jesus, 395, 416
Herriot, Édouard, 193, 670
Hertz, Alfredo, 400, 407, 408
HlC, Marcel, 366
Hilberg, Raul, 30
Himmler, Heinrich, 30, 882
Hinton, William, 563
Hirsch, Werner, 235
Hitler, Adolf, 17, 27, 30, 36, 346, 355, 401, 414, 817, 882
Ho Chi Minh (dito Nguyen Ai Quoc), 14, 15, 30, 367, 672, 673, 677-680, 683--684, 691, 738, 746, 752, 754, 760
Ho Kai, 656
Hoang Van Hoan, 547
Hoess, Rudolf, 28
Honel, Maurice, 337
Hook, Sidney
Hoover, Herbert, 151
Horakova, Milada, 477, 478
Hoxha, Enver, 367, 389-390, 468, 483, 523, 527, 534
Hryhoryiv, Mykola, 119
Hu, 572
Hu Feng, 572, 678
Hu Hak-Bong, 656
Hu Yaobang, 649
Hua Guofeng, 612, 635, 640, 714
Hua Linshan, 627, 630
Hugo, Wilhelm (dito Knorin), 353
Humer, Adam, 534
Hun Sen, 687
Husak, Gustav, 507, 522
Hussein (rei da Jordânia), 420
Huta, Nuri, 501
Hwang Jang Yop, 667
Hyon Chun Hyok, 651

I

Iagoda, Genrikh, 30, 79, 166, 175, 182, 190, 196, 212, 230, 399, 889
Iakir, Lonas, 239
Ianata, 241
Iankov, Kosta, 330
Iaroslavski, Emelian, 208
Ibarruri, Dolores (dita La Pasionaria), 396, 405
Iejov, Nikolai, 30, 220, 223-224, 226, 229--231, 239, 246, 353, 365, 432, 433
Ieng Sary, 687, 691, 745, 751
Ieng Thirith, 691
Ierunca, Virgil, 495
Ignatiev, Alexei, 298
Ioffe, Adolf, 80
Iparraguire, Elena, 806
Irujo, Manuel de, 411
Issaev, Piotr, 198
Iuga, Dimitru, 528
Iureniev, Constantin, 235
Iuzovski, 292
Ivan IV (czar, dito Ivan, O Terrível), 224
Izgoiev, Alexandre, 159, 160

J

Jäckel, Günter, 423
Jackson, Michael, 822
Jankovskaia, L., 352
Jaruzelski, Wojciech (general), 459, 461, 534
Jaures, Jean, 865, 879
Jdanov, Andrei, 229-230, 233, 234, 253, 261, 290
Jellaiev, Andrei, 241
Jemtchuina, Paulina, 294
Jiang Qing, 612, 615, 619, 625, 636, 748, 759
Jivkov, Todor, 534
Johansen, Strand, 392
Joliot-Curie, Frédéric, 346
Jordinis, J., 391
Joukov, Grigori (marechal), 398

940   *O Livro Negro do Comunismo*

Justiniano (patriarca), 486
Justus, Pal, 501

K

Kabila, Désiré, 775
Kacmarek (bispo), 453
Kadar, Janos, 516, 519
Kagamé, Paul, 808
Kaganovitch, Lazar, 31, 196, 214, 229, 235, 242, 299, 354
Kakar, Hassan, 857
Kalandra, Zavis, 368
Kalinin, Mikhail, 140, 148, 154, 354
Kamenev, Lev, 65, 66, 80, 99, 107, 149, 158, 172, 173, 219, 223, 341, 342, 871, 883
Kang, 559
Kang Chul Hwan, 660
Kang Koo Chin, 656
Kang Sheng, 336, 545, 559, 616, 626
Kang Son San, 656
Kapalanz, Seppl, 408
Kapitza, Piotr, 291
Kaplan, Fanny, 93
Kaplan, Karel, 478, 488, 512
Kapustin, 295
Karakach, 349
Karelin, 873
Karmal, Babrak (dito Hosayn Khan), 839, 842, 845, 846, 854, 858
Karolyi, Mihaly, 323
Karsavin, Lev, 159
Kautsky, Karl, 865, 870, 875-879, 881, 884, 887
Ke Qingshi, 336
Kedrov, Mikhal, 141
Kelemen, Justus, 471
Keppert, Bacilek, 512
Kerekes, József, 324
Kerenski, Alexandre, 62
Kevic, Stefan, 503
Khan, Mohammed Hosayn, 839
Khataievitch, Mikhail, 198

Khaybar, Mir-Akbar, 841
Khieu Ponnary, 691
Khieu Samphan, 687, 699, 737, 748
Khlevniuk, Oleg, 311
Khun, Kên, 719
Khvostov, Alexandre, 96
Kiernan, Ben, 707, 747
Kiesewetter, Alexandre, 159
Kim (dinastia), 547
Kim Du Bong, 656
Kim Hyuon-Hee, 425
Kim Il Sung, 14, 22, 546, 651, 652, 655, 659, 660, 663, 672, 752, 760
Kim Jong Il, 663, 665, 667
Kim Kwang Hyup, 656
Kim Seung Il, 425
Kirilina, Alla, 218
Kirov, Serguei, 109, 204, 218, 219, 220, 233, 234, 296, 304, 349, 360, 883
Kissinger, Henry, 677
Klement, Rudolf, 361
Kliuev, Nikolai, 241
Knight, Amy, 301
Knorin, Wilhem (ver Hugo Wilhem)
Kobulov, Bachco Z., 253, 256, 264, 274
Kobulov, Bogdan, 435
Koestler, Arthur, 324
Kogenman, 271
Koh Yung Han, 666, 667
Kolakowski, Lesek, 894
Koleci, Vasco, 501
Kollontai, Alexandra, 298, 338, 339
Koltchak, Alexandre, 102, 105, 109, 337
Koltsov, Mikhail, 398, 402
Komarov, 349
Komorowski, Ludwik, 352
Kondratiev, Nicolai, 149, 206
Koniev, Ivan, 398
Kopp, Pascale, 423
Koppensteiner, Fritz, 373
Koritschoner, Franz, 356
Kork, 238
Kornilov, Lavre, 62, 65, 77
Korolev, V., 240-241

Índice Onomástico

Korotchenko, Mikhail, 229
Kossior, Stanislas, 173, 198, 232
Kossyguine, Alexei, 234, 421
Kostopoulos (major), 386
Kostov, Traitcho, 472, 502, 503
Kostrewa-Kochtchva, Wera, 358
Kourskii, 71, 157, 158
Kovacs, Béla, 470
Kövago, Jozsef, 470
Kovalev, Serguei, 662
Krajewski, Anton (dito Wladyslaw Stein), 345, 352
Krasnov (ataman), 90, 105, 122
Krassin, Leonid, 152
Krasucki, Henri, 819
Kravchenko, Victor, 32
Krebs, Richard (ver Vaitin Jan)
Krenz, Egon, 534
Krestinski, Nicolai, 223, 235
Kriegel, Annie, 25, 233, 510, 883, 888
Kristo, Pandi, 501
Krivitsky, Walter, 399
Kruglov, Sergei, 282, 283, 285, 287
Kruschev, Nikita, 31, 37, 38, 39, 218, 229-233, 299, 300, 304, 354, 496, 510, 513, 616, 654, 761
Krylenko, Nikolai, 147, 163
Kun, Attila, 528
Kun, Béla, 235, 322-326, 353, 354
Kuron, Jacek, 456, 458
Kurski, 71
Kuskova, Ekaterina, 149, 150, 159
Kutiepov, Alexandre, 336, 337
Kutuzov, Mikhail, 258
Kuusinen, Aino, 339, 369
Kuusinen, Otto, 238, 353
Kuznetsov, Nikolai, 294

L

La Boétie, Etienne de, 26
La Guardia, 787
Lagerfelt, Johann, 850
Laignel-Lavastine, Alexandra, 535
Lameda, Ali, 658

Lancanic, Rudolf, 503
Landau, Katia, 403, 406, 407
Landau, Kurt, 403, 407
Lander, Karl, 125
Langevin, Paul, 348
Langumier, Adrien, 346
Lanz, Diaz, 774
Lapchin, Ivan, 146
Larin, Lourié, 342
Larisch, Emil, 335
Last, Jef, 396
Latsis, Martyn, 20, 79, 93, 98, 125, 130
Laurencic (agente SSI), 408-409
Laval, Pierre, 41
Lazarevitch, Nikolai, 372
Lazimir, Alexandre, 69
Lazitch, Branko, 351
Lazutin, 295
Le Duc Tho, 677
Lechowicz, Wlodimierz, 454
Lei Feng, 596
Lenin, Vladimir (dito Ulianov), 14, 19--20, 21, 23-24, 26, 28-30, 34-35, 39, 45-46, 63-66, 71, 73, 75-76, 79-81, 83, 88, 89, 91-93, 99-100, 106, 111 -112, 113, 115, 122, 127, 132-133, 137, 139-140, 141-142, 149-153, 155-159, 161, 223, 258, 321, 323, 325, 327, 338, 339-340, 358, 371, 372, 429, 547, 614, 686, 753, 754, 774, 801, 808, 864, 866, 867, 870-875, 877-880, 882, 883, 888, 891-893, 895
Leniton, Achille, 293
Lenski, Julian, 359
Leonhard, Wolfgang, 374
Lermontov, Mikhail, 258
Leviné, Fugen, 322
Levit, 240
Lévy, Paul, 327
Lévy, Yves, 406
Lewin, Moshe, 302
Leys, Simon, 688
Li Baozhang, 332
Li Dazhao, 556

942   O Livro Negro do Comunismo

Li Shiqun, 336
Li Sun Ok, 657
Li Sung Yop, 656
Liberberg, Josif, 358
Liebknecht, Karl, 321,322
Likhatchev, Mikhail, 503
Likhatchov, 511
Lin Biao, 543, 580, 595, 612, 613, 616, 618, 620, 625, 637, 638-639, 746
Ling, 627
Lister, Enrique, 406, 412, 416
Litoiu, Nicolae, 528
Litvan, György, 533
Litvinov, Maxime, 240, 355
Liu, 587
Liu Ching, 620
Liu Shaoqi, 585, 586, 590, 608, 609, 612, 613, 616, 622, 626, 645
Liu Zhidan, 558
Llosa, Mario Vargas, 801
Löbl, Evzen, 504, 505, 506
Locard, Henri, 690, 702, 718, 725, 737
Lominadze, Vissarion, 332
Lon Nol, 689, 690, 700, 703, 705, 710, 735, 739, 742, 754, 756
London, Artur, 506, 507
Long, Sra., 676
Longo, Luigi, 414
Lopez Fresquet, Rupo, 711
Lorenzo, César M., 407
Losonczy, Geza, 518, 520
Losski, Nikolai, 159
Loula, Anastaste, 367
Loyola, Ignace de, 883
Lu Xun, 555, 572
Luca, Vasile, 512
Luchaire, Jean, 346
Ludendorff, Erich, 870, 880
Lultchev, Kosta, 471
Luo Ruiqing, 616
Lutovinov, Iouri, 338
Luxemburgo, Rosa, 321, 322
Lyheng, 719, 740
Lyssenko, Trofime, 241, 578, 756, 892

M

Maari, Gurgen, 241
Mac Arthur, Douglas, 653
Mac Govern, John, 410
Macciochi, Maria-Antonietta, 34
Machado, Gerardo, 769
Machel, Samora, 825, 830, 832-834
Madry, Jindrich, 510
Maiskl, Ivan, 298
Maitreya, 548
Maíwandwal, Hashim, 840
Makarov, Nicolai, 206
Makhno, Nestor, 104, 114, 119, 120, 121, 134, 837
Malenkov, Georgui, 241, 261, 298, 299-300
Maleter, Pal, 518
Malia, Martin, 25, 300, 866, 870
Malraux, André, 349, 552
Mandelstam, Ossip, 241, 529
Maniu, Juliu, 471, 472
Mann, Thomas, 888
Mantecon, José Ignacio, 406
Mantsev, Vassili, 158, 160
Manu, Gheorghiu, 528
Manuilski, Dimitri, 238, 344, 352, 353, 515
Mao Jiang Qing, 621
Mao Zedong, 14, 15, 23, 30, 33, 34, 39, 330, 331, 333, 367, 543, 546-548, 550 -551, 555-561, 563, 567-568, 571, 573 576-578, 580, 585, 587, 590, 593, 594. 602-605, 608-621, 623, 624, 626, 628, 629-631, 634, 637, 640, 644, 645, 647, 675, 679, 686, 706, 735, 738, 739, 747 -749, 762, 801, 885
Maquiavel, Nicolau, 883
Marchais, Georges, 14
Marchak, Samuel, 291
Marchlewski, Julian, 431
Margoline, Jules, 376
Margolius, Rudolf, 505
Marion, Pierre, 420

Índice Onomástico

Markin, N., 91
Markish, Peretz, 291, 292
Markov, Georgui, 32, 529
Markovitch, Sima, 360
Marr, Nicolai, 240
Marti, Robert, 413, 414
Martin du Gard, Roger, 411
Martin, Stanescu, 488
Martinez, Alfredo, 403
Martov, Yuri, 92, 873
Marty, André, 348, 412-414
Marx, Karl, 293, 321, 547, 614, 686, 801, 809, 864, 865, 877, 879, 891, 894
Masaryk, Tomas, 476, 868
Maschke (comissão), 381
Masferrer, Rolando, 770, 772
Maslaritch, Bozidar, 375
Maslow, Arkadi, 414
Massoud, Ahmed-Shah, 848
Mastilak, 484
Mateus Paulo, J., 826
Matos, Hubert, 775, 778, 783
Matthews, Herbert, 770
Matusov, Jakov, 353
Matveev, 214
Mauriac, François, 411
Maurin, Joaquin, 394, 406
Maurin, Manuel, 406
Mazowiecki, Tadeusz, 461, 530
Mbembe, A., 834
Meas, Keo, 696
Medina, Benigno, 802
Medvedev, 873
Medvediev, 340
Meinhof, Ulrike, 424
Meisel, Paul, 356
Melgunov, Serguei, 20, 77, 129, 132
Mella, Julio Antonio, 398
Menelik II, 814
Mengistu, Hailé Mariam, 814
Mengistu, Négus, 15, 809, 817, 820, 822
Menjinski, Rudolfovitch, 79, 159, 171, 175, 238
Menthon, François de, 18

Meray, Tibor, 654
Mercader, Caridad, 365
Mercader, Ramón (dito Mornard Jaime), 364-365
Merker, Paul, 527
Merkulov, Vsievolod, 253, 254, 435, 438
Messing, Stanislav, 79, 160
Metaxas, Ioannis, 383
Meyerhold, Vsevolod, 241, 296
Mezzich, Carlos, 802
Miakotin, Alexandre, 160
Miasnikov, Alexandre, 170
Miasnikov, Gabriel, 338, 339
Mielke, Erich, 423
Mif, Pavel, 336
Mihailovic, Draza, 382, 385
Mihalache, Ion, 472
Mikhoels, Salomon, 291, 292
Mikoian, Anastase, 173, 226, 229, 295, 299, 300, 435
Mikoladze, 241
Mileff, Nicolas, 330
Miller, E.K., 337
Millerand, Étienne, 865
Milstein, Salomon, 265
Mindszenty, Jozsef, 483
Minkov, Ivan, 331
Mitrojorgji, Vango, 501
Mitterrand, Danielle, 34
Mitterrand, François, 784
Mo Ti, 550
Moczarski, Kazimierz, 446, 447
Modesto, Juan, 416
Modzelewski, Karel, 456
Molnar, Miklos, 512, 514
Molotov, Viatcheslav, 149, 170, 179, 196--198, 207, 228, 249, 256, 261, 293, 298-300, 380, 435
Monatte, Pierre, 341
Monivong (rei), 750
More, Sir Thomas, 14
Morgan, William, 772
Mornard, Jaime (ver Mercader, Ramon)
Moro, Aldo, 753

944 · O Livro Negro do Comunismo

Moroz, Gregori, 79
Moskvin, Mikhail (ver Trilisser, Meir)
Mu Chong, 656
Mugabe, Robert, 823
Mujal, Eusebio, 770
Müller, Boris (dito Melnikov), 353
Munch-Petersen, A., 352
Mussolini, Benito, 13, 194, 385, 401

N

Nagy, 393, 516, 518, 520
Nagy, Ferenc, 470
Nagy, Imre, 393, 518-520, 522
Naim, 859, 860
Najibullah, Mohammed, 15, 841, 847, 858
Narvich, Leon, 402
Nassedkine, Ivan, 270
Nastasescu, Gheorghiu, 528
Ndreu, Dale, 523
Nedkov (capitão), 524
Negrin, Juan, 395, 404, 411
Nero, 44
Netchaiev, Serguei, 866, 874, 883, 892, 893
Netchev, Nikola, 503
Netchiporenko, Oleg Maximovitch, 424
Neto, Agostinho, 15, 825, 826
Neuberg (pseudônimo coletivo), 334
Neumann, Heinz, 235, 332, 353
Nevski, Alexandre, 258
Ngo Dinh Diem, 679
Nguyen Van Linh, 681
Nguyen Van Thieu, 672
Nicod, René, 343
Nicolaievski, Boris, 893
Nicolau (grão-duque), 336
Nicolau II, 57, 97
Nidal, Abu, 424
Nie Yuanzi, 616
Nien Cheng, 603, 621, 626, 627, 630
Nietzsche, Friedrich, 40
Nikolaiev, Leonid, 218, 219
Nikolaievski, Boris, 142
Nikolski, Alexandru, 494

Nin, Andreu, 394, 402-405
Nixdorf, Kurt, 355, 356
Njamba Yemtna, J., 826
Nkavandame, Lazaro, 832
Novojilov, Vladimir, 214
Novotny, Antonin, 510
Nuon Chea, 691
Nuves Tellos, Carlos, 796
Nyerere, Julius, 810

O

Ochoa, Arnaldo, 787, 788, 796
Okulicki, Leopold, 442
Olecha, Iuri, 241
Olminski, Alexandrov, 99
Oltusky, Enrique, 772
Ordjonikidze, Sergo, 33, 122, 125, 126, 170, 171, 179, 204, 206, 296
Orlov, Alexandre (dito L. Feldbine), 398, 400, 404
Ortega, 404, 789, 790
Ortega, Camillo, 790, 793
Ortega, Daniel, 790, 793, 796
Ortega, Humberto, 790
Ortega, Jaime (monsenhor), 778
Orwell, George, 403
Ossinski, Nikolai, 145
Ossorguin, Mikhail, 159
Ostrovski, Nicolai, 235
Ovtchinnikov, Pavel, 202
Ozerov, Alexandre, 160

P

P'eng P'ai, 554, 555, 556, 562
Pa Kin, 620
Pacha, Enver, 169
Paczkowski, Andrzej, 350, 376, 532
Padilla, Ernesto, 773
Paik Hyung Bok, 655
Pak Hon Young, 655
Pak Kum Chul, 655
Palach, Jan, 521

Índice Onomástico

Pampuch-Bronska, Wanda, 352
Pan Hannian, 336
Panchen-Lama, 647
Panteleiev, Mikhail, 352, 354
Papandreou, Georges, 387
Pascal, Pierre, 372
Pasqualini, Jean, 583, 591, 595, 596, 599, 601,613
Pastora, Eden (dito comandante Zero), 789, 790, 794, 795, 796
Pastukhov, Krastiu, 471
Pat, Jacques, 377, 378
Patrascanu, Lucretiu, 500, 501
Pauger, Karl, 166
Pauker, Ana, 512
Pavel, Gheorghiu, 528
Pavelic, Ante, 383, 385
Pavlik, Gejza, 504
Pavlosky, Ivan Gregorevitch, 845
Pavlov, Nikola, 503
Payas Sardinas, Oswaldo, 785
Pechekhonov, Andrei, 160
Pedro I (O Grande), 224, 867
Peluso, Edmundo, 371
Pen Sovan, 700
Peng Dehuai, 580, 585, 616, 617
Pentchev, Dimitar, 529
Peralta, Margie Clavo, 806
Perez Serantes, Enrique, 772
Pétain, Philippe, 532
Peter, Gabor, 512
Petermann (casal), 354
Peters, Jan, 79, 93-96, 169
Peterson, 873
Petkov, Dimitri, 473
Petkov, Nikolai, 471-474, 529
Petkov, Petko, 473
Petliura, Simon, 103, 118
Petrescu, Constantin, 471
Petrichtchev, 160
Petrovskt, N., 94, 99
Peyrefitte, Alain, 34
Pfeiffer, Wilhelm, 355
Pham Van Dong, 680

Piatakov, Georgui, 142, 207, 223
Piatnitski, Ossip (dito Tarchis), 353, 360
Picelli, Guido, 403
Picq, Laurence, 714
Pieck, Wilhelm, 353, 355
Pika, Heliodor, 475, 476
Pilecki, Witold, 448
Pilniak, Boris, 241
Pilsudski, Jozef, 429, 431
Pin Yathay, 40, 41, 688, 696, 698, 708, 718, 721, 754
Pineau, Christian, 369
Pio XI (papa), 43
Pipa, Mustafa, 482
Piurveiev, D. P., 266
Platão, 14
Platon (arcebispo estoniano), 329
Plekhanov, Georgui, 258
Plevitskaia, Nadejda, 337
Pliutch, Leonid, 32
Plocek, Evzen, 521
Plotkin, 202
Podgorny, 421
Podsedntk, Josef, 476, 477
Pokrovski, 240
Ponchaud, François, 688
Popieluszko, Jerzy, 461
Popkov, Piotr, 294
Poretskt, Elsa, 345
Poretskt, Nathan (ver Reiss Ignaz)
Poskrebychev, Alexandre, 294
Postychev, Pavel, 173, 232, 240
Pot, Pol (dito Sar Saloth), 15, 16, 23, 29, 39, 42, 543, 555, 686, 687, 691, 696--698, 700, 701, 704, 706, 707, 712, 719, 722-723, 725, 729, 735, 737, 744-746, 750, 752, 755, 756, 758, 759, 801, 803, 892
Potressov, 93, 160
Pouliopoulos, Pandelis, 366
Prager, Rodolphe, 366
Premtaj, Sadik, 367
Prendushi, Vincent, 482
Prieto, Indalecio, 409

946 — O Livro Negro do Comunismo

Primakov, 238
Prokopovitch, Serge, 149, 150, 159
Przemyk, Grzegorz, 461
Psarros, Dimitri, 386, 387
Puchkin, Alexandre, 258
Pugatchev, lémélian, 868
Puiu, Ion, 527
Pljtna, Vitvot, 238
Puzitski, Nicolai, 190
Puzitski, Serguei, 337

Q

Qi Benyu, 617
Qin Shi, 550
Quevedo, Miguel Angel, 772

R

Radek, Karl, 80, 83, 107, 172, 223, 238, 239, 873
Radkiewicz, Stanislaw, 445
Radomir, 360
Radtchenko, Liubov, 160
Rahi, Seddiqoullah, 858
Raikhman, Leonid, 296
Rajk, Laszlo, 470, 501, 505, 511, 512, 519
Rajnai, Sandor, 520
Rakosi, Mátyás, 323, 327, 469, 471, 502, 504, 512, 516, 519
Rakovski, Christian, 172, 342, 873
Ramirez, Oscar Alberto, 806
Ramzin, Alexandre, 206
Ranariddh (príncipe), 687
Ranke, Hubert von (dito Moritz Berssler), 408
Rasputin, Grigori, 57
Ratebzad, Anathihâ, 839
Ravasz, Laszlo, 483
Ray, Manolo, 772
Razine, Stenka, 868
Reagan, Ronald, 822
Reboul, Jean, 366
Rebull, Cabré, 411

Recin, Bedrich, 476, 506
Regler, Gustav, 413, 414
Reicher, Gustav, 359
Rein, Marc, 408
Reingold, Isaac, 122
Reiss, Ignaz (dito Nathan Poretski), 360, 361
Remmele, Hermann, 235
Renan, Ernest, 894
Reventlow, Max, 414
Rey, David, 411
Ribbentrop, Joachim von, 249, 250
Richet, 890
Rieger, Max, 404
Riutine, Martemiam, 347
Rivet, Paul, 411
Roa, Raúl, 771
Robelo, Adolfo, 791, 795
Robespierre, Maximilien, 864, 885
Robotti, Paolo, 273, 371
Rodionov, 294
Rodríguez, José, 792
Rojkov, N. A., 160
Rokossovski, Konstantin, 239
Rolland, Romain, 349, 371, 882
Romanov (dinastia), 241, 288
Roosevelt, Franklin, 34
Rosales, Danilo, 797
Rosenberg, Marcel Israelevitch, 395
Rosental, N., 128
Roudzoutak, Jan, 232
Rousset, David, 32, 40
Roux, Alain, 570
Rovira, José, 411
Roy, Claude, 470
Rozanov, Vassili, 160
Rozanski, Jozef, 453
Rudolph, Hans, 414
Rupnik, Jacques, 481
Rychetsky, Pavel, 535
Rykov, Alexey, 107, 173, 176, 206, 223

S

Saadi, Yacef, 418
Sabata, Jaroslav, 523

Índice Onomástico

Sadek, Abraham, 366
Sadyrne, Andrei, 206
Safaris, 386
Safay, Selab, 845
Sakharov, Andrei, 32, 204
Sala, Victorio, 400, 408
Salas, Rodríguez, 403
Salini, Pierre, 366
Samsonov, Timofei, 104
Sandino, Tomas César, 789
Sao Phim, 691, 697
Sapronov, Timothée, 338
Sar, Saloth (ver Pol Pot)
Sartre, Jean-Paul, 653, 888
Savimbi, Jonas, 787, 825, 828
Savinkov, Boris, 91, 337
Scarioli, Nazareno, 371
Scarselli, Tito, 371
Schacht, Hjalmar, 401
Schleyer, Hans Martin, 424
Schubert, Hermann, 235, 354
Schulenburg, Friedrich von, 355, 356
Schulte, Fritz, 235
Schwarzmann, Lev, 296
Sedov, Leon, 361, 362
Sejko, Temo (contra-almirante), 527
Semprun, Jorge, 356
Seng Kimseang, 724
Serantes, monsenhor. Perez, 772
Serge (metropolita), 208, 209
Serge, Victor, 330, 342, 401
Serguei, 366
Serman, Ilia Keilkovitch, 293
Serov, Ivan, 255, 260, 264, 303, 304, 441, 442, 444
Shah, Nader, 838
Shah, Zaher, 838
Siantos, Giorgos, 386
Sihanuk, Norodom, 687, 689, 735-737, 741, 745, 747
Silone, Ignazio, 14
Siloto, 371
Silva, Arnaldo, 371
Simaião, Joana, 832

Simango, Uria, 832
Simone, André, 506
Sinclair, Betty, 419
Singer, Israel Joshua, 376
Siniavski, Andrei, 309
Sisaye, 814
Sivers (general), 77, 78
Skoblewski, Alexandre (dito Gorev), 327
Skoblin, Nikolai, 338
Skolnik, Jozsef, 498
Skulski, Stanislaw (dito Mertens), 353
Sladek (família), 374
Slansky, Rudolf, 297, 450, 482, 504, 506, 509, 510, 511, 513, 520
Sling, Otto, 477, 505
Sliwinski, Marek, 700, 702, 705, 707, 710, 728
Smilie, Bob, 406
Smirnov, Vladimir, 113, 128, 344
Smith, Ian, 831
Snow, Edgar, 557
Sochor, Lubomir, 479
Sokolnikov, 122, 235
Sol Jang Sik, 655
Soljenitsyne, Alexandre, 32, 33, 38, 40, 41, 240, 285, 310, 406, 491
Soloviev, K., 295
Somoza, 789, 791, 794
Son Sen, 691
Son Tay, 673
Song Yaowu, 618
Sori Marin, Humberto, 771, 772, 776
Spiegelglass, Serguei, 364
Spiridonova, Maria, 104, 105, 107
Spychalski, Marian
Stachevsky, Arthur, 399
Stajner, Karlo, 373
Stakhanov, Andrei, 221
Stalin, Joseph (dito Iossif Djugochvili), 14, 15, 17, 19-20, 21-2, 24-26, 28-31, 33-34, 36-42, 45-46, 64, 99, 100, 159, 171-177, 178-179, 181, 184-185, 186--187, 198, 200-204, 206, 207, 218-222, 224, 225, 229, 233, 235, 237-243, 249,

251-255, 258, 261, 264, 266-269, 279, 282-284, 288-289, 291-293, 296-304, 327-328, 331, 332, 339-342, 346, 348, 350, 353, 355, 358, 359, 361-364, 369, 377, 376, 382-383, 385, 389, 391, 396-398, 414, 417, 429, 430, 435, 440, 441, 444, 467, 469, 486, 488, 499, 501, 504, 507, 509, 511-513, 515-516, 545, 547, 652, 678, 679, 686, 703-704, 738, 749, 751, 758-760, 801, 845, 871, 881-885, 892, 894

Stamboliski, Alexandre, 330

Stcherbakov, Alexandre, 515

Stein, Wladyslaw, 352

Steinberg, Isaac, 79, 80, 881, 882

Stelanov, Ivan, 502

Stepan, Miroslav, 534

Stepanov (dito Minev), 398

Stepun, Fedor, 159

Stern, Antonia, 414

Stern, Manfred (dito general Kléber), 395

Stoian, Maria, 488

Stojadinovic, Milan, 383

Stolypine, Piotr, 56, 61

Stresemann, Gustav, 328

Struch, Papito, 784

Suarez, Anres, 772

Sudoplatov, Pavel, 362-365, 399

Sun Tzu, 550

Sun-Yat-Sen, 331

Suong Sikoeun, 745

Suphanuvong, 684

Suslov, Mikhail, 295, 298, 421

Susskind, Heinrich, 235

Suvanna Phuma, 684

Suvarin, Boris, 322, 340, 348, 351, 893

Suvorov, Victor, 258

Svab, Karel, 504-507

Sverdlov, Iakov, 100

Svermova, Marie, 507

Svoboda, Ludvik, 468

Swianiewicz, Stanislaw, 435

Swiatlo, Jozef, 454

Swiecicki, J., 359

Syngman, Rhee, 655

Syrtsov, Serguei, 122, 206

Szalai, Andras, 501

Szamuely, Tibor, 323-325

Szilagyi, Jozsef, 518, 520

Szönyi, Tibor, 501

T

Ta Tu Thau, 368

Tabidze, Titsian, 241

Tacito, 43

Taittinger, Jean, 334

Taraki, Nour-Mohammed, 839, 842, 845

Tashko, Koço, 527

Tchaianov, Alexandre, 206

Tchaikovski, Nicolai, 258

Tchastnyi (almirante), 88

Tchekhov, Anton, 258

Tchernomordik, Moisei, 345

Tchernov, Victor, 106

Tchubar, Anatoli, 232

Tchukovskaia, Lydia, 306

Tellevia, Salomon, 797

Teng To, 620

Tertullano, 33

Thaci, Gaspar, 482

Thilo, Arthur, 355, 356

Thorez, Maurice, 14, 34, 391, 393, 475, 510

Tikhon (patriarca), 152-155, 208

Tildy, Zoltán, 470

Timachuk (doutora), 290

Tiso, Jozsef (monsenhor), 532

Tito (dito Josip Broz), 296, 360, 384, 385, 389, 391, 419, 449, 468, 499, 501

Tkatchev, Piort, 892

To Huu, 678

Todorov, Tzvetan, 25, 34, 496, 885, 886

Índice Onomástico

Togliatti, Palmiro, 237, 296, 353, 354, 392, 396, 398

Tolstoi, Leon, 258

Tomski, Mikhail, 20

Torriente, Elias de la, 778

Torrijos, 790

Totu, Victor, 528

Tou, Samouth, 737

Tran Van Giau, 674

Treint, Albert, 334

Tresso, Pietro, 365, 366

Tretiakov, Serguei Nikolaievitch, 337

Trilisser, Meir (dito Mikhail Moskvin), 79, 331, 345, 352

Triolet, Elsa, 402

Trochta, Stepan, 484

Trotski, Léon, 35, 46, 66, 75, 80, 81, 83, 92, 100, 107, 110, 111, 114, 143, 155, 171, 172, 224, 296, 327-328, 335, 340-341, 342, 350-351, 354, 358, 360, 361-366, 391, 402, 430, 871, 875, 879, 880, 886, 887, 893

Trubetskoi, Serge, 159

Tsankov, Alexandre, 330

Tsuriupa, Alexandre, 81, 92

Tukhatchevski, Mikhail, 141, 144, 145, 206, 229, 230, 238, 239, 296, 430

Tulaikov, 240

Tulu, Teka, 817

Tuominen, Arvo, 353, 369

Tupolev, Andrei, 241

Turcanu, Eugen, 495, 496

Tutev, Ivan, 502

Twining, Charles H, 710

U

Uborevitch (general), 170, 238

Uhl, Petr, 523

Ulianov, Alexandre, 151, 152, 866, 895

Unschlicht, Lossif, 79, 151, 158, 159, 171, 238

Uribe, Vincente, 395

Uritski, Moissei

Urrutia, MaRuel, 771

Ursiny, Jan, 475

Ustinov, David, 234

Utrata, Eduard, 507

V

Vackova, Ruzena, 484

Vafiadis, Markos, 389

Vailland, Roger, 477

Vaksberg, Arkadi, 349

Valdés, Ramiro, 777, 785

Valls, Jorge, 780

Valtin, Jan (dito Richard Krebs), 328

Van Dunem, Domingos, 826

Varga, Béla, 470

Varga, Eugen, 323

Vargas-Llosa, Mario, 798

Vassilievitch, Nikolai, 214

Vatanshah (diretor do KHAD), 854

Vavilin, 148

Vavilov, Nicolai, 241

Vayo, Astorga, 406

Velouchiotis, Aris, 367, 386, 388

Veltchev, Damian, 468

Veltrusky, Jiri, 40

Ventura, Estebán, 770

Vera, Aldo, 778

Verbitski, 295

Verdes-Leroux, Jeannine, 770

Vesely, Jindrich, 513

Vet, Vorn, 691, 697

Viatcheslav, 171, 196

Vickery, Michael, 700

Vidali, Vittorio, 398, 404

Viegas, Jorge, 832

Vieira, Sérgio, 831

950 O Livro Negro do Comunismo

Vierkhovienski, Piort, 866
Vigdotortchik, Migulo, 160
Vilchis Tijerino, José Angel, 797
Vinogradova (kolkhoziana), 214
Violet, Bernard, 423
Vlascianu, Florin, 528
Vlassov, Andrei, 276, 378
Vo Nguyen Giap, 547
Voigt, Helmut, 423
Voja, 360
Volai (bispo), 482-483
Volkine, Nikolai, 214
Volodarski, V., 88-89
Vorochilov, Klement, 229, 238, 299-301, 354, 435
Voznessenski, Ivanov, 295
Vujovic (irmãos), 360
Vychinski, Andrei, 218, 253, 354, 888

W

Wahg Shiwei, 559
Walecki, Maximilian, 358
Walesa, Lech, 458
Walter, Elena, 352
Walther, Otto, 355
Wandurski, Witold, 431
Wang Guangmei, 615
Wang Hongwen, 636
Wang Ming, 559
Wankowicz, Melchior, 456
Warski, Adolf, 358
Wedemeyer (general), 554
Wehner, Herbert, 355
Wei Jingsheng, 584, 611, 640
Weil, Simone, 34
Weinrich, Johannes, 423
Weissberg, Alexandre, 356, 357
Weng Senhe, 627
Wheelock, Jaime, 790
Wicha, 455

Wieviorka, Annette, 490
Wilhem, Hugo, 238, 353, 360
Wolf, Erwin, 352, 403, 408
Wollweber, Ernst, 419
Wonka, Pavel, 529
Wrangel, 121, 124, 132, 133, 137, 342
Wu Han, 620
Wybot, Roger, 379
Wyszynski (cardeal), 453

X

Xie Fuzhi, 619
Xoxe, Koci (ou Kotchi Dzodze), 501

Y

Y Phandara, 730, 756
Yan Fengying, 637
Yhdego, Fantaye, 818
Yong Mu, 656
Yuan Shikai, 552

Z

Zabolotski, Nikolai, 241
Zachariadis, Nikos, 385, 388-390
Zaher, Shah (rei), 836, 840, 859
Zajic, Jan, 521
Zakovski, Andrei, 128, 233
Zapotocky, Antonin, 510
Zaraiski, 159
Zavodsky, Osvald, 507
Zayas, Jorge, 772
Zborowski, Mark, 362
Zegvos, Iannis, 387
Zela, Stanislav, 484
Zeleny, 119
Zemskov, Viktor, 311
Zenawi, Meles, 817
Zervas, Napoléon, 386, 387
Zevina, Rulf Alexandrovna, 293

Zhai Zhenhua, 629
Zhang Chuhqiao, 636
Zhang Shaosong, 647
Zhou Enlai, 332, 558, 612, 616, 621, 637, 640, 645, 747
Zinoviev, Grigori, 24, 32, 65, 66, 88, 95, 107, 139, 172, 219, 220, 223, 233, 295, 327, 329, 340, 341, 871, 883
Zverev, Nicolai, 286, 28